内 容 简 介

钢-超高韧性混凝土(STC)轻型组合桥面是一种新的桥面体系，由正交异性钢桥面+薄层 STC+柔性铺装面层所组成，具有自重轻、抗疲劳能力强、维护费用低等优点。本书介绍了作者科研团队在此领域所做的系统性原创成果及在大型桥梁工程中的应用。

本书可供桥梁工程专业的高年级本科生、研究生、教师，以及从事桥梁工程科研、设计、管理和施工的技术人员参考。

图书在版编目(CIP)数据

钢-STC 轻型组合桥面：设计原理与工程实例/邵旭东，曹君辉，李嘉著. —北京：科学出版社，2021.9

ISBN 978-7-03-068014-3

Ⅰ. ①钢… Ⅱ. ①邵… ②曹… ③李… Ⅲ. ①轻型-钢筋混凝土桥-桥面-结构工程-研究 Ⅳ. ①U448.34

中国版本图书馆 CIP 数据核字(2021) 第 023963 号

责任编辑：赵敬伟 赵 颖 / 责任校对：彭珍珍
责任印制：吴兆东 / 封面设计：无极书装

科学出版社 出版
北京东黄城根北街 16 号
邮政编码：100717
http://www.sciencep.com
北京虎彩文化传播有限公司 印刷
科学出版社发行 各地新华书店经销
*
2021 年 9 月第 一 版 开本：720 × 1000 1/16
2022 年 1 月第二次印刷 印张：56 3/4
字数：1140 000

定价：398.00 元

(如有印装质量问题，我社负责调换)

钢-STC 轻型组合

设计原理与工程实例

邵旭东　曹君辉　李　嘉　著

科 学 出 版 社
北　京

序

钢结构桥梁具有自重轻，跨越能力大，抗震性能好，使用寿命长，回收利用率高，便于工业化制作和装配化施工等一系列优点，备受国际桥梁界推崇。近年来，我国钢产量已跃居世界第一位。随着我国交通基础设施的蓬勃发展和桥梁建设技术的不断进步，钢结构桥梁的推广应用将迎来黄金发展期。

钢结构桥梁的桥面结构通常采用正交异性钢板，这种结构于 1948 年在德国首创以来，一直是钢桥、尤其是大跨钢桥的首选桥面结构形式。但是，正交异性钢桥面长期遭受结构疲劳开裂及铺装层破损两大病害的困扰，成为国际桥梁界公认的难题。这些病害影响了桥梁结构的安全性、耐久性和行车舒适性，导致运营维护成本加大、营运效率降低，不仅给国民经济带来严重损失，还对社会造成难以消除的负面影响。由此可见，要推动钢结构桥梁发展，迫切需要研究并解决钢桥桥面病害这一关键技术难题。

由于我国重载或超载交通量远高于发达国家，使得上述病害更为严重，解决病害问题的挑战更大。邵旭东教授及其科研团队突破“对两大病害问题分开研究、独立应对”的传统思路，从材料入手解决结构体系问题，揭示了病害产生的机理，分析了病害产生的原因；通过对超高性能混凝土进行改性和强化，研发了钢桥面专用的超高韧性混凝土，从而提出了钢–薄层超高韧性混凝土轻型组合桥面新体系。这种新体系将正交异性钢桥面转化为组合桥面，大幅提高了桥面局部刚度和层间连接的可靠性。他们对这种新型组合桥面板的性能其构造措施进行了深入的研究，创建了相应的分析理论、设计方法和施工方法，编制了技术标准，形成了系统的新技术，并在我国高寒、酷热、强震、腐蚀等不同地域环境、不同类型的新建钢桥工程及旧钢桥加固工程中得到广泛应用。我曾于 2015 年现场考察了采用这项新技术施工的天津海河大桥桥面翻修改造工程，留下了深刻的印象。工程实践证明，采用这项新技术能够综合解决钢桥桥面两大病害，为根治这一国际桥梁界公认的难题找到了一条有效途径。

《钢–STC 轻型组合桥面——设计原理与工程实例》一书详细介绍了这种新体系的性能、设计理论与方法以及在不同类型桥梁工程中的应用实例，反映了从新材料到新结构、新理论、新方法、新标准等一系列的创新性研究成果，可供相关的工程技术人员参考。相信本书的出版，将对推动钢结构桥梁的应用和桥梁建设行业的科技进步起到重要作用。

中国工程院院士 周绪红

2020 年 4 月 6 日

前　言

正交异性钢桥面具有自重轻、施工快捷、环保耐久等优点，是钢桥尤其是大跨钢桥的首选桥面形式。但工程实践表明，由于钢桥面局部刚度低，在重载车频繁作用下，两大世界性难题突显：① 钢桥面板疲劳开裂，存在断裂高风险；② 沥青铺装层频繁破损，维护翻修成本巨大。桥梁学者和道路学者分别对上述难题开展了大量研究，但常规方法均难以治本。

为综合解决上述难题，作者团队通过对超高性能混凝土 (ultra-high performance concrete，UHPC) 进行钢桥面针对性强化，研发成功钢桥面专用超高韧性混凝土 (super toughness concrete，STC)，并于 2010 年在国际上率先研发成功钢–STC 轻型组合桥面结构，新桥面结构的优点：① 与常规钢桥面 + 沥青铺装体系相比，轻型组合桥面结构的局部刚度可提高 30 倍以上，从而大幅度降低正交异性钢桥面的疲劳应力，基本消除疲劳开裂风险；② 将原来昂贵的钢桥面铺装转变为经济的混凝土桥面铺装，降低钢桥面沥青铺装的巨额翻修成本。

作者团队从材料、构件、结构层面，对钢–STC 轻型组合桥面进行了系统研究，完成了 1100 个模型试验，掌握了轻型组合桥面结构的基本受力性能和设计方法，建立了完整的理论体系。目前轻型组合桥面结构已推广应用于我国 26 个省市 100 余座实桥 (竣工 50 多座)，涵盖了梁桥、拱桥、斜拉桥和悬索桥等各类桥型，既有旧钢桥桥面加固，也有新建钢桥桥面施工，其中包括杭瑞高速洞庭湖大桥、沪苏通长江大桥、海南海文跨海大桥等国家重大工程。

本书凝练了项目组 10 余年来的研究成果，介绍了轻型组合桥面结构的设计理论和实桥工程应用情况，具体章节安排如下：第 1 章介绍超高性能混凝土的基本概念和性能，以及超高性能混凝土在桥梁工程中的应用情况；第 2 章介绍正交异性钢桥面板疲劳开裂和沥青铺装层易损两类病害问题，阐述钢–STC 轻型组合桥面结构的研发背景；第 3 章介绍轻型组合桥面结构界面抗剪理论，主要包括短栓钉、焊接钢筋网、焊接钢筋头等矮剪力键的抗剪特性，以及剪力键设计计算方法；第 4 章介绍轻型组合桥面结构抗弯静力设计理论，包括承载力极限状态计算方法，正常使用极限状态下 STC 裂缝宽度计算方法等；第 5 章介绍轻型组合桥面结构疲劳设计理论，包括 STC 层抗弯拉以及短栓钉根部钢板抗拉疲劳性能和计算理论；第 6 章介绍 STC 强化接缝设计理论，包括多种接缝的构造特点、受力模式、裂缝宽度计算公式等；第 7 章介绍轻型组合桥面结构特殊构造及设计理论，包括栓接钢桥螺栓带、钢–混结合段、简支变桥面连续等特殊区域的强化措施与机理；第 8 章介绍 STC 顶面黏结层的抗剪和抗拔性能及设计理论；第 9 章介绍组合桥面设计方法，包括轻型组合桥面结构的设计理论、计算公式和构造措施；第 10 章介绍实桥工程案例及分析，包括在四种桥梁体系的代表性应用情况、设计过程及实桥施工照片等。

本书涉及的研究工作得到了国家自然科学基金 (51178177，50778071，51678229，51708200，51778221，51178223)、国家重点研发计划 (2018YFC0705400)、交通运输部重大科技专项 (2011318494160)、湖南省科技重大专项 (2017SK1010) 等项目的资助，特此致谢。

本书是作者科研团队众多成员长期共同的研究成果，其中第 1、2、4、6、7 章由邵旭东执笔，第 3、5、9、10 章由曹君辉执笔，第 8 章由李嘉执笔，黄政宇教授对有关超高性能混凝土材料方面的内容进行了把关，全书由邵旭东修改定稿。博士生陈斌、张哲、罗军、张龙威、裴必达、王洋、邱明红、赵旭东、熊满华、王衍、杨云逸、冯家辉、何广、孙璇、李玉祺，科研助理李盼盼，硕士生刘梦麟、盛捷、刘鹏、王文前、周环宇、丁楠、李文光、刘瑜、方恒、张松涛、欧阳泽卉、黄细军、张士红、郑晗、彭勃、李召辉、甘屹东、廖子南、郭程、乔秋衡、曲宛桐、朱忠、汪尔颖、谭健、张瀚文、周银东、祝飞翔、詹健、杨盼杰、冯啸天、辜杰凯、王懿、李洪、杨波、王万鹏、蒋汉亮、李杰、曾玉、陈卫、赵昭、夏扬嘉玲、张坚、董亮等在相关研究中做出了出色的成绩，从而为本书做出了重要的贡献，在此一并深表感谢。

钢–STC 轻型组合桥面是一种新技术，它的研发和应用推广离不开尊敬的陈冠雄、郑皆连、周绪红、聂建国、邓文中、王景全 (陆军工程大学)、凤懋润、周海涛、郑明珠、廖朝华、胡建华、包琦玮、王昌将、梁立农、宁平华、周爱国、马竞、颜东煌、李瑜、王石磊等学者的支持和相助。广东冠生土木工程技术股份有限公司、湖南中路华程桥梁科技股份有限公司为新技术的推广做了不懈的努力，在此一并致以特别的感谢。

书中若有疏漏和不当之处，敬请读者指正。

目录

第 1 章　超高性能混凝土的基本性能及其在桥梁工程中的应用

1.1　超高性能混凝土的概念

超高性能混凝土 (ultra-high performance concrete，UHPC) 被认为是过去 30 年中最具创新的水泥基复合材料，具有优异的力学性能和耐久性。根据定义，UHPC 一般是指抗压强度在 120MPa 以上、具有超长耐久性的水泥基复合材料。目前世界上已有法国和中国颁布了 UHPC 材料或结构规范，澳大利亚、日本、美国、瑞士等国家则颁布了相关设计指南。UHPC 的发展可以分为以下四个阶段。

(1) 20 世纪 80 年代以前，在这一阶段，受技术限制，只能通过一些特殊手段来提高混凝土的致密性和强度。当时主要通过真空拌合和高温养护，可获得抗压强度达 510MPa 的混凝土 [1]。虽然这种混凝土具有高抗压强度，但韧性很差，且制作过程的能耗较高，难以应用于实际工程。

(2) 20 世纪 80 年代，研发了 MDF(micro-defect-free cement)[2,3]，这种材料由水泥和特制的聚合物组成。MDF 的抗压强度可超过 200MPa，但是由于原材料昂贵且制作过程复杂，MDF 的工程应用极少。随后，丹麦学者 Bache 研发成功 DSP(densify system containing homogenously arranged ultrafine particles)[4,5]，这种材料中加入了超塑化剂和硅灰。DSP 的抗压强度可以达到 345MPa，但材料很脆，因此，往往通过掺入钢纤维来改善其韧性，衍生出两个典型的例子，即密实增强复合材料 (compact reinforced composite，CRC)[5] 和水泥砂浆注浆钢纤维混凝土 (slurry infiltrated fiber concrete，SIFCON)[6]。这两种材料表现出优异的力学性能和耐久性，但施工和易性较差，因此工程应用同样不多。

(3) 20 世纪 90 年代，活性粉末混凝土 (reactive powder concrete，RPC) 被研发成功 [7]，RPC 是以 DSP 为胶凝材料，配以较小粒径、间断级配的石英砂和钢纤维所组成。抗压强度可达 200~800MPa，具有良好的施工和易性，便于在实际工程中应用。同年，法国 Larrard 等 [8] 首次将基于 DSP 配制而成的混凝土材料统称为 UHPC，此后这一概念被广泛采用。目前国际上报道的 UHPC，通常就是 RPC。1997 年，世界上首座 RPC 结构——位于加拿大的 Sherbrooke 市的人行桥建成 [9]。

(4) 2000 年以后，UHPC 得到快速发展，性能不断改进，组分也不断优化。现在 UHPC 中往往加入粉煤灰等掺合料，可以代替一部分水泥，从而降低水泥用量。UHPC 的价格也逐渐降低，应用越来越广泛。可以预见，在未来的土木工程领域，UHPC 将具有更大的优势和更广阔的的应用空间。

1.2 超高性能混凝土的力学性能

1.2.1 抗压性能

1.2.1.1 概述

早在 1993 年 [7]，法国学者 Richard 等研发了 RPC，这是一种最常见的 UHPC。按照抗压强度划分，RPC 分为 200MPa 和 800MPa 两个等级 (表 1.1)，目前 RPC 的最高抗压强度达到了 810MPa。

表 1.1 RPC200 和 RPC800 的主要特点和力学性能

项目	RPC200	RPC800
是否预压成型	否	是 (50MPa)
养护温度	20~90℃	250~400℃
抗压强度	170~230MPa	490 ~ 680MPa(以石英砂为骨料) 650 ~ 810MPa(以钢砂为骨料)
抗折强度	30~60MPa	45~141MPa
断裂能	20000~40000J/m^2	1200~20000J/m^2
弹性模量	50~60GPa	65~75GPa

研究表明 [7]，UHPC 的抗压强度不仅与材料组分有关，还与养护制度密切相关。当采用常温自然养护或蒸汽养护 (一般为 90℃) 时，UHPC 的抗压强度多为 120~230MPa；当浇筑后预压成型并终凝后蒸压养护 (一般为 175~250℃) 时，其抗压强度可达 250~400MPa；当以钢砂作为细骨料，施以预压成型和高温热养护 (250~400℃) 时，其抗压强度可达 650MPa 以上。

同样是水泥基复合材料，为什么普通混凝土的抗压强度仅约为 20~50MPa，而 UHPC 的抗压强度可达 120~230MPa，甚至是 810MPa? 这与 UHPC 的配制机理有关。在水泥基复合材料中，水泥基体和骨料间存在界面过渡区 (interfacial transition zone，ITZ)，成为受力的短板。普通混凝土中水胶比较高 (0.4~0.7)，且粗骨料体积占比可达 75%，使得 ITZ 中孔隙率高、氢氧化钙 (CH) 含量高，受力时成为最薄弱的环节，导致抗压强度难以突破。而 UHPC 基于最大堆积密度配制，剔除了粗骨料，各组分间相互填充，且水胶比较低 (一般为 0.16~0.2)，降低了 ITZ 中的孔隙尺寸和孔隙率；同时，所掺入的如硅灰等矿物掺合料可与 CH 进行火山灰反应，形成水化硅酸钙 (C-S-H)，使得 ITZ 如同水泥基体一样致密。这些措施提高了材料的致密性 (图 1.1)，受力时具有更好的均一性，这也是 UHPC 具有高强度和高耐久性的根本原因。

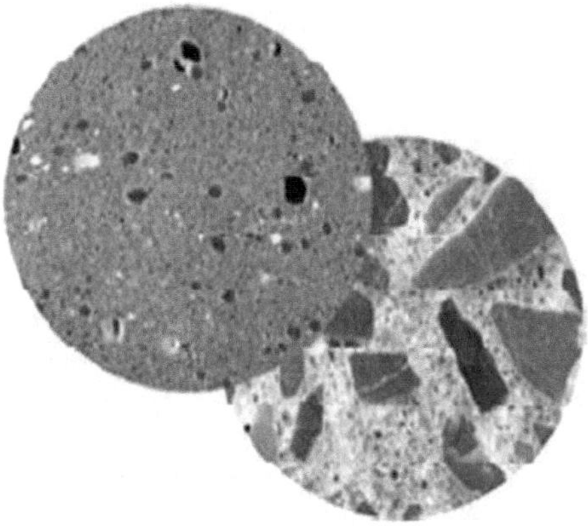

图 1.1 细观形貌对比

UHPC(左)、普通混凝土 (右)

1.2.1.2 抗压强度的主要影响因素

1. 材料组分

UHPC 按最大堆积密度原理配制，主要由水泥、细骨料、硅灰、石英粉、减水剂、钢纤维和水等组成，材料组分对 UHPC 的抗压强度有显著影响。

1) 细骨料

UHPC 的抗压强度与细骨料的强度密切相关。因此，若要提高 UHPC 的抗压强度，必须选用高强细骨料。常规 UHPC 一般以细石英砂作为细骨料，此时 UHPC 的抗压强度多为 120~230MPa。丹麦学者 Bache 以煅烧的铝矾土或精选的玄武岩作为细骨料，配制出了抗压强度为 140~400MPa 的 UHPC；法国学者 Richard 等以细钢砂作为细骨料，浇筑后采用预压成型，并终凝后进行 250~400℃ 高温热养护，使得 UHPC 的抗压强度高达 650~810MPa。

2) 钢纤维

钢纤维对 UHPC 的抗压强度提高有限，但对其变形和破坏模式影响显著。不含钢纤维 UHPC 的受压破坏过程具有突然性，甚至呈爆炸性；而适量掺入钢纤维后，UHPC 的破坏过程变得缓和，无严重的切口、剥离等脆性破坏现象。同时，含钢纤维 UHPC 的受压应力–应变曲线具有明显的下降段，伴随着短而细的裂缝，且裂缝不连贯，而引起这些效果的根本原因是钢纤维的桥接作用提高了 UHPC 的横向变形能力。

当 UHPC 钢纤维含量较低时，受压试件的裂缝主要呈竖向分布，且裂缝数量较少；当 UHPC 钢纤维含量较高时，裂缝主要沿对角斜向分布，且试件破坏时的应变更高。图 1.2 对比了不同钢纤维含量下 UHPC 受压破坏时的照片。

(a) 无纤维　　(b) 低钢纤维含量　　(c) 高钢纤维含量

图 1.2　UHPC 的受压破坏形态

3) 水胶比

水泥基复合材料一般通过水胶比来衡量用水量，这里的“胶”是指胶凝材料 (包括水泥、硅灰和其他超细火山灰掺合料)。总体而言，水胶比越低，水泥基复合材料的抗压强度越高 (图 1.3)，原因是水泥基体–骨料界面过渡区的孔隙数量减少，提高了材料受力时的均一性。UHPC 的水胶比一般为 0.16~0.2，远低于普通混凝土 (0.4~0.7)。由于组分级配合理，且水胶比低，UHPC 内部孔隙细小且不连通，提高了材料的致密性，从而改善了其力学性能和耐久性 [10]。

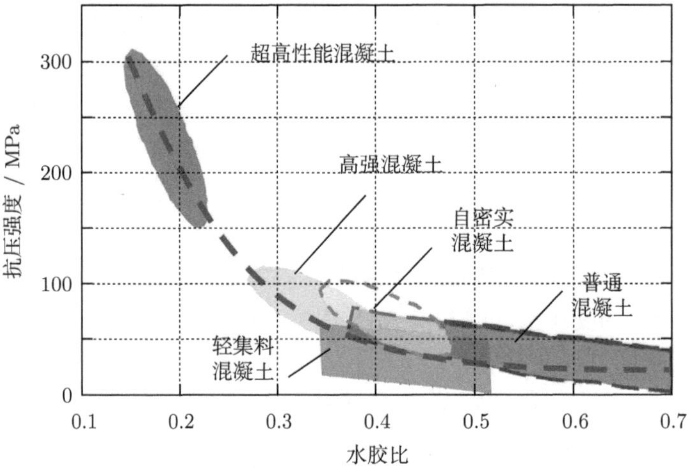

图 1.3　不同水胶比下水泥基复合材料的抗压强度

由于水胶比低，即使达到强度后，UHPC 中也有相当一部分的水泥未水化。研究表明，当水胶比为 0.2 时，约有 74%的水泥未水化，这部分水泥充当填料，进一步提高了材料的致密度。在使用过程中，未水化的水泥会继续水化，使得 UHPC 的抗压强度持续增加。Toutlemonde 等 [11] 通过对世界首座 UHPC 公路桥 (位于法国 Bourg-Lès-Valence 的 OA4 和 OA6 桥，修建于 2000 年) 钻芯取样测试了 UHPC 的抗压强度，结果发现，UHPC 在 12 年后的抗压强度比 28 天时的抗压强度增加了 20%。无独有偶，Kono 等 [12] 基于日本首座 UHPC 桥——Sakata-Mirai 人行桥 (修建于 2002 年)，对通过实桥钻芯获取的试件和建桥时同期制作的、置于实桥环境中的试件进行定期测试。试验结果表明，UHPC 的抗压强度在 10 年间持续增长 (图 1.4)，同时，这些试件的氯离子扩散系数低于试验时在实验室准备的试件。

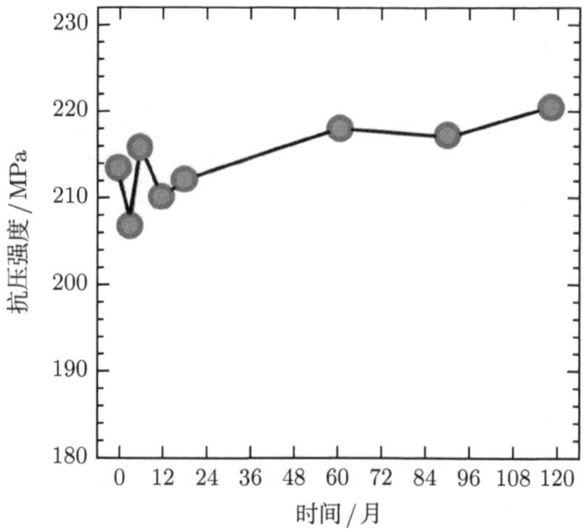

图 1.4 UHPC 在长期运营中的抗压强度增长现象

此外，由于 UHPC 未完全水化，开裂后这部分水泥可以继续水化，使得 UHPC 表现出良好的自愈合能力。

4) 养护制度

UHPC 的力学性能和耐久性均与养护制度密切相关。一般而言，UHPC 有自然养护、蒸汽养护、蒸压养护和高温热养护等四种养护方法 (图 1.5)。从 UHPC 的抗压强度角度来看，这四种养护方法的效果依次为：高温热养护 > 蒸压养护 > 蒸汽养护 > 自然养护。

自然养护是指 UHPC 浇筑后置于自然环境中养护 28 天。在这种养护条件下，UHPC 组分的反应活性较弱，强度发展缓慢，且水化反应和火山灰反应形成的 C-S-H 链较短，但是当养护时间合理延长时，其抗压强度仍然可达 200MPa。

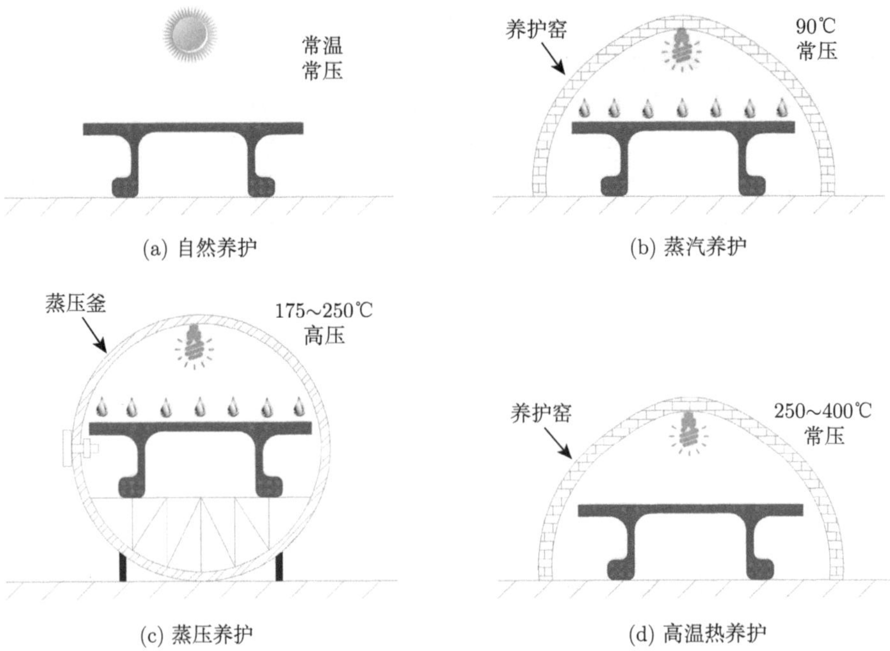

图 1.5　UHPC 的四种养护方法示意

蒸汽养护是指 UHPC 浇筑完成并终凝后，以 90℃ 的水蒸气 (也可采用热水) 进行养护，一般持续 48h。蒸汽养护可以加速水泥的水化反应，使得强度迅速发展，并能够提高硅灰等掺合料的火山灰活性，产生额外的硅酸钙水化物，延长 C-S-H 链的长度，以填充细微空隙，进一步提高力学性能。与自然养护相比，90℃ 蒸汽养护可将 UHPC 的抗压强度平均提高约 20%~40%。研究还表明，蒸汽养护的开始时间对 UHPC 的抗压强度影响不大，利用这一特性，可以对不同时段浇筑的 UHPC 进行统一养护，以节约施工成本。此外，蒸汽养护还可以使收缩变形在养护期间基本完成，并显著降低徐变系数，从而改善 UHPC 的长期性能。

蒸压养护是指在 UHPC 终凝后以 175~250℃ 的水蒸气进行养护，一般持续 4~8h。这种养护方法可以让 UHPC 的抗压强度迅速发展，4~8h 内可达 200MPa。同时，蒸压养护可提高水泥基体–钢纤维间的黏结强度，进一步改善 UHPC 的受力。但应该认识到，对于每一个蒸汽压力和温度，存在一个临界蒸压时间，蒸压时间过长，反而会使得 UHPC 的力学性能有所下降。

高温热养护是指在终凝后对 UHPC 进行 250~400℃ 的高温养护，但不通入水蒸气，换言之，这种养护方式仅加温不保湿。当高温热养护温度超过 250℃ 时，使得 C-S-H 脱水，形成一种新的晶体水化产物——硬硅钙石，有助于进一步提高 UHPC 的抗压强度。目前以高温热养护制备的 UHPC 的抗压强度最高。Richard 等研发

RPC800 时采用了这一养护方式，抗压强度最高达到了 810MPa。虽然高温热养护可以提高 UHPC 的抗压强度，但会导致脆性增加。

无论是蒸汽养护、蒸压养护还是高温热养护，其开始时间均在 UHPC 终凝之后。研究表明 [7]，在终凝前对 UHPC 预压可以进一步提高其抗压强度。预压应力一般在 UHPC 浇注后、终凝前施加，这样做有以下好处：① 数秒钟内迅速排除大部分气泡；② 当采用可透水模板时，数分钟后可将多余的水从模板空隙中排除，研究表明，当施压 50MPa、持续 30min 时，可排除 20%~25%的拌和水，将混合料的堆积密实度提高约 2%；③ 若预压应力贯穿 UHPC 的凝结过程，部分化学收缩可以被消除。UHPC 的抗压强度与脱模时的相对密实度密切相关 (图 1.6)，通过预压，可进一步排除材料内部的气泡和水分，从而达到进一步提高 UHPC 密实度和抗压强度的目的。

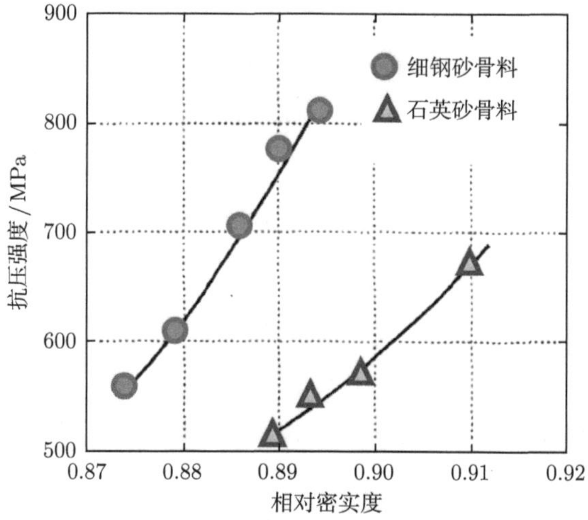

图 1.6 UHPC 抗压强度与相对密实度的关系

2. 试件类型与试验方法

1) 试件类型 (尺寸效应)

Graybeal[13] 对 1000 多个 UHPC 试件进行了抗压试验，涵盖了不同形状和不同尺寸的试件 (图 1.7)。根据研究结果，总体而言，基于不同形状和尺寸测得的抗压强度相差较小。受加载端板约束效应的影响，基于立方体试件的抗压强度约比圆柱体高 5%。此外，基于较小试件测得的抗压强度更高，这一规律与普通混凝土类似，主要原因为：尺寸越大，试件中包含的初始缺陷越多，导致材料强度降低。Abbas 等 [14] 归纳了不同类型 UHPC 试件间的抗压强度换算系数，如表 1.2 所示。

图 1.7　不同类型的 UHPC 抗压试件

表 1.2　不同类型 UHPC 的抗压强度换算系数

文献	试件类型与尺寸/mm	换算系数
Skazlic 等 [15]	圆柱体 (70×140/100×200)	1.05~1.15
	圆柱体 (150×300/100×200)	0.85~0.95
Graybeal 和 Davis[16]	圆柱体 76/立方体 100	1.00
	圆柱体 76/立方体 71	0.94
	圆柱体 76/立方体 51	0.96
	圆柱体 76/立方体 102	1.01
Kazemi 和 Lubell[17]	立方体 (50/100)	1.09
	立方体 50/圆柱体 100	1.14
	立方体 50/圆柱体 50	1.09

目前不同国家对 UHPC 抗压试件的要求不同。我国 RPC 国家标准 [18] 要求采用 100mm×100mm×100mm 的立方体试件；美国 UHPC 指南 [19] 推荐采用 Φ76.2mm×152.4mm 的圆柱体试件；而法国 UHPC 规范 [20] 要求当纤维长度小于 22mm 时，采用 Φ110mm×220mm 的圆柱体试件，否则采用 Φ160mm×320mm 的圆柱体试件，同时规定，当采用其他圆柱体试件或立方体试件时，需要将试验结果换算到标准试件下。

2) 试件端部平整度

Schmidt 和 Frohlich[21] 研究发现，UHPC 抗压试件加载端面不平整引起的抗压强度降低值比普通混凝土更为显著。因此，对 UHPC 进行抗压性能试验时，应对试件两端进行打磨，以确保端面平整 (图 1.8)。试件平整度应符合 ASTMC39 中的有关规定，即任意一个端面的偏角不得超过 0.5°。

(a)

(b)

图 1.8 UHPC 轴压试件端部打磨及平整度检查

3) 加载速率

由于 UHPC 的抗压强度较高，若按照普通混凝土试件的加载速率进行试验，加载时间将更长。研究发现，当加载速率在 0.24~1.7MPa/s 时，UHPC 的抗压强度差异小于 4%，且对弹性模量和泊松比无明显影响。

目前国际上不同国家推荐的 UHPC 抗压强度试验的加载速率不同，我国 RPC 国家标准规定为 1.2~1.4MPa/s，美国 UHPC 指南规定为 1.0MPa/s，法国 UHPC 规范规定为 0.4~0.8MPa/s。

1.2.1.3 抗压性能试验

作者团队 [22] 研究了钢纤维形状及掺量对 UHPC 抗压强度和弹性模量的影响。如图 1.9、图 1.10 所示，两种试验方法均采用 GB/T 31387-2015《活性粉末混凝土》的标准进行测试。抗压强度试验应采用 100mm×100mm×100mm 立方体试件，弹

图 1.9 立方体抗压试验

图 1.10　弹性模量试验

性模量应采用 100mm×100mm×300mm 棱柱体试件。采用加载速率为 1.2MPa/s。

在立方体试验加载过程中，当荷载较小时，试件无明显反应；当荷载接近极限荷载时，试件不断发出"嘎嘎"声；当荷载达到最大值时，试件发生脆性破坏，并伴随较大的爆裂声，但并不会像普通混凝土一样被压碎，而只在试件表面出现裂缝以及脱皮现象，表明 UHPC 中的钢纤维发挥了阻裂效应，改善了 UHPC 的抗压性能。

试验测得立方体抗压强度及弹性模量如表 1.3 所示及图 1.11 所示。由数据可知，当纤维类型不变，纤维掺量增大时，立方体抗压强度随着升高，证明了纤维的掺入可有效增强 UHPC 的抗压强度。当纤维含量不变，端钩型纤维对抗压强

表 1.3　UHPC 立方体试件抗压强度及弹性模量试验值

纤维类型	纤维含量/%	抗压强度/MPa	弹性模量/GPa
长直型	2.0	137.12	42.65
	2.5	140.73	43.89
	3.0	141.30	44.84
	3.5	153.32	44.76
混合型	2.0	139.59	42.45
	2.5	143.98	45.31
	3.0	148.14	45.61
	3.5	154.68	45.82
端钩型	2.0	143.03	42.81
	2.5	151.54	45.34
	3.0	155.34	44.51
	3.5	160.98	45.16

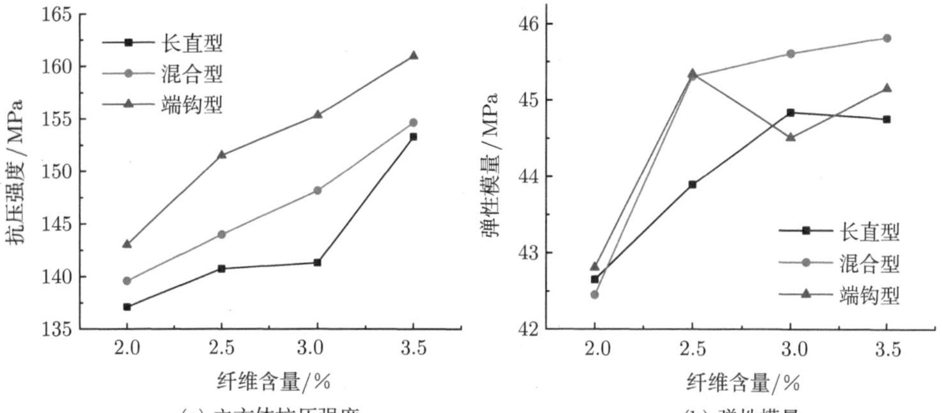

(a) 立方体抗压强度　(b) 弹性模量

图 1.11 钢纤维对 UHPC 立方体试件抗压强度及弹性模量的影响

度增强效果最好，混合型纤维次之，长直型纤维相对较差。弹性模量方面，纤维含量为 2%时，材料弹性模量较低，但各纤维条件下的弹性模量试验值差距不高于 10%，可认为纤维类型对弹性模量影响并不明显。

1.2.1.4 受压应力–应变曲线

虽然掺入钢纤维也能提高 UHPC 的抗压强度，但增幅较小，钢纤维的作用主要还是体现在变形能力和应力–应变曲线上。

若不掺入钢纤维，达到峰值应力后 UHPC 随即破坏，且破坏过程具有突然性，甚至呈爆炸性；当掺入适量的钢纤维后，UHPC 受压时表现出良好的变形能力，且下降段较为平缓。无论掺入钢纤维与否，UHPC 受压应力–应变曲线均包含较长的线弹性段，该阶段可达极限抗压强度的 80%～95%，远高于普通混凝土 (一般仅为 40%～60%)，随后是较短的非线性上升段；当掺入了钢纤维时，还将包含较长的下降段 (图 1.12)。

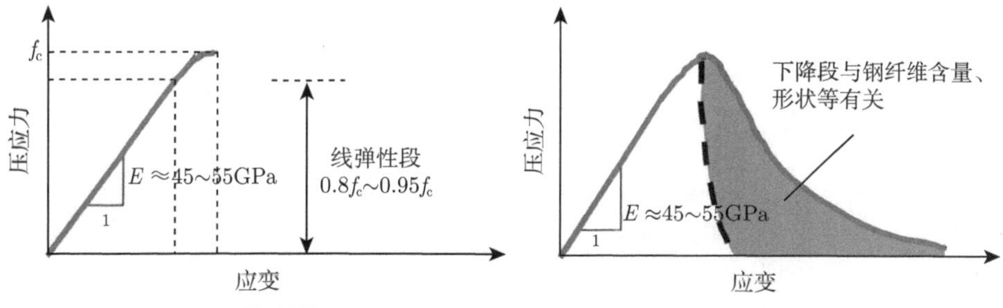

(a) 无钢纤维　(b) 含钢纤维

图 1.12 钢纤维对 UHPC 轴压应力–应变曲线的影响 (f_c 为抗压强度)

UHPC 在峰值应力下的应变和极限应变均与钢纤维的掺量和类型有关。根据 Prabha 等的研究 [23]，当不掺入钢纤维时，UHPC 在峰值应力下的应变和极限应变分别为 3437με 和 7500με，当掺入 2% 长 6mm 的钢纤维时，相应的应变分别为 4442με 和 14600με，变形能力显著提高。此外，UHPC 的应变能力还与养护制度有关，Graybeal 的研究表明 [13]，在自然养护和蒸汽养护条件下，UHPC 在峰值应力下的压应变分别为 3500με 和 4100με。

按照结构设计的基本原则，用于设计的应力–应变本构关系可基于试验结果，经适当简化，并考虑安全系数后获得。目前一些国家已经对 UHPC 建立了设计应力–应变曲线方程。图 1.13 汇总了法国 [24]、澳大利亚 [25]、日本 [26]、美国 [19] 等国家相关规范或指南中 UHPC 轴压应力–应变曲线。而瑞士规范规定，在达到抗压强度之前，UHPC 的抗压性能可视为线性应力–应变关系；当考虑刚度下降时，应力–应变曲线的上升段也可由非线性关系表示。

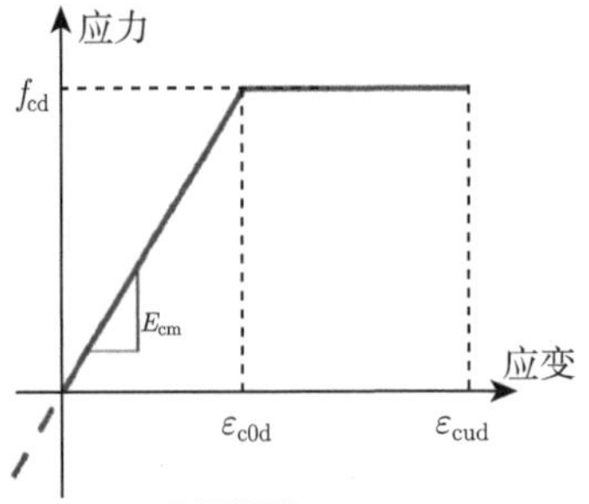

(a) 法国规范，2016

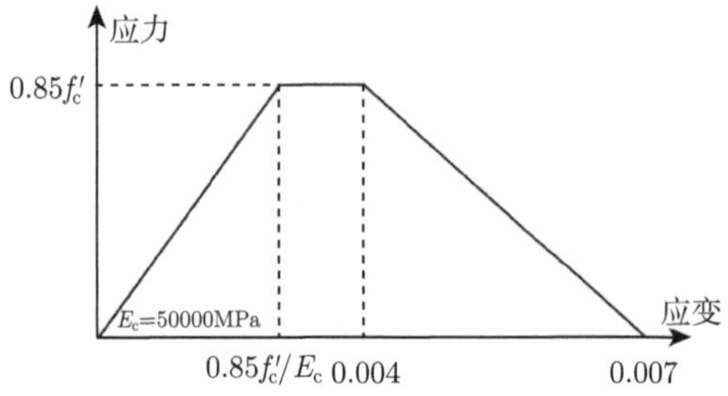

(b) 澳大利亚指南，2000

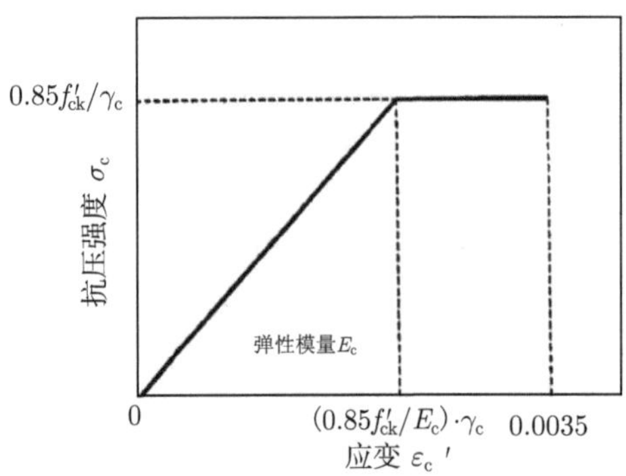

(c) 日本指南，2006

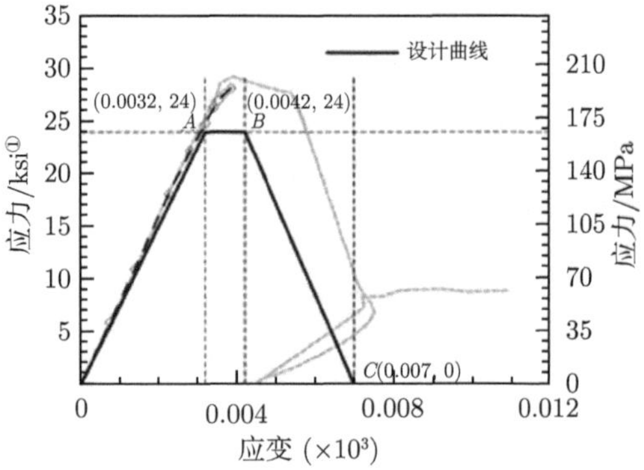

(d) 美国指南，2013

图 1.13 不同规范或指南中 UHPC 轴压应力–应变曲线

①1ksi=6.895MPa。

1.2.2 抗拉性能

1.2.2.1 概述

基于 Naaman 等 [27,28] 提出的性能分类方法，纤维增强水泥基复合材料 (FRCC) 可根据其轴拉应力–变形曲线的形状分为应变硬化和应变软化材料，而拉伸应变软化材料根据其荷载–挠度曲线的形状，又可以进一步分为挠曲硬化和挠曲软化两种弯曲特性，如图 1.14 所示。

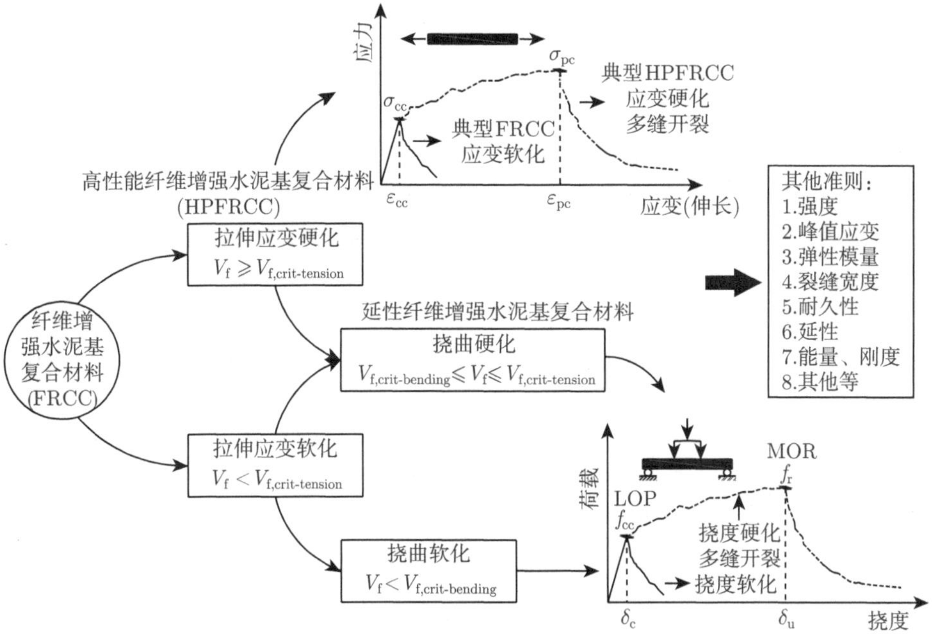

图 1.14 纤维增强水泥基复合材料分类

σ_{cc}、ε_{cc}—轴拉试件开裂应力及对应的应变；σ_{pc}、ε_{pc}—轴拉试件裂后最大应力及对应的应变；V_f—纤维体积含量；$V_{f,crit\text{-}tension}$—满足轴向拉伸应变硬化条件的临界纤维含量；$V_{f,crit\text{-}bending}$—满足拉伸应变硬化条件的临界纤维含量；$\delta_c$—抗折试件出现开裂时的挠度；$\delta_u$—抗折试件断裂时的挠度；$f_{cc}$—抗折试件出现开裂时，受拉侧最外缘应变；$f_r$—抗折试件断裂时，受拉侧最外缘应变；LOP—比例极限；MOR—极限强度

法国 UHPC 规范根据 UHPC 裂后的受拉应力–应变曲线，考虑纤维取向系数 K 的折减，可分为高应变硬化 (图 1.15(a))、低应变硬化 (图 1.15(b)) 和应变软化 (图 1.15(c)) 三类。应该指出，UHPC 材料的抗拉本构关系究竟属于哪一类，不仅与 UHPC 材料的组成有关，还与实际应用时的浇注方法有关。

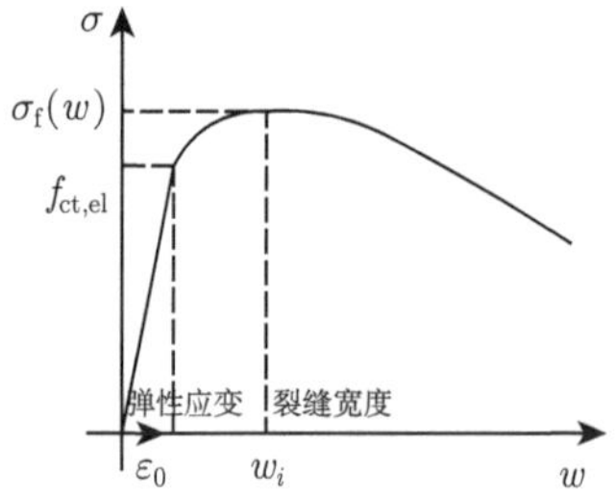

(a) 高应变硬化

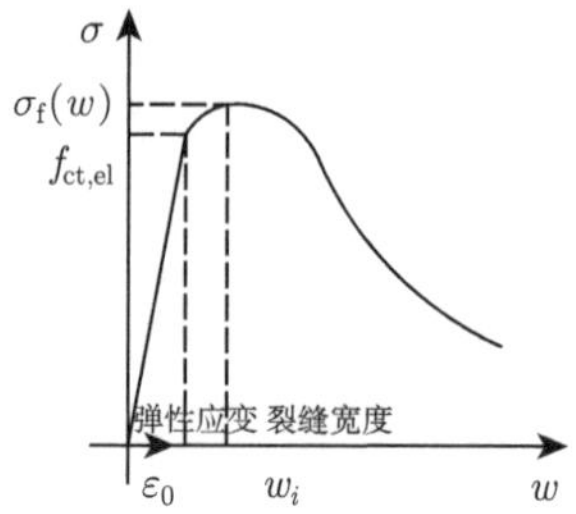

(b) 低应变硬化

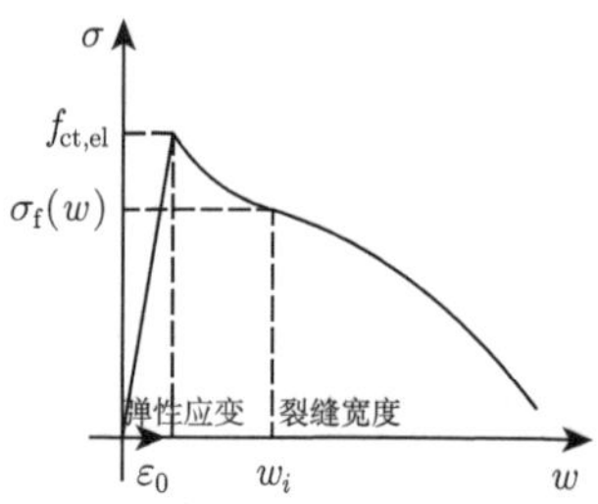

(c) 应变软化

图 1.15　UHPC 材料拉伸本构关系

应变软化类 UHPC 材料受拉时，拉应力一旦达到基体强度开裂后，裂缝就迅速发展，纤维掺量较低或纤维的增强效率不高的 UHPC 材料属于这一类；低应变硬化 UHPC 材料受拉时，平均受拉应力–应变曲线具有应变硬化特性，但考虑纤维取向系数 K 后，应力–应变曲线表现为应变软化特性，设计中应按应变软化的材料特征考虑，目前工程中应用的 UHPC 材料大多属于此类；高应变硬化 UHPC 材料受拉时，即使考虑纤维取向系数 K 后，应力–应变曲线中裂后峰值拉应力 (极限抗拉强度) 仍然高于比例极限 (初裂强度)，即仍然具有应变硬化特性，设计中可按具有应变硬化特性的材料考虑，这种应变硬化特性一般在较高纤维掺量的 UHPC 材料中能获得。为了便于工程人员在使用过程中确定 UHPC 材料受拉特性，法国 UHPC 材料标准 NF P18-470 给出了高应变硬化、低应变硬化和应变软化的量化指标。

当 $f_{ctfm}/K < f_{ctm,el}$ 和 $f_{ctfk}/K < f_{ctk,el}$ 时，为应变软化 UHPC；

当 $f_{ctfm}/K \geqslant f_{ctm,el}$ 和 $f_{ctfk}/K < f_{ctk,el}$ 时，为低应变硬化 UHPC；

当 $f_{ctfm}/K \geqslant f_{ctm,el}$ 和 $f_{ctfk}/K \geqslant f_{ctk,el}$ 时，为高应变硬化 UHPC。

$f_{ctm,el}, f_{ctk,el}$ 分别为 UHPC 比例极限 (初裂强度) 平均值和标准值；f_{ctfm}, f_{ctfk} 分别为 UHPC 裂后极限抗拉强度平均值和标准值；K 为纤维取向系数。

受拉应变硬化常常伴随多条细微裂缝的开展而具有较高的能量耗散能力，可显著改善材料的裂后延性和韧性。基于最大密实度理论的 UHPC 基体内因掺入了适量的高强钢纤维，UHPC 材料的受拉性能一般表现出应变硬化特性。图 1.16 给出了典型的应变硬化 UHPC 材料的轴拉应力–应变曲线。由图 1.16 可以看出，应变硬化 UHPC 轴拉过程可分为三个阶段。

(I) 拉应力线性增加至初始裂纹产生的线性上升段末初始微裂纹产生时，拉伸曲线上特征点 A 的坐标为 $(\varepsilon_{cc}, \sigma_{cc})$。

(II) 伴随微裂缝发展的应变硬化段：随着拉伸变形不断增加，拉伸曲线出现线性转折点，此时拉应力增速下降或拉应力水平维持不变，即应变硬化，应变硬化阶段连接微裂纹的钢纤维开始发挥桥接作用，因高强钢纤维的黏结力较高，裂缝处纤

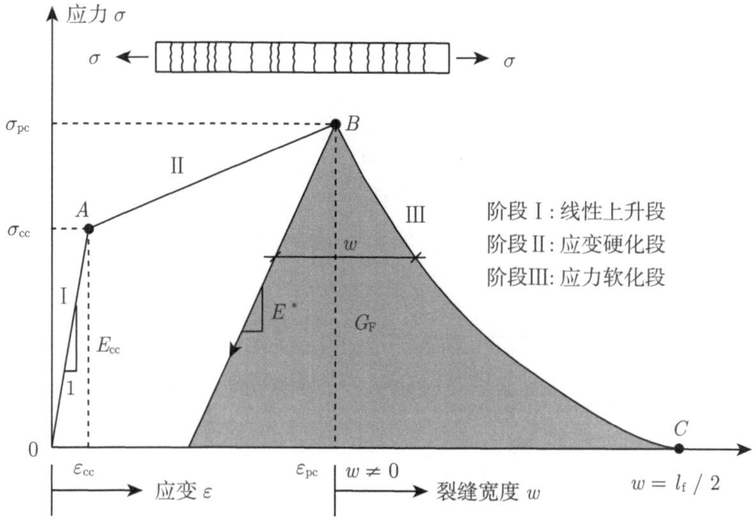

图 1.16　UHPC 材料的轴拉应力–应变曲线

维–基体间产生应力传递与重分布，此时应力传递作用范围外的 UHPC 逐渐产生多条细微裂缝，伴随多缝开裂的应变硬化阶段在曲线上峰值应力特征点 B 的坐标为 $(\varepsilon_{\mathrm{pc}}, \sigma_{\mathrm{pc}})$。

(III) 主裂缝快速扩展而应力下降的应力软化段：应变硬化后随着拉伸变形继续增加，当裂缝数量不再增加时，某裂缝面上由于纤维桥接作用形成的基体–纤维结合面拉应力传递条件不再满足，应力开始下降。换言之，UHPC 材料应变硬化能力耗尽后，进入应力软化阶段。此时，一条或多条主裂缝出现并迅速扩展，而主裂缝外的 UHPC 部分拉应力卸载、应变回缩和裂缝宽度变窄。

1.2.2.2　测试方法

目前混凝土抗拉强度主要的测试方法有弯曲拉伸试验 (简称弯拉试验)、劈裂拉伸试验 (简称劈拉试验) 和轴心拉伸试验 (简称轴拉试验)，UHPC 的抗拉强度测试方法基本沿用了普通混凝土的三种测试方法，但各国 UHPC 规范对抗拉强度测试方法和试件尺寸的选择和规定均有所不同。

1. 弯拉试验

弯拉试验是一种较稳定完善的间接拉伸测试方法，因测试仪器与加载条件简便易行，常用于混凝土材料弯曲拉伸特性的评定。弯拉试验通常包括三分点加载弯拉试验 (图 1.17) 和带切口的中点加载弯拉试验 (图 1.18)。不同国家的规范对弯拉试验的内容和试件尺寸的规定也有所不同。

图 1.17　三分点加载弯拉试验

(a) 加载装置　　(b) 切口平面图　　(c) 切口立面图

图 1.18　带切口的中点加载弯拉试验

法国 UHPC 材料标准 NF P 18-470[20] 对这两种弯拉试验均作出了相应的规定。由于结构中 UHPC 材料的受拉本构关系还取决于构件的厚薄 (法国 UHPC 规范规定：厚度不超过 3 倍最大纤维长度的为薄构件，反之厚度大于 3 倍最大纤维长度的则为厚构件)，因此法国 UHPC 材料标准 NF P 18-470 针对厚构件和薄构件选取不同的弯拉试件尺寸。对于厚构件，进行三分点加载弯拉试验和带切口的中点加载弯拉试验，棱柱体试件尺寸为 $a \times a \times 4a$，a 的尺寸范围为 7~20cm(约 5~7 倍纤维长度)，并建议带切口棱柱体试件的切口深度宜为 0.5 倍最大纤维长度，切口宽度不大于 3mm。对于薄构件，进行三分点加载弯拉试验，棱柱体试件长度不小于 20 倍棱柱体厚和 60cm 的较大值，宽度取 8 倍纤维长度，支座距试件端部距离取 3cm 和 0.5 倍棱柱体厚的较大值。

瑞士 2016 年 UHPC 设计指南 [29] 规定三分点加载弯拉试验的试件尺寸为 30mm×100mm×500mm。我国国家标准《活性粉末混凝土》(GB/T 31387-2015)[18] 规定弯拉试验应采用 100mm×100m×400mm 的棱柱体试件，加载方式为三分点加载。《纤维混凝土试验方法标准》(CECS 13-2009)[30] 规定弯曲韧性试验的试件尺寸应满足：当纤维长度不大于 40mm 时，采用截面为 100mm×100mm 的梁式试件；当纤维长度大于 40mm 时，采用截面为 150mm×150mm 的梁式试件。支座跨度 (加载支座间距) 为截面边长的 3 倍，试件长度应比试件跨度至少长 100mm，加载方式为三点加载。还规定可以采用带切口梁试件测试弯拉强度，试件尺寸为 150mm×150mm×550mm，跨度为 500mm，跨中一侧面有预开口，宽度为 2mm，深度为 (25±1)mm，加载方式为中点加载。

Wille 等 [31] 开展了试件尺寸、浇注方式和支承条件对 UHPC 弯拉性能影响的研究，研究表明单个 UHPC 试件的结果随试验装置和试件特性的不同而表现出较大的差异。弯拉试验因试件尺寸效应和截面应力梯度效应测得的弯拉强度 f_{ft} 常大于材料真实的抗拉强度 f_{t}，因此法国 UHPC 材料标准 NF P 18-470 建议按式 (1.1) 考虑尺寸效应对弯拉强度的修正。

$$f_{\mathrm{ct,el}} = f_{\mathrm{ct,f1}} \frac{0.08a^{0.7}}{1 + 0.08a^{0.7}} \tag{1.1}$$

式中，a 为抗弯拉试件的高度；$f_{\mathrm{ct,el}}$ 为 UHPC 的轴拉弹性极限应力；$f_{\mathrm{ct,f1}}$ 为 UHPC 的弯拉弹性极限应力。

为获得 UHPC 的抗拉性能，国外的研究组织机构提出并制定了一些采用弯拉试验，通过倒推分析得到 UHPC 抗拉性能的试验方法，如法国 UHPC 材料标准 NF P 18-470。目前的倒推分析方法主要包括两类，即简易倒推分析法、逐点倒推分析法 (也称为二次倒推分析法)，其中逐点倒推分析法原理见 1.2.2.4 节。但有关研究结果表明，倒推分析得到的 UHPC 抗拉强度一般高于轴拉试验所得的抗拉强度。

2. 劈拉试验

劈拉试验采用圆柱体试件 (图 1.19)，试验装置简单、试验标准成熟，是常用于评估普通混凝土材料开裂强度的标准试验方法，可用于 UHPC 初裂强度的测试 (日本 UHPC 设计指南规定采用 100mm 的圆柱体试件进行劈拉试验确定 UHPC 的初裂强度)，但不能精确定量地分析 UHPC 材料的裂后抗拉性能。这些常规试验标准包括 AASHTO T132、ASTM C496。这些标准试验方法假设的材料力学特性不适用于具有应变硬化特性的纤维增强混凝土，易造成 UHPC 材料抗拉强度的高估。

图 1.19　劈拉试验

3. 轴拉试验

与弯拉试验和劈拉试验相比，轴拉试验能较准确反映混凝土真实抗拉强度，可直接获得材料的拉伸性能，无需假定和复杂的计算来倒推分析材料的轴拉应力–应变曲线。虽然轴拉试验的测试数据和结果处理都直接明了，但轴拉试验本身很难设计与实际操作。轴拉试验存在的困难主要有：① 如何保证拉应力在试件截面上均匀分布；② 如何控制实测响应在试验过程中保持稳定。由此可见，轴拉试验设计是 UHPC 材料受拉性能测试的一大重点与难点，为克服上述困难，轴拉试验通常需要特殊的试件形状和特定的试验装置。

轴拉试验的试件形状和边界条件将会对 UHPC 材料拉伸性能的三个阶段 (线性上升、应变硬化和应力软化阶段) 均产生较大影响。其试件形状通常分为不带切口的棱柱体或圆柱体试件、带切口的棱柱体或圆柱体试件和哑铃形试件，而边界条件分为允许端部转动和端部固定两种。允许端部转动的轴拉试验虽可精确得到初裂强度，但无法精确评估材料的裂后性能，这是因为初裂面刚度的局部不一致，使得初裂面的转动和纤维拔出早于其他裂缝的产生。端部固定的轴拉试验不允许裂缝面转动，故可测得试件完整的受拉应力–应变曲线。然而，因为试件的初始固定难以精确对中，常给试件带来初始弯曲应力，这类试验也很难得到准确的结果。此外，由于局部应力集中，还容易在试件端部靠近黏结区域内产生破坏。

目前世界上仍未形成公认的 UHPC 材料轴拉试验标准，各国专家学者采用的方法、试件尺寸也各不相同。美国 2006 年发布的 UHPC 材料性能技术报告中轴拉试验采用的是端部固定带切口和不带切口的圆柱体试件 (图 1.20)，圆柱体直径 102mm，长度 203mm，切口深 6.4mm。《纤维混凝土试验方法标准》(CECS 13-2009) 规定轴拉试件形状尺寸应从如图 1.21 中的四种形状选取一种，每组 4 个试件。

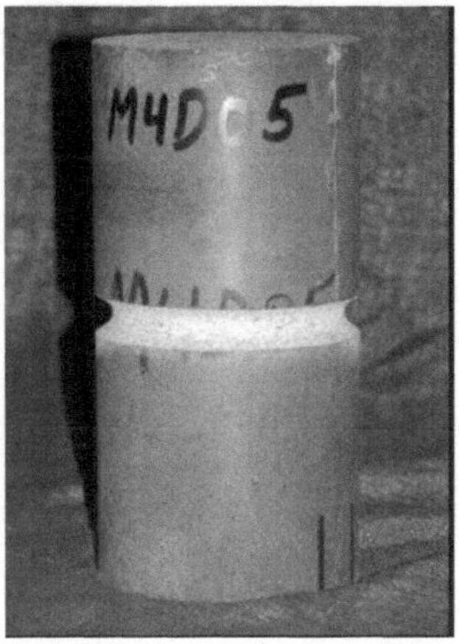

(a) 带切口圆柱体轴拉试件

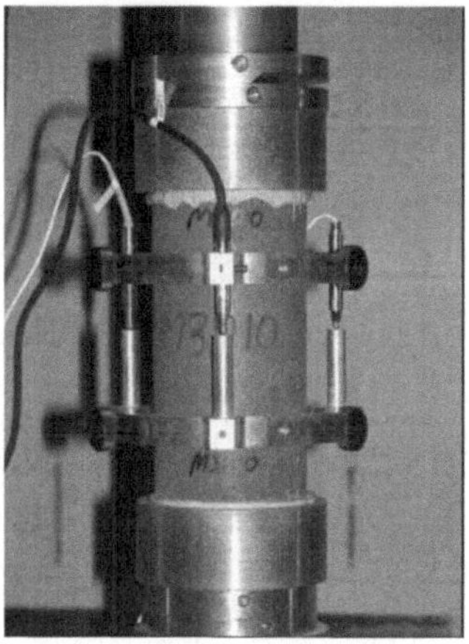

(b) 不带切口圆柱体轴拉试件

图 1.20 圆柱体轴拉试件

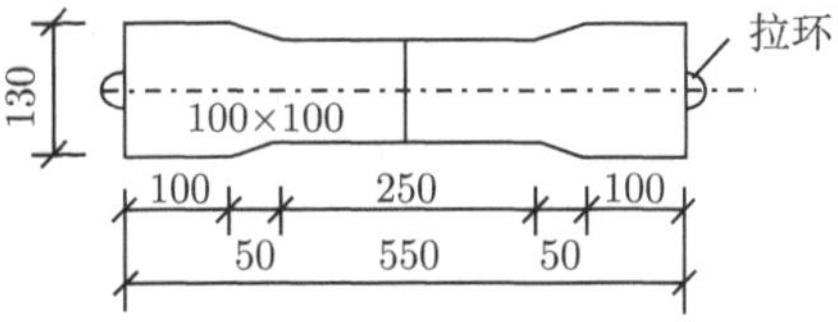

(a)

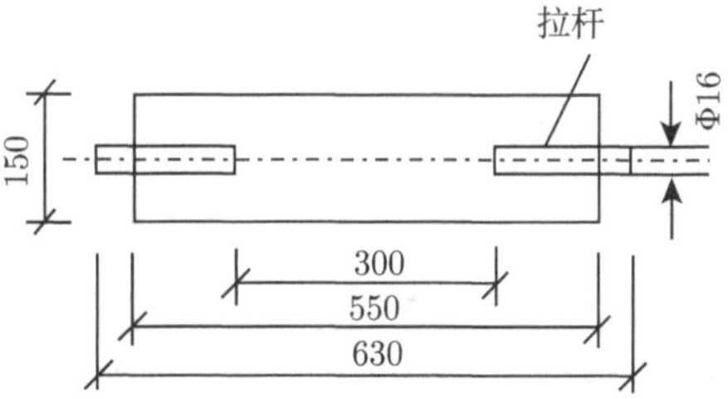

(b)

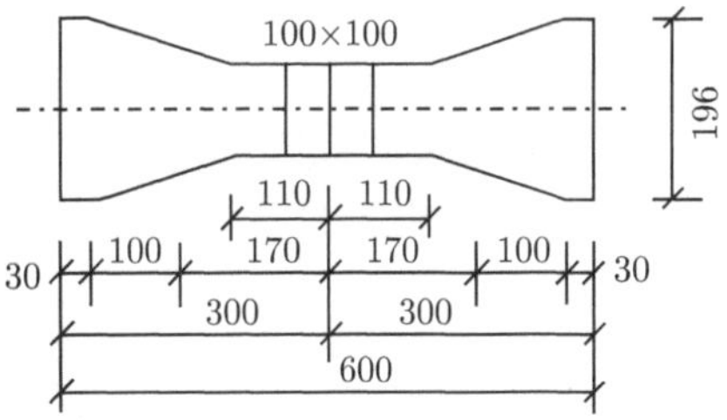

(c)

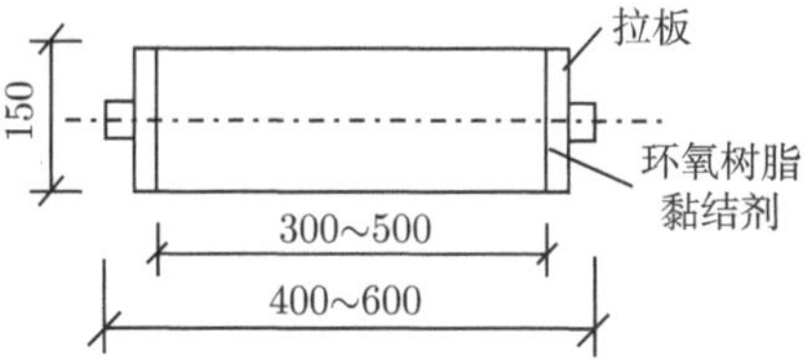

(d)

图 1.21 纤维混凝土轴向拉伸试件及埋件 (单位：mm)

瑞士 2016 年 UHPC 设计指南 [29] 规定了轴拉试件的尺寸，如图 1.22 所示，采用哑铃形试件，试件长为 560mm，测试段尺寸为 50mm×30mm，端部支承部分截面尺寸为 100mm×30mm，试件端部固定。采用哑铃形试件具有以下优点：① 中间测试段截面尺寸不变区域较长，有利于多缝开裂的发展及观测；② 端部支承处截面增大可避免黏结失效；③ 支承端增大截面与中间恒定尺寸截面间渐变，可较好地避免应力集中。试件可通过固结或栓接等方式与夹头装置相连，而夹头装置可黏结、拴接或夹紧于试验仪器上。

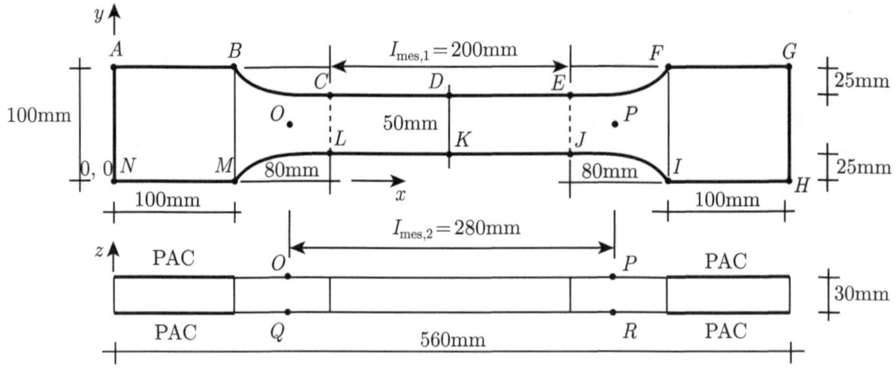

图 1.22 瑞士 2016 年 UHPC 指南轴拉试件尺寸 [29]

此外，试件尺寸的大小也会影响 UHPC 裂后性能，尤其是对 UHPC 的极限拉应变会有较大影响。表 1.4 给出了部分学者开展的不同试件尺寸轴拉试验的极限拉应变结果。对比发现，试件尺寸的大小对 UHPC 裂后性能有一定影响。为了真实反映结构实际的受拉性能，法国 UHPC 材料标准 NF P 18-470 建议 UHPC 试件的最小尺寸不宜小于 5 倍纤维长度。

表 1.4 不同尺寸的 UHPC 轴拉试件极限拉应变

学者	年份	试件标距内截面尺寸/mm	纤维类型	纤维长度/mm	纤维掺量/%	极限拉应变/με
Wille 等 [32]	2011	50.4×25.4	直线型	13	1.5	1700
			直线型	13	2.0	2000
			直线型	13	2.5	2400
			端钩型	30	1.0	4700
			端钩型	30	1.5	4700
			端钩型	30	2.0	4500
			扭转型	30	1.0	3300
			扭转型	30	1.5	4700
			扭转型	30	2.0	6100
			扭转型	30	2.5	6000

续表

学者	年份	试件标距内截面尺寸/mm	纤维类型	纤维长度/mm	纤维掺量/%	极限拉应变/με
Wille 等 [33]	2014	25×25	直线型	13	2.0	3900
			直线型	13	2.5	4700
			直线型	13	3.0	4500
			端钩型	30	1.5	4900
			端钩型	30	2.0	4800
			端钩型	30	3.0	4200
			扭转型	18	1.5	3800
			扭转型	18	2.0	4400
			扭转型	18	3.0	4100

1.2.2.3 影响抗拉性能的因素

UHPC 抗拉性能的改善主要依赖于钢纤维的掺入。若不掺入钢纤维，当 UHPC 基体开裂后裂缝迅速发展并贯通，从而导致基体的迅速破坏；若掺入钢纤维，UHPC 基体出现微裂缝后，部分拉应力由钢纤维与基体之间的剪应力承担，尤其是当基体开裂完全退出工作之后，裂缝处的拉应力全部由钢纤维与基体间的剪应力承担 (钢纤维的桥接作用)，而剪应力是靠纤维与基体之间的黏结作用来传递的。因此，UHPC 的抗拉性能主要受基体内的纤维特性影响 (包括纤维含量、纤维类型、纤维尺寸、纤维取向)。另外，UHPC 材料的抗拉强度还受组成材料、尺寸效应和养护条件等影响。

1. 纤维掺量

纤维掺量是影响 UHPC 抗拉性能的重要因素。图 1.23 给出了不同纤维掺量

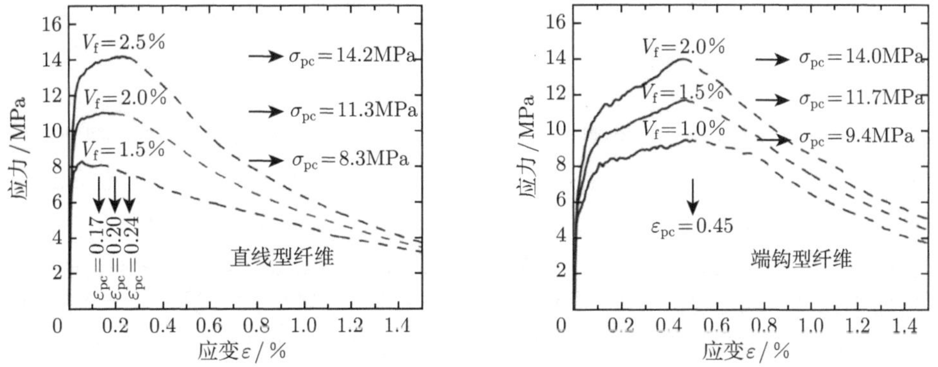

(a)不同直线型纤维掺量下 UHPC轴拉应力-应变曲线

(b) 不同端钩型纤维掺量下 UHPC轴拉应力-应变曲线

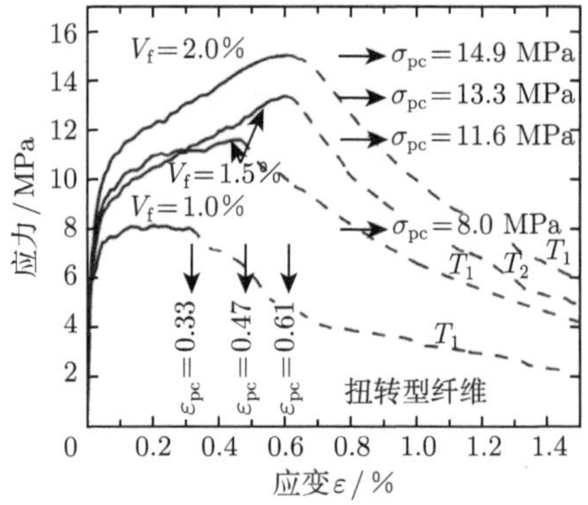

(c) 不同扭转型纤维掺量下 UHPC 轴拉应力-应变曲线

图 1.23 不同纤维掺量下 UHPC 轴拉应力–应变曲线

下 UHPC 轴拉应力–应变曲线，由图可以看出，随着纤维掺量的提高，UHPC 的裂后受拉性能 (极限抗拉强度和极限拉应变) 得到改善，但对 UHPC 的初裂强度影响较小。原因是 UHPC 初裂强度主要由 UHPC 基体的抗拉强度决定。而提高纤维掺量，可改善基体裂后纤维的桥接作用，进而改善 UHPC 极限抗拉强度和极限拉应变。但是有研究结果表明，当掺入过量的纤维时，对 UHPC 的抗拉性能反而有不利作用，这主要的原因在于纤维掺量过大时易导致纤维结团的现象，引起应力集中和界面区微裂纹，从而降低 UHPC 抗拉性能。

2. 纤维类型

不同的纤维类型对 UHPC 抗拉性能的影响也不相同。图 1.24 给出了相同纤维掺量 (1.5%) 条件下不同纤维类型的 UHPC 轴拉应力–应变曲线，纤维类型包括直线型 (图 1.25(a))、端钩型 (图 1.25(b)) 和扭转型 (图 1.25(c))。由图 1.23 和图 1.24 可以看出，纤维类型对 UHPC 初裂强度有一定的影响，对 UHPC 裂后性能 (极限抗拉强度和极限拉应变) 有较大的影响。直线型纤维的 UHPC 初裂强度 (7MPa 左右) 略高于端钩型和扭转型纤维的 UHPC 初裂强度 (6MPa 左右)，Wille 等给出的解释是与变形纤维 (端钩型和扭转型纤维) 相比，直线型纤维直径更小，UHPC 基体刚出现微裂纹时直线型纤维黏结贡献更大，因而表现出略高的 UHPC 初裂强度。而变形纤维 (端钩型和扭转型纤维) 的裂后性能 (极限抗拉强度和极限拉应变) 远远优于直线型纤维，直线型纤维的极限抗拉强度为 8.3MPa，极限拉应变为 1700με，变形纤维的极限抗拉强度可达 11.7MPa，增幅约 41.0%，极限拉应变可达 4500με，增幅约 164.7%。这主要归功于变形纤维与基体的黏结锚固效果明显高于直线型纤维与基体的锚固效果。相关研究结果表明，与直线型钢纤维相比，端钩型钢纤维与基体的最大拉拔荷载和拉拔能分别增加了 115%和 95%。

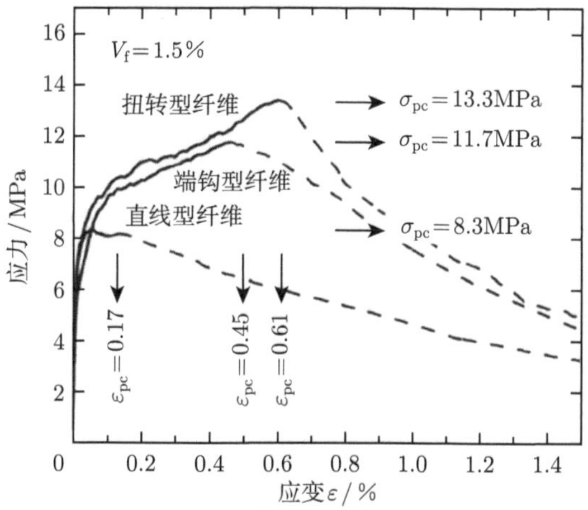

图 1.24 不同纤维类型 (纤维掺量 1.5%) 的 UHPC 轴拉应力–应变曲线

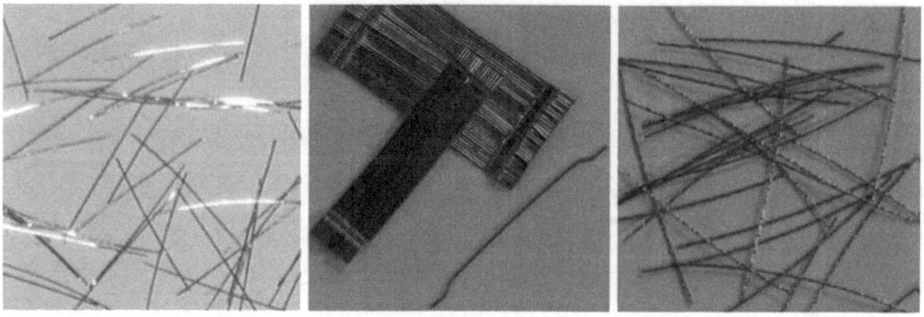

(a) 直线型纤维 (直径 0.2mm) (b) 端钩型纤维 (直径 0.38mm) (c) 扭转型纤维 (直径 0.30mm)

图 1.25 不同纤维形状的纤维照片

纤维的混掺也会影响 UHPC 的拉伸性能。Park 等研究了一种直线型、两种端钩型和一种扭转型长纤维分别与一种直线型短纤维混掺对 UHPC 拉伸性能的影响，其中长纤维的体积掺量保持 1.0%不变，短纤维的体积掺量在 0 和 1.5%之间，按 0.5%递增。研究结果表明: UHPC 的轴拉全应力–应变曲线主要由长纤维的类型决定而不是短纤维的体积掺量，短纤维的掺入可以增强 UHPC 的应变硬化和多缝开裂行为，当长纤维保持不变时，随着短纤维体积掺量的增加，UHPC 的轴拉性能 (如峰值强度、峰值应变和微裂缝数量) 显著增加。这是因为随着短纤维体积掺量的增加，单位体积内纤维的数量增多，平均间距减小，使得桥接于基体裂缝处的短纤维数量增多，从而增加了断裂面，提高了微裂缝数量。同时，纤维和基体的应力随着裂缝的增多而减小，从而延缓了纤维拔出以及裂缝的进一步发展，提高了峰值强度和峰值应变。此外，扭转型长纤维与短纤维混掺时，UHPC 的受力性能 (极限抗拉强度、极限拉应变和多缝开裂行为) 最好，而直线型长纤维与短纤维混掺时，受拉性能最差。这是因为扭转型长纤维与基体的黏结锚固效果最好，从而提高了 UHPC 的拉伸性能。

3. 纤维尺寸

宋焱研究了长纤维、短纤维和微纤维对 UHPC 劈裂抗拉强度和轴心抗拉强度的影响，发现不同类型纤维对抗拉强度的影响各不相同。其中，短纤维对劈裂抗拉强度和轴心抗拉强度的增强效果最明显，长纤维次之，微纤维的增强效果最差。图 1.26 给出了不同纤维长度下 UHPC 弯拉荷载–裂缝张开位移曲线。由图 1.26 可以看出，纤维长度对 UHPC 弯拉初裂强度几乎没有影响，但对 UHPC 弯拉裂后性能有较大影响，随着纤维长度的增加，UHPC 弯拉裂后性能得到改善，但是当纤维长度达 30mm 时，UHPC 弯拉性能反而不如纤维长度为 19.5mm 的试件。分析原因：当钢纤维长度增加时，相同体积含量情况下，钢纤维的数量减少，钢纤维的桥接作用减弱，进而导致 UHPC 弯拉性能的降低。

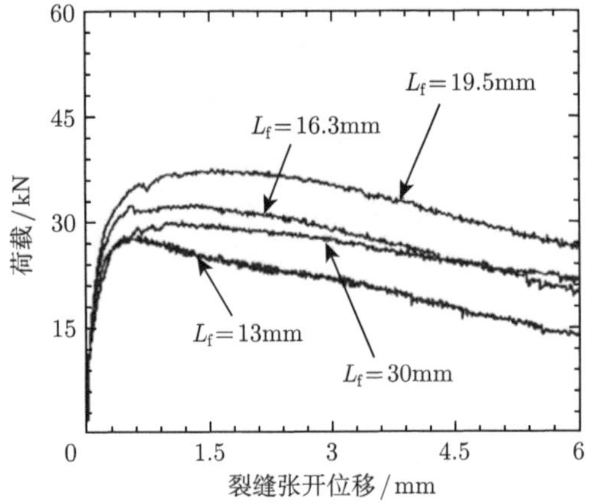

图 1.26 不同纤维长度下 UHPC 弯拉荷载–裂缝张开位移曲线

4. 纤维取向

纤维取向对 UHPC 抗拉性能有显著影响。Kang 和 Kim[34] 通过考虑两种不同浇筑方式 (如图 1.27 所示，浇筑方向分别平行和垂直于轴拉方向) 的试件的轴拉试验，给出了不同纤维取向的 UHPC 裂后拉应力–裂缝宽度曲线 (图 1.28)。结果表明：纤维取向对 UHPC 初裂强度影响很小，对 UHPC 裂后抗拉性能影响显著，浇筑方向平行于拉伸方向的 UHPC 试件的极限抗拉强度和极限拉应变均明显优于浇筑方向垂直于拉伸方向的 UHPC 试件，且不同于纤维按二维或三维随机分布试件的抗拉性能。图 1.29 给出的纤维分布照片合理地解释了上述现象：浇筑方向平行于轴拉方向试件的纤维分布数量远远大于浇筑方向垂直于轴拉方向试件的纤维分布数量，具有更高的纤维取向效率，因而表征出更为优越的裂后抗拉性能。

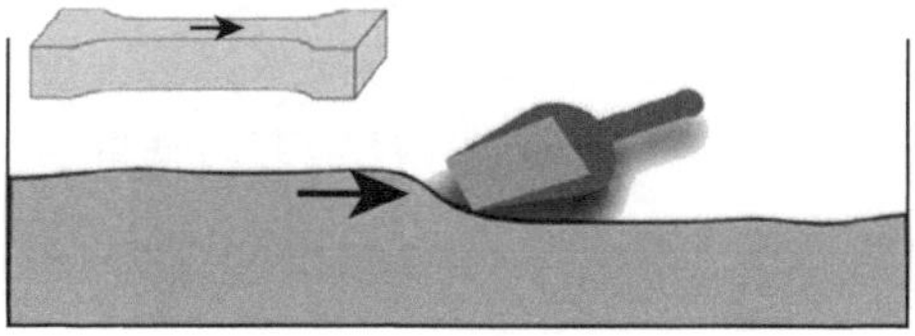

(a) 浇筑方向平行于轴拉方向

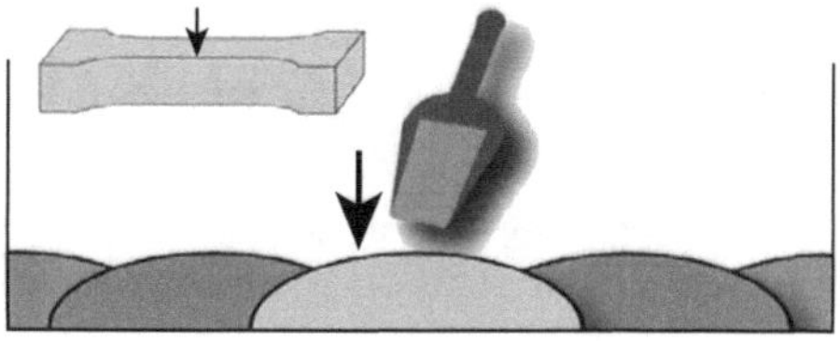

(b) 浇筑方向垂直于轴拉方向

图 1.27 UHPC 轴拉试件的浇筑方式

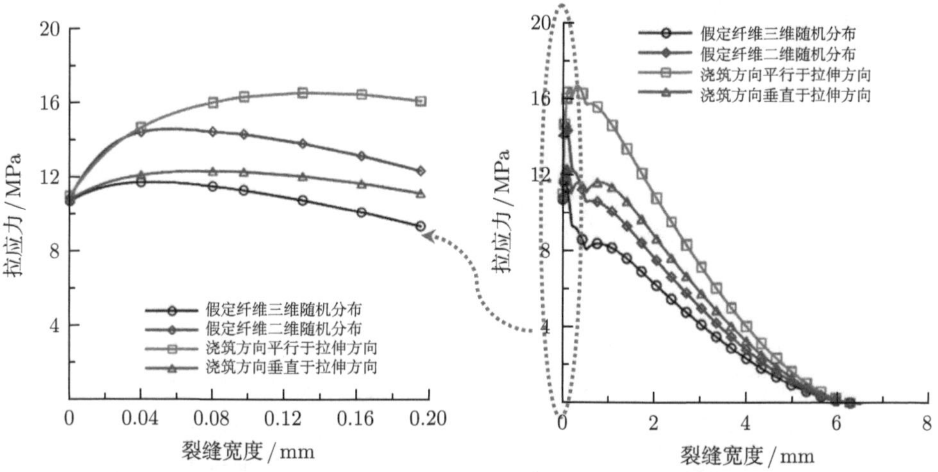

图 1.28 不同纤维取向的 UHPC 裂后拉应力–裂缝宽度曲线

(a) 浇筑方向平行于轴拉方向试件

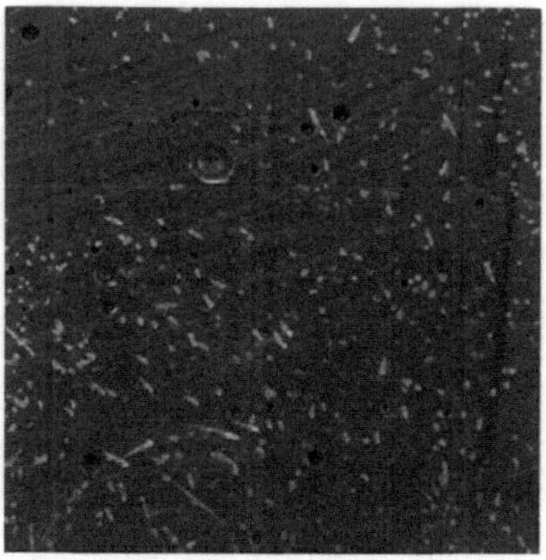

(b) 浇筑方向垂直于轴拉方向试件

图 1.29 UHPC 单轴拉伸试件切面中纤维分布照片

Duque 等 [35] 浇筑了一块尺寸为 3048mm×914mm×50.8mm 的 UHPC 板，并按图 1.30(a) 所示从 UHPC 板中切割出 50.8mm×50.8mm×431.8mm 的棱柱体试件，进行单轴拉伸试验，试验结果如图 1.30(b) 所示，F0 试件 (浇筑方向平行于轴拉方向) 抗拉性能最佳，模板浇筑试件和 F45 试件次之，F90 试件 (浇筑方向垂直于轴拉方向) 最差，结论与前述 Kang 等的试验结果类似。

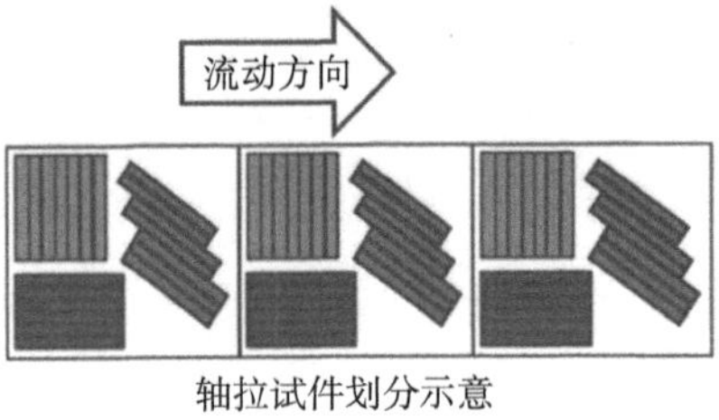

(a)

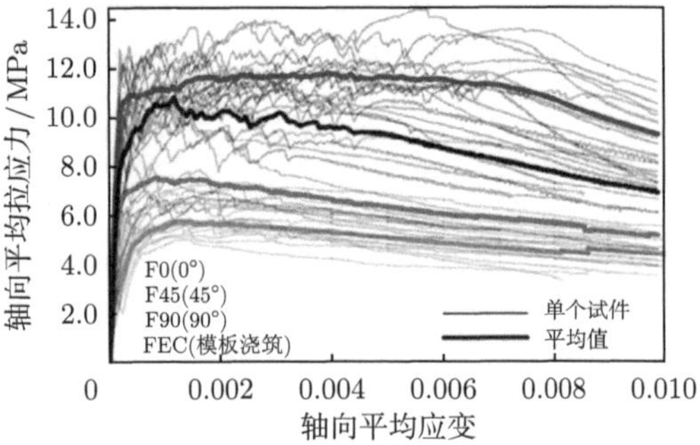

(b)

图 1.30 棱柱体试件单轴受拉应力–应变曲线 (彩图请扫封底二维码)

理论模型中往往假设 UHPC 结构内纤维呈空间随机分布，认为材料的受拉特性各向同性；但实际结构中纤维的分布和取向受多种因素影响，表现出受拉各向异性；因此，在设计过程中常用纤维取向系数 K 反映这种受拉各向异性特征。考虑结构中可能出现的应力集中，有必要区分局部和整体或全局的纤维取向系数 K 值。局部纤维取向系数 K_{local} 用于局部区域内需要较高纤维抗力的局部应力 (如预应力锚固区、板的冲切等) 的情形；整体纤维取向系数 K_{global} 适用于较大区域的应力不受局部缺陷影响 (如梁受弯、受剪)，且需要较高纤维抗力的情形。纤维取向系数 K 仅适用于 UHPC 材料抗拉本构关系的裂后部分，常通过模型试验获得，法国 UHPC 材料标准 NF P18-470 介绍了具体的确定方法。在初步设计阶段缺乏相关试验数据时，法国 UHPC 材料标准 NF P18-470 建议整体纤维取向系数取 K_{global}=1.25，局部纤维取向系数取 K_{local}=1.75。

5. 材料组分

尽管 UHPC 具有优异的力学性能和耐久性，但 UHPC 应用仍然受到较为昂贵成本的限制。为此部分学者尝试在 UHPC 中掺入粗骨料以降低 UHPC 成本。Liu 等 [36] 研究了四种粗骨料掺量 (0%、15%、25%和 35%的砂浆掺量) 和四类钢纤维 (短直纤维、短波浪纤维、短端钩纤维和长端钩纤维) 对 UHPC 抗拉性能的影响。研究结果表明：掺入粗骨料会降低 UHPC 基体与钢纤维的黏结性能，尤其变形纤维与基体的黏结性能。程俊等 [37] 采用轴拉试验法研究了含粗骨料的 UHPC 轴拉性能，试验结果表明：钢纤维以粗骨料为中心环绕分布；粗骨料对钢纤维分布具有

不利影响 (图 1.31)，粗骨料掺量越大，粒径越大，纤维分散性越差，UHPC 轴拉韧性越低；钢纤维分布与 UHPC 轴拉强度及韧性密切相关，随着纤维分散系数和取向系数的增大，UHPC 轴拉强度、韧性指数以及拉压比相应增大，韧性增强。

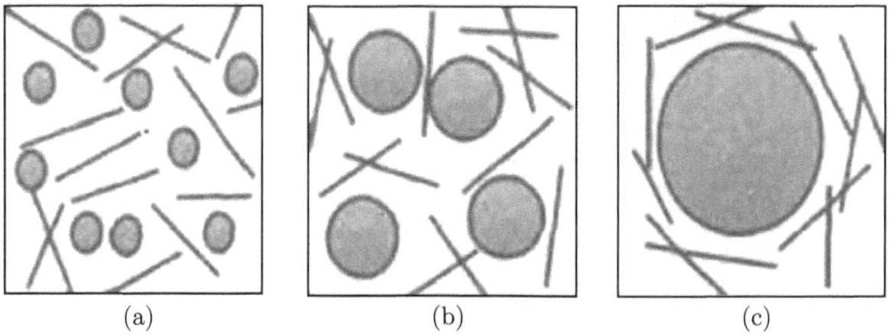

图 1.31 粗骨料对钢纤维分布的影响

6. 尺寸效应

Yoo 等 [38] 研究了分别掺入直线型纤维和端钩型纤维 UHPC 弯拉性能的尺寸效应，试验结果表明 UHPC 弯拉强度随着试件尺寸增大而降低，原因是纤维数量减少和纤维取向趋于不利，而掺入长纤维有利于减小 UHPC 弯拉性能的尺寸效应。Nguyen 等研究了掺入混杂纤维 UHPC 的弯拉性能的尺寸效应，考虑了两种混杂方式，即 1.0%的扭转型纤维与 0.5%的短直线型纤维混杂、1.0%的扭转型纤维与 1.0%的短直线型纤维混杂，试验结果表明两种混杂方式的 UHPC 弯拉性能均存在尺寸效应，而前者的尺寸效应更为明显。

Nguyen 等 [39] 采用轴拉试验方法研究了尺寸效应对 UHPC 受拉性能的影响，考虑了标距长度、试件截面面积、试件体积、试件厚度等影响因素，研究结果表明尺寸效应对 UHPC 的极限抗拉强度影响不大，但对其极限拉应变、耗能能力和裂缝数量有较大影响。随着试件标距长度、试件截面面积和试件体积的增加，UHPC 的极限拉应变、耗能能力和裂缝数量逐渐减小。相反地，当试件厚度增加时，UHPC 的极限拉应变、耗能能力和裂缝数量逐渐增大。

1.2.2.4 抗折试验研究

1.UHPC 材料弯曲拉伸特性

纤维增强混凝土 (fiber reinforced concrete) 材料的弯曲性能根据其荷载–挠度曲线的形状，可分为挠度硬化和挠度软化两种特性 [27]。基于最大密实度理论的 UHPC 基体内因掺入了较高掺量的钢纤维，故 UHPC 材料的弯曲性能一般呈挠度硬化特性，典型的挠度硬化 UHPC 材料的等效弯曲应力–挠度曲线如图 1.32 所示。

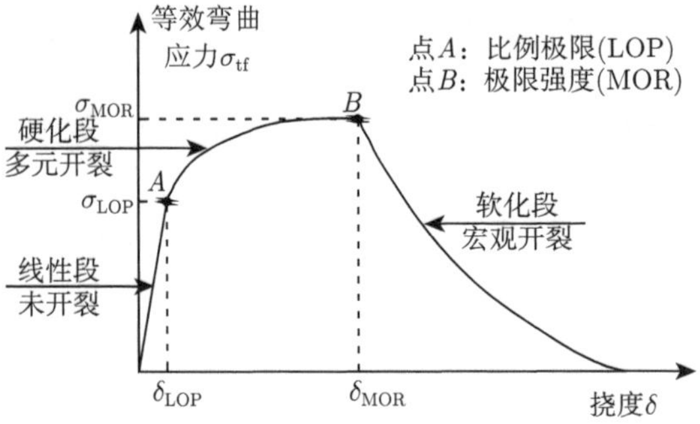

图 1.32　挠度硬化 UHPC 材料的等效弯曲应力–挠度曲线

根据 ASTM C1609，四点弯曲梁荷载 P 作用下跨中底面处的等效弯曲应力 σ_{tf} 通过如下公式计算：

$$\sigma_{tf} = PL/bh^2 \tag{1.2}$$

式中，L、b 和 h 分别为试件跨径、截面宽度和高度。

图 1.32 中等效弯曲应力–挠度曲线上有两个弯曲性能特征点：比例极限 (limit of proportionality, LOP) 点和极限强度 (modulus of rupture, MOR) 点。其中 LOP 为由 UHPC 初裂引起的线性关系偏离点，MOR 为 UHPC 裂后等效弯曲应力峰值点。因断裂过程中 UHPC 材料的基体断裂能与基体–纤维界面裂缝尖端应力释放率有关，为简便起见本节仅讨论 MOR 点前的弯曲特性。

根据虚功原理，四点弯曲试验梁跨中挠度 δ 由弯矩引起的挠度 δ_M 和剪力引起的挠度 δ_V 两部分构成：

$$\delta = \delta_M + \delta_V = \int_0^L (\overline{M}\phi + \overline{V}\gamma)\mathrm{d}x \tag{1.3}$$

式中，ϕ 和 γ 分别为外荷载下梁的曲率和剪应变；$\overline{M}$ 和 $\overline{V}$ 分别为跨中单位荷载作用下梁的虚弯矩和虚剪力。

文献 [40] 给出了四点弯曲梁跨中弯矩–曲率关系和加载点剪力–剪应变关系曲线，如图 1.33 所示。采用内力–变形关系推得四点弯曲梁的曲率和剪应变分布如图 1.34 所示，并由式 (1.4) 求得跨中挠度 δ_{LOP} 和曲率 ϕ_{LOP} 的关系。因跨中弯矩–曲率关系的非线性，LOP 点后的跨中挠度 δ 无法直接求得，若设跨中 LOP 点 (A 点) 与 MOR 点 (B 点) 间弯矩–曲率关系近似为线性，则 MOR 点的挠度–曲率关系可近似表示为式 (1.5)。

$$\delta_{LOP} = \frac{3L^2 - 4a^2}{24}\phi_{LOP}\left[1 + \frac{4(1+\nu)}{k}\frac{(h/L)^2}{3-4(a/L)^2}\right] \tag{1.4}$$

$$\delta_{\mathrm{MOR}} = \frac{a^2}{6}\left[\phi_{\mathrm{MOR}}(2-\beta-\beta^2)+\phi_{\mathrm{LOP}}(1+\beta)\right] + \frac{L^2}{8}\phi_{\mathrm{MOR}}\left[1-4\left(\frac{a}{L}\right)^2\right]+\frac{(1+\nu)L^2}{6k}\phi_{\mathrm{MOR}}\left(\frac{h}{L}\right)^2 \tag{1.5}$$

式中，$\beta = M_{\mathrm{LOP}}/M_{\mathrm{MOR}}$；$\phi_{\mathrm{LOP}}, M_{\mathrm{LOP}}$ 分别为 LOP 点的曲率和弯矩；$\phi_{\mathrm{MOR}}, M_{\mathrm{MOR}}$ 分别为 MOR 点的曲率和弯矩；a 为剪切跨径；k 为截面剪切系数，ν 为材料的泊松比。

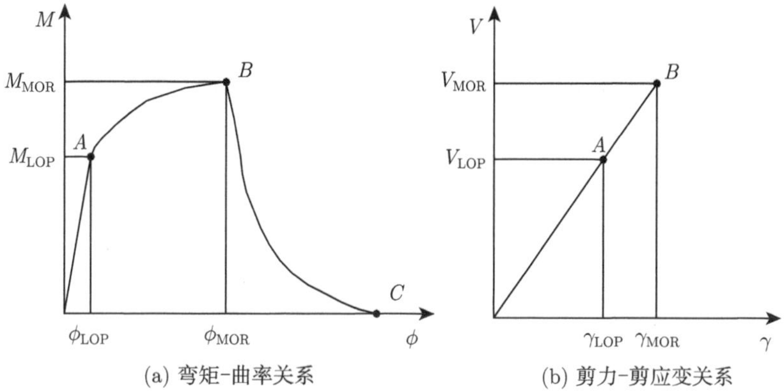

(a) 弯矩-曲率关系　　(b) 剪力-剪应变关系

图 1.33　四点弯曲梁的弯矩–曲率和剪力–剪应变分布

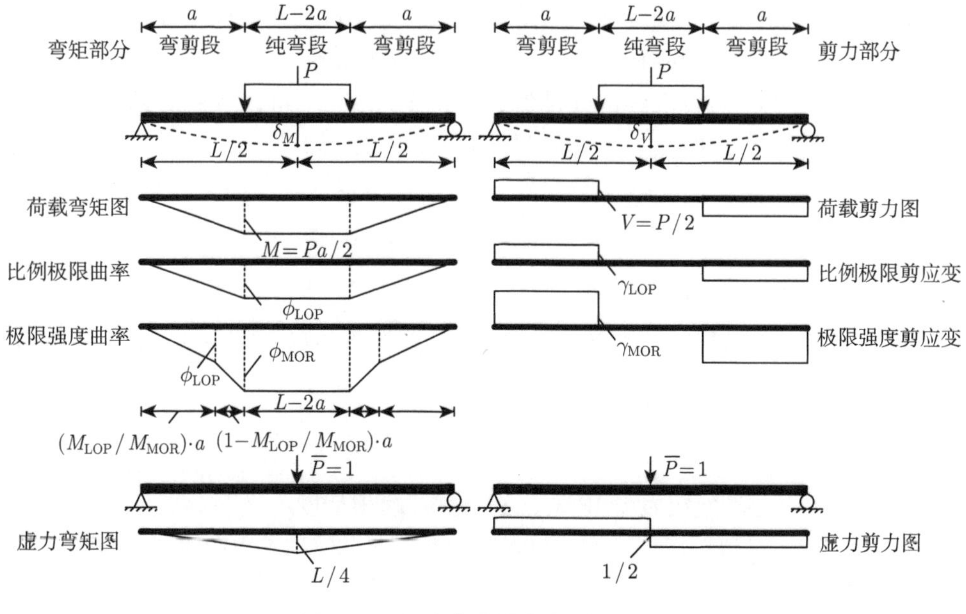

图 1.34　四点弯曲梁内力–变形关系

由式 (1.4) 可见，表达式后一项为剪切变形对 δ_{LOP} 的影响，将剪切挠度 δ_V 和弯曲挠度 δ_M 之比 (简称剪弯挠度比) 与高跨比及剪跨比的关系绘于图 1.35。可见，剪跨比 a/L 较大 (1/4~1/2) 时，δ_V/δ_M 受截面尺寸 h/L 的影响较显著 (0.1~0.7)。UHPC 受弯梁因剪力引起的跨中剪切挠度 δ_V 在文献 [41, 42] 中均忽略不计，但由上述分析知，剪跨比为 1/3 的四点弯曲试验梁 (h/L=1/3)，跨中位置 LOP 点的剪弯挠度比 δ_V/δ_M 可达 24.8%，MOR 点 δ_V/δ_M 的值更高，故倒推分析时不应忽略剪切挠度的影响。

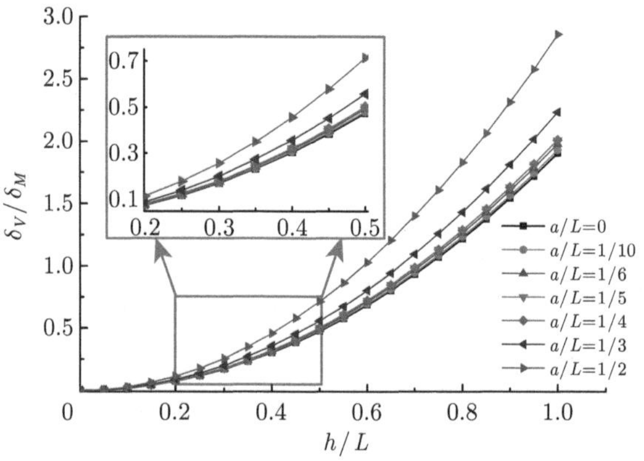

图 1.35　LOP 点剪弯挠度比与剪跨比 (高跨比) 的关系

因受试件尺寸效应及截面应变梯度的影响，弯曲试验测得的 UHPC 材料初裂强度高于材料真实的抗拉强度。为减小尺寸效应的影响，法国 UHPC 规程建议 UHPC 材料拉应力–应变曲线的线性偏离初裂应力 $f_{\mathrm{dt,el}}$ 可由弯曲荷载–挠度曲线 LOP 点对应的等效应力 $f_{\mathrm{ft,LOP}}$ 考虑尺寸效应修正后得到

$$f_{\mathrm{dt,el}} = f_{\mathrm{ft,LOP}} \frac{2 \cdot (h/100)^{0.7}}{1 + 2 \cdot (h/100)^{0.7}} \tag{1.6}$$

式中，h 为试件梁高 (mm)。

UHPC 材料的受拉弹性模量 E_{t} 可取四点弯曲梁 (a/L=1/3)，由式 (1.7) 求得

$$E_{\mathrm{t}} = \frac{23L^3}{108bh^3}\left[1 + \frac{36(1+\nu)}{23k}\left(\frac{h}{L}\right)^2\right]\frac{P_{\mathrm{LOP}}}{\delta_{\mathrm{LOP}}} \tag{1.7}$$

式中，P_{LOP} 和 δ_{LOP} 分别为 LOP 对应的荷载和跨中挠度。

表征 UHPC 材料拉伸性能的初裂强度和受拉弹性模量可由四点弯曲试验得到，但本质的材料受拉应力–应变关系仍然不能直接得到，故本节将详述由四点弯曲试验倒推得到 UHPC 材料受拉应力–应变关系的二次倒推分析方法。

2. 二次倒推分析法

1) 概述

UHPC 材料受拉应力–应变关系的逐点倒推分析法分为基于最大拉伸面应变测试和跨中挠度测试两类。应变直接测试的倒推分析法能准确判别局部裂缝扩展的时机，但常高估 UHPC 材料应力–应变关系在应力软化前的极限应变。基于挠度测试的倒推分析法常需借助挠度–曲率转化关系求解，文献 [41] 的倒推法全过程倒推分析均采用线性的挠度–曲率转化关系，而未考虑四点弯曲梁 LOP 点后实际弯矩–曲率关系的非线性特征，低估了实际荷载下的曲率，从而造成 UHPC 材料应变硬化阶段对真实应变的低估和裂后应力的高估。文献 [42] 中基于挠度测试的倒推法虽考虑了弯矩–曲率关系的非线性，但忽略了剪切变形对挠度–曲率转化关系的影响，得到的结果与直接拉伸试验的应力–应变关系有一定的偏差。

由前述分析知，剪切变形和弯矩–曲率关系的非线性等因素对四点弯曲梁挠度–曲率关系影响显著，为获得更精确的 UHPC 材料受拉应力–应变曲线，且考虑上述影响因素的挠度–曲率转化关系也需进行倒推分析，本节提出一种基于跨中挠度测试的二次逐点倒推分析法，其中初次倒推分析将荷载–跨中挠度曲线转化为弯矩–曲率曲线，之后二次倒推分析将弯矩–曲率曲线逐点转化为材料的拉应力–应变曲线，求解思路如图 1.36 所示。二次倒推分析法的求解过程中无须假设 UHPC 材料受拉应力–应变曲线的形状和特征值，并能充分考虑剪切变形对跨中挠度的贡献和弯矩–曲率非线性部分对曲率沿跨径非线性分布的影响。

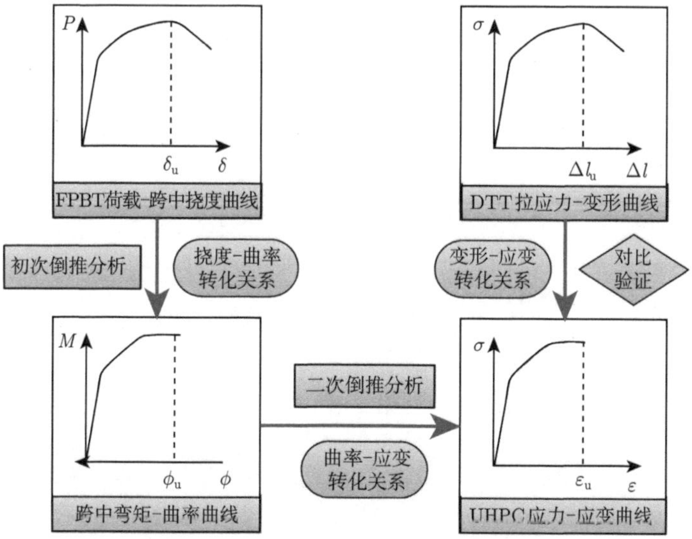

图 1.36 本节二次倒推分析法总体求解思路

FPBT：四点弯曲试验；DTT：轴拉试验

2) 初次倒推分析

初次倒推分析充分考虑剪切变形及弯矩–曲率关系非线性引起的曲率分布的非线性等影响，对曲率沿跨径进行数值积分得到跨中挠度后与实测挠度对比，多次迭代直至两者差值满足要求，详细的求解流程如图 1.37 所示。

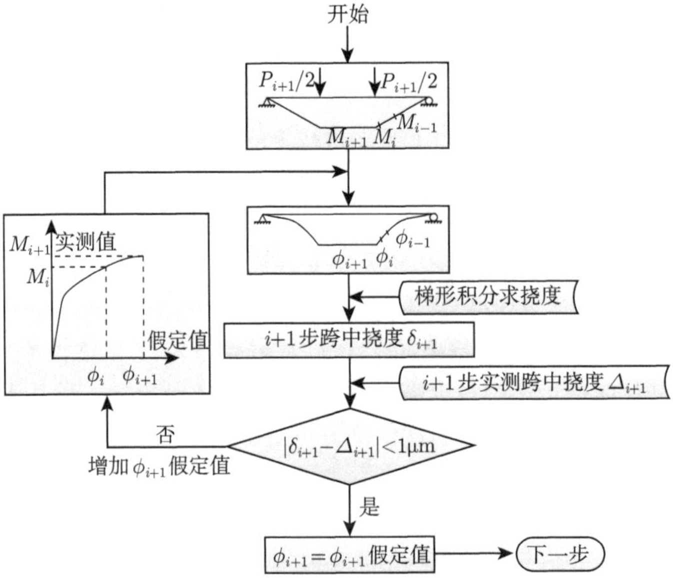

图 1.37　初次倒推分析流程图

不难得到四点弯曲梁跨中点在荷载 P 下跨中挠度 δ 为

$$\delta=\frac{4}{P^2}\int_0^M M\phi(M)\mathrm{d}M+\frac{5L^2}{72}\phi+\frac{(1+\nu)h^2}{6k}\phi \tag{1.8}$$

第 i 步荷载 P_i 下的跨中挠度 δ_i：

$$\delta_i=\frac{4}{P_i^2}\int_0^{M_i} M\phi(M)\mathrm{d}M+\frac{5L^2}{72}\phi_i+\frac{(1+\nu)h^2}{6k}\phi_i \tag{1.9}$$

式中，M_i 和 ϕ_i 分别为荷载 P_i 下的跨中弯矩及曲率。

若第 i 步前荷载的数据已知，则第 $i+1$ 步荷载 P_{i+1} 下跨中挠度 δ_{i+1} 采用梯形积分式可表示为

$$\begin{aligned}\delta_{i+1}=&\frac{2}{P_{i+1}^2}(M_{i+1}\phi_{i+1}+M_i\phi_i)(M_{i+1}-M_i)+\frac{P_i^2}{P_{i+1}^2}\left[\delta_i\right.\\&\left.-\frac{(1+\nu)h^2}{6k}\phi_i-\frac{5L^2}{72}\phi_i\right]+\frac{5L^2}{72}\phi_{i+1}+\frac{(1+\nu)h^2}{6k}\phi_{i+1}\end{aligned} \tag{1.10}$$

式中，M_{i+1} 和 ϕ_{i+1} 分别为第 $i+1$ 步外荷载下的跨中弯矩及曲率。由上式可知，假定第 $i+1$ 步的曲率 ϕ_{i+1} 即可得到相应的跨中挠度 δ_{i+1}，由图 1.37 所示的计算流程即可迭代求解 ϕ_{i+1}，从而得到弯矩–曲率曲线上的坐标点 (M_{i+1}, ϕ_{i+1})。

3) 二次倒推分析

二次倒推分析是将初次倒推得到的弯矩–曲率曲线逐点转化为 UHPC 材料的受拉应力–应变曲线，下面详述求解过程。

二次倒推分析过程基于两个假设：① 截面上应变近似为线性分布；② UHPC 材料受压区应力–应变满足线弹性关系。如图 1.38 所示，由假设① 可设截面上任一点的应变 ε 为截面高度位置的函数。

$$\varepsilon = \phi(\alpha h - z) \tag{1.11}$$

式中，ϕ 为截面曲率；α 为相对受拉高度 (受拉区高度与梁高 h 的比值)；z 为截面上任一点至梁底的距离。设应变 ε 以受拉为正，受压为负。

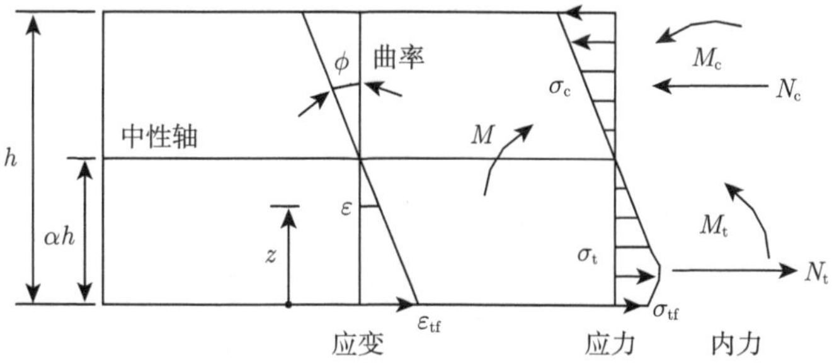

图 1.38 UHPC 梁截面应力分布

由假设② 得截面受压区轴力 N_c 和弯矩 M_c 分别为

$$N_c = -bE_c\phi(\alpha-1)^2h^2/2, \quad M_c = bE_c\phi(1-\alpha)^3h^3/3 \tag{1.12}$$

式中，b 为梁宽；E_c 为 UHPC 材料的受压弹性模量。

设截面受拉区最大拉伸位置的应力和应变分别为 σ_{tf} 和 ε_{tf}，即当 $z=0$ 时，$\sigma_t = \sigma_{tf}, \varepsilon_t = \varepsilon_{tf}$。受拉区轴力 N_t 和弯矩 M_t 分别为

$$\begin{aligned} N_t &= \int_A \sigma_t \mathrm{d}A = \int_0^{\alpha h} \sigma_t b \mathrm{d}z = b\int_0^{\varepsilon_{tf}} \sigma_t \frac{\mathrm{d}\varepsilon}{\phi} \\ M_t &= \int_A \sigma_t z \mathrm{d}A = \int_0^{\alpha h} \sigma_t(\alpha h - z) b \mathrm{d}z = b\int_0^{\varepsilon_{tf}} \sigma_t\varepsilon_t \frac{\mathrm{d}\varepsilon}{\phi^2} \end{aligned} \tag{1.13}$$

式中，应力 σ_{t} 是应变 ε_{t} 的函数 $\sigma_{\mathrm{t}}(\varepsilon_{\mathrm{t}})$，不能直接积分求出。第 i 步时受拉区轴力 $N_{\mathrm{t},i}$ 和弯矩 $M_{\mathrm{t},i}$ 分别为：

$$N_{\mathrm{t},i}=b\int_0^{\varepsilon_{\mathrm{tf},i}}\frac{\sigma_{\mathrm{t}}}{\phi_i}\mathrm{d}\varepsilon,\quad M_{\mathrm{t},i}=b\int_0^{\varepsilon_{\mathrm{tf},i}}\sigma_{\mathrm{t}}\left(\frac{\varepsilon_{\mathrm{t}}}{\phi_i^2}\right)\mathrm{d}\varepsilon \tag{1.14}$$

若第 i 步数据已知，则第 $(i+1)$ 步受拉区轴力 $N_{\mathrm{t},i+1}$ 和弯矩 $M_{\mathrm{t},i+1}$ 分别为：

$$\begin{aligned}N_{\mathrm{t},i+1}&=b\int_0^{\varepsilon_{\mathrm{tf},i+1}}\frac{\sigma_{\mathrm{t}}}{\phi_{i+1}}\mathrm{d}\varepsilon=\frac{\phi_i}{\phi_{i+1}}N_{\mathrm{t},i}+b\int_{\varepsilon_{\mathrm{tf},i}}^{\varepsilon_{\mathrm{tf},i+1}}\frac{\sigma_{\mathrm{t}}}{\phi_{i+1}}\mathrm{d}\varepsilon\\M_{\mathrm{t},i+1}&=b\int_0^{\varepsilon_{\mathrm{tf},i+1}}\sigma_{\mathrm{t}}\left(\frac{\varepsilon_{\mathrm{t}}}{\phi_{i+1}^2}\right)\mathrm{d}\varepsilon=\frac{\phi_i^2}{\phi_{i+1}^2}M_{\mathrm{t},i}+b\int_{\varepsilon_{\mathrm{tf},i}}^{\varepsilon_{\mathrm{tf},i+1}}\sigma_{\mathrm{t}}\left(\frac{\varepsilon_{\mathrm{t}}}{\phi_{i+1}^2}\right)\mathrm{d}\varepsilon\end{aligned} \tag{1.15}$$

采用梯形数值积分将上式表示为

$$\begin{aligned}N_{\mathrm{t},i+1}&=\frac{\phi_i}{\phi_{i+1}}N_{\mathrm{t},i}+\frac{b}{\phi_{i+1}}\frac{\sigma_{\mathrm{tf},i+1}+\sigma_{\mathrm{tf},i}}{2}(\varepsilon_{\mathrm{tf},i+1}-\varepsilon_{\mathrm{tf},i})\\M_{\mathrm{t},i+1}&=\frac{\phi_i^2}{\phi_{i+1}^2}M_{\mathrm{t},i}+\frac{b}{\phi_{i+1}^2}\frac{\sigma_{\mathrm{tf},i+1}\cdot\varepsilon_{\mathrm{tf},i+1}+\sigma_{\mathrm{tf},i}\cdot\varepsilon_{\mathrm{tf},i}}{2}\\&\quad\times(\varepsilon_{\mathrm{tf},i+1}-\varepsilon_{\mathrm{tf},i})\end{aligned} \tag{1.16}$$

截面内力平衡方程：

$$\begin{aligned}N_{\mathrm{t},i+1}+N_{\mathrm{c},i+1}&=0\\M_{\mathrm{t},i+1}+M_{\mathrm{c},i+1}&=M_{i+1}\end{aligned} \tag{1.17}$$

观察式 (1.17) 可知，方程组中含 α_{i+1}，$\sigma_{\mathrm{tf},i+1}$，$\varepsilon_{\mathrm{tf},i+1}$ 和 ϕ_{i+1} 四个未知量。因 $\varepsilon_{\mathrm{tf},i+1}=\phi_{i+1}\alpha_{i+1}h$ 且 ϕ_{i+1} 已由初次倒推分析得到，故方程组 (1.17) 能唯一地确定一组 $(\sigma_{\mathrm{tf},i+1},\varepsilon_{\mathrm{tf},i+1})$。

试验过程中由于存在各种噪声及数据采集的离散性，逐步倒推得到的受拉应力–应变关系常呈现局部振荡现象，故需将逐点试验结果稳定化去噪处理。如式 (1.18) 所示，第 i 步荷载下的拉应力 $\sigma_{\mathrm{tf},i}$ 加权叠加第 $(i+1)$ 步荷载的拉应力 $\sigma_{\mathrm{tf},i+1}$ 后实时更新，并参与下一荷载步的求解。

$$\sigma_{\mathrm{tf},i}=(2\sigma_{\mathrm{tf},i}+\sigma_{\mathrm{tf},i+1})/3 \tag{1.18}$$

至此，UHPC 材料本构曲线应力软化前的应力–应变关系已经完全得到。

3. UHPC 四点弯曲试验和直接拉伸试验

1) 材料制备

UHPC 基体材料配合比如表 1.5 所示。UHPC 基体中掺入黏结强度高的变形纤维能获得稳定的应变硬化和多元开裂受拉特性，故 UHPC 基体中同时掺入直线型和端钩型两种钢纤维，总体积掺量为 3.5%，详细的钢纤维特征参数见表 1.6。UHPC 材料硬化后在温度为 90℃ 、相对湿度为 95% 的蒸汽环境下养护超过 48h。实测的 UHPC 材料基本力学性能列入表 1.7。

表 1.5 UHPC 基体材料配合比

组分	水泥	硅灰	石英砂	石英粉	高效减水剂	水	水胶比
质量比	1	0.25	1.1	0.3	0.01875	0.225	0.18

表 1.6 UHPC 材料钢纤维特征参数

纤维种类	直线纤维	变形纤维
类型	直线型	端钩型
长度/mm	8	13
直径/mm	0.12	0.2
长径比	66.7	65
密度/(g/cm^3)	7.9	7.9
抗拉强度/MPa	2425	2745
弹性模量/GPa	200	200
体积掺量/%	1.5	2.0

表 1.7 实测的 UHPC 材料基本力学性能

抗压强度/MPa	受压弹性模量/GPa	密度/(g/cm^3)	泊松比
176.2	43.2	2.55	0.19

2) 直接拉伸试验

直接拉伸试验测得的轴拉强度被认为能较准确地反映混凝土真实的抗拉强度，故可采用直接拉伸试验对比验证四点弯曲试验获得的 UHPC 材料拉伸特性。直接拉伸试验采用一组 400mm×100mm×100mm 的棱柱体试件。试验在 600kN 的力学试验系统 (mechanic testing system, MTS) 电液伺服试验机上进行，试验机夹头间设有双向球铰调节装置以减小几何偏心的影响，如图 1.39 所示。试件表面装有两个线性可变位移计 (linear variable displacement transducer，LVDT) 以测量试件的轴向变形。LVDT 采集的变形信号自动平均后传送至 MTS 微机控制系统，数据采集频率为 30Hz。试验过程中以标距内的试件轴向变形率 (伸长率) 为控制目标，加载速率设为 1με/s。

直接拉伸试验测得的 UHPC 拉伸应力–应变曲线如图 1.40 所示。从图中可见，应力软化前应力–应变曲线呈现较明显的应变硬化平台，即伪应变硬化阶段。UHPC 拉伸应力–应变曲线上线性偏离点的平均应力 σ_{cc} 和应力软化前的平均应力 σ_{pc} 分别为 7.93MPa 与 7.89MPa，相应的应变 ε_{cc} 和 ε_{pc} 分别为 199με 与 1941με。

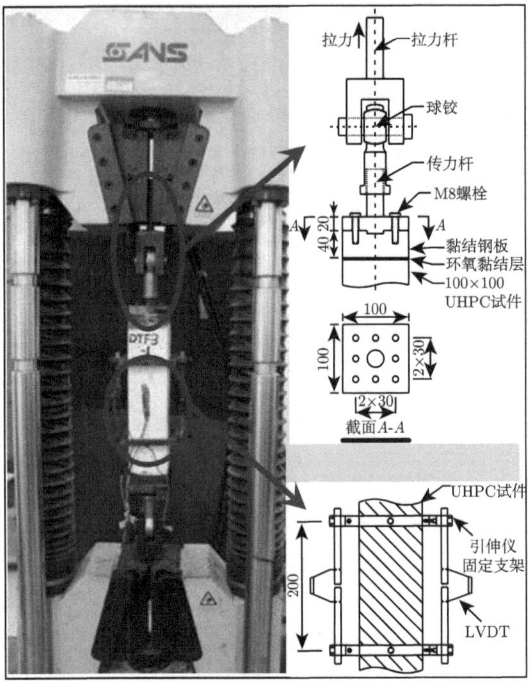

图 1.39　直接拉伸试验装置图 (单位：mm)

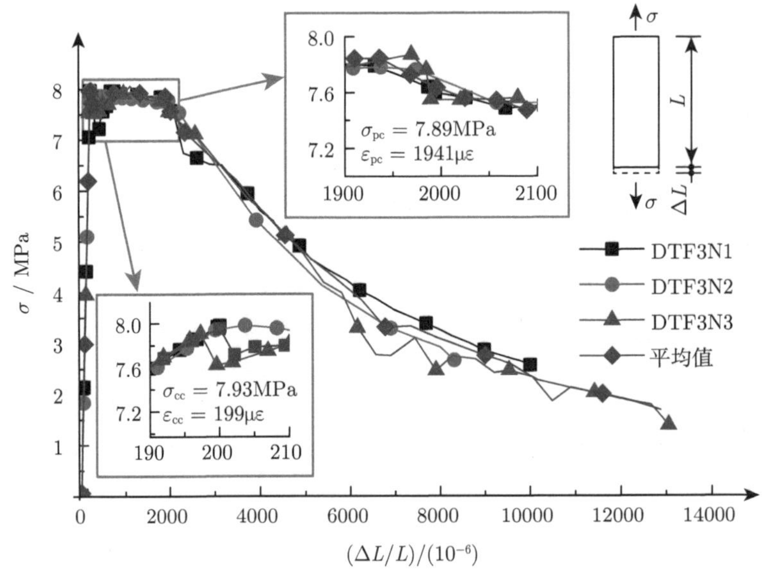

图 1.40　直接拉伸试验的 UHPC 拉伸应力–应变曲线

3) 四点弯曲试验

UHPC 材料的弯曲性能受试件尺寸、浇注方式和试验支承条件等影响显著。参照法国 UHPC 规程推荐的试验标准，四点弯曲试验采用的试件按浇注方式的不同分为两组，详细的参数见表 1.8。如图 1.41 所示，试验采用电液伺服压力机加载，并以试验机横梁位移值闭环控制加载过程，加载速率取 0.25mm/min。为测得试件自身的受力变形，设计了钢制变形测量架以尽量减少支座变形对跨中挠度测试的影响。变形测量架上对称安装两个 LVDT，以采集试件跨中位置顶面的挠度数据。LVDT 测得的平均变形值达 0.015 倍试件梁高时，试验加载结束。

表 1.8 四点弯曲试验设计参数

试件组别	FTF3N	FTF3L
试件尺寸	400mm×100mm×100mm	400mm×100mm×100mm
浇注方式	垂直分块浇注	水平分层浇注
示意图	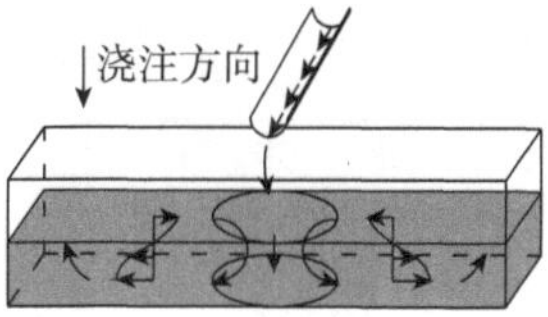	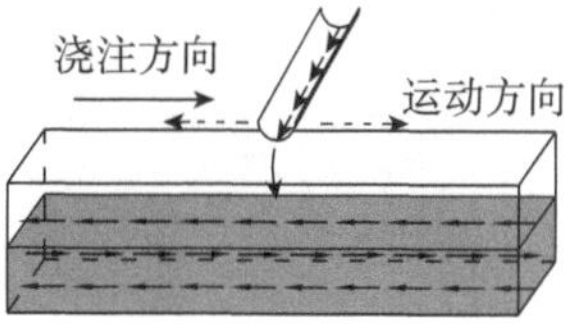
支承条件	低摩擦	低摩擦
剪跨比	1/3	1/3
高跨比	1/3	1/3
控制方式	位移控制	位移控制
加载速率	0.25mm/min	0.25mm/min
结束条件	$\delta \geqslant 0.015h$	$\delta \geqslant 0.015h$

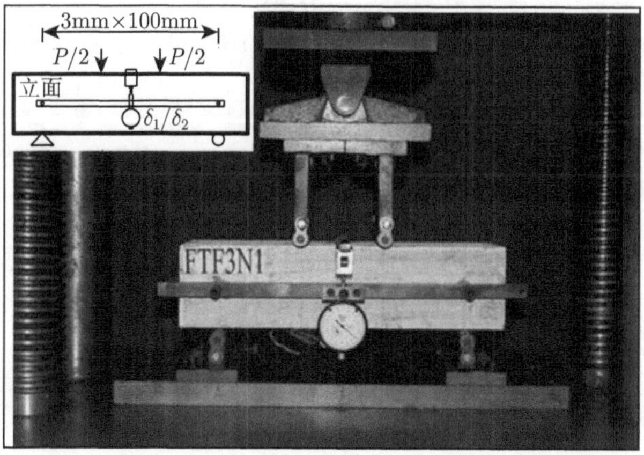

图 1.41 四点弯曲试验加载装置图

试验测得的荷载–挠度曲线如图 1.42 所示。图中可见 UHPC 材料四点弯曲试验的荷载–挠度曲线呈挠度硬化特性，各特征值如表 1.9 所示。表 1.10 中可见，UHPC 材料四点弯曲试验考虑尺寸效应修正后，LOP 点的弯拉强度与直接拉伸试验测得的线性偏离初裂应力 σ_{cc}(7.93MPa) 较接近，表明四点弯曲试验能较好地反映 UHPC 材料受拉特性。

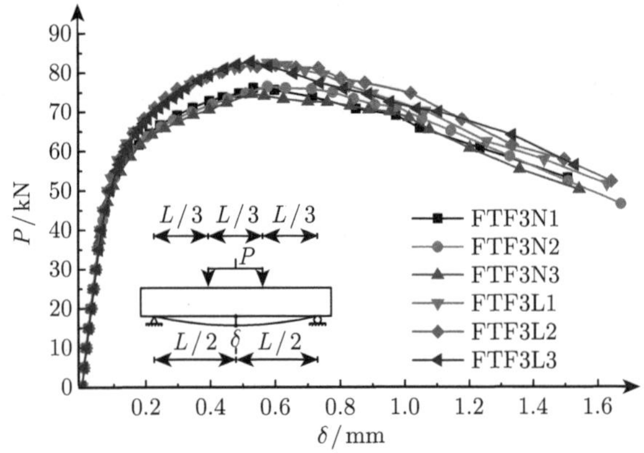

图 1.42　四点弯曲试验荷载–挠度曲线

4. 结果分析

运用二次逐点倒推分析法，将两种不同浇注方式下 UHPC 四点弯曲梁的荷载–挠度曲线倒推得到的拉应力–应变曲线绘于图 1.43。图中可见，二次倒推分析得到的应力–应变关系近似呈伪应变硬化特性，弯曲荷载–挠度曲线上 LOP 点大致对应轴拉应力–应变曲线上线性关系偏离点，但 MOR 点的荷载高于直接拉伸应力–应变曲线峰值应力点对应的弯曲荷载。这是因为 UHPC 梁受拉底缘的应变达到材料

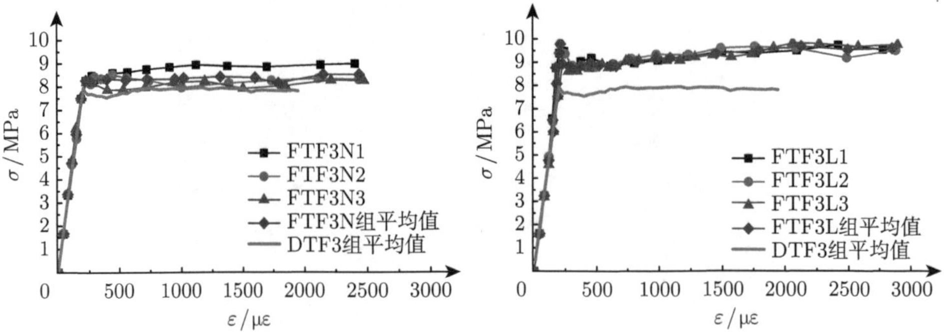

(a) FTF3N 组试件　　(b) FTF3L 组试件

图 1.43　二次逐点倒推分析法得到的拉应力–应变曲线和直接拉伸结果

拉伸极限应变后，梁受拉区部分区域的拉应力虽开始软化下降，但拉应力合力的内力臂仍随中性轴位置的升高而增加，故截面内力矩能继续维持外荷载 (弯矩) 增加后平衡，宏观上表现为荷载–挠度曲线继续上升。

图 1.43 中可见，二次逐点倒推分析法得到的材料拉应力–应变曲线应力高于直接拉伸试验的结果，这是由于受试件模板边缘效应影响，UHPC 弯曲试验梁最大拉伸面上的钢纤维分布更接近平面分布，其纤维受拉效率优于直接拉伸试件中空间分布的纤维效率，故其具有较高的拉伸强度。另外，因四点弯曲试件的截面受拉区小于尺寸相同但全截面受拉的轴拉试件，基于 Weibull 分布的材料缺陷理论，统计学尺寸效应使得材料的弯曲受拉强度高于轴拉强度，故倒推得到的材料受拉应力–应变关系也高于直接拉伸结果。

由图 1.43 易得，试件的浇注方式对倒推得到的 UHPC 材料拉应力–应变曲线影响也较显著。水平分层浇注的四点弯曲试件得到的材料受拉本构曲线的应力明显高于垂直浇注试件的应力 (增幅约 10%)，与直接拉伸试验结果差值更大，这也是因为水平分层浇注试件内纤维沿受拉方向分布的取向性更强。

为与其他基于挠度测试的逐点倒推法对比，本节亦采用不考虑剪切变形及曲率分布非线性的倒推分析法 [41] 和仅不考虑剪切变形的倒推分析法 [42] 推得了四点弯曲试验梁的受拉应力–应变曲线，如图 1.44 所示。图中可见，相比于其他倒推方法，二次倒推分析法推得的应力–应变曲线拉伸特征值与直接拉伸试验的结果整体吻合较好，线弹性阶段两曲线接近重合。不同逐点倒推法得到的 UHPC 材料应力–应变曲线的拉伸特征值汇总于表 1.9。

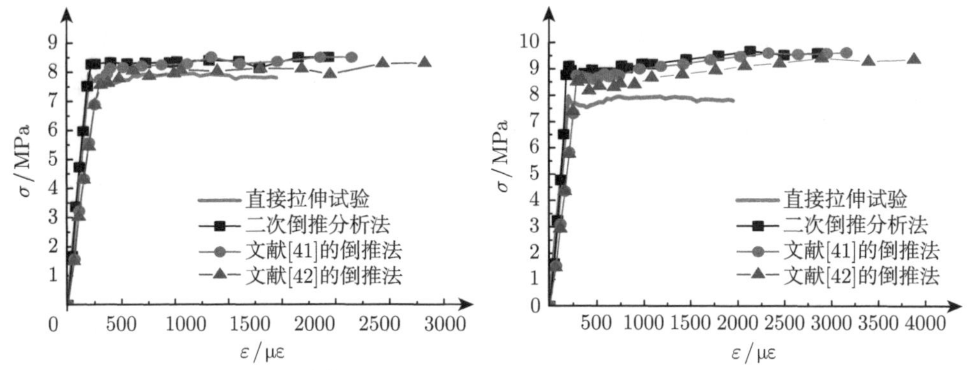

(a) FTF3N组试件　　(b) FTF3L组试件

图 1.44　不同倒推法得到的受拉应力–应变曲线

根据表 1.9 可得，几种倒推分析法推得的应力值与直接拉伸试验结果的偏离均小于应变值的偏差；二次倒推法求得的曲线的弹性模量比其他倒推分析法准确度

表 1.9 四点弯曲试验荷载–挠度曲线特征值

试件编号	LOP 点					MOR 点		
	荷载/kN	位移/mm	强度* /MPa	修正强度** /MPa	弹性模量*** /GPa	荷载/kN	位移/mm	强度*/MPa
FTF3N1	40.0	0.0616	12.0	8.00	46.6	76.2	0.5341	22.9
FTF3N2	40.0	0.0618	12.0	8.00	46.5	77.6	0.5774	23.2
FTF3N3	39.2	0.0596	11.8	7.84	47.2	74.6	0.5294	22.4
FTF3L1	45.0	0.0680	13.5	9.00	47.9	81.9	0.5260	24.8
FTF3L2	45.0	0.0697	13.5	9.00	46.8	81.5	0.4908	24.5
FTF3L3	40.2	0.0634	12.1	8.04	45.9	82.8	0.4814	24.8

注: 表中带 * 的强度由式 (1.2) 计算得到; 带 ** 的修正比例极限强度由式 (1.6) 计算得到; 带 *** 的受拉弹性模量由式 (1.7) 计算得到。

更好，尤其材料初裂应变 ε_{cc} 和极限应变 ε_{pc} 的符合程度明显优于其他逐点倒推方法。因为四点弯曲梁剪切变形引起的剪弯挠度比值高，而逐点倒退分析法基于挠度–曲率及曲率–应变直接转化关系求解材料受拉本构关系，故考虑剪切变形影响的二次倒推分析法求得的应变特征值较其他不考虑剪切变形的倒推分析法的结果更准确。

因此，基于四点弯曲试验跨中挠度测试的二次倒推分析法用以获得 UHPC 材料拉伸应力–应变曲线的可行性较好, 如表 1.10 所示。

表 1.10 不同倒推法得到的应力–应变曲线拉伸特征值与直接拉伸结果比较

平均曲线		FTF3N	FTF3L
直接拉伸试验	s_{cc}/MPa	7.93	
	s_{pc}/MPa	7.89	
	$e_{cc}/(\times10^{-6})$	199	
	$e_{pc}/(\times10^{-6})$	1941	
	E_{cc}/GPa	39.8	
二次倒推分析法	s_{cc}/MPa	8.27 (4%)	9.10 (15%)
	s_{pc}/MPa	8.52 (8%)	9.60 (22%)
	$e_{cc}/(\times10^{-6})$	221 (11%)	204 (3%)
	$e_{pc}/(\times10^{-6})$	2435 (25%)	2852 (47%)
	E_{cc}/GPa	37.4 (6%)	44.6 (12%)

续表

平均曲线		FTF3N	FTF3L
文献 [41]	s_{cc}/MPa	7.75 (2%)	8.75 (10%)
	s_{pc}/MPa	8.51 (8%)	9.62 (22%)
	$e_{cc}/(\times10^{-6})$	305 (53%)	289 (45%)
	$e_{pc}/(\times10^{-6})$	2649 (36%)	3158 (63%)
	E_{cc}/GPa	24.6 (38%)	29.0 (27%)
文献 [42]	s_{cc}/MPa	7.56 (5%)	8.51 (7%)
	s_{pc}/MPa	8.31 (5%)	9.37 (19%)
	$e_{cc}/(\times10^{-6})$	307 (54%)	293 (47%)
	$e_{pc}/(\times10^{-6})$	3322 (71%)	3879 (100%)
	E_{cc}/GPa	25.4 (36%)	30.3 (24%)

注：表中 ( ) 内数据为与直接拉伸试验的差值百分比。

5. 弯拉试验小结

对于剪跨比和高跨比均为 1/3 的四点弯曲试验梁，当跨中达到比例极限时，剪切变形引起的剪弯挠度比可达 24.8%。倒推分析求解 UHPC 材料的受拉应力–应变关系时不能忽略剪切变形和曲率非线性分布的影响。

二次倒推分析法基于挠度测试的四点弯曲试验倒推得到的 UHPC 材料拉应力–应变曲线与直接拉伸试验曲线均近似呈应变硬化特性，四点弯曲试验荷载–挠度曲线的比例极限 LOP 点大致对应材料轴拉应力–应变曲线的线性偏离点。

二次倒推分析法求得的应力–应变曲线总体应力水平高于直接拉伸试验结果，且水平分层浇注试件推得的应力–应变曲线的应力比垂直分块浇注试件的结果高约 10%。

考虑剪切变形和曲率非线性分布的二次倒推分析法得到的平均应力–应变曲线与直接拉伸试验结果整体符合较好。二次倒推分析法用以求解 UHPC 材料受拉应力–应变关系的可行性较好。

1.2.2.5 抗拉试验研究

1.UHPC 轴向拉伸特性

典型的应变硬化 UHPC 材料轴拉应力–伸长曲线如图 1.45 所示 [32]。图中可见，UHPC 轴向拉伸过程可分为三个阶段：① 拉应力线性陡增至初始裂纹产生的线性上升段；② 伴随多元微裂缝发展的应变硬化段；③ 局部的临界裂缝快速扩展而应力下降的应力软化段。

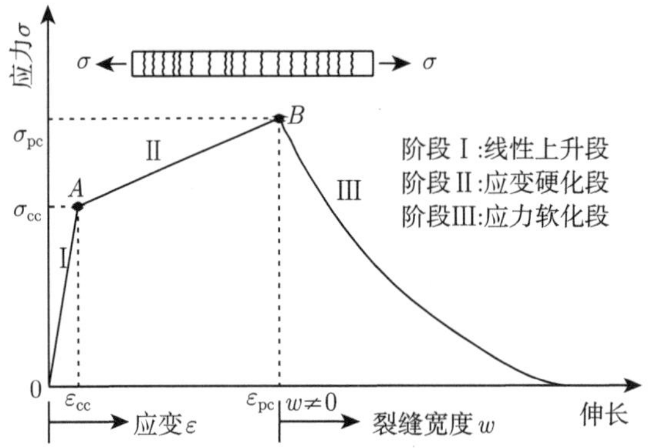

图 1.45 应变硬化 UHPC 材料轴拉应力–伸长曲线

弹性阶段末初始微裂纹产生时拉伸曲线上初裂特征点 A 的坐标为 $(\sigma_{\rm cc},\varepsilon_{\rm cc})$。伴随多元开裂的应变硬化阶段在曲线上峰值应力特征点 B 的坐标为 $(\sigma_{\rm pc},\varepsilon_{\rm pc})$。

文献中常论及的初始开裂，目前有三种判别准则：① 应力–伸长曲线上升段线性关系偏离点；② 可视裂缝；③ 可渗透性裂缝。其中可渗透性裂缝指将受拉构件两部分完全分开的贯通裂缝，因可渗透性裂缝难以评判，本节以判别准则① 和② 作为初始开裂特征点。因工程结构中的初始开裂多指肉眼可见但结构耐久性不显著降低的可视裂缝，而 UHPC 结构中宽度小于 0.05mm 的裂缝对结构耐久性的影响很小，故本节关注的初始裂缝为宽度小于 0.05mm 的可视裂缝。

本节将应力软化阶段局部迅速开展的临界裂缝称为宏观裂缝。宏观裂缝常为可视裂缝，宽度一般大于 0.05mm。

应变硬化和多元开裂是 UHPC 材料轴拉性能的主要特征，其中应变硬化的条件可从三个方面来阐述：① 从受力层次上，UHPC 材料应变硬化的条件为 $\sigma_{\rm pc}\geqslant\sigma_{\rm cc}$，如图 1.45 所示；② 能量守恒原理认为，伴随多缝开裂的应变硬化过程中产生新裂缝所需能量小于使现有裂缝贯通所需的能量 [12]；③ 从断裂能的角度看，应变硬化时单位面积上纤维增强复合材料的能量释放率小于材料断裂能。本节采用力学条件 $\sigma_{\rm pc}\geqslant\sigma_{\rm cc}$ 判别应变硬化特性。

因初裂存在两种判别准则，故初裂应力 $\sigma_{\rm cc}$ 分为线性偏离初裂应力 $\sigma_{\rm ca}$ 和可视初裂应力 $\sigma_{\rm cb}$，初裂应变 $\varepsilon_{\rm cc}$ 分为线性偏离初裂应变 $\varepsilon_{\rm ca}$ 和可视初裂应变 $\varepsilon_{\rm cb}$。定义峰值应力 $\sigma_{\rm pc}$ 对应的应变为极限应变 $\varepsilon_{\rm pc}$，即超过 $\varepsilon_{\rm pc}$ 后材料进入应力软化段。本节重点探讨纤维掺量和形状等对可视初裂应变 $\varepsilon_{\rm cb}$ 和极限应变 $\varepsilon_{\rm pc}$ 的影响。

2.UHPC 直接拉伸试验

UHPC 基体配合比见表 1.11。为获得稳定的应变硬化特性，UHPC 中混合掺入直线型和端钩型两种高强钢纤维，以纤维体积总掺量为变量分为四组 (每组三个试件)，详细的纤维特征参数见表 1.12。UHPC 材料硬化后在温度 90°C 和相对湿度为 95%的蒸汽环境下养护 48h。UHPC 材料实测的基本力学性能见表 1.13。

表 1.11 UHPC 基体配合比

组分	水泥	硅灰	石英砂	石英粉	减水剂	水
质量比	1	0.25	1.1	0.3	0.0188	0.225

表 1.12 钢纤维特征参数

试件组别		DTF20	DTF25	DTF30	DTF35
直线型钢纤维	长度/mm	8	8	8	8
	直径/mm	0.12	0.12	0.12	0.12
	长径比	66.7	66.7	66.7	66.7
	掺量/%	1.0	1.0	1.5	1.5
端钩型钢纤维	长度/mm	13	13	13	13
	直径/mm	0.2	0.2	0.2	0.2
	长径比	65	65	65	65
	掺量/%	1.0	1.5	1.5	2.0
纤维总量/%		2.0	2.5	3.0	3.5

注：试件组别编号 DT 代表轴拉试验；F 表示钢纤维体积掺量 (%)。

表 1.13 UHPC 材料实测的基本力学性能

试件组别	抗压强度/MPa	抗折强度/MPa	受压弹性模量/GPa	密度/(kg/m^3)	泊松比
DTF20	146.8	21.2	42.6	2495	0.19
DTF25	158.4	23.4	42.8	2518	0.19
DTF30	170.9	26.3	43.0	2532	0.19
DTF35	176.2	27.4	43.1	2550	0.19

UHPC 材料轴拉特性受试件尺寸效应、纤维分布及方向等影响显著，为保证试件内钢纤维三维随机分布，本试验采用 400mm×100mm×100mm 的棱柱体试件。为提高端面平整度并消除试件端部纤维平行于端面分布的现象，试件两端各切除 20mm。另外，为减小几何偏心对试验的影响，试件端部与夹头间设有双向球铰调节装置，如图 1.46 所示。

试验采用 600kN 的 MTS 电液伺服试验机加载。为精确测量试件的变形，试验设计了钢制变形测试系统，如图 1.46 所示。试件表面安装两个 LVDT 以测量轴向变形，LVDT 采集的变形信号自动平均后传送至 MTS 微机控制系统。试验以实测的轴向伸长率为控制目标，加载速率设为 1με/s。可视初裂后采用裂缝宽度观测仪采集和量测裂缝宽度。

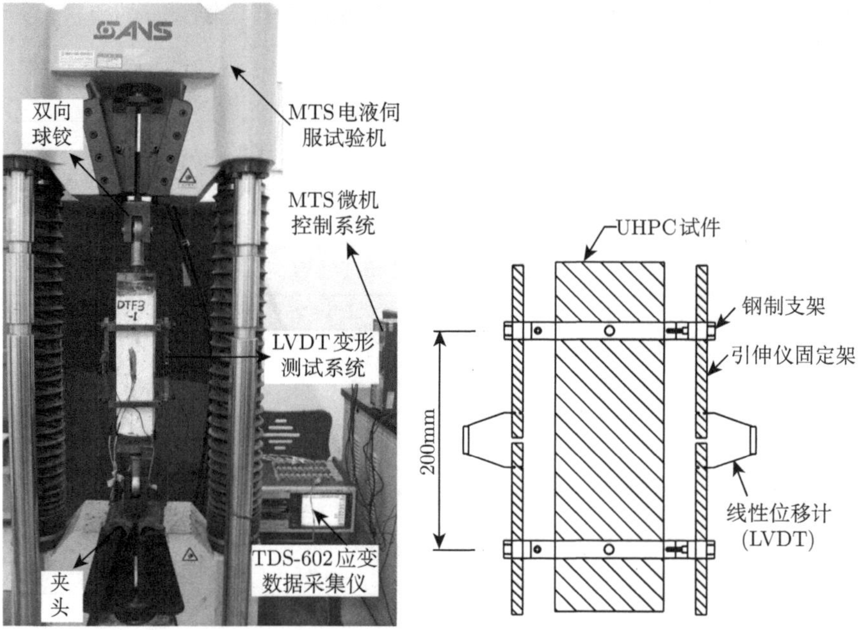

图 1.46　轴拉试验装置图

3. 试验结果

试验测得的平均应力–伸长率曲线如图 1.47 所示。曲线开始均呈线性陡峭上升，初始微裂纹产生后线性关系发生偏离。曲线的线性阶段末，连接微裂纹的钢纤维开始发挥作用，因变形纤维黏结力较高，不断促使裂缝面上纤维–基体间应力传递与重分布，此时拉应力水平基本不变，而应力传递作用范围外逐渐产生多条微裂缝，曲线进入应变硬化阶段。随变形增加，裂缝密度饱和后，某裂缝面上纤维桥接作用形成的基体–纤维结合面拉应力传递条件不再满足，应变硬化阶段结束。应力软化段时，宏观裂缝出现并迅速扩展，而宏观裂缝外的部分应变回缩、拉应力卸载，其他裂缝宽度变窄，最终试件在宏观裂缝处断裂分开，试件最终破坏形态如图 1.48 所示。图 1.47 中部分拉伸曲线应力软化段呈卸载特性，因为实测的宏观裂缝随机出现在变形测量标距段外 (图 1.48)，而标距段内未开裂的 UHPC 弹性卸载回缩，测得了卸载模量 E^*。

4. 试验结果分析

应力软化前材料的伸长率可转化为受拉应变，而软化段伸长率由宏观裂缝的发展控制，故 UHPC 材料的拉应力–变形曲线可由应力软化前的应力–应变关系 $\sigma(\varepsilon)$ 和应力软化段的应力–裂缝宽度关系 $\sigma(w)$ 两部分描述。

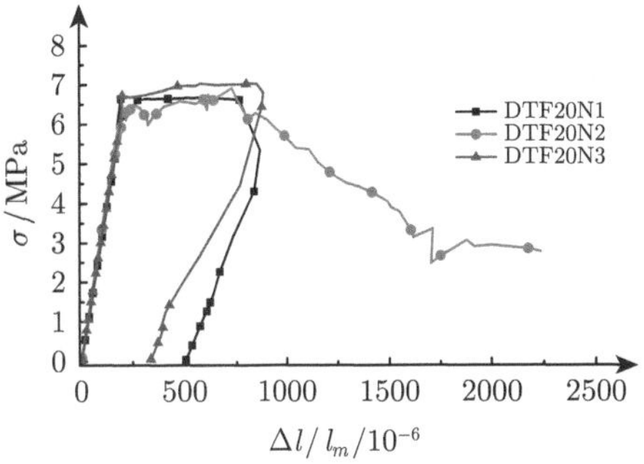

(a) 纤维含量2.0%

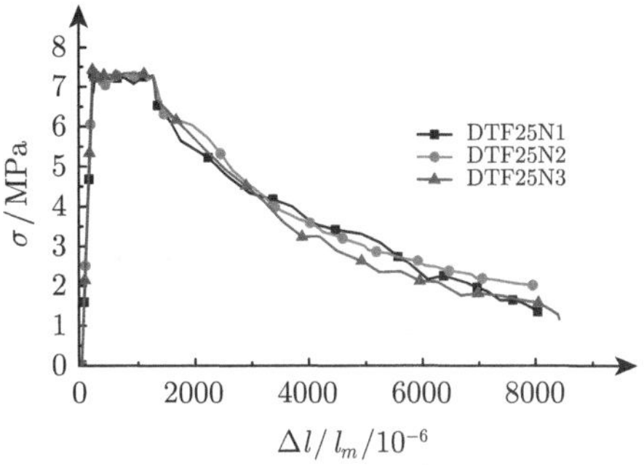

(b) 纤维含量2.5%

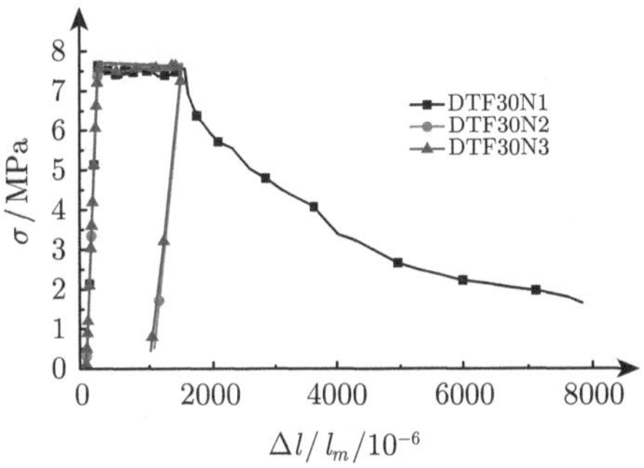

(c) 纤维含量3.0%

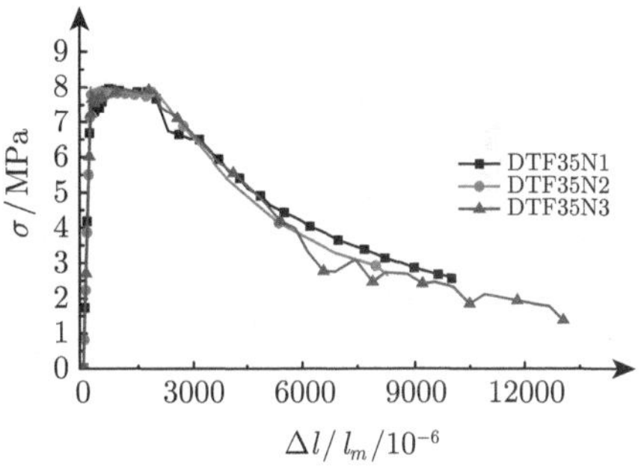

(d) 纤维含量3.5%

图 1.47 试验测得的平均应力–伸长率曲线

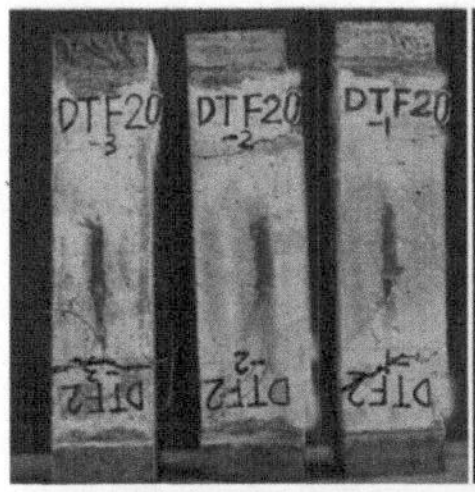

(a) 纤维含量 2.0%

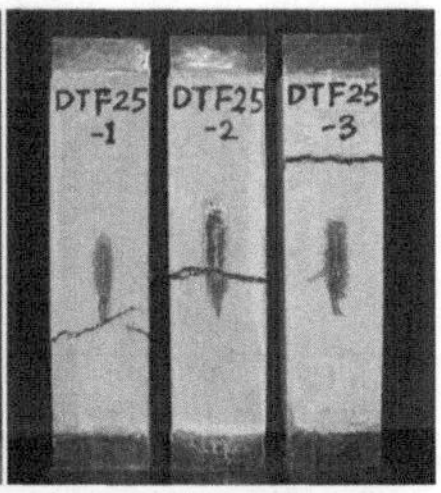

(b) 纤维含量 2.5%

(c) 纤维含量 3.0%

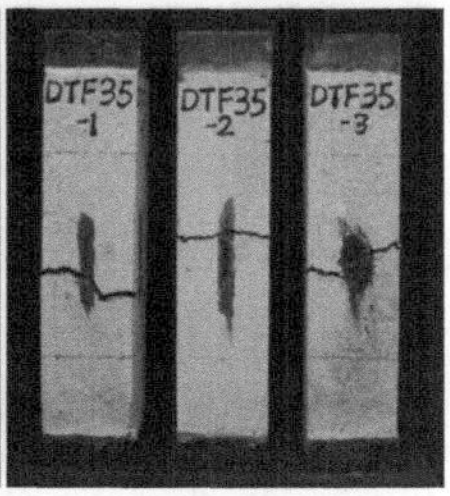

(d) 纤维含量 3.5%

图 1.48 拉伸试件破坏形态

1) 弹性阶段和应变硬化阶段

由图 1.47 可见，四种不同混合钢纤维掺量的 UHPC 材料应力软化前应力–应变关系 $\sigma(\varepsilon)$ 均呈现较明显的应变硬化平台 ($\sigma_{ca} \approx \sigma_{cb} \approx \sigma_{pc}$, $\varepsilon_{ca} < \varepsilon_{cb} < \varepsilon_{pc}$)，即伪应变硬化阶段。

将图 1.47 中应力–伸长率曲线获得的轴拉特征参数汇总于表 1.14。由表 1.14 可知，随钢纤维体积掺量由 2%增至 3.5%，UHPC 材料的线性偏离初裂应力 σ_{ca} 提高 19.1%，而线性偏离初裂应变 ε_{ca} 受纤维掺量和形状变化影响很小。

表 1.14　由图 1.47 中应力–伸长率曲线获得的轴拉特征参数

试件编号		σ_{ca}/MPa	ε_{ca}/με	σ_{cb}/MPa	ε_{cb}/με	σ_{pc}/MPa	ε_{pc}/με	E^* /GPa
DTF20	$N1$	6.65	194	6.67	579	6.62	764	15.1
	$N2$	6.63	198	6.75	612	6.91	727	—
	$N3$	6.72	201	7.15	575	7.02	803	13.9
平均值		6.67	198	6.86	589	6.85	765	14.5
DTF25	$N1$	7.33	197	7.24	1087	7.25	1258	—
	$N2$	7.38	189	7.27	1110	7.25	1273	—
	$N3$	7.42	190	7.32	1101	7.23	1269	—
平均值		7.38	192	7.28	1099	7.24	1267	—
DTF30	$N1$	7.65	193	7.52	1397	7.57	1559	—
	$N2$	7.75	196	7.65	1362	7.69	1520	15.8
	$N3$	7.72	195	7.62	1355	7.63	1510	14.6
平均值		7.71	195	7.60	1371	7.63	1530	15.2
DTF35	$N1$	7.92	199	7.86	1752	7.89	1906	—
	$N2$	7.98	200	7.88	1780	7.92	1948	—
	$N3$	7.88	197	7.91	1798	7.87	1969	—
平均值		7.93	199	7.88	1777	7.89	1941	—

以工程常用的可视初裂为判别准则，随钢纤维体积掺量由 2%增至 3.5%，UHPC 材料可视初裂应力 σ_{cb} 提高约 15.0%，而可视初裂应变 ε_{cb} 受钢纤维形状和掺量的影响显著，随纤维掺量由 2%增至 3.5%，ε_{cb} 由 589με 增至 1777με(增幅高达 201.7%)；DTF30 组试件相比于 DTF25 组，直线型纤维掺量增加 0.5%，ε_{cb} 增加约 24.75%，而 DTF25 试件与 DTF20 组比较，端钩型纤维掺量增加 0.5%，ε_{cb} 提高约 86.6%，故端钩型纤维的增强作用约为直线型纤维的 3.5 倍。由此可见，混合钢纤维方案能大幅提高 UHPC 材料的可视初裂应变，且端钩型钢纤维的增强效率显著优于直线型钢纤维。

混凝土初裂应变小 (约 80με)，钢筋混凝土结构初裂时钢筋应力水平低 (不足 20MPa)，钢筋对结构可视初裂的影响很小。含 3.5%混合纤维掺量的配筋 UHPC 结构因 UHPC 应变硬化段末端应变 ε_{cb} 较高 (与钢筋屈服应变之比约为 0.79)，UHPC 材料能与钢筋协同变形，故可视初裂时 UHPC 结构中的钢筋应力可达 300MPa 以上，钢筋将有效限制配筋 UHPC 结构可视初裂的发展。因此，含 3.5%混合钢纤维的配筋 UHPC 结构有望适应高性能组合桥面系在复杂荷载作用下 UHPC 层较高的应力水平。

同样，如图 1.49 所示随纤维掺量从 2%增至 3.5%，UHPC 峰值应力 σ_{pc} 增加约 15.1%，而极限应变 ε_{pc} 提高约 153.7%，且端钩型纤维的增强效率也显著优于直线型纤维 (约 3.2 倍)，故纤维掺量和形状对极限应变影响也很明显。另外，含 3.5%纤维掺量的 UHPC 材料的 ε_{pc} 高达 1941με，非常接近普通钢筋的屈服应变 (约 0.97 倍)，故钢筋也将对可视初裂后 UHPC 结构的多元开裂过程作用显著，这表明配筋 UHPC 结构将随材料多缝开展而呈现良好的延性和韧性。

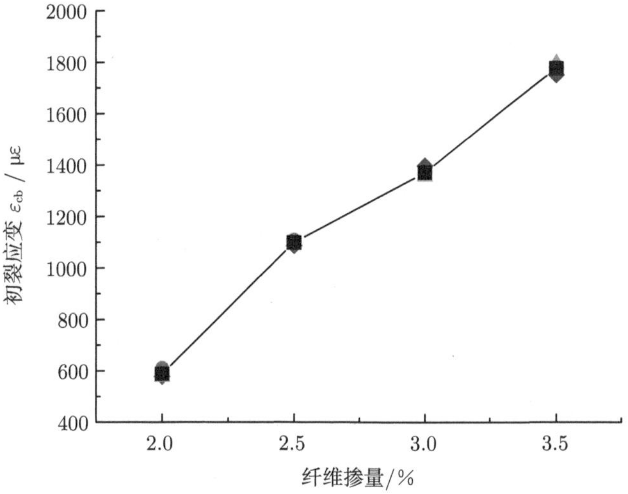

图 1.49 可视初裂应变与纤维掺量的关系

2) 应力软化阶段

UHPC 材料应力–伸长率曲线应力软化段如图 1.47 所示。为与实测的裂缝宽度数据对比，需将软化段应力–伸长率曲线转化为应力–裂缝宽度曲线。设试件变形测量段的标距为 l_m，拉伸至极限应变 ε_{pc} 时伸长为 Δl_0。应力软化段试件伸长 Δl 的增加为宏观裂缝处裂缝宽度 w 的增长与未开裂部分伸长的减小之和，其为平均应力变化值 $\Delta\sigma$ 的函数。假设未开裂部分 UHPC 以模量 E^* 为斜率线性卸载，其

卸载变形 $(l_m + \Delta l - w) \cdot \Delta\sigma / E^*$ 近似为 $l_m \cdot \Delta\sigma / E^*$，则试件的伸长 Δl 为

$$\Delta l = \Delta l_0 + w + l_m \cdot \Delta\sigma / E^* \tag{1.19}$$

其中，$\Delta\sigma < 0$。由上式得裂缝宽度 w：

$$w = \Delta l - \Delta l_0 - l_m \cdot \Delta\sigma / E^* \tag{1.20}$$

直接拉伸试验实测的应力–裂缝宽度曲线与式 (1.20) 推得的曲线对比如图 1.50 所示，图中可见两者符合较好。因部分拉伸曲线应力软化段卸载回缩，故未能转化为相应的应力–裂缝宽度曲线。

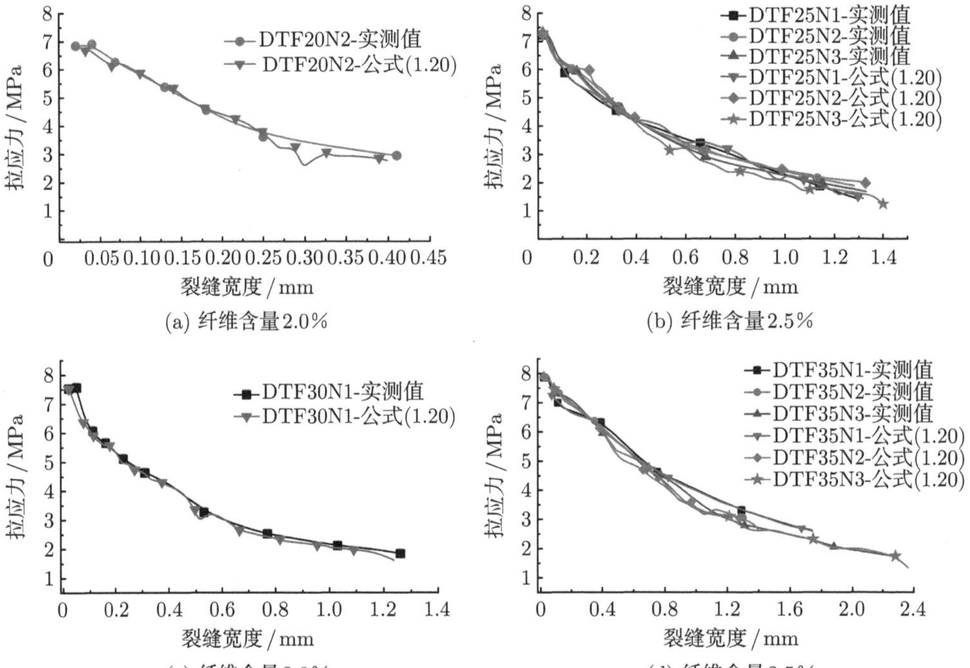

图 1.50　应力–裂缝宽度曲线

5. 理论分析与试验对比

1) 理论分析模型

鉴于 UHPC 结构设计对材料本构关系的需求，本节基于试验结果提出了包含应变硬化应力–应变关系 $\sigma(\varepsilon)$ 和应力软化应力–裂缝宽度关系 $\sigma(w)$ 的两阶段 UHPC 材料拉伸本构关系模型，如图 1.51 所示。图中 $f_{\rm ct}$ 为应变硬化阶段平均应力;$w_{\rm pc}$ 为峰值应力对应的裂缝宽度；σ_{w_1} 和 w_1 分别为应力软化段反弯点的应力及裂缝宽度，w_2 为断裂时的裂缝宽度。

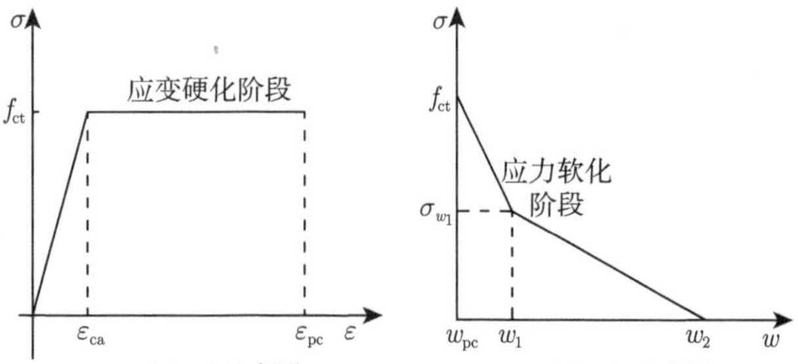

(a) $\sigma(\varepsilon)$ 部分　　(b) $\sigma(w)$ 部分

图 1.51　UHPC 材料拉伸本构关系模型

2) 应力–应变关系

如图 1.51 所示，UHPC 材料在极限应变 ε_{pc} 前参考文献 [19] 采用双线性应力–应变关系拟合：

$$\sigma(\varepsilon)=\begin{cases}\dfrac{f_{ct}}{\varepsilon_{ca}}\varepsilon, & 0<\varepsilon\leqslant\varepsilon_{ca}\\ f_{ct}, & \varepsilon_{ca}<\varepsilon\leqslant\varepsilon_{pc}\end{cases}\tag{1.21}$$

基于式 (1.21) 的拟合曲线与实测曲线对比见图 1.52，图中两者符合较好，拟合参数见表 1.15。

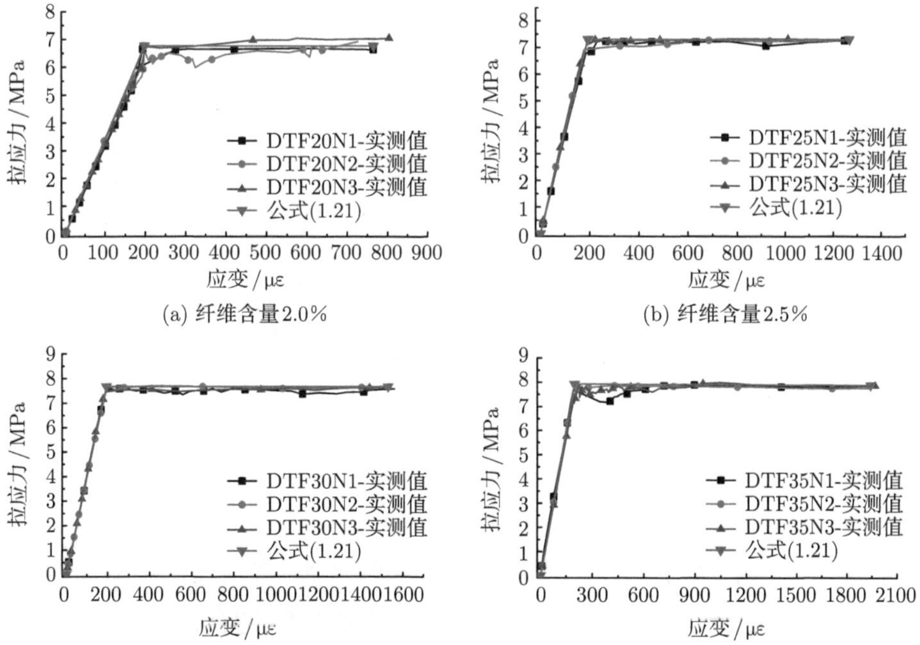

(a) 纤维含量2.0%　　(b) 纤维含量2.5%

(c) 纤维含量3.0%　　(d) 纤维含量3.5%

图 1.52　拟合应力–应变关系与实测曲线对比

表 1.15 受拉本构模型拟合参数

试件组别	$\sigma(\varepsilon)$			$\sigma(w)$				
	$\varepsilon_{ca}/\mu\varepsilon$	$\varepsilon_{pc}/\mu\varepsilon$	f_{ct}/MPa	w_{pc}/mm	p	w_{p}/mm	w_1/mm	$\sigma_{w_1}/\mathrm{MPa}$
DTF20	198	765	6.76	0.04	0.95	0.25	0.25	3.60
DTF25	192	1267	7.31	0.05	0.98	0.52	0.51	3.41
DTF30	195	1530	7.67	0.05	1.00	0.70	0.60	3.38
DTF35	199	1941	7.91	0.05	1.08	1.00	1.09	3.21

3) 应力–裂缝宽度关系

应力软化段体现材料的断裂特性，基于材料断裂能的考虑，应力–裂缝宽度关系 $\sigma(w)$ 应具有简单性和可积分性。纤维混凝土材料常用的 $\sigma(w)$ 多为指数函数或多段线性函数，如 Stang 等提出的指数型经验公式模型 [43]：

$$\sigma(w)=f_{ct}\cdot\frac{1}{1+\left(\dfrac{w}{w_{1/2}}\right)^{p}} \tag{1.22}$$

其中，p 和 $w_{1/2}$ 均为拟合参数，$w_{1/2}$ 为曲线应力降至 $0.5f_{ct}$ 时的裂缝宽度。

基于试验结果本节提出两种应力–裂缝宽度关系模型。其一，指数函数应力–裂缝宽度关系 $\sigma(w)$：

$$\sigma(w)=f_{ct}\cdot\frac{1}{\left(1+\dfrac{w}{w_{p}}\right)^{p}} \tag{1.23}$$

其中，p 和 w_p 均为试验拟合参数，w_p 为应力降至 $2^{-p}f_{ct}$ 时的裂缝宽度。其二，双线性函数应力–裂缝宽度关系 $\sigma(w)$：

$$\sigma(w)=\begin{cases} C_1-C_2w, & w_{pc}\leqslant w\leqslant w_1 \\ C_3-C_4w, & w_1<w\leqslant w_2 \end{cases} \tag{1.24}$$

其中，拟合参数：

$$\begin{aligned} &C_1=\frac{w_1f_{ct}-w_{pc}\sigma_{w_1}}{w_1-w_{pc}},\quad C_2=\frac{f_{ct}-\sigma_{w_1}}{w_1-w_{pc}} \\ &C_3=\frac{w_2}{w_2-w_1}\sigma_{w_1},\quad C_4=\frac{1}{w_2-w_1}\sigma_{w_1} \end{aligned} \tag{1.25}$$

其中，双线性函数特征点 (w_1,σ_{w_1}) 可通过试验数据获得。显然，拟合式 (1.23) 和式 (1.24) 相比于式 (1.22)，形式简单、初始斜率确定且可积分性好。两种 $\sigma(w)$ 关系拟合式与实测曲线的比较如图 1.53 所示，其拟合参数见表 1.15。

在图 1.53 中可见，拟合式 (1.24) 和式 (1.25) 的 σ (w) 关系与实测的曲线总体符合良好，但指数拟合式 (1.22) 与式 (1.23) 类似，反弯点后的拟合曲线的应力和斜率均与实测曲线有一定的偏离。工程中因结构耐久性要求裂缝宽度限值较小，故这种高裂缝宽度区的偏离对结构分析和工程应用误差较小。同理，双线性拟合式 (1.24) 也只需取下降段第一部分便已足够。

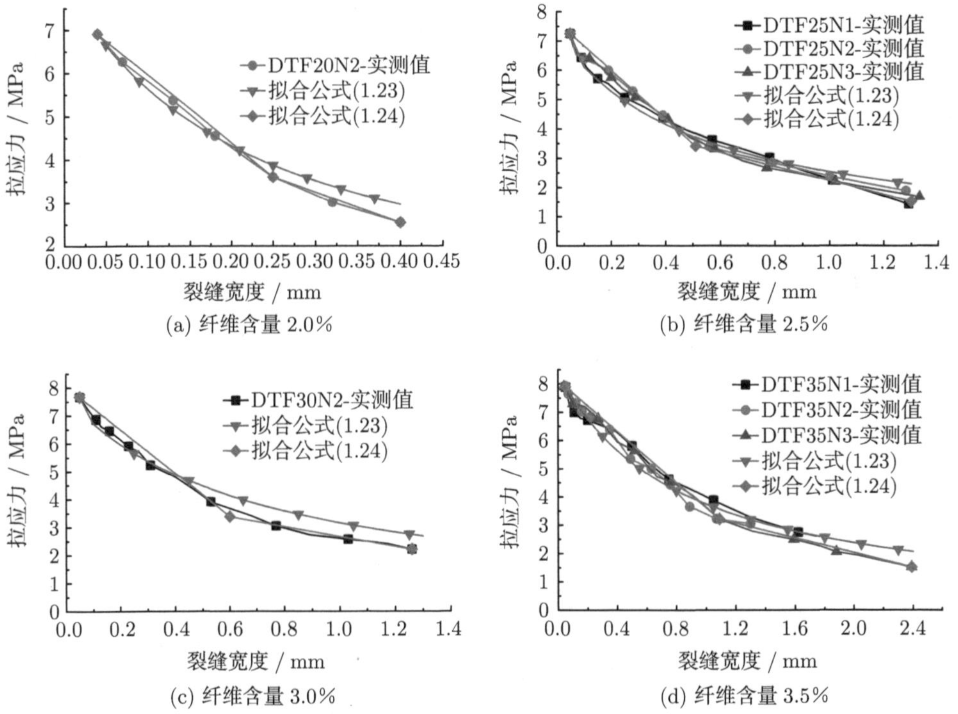

(a) 纤维含量 2.0%　(b) 纤维含量 2.5%

(c) 纤维含量 3.0%　(d) 纤维含量 3.5%

图 1.53 拟合应力–裂缝宽度曲线与实测曲线对比

6. 轴拉试验小结

钢纤维的形状和掺量是影响混合纤维 UHPC 材料可视初裂应变的关键因素，随纤维掺量增加可视初裂应变大幅提高，且端钩型纤维的增强效率优于直线型纤维。

混合钢纤维 UHPC 材料呈明显的应变硬化和多元开裂拉伸特性。高纤维掺量的 UHPC 可视初裂应变和极限应变均与钢筋屈服应变接近，钢筋可有效限制 UHPC 结构可视初裂的产生。

UHPC 材料本构关系采用应变硬化应力–应变关系和应力软化应力–裂缝宽度关系两阶段模型，与试验结果符合良好，工程应用精度足够。

1.2.2.6　轴拉设计应力–应变曲线

传统的混凝土桥梁设计中，混凝土材料抗拉强度通常假设为零。但是，钢纤维的掺入使得 UHPC 材料的抗拉强度远高于普通混凝土，且其具有稳定的裂后抗拉性能。在承载能力极限状态下 UHPC 的结构设计应将抗拉强度作为可靠的材料性能予以考虑。因此，UHPC 的轴拉设计应力–应变曲线也与普通混凝土有所不同。各国 UHPC 设计指南或规范结合 UHPC 轴拉试验应力–应变曲线均对轴拉设计应力–应变曲线做出了一定的简化，如图 1.54～ 图 1.56 所示。

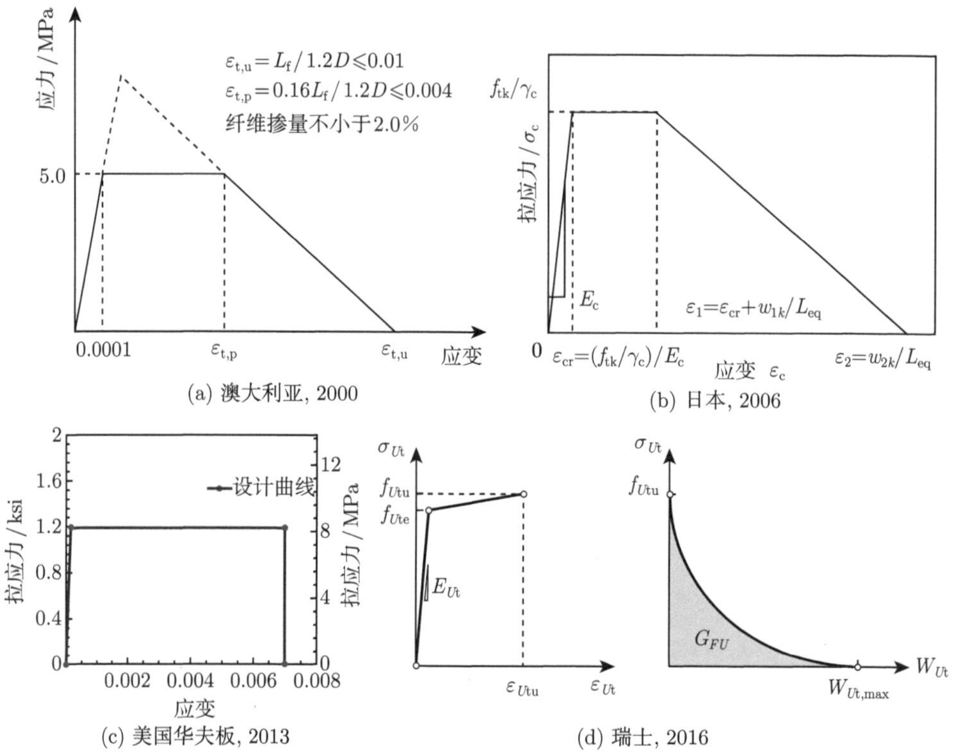

图 1.54　各国 UHPC 设计指南轴拉设计应力–应变曲线

澳大利亚、日本和美国华夫板 UHPC 设计指南中均将 UHPC 轴拉设计应力–应变曲线简化为三折线模型。瑞士 UHPC 设计指南中将 UHPC 轴拉设计应力–应变曲线的上升段简化为双折线，下降段 (软化段) 为非线性曲线。

而法国 UHPC 设计规范 NF P18-710 对 UHPC 轴拉设计应力–应变曲线规定较为详细。法国 UHPC 规范将 UHPC 轴拉设计应力–应变曲线分为两大类，分别针对厚构件 (构件厚度大于 3 倍最大纤维长度) 和薄构件 (构件厚度不大于 3 倍最大纤维长度)，如图 1.55 和图 1.56 所示。进一步地，法国 UHPC 规范又针对应变软化和低应变硬化 UHPC、高应变硬化 UHPC 两种情况，区分其轴拉设计应力–应变曲线。

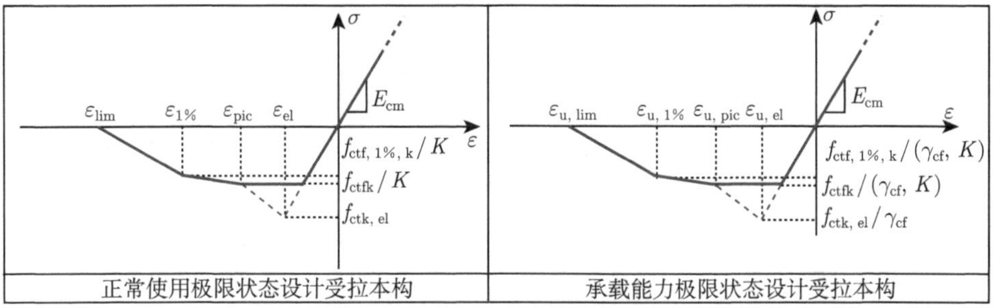

(a) 应变软化和低应变硬化UHPC

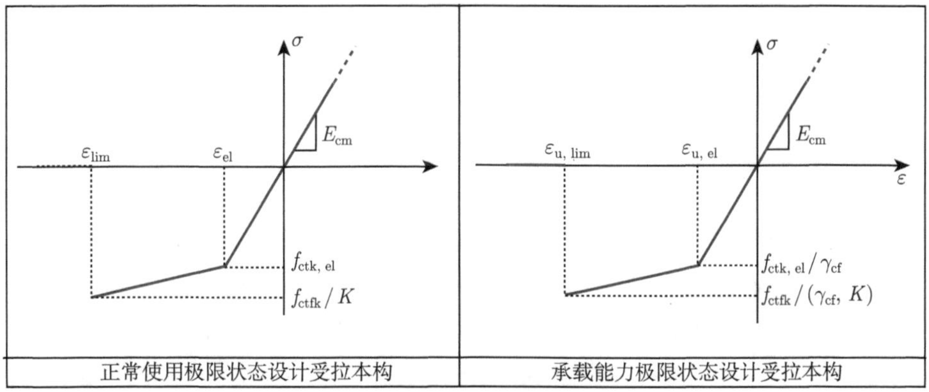

(b) 高应变硬化UHPC

图 1.55 法国 UHPC 规范厚构件轴拉设计应力–应变曲线

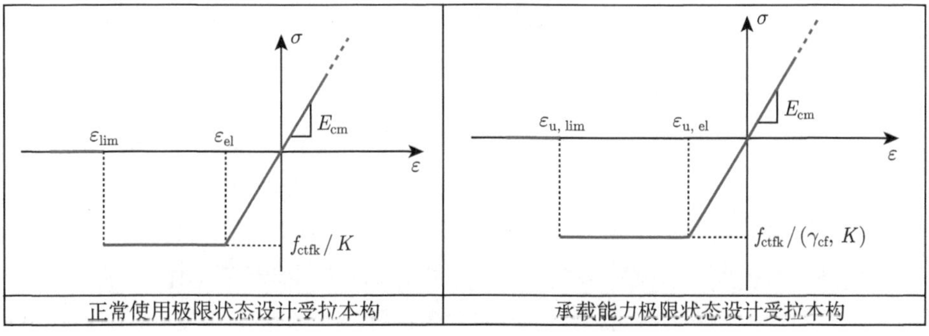

(a) 应变软化和低应变硬化UHPC

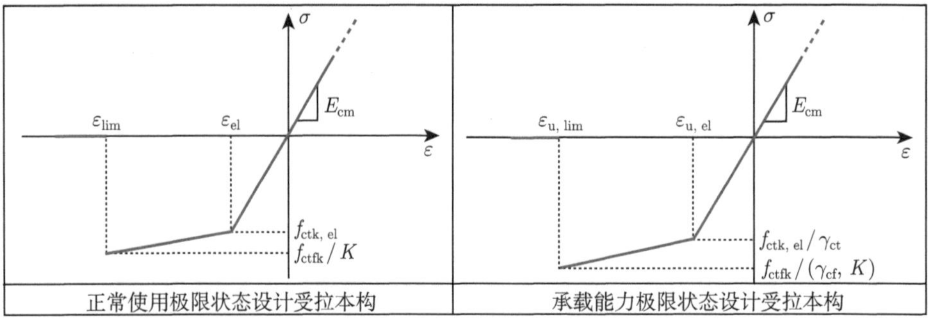

(b) 高应变硬化UHPC

图 1.56 法国 UHPC 规范薄构件轴拉设计应力–应变曲线

1.2.3 疲劳性能

1.2.3.1 疲劳问题的分类

疲劳可定义为在反复荷载作用下，材料或结构性能的永久性、渐进性改变过程，该过程伴随着裂缝的萌生与扩展，并最终导致疲劳断裂。结构的疲劳损伤一般在远低于承载力的荷载下出现，其过程具有持续性，且破坏时往往具有突发性，因而疲劳破坏可能带来灾难性后果，应通过合理设计予以避免。

根据疲劳荷载的循环次数，疲劳问题可分为低周疲劳、高周疲劳和超高周疲劳(表 1.16)。低周疲劳的应力水平较高，但疲劳寿命很短，通常从几次到几百次不等；高周疲劳的应力水平较低，但寿命较长，通常可达数万次以上；而超高周疲劳的循环次数更高，甚至可到数亿次。

表 1.16 疲劳问题分类

低周疲劳			高周疲劳				超高周疲劳		
10^0	10^1	10^2	10^3	10^4	10^5	10^6	10^7	10^8	10^9
遭受地震的结构			机场道路		高速公路或铁路桥梁		重型快速运输结构		海洋结构

普通混凝土结构往往尺寸和自重均较大，使得活载引起的应力较低，疲劳问题并不突出。但对于 UHPC 结构，得益于 UHPC 优异的力学性能和耐久性，结构设计往往趋于轻薄化，导致结构中的动力荷载比例越来越高，疲劳问题不容忽视。

国内外学者已对 UHPC 开展了一些疲劳试验研究，揭示了 UHPC 的基本疲劳性能 [44-46]。UHPC 基体致密，且掺入了大量钢纤维，当基体开裂后，钢纤维能够传递应力并有效阻止裂缝扩展，从而表现出很强的应力与变形重分布能力。因此，总体而言，UHPC 的疲劳性能要远优于普通混凝土和钢纤维混凝土。

1.2.3.2 抗压疲劳性能

1. 疲劳破坏模式与特征

方志等[46]对不同含量钢纤维的 UHPC 进行了轴压疲劳试验，钢纤维的直径和长度分别为 0.16mm、12mm，共考虑了三种纤维体积含量，即 0%、1.5%和 3%。以应力水平控制疲劳荷载：最大应力水平为 $S_{\max}$=0.4、0.6、0.8，这里 $S_{\max}$ 定义为最大应力与 UHPC 静力抗压强度的比值，即 $S_{\max}=\sigma_{\max}/f_{\mathrm{c}}$；最小应力水平为 $S_{\min}$=0.267。采用液压型脉动疲劳试验机加载，荷载频率为 5Hz。

疲劳试验表明，素 UHPC(无钢纤维) 的疲劳破坏形态表现为劈裂破坏，而含钢纤维 UHPC 的疲劳破坏形态为剪切破坏。根据疲劳裂纹的演变过程，UHPC 的宏观损伤具体可分为三个不同的阶段 (图 1.57)。

(a) 劈裂破坏三阶段演变模式

(b) 剪切破坏三阶段演变模式

图 1.57 UHPC 宏观裂纹的三阶段演变模式

在裂纹潜伏阶段 (第一阶段)，试件的上、下两端出现数条竖向短裂纹，但裂缝并未迅速延伸。在裂纹稳定扩展阶段 (第二阶段)，UHPC 表现出两种情况：当不含钢纤维时，试件中部出现一条纵向裂纹，并不断向两端延伸，最终形成贯通的纵向主裂缝，而当含 1.5%或 3%的钢纤维时，试件端部的纵向短裂缝沿约 40° 角向试件中部发展，裂纹长度和宽度稳定增加。在失稳破坏阶段 (第三阶段)，主裂纹迅速扩展直至贯通，试件最终疲劳破坏：当不含钢纤维时表现为劈裂破坏，当含钢纤维时表现为剪切破坏。

为揭示上述三个阶段的机理，Li 等 [47] 对掺入了聚乙烯醇纤维 (polyvinyl acetate, PVA) 的 UHPC 进行了轴压疲劳试验，并对疲劳断裂面进行扫描电镜分析。如图 1.58(a) 所示，断裂面上存在几个明显的区域：A_f 区域断裂面较光滑，且纤维数量较少；B_f 区域较为粗糙，且纤维数量较多；而 C_f 一般位于光滑断裂面内部，为疲劳源区。

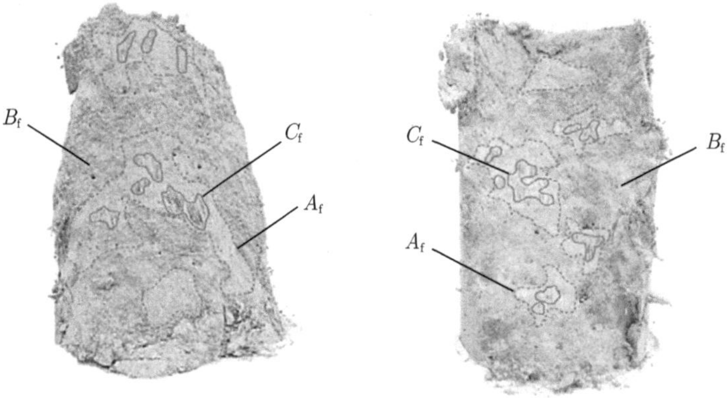

(a) 疲劳断裂面形貌

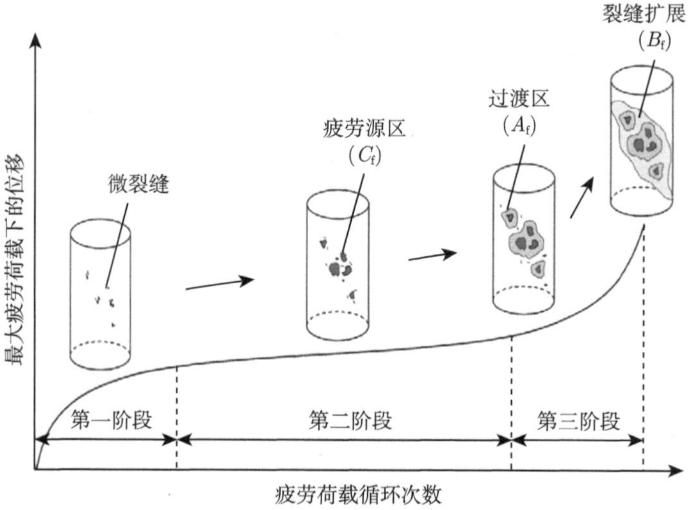

(b) 疲劳断裂发展过程

图 1.58　UHPC 的三阶段破坏过程及断裂面形貌分析

通过扫描电镜观测发现，在 UHPC 的疲劳损伤过程中，疲劳裂纹的萌生、发展过程如下 (图 1.58(b))：在第一阶段，微裂缝出现并迅速发展；随后进入第二阶段，C_f 区域开始形成，并发展为疲劳源区域；接下来进入第三阶段，A_f 区域形成，疲劳裂缝迅速发展，B_f 区域形成，并伴随着纤维的拔出和断裂，导致试件疲劳断裂。概括而言，微裂缝在疲劳源区域 C_f 萌生、在过渡区域 A_f 扩展，并在扩展区域 B_f 形成主裂缝，引发疲劳破坏。

2. 疲劳强度和 *S-N* 曲线

Lohaus 等 [48] 对一批 UHPC 圆柱体试件 (Φ60mm×180mm) 进行了轴压疲劳试验。UHPC 中钢纤维的直径和长度分别为 0.15mm 和 9mm，体积含量为 2.5%。最小压应力控制在三个水平，即 $S_{\min} = 0.05$、0.20、0.40。对于预期疲劳寿命在 200 万次左右的试件，采用伺服液压万能试验机加载，加载频率为 10Hz，而对于预期疲劳寿命超过 200 万次的试件，采用共振试验装置，加载频率为 60Hz。作者对各组疲劳试验数据进行处理，建立了 UHPC 的轴压 *S-N* 曲线，如式 (1.26) 和图 1.59 所示。

$$\begin{cases} \log N = -12.4S_{\max} + 14.1, & S_{\min} = 0.05 \\ \log N = -18.7S_{\max} + 19.2, & S_{\min} = 0.20 \\ \log N = -24.9S_{\max} + 25.4, & S_{\min} = 0.40 \end{cases} \tag{1.26}$$

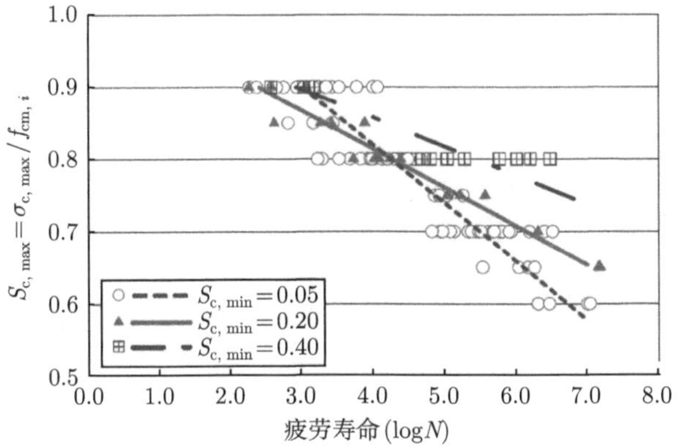

图 1.59 UHPC 轴压 *S-N* 曲线

余自若等 [49] 对大量轴压疲劳试验数据统计后发现，UHPC 的疲劳寿命分布很好地服从两参数 Weibull 分布，并基于试验结果建立了 *S-N* 曲线，其中存活率为 50%的 *S-N* 曲线方程如下：

$$\log S_{\max} = 0.10758 - 0.05572 \log N \tag{1.27}$$

研究还发现，当 $S_{\max} \leqslant 0.57$ 时，UHPC 的平均疲劳寿命大于 200 万次，因而将 $\sigma_{\max} = 0.57f_c$ 定义为 UHPC 的条件疲劳强度极限。换言之，当 UHPC 的最大疲劳压应力小于该限值时，不会出现轴压疲劳破坏。根据经验，普通混凝土和常规纤维混凝土的疲劳强度极限 S_{max} 一般在 0.5~0.7 之间，因而对于 UHPC，上述取值是合理的。

钢纤维含量对 UHPC 的疲劳强度和寿命均有一定影响，图 1.60 示意了钢纤维含量的具体影响规律。可以看出，随着钢纤维含量的增加，UHPC 的疲劳寿命提高；而随着应力水平的提高，UHPC 的疲劳寿命降低。

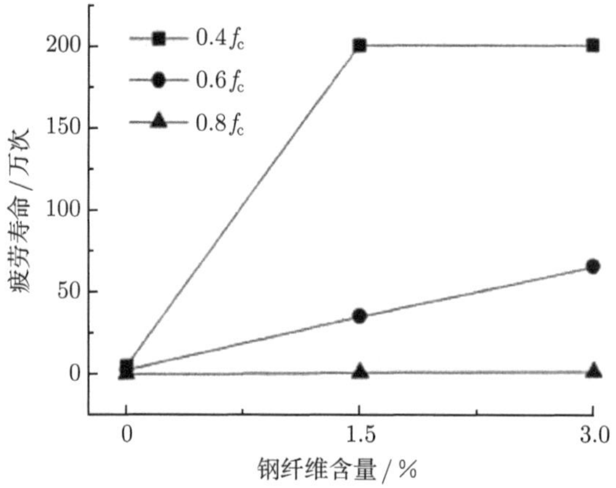

图 1.60 疲劳寿命随钢纤维含量的变化规律

图 1.60 数据分析表明，钢纤维含量为 1.5%和 3%的 UHPC 疲劳强度极限 (对应 200 万次循环次数) 分别为 S_{max}=0.43 和 0.45，而素 UHPC 疲劳强度极限结果的离散性较大，其均值约为 0.27。这意味着与素 UHPC 相比，钢纤维含量为 1.5%和 3%的 UHPC 的疲劳强度极限分别提高了 59% 和 67%。同时，疲劳强度极限随钢纤维含量的增加而提高，但当钢纤维含量超过 1.5%后，增强作用减弱。

3.UHPC 抗压疲劳设计方法

法国于 2016 年颁布了两部 UHPC 规范，其中 NF P 18-470 对 UHPC 的材料性能进行了规定，NF P 18-710 则对 UHPC 结构设计进行了规定。UHPC 结构疲劳设计的总体原则是，通过计算得到结构的受压/受拉疲劳应力，并控制最大疲劳应力不超过 UHPC 的疲劳强度，以确保结构的抗疲劳安全性。

法国 UHPC 结构设计规范 NF P 18-710 规定，当结构的疲劳应力满足如下条件时，可不对 UHPC 和钢筋进行疲劳验算。

(1) 当 UHPC 结构受压时，在正常使用极限状态特征荷载组合下，UHPC 的压应力满足 $\sigma_c < 0.6f_{ck}$ ，式中 σ_c 为 UHPC 在上述荷载下的最大压应力，f_{ck} 为 UHPC 的静力抗压强度特征值。

(2) 对于 UHPC 截面中的受拉钢筋，在正常使用极限状态特征荷载组合下，钢筋拉应力 $\sigma_s < 300\text{MPa}$。

当上述条件不满足时，须对 UHPC 结构进行疲劳验算。对于抗压，UHPC 的疲劳验算应满足式 (1.28)：

$$\frac{\sigma_{c,\max}}{f_{ck}} \leqslant 0.4 + 0.4\frac{\sigma_{c,\min}}{f_{ck}} \tag{1.28}$$

式中，$\sigma_{c,\max}$ 为频遇荷载组合下 UHPC 结构中的最大压应力；$\sigma_{c,\min}$ 为频遇荷载组合下 UHPC 结构中的最小压应力，当 $\sigma_{c,\min}$ 计算为拉应力时，应取 $\sigma_{c,\min}=0$；f_{ck} 为 UHPC 的静力抗压强度特征值。

在此基础上，提出了 UHPC 结构的疲劳设计方法，具体如下。

(1) 当 UHPC 结构中的最大疲劳压应力满足以下条件时，可不进行疲劳验算：

$$\gamma_{sd}\sigma_{c,\max}\eta_c \leqslant 0.45 f_{cd,fat} \tag{1.29}$$

其中，γ_{sd} 为荷载分项系数，一般取为 1.1 或 1.0；$\sigma_{c,\max}$ 为疲劳荷载引起 UHPC 结构中的最大压应力；η_c 为计算系数，可按文献 [91] 中的式 (6.7-2) 计算；$f_{cd,fat}$ 为 UHPC 的疲劳强度设计值。

(2) 当不满足上述条件时，需对 UHPC 结构的疲劳寿命进行验算，计算结果应满足式 (1.30)：

$$n \leqslant N \tag{1.30}$$

其中，疲劳寿命 N 的计算过程视情况而定：当 $0 \leqslant S_{cd,\min} \leqslant 0.8$ 时，按式 (1.31) 进行计算，而当 $S_{cd,\min} \geqslant 0.8$ 时，取 $S_{cd,\min} = 0.8$。

$$\begin{aligned}
&\log N = \frac{8}{(Y-1)}(S_{cd,\max}-1), \quad N \leqslant 8 \\
&\log N = 8 + \frac{8\ln(10)}{(Y-1)}(Y - S_{cd,\min})\log\left(\frac{S_{cd,\max}-S_{cd,\min}}{Y-S_{cd,\min}}\right), \quad N > 8
\end{aligned} \tag{1.31}$$

式中，$S_{cd,\min}$ 为疲劳荷载引起的最小压应力，$S_{cd,\min} = \gamma_{sd}\sigma_{c,\min}\eta_c/f_{cd,fat}$；$S_{cd,\max}$ 为疲劳荷载引起的最大压应力，$S_{cd,\max} = \gamma_{sd}\sigma_{c,\max}\eta_c/f_{cd,fat}$；$\gamma_{sd}$ 为荷载分项系数；η_c 为计算系数；Y 同样为计算系数，计算公式如式 (1.32) 所示。

$$Y = \frac{0.45 + 1.8S_{cd,\min}}{1 + 1.8S_{cd,\min} - 0.3S_{cd,\min}^2} \tag{1.32}$$

(3) 当以上条件都不满足时，需通过计算得到完整的应力谱，并需根据 Miner 线性疲劳累计损伤准则按式 (1.33) 进行验算：

$$D = \sum_{i=1}^{j} \frac{n_{si}}{N_{Ri}} \leqslant D_{\text{lim}} = 1 \tag{1.33}$$

式中，D 为疲劳荷载引起的损伤度；D_{lim} 为极限损伤度，一般取 1.0；n_{si} 为第 i 级应力水平的作用次数；N_{Ri} 为第 i 级应力水平对应的疲劳寿命，按式 (1.31) 计算。

1.2.3.3　抗拉疲劳性能

1. 不配筋 UHPC 的轴拉疲劳性能

1) 疲劳试验概况

Makita 和 Brühwiler[51] 对不配筋 UHPC 试件开展了轴拉疲劳试验。UHPC 中钢纤维尺寸为 Φ0.16mm×13mm，体积含量为 3%。试件尺寸为 40mm×150mm ×750mm，采用伺服液压疲劳试验机加载，荷载频率为 10Hz。试验装置如图 1.61 所示。

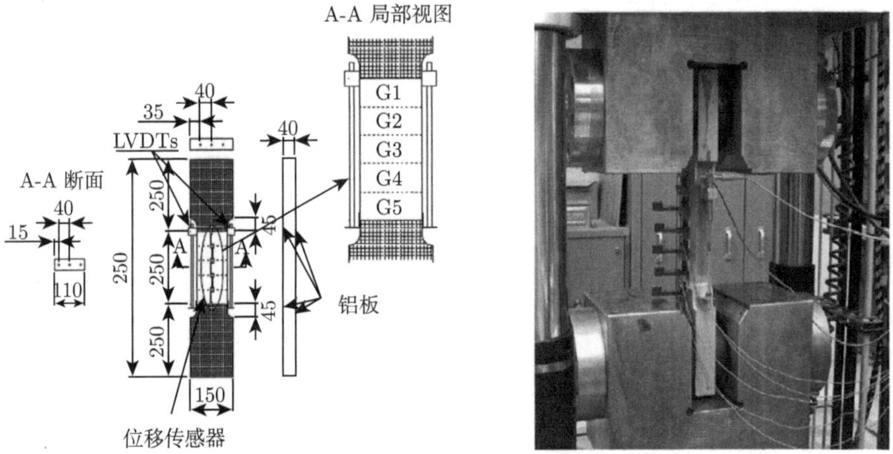

图 1.61　UHPC 轴拉疲劳试验装置 (单位：mm)

试验中先对试件进行轴拉静力试验，以获得完整的应力–应变曲线，然后开展疲劳试验。疲劳试验考虑三类最大疲劳荷载水平 $S_{\max}$(定义为最大疲劳荷载 $F_{\max}$ 与试件弹性极限荷载 F_{e} 之比) 情形 (图 1.62)。S1 系列的目的是确定 UHPC 在弹性范围内的疲劳极限，与此相对应，S2 和 S3 系列的目的是模拟 UHPC 分别处于应变硬化和应变软化阶段的疲劳行为。

各试件疲劳荷载情况如下：① S1 系列，考虑到各试件弹性极限的变异性较大，

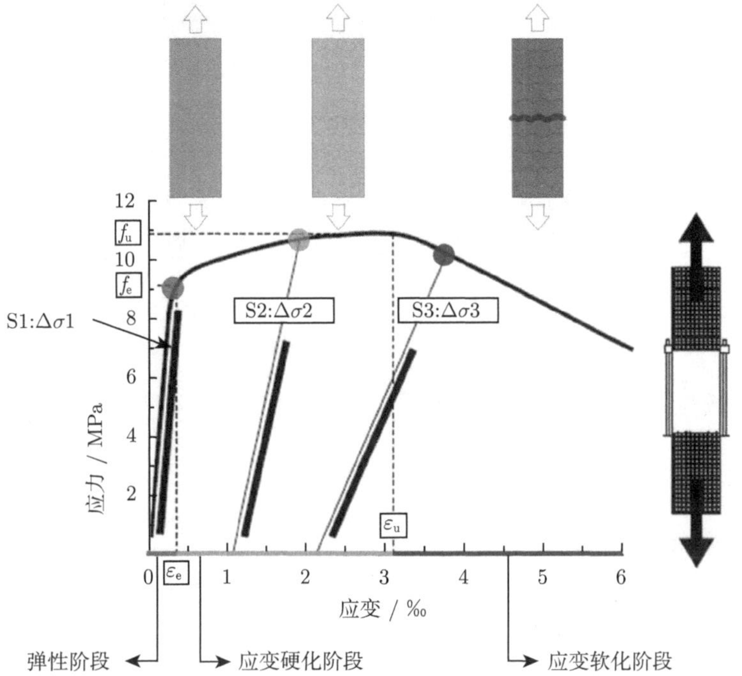

图 1.62 UHPC 的三种轴拉疲劳试验情形

最大疲劳荷载 S_{max} 控制试件的拉应变为 250με；② 对于 S2 系列，首先进行静力加载，最大拉应变为 500~4000με；③ 对于 S3 系列，最大拉应变为 3000~6000με。然后进行疲劳试验，最大疲劳荷载 S_{max} 控制试件的拉应变分别为 100με、150με、200με。三个系列中，最小疲劳荷载水平 S_{min} 均控制为 S_{max} 的 10%。疲劳试验中，常幅疲劳极限定义为 1000 万次，而不是常用的 200 万次。

2) 疲劳破坏模式与特征

UHPC 的疲劳断裂过程与钢材的疲劳断裂过程具有一定的相似性。首先，裂缝萌生于最薄弱位置，并随应力循环不断扩展，试件逐渐丧失承载力，并伴随着模量降低现象，当剩余面积不足以承担荷载时，试件断裂。疲劳扩展面较为光滑，而最终断裂产生的断裂面较为粗糙。扫描电镜分析发现，UHPC 试件的疲劳断裂面具有以下三个特征。

(1) UHPC 基体的剥离与粉碎。

断裂面上的 UHPC 基体出现了剥离和粉碎现象 (图 1.63)。分析表明，剥离应该与斜向钢纤维的拔出有关，同时，钢纤维拔出后出现了弯曲现象；而粉碎可能与剥离后留在裂缝间的 UHPC 颗粒有关，颗粒被反复摩擦、挤压，逐渐被磨碎。

图 1.63 UHPC 基体的剥离与粉碎现象

(2) 光滑断裂面。

图 1.64 展示了 UHPC 疲劳断裂面上的光滑区域。该区域位于疲劳断裂的萌生位置，这一特征与钢材的疲劳断裂特征较为相似。

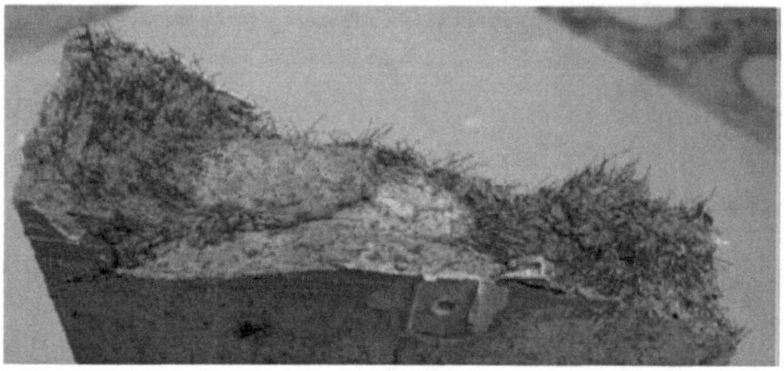

图 1.64 UHPC 疲劳断裂面上的光滑区域

分析表明，光滑区域的形成应与两方面的因素有关。一方面，由于钢纤维的随机分布，UHPC 内部某些区域的纤维含量较低，可能过早出现微裂缝，该区域受疲劳荷载的不断摩擦，形成光滑的断裂面。

另一方面，该区域还伴随着钢纤维的“磨损腐蚀”现象。当 UHPC 基体开裂后，钢纤维跨过裂缝而传递拉应力，疲劳荷载使得钢纤维反复拔出、滑移回缩，导致钢纤维和基体不断磨损 (图 1.65)。磨损腐蚀现象可以使钢纤维在常规大气环境和低湿度条件下腐蚀，从而降低纤维断面，导致该区域内钢纤维被拉断而不是被拔出。

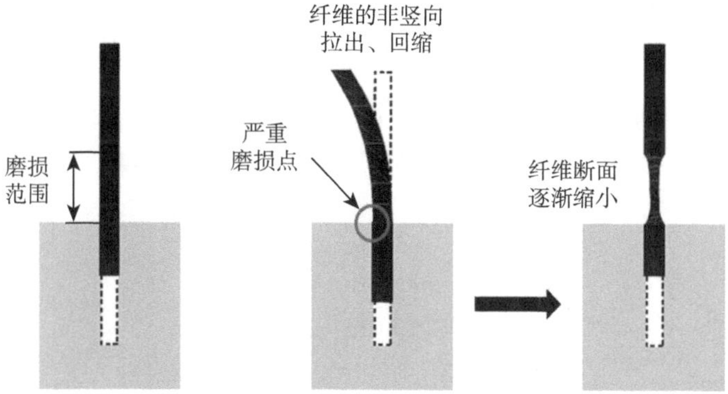

图 1.65 钢纤维的反复拉拔与回缩

(3) 锈色粉末产物。

UHPC 疲劳断裂面的部分区域覆盖有锈色粉末产物，大致位于光滑区域，且钢纤维附近的粉末厚度大于其他区域，表明这些产物由钢纤维的腐蚀所引起。X 射线能谱分析和扫描电镜观测发现 (图 1.66)，粉末物的大部分成分是硅和钙，且该部分颜色无异常，可推断主要为 UHPC 基体成分；而锈色产物具有明显的铁、氧成分 (即氧化铁)，证实了锈蚀产物的存在。同时，原始状态下钢纤维表面平整且光滑，而锈色区的钢纤维表面粗糙，进一步证实钢纤维在疲劳过程中经历了锈蚀。

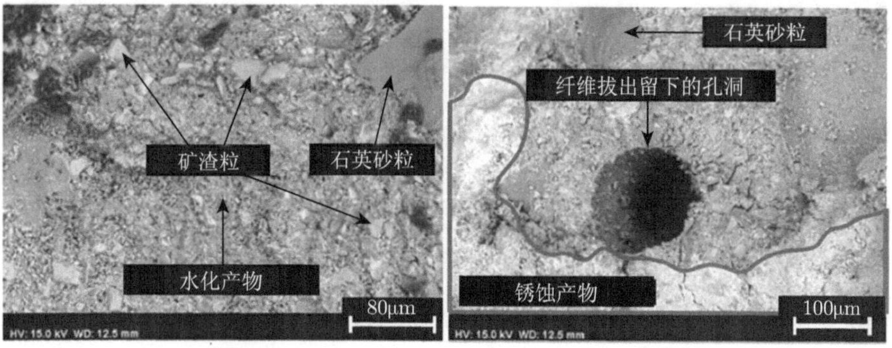

(a) 正常颜色区域 (b) 锈色区域

图 1.66 疲劳断裂面粉末产物扫描电镜图像

需要说明的是，虽然 UHPC 试件的断裂面呈现上述特点，与金属断裂具有一定相似性，但应该认识到两者的疲劳裂缝扩展行为仍存在差异。对于 UHPC，当钢纤维被拔出或拉断时，其疲劳裂缝逐渐扩展，因而 UHPC 的疲劳扩展与钢纤维的分布密切相关，而钢材为均质材料，疲劳裂纹的扩展主要由微塑性变形引起。

3) 疲劳强度和 S-N 曲线

图 1.67 给出了各组疲劳试验的 S-N 曲线。对于 S1 系列，由于无法测定疲劳试件的实际弹性极限强度，只能通过平行的静力试验获取相应强度值；而对于 S2 和 S3 系列，由于在疲劳试验前进行了静力加载，可以获得每个试件的弹性极限强度 $f_{e,i}$。

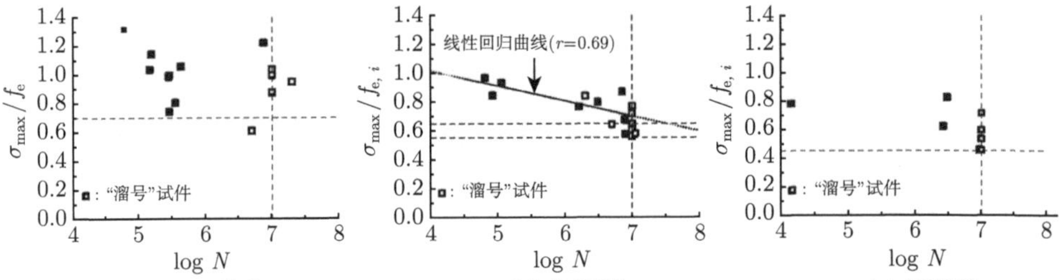

图 1.67　不同试件的轴拉疲劳试验结果

由图 1.67 可知，S1 系列的试验结果离散性较大，主要是由于疲劳试件的真实弹性极限强度 $f_{e,i}$ 无从知晓。但仍可以看出，试件的疲劳极限约为 $S_{max}= 0.70$。

对于 S2 系列，UHPC 的疲劳极限强度为 S_{max}=0.55~0.65，即当 UHPC 的实际应力不超过该极限值时，可确保其轴拉疲劳寿命超过 1000 万次。同时，通过线性拟合得到了 UHPC 的轴拉疲劳 S-N 曲线，如式 (1.34) 所示：

$$\frac{\sigma_{max}}{f_{e,i}} = -0.105 \log N + 1.436 \tag{1.34}$$

对于 S3 系列，疲劳试验结果的离散性同样较大，难以得到拟合公式，但分析发现，该系列中 UHPC 试件的疲劳极限约为 $S_{max} = 0.45$。

4) 变形规律

试验中每个试件的标距长 250mm，该范围共分为 5 段，每段 (50mm) 内布置一个变形传感器，以测试 UHPC 的局部变形；同时，对全标距 (250mm) 的整体变形也进行了测试，以对比试件的整体和局部变形。

以 S1 系列为例，试件的整体和局部轴向变形如图 1.68 所示。可以发现，当疲劳荷载加载到 910 万次时，G1 位移计处的变形突然增大 (图 1.68(a))，结果发现该位置出现了一条宽约 0.1mm 的裂缝，但是试件的整体变形增长仍然缓慢 (图 1.68(b))。

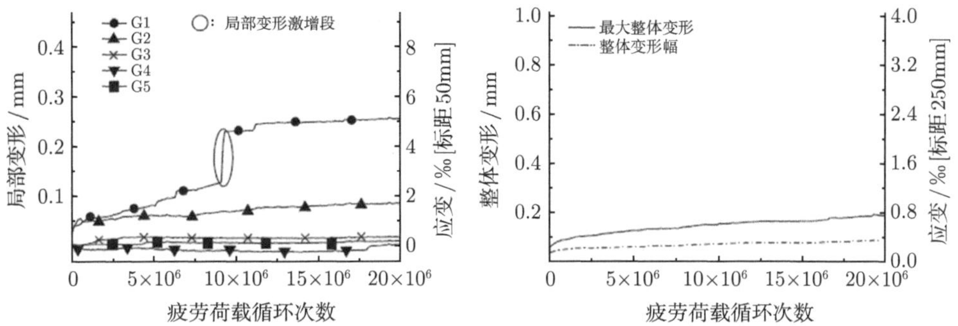

(a) 局部变形　　(b) 整体变形

图 1.68 UHPC 轴拉试件的变形规律

虽然该试件在 910 万次时出现了 0.1mm 的裂缝，但继续加载到两千万次时，试件仍未破坏，随后将拉应力由 7.8MPa 提高到 8.7MPa，继续加载 42 万次才破坏。该现象说明，得益于钢纤维的桥接作用，UHPC 表现良好的变形重分布能力。

基于试验数据，得到了 UHPC 的变形模量 (即每次荷载循环中应力幅与应变幅之比) 随整体变形的变化规律，如图 1.69 所示。该图同样以 S1 系列试验结果为例。

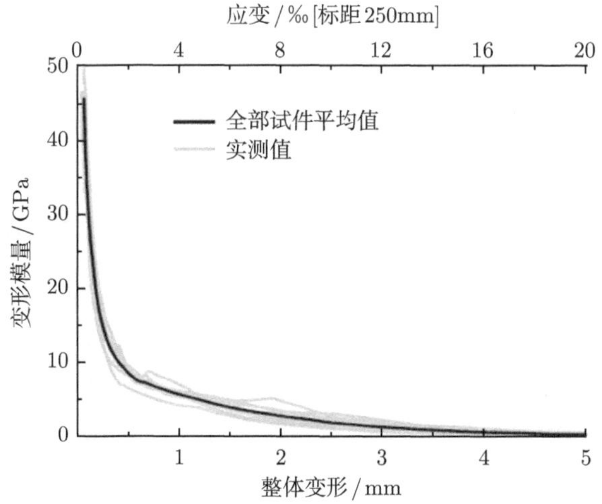

图 1.69 UHPC 变形模量随整体变形的变化规律

由图 1.69 可以看出，所有曲线均呈现下降趋势，尤其是当试件进入应变硬化阶段后，变形模量下降显著：当应变从 320με 增加到 1660με 时 (分别对应静力试验中弹性极限强度和抗拉强度下的应变)，变形模量从最开始的 38.9GPa 降低至 9.7GPa。UHPC 在应变硬化阶段的模量降低主要与基体的持续开裂和钢纤维滑移有关，而在应变软化阶段，模量的降低与宏观裂缝的发展和纤维的拔出有关。

2. 配筋 UHPC 的轴拉疲劳性能

1) 疲劳试验概况

为探明钢筋对 UHPC 轴拉疲劳性能的影响，Makita 和 Brühwiler[51] 还对配筋 UHPC 进行了轴拉疲劳试验。每个试件中配置三根直径 8mm 的钢筋，钢筋间距为 40mm。钢筋的名义屈服强度为 500MPa。

首先对配筋 UHPC 试件进行轴拉静力试验，以获得试件的极限抗拉荷载及应力–变形曲线。如图 1.70 所示，配筋 UHPC 的轴拉荷载–变形曲线大致经历四个阶段，即弹性阶段、UHPC 多裂缝阶段、钢筋屈服阶段及钢筋断裂阶段。

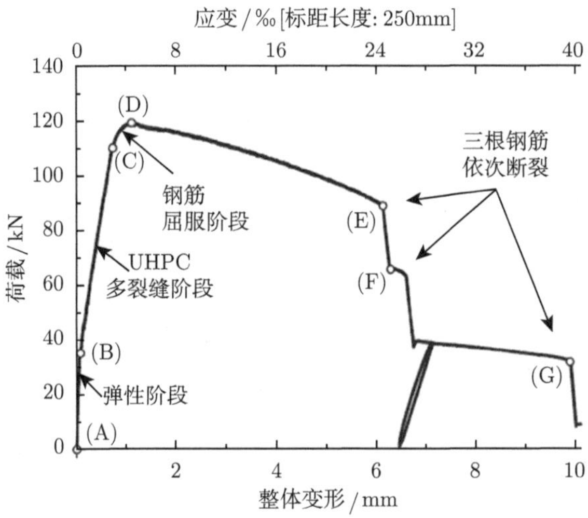

图 1.70　静力荷载下配筋 UHPC 试件的荷载–变形曲线

随后对同批制作的试件进行轴拉疲劳试验，考虑到配筋 UHPC 的疲劳性能与钢筋的疲劳行为密切相关，疲劳荷载主要根据钢筋应力确定。疲劳试验过程如下：① 对试件进行静力试验，并控制拉应变在 1000~1500με 之间，然后卸载；② 按预期的最大、最小荷载进行疲劳试验，加载频率为 10Hz。试验中，作者仍然定义试件的常幅疲劳极限为 1000 万次。

2) 疲劳破坏模式与特征

根据试验结果，对于发生疲劳破坏的试件，其破坏模式均为钢筋断裂。钢筋疲劳断裂面上存在两个明显的区域，即光滑断裂面和粗糙断裂面。光滑断裂面由疲劳裂纹稳定增长引起，而粗糙断裂面为钢筋剩余面积不足以承担所施加的荷载时，突然断裂所引起。

根据钢筋断裂面上两个区域的大小可推断出钢筋断裂的先后顺序。在图 1.71

中，最左边的钢筋光滑断裂面分布面积最大，为最先断裂，原因是三根钢筋共同承担荷载时疲劳应力较低，使得疲劳裂纹缓慢扩展，形成光滑断裂面；最右边的钢筋粗糙断裂面区域最大，由最后断裂时的高应力引起，同时，该钢筋断裂后伴随着明显的颈缩现象。

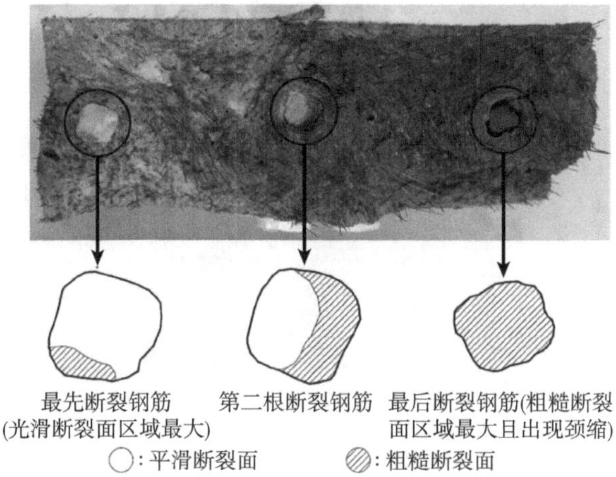

图 1.71　UHPC 中钢筋的断裂顺序与特征

3) 疲劳强度和 S-N 曲线

作者共对 12 组 (共 19 个) 配筋 UHPC 试件进行了轴拉疲劳试验，图 1.72 示意了试验结果，图中 “溜号” 试件是指经历 1000 万次循环仍未破坏的试件。同时，通过数据拟合得到了配筋 UHPC 的轴拉疲劳 S-N 曲线方程：

$$S_{\max}=\frac{F_{\max}}{F_{\mathrm{u},i}}=-0.065\log N+1 \tag{1.35}$$

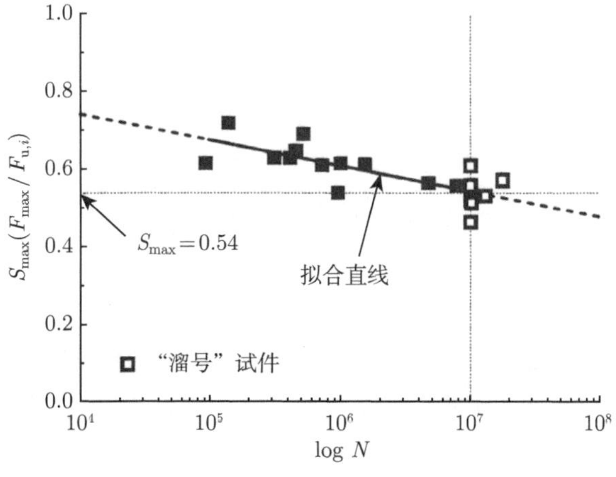

图 1.72　配筋 UHPC 轴拉疲劳试验结果

根据试验结果，当最大荷载水平 $S_{\max}$ 小于 0.54 时，所有试件均未出现疲劳破坏。因此，配筋 UHPC 的疲劳极限强度 (对应 1000 万次疲劳寿命) 可取 $S_{\max}=0.54$，应用中可偏保守地取 $S_{\max}=0.5$。

进一步分析表明，当最大荷载水平 $S_{\max}$ 处于不同状态时 (图 1.73)，配筋 UHPC 的疲劳行为表现出不同的特征，具体情况如下。

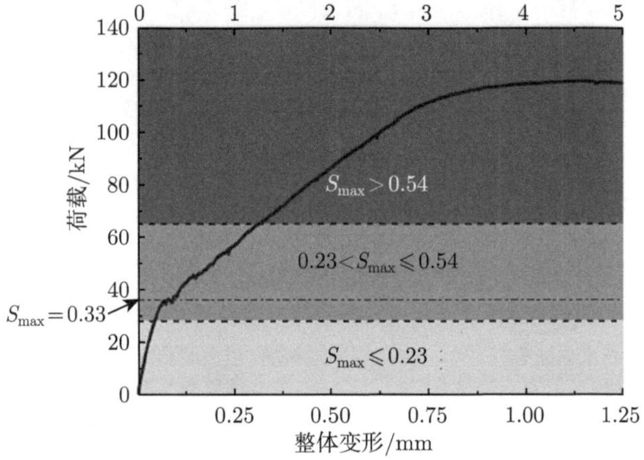

图 1.73　配筋 UHPC 在不同 $S_{\max}$ 下的变形

(1) $S_{\max}\leqslant 0.23$。

此时 UHPC 和钢筋的应力远低于各自的疲劳极限强度。相关研究表明，UHPC 的疲劳极限约为其弹性极限强度的 70%，而配筋 UHPC 的弹性极限强度为其极限抗拉强度的 0.33 倍，因而对于该状态有 $S_{\max}=0.23$。由于钢筋的应力很低，该状态下 UHPC 对配筋 UHPC 疲劳抗力的贡献远大于钢筋。

(2) $0.23<S_{\max}\leqslant 0.54$。

此时 UHPC 中的拉应力超过了材料的疲劳极限强度，且已进入应变硬化阶段，因而理论上 UHPC(无配筋) 会出现疲劳破坏。但由于钢筋应力仍低于其疲劳极限，因而在疲劳荷载作用下，UHPC 中的应力会逐渐往钢筋上转移，限制了 UHPC 中变形的发展。因此，该阶段 UHPC 和钢筋对试件疲劳抗力的贡献大体相似。

(3) $S_{\max}>0.54$。

此时 UHPC 仍然处于应变硬化阶段，且钢筋中的拉应力也超过其疲劳极限强度。因此，试件的疲劳抗力主要取决于钢筋，而 UHPC 仅起到辅助作用。随着荷载循环次数的增加，该状态下的试件出现了明显的应力重分布现象 (图 1.74)，UHPC 应力降低，而钢筋应力增加。

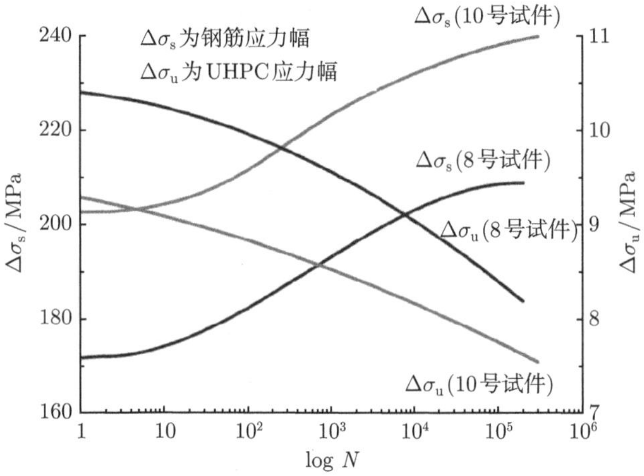

图 1.74 钢筋及 UHPC 中的应力重分布现象

4) 变形规律

由图 1.75 可知，配筋 UHPC 的整体变形仅在疲劳寿命早期内增长，随后大致保持不变，而当第一根钢筋断裂后，变形迅速增长。分析其原因为：在疲劳寿命早期，试件的应力主要由 UHPC 承担，随着 UHPC 中疲劳裂缝的发展，试件的整体变形逐渐增加；随后由于应力重分布，试件的疲劳变形主要由钢筋控制，但钢筋在疲劳荷载下的变形增长并不明显，使得该阶段内试件变形的增长也不明显。

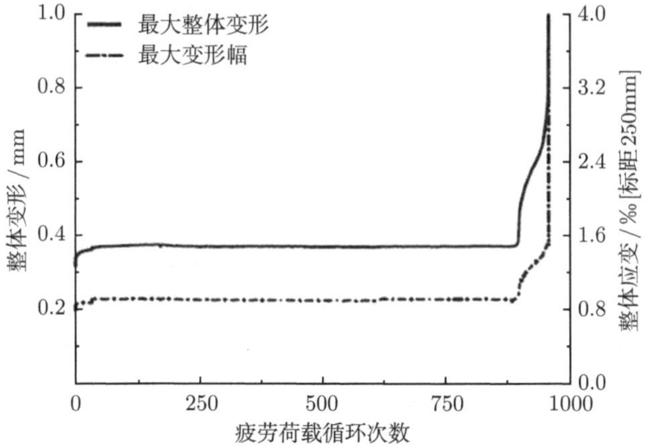

图 1.75 试件变形随循环次数的变化

同时，分析了试件中 UHPC 的变形模量随疲劳荷载循环次数的变化规律。根据图 1.76 试件中 UHPC 的疲劳模量衰减过程可分为三个阶段，其中第一、三阶段衰减缓慢，而第二阶段衰减较快。

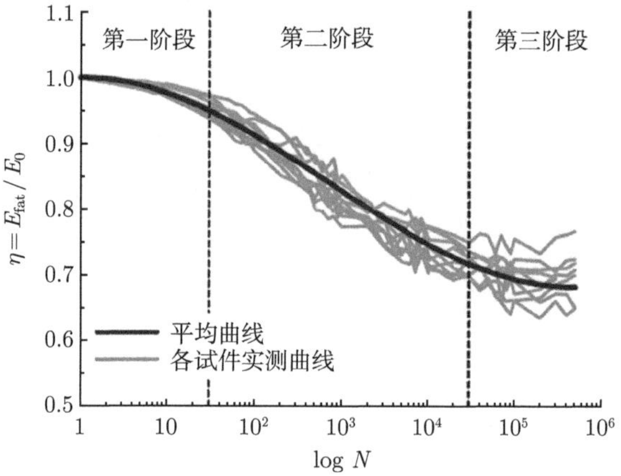

图 1.76　配筋 UHPC 试件中 UHPC 变形模量衰减曲线

在配筋 UHPC 试件中，UHPC 主要在疲劳寿命早期承担疲劳荷载，因而该阶段 UHPC 的变形模量下降明显；随着 UHPC 疲劳损伤的加剧，其应力逐渐往钢筋上转移。根据试验结果，当循环次数约为 50 万次时，UHPC 的变形模量衰减了约 30%，随后应力转移基本停止，钢筋的应力保持恒定，直到钢筋疲劳断裂，因而该阶段 UHPC 的模量基本不变。

根据试验结果，UHPC 变形模量衰减方程如式 (1.36) 所示，式中 E_{fat} 为循环次数 N 对应的变形模量，E_0 为第一次疲劳循环对应的变形模量。但作者指出，该方程仅适用于配筋 UHPC 中的常幅轴拉疲劳问题，且 UHPC 应已进入应变硬化阶段。

$$\eta = \frac{E_{\text{fat}}}{E_0} = 0.68 + 0.32\sin^2\left(\frac{\log N + 5.7}{11.4}\pi\right), \quad N \leqslant 500\,000 \tag{1.36}$$

3. UHPC 抗拉疲劳设计方法

根据法国 UHPC 规范，对于抗拉，当 UHPC 在正常使用极限状态特征荷载组合下的拉应力不超过 $0.95\min(f_{\text{ctk,el}}, f_{\text{ctfk}}/K)$ 时，可认为 UHPC 的抗拉疲劳强度满足设计要求。这里 $f_{\text{ctk,el}}$ 是指 UHPC 的弹性抗拉强度特征值，f_{ctfk} 指 UHPC 极限抗拉强度特征值；K 是指钢纤维分布对 UHPC 轴拉裂后性能的影响系数。需要说明的是，UHPC 的轴拉强度值既可根据轴拉试验得到，也可根据四点弯曲试验换算得到，具体可参考 UHPC 材料规范 NF P 18-470-2016 中附件 D 的有关规定。

根据日本 UHPC 规范，对于 UHPC 的抗弯拉疲劳设计，该规范未做出明确规定，仅根据试验结果给出了 S-N 曲线方程。疲劳试验结果表明，这种 UHPC 的 S-N 曲线呈双线性，如式 (1.37) 所示。当 UHPC 的弯拉应力比 $S_{\max}$ 不超过 0.5

时，UHPC 结构的疲劳寿命将超过 200 万次，可不进行疲劳验算。

$$\begin{cases} S_{\max} = 1.000 - 0.0098 \log N, & 1 \leqslant N \leqslant 1 \times 10^4 \\ S_{\max} = 1.595 - 0.0761 \log N, & 1 \times 10^4 \leqslant N \leqslant 2 \times 10^6 \end{cases} \tag{1.37}$$

1.2.4 收缩性能

1.2.4.1 收缩的基本概念

UHPC 材料的收缩，主要包括自收缩和干燥收缩。自收缩是由胶凝材料水化反应的体积减小引起的，而干燥收缩主要是 UHPC 表面水分损失而造成的。UHPC 的自收缩表现为凝结硬化的早期自收缩发展快，数值大，对 UHPC 的成型制作阶段的开裂有重要影响，UHPC 凝结硬化后，随着水化的继续进行，自收缩仍然有较大的发展；UHPC 的干燥收缩也是随着混凝土龄期的增加而增大，干缩值的发展呈现出先快后慢的趋势。

图 1.77 给出了不同水胶比的混凝土收缩应变对比曲线。对于普通混凝土，水胶比较高 (一般为 0.4~0.6)，毛细空隙中含有大量自由水，能够为胶凝材料水化反应提供充足的水分，保证内部湿度，因而自收缩较小，收缩以干燥收缩为主。但随着水胶比的减小，混凝土的自缩占整个收缩的比重会增大。因此，低水胶比 (一般约 0.16~0.2) 的 UHPC 的自收缩占总收缩的比例较大，干燥收缩 (养护后在干燥环境失水产生的收缩) 则比较小，这与普通混凝土的收缩明显不同。

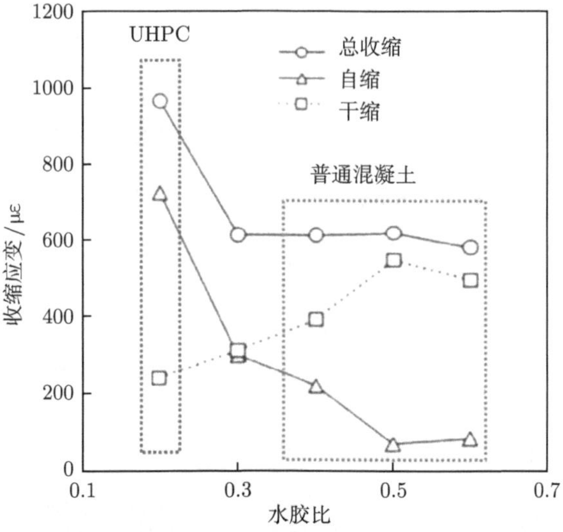

图 1.77 不同水胶比的混凝土收缩应变对比曲线

分析原因：UHPC 的水胶比非常低，对于外部干燥引起失水，但因 UHPC 的密实结构能有效阻止内部水分的损失，所以 UHPC 的干燥收缩较小。而 UHPC 具有低水胶比，胶凝材料用量大、掺入大量活性掺合料的特点，自收缩的动力来源于胶凝材料的水化，随着水化的进行，自收缩也在不断地增加，且数值较大。

1.2.4.2　测试方法

目前，各国 UHPC 规范中对 UHPC 收缩测试方法的规定均是按照本国普通混凝土收缩测试方法的相关条文执行。我国《活性粉末混凝土》规范规定 UHPC 的收缩测试方法应符合《普通混凝土长期性能和耐久性能试验方法标准》(GB/T 50082-2009) 的规定，即与普通混凝土的收缩测试方法一致。《普通混凝土长期性能和耐久性能试验方法标准》(GB/T 50082-2009) 将混凝土收缩试验方法分为接触法和非接触法两种。

非接触法主要适用于测定初凝或接近初凝后早龄期混凝土的自由收缩变形，也可用于无约束状态下混凝土早龄期与外界隔绝湿交换的条件下的自收缩变形的测定。测定仪器原理如图 1.78 所示。非接触法测量混凝土收缩试件采用 100mm×100mm×515mm 棱柱体试件，每组 3 个试件。若需要测试混凝土的自收缩值，应在浇筑振捣后立即采用塑料薄膜作密封处理。

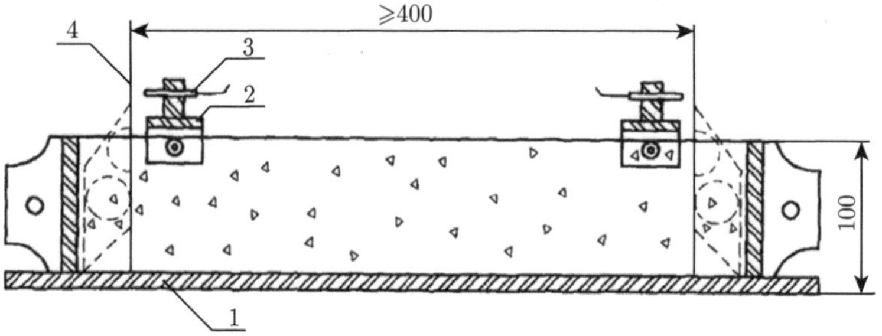

1-试模; 2-固定架; 3-传感器探头; 4-反射靶

图 1.78　非接触式混凝土收缩变形测定仪原理示意图 (单位：mm)

接触法用于测定无约束和规定温湿度的条件下，硬化混凝土的收缩变形性能。测量混凝土收缩试件采用 100mm×100mm×515mm 混凝土棱柱体，试件两端预埋金属测头，试件成型 1 天后拆模，然后置于温度为 (20±2)°C 、湿度为 (60±5)% 的恒温恒湿实验室中养护 3 天，以养护结束时刻为测量起点，用千分表测量试件两端金属测头之间的长度来反映混凝土收缩随龄期的变化情况。该方法对普通混凝土是合适的，因为普通混凝土的干燥收缩占总收缩的绝大部分，用干燥收缩代替总收缩不会引起较大的误差。但对于低水胶比的 UHPC 来说，该方法不太妥当，因为与后期的干燥收缩相比，UHPC 早期的自收缩占总收缩的比重更大，该方法显然忽略了大部分的早期自收缩 (收缩初始读数的龄期规定为 3 天)。

1.2.4.3 影响 UHPC 收缩性能的因素

引起 UHPC 材料收缩变形的因素众多，如水胶比、钢纤维、掺合料、外加剂、养护条件等内部因素，还包括环境温度、湿度、风速等外部因素。UHPC 也是一种水泥基材料，因此外部因素对其收缩性能的影响与普通混凝土是类似的。为此，下面主要讨论水胶比、钢纤维等内部因素对 UHPC 收缩性能的影响。

1) 水胶比

影响普通混凝土收缩的因素有很多，水胶比是其中最重要的因素之一，对于 UHPC 也是如此。图 1.79 给出了标准养护条件下不同水胶比对 UHPC 自收缩和干燥收缩的影响，可以看出，随着水胶比的减小，UHPC 的自收缩和干燥收缩均明显增大。需要说明的是图 1.79(a) 所示的自收缩是自浇筑成型开始水泥基材料的表观长度变化，包括了塑性阶段的变形。此外，低水胶比使 UHPC 自收缩更大，这是因为相对较少的含水量更易于因水化反应而被消耗，从而更容易导致内部的相对湿度较低，自干燥效应加剧，最终导致自收缩增大。

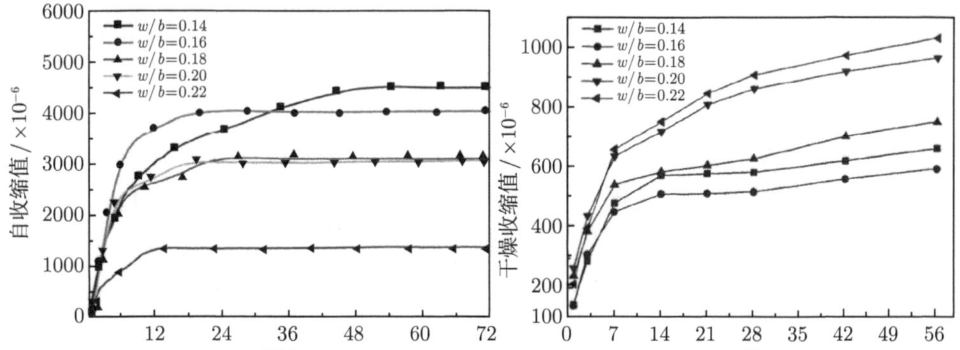

(a) 自收缩 (b) 干燥收缩

图 1.79 不同水胶比对 UHPC 收缩的影响

2) 钢纤维

龙广成和陈瑜 [52] 研究了不同减缩措施 (掺入轻骨料、减缩剂、钢纤维) 对 UHPC 收缩的改善结果，如图 1.80 所示，从图中可以看到，三种减缩方法对 UHPC 收缩的改善效果明显不同。UHPC 中掺入的钢纤维可以有效地抑制 UHPC 的总收缩值，而掺入轻骨料效果不明显，试验所选择的化学减缩剂没有起到减缩作用。随着纤维掺量的增加，收缩值进一步降低。这是因为混凝土中掺入的钢纤维弹性模量高、尺度较小、间距较密，这对混凝土的收缩有一定的抑制和限制作用。

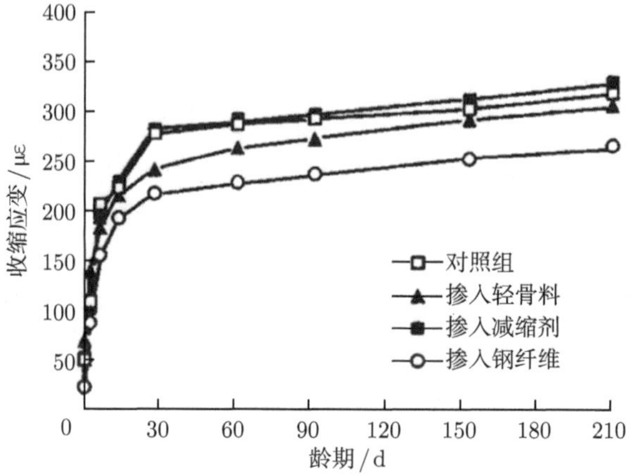

图 1.80　不同减缩措施对 UHPC 收缩的影响

3) 掺合料

目前，硅灰已成为 UHPC 中重要的矿物掺合料之一，对混凝土的性能产生显著的作用，对混凝土的密实度及孔隙结构进行有效的改善，使混凝土能够得到超高强度以及好的耐久性能。但是，硅灰对 UHPC 自收缩具有较大的增长作用。已有研究表明，随着硅灰的掺量增加，当混凝土的水胶比较低时，其干缩略有增加，而自收缩却增长得非常明显，如图 1.81 所示。有两点需要说明：① 图 1.81 所示 UHPC 的养护制度为标准养护；② 图 1.81(a) 所示的自收缩是指水泥基材料自浇筑成型开始在密封和等温的环境下所表现出来的表观体积收缩，是由化学收缩及自干燥收缩共同作用的结果。

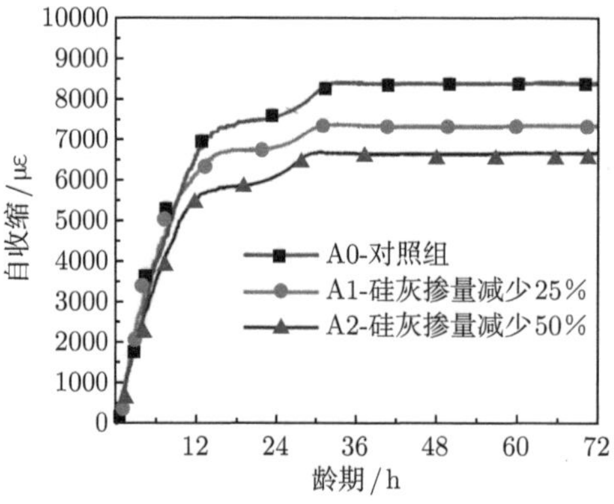

(a) 自收缩发展曲线

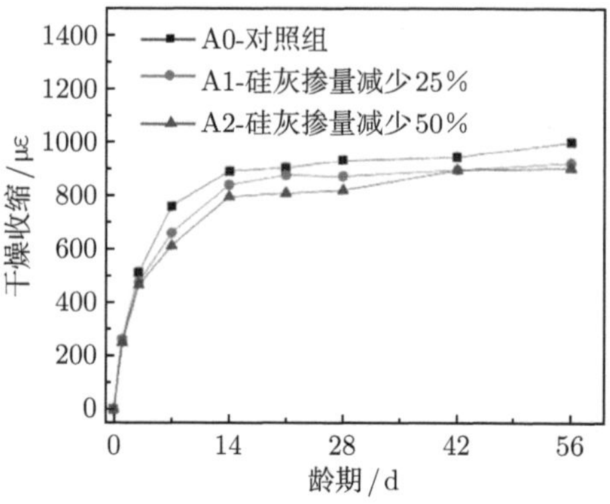

(b) 干燥收缩发展曲线

图 1.81　硅灰掺量对 UHPC 自收缩和干燥收缩的影响

以此为出发点，已有学者研究到通过另外的材料取代部分硅灰，既能保留硅灰对 UHPC 性能具有改善作用的部分，又能够减少硅灰对 UHPC 自收缩影响，是解决上述问题的有效途径之一。

在相同水胶比 UHPC 中，用粉煤灰替代一部分硅灰，可以减小自收缩。且随着粉煤灰掺量的增加，UHPC 的收缩呈减小的趋势。粉煤灰的形态是多类粒径颗粒形状的聚集体，其大部分是球状玻璃体，这使得其在 UHPC 的拌和物中具有显著的"形态效应"。将粉煤灰掺入 UHPC 中，不仅改变拌和物的流变性和内部结构，也影响 UHPC 的早期水化进程。粉煤灰对 UHPC 收缩性能的影响主要是表现在粉煤灰的填充效应。粉煤灰掺入 UHPC 中，会在水泥基体拌和物中发挥微集料填充作用。该效应会使拌和物水分蒸发通道通畅性降低，减小水分蒸发，降低 UHPC 的收缩。

稻壳灰 (RHA) 中含有无定形 SiO_2，其含量在 90%以上，且得到的 RHA 具有比硅灰更大的比表面积以及更高的火山灰活性，可将其作为活性矿物掺料。叶光等研究了 RHA 的掺入对 UHPC 收缩性能的影响，得到了 RHA 取代硅灰掺入 UHPC 后能够起到减少混凝土早期自收缩的效果，当 RHA 的平均粒径为 5.6μm 且掺入量为 20%时，经过 15d 养护后其收缩量几乎为零。其原因是 RHA 具有特殊的多孔结构、高比表面积、含活性 SiO_2 等特性。

受此启发，黄政宇等研究了具有与 RHA 类似的多孔结构、高比表面积、含活性 SiO_2 等特性的硼泥酸性浸渣对 UHPC 自收缩和干燥收缩的影响，研究结果表明随着硼泥酸性浸渣取代硅灰梁的增加，UHPC 的自收缩和干燥收缩减小 (图 1.82)，但对 UHPC 的流动度和抗压强度影响较小，可延长 UHPC 的凝结时间。UHPC 自收缩和干燥收缩的减少，一部分原因是硅灰的掺量减少，另一部分原因是多孔超细粉结构 (RHA 或硼泥酸性浸渣) 具有较大的比表面积和良好的保水性能，对 UHPC

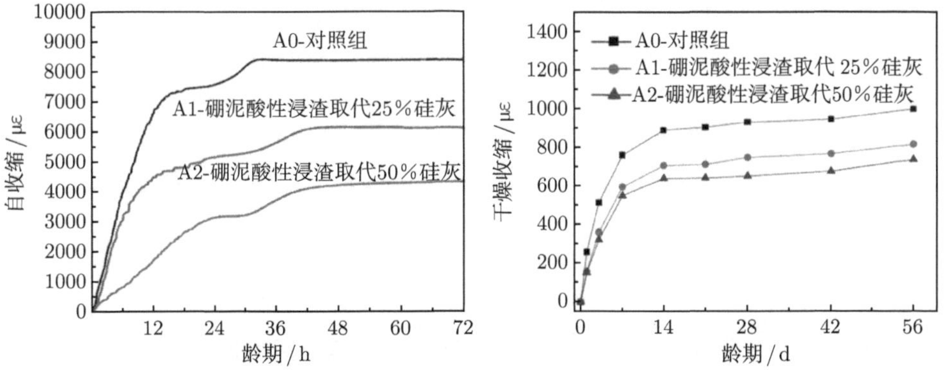

(a) 自收缩发展曲线 (b) 干燥收缩发展曲线

图 1.82 硼泥酸性浸渣掺量对 UHPC 自收缩和干燥收缩的影响

起到内养护的作用，浆体内部的湿度下降缓慢，从而降低早期自收缩，在干燥硬化阶段具有类似效果，从而对干燥收缩也起到降低的作用。

4) 外加剂

因 UHPC 的收缩量大，许多学者通过掺入减缩剂、膨胀剂等外加剂来减少 UHPC 收缩的研究。Kim 等 [53] 指出因膨胀剂和减缩剂的掺加可将 90d 总收缩量由 800με 降至 400με；黄政宇等 [54] 的研究表明掺入高性能膨胀剂可将 56d 总收缩量由 680 με 降至 207με。减缩剂可以降低混凝土孔隙中水的表面张力，降低毛细孔的压力，显著降低混凝土的干燥收缩，但减缩剂的掺入也具有潜在风险，会降低混凝土的早期强度，延长凝结时间。

高吸水性树脂 (super absorbent polymer, SAP) 是一种具有松散网络结构的低交联度的亲水性高分子化合物，具有迅速吸收和保持大于自身质量几百倍甚至上千倍水分的能力。由于 SAP 具有吸水率高、保水性强、吸水率快等性质，并且具有弹性，因而添加到混凝土中前期吸水保水，后期缓慢释放出水分，为后期水化提供水分，用于致密结构的内部自养护，以减少基体的自缩。

黄政宇和王嘉 [55] 选用不同种类的 SAP 作为内养护剂，对 UHPC 进行内部养护，以研究 SAP 对 UHPC 自收缩和干燥收缩的影响，研究结果表明：SAP 的加入对自收缩的降低有明显的效果，28d 自收缩应变是不添加 SAP 时的 32%～46%；SAP 掺量的增加，能更有效地降低 UHPC 的自收缩。SAP 的吸水量 (附加水胶比) 越高，对自收缩的减小效果越好，但附加水胶比太大时，考虑到流动性的提高过大，应控制附加水胶比在一定范围内。此外，标准养护条件下，SAP 的加入对 UHPC 基体的干燥收缩有降低作用，降幅可达 20%左右，但不同种类的 SAP 对结果影响差异不大。热水养护条件下，SAP 的加入，对 UHPC 基体的干燥收缩的降低效果不明显。黄政宇等解释：SAP 对干燥收缩的降低作用，主要是由于附加水分的引入使得水化进行时不断有水分从 SAP 中释放到基体中。基体中的自由水蒸发后，有新的自由水补充，降低了由于水分消耗及蒸发所引起的干燥收缩，而热水养护本身就有利于减小 UHPC 的干燥收缩变形，高吸水性树脂的掺入对改善 UHPC 在热水养护下的干燥收缩效果并不明显。

Dudziak 和 Mechtcherine[56] 也对掺入 SAP 以减小 UHPC 体积变形做了相关的研究，结果表明：与未添加 SAP 的对比组试件相比，掺入 SAP 的 UHPC 自收缩大大减小，如图 1.83 所示，这与黄政宇等的研究结论一致。

5) 养护条件

养护条件对 UHPC 收缩有至关重要的影响，延长养护时间有利于改善混凝土的收缩性能。大量的研究表明，UHPC 热养护 (蒸汽养护) 之后几乎不会再产生较大的收缩，即 UHPC 的收缩主要在热养护 (蒸汽养护) 阶段基本完成，如图 1.84 所示。

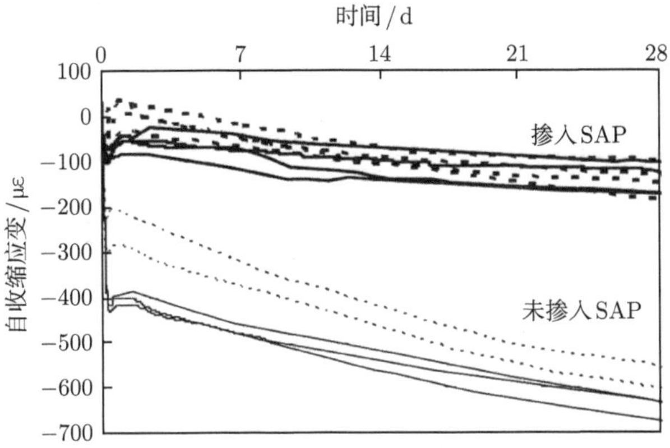

图 1.83 掺入和未掺入 SAP 的 UHPC 自收缩发展曲线

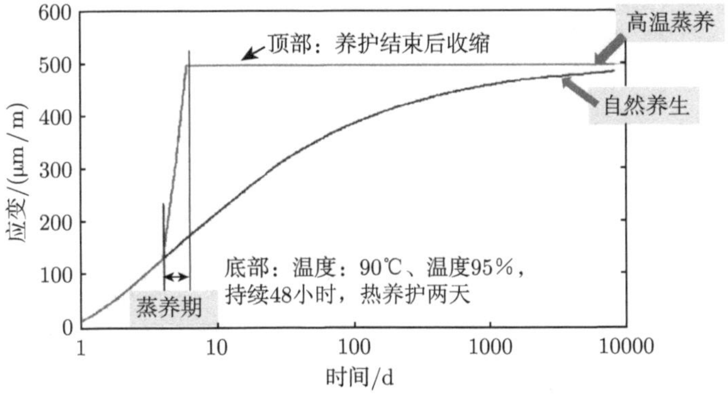

图 1.84 标准养护和蒸汽养护 UHPC 收缩曲线 [57]

热养护 (蒸汽养护) 阶段，UHPC 的收缩以自收缩为主，基体内部的水化反应和二次水化反应基本完成。UHPC 处于热养护 (蒸汽养护) 阶段，试件外表面没有水分散失，因此热养护 (蒸汽养护) 过程中几乎不产生干燥收缩。黄政宇等对通过恒温装置，采用非接触式混凝土收缩变形测定仪研究了 UHPC 热养护过程中的收缩特性。研究结果 (图 1.85) 表明：热养护过程中，热处理时间在 60min 以内 (温度在 50° 以内)，UHPC 基本不发生收缩，热养护初期，养护温度不高，基体内部水化反应程度较小，没有产生较大的自收缩。且试件表面没有水分散失，也没有发生干燥收缩；当热处理时间达到 90min (温度接近 70℃) 时，UHPC 收缩值迅速增加，表明随着温度升高，加速基体中活性掺合料的二次水化反应，热养护 10h 后，收缩曲线趋于平缓，收缩基本完成，实测最终值约 450με。为反映实际工程中，配筋普通钢筋对 UHPC 收缩的影响，研究了不同配筋率下热养护过程中 UHPC 收缩特性，研究结果如图 1.86 所示。研究结果表明配置普通钢筋的 UHPC 热养护过程中的收缩发展过程与不配置不同钢筋的相似，提高配筋率可以抑制热养护过程中 UHPC 的收缩。

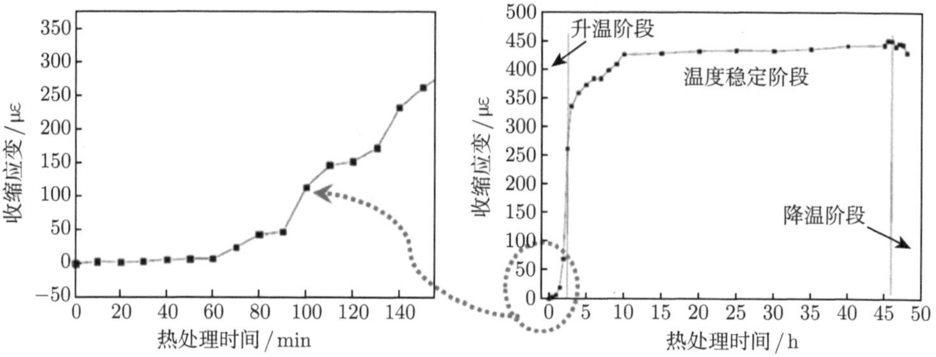

图 1.85　热养护过程中 UHPC 收缩曲线

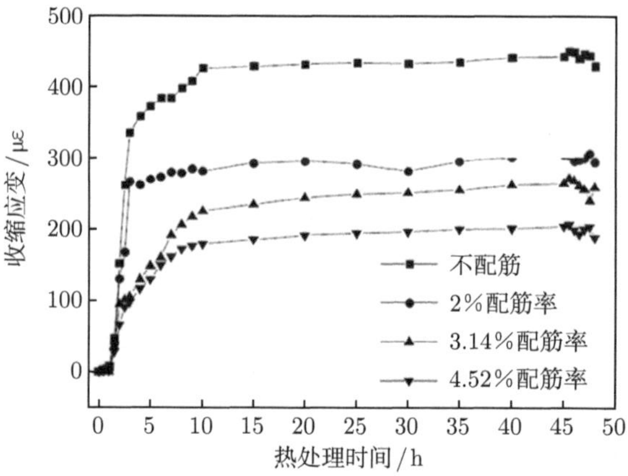

图 1.86　不同配筋率下 UHPC 热养护过程中收缩曲线

1.2.4.4　各国 UHPC 规范收缩应变取值规定

目前，关于 UHPC 收缩性能的相关研究成果已被纳入 UHPC 规范中，但是对于外加剂的减缩效果，各国 UHPC 规范均未纳入，主要原因是长期效果没有定论。下面将对目前主要的 UHPC 规范 (或设计指南) 中对 UHPC 的收缩应变的相关规定进行介绍。

1. 法国 NF P18-710-2016 规范

法国于 2002 年制定了最早的、较为完善的 UHPC 规范，即 AFGC-2002 规范；而后，于 2013 年推出了基于 2002 版规范的完善和更新版，即 AFGC-2013 规范，并于 2016 年颁布正式的 UHPC 设计规范，即 NF P18-710-2016 规范 [24]。该规范基于大量的试验研究，其中关于 UHPC 材料及结构设计等的规定亦较为全面、完善，目前在世界范围内应用最为广泛。

法国 NF P18-710-2016 规范规定，在温度 65℃ 以下的热养护条件下，自收缩部分完成；若采用 90℃ 的蒸汽养护条件，可近似认为养护结束后将不会产生后期收缩变形。在缺少试验数据的初步设计阶段，建议采用如下长期效应值：① 若未进行热养护，在平均相对湿度为 50%~70% 的室外环境中，UHPC 的自收缩可取 550με，干燥收缩取为 150με，总收缩为 700με；②对于温度低于 65℃ 的热养护条件下，在相对湿度 50%~70% 的室外环境中，总收缩为 550με；③ 对于 90℃ 的蒸汽养护条件，在蒸养结束前的总收缩量为 550 με，养护完成后收缩为零。

此外，法国 NF P18-710-2016 规范建议 UHPC 收缩应变随时间的发展规律如下列公式所示：

$$\varepsilon_{\mathrm{cs}} = \varepsilon_{\mathrm{cd}} + \varepsilon_{\mathrm{ca}} \tag{1.38}$$

式中，$\varepsilon_{\mathrm{cs}}$ 为 UHPC 总收缩应变值；$\varepsilon_{\mathrm{cd}}$ 为 UHPC 自收缩应变值；$\varepsilon_{\mathrm{ca}}$ 为 UHPC 干燥收缩应变值。

对于自收缩 (常温养护和 65℃ 以下热养护)

$$\begin{cases} \varepsilon_{\mathrm{ca}}(t) = 0, & \dfrac{f_{\mathrm{cm}}(t)}{f_{\mathrm{ck}}} < 0.1 \\ \varepsilon_{\mathrm{ca}}(t) = \beta_{\mathrm{ca}}(1 - \mathrm{e}^{\frac{t}{t_{\mathrm{ca}}}})10^{-6}, & \dfrac{f_{\mathrm{cm}}(t)}{f_{\mathrm{ck}}} \geqslant 0.1 \end{cases} \tag{1.39}$$

β_{ca} 数值介于 $300 \sim 600\mu\mathrm{m/m}$，$t_{\mathrm{ca}}$ 为第 100 天。

对于干燥收缩 (常温养护和低于 65℃ 热养护)

$$\begin{cases} \varepsilon_{\mathrm{cd}}(t) = \dfrac{K(80 - \mathrm{RH})(t - t_{\mathrm{s}})10^{-6}}{(t - t_{\mathrm{s}}) + \beta_{\mathrm{cd}} h_0^2}, & t \geqslant t_{\mathrm{s}} \text{和 } \mathrm{RH} \leqslant 80 \\ \varepsilon_{\mathrm{cd}}(t) = 0, & t < t_{\mathrm{s}} \text{或 } \mathrm{RH} > 80 \end{cases} \tag{1.40}$$

其中，β_{cd} 数值介于 $0.003 \sim 0.01\mathrm{d/mm^2}$；$K$ 为第 5 天；RH 为平均相对湿度 (%)；t_{s} 为收缩开始时混凝土龄期；h_0 为构件理论厚度。

UHPC 收缩应变随时间的发展方面，热养护可在 48h 蒸汽养护时间内完成全部收缩，根据上述公式计算，未进行热养护则在 28d 完成全部收缩的 60%左右。

2. 日本 JSCE-2006 规范

日本于 2006 年颁布了 UHPC 规范 [26]，规范中关于 UHPC 收缩应变的规定是基于收缩试验结果 (图 1.87 所示)。日本 JSCE-2006 规范规定，对于未进行热养护的 UHPC 应取总收缩量为 550με；热养护的 UHPC 收缩总应变取为 500με，其中热养护期间完成约 450με，后期完成约 50με。UHPC 收缩应变随时间的发展方面，热养护可在 48h 蒸汽养护时间内约完成全部收缩的 90%，未进行热养护则在 28d 完成全部收缩的 70%左右。

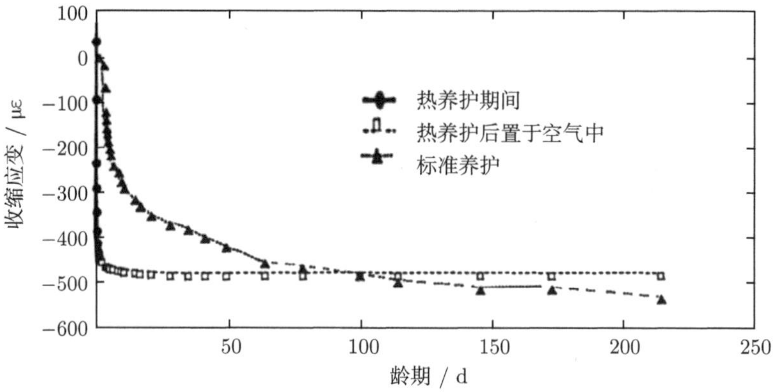

图 1.87　日本规范关于 UHPC 收缩应变的规定

3. 瑞士 SIA-2016 指南

瑞士 SIA-2016 UHPC 指南规定 [58]，UHPC 收缩应变随时间变化按下式计算，参数取值如表 1.17 所示。

$$\varepsilon_{U\mathrm{s}}(t)=\varepsilon_{U\mathrm{s}\infty}\cdot\mathrm{e}^{\frac{c}{\sqrt{t+d}}} \tag{1.41}$$

表 1.17　计算参数取值

	$\varepsilon_{U\mathrm{s}\infty}$	c	d
Ⅰ类水泥	0.6 ‰ ~0.8 ‰	−2.48	−0.86
Ⅲ类水泥	0.95 ‰	−1.3	−0.86

计算发现，常温养护 28d，完成总收缩量的 62.1%。

4. 美国联邦公路管理局研究报告

2018 年，美国联邦公路管理局 (FHWA)[59] 推出了关于 UHPC 材料性能的研究报告，其中关于 UHPC 自收缩应变的试验结果如图 1.88 所示。图中，U-A~U-F 分别代表六种商用 UHPC 材料，不同 UHPC 的组分略有差异。全部试件均在自然环境中养护，控制温度 (23±2)℃ 、湿度 (50±5)%。

根据自收缩应变试验结果 (图 1.88)，除 U-D 和 U-F 外，其他各类 UHPC 的自收缩应变均超过 500με；而对于干燥收缩应变试验结果 (图 1.89)，UHPC 的干燥收缩相比于自收缩并没有明显增大 (U-E 除外)，表明 UHPC 对于干燥收缩的敏感性要远小于普通混凝土。文献分析其原因主要为：① 低水胶比；② 高纤维含量有效限制了水泥基体的变形。

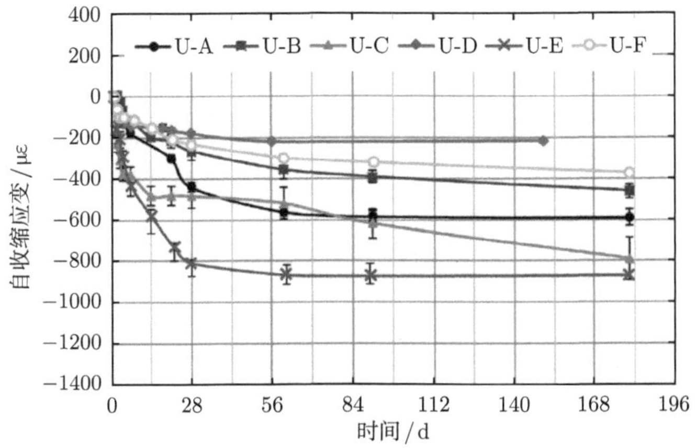

图 1.88　美国联邦公路管理局研究报告关于 UHPC 自收缩应变的试验结果

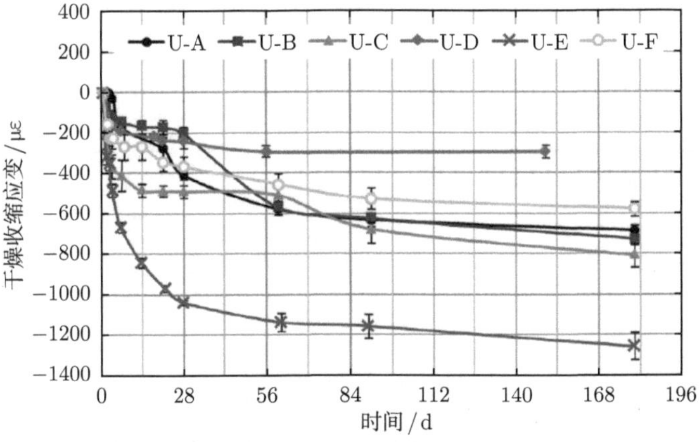

图 1.89　美国联邦公路管理局研究报告关于 UHPC 干燥收缩应变的试验结果

通过对比各国 UHPC 规范 (表 1.18)，可以得出以下结论：① 无论热养护与否，UHPC 的总收缩应变介于 500~950με。众所周知，普通混凝土的收缩一般为 300~500με。因此，总体而言，UHPC 的收缩应变高于普通混凝土，在设计中应引起足够重视。② UHPC 在完成热养护后，可完成全部收缩应变，因此，热养护是大幅降低 UHPC 桥梁结构收缩开裂风险的最有效手段。未进行热养护时，UHPC 的 28 天收缩应变为总收缩应变的 60%~70%。

表 1.18 不同 UHPC 规范 (或设计指南)28 天收缩应变以及终极收缩应变

标准名称	出版年份	编写单位	28 天	终极
National Addition to Eurocode 2 — Design of Concrete structures: Specific Rules for Ultra-High Performance Fibre- Reinforced Concrete (UHPFRC)	2016	法国标准协会 (AFNOR)	**热养护**：完成 100%(热养护期间已完成) **普通养护**：完成 60%的最终收缩应变 (根据计算公式确定)	**热养护**：550με **普通养护**：700με
Recommendations for Design and Construction of Ultra Strength Fiber Reinforced Concrete Structures	2006	日本土木工程师协会 (JSCE)	**热养护**：完成约 90%(热养护期间基本完成) **普通养护**：完成 70%的最终收缩应变 (根据规范中试验数据图计算)	**热养护**：500με **普通养护**：550με
Recommendation: Ultra-High Performance Fibre Reinforced Cement-based Composites (UHPFRC)—Construction material, Dimensioning and Application	2016	瑞士建筑与土木工程师协会 (SIA)	**热养护**：完成 100%(热养护期间已完成) **普通养护**：完成 62%的最终收缩应变 (根据计算公式确定)	600～800με (热养护与普通养护一致)
Material Property Characterization of Ultra-High Performance Concrete	2006	美国联邦公路管理局 (FHWA)	**热养护**：完成 100%(热养护期间已完成) **普通养护**：完成约 70%的最终收缩应变 (根据规范中试验数据图计算)	600～800με (热养护与普通养护一致)

注：数据从试验数据图中量测获得近似值。

1.2.5 徐变性能

1.2.5.1 徐变的基本概念

混凝土的徐变变形受干燥环境和荷载条件共同作用，徐变变形与收缩变形往往同时发生。通常将荷载作用下混凝土的总变形减去无荷载混凝土的体积变形 (即收缩) 作为总徐变变形。混凝土在密封条件下 (与周围介质无湿度交换) 受持续荷载产生的徐变为基本徐变，从总徐变值中减去基本徐变后的变形为干燥徐变 (混凝土在承受荷载时，由于试件内部水分变化造成的徐变)，如图 1.90 所示，存在如下关系：

总变形 = 总徐变 + 收缩 =(基本徐变 + 干燥徐变)+ 收缩

在外部荷载作用下，混凝土立即产生瞬时弹性变形，随着时间的增长，混凝土产生徐变变形，徐变变形速率在加载早期较快，然后逐渐减慢，如图 1.91 所示。在荷载除去后，部分变形瞬时内恢复，即为弹性恢复变形，此变形小于加载初期产生的瞬时弹性变形；随着卸载时间的增长，还会逐渐产生一部分恢复变形，此过程为徐变恢复；最后还会有大部分的变形不能恢复，这部分为残余变形。

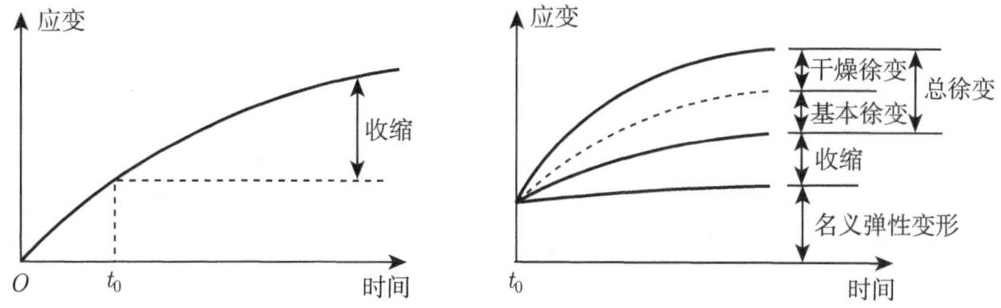

(a) 无荷载作用下试件的收缩　　(b) 荷载与干燥共同作用下试件的变形

图 1.90　混凝土在荷载与干燥共同作用下的徐变

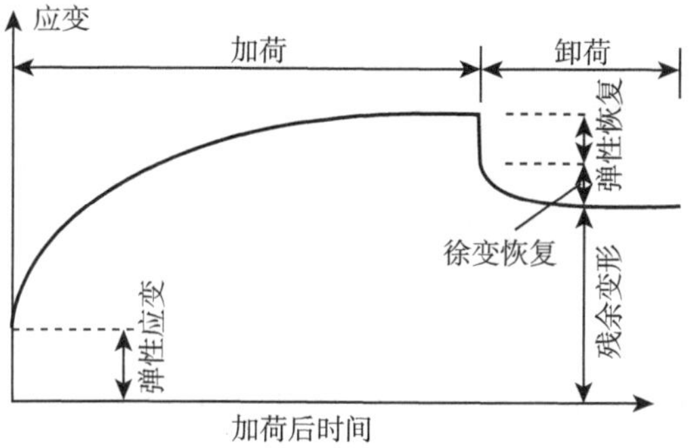

图 1.91　混凝土的徐变与恢复

混凝土的徐变特性常用徐变系数和徐变度来表征。

徐变系数是指混凝土徐变值与加荷时产生的瞬间弹性变形值的比值，即

$$\varphi_t=\frac{\varepsilon_{\mathrm{ct}}}{\varepsilon_0}=\frac{\varepsilon_{\mathrm{ct}}}{\sigma/E_{\mathrm{h}}} \tag{1.42}$$

式中，φ_t 为加载 t 天的混凝土徐变系数；ε_0 为混凝土在加荷时的瞬时弹性应变值；$\varepsilon_{\mathrm{ct}}$ 为加载 t 天的混凝土徐变值；E_{h} 为混凝土的弹性模量；σ 为混凝土的应力。

徐变度是指单位应力下混凝土徐变变形，也称为比徐变，即

$$C_t=\frac{\varepsilon_{\mathrm{ct}}}{\sigma} \tag{1.43}$$

式中，C_t 为加载 t 天的混凝土的徐变度，1/MPa。

当荷载持续时间无限延长时，徐变值将趋向于一恒定极限值，这时徐变系数用 φ_∞ 表示，在应力作用下混凝土产生的全部形变 ε_∞ 为

$$\varepsilon_\infty=\frac{\sigma}{E_{\mathrm{c}}}(1+\varphi_\infty) \tag{1.44}$$

1.2.5.2　徐变机理

产生徐变的原因一般认为是水泥石凝胶体在长期荷载作用下的黏性流动或滑移，同时吸附在凝胶粒子上的吸附水在荷载应力下向毛细孔渗出。在混凝土的较早龄期加荷，水泥尚未充分水化，所含胶凝体较多，且水泥石中毛细孔较多，凝胶体易流动，所以徐变发展较快；在晚龄期，水泥继续硬化，凝胶体含量相对较少，毛细孔亦少，徐变发展渐慢。而 UHPC 是一种具有致密的孔隙结构的水泥基复合材料，毛细孔较少，凝胶体不易流动，因而徐变较小，大量的试验结果也证明了这一观点。

但是，另一方面不得不承认，目前解释徐变的准确机理还没有完全实现。现有解释混凝土徐变机理的理论一般都是以水泥胶体的微观结构为基础，主要包括六种徐变机理理论：黏弹性理论、渗出理论、黏性流动理论、塑性流动理论、微裂缝理论、内力平衡理论。但是没有一种理论对徐变的解释能够得出十分满意的结果。对于 UHPC 的徐变性能往往是基于试验实测研究和确定，且基本沿用普通混凝土徐变的测试方法。我国国家标准《普通混凝土长期性能和耐久性能试验方法标准》(GB/T 50082-2009)[60] 规定了受压徐变试验的相关事宜。与 ASTM(美国试验材料学会)、EN(欧洲标准)、RILEM(国际材料与结构研究实验联合会)、JIS(日本工业标准)、DL/T(电力行业水电标准) 不同的是 GB/T 50082-2009 规定受压徐变采用棱柱体试件，而前者均要求或允许采用圆柱体试件作为受压徐变的试件。

1.2.5.3　影响 UHPC 徐变性能的因素

大量的试验研究表明，UHPC 材料的徐变主要受养护条件、加载龄期、持荷时间及加载应力水平等的影响。

1) 养护条件

大量的研究结果表明，采用热养护 (或蒸汽养护) 可有效减少 UHPC 徐变。

Acker 和 Behloul[61] 的研究表明加载龄期为 4d 和 28d，持荷时间为 250d 的 UHPC 材料的徐变系数均小于 0.8，徐变度分别为 43με/MPa 和 32με/MPa，而 UHPC 材料蒸汽养护 48h 后，持荷 250d 的徐变系数仅为 0.2。

Garas 等 [62] 采用对比了常温养护、60°C 热养护、90°C 热养护等三种不同养护制度的 UHPC 徐变性能，如图 1.92 所示。由图可以看出，常温养护的 UHPC 徐变度约为 8.3με/MPa，而采用热养护后 UHPC 的徐变度降至 3~4 με/MPa。

Graybeal[13] 对不同养护条件的圆柱体，分别在龄期为 4d、21d 和 28d 时加荷，进行徐变试验，测得持荷一年后的徐变系数随养护条件不同在 0.29~0.78 之间变化，具体结果如图 1.93 和表 1.19 所示，采用蒸汽养护可有效减少 UHPC 徐变系数，且采用延迟蒸养的养护方式最终的徐变应变与正常蒸养的养护方式基本一致。

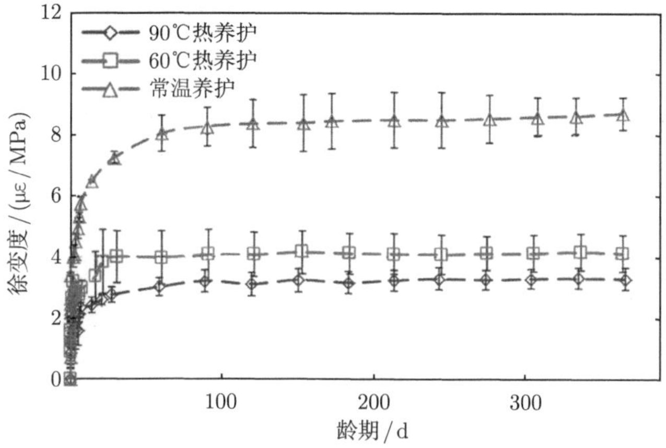

图 1.92 不同养护制度对 UHPC 徐变的影响

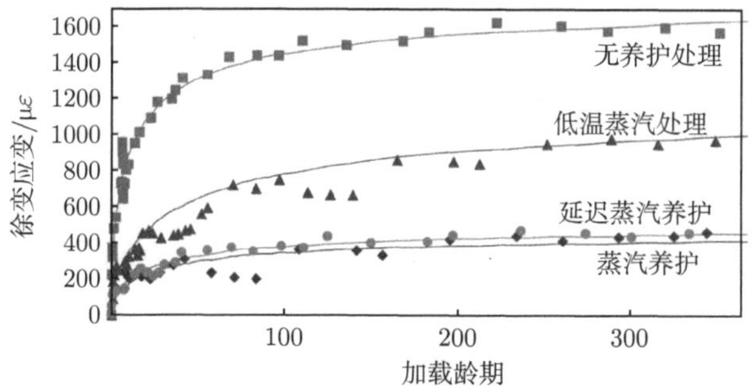

图 1.93 UHPC 徐变应变的试验结果

表 1.19 UHPC 徐变应变的试验结果

养护制度	抗压强度/MPa	施加应力/强度	初始弹性应变/με	徐变应变/με	徐变系数
蒸汽养护	188	0.41	1500	440	0.29
标准养护	114	0.67	2057	1600	0.78
低温蒸汽养护	177	0.43	1670	1100	0.66
延迟蒸汽养护 (浇筑 15d 后)	168	0.46	1580	485	0.31

2) 加载龄期

一般而言，相同条件下随着加载龄期的增大，UHPC 材料的徐变系数或徐变度会减少，对于早龄期加载，混凝土的徐变系数也会偏大。这是因为在早龄期，由于水泥水化仍在进行中，混凝土强度较低，因而徐变较大；随着龄期的增长，水泥不断水化，强度不断提高，故加载龄期越晚的混凝土徐变越小。

Ichinomiya 等的研究表明，加载龄期为 2~4d，持荷时间为 150d 时的徐变度为 28~40με/MPa，而加载龄期为 28d，持荷时间为 120d 时的徐变度下降为 11με/MPa。Fehling 等的研究表明，在加载应力为 36MPa、加载龄期为 1d 和 28d 的条件下，持荷 135d 后实测的 UHPC 材料的徐变度分别为 47με/MPa 和 22με/MPa，而徐变系数分别为 2.27 和 1.08。对于早龄期加载徐变系数大的问题，法国和瑞士的 UHPC 规范也做了相应的规定。

3) 加载应力水平

Burkhart 和 Müller[63] 研究了加载应力水平 (与抗压强度之比) 对 UHPC 徐变的影响，如图 1.94 所示，当加载应力水平为 0.3 时，为线性徐变；当加载应力水平为 0.6 时，表现为非线性徐变。

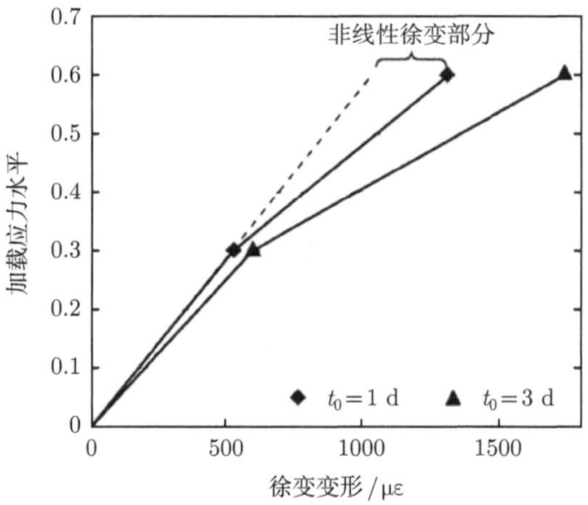

图 1.94　不同加载应力水平的 UHPC 徐变变形

国家标准《普通混凝土长期性能和耐久性能试验方法标准》(GB/T 50082-2009) 规定徐变应力取混凝土棱柱体抗压强度的 40%。当应力不超过强度的 0.4 倍时，一般假定为线性徐变，即混凝土徐变和应力成正比；当应力超过强度的 0.4 倍时，则徐变随应力比的增长而急剧增大，表现出明显的非线性关系，为非线性徐变。另外，国外最新的 UHPC 设计规范 (包括法国 NF P 18-710-2016 规范、瑞士 SIA-2016 规范) 也针对该特性作了相应的规定。法国 NF P 18-710-2016 规范规定徐变系数计算公式为基本徐变与干燥徐变线性叠加的形式，仅适用于 UHPC 压应力不超过 0.45 倍抗压强度的情况，即为线性徐变，叠加原理仍然适用。瑞士 SIA-2016 规范规定该规范的徐变系数计算公式仅适用于 UHPC 压应力不超过 0.4 倍抗压强度的情况，超过该值后应通过试验研究确定。

人们认为在高稳定的应力 (长期荷载) 作用下，UHPC 材料强度的折减与普通混凝土或高性能混凝土相当，法国规程建议取折减系数为 0.85。

4) 持荷时间

一般而言，相同条件下随着持荷时间的增加，UHPC 材料的徐变也会逐渐增加，但徐变速率随持荷时间的增长而降低。图 1.92 和图 1.93 所示的徐变发展曲线也说明了这一观点。

1.2.5.4 各国 UHPC 规范规定

目前，关于 UHPC 徐变性能的相关研究成果已被纳入 UHPC 规范中，下面将对目前主要的 UHPC 规范 (或设计指南) 中对 UHPC 的徐变系数的相关规定进行介绍。

1) 法国 NF P 18-710-2016 规范

根据法国 NF P 18-710-2016 规范，UHPC 材料若未经热养护，则其徐变类似于高性能混凝土；但是，如果采用蒸汽养护，则其徐变系数将显著降低。工程设计初步阶段若缺少试验数据，法国 NF P 18-710-2016 规范建议长期徐变系数 φ_∞ 采用如下值：① 未采用热养护，φ_∞=0.8，若是早龄期加载，φ_∞=1.0；② 采用温度低于 65℃ 的热养护，φ_∞=0.4；③ 采用温度高于 90℃ 的热养护处理，φ_∞=0.2。总而言之，对于受徐变影响显著的结构 (挠度、应力重分布和预应力损失等)，须根据所选择的 UHPC 材料和典型的结构受荷时的成熟度来计算结构随时间变化的变形。此外，法国 NF P18-710-2016 规范建议 UHPC 徐变系数随时间的发展规律如式 (1.45) 所示。

$$\varphi(t,t_0)=\frac{\varepsilon_{\mathrm{cc}}(t,t_0)}{\sigma(t_0)/E_{\mathrm{c}}}=\varphi_{\mathrm{b}}(t,t_0)+\varphi_{\mathrm{d}}(t,t_0) \tag{1.45}$$

式中，t_0 为 UHPC 加载龄期，d；t 为 UHPC 龄期，d；$\varphi(t,t_0)$ 为加载龄期为 t_0 的 UHPC 的龄期 t 时刻的总徐变系数；$\varepsilon_{\mathrm{cc}}(t,t_0)$ 为加载龄期为 t_0 的 UHPC 的龄期 t 时刻的徐变应变；$\sigma(t_0)$ 为加载龄期为 t_0 时刻的加载应力，MPa；E_{c} 为 UHPC 的弹性模量，MPa；$\varphi_{\mathrm{b}}(t,t_0)$ 为加载龄期为 t_0 的 UHPC 的龄期 t 时刻的基本徐变系数；$\varphi_{\mathrm{d}}(t,t_0)$ 为加载龄期为 t_0 的 UHPC 的龄期 t 时刻的干燥徐变系数。

其中，对于基本徐变系数 $\varphi_{\mathrm{b}}(t,t_0)$，规定如下：

$$\varphi_{\mathrm{b}}(t,t_0)=\begin{cases}\beta_{\mathrm{bc1}}\varphi_{\mathrm{b0}}\dfrac{\sqrt{t-t_0}}{\sqrt{t-t_0}+\beta_{\mathrm{bc}}}, & \text{标准养护和温度低于 65℃ 热养护处理}\\[2ex] \beta_{\mathrm{bc3}}\dfrac{\sqrt{t-t_0}}{\sqrt{t-t_0}+10}, & \text{温度高于 90℃ 的热养护处理}\end{cases} \tag{1.46}$$

式中，系数 β_{bc1}、β_{bc2}、β_{bc3} 取值分别为 1.5~2.5、0.7、0.2~0.5；

$$\beta_{\mathrm{bc}}=\beta_{\mathrm{bc2}}\mathrm{e}^{2.8\frac{f_{\mathrm{cm}}(t_0)}{f_{\mathrm{ck}}}},\quad \varphi_{\mathrm{b0}}=\frac{3.6}{f_{\mathrm{cm}}(t_0)^{0.37}}$$

对于干燥徐变系数 $\varphi_{\mathrm{d}}(t,t_0)$ 规定如下：对于环境平均相对湿度大于 80%，干燥徐变系数 $\varphi_{\mathrm{d}}(t,t_0)=0$；对于环境平均相对湿度小于 80%，按下式计算：

$$\varphi_{\mathrm{b}}(t,t_0)=\varphi_{\mathrm{d0}}[\varepsilon_{\mathrm{cd}}(t)-\varepsilon_{\mathrm{cd}}(t_0)] \tag{1.47}$$

式中，对于标准养护或温度低于 65℃ 热养护的 UHPC，φ_{d0} 取值 20~50；对于温度高于 90℃ 热养护的 UHPC，φ_{d0} 取 20。

2) 日本 JSCE-2006 规范

日本 JSCE-2006 规范中关于 UHPC 徐变系数的规定是基于徐变试验结果 (图 1.95)。日本 JSCE-2006 规范规定，热养护的 UHPC 徐变系数取为 0.4。

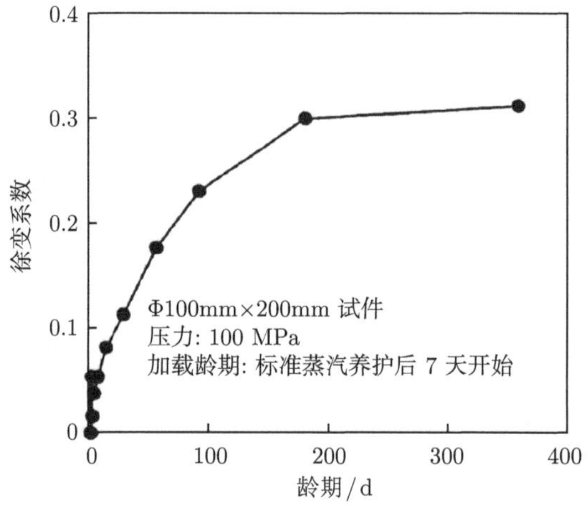

图 1.95 日本规范关于 UHPC 徐变系数的规定

3) 瑞士 SIA-2016 规范

瑞士 SIA-2016 规范规定，UHPC 徐变系数随时间变化按下式计算:

$$\varphi_{\mathrm{U}}(t,t_0)=\varphi_{\mathrm{U},\infty}(t_\infty,t_0)\cdot\frac{(t-t_0)^a}{(t-t_0)^a+b} \tag{1.48}$$

式中，t_0 为 UHPC 加载龄期，d；t 为 UHPC 龄期，d；t_∞ 为无限长时间；$\varphi_{\mathrm{U}}(t,t_0)$ 为加载龄期为 t_0 的 UHPC 的龄期 t 时刻的徐变系数；$\varphi_{\mathrm{U},\infty}(t_\infty,t_0)$ 为加载龄期为 t_0 的 UHPC 的终极徐变系数；a, b 为拟合系数。

终极徐变系数 $\varphi_{\mathrm{U},\infty}(t_\infty,t_0)$ 和拟合系数 a，b 按表 1.20 取值。

表 1.20 UHPC 徐变系数取值

加载龄期 t_0/d	养护制度	终极徐变系数 $\varphi_{\mathrm{U},\infty}(t_\infty,t_0)$	a	b
4	20℃	1.2	0.6	3.2
7	20℃	1.0	0.6	4.5
28	20℃	0.9	0.6	10
—	热处理 (2d 90℃ 蒸汽养护)	0.3	0.6	10

4) 澳大利亚 Ductal-2000 设计指南

澳大利亚新兰威尔斯大学 Brian Cavill 教授和 Mark Rebentrost 博士于 2000 年发布了关于 RPC 预应力混凝土梁设计的 Ductal 设计指南，其中关于 UHPC 徐变系数的规定如表 1.21 所示。

表 1.21　UHPC 徐变系数取值 (澳大利亚指南)

加载龄期/d	标准养护	90°C 热处理 48h
4	1.8	0.5
28	1.2	0.3

1.3　超高性能混凝土的耐久性

耐久性一般是指材料抵抗自身和自然环境双重因素长期破坏作用的能力。普通混凝土结构在长期使用过程中，在人为或自然环境的作用下，其内部将随着时间的变化可能发生材料劣化与结构损伤，这种损伤累积将导致混凝土结构耐久性能降低。由于低水胶比、活性掺合料的微集料效应和火山灰效应，UHPC 材料比普通混凝土更为密实，有害物质不易侵入，从而呈现出超高的耐久性。具体而言，UHPC 组分的设计与配制从粉体颗粒紧密堆积的理论出发，剔除了传统混凝土使用的粗骨料，将不同细度的物质粉体颗粒进行合理掺配，使亚微观范围内的胶凝材料颗粒形成紧密堆积的填充效果，从而使得材料微观结构更为致密，内部缺陷减少，水泥基体的孔隙率得到有效降低，孔隙结构得到优化，非连通孔隙比例增多，颗粒的界面区结构得到改善，这就从宏观上保证超高的耐久性，因而具有优异的材料自身稳定性和抗外部环境侵蚀破坏的能力。

1.3.1　抗冻性

1.3.1.1　抗冻性基本概念

混凝土的抗冻性能是指混凝土抵抗冻融循环的能力，是评价严寒地区混凝土及钢筋混凝土结构耐久性的重要指标。

在寒冷地区，当气温下降至混凝土中水的冰点以下时，水结冰后体积增大，对孔壁产生较大的压力，使混凝土产生微裂损伤；气温变化导致融化、结冰交替进行，使结构产生冻融循环破坏，破坏包括冻胀开裂和表面剥蚀两个方面，它会导致混凝土强度和耐久性能降低。

我国地域辽阔，在东北、青海、西藏等地冬季气温都在 −5°C 以下，这些地区的混凝土的破坏多数与冻融作用有关。1985 年水电部混凝土耐久性调查总结报告中指出，水工混凝土的冻融破坏在三北地区 (即东北、华北和西北) 的工程中占

100%。这些大型混凝土工程运行一般在 30 年左右，有的甚至不到 20 年，港口码头工程特别是接触海水的工程冻融破坏尤为严重。此外，公路桥梁和铁路桥梁的混凝土也遭受着冻融破坏，尤其在西北高寒盐渍地区，混凝土遭受着更为严重的冻融破坏。2013 年交通运输部公路科学研究所的公路桥梁耐久性调查分析报告指出，在我国东北、内蒙古、华北、青海、西藏等地冻融破坏均较为普遍。青海高寒冻土地区在桥涵施工期和竣工一年内便产生冻融病害。其中，所调查的青海化隆至湟源公路的 6 座中小桥全部存在混凝土冻融破坏。所调查的黑龙江省的混凝土桥梁病害中，抗冻耐久性不足是最严重的问题。由此可见，混凝土的冻融破坏关系到结构使用寿命和安全运营等方面的问题。因此，混凝土的抗冻性作为混凝土耐久性研究的重要内容一直受到人们的高度关注。

1.3.1.2　冻融破坏机理

混凝土在冻融破坏作用下，其内部的损伤机理十分复杂，混凝土冻害问题至今尚无确定的、完全反映混凝土冻害机理的理论。关于混凝土受冻破坏的机理各国学者进行了很多研究，其中以静水压理论和渗透压理论公认程度较高。大量的研究试验也表明影响混凝土冻融破坏的原因很多，但从本质上说，混凝土受冻破坏主要取决于混凝土中水的存在形式。在混凝土硬化过程中混凝土中的水主要以结晶水、吸附水、毛细孔水和游离水等四种形式存在，其中混凝土的冻融破坏主要由游离水和孔径较大的毛细孔水结冰造成。

1.3.1.3　UHPC 的抗冻性

长期以来，各国学者对 UHPC 材料的抗冻性能开展了大量的试验研究。表 1.22 列出了国内外部分学者对 UHPC 材料抗冻性能的试验情况。表 1.22 所列的研究中，虽然试验结果不尽相同，但无一例外地表明与普通混凝土或高性能混凝土 (HPC) 相比，UHPC 具有更为优异的抗冻性。这主要是以下两种因素共同作用的结果：① UHPC 水胶比非常小，拌和水几乎能完全反应，混凝土内部几乎没有多余水分；② UHPC 结构致密均匀，孔隙极少和极小，且大多数孔隙不连通，外界水分很难进入。

日本 JSCE 根据本国混凝土抗冻性规范 (JIS A 1148(A)) 测试了 UHPC 的抗冻性能，试验结果如图 1.96 所示，试验结果表明：经历了超过 1000 次的冻融循环，UHPC 的相对动弹性模量和质量几乎没有任何损失。此外，日本 JSCE 混凝土结构设计指南中指出，可经受 1000 次冻融循环的混凝土结构在 100 年的使用期内不存在冻融破坏的问题。

表 1.22 UHPC 材料抗冻性能试验

学者	试验方法	混凝土类别	循环次数	试验结果				
				质量损失	弹模损失/%	耐久性系数	强度损失/%	其他
刘斯凤等 [64]	ASTMC666	UHPC	600	0.3%	/	⩾ 100	/	/
安明喆等 [65]	ASTMC666	UHPC	300	/	0.8	99.8	/	/
		HPC	250	/	/	47.8	/	/
杨吴生，黄政宇 [66]	ASTMC666	UHPC	300	/	/	⩾ 100	/	/
鞠彦忠等	—	UHPC	300	/	/	⩾ 98.7	/	/
Lee 等 [67]	ASTMC666	UHPC	1000	/	10	/	6	钢材拔出力损失 5%
		高强度聚合物砂浆	1000	/	25	/	17	钢材拔出力损失 24%
Shaheen 等 [68]	500MPa 级的UHPC 带裂缝和无裂缝试件	300	/	/	/	/	试件并没有破坏的迹象或者表面剥落	
Braam 等	24h −20～20°C 冻融循环	C45	56	$3.12\sim3.32kg/m^2$	/	/	/	/
		C105		$0.12kg/m^2$	/	/	/	/
		UHPC1		$0.004kg/m^2$	/	/	/	/
		UHPC2		$0.006kg/m^2$	/	/	/	/
		UHPC3		$0.003kg/m^2$	/	/	/	/
		UHPC4		$0.007kg/m^2$	/	/	/	/

注：通常认为耐久性系数小于 40 的混凝土抗冻性较差，大于 60 的混凝土抗冻性较好。

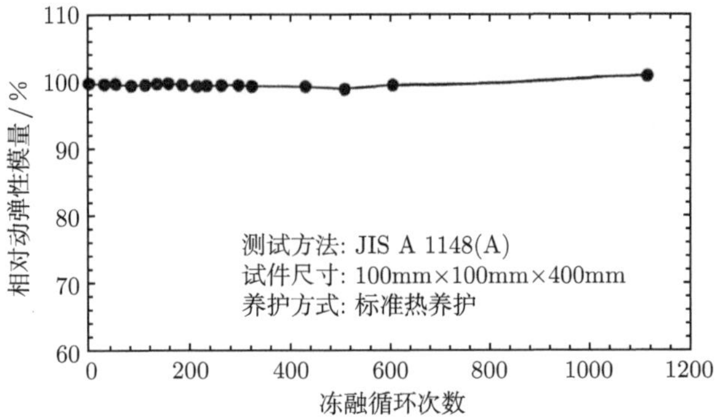

图 1.96　日本 UHPC 规范 [26] 的 UHPC 抗冻性试验结果

美国 Graybeal[13] 根据 ASTM C666(Procedure A)，即快冻法，测试了不同养护制度下 UHPC 的抗冻性能，试验结果如图 1.97 所示，总体而言，试验结果表明：经过近 700 次冻融循环后，不同养护制度 UHPC 的相对动弹性模量均大于 95%，也没有质量损失，表明 UHPC 具有优异的抗冻性能。不过有一个非常有意思的现象需要注意：对于标准养护的 UHPC，经过近 700 次冻融循环后，UHPC 的相对动弹性模量反而增加了约 10%，质量增加量也显著高于其余三种养护制度(蒸汽养护、低温蒸汽养护、延迟蒸汽养护) 的 UHPC。Graybeal 分析可能是快冻法试件完成初始抗冻指标测试后始终在水中养护，导致 UHPC 的水化反应仍在继续，而其余三种养护制度的 UHPC 在蒸汽养护结束后，UHPC 的水化反应已基本完成。

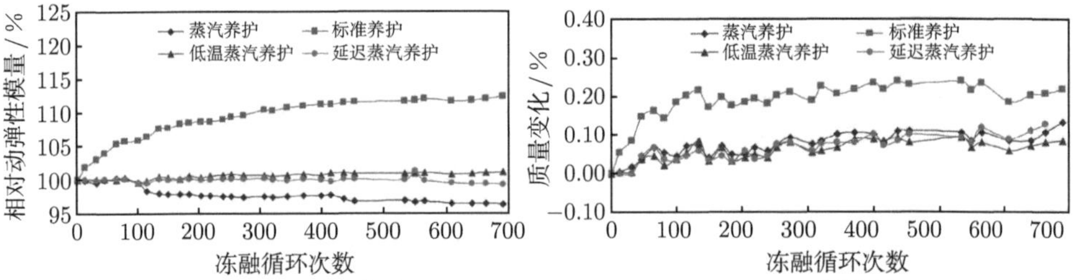

(a) 相对动弹性模量损失　　(b) 质量损失

图 1.97　美国 Graybeal 的 UHPC 抗冻性试验结果

为了验证该猜想，Graybeal 另外进行了补充的 UHPC 抗冻试验，试验的要点是：经过 28d 初始抗冻指标测试后，UHPC 试件分为两批养护 250d，一批放置于水中养护，另外一批放置于实验室 (空气) 中养护，养护过程中测量 UHPC 动弹性模量和质量。试验结果如图 1.98 和表 1.23 所示。由图 1.98(a) 可以看出，随着养护天数的增加，与其余试件相比，后续在水中养护的标准养护 UHPC 试件相对动弹性模量显著增大，增幅达 20%。由图 1.98(b) 可以看出，随着养护天数的增加，与后续在空气中养护相比，后续在水中养护的标准养护 UHPC 试件质量增幅更大。由表 1.23 可以看出，初始养护条件为标准养护的 UHPC 试件，后续在空气中养护 28d，抗压强度仅增加 3%，后续在水中养护 28d，抗压强度可增加 14%，强度仍在发展。可见在水中养护的 UHPC，其水化反应仍在继续发生，进而导致其相对动弹性模量显著增加，质量增加较多。

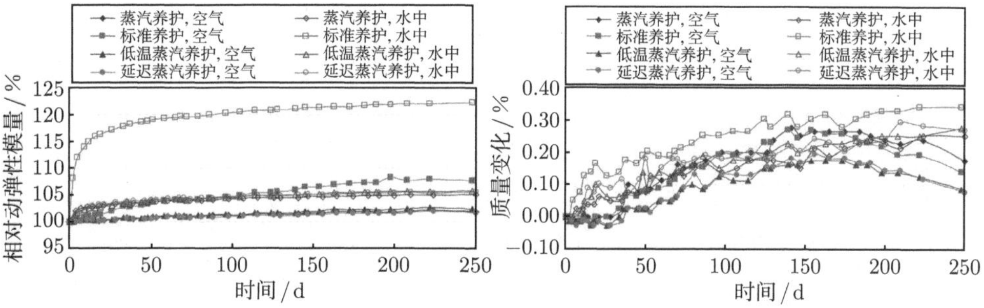

(a) 相对动弹性模量损失　　(b) 质量损失

图 1.98 美国 Graybeal 的 UHPC 抗冻性补充试验结果

表 1.23 UHPC 冻融循环后抗压强度

养护制度	后续养护环境	时间/d	抗压强度/MPa	
			平均值	标准差
蒸汽养护	/	28	143(100%)	5.0
蒸汽养护	空气中	56	150(105%)	4.1
蒸汽养护	水中	56	153(107%)	8.0
标准养护	/	28	105(100%)	1.4
标准养护	空气中	56	108(103%)	5.1
标准养护	水中	56	120(114%)	8.1

此外，UHPC 试件的长期原位暴露试验表明：UHPC 显示出非常高的抗氯离子侵入能力和抗冻性。根据文献报道 [69]，从 1995 年开始，在美国缅因州 Treat 岛试验站潮差区，陆续放置了三种组成不同的 UHPC 试件，进行长期暴露试验。该试验站潮差达 6m，每年平均 100 个冻融循环，属于最严酷的海洋环境，对混凝土的破坏作用包括氯盐腐蚀、海水干湿循环和海水冻融循环。1995 年放置的第一组试件为钢纤维增强 “极高强混凝土”(VHSC，组成、配合比和强度与 UHPC 基本相同)。1996 年放置的第二组试件为钢筋增强 UHPC 小梁，钢筋保护层厚度分别为 10mm、19mm 和 25mm。2004 年放置的第三组试件为采用钢纤维和有机纤维的 UHPC，部分试件预先产生裂缝。2009~2010 年进行的测试检验结果表明，这些经

过 5~15 年暴露的所有试件均状态良好；暴露 15 年经过约 1500 个自然冻融循环试件，力学性能没有降低，也没有发现表面剥落和裂缝；取出一根钢筋保护层只有 10mm 的小梁，15 年后状态完好如初；预裂缝试件经过 5 年 500 个自然冻融循环，裂缝宽度没有明显增大；对氯离子浓度分布测试结果显示，UHPC 的氯离子扩散系数比高性能混凝土 ($w/b = 0.35$，胶凝材料含 8%硅灰) 低一个数量级。

1.3.2 抗碳化性能

1.3.2.1 抗碳化性能基本概念

混凝土的碳化是指空气中的 CO_2 气体与混凝土中液相碱性物质发生反应，造成混凝土碱度下降的中性化反应过程。

碳化是导致混凝土结构劣化的最常见的原因，也是对我国桥梁耐久性影响最为广泛的一种作用模式。当碳化深度大于混凝土中钢筋的保护层厚度时，就会破坏保护层下钢筋表面的钝化膜，在钝化膜被破坏后，伴随着水和空气的共同作用，钢筋就会出现锈蚀。锈蚀产生的体积膨胀将导致钢筋长度方向出现纵向裂缝，并使保护层剥落，继而使得构件的截面减小、承载能力降低，最终将使结构构件破损或者失效。

1.3.2.2 UHPC 的抗碳化性能

长期以来，各国学者对 UHPC 材料的碳化性能开展了大量的试验研究。Roux 等 [70] 对抗压强度为 35MPa 的普通混凝土和抗压强度为 170~230 MPa 的 UHPC 试件进行自然碳化和加速碳化试验，结果表明普通混凝土的碳化系数为 $50\text{mm/yr}^{0.5}$，而置于二氧化碳含量 100%环境中 90d 后的 UHPC 碳化深度为 0。Andrade 等将小尺寸 UHPC 梁置于密闭室内经二氧化碳浓度为 5%或 100%的气流碳化两年后，未发现明显的碳化迹象。Muller 等 [71] 对 UHPC 碳化过程的研究表明，在温度为 20℃、相对湿度为 65%的自然养护条件下历经 3 年，UHPC 的碳化深度仅为 180μm，且带有受力裂缝的试件随碳化过程发生了全部或部分裂缝闭合现象。有关文献给出不同品种混凝土材料的碳化速率，如表 1.24 所示。屈文俊等 [72] 对 UHPC-NC(普通混凝土) 组合截面进行碳化试验，试验结果如表 1.25 所示，28d 后普通混凝土碳化深度达 5.6mm，而 UHPC 碳化深度为 0。表 1.26 给出了国内其他学者开展的 UHPC 碳化试验结果。

表 1.24 不同品种混凝土材料的碳化速率比较

材料类型	NC	HPC	UHPC
碳化速率/$(\text{mm/yr}^{0.5})$	2.37	1.35	0.50

表 1.25 UHPC-NC 组合截面碳化试验结果 (单位:mm)

	碳化深度/mm			
	3d	7d	14d	28d
普通混凝土	1.8	2.3	3.9	5.6
UHPC	0	0	0	0

表 1.26 UHPC 碳化试验结果

研究人员	试验方法	混凝土类别	碳化深度/mm					
			3d	7d	14d	28d	56d	90d
安明喆等 [65]	—	UHPC	/	0	0	0	/	/
		HPC	/	0.9	1.7	2.1	/	/
未翠霞等 [73]	JGJ70-1990	UHPC	/	/	/	0	/	/
		C35	/	/	/	2.5	0	0
		C80	/	/	/	1.37	0	0
刘斯凤等 [64]	GBJ82-1985	UHPC	0	0	0	0.25	/	/
龙广成等 [74]	GBJ82-1985	UHPC	/	/	/	/	0	/
		砂浆	/	/	/	/	2~14.5	/
刘娟红等 [75]	GB/T 50082-2009	UHPC	/	/	0	/	/	/
孙伟等 [76]	—	UHPC	/	0	0	0	0	0
范云廷 [77]	GB/T 50082-2009	玄武岩纤维 UHPC	/	/	/	0	/	/
戴鹏 [92]	GB/T 50082-2009	UHPC	/	0	0	0	< 1.0	/

注：/表示没有该实测数据。

此外，1993~1995 年，欧洲开展研究项目 Minimal Structures Using High Strength Concrete(使用高强混凝土使结构轻型化) 期间，制作了一批钢筋 UHPC 小梁 (CRC 梁)，用四点弯曲架加载使小梁出现 0.05 ~0.1 mm 裂缝，固定保持小梁的受弯变形状态，在西班牙马德里进行长期室内和室外暴露试验，检验 UHPC 的碳化和对钢纤维、钢筋锈蚀的影响。暴露 16 年后，对 CRC 小梁的检验显示：碳化深度小于 1mm；保护层仅 10mm 的钢筋处于良好的钝化状态；暴露在表面的钢纤维有轻微锈蚀，距外表面不到 1mm 的内部，基体保持碱性，钢纤维无锈蚀。

虽然试验结果不尽相同，但无一例外表明与普通混凝土或高性能混凝土 (HPC) 相比，UHPC 具有优异的抗碳化性能，可认为对碳化具有免疫能力。UHPC 具有优异抗碳化性能，主要得益于 UHPC 自身致密的微观结构和剔除粗骨料使混凝土获得的优异均匀性。

(1) 低水胶比的高致密混凝土体系：CO_2 是通过毛细孔隙通道由表及里向内扩散，而混凝土微观结构的形成受到初始水胶比的制约。水胶比基本上决定了混凝土的孔隙率和孔结构，也就在一定程度上决定了 CO_2 在混凝土中的扩散速率，水胶比越大，孔隙率相对越高，则对于水蒸气和 CO_2 通过混凝土扩散阻力越小，混凝土碳化速率也越快。而 UHPC 采用紧密堆积设计原理和极低水胶比，硅灰的掺入又使得颗粒细小的活性粒子以及反应生成的水化物填充沉积在水泥凝胶孔及微裂缝之中，缩小孔径，改变了孔形貌，增加了混凝土的密实程度，形成了致密的微观结构，导致 CO_2 气体很难侵入试件内部与 $Ca(OH)_2$ 等物质反应，碳化就无法进行。

(2) 剔除粗骨料使混凝土获得优异的均匀性：水胶比相同时，使用粒径大的骨料比使用粒径小的骨料更容易碳化。这是由于大石子底部容易产生净浆的离析、沉淀，从而增加了渗透性。而且骨料粒径的大小对骨料–水泥浆黏接有重要影响，粗骨料与水泥浆黏接较差，CO_2 易通过骨料–水泥浆界面扩散。剔除粗骨料，从而提高基体的匀质性，使其自身和整个基体存在缺陷的概率减小，并显著改善骨料–水泥浆界面，减少过渡区富集的粗大孔隙。

1.3.3 抗渗性

1.3.3.1 抗渗性基本概念

渗透性是多孔结构材料的本质属性之一，它表征的是材料内部孔隙结构 (大小、数量、分布和连通) 的情况，控制着水、气体以及其他侵蚀性离子在多孔材料中的传输速率。广义的混凝土渗透性是指气体、液体或者离子在压力梯度、浓度梯度或者电势梯度作用下，由高压力、高浓度、高电势向低压力、低浓度、低电势方向渗透、扩散或迁移的性质或能力。混凝土作为一种多孔材料，其渗透性与混凝土的耐久性有密切的关系，是评价混凝土耐久性的一个综合性指标。

由于 UHPC 材料组分中包含钢纤维，且一般需配置普通钢筋或预应力筋，因此材料抗渗透性高低将决定 UHPC 结构中钢筋及钢纤维的腐蚀风险大小。UHPC 的抗渗性能主要包括：① 抗水渗透性；② 抗氯离子渗透性。

1.3.3.2 抗水渗透性

混凝土的劣化 (碳化、钢筋锈蚀等) 多是在水分的参与下发生的，其抗水渗透性在一定程度上能较好地反映混凝土的耐久性。水分在混凝土中的传输过程受到扩散作用、毛细管效应和渗透效应的影响。

抗水渗透性主要是指材料在环境中抵抗水渗透的性能，一般通过测定材料抗渗等级或吸水孔隙率来确定，UHPC 由于抗渗等级很高，超过一般抗渗仪的测试范围，因此，用吸水孔隙率来表征其抗渗性。吸水孔隙率由干燥试件的质量、浸水饱和后的质量和静水称重得到的表观体积确定。法国 2013 年 UHPC 设计指南中给出了 UHPC 及其他混凝土材料的吸水孔隙率，如表 1.27 所示。法国 2016 年 UHPC 材料技术标准 (NF P18-470) 中规定 UHPC 的 90d 吸水孔隙率应不大于 9.0%，改善型的 UHPC 要求 90d 吸水孔隙率应不大于 6.0%。

表 1.27 不同种类混凝土的吸水孔隙率

材料类型	普通混凝土	高性能混凝土	UHPC
吸水孔隙率/%	14～20	10～13	1.5～5

在腐蚀性环境中，保证混凝土耐久性的必要条件之一是低渗透性。然而，混凝土结构易出现裂缝，裂缝会增大混凝土的渗透性。那么怎样的裂缝状态不会显著地影响 UHPC 的渗透性？Charron 等 [78] 测试了带裂缝 UHPC 试件的抗水渗透性。先将 UHPC 轴拉试件切槽，并将 UHPC 试件拉伸至切槽处产生裂缝，然后在裂缝部位钻取圆板试件 (Φ100mm×50mm)，测试其抗水渗透性，试验结果如图 1.99 所示。从图 1.99 中的渗透系数可以看出，UHPC 的残余应变达到 0.13%以前，渗透系数以较小幅度增大，此后则快速增长。UHPC 的残余应变在 0.13%左右时，起始的渗透系数在 10^{-11}m/s 数量级，与不带裂缝的普通混凝土 (水灰比 0.45) 的渗透性相当。因此，Charron 等认为：当 UHPC 的极限拉伸应变小于 0.13%时，能保持良好抗水渗透性。此外，水的渗透系数均随测试时间的延长而不断降低 (图 1.99)。这是因为 UHPC 水胶比较低，未水化的水泥颗粒较多，随着水分的渗入，UHPC 的水化反应继续进行，从而导致裂缝逐渐愈合。拉伸变形不超过 0.13%时，UHPC 的水渗透系数在最初几天会快速降低；经过 40d，水渗透系数可以降低 2～3 个数量级，恢复到非常高的抗渗能力。

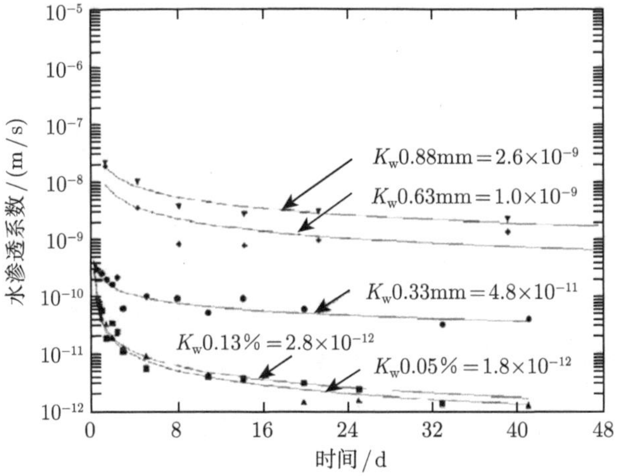

图 1.99 UHPC 在不同裂缝状态下的渗透系数

1.3.3.3 抗氯离子渗透性

由于氯离子对混凝土耐久性危害较大，到目前为止，多国学者已对 UHPC 的抗氯离子渗透性开展了较多的试验研究。

法国学者 Roux 等 [10] 根据电迁移法测试了在 12V 直流电压作用下，0.5mol NaCl 溶液中氯离子通过 5 mm 厚的 UHPC 向蒸馏水一端迁移的氯离子迁移量，并根据 Nernst-Plank 方程计算了 UHPC 的有效氯离子扩散系数，与 C30 和 C80 的有效氯离子扩散系数对比，如表 1.28 所示。法国 2013 年 UHPC 设计指南给出了按照北欧标准 (NordTest NTBuild492) 测得的不同种类混凝土的氯离子扩散系数，如表 1.29 所示。法国 2016 年 UHPC 材料技术标准 (NF P18-470-2016) 中规定 UHPC 的 90d 的氯离子扩散系数应不大于 $0.5\times10^{-12}\ m^2/s$，改善型的 UHPC 要求 90d 的氯离子扩散系数应不大于 $0.1\times10^{-12}\ m^2/s$。

表 1.28　Roux 等的氯离子扩散系数试验结果

材料类型	C30	C80	UHPC
氯离子扩散系数/($10^{-12}\ m^2/s$)	1.1(100%)	0.6(54.5%)	0.02(1.8%)

表 1.29　不同种类混凝土的氯离子扩散系数

材料类型	NC	HPC	UHPC
氯离子扩散系数/(m^2/s)	$> 10^{-11}$	$10^{-12}\sim10^{-11}$	10^{-13}

美国学者 Graybeal[13] 根据 ASTM C1202-2015 规范采用电通量法测试了不同养护制度的 UHPC 的抗氯离子渗透性能，试验结果如表 1.30 所示。除标准养护 28d 的 UHPC 试件之外，其余试件的电通量均小于 100 C，氯离子的渗透性可忽略，表明 UHPC 具有优异的抗氯离子渗透性。蒸汽养护的 UHPC 试件的电通量远远小于标准养护 28d 的 UHPC 试件的电通量，表明蒸汽养护对改善 UHPC 的抗氯离子渗透性具有较为明显的作用。美国学者 Ahlborn 等的试验结果也有类似的现象：蒸汽养护 UHPC 试件的电通量为 15C，而自然养护 UHPC 试件的电通量为 75C。曹霞等采用 NEL 法也研究了不同养护制度对 UHPC 的氯离子扩散系数的影响，结果如图 1.100 所示。由图 1.100 可见，与常温养护的 UHPC 氯离子扩散系数相比，经过 45°C 和 75°C 湿热养护的 UHPC 氯离子扩散系数可分别降低 5%和 10%，表明湿热养护可改善 UHPC 的抗氯离子渗透性。

表 1.30　Graybeal 的抗氯离子渗透性试验结果

养护制度	测试龄期/d	电通量/C		氯离子渗透性
		平均值	标准差	
蒸汽养护	28	18	1	可忽略
标准养护	28	360	2	非常低
标准养护	56	76	18	可忽略
低温蒸汽养护	28	39	1	可忽略
低温蒸汽养护	56	26	4	可忽略
延迟蒸汽养护	28	18	5	可忽略

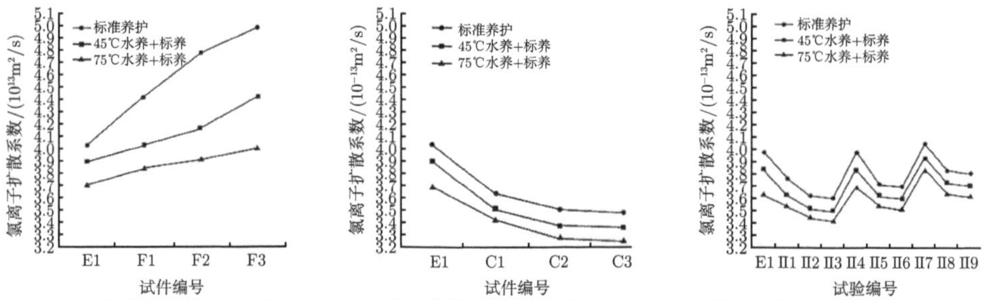

(a) 单掺钢纤维 UHPC (b) 单掺聚丙烯纤维 UHPC (c) 混杂钢纤维和聚丙烯纤维 UHPC

图 1.100 不同养护制度对 UHPC 的氯离子扩散系数的影响

此外，表 1.31 给出了国内外学者关于抗氯离子渗透性的部分试验结果。

表 1.31 国内外学者关于抗氯离子渗透性的部分试验结果

研究人员	试验方法	混凝土类别	龄期/d	氯离子扩散系数/($10^{-12}m^2/s$)
王卫仑等 [79]	RCM 法	UHPC	7	4.15～5.30
			28	0.82～1.20
			60	0.44～0.61
金凌志等 [80]	NEL 法	UHPC	28	0.74～0.84
曹霞等 [81]	NEL 法	UHPC	28	0.32～0.50
安明喆等 [82]	RCM 法	UHPC	/	0.25～0.46
安明喆等 [83]	NEL 法	UHPC	/	0.22(14.3%)
		HPC	/	1.54(100%)
未翠霞等 [73]	NEL 法	UHPC	/	0.51(47.2%)
		C80	/	1.08(100%)
刘娟红等 [75]	NEL 法	UHPC	/	0.4(36.3%)
		C80	/	1.1(100%)
刘娟红等 [75]	NEL 法	UHPC	/	0.19～0.95
Pierard 等 [84]	/	UHPC	90	0.23
余自若等 [85]	电通量法	UHPC	/	8.5～51
牛志强等 [86]	电通量法	UHPC	/	6.3～30
李慧 [87]	电通量法	UHPC	/	2.6～59.1
李忠等 [88]	电通量法	UHPC	/	84
施惠生等 [89]	电通量法	UHPC	/	10～30
叶青等 [90]	电通量法	UHPC	/	22.9
		HSC	/	421

注：RCM 法为快速氯离子迁移系数法，NEL 法为清华大学路新瀛教授提出的氯离子扩散快速检测法。

Sakata-Mirai 人行桥为日本第一座 UHPC 桥，位于酒田市，地处日本西海岸。该桥建成后，持续进行了长达 10 年的现场原位耐久性试验，包括原位试块测试 (图 1.101) 和现场取芯测试 (图 1.102)。现场原位试块的氯离子扩散系数

(3.1×10^{-15} ~13.3×10^{-15} m^2/s) 和现场取芯试块的氯离子扩散系数 (0.07×10^{-14} ~ 0.12×10^{-14} m^2/s)，均低于实验室在人工海水条件下测得的氯离子扩散系数 (3.3×10^{-14} ~10.5×10^{-14} m^2/s)，且均远低于普通混凝土的氯离子扩散系数 ($> 1000\times10^{-14}$ m^2/s)。

图 1.101 原位试块置于梁内

图 1.102 现场取芯

1.3.3.4 优异的抗渗性机理

虽然前述试验结果和试验方法不尽相同，但无一例外表明与普通混凝土和高性能混凝土相比，UHPC 具有优异的抗水渗透性、抗氧气渗透性和抗氯离子渗透性。UHPC 作为一种水泥基材料，内部孔隙的大小、数量以及连通性等情况直接影响着水泥基体的抗渗透性能。UHPC 优异的抗渗透性主要得益于其材料组成。

(1) 采用颗粒紧密堆积设计理论和掺入活性掺合料。首先，UHPC 采用紧密堆积设计原理，将不同细度的粉体颗粒进行合理搭配，使得亚微观范围内的胶凝材料颗粒形成紧密堆积的填充效果，可有效降低水泥基体的孔隙率，改善孔结构，增加水泥基体的密实程度，形成致密的微观结构，使得外界物质难以渗入。其次，硅灰等活性掺合料的掺入，一方面可以填充水泥颗粒之间的孔隙，使混凝土更为密实；另一方面，其中的活性 SiO_2 会迅速与水泥水化形成的 $Ca(OH)_2$ 发生火山灰效应，生成 C-S-H，增加水泥石与骨料的黏接强度，改善孔隙结构，减少内部连通的毛细通道，提高水泥基体的密实度，从而提高 UHPC 的抗渗透性能。此外，由于活性粉末矿物质材料的物理吸附和二次水化反应产物的物理化学吸附固化，使 UHPC 对氯离子等有较大的固化能力，有利于降低氯离子等在 UHPC 内部的渗透速度，从而提高 UHPC 的抗渗透性能。

(2) 低水胶比。UHPC 是一种低水胶比的水泥基复合材料，降低水胶比，水泥基体的孔隙率减小，水泥基体中相互连通的毛细孔隙减少，混凝土密实度得到提高，从而提高 UHPC 的密实性能和抵抗液体、气体及有害离子渗透的性能。

(3) 不含粗骨料。一般而言水胶比相同时，使用粒径大的骨料比使用粒径小的骨料的抗渗透性弱。这是由于大石子底部容易产生净浆的离析、泌水，从而增加了渗透性。而且骨料粒径的大小对骨料–水泥浆黏接有重要影响，粗骨料与水泥浆黏接较差，水、氯离子等易通过骨料–水泥浆界面扩散。UHPC 剔除了传统混凝土使用的粗骨料，选用石英砂作为填充骨料，添加粉煤灰、硅灰、超细矿粉等活性掺合料，提高基体的匀质性，使其自身和整个基体存在缺陷的概率减小，并显著改善骨料–水泥浆界面，减少过渡区富集的粗大孔隙和界面的连通性。

1.4 超高性能混凝土在桥梁工程中的应用

1.4.1 超高性能混凝土应用概述

UHPC 作为一种具有超高的力学性能和超高的耐久性能的水泥基复合材料，自 1993 年研发成功后，便引起了桥梁界的极大兴趣和高度重视。在桥梁工程中，UHPC 已被应用于主梁结构、拱桥主拱、华夫板桥面结构、桥梁接缝及旧桥加固等多方面。据不完全统计，到 2019 年底为止，世界各国已有超过近 1000 座桥梁采用 UHPC 作为主要或部分建筑材料，超过 250 座桥梁采用 UHPC 作为主体结构材料。

1.4.2 超高性能混凝土桥梁工程应用统计

图 1.103 给出了世界各国采用 UHPC 作为主要或部分建筑材料的桥梁分布图，截至 2019 年底，全球 UHPC 桥梁结构已达近千座。从该图可以看出，目前将 UHPC 材料作为主要或部分建筑材料的桥梁主要分布在亚洲 (东亚、东南亚)、欧洲、北美洲和大洋洲，主要包括马来西亚、中国、日本、韩国、越南、缅甸、法国、德国、瑞士、荷兰、奥地利、捷克共和国、意大利、斯洛文尼亚、西班牙、加拿大、美国、澳大利亚、新西兰等国家。其中马来西亚、美国、加拿大、中国、日本等国家应用 UHPC 材料的桥梁均在 70 座以上。UHPC 桥梁结构在全球分布数量统计情况如表 1.32 所示。

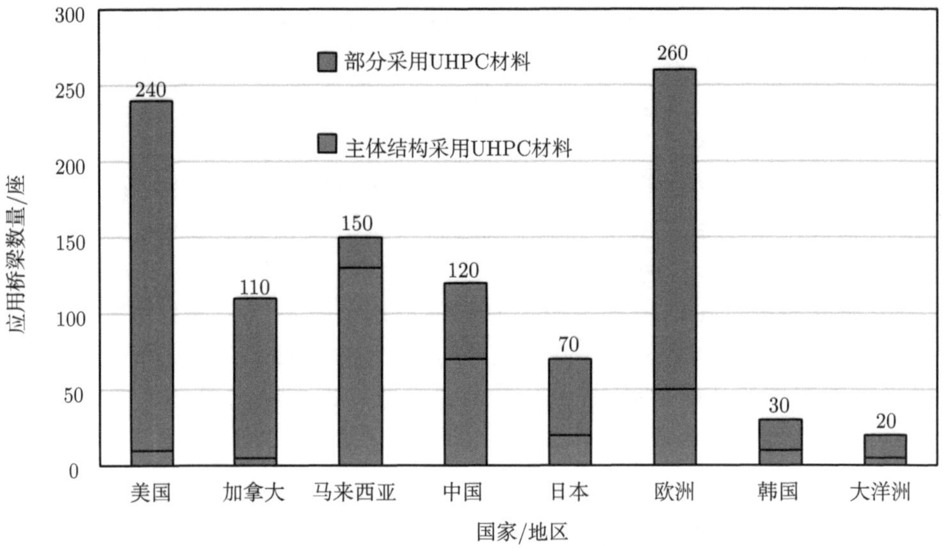

图 1.103 世界各国采用 UHPC 作为主要或部分建筑材料的桥梁分布图

表 1.32 UHPC 桥梁结构在全球分布数量统计情况

国家和地区	局部采用 UHPC	主体结构采用 UHPC	桥梁数量
美国	230	10	240
加拿大	105	5	110
马来西亚	20	130	150
中国	60	20	80
日本	50	20	70
欧洲	210	50	260
韩国	20	10	30
大洋洲	15	5	20
合计	710	250	960

在 UHPC 桥梁结构的应用和推广方面，仅马来西亚一国就已经建成约 150 座 (2019 年底)UHPC 桥梁，绝大多数为主梁结构采用 UHPC 材料。北美洲 (加拿大和美国) 主要将 UHPC 材料应用于桥梁接缝，约有 350 座采用 UHPC 材料的桥梁，其中约有 15 座为主体结构 (主梁) 采用 UHPC 材料，其余均为将 UHPC 应用于桥面板接缝等局部构造。而中国目前约有 80 座桥梁采用了 UHPC 材料，其中约有 20 座桥梁主体结构 (主梁、拱圈等) 采用 UHPC 材料，其余主要用于钢 -UHPC 轻型组合桥面结构、现浇接缝、维修加固等方面。

表 1.33 列出了部分具有代表性的 UHPC 桥梁。下面就世界各国具有代表性的 UHPC 桥梁做简要介绍。

表 1.33 部分 UHPC 桥梁应用实例

序号	桥名	国家	年份	跨径/m	桥型结构	UHPC 应用
1	Sherbrooke Pedestrian Bridge	加拿大	1997	60	空间桁架梁人行桥	3cm 桥面板主桁钢管砼
2	Bourg-Les-Valence Bridges	法国	2001	22.5	两跨预制预应力连续梁公路桥	π 形主梁纵向接缝
3	Sunyudo (Peace) Footbridge	韩国	2002	120	中承式拱桥人行桥	π 形主梁
4	Sakata-Mirai Footbridge	日本	2002	50.2	单跨体外预应力简支梁人行桥	箱形主梁
5	PS 34 Overpass Bridge	法国	2005	47.4	单跨后张预应力简支梁公路桥	箱形主梁
6	Papatoetoe Footbridge	新西兰	2005	20	预制预应力简支梁人行桥	π 形主梁
7	Horikoshi Ramp Bridge	日本	2005	16	组合梁公路桥	I 形梁
8	Shepherd's Creek Bridge	澳大利亚	2005	15	预制预应力砼简支斜梁公路桥	π 形主梁/ 桥面板
9	Torisaka River Bridge	日本	2006	45	波纹钢腹板梁公路桥	移动导梁下弦杆
10	Mars Hill Bridge	美国	2006	33.5	预制预应力简支梁公路桥	工字形主梁
11	Penrose Footbridge	新西兰	2006	20	预制后张预应力简支梁人行桥	π 形主梁
12	滦柏干渠大桥	中国	2006	20	低高度后张预应力梁铁路桥	T 形梁
13	Gaertnerplatz Bridge	德国	2007	36	变截面空间桁架人行桥	桁架上弦杆桥面板
14	Cat Point Creek Bridge	美国	2008	24.8	预应力简支梁公路桥	工字形主梁
15	Wild Bridge	奥地利	2010	70	上承式拱桥	5cm 厚箱型拱肋
16	Kampung Linsum Bridge	马来西亚	2010	50	UHPC-RC 组合梁桥	U 形主梁
17	马房大桥	中国	2011	64	简支钢箱梁	桥面板
18	Batu 6 Bridge	马来西亚	2014	100	预应力箱梁桥	箱形主梁
10	Celakovice Footbridge	捷克	2015	156	人行斜拉桥	梁板式主梁
20	长沙跨街人行桥	中国	2016	36.8	预应力连续箱梁桥	箱形主梁
21	南京长江五桥	中国	2020	2×600	钢–UHPC 组合梁斜拉桥	桥面板

1997 年在加拿大魁北克省舍布鲁克市建成了世界上第一座 UHPC 人行桥——Sherbrooke 人行桥 (图 1.104)，该桥为预应力 UHPC 空间桁架结构，跨径 60m，采用了法国的 UHPC 材料。桥面板采用 3cm 厚 UHPC 板，桁架腹杆采用直径 15cm 的钢管 UHPC，下弦采用 10m 预制 UHPC 梁节段，节段内未配置普通钢筋，仅采用后张预应力拼装而成。由于 UHPC 的使用结构自重大大减轻，并有效抵抗了当地严冬零下 30°C 条件反复冻融侵蚀，该桥在 1999 年获得 Nova 奖提名。

图 1.104 加拿大 Sherbrooke 人行桥

法国是第一个将 UHPC 成功商业化的国家，并于 2001 年建成了世界上最早的 UHPC 公路桥——Bourg-lès-Valence OA4 和 OA6 跨线桥。OA4 桥主梁为跨径 22.5m 的 π 形 UHPC 梁，高 0.9m，宽 2.4m，UHPC 桥面板厚仅 11cm，梁重 37t，如图 1.105 所示。2005 年，法国建造了跨径为 47.4m 的 UHPC 箱形梁公路桥——PS34 跨线桥，如图 1.106 所示。UHPC 箱形主梁顶板宽 4.4m，高度 1.63m。UHPC 桥面板上不铺设防水层和沥青混凝土铺装层，厚度 14cm 的箱梁顶板既是桥面板也是行车道路面板。

图 1.105 法国 Bourg-lès-Valence OA4 跨线桥

图 1.106 法国 PS34 跨线桥

2002 年，日本第一座 UHPC 人行桥 (Sakata-Mirai 桥) 建造完成，如图 1.107 所示，该桥主跨跨径 49.2m，主梁截面形式为箱梁，采用预制拼装法施工，预制梁段间采用预应力张拉拼接完成。此后，日本相继建造了多座 UHPC 人行桥，如 Yamagata 桥和 Tahara 桥等均采用了箱梁截面作为主梁的截面形式。日本第一座 UHPC 公路桥修建于 2005 年 (Horikoshi Highway C-ramp Fukuoka 桥)，跨径为 16m。

图 1.107 日本 Sakata-Mirai 人行桥

2002 年建成的韩国和平人行桥 (Sunyudo Footbridge) 是一座主跨为 120m 的 UHPC 拱桥，如图 1.108 所示。该桥由 6 个预制后张预应力 π 形节段组成，截面高 1.3m。值得关注的是，2007 年韩国提出一个 Super Bridge 200 的计划，该计划以斜拉桥为主要应用对象，研究用 UHPC 修建寿命达 200 年的桥梁，示范性修建了世界上第一座 UHPC 人行斜拉桥 (Super Bridge Ⅰ), 如图 1.109 所示。2013 年韩国又提出了 Super Structure 2020 的计划，推广 UHPC 在桥梁等领域的应用。2017 年建成一座乐高主题公园桥，为主跨 100m 的独塔双跨斜拉桥，圆环形主塔高 35m，主梁采用 UHPC 双主梁，桥面板厚 15cm，主梁自重减少 30%，系全世界第一座 UHPC 公路斜拉桥，如图 1.110 所示。

图 1.108　韩国 Sunyudo (Peace) 人行桥

图 1.109　韩国 Super Bridge Ⅰ

图 1.110　韩国乐高主题公园桥

2005 年，德国开展了一个超过 20 个研究机构参与、经费达 1200 万欧元的 UHPC 研究项目 "Sustainable Building with UHPC"(基于 UHPC 的可持续建筑)，为制定全面的 UHPC 技术标准提供研究成果。并于 2007 年，德国 Kassel 修建了第一座多跨 UHPC 桥梁——Gärtnerplatz 桥。该桥为人行和自行车两用桥梁，共有 6 跨，桥长 133.2m，最大跨径 36m，跨越 Fulda 河，如图 1.111 所示。该桥中的 UHPC 使用在了两个位置：① UHPC–钢桁架组合结构；② 桥面板。其中 UHPC 桥面板与桁架的上弦杆通过环氧树脂胶连接。Gärtnerplatz 桥为世界上首座 UHPC–钢组合桥梁。

图 1.111 德国 Gärtnerplatz 桥

2006 年在爱荷华州建成了美国第一座 UHPC 公路桥——Mars Hill 桥，2008 年又在弗吉尼亚州和爱荷华州各建成一座 UHPC 公路桥，如图 1.112~ 图 1.114 所示，三座桥的主梁分别为 I 形、T 形和 π 形，并且 UHPC 主梁均未设抗剪钢筋，只利用 UHPC 自身的高抗拉性能，大大简化了钢筋构造。2009 年，纽约州两座公路桥的预制传统混凝土桥面板采用现浇 UHPC 接缝连接，这种预制桥面板 (梁) 连接方法后来在越来越多的桥梁上应用，目前在北美地区已有超过 150 座桥梁采用该连接方法。2011 年首次在爱荷华州的 Little Cedar Creek 桥上使用了华夫型双向带肋 UHPC 桥面板，如图 1.115 所示，与相同承载力的普通混凝土桥面板相比，桥面板自重可减少 30%。

图 1.112 美国 Mars Hill 桥

图 1.113　美国 Cat Point Creek 桥

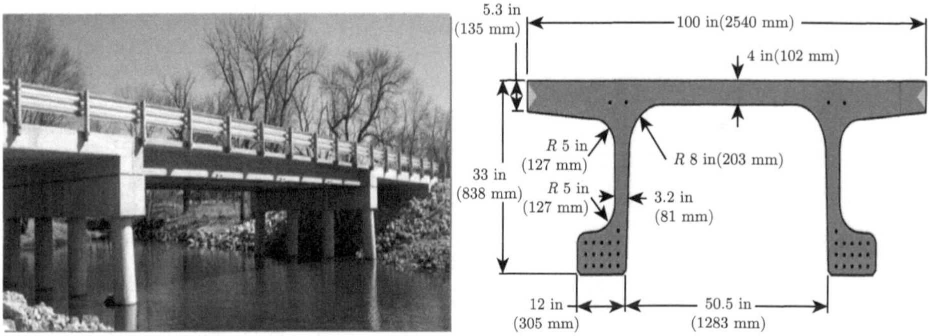

图 1.114　美国 Jakway Park 桥

图 1.115　美国 Little Cedar Creek 桥

2006 年，中国在迁曹铁路工程中修建了第一座 UHPC 桥梁 (滦柏干渠大桥)，生产了 12 片跨径 20m 的 UHPC T 梁，梁高 1.35m，高跨比 1/14.8，跨中腹板厚度 18cm，如图 1.116 所示。此外，蓟港铁路工程中，也采用了 19 孔 UHPC 铁路简支 T 梁，其中 14 孔 32m，5 孔 24m。

图 1.116 迁曹铁路滦柏干渠大桥 UHPC 主梁结构

2011 年，在肇庆马房大桥中首次将 UHPC 与钢箱梁组合形成轻型组合桥面，如图 1.117 所示。马房大桥为 14 跨单跨 64m 的简支钢箱梁，全长 919.6m，桥面宽 12.1m，桥面系采用正交异性钢面板。1984 年建成通车后该桥历经多次维修仍存在铺装层破损严重和钢结构疲劳裂纹，2011 底全桥进行了彻底的维修，时至今日采用 50mm 厚 UHPC 层加固维修后的第 11 跨仍运行良好。到目前为止，中国已有 100 多座 (竣工 50 多座) 实桥实施了钢–UHPC 轻型组合桥面，涵盖了梁桥、拱桥、斜拉桥和悬索桥等各类桥型。

图 1.117 肇庆马房大桥钢–UHPC 轻型组合桥面结构

2016 年，在长沙建成了一座长 70.8m(主跨 36.8m)，宽 6.5m 的 UHPC 跨街天桥，如图 1.118 所示。上部结构采用预应力 UHPC 鱼腹式单箱三室连续箱梁，UHPC 强度等级为 R150，箱梁顶宽 6.6m，底宽 3.0m，中心梁高 1.35m，顶板厚 12cm，底板厚 8cm，腹板厚 20cm。采用节段预制、现场支架拼装的施工方法，全桥共分 15 个节段，标准节段长 4.6m，最大节段质量为 51.3t。箱梁按部分预应力 A 类混凝土构件设计，配置全体内预应力束，预应力孔道采用强度等级 120MPa 的高性能灌浆料 DSP(densified with small particles) 进行灌注。下部结构桥墩采用双向曲线花瓶墩，强度等级为 R100，栏杆采用 R150 预制栏杆。

图 1.118 湖南长沙北辰 UHPC 人行天桥

南京长江第五大桥 (即南京五桥) 是一座三塔两主跨中央双索面轻型钢混组合结构斜拉桥，主跨跨径 2×600m。南京五桥主梁采用了钢–UHPC 组合主梁，其中 UHPC 平板面板厚度 17cm，主梁自重较同等规模的现役钢混组合梁减小近 30%。UHPC 中掺入了粗骨料，以提高材料的弹性模量、降低收缩。通过场内预制、现场安装并浇筑接缝的方法进行装配化施工。图 1.119 为南京五桥实桥施工近景。

图 1.119 南京五桥施工照片

1.5 本章小结

UHPC 是一种新型水泥基复合材料，具有优异的力学性能和耐久性，主要特点如下。

(1) UHPC 的抗压强度与其材料组分及养护制度密切相关，对于一般组分的 UHPC，当采用热养护时，其抗压强度在 120MPa 以上；而当在 UHPC 中掺入钢渣等高强细骨料，并采用高温养护时，其抗压强度可达 800MPa。

(2) UHPC 在轴拉荷载下可表现出应变硬化特性，即初裂后应力不降低，应变持续增加，并伴随多裂缝的发展，而 UHPC 的抗拉强度及韧性与钢纤维的形状、尺寸和掺量关系密切。

(3) UHPC 具有优异的疲劳性能，无论 UHPC 中是否配制钢筋，其抗拉疲劳性能均与材料或构件所处的应力水平有关。

(4) UHPC 的水胶比低，使得自收缩较大，而干燥收缩较小，当采用热养护时，UHPC 的收缩基本完成，基本无后期收缩，否则完成全部收缩的时间较长，可达 30 年。同时，经热养护后，UHPC 的徐变系数仅约为 0.2~0.5，远小于普通混凝土。

(5) 由于材料内部致密且毛细孔不连通，UHPC 具有优异的耐久性能：抗冻性可超 F1000，在自然环境下的碳化深度几乎为零，且有害介质 (氯离子等) 在 UHPC 中的渗透率远低于普通混凝土和高性能混凝土。

目前国内外对 UHPC 材料及结构的应用已成为热点之一。自发明以来，UHPC 备受桥梁工程师的关注，目前已应用于全世界近千座桥梁结构中，包括主梁结构、桥面结构、桥墩结构、接缝、桥梁加固等多种构造形式，具有十分广阔的推广应用前景。

参 考 文 献

[1] Roy M D, Gouda G R, Bobrowsky A. Very high strength cement pastes prepared by hot pressing and other high pressure techniques. Cement Concrete Research, 1972, (2): 349-366

[2] Birchall J D, Howard A J, Kendal K. Flexural strength and porosity of cements. Nature, 1981, 289: 388-389

[3] Gu C P, Ye G, Sun W. Ultrahigh performance concrete-properties, applications and perspectives. Science China, 2015, 58(4): 587-599

[4] Bache H H. Densified cement/ultrafine particle-based materials. Second International Conference on Super plasticizers in Concrete. Ottawa, 1981: 33

[5] Bache H H. Introduction to compact reinforced composite. Aalborg Portland, 1987, 17: 28

[6] Lankard D. Slurry Infiltrated Fiber Concrete (SIFCON). Properties and Applications. MRS Proceedings. U S A, 1984: 277

[7] Richard P, Cheyrezy M. Reactive powder concretes with high ductility and 200-800MPa

compressive strength. ACI Special Publication, 1994, 144: 507-518
[8] de Larrard F, Sedran T. Optimization of ultra-high-performance concrete by the use of a packing model. Cement and Concrete Research, 1994, 24(6): 997-1009
[9] Blaise P Y, Couture M. Precast, prestressed pedestrian bridge—world's first reactive powder concrete structure. PCI Journal, 1999, 44(5): 60-71
[10] Dugat J, Roux N, Bernier G. Mechanical properties of reactive powder concretes. Materials and Structures, 1996, 29(4): 233-240
[11] Toutlemonde F, Roenelle P, Hajar Z, et al. Long-term material performance checked on world's oldest UHPFRC road bridges at Bourg-Lès-Valence. RILEM-fib-AFGC Int. Symposium on Ultra-High Performance Fibre-Reinforced Concrete. Marseille, France, 2013: 265-274
[12] Kono K, Musha H, Kawaguchi T, et al. Durability study of the first PC bridge constructed with ultra high strength fiber reinforced concrete in Japan. RILEM-fib-AFGC Int. Symposium on Ultra-High Performance Fibre-Reinforced Concrete. Marseille, France, 2013: 239-248
[13] Graybeal B A. Characterization of the Behavior of Ultra-high Performance Concrete. Maryland: University of Maryland College Park, 2005
[14] Abbas S, Nehdi M L, Saleem M A. Ultra-high performance concrete: mechanical performance, durability, sustainability and implementation challenges. International Journal of Concrete Structures and Materials, 2016, 10(3): 271-295
[15] Skazlic M, Bjegovic D, Serdar M. Influence of test specimens geometry on compressive strength of ultra-high performance concrete. Proceedings of the 2nd International Symposium on Ultra High Performance Concrete. Kassel, Germany, 2008: 295-301
[16] Graybeal B, Davis M. Cylinder or cube: strength testing of 80 to 200MPa (11.6 to 29 ksi) ultra-high performance fibre-reinforced concrete. ACI Materials Journal, 2008, 105(6): 603-609
[17] Kazemi S, Lubell A. Influence of specimen size and fibre content on mechanical properties of ultra-high performance fibre-reinforced concrete. ACI Materials Journal, 2012, 109(6): 675-684
[18] 中华人民共和国国家质量监督检验检疫总局. 活性粉末混凝土. 北京: 中国标准出版社, 2015: 1-11
[19] Aaleti S, Petersen B, Sritharan S. Design Guide for Precast UHPC Waffle Deck Panel System, Including Connections (FHWA-HIF-13-032). Ames, IA: Bridge Engineering Center of Iowa State University, 2013: 1-117
[20] AFNOR. Concrete — Ultra-high Performance Fibre-Reinforced Concrete — Specifications, Performance, Production and Conformity(NF P 18-470). France: Association Francaise de Normalisation, 2016
[21] Schmidt M, Frohlich S. Testing of UHPC. Proceeding of the 3rd international FIB

congress and exhibition incorporating the PCI annual convention and national bridge conference. Washington DC, USA, 2010: 237

[22] 申鼎宇. 超高性能混凝土弯拉基本性能研究. 长沙: 湖南大学, 2017

[23] Prabha S L, Dattatreya J K, Neelamegam M, et al. Study on stress–strain properties of reactive powder concrete under uniaxial compression. International Journal of Engineering Science and Technology, 2010, 2(11): 6408-6416

[24] AFNOR. National Addition to Eurocode 2 — Design of Concrete Structures: Specific Rules for Ultra-High Performance Fibre-reinforced Concrete (UHPFRC). France: Association Francaise de Normalisation, 2016: 72-75

[25] Gowripalan N, Gilbert I R. Design Guidelines for Ductal Prestressed Concrete Beams. Melbourne, Australia: The University of New South Wales, 2000: 9-10

[26] JSCE. Recommendations for Design and Construction of Ultra-high Strength Fiber Reinforced Concrete Structures. Japan: Japan Society of Civil Engineers, 2006

[27] Naaman A E, Reinhardt H W. Proposed classification of HPFRC composites based on their tensile response. Materials and Structures, 2006, 39: 547-555

[28] Naaman A E, Hammoud H. Fatigue characteristics of high performance fiber-reinforced concrete. Cement and Concrete Composites, 1998, 20(5): 353-363

[29] Technology E-S F I O. Ultra-High Performance Fiber Reinforced Cementitious Composites Switzerland. 2016 //École Polytechnique Fédérale de Lausanne (EPFL). Recommendation: Ultra-High Performance Fibre Reinforced Cement-based composites (UHPFRC) Construction material, dimensioning und application (SIA 2052). MCS-EPFL Lausanne, Switzerland, 2016

[30] 中国工程建设标准化协会. 纤维混凝土试验方法标准 (CECS 13-2009). 北京: 中国计划出版社, 2009

[31] Wille K, Parra-Montesinos G J. Effect of beam size, casting method, and support conditions on flexural behavior of ultra-high-performance fiber-reinforced concrete. ACI Materials Journal, 2012, 109(3):379-388

[32] Wille K, Kim D J, Naaman A E. Strain-hardening UHP-FRC with low fiber contents. Mater Struct., 2011, (44): 583-598

[33] Wille K, EI-Tawil S, Naaman A E. Properties of strain hardening ultra high performance fiber reinforced concrete (UHP-FRC) under direct tensile loading. Cement and Concrete Composites, 2014, (48): 53-66

[34] Kang S T, Kim K H. The relation between fiber orientation and tensile behavior in an ultra high performance fiber reinforced cementitious composites (UHPFRCC). Cement and Concrete Research, 2011, 41(10): 1001-1014

[35] Duque L F M V I, Graybeal B A. Fiber Reinforcement Influence on the Tensile Response of UHPFRC. First International Interactive Symposium on UHPC. Des Moines, IOWA, 2016

[36] Liu J, Han F, Cui G, et al. Combined effect of coarse aggregate and fiber on tensile behavior of ultra-high performance concrete. Construction and Building Materials, 2016, 121: 310-318

[37] 程俊，刘加平，张丽辉. 含粗骨料超高性能混凝土单轴拉伸性能及机理分析. 混凝土与水泥制品, 2015, (12): 1-5

[38] Yoo D Y, Yoon Y S. Structural performance of ultra-high-performance concrete beams with different steel fibers. Engineering Structures, 2015, 102: 409-423

[39] Nguyen D L, Ryu G S, Koh K T, et al. Size and geometry dependent tensile behavior of ultra-high-performance fiber-reinforced concrete. Composites Part B: Engineering, 2014, (58): 279-292

[40] Tjiptobroto P H W. Tensile strain hardening and multiple cracking in high-performance cement-based composites containing discontinuous fibres. ACI Materials Journal, 1993, 90(1): 16-25

[41] Rigaud S C G, Chen J. Characterization of bending and tensile behavior of ultra-high performance concrete containing glass fiber. Proceedings of High Performance Fiber Reinforced Cement Composites 6. Ann Arbor: RILEM and Springer, 2011: 373-380

[42] Baby F, Graybeal B, Marchand P, et al. UHPFRC tensile behavior characterization: inverse analysis of four-point bending test results. Materials and Structures, 2013, 46(8): 1337-1354

[43] Stang H L V C, Krenchel H. Design and structural application of stress-crack width relations in fibre reinforced con-crete. Materials and Structures, 1995, 28(4): 210-219

[44] Lin M, Tian Y, Yu X, et al. Influence of Steel Fiber Content of RPC Flexural Fatigue Life.//2nd International Conference on Artificial Intelligence and Industrial Engineering, 2016: 478-480

[45] 余自若, 安明喆, 郑帅泉. 活性粉末混凝土疲劳后剩余抗压强度试验研究. 建筑结构学报, 2011, 32(1): 83-87

[46] 方志, 向宇, 匡镇, 等. 钢纤维含量对活性粉末混凝土抗疲劳性能的影响. 湖南大学学报(自然科学版), 2011, 38(6): 6-12

[47] Li Q, Huang B, Xu S, et al. Compressive fatigue damage and failure mechanism of fiber reinforced cementitious material with high ductility. Cement and Concrete Research, 2016, 90: 174-183

[48] Lohaus L, Oneschkow N, Wefer M. Design model for the fatigue behaviour of normal-strength, high-strength and ultra-high-strength concrete. Structural Concrete, 2012, 13(3): 182-192

[49] 余自若, 安明喆, 阎贵平. 活性粉末混凝土的疲劳性能试验研究. 中国铁道科学, 2008, 29(4): 35-40

[50] Makita T, Brühwiler E. Tensile fatigue behaviour of ultra-high performance fibre reinforced concrete (UHPFRC). Materials and Structures, 2014, 47: 475-491

[51] Makita T, Brühwiler E. Tensile fatigue behaviour of ultra-high performance fibre reinforced concrete combined with steel rebars (R-UHPFRC). International Journal of Fatigue, 2014, 59: 145-152

[52] 龙广成, 陈瑜. RPC200 的强度及收缩影响研究. 工业建筑, 2002, (6): 4-7

[53] Kim S, Park J, Yoo D, et al. Shrinkage behavior of Ultra High Performance Concrete at the Manufacturing Stage.//Proceedings of the 3rd International Symposium on UHPC and Nanotechnology for High Performance Construction Materials. Kassel, 2012

[54] 黄政宇, 刘永强, 李操旺. 掺 HCSA 膨胀剂超高性能混凝土性能的研究. 材料导报, 2015, 29(4): 116-121

[55] 黄政宇，王嘉. 高吸水性树脂对超高性能混凝土性能的影响. 硅酸盐通报, 2012, 31(3): 539-544

[56] Dudziak L, Mechtcherine V. Mitigation of volume changes of ultra-high performance concrete (UHPC) by using super absorbent polymers.//Proceedings of the 2nd International Symposium on Ultra High Performance Concrete. Kassel, Kassel University Press, 2008: 425-432

[57] AFGC-SETRA. Ultra high performance fibre reinforced concretes. Recommendations. Pairs: AFGC & SETRA Working Group, 2013: 1-175

[58] EPFL. Recommendation: Ultra-high performance fibre reinforced cement-based composites (UHPFRC) construction material, dimensioning and application. Swiss Federal Institute of Technology, 2016

[59] FHWA. Properties and Behavior of UHPC-Class Materials. U S A: Federal Highway Administration, 2018

[60] 中华人民共和国住房和城乡建设部. 普通混凝土长期性能和耐久性能试验方法标准. 北京: 中国建筑工业出版社出版, 2010

[61] Acker P, Behloul M. Ductal technology: a large spectrum of properties, a wide range of applications. Proc. of the Int. Symp. on UHPC. Kassel, Germany, 2004: 11-23

[62] Garas V Y, Kurtis K E, Kahn L F. Creep of UHPC in tension and compression: effect of thermal treatment. Cement and Concrete Composite, 2012, 34(4): 493-502

[63] Burkart I, Müller H. Creep and shrinkage characteristics of ultra high strength concrete (UHPC). //Proceedings of the Second International Symposium on Ultra High Performance Concrete, 2008: 469-476

[64] 刘斯凤, 孙伟, 林玮, 等. 掺天然超细混合材高性能混凝土的制备及其耐久性研究. 硅酸盐学报, 2003, 31(11): 1080-1085

[65] 安明喆，杨新红，王军民，等. RPC 材料的耐久性研究. 建筑技术，2007, 38(5): 367-368

[66] 杨吴生, 黄政宇. 活性粉末混凝土耐久性能研究. 混凝土与水泥制品, 2003, (1): 19-21

[67] Lee M J, Lee M G, Huang Y, et al. UHPC precast concrete under severe freeze-thaw conditions. IACSIT International Journal of Engineering and Technology, 2013, 5(4): 452-456

[68] Shaheen E, Shrive N G. Optimization of mechanical properties and durability of reactive powder concrete. ACI Materials Journal, 2006, 103(6): 444-451

[69] Thomas M, Green B, O'Neal E, et al. Marine performance of UHPC at Treat Island. Proceedings of the 3rd International Symposium on UHPC and Nanotechnology for High Performance Construction Materials, Kassel, Germany, 2012: 365-370

[70] Roux N, Andrade C, Sanjuan M A. Experimental study of durability of reactive powder concretes. Journal of Materials in Civil Engineering, 1996, 8(1): 1-6

[71] Müller C, Palecki S, Möeser B, et al. Durability of ultra-high performance concrete (UHPC). Proceeding of the third international fib congress and exhibition incorporating the PCI annual convention and national bridge conference. Washington DC, 2010: 135

[72] 屈文俊, 顾俊颉, 秦宇航. RPC-NC 组合截面梁的耐久性试验研究. 结构工程师, 2009, 25(1): 106-109

[73] 未翠霞, 宋少民. 大掺量粉煤灰活性粉末混凝土耐久性研究. 新型建筑材料, 2005, (9): 27-30

[74] 龙广成, 谢友均, 王培铭, 等. 活性粉末混凝土的性能与微细观结构. 2005, (33)4: 456-461

[75] 刘娟红, 宋少民. 活性粉末混凝土–配置、性能与微结构. 北京: 化学工业出版社, 2013: 1-16

[76] 孙伟, 赖建中, 焦楚杰, 等. 生态型 RPC 材料的动态力学行为和耐久性能. 全国纤维混凝土学术会议, 2005: 13-21

[77] 范云廷. 玄武岩纤维 RPC 基本力学性能及耐久性研究. 河北: 东北电力大学, 2017

[78] Charron J P, Denarié E, Brühwiler E. Transport properties of water and glycol in an ultra high performance fiber reinforced concrete (UHPFRC) under high tensile deformation. Cem. Concr. Res., 2008, (38): 689-698

[79] 王卫仑, 唐信, 柯玉伟, 等. 120MPa 纤维超高强混凝土抗硫酸盐及氯离子侵蚀性能研究. 混凝土, 2016, (10): 5-7

[80] 金凌志, 何培, 陈宜虎. 不同活性掺合料 RPC 抗氯离子渗透性能试验研究. 混凝土与水泥制品, 2014, 6(6): 21-27

[81] 曹霞, 李文龙, 陈宜虎. 掺入两种纤维的 RPC 氯离子扩散性能试验研究. 混凝土与水泥制品, 2014, 5(5): 42-45

[82] 安明喆, 杨新红, 王军民, 等. RPC 材料的耐久性研究. 建筑技术, 2007, 38(5): 367-368

[83] 安明喆, 李同乐. 活性粉末混凝土损伤后的抗氯离子渗透性能研究. 混凝土, 2012, (3): 15-17

[84] Pierard J, Dooms B, Cauberg N. Durability evaluation of different types of UHPC. Proceedings of International Symposium on Ultra-High Performance Fiber-Reinforced Concrete. Marseille, France, 2013: 275-284

[85] 余自若, 高康, 安明喆, 等. 活性粉末混凝土微观结构及其对强度与抗氯离子渗透性能的影响研究. 西安建筑科技大学学报 (自然科学版), 2013, 45(1): 31-37

[86] 牛志强, 郭阳. 蒸养参数对活性粉末混凝土抗氯离子渗透性的影响. 新型建筑材料, 2017, (8): 127-130
[87] 李慧. 混杂纤维活性粉末凝土力学能抗渗研究. 内蒙古: 内蒙古工业大学, 2015
[88] 李忠, 黄利东. 钢纤维活性粉末混凝土耐久性能研究. 2005, 4: 255-257
[89] 施惠生, 施韬, 陈宝春, 等. 掺矿渣活性粉末混凝土的抗氯离子渗透性研究. 同济大学学报(自然科学版), 2006, 34(1): 93-96
[90] 叶青, 朱劲松, 马成畅, 等. 活性粉末混凝土的耐久性研究. 新型建筑材料, 2006, (6): 33-36
[91] International Federation of Structural Concrete (FIB). Model Code 1990. Germany: DCC Document Competence Center, 1990
[92] 戴鹏. RPC 盖板的制备与性能研究. 武汉: 武汉理工大学, 2014

第 2 章　钢–STC 轻型组合桥面结构的研发背景及性能机理

2.1　本 章 概 述

钢桥具有轻质高强、跨越能力大、抗震性能优异、便于装配化施工、可回收利用等优点，为世界桥梁界所推崇。钢桥的桥面系通常由正交异性钢桥面板 + 沥青铺装组成，具有自重轻、承载力高等优点。但国内外大量工程实践表明，正交异性钢桥面系普遍存在两类病害难题：① 钢桥面疲劳开裂；② 钢桥面沥青铺装频繁破损，常规对策无法治本。

本章分析正交异性钢桥面的构造和受力特点，探讨上述两类病害的基本类型及病害原因，并介绍常规水泥基刚性铺装方法及其在国内外的应用情况。同时，介绍钢–STC 轻型组合桥面结构的结构形式、基本受力原理及受力特点。

2.2　正交异性钢桥面板的构造和受力特点

19 世纪 70 年代，钢材逐渐取代铸铁和锻铁成为一种重要的桥梁建材。1874 年，美国建成世界上首座钢桥——位于密西西比圣路易斯的 Eads Bridge。自此之后，钢桥的发展如雨后春笋，在世界各国得到广泛应用。

桥面板是桥梁中的重要构件，直接承受车轮荷载，并将荷载传递至主梁结构。长期以来，桥梁的桥面板主要为混凝土板，钢桥的出现也并未立即改变这一局面。在相当长的时间里，钢桥也以混凝土桥面板为主。混凝土板厚度和自重均较大，当应用于大跨径钢桥时，增加了用钢量，限制了钢桥的优势。

20 世纪 30 年代，美国和德国工程师率先研究钢桥面板，以替代混凝土桥面板 [1]。当时美国研究的钢桥面板称为 “battle deck”，由 10~20 mm 厚的钢面板和焊接于其底部的工字梁纵肋组成，纵肋中心间距一般为 250~840 mm；钢桥面板安放在横梁上，横梁间距为 4.8~7.6 m；钢面板顶面铺筑沥青混凝土层。由于这种桥面板既不参与横梁受力，也不参与主梁受力，其受力效率并不高。

德国同期研究的钢桥面板称为 “beam grid deck”，钢面板底部沿纵、横桥向分别焊接倒 T 形加劲肋。钢面板一方面支撑车辆荷载并将荷载传递至纵、横肋中；另一方面作为纵、横肋的上翼缘参与受力，受力效率更高。由于桥面板中的纵、横肋相互正交，且刚度不等，这种桥面也被视为正交异性钢桥面板的雏形。

第二次世界大战后，德国亟须重建大量战毁桥梁，而当时钢材匮乏，为节省用钢量并加快施工速度，德国工程师率先研究了正交异性钢桥面板 (orthotropic steel deck)。钢面板与纵肋、横梁焊接；同时，桥面板与主梁焊接，作为上翼缘板参与主梁受力，减轻了自重。正交异性钢桥面板可分为开口肋和闭口肋两种形式 (图 2.1)。世界上首座正交异性钢桥为 Kurpfalz 桥，该桥修建于 1950 年，位于德国 Mannheim，其钢桥面板采用开口肋。

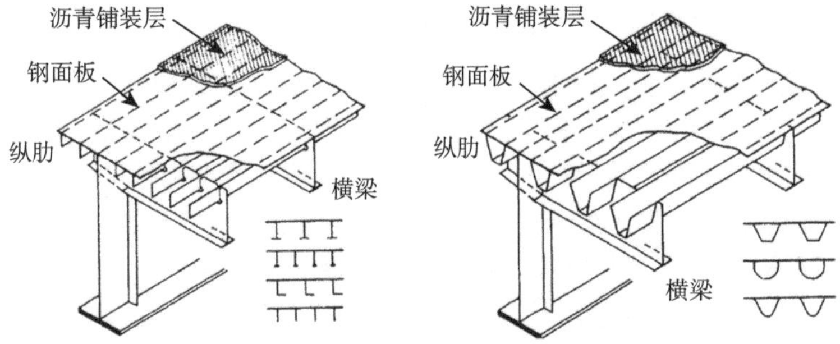

(a) 开口肋　　(b) 闭口肋

图 2.1　正交异性钢桥面板

早期修建的正交异性钢桥大多采用开口肋。开口肋抗扭刚度低，对横向荷载传递的约束能力弱，使得纵肋和横梁的间距均较小，横梁间距一般不超过 2m。相比之下，闭口肋的抗扭刚度较高，其跨度可提高到 3~5m，同时，闭口肋仅从外侧焊接，焊缝数量减少约一半。1954 年，U 肋作为最早的闭口加劲肋首次应用于德国的 Weserbrücke Porta 桥 [2,3]。20 世纪 70 年代，随着冷作技术的成熟，倒梯形闭口肋迅速发展，成为应用最为广泛的加劲肋 [2]。

与混凝土桥面板相比，正交异性钢桥面板具有以下优点：① 对于同一桥梁，钢桥面板的自重轻约 40%；② 钢桥面板便于焊接和栓接施工，施工速度快；③ 钢材的耐久性优于混凝土，因而钢桥面板的使用寿命更长，可达百年。因此，正交异性钢桥面板尤其适用于斜拉桥、悬索桥等大跨柔性桥梁。正交异性钢桥面板的应用不受主梁形式限制，板梁、箱梁、桁梁等均可采用，其中以钢箱梁最为普遍。目前，具有正交异性钢桥面板的扁平钢箱梁成为现代大跨径钢桥建设的标准形式。

2.3　传统钢桥面典型病害问题及对策

2.3.1　病害问题概况

正交异性钢桥面板上一般用沥青铺装。大量工程实践表明，这种 “钢桥面 + 沥青铺装" 桥面体系在运营中容易出现以下两类病害问题：① 在高频重载车轮作用下，正交异性钢桥面板的焊缝位置容易出现疲劳开裂，增加了钢桥面的检测与加固成本，当开裂严重时甚至可能危及桥梁的安全性；② 在重载车、温度、雨水等因素的耦合作用下，钢桥面沥青铺装层频繁破损，国内个别钢桥的沥青铺装层甚至常年处于破损与修复状态，这类病害大幅增加了钢桥面铺装的维护成本，同时增加了交通堵塞引起的社会成本。下面对这两类典型病害问题的特点、原因和常规对策进行归纳。

2.3.2　病害一：正交异性钢桥面疲劳开裂

正交异性钢桥面板中的纵肋、横梁相互交叉焊接，且均与钢面板焊接，使得钢桥面板构造复杂，焊缝数量众多 [4,5]。焊接将不可避免地引入孔隙、毛刺等初始缺陷，并在钢板中产生残余应力 [6]。同时，焊接钢板因焊缝自身尺寸及过焊孔等因素引起局部构造突变，易产生应力集中。当焊接钢结构承受重载车的反复作用时，焊缝处的钢板极易萌生疲劳裂纹，随着裂纹扩展，逐渐演化为宏观裂缝，甚至引发断裂 [7,8]。因此，正交异性钢桥面板的疲劳问题不容忽视，其疲劳细节大多与焊缝有关，主要包含以下几类：纵肋–面板连接焊缝、纵肋拼接焊缝、纵肋–横梁连接焊缝 [9]。

2.3.2.1　纵肋–面板连接焊缝

闭口肋在现代正交异性钢桥面板中应用广泛，与开口肋相比，闭口肋更容易在纵肋–面板连接焊缝中产生疲劳裂缝，原因是闭口肋对钢面板变形的约束更强。因此，这里仅以闭口肋为例说明纵肋–面板连接焊缝的疲劳特性。闭口肋一般采用带坡口的部分熔透焊缝与钢面板连接，其疲劳裂缝主要包含四种类型，如图 2.2 所示，实桥钢面板疲劳开裂照片如图 2.3 所示。

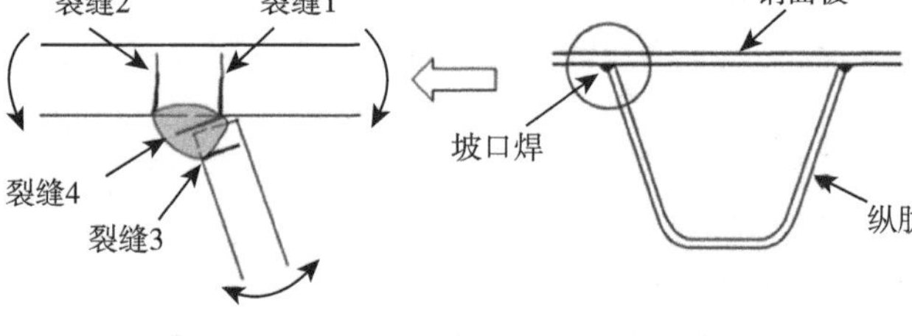

图 2.2　纵肋–面板连接焊缝疲劳裂缝类型

从图 2.2 可以看出，裂缝 4 萌生于焊根位置并贯穿焊喉，在这四类疲劳裂缝中其疲劳强度最低。这类疲劳裂缝与焊缝熔深不足有关，可通过限定最小熔深来避免 [3]。日本道路协会要求，该细节的焊缝熔深不应低于纵肋腹板厚度的 75%，而美国高速公路和交通运输协会 (AASHTO) 规定最小熔深为 80%。为便于焊接，需

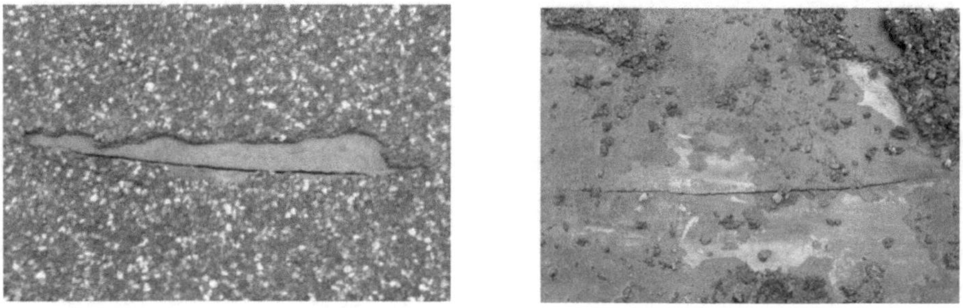

(a) 荷兰Van Brienenoord 桥[10]　　(b) 我国虎门大桥

图 2.3　实桥钢面板疲劳开裂照片

在纵肋腹板端部切出坡口，且施工时须控制纵肋与面板间的安装间隙 (一般不超过 2 mm)。那么在实际应用中是否有必要采用 100%的全透焊？Ya 等 [11] 针对这一问题进行了疲劳试验研究，结果显示，80%熔深坡口焊的疲劳强度略高于 100%全透焊的疲劳强度，作者认为这应该是由疲劳试验的离散性所致，因而认为两者的疲劳强度无显著差别。

其他三类疲劳裂缝与焊缝熔深关系不大，主要由车轮荷载在钢面板或纵肋中产生的面外弯矩引起。当疲劳裂缝沿裂缝 1 或裂缝 2 发展时，可能会穿透钢面板。根据相关文献 [10]，这类裂纹面呈半椭圆形，钢板底面的裂缝长度大致为顶面长度的四倍。当裂缝较大时 (如疲劳裂缝穿透钢面板且裂缝纵向长度达 0.5m)，危害较大，在重载车作用下可能会在钢面板中引起孔洞或错断，甚至会影响横梁的承载力。

对于裂缝 1 和裂缝 2，一般通过加大钢面板厚度来避免或减缓疲劳裂缝出现。早期正交异性钢桥面板的厚度一般为 10~12mm，运营中常出现疲劳裂缝，目前各国设计规范一般要求钢面板厚度不得低于 14mm。而对于裂缝 3，单纯增加纵肋厚度对于其疲劳寿命的提高十分有限。Pfeil 等 [12] 通过有限元计算分析认为，为降低纵肋腹板中的应力幅，应选择较高的纵肋高度，此时可选用较薄的钢面板和纵肋腹板，以降低纵肋腹板中的应力水平。例如，当面板厚 12mm，纵肋腹板厚 6mm、高 350mm 时，纵肋腹板中的应力与面板厚 16mm、纵肋腹板厚 8mm、高 250mm 持平，而后者重量比前者重约 20%。Xiao 等 [13] 经研究认为，对于裂缝 3，使用大尺寸纵肋能够有效降低纵肋腹板在车轮荷载作用下的应力幅，进而延长其疲劳寿命。

此外，纵肋–面板连接处的疲劳性能还与施工工艺、沥青铺装等因素有关。根据 Sim 等 [14] 的足尺模型疲劳试验结果，有效的预拱度与热矫正对提高该细节的抗疲劳寿命有利。而根据 Li 等 [15] 的理论分析，虽然沥青铺装层有助于提高纵肋–面板焊缝连接细节的疲劳寿命，但沥青铺装层的性能对环境温度极其敏感，当考虑环境温度影响后，这一改善效果大打折扣。

2.3.2.2　纵肋拼接焊缝

钢梁一般分节段施工，节段的制作与组装均在厂内完成，在现场仅需对不同梁段进行拼接。对于正交异性钢桥面板，钢面板和纵肋均需现场拼接，由于钢面板更为重要，应优先确保其焊接质量，因此，一般在纵肋中设置嵌补段，首先对钢面板施工双面坡口对接焊，然后施工纵肋嵌补段。由于嵌补段仅能从外侧焊接，拼接时常采用单边坡口对接焊。可在纵肋内部设置衬垫板，衬垫板一般厚 4mm，宽约 60mm，通过定位焊固定在纵肋内部 [16]。纵肋拼接焊缝的疲劳裂缝类型如图 2.4 所示，实桥开裂照片如图 2.5 所示。

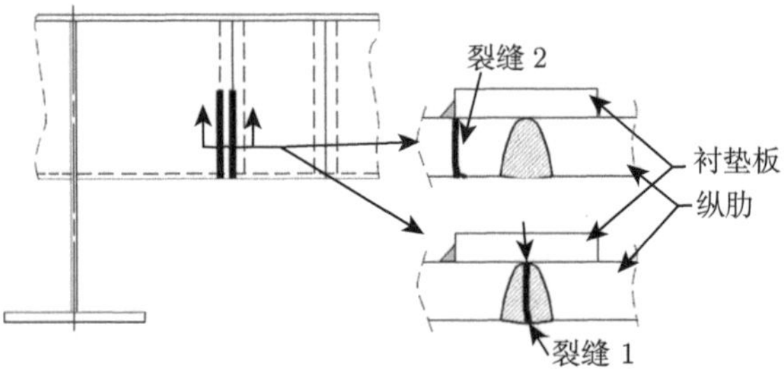

图 2.4　纵肋拼接焊缝的疲劳裂缝类型

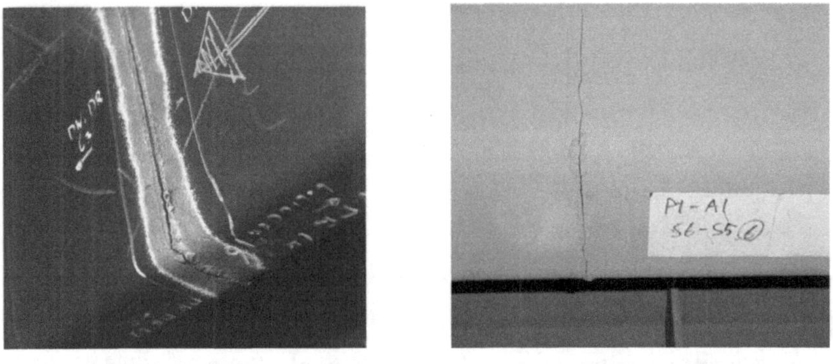

(a) 荷兰某大桥[10]　　(b) 日本Kinuura 桥[17]

图 2.5　纵肋拼接焊缝的疲劳开裂实例

大多数情况下，纵肋拼接处的疲劳裂缝源于纵肋最下端焊缝底部的焊趾位置 (图 2.4 中的裂缝 1)，并大致沿着焊缝方向向上扩展。少数情况下，疲劳裂缝源于连接衬垫板和纵肋的焊根位置，并往纵肋母材中扩展 (图 2.4 中裂缝 2)。

纵肋拼接焊缝的疲劳性能与施工质量密切有关。研究表明 [16]，当衬垫板与纵肋间的组装间隙 ⩽1.0mm 时，其 200 万次寿命下的疲劳强度约为 65MPa，而当组

装间隙 $\geqslant$2.0mm 时，其疲劳强度降低 10~15MPa。同时，受现场施工条件限制，纵肋拼接焊缝一般采用仰焊，焊接质量更难以保障，未熔透现象时有发生，此外，纵肋拼接处不可避免地存在对齐误差，容易引起应力集中，这些因素均会影响该细节的疲劳性能。因此，应严格控制纵肋拼接焊缝的施工质量。

Wolchuk 和 Baker[18] 认为，当采用螺栓连接时，纵肋拼接处的疲劳强度比焊接连接时要高，因而建议采用高强螺栓连接，但此时需在纵肋底部开孔，以方便安放螺栓。我国自南京长江二桥开始，新建钢桥中的纵肋大多采用高强螺栓连接 [19]。

2.3.2.3 纵肋–横梁连接焊缝

研究表明，纵肋与横梁连接焊缝是正交异性钢桥面板中出现疲劳裂纹数量最多的部位之一。

纵肋–横梁相交处有两种处理方式：一是确保横梁连续，二是确保纵肋连续。前者的疲劳强度极低，已不再使用 [3]，因而目前的普遍做法是在横梁上挖孔，确保纵肋连续通过，两者相交位置通过焊缝连接。横梁上的挖孔也有多种方式，可以刚好为纵肋的外围尺寸，也可扩大至纵肋底部区域，前一种方式对施工要求高，稍有不慎可能引发安装困难，应用较少，因而目前应用广泛的是后一种方式，其疲劳裂缝形式如图 2.6 所示，实桥疲劳开裂照片如图 2.7 所示。

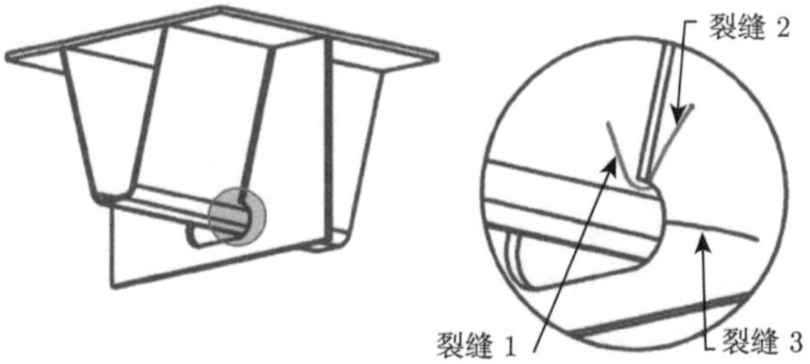

图 2.6 纵肋–横梁连接焊缝的疲劳裂缝类型

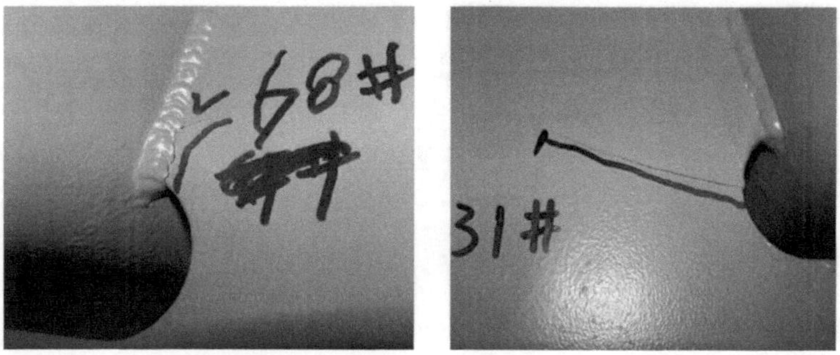

图 2.7 纵肋–横梁连接焊缝的实桥疲劳开裂照片

纵肋–横梁连接焊缝处疲劳开裂存在以下几种类型：① 裂缝 1，裂纹萌生于焊缝端部的焊趾位置，并往纵肋腹板中发展；② 裂缝 2，裂纹萌生于横梁中焊缝端部的焊趾位置，并往横梁腹板中发展；③ 裂缝 3，裂纹萌生于横梁开孔的自由边，并沿横向或斜向往横梁内部发展。

对于裂缝 1 和裂缝 2，疲劳开裂与纵肋的弯曲变形有关，该变形受到横梁的约束，产生较大的面外弯曲次应力，而约束程度与开孔大小有关，开孔越小，约束越严重，次应力越高。Zhang 等 [20] 基于港珠澳大桥对这一细节进行了足尺模型疲劳试验，试件的开裂位置为裂缝 1。作者认为，影响该细节疲劳强度的关键因素是纵肋–横隔板焊趾处纵肋中的面外弯曲应力，同时还受到焊接残余应力的影响。

裂缝 3 主要与开孔形状和间距有关，开孔削弱了横梁的有效面积，在车辆荷载作用下，开孔边缘产生较大的面内弯曲应力和剪应力。因此，纵肋–横梁连接焊缝区域受力复杂，设计中应考虑多因素，而不能简单地增大板厚 [16,21]。目前公认的开孔形状较优的是 Haibach 和 Plasil 提出的方案 [22]，其特点是：开孔上部半径小，下部半径大，使得裂缝 3 位置的应力较小，但其他两个位置的应力水平仍然较高。

此外，纵肋–横梁连接处的疲劳性能还与焊缝形式有关。Tsakopoulos 和 Fisher[23] 两位学者对美国纽约 Williamsburg Bridge 的正交异性钢桥面板进行了足尺模型疲劳试验，重点关注了纵肋–横梁连接细节。根据美国当时版本的桥梁设计规范，该细节采用双侧角焊缝，且焊缝末端需中断，不应包住横隔板的开孔边 (记为焊接方式 B)，为便于对比，试验中还采用了另一种改进的焊接方式，即焊缝包住横隔板的开孔边 (记为焊接方式 A)。试验结果表明，采用焊接方式 A 的疲劳强度要优于焊接方式 B。因此，作者建议对于该类疲劳细节，不适合采用焊接方式 B，并建议对设计规范进行修改。

纵肋–横梁连接疲劳细节的局部应力突出、受力复杂，因而疲劳计算时应如何合理地选取应力结果是个需要考虑的问题。Conner 和 Fisher[24] 通过对大量疲劳试验结果进行归纳总结后认为，该类疲劳细节中的应力梯度高，位置偏离少许则引起较大的应力偏差，因而在应用中需确保计算模型中应力关注点的位置与试验中的测点位置一致，否则可能引起疲劳评估结果不准确。因此，作者建议对于裂缝 2，应力关注点的位置为距离纵肋–横梁焊缝 7.94mm 且距离开孔边缘 6.4mm 的点，应力方向与焊缝垂直，该细节的疲劳等级为 C 级；而对于裂缝 3，应力关注点位置由开孔边沿偏离 6.4mm，应力方向与开孔边沿切线方向平行，该细节的疲劳等级为母材疲劳等级，即 A 级。

2.3.3 病害二：钢桥面沥青铺装层易损

2.3.3.1 概述

钢桥面铺装大多采用沥青混合料铺装，由防锈层、黏结层、沥青混合料铺装层构成，直接铺筑于钢桥面之上，总厚度在 35~80mm 之间 [25]。传统钢桥面铺装材料主要为以下四类：① 热拌沥青混凝土或改性密级配沥青混凝土 (AC)；② 高温拌和浇注式沥青混凝土 (guss asphalt)；③ 沥青玛蹄脂混凝土 (SMA)；④ 环氧树脂沥青混凝土 (epoxy asphalt)。

国内外许多正交异性钢桥的沥青铺装层均出现了病害问题，包括开裂、车辙、坑槽等 (表 2.1)。整体上国内大部分钢桥面铺装的使用年限不超过其设计服役期的一半，已成为钢桥面的难题。

表 2.1 国内外部分桥梁钢桥面铺装层病害情况

桥梁名称	建成年份	铺装类型	主要病害形式
Little Belt	1970	浇注式沥青混凝土	纵向疲劳裂缝
Bosporus	1973	浇注式沥青混凝土	纵向疲劳裂缝
Lion Gate	1978	50mm 环氧沥青混凝土	层间滑移
广东肇庆马房大桥	1984	70mm 橡胶沥青混凝土	开裂、坑槽
宜昌西陵大桥	1996	60mm 改性密集配沥青混凝土	开裂、车辙
香港青马桥	1997	50mm 沥青玛蹄脂	局部鼓包、脱层
广东虎门大桥	1997	70mm 改性 SMA	疲劳开裂、车辙
江阴大桥	1999	50mm 沥青玛蹄脂	疲劳开裂、车辙
厦门海沧大桥	1999	30mmSMA13+35mmSMA10	疲劳开裂、车辙
重庆鹅公岩大桥	2000	60mm 改性级配沥青混凝土	油斑、光面轮迹带
武汉白沙洲大桥	2000	30mmSMA13B+50mmSMA13A	疲劳开裂、车辙
南京长江二桥	2000	52mm 环氧沥青混凝土	疲劳裂缝
武汉军山长江大桥	2001	75mm 双层改性 SMA	开裂、车辙
San Mateo-Hayward	2002	50mm 环氧沥青混凝土	脱层

钢桥面沥青铺装层出现的病害问题多样，而引起这些病害的原因不尽相同。因此，下面分别对这些病害的原因进行归纳，并简要阐述目前的常用对策。

2.3.3.2 开裂

开裂是钢桥面沥青铺装层的主要破坏类型之一。沥青铺装层完全由正交异性钢桥面板支撑，而钢桥面板的支撑刚度不均匀，在横梁、纵肋、主梁腹板等位置支撑刚度大，形成负弯矩区，使得沥青铺装层中的拉应力较高，容易开裂。研究表明，钢桥面沥青铺装层中的横向拉应变是裂缝破坏的控制指标，因而一般先出现纵向裂缝 [26]，纵向裂缝间距约为 300mm，与 U 肋顶宽相当，横缝则与横隔板位置大致重合 [27]。若裂缝得不到控制，在高速行车作用下，雨水沿裂缝渗透，将降低沥青的黏结强度，并导致沥青铺装层大面积破损、滑移，直至钢板外露。典型病害照片如图 2.8 所示。

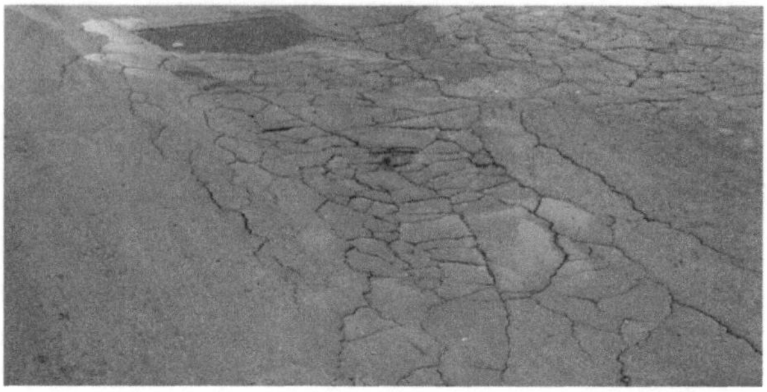

图 2.8　钢桥面沥青铺装层开裂病害

设计中一般通过增加钢面板的厚度来提高钢桥面的局部刚度，以防止沥青铺装层在负弯矩区出现过大的拉应力。早期正交异性钢桥面板中的面板厚度一般为 10~12mm，而目前多采用厚度为 14~16mm 的钢面板。同时，铺装层设计时一般通过优化材料组分 (如掺入改性组分、有机纤维等) 来改善沥青铺装层的抗裂性能，并通过小梁弯曲试验、复合梁疲劳试验等予以检验。

2.3.3.3　车辙

车辙是钢桥面沥青铺装的另一种主要病害形式，多发于车道轮迹线附近，其主要病害现象是铺装层的局部沉陷及侧向隆起。调查显示，在我国已产生铺装病害的大跨径钢桥中，近 80% 钢桥的沥青铺装层均出现了不同程度的车辙 [27]。典型病害照片如图 2.9 所示。

图 2.9　钢桥面沥青铺装车辙病害

引起车辙的关键原因是铺装材料的热稳定性不足，尤其是材料的高温剪切流变性能不满足使用要求。夏季高温是引起车辙的重要原因，文献 [28] 报道了虎门大桥的夏季实测温度：钢桥面板的温度高达 62℃，而铺装层表面温度高达 70°。高温对车辙的影响主要体现在两方面：一是由于沥青为黏弹塑性材料，在夏季高温和车载的双重作用下，铺装层中会产生永久性变形，进而发展为车辙；二是高温会大幅降低黏结层的抗剪强度，而黏结强度的不足会促进车辙的发展。此外，重载车甚至是超载车作用也是引起铺装层车辙的重要原因。

为防止钢桥面沥青铺装层出现车辙 [29]，目前的主要对策是：优化沥青混合料的配合比，合理控制沥青含量，以提高铺装层的高温抗永久变形能力；选取合适的孔隙率，以提高混合料的水稳性，避免雨水渗透破坏黏结层；优化铺装层厚度，以改善其受力。

2.3.3.4 脱层与滑移

沥青铺装层与钢面板间须设置黏结层，以确保两者协同受力。在车辆自重、刹车、转弯等荷载作用下，黏结层中将产生剪应力，当层间黏结强度较弱时，界面滑移较大，甚至可能导致铺装层与钢板间出现脱开、错动，形成脱层或滑移病害。概括而言，引起这两种病害的主要因素有 [30]：沥青混合料与钢板具有不同的热膨胀系数，温度变化时，两者间会产生变形错位；车辆刹车时，由于摩擦作用，黏结层中将产生较大的推移力。此外，夏季高温、雨水侵蚀、车辆的动力效应均会使得黏结层的黏结强度逐渐衰减，加速层间滑移。典型病害照片如图 2.10 所示。

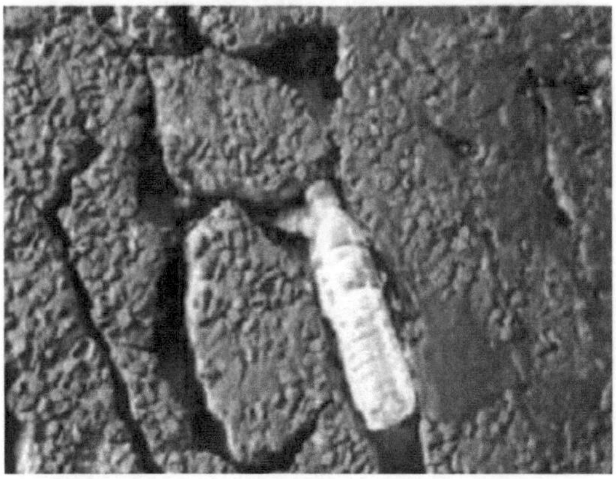

图 2.10 钢桥面沥青铺装层脱层病害

目前对这类病害的对策是：提高黏结层的抗剪强度。陈德荣等 [31] 认为，铺装层与钢面板间具有足够的抗剪强度是实现两者形成协同受力的关键因素，也是有效防止铺装层推移的重要手段。基于归纳总结 [31]，作者认为国内外已建钢桥面的层间黏结强度大多低于 3.0MPa，并认为这是钢桥面铺装频繁出现严重病害的主要因素之一，同时提出设计中铺装层与钢面板在高温下的抗剪强度不应低于 3.0MPa。

2.3.3.5 推移与拥包

由于沥青铺装具有塑性特性，在车轮荷载的水平力作用下，铺装层表面呈现波浪形起伏，即为推移病害；拥包则是铺装表面的局部隆起。一般认为这两种病害现象均与沥青混合料自身的高温抗剪强度不足有关，引起病害的主要原因有：沥青含量过多、黏度和软化点偏低、矿料级配不良、细料偏多等。此外，夏季高温、交通量大、车速慢，特别是刹车较多的路段容易产生推移和拥包等病害。因此，目前的对策主要是从沥青铺装的材料性能方面着手，通过优化材料级配来提高高温抗剪强度。典型病害照片如图 2.11 所示。

图 2.11 钢桥面沥青铺装层推移病害

2.3.3.6 鼓包

与道路沥青铺装不同，鼓包是钢桥面铺装所特有的一种病害现象。引起鼓包的内因是钢桥面沥青铺装材料的孔隙率低，外因则是夏季高温。具体而言，由于夏季钢桥面沥青铺装层中的温度可达 70℃ ，高温作用使得沥青铺装层与钢面板间的水分汽化，而沥青铺装的孔隙率较低，一般低于 4%，甚至接近 0%(如浇注式沥青)，致使水气难以排出，在沥青铺装层中不断膨胀，发展为鼓包。在运营中，行车荷载和雨水的综合作用使得鼓包逐渐开裂、破碎，最终导致铺装层局部形成坑槽等空洞。预防鼓包主要从施工角度考虑。在沥青摊铺过程中，应尽量避免雨水、工人的汗水、其他杂物等遗留在钢桥面上 [32]。典型病害照片如图 2.12 所示。

图 2.12 钢桥面沥青铺装层鼓包病害

综上所述，钢桥面沥青铺装是一项复杂的系统工程，为避免钢桥面沥青铺装频繁出现病害问题，需要兼顾正交异性钢桥面板的构造特点，沥青铺装的材料特性、受力性能及所处的环境条件，实桥施工工艺等诸多方面。

根据我国钢桥面沥青铺装的现状和特点，黄卫等率先研发了钢桥面环氧沥青铺装技术，并将该技术应用于南京长江二桥等十多座大跨径钢桥上 [33,34]。

2.4 常规对策：钢桥面水泥混凝土铺装方案

如前文所述，钢桥面大多采用沥青铺装技术。20 世纪 90 年代起，为解决正交异性钢桥面板疲劳开裂问题，有学者开始尝试钢桥面水泥混凝土铺装，以提高钢桥面的刚度，改善其受力状态。考虑到这种铺装技术在国内外的应用并不普遍，而近年来其关注度逐渐增加，本节对相关研究进行归纳总结。

2.4.1 钢筋混凝土铺装

根据相关文献 [1]，较早采用水泥混凝土铺装的钢桥是位于法国洛里昂的 Saint-Christophe 桥，该桥于 1960 年建成，是一座主跨 93m 的三跨连续钢箱梁桥，桥面为闭口肋正交异性钢桥面板。该桥采用了 60mm 厚钢筋混凝土铺装，混凝土层通过栓钉连接件与钢桥面板连接。由于当时人们尚未意识到正交异性钢桥面板会出现疲劳开裂，因而可推断，该桥使用钢筋混凝土的初衷并不是防止钢桥面板疲劳开裂。

率先提出以混凝土铺装方案解决正交异性钢桥面板疲劳开裂问题的是巴西学者 Battista 和 Pfeil[35]，当时是为了解决该国 Rio-Niterói 桥的钢桥面板疲劳开裂问题。Rio-Niterói 桥建成于 1974 年，坐落在里约热内卢 Guanabara 海湾，全长 13km。该桥的非通航孔均为预应力混凝土梁桥，通航孔为 200m+300m+200m 的连续钢箱梁，其中主通航孔 (300m 跨) 打破了当时钢箱梁跨径的世界纪录 (图 2.13)[12]。

图 2.13　巴西 Rio-Niterói 桥通航孔照片

由于桥梁的运营交通量远超过预期，其钢桥面板出现了大量疲劳裂缝，典型开裂细节包括纵肋–面板部分熔透角焊缝连接、纵肋现场拼接角焊缝连接、纵肋–横隔板连接等，同时，沥青铺装与钢板间的黏结层也提前破坏。经研究，Battista 等 [35] 认为引起该桥上述病害的主要原因是：钢桥面板的横向刚度偏低，且其对于随机车辆荷载作用产生的振动模态缺乏合适的阻尼。为此，提出了两种解决方案 (图 2.14)，方案均以水泥混凝土作为铺装层，区别在于层间的连接方式。

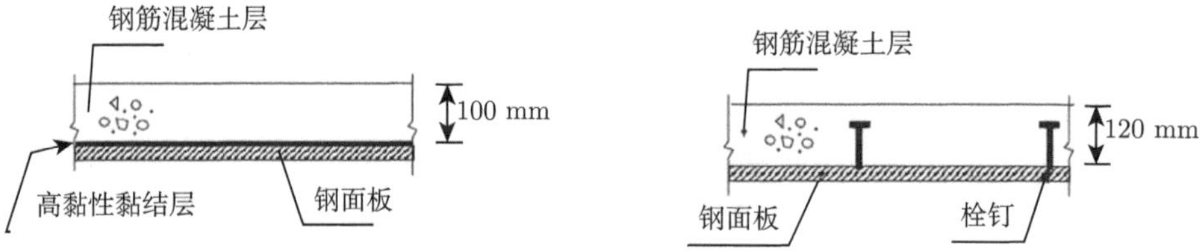

(a) 三明治结构　　(b) 组合桥面结构

图 2.14　两种钢筋混凝土铺装方案

Battista 对上述两种方案开展了足尺模型试验，结果表明，与纯钢桥面相比，两种方案均能降低钢桥面中的应力，且组合桥面结构的降幅更大。而理论计算表明，在动力车载作用下，三明治结构具有更低的峰值位移和应力幅，表明其对动力响应的阻尼效果更好，因而认为三明治结构更为合理。后来由于时间紧迫，Rio-Niterói 桥铺装翻修中采用了组合桥面结构，翻修施工于 2000 年年底完成。

2.4.2　轻质混凝土铺装

为防止钢桥面沥青铺装层出现开裂、推移等病害，丁庆军等 [36] 提出了一种双层复合铺装方案 (图 2.15)。在该方案中，铺装下层为轻质混凝土层 (lightweight concrete，LC)，上层为沥青混凝土层。LC 通过 Φ10mm×40mm 的栓钉与钢面板连接，按 300mm×400mm(横桥向 × 纵桥向) 的菱形布置。

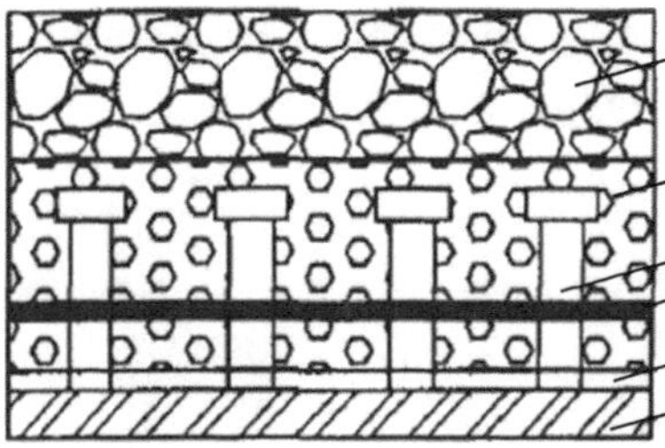

图 2.15 LC+SMA 双层复合铺装方案构造示意

轻质混凝土也称为轻集料混凝土，其容重比普通混凝土低 20%~30%。该方案中的轻质混凝土掺入了钢纤维，以增强抗拉韧性。当钢纤维掺量为 0.7%时，轻质混凝土的表观密度为 1920kg/m^3，28d 抗压强度为 53MPa，抗折强度为 7.3MPa，弹性模量为 26.4GPa，韧性指数 $\eta_{30}=23$。

该方案于 2003 年首次应用于武汉绕城公路东西湖区互通 C 匝道连线桥，为一座主跨 60m 的三跨连续钢箱梁桥。方案中 LC 层厚 50mm，SMA-13 层厚 40mm。随后该技术还陆续应用在武汉金桥大道、宜昌枝城长江大桥等多座钢桥。

此外，李雪莲等 [37] 也提出一种复合铺装方案，以解决钢桥面沥青铺装层病害问题。在该方案中，底层铺装为轻质聚合物水泥灰浆 (light polymer concrete mortar，LPCM)，上铺 SMA 沥青层，其中 LPCM 层通过栓钉与钢板连接。作者对于这一铺装方案进行了理论分析和模型试验。

2.4.3 密配筋高性能混凝土铺装

荷兰有近 120 座正交异性钢桥，大多修建于 20 世纪 60~80 年代。20 世纪 90 年代末，一些钢桥出现了钢桥面板疲劳开裂现象 [38]。为确保已开裂钢桥的安全，荷兰、丹麦等国家涌现一批学者着手研究病害机理、成因以及修复方案。Buitelaar 等提出以配筋高性能混凝土 (reinforced high performance concrete, RHPC) 加固钢桥面板。根据研究，当钢桥面上增设 50mm 厚的 RHPC 时，钢面板中活载应力降为原来的 1/4~1/5，纵肋中的应力则降为原来的 1/3~1/4，能够显著延长钢桥面的疲劳寿命。

RHPC 以高性能混凝土为水泥基材料，掺入了钢纤维和腈纶纤维，其 28d 立方体抗压强度可达 117MPa，弹性模量为 42.7GPa。RHPC 具有早强特性，其浇注后 3d、7d 的抗压强度分别为 28d 强度的 68%、79%。50mm 厚三点受弯试件的抗弯强度为 9.8 MPa。此外，作者还对其疲劳特性、收缩性能以及耐久性能进行了研究。

RHPC 方案已应用于荷兰 Caland 桥、Moerdink 桥、Hagestein 桥等多座实桥。现以首次应用的 Caland 桥为例，简要介绍实桥应用情况。Caland 桥 (图 2.16)

位于鹿特丹，跨径 80m，单向两车道，桥面宽 6.7m，是一座开启桥。该桥修建于 1969 年，于 1998 年首次发现疲劳裂缝。

图 2.16 荷兰 Caland 桥

RHPC 层厚 50mm，其内布置直径为 8mm、间距为 50mm 的钢筋。钢筋分三层布置，其中横桥向包含上、下两层，纵桥向仅包含中间一层，钢筋净保护层厚 18mm。RHPC 层与钢面板的连接方式是方案的关键。Buitelaar 等认为，可将钢筋网焊接在钢面板顶面以形成剪力键，但这样会引起应力集中，因而最终采用两相环氧基胶结剂，在凝固前撒布铝土矿碎石。试验测得，胶结剂的轴拉强度为 4.81 MPa。RHPC 层表明经抛丸处理后开放交通，不再铺设沥青磨耗层。实桥铺装翻修施工在 2003 年 4 月 29 日 ~5 月 4 日间完成，主要工序如图 2.17 所示。

(a) 撒黏结层碎石　　(b) 钢筋网　　(c) 浇筑混凝土

图 2.17 Caland 桥钢桥面沥青铺装翻修施工

施工中，绑扎后的钢筋网在两个车道的分界线附近隆起，使得该区域 RHPC 层较厚，保护层厚调整到 40~50mm。施工完成后，该区域出现了横向裂缝，裂缝每 0.3~1.0m 一道，表面宽度为 0.05~0.1mm，最大裂缝深度为保护层厚。作者推断 RHPC 层开裂与以下因素有关：现场增大的保护层厚、纵向配筋率较小 (仅为横向的 50%)、RHPC 的收缩受到钢板约束、浇筑 RHPC 前 7d 内养护不充分、RHPC 层与钢桥面板组合后的复杂受力行为等。作者还认为，虽然这些裂缝对 RHPC 的耐久性没有影响，但今后需进一步提高 RHPC 的抗拉强度，并充分养护，以降低 RHPC 在凝固和硬化过程中的应力，防止开裂。

2.4.4 钢纤维混凝土铺装

早在 20 世纪 80 年代，日本就曾在一些正交异性钢桥上使用纤维混凝土 (steel fiber reinforced concrete, SFRC) 铺装，如图 2.18(a) 所示，但目的是便于施工，而不是防止正交异性钢桥面板出现疲劳开裂。

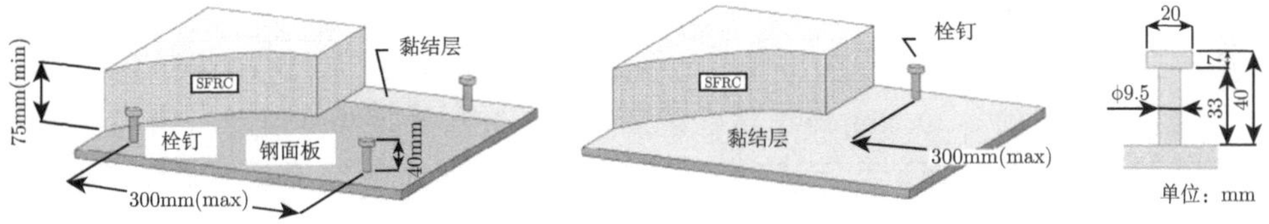

(a) 早期方案　(b) 横滨港湾大桥方案　(c) 栓钉尺寸

图 2.18 SFRC 铺装构造示意

日本第一座为防止钢桥面疲劳开裂而实施 SFRC 铺装的是横滨港湾大桥 (Yokohama Bay Bridge)[39]。该桥为双层桥面，2004 年下层桥面通车，采用了 75mm 厚的 SFRC 铺装。与早期方案不同，该桥 SFRC 层主要通过胶结剂与钢板连接，仅在铺装层边缘及各车道中心线处布置少量栓钉 (图 2.18(b))。

在运营中，横滨港湾大桥 SFRC 层出现了开裂现象，裂缝大多沿纵桥向分布，最大缝宽为 0.3mm，图 2.19 示意了开裂情况，裂缝中填注了丙烯酸树脂。由于

图 2.19 日本横滨港湾大桥 SFRC 层开裂

SFRC 层位于大桥的下层桥面，不会受雨水影响，因此，裂缝对 SFRC 作为铺装层的性能没有太大影响。

SFRC 层的开裂引起了日本学者的注意，他们着手研究负弯矩区 SFRC 层的配筋措施和抗裂性能。结果表明，SFRC 的开裂应变为 200~300με，而有限元计算结果显示，在实桥车载作用下，SFRC 中的最大拉应变超过其开裂应变，因而他们认为，在运营中，负弯矩区 SFRC 层将不可避免地出现开裂现象。研究同时表明，SFRC 中配筋有助于提高其抗拉强度。因此，在横滨港湾大桥之后的应用中，SFRC 层中均配以碳纤维增强复合筋网 (carbon fiber reinforced plastic，CFRP)，以改善混凝土的抗拉性能。

2.4.5 超高性能纤维增强混凝土铺装

法国一些早期修建的钢桥出现了钢桥面板疲劳裂缝，亟须维修加固。为此法国政府批准了研发项目 Orthoplus，旨在建立考虑铺装层类型与厚度等因素的正交异性钢桥面板疲劳评估理论和方法。依托该项目，法国学者开展了系列研究，提出了钢桥面 UHPFRC(ultra-high performance fiber reinforced concrete，也称为 UHPC) 铺装方案。

为验证该方案的基本性能，Pierre 等对三个正交异性钢桥面板足尺模型进行了试验。试验中 UHPFRC 的抗压强度约为 180MPa，抗拉强度为 9MPa，弹性模量为 56GPa，UHPFRC 未经过蒸汽养护。模型中的钢面板分别厚 10mm，12mm，14mm，其中前两个试件的铺装层均为 35mm 厚的 UHPFRC 层，另一个试件则铺筑 70mm 厚的沥青混凝土。前两个试件中的剪力键分别为小栓钉和焊接钢筋网。静载试验结果表明，35mm UHPFRC 在钢桥面板中引起的应力降幅达 30%~60%，而沥青铺装在钢桥面板中的应力降幅仅为 5%~20%。试验中观测到 UHPFRC 层与钢面板间出现了局部滑移，使得 UHPFRC 层底面出现了裂缝。而疲劳试验结果表明，在高于设计值的应力幅下进行 200 万次疲劳加载，UHPFRC 未出现疲劳劣化现象。

目前该铺装技术已经应用于法国 Illzach 桥 [40]，该桥初建于 1970 年，是一座下承式简支钢桁梁桥，跨径 106m，桥面宽 12.6m，单向两车道 (图 2.20)。桥面采用闭口肋正交异性钢桥面板，钢面板厚 12mm，横梁间距 3.2m，纵肋–横梁相交位置确保横梁连续；该桥原铺装为 80mm 厚沥青混凝土。2001 年，该桥钢桥面板检测到了大量疲劳裂缝。

计算表明，采用 UHPFRC 铺装方案后，纵肋–横梁间角焊缝中的应力降低 50%，疲劳寿命可延长 20 年，而纵肋–面板连接焊缝应力幅降低 61%，疲劳寿命可延长到 80 年。实桥施工在 2011 年完成 (图 2.21)。

图 2.20 法国 Illzach 桥

(a) 焊接栓钉 (b) 吊装预制板 (c) 接缝处现浇 (d) 铺装沥青磨耗层

图 2.21 实桥施工照片

方案中 UHPFRC 层厚 50mm，通过 Φ13mm×25mm 的小栓钉与钢面板连接。实桥施工中采用了预制板技术，简化了现场施工的工作量，但预制板间接缝很多。UHPFRC 表面经喷砂后铺筑 10mm 碎石树脂磨耗层。

2.5 钢–超高韧性混凝土轻型组合桥面结构及其性能机理

2.5.1 轻型组合桥面结构形式

引起钢桥面两大病害的根本原因是：① 钢桥面局部刚度低，在重载车反复作用下，桥面系长期处于高应力运营状态，病害频发；② 沥青在光滑的钢板上黏结困难，在重载车、高温、雨水的耦合作用下，沥青铺装极易出现早期破坏。因而根治钢桥面体系难题的关键在于：在不增加自重的前提下，如何大幅提高桥面局部刚度和层间连接可靠性。为此，项目组以 UHPC 为基础，在国家和省部级科技计划的大力支持下，经过 20 余年持续科技攻关，研发了原创性的钢–薄层超高韧性混凝土 (super toughness concrete，STC) 轻型组合桥面新体系 [41-43]。结构形式如图 2.22 所示，其构造特点为：首先在钢板顶面焊接短栓钉，然后布置钢筋网、浇筑 STC 层，最后在 STC 层顶面铺筑沥青混凝土铺装层。其中，STC 层不再是传统意义的铺装层，而是按照与主结构同等寿命的结构层设计。

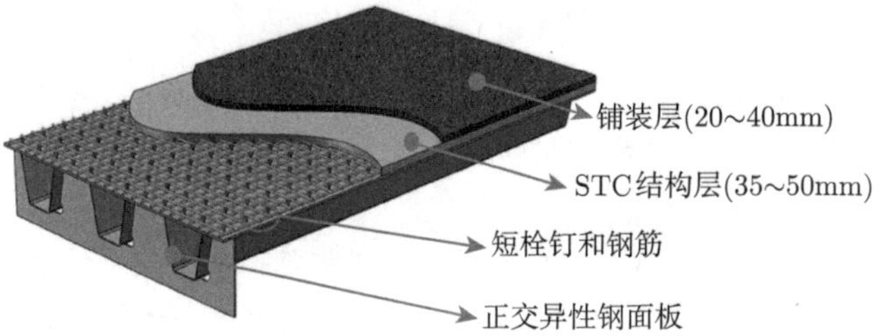

图 2.22　钢–薄层 STC 轻型组合桥面结构

2.5.2　轻型组合桥面结构性能机理

以全寿命期内不开裂为主要目标，项目组对钢–薄层 STC 轻型组合桥面结构开展了一系列深入的研究，包括 STC 的组分优化和基本力学性能、薄层 STC 对于钢桥面板疲劳寿命的影响、薄层 STC 中矮剪力键方案及其基本性能、轻型组合桥面结构的弯拉静力和疲劳性能、薄层 STC 多种强化接头方案及其性能。在此基础上，编制了相关技术规程 [44,45]。

2.5.2.1　STC 与钢桥面形成永久性薄层组合桥面，大幅提高桥面局部刚度

将薄层 STC 与钢桥面牢固组合，形成了轻型组合桥面结构，与常规钢桥面体系相比，如图 2.23 所示，由于组合受力的效应，新桥面局部抗弯刚度可提高 30 倍以上，由此带来如下显著效果：① 车载作用下钢桥面中的疲劳应力降低 20%~80%，从而消除了钢桥面疲劳开裂的风险；② 用低成本、易修复的混凝土桥面铺装替换昂贵、易破损的钢桥面铺装，极大减少了运营维护成本及交通中断引起的社会成本。试验结果表明，STC 层抗裂及与钢面板结合面的抗剪疲劳寿命均超过了 1000 万次，确保了新体系桥面的疲劳寿命不低于主桥钢结构。

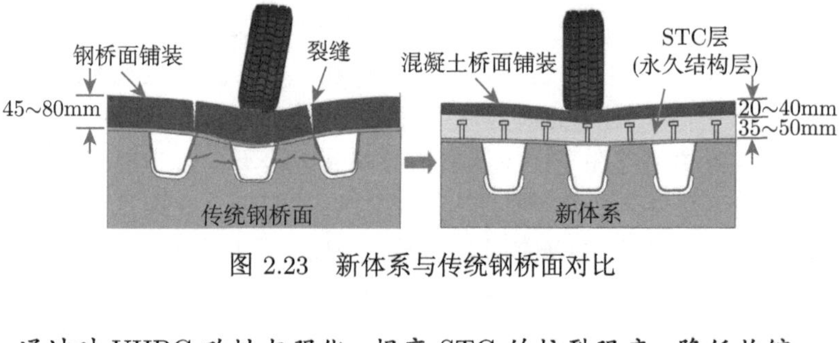

图 2.23　新体系与传统钢桥面对比

2.5.2.2　通过对 UHPC 改性与强化，提高 STC 的抗裂强度、降低收缩

1. 钢桥面中 STC 层的复杂受力状态

UHPC 按最大密实度原理配制，以最大限度降低材料内部的孔隙缺陷，实现超

高的力学性能和耐久性。但由于薄层组合，UHPC 若直接用于钢桥面，仍难免开裂，原因是：① 钢桥面中 UHPC 层的设计拉应力高达 10~15MPa，如图 2.24(a) 所示，超过了 UHPC 材料的抗裂强度 (7~9MPa)；② 因水泥用量大、水胶比低，UHPC 的总收缩应变高达 500~800με，收缩受到钢桥面板的约束，导致收缩应力过高而开裂，如图 2.24(b) 所示，这在国内外均有实例教训。

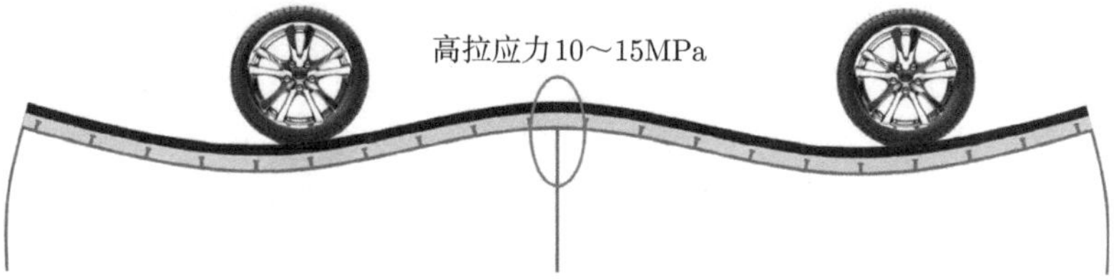

(a) 混凝土层中的高拉应力

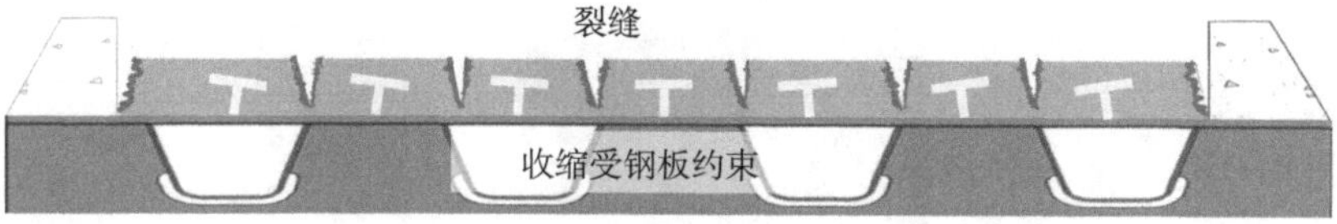

(b) 混凝土层约束收到钢桥面板的强力约束

图 2.24 正交异性钢桥面板中混凝土层的不利受力状态

2. 常规 UHPC 材料的性能提升措施

为实现轻型组合桥面结构的百年长寿命，必须研发满足钢桥面受力需求的高性能水泥基复合材料。项目组对超高性能混凝土进行改性和强化，发明了 STC，为钢桥面强化技术提供了可靠的新材料。STC 属于钢桥面专用的改善型 UHPC，因而在项目组成员发表的部分文献中仍称其为 UHPC，但本书后续章节统一表述为 STC。

第一步，防止 STC 塑性收缩而开裂。

将 STC 浇筑在钢桥面后，在硬化过程中将产生 500~1000με 的收缩，为防止结硬前开裂，如图 2.25 所示，基于堆积密度理论和火山反应理论，通过在 STC 中掺入两种纳米材料，以进一步提高基体抗裂强度及致密性、增加基体与钢纤维黏结强度，通过掺入 3.0%~3.5% 体积含量的混杂钢纤维协同增韧，使得裂缝弥散化。

第二步，STC 结硬后，消除内部高拉应力。

虽然通过上述措施可防止 STC 在塑性收缩过程中出现宏观裂缝，但收缩受到钢板的强约束，还是将导致基体内产生高拉应力，此时基体内存在大量微裂缝，为此，采用高温蒸汽养护，使得 STC 的水化物迅速填充微裂缝，将基体高拉应力松弛。如图 2.26 所示，采取以上措施后，STC 的收缩应变在蒸汽养护后基本完成，STC 的实测收缩应变仅为 30~70με，远小于 UHPC 的 500~800με。

(a) 掺入纳米碳酸钙　　(b) 掺入纳米氧化硅　　(c) 掺入混杂钢纤维

图 2.25　防止 STC 塑性收缩开裂的措施

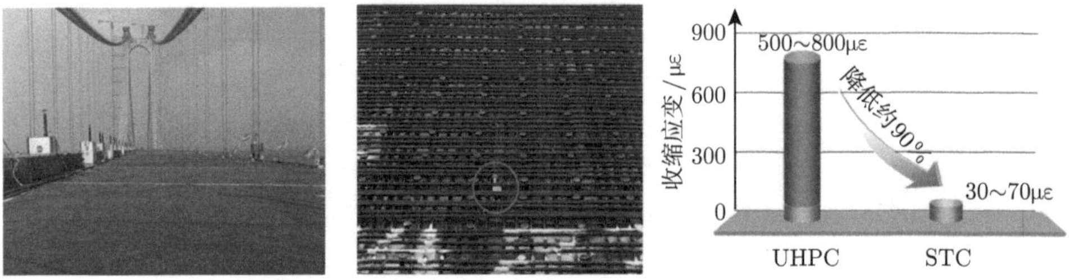

图 2.26　防止 STC 结硬后收缩开裂的措施

第三步，防止 STC 层运营期间开裂的措施。

通过掺入混杂钢纤维，使不配筋的 STC 获得应变硬化特性，为了抵抗运营期间的高拉应力，在 STC 中密配钢筋，有效限制裂缝的发展，大幅提升材料的静力和疲劳抗裂强度。超高韧性混凝土的静力抗裂强度可达 30~42.7MPa；而在设计疲劳应力下，其疲劳寿命超过了 1000 万次，因而在桥梁的全寿命期内，STC 层基本无开裂风险。在已竣工的 50 多座实桥中，STC 层未出现任何开裂现象。

3. 高温蒸汽养护的必要性

STC 的收缩受到钢面板的强约束，将导致 STC 内产生高拉应力，用高温蒸汽养护来消除这种高拉应力是必需的。下面以瑞士学者 Katrin Habel 提出的计算公式 [46] 和瑞士 UHPC 规范 [47] 为依据，计算在钢桥面强约束条件下，STC 层中的拉应力，以说明对钢桥面用 STC 采用高温蒸汽养护的必要性。

基于 Katrin Habel 提出的计算公式 [46]，在任意截面的钢板或钢梁上增加 STC 层后，其收缩应变受到原截面的约束，而约束应力可根据图 2.27 所示的叠加原理计算。

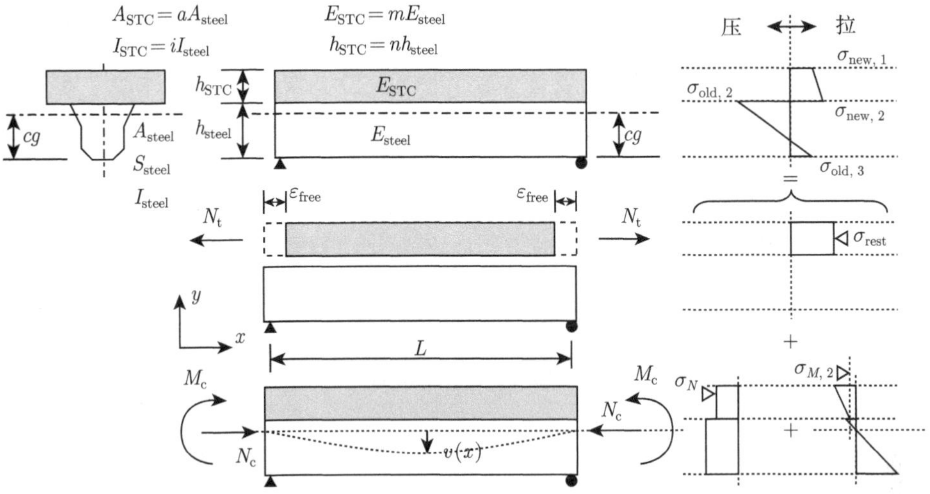

图 2.27 STC 约束收缩引起的拉应力计算示意图

STC 层中的约束应力可表达为

$$\mu=\frac{\sigma_{\mathrm{STC,bot}}}{E_{\mathrm{STC}}\varepsilon_{\mathrm{free}}} \tag{2.1}$$

式中，μ 为约束度；$\sigma_{\mathrm{STC,bot}}$ 为 STC 层底面的约束拉应力；E_{STC} 为 STC 的弹性模量；$\varepsilon_{\mathrm{free}}$ 为 STC 的自由收缩应变。

根据图 2.27，STC 的约束收缩应变可分解为 STC 层完全约束、组合截面受压、组合截面受弯三种基本受力状态的线性叠加，其表达式为

$$\mu=1+\mu_N+\mu_M \tag{2.2}$$

式中，μ_N 为组合截面形心处承受轴力产生的 STC 层底面约束度；μ_M 为组合截面形心处承受弯矩产生的 STC 层底面约束度。

各项的计算公式如下：

$$\mu_N=\frac{-ma}{1+ma} \tag{2.3}$$

$$\mu_M=\frac{-maA_{\mathrm{steel}}\left[h_{\mathrm{steel}}\left(1+\dfrac{n}{2}\right)-cg\right](h_{\mathrm{steel}}-cg)}{I_{\mathrm{steel}}(1+mi)+A_{\mathrm{steel}}\left(cg-\dfrac{S_{\mathrm{steel}}}{A_{\mathrm{steel}}}\right)^2+maA_{\mathrm{steel}}\left[h_{\mathrm{steel}}\left(1+\dfrac{n}{2}\right)-cg\right]^2} \tag{2.4}$$

式中，m 为 STC 层的有效模量弹模与钢板 (或钢梁) 模量之比，$m=\dfrac{E_{\mathrm{STC}}}{E_{\mathrm{steel}}}$；$n$ 为 STC 层高度与钢板 (或钢梁) 高度之比，$n=\dfrac{h_{\mathrm{STC}}}{h_{\mathrm{steel}}}$；$a$ 为 STC 层截面面积与钢板

(或钢梁) 截面面积之比，$a=\dfrac{A_{\mathrm{STC}}}{A_{\mathrm{steel}}}$；$i$ 为 STC 层截面惯性矩与钢板 (或钢梁) 截面惯性矩之比，$i=\dfrac{I_{\mathrm{STC}}}{I_{\mathrm{steel}}}$；$cg$ 为组合截面形心距钢板 (或钢梁) 底面的距离，S_{steel} 为钢板或钢梁对底面的净矩；$cg=\dfrac{h_{\mathrm{steel}}+mah_{\mathrm{steel}}\left(1+\dfrac{n}{2}\right)A_{\mathrm{steel}}}{A_{\mathrm{steel}}(1+ma)}$。

可依据以上各式对轻型组合桥面结构中 STC 层横、纵桥向约束拉应力进行计算。

当 STC 采用蒸汽养护后，$\varepsilon_{\mathrm{free}}$ 为零，徐变系数 φ=0.2；当 STC 采用常温养护时，$\varepsilon_{\mathrm{free}}$ 取为 550με，加载龄期为 28d 时，φ=0.8。

1) 横桥向约束应力

轻型组合桥面结构横桥向受力可简化为钢–STC 组合板，取单位宽度组合板，其中钢板厚 14mm、STC 层厚 45mm。

(1) 当采用常温养护时：

取 $\varepsilon_{\mathrm{free}}$=550με，$\varphi$=0.8，$E_{\mathrm{STC}}=\dfrac{40.7}{1+\varphi}=\dfrac{40.7}{1+0.8}=22.6(\mathrm{GPa})$。根据式 (2.2)~式 (2.4) 可得：$\mu$=0.74。

根据式 (2.1)，STC 层底面的约束拉应力为

$$\sigma_{\mathrm{STC,bot}}=\mu E_{\mathrm{STC}}\varepsilon_{\mathrm{free}}=0.74\times22.6\times0.550=9.20(\mathrm{MPa})$$

(2) 当采用高温蒸汽养护时：

根据杭瑞高速洞庭湖大桥实测结果取 $\varepsilon_{\mathrm{free}}$=48με；$\varphi$=0.2，$E_{\mathrm{STC}}=\dfrac{40.7}{1+\varphi}=\dfrac{40.7}{1+0.2}=33.9(\mathrm{GPa})$。根据式 (2.2)~ 式 (2.4) 可得：$\mu$=0.72。

根据式 (2.1)，STC 层底面的约束拉应力为

$$\sigma_{\mathrm{STC,bot}}=\mu E_{\mathrm{STC}}\varepsilon_{\mathrm{free}}=0.72\times33.9\times0.048=1.17(\mathrm{MPa})$$

2) 纵桥向约束应力

轻型组合桥面结构纵桥向受力可简化为钢–STC 组合梁，其中钢梁包含一个条带的 U 形加劲肋，宽度 600mm，其中钢面板厚 14mm、钢梁总高 294mm；STC 层厚 45mm。

(1) 当采用常温养护时：

取 $\varepsilon_{\mathrm{free}}$=550με，$\varphi$=0.8，$E_{\mathrm{STC}}=\dfrac{40.7}{1+\varphi}=\dfrac{40.7}{1+0.8}=22.6(\mathrm{GPa})$。根据式 (2.2)~式 (2.4) 可得：$\mu$=0.74。

根据式 (2.1)，STC 层底面的约束拉应力为

$$\sigma_{\mathrm{STC,bot}}=\mu E_{\mathrm{STC}}\varepsilon_{\mathrm{free}}=0.74\times22.6\times0.550=9.20(\mathrm{MPa})$$

(2) 当采用高温蒸汽养护时：

根据杭瑞高速洞庭湖桥大实测结果取 $\varepsilon_{\text{free}}$=48με；$\varphi$=0.2，$E_{\text{STC}} = \dfrac{40.7}{1+\varphi} = \dfrac{40.7}{1+0.2} = 33.9(\text{GPa})$。根据式 (2.2)~ 式 (2.4) 可得：$\mu$=0.66。

根据式 (2.1)，STC 层底面的约束拉应力为

$$\sigma_{\text{STC,bot}} = \mu E_{\text{STC}}\varepsilon_{\text{free}} = 0.66 \times 33.9 \times 0.048 = 1.08(\text{MPa})$$

从以上计算可以看出：① 无论实桥是否采用蒸汽养护，STC 层的横、纵桥向收缩应力大致均匀；② 若不采用蒸汽养护，铺在钢桥面上的 STC 收缩拉应力高达 9.20MPa，而采用蒸汽养护以后，收缩拉应力仅为 1.08~1.17MPa，两者收缩拉应力相差 8.03~8.12MPa，因此，对于钢桥面用 STC，高温蒸汽养护可以消除其内部的收缩高拉应力，避免与荷载拉应力叠加，导致开裂的风险。

即便采用高应变硬化的 UHPC，如果其内部永存了 9MPa 的收缩拉应力，由如图 2.28 所示的应力–应变关系可知，此时 UHPC 的刚度大幅度减小了，这将导致 UHPC 层对下面的钢桥面分担应力的作用大幅度减弱，起不到原本能显著减小钢桥面疲劳应力幅的效果。

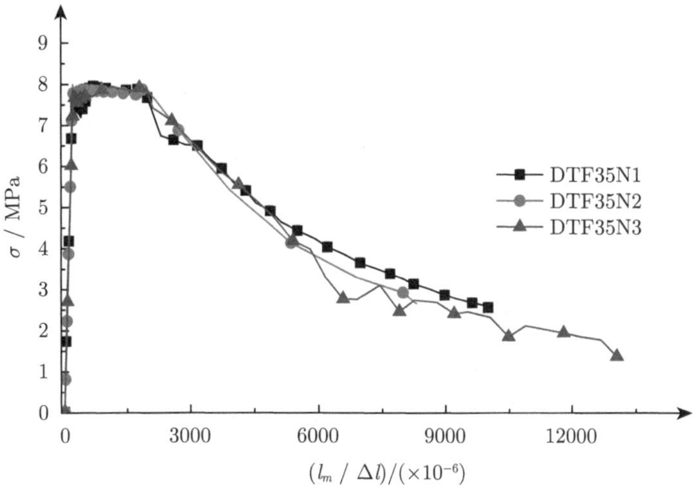

图 2.28 UHPC 受拉应力–应变关系

2.5.2.3 研发多项关键技术，确保轻型组合桥面结构的实现

常规钢–混凝土组合桥梁结构中的混凝土板较厚，一般为 200~400mm，而新体系中 STC 层很薄，仅为 35~50mm。因此，新体系涉及 STC 与钢桥面板的薄层组

合，这在国际上尚无研究先例。为实现新体系，发明了与薄层组合新体系相匹配的多项关键构造和技术，探明了基本受力性能，提出了设计计算公式，为工程应用提供了核心技术支撑。

1. 适用于薄层 STC 的矮剪力键

常规钢–混凝土组合桥梁结构中常用的栓钉、PBL(Perfobond Leiste)、角钢等剪力键均不适用于薄层 STC，主要原因是：对于栓钉，现行规范要求其高度直径比 $\geqslant 4$，而新体系中 STC 层厚仅为 35~50mm，难以实现；而对于 PBL 和角钢等剪力键，阻碍了钢纤维的连续分布，大幅降低了 STC 的抗裂强度。

为解决上述技术难题，提出了矮剪力键构造 (图 2.29)，包括高度直径比仅为 1.8~2.7 的短栓钉和焊接钢筋网两种形式，其中焊接钢筋网的抗剪原理是：先将纵向钢筋间断焊接于钢桥面板顶面，然后将横向钢筋点焊于纵向钢筋顶面，焊接钢筋网包埋在 STC 中，形成一种全新的矮剪力键。通过大量推出试验，对矮剪力键建立了设计计算公式。

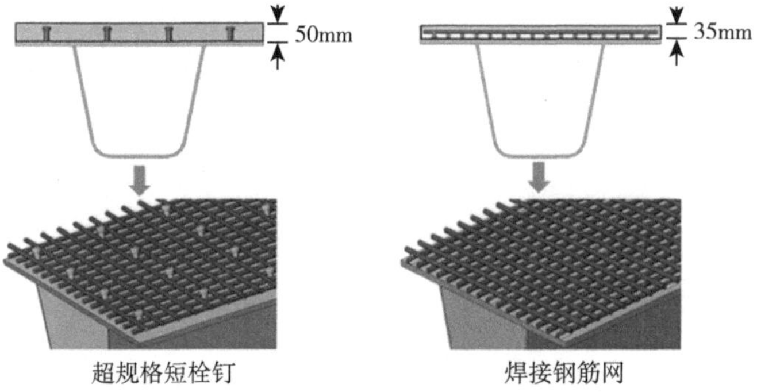

图 2.29　矮剪力键构造

矮剪力键布置是新体系设计中的关键问题。只有当 STC 层与钢桥面紧密结合时才能确保：① 显著提高桥面板的局部刚度；② STC 层、钢桥面板、剪力键均处于低应力状态；③ 层间不出现相对滑移。综合考虑上述三个因素，为实现紧密结合，提出了新体系中剪力键的设计方法。

2. 适用于大跨、宽幅桥梁分次浇筑施工的强化接缝

STC 中钢纤维的连续分布被湿接缝所破坏，大幅降低了抗裂强度 (图 2.30)。因此，若采用常规钢–混凝土组合桥梁结构中常用的平接缝，STC 接缝的抗裂强度仅为 7~9MPa，远低于设计拉应力 (10~15MPa)，将导致开裂。针对上述难题，发明了异形钢板强化接缝和企口接缝 (图 2.31)，其抗裂强度分别为 25.1MPa 和 18.9~21.9MPa，大幅提高了接缝的抗裂强度。

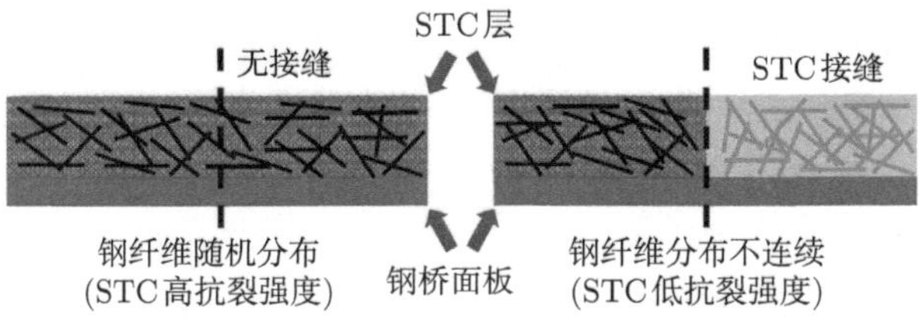

图 2.30 接缝处 STC 低抗裂强度的原因

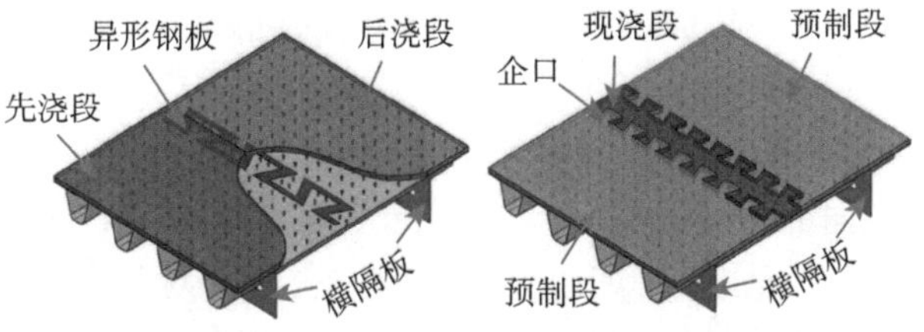

图 2.31 STC 强化接缝 (钢筋未示出)

鉴于强化后的接缝抗裂强度仍低于连续浇筑处 STC 的抗裂强度，设计中将接缝置于局部受力正弯矩区域 (如相邻横隔板间的跨中区域位置)，以最大限度降低接缝处的拉应力。因此，通过强化接缝构造，并合理设置接缝位置，可完全确保接缝不成为新体系的薄弱环节。

3. 其他特殊构造技术

研发了 STC 局部破损拆除与修复技术。虽然新体系中的 STC 为结构层，在正常运营中不允许破损，但当出现施工差错或遭遇地震时，仍可能发生局部破损，修复时新–老混凝土界面上钢纤维不连续，成为薄弱环节。为此，研发了 STC 局部拆除技术，并发明了修复强化接缝构造。试验表明，修复接缝的抗裂强度可达 21.8MPa，与常规平接缝相比提高近 3 倍，满足受力要求，为实现 STC 的高效维护提供了技术储备 (图 2.32)。

图 2.32 STC 局部破损拆除与修补技术

同时，还研发了拴接钢桥螺栓带 STC 抗裂性能强化技术以及简支变桥面连续结构，将在本书第 7 章详细介绍。

2.6 本章小结

为一体化解决正交异性钢桥面板疲劳开裂、沥青铺装破损等典型病害问题，作者团队成功研发钢–STC 轻型组合桥面结构。与传统柔性铺装钢桥面相比，轻型组合桥面结构提高桥面局部抗弯刚度 30 倍以上，基本消除钢桥面疲劳开裂风险，并将钢桥面铺装转化为水泥桥面铺装，降低铺装层的巨额成本，从而大幅降低钢桥面铺装的全寿命成本。

为了创建钢–STC 轻型组合桥面结构新体系，经过 10 余年攻关，作者团队主要取得了以下几方面的研究成果：① 在国际上率先提出钢–STC 轻型组合桥面结构，构建薄层组合受力理论，形成了设计计算方法；② 对现有 UHPC 材料进行改性和强化，研发成功钢桥面专用的 STC，克服了常规 UHPC 抗裂强度低、强约束下易收缩开裂等不足；③ 研发了矮剪力键、强化接缝等多项匹配构造，为新技术实桥应用奠定坚实的基础。

参考文献

[1] AISC. Design Manual of Orthotropic Steel Plate Deck Bridges. Newyork: American Institute of Steel Construction Press, 1963: 1-7
[2] Friedrich H. Orthotropic steel bridges in Germany. Steel Construction, 2014, 7(1): 41-47
[3] Wolchuk R. Lessons from weld cracks in orthotropic decks on three European bridges. Journal of Structural Engineering, 1990, 116(1): 75-84
[4] 周绪红, 朋茜, 秦凤江, 等. 钢桥面板顶板与纵肋连接焊根位置疲劳损伤特征. 交通运输工程学报, 2018, 18(1): 1-12
[5] 吴冲. 现代钢桥. 北京: 人民交通出版社, 2006: 97-103
[6] Schijve J. Fatigue of Structures and Materials. Germany: Springer, 2009: 89-104
[7] 任伟平, 李小珍, 卫星, 等. 现代钢桥疲劳问题分析.//中国钢结构协会桥梁钢结构分会第五次学术年会. 南京, 2006: 67-77
[8] Ye X W, Su Y H, Han J P. A State-of-the-art review on fatigue life assessment of steel bridges. Mathematical Problems in Engineering, 2014, 3: 1-13
[9] 王春生, 冯亚成. 正交异性钢桥面板的疲劳研究综述. 钢结构, 2009, 9(24): 10-13, 32
[10] Jong F B P D. Overview fatigue phenomenon in orthotropic bridge decks in the Netherlands.//1st International Orthotropic Bridge Conference. Sacramento, 2004: 489-512
[11] Ya S, Yamada K, Ishikawa T. Fatigue evaluation of rib-to-deck welded joints of orthotropic steel bridge deck. Journal of Bridge Engineering, 2011, 16(4): 492-499

[12] Pfeil M S, Battista R C, Mergulhão A J. Stress concentration in steel bridge orthotropic decks. Journal of Constructional Steel Research, 2005, 61: 1172-1184

[13] Xiao Z G, Yamada K, Ya S, et al. Stress analyses and fatigue evaluation of rib-to-deck joints in steel orthotropic decks. International Journal of Fatigue, 2008, 30(8): 1387-1397

[14] Sim H B, Uang C M, Sikorsky C. Effects of fabrication procedures on fatigue resistance of welded joints in steel orthotropic decks. Journal of Bridge Engineering, 2009, 14(5): 366-373

[15] Li M, Hashimoto K, Kunitomo S. Influence of asphalt surfacing on fatigue evaluation of rib-to-deck joints in orthotropic steel bridge decks. Journal of Bridge Engineering, 2014, 19(10): 1-14

[16] 曾志斌. 正交异性钢桥面板典型疲劳裂纹分类及其原因分析. 钢结构, 2011, 26(2): 9-15, 26

[17] Xiao Z G, Yamada K, Inoue J, et al. Fatigue cracks in longitudinal ribs of steel orthotropic deck. International Journal of Fatigue, 2006, 28(4): 409-416

[18] Wolchuk R, Baker G. Orthotropic Deck Bridges. 1st International Orthotropic Bridge Conference, 2004

[19] 赵欣欣, 刘晓光, 张玉玲. 正交异性桥面板设计参数和构造细节的疲劳研究进展. 钢结构, 2010, 8: 1-7

[20] Zhang Q H, Cui C, Bu Y Z, et al. Fatigue tests and fatigue assessment approaches for rib-to-diaphragm in steel orthotropic decks. Journal of Constructional Steel Research, 2015, 114: 110-118

[21] 赵佃龙, 方兴, 白玲. 正交异性钢桥面板构造细节改进的探讨. 铁道建筑, 2011, 2: 24-28

[22] Haibach E, Plasil E. Untersuchungen zur Betriebsfestigkeit von Stahlleichtfahrbahnen mit Trapezhohlstreifen in Eisenahnbrüeckenbau. Stahlbau, 1983, 52(9): 269-274

[23] Tsakopoulos P A, Fisher W. Full-scale fatigue tests of steel orthotropic decks for the Williamsburg bridge. Journal of Bridge Engineering, 2003, 8(5): 323-333

[24] Conner R J, Fisher J W. Consistent approach to calculating stresses for fatigue design of welded rib-to-web connections in steel orthotropic bridge decks. Journal of Bridge Engineering, 2006, 11(5): 517–525

[25] 黄卫. 大跨径桥梁钢桥面铺装设计. 土木工程学报, 2007, 40(9): 65-77

[26] 邓学钧, 顾兴宇, 周世忠, 等. 钢桥面沥青铺装层裂缝破坏趋势研究. 公路交通科技, 2002, 19(4): 4-7

[27] 陈先华, 黄卫, 王建伟. 大跨径钢箱梁桥面铺装沥青混合料设计方法的思考. 公路, 2004, 8: 34-38

[28] 罗志强, 王育清. 钢箱梁桥面沥青混凝土铺装技术分析. 公路交通科技, 2007, 24(5): 90-94

[29] 郝培文, 胡磊, 陈志一, 等. 大跨径钢箱梁桥面铺装研究与发展. 筑路机械与施工机械化, 2008, 25(6): 12-16

[30] 林伍湖. 海沧大桥钢桥面铺装层损坏原因及维修探讨. 公路, 2004, 10: 77-80

[31] 陈德荣, 徐风云, 王武刚, 等. 特大跨径桥梁钢桥面铺装结构研究和设计理念的探讨. 公路, 2009, 1: 95-100

[32] 周晓华, 宗海, 童义和, 等. 环氧沥青混凝土钢桥面铺装层病害分析. 公路交通科技, 2006, 3: 105-108

[33] Gaul R. A long life pavement for orthotropic bridge decks in China.//Proc of the 2009 GeoHunan International Conference. Chagnsha, 2009: 1-8

[34] Huang W, Qian Z D, Chen G, et al. Epoxy asphalt concrete paving on the deck of long-span steel bridges. Chinese Science Bulletin, 2003, 48(21): 2391-2394

[35] Battista R C, Pfeil M S. Enhancing the fatigue life of Rio-Niteroi bridge's orthotropic steel deck.//Proc of IABSE Symposium. Rio de Janeiro, 1999: 853-860

[36] 丁庆军, 张峰, 林青, 等. 轻质混凝土钢桥面铺装研究与应用. 中外公路, 2006, 26(4): 188-190

[37] Li X L, Chen Y L. Light polymer cement mortar pavement for orthotropic steel bridge decks. 2011, 5(2): 27-30

[38] Jong F B P D. Renovation Techniques for Fatigue Cracked Orthotropic Steel Bridge Decks. Netherlands: Delft University of Technology, 2007

[39] Murakoshi J, Yanadori N, Ishii H. Research on steel fiber reinforced concrete pavement for orthotropic steel deck as a countermeasure for fatigue.//Proceedings of the 23th U.S.-Japan Bridge Engineering Workshop. Tsukuba: PWRI, 2007: 1-14

[40] Hajar Z, Novarin M, Servant C, et al. Innovative solution for strengthening orthotropic decks using UHPFRC: the Illzach Bridge.//RILEM-fib-AFGC International Symposium on Ultra-High Performance Fibre-Reinforced Concrete. Marseille, 2013: 117-126

[41] 邵旭东, 胡建华. 钢–超高性能混凝土轻型组合桥梁结构. 北京: 人民交通出版社股份有限公司, 2015: 1-395

[42] 邵旭东, 曹君辉, 易笃韬, 等. 正交异性钢板一薄层 RPC 组合桥面基本性能研究. 中国公路学报, 2012, 25(2): 40-45

[43] Shao X D, Yi D T, Huang Z Y, et al. Basic performance of the composite deck system composed of orthotropic steel deck and ultrathin RPC layer. Journal of Bridge Engineering, 2013, 18(5): 417-428

[44] 广东省交通运输厅. 超高性能轻型组合桥面结构技术规程 (GDJTG/T A01-2015). 北京: 人民交通出版社股份有限公司, 2015: 1-64

[45] 湖南省质量技术监督局. 钢–超高韧性混凝土轻型组合结构桥面技术规范 (DB43/T 1173-2016). 北京: 人民交通出版社股份有限公司, 2016: 1-46

[46] HABEL K. Structural behaviour of elements combining ultra-high performance fibre reinforced concretes (UHPFRC) and reinforced concrete. Lausanne: École Polytechnique Fédérale de Lausanne, 2004

[47] Brühwiler E. Swiss standard sia 2052 UHPFRC: materials, design and application.//Proc of 4th International Symposium on Ultra-High Performance Concrete and High Performance Construction Materials. Kassel, 2016: 1-12

第 3 章　结合面多种抗剪连接件及设计理论

3.1　本 章 概 述

对于轻型组合桥面结构，抗剪连接件是 STC 与钢面板实现协同工作的关键构件，其主要作用是抵抗两者的层间剪力，以及层间掀起拉拔力，确保两者协同工作。

轻型组合桥面结构的薄层 STC 厚度较小，常规剪力键高径比大，无法适应薄层组合结构，因此，本章研究了三种矮剪力键，分别是短栓钉、焊网剪力键及焊接钢筋头，同时还探索了花纹钢板上布置较少短栓钉的可行性。上述矮剪力键可以很好地适应薄层 STC 情形，同时为实现组合桥面结构的进一步轻型化创造条件。

本章介绍了上述矮剪力键的模型试验，并在此基础上进行理论分析，建立抗剪承载力、抗剪刚度等计算公式；同时还建立了抗剪疲劳 S-N 曲线，提出设计计算方法，为轻型组合桥面结构中 STC 与钢面板间结合面的抗剪设计提供依据；此外，根据疲劳设计给出了各剪力键疲劳滑移限值的建议值，给出了相应的设计实例。

3.2　短栓钉剪力键的抗剪性能及设计

3.2.1　短栓钉的抗剪静力性能

1. 模型试验

1) 试件尺寸与模型制作

对剪力键的试验主要是基于推出试件和钢–混凝土组合梁试件。Slutter 等 [1] 对普通混凝土中剪力键的抗剪试验结果进行分析后认为，推出试件中栓钉受力较为均匀且不易出现内力重分布，因而试验结果更为保守。因此，推出试件应用更为广泛。

本节试验研究均基于推出试件。共制作了 7 个推出试件，其中 3 个用于静载试验，另外 4 个用于疲劳试验。各推出试件的构造完全相同，如图 3.1 所示。

试件的制作过程：制作钢结构 → 焊接短栓钉 → 绑扎钢筋网 → 立模、浇筑 STC 层，静停 48h 终凝 →90~100℃的高温蒸汽养护 48h[2] → 养护结束、拆除模板，准备试验，如图 3.2 所示。

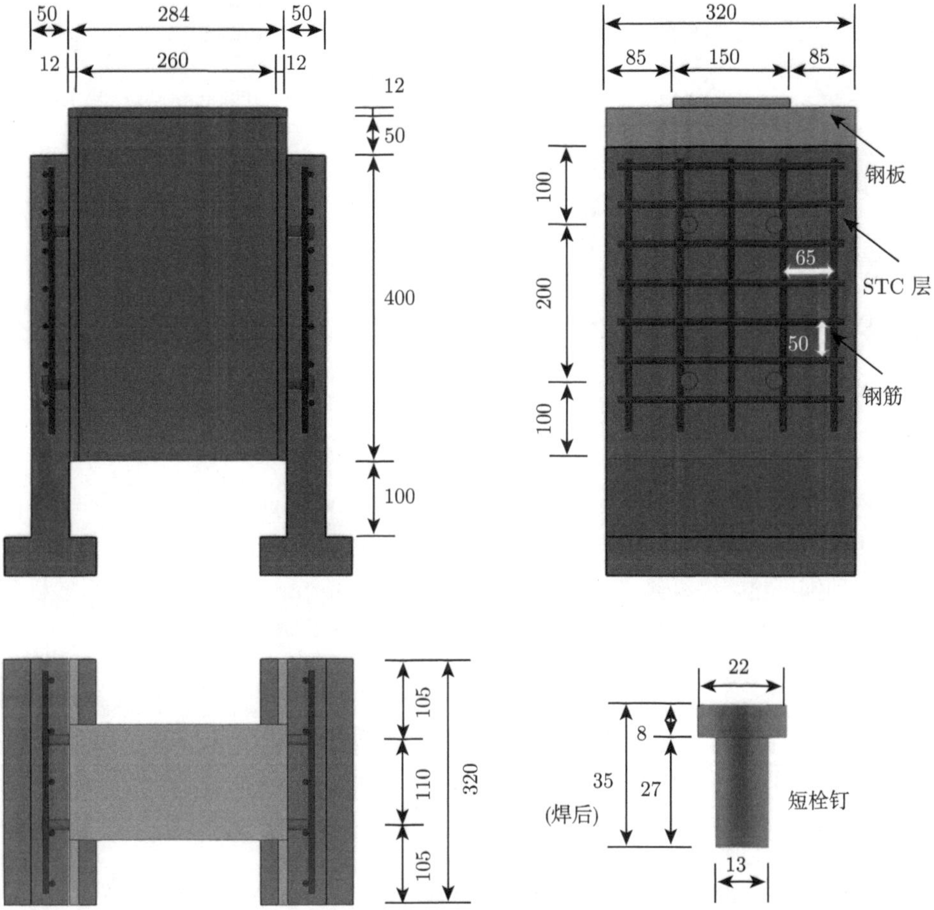

图 3.1 推出试件构造示意图 (单位：mm)

(a) 制作钢结构 (b) 焊接短栓钉 (c) 绑扎钢筋网

(d) 浇筑STC层　　(e) 高温蒸汽养护　　(f) 养护结束

图 3.2　试件制作过程

试验中所用 STC 的组分质量如表 3.1 所示。STC 的水胶比为 0.18，这里的“胶”是指反应活性成分，包括水泥、硅灰和粉煤灰；减水剂掺量为 2%。STC 中掺入了两种钢纤维，钢纤维 1 的直径和长度分别为 0.12mm 和 8mm，体积掺量为 1.5%；钢纤维 2 的直径和长度分别为 0.2mm 和 13mm，体积掺量为 2.0%。

表 3.1　STC 中的组分质量　(单位：kg/m^3)

组分	水泥	硅灰	粉煤灰	石英砂	石英粉	减水剂	水	钢纤维 1	钢纤维 2
质量	771.2	154.2	77.1	848.4	154.2	20.1	180.5	118	157

2) 试验装置与加载方案

推出试件的加载采用力控制模式。试验在 200t 压力试验机 (型号为 YE-200A) 上进行，试验装置如图 3.3 所示。首先将试件安放在钢台座上，并在底部垫少量细石英砂，以确保试件安放平稳；然后在试件顶面依次安放钢板垫块、球铰支座、压力传感器。压力机顶部的加载平板向下移动，将荷载传递到试件。为测得试件的荷载–滑移曲线，在其左右两个侧面 (分别记为 A、B 面) 布置千分表，以记录每级荷载下钢–STC 界面上的相对滑移，千分表的竖向位置与栓钉位置平齐，试件中共布置 8 个千分表。

试验中通过六弦仪读取压力传感器的读数，以准确控制加载力的大小。在正式试验开始前，进行一次预加载，以确保试验装置正常工作，预加荷载大小为 100kN，分 4 级加载，预加载后卸载，然后正式开始试验。正式试验中，每级荷载增加约 25kN，直至试件破坏。加载过程尽可能缓慢，每级荷载施加后持荷 5min 再读数，然后对试件进行检查，观测有无开裂等破坏现象。共对 3 个推出试件进行静载试验，分别记为 STA-1、STA-2 和 STA-3。

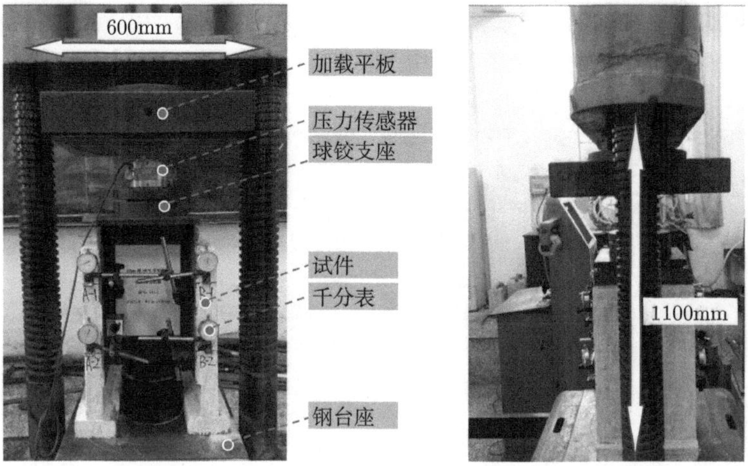

(a) 正面视图　　(b) 侧面视图

图 3.3　静力试验加载装置

3) 试验现象

3 个试件的破坏形态相似，均为试件一侧栓钉从根部被剪断，致使该侧的 STC 层和钢板彻底脱离，而另一侧界面保持完好，无破坏迹象 (图 3.4)。试件 STA-1、STA-2、STA-3 最终破坏时的抗剪承载力分别为 487.8kN、457.1kN、497.5kN，平均承载力为 480.8kN，考虑到每个试件包含 8 个栓钉，因而单个栓钉的平均抗剪承载力为 $Q_{\mathrm{u}} = 60.1\mathrm{kN}$。

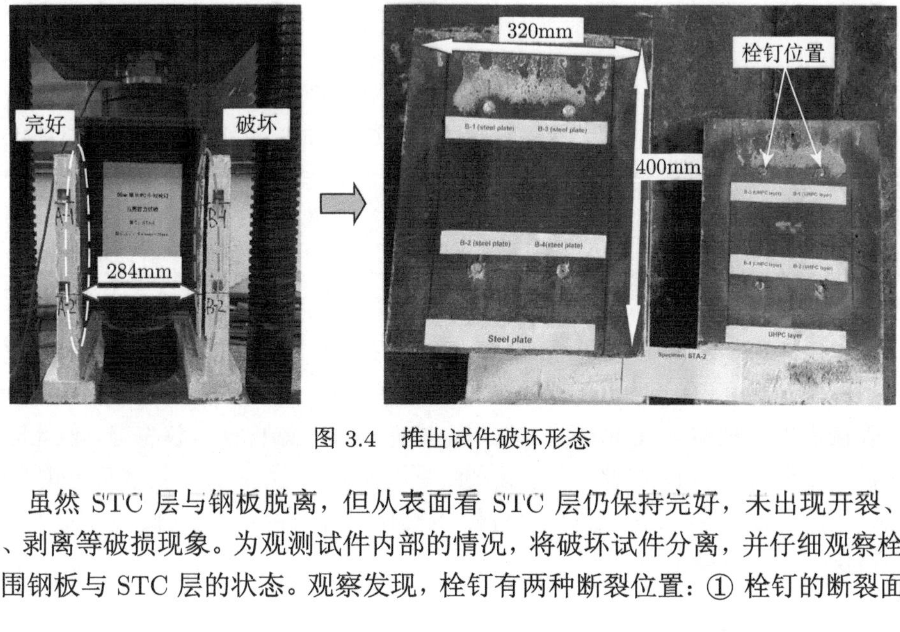

图 3.4　推出试件破坏形态

虽然 STC 层与钢板脱离，但从表面看 STC 层仍保持完好，未出现开裂、压碎、剥离等破损现象。为观测试件内部的情况，将破坏试件分离，并仔细观察栓钉周围钢板与 STC 层的状态。观察发现，栓钉有两种断裂位置：① 栓钉的断裂面位于根部的焊缝中，断裂时在钢板表面形成一个很小的凹面；② 栓钉的断裂面在焊缝顶部的钉杆位置，这两种断裂方式分别如图 3.5(a)、(b) 所示。

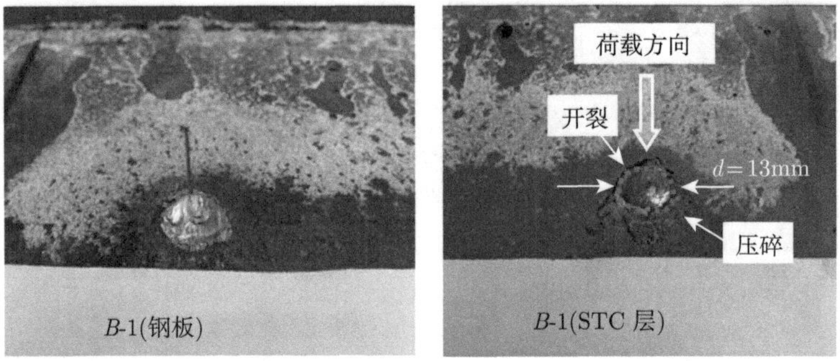

(a) 栓钉根部焊缝断裂

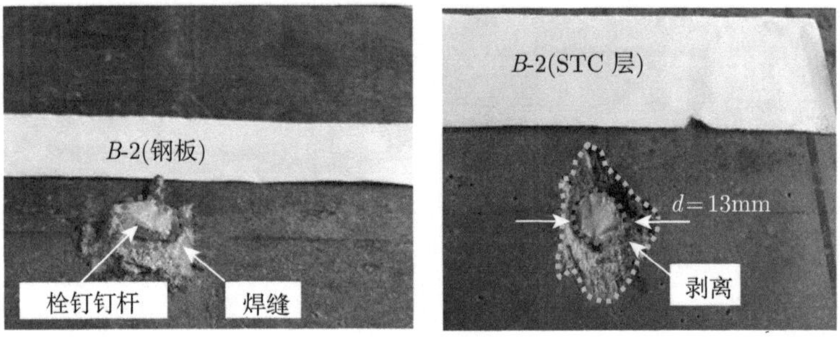

(b) 栓钉钉杆断裂

图 3.5　栓钉的两种断裂位置 (以试件 STA-2 为例)

进一步观察发现，栓钉根部附近的 STC 层也出现了局部破损现象。对于栓钉根部焊缝断裂位置 (图 3.5(a))，栓钉前方的 STC 因挤压而被局部压碎，而栓钉后方的 STC 被局部拉裂，这里的前方与后方均以荷载方向为参照。而对于栓钉钉杆断裂位置 (图 3.5(b))，栓钉周围的 STC 层出现了剥落现象。但无论对于哪种栓钉断裂位置，STC 层受损范围均位于内侧，且受损范围局限在栓钉根部附近的小范围内。

在试件破坏前，钢-STC 界面间会出现滑移裂缝，现以试件 STA-2 为例，说明滑移裂缝的发展过程 (图 3.6)，图中 F 为作用在试件上的荷载。从该图可以看出，当荷载接近试件抗剪承载力的约 30%时，试件顶部开始出现滑移裂缝，但此时裂缝的长度较小。随着荷载的增加，滑移裂缝逐渐变长，直至破坏前贯穿整个钢-STC 界面。需要说明的是，该图仅反映试件破坏侧的情况，而试件另一侧的界面滑移自始至终发展较为缓慢。

$F=125$kN　　$F=225$kN　　$F=425$kN　　$F=457.1$kN(破坏)

图 3.6 推出试件的滑移裂纹萌生与发展 (以 STA-2 为例)

2. 试验结果与分析

1) 破坏模式与抗剪承载力

对于普通钢–混凝土组合结构中的栓钉，目前已有抗剪承载力计算公式。在普通混凝土中，推出试件有两种破坏模式：混凝土板压碎破坏和栓钉剪断破坏。两种破坏模式下的栓钉抗剪承载力计算公式不同。

美国规范 [3] 规定，栓钉抗剪承载力按式 (3.1) 计算，公式左边为混凝土压碎破坏模式，右边为栓钉剪断破坏模式。

$$Q_{\mathrm{u}}=\phi 0.5A_{\mathrm{sc}}\sqrt{f_{\mathrm{c}}'E_{\mathrm{c}}}\leqslant \phi A_{\mathrm{sc}}f \tag{3.1}$$

式中，A_{sc} 为栓钉横截面面积 (mm^2)；f_{c}' 为混凝土圆柱体抗压强度 (MPa)；E_{c} 为混凝土弹性模量 (MPa)；f 为栓钉抗拉强度 (MPa)；ϕ 为抗力折减系数，取为 0.85。

我国规范 [4] 规定，栓钉抗剪承载力按式 (3.2) 计算：

$$Q_{\mathrm{u}}=0.43\eta A_{\mathrm{sc}}\sqrt{f_{\mathrm{cd}}E_{\mathrm{c}}}\leqslant 1.19A_{\mathrm{sc}}f\left(\frac{E_{\mathrm{c}}}{E_{\mathrm{s}}}\right)^{0.2}\left(\frac{f_{\mathrm{cu}}}{f}\right)^{0.1} \tag{3.2}$$

式中，A_{sc} 为栓钉横截面面积 (mm^2)；f_{cd}、f_{cu} 分别为混凝土轴心抗压强度设计值和立方体抗压强度 (MPa)；E_{c}、E_{s} 分别为混凝土和栓钉的弹性模量 (MPa)；f 为栓钉抗拉强度 (MPa)；η 为群钉折减效应，当 $6<l_d/d<13$ 时，对于 C30~C40 混凝土，$\eta=0.021l_d/d+0.75$ (l_d 为栓钉纵向间距，d 为栓钉直径)，对于 C45、C50 混凝土，$\eta=0.016l_d/d+0.80$，对于 C55、C60 混凝土，$\eta=0.013l_d/d+0.84$，而当 $l_d/d\geqslant 13$ 时，不考虑群钉效应，取 $\eta=1.0$。

欧洲规范 4[5] 规定，栓钉抗剪承载力按式 (3.3) 计算，其中公式左边混凝土压碎破坏模式中考虑了栓钉高度直径比 h/d 的影响。

$$Q_{\mathrm{u}}=0.29\alpha d^2\sqrt{f_{\mathrm{c}}'E_{\mathrm{c}}}/\gamma_v\leqslant 0.8A_{\mathrm{sc}}f/\gamma_v \tag{3.3}$$

式中，A_{sc} 为栓钉横截面面积 (mm^2)；$\alpha=0.2(h/d+1)\leqslant 1.0$，其中 h 和 d 分别为栓钉的高度和直径，并要求 $h/d\geqslant 3$；f_{c}' 为混凝土圆柱体抗压强度 (MPa)；E_{c} 为混凝土弹性模量 (MPa)；f 为栓钉抗拉强度 (MPa)；γ_v 为抗力分项系数，取为 1.25。

观察式 (3.1)～ 式 (3.3) 不难发现，推出试件的破坏模式存在一个临界混凝土抗压强度，当混凝土抗压强度高于该临界值时，破坏模式恒为栓钉被剪断。Shariati 等 [6] 认为，该临界值为 $f_{\mathrm{cu}} = 30 \sim 37\mathrm{MPa}$。对于本书所研究的钢–薄层 STC 轻型组合桥面结构，短栓钉埋在 STC 层中，而 STC 的抗压强度可达 130～150 MPa，远远高于上述临界值。这也解释了为何三个推出试件的破坏模式均为栓钉被剪断，而 STC 损伤范围很小的原因。

以上三个规范中的计算公式均针对普通混凝土中的栓钉，而根据 An 和 Cederwall[7] 以及 Hegger 等[8]的研究，当栓钉位于高强混凝土中时，其抗剪性能明显有别于普通混凝土，栓钉根部焊缝的尺寸会影响其抗剪承载力。Doinghaus 等 [9] 基于推出试验提出了抗压强度为 $f'_{\mathrm{c}} \geqslant 55\mathrm{MPa}$ 的高强混凝土中栓钉抗剪承载力的计算公式，如式 (3.4) 所示，该公式计入了栓钉根部焊缝尺寸对抗剪承载力的贡献。

$$Q_{\mathrm{u}} = (0.85A_{\mathrm{sc}}f + \eta f'_{\mathrm{c}}d_{\mathrm{wc}}l_{\mathrm{wc}})/\gamma_v \tag{3.4}$$

式中，A_{sc} 为栓钉横截面面积 (mm^2)；f 为栓钉抗拉强度 (MPa)；η 为焊缝尺寸对栓钉抗剪强度的贡献系数；f'_{c} 为混凝土圆柱体抗压强度 (MPa)；d_{wc} 为栓钉根部焊缝的名义直径 (mm); l_{wc} 为栓钉根部焊缝的高度 (mm)；γ_v 为抗力分项系数，取值 1.25。

在式 (3.4) 中，焊缝尺寸对栓钉抗剪强度的贡献系数 η 的取值因不同研究而略有不同。Doinghaus 等 [9] 认为对于高强混凝土应取 $\eta = 1.5$，而 Luo 等 [10] 认为，对于抗压强度达 120～150 MPa 的高强钢纤维混凝土，这一取值过于保守，并提出 $\eta = 2.5$。

现基于式 (3.1)～ 式 (3.4) 对薄层 STC 中短栓钉的抗剪承载力进行预测。对于推出试件，STC 的立方体抗压强度根据文献 [11] 取为 $f_{\mathrm{cu}} = 135.9\mathrm{MPa}$，弹性模量取为 $E_{\mathrm{c}} = 42.6\mathrm{GPa}$[11]。根据 Graybeal[2] 的研究，STC 的圆柱体抗压强度与立方体抗压强度的转换系数约为 0.95，因而可得 STC 的圆柱体抗压强度为 $f'_{\mathrm{c}} = 0.95f_{\mathrm{cu}} = 129.1\mathrm{MPa}$。栓钉的弹性模量取为 $E_{\mathrm{s}} = 2.06\times10^5\mathrm{MPa}$，抗拉强度为 $f = 400\mathrm{MPa}$，单个栓钉的截面面积为 $A_{\mathrm{sc}} = 132.7\mathrm{mm}^2$。对于式 (3.4) 还需确定栓钉根部焊缝的尺寸参数，根据《电弧螺柱焊用圆柱头焊钉》[12]，对直径为 $d = 13\mathrm{mm}$ 的栓钉，焊缝的名义直径与高度分别为 $d_{\mathrm{wc}} = 17\mathrm{mm}$ 和 $l_{\mathrm{wc}} = 3\mathrm{mm}$。将上述参数代入式 (3.1)～ 式 (3.4)，可得栓钉的抗剪承载力计算结果，如图 3.7 所示。

由图 3.7 可知，根据式 (3.1)～ 式 (3.3)，基于混凝土破坏模式计算的栓钉抗剪承载力远高于基于栓钉破坏模式计算的抗剪承载力，表明 STC 中短栓钉的破坏模式应为栓钉被剪断。整体而言，栓钉抗剪承载力的计算结果为：美国规范 > 中国规范 > 欧洲规范，且基于这三个公式的计算值比实测平均值低 25%～43%。因此，以这些公式对 STC 中短栓钉的抗剪强度进行预测虽然是可行的，但由于预测值明显低于实测值，会使得设计结果过于保守。

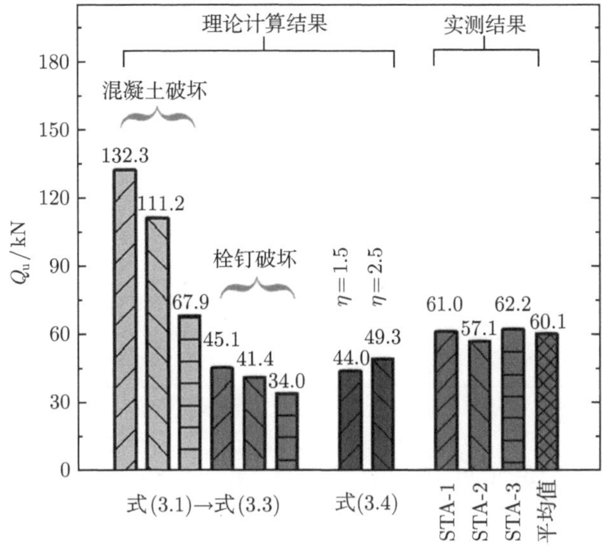

图 3.7 栓钉抗剪承载力对比

相比之下，基于式 (3.4) 计算的栓钉抗剪承载力与实测值更为接近。当焊缝尺寸影响系数分别取为 $\eta = 1.5$ 和 $\eta = 2.5$ 时，理论计算值比实测值分别低 27%和 18%。因此，当计算 STC 中栓钉的抗剪承载力时，栓钉根部焊缝尺寸的影响不容忽视。

2) 荷载–滑移曲线

试验中记录了每级荷载下的钢–STC 界面滑移。由于同侧的四个滑移相近，故先对每侧四个测点的滑移取平均，然后对两侧界面取平均，结果如图 3.8 所示，图中横坐标为界面滑移，纵坐标为试件总荷载。

由图 3.8 可知：① 当荷载较小时，荷载–滑移曲线大致呈线性变化，而随着荷载持续增大，栓钉逐渐屈服，界面滑移的增长速度加快，当试件接近破坏时，荷载–滑移曲线逐渐趋于水平；② 栓钉开始屈服的荷载约为 400kN，则对应单个栓钉的屈服荷载约为 50kN。

由于推出试验均以力控制加载，接近破坏时，千分表的指针快速旋转，意味着界面滑移迅速增长。此时未对千分表进行读数，一方面因为指针不稳，难以读数，另一方面为防止试件破坏而伤及试验人员，因而仅从远处拍摄了视频。因此，图 3.8 中的曲线仅反映了试件接近破坏前的荷载–滑移曲线。但从图 3.8 仍可以看出，当荷载接近极限荷载时，界面滑移数值较小，大致在 0.5~0.8mm 之间，表明 STC 中

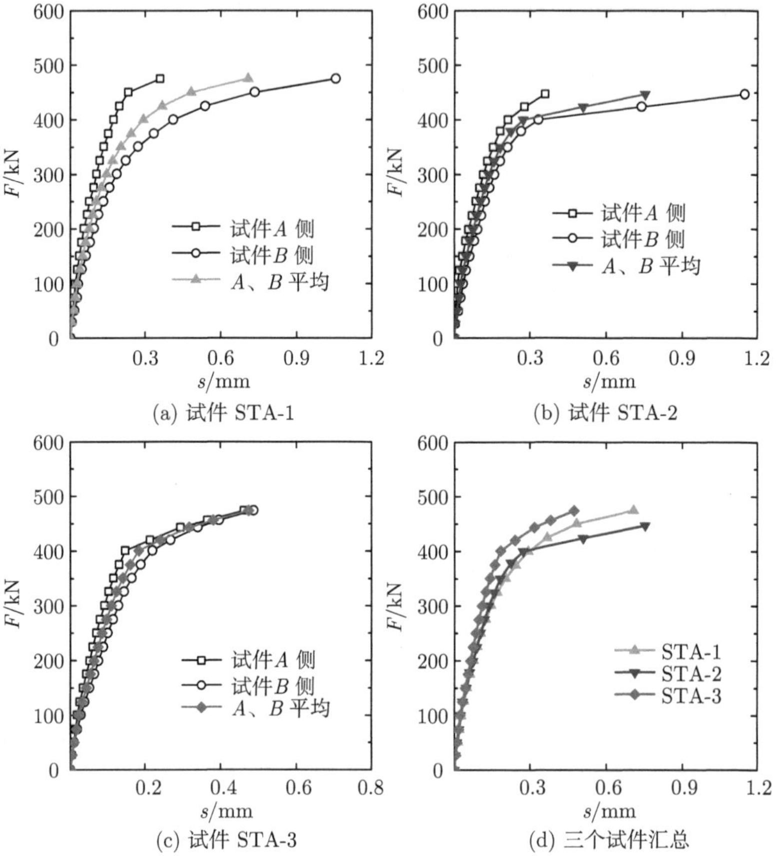

图 3.8　荷载–滑移曲线

短栓钉的塑性变形能力较弱。根据欧洲规范 4[5]，当连接件的荷载达到特征值时，界面滑移不低于 6mm 时才能称为 “塑性连接件”，因此，STC 中的短栓钉不符合塑性连接件的条件，设计中应按弹性法进行设计计算。

3) 栓钉的抗剪刚度

剪力键的抗剪刚度是钢–混凝土组合桥梁设计中的一个重要参数。确定剪力键抗剪刚度的方法有多种，这里采用割线法。顾名思义，割线法是指荷载–滑移曲线上，原点和另外一个点 (称为顶点) 连线的割线斜率作为剪力键的抗剪刚度。基于这类方法得到的剪力键抗剪刚度值，主要依赖于荷载–滑移曲线，而不仅仅依赖于剪力键抗剪承载力，因此，其应用不受剪力键类型 (柔性或刚性)、混凝土种类 (普通混凝土、高强混凝土或 STC) 的影响，应用范围更广。

不同学者对于割线顶点的定义略有不同。Johnson 和 May[13] 将割线顶点定义为荷载–滑移曲线上栓钉抗剪承载力 1/2 位置；日本钢结构协会 (JSSC)[14] 则定义割线顶点为栓钉抗剪承载力 1/3 位置；而在欧洲规范 4[5] 中，割线顶点则为栓钉抗剪承载力 0.7 倍位置。基于这三种取值方法，对前文的实测荷载–滑移曲线进行数据处理，得到薄层 STC 中单个短栓钉的抗剪刚度，如表 3.2 所示。表中 s 为割线顶点对应的滑移。

表 3.2 栓钉抗剪刚度计算结果

文献	计算参数	推出试件编号			k 的平均值	单位
		STA-1	STA-2	STA-3		
JSSC[14]	$1/3Q_u$	162.6	152.4	165.8	—	kN
	s	0.0549	0.0479	0.0492	—	mm
	k	369.9	397.8	421.6	396.4	kN/mm
Johnson 和 May[13]	$0.5Q_u$	243.9	228.6	248.8	—	kN
	s	0.1005	0.0902	0.0848	—	mm
	k	303.3	316.9	366.6	328.9	kN/mm
欧洲规范 4[5]	$0.7Q_u$	341.5	320.0	348.3	—	kN
	s	0.1916	0.1529	0.1387	—	mm
	k	222.8	261.7	313.9	266.1	kN/mm

从表 3.2 可以看出，栓钉抗剪刚度值与割线顶点位置有关，顶点位置越接近栓钉抗剪承载力，得到的抗剪刚度值越小。整体而言，基于上述三种方法得到的栓钉抗剪刚度为 266~396kN/mm。

现将薄层 STC 中短栓钉的抗剪刚度与普通混凝土中栓钉抗剪刚度进行对比。由于未对普通混凝土中的栓钉开展推出试验，这里借助 Ollgaard 等 [15] 提出的公式计算割线顶点位置对应的滑移值，如式 (3.5) 所示。

$$F/Q_u = (1 - e^{-18s})^{0.4} \tag{3.5}$$

式中，F 为栓钉剪力值 (kips①)；Q_u 为栓钉的抗剪承载力 (kips)；s 为栓钉的滑移 (英尺②)。

假设一个埋置于普通混凝土中的直径为 13mm 的栓钉具有与薄层 STC 中短栓钉相同的抗剪承载力，即 $Q_u = 60.1$kN。根据式 (3.5) 可得，当 $F/Q_u = 1/3$、0.5 和 0.7 时，栓钉滑移量分别为 $s = 0.094$mm、0.275mm 和 0.744 mm。按照前述相同的计算方法，可得普通混凝土中栓钉的抗剪刚度，如表 3.3 所示。

表 3.3 栓钉在不同混凝土中的抗剪刚度对比

文献	割线顶点位置	普通混凝土 /(kN/mm)	STC /(kN/mm)	刚度增量
JSSC[14]	$1/3Q_u$	214.13	396.4	85%
Johnson 和 May[13]	$0.5Q_u$	109.47	328.9	200%
欧洲规范 4[5]	$0.7Q_u$	56.51	266.1	371%

① 1kips = 4.448kN。
② 1 英尺 = 3.048×10^{-1}m。

由表 3.3 计算结果可知，薄层 STC 中短栓钉的抗剪刚度远高于普通混凝土中栓钉的抗剪刚度。这一现象与 Kim 等 [16] 研究的结论相似，研究认为，当栓钉位于 STC 中时，其抗剪刚度比在普通混凝土中至少高出 60%。高抗剪刚度意味着高抗剪效率，这对钢–薄层 STC 轻型组合桥面结构的组合受力有利。

3.2.2 短栓钉的抗剪疲劳性能

1. 模型试验

1) 试验装置与加载方案

疲劳推出试验的试件与静力推出试件为同一批制作，试件的构造如图 3.1 所示。

疲劳试验的加载装置如图 3.9 所示。推出试件安放在实验室地面上，横跨地槽，其上安放一块 30mm 厚的钢垫板，然后安放作动器，作动器顶端固定在反力架横梁下方。为避免试件在疲劳荷载的反复作用下出现大幅振动或移位，通过地脚螺栓将试件底部与地槽锚固。共设置了三个地脚螺栓，其中一个位于试件中部，以压紧 STC 底部，防止试件上下晃动；另外两个从侧面与试件压紧，防止试件横向晃动。

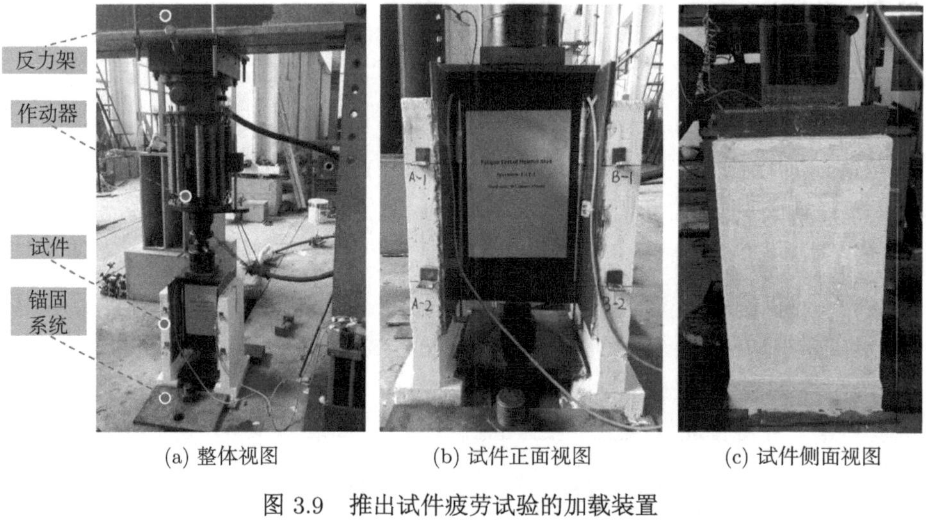

(a) 整体视图　　(b) 试件正面视图　　(c) 试件侧面视图

图 3.9　推出试件疲劳试验的加载装置

疲劳荷载通过作动器施加在试件顶面，加载设备为液压脉动疲劳试验机，型号为 PMW800-2000，最大荷载为 250kN，采用正弦加载，荷载频率为 2~8Hz。疲劳荷载 (包括上限荷载和下限荷载) 与加载频率均可在疲劳试验机上预先设定；同时，疲劳试验机可自动记录疲劳荷载循环次数。

试验中对界面的动滑移和静滑移均进行了测试。动滑移是指在动荷载作用下的钢-STC 界面滑移，测试工具为 HBM 便携式动态数据采集器 W100 动态位移传感器。而静滑移的测试在暂停疲劳荷载后进行 (暂停条件是循环次数为 10 万、20 万等特定次数)，由千分表测得。由于疲劳试验机既可施加疲劳荷载，也可施加静力荷载，因而静载试验仍以疲劳试验机控制加载。两类滑移的数据测试装置如图 3.10 所示，包括两个 WA100 (图 3.10(a)) 和八个千分表 (图 3.10(b))。

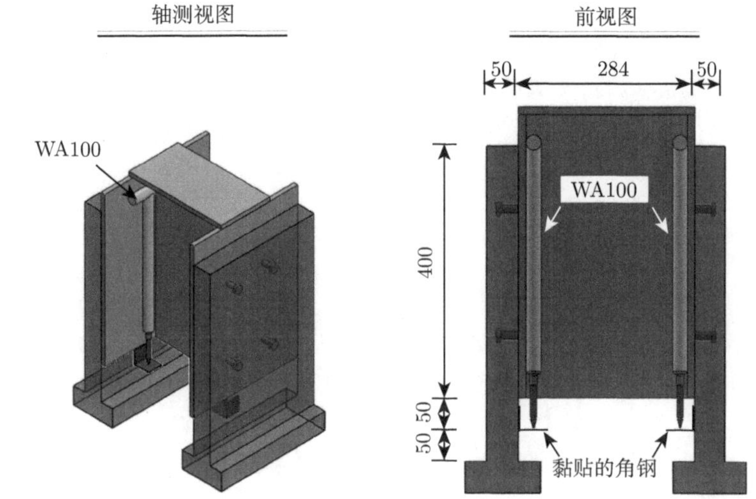

(a) 动位移计

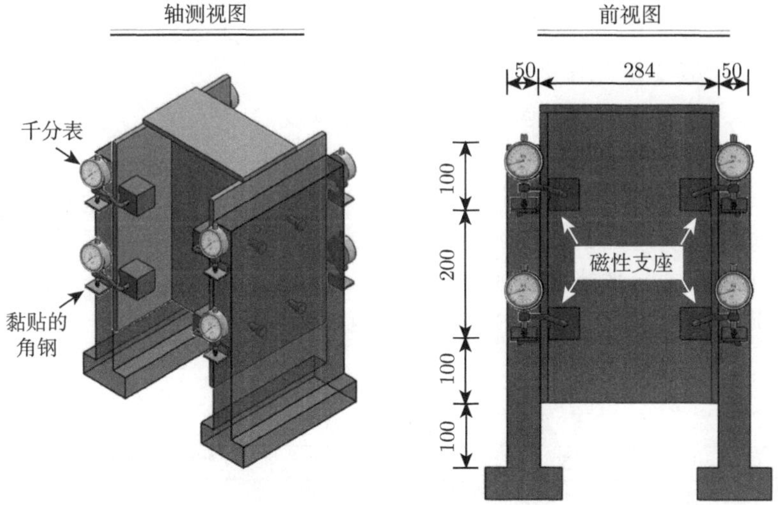

(b) 千分表

图 3.10 数据测试装置 (单位：mm)

在疲劳试验中，疲劳荷载主要由三个参数确定，即最大应力 $\sigma_{\max}$，最小应力 $\sigma_{\min}$ 以及加载频率 f，如图 3.11 所示。一般而言，钢结构的疲劳寿命与最大应力和最小应力均有关，这两个参数通常以另外一种形式表达，即应力幅 $\Delta\sigma(\Delta\sigma = \sigma_{\max} - \sigma_{\min})$ 和应力比 $R(R = \sigma_{\min}/\sigma_{\max})$。对于焊接钢结构，当焊缝未采取热处理、锤击等焊后处理时，结构中存在与钢材屈服强度相当的残余应力。当结构承受外部荷载时，荷载产生的应力与残余应力叠加，使得应力幅成为影响结构疲劳寿命的主要因素。这也是为何目前世界各国桥梁设计规范大多以 S-N 曲线作为设计基准，并以应力幅作为独立变量的原因。

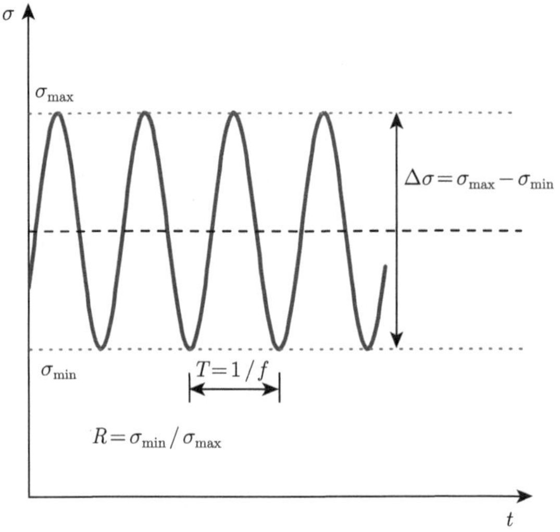

图 3.11　疲劳荷载参数示意

上述原则同样适用于混凝土中的焊接栓钉。根据 Slutter 和 Fisher[17] 的研究，影响栓钉抗剪疲劳寿命的首要因素是栓钉的剪应力幅。因此，疲劳试验中以单个栓钉的名义剪应力幅来控制疲劳荷载。四个试件的疲劳荷载如表 3.4 所示。试验中所有试件均保持恒定的应力比 R，原因是根据国际焊接协会的规定 [18]，当通过疲劳

表 3.4　推出试件疲劳试验控制参数

试件编号	试件总荷载/kN			加载频率/Hz	栓钉的名义剪应力/MPa			应力比
	$F_{\max}$	$F_{\min}$	ΔF		$\tau_{\max}$	$\tau_{\min}$	$\Delta\tau$	$\tau_{\min}/\tau_{\max}$
FAT-1	122	22	100	5.0～5.5	115	21	94	0.18
FAT-2	151	27	124	5.0	143	26	117	0.18
FAT-3	162	29	133	5.0	152	27	125	0.18
FAT-4	175	31	143	5.0	165	30	135	0.18

试验建立 S-N 曲线时，建议采用恒定的应力比。此外，由于疲劳试验主要用以获得栓钉的 S-N 曲线，因而试验中未定义“溜号” (run-out) 次数，对每个试件都得到了其疲劳寿命。

从表 3.4 还可以看出，在疲劳试验中，栓钉的最大剪应力 $\tau_{\max}$ 和最小剪应力 $\tau_{\min}$ 同号。而在实桥运营中，因随机车轮荷载作用，栓钉中的剪应力历程可能出现反号现象，故疲劳试验不能反映栓钉剪应力反号这一情形。但根据 Slutter 和 Fisher[17] 的研究，在同等应力幅下，栓钉在单向荷载作用下的疲劳寿命要低于反向荷载作用，原因是单向荷载更容易引起栓钉一侧疲劳裂纹的扩展。换言之，基于同号剪应力得到的疲劳试验结果更为保守，因此，试验方案可行。

2) 试验现象与结果

试验结果表明，四个试件的疲劳破坏模式相同：均为试件一侧钢–STC 界面上的栓钉被剪断，致使该侧 STC 层与钢板脱离，而另一侧界面完好。以试件 FAT-1 为例，破坏后试件照片如图 3.12 所示。虽然试件一侧的 STC 层与钢板脱离，但从外观上看，STC 层仍然完好，未出现开裂、压碎、剥离等破坏现象。

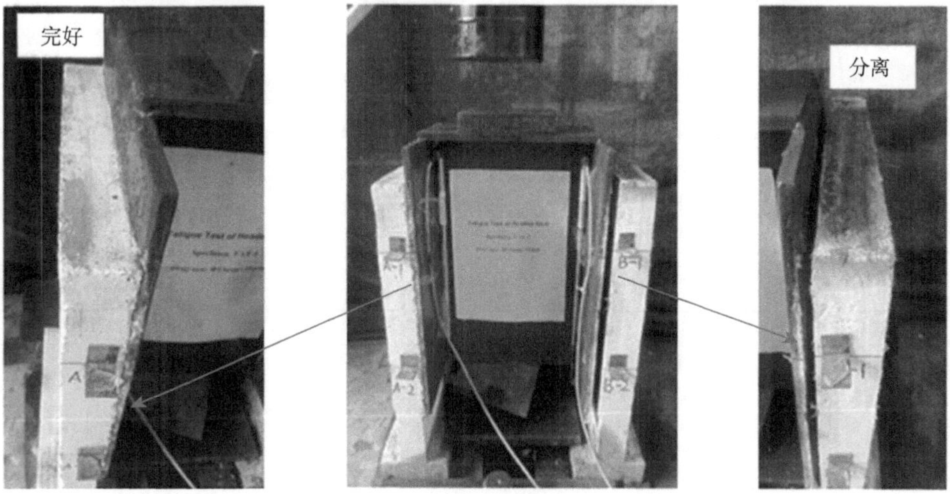

图 3.12 推出试件疲劳破坏形态

为观察试件内部的破损情况，将试件破坏分离的两部分摊开。观察发现，与前文描述的静力试验结果相似，栓钉同样存在两种断裂位置。对于第一种位置 (图 3.13(a))，疲劳裂纹源于焊缝根部的钢面板处，并往钢面板内部延伸，破坏时在钢面板中形成一个微小的下凹面。而对于第二种位置 (图 3.13(b))，疲劳裂纹源于焊缝顶部的栓钉钉杆位置，并沿横向延伸贯穿钉杆，直至断裂。这两种破坏模式与 Slutter 和 Fisher[17] 描述的栓钉疲劳断裂位置一致。

(a) 位置一

(b) 位置二

图 3.13　栓钉的两种疲劳断裂位置

试验中四个试件均出现了疲劳破坏，因而得到了栓钉在不同剪应力幅下的疲劳寿命，如表 3.5 所示。表中的疲劳寿命均为试件疲劳断裂时的循环次数，并抹去了 1000 以下的尾数。

表 3.5　推出试件的疲劳寿命

试件编号	$\Delta\tau$/MPa	疲劳寿命 N_f/次	破坏界面
FAT-1	94	11787000	B 侧
FAT-2	117	1130000	A 侧
FAT-3	125	1688000	B 侧
FAT-4	135	441000	A 侧

2. 试验结果与分析

1) STC 中短栓钉抗剪 S-N 曲线

S-N 曲线也称为 Wöhler 曲线，如式 (3.6) 所示，是金属结构疲劳设计的重要依据。基于疲劳试验得到了栓钉在不同应力幅下的疲劳寿命，因而可对试验数据进行统计分析，建立 STC 中短栓钉抗剪的名义应力 S-N 曲线。

$$m\log\Delta\tau + \log N = \log C \tag{3.6}$$

式中，m 为 S-N 曲线的指数斜率；$\Delta\tau$ 为疲劳强度；N 为疲劳寿命；$\log C$ 为疲劳常数，与材料和疲劳细节类别有关。

本节共对四个推出试件进行了疲劳试验，为扩大数据样本，可将文献报道的类似的试验数据与本节数据进行合并。李嘉等 [19] 对 STC 薄层中的短栓钉开展了推出疲劳试验，共制作了三个推出试件，其中一个试件为应力幅 145MPa 下的疲劳试验，疲劳寿命为 62 万次。考虑到推出试件的构造尺寸与该文献报道的尺寸完全相同，且在同一实验室完成，具有相似性，因此，将该试验数据与本节的四个试验数据合并，共得到五个数据点。

目前对疲劳试验数据进行统计分析的方法有多种，其中使用最为广泛的是基于回归分析拟合得到 S-N 曲线，一般以 $\log N$ 作为因变量。用于设计的 S-N 曲线要有足够的安全性，因而需要使用设计参数的特征值，即具有 95%存活率的数值 (失效概率为 5%)。国际焊接协会规定 [18]，基于疲劳试验数据建立 S-N 需遵循科学的方法，具体步骤如下。

(1) 对所有原始数据计算 $\log\Delta\tau$ 和 $\log N$。

(2) 以应力幅为自变量对数据进行线性回归分析，按式 (3.7) 计算指数 m：

$$\log N = \log C - m\cdot\log\Delta\tau \tag{3.7}$$

当然，也可以根据经验或既有试验结果指定 m 值。例如，对于承受正应力的钢结构或铝结构一般取 $m = 3.0$。当试件样本数量 $n < 10$ 或根据试验数据难以确定合适的 m 值时，可以指定 m 值。

当指数 m 值确定后，根据式 (3.7) 对每组试验数据计算相应的疲劳常数 $\log C$；

(3) 计算 $\log C$ 的平均值和标准差，计算公式分别如式 (3.8) 和式 (3.9) 所示：

$$\mu_{\log C} = \frac{\sum\log C_i}{n} \tag{3.8}$$

$$\sigma_{\log C} = \sqrt{\frac{\sum(\mu_{\log C} - \log C_i)^2}{n-1}} \tag{3.9}$$

(4) 计算 $\log C$ 的特征值，计算公式如式 (3.10) 所示。其中特征值系数 k 与样本数量有关，具体取值将在后文介绍。

$$\log C_k = \mu_{\log C} - k\tau_{\log C} \tag{3.10}$$

这里严格按照国际焊接协会建议的上述步骤建立薄层 STC 中短栓钉的 S-N 曲线。首先以 $\log\Delta\tau$ 为自变量对数据进行线性回归分析，得到 $m = 8.2713$。根据欧洲规范 3，普通混凝土中栓钉抗剪疲劳 S-N 曲线的指数为 $m = 8.0$。因此，基于疲劳试验数据得到的指数 m 与既有规范取值接近，表明虽然本节的疲劳数据样本不多，但这些数据基本能反映出栓钉的抗剪疲劳特性。但由于涉及的疲劳数据样本数小于 10，因而这里采用指定的 m 值，即 $m = 8.0$。

在确定指数 m 后，首先计算每组数据的疲劳常数 $\log C$，然后对 $\log C$ 进行统计，求得其平均值和标准差分别为 $\mu_{\log C} = 22.8456$、$\sigma_{\log C} = 0.2046$。为得到疲劳常数 $\log C$ 的特征值，首先需要计算特征值系数 k。

关于特征值系数 k 的取值，国际焊接协会规程的 2007 版 [18] 和 2016 版 [20] 略有不同。在 2007 版中，特征值系数 k 值按式 (3.11) 计算。

$$k_1 = \frac{\mathrm{t}(p, n-1)}{\sqrt{n}} + \varphi_{(\alpha)}^{-1}\sqrt{\frac{n-1}{\chi^2_{\left(\frac{1+\beta}{2}, n-1\right)}}} \tag{3.11}$$

其中，t 为概率为 $p = \beta = 0.75$ 的 n 自由度 t 分布取值或 $p = (1+\beta)/2 = 0.875$ 的 $n-1$ 自由度 t 分布取值；n 为疲劳试验数据样本数量；$\varphi_{(\alpha)}^{-1}$ 为高斯正态分布超越 $\alpha = 95\%$ 的取值；χ^2 为概率为 $(1+\beta)/2 = 0.875$ 下的 $n-1$ 自由度卡方分布取值。

而在 2016 版规程中，特征值系数 k 的计算较为简洁，如式 (3.12) 所示。

$$k_2 = 1.645 \cdot \left(1 + \frac{1}{\sqrt{n}}\right) \tag{3.12}$$

式中，n 为疲劳试验数据样本数量。

对于本节的疲劳试验有 $n = 5$，代入以上两式可得两个版本下的特征系数分别为：$k_1 = 3.58$ (IIW 2007)、$k_2 = 2.38$ (IIW 2016)。将 k 值代入到式 (3.10) 中可得疲劳常数的特征值分别为：$\log C_{k_1} = 22.1131$、$\log C_{k_2} = 22.3587$。

至此，基于国际焊接协会规程的两个版本得到了薄层 STC 中短栓钉的名义应力 S-N 曲线，分别如式 (3.13) 和式 (3.14) 所示。为便于对比，将欧洲规范 4[5] 规定的普通混凝土中的栓钉抗剪 S-N 曲线一并列出，如式 (3.15) 所示。将三个公式与原始数据一起绘制在双对数坐标系中，如图 3.14 所示。图中还给出了存活率为 50% 的拟合结果，此时不考虑特征值系数，即 $k = 0$。

$$8\log\Delta\tau + \log N = 22.1131 \tag{3.13}$$

$$8\log\Delta\tau + \log N = 22.3587 \tag{3.14}$$

$$8\log\Delta\tau + \log N = 21.9350 \tag{3.15}$$

在式 (3.13)～ 式 (3.15) 中，200 万次寿命下的疲劳强度分别为 94.6MPa、101.6MPa 和 90MPa。因此，薄层 STC 中短栓钉的抗疲劳性能稍优于普通混凝土中的栓钉。同时，基于 2007 版国际焊接协会规程 [177] 得到的栓钉抗剪疲劳强度比基于 2016 版国际焊接协会规程 [20] 得到的疲劳强度要低，原因是前者的特征系

数 k 取值更为保守。因而为确保设计结果更加安全，建议设计中采用式 (3.13) 对钢–薄层 STC 轻型组合桥面结构中的短栓钉进行疲劳计算与评估。

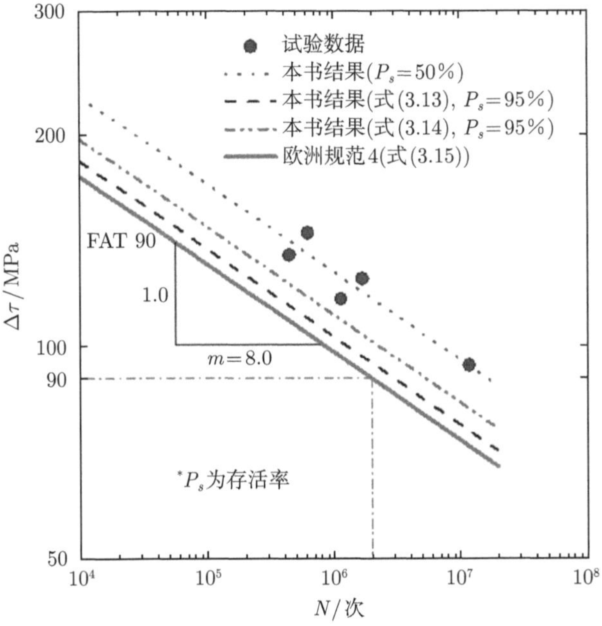

图 3.14 栓钉抗剪 S-N 曲线

2) 钢-STC 界面动滑移

(1) 滑移–荷载循环次数变化规律。

疲劳试验中通过动位移计对每个试件测试了钢-STC 界面间的动滑移，滑移的变化规律也可作为衡量栓钉抗剪疲劳性能的指标之一 [21]。

试验中动滑移数据的采集频率为 100Hz。由于疲劳试验的周期长，一般需要持续数周，个别试件甚至超过一个月 (如 FAT-1)，因此，若自始至终连续记录滑移数据，数据量巨大，会显著增加数据存储与处理的难度。试验中发现，在短时间内，钢-STC 界面间的动滑移增长十分缓慢，因此，试验中间断性地记录动滑移数据。以试件 FAT-3 为例，其在 2s 内的动滑移数据图如图 3.15 所示。从该图可以看出，界面滑移的变化为正弦函数，与疲劳荷载的加载函数相同，这也反映出试件的响应较为平稳。

对数据处理发现，随着加载次数的持续增加，滑移的上峰值和下峰值会有少量漂移。以滑移的下峰值为例，在某些时间段内，其值甚至会小于零，虽然在试验开始前已经对动传感器读数清零。分析其原因是，虽然对推出试件底部进行了锚固处理，但由于疲劳荷载的冲击效应，锚固件会逐渐松动，致使试件与地面、作动器间

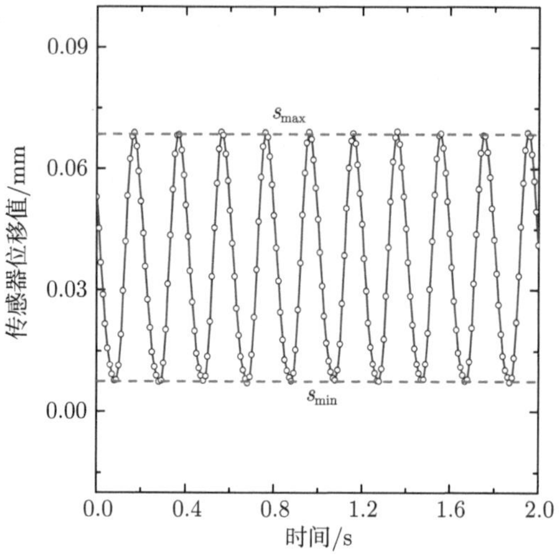

图 3.15 试件 FAT-3 中 A 界面动滑移数据

的局部接触不均匀，因而试验中需要时不时地拧紧锚固螺栓。另外，试验中当疲劳循环达到特定次数时，会暂停疲劳试验，进行静载试验，静载试验结束后继续进行疲劳加载。而动态位移传感器始终安放在试件中，每次静载试验结束后，位移传感器中存在残余变形，当疲劳试验继续时，动态位移传感器的读数会有少量漂移。所幸的是，试件的相对滑移 ($\Delta s = s_{\max} - s_{\min}$) 自始至终变化较为平稳，因此，这里以 Δs 来衡量相对滑移随疲劳循环次数的变化规律。四个试件中 Δs 的变化规律如图 3.16 所示。需要说明的是，由于每个试件均为一侧破坏，因而 A、B 两个界面的动滑移分别给出。

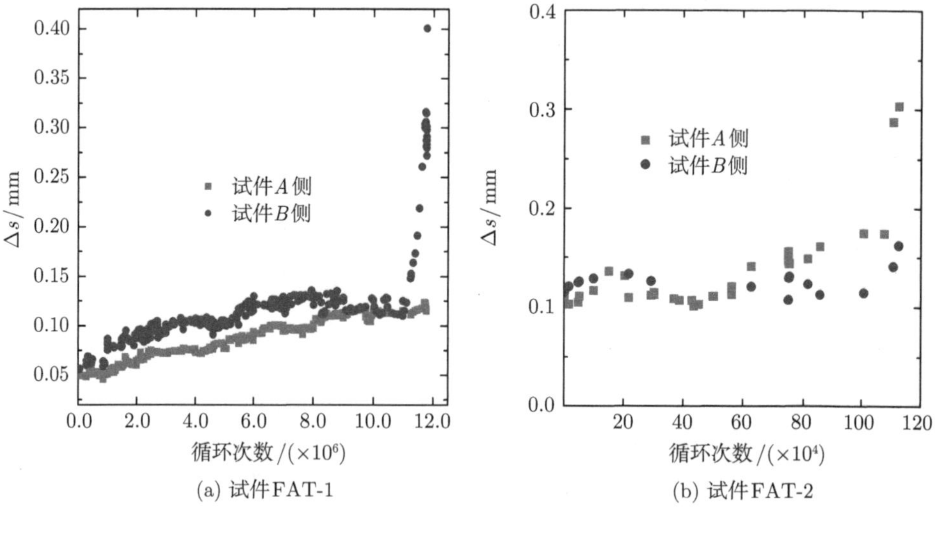

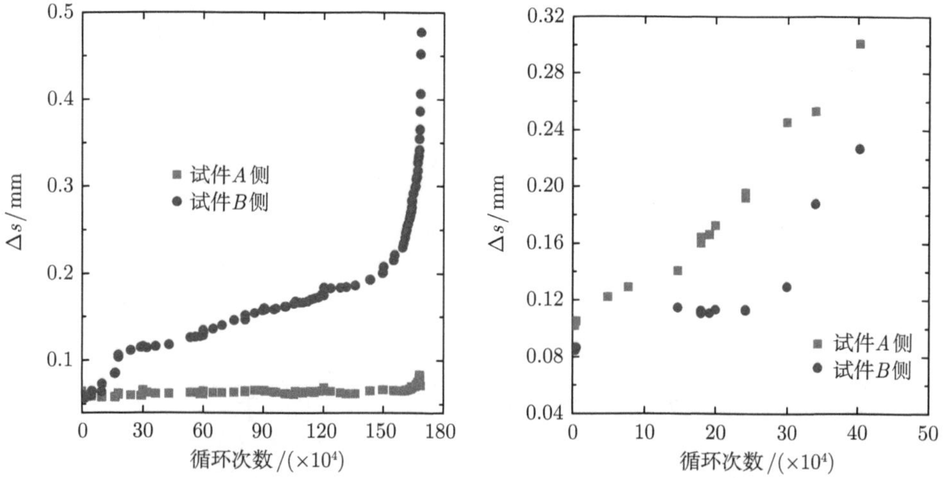

(c) 试件FAT-3　　(d) 试件FAT-4

图 3.16　动滑移随疲劳荷载循环次数的变化关系

由图 3.16 可知，试验中的荷载为动荷载，难以控制荷载严格对中，致使试件中 A、B 两侧的动滑移不相等，但两侧滑移的发展规律基本一致，即在疲劳加载前期，滑移随加载次数大致线性增长，且增长缓慢，当接近破坏时，两侧滑移增长加快，且破坏一侧的滑移增长迅速。因此，动滑移的增长规律可以反映出栓钉的状态，当滑移开始迅速增长时，表明栓钉中的疲劳损伤已经积累到一定程度，接近破坏状态。

滑移的增长伴随着钢-STC 界面滑移裂缝的萌生与扩展，现以试件 FAT-1 为例进行说明。该试件中钢-STC 层界面首次出现滑移裂缝约为 210 万次，B 侧顶面出现了细小的滑移裂缝 (图 3.17(a))；但随后在相当长的循环次数内，滑移增长缓慢 (图 3.17(b) 和 (c))；直至循环次数达到 1143.3 万次时，钢–薄层 STC 间突然脱空，滑移裂缝往下贯穿整个界面。随后经过 30 多万次的疲劳加载，试件破坏。

(2) 动滑移增长率。

从前文的动滑移–荷载循环次数曲线可知，随着疲劳次数的增长，钢-STC 界面滑移整体呈现渐进性增长。因此，可根据试验数据计算各试件的滑移增长率。目前即使对于普通混凝土中的栓钉，在滑移率方面的研究也不多，因而在对动滑移数据进行分析前，首先对相关文献进行归纳。

Hallam[22] 于 1976 年基于疲劳试验数据建立了普通混凝土中栓钉滑移率的计算公式，如式 (3.16) 所示。不难看出，公式中影响栓钉滑移率的唯一因素是栓钉的剪力幅与抗剪承载力之比。

$$\log\delta = -10 + 12.99\frac{\Delta F}{Q_{\mathrm{u}}} \tag{3.16}$$

(a) N=2 100 000　　(b) N=6 620 000

(c) N=10 487 000　　(d) N=11 433 000

图 3.17　钢-STC 界面裂缝发展过程 (以 FAT-1 为例)

式中，δ 为栓钉的滑移增长率 (mm/次)；ΔF 为栓钉的疲劳荷载幅；Q_u 为栓钉的抗剪承载力。

Valente[23] 在 2007 年提出了与 Hallam 类似的计算公式，如式 (3.17) 所示。公式中符号含义同式 (3.16)。

$$\log\delta = -7.11 + 5.79\frac{\Delta F}{Q_\mathrm{u}} \tag{3.17}$$

Oehlers 和 Coughlan[24] 也提出了栓钉滑移的计算公式，如式 (3.18) 所示。在该式中，滑移率不仅与荷载有关，还与栓钉直径有关。

$$\delta = 1.70\times10^{-5}\frac{\Delta F}{Q_\mathrm{u}}d \tag{3.18}$$

式中，δ 为栓钉的滑移增长率 (mm/次)；ΔF 为栓钉的疲劳荷载幅；Q_u 为栓钉的抗剪承载力；d 为栓钉直径 (mm)。

由图 3.16 可知，虽然动滑移整体呈增长趋势，但在短时间内滑移数值可能出现局部下降的情况，这是正常现象，由数据采集中的随机误差引起。为便于分析，将局部时间段内滑移数据下降的点去掉，以确保滑移随循环次数单调增加。计算界面滑移增长率的步骤为：① 考虑到试件两侧滑移增长规律相似，首先两个界面的滑移取平均；② 计算第 i 段疲劳循环增量 ΔN 内的滑移增量 Δs，并计算该段内的滑移增长率 $\delta_i = \Delta s/\Delta N$ (图 3.18)，考虑到 δ_i 数值较小，对其取对数得到 $\log \delta_i$；③ 对全部的 $\log \delta_i$ 取平均，得到平均滑移增长率 $\log \delta$。计算结果如表 3.6 所示。

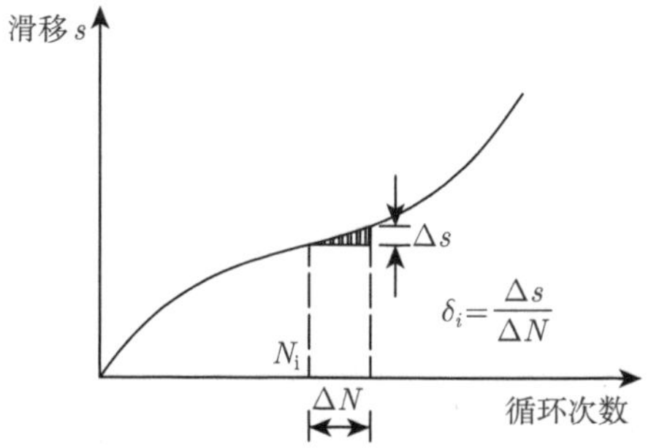

图 3.18 滑移率计算示意

表 3.6 薄层 STC 中短栓钉的滑移增长率

试件编号	ΔF/kN	$\Delta F/Q_u$	$\log \delta$	δ/(mm/次)
FAT-1	100	0.21	−7.6425	2.278×10^{-8}
FAT-2	124	0.26	−7.0101	9.771×10^{-8}
FAT-3	133	0.28	−6.6064	2.475×10^{-7}
FAT-4	143	0.30	−6.4213	3.791×10^{-7}

为便于对比，将基于式 (3.16)∼ 式 (3.18) 计算的滑移增长率与本节的计算结果进行对比，如图 3.19 所示。从该图可以看出，本节得到的薄层 STC 中短栓钉的

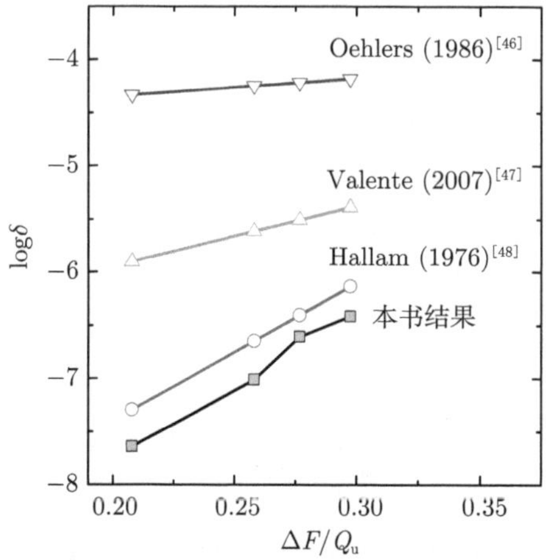

图 3.19 滑移增长率结果对比

滑移增长率与文献计算结果规律相同，当荷载幅增大时，滑移增长率也增大。在同等荷载幅下，栓钉在 STC 中的滑移增长率比在普通混凝土中要低。

为便于在疲劳设计中预测栓钉的滑移值，对计算结果进行线性回归分析，以明确滑移增长率与荷载幅的关系。拟合后的公式如式 (3.19) 所示，式中符号含义同式 (3.17) 和式 (3.18)。分析表明，该公式的相关性系数为 $R = 0.98$，表明其线性相关性较高。

$$\log \delta = -10.574 + 14.053 \frac{\Delta F}{Q_{\mathrm{u}}} \tag{3.19}$$

根据式 (3.19) 可以预测薄层 STC 中短栓钉在疲劳荷载幅下的滑移增长率，进而可以预测其在特定循环次数下的界面滑移。但是该公式仅用到了本节的四个疲劳试验数据，样本数量较少，今后有待开展更多的推出试验，以扩大数据样本。同时，该公式仅针对直径为 13mm 的短栓钉，且 $\Delta F/Q_{\mathrm{u}}$ 的范围集中在 0.2~0.3 之间，因而该公式对于超出上述范围的情形是否仍然适用，有待进一步研究。

3) 钢-STC 界面静滑移

(1) 界面静载滑移试验数据。

前一小节主要探讨了钢-STC 界面动滑移随疲劳循环次数的变化规律。同时还在试验中对试件进行了静载试验，测得了试件经历不同荷载循环次数后的荷载–滑移曲线，并以此评估栓钉的抗剪刚度衰减情况。

由于在静载试验前试件已经经历了疲劳损伤，为防止试件在静载试验过程中出现破坏，静力荷载的上限与疲劳荷载上限相同，如图 3.20 所示。在加载阶段，荷载分为 6~7 级，而卸载阶段分为两级。

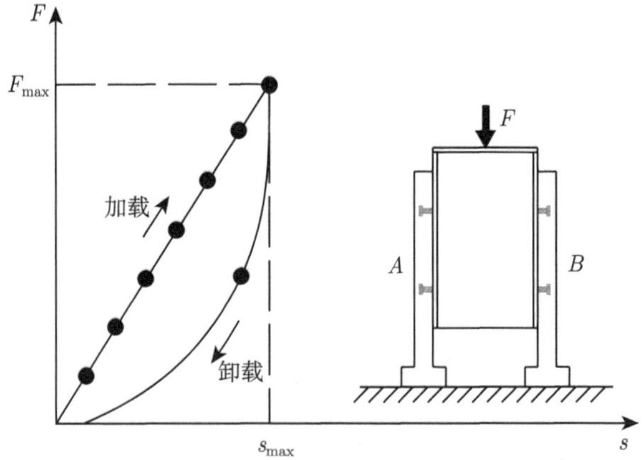

图 3.20　静载试验示意图

试验中测得的荷载–滑移曲线如图 3.21 所示。需要说明的是，由于每个试件的破坏模式均为一侧栓钉断裂，而另一侧基本完好，因此试件两个钢–薄层 STC 界面的静载滑移并不相同。为便于分析，这里将 A、B 两个界面的曲线取平均，图中的实线为加载曲线，虚线为卸载曲线。

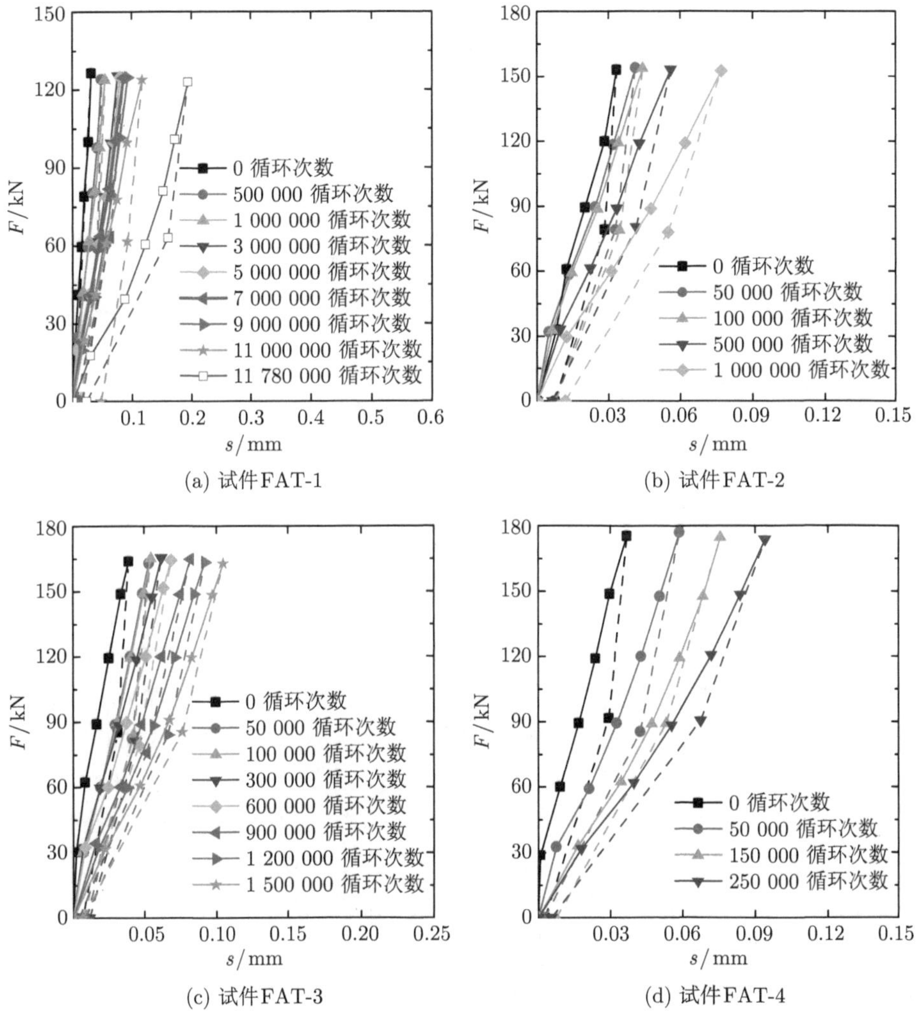

图 3.21 静载滑移随疲劳荷载循环次数的变化规律

从图 3.21 可以看出，荷载–滑移曲线的加载段大致呈线性变化，但加载段的斜率随着疲劳循环次数的增加而逐渐降低，即在相同荷载作用下，疲劳循环次数越高，界面静滑移越大。卸载曲线的非线性现象更为明显，第一级卸载时，荷载减小约一半，而滑移仅减小了约三分之一；第二级卸载时，荷载全部卸除，但滑移并不为零，表明试件中产生了少量的残余滑移。

静载下的荷载–滑移曲线能够反映栓钉的抗剪刚度。为便于衡量栓钉刚度的变化，这里计算每个试件的相对刚度变化，如图 3.22 所示。图中的纵坐标为试件的相对刚度，其中初始刚度为加载 0 次时的荷载与滑移之比 (即 $F_{\max}/s_{\max}$)，而经历若干疲劳循环次数后，将其刚度值与初始刚度相除，即为相对刚度；图中横坐标为相对寿命，即当前加载次数 N 与试件疲劳寿命 N_f 之比。

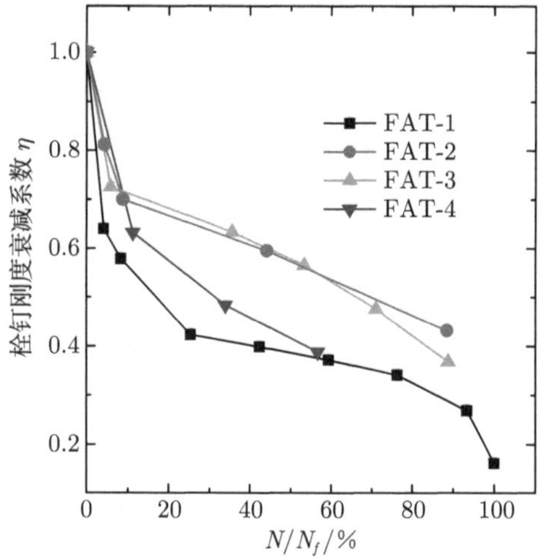

图 3.22　试件抗剪刚度变化规律

从图 3.22 可以看出，试件的抗剪刚度在疲劳加载早期会有一个较明显的下降，分析其原因是钢-STC 层之间的自然黏结 (包括化学黏结和物理黏结) 在疲劳寿命初期被破坏，使得界面滑移增加，进而降低了界面抗剪刚度。随后试件的抗剪刚度持续下降，且大致呈直线下降，表明在该区段内，栓钉的疲劳损伤积累较为平稳。此外，对于试件 FAT-1，接近破坏时还观测到了另外一次抗剪刚度骤减现象。引起这一现象的原因应该是由于疲劳损伤积累，栓钉根部出现了较大的塑性变形，有效承载面积减小，致使滑移迅速增大，进而降低了抗剪刚度。

(2) 数据拟合。

为定量地分析栓钉抗剪刚度随疲劳循环次数的衰减规律，对试验数据进行非线性拟合分析。观察图 3.22 发现，该图中的刚度衰减规律与文献 [25] 拟合的栓钉动滑移变化规律十分相似。为此，借鉴该文献中的方法对图 3.22 的数据进行拟合，以得到栓钉刚度衰减系数 η。拟合函数如式 (3.20) 所示，式中 C_1 和 C_2 均为拟合参数，其他符号含义同前。通过数据拟合，得到各试件的参数如表 3.7 所示，各试件的拟合结果与实测结果对比如图 3.23 所示。

$$\eta=\begin{cases}1, & N=0\\ C_1+C_2\mathrm{In}\left(\dfrac{1}{N/N_f}-1\right), & 0<N<N_f\end{cases}\tag{3.20}$$

表 3.7 栓钉抗剪刚度衰减方程拟合参数

试件编号	$F_{\max}/Q_{\mathrm{u}}$	$F_{\min}/Q_{\mathrm{u}}$	$\Delta F/Q_{\mathrm{u}}$	C_1	C_2
FAT-1	0.25	0.05	0.21	0.4291	0.0475
FAT-2	0.31	0.06	0.26	0.5803	0.0496
FAT-3	0.34	0.06	0.28	0.5449	0.0528
FAT-4	0.36	0.06	0.30	0.4461	0.0617

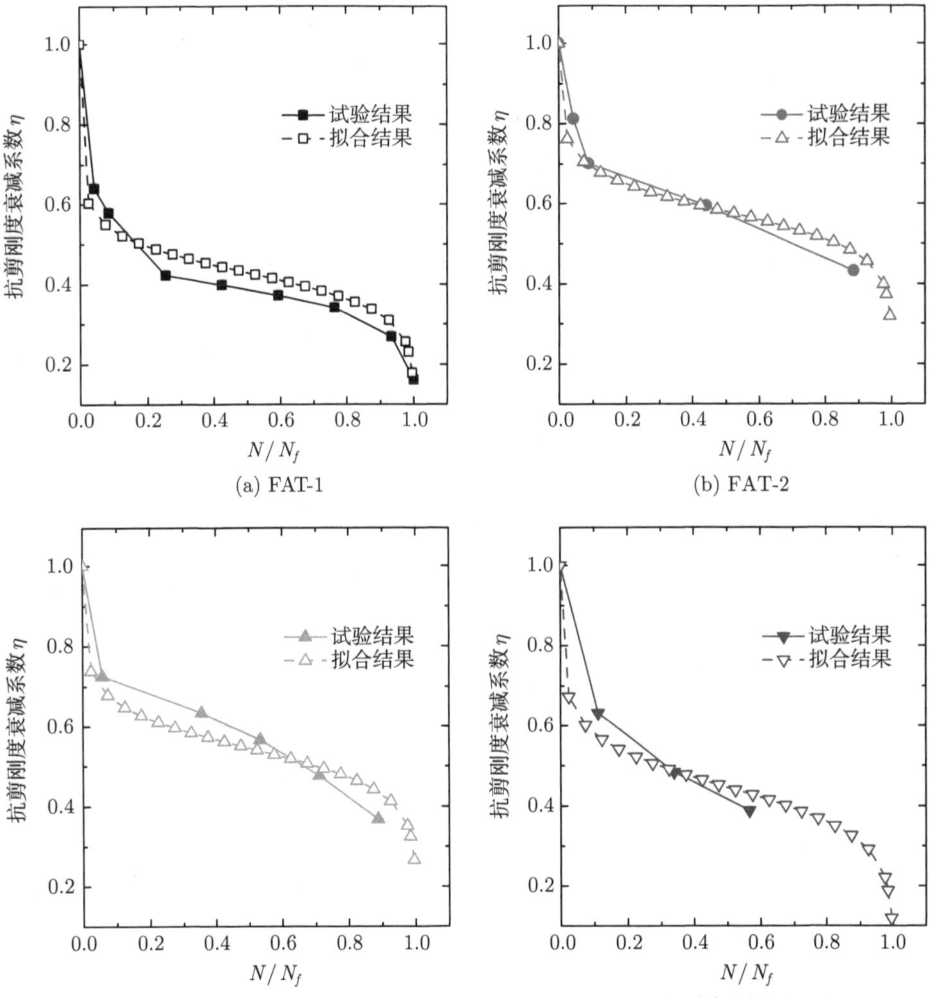

(a) FAT-1 (b) FAT-2

(c) FAT-3 (d) FAT-4

图 3.23 栓钉抗剪刚度衰减数据拟合

从图 3.23 可以看出，拟合曲线与试验曲线规律相近，能够反映出栓钉刚度衰减的三个典型阶段。同时，当栓钉疲劳循环次数为其疲劳寿命的 50%时，抗剪刚度衰减可达 40%～60%。

3.2.3　短栓钉设计计算实例

1. 方案简介

本节以某单跨双铰悬索桥为背景，进行短栓钉剪力键的设计。背景桥主缆矢跨比为 1/10.5，加劲梁采用扁平钢箱梁。钢箱梁全宽 35.6m，双向六车道，桥轴中心处梁高 3.012m。桥面采用 U 形闭口肋正交异性钢桥面板，钢面板厚 12mm，纵肋尺寸 314mm×262mm×8mm，间距 620mm；底板及两侧风嘴的斜腹板厚 10mm，其上设置球头扁钢加劲肋。钢箱梁内每隔 4m 设置一道横隔板，板厚 8mm，吊索处横隔板加厚至 10mm。

背景桥采用的扁平钢箱加劲梁的钢面板厚为 12mm，由于大桥处于珠三角经济圈交通要道上，交通量大，且重载交通比例高，货车超载现象严重。因此，背景桥常年处于高负荷运营状态，致使钢桥面出现了疲劳开裂和沥青铺装层频繁破损等病害问题。

背景桥钢桥面偏柔是引起上述病害问题的主要原因之一。本书作者以钢–薄层 STC 轻型组合桥面方案对钢桥面进行加固试设计，如图 3.24 所示。方案构成为：在钢桥面上焊接短栓钉，浇筑 45mm 厚的 STC 层，然后浇筑 25mm 厚的沥青铺装层，总厚 70mm，与大桥原设计的沥青铺装厚度持平。

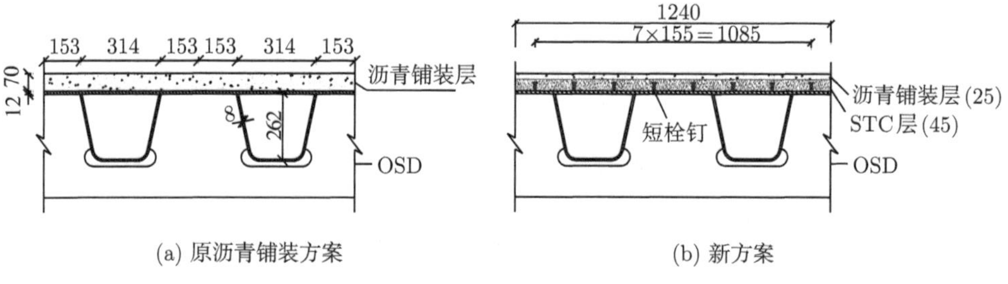

图 3.24　背景桥桥面系示意 (单位：mm)

在新方案中，栓钉的直径为 13mm，高度为 35mm，布置间距为 155mm×200mm (横桥向 × 纵桥向)。STC 层内布置两层钢筋，直径均为 10mm，钢筋中心间距沿横桥向为 38.8 mm，沿纵桥向为 40mm，其中横桥向钢筋位于上层。

2. 整体有限元模型

1) 建模思路

首先基于 ANSYS 有限元软件对背景桥原成桥状态建立杆系单元整体有限元模型，主要思路是：

(1) 仅对大桥加劲梁建立一个简化的模型，在吊杆位置约束竖向变形，计算该模型在成桥状态下的支反力，并将该支反力作为吊索力，以此计算吊索的初始应变；

(2) 将计算的吊索力以及其他设计条件输入到 Matlab 程序中，通过迭代法求解成桥线形，并将线形坐标输入到 ANSYS 软件中，建立主缆，并对主缆单元输入初始应变，初始应变结果也从 Matlab 程序中提取；

(3) 在模型中继续建立主梁、吊索等构件，并对吊索输入初始应变；

(4) 定义材料参数、边界条件等，完成建模。

2) 建立有限元模型

主缆和吊索均采用 link10 链杆单元模拟，考虑了大变形和初始应变；加劲梁、桥塔均采用梁单元 beam188 模拟。主缆和吊索的弹性模量为 200GPa，泊松比为 0.3，密度为 $7850kg/m^3$；钢箱加劲梁的弹性模量为 206GPa，泊松比为 0.3，密度为 $7850kg/m^3$ (需考虑加劲构造适当修正)；混凝土桥塔的弹性模量取为 34.5GPa，泊松比为 0.2。

主缆–塔顶间以节点耦合的方式模拟鞍座的支撑和约束；加劲梁与桥塔下横梁间同样通过节点耦合来连接，以模拟支座约束。由于加劲梁以单主梁形式模拟，模型中加劲梁在横桥向的位置与吊索位置不重合，因此，在吊索底部节点和加劲梁中心位置节点间施加耦合约束。整体有限元模型如图 3.25 所示，其中模型的边界条件为：塔底、边跨主缆底部均施加固结约束。

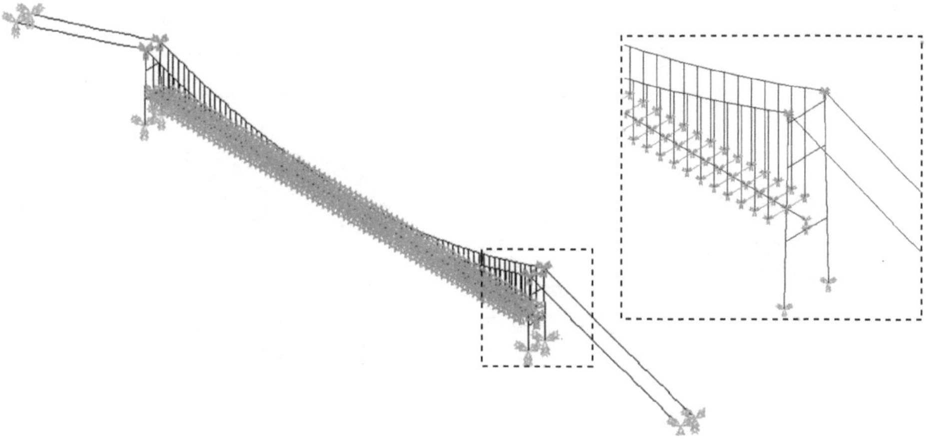

图 3.25 背景桥杆系单元整体有限元模型

3) 成桥状态计算结果分析

首先对上述整体有限元模型进行计算分析，并将主要计算结果与原设计结果进行比较，以判定该计算模型是否准确，主要计算结果如表 3.8 所示。

表 3.8　整体有限元模型成桥状态计算结果对比

计算内容		本节计算值	原设计值 [26]	相对误差
主缆水平索力 H/kN		132078.95	132818.12	−0.56%
有应力长度/m	左边跨	318.1386	317.2840	0.27%
	中跨	911.1253	908.8834	0.25%
	右边跨	370.3160	369.3168	0.27%
无应力长度/m	左边跨	317.3961	316.5221	0.28%
	中跨	909.0533	906.7568	0.25%
	右边跨	369.4443	368.4223	0.28%

由表 3.8 可以看出，本节的有限元计算结果与原设计结果吻合良好，其中主缆水平索力和索长的偏差均较小。计算还表明，全桥最大位移较小 (0.083m)，为大桥主跨的 1/10700，表明计算的主缆和加劲梁线形与设计线形接近。因此，可以认为该杆系单元整体有限元模型基本能够反映出背景桥的受力状态，可用于后文的进一步分析。

3. 多尺度有限元模型

1) 建立有限元模型

由于本节计算的关注重点是桥面系的受力，为提高计算效率，对钢箱梁腹板、底板的开口加劲肋进行了简化处理，即将构造正交异性板等效为材料正交异性板。在多尺度有限元模型中，后者的计算效率显著提高。

通过上述等效思路得到正交异性钢板的腹板和底板的等效参数后，可以建立钢箱梁局部节段模型。梁段长 14m，共包含 4 道横隔板，如图 3.26 所示。钢面板中对闭口加劲肋进行了模拟，而腹板和底板按上述等效原则等效为正交异性钢板。

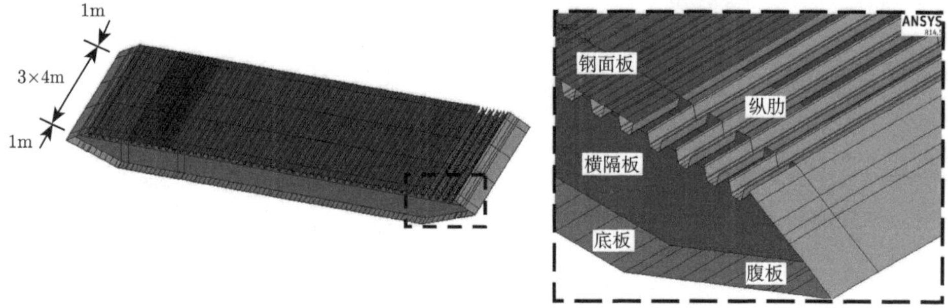

图 3.26　加劲梁构造示意

建立多尺度有限元模型的思路是：将整体模型中加劲梁的关注节段删除，并在相应位置建立板壳单元＋实体单元的局部梁段。多尺度有限元模型如图 3.27 所示。

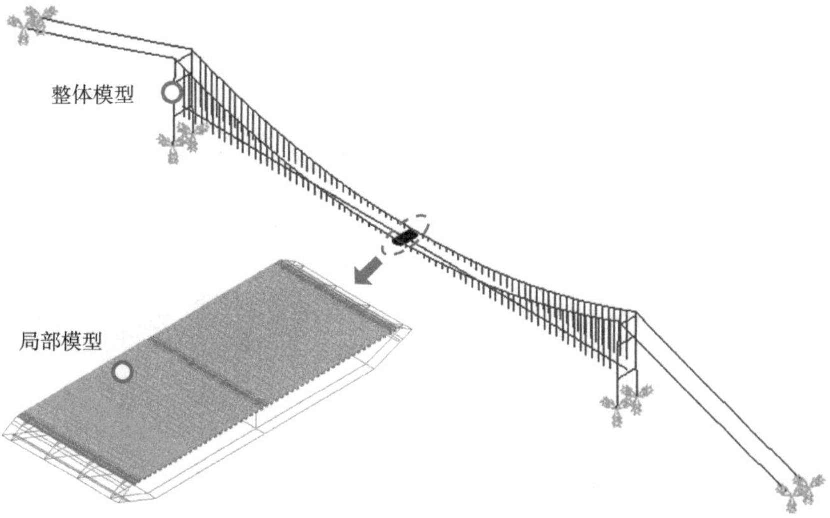

图 3.27 背景桥多尺度有限元模型

模型中 STC 层的弹性模量为 42.6GPa，泊松比为 0.2，密度为 2980kg/m^3 (已包含配筋)；沥青铺装层的密度为 2400kg/m^3；其他材料参数同前。对于局部梁段，钢梁采用 shell63 板壳单元，STC 层以 solid65 采用实体单元。在关注区域，网格不超过 50mm，而其他区域网格较粗，以提高计算效率。

钢–薄层 STC 界面间的栓钉采用 combin14 弹簧单元模拟，每个栓钉处沿纵桥向和横桥向各设置一个弹簧，以分别模拟这两个方向的抗剪作用。3.2.1 节基于静力推出试验获得了薄层 STC 中短栓钉的抗剪刚度。但根据 3.2.2 节的疲劳试验结果，栓钉的抗剪刚度随着疲劳循环次数的增加会逐渐衰减，且衰减幅度不容忽视。换言之，在运营阶段，因疲劳损伤累积，栓钉的抗剪刚度将逐渐降低。因此，本节计算中的栓钉抗剪刚度参考《钢结构设计规范》[27] 取为 $k = Q_{\mathrm{u}}$，其中 Q_{u} 为栓钉的抗剪承载力，因而 $k = Q_{\mathrm{u}} = 60.1\mathrm{kN/mm}$。

对于大桥原成桥状态，沥青铺装层作为二期恒载作用在加劲梁上，因此替换梁段后只需定义整体–局部梁段间的连接即可，而对于钢–薄层 STC 轻型组合梁，还需定义 STC 层，因而各构件的连接相对复杂。以后一种状态为例，介绍各构件间的连接情况。

对于钢–薄层 STC 轻型组合桥面结构，钢梁和 STC 层分别建立，两者间通过弹簧单元连接，以模拟栓钉的连接作用。在整体–局部模型连接处，钢梁间以及 STC 层间分别通过刚域连接，其中刚域主节点位于局部梁段横断面中心位置，主节点通过刚臂与整体模型中的梁单元端部节点连接。各构件间的连接情况如图 3.28 所示。需要说明的是，模型中将 STC 层底面节点和钢面板对应位置节点间的竖向自由度进行耦合，以防止两者间出现脱空。

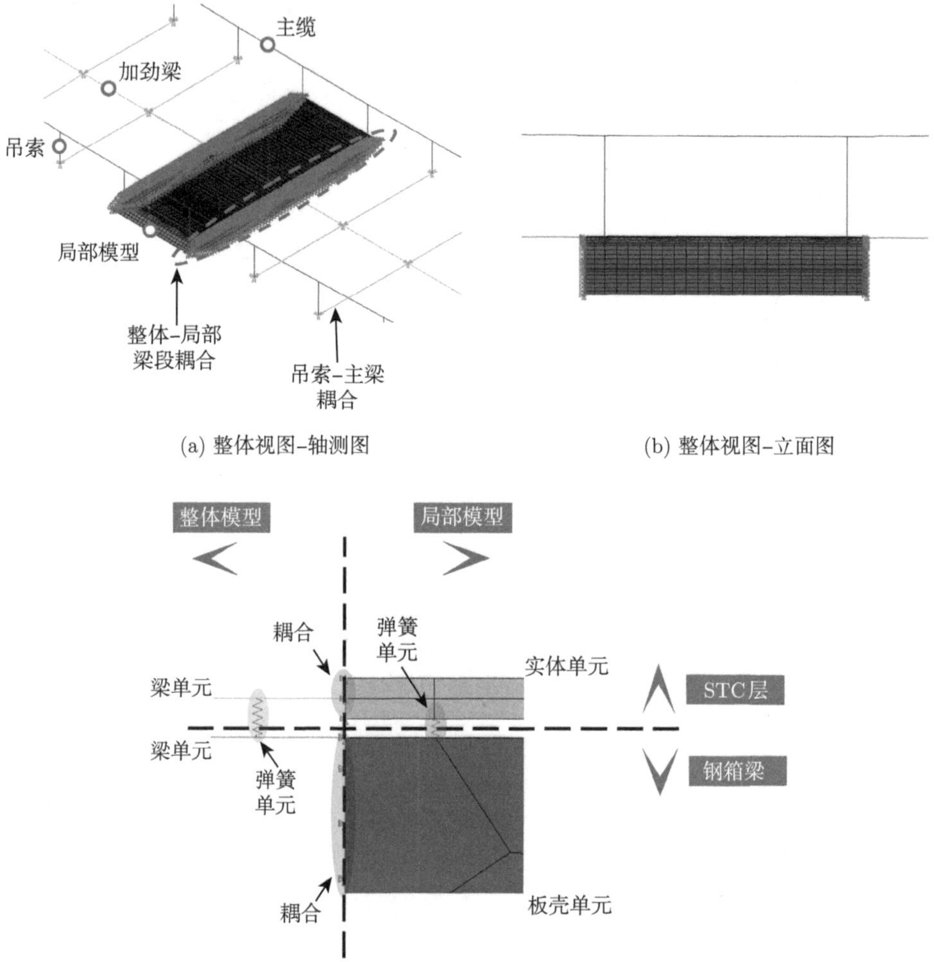

(a) 整体视图–轴测图

(b) 整体视图–立面图

(c) 局部视图

图 3.28　整体–局部梁段连接示意

2) 计算结果分析

若在背景桥上实施钢–薄层 STC 轻型组合桥面结构，首先要将原沥青铺装铲除，然后浇筑 STC 层，待 STC 层蒸汽养护结束、形成强度后，在其顶面铺筑沥青混凝土层，形成新的成桥状态。

计算中对上述过程施工进行了模拟，其中 STC 浇筑后、未形成强度前以二期恒载模拟，而形成强度后对其刚度进行模拟，STC 层参与组合受力，新铺筑的沥青铺装层同样以二期恒载模拟。上述施工过程通过 ANSYS 中的单元生死技术实现。

根据计算结果，在施工过程中，主缆水平索力变化如图 3.29 所示。

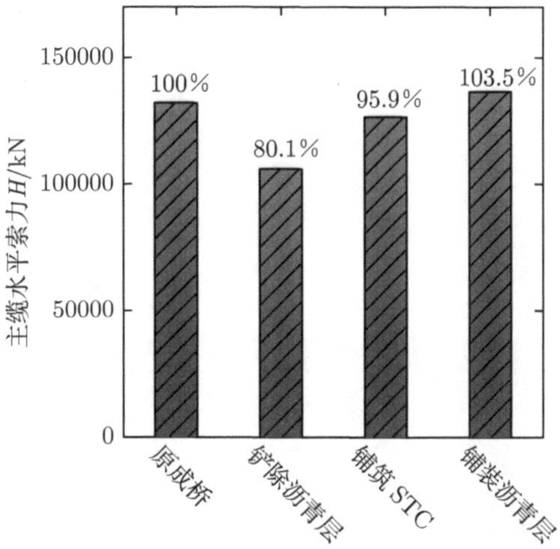

图 3.29 新型桥面系实施过程中主缆水平索力变化

从图 3.29 可以看出，在钢–薄层 STC 轻型组合桥面结构实施过程中，由于桥面系荷载变化，主缆水平索力先减小后增大。与原成桥状态相比，新成桥状态下的主缆水平索力增加很小，仅为 3.5%。因此，在背景桥上实施钢–薄层 STC 轻型组合桥面结构不会影响大桥的安全性。

4. 子模型

通过多尺度有限元计算可以得到钢–薄层 STC 轻型组合桥面结构的整体和局部响应，但若直接用该模型的计算结果来对栓钉根部的钢面板进行疲劳评估会略显粗糙，原因是模型中将栓钉简化为弹簧单元，并未对其物理构造进行模拟，难以准确计算栓钉根部焊趾处钢面板中的局部应力场。因此，需要对该疲劳细节建立更精细化的模型。这里通过 ANSYS 中的子模型技术实现，基本过程为

(1) 对关注细节建立全实体子模型，模型包含 STC 层、短栓钉、栓钉根部的焊缝以及钢面板，模型的尺寸较小，仅需反映单个栓钉周围的受力状态；

(2) 通过 NWRITE 命令将子模型的边界节点读出为节点文件；

(3) 在多尺度模型中通过 CBDOF 命令对第 (2) 步中的边界节点读入节点位移；

(4) 在子模型中定义材料参数与荷载，建模结束。

子模型中的各构件均采用 solid65 实体单元模拟，材料参数与多尺度模型一致。由于子模型中对短栓钉的物理构造进行了模拟，因而无须再定义弹簧单元，而在 STC 层内表面和钢结构外表面间定义面–面接触单元，其中 STC 层内表面为接触单元 (conta173)，钢结构外表面为目标单元 (targe170)，两者间自动形成接触对，接

触刚度系数取为 0.01。子模型如图 3.30 所示。

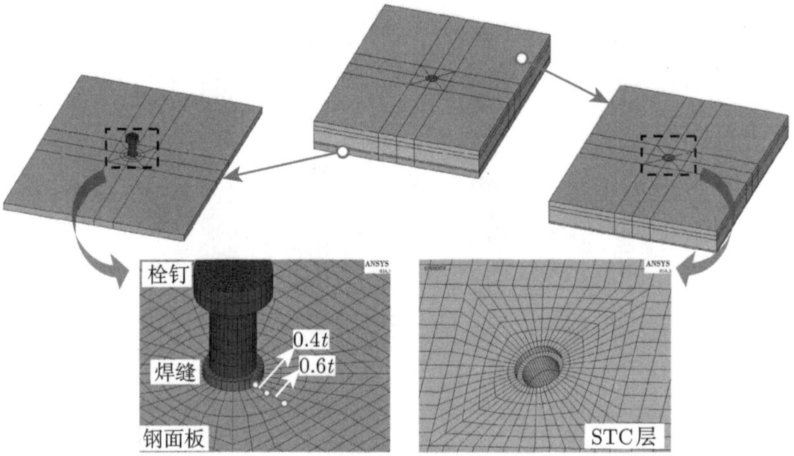

(a) 模型构造示意

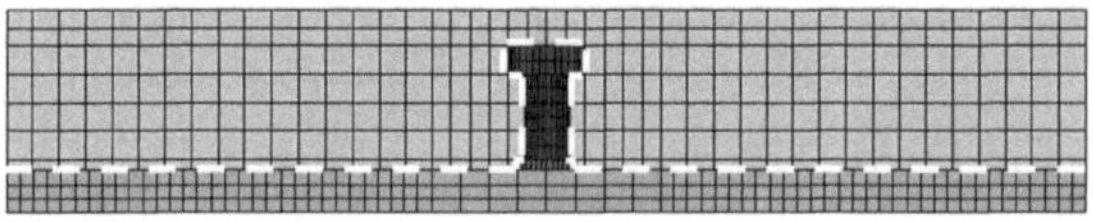

(b) 面–面接触位置

图 3.30　子模型示意图

如图 3.30 所示，由于子模型中主要关注栓钉底部焊趾处钢面板表面的热点应力，因此按热点应力法对模型进行网格划分。插值点距离焊趾处的位置分别为 $0.4t$ 和 $1.0t$，其中 $t = 12\text{mm}$，为钢面板厚度，因此钢面板中离焊趾最近两排单元宽度分别为 4.8mm 和 7.2mm。

5. 疲劳计算荷载工况

文献 [28] 对钢桥疲劳验算的疲劳荷载做出了详细规定。规范中包含三个疲劳荷载计算模型，其中模型 III 适用于桥面系。考虑到本节验算的两类疲劳细节位于桥面系中，因而疲劳计算采用疲劳荷载计算模型 III，其构造如图 3.31 所示，可以看出，该计算模型的荷载比静力计算的车辆荷载要小。考虑到钢桥面板的疲劳应力主要受局部车轮荷载影响，而相距较远的轴互相影响不大，因此计算中仅取疲劳荷载模型中的距离较近的两个轴进行疲劳计算，如图中虚线框所示。

在实桥中，车辆荷载会在车道内摆动，研究表明，考虑车辆轮迹线的横向位置分布对正交异性钢桥面板疲劳细节的计算结果有一定影响。根据 Zhou 等 [30] 的研究，车辆在车道内的横向位置对于影响面较尖的疲劳细节 (如纵肋–面板连接细节) 非常重要，若不考虑车辆的横向分布会使得疲劳评估结果出现偏差。文献 [30] 借助布置于实桥的桥梁动态称重系统 (weigh-in-motion, WIM) 对车辆横向位置进行测试，并结合疲劳细节的影响面计算应力响应，然后对应力谱进行统计分析，结果表明，车轮荷载的横向分布对于正交异性钢桥面板的疲劳寿命影响显著。因此，在对桥面系的构件进行疲劳评估时，需要考虑车辆荷载的横向分布。

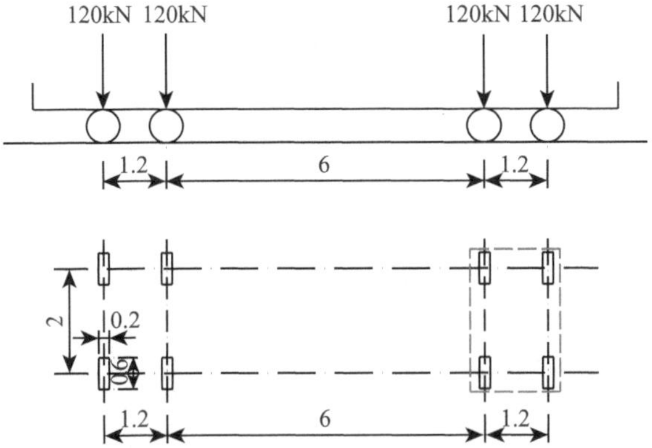

图 3.31 疲劳荷载计算模型 III (单位：m)

我国《公路钢结构桥梁设计规范》考虑了疲劳荷载模型的横向分布效应。规范规定，当采用疲劳荷载计算模型 III 计算正交异性板疲劳应力时，应考虑车轮在车道上的横向位置概率，其中概率分布如图 3.32 所示，图中加载区域 1 应布置在横向最不利位置。

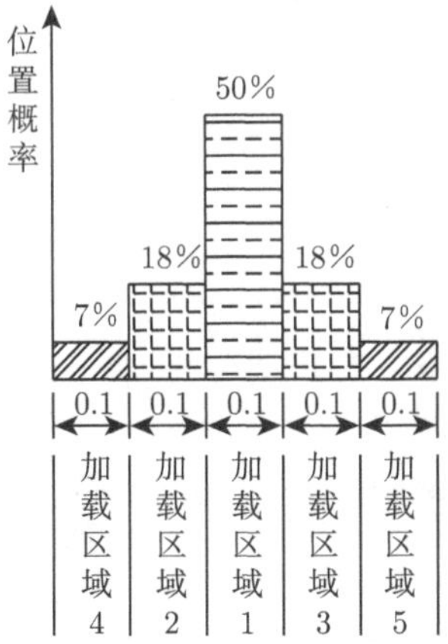

图 3.32 车轮在车道上的横向位置概率 (单位：m)

为得到两类疲劳细节的应力历程，计算中考虑疲劳荷载作用在不同的纵向、横向位置，如图 3.33 所示。其中纵桥向共考虑 33 个荷载工况，相邻工况间纵向移动 0.5m；横向工况考虑 5 个工况，相邻工况间横向移动 0.1m。因而纵、横向工况组合共计 165 个工况。为便于描述，工况以 Ta、Lb 表示，其中 a 表示横向工况编号，b 表示纵向工况编号。

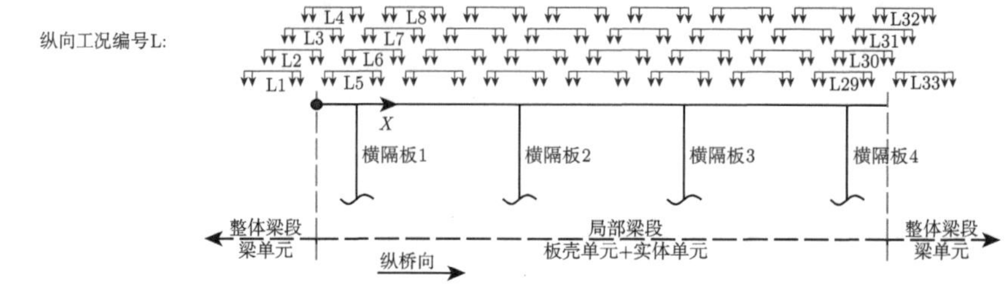

(a) 纵向工况L

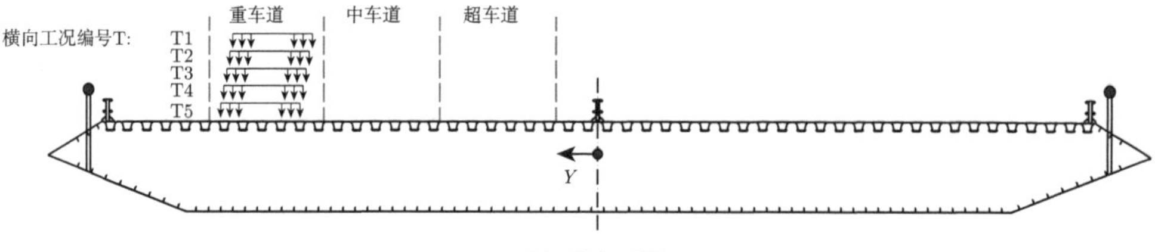

(b) 横向工况T

图 3.33　疲劳计算包含的荷载工况

6. 计算结果分析

1) 短栓钉剪力峰值

在提取应力历程之前，首先关注栓钉在不同荷载工况下的剪力峰值。由于模型中纵桥向抗剪和横桥向抗剪分别以不同的弹簧单元模拟，因而分别提取每个工况下全部栓钉沿这两个方向的剪力峰值，结果汇总如图 3.34 所示。

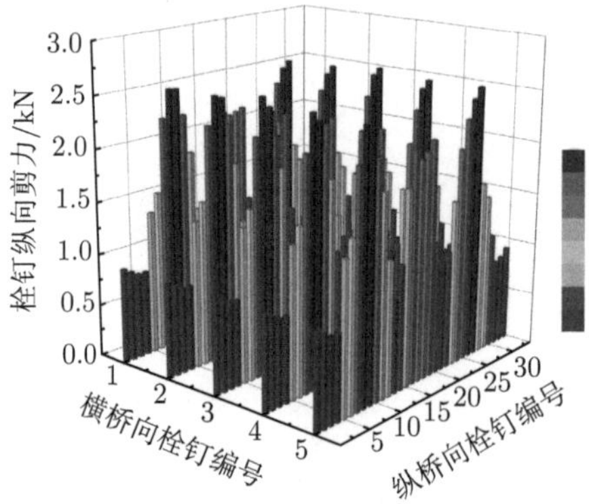

(a) 纵向剪力

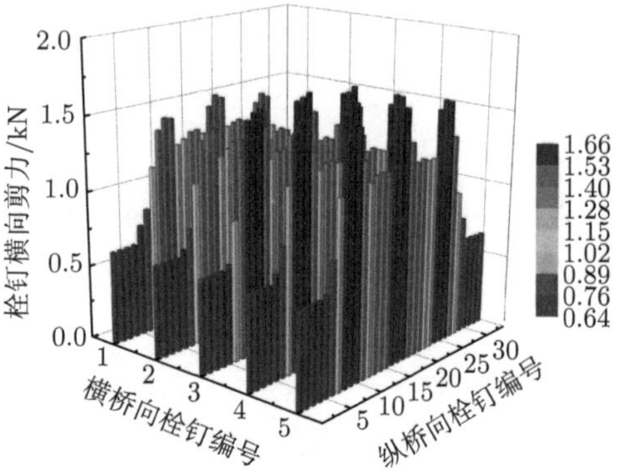

(b) 横向剪力

图 3.34　各工况下栓钉剪力峰值 (彩图请扫封底二维码)

由图 3.34 可知，无论是纵桥向还是横桥向，各工况下栓钉的剪力峰值均较小，其中纵桥向最大剪力为 2.61kN，横桥向最大剪力为 1.66kN，均小于栓钉的抗剪承载力 $Q_u = 60.1$kN。因此，对于静力受力，钢–薄层 STC 轻型组合桥面结构中的短栓钉具有足够的安全性，短栓钉控制设计的因素为疲劳设计。从该图还可以看出，总体而言，栓钉纵向剪力大于横向剪力，表明栓钉抗剪的纵向受力更为不利。

2) 栓钉剪力分布

以某一荷载工况为例，提取各个栓钉的剪力大小，并分别绘制成 3D 表面映射图和 2D 云图，如图 3.35 所示。图中栓钉纵向编号从图 3.33(a) 中 X 坐标原点开始，其中 L1 号栓钉为 $X = 100$ mm，L70 号栓钉为 $X = 13900$mm；而栓钉横向编号从图 3.33(b) 中 Y 坐标原点开始，其中 T1、T94 号栓钉分别靠近横断面中心位置和吊索位置。

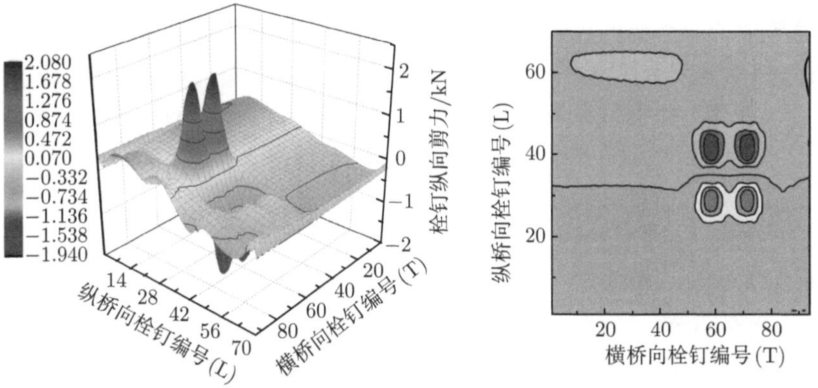

(a) 纵桥向剪力分布

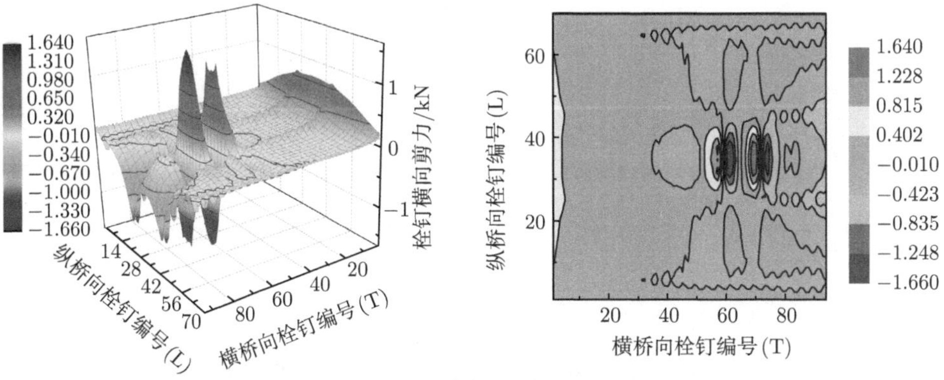

(b) 横桥向剪力分布

图 3.35 某一工况下栓钉内力分布 (彩图请扫封底二维码)

从图 3.35(a) 可以看出，就纵向剪力而言，大部分栓钉的剪力都较小，仅在车轮荷载下方出现高剪力区。这一现象说明影响栓钉纵向剪力分布的主要是单个车轮的作用，而多车轮的叠加范围很小。

而由图 3.35(b) 可以看出，总体而言，栓钉的横向剪力分布与纵向剪力分布具有相似的规律，即高剪力区位于车轮下方位置。但横向剪力的影响范围相对更大，在该图的右侧，靠近吊索侧栓钉的剪力仍然较高。这是因为加劲梁的横向支撑由吊索提供，该位置处的支撑刚度较大，使得栓钉横向剪力仍然较高。

3) 栓钉应力历程

疲劳验算首先要得到栓钉的应力历程，进而得到应力幅，再与 S-N 曲线进行比较，以判断其抗疲劳安全性。由前文的计算可知，栓钉的剪力分解为纵向和横向两个分量，随着车辆荷载的移动，这两个分量的大小、方向均在变化。因而，疲劳评估时需要计算两个分量的叠加效应，换言之，需要计算等效剪应力幅。

这里计算等效剪应力幅的思路是：首先计算栓钉在不同荷载工况下的纵、横向剪应力历程，然后分别计算沿两个方向的剪应力幅，$\Delta\tau_{\mathrm{L}}=\tau_{\mathrm{L,max}}-\tau_{\mathrm{L,min}}$、$\Delta\tau_{\mathrm{T}}=\tau_{\mathrm{T,max}}-\tau_{\mathrm{T,min}}$，最后根据双轴疲劳的能量原理计算等效疲劳应力幅：$\Delta\tau=\sqrt{\Delta\tau_{\mathrm{L}}^2+\Delta\tau_{\mathrm{T}}^2}$。

由于模型中的栓钉数量和荷载工况数量均较大，难以对每个栓钉都计算其应力历程。因此，为探明栓钉应力幅的分布规律，首先以局部模型中的 6 排栓钉为例，分析栓钉等效应力幅的分布情况。起点栓钉为离 2#横隔板最近的一排栓钉 ($X=5100\text{mm}$)，终点为距离跨中断面最近的一排栓钉 ($X=7100\text{mm}$)。每两排提取一次结果，对每排栓钉，按上述方法依次计算每个栓钉的应力分量历程、分量应力幅、等效应力幅。将各排栓钉的等效应力幅进行汇总，如图 3.36 所示。

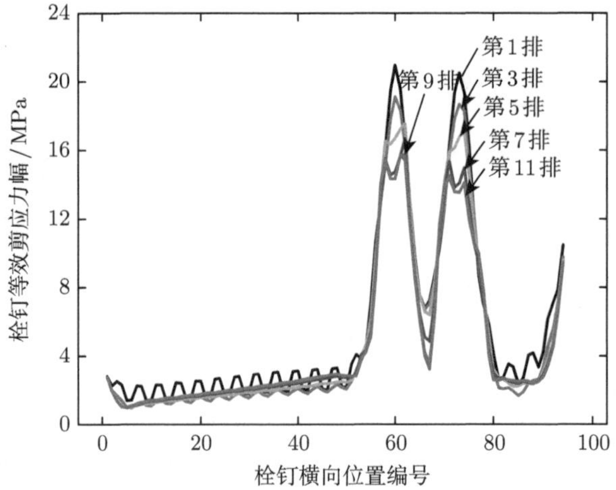

图 3.36　栓钉等效应力幅沿横桥向的分布

从图 3.36 可以看出，各条曲线的分布规律大致相似。在横桥向上，车轮下方栓钉的等效剪应力幅较大，并往两侧衰减。但靠近吊索位置附近时 (图中右侧)，栓钉的剪应力略有抬升，这是由于吊索为加劲梁提供竖向支撑，使得该区域内的栓钉剪力较大。由此可知，沿横桥向上，栓钉抗剪疲劳的不利位置位于车轮荷载下方区域，其中栓钉最不利横向位置编号分别为 T60 和 T73。

而在纵桥向上，从横隔板位置 (第 1 排) 往跨中位置 (第 11 排)，栓钉的等效剪应力幅逐渐下降。这表明沿纵桥向上，横隔板断面附近的栓钉抗剪更为不利。为便于观察，图 3.37 将各排栓钉的最大等效剪应力幅进行了对比。从该图可以看出，横隔板断面处最大等效剪应力与跨中断面处最大等效剪应力之比为 21.0 MPa/15.7 MPa ≈ 1.34。

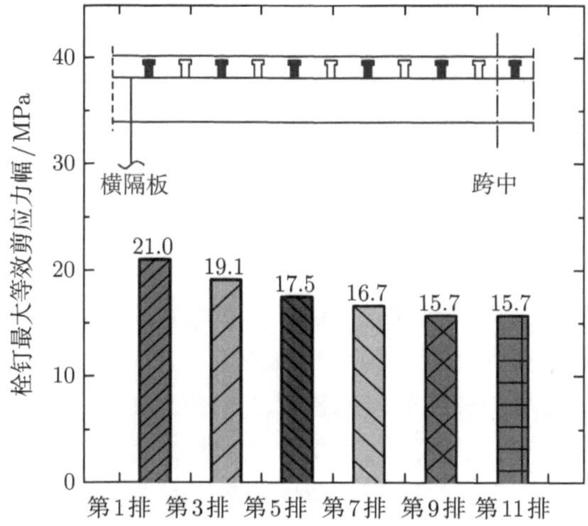

图 3.37 不同纵向位置栓钉最大等效剪应力幅对比

4) 栓钉抗剪疲劳评估

根据《公路钢结构桥梁设计规范》，当采用疲劳荷载计算模型 III 进行疲劳验算时，应满足以下验算条件：

$$\gamma_{Ff}\Delta\tau_{\mathrm{E2}} \leqslant \frac{\Delta\tau_{\mathrm{c}}}{\gamma_{Mf}} \tag{3.21}$$

式中，γ_{Ff} 为疲劳荷载分项系数，取 1.0；γ_{Mf} 为疲劳抗力分项系数，对重要构件取 1.35，对次要构件取 1.15；$\Delta\tau_{\mathrm{E2}}$ 为按 200 万次常幅疲劳循环换算得到的等效常值应力幅；$\Delta\tau_{\mathrm{c}}$ 为 200 万次常幅疲劳循环的疲劳应力强度 (MPa)。

规范还规定，当对正交异性钢桥面板中的细节进行疲劳验算时，需要考虑疲劳荷载的横向分布，并计算荷载横向分布引起的等效应力幅。疲劳荷载横向布置的原则已在前文介绍，不予赘述，而等效应力幅的计算如下：

$$\Delta\tau_{\mathrm{E2}}=\gamma\sqrt[3]{0.5w_1^3+0.18w_2^3+0.18w_3^3+0.07w_4^3+0.07w_5^3} \tag{3.22}$$

$$w_i=\tau_{p\max,i}-\tau_{p\min,i}\quad(i=1,2,3,4,5) \tag{3.23}$$

式中，$\Delta\tau_{\mathrm{E2}}$ 为按 200 万次常幅疲劳循环换算得到的等效常幅应力幅；γ 为损伤等效系数，$\gamma=\gamma_1\cdot\gamma_2\cdot\gamma_3\cdot\gamma_4$，且 $\gamma\leqslant\gamma_{\max}$，其中 γ_1、γ_2、γ_3、γ_4、$\gamma_{\max}$ 按规范取值；w_i 为车辆作用在第 i 个横向位置引起的疲劳应力幅；$\tau_{p\max,i}$、$\tau_{p\min,i}$ 分别为疲劳荷载作用在第 i 个横向位置时引起的最大和最小应力。

这里简要讨论下损伤等效系数 γ 的取值。根据规范，损伤等效系数需要考虑的因素包括：构件的影响线临界长度、交通量、设计寿命以及多车道效应，计算过程较为复杂。对于本节关注的短栓钉，其局部受力突出，影响线短，因而这里偏保守地直接按 $\gamma=\gamma_{\max}$ 取值。由前文分析可知，栓钉抗剪影响线长度不超过两倍的横隔板间距 (8m)，根据规范，当构件影响线长度不超过 10m 时有：跨中部分 $\gamma_{\max}=2.5$，支座部分 $\gamma_{\max}=1.8$。这里支座部分的范围依照规范取为横隔板左右两侧各 0.15 倍的跨径，即每个横隔板前后 600mm 范围内定义为支座部分，其余部分则为跨中部分。

在明确规范对疲劳验算的规定后，接下来对栓钉进行疲劳评估。由前文分析可知，栓钉抗剪疲劳最不利横向位置为车轮荷载的正下方区域 (栓钉横向编号为 T60 和 T73)。因此，仅以这两个横向编号的栓钉进行全部工况的应力历程分析，并根据式 (3.21) 得到最终的疲劳应力幅。对于每个横向栓钉编号，计算了该横向位置上各个栓钉的应力历程、应力幅，并得到了考虑车辆荷载横向作用位置的等效应力幅。

计算表明，T60 和 T73 位置处栓钉的应力幅较为接近，此处仅给出 T60 位置栓钉的计算结果，如图 3.38 所示。图中“原始应力幅”指未考虑损伤系数的应力幅，而“疲劳验算应力幅”是指考虑了损伤系数 γ 的最终应力幅。

从图 3.38 可以看出：① 当未考虑损伤等效系数时，栓钉原始疲劳应力幅的分布规律是横隔板附近位置大、跨中区域小，这一现象与前文图 3.37 的规律一致。但是在局部模型的两端，疲劳应力幅明显较小，应该是由多尺度模型中整体–局部梁段刚度变化所引起，该交界面的影响范围大约为交界面前后 1m，使得该区域内栓钉应力较小，而其他区域内栓钉应力幅分布规律具有良好的周期性。② 当考虑损伤等效系数后，疲劳验算应力幅的分布规律是：在交界面的影响范围外，不同纵向位置处栓钉中的应力幅差异不大，大体在 30~44MPa 变化，这意味着当栓钉的横向位置固定时，其纵向上各个位置的栓钉疲劳开裂风险接近。换言之，当栓钉横向处于不利位置时，该位置上纵向各个栓钉均不利。

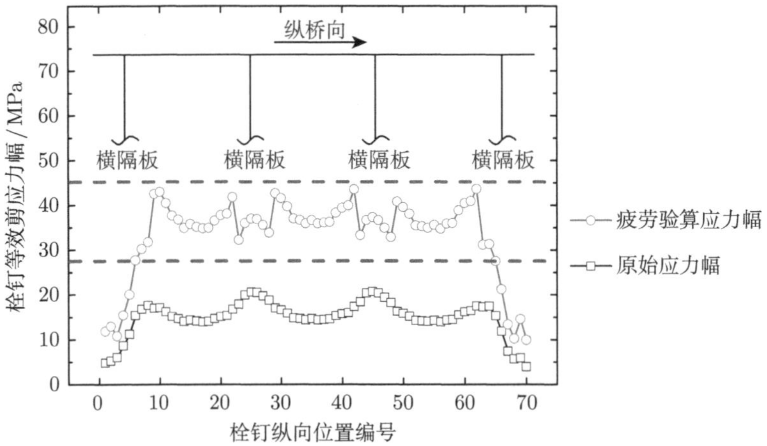

图 3.38 栓钉抗剪疲劳计算结果 (横向栓钉编号 T60)

根据计算结果，栓钉中的最大等效剪应力幅为 $\gamma_{Ff}\Delta\tau_{E2}=1.0\times43.6=43.6\text{MPa}$，而栓钉容许的抗剪承载力为 $\dfrac{\Delta\tau_c}{\gamma_{Mf}}=\dfrac{94.6}{1.15}=82.2(\text{MPa})$，这里取疲劳抗力分项系数为 $\gamma_{Mf}=1.15$。经对比，$\gamma_{Ff}\Delta\tau_{E2}<\dfrac{\Delta\tau_c}{\gamma_{Mf}}$，满足抗疲劳设计要求。因此，在背景桥钢–薄层 STC 轻型组合桥面结构中采用 155mm×200mm (横桥向 × 纵桥向) 的栓钉布置方案可行。

5) 栓钉疲劳滑移验算

根据前文计算结果，栓钉在疲劳荷载作用下的最大剪应力幅为 21.0MPa。根据栓钉截面面积，可得最大的剪力幅为 2.8kN，因计算中取栓钉的抗剪刚度取 60.1kN/mm，则可得栓钉的最大滑移值为 0.046mm，小于界面滑移限制 0.05mm，满足设计要求。其中，轻型组合桥面钢-STC 间剪力键滑移限制的规定见本书第 9 章，我国《公路钢混组合桥梁设计与施工规范》(JTG-T D64-01-2015) 对于普通钢–混凝土组合桥梁结构中剪力键滑移限制规定为 0.2mm，与结构耐久性有关，借鉴这一理念，对于轻型组合桥面，滑移限制规定为 0.05mm，同样与结构耐久性有关。

3.3 焊网剪力键的抗剪性能及设计

3.3.1 焊网剪力键研发目的

钢-STC 轻型组合桥面板已经广泛运用于多座新建桥梁和改造旧桥中，如以杭瑞高速洞庭湖大桥为代表的新建桥梁；以广东汕头礐石大桥、天津海河大桥为代表的改造桥梁。在众多改造实桥应用中，原铺装层厚度约 75mm，改造均采用短栓钉剪力连接件 (直径 13mm，焊后高度 35mm)，STC 层厚约 45mm，加上磨耗层厚度约 30mm，总厚度与原有桥面铺装层厚度持平，基本不改变原有结构体系的整体受力状况。

然而对于铺装层厚仅 50~55mm 的大跨径柔性钢桥，由于桥梁对自重极其敏感，为保证新桥面与原桥面在自重上基本持平，需要使用超薄的 STC 层 (如 35mm)，上铺 10~20mm 的沥青层。此时采用常规小尺寸栓钉剪力连接件同样不能满足要求，因为栓钉自身高度已达到 35mm。为此提出了焊接钢筋网剪力键构造，即将钢筋网间断焊接在钢桥面上形成剪力键，由于钢筋网构造高度低，能满足 30~35mm 薄层 STC 的要求。

3.3.2　焊网剪力键的抗剪静力性能

1. 模型试验

1) 试验模型设计与制作

为研究焊缝长度及钢-STC 界面处理方式对焊接剪力键抗剪性能的影响，试验设计了 6 组共 12 个推出试件，如表 3.9 所示，其中涂油处理是指在浇筑 STC 板之前，在工字钢板表面涂抹脱模剂，以消除钢-STC 界面间的自然黏结。试验尺寸设计参考了欧洲规范 4 中标准推出试件尺寸，并进行局部改进。针对文献 [31] 出现的由于应力集中导致基座开裂的问题，对试件基座进行局部加强，试件具体构造如图 3.39 所示。推出试件中间部分为焊接工字钢，钢板厚度均为 12mm，采用 Q345 钢。两侧为 35mm 厚的密配筋 STC 板，钢筋均采用 HRB400 带肋钢筋，纵横向钢筋的直径均为 10mm，长度分别为 350mm 和 270mm，钢筋横向间距为 55mm，纵向间距为 50mm。推出试件两侧各设置 4 个焊网剪力键，其焊缝部分由纵向钢筋与钢板之间的间断焊缝 (焊缝 1) 和纵横钢筋间点焊 (焊缝 2) 组成，其中纵筋–钢板间的间断焊缝长度分别为 25mm、35mm 和 50mm，焊脚尺寸约为 6mm；焊网剪力键横向间距为 110m，纵向间距为 200mm。焊网剪力键示意图和实物图如图 3.40 所示。

表 3.9　试件设计参数

试件编号	焊缝长度	界面处理
A1-25 \ A2-25	25mm	自然黏结
B1-25 \ B2-25	25mm	涂油
A1-35 \ A2-35	35mm	自然黏结
B1-35 \ B2-35	35mm	涂油
A1-50 \ A2-50	50mm	自然黏结
B1-50 \ B2-50	50mm	涂油

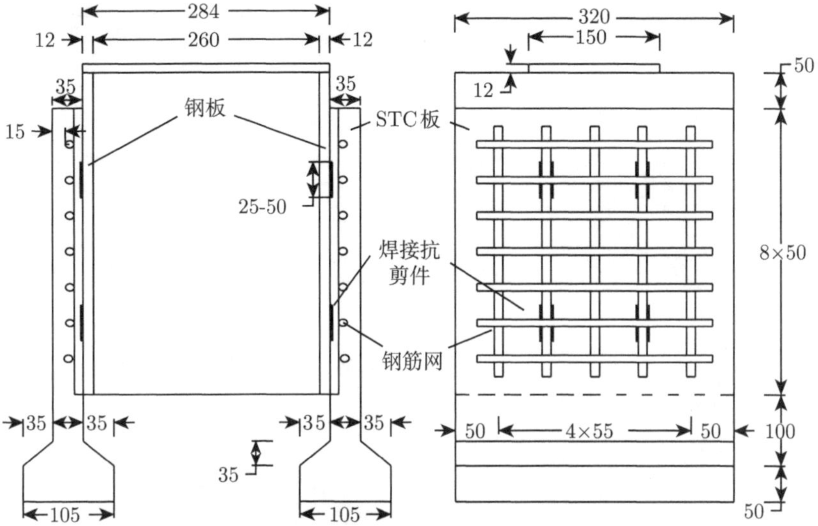

图 3.39 推出试件几何尺寸 (单位：mm)

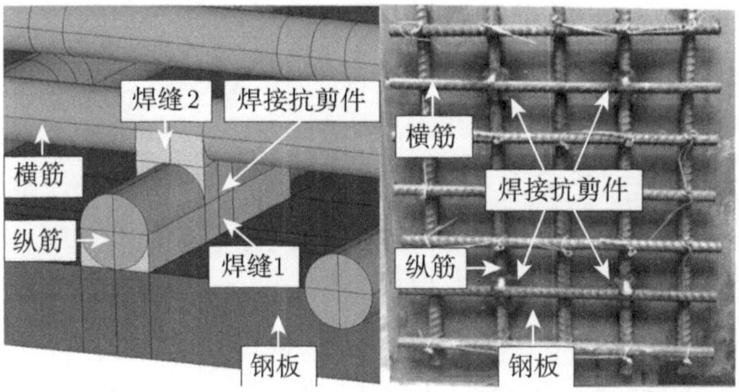

(a) (b)

图 3.40 焊网剪力键示意图 (a) 和实物图 (b)

试件制作过程具体分为以下几个步骤：制作工字钢结构，焊接局部钢筋网，立模浇筑 STC 板，自然养护和高温蒸养，最后拆除模板进行试验。而对于涂油试件，为避免纵横筋受脱模剂影响，在浇筑 STC 板前，先对钢板涂油，然后焊接钢筋网于钢板上，具体制作流程如图 3.41 所示。STC 浇筑完后在自然环境中放置 48h，然后开始高温蒸汽养护。一般而言，STC 的高温蒸汽养护条件为在温度不低于 90℃ 的环境下持续养护 48h[2]，本试验试件实际养护温度为 100℃ 左右，持续养护时间为 48h。

(a) 制作工字钢　　(b) 钢板表面涂油　　(c) 焊接钢筋网

(d) 高温蒸养　　(e) 养护结束

图 3.41　涂油试件制作流程

焊网剪力键的焊缝部分采用双面焊接，施焊过程严格控制焊缝质量，焊接作业由具有相应资质的焊接技术人员施行，焊接设备采用 NBC350 气体保护焊机，焊缝材料型号为 ER50-6 气体保护焊丝，规格为 Φ1.2mm。施焊过程保证焊缝长度与设计值相差不超过 2mm，焊后质量检验采用外观检测，尽量避免出现焊接裂纹、未焊满、咬边等问题。焊网剪力键焊缝 1 的长度分为 25mm、35mm、50mm，如图 3.42 所示。

(a) 25mm 焊网剪力键　　(b) 35mm 焊网剪力键　　(c) 50mm 焊网剪力键

图 3.42　不同焊缝长度的焊网剪力键

2) 加载装置与加载方案

推出试验均采用力控制加载方式，试验加载装置如图 3.43 所示。加载仪器采用 200t 压力试验机 (型号为 YE-200A)，同时使用 150t 压力传感器记录并校核压力值，界面相对滑移由千分表采集，千分表布置在 STC 板侧面平行焊网剪力键处，共布置 8 个千分表；在靠近焊网剪力键的钢板背面布置电阻应变片，测量钢板沿焊缝长度的纵向应变，应变片布置位置如图 3.44 所示，应变采集仪器为 TDS-602

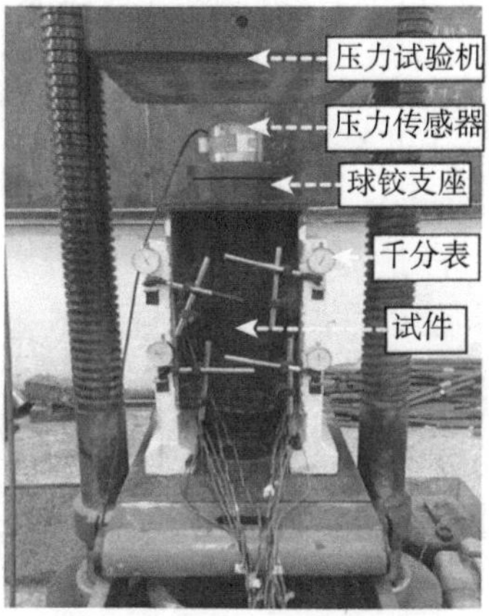

图 3.43 试验加载装置

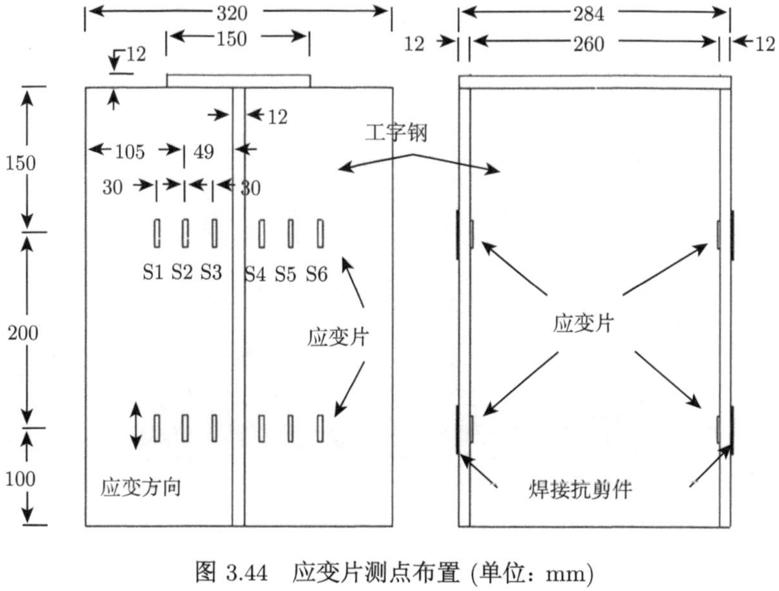

图 3.44 应变片测点布置 (单位：mm)

静态应变测试仪。试验加载前首先将试件安放在加载平台上，试件底部铺撒少量细石英砂，以确保试件保持平稳；然后依次在推出试件顶部安放球铰支座和压力传感器。

试验过程中通过六弦记录仪读取压力传感器的读数，并时刻与压力试验机上油泵读数进行校核，以准确控制试验力的大小。试验加载方案为：在正式加载前，先进行预加载，分四次加载至 200kN，然后卸载，以帮助检验试件是否安放平稳及有无偏载现象；正式加载以每级 50kN 加载，直至试件破坏。达到每级指定试验力后，持荷两分钟再进行读数，并检查试件是否出现开裂及破损现象。

3) 破坏模式和试验现象

12 个推出试件的破坏模式可分为两类：破坏模式一为推出试件一侧焊网剪力键的焊缝 1 全部剪断，STC 板与工字钢完全脱开，而该侧 STC 板无破损现象；破坏模式二为推出试件一侧的焊缝 2 剪断，纵筋连同焊缝 1 从 STC 板内拔出，STC 层发生局部破损并与工字钢脱开。两种不同破坏模式如图 3.45 所示。

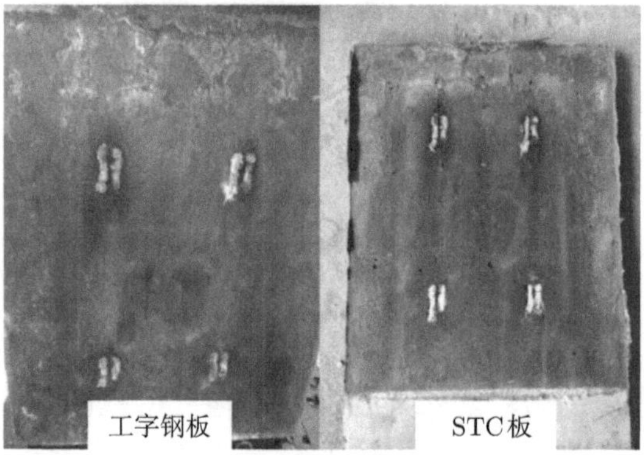

(a) 焊缝剪断

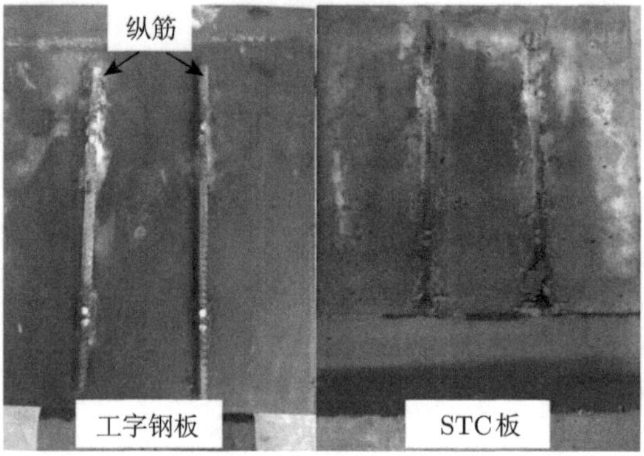

(b) 纵筋拔出

图 3.45　破坏模式

试验加载过程中的现象也存在较为明显的差异：对于破坏模式一的未涂油试件：A1-25、A2-25、A1-35 和 A2-35，加载初期界面滑移值随荷载增加变化很小，当荷载增加至 250~450kN 时，试件发出轻微的撕裂声，并在钢板与 STC 界面处发现间隙裂缝，最大裂缝宽度约为 0.04mm，如图 3.46 所示；随着荷载增加，裂缝宽度缓慢增加；当荷载接近极限承载力时，试件发出持续的撕裂声，同时千分表指针迅速旋转，界面滑移显著增加；当荷载达到峰值后，力传感器显示荷载轻微下降，随后一声巨响，试件一侧 4 个焊网剪力键的纵筋与钢板间断焊缝 (焊缝 1) 全部剪断，STC 板与钢板完全脱离，试件破坏；对于涂油试件：B1-25、B2-25 和 B1-35，加载过程现象的不同之处为从加载初期到破坏前都无明显撕裂声，滑移随着荷载增加缓慢增加，而破坏时的现象与前者相似；对于破坏模式二的涂油与未涂油试件：B2-35、A1-50、B1-50 和 B2-50，加载前期现象与前者并无差别，但当荷载接近极限承载力时，试件发出响声并且滑移迅速增加，力传感器并未出现下降，破坏呈现明显的脆性破坏，破坏时一侧两根纵筋连同焊缝 1 和工字钢板从 STC 板中拔出。

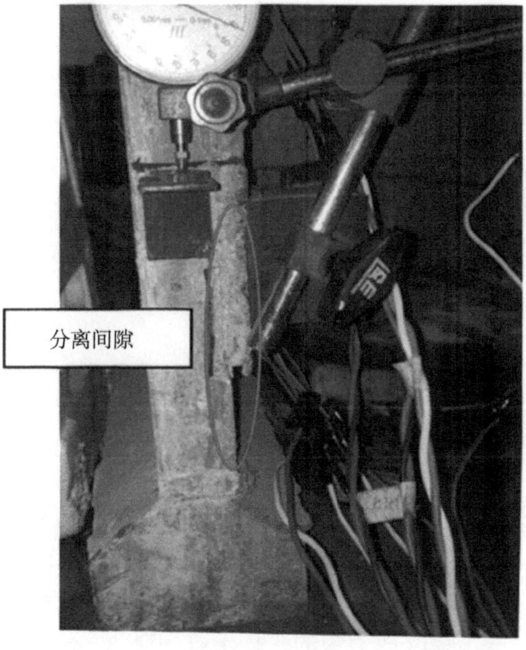

图 3.46 界面分离间隙

观察破坏后的试件发现，对于焊缝剪断的试件，STC 板保持完好，未出现混凝土开裂、压碎和剥离的现象，破坏是由一侧纵筋与钢板间的焊缝全部剪断引起的；

而对于纵筋拔出的试件，纵筋连同焊缝和钢板与 STC 层脱离，纵筋位置处的 STC 层出现明显破损和脱落现象，破坏是由纵筋与 STC 黏结失效引起，同时纵筋与横筋间的点焊缝 (焊缝 2) 发生剪切破坏。出现的两种破坏模式表明焊网剪力键静力破坏与 STC 纵筋间的黏结强度和焊缝自身抗剪强度有关。不过无论是哪种破坏形式，12 个试件的工字钢板均未发现裂缝与损坏现象。

2. 试验结果与分析

1) 焊网剪力键极限承载力

12 个静力推出试件均加载至破坏，获得了各个试件的极限承载力及破坏模式，结果汇总如表 3.10 所示。

表 3.10　试验结果

试件编号	焊缝长度/mm	界面处理	抗剪承载力/kN	破坏模式
A1-25	25	自然黏结	748	焊缝剪断
A2-25		自然黏结	781	焊缝剪断
B1-25		涂油	858	焊缝剪断
B2-25		涂油	788	焊缝剪断
A1-35	35	自然黏结	859	焊缝剪断
A2-35		自然黏结	1064	焊缝剪断
B1-35		涂油	898	焊缝剪断
B2-35		涂油	920	纵筋拔出
A1-50	50	自然黏结	916	纵筋拔出
A2-50		自然黏结	984	基座破坏 *
B1-50		涂油	1049	纵筋拔出
B2-50		涂油	1360	纵筋拔出

注：表中 * 标记的基座破坏是因试件搬运过程意外跌坏，基座侧面产生了横向裂缝，在试验前进行了加固处理。

根据试验结果，计算 3 组不同焊缝长度的极限承载力平均值，得到 25mm、35mm、50mm 焊缝长度的极限承载能力平均值分别约为 794kN、935kN 和 1077kN，可以发现焊网剪力键的极限承载力较高，基本随焊缝长度增加而提高；对于焊缝剪断的两组试件，25mm 焊网剪力键的平均承载力是 35mm 焊网剪力键的 84.5%，大致接近于两者焊缝长度的比值 (71.4%)；对于纵筋拔出的试件，由于纵筋与 STC 间黏结强度低于焊缝抗剪强度，所以破坏是由黏结失效引起的；从试验结果上可以看出，当焊接长度为纵筋埋入长度的 20%时，同时出现焊缝剪断和纵筋拔出两种破坏模式，表明纵筋焊接长度比例 20%为两种破坏模式的临界值。这意味着当纵筋焊接长度比例低于 20%时，焊网剪力键极限承载力取决于焊缝长度；而当纵筋焊接长度比例高于 20%时，试件抗剪承载能力主要取决于纵筋与 STC 间的黏结强度。因此影响焊网剪力键的承载力主要因素为纵筋黏结强度和焊缝抗剪强度。其中，影响黏结强度包括混凝土的组分、力学性能和保护层厚度，以及钢筋的间距、外形和黏结长度。安明喆和张盟 [32] 根据试验结果提出的变形钢筋与活性粉末混凝土黏结强度计算回归公式：

$$\tau_{\mathrm{u}} = 6.53\frac{c}{d} - 0.74\frac{l}{d} + 8.09 \tag{3.24}$$

式中，τ_{u} 为极限黏结应力 (MPa)，c、l 和 d 分别代表钢筋的保护层厚度、有效黏结长度和直径。从该式可以看出，黏结极限应力与保护层厚度成正比，而与有效黏结长度成反比。需要说明的是该式的适用范围为：c/d 在 3.5~5 内，l/d 在 2~8 内，并且该式没有考虑横向钢筋的影响，而实际上横向钢筋在黏结性能中起到很重要的作用，横向钢筋可以防止混凝土发生劈裂破坏从而提高极限黏结强度，并使试件由脆性破坏转换为塑性变坏 [33]。由于该公式是根据中心拔出试验结果而推导出的，与本节试件中钢筋的受力情况不同，并且采用的活性粉末混凝土配合比及钢纤维掺量也与本节试验 STC 有差异，因此计算结果存在较大偏差。本节决定根据试验结果来推算 STC 中纵筋黏结极限强度：取 4 个黏结破坏的试件进行极限黏结强度计算

$$\tau_{\mathrm{cu}} = \frac{Q_{\mathrm{u}}}{\pi d l_{\mathrm{c}}} \tag{3.25}$$

式中，Q_{u} 为试件的极限承载力，钢筋直径 d 为 10mm。对于有效纵筋黏结长度 l_{c} 的取值，直接将纵筋长度作为有效黏结长度；而由于钢筋紧贴在钢板表面上，因此仅考虑二分之一倍纵筋侧面积作为黏结面积；一个推出试件的所有焊网剪力键共包含 4 根纵向钢筋，总长度为 1400mm，因此 35mm、50mm 焊网剪力键的纵筋黏结总长度为 1400mm。4 个试件极限黏结强度结果如表 3.11 所示。根据焊缝剪断的试件计算焊缝抗剪强度，结果如表 3.12 所示。考虑到材料强度标准值应具有不小于 95%的保证率，材料的强度标准值取为 $f_{\mathrm{k}} = f_{\mathrm{m}}(1 - 1.645\delta_{\mathrm{f}})$，其中 f_{m} 为材料强度平均值，δ_{f} 为变异系数。

表 3.11 极限黏结强度 τ_{cu}

试件编号	焊缝长度/mm	黏结总长度/mm	极限承载力/kN	极限黏结强度/MPa		
B2-35	35		920	41.9		
A1-50			916	41.7		
B1-50	50	1400	1049	47.7	f_{m}	δ_{f}
B2-50			1360	61.9	48.3	0.196

表 3.12　焊缝抗剪强度 τ_{wu}

试件编号	焊缝总长度/mm	名义截面面积/mm^2	极限承载力/kN	焊缝抗剪强度/MPa
A1-25	$25\times2\times8=400$	1680	748	445
A2-25			781	465
B1-25			858	511
B2-25			788	469
A1-35	$35\times2\times8=560$	2352	859	365
A2-35			1064	452
B1-35			898	382

注：焊缝抗剪强度平均值 $f_m=441$，焊缝抗剪强度变异系数 $\delta_f=0.116$。

其中，焊缝的名义截面面积取为角焊缝的焊喉尺寸 ($h_e=\sqrt{2}/2h_w=4.2$mm) 与焊缝总长度的乘积。此外，材料强度设计值还需考虑材料分项系数，本节取极限黏结强度和焊缝抗剪强度设计值的材料分项系数分别为 1.45 和 1.2，由此得到两者设计值分别为 22.6MPa 和 297.4MPa。

通过以上结果，可以得到焊网剪力键承载力的计算公式：

$$Q_u=\min\left\{\sqrt{2}/2h_wl_w\tau_{wud},1/2\pi dl_c\tau_{cud}\right\} \tag{3.26}$$

式中，h_w 为焊脚尺寸；l_w 为焊缝总长度；l_c 为纵筋黏结总长度。

为了探究界面黏结对焊网剪力键承载力的影响，将 12 个试件的极限承载力绘制成柱状图，如图 3.47 所示。

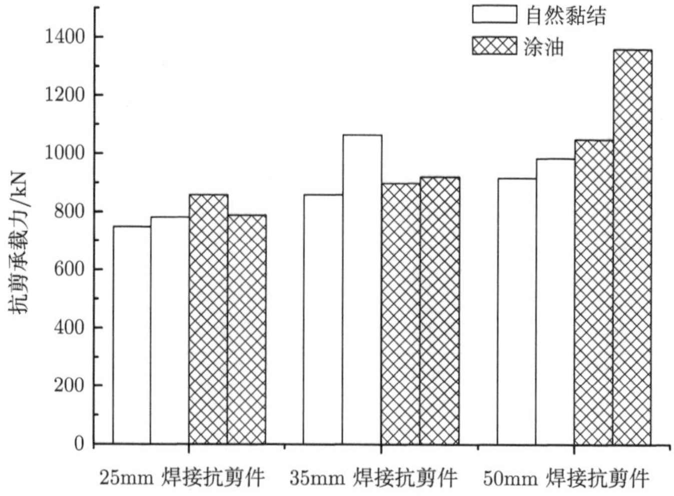

图 3.47　不同界面处理的抗剪承载力

据图 3.47 可知，界面是否涂油对焊网剪力键抗剪承载力无显著影响，即界面黏结对焊网剪力键极限承载力的贡献几乎可以忽略。而这与 STC 中短栓钉的研究结论不同，文献 [19] 进行了三个短栓钉推出试验，其中一个试件界面涂抹润滑油而另外两个试件界面未涂抹，试验结果表明两个未涂油试件的屈服强度较涂油试件分别提高了 36%和 44%，结论为界面黏结可有效降低短栓钉抗剪破坏，提高钢-STC 界面抗剪性能。界面黏结对短栓钉与焊网剪力键影响不同的原因主要是焊网剪力键承载力较高，如 25mm 焊网剪力键极限承载力平均值达 794kN，而短栓钉 (直径 13mm，高度 35mm) 最高的极限承载力仅为 413kN，根据试验现象及荷载–滑移曲线 (图 3.48) 可知，当荷载达到 250~450kN，即滑移量达到 0.025mm 时，钢板与 STC 板间的界面已经开始脱黏，表明界面黏结所能提供的承载力在 450kN 以下；界面脱黏后，焊网剪力键主要为焊缝及纵筋与 STC 的黏结在承担剪力。因此焊网剪力键的承载力与钢-STC 界面黏结无关，而主要与焊缝抗剪强度及纵筋与 STC 黏结强度有关。

2) 实测荷载–滑移曲线

试验通过 8 个千分表记录了每级荷载下钢-STC 板的界面滑移，将 8 个千分表数据取平均，作为试件的平均界面滑移值，由此得到 12 个推出试件实测荷载–滑移曲线，如图 3.48 所示。

根据实测荷载–滑移曲线可以发现：① 当荷载较小时，荷载–滑移曲线大致呈线性变化；而随着荷载增加，界面滑移量缓慢增大；但当荷载接近承载力时，曲线逐渐趋于水平；② 对于未涂油试件 (编号为 A 系列试件)，当试件加载至 250~450kN 时，荷载–滑移曲线出现明显拐点，原因为 STC 板与钢板开始脱黏，从而导致整体抗剪刚度发生变化；③ 对比涂油与未涂油试件的荷载–滑移曲线可以发现，加载前

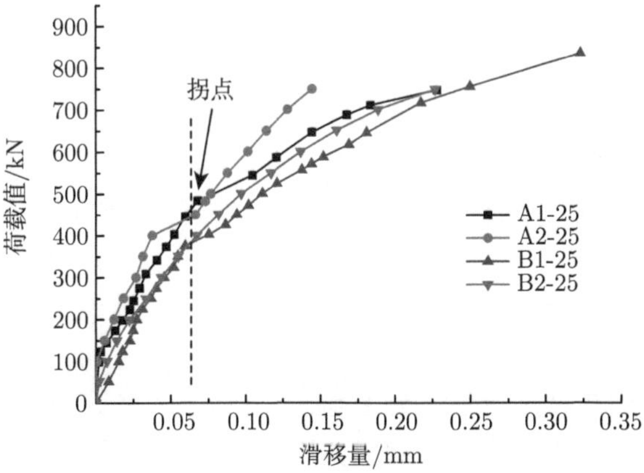

(a) 25mm 试件

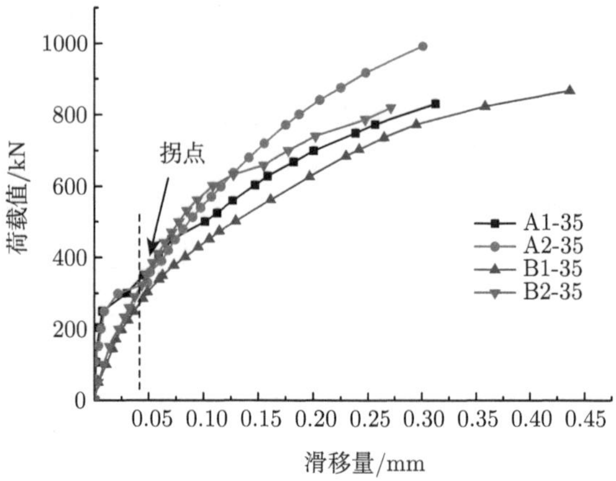

(b) 35mm 试件

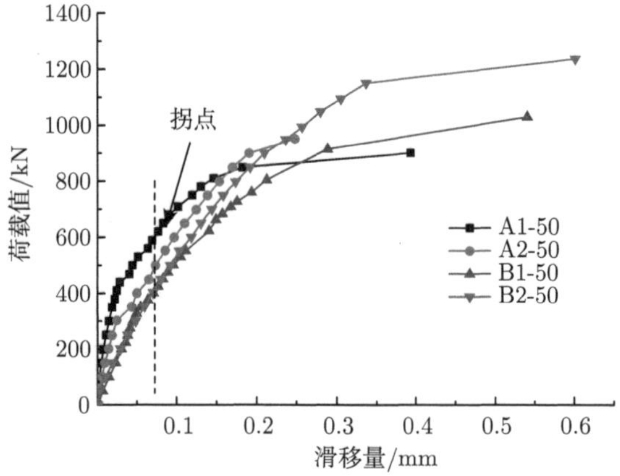

(c) 50mm 试件

图 3.48　静力荷载–滑移曲线

期，在相同荷载下，未涂油试件的界面滑移量低于涂油试件，表明前者抗剪刚度大于后者；而随着荷载增加，两种曲线的斜率逐渐接近。

图 3.49 对比了直径为 13mm、高为 35mm 的栓钉连接件与焊网剪力键的荷载–滑移曲线，两个栓钉连接件荷载–滑移数据均取自文献 [19]，其中单个栓钉的抗剪承载力和抗剪刚度分别为 51.63kN/mm 和 117.05kN/mm；而焊网剪力键荷载–滑移曲线取 4 个焊缝长度为 25mm 的试验数据。根据文献 [12]，栓钉焊缝名义直径为 17mm，计算得到焊接面积为 226.9mm^2；而单个 25mm 焊网剪力键焊缝 1 的宽度约为 12mm，得到其焊接面积约为 300mm^2。结合本节试验结果，在单位焊接面积下 (mm^2)，焊网剪力键的抗剪承载力为栓钉的 1.5 倍，抗剪刚度为 7.5 倍。此外，相对于栓钉连接件，焊网剪力键还具有高度低的优势，其总高度仅为纵横向钢筋直径叠加 (20mm)，因此可适用于 STC 层仅为 35mm 厚的轻型组合桥面结构。

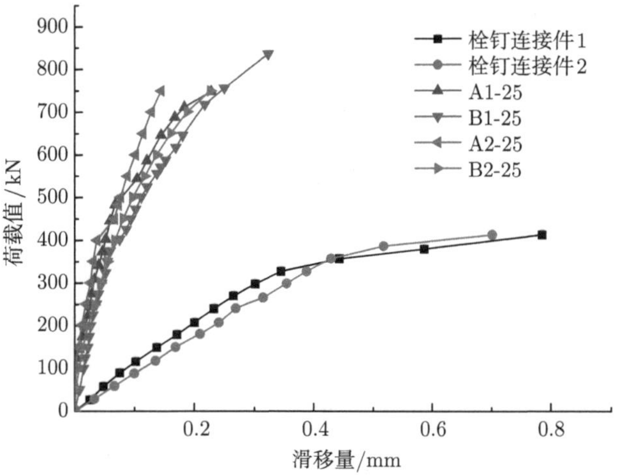

图 3.49 荷载–滑移曲线对比

3) 抗剪刚度计算

抗剪刚度反映连接件在抵抗剪切力而产生变形的能力，由于焊网剪力键是一种新型的抗剪连接件，目前尚无该抗剪刚度的计算公式。因此参考各国规范和文献，给出以下几种抗剪刚度的计算方法。

(1) 日本钢结构协会规定 (JSSC)[14]：根据剪力连接件的剪力–滑移量曲线，连接件的抗剪刚度取 1/3 倍抗剪承载力位置处的割线刚度，即抗剪承载力的 1/3 与该荷载下滑移量的比值：

$$k = \frac{1/3Q_{\mathrm{u}}}{\delta_{1/3}} \tag{3.27}$$

(2) 根据欧洲规范 4[5] 的 A.3 附录，抗剪刚度定义为 0.7 倍极限承载力所对应的割线刚度：

$$k = \frac{0.7Q_{\mathrm{u}}}{\delta_{0.7}} \tag{3.28}$$

(3) 基于试验得到的荷载–滑移曲线可知，当滑移量达到 0.025mm 时，钢与 STC 板间界面开始脱黏，荷载–滑移曲线出现突变；当滑移量小于 0.025mm 时，试件处于弹性阶段内，滑移量随荷载呈线性变化。因此，根据这一特点计算焊网剪力键的抗剪刚度，即取 0.025mm 滑移处的割线模量作为抗剪刚度，简称为 0.025mm 割线法。该方法的优势是根据固定滑移量的刚度取值，这样可避免由于试件极限承载力试验值相对离散引起的计算误差。

在各国规范中，对于抗剪连接件抗剪刚度的取值均与抗剪承载力相关。根据试验结果，各试件抗剪承载力有一定规律但依然存在较明显的离散性，从而导致计算刚度的离散性。为了更清楚地描述各方法计算结果的离散程度，本节计算了各方法的变异系数，具体计算步骤为：先计算每组两个相同试件的变异系数，然后将 6 组得到的系数取平均，得到每种方法的平均变异系数。根据实测的荷载–滑移曲线计算得到的单个焊网剪力键抗剪刚度结果如表 3.13 所示。据表 3.13 可知，0.025mm 割线法的变异系数最小，表明其离散程度较低。因此，建议采用 0.025mm 割线法计算焊网剪力键的抗剪刚度。

表 3.13　抗剪刚度计算

试件编号	抗剪刚度取值方法及计算值/(kN/mm)		
	日本规范	欧洲规范 4	0.025mm 割线法
A1-25	1212	716	1230
A2-25	1634	794	1450
B1-25	838	474	940
B2-25	910	584	1026
A1-35	1520	512	1470
A2-35	866	453	1515
B1-35	779	397	1030
B2-35	948	573	1055
A1-50	2545	974	2188
A2-50	1191	702	1573
B1-50	800	512	1036
B2-50	698	500	958
变异系数	23.38%	13.49%	8.38%

结合各方法特点，分析计算结果可知以下几点。

(1) 界面涂油处理 (B 系列试件) 大幅度降低了焊网剪力键的抗剪刚度，尤其是在弹性阶段，降幅达 25%～40%；而在塑性发展阶段，随着滑移量增加，界面黏结逐渐退出工作，抗剪刚度主要由焊缝自身和纵筋与 STC 间的黏结提供。因此在塑性阶段，两类试件的抗剪刚度差异变小。

(2) 针对日本规范计算结果，焊网剪力键的抗剪刚度受焊缝长度影响明显，抗剪刚度随焊缝长度增加而增大。由于 1/3 极限荷载值基本处于试件弹性阶段内，可以认为该方法的计算结果适用于正常使用极限状态下刚度计算，但缺点是抗剪刚度计算受极限承载力影响，计算结果离散性偏大。

(3) 根据欧洲规范 4，当抗剪刚度取为 0.7 倍极限承载力的割线刚度时，焊网剪力键此时处于塑性发展阶段，滑移量增加显著，由此计算得到的抗剪刚度偏小，并且涂油与未涂油试件的抗剪刚度差异较小。

(4) 由于剔除了极限承载力对抗剪刚度的影响，建议的 0.025mm 割线法计算得到的结果较为合理。当不考虑钢板与 STC 的自然黏结时，此方法计算得到单位长度 (mm) 的焊网剪力键抗剪刚度为 29.68kN/mm，考虑黏结时为 44.61kN/mm。

针对 50mm 涂油试件抗剪刚度计算值较 25mm、35mm 涂油试件抗剪刚度偏低的结果，初步分析原因为 50mm 焊网剪力键的刚度受纵筋黏结长度的影响，焊缝长度的增加导致纵筋与 STC 黏结长度减少，从而引起抗剪刚度降低。

3.3.3 焊网剪力键的抗剪疲劳性能

1. 模型试验

根据 25mm 焊网剪力键静力试验结果，破坏由焊缝剪断引起，焊缝作为主要受力元件可能发生疲劳断裂；然而在研究焊网剪力键疲劳性能时，不仅需要关注焊缝疲劳抗剪强度，还需要关注焊缝附近钢板的应力状态，因为焊缝附近的钢板应力集中现象比较严重，在循环荷载下易萌生疲劳裂纹。为方便计算，推出疲劳试验主要以焊缝的剪应力幅来控制疲劳荷载。对于焊网剪力键名义应力计算，参考《钢结构焊接规范》[34] 中圆钢与钢板间角焊缝的计算公式，如式 (3.29) 和式 (3.30) 所示。角焊缝计算面积取为计算厚度与焊网剪力键总长度的乘积，其中角焊缝计算厚度 h_e 取为焊脚尺寸 h_f 的 0.7 倍，焊脚尺寸为 6mm，如图 3.50 所示。

$$h_\mathrm{e} = 0.7h_\mathrm{f} \tag{3.29}$$

$$\tau = \frac{F}{h_\mathrm{e}l} \tag{3.30}$$

式中，l 为焊缝总长度。单个焊网剪力键焊缝长度为 $2 \times 25\mathrm{mm}$ (钢筋侧面各一条角焊缝)，推出试件两边共 8 个焊网剪力键，因此焊缝总长度为 $l = 8 \times 50\mathrm{mm} = 400\mathrm{mm}$。应力比取为 $R = S_\mathrm{max}/S_\mathrm{min} = 0.2$，具体参数如表 3.14 所示。

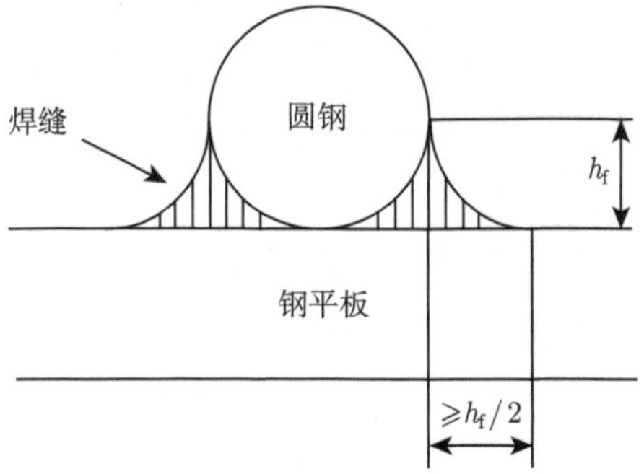

图 3.50 焊缝剪应力计算示意图

表 3.14 疲劳试验主要参数

试件	荷载/kN			名义剪应力/MPa			R
	F_max	F_min	ΔF	τ_max	τ_min	$\Delta\tau$	
F-1	168.0	33.6	134.4	100	20	80	0.2

疲劳推出试件的构造尺寸与前文静力推出试件相比有部分改变，仅将疲劳试件基座的倒角改成直角，方便试件通过地锚栓杆与地槽固定。疲劳试验加载前，使用 3 个地锚栓杆将试件基座固定于地面上，防止疲劳荷载反复作用时试件产生纵向和竖向的晃动或移位。采用 PMS-500 型数显式脉动疲劳试验机对试件进行常幅正弦荷载加载，作动器于试件顶部施加疲劳荷载，加载频率保持在 5.0Hz，同时疲劳试验机能自动记录疲劳荷载循环次数及荷载上下峰值。

为了准确判断试件是否产生疲劳损伤，并且得到试件抗剪刚度的衰减过程，对试件钢-STC 界面动滑移和静滑移均进行了测量。动滑移是指在疲劳循环荷载下的界面动态滑移，测试方案为：在试件工字钢内侧布置 2 个 WA100 动位移传感器 (测量精度为 0.001mm)，监控任意时刻钢板与 STC 板之间的相对动滑移值，并采用 HBM 便携式动态数据采集器记录并保存随加载次数变化的动滑移数据，采样频率为 100Hz。静滑移指停机做静力试验中测得的界面滑移，测试方案为：采用千分表测量界面静滑移，千分表布置在 STC 板侧面平行焊网剪力键处，共布置 8 个千分表。加载次数达到 0、5、20、50、100、200 (万次) 等停机进行静力试验，每级持荷 2min 以上再进行读数，最大静力加载值控制为疲劳荷载上峰值，由此得到不同循环次数后的荷载–滑移曲线。疲劳试验装置如图 3.51 所示。

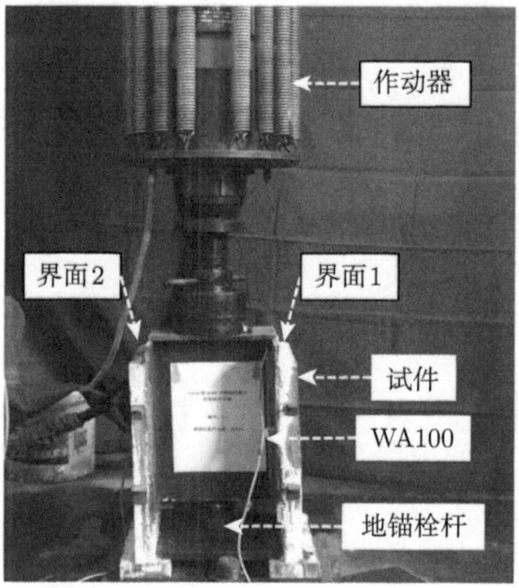

图 3.51　疲劳试验装置

2. 试验结果与分析

1) 疲劳寿命和破坏模式

试件在 500 万次以内采用 80MPa 常幅应力幅加载，500 万次以后试件保持完好，未出现明显的破损迹象；为了节约时间成本，此后将应力幅增加 20%至 96MPa，疲劳加载到 710 万次 (即继续加载 210 万次) 时发生破坏，破坏模式为试件一侧焊网剪力键处钢板撕裂破坏，而此时 STC 板与钢板并未完全脱离，部分焊网剪力键仍保持工作。为了对破坏后的试件进行观察，人为将 STC 板和钢板分隔开，可以发现疲劳裂纹源于靠近焊网剪力键焊缝底部的钢板，随着循环荷载次数的增加，钢板裂纹不断增大而导致该区域钢板撕裂破坏，破坏时在钢板形成一个圆弧状的凹槽，而该侧 STC 板保持完好，如图 3.52 所示，破坏原因是由施焊引起的残余应力以及焊趾处的应力集中，导致钢板局部应力过大而产生疲劳裂纹，在循环荷载作用下，裂纹不断扩展直至破坏。

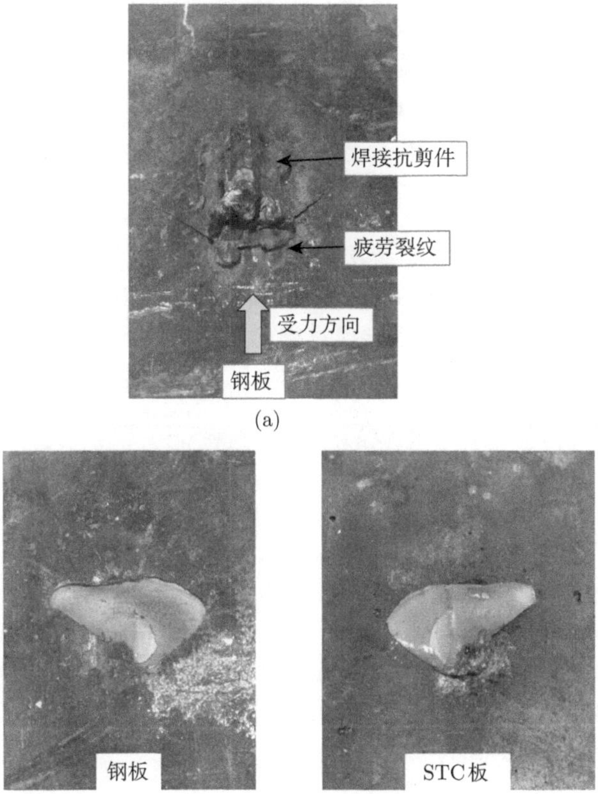

(a)

(b) (c)

图 3.52 疲劳破坏模式

在疲劳加载初期，工字钢与 STC 板贴合紧密；随着加载次数增加，两侧钢-STC 界面都出现了分离间隙；当加载至 422 万次时，试件一侧工字钢翼板与 STC 界面底部出现约 0.02mm 宽的分离间隙，随着疲劳循环次数增加，分离间隙由下至上逐渐增大，直至贯通整个界面，并且间隙宽度不断增大；当加载次数达到 700 万次时，分离间隙达到 3mm，如图 3.53 所示。

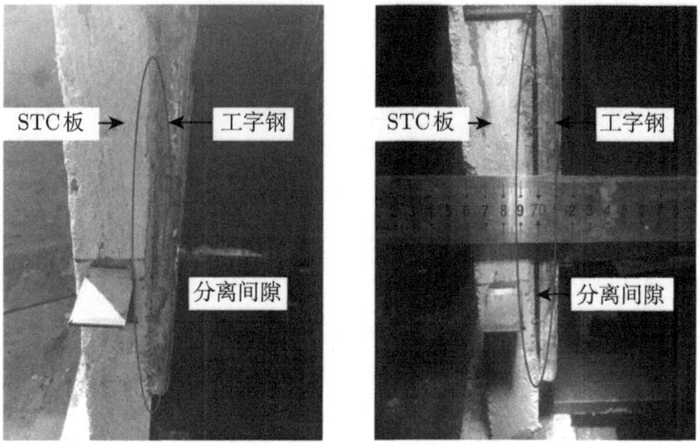

(a) 初始分离间隙　　(b) 破坏前分离间隙

图 3.53　不同阶段的分离间隙

通过试验结果中的剪应力水平及其加载次数，可以计算得到焊网剪力键的疲劳强度。由于试件的疲劳寿命是在两级变幅疲劳荷载作用下得到的，疲劳应力幅分别为 80MPa 和 96MPa，因此需要换算得到其所对应的等效应力幅。根据 Miner-Palmgren 线性累积损伤理论可知，在不同应力水平 σ_i 及作用次数 n_i 所产生疲劳损伤的线性累加，总损伤度可表示为

$$D=\sum_{i=1}^{k}\frac{n_i}{N_i} \tag{3.31}$$

其中，k 为变幅荷载的应力水平级数；n_i 为第 σ_i 级应力水平对应的实际加载次数；N_i 为第 σ_i 级应力水平材料所固有的疲劳寿命。当 D 达到阈值时，就会发生疲劳破坏。基于 Miner 定律，假设各级应力水平间相互不干涉，即忽略应力作用次序，并假设按照多级变幅荷载与等效后的等幅应力幅在结构内部产生的疲劳损伤相等，即可得到等效应力幅为

$$\Delta\sigma_{\mathrm{e}}=\left[\frac{\displaystyle\sum_{i=1}^{k}n_i\left(\Delta\sigma_i\right)^m}{\displaystyle\sum_{i=1}^{k}n_i}\right]^{\frac{1}{m}} \tag{3.32}$$

根据国际焊接学会建议，角焊缝受剪 S-N 曲线中疲劳强度指数 m 为 5，从而得到试件 F-1 等效应力幅为 86.1MPa，在此应力幅下的疲劳寿命为 710 万次。当按 200 万次寿命换算时，焊网剪力键的疲劳强度为 110.9MPa。

2) 钢-STC 界面动滑移

由于疲劳试验持续周期长，在加载过程中反力架与基座地锚栓杆时常松动，需要多次停机进行加固，并且在达到一定循环次数还需停机进行静载滑移测量，影响了疲劳试验连续性，所以测得的动滑移峰值并不能呈现一条平缓有规律的曲线。不过其相对动滑移量 ($\Delta S = S_{\max} - S_{\min}$) 变化趋势相对平滑，可以以此来研究试件相对动滑移量的变化规律，如图 3.54 所示。

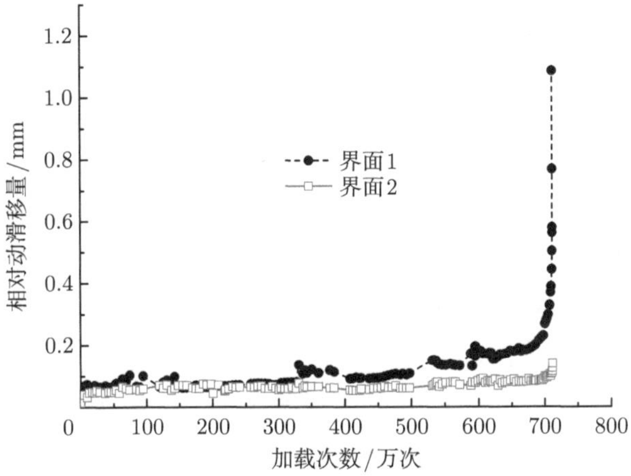

图 3.54 界面相对动滑移量

根据图 3.54 可以发现，试件在疲劳加载次数 500 万次以内，界面相对动滑移量随加载次数增加而缓慢增长，大致呈线性增长；500 万次以后由于应力幅提高至 96MPa，动滑移增长速率有提高的现象；而在疲劳破坏之前，界面相对动滑移量迅速增加，尤其在破坏一侧 (界面 1) 增加显著。

动滑移增长规律能反映出焊网剪力键疲劳损伤的积累过程，增长的快慢也能一定程度反映试件剩余疲劳寿命的衰减程度。当用于设计时，可通过其预测一定次数下焊网剪力键的相对动滑移量。目前关于抗剪连接件动滑移增长速率的研究比较少，关于焊网剪力键的研究几乎没有，因此前文已对部分关于栓钉动滑移增长率的相关文献进行归纳分析。

此外，Taplin 和 Grundy[35] 通过采用不同疲劳上峰值的单调循环荷载，测得了 4 个栓钉推出试件的动滑移增长率，并提出其计算表达式：

$$\log \delta = -4.91 + 3.71 \frac{F_{\max}}{Q_{\mathrm{u}}} \tag{3.33}$$

式中，$F_{\max}$ 为疲劳荷载上峰值，其他符号意义同前文所述。

曹君辉 [36] 根据加载次数–动滑移曲线计算栓钉的动滑移增长率，具体步骤 3.2.2 节已给出。通过对 4 个疲劳试验结果进行线性回归分析，可以发现拟合后的公式高度线性相关。

参考曹君辉 [36] 的方法对疲劳试件的动滑移增长速率进行计算。由于疲劳试验分别采用了两种不同的应力幅加载，因此需要分两段计算动滑移增长速率：即分别计算 0 到 500 万次 80MPa 应力幅和 500 万次到 710 万次 96MPa 应力幅下的动滑移增长速率，值得一提的是后者包含了前 500 万次疲劳损伤积累的影响，计算结果会较实际值偏大。计算结果如表 3.15 所示。

表 3.15　动滑移增长率结果

试件编号	$F_{\max}$/kN	ΔF/kN	$\Delta F/Q_{\mathrm{u}}$	$\log\delta$	δ/(mm/次)
F-1	168	134.4	0.17	−7.6732	2.1222×10^{-8}
	201.6	161.3	0.20	−7.0293	9.3473×10^{-8}

由表 3.15 可知，剪应力幅越大，焊网剪力键的动滑移增长速率越快。将计算得到的焊网剪力键动滑移增长速率与栓钉各拟合公式进行对比，结果如图 3.55 所示。从图 3.55 中可以发现，在荷载幅与承载力比值一定的情况下，焊网剪力键的动滑移增长速率处于较低的水平；此外，试验的计算结果与 Hallam 的拟合公式更加接近。但由于疲劳试件数量较少，动滑移增长速率与剪力幅之间的线性相关性无法体现，并且影响动滑移增长速率的其他因素，如焊缝长度、混凝土强度、纵筋直径等，还有待进一步研究。

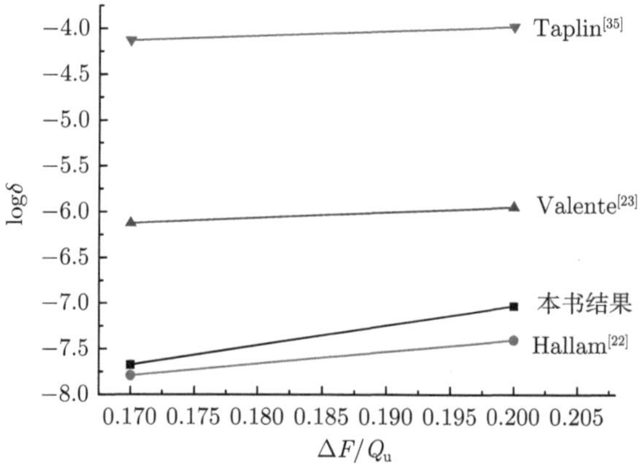

图 3.55　动滑移增长速率对比

3) 钢-STC 界面静滑移

当试件经历了不同的循环加载次数后，停机进行静载试验，得到静载下的荷载–滑移曲线；停机次数分别为 0、5、10、20、50、100 (万次)，随后每 100 万次停机进行静载试验；为防止试件在静载试验中发生破坏，将静载最大荷载设为疲劳荷载上峰值，试验采用分级加载，每级荷载为 30kN。

试验采用千分表记录界面滑移，并将两侧滑移量取平均作为界面静滑移值。图 3.56 给出了疲劳试件静载下的荷载–滑移曲线。

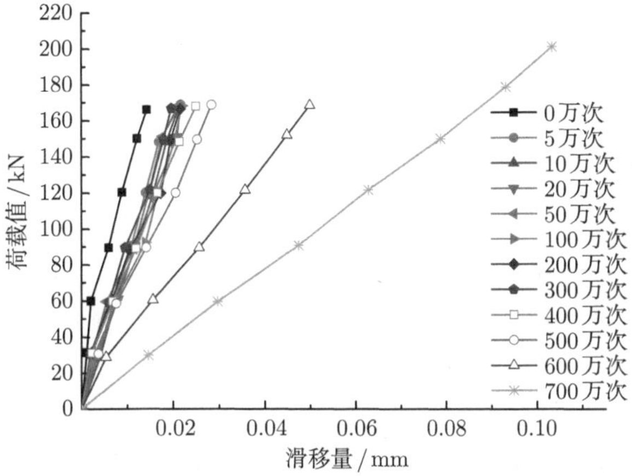

图 3.56 疲劳试件静载下的荷载–滑移曲线

从图 3.56 中可以发现，在不同加载次数下，试件的滑移随荷载均呈线性变化；而随着加载次数增加，线段斜率也在不断降低，即试件抗剪刚度不断下降。为了更直观描述试件抗剪刚度随加载次数的变化规律，通过最小二乘法线性拟合各荷载–滑移曲线，得到每个曲线的拟合斜率。由此得到试件抗剪刚度随加载次数变化曲线如图 3.57 所示。

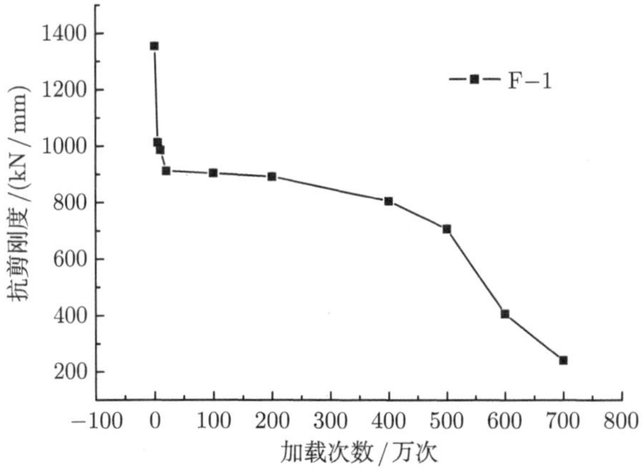

图 3.57 抗剪刚度随加载次数变化曲线

由图 3.57 可知，随着加载次数增加，试件抗剪刚度不断下降，变化趋势近似 S 形曲线：在循环次数 20 万次以内，试件抗剪刚度下降了 32%，主要原因为在疲劳加载前期，钢-STC 界面自然黏结在循环荷载下逐渐失效，而如前文所述，界面黏结在弹性阶段可以显著提高试件抗剪刚度，增幅达 25%～40%，因此界面黏结的失效导致抗剪刚度大幅度下降；20 万次到 500 万次以内，试件刚度缓慢下降，大致随加载次数呈线性下降，表明在该区段内试件的疲劳损伤累积过程较为平稳；当循环次数达到 500 万次时，由于提高了应力幅，曲线斜率发生明显改变，表明试件刚度下降速率开始加快；当加载次数达到 700 万次时，刚度下降达 82%。

为定量分析焊网剪力键抗剪刚度的衰减规律，对试验数据进行非线性拟合。根据图 3.57 发现其与文献 [25] 中的栓钉动滑移变化规律相似。因此，参考该文献中的计算函数进行拟合，文献中的拟合函数如式 (3.20) 所示。

由于拟合函数仅适用于常幅疲劳加载，因此为避免应力幅的改变对拟合结果的影响，只对试件前 500 万次 80MPa 剪应力幅下的抗剪刚度数据进行拟合，根据前文的静力试验结果，可换算得到试件在 80MPa 剪应力幅下的疲劳寿命为 1025 万次。

采用 Matlab 软件进行非线性拟合计算，分别得到 $C_1 = 0.5682$，$C_2 = 0.0343$，拟合结果与试验结果对比如图 3.58 所示。由图 3.58 可知，拟合结果与试验结果吻合较好，同样呈 S 形变化，表明其能大致反映焊网剪力键在 80MPa 剪应力幅下刚度衰减的变化规律。

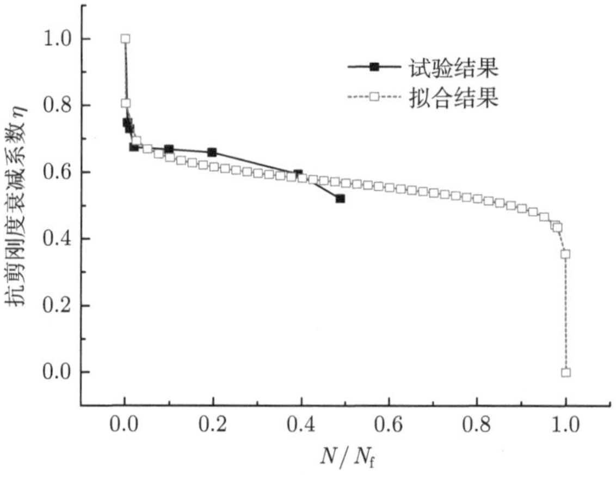

图 3.58　抗剪刚度衰减图

3.3.4　焊网剪力键设计计算实例

1. 方案简介

本节以一座主跨 1490m 的悬索桥为工程背景，进行焊网剪力键设计并进行静力、疲劳和滑移验算。主桥跨径布置为 470m+1490m+470m，悬索桥主塔高 227.21m，两根主缆直径为 0.868m，加劲梁为扁平闭口流线型单箱单室钢箱梁，其横截面尺寸如图 3.59 所示。其横截面具体尺寸如下：桥轴线处箱内净高为 3.0m，梁宽 36.3m；

桥面板为正交异性板，其顶板厚 14mm，底板和斜腹板厚度均为 10mm，横隔板间距为 3.22m，非吊点处横隔板厚为 8mm，吊点处横隔板厚为 10mm。U 肋肋厚为 6mm，上、下口宽度分别为 300mm、169mm，肋高为 280mm，间距为 600mm。

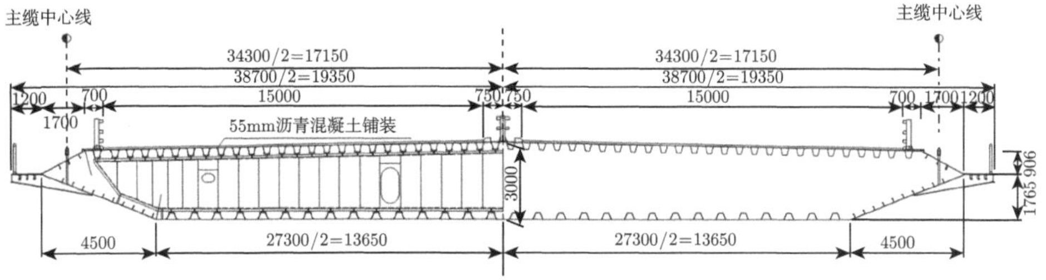

图 3.59 背景桥横截面尺寸 (单位：mm)

桥面的原铺装方案采用 55mm 厚环氧沥青铺装层，上下两层依次厚 30mm、25mm，如图 3.60 所示。背景桥于 2005 年 5 月通车。通车 7 年后，通过对大桥铺装层进行检查，发现铺装层破损严重且范围较广。

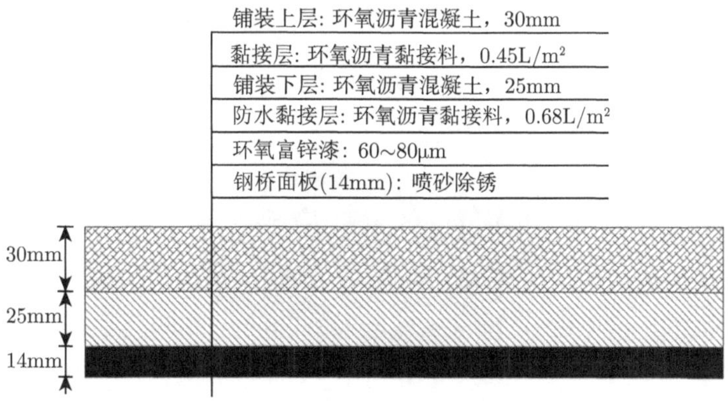

图 3.60 背景桥钢桥面原铺装方案

据分析可知，背景桥钢桥面局部刚度过低是导致大面积铺装损害的关键因素。本节拟在钢桥面上方铺筑 STC 并通过焊网剪力键形成组合结构，试设计新方案如图 3.61 所示。为了尽量避免由于更换使用组合桥面引起原桥受力状况的改变，新方案的铺装层厚度计划与原桥保持一致：采用 35mm 厚 STC 层与钢桥面通过焊网剪力键连接形成组合桥面，同时 STC 上层铺设 15~20mm 厚磨耗层。此外，焊网剪力键采用焊缝长度为 25mm、钢筋网中纵横向钢筋直径为 10mm 的方案；焊网剪力键属于刚性连接件，抗剪设计本应按照弹性设计方法进行间距布置，但考虑剪力包络图布置的方式较为烦琐，因此本节界面抗剪连接件均按等间距布置；本节初步探究的布置方式为 3 种，分别为：布置方式一 150mm×300mm (横桥向 × 纵桥向，下同)，布置方式二 300mm×400mm，布置方式三 450mm×600mm。

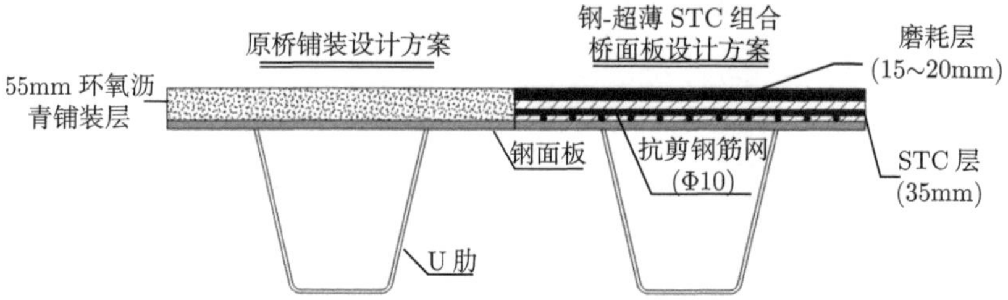

图 3.61 原铺装方案与钢–超薄 STC 组合桥面铺装方案

2. 有限元计算模型

桥梁的加劲梁标准段长 16.1m，梁段中部设有吊点，施工时将两个标准段焊接成为 32.2m 的吊装段后再进行吊装施工。在有限元模型中不考虑焊缝影响，纵桥向取标准段长度即 16.1m，包含 6 块隔板。为了减小计算规模，节约时间成本，在桥梁横向以梁中心线为边界取对称半结构计算，模型全宽为 16.45m。有限元模型不考虑风嘴、检修道等设施，模型主要由钢顶板、钢底板、斜腹板、U 肋、隔板和 STC 层构成，钢顶板与 STC 层 (35mm) 之间界面采用焊网剪力键连接。有限元模型见图 3.62。

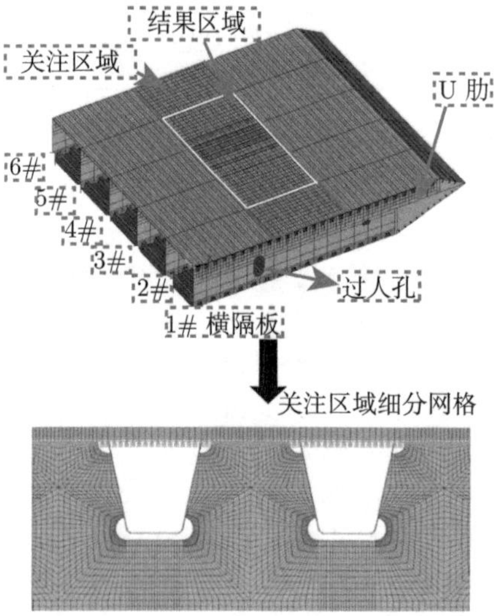

图 3.62 节段有限元模型示意图 (彩图请扫封底二维码)

计算模型中的 STC 层的弹性模量取 42.6GPa，泊松比取 0.2，重度取 27kN/m^3，选取 8 节点实体单元 (solid45) 进行计算；钢材弹模取 206GPa，泊松比取 0.3，重度取 78.5kN/m^3，钢结构采用 4 节点壳单元 (shell63) 进行计算。鉴于正交异性钢桥面板的局部受力特性显著，应力峰值通常出现在车轮荷载施加附近，所以仅需要关注其车轮附近区域即可。因此选取模型横向宽度为 8 条 U 肋宽 (4.8m) 的节段作为关注区域，如图 3.62 虚线框区域，对其进行网格细分。为避免边界附近存在应力集中，在后处理中主要查看实线区域的应力状况。关注区域内 U 肋附近的过焊孔等位置网格尺寸为 5~10mm，STC 层沿厚度方向网格尺寸为 5mm，其余部分网格尺寸为 20mm。而对于未关注区域，单元尺寸为 20~50mm。

在焊网剪力键位置设置一个竖向弹簧单元，模拟其竖向拉拔作用；钢–超薄 STC 界面的抗剪主要由焊网剪力键提供，在所有焊网剪力键位置处均沿纵横桥向各设置一个弹簧单元，用以模拟纵横向的剪切作用。二者均采用 2 节点弹簧单元 (combin14) 进行计算。纵桥向抗剪刚度根据 3.3.2 节的静力推出试验结果，取 2 个 25mm 涂油试件的抗剪刚度平均值，即 983kN/mm；根据文献 [37] 的有限元计算结果，焊网剪力键的横向和纵向抗剪刚度差异很小，因此，本节有限元计算中横向抗剪刚度与纵向保持一致。

3. 疲劳计算荷载工况

计算模型的边界条件：在钢梁节段的端部截面节点，对其纵桥向的平动自由度以及绕竖向、横向的转动自由度施加约束；对箱梁中心线所在截面节点施加对称约束；对吊点位置节点吊索方向的竖向位移进行约束。

本节采用的疲劳荷载计算模型与 3.2.3 节相同，为《公路钢结构桥梁设计规范》[28] 中的疲劳荷载计算模型 III，考虑疲劳荷载计算模型 III 前后轴间距较大，同样采用双后轴加载，如图 3.31 虚线所示。

横桥向工况采用 3 种布置方式：正 U 肋、骑 U 肋和跨 U 肋，详见图 3.63(a)。纵向工况采用 3 个位置：第 3 跨的跨中、1/4 跨以及 4#横隔板位置，总共 9 个工况，见图 3.63(b)。

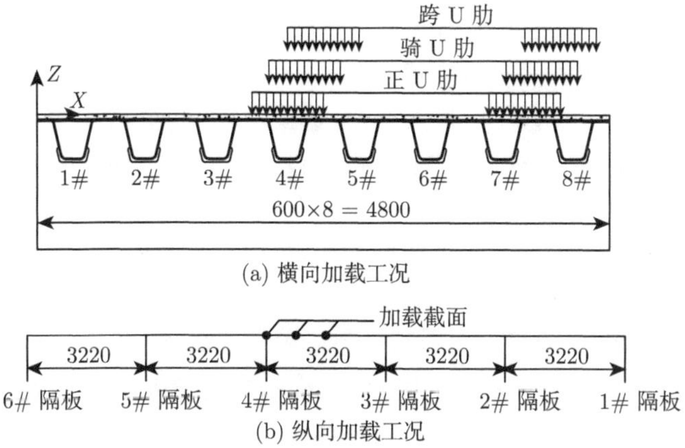

图 3.63 疲劳荷载计算横向工况 (单位：mm)

4. 计算结果分析

1) 焊接钢筋网剪力键剪力峰值

提取三种不同布置方式在各个工况下纵、横向焊网剪力键弹簧单元的剪力峰值，计算结果如表 3.16 所示。

表 3.16　剪力峰值计算结果

工况	剪力峰值/kN	布置方式一	布置方式二	布置方式三
正 U 肋–跨中	纵桥向	3.455	7.076	9.567
	横桥向	5.571	6.922	8.495
骑 U 肋–跨中	纵桥向	4.011	6.469	8.438
	横桥向	5.756	6.799	9.54
跨 U 肋–跨中	纵桥向	4.501	7.073	9.552
	横桥向	4.389	6.913	8.486
正 U 肋-1/4 跨	纵桥向	3.592	5.048	6.494
	横桥向	5.133	5.349	7.558
骑 U 肋-1/4 跨	纵桥向	4.095	4.607	6.055
	横桥向	4.96	5.234	8.37
跨 U 肋-1/4 跨	纵桥向	3.821	5.053	7.233
	横桥向	3.866	4.13	5.557
正 U 肋–隔板	纵桥向	2.677	3.889	5.077
	横桥向	3.853	3.83	7.501
骑 U 肋–隔板	纵桥向	3.079	3.465	5.357
	横桥向	3.727	3.969	7.58
跨 U 肋–隔板	纵桥向	2.684	3.894	7.931
	横桥向	1.858	4.706	6.033

注：表中剪力峰值均为绝对值。

由表 3.16 可知，焊网剪力键随着纵、横向布置间距增大，所承担的剪力也在增加，并且就总体而言，纵桥向剪力大于横桥向剪力，表明焊网剪力键纵桥向受力更加不利。采用三种布置方式计算所得到的纵、横向的剪力峰值都很小，均远低于单个 25mm 焊网剪力键的承载力 (99.25kN)。因此，在车辆静载作用下，钢–超薄 STC 组合桥面结构界面具有足够的安全性，控制设计的应该为焊网剪力键的疲劳设计。然而在同时满足静力抗剪的前提下，布置方式一与其他两种布置方式相比，焊网剪力键间距过小导致数量较多，一方面增加工程量，不够经济；另一方面由于焊缝数量增加，对钢顶板抗疲劳性能不利。因此，不建议采用间距较小的布置方式一。

2) 焊网剪力键疲劳验算

本节主要对布置方式二和布置方式三的焊网剪力键进行疲劳验算。根据表 3.16，焊网剪力键受剪最不利的横向工况为正 U 肋加载。因此，采用疲劳荷载计算模型 III 对该位置进行纵向单迹线加载，以获得焊网剪力键的剪应力历程，纵向加载间距为 500mm。由于模型中的焊网剪力键数量较多，每种布置方式仅研究关注区域内四个最不利位置的焊网剪力键，如表 3.17 所示。

表 3.17 最不利位置

布置方式	编号	最不利焊网剪力键位置
布置方式二 300mm × 400mm	HJ1-1	第三跨跨中 4#U 肋正上方钢顶板处
	HJ1-2	3#横隔板 4#U 肋正上方钢顶板处
	HJ1-3	第三跨跨中 4#和 5#U 肋间正上方的钢顶板处
	HJ1-4	3#横隔板 4#U 肋与钢顶板交界处
布置方式三 450mm × 600mm	HJ2-1	第三跨跨中 4#和 5#U 肋间正上方的钢顶板处
	HJ2-2	3#横隔板 4#和 5#U 肋间正上方钢顶板处
	HJ2-3	第三跨跨中 4#U 肋与钢顶板交界处
	HJ2-4	3#横隔板 4#U 肋与钢顶板交界处

由于焊网剪力键剪应力分为纵、横向两个方向，在疲劳评估时应采用两者的叠加。因此，首先需要计算得到焊网剪力键纵、横向剪应力历程，再分别求解两个方向上的剪应力幅：$\Delta\tau_{\mathrm{L}} = \tau_{\mathrm{L,max}} - \tau_{\mathrm{L,min}}$，$\Delta\tau_{\mathrm{T}} = \tau_{\mathrm{T,max}} - \tau_{\mathrm{T,min}}$，最后根据双轴疲劳的能量原理计算等效应力幅：$\Delta\tau_{\mathrm{eq}} = \sqrt{\Delta\tau_{\mathrm{L}}^2 + \Delta\tau_{\mathrm{T}}^2}$。对于布置方式二中的 HJ1-1 和 HJ1-2，由于选取的焊网剪力键位置处于车轮正下方，因此当沿纵向移动车轮荷载时，焊网剪力键横桥向的剪应力变化很小。

根据《公路钢结构桥梁设计规范》，当采用疲劳荷载计算模型 III 进行疲劳验算时，应采用式 (3.21) 进行验算。跨中和横隔板处焊网剪力键的等效应力幅结果如表 3.18 所示。

表 3.18 跨中和横隔板处焊网剪力键的等效应力幅计算结果

剪应力幅/MPa		$\Delta\tau_{\mathrm{L}}$(纵桥向)	$\Delta\tau_{\mathrm{L}}$(横桥向)	$\Delta\tau_{\mathrm{eq}}$(等效剪应力幅)	$\gamma_{Ff}\lambda\Delta\tau_{\mathrm{eq}}$
布置方式二	HJ1-1	15.04	0.99	15.07	37.68
	HJ1-2	37.58	0.67	37.59	67.66
	HJ1-3	9.05	32.78	34.01	85.03
	HJ1-4	23.70	14.60	27.84	50.11
布置方式三	HJ2-1	16.25	35.71	39.23	98.08
	HJ2-2	31.62	11.85	33.77	60.79
	HJ2-3	23.81	19.29	30.64	76.60
	HJ2-4	45.67	8.89	46.53	83.75

根据 3.3.3 节疲劳试验结果，25mm 焊网剪力键 200 万次容许的剪应力幅为 $\dfrac{\Delta\tau_{\mathrm{c}}}{\gamma_{Mf}} \approx \dfrac{110.9\mathrm{MPa}}{1.15} \approx 96.4\mathrm{MPa}$ 。由表 3.18 可知，采用布置方式三换算得到的最大等效剪应力幅为 98.08MPa，超过了疲劳容许剪应力幅；而采用布置方式二换算得到的最大等效剪应力幅为 85.03MPa，低于容许剪应力幅。因此，按 300mm×400mm

布置焊网剪力键的方案可满足焊网剪力键疲劳验算要求。

3) 焊网剪力键疲劳滑移验算

根据前文计算结果，焊网剪力键在疲劳荷载作用下的最大剪应力幅为 85.03MPa。每个焊网剪力键的焊缝面积为 $2 \times (25 \times 0.7 \times 6) = 210\text{mm}^2$，可得最大的剪力幅为 17.9kN，因计算中取的焊网剪力键的抗剪刚度为 983kN/mm，则可得焊网剪力键的最大滑移值为 0.018m，小于界面滑移限制 0.05mm，满足设计要求。因此，背景桥钢–薄层 STC 轻型组合桥面结构中采用 300mm×400mm (横桥向 × 纵桥向) 的焊网剪力键布置方案，界面滑移能满足设计要求。

3.4 短钢筋头剪力键的抗剪性能及设计

3.4.1 焊接短钢筋头剪力键的研发目的

对于使用超薄 STC 层 (如 35mm) 的情形，作者团队提出另一种新的剪力连接件–短钢筋连接件，即将钢筋按一定倾斜角度 α，斜向切断成小段，并以一定间距焊接在正交异性钢桥面板上，从而形成矮剪力件。由图 3.64 可知，若采用手工焊接高度约为 20mm 的栓钉连接件，浇筑 STC 时栓钉钉帽下部易产生空洞，导致栓钉作用失效，影响正常使用；而采用带角度的短钢筋连接件时，STC 在短钢筋周围均可浇筑密实，从而满足超薄 STC 的连接需求。

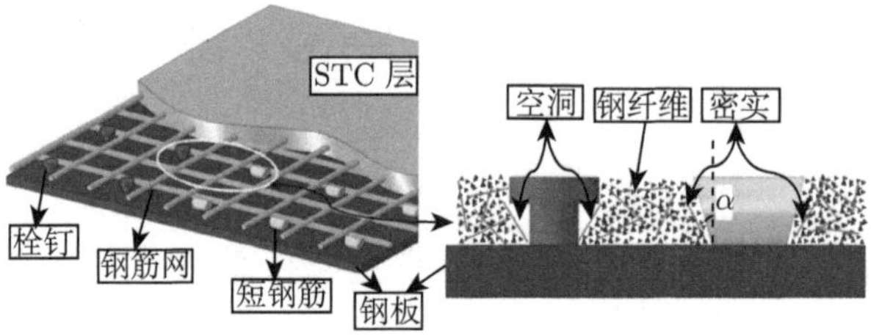

(a) 实桥剪力键布置示意　　(b) 两种剪力键对比

图 3.64 短栓钉和短钢筋剪力键对比

3.4.2 焊接钢筋头的抗拉拔静力性能

1. 模型试验

1) 加载装置与加载方案

国内外对于连接件抗拔性能研究均较少，试验方法各异，主要分为自平衡体系和非自平衡体系两种试验装置。由于自平衡装置具有设备制作简便、占用场地小及加载方便等优势，试验中选用一套自主设计的自平衡装置进行加载，如图 3.65 所示。其中千分表用于测试钢与 STC 之间的相对分离量，百分表用于测试 STC 层弯曲时的挠度值。加载仪器采用 50t 手摇式千斤顶，并在千斤顶上放置球铰以调平。球铰上方采用 10t 的力传感器通过与六弦测试仪器相连以测试施加的荷载值，传感器上方垫一块长 400mm、宽 100mm 的支座钢板，并在上方放置橡胶垫以施加均匀分布力，并严格对中。

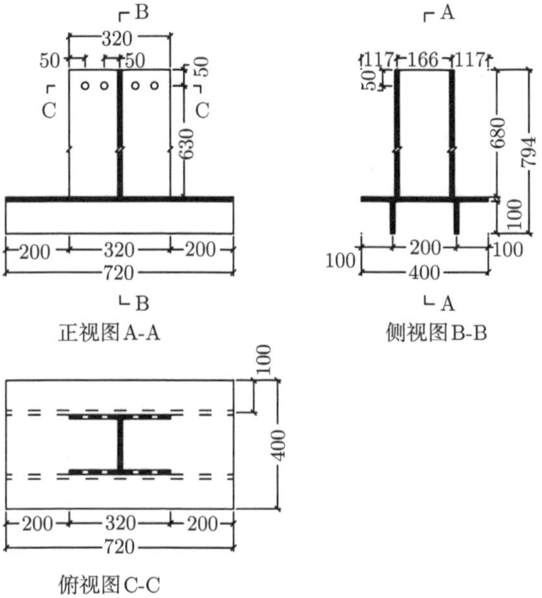

(a) 几何尺寸

(b) 实物图

图 3.65　试验加载装置

(a) 中单位均以 mm 计；钢材均用 Q345q 材质，钢板均厚 14mm；3. 螺栓采用 8.8 级，直径 22mm

试验加载方案为：所有试件均采用两边对称单调加载，加载前先进行预加载，以每级 1kN 加载到 3kN，然后卸载；正式加载时以每级 1.5kN 加载，加至试件破坏。

2) 试验模型设计与制作

考虑短钢筋端部切角 (0°、15.5°、22.6°)、焊缝长度 (15mm、20mm、30mm)、界面处理方式 (是否涂抹脱模剂) 对其抗拔性能的影响，试验设计了 7 组共 14 个拉拔试件，如表 3.19 所示。其中短钢筋端部切角是指钢筋端部切割形成的角度，以提高钢筋头-UHPC 间的抗拔性能，如图 3.66 所示。涂油处理是指在浇筑 STC 板之前，在工字钢板表面涂抹脱模剂，以消除钢-STC 界面间的自然黏结。试验尺寸设计参

表 3.19　试件设计参数

试件编号	焊缝长度	短钢筋端部切角	界面黏结
ZY-15-0\ZN-15-0	15mm	0°	涂油 \ 不涂油
ZY-15-15.5\ZN-15-15.5	15mm	15.5°	涂油 \ 不涂油
ZY-15-22.6\ZN-15-22.6	15mm	22.6°	涂油 \ 不涂油
ZY-20-0\ZN-20-0	20mm	0°	涂油 \ 不涂油
ZY-20-22.6\ZN-20-22.6	20mm	22.6°	涂油 \ 不涂油
ZY-30-0\ZN-30-0	30mm	0°	涂油 \ 不涂油
ZY-30-22.6\ZN-30-22.6	30mm	22.6°	涂油 \ 不涂油

注：1. 试件编号 Z 系列表示焊接短钢筋；

2. ZY\ZN 分别表示涂油\不涂油，15\20\30 分别表示焊缝长度，0\15.5\22.6 分别表示短钢筋端部切角角度。

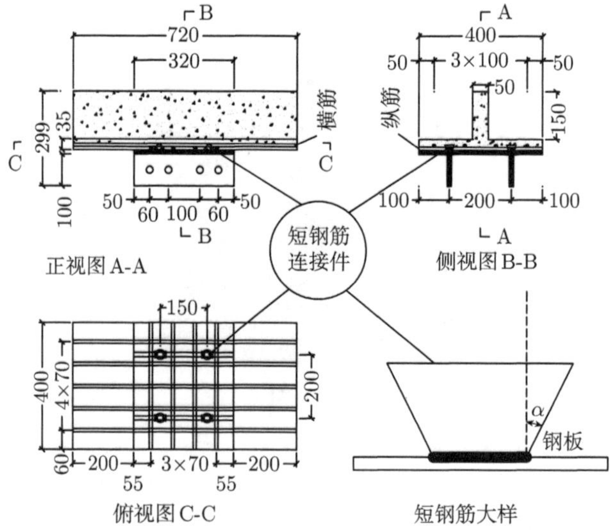

图 3.66　拉拔试件几何尺寸

考实桥中 STC 层厚度、文献中推出试验中连接件布置，并结合试验装置进行局部改进。为防止加载过程中 STC 弯曲破坏，将其横截面制作为倒 T 形，即在 STC 层中部浇筑宽 50mm、高 150mm 的加劲肋，拉拔试件的具体构造如图 3.66 所示。试件下部是焊接钢板，钢板采用 Q345q 钢材，厚度 14mm。钢面板上焊接 4 个焊接钢筋头剪力键，横向、纵向间距分别取 150mm 和 200mm。焊接钢筋头剪力键实物图和模型图如图 3.67 所示。

试件制作过程具体分为以下几个步骤：制作下部加载装置、制作 π 形钢结构、切割焊接钢筋头剪力键、焊接钢筋头剪力键、绑扎钢筋网、立模浇筑 STC、常温下浇水湿养护 2d、拆除模板后经高温蒸养 48h 后完成试件制作。为了对 π 形钢与下方加载装置间螺栓位置定位，在制作时候需要先放置在底座上，而对于涂油试件，为避免短钢筋受脱模剂影响，在对 STC 涂油时注意避开焊好的焊接钢筋头剪力键，具体制作流程如图 3.68 所示。STC 浇筑完成之后，先在常温下浇水养护 2d；随后进行高温蒸养，通常 STC 的高温蒸养在大于等于 90℃的环境下持续养护 48h 完成，本试验试件实际养护温度为 100℃左右，持续养护时间为 48h。试件制作完成后整体模型如图 3.69 所示。

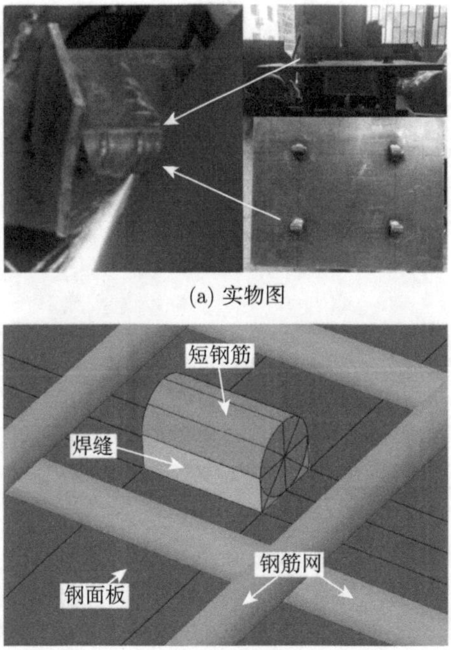

(a) 实物图

(b) 模型图

图 3.67　焊接钢筋头剪力键

(a) 制作 π 形钢

(b) 焊接短钢筋

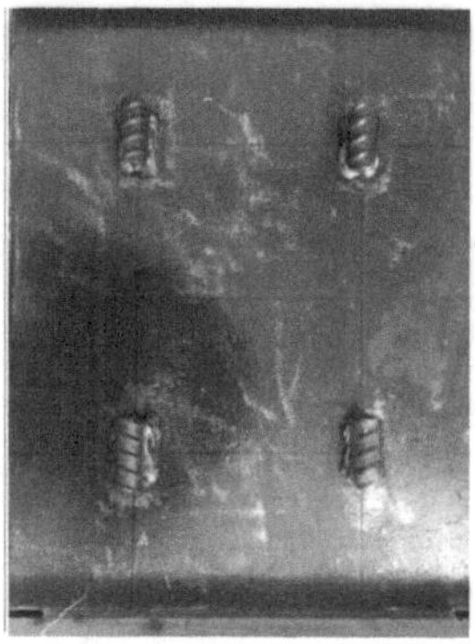

(c) 钢板表面涂油

(d) 绑扎钢筋网

(e) 制作模板

(f) 浇筑完成

(g) 蒸养试件

(h) 养护结束后涂料

图 3.68　涂油拉拔试件制作流程

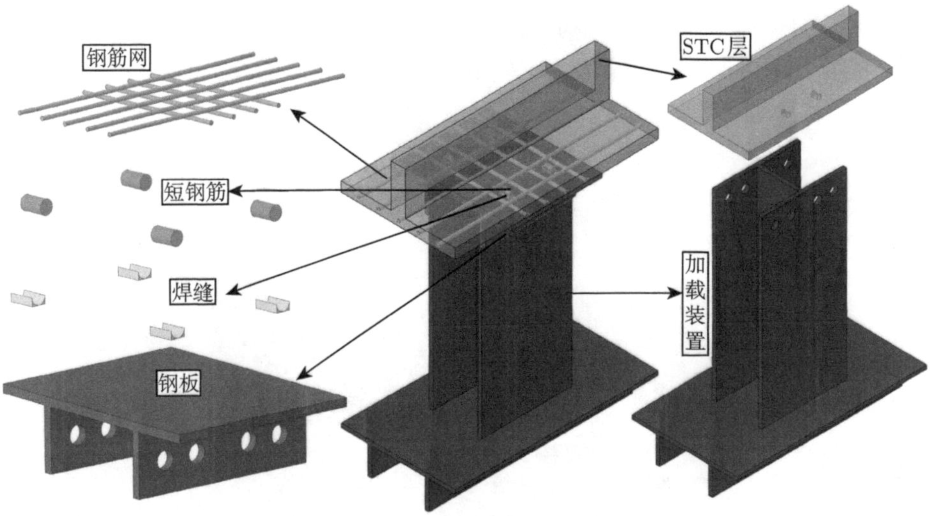

(a) 模型图

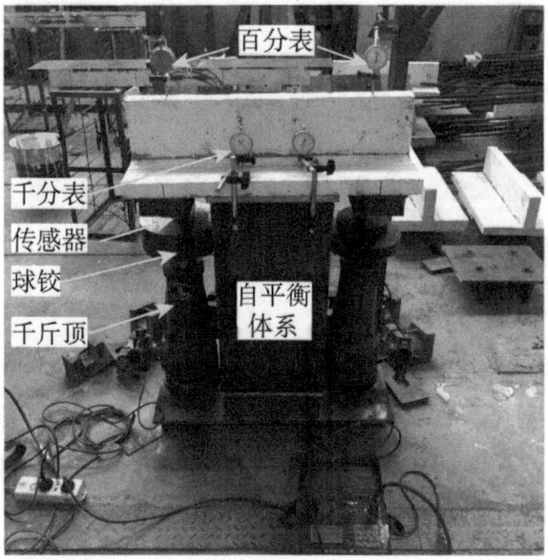

(b) 实物图

图 3.69 拉拔试验整体模型

短钢筋的焊缝部分采用双面焊接，施焊过程严格控制焊缝质量，焊接作业由具有相应资质的焊接技术人员施行，焊接设备采用 NBC350 气体保护焊机，根据文献，焊接金属材料的力学性能应大于等于其母材力学性能的最小值，故焊缝材料型号采用 ER50-6 气体保护焊丝，规格为 Φ1.2mm。施焊过程保证焊缝长度与设计值相差不超过 2mm，焊后质量检验采用外观检测，尽量避免出现焊接裂纹、未焊满、咬边等问题。短钢筋的焊缝长度分为 15mm、20mm、30mm，如图 3.70 所示。

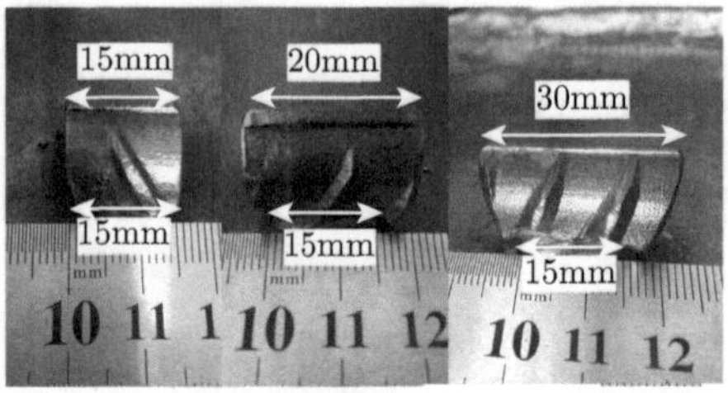

(a) 焊缝长 15mm

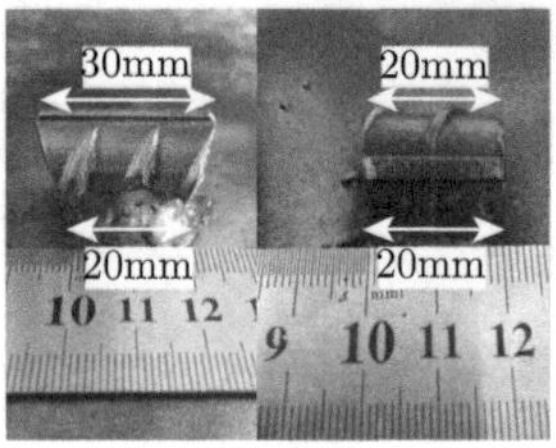

(b) 焊缝长 20mm　　(c) 焊缝长 30mm

图 3.70　不同焊缝长度的焊接钢筋头剪力键

2. 试验结果与分析

1) 拉拔极限承载力及破坏模式

14 个静力拉拔试件的极限承载力及破坏模式结果如表 3.20 所示。对于短钢筋拉拔试件，破坏模式均为 STC 破坏，破坏图片见图 3.71。

表 3.20　试验结果

试件编号	焊缝长度/mm	短钢筋端部切角/(°)	拉拔承载力/kN	破坏模式
ZY-15-0	15	0	40.2	STC 破坏
ZN-15-0			50.3	
ZY-15-15.5		15.5	50.7	
ZN-15-15.5			47.4	
ZY-15-22.6		22.6	80.4	
ZN-15-22.6			76.6	
ZY-20-0	20	0	29.2	
ZN-20-0			38.4	
ZY-20-15.5		22.6	47.0	
ZN-20-15.5			68.0	
ZY-30-0	30	0	36.8	
ZN-30-0			44.4	
ZY-30-15.5		22.6	48.9	
ZN-30-15.5			63.6	

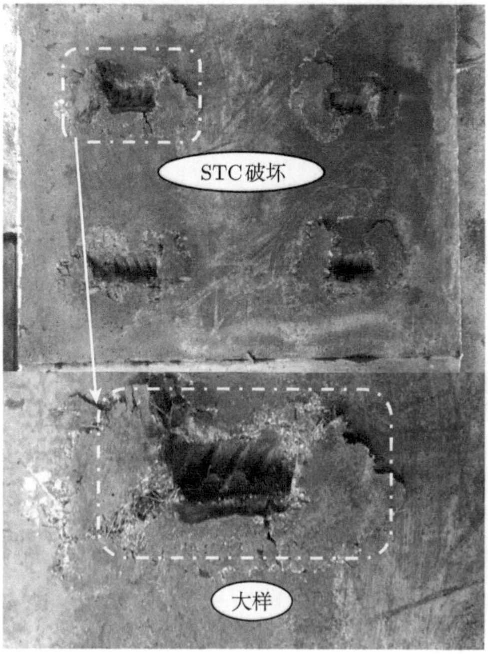

图 3.71 短钢筋试件的破坏模式：STC 局部破坏

根据试验结果不难发现，对于焊接短钢筋试件全部出现 STC 破坏模式。分析其原因是焊接短钢筋端部附近的 STC 受力存在局部应力集中，导致试件的破坏模式均为 STC 破坏，短钢筋被拔出。但是得益于 STC 自身较高的强度，短钢筋试件仍然表现出较好的拉拔承载力。同时也表明，若此类组合桥面体系采用普通混凝土其拉拔承载力将大大降低，即此类焊接钢筋头剪力键仅适用于含 STC 的组合结构。

在不考虑涂油影响的情况下，汇总 15mm、20mm、30mm 焊接钢筋头剪力键以及栓钉试件，将单个连接件的拉拔承载力对比如图 3.72 所示。从图中可以看出，在所有短钢筋试件中，焊缝长 15mm，端部切角 22.6° 型短钢筋试件单个连接件的抗拔承载力最高。

2) 不同参数对拉拔承载力的影响

(1) 端部切角对拉拔承载力的影响。

试验结果表明，试件的拉拔承载力随端部切角的增大而显著提高。以短钢筋焊缝长 15mm 的拉拔试件为例，示意了各试件的单个剪力件的荷载–分离量曲线，如图 3.73 所示。0°、15.5°、22.6° 切角承载力分别为 11.3kN、12.3kN 和 29.6kN，后两者与前者相比分别提高 8.4%和 73%。

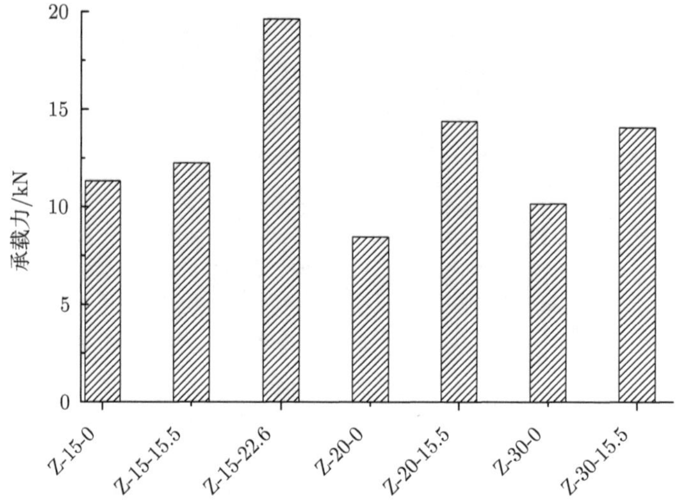

图 3.72　单个连接件拉拔承载力比较

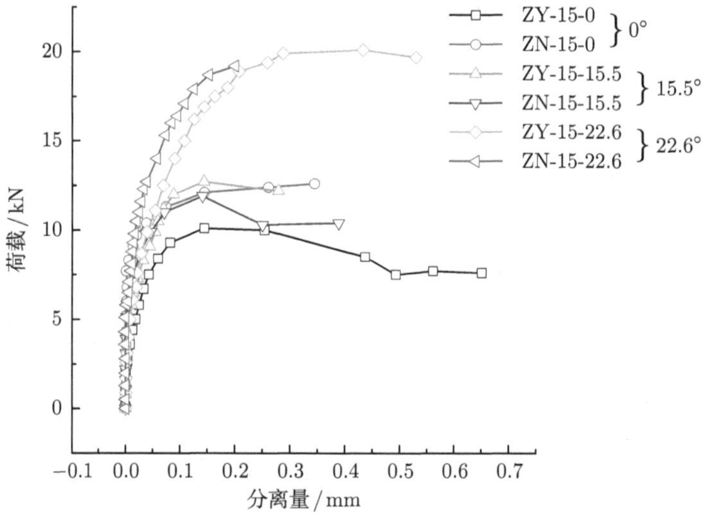

图 3.73　端部切角对拉拔承载力的影响

承载力提高的原因如下：对于端部带倾角的焊接钢筋头剪力键而言，其与 STC 层之间的黏结面积增大，使得二者之间黏结力增大；同时，其端部切角能够提供锚固作用力，将浇筑好的 STC 层反向扣住，即在承受拉拔荷载时，其切角沿拉拔方向投影产生承压面，使得拉拔承载力大幅提高，其倾角作用示意图见图 3.74。

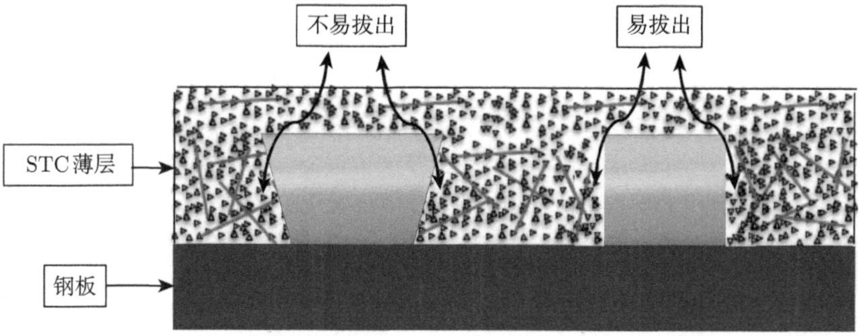

图 3.74 端部切角对拉拔承载力的影响示意图

(2) 焊缝长度对拉拔承载力的影响。

由试验结果可知，当短钢筋端部切角为 0° 时，短钢筋焊缝长度从 15mm 增加到 30mm 时试件的承载力提高并不明显。以短钢筋端部切角为 0° 的拉拔试件为例，研究短钢筋焊缝长度对拉拔承载力的影响。如图 3.75 所示，焊缝长度 15mm 的拉拔试件的拉拔承载力高于焊缝长度 20mm、30mm 试件的拉拔承载力。

焊缝长度对拉拔承载力影响的原因为：对于端部切角相同的焊接钢筋头剪力键而言，由端部切角提供的那部分拉拔承载力可以认为近似相等，故拉拔承载力的主要区别在于 STC 层与焊接钢筋头剪力键之间的黏结力。当焊缝长度从 15mm 增加到 30mm，二者之间的黏结面积增大，使得二者之间黏结力增大，因此承载力提高。但是由于黏结面积的增加不算太大，而且黏结力对于极限承载力的影响相对于端部切角的影响来说较小，因此在端部切角相同的情况下，焊缝长度的增加对于承载力的影响并不明显。

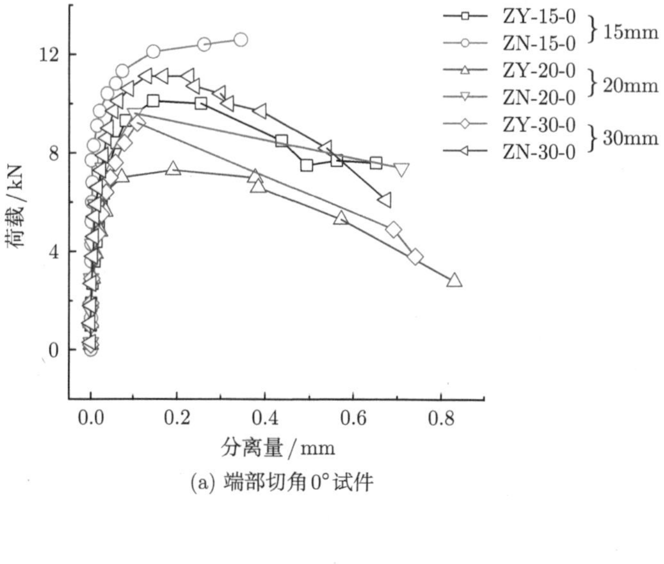

(a) 端部切角 0° 试件

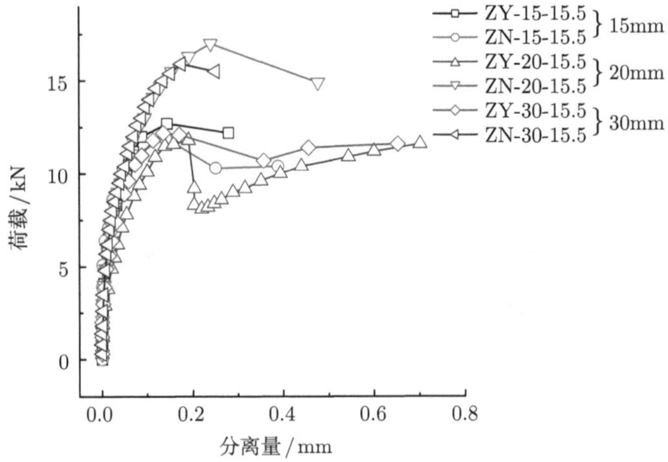

(b) 端部切角 15.5° 试件

图 3.75　焊缝长度对拉拔承载力的影响

(3) 界面涂油的影响。

以焊缝长 15mm 的短钢筋试件为例，图 3.76 示意了各试件的荷载–分离量曲线。从图中可以看出，界面涂油对短钢筋试件的拉拔刚度的影响比较明显，所有短钢筋试件在界面涂油之后抗拔刚度均有略微降低；而界面涂油对拉拔承载力却没有明显影响，例如，对于焊缝长 15mm，端部切角 0° 的短钢筋试件，涂油之后承载力降低，而对于焊缝长 15mm，端部切角 22.6° 的短钢筋试件，涂油之后承载力却有略微增长。

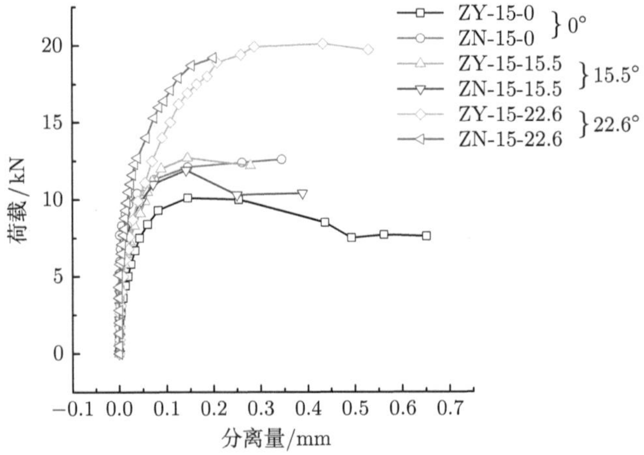

图 3.76　界面涂油对承载力的影响 (15mm 焊缝试件)

经初步分析认为，这是由于钢板与 STC 板之间自然黏结力较小，在加载初期界面便已完成脱黏，因此试件的拉拔极限承载力最后完全依赖于焊接钢筋头剪力键与 STC 间的作用力 (黏结力和倾角端部承压力) 而与钢板和 STC 层之间界面黏结无关。

3.4.3 焊接钢筋头的抗剪静力性能

1. 模型试验

1) 试验设计

为研究焊缝长度及钢-STC 界面处理方式对焊接剪力件抗剪性能的影响，试验设计了 6 组共 9 个推出试件，如表 3.21 所示，其中涂油处理是指在浇筑 STC 板之前，在工字钢板表面涂抹脱模剂，以消除钢-STC 界面间的自然黏结。试验构造设计仿照了欧洲规范 4 中的标准推出试件构造，并进行局部改进，如图 3.77 所示。推出试件中间部分是焊接工字钢，钢板选用 Q345q 钢材，厚度 14mm。焊接工字钢的侧面是 35mm 厚的密集配筋 STC 板，所有钢筋均选用 HRB400 带肋钢筋，纵向横向钢筋直径均为 10mm，长度分别为 390mm 和 310mm，钢筋横向间距和纵向间距均为 70mm。每个推出试件两侧各设置 4 个焊接钢筋头剪力键，第一批试验中的焊接钢筋头剪力键均纵向焊接，各试件焊缝长度分别为 15mm、20mm 和 30mm，宽度约为 30mm，厚度约为 9mm，焊缝横向间距为 150m，纵向间距为 200mm。焊接钢筋头剪力键推出试件如图 3.78 所示。

表 3.21 试件设计参数

试件编号	焊缝长度	短钢筋角度	短钢筋焊接方向
Z1-15-0	15mm	0°	纵向焊接
Z1-15-15.5		15.5°	
Z1-15-22.6\Z2-15-22.6		22.6°	
Z1-20-0\Z2-20-0	20mm	0°	
Z1-20-15.5		15.5°	
Z1-30-0\Z2-30-0	30mm	0°	

注：1. 试件编号 Z 系列表示纵向焊接短钢筋推出试件，Z2 试件是与 Z1 相同的对比试件；2. 15\20\30 分别表示焊缝长度，0\15.5\22.6 分别表示短钢筋端部切角角度。

推出试件制作过程与拉拔试件类似，具体分为以下几个步骤：切割焊接钢筋头剪力键，并打磨工字钢结构，焊接钢筋头剪力键，涂抹脱模剂，绑扎钢筋网，立模浇筑 STC 板，常温下浇水湿养 2d，拆除模板后经高温蒸养 48h 后完成试件制作。对于涂油试件，在工字钢两侧钢板涂油时先用塑料袋包裹焊接钢筋头剪力键以避免焊接钢筋头剪力键受脱模剂影响，具体制作流程如图 3.79 所示。STC 浇筑完成之后，先在常温下浇水养护 2d；随后进行高温蒸养，通常 STC 的高温蒸养在大于等于 90℃的环境下持续养护 48h 完成，本试验试件实际养护温度为 100℃左右，持续养护时间为 48h。

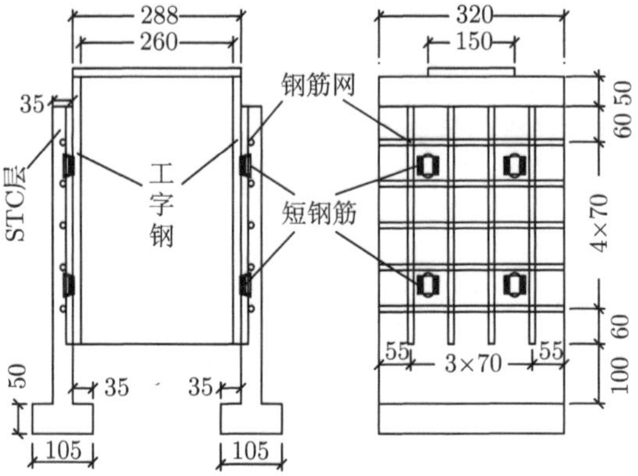

图 3.77　推出试件几何尺寸 (单位：mm)

(a) 焊接实物照

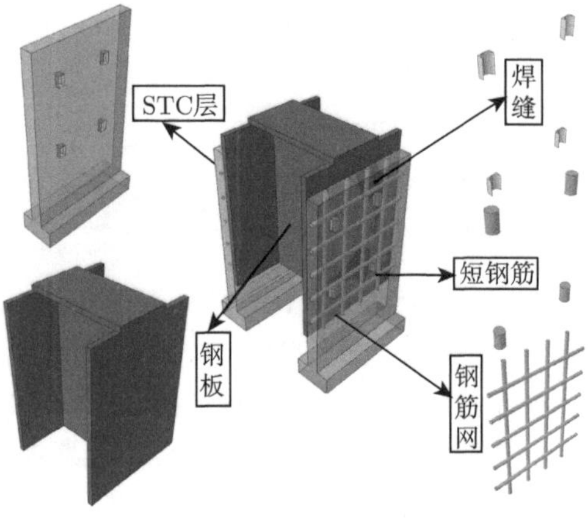

(b) 模型照

图 3.78　焊接钢筋头剪力键推出试件

(a) 焊接并打磨工字钢

(b) 焊接短钢筋

(c) 钢板表面涂油

(d) 蒸养试件

(e) 养护结束

图 3.79 推出试件制作流程

2) 加载装置与加载方案

推出试验全部采用力控制加载方式，推出试件及加载设备如图 3.80 所示。加载装置选用 1000t 压力机，工字钢与 STC 层件相对位移采用千分表读取，分别布置在与短钢筋焊接位置相对应的 STC 层侧面。试件底部与加载仪器之间铺设一层薄层石英砂用以找平，试件顶部放置一块橡胶垫并对中，防止产生偏心压力。为防止推出试件破坏时 STC 层突然倒下而砸坏仪器，制作了一个焊接钢筋笼，罩在试件外围，以起保护作用。

试验加载方案为：首先按照一级 50kN 预加载到 150kN，然后卸载；正式加载的前面部分以一级 50kN 加载，接近破坏时以每级 25kN 加至试件破坏。达到每级指定试验力后，持荷 2min 再进行读数，并检查试件是否出现开裂及破损现象。

图 3.80　推出试件及加载装备

2. 试验结果与分析

1) 试件抗剪承载力及破坏模式

加载初期，滑移随荷载增加变化很小，大约在 150~200kN 时，界面出现微裂缝，界面分离开来；随后达到 350kN 附近时出现了轻微间断的声音，伴随着声音的出现，钢板和 STC 界面之间开始出现裂缝，最大裂缝宽度约为 0.04mm。当荷载接近极限承载力时，撕裂声变得连续，滑移显著增加，达到极限承载力时，试件发出一声巨响后破坏。其破坏模式有两种：破坏模式一：焊缝全部剪断，即焊缝剪断破坏模式，如图 3.81 (a) 所示；破坏模式二：部分短钢筋拔出、部分焊缝剪断，即临界破坏模式，如图 3.81 (b) 所示。

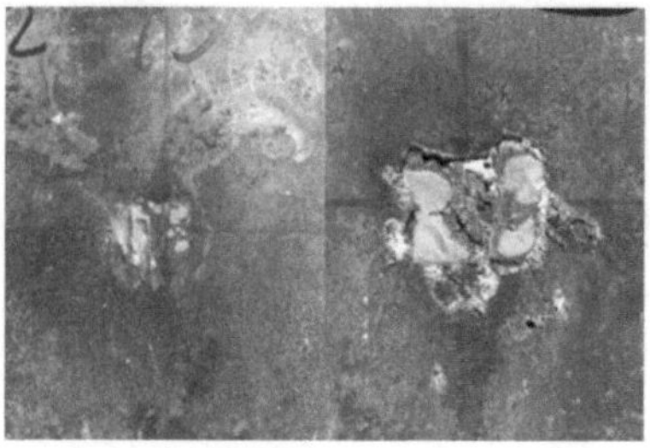

(a) 静力焊缝剪断破坏模式(以试件 Z1-15-22.6 为例)

(b) 静力临界破坏模式(以试件Z1-30-0为例)

图 3.81　两种不同破坏模式

将 9 个静力推出试件极限承载力及破坏模式汇总，试验结果如表 3.22 所示。

表 3.22　试验结果

试件编号	焊缝长度/mm	短钢筋角度/(°)	焊接方向	抗剪承载力/kN	破坏模式
Z1-15-0	15	0	纵向	547	3 个连接件拔出 1 个焊缝剪断
Z1-15-15.5		15.5		750	焊缝单侧剪断
Z1-15-22.6		22.6		580	
Z2-15-22.6				794	
Z1-20-0	20	0	纵向	740	焊缝单侧剪断
Z2-20-0				700	
Z1-20-15.5		15.5		612	
Z1-30-0	30	0	纵向	948	2 个连接件拔出 2 个焊缝剪断
Z2-30-0				885	3 个连接件拔出 1 个焊缝剪断

短钢筋抗剪的基本原理是：短钢筋与钢桥面板通过焊缝连接为整体，并包埋在 STC 中，通过钢筋侧面与 STC 的黏结握裹力和钢筋端面与 STC 的挤压力 (简称 STC 与短钢筋之间的局部作用力) 连接，由此达到抗剪目的。

由表 3.22 结合短钢筋抗剪基本原理可知，对于焊缝长度为 15mm 纵向焊接的试件，当端部切角 0° 时，由于 STC 与短钢筋之间的局部作用力和焊缝承载力均较小，二者相近，因此出现临界破坏模式；当端部切角 15.5° 和 22.6° 时，短钢筋端部面积和侧面面积均增大，而焊缝面积不变，此时焊缝强度小于 STC 与短钢筋之间的局部作用力，故均出现焊缝剪断破坏模式。对于焊缝长 20mm 的试件，当端部切角 0° 时，由于 STC 与短钢筋之间的局部作用力大于焊缝承载力，故出现焊缝剪断破坏模式；当端部切角 15.5° 时，STC 与短钢筋之间的局部作用力增大而焊缝强度不变，故也出现焊缝剪断破坏模式。同理，对于焊缝长 30mm 的试件，其破坏模式也与二者强度相关。

2) 抗剪承载力影响因素分析

(1) 焊缝长度的影响。

图 3.82 数据取自 Z1-15-0、Z1-20-0 与 Z2-20-0，Z1-30-0 与 Z2-30-0 三组试件，其极限承载力的均值分别为 547kN、720kN、917kN。当焊缝长度小于 30mm 时，焊接钢筋头剪力键承载力基本随焊缝长度的增加呈线性增长，如图 3.82 (a) 所示；短钢筋焊接宽度取为 20mm，则 3 种焊缝长度的单个焊接钢筋头剪力键的焊接面积分别为 $300mm^2$、$400mm^2$、$600mm^2$。则三组试件的单位焊接面积承载力分别为 $0.253kN/mm^2$、$0.250kN/mm^2$、$0.212kN/mm^2$，较为接近，如图 3.82 (b) 所示。

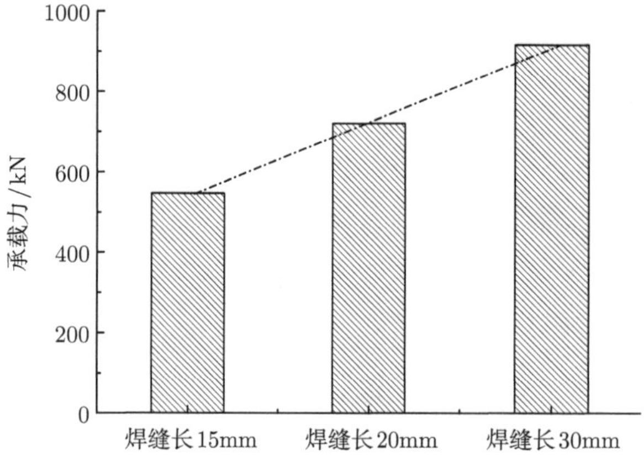

(a) 不同焊缝长度下推出试件抗剪承载力

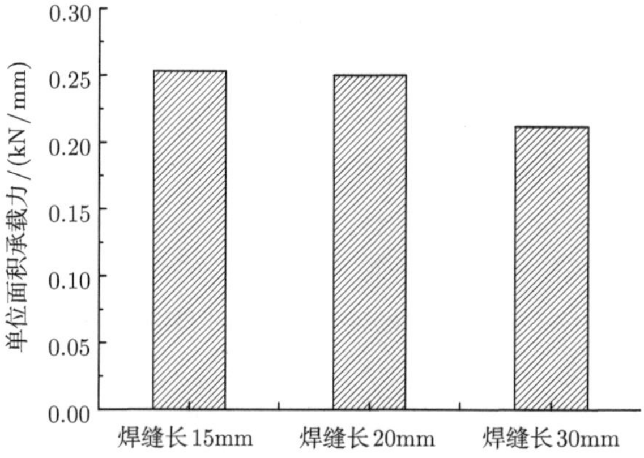

(b) 不同长度焊缝下单位面积承载力

图 3.82　焊缝长度的影响

(2) 端部切角的影响。

以焊缝长度 15mm 的试件为例，图 3.83 对比了三种端部切角的短钢筋试件。

可以看出承载力随端部切角先增大后减小，初步分析认为，切角使得短钢筋与 STC 层之间的接触面积增大，因此承载能力提高了，但是随着短钢筋角度的进一步增大，短钢筋与 STC 层之间应力集中现象会加剧，因此导致承载力下降。结合试验数据来看，切角为 15.5° 时，试件的承载力最高。

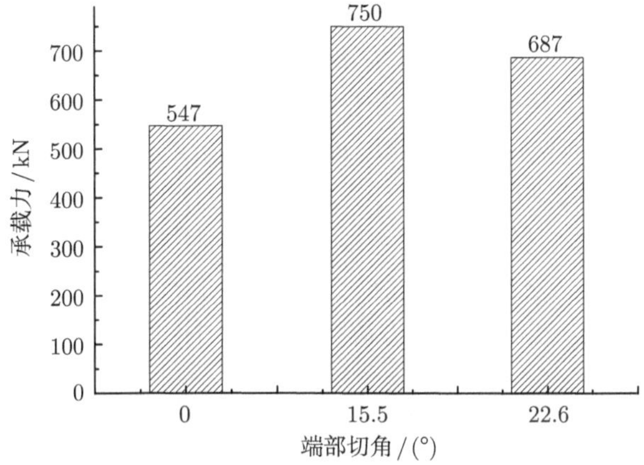

图 3.83 端部切角的影响

(3) 同类型连接件比较。

图 3.84 对比了栓钉连接件、25mm 钢筋网连接件与焊接钢筋头剪力键的荷载–滑移曲线。其中短钢筋选用焊缝长 15mm 端部切角 22.6° 型短钢筋。两个栓钉连接件荷载–滑移数据均取自文献 [38]。25mm 钢筋网连接件荷载–滑移曲线取自文献 [39]，其中 A-25 均表示界面未涂油试件，B-25 均表示界面涂油试件。

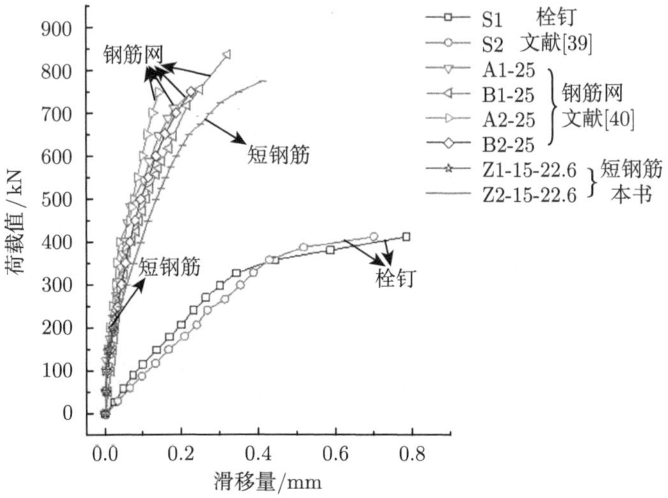

图 3.84 荷载–滑移曲线对比

从图 3.84 可以看出，15-22.6 型焊接钢筋头剪力键 (焊缝长 15mm，端部切角 22.6° 简称 15-22.6 型焊接钢筋头剪力键) 与钢筋网连接件的荷载–滑移曲线十分接近，承载力与抗剪刚度相当，均优于栓钉连接件；15-22.6 型焊接钢筋头剪力键纵向承载力均值为 687kN，约为栓钉连接件 (413kN) 的 2 倍且略低于 25mm 焊接钢筋头剪力键 (794kN)。

(4) 焊接钢筋头剪力键抗剪刚度计算。

抗剪刚度反映连接件在抵抗剪切力而产生变形的能力，由于焊接钢筋头剪力键是一种新型的抗剪连接件，目前尚无该抗剪刚度的计算公式。根据 3.2.1 节介绍的各国规范中有关抗剪刚度的计算方法，对于抗剪连接件抗剪刚度的取值均与抗剪承载力相关；根据本节试验结果，各试件抗剪承载力有一定规律，但依然存在较明显的离散性，从而导致计算刚度同样存在一定的离散性。根据实测的荷载–滑移曲线计算得到的单个焊接钢筋头剪力键抗剪刚度结果如表 3.23 所示。

表 3.23　单个焊接钢筋头剪力键抗剪刚度计算

试件编号	抗剪刚度取值方法及计算值/(kN/mm)	
	日本规范	欧洲规范 4
Z1-15-0	804.52	450.24
Z1-15-15.5	595.52	321.40
Z1-15-22.6	1293.44	—
Z2-15-22.6	721.96	421.24
Z1-20-0	853.44	493.80
Z2-20-0	758.72	474.56
Z1-20-15.5	1257.16	582.16
Z1-30-0	1274.24	675.60
Z2-30-0	1107.56	614.44

抗剪刚度计算与拉拔刚度计算相似，其计算结果特点如下。

(1) 对于日本规范计算结果相对较大，这是由于 1/3 极限荷载值基本处于试件弹性阶段内，该方法的计算结果适用于正常使用极限状态下刚度计算，其缺点是抗剪刚度计算受极限承载力影响大，因此计算结果离散性偏大；除去个别情况，其抗剪刚度随着焊缝长度的增加而增加。

(2) 根据欧洲规范 4，当抗剪刚度取为 0.7 倍极限承载力的割线刚度时，焊接钢筋头剪力键此时处于塑性发展阶段，滑移量增加显著，由此计算得到的抗剪刚度偏小，并且涂油与未涂油试件的抗剪刚度差异较小；与日本规范相同，抗剪刚度随着焊缝长度的增加而增加。

(3) 根据疲劳试验结果，焊接钢筋头剪力键设计剪应力幅为 69.2MPa，考虑冲击系数为 1.3，对应静力荷载车下试件荷载仅为 227kN，处于线弹性阶段，如图 3.84

所示，其值小于 1/3 倍极限承载力。因此，推荐采用日本规范计算抗剪刚度。

3.4.4 焊接钢筋头的抗剪疲劳性能

1. 模型试验

结合其静力拉拔及抗剪性能挑选出静力性能相对优异的焊接钢筋头剪力键，浇筑 3 个相同的推出试件 (将其编号为 F-1、F-2、F-3) 进行焊接钢筋头剪力键的疲劳试验，对其疲劳性能做初步探索。根据静力推出试验结果，15-22.6 型短钢筋推出试件的破坏模式为单侧焊缝全部剪断，即试件的破坏是由焊缝剪断引起，焊缝作为主要受力元件可能发生疲劳断裂；根据 3.2.2 节的分析，对于焊接钢筋头剪力键名义应力计算，可以参考《钢结构焊接规范》[34] 中圆钢与钢板间角焊缝的计算公式 (式 (3.29) 和式 (3.30))。角焊缝计算面积取为计算厚度与焊接钢筋头剪力键总长度的乘积，其中角焊缝计算厚度 h_e 取为焊脚尺寸 h_f 的 0.7 倍，焊脚尺寸为 9mm，如图 3.50 所示。

单个焊接钢筋头剪力键焊缝长度为 2×15mm (短钢筋侧面各一条角焊缝)，推出试件两边共 8 个焊接钢筋头剪力键，因此焊缝总长度为 $l = 8 \times 30\text{mm} = 240\text{mm}$。本节应力比取为 $R = S_{\max}/S_{\min} = 0.2$，根据国际焊接学会建议 (IIW)，角焊缝 200 万次抗剪疲劳寿命设计所对应的剪应力幅为 80MPa。故本节考虑按 80MPa 剪应力幅加载。具体参数如表 3.24 所示。

表 3.24 3 个疲劳试件加载参数

荷载/kN			名义剪应力/MPa			R
$F_{\max}$	$F_{\min}$	ΔF	$\tau_{\max}$	$\tau_{\min}$	$\Delta\tau$	
151.2	30.2	121.0	100	20	80	0.2

疲劳推出试件的构造尺寸与前文静力推出试件相同，参见图 3.77。疲劳试验加载前，使用 3 个地锚栓杆将试件基座固定于地面上，防止疲劳荷载反复作用时试件产生纵向和竖向的晃动或移位。选取 PMS-500 数显脉动疲劳压力机对推出试件施加常幅正弦荷载，作动器于试件顶部施加疲劳荷载，加载频率保持在 5.0Hz，同时疲劳试验机能自动记录疲劳荷载循环次数及荷载上下峰值。疲劳试验加载装置见图 3.85。

2. 试验结果与分析

1) 疲劳寿命和破坏形态

在 80MPa 常幅应力幅下对 3 个短钢筋疲劳推出试件分别加载，3 个试件的破坏过程相类似：① 在加载初期，由于试件刚度较大，滑移量相对较小，工字钢与 STC 板贴合紧密；② 随着加载次数增加，两侧钢-STC 界面都出现了分离间隙；③ 约加载至 50 万次时，两侧钢板与 STC 层之间出现约 0.02mm 可见分离间隙；

④ 当加载至 150~200 万次区间时，试件两侧的间隙加宽，且在疲劳加载下能看见明显滑移，如图 3.86 所示，随后试件出现疲劳破坏。试件 F-1、F-2、F-3 的疲劳寿命分别为 194.2、271.0、195.8 (万次)。

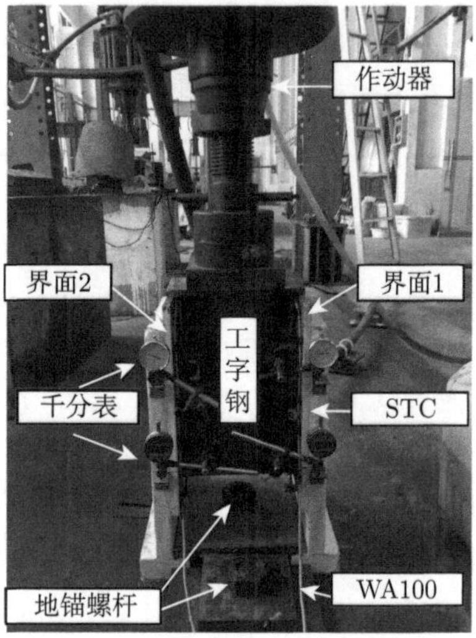

图 3.85　疲劳试验加载装置

图 3.86　破坏前的界面分离间隙

3 个试件的破坏模式分别为：F-1 试件单侧焊接钢筋头剪力键焊缝全部被剪断，如图 3.87 (a) 所示，与图 3.81(a) 静力焊缝剪断相似；F-2 试件两侧焊接钢筋头剪力键焊缝同时被剪断，其中一侧有个短钢筋被拔出，如图 3.87 (b) 所示，其余 3 个焊接钢筋头剪力键焊缝被剪断；F-3 试件单侧焊接钢筋头剪力键焊缝全部被剪断，与 F-1 试件相似 (注：试件基座的破坏发生在试件破坏之后)。

(a) 焊缝剪断破坏模式

(b) 短钢筋拔出破坏模式

图 3.87 疲劳破坏模式

2) 钢-STC 界面动滑移

试件两侧的动滑移量通过 HBM 动态数据采集器记录保存，采样频率为 100Hz。由于疲劳试验过程中，反力架与基座地锚栓杆时常松动，需要停机进行加固，并且疲劳试验在达到一定次数要停机进行静载滑移测量，影响了疲劳试验连续性，所以所测得的动滑移峰值并不能呈现一条平缓有规律的曲线。不过其相对动滑移量 ($\Delta\tau = \tau_{\max} - \tau_{\min}$) 变化趋势比较平滑。如图 3.88 所示，图例中参数分别表示疲劳试验–试件编号–界面号，如 F-1-1 表示第一个疲劳试件的界面 1 的动滑移。

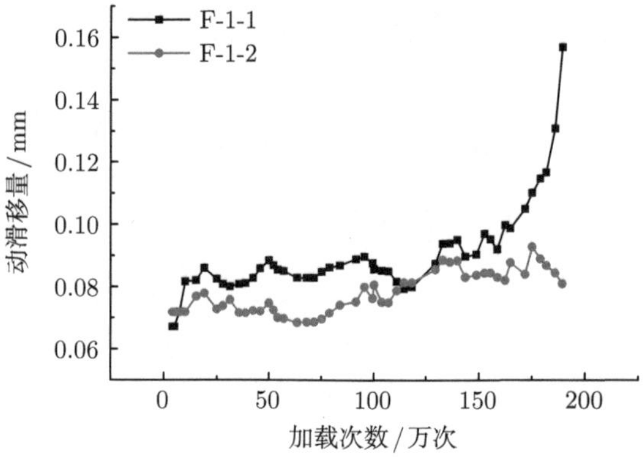

(a) 试件F-1动滑移

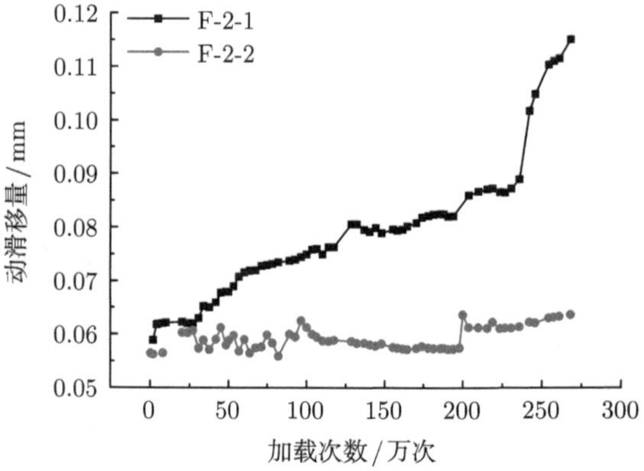

(b) 试件2动滑移

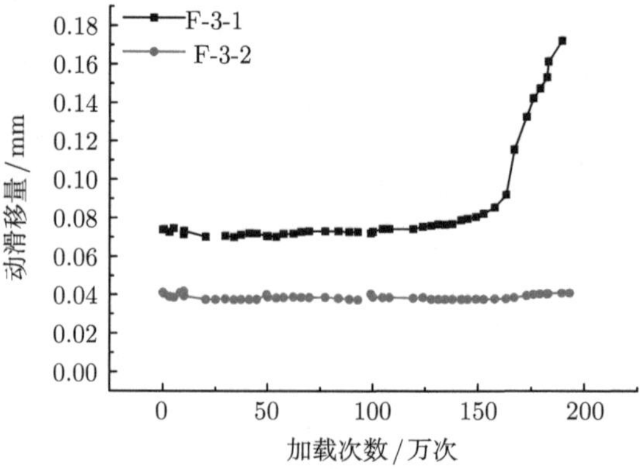

(c) 试件3动滑移

图 3.88　界面相对动滑移

根据图 3.88 可以发现，在疲劳加载次数 150 万次以内，界面相对动滑移量随加载次数增加而缓慢增大，近似呈线性，疲劳损伤也在缓慢积累；在疲劳破坏之前，即到达 200 万次附近时，界面相对动滑移量迅速增加，尤其在破坏一侧增加显著。

根据前文对动滑移增长规律的分析，当用于设计时，可通过其预测一定次数下焊接钢筋头剪力键的滑移量。目前关于抗剪连接件动滑移增长速率的研究比较少，关于焊接钢筋头剪力键的研究几乎没有，因此本节参考栓钉动滑移增长率计算的相关文献，前文已经对相关文献进行归纳分析。

参考曹君辉 [36] 的方法对疲劳试件的动滑移增长速率进行计算，计算结果如表 3.25 所示。三个试件的动滑移增长率相差不大，除去差异相对较大的第二个试件，第一个试件和第三个试件之间动滑移增长率相差小于 5%，说明试验结果比较稳定且可靠。

表 3.25 动滑移增长率结果

试件编号	$F_{\max}$/kN	ΔF/kN	$\Delta F/Q_{\mathrm{u}}$	$\log\delta$	δ/(mm/次)
F-1	151.2	121.0	0.18	−7.5365	2.9076×10^{-8}
F-2	151.2	121.0	0.18	−7.6019	2.5009×10^{-8}
F-3	151.2	121.0	0.18	−7.5575	2.7705×10^{-8}

3) 设计剪应力幅

试件 F-1、F-2、F-3 在疲劳荷载下分别承受 194.2、271.0、195.8 (万次) 疲劳后破坏，去掉最大值，剩余两个试件破坏次数相当接近 (相差不超过 1%)，取其二者平均值为 195 万次，略小于规范要求的 200 万次。因此，对于焊接短钢筋，不能简单地按现有规范中角焊缝疲劳强度等级进行疲劳验算。

$$\Delta\tau^m\cdot N=C$$

式中，C 为材料常数，$\Delta\tau$ 为疲劳应力幅，N 为对应疲劳应力幅下的疲劳次数，m 为角焊缝受剪 S-N 曲线中疲劳强度指数，根据国际焊接学会建议取 $m=5$。

根据疲劳试验结果，当剪应力幅为 80MPa 时，试件的平均疲劳寿命为 195 万次。由上式，200 万次疲劳下的剪应力幅为 79.6MPa，考虑疲劳抗力分项系数 1.15，则 200 万次疲劳下设计剪应力幅为 $\dfrac{\Delta\tau_c}{\gamma_{\mathrm{Mf}}}=\dfrac{79.6\mathrm{MPa}}{1.15}\approx69.2\mathrm{MPa}$。因而可通过合理设置剪力键间距，控制其在设计荷载下的剪应力幅低于 69.2MPa，达到满足设计要求。

3.4.5 焊接钢筋头剪力键设计计算实例

1. 方案简介

本节中焊接钢筋头剪力键设计实例的背景桥与 3.2.3 节中的背景桥相同，相关的有限元建模与荷载工况也与 3.2.3 节基本相同，内容可以参见 3.2.3 节。

本节拟在钢桥面上方铺筑 STC 并通过焊接钢筋头剪力键形成组合结构，新方案如图 3.89 所示。本节界面连接件均按等间距布置；本节初步探究的布置方式为 3 种，分别为：布置方式一 150mm×150mm (横桥向 × 纵桥向)，布置方式二 200mm×200mm，布置方式三 300mm×300mm。

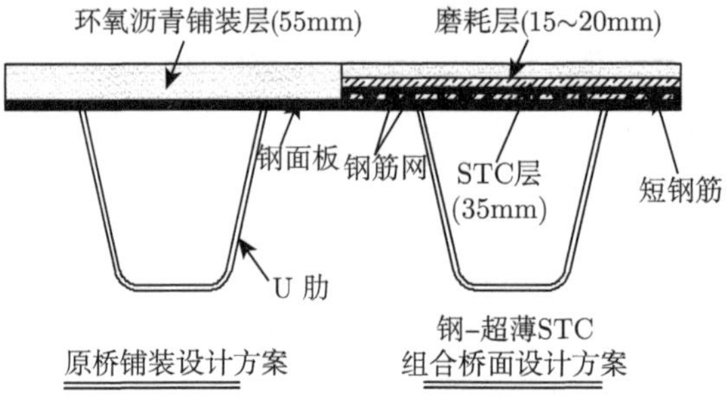

图 3.89　原铺装方案与钢–超薄 STC 组合桥面铺装方案

本节计算模型考虑钢与 STC 之间的竖向拉拔作用，在焊接钢筋头剪力键位置设置一个竖向弹簧单元，模拟其竖向拉拔作用；钢–超薄 STC 界面的抗剪主要由焊接钢筋头剪力键提供，在所有焊接钢筋头剪力键位置处均沿纵横桥向各设置一个弹簧单元，用以模拟纵横向的剪切作用。二者均采用 2 节点弹簧单元 (combin14) 进行计算。纵桥向抗剪刚度根据 3.4.3 节的静力推出试验结果，取 2 个 15-22.6 型短钢筋推出试件的抗剪刚度平均值，即 1007.7kN/mm；根据文献 [31] 的有限元计算结果，同理认为焊接钢筋头剪力键的横向和纵向抗剪刚度差异很小，因此，本节有限元计算中横向抗剪刚度与纵向保持一致。拉拔刚度取值采用 3.4.2 节焊网剪力键的静力拉拔试验研究结果 771kN/mm。

2. 计算结果分析

1) 焊接钢筋头剪力键剪力峰值

提取三种不同布置方式在各个工况下纵横向焊接钢筋头剪力键弹簧单元的剪力峰值，计算结果如表 3.26 所示。

由表 3.26 可知，焊接钢筋头剪力键随着纵、横向布置间距增大，所承担的剪力也在增加，并且就总体而言，横桥向剪力大于纵桥向剪力，表明焊接钢筋头剪力键横桥向受力更加不利。总的来说，采用三种布置方式计算所得到的纵、横向的剪力峰值都很小，分别为 7.86kN、8.62kN、11.77kN，均远低于单个 15-22.6 型焊接钢筋头剪力键的承载力 (85.88kN)。因此，在车辆静载作用下，钢–超薄 STC 组合桥面结构界面具有足够的安全性，控制设计的应该为焊接钢筋头剪力键的疲劳设计。然而在同时满足静力抗剪的前提下，布置方式一与其他两种布置方式相比，焊接钢筋头剪力键间距过小导致数量较多，一方面增加工程量，不够经济；另一方面由于焊缝数量增加，对钢顶板抗疲劳性能不利。因此，不建议采用间距较小的布置方式一。后面仅对两种布置方式进行疲劳验算。

表 3.26 剪力峰值计算结果 (单位：kN)

工况	剪力峰值/kN	布置方式一 150mm×150mm	布置方式二 200mm×200mm	布置方式三 300mm×300mm
正 U 肋–跨中	纵桥向	4.599	6.505	11.601
	横桥向	5.370	7.689	10.287
骑 U 肋–跨中	纵桥向	4.650	6.674	10.516
	横桥向	5.735	8.288	11.407
跨 U 肋–跨中	纵桥向	4.558	6.867	11.439
	横桥向	7.857	8.620	8.926
正 U 肋-1/4 跨	纵桥向	5.013	5.038	9.469
	横桥向	4.980	6.850	10.329
骑 U 肋-1/4 跨	纵桥向	4.959	5.124	8.685
	横桥向	5.343	7.430	11.773
跨 U 肋-1/4 跨	纵桥向	4.764	5.213	9.307
	横桥向	7.267	7.624	9.681
正 U 肋–隔板	纵桥向	3.465	5.113	8.498
	横桥向	4.339	6.389	9.746
骑 U 肋–隔板	纵桥向	3.441	5.233	7.610
	横桥向	4.359	6.299	11.600
跨 U 肋–隔板	纵桥向	3.350	5.172	8.169
	横桥向	5.570	6.363	8.924

注：表中剪力峰值均为绝对值。

2) 焊接钢筋头剪力键疲劳验算

根据前文分析，选出焊接钢筋头剪力键受剪最不利的横向工况，对于布置方式二和布置方式三分别为跨 U 肋和骑 U 肋。因此，对后两种布置方式的焊接钢筋头剪力键进行疲劳验算时，采用疲劳荷载计算模型 III 分别对横向跨 U 肋、骑 U 肋位置进行纵向单迹线加载，纵向加载间距为 500mm，以获得焊接钢筋头剪力键的剪应力历程。由于模型中的焊接钢筋头剪力键数量较多，每种布置方式仅选取关注区域内四个最不利位置 (跨中和横隔板处) 的焊接钢筋头剪力键，具体位置见表 3.27 所述。

表 3.27 焊接钢筋头剪力键选取位置

布置方式	编号	最不利焊接钢筋头剪力键位置
布置方式二 200mm×200mm	D1-1	第三跨跨中 7#和 8#U 肋间正上方钢顶板处
	D1-2	4#横隔板 7#和 8#U 肋间正上方钢顶板交界处
	D1-3	第三跨跨中 8#U 肋正上方钢顶板处
	D1-4	4#横隔板 8#U 肋正上方钢顶板处
布置方式三 300mm×300mm	D2-1	第三跨跨中 7#和 8#U 肋间正上方钢顶板处
	D2-2	4#横隔板 7#和 8#U 肋间正上方钢顶板交界处
	D2-3	第三跨跨中 8#U 肋正上方钢顶板处
	D2-4	4#横隔板 8#U 肋正上方钢顶板处

由于焊接钢筋头剪力键剪应力分为纵、横向两个方向，在疲劳评估时应采用两者的叠加。因此，首先需要计算得到焊接钢筋头剪力键纵、横向剪应力历程，再求解各自方向上的剪应力幅：$\Delta\tau_{\mathrm{L}}=\tau_{\mathrm{L,max}}-\tau_{\mathrm{L,min}}$，$\Delta\tau_{\mathrm{T}}=\tau_{\mathrm{T,max}}-\tau_{\mathrm{T,min}}$，最终再依据双轴疲劳能量原理求解出等效应力幅：$\Delta\tau_{\mathrm{eq}}=\sqrt{\Delta\tau_{\mathrm{L}}^2+\Delta\tau_{\mathrm{T}}^2}$。

根据《公路钢结构桥梁设计规范》，疲劳荷载计算模型III需要按照式 (3.21) 进行验算。跨中和横隔板处焊接钢筋头剪力键的等效应力幅结果如表 3.28 所示。

表 3.28　剪应力幅计算结果　(单位：MPa)

剪应力幅 (MPa)		$\Delta\tau_{\mathrm{L}}$ (纵桥向)	$\Delta\tau_{\mathrm{T}}$ (横桥向)	$\Delta\tau_{\mathrm{eq}}$ (等效剪应力幅)	$\gamma_{\mathrm{Ff}}\lambda\Delta\tau_{\mathrm{eq}}$
布置方式二 (200mm×200mm)	HJ1-1	11.823	3.300	12.275	30.688
	HJ1-2	16.820	2.483	17.002	30.604
	HJ1-3	16.153	14.837	21.933	54.833
	HJ1-4	19.553	9.107	21.570	38.826
布置方式三 (300mm×300mm)	HJ2-1	23.667	4.807	24.150	60.375
	HJ2-2	31.840	6.380	32.473	58.451
	HJ2-3	25.000	23.967	34.632	86.581
	HJ2-4	29.993	23.910	38.357	69.043

根据 3.2.2 节疲劳试验结果，15-22.6 型焊接钢筋头剪力键 200 万次容许的设计剪应力幅为 69.2MPa。由表 3.28 可知，采用布置方式二换算得到的最大等效剪应力幅为 54.83MPa；采用布置方式三换算得到的最大等效剪应力幅为 86.58MPa。因此，焊接钢筋头剪力键在布置方式二下满足疲劳验算要求，布置方式三剪应力幅稍大。

3) 焊接钢筋头剪力键疲劳滑移验算

根据前文计算结果，采用方式二布置的焊接钢筋头剪力键在疲劳荷载作用下的最大剪应力幅为 34.01MPa。每个焊接钢筋头剪力键的焊缝面积为 300mm^2，可得最大剪力幅为 10.2kN，因计算中焊接钢筋头剪力键的抗剪刚度取 721.96kN/mm，则可得焊接钢筋头剪力键的最大滑移值为 0.014mm，小于界面滑移限制 0.05mm，满足设计要求。因此，背景桥钢–薄层 STC 轻型组合桥面结构中采用 200mm×200mm (横桥向 × 纵桥向) 的 15-22.6 型焊接钢筋头剪力键布置方案，界面滑移能满足设计要求。

4) 带焊接钢筋头剪力键的钢顶板疲劳验算

在验算带焊接钢筋头剪力键钢顶板的疲劳性能前，首先需要知道应力最不利工况和位置。通过提取本节 9 个工况下钢顶板纵、横向的最大拉应力值，来初步判断钢顶板的最不利工况，计算结果如表 3.29 所示。可以发现，随着焊接钢筋头剪力键布置间距变大，钢顶板应力峰值略微增加；并且就总体而言，横桥向剪力大于纵桥向剪力，表明钢面板横桥向受力更加不利。后两种布置方式下，纵桥向最不利工况为正 U 肋–隔板加载，对应纵桥向最大应力值分别为 30.29MPa、31.12MPa，横桥向最不利工况为正 U 肋-1/4 跨加载，对应横桥向最大应力值分别为 25.69MPa、26.09MPa。

表 3.29　钢顶板拉应力计算结果　(单位：MPa)

工况	最大正应力	布置方式二 (200mm×200mm)	布置方式三 (300mm×300mm)
正 U 肋–跨中	纵桥向	18.59	19.74
	横桥向	21.67	20.82
骑 U 肋–跨中	纵桥向	16.26	17.46
	横桥向	21.95	21.06
跨 U 肋–跨中	纵桥向	17.54	18.19
	横桥向	20.43	19.04
正 U 肋-1/4 跨	纵桥向	26.56	27.51
	横桥向	25.69	26.09
骑 U 肋-1/4 跨	纵桥向	23.51	24.58
	横桥向	25.10	25.72
跨 U 肋-1/4 跨	纵桥向	22.37	22.86
	横桥向	22.94	22.99
正 U 肋–隔板	纵桥向	30.29	31.12
	横桥向	25.30	25.33
骑 U 肋–隔板	纵桥向	27.05	28.04
	横桥向	25.53	25.82
跨 U 肋–隔板	纵桥向	25.43	25.95
	横桥向	24.16	23.98

根据钢顶板的应力云图可知，钢顶板应力影响范围均只在车轮荷载下相邻两个横隔板范围内，并且无论是跨中加载还是横隔板加载，钢顶板纵横向的高应力区都只在车轮荷载下方以及横隔板处。根据钢顶板高应力区分布情况，可知焊接钢筋头剪力键附近钢板的最不利位置应在车轮荷载下方以及横隔板处，因此选取纵向 4#横隔板以及 1/4 截面，横向选取靠近车轮荷载最不利的焊接钢筋头剪力键 (横向 $X = 9700\text{mm}$ 和 $X = 10000\text{mm}$)，提取这 4 个焊接钢筋头剪力键处钢顶板纵、横向应力历程，并计算其纵、横向应力幅，结果如表 3.30 所示。

表 3.30　焊接钢筋头剪力键处钢顶板纵、横向应力幅

布置方式	细节名称	纵向位置	横向位置	纵向应力幅/MPa	横向应力幅/MPa
布置方式二 (200mm×200mm)	位置一	4#横隔板	$X = 9700\text{mm}$	8.933	13.431
	位置二	1/4 截面	$X = 9700\text{mm}$	14.313	17.252
	位置三	4#横隔板	$X = 10000\text{mm}$	7.306	9.663
	位置四	1/4 截面	$X = 10000\text{mm}$	11.995	12.212
布置方式三 (300mm×300mm)	位置一	4#横隔板	$X = 9700\text{mm}$	11.026	10.081
	位置二	1/4 截面	$X = 9700\text{mm}$	15.647	18.025
	位置三	4#横隔板	$X = 10000\text{mm}$	10.333	23.571
	位置四	1/4 截面	$X = 10000\text{mm}$	13.388	10.081

由表 3.30 可知，焊接钢筋头剪力键附近钢板的应力幅均较小。由于目前暂无带焊接钢筋头剪力键钢面板疲劳细节的名义 S-N 曲线可以对照，因此需要寻找与之相似的疲劳细节。由于焊接钢筋头剪力键是间断焊接在钢顶板上，焊接长度均不超过 50mm，可参考公路钢结构桥梁设计规范中焊接附连件与加劲肋中的疲劳细节 1 ($L \leqslant 50\text{mm}$，细节类别为 80MPa，$m = 3$)，其 200 万次疲劳强度为 80MPa，远大于计算得到的钢顶板纵、横向应力幅，由此可知，本论文方案中，在后两种布置方式下的钢顶板均满足疲劳验算要求。

综上，由于布置方式一与后两者相比连接件数量过多不经济，且焊缝过多导致疲劳性能下降，而布置方式三中连接件疲劳细节应力幅大于设计剪应力幅，不满足设计要求。因此建议采用布置方式二，纵、横向间距为 200mm×200mm。

3.5　花纹钢板的抗剪性能及设计

3.5.1　花纹钢板抗剪性能研究目的

本节研究用花纹钢板代替普通平钢板，在桥面板中使用，利用花纹与 STC 层的黏结和嵌固作用，提高界面的抗滑移性能，减少栓钉数量。

3.5.2　花纹钢板的抗剪静力性能试验

1. 模型试验

1) 试验设计

试件尺寸设计参考欧洲规范 4[5] 中所规定的推出试验方法，其整体尺寸如图 3.90 所示。中间部分为焊接工字钢，加载板和加劲板厚度均为 12mm，钢材等级为 Q345 级，两侧面板为花纹钢板，厚度为 9.45mm，钢材等级为 Q235 级。两侧为密配筋 STC 层，通过栓钉抗剪件连接，栓钉的高度为 35mm，直径为 13mm，配筋采

用 HRB400 级冷拔带肋钢筋 110×200mm 布置，纵、横向钢筋均采用⌀8，钢筋布置的纵、横向间距如图 3.90 所示。

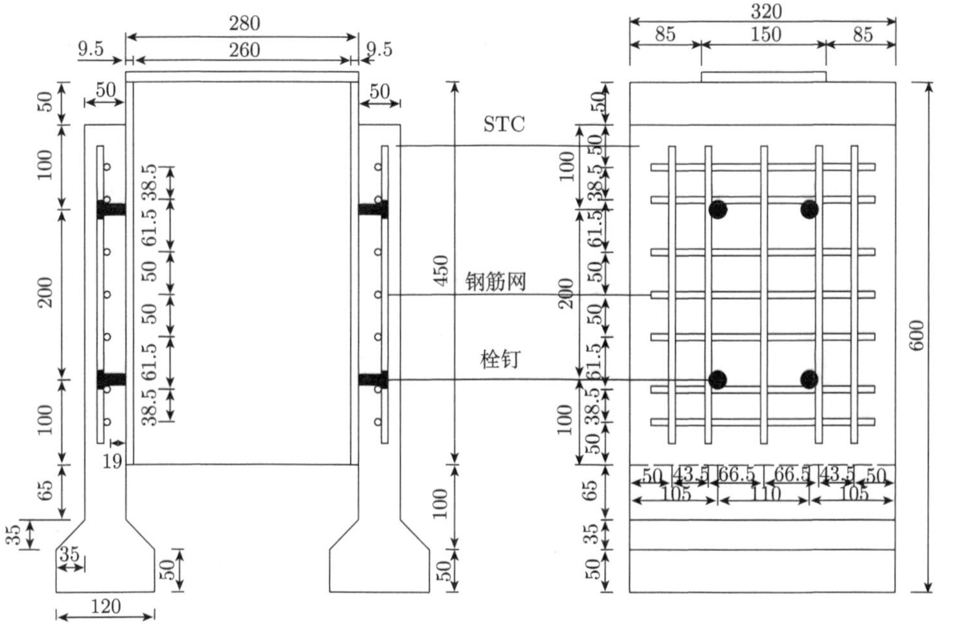

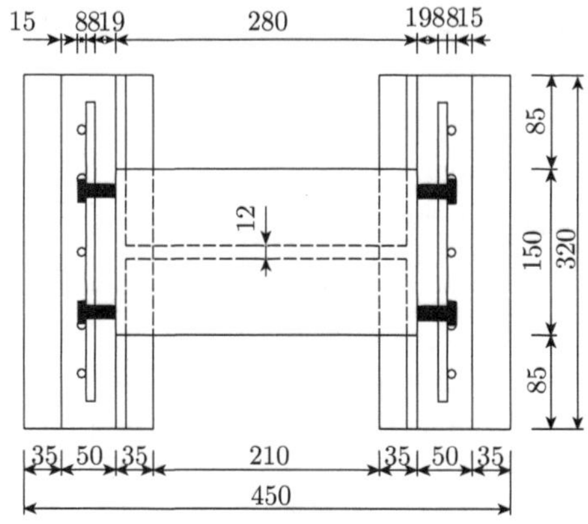

图 3.90 计算模型整体尺寸 (单位：mm)

静力推出试验共制作三个试件，试件中为了考虑花纹钢板与 STC 层间黏结影响，试件制作分有黏结和无黏结两种。所有试件分组如表 3.31 所示。

表 3.31　试件分组

编号	界面状态
S-1	无黏结 + 栓钉
S-2	有黏结 + 栓钉
S-3	

试件 S-1 不考虑花纹钢板与 STC 层间黏结的影响，在浇筑 STC 层前对花纹钢板表面涂抹油处理。焊接前将面板焊接位置打磨平整，清理表面，全部栓钉都采用透焊工艺，焊接完成后检查栓钉焊接质量，防止焊接质量影响栓钉抗剪性能。

2) 试验加载及量测方案

试验前，在试件底部铺垫细石英砂以确保试件平稳；然后在试件顶面依次安放钢板垫块、液压千斤顶、球铰支座、压力传感器；为测试花纹钢板与 STC 层之间的相对滑移，在试件左右两个侧面 (分别记为 A 侧和 B 侧) 使用千分表采集数据，千分表的竖向位置与栓钉位置平齐，共布置 8 个千分表，用 502 胶黏贴角钢辅助测量，如图 3.91 所示。

试验加载装置使用 ENERPAC 液压千斤顶及加载系统，并通过六弦仪读取压力传感器的数值，以准确控制加载力的大小，试验加载装置如图 3.92 所示。在正式试验开始前，进行一次预加载，以确保试验装置正常工作，预加荷载每级 25kN，总共三级，预加载后卸载，开始正式试验。正式试验中，每级荷载增加约 25kN，直至试件破坏。加载过程控制荷载增加幅度为 0.3~0.8kN/s，每级荷载施加后持荷 5min 再读数，并对试件进行检查，观测有无开裂等破损情况。

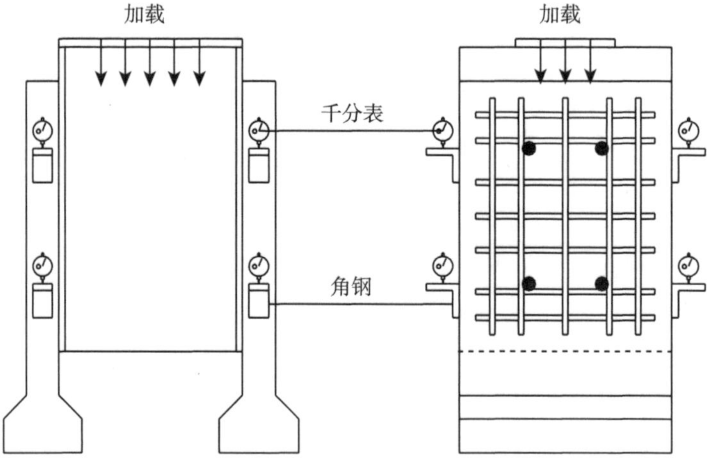

图 3.91　测点布置

图 3.92 推出试验加载装置

2. 试验现象

推出试件在受到荷载作用时，所有荷载由栓钉剪力及层间黏结力承担，当 STC 板与钢板间黏结失效时，所有荷载将由栓钉承担。

试件 S-1 由于作了界面涂油处理，并且在加载前进行了预加载，所以在正式加载时，界面的剪力传递不用考虑花纹钢板与 STC 层之间的化学黏结作用。在 0~100kN 荷载区间滑移量不超过 0.01mm，在 100~400kN 荷载区间，滑移量开始线性增加，在此过程中伴随有撕裂声，花纹钢板与 STC 层界面之间出现界面裂缝，如图 3.93 所示。继续加载，界面产生明显裂缝和相对滑移，接近极限荷载时，荷载继续保持，但滑移量增加，且滑移增加速度不断加快，滑移增加 1mm 后，千分表指针转动迅速，最终试件两侧栓钉同时被齐根剪断而终止，如图 3.94 所示，极限荷载达到 586.2kN。

图 3.93 开始出现界面裂缝

图 3.94 试件破坏形态

试件 S-2 花纹钢板与 STC 板间存在黏结作用，所以在加载初期 0~275kN 期间并没有显示明显滑移，随着荷载继续增加，滑移量突然开始增大，并保持一定的线性特征，在此范围的加载过程中，不断出现撕裂声。在 550kN 后相对滑移量明显增大，在 627.5kN 时，两侧栓钉同时被剪断，试验结束。

试件 S-3 试验过程与 S-2 基本一致，该试件在 0~175kN 范围内没有明显滑移，在 175kN 后 A 侧相对滑移量显著增加，B 侧相对滑移量发展较慢，开始保持一定的线性特征，在 525kN 后相对滑移量明显增大，在 580.5kN 时，两侧栓钉同时被剪断，试验结束。

三个试件的平均承载力为 598.1kN，考虑到每个试件有 8 个栓钉，因此单个栓钉的平均承载力为 74.8kN，Junhui Cao 等 [41] 的研究中，平钢板组合板推出试件的平均承载力为 480.8kN，单个栓钉的平均承载力为 60.1kN，由此可知花纹钢板能够提高组合板试件的抗剪承载力，提高约 24.4%。

试验结束后观察破坏的钢面板与 STC 层，发现 STC 层界面处花纹印槽明显，且花纹印槽受力方向有混凝土压碎痕迹，钢面板花纹上也带有部分压碎混凝土，且位于中部栓钉位置附近，以 S-2 试件为例，如图 3.95 中圈内位置所示。由此看出，在试验过程中，花纹与 STC 层之间的嵌固作用明显，有利于提高界面的抗滑移能力。

观察发现，栓钉断裂与普通平钢板推出试件类似，也出现在两种位置：① 栓钉断裂面位于栓钉根部的焊缝中，形成一个很小的凹面，这种断裂方式如图 3.96 (a) 所示；② 栓钉断裂面位于栓钉焊缝顶部的钉杆位置，栓钉整个焊缝还留在花纹钢板面板上，如图 3.96 (c) 所示。观察 STC 层中栓钉位置，发现栓钉焊缝断裂时，栓钉处受力方向 STC 因受压而出现局部破碎现象，而另一侧因受拉而出现局部拉裂现象，如图 3.96 (b) 所示；栓钉钉杆断裂时，栓钉受力方向 STC 出现了剥离现象，如图 3.96 (d) 所示。但是所有 STC 破损区域均位于栓钉根部位置附近，范围较小。

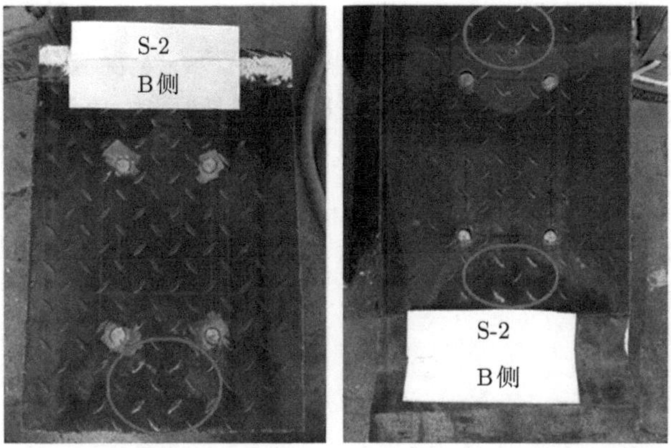

(a) 钢面板一侧情况 (b) STC层一侧情况

图 3.95 破坏试件钢板及 STC 层内侧情况

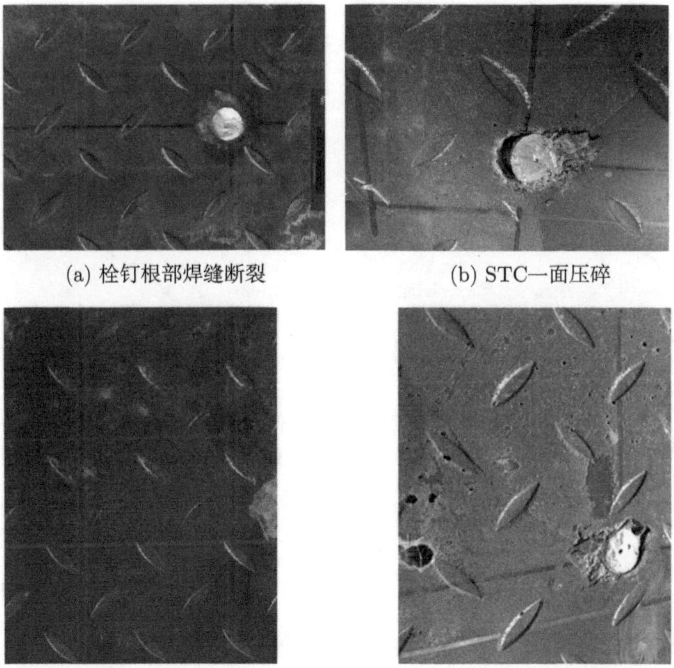

(a) 栓钉根部焊缝断裂 (b) STC—面压碎

(c) 栓钉钉杆断裂 (d) STC 出现剥离

图 3.96 栓钉断裂模式

3.5.3　花纹钢板的抗剪静力试验结果及分析

1. 荷载–滑移曲线

荷载–滑移曲线能够直接反映抗剪连接件的承载力和变形能力之间的关系，三个试件的推出试验荷载–滑移关系曲线如图 3.97 所示，A 侧与 B 侧值分别为 A、B 两侧栓钉高度处 4 个千分表所采集的数据的平均值，平均值为 8 个千分表所采集的数据的平均值，从图中可以看出，在试件接近破坏时，界面滑移数值仍然较小，在 0.45~0.8mm 之间，根据欧洲规范 4[5]，当抗剪连接件的荷载达到特征值时，界面滑移不低于 6mm，才是“塑性连接件”，而本次试验中短栓钉并不属于塑性连接件。

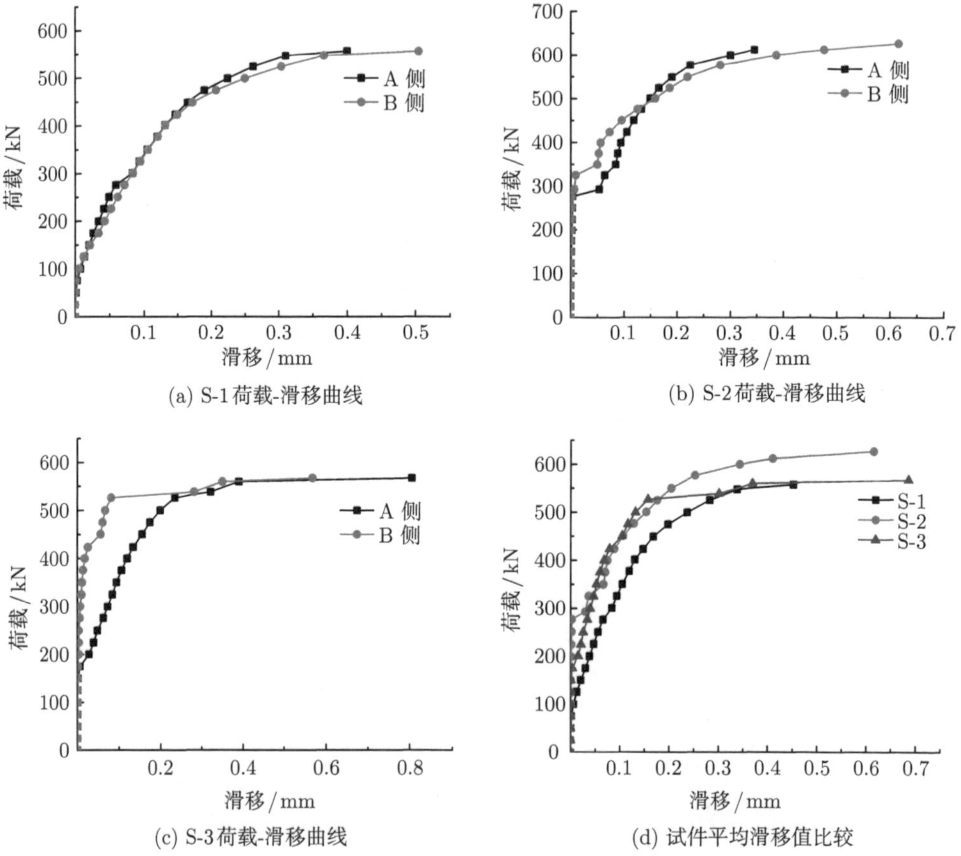

(a) S-1 荷载-滑移曲线　(b) S-2 荷载-滑移曲线

(c) S-3 荷载-滑移曲线　(d) 试件平均滑移值比较

图 3.97　推出试验荷载–滑移关系曲线

对比平钢板推出试件 P1-P3，荷载滑移曲线如图 3.98 所示，普通平钢板推出试件均考虑界面黏结，花纹钢板-STC 组合板推出试件在加载初期几乎未出现滑移，花纹钢板试件极限承载力和界面抗滑移能力都优于普通平钢板。

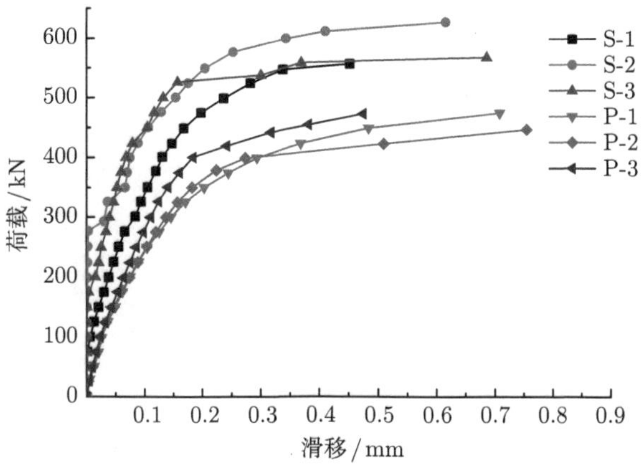

图 3.98 荷载-滑移曲线对比

2. 栓钉承载力

花纹钢板-STC 组合板结构不仅具有较好的抗滑移能力，通过花纹与超高性能混凝土的嵌固作用，也能够极大地提高整个结构的极限承载力。

参考各国普通钢-混凝土组合结构规范计算公式，栓钉抗剪承载力受混凝土的抗压强度影响，而本次试验破坏现象表明，STC 材料在推出试验中并未出现压碎破坏，栓钉强度是决定钢-STC 组合结构抗剪切承载力的唯一因素。

推出试件中 STC 的立方体抗压强度取 $f_{\mathrm{cu}}=134.3\mathrm{MPa}$，弹性模量取 $E_{\mathrm{c}}=42.6\mathrm{GPa}$[11]。根据 Graybeal 的研究 [2]，STC 的圆柱体抗压强度与立方体抗压强度的转换系数大约为 0.95，可求得 STC 的圆柱体抗压强度为 $f_{\mathrm{c}}'=127.6\mathrm{MPa}$。栓钉的弹性模量取 $E_{\mathrm{s}}=206\mathrm{GPa}$，抗拉强度取 $f=345\mathrm{MPa}$，单个栓钉的横截面面积为 $A_{\mathrm{sc}}=132.7\mathrm{mm}^2$，根据《电弧螺柱焊用圆柱头焊钉》[12]，对直径 13mm 的栓钉，焊缝的名义直径与高度分别为 $d_{\mathrm{wc}}=17\mathrm{mm}$、$l_{\mathrm{wc}}=3\mathrm{mm}$。

基于前文式 (3.1)~ 式 (3.4)，对钢-STC 组合板推出试件中短栓钉的抗剪承载力进行预测，得到栓钉抗剪承载力的计算结果，与平钢板推出试件和花纹钢板推出试件对比如图 3.99 所示。

3. 栓钉剪切刚度

剪力连接件的剪切刚度是指抗剪件所承受的剪力与其剪切变形的比值，反映抗剪件在钢–混凝土组合结构中界面抵抗剪切而产生滑移的能力，是钢–混凝土组合桥梁设计中的一个重要参数。组合梁的界面滑移对其受力性能的影响较大，采用折减刚度法可以计算界面滑移效应对组合梁挠度的影响，结构应力和疲劳响应则较难得到，在有限元仿真计算中，需要考虑剪力件的剪切刚度，因而需要对栓钉的剪切刚度进行进一步研究。栓钉的剪切刚度常定义为单位剪力作用下的变形量，采用割线法确定栓钉在花纹钢板-STC 组合结构中的剪切刚度。

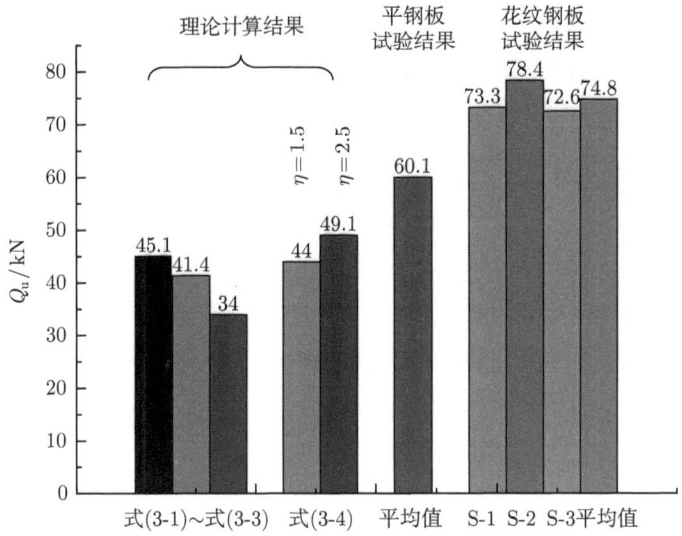

图 3.99　栓钉抗剪承载力对比

本章 3.2.1 节中介绍了不同学者对于采用割线法计算剪力键的抗剪刚度是割线顶点定义，针对上述方法，对本节花纹钢板-STC 组合板推出试验实测的荷载–滑移曲线进行计算，得到单个短栓钉的剪切刚度，如表 3.32 所示，表中 s 为割线顶点对应的滑移。

从表 3.32 中可以看出，栓钉的剪切刚度与割线顶点位置有关，割线顶点取值越小，栓钉剪切刚度越大。试件 S-2 与 S-3 在试验中出现明显滑移时的荷载在 $1/3Q_u$ 附近，因此得到的剪切刚度相差较大，试件 S-2 结果与实际偏差较大，不予取用，而出现明显滑移后，计算得到的栓钉剪切刚度接近。试件 S-1 未考虑界面黏结情况，得到的剪切刚度只有 S-2 和 S-3 的 50%~60%。

表 3.32　栓钉剪切刚度计算

文献来源	计算参数	推出试件编号			S-2 与 S-3 平均值	单位
		S-1	S-2	S-3		
JSSC[14]	$1/3Q_u$	195.4	209.2	193.5	—	kN
	s	0.0366	0.0012	0.0120	—	mm
	k	667.8	21109.0	2008.3	2008.3	kN/mm
Johnson 和 May[13]	$1/2Q_u$	293.1	313.8	290.3	—	kN
	s	0.0692	0.0338	0.0371	—	mm
	k	529.4	1158.8	977.6	1068.2	kN/mm
欧洲规范 4[5]	$0.7Q_u$	410.3	439.3	406.4	—	kN
	s	0.1375	0.0990	0.0708	—	mm
	k	373.1	554.4	717.4	635.9	kN/mm

曹君辉等 [41] 通过平钢板-STC 组合板推出试验得到的实测数据，在欧洲规范 4 的计算方法下得到的栓钉剪切刚度为 266kN/mm，用相同的计算方法，花纹钢板-STC 组合结构中，考虑界面黏结情况的栓钉与界面共同剪切刚度为 635.9kN/mm，不考虑界面黏结情况的栓钉与界面共同剪切刚度为 373.1kN/mm。通过对比，考虑界面黏结的花纹钢板-STC 组合板中栓钉与界面共同剪切刚度为普通平钢板试件中栓钉的 2.4 倍，不考虑界面黏结的组合板中栓钉与界面共同剪切刚度为普通平钢板试件栓钉的 1.4 倍。花纹钢板作为面板可以提高组合结构中界面的剪切刚度，能够提高栓钉的抗剪效率，对钢–STC 组合桥面结构的受力更加有利。

4. 栓钉应力分析

徐友邻和沈文都研究了钢筋外形对钢筋与混凝土黏结性能的影响 [42]，相同锚固长度的拉拔试验，带肋钢筋试件的承载能力更高，钢筋表面越粗糙，界面的黏结能力越强。表面有花纹的钢板通过增加了表面花纹，增强了 STC 层与钢板间的嵌固和黏结能力，从而增大了结构的承载能力。一般情况下，将试验所有荷载均认为是栓钉承载，栓钉名义应力比实际值要大，是一种考虑安全的算法。在平钢板试件推出试验与花纹钢板试件推出试验中，花纹钢板试件的承载力高，考虑到推出试验破坏状态均为栓钉剪坏，并且栓钉的尺寸和焊缝均一致，此处认为栓钉在破坏状态时，承受的名义剪应力相同，因此花纹钢板试件中栓钉的实际剪应力与名义剪应力的比值为平钢板试件的承载力与花纹钢板试件的承载力比值，即 $\eta = 60.1/74.8 \approx 0.80$。图 3.100 为栓钉应力与滑移的关系。

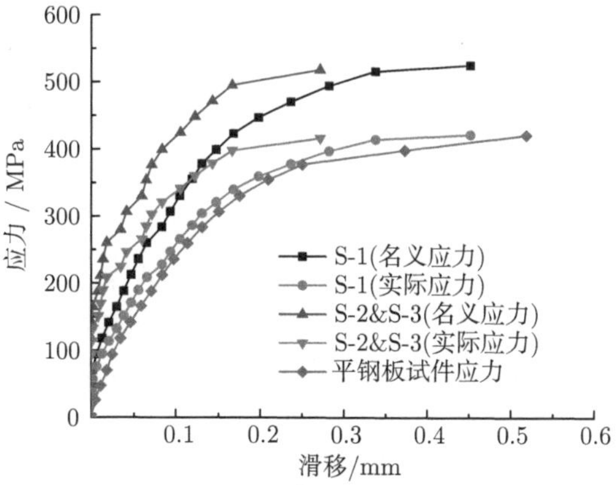

图 3.100 栓钉应力与滑移的关系

由图 3.100 可知，考虑花纹钢板对组合板试件界面承载能力的影响，花纹钢板试件中栓钉的应力值达到 Q345 钢材的强度，可用折减系数 η 对花纹钢板中栓钉名义应力进行折减，得到栓钉实际应力，符合设计要求。

3.5.4　花纹钢板设计计算实例

1. 方案简介

背景桥主桥采用三跨连续钢–混凝土混合梁，桥跨布置为 60m+128m+60m = 248m，边中跨比为 0.469。主桥纵坡 0.8%，分左右两幅布置，单幅桥宽 18.5m。为降低主梁梁高，在主跨跨中设置长 45m 的钢箱梁，主墩处预应力混凝土梁高 6.4m，跨中钢梁高 2.8m。背景桥钢箱梁段和钢混结合段的顶板均采用正交异性钢板，钢箱梁断面如图 3.101 所示。

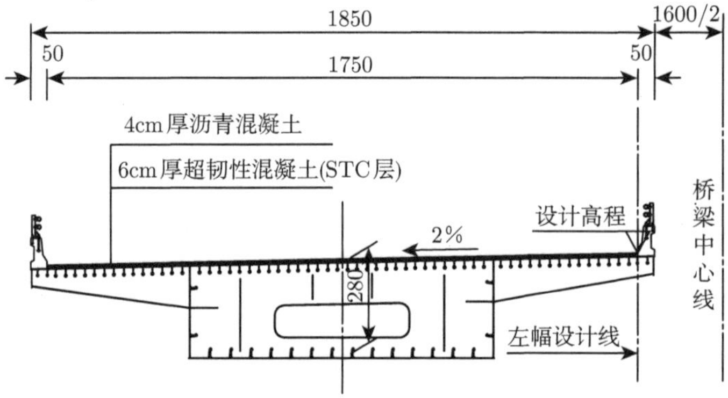

图 3.101　钢箱梁断面图 (单位：cm)

组合结构桥面板方案采用 16mm 厚的板肋加劲肋，16mm 厚的钢面板，50mm 厚的 STC 层，加劲肋高度为 240mm，间距为 450mm。栓钉间距均采用 200mm×200mm，取节段纵向长度为 $(1500 + 2000 + 3000 \times 5 + 1500 = 20000(\mathrm{mm}))$ 进行分析，横桥向宽度 18500mm。模型中未考虑桥面横坡、横隔板变高度的影响。

2. 有限元建模

本节采用有限元软件 ANSYS 对钢梁节段进行计算分析。选取加劲梁标准节段范围内的桥面系建立板壳单元模型，模型纵向长度为 20m，横桥向取单幅桥宽 18.5m。模型中钢结构采用 8 节点非线性结构壳单元 shell91，弹性模量取 206GPa，泊松比取 0.3；STC 层采用 3D20 节点结构实体单元 solid95，弹性模量取 42.6GPa，泊松比取 0.2；栓钉采用弹簧单元 combin14 模拟，考虑纵横向两个方向刚度，取值为 120kN/mm。并用 conta173 单元模拟界面 stc 层接触单元，targe170 单元模拟界面钢板单元，考虑花纹钢板的摩阻增强效应，摩擦系数取为 0.8[43]，对钢箱梁进行建模计算。由于计算模型较大，且只进行线弹性分析，为节省资源，模型在分析时进行了适当的简化。

ANSYS 有限元模型的边界条件为：在节段两端部，约束截面的纵向、横向和竖向的平动自由度以及绕竖轴与纵轴的转动自由度，以反映未模拟的梁体对模型中梁体节段的约束作用。根据圣维南原理，采用上述边界条件对关注点应力的计算结果影响很小。

3. 疲劳计算荷载工况

我国最新《公路桥涵设计通用规范 (JTG D60-2015)》中规定，使用疲劳荷载计算模型III对结构进行荷载施加，如图 3.31 所示。由于标准重车的中后轴纵向间距较大，相距值为 6m，按照规范，可不考虑中后轴之间的相互影响，即叠加效应，计算中可仅施加后轴的双轴荷载，加载轴每个车轮纵桥向与横桥向的作用面积分别为 200mm 和 600mm，本节计算的车辆荷载使用上述荷载，不考虑冲击系数。

根据正交异性钢桥面板的受力特点，板肋超高性能轻型组合桥面结构在横桥向分为肋上、肋间和偏肋三种加载方式，如图 3.102 所示。

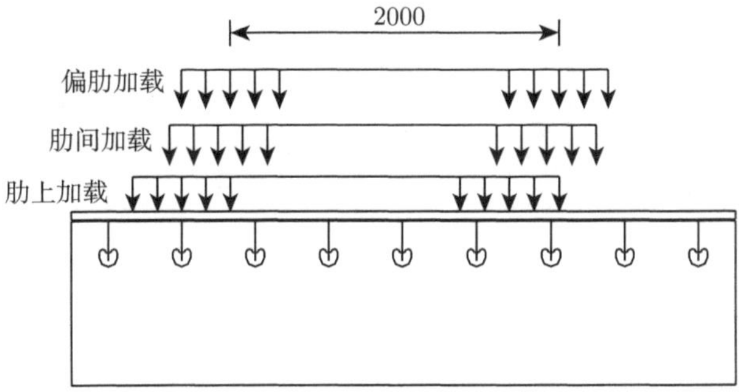

图 3.102 板肋横向加载位置 (单位：mm)

纵桥向选取两种典型的荷载位置 (跨中及跨隔板) 进行加载，如图 3.103 所示，对比各荷载工况得到关注区域的最大应力。

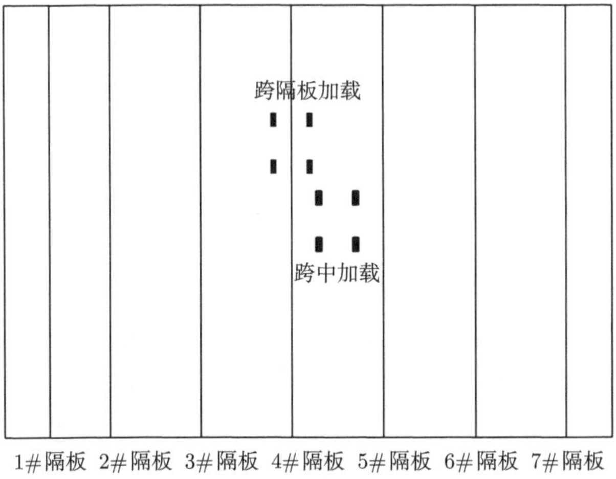

图 3.103 车辆荷载纵向布置示意图

4. 计算结果分析

根据有限元计算结果，提取栓钉纵横向最大剪力值，其中栓钉的设计需要考虑多个修正系数，规范中从应力幅来考虑栓钉是否符合要求，$\Delta\tau_{\rm design}=\gamma_{\rm Mf}\times\gamma_{\rm Ff}\times\lambda\times\Delta\tau_{\rm eq}$，$\Delta\tau_{\rm eq}$ 为等效剪应力幅，$\Delta\tau_{\rm eq}=\sqrt{\Delta\tau_{\rm L}^2+\Delta\tau_{\rm T}^2}$；$\Delta\tau_{\rm L}$ 为栓钉纵向剪应力幅，$\Delta\tau_{\rm T}$ 为栓钉横向剪应力幅，$\gamma_{\rm Mf}$ 为疲劳抗力分项系数，取值为 1.15；$\gamma_{\rm Ff}$ 为疲劳荷载效应分项系数，取值为 1.0；λ 为损伤等效系数，$\lambda=\lambda_1\times\lambda_2\times\lambda_3\times\lambda_4\leqslant\lambda_{\max}$，$\lambda_1\sim\lambda_4$ 分别为跨径影响系数、荷载修正系数、交通量影响系数、其他车道重车影响系数。对跨径取为横隔板间距 3.0m，得到跨中的损伤等效系数为 $\lambda=\lambda_{\max}=2.5$。

对比栓钉间距 200mm 的钢箱梁节段计算，用花纹钢板作为面板栓钉间距为 300mm 的钢箱梁模型中栓钉最大剪应力幅为 25.3MPa，普通钢面板间距 200mm 的钢箱梁模型中栓钉最大剪应力幅为 23.7MPa，考虑栓钉的损伤等效系数后分别为 72.7MPa 和 68.1MPa，均小于栓钉应力幅的设计值 78.3MPa，都符合规范中栓钉的疲劳设计。计算表明，采用花纹钢板代替普通钢板作为面板应用于轻型组合桥面结构是可行的，同时可将栓钉布置从 200mm×200mm 优化到 300mm×300mm，减少栓钉用量，提高钢-STC 轻型组合桥面结构应用的经济性。

5. 疲劳滑移限值验算

根据前文计算结果，采用花纹钢板代替普通钢板，短栓钉在疲劳荷载作用下的最大剪应力幅为 23.7MPa。每个栓钉的截面面积为 132.7mm^2，可得最大的剪力幅为 3.14kN，因计算中栓钉的抗剪刚度取 120kN/mm，则可得栓钉的最大滑移值为 0.026mm，小于界面滑移限值 0.05mm，满足设计要求。

3.6　本章小结

(1) 短栓钉剪力键的各组静力推出试件的破坏模式均为短栓钉被剪断，而 STC 层仅是局部很小范围内有损伤现象。基于推出试验的荷载–滑移曲线，采用割线法对短栓钉剪力键的抗剪刚度进行了计算，短栓钉的抗剪刚度与割线顶点位置有关，顶点位置越接近短栓钉抗剪承载力，计算得到的抗剪刚度越小，但总体而言，基于不同方法得到的栓钉抗剪刚度为 266~396kN/mm，高于普通混凝土中栓钉的抗剪刚度。

(2) 薄层 STC 层中短栓钉的抗疲劳性能稍优于普通混凝土中的栓钉，且在设计中采用式 (3.13) 对钢–薄层 STC 轻型组合桥面结构中的短栓钉进行疲劳计算与评估会将更加准确和安全。

(3) 焊网剪力键的各组静力推出试验的破坏模式可分为焊缝 1 全部剪断和焊缝 2 剪断纵筋拔出，出现两种不同的破坏模式表明焊网剪力键的静力破坏与 STC- 纵筋间的黏结强度以及焊缝自身的抗剪强度有关。基于推出试验的荷载–滑移曲线，参考不同国家的规范对焊网剪力键的抗剪刚度进行计算，同时提出了 0.025mm 割线法计算焊网剪力键的抗剪刚度，计算结果表明 0.025mm 割线法计算得到的结果与试验结果更为接近。

(4) 焊网剪力键的疲劳试验结果表明，其破坏模式为钢板在初始焊接残余应力下产生疲劳裂纹最后逐渐发展直至破坏；同时根据焊网剪力键的静力试验结果，换算得到试件中焊网剪力键在 80MPa 剪应力幅下的疲劳寿命可达 1025 万次。

(5) 焊接钢筋头剪力键的各组静力抗拔试验的破坏模式均为 STC 层破坏，其中焊缝长 15mm、端部切角 22.6° 型短钢筋试件单个连接件的抗拔承载力最高；分析得到试件的抗拔极限承载力仅与钢筋头剪力键与 STC 间的作用力有关，与钢板和 STC 层间的界面黏结程度无关。焊接钢筋头剪力键的各组静力推出试验的破坏模式主要包括焊缝全部剪断和部分钢筋头拔出、部分焊缝剪断；影响抗剪承载力的因素主要有焊缝长度和端部切角角度；对于焊接钢筋头剪力键的抗剪刚度推荐采用日本规范计算。

(6) 焊接钢筋头剪力键的疲劳试验结果表明，其破坏模式有焊缝剪断与短钢筋拔出两种；根据 Miner-Palmgren 线性损伤累积准则，考虑疲劳抗力分项系数时 200 万次疲劳设计剪应力幅为 69.2MPa，在设计时可通过合理布置剪力键间距，控制其在设计荷载下的剪应力幅低于 69.2MPa，从而满足设计要求。

(7) 花纹钢板焊接栓钉剪力键的静力推出试验的破坏模式均为短栓钉被剪断，试验结果表明花纹钢板试件的极限承载力和界面抗滑移能力都优于普通平钢板，当考虑界面黏结情况时其栓钉与界面共同的剪切刚度为普通平钢板试件的 2.4 倍，不考虑界面黏结时其剪切刚度为普通平钢板试件栓钉的 1.4 倍。

参 考 文 献

[1] Slutter R G, Fisher J W. Fatigue strength of shear connectors. Highway research record, 1966, 147: 65-88

[2] Graybeal B A. Characterization of the Behavior of Ultra-High Performance Concrete. Maryland: University of Maryland College Park, 2005: 36-64

[3] AASHTO. AASHTO LRFD Bridge Design Specifications. USA: American Association of State Highway and Transportation Officials, 2012: 1-43

[4] 中华人民共和国住房和城乡建设部. 钢–混凝土组合桥梁设计规范. 北京：中国计划出版社, 2013: 1-56

[5] ECS. Eurocode 4: Design of Composite Steel and Concrete Structures, Part 1-1: General Rues and Rules for Buildings (EN 1994-1-1). Brussels:European Committee for Standardization, 2005: 57-67

[6] Shariati A, Ramlisulong N, Shariati M. Various types of shear connectors in composite

structures: a review. International Journal of Physical Sciences, 2012, 7(22): 2876-2890

[7] An L, Cederwall K. Push-out tests on studs in high strength and normal strength concrete. Journal of Constructional Steel Research, 1996, 36: 15-29

[8] Hegger J, Sedlacek G, Döinghaus P, et al. Studies on the ductility of shear connectors when using high-strength steel and high-strength concrete. // International Symposium on Connections between Steel and Concrete. Cedex, 2001: 1025-1045

[9] Doinghaus P, Goralski C, Will N. Design rules for composite structures with high performance steel and high performance concrete. // Conf on High Performance Materials in Bridges. Hawaii, 2003: 139-149

[10] Luo Y, Hoki K, Hayashi K, et al. Behavior and strength of headed stud -SFRCC shear connection, II: strength evaluation. Journal of Structural Engineering, 2015, 142(2): 04015113.1-04015113.10.

[11] Shao X D, Yi D T, Huang Z Y, et al. Basic performance of the composite deck system composed of orthotropic steel deck and ultrathin RPC layer.Journal of Bridge Engineering, 2013, 18(5): 417-428

[12] 国家质量监督检验检疫总局. 电弧螺柱焊用圆柱头焊钉 (GB/T 10433-2002). 北京：中国标准出版社, 2002: 1-5

[13] Johnson R, May I. Partial-international design of composite beams. Structural Engineer, 1975, 8(53): 305-311

[14] JSSC. Guidelines for Performance-Based Design of Steel-Concrete Hybrid Structures. Tokyo: Japan Society of Civil Engineers, 2002: 1-31

[15] Ollgaard J G, Slutter R G, Fisher J W. Shear strength of stud connections in lightweight and normal-weight concrete. AISC Engineering Journal, 1971, 8(2): 55-64

[16] Kim J S, Kwark J, Joh C, et al. Headed stud shear connector for thin ultra-high performance concrete bridge deck. Journal of Constructional Steel Research, 2013, 89: 30-41

[17] Slutter R G, Fisher J W. Fatigue strength of shear connectors. Highway research record, 1966, 147: 65-88

[18] Hobbacher A F. The new IIW recommendations for fatigue assessment of welded joints and components-a comprehensive code recently updated. International Journal of Fatigue, 2009, 1: 50-58

[19] 李嘉, 杨波, 邵旭东, 等. 钢桥面–薄层 CRRPC 组合结构栓钉连接件抗剪疲劳性能研究. 土木工程学报, 2016(6): 67-75

[20] Hobbacher A F, Recommendations for Fatigue Design of Welded Joints and Components (XIII-2460-12/XV-1440-13). Paris: International Institute of Welding, 2016: 1-43

[21] Xie E. Fatigue Strength of Shear Connectors. Guimaraes: University of Minho, 2011: 1-58

[22] Hallam M W. The Behavior of Stud Connectors Under Repeated Loading. Sydney: University of Sydney, Anchors, 1976: 1-14

[23] Valente M I. Experimental Studies on Shear Connectors Systems in Steel and Lightweight Concrete Composite Bridge. Portugal: University of Minho, 2007: 1-327

[24] Oehlers D J, Coughlan C G. The shear stiffness of stud shear connections in composite beams. Journal of Constructional Steel Research, 1986, 6: 273-284

[25] Hanswille G, Porsch M, Ustundag C. Resistance of headed studs subjected to fatigue loading, Part Ⅰ: Experimental study. Journal of Constructional Steel Research, 2007, 63: 475-484

[26] 牛和恩. 虎门大桥工程. 北京: 人民交通出版社, 1998: 1-16

[27] 中华人民共和国建设部. 钢结构设计规范 (GB50017-2003). 北京: 中国计划出版社, 2003: 125

[28] 中华人民共和国交通运输部. 公路钢结构桥梁设计规范 (JTG D64-2015). 北京: 人民交通出版社股份有限公司, 2015: 1-161

[29] 崔冰, 吴冲, 丁文俊, 等. 车辆轮迹线位置对钢桥面板疲劳应力幅的影响. 建筑科学与工程学报, 2010, 27(3): 19-23

[30] Zhou X, Treacy M, Schmidt F, et al. Effect on bridge load effects of vehicle transverse in-lane position: a case study. Journal of Bridge Engineering, 2015, 20(12): DOI: 10.1061/(ASCE)BE.1943-5592.0000763

[31] 邵旭东, 方恒, 李文光. 钢–超薄 STC 组合桥面板界面抗剪性能研究. 湖南大学学报 (自科版), 2016, 43(5): 44-51

[32] 安明喆, 张盟. 变形钢筋与活性粉末混凝土的黏结性能试验研究. 中国铁道科学, 2007, 28(2): 50-54

[33] Harajli M H. Hout M, Jalkh W. Local bond stress-slip relationship of reinforcing bars embedded in fiber-reinforced concrete. ACI Materials Journal, 1995, 92(4): 343-354

[34] 中华人民共和国住房和城乡建设部. 中华人民共和国国家标准. 钢结构焊接规范 (GB50661-2011). 北京: 中国建筑工业出版社, 2011

[35] Taplin G, Grundy P. Incremental Slip of Stud Shear Connectors Under Repeated Loading. Innsbruck: Proceedings of the IABSE Int. Conference Composite Construction-Conventional and Innovative: 145-150

[36] 曹君辉. 钢–薄层超高性能混凝土轻型组合桥面结构基本性能研究. 长沙: 湖南大学, 2016: 1-167

[37] 方恒. 钢–超薄 STC 组合桥面板界面抗剪性能研究. 长沙: 湖南大学, 2015

[38] 李嘉, 杨波, 邵旭东, 等. 钢桥面–薄层 CRRPC 组合结构栓钉连接件抗剪疲劳性能研究. 土木工程学报, 2016, 49(06): 67-75

[39] 邵旭东, 甘屹东, 李嘉. 钢–超薄 STC 组合桥面板界面抗剪焊接构造研究. 中国公路学报, 2018: 91-101

[40] Fisher J W. 钢桥的疲劳和断裂. 中国铁道出版社, 1989 (Fisher J W. Fatigue and Fracture of Steel Bridge. China Railway Publishing House, 1989 (In Chinese))
[41] Cao J H, Shao X D, Deng L, et al. Static and fatigue behavior of short headed studs embedded in thin STC layer. Journal of Bridge Engineering, 2016, doi: 10.1061/(ASCE)BE.1943-5592.0001031
[42] 徐有邻, 沈文都. 钢筋外形对黏结性能的影响. 工业建筑, 1987, (03): 26-30
[43] 乔秋衡. 花纹钢板-STC 组合结构界面抗滑移性能研究. 长沙：湖南大学, 2017

第 4 章　组合桥面抗弯静力性能及设计理论

4.1　本 章 概 述

钢-STC 轻型组合桥面结构需承受沿桥梁纵、横向的弯曲内力。具体来说，可分为三个体系受力：第 1 体系，钢-STC 组合桥面板作为主梁的上翼缘，与主梁共同承受桥梁的整体荷载；第 2 体系，薄层 STC 与钢面板和纵肋构成组合连续梁，由横隔板支撑，承受车轮等局部荷载的纵向弯曲作用；第 3 体系，STC 薄层与钢面板形成组合连续板，由纵肋支撑，承受车轮等局部荷载的横向弯曲作用。

本章通过对钢-STC 组合板的多参数正交试验，研究了钢-STC 轻型组合桥面结构的纵、横向抗弯静力性能，建立了 STC 层裂缝宽度计算公式。与此同时，为了对比实桥组合桥面板与试验条带模型抗裂性能之间的关系，开展了钢-STC 组合梁与大型钢-STC 组合板的抗弯对比试验，并进行了全过程有限元仿真分析，结果显示，在局部轮载作用下，由于 STC 的应变硬化性能，正交异性组合板的抗裂强度将高于单肋组合梁。

4.2　钢-STC 轻型组合桥面结构横桥向抗弯试验及结果分析

4.2.1　试验方案

4.2.1.1　试件参数

为探明钢-STC 轻型组合桥面结构的横桥向抗弯性能，共设计制作 40 个钢-STC 条带组合板进行试验 [1]。每个构件都包含厚度为 12mm 的钢板和 45mm 或 60mm 的 STC 层。钢板和 STC 层通过短栓钉连接形成组合结构。短栓钉尺寸为 Φ13mm×35mm。条带构件的宽度为 200mm，长度为 1400mm。构件具体参数设置如表 4.1 所示。

构件共分为两组，第一组为配筋构件，设计参数包含四个：① 栓钉间距；② STC 层厚度；③ 保护层厚度；④ 纵向钢筋的数量。四个设计参数采用单一变量原则进行正交组合，同一变量构件设置两个相同构件，因此，本组共有 $2\times2^4=32$ 个配筋钢-STC 组合板构件。构件的命名形式为：Sd-h-c-n, 其中 S 代表构件，d 代表栓钉间距，h 代表 STC 层厚度，c 代表保护层厚度，n 代表沿试件纵向的 Φ10mm 钢筋数量。为了和配筋钢-STC 构件对比，另外一组构件为未配筋构件，相应的设置

表 4.1　钢-STC 组合板设计参数

构件编号	构件名称	设计参数 1	设计参数 2	设计参数 3	设计参数 4	配筋率/%
		栓钉间距/mm	STC 层厚度/mm	保护层厚度/mm	纵向钢筋数量	
1	S150-45-1	150	45	—	—	0.0
2	S150-45-2	150	45	—	—	0.0
3	S200-45-1	200	45	—	—	0.0
4	S200-45-2	200	45	—	—	0.0
5	S150-60-1	150	60	—	—	0.0
6	S150-60-2	150	60	—	—	0.0
7	S200-60-1	200	60	—	—	0.0
8	S200-60-2	200	60	—	—	0.0
9	S150-45-15-4-1	150	45	15	4	3.5
10	S150-45-15-4-2	150	45	15	4	3.5
11	S150-45-25-4-1	150	45	25	4	3.5
12	S150-45-25-4-2	150	45	25	4	3.5
13	S200-45-15-4-1	200	45	15	4	3.5
14	S200-45-15-4-2	200	45	15	4	3.5
15	S200-45-25-4-1	200	45	25	4	3.5
16	S200-45-25-4-2	200	45	25	4	3.5
17	S150-45-15-6-1	150	45	15	6	5.2
18	S150-45-15-6-2	150	45	15	6	5.2
19	S150-45-25-6-1	150	45	25	6	5.2
20	S150-45-25-6-2	150	45	25	6	5.2
21	S200-45-15-6-1	200	45	15	6	5.2
22	S200-45-15-6-2	200	45	15	6	5.2
23	S200-45-25-6-1	200	45	25	6	5.2
24	S200-45-25-6-2	200	45	25	6	5.2
25	S150-60-15-4-1	150	60	15	4	2.6
26	S150-60-15-4-2	150	60	15	4	2.6
27	S150-60-25-4-1	150	60	25	4	2.6
28	S150-60-25-4-2	150	60	25	4	2.6
29	S200-60-15-4-1	200	60	15	4	2.6
30	S200-60-15-4-2	200	60	15	4	2.6
31	S200-60-25-4-1	200	60	25	4	2.6
32	S200-60-25-4-2	200	60	25	4	2.6
33	S150-60-15-6-1	150	60	15	6	3.9
34	S150-60-15-6-2	150	60	15	6	3.9
35	S150-60-25-6-1	150	60	25	6	3.9
36	S150-60-25-6-2	150	60	25	6	3.9
37	S200-60-15-6-1	200	60	15	6	3.9
38	S200-60-15-6-2	200	60	15	6	3.9
39	S200-60-25-6-1	200	60	25	6	3.9
40	S200-60-25-6-2	200	60	25	6	3.9

参数为两个：栓钉间距和 STC 层厚度。构件同样采用单一变量原则进行正交组合设计，同一变量构件设置两个相同构件，则未配筋构件共设置 $2\times 2^2=8$ 个钢-STC 组合板。未配筋构件命名形式为：Sd-h，其中 S 代表构件，d 代表栓钉间距，h 代表 STC 层厚度。例如，S150-45-15-4 表示栓钉间距为 150mm，STC 层厚度为 45mm，保护层厚度为 15mm，纵向钢筋数量为 4 根的钢-STC 组合板构件，S200-60 表示栓钉间距为 200mm，STC 层厚度为 60mm 的未配筋钢-STC 组合板。构件名称后面的 1/2 表示两个平行构件的第一个和第二个构件。

以部分构件为例，其构造示意图如图 4.1 所示。图 4.1 (a) 为未配筋构件构造示意图，图 4.1 (b) 为配筋构件构造示意图。其他构件构造示意图和这些类似，仅在主要设计参数的组合上有所不同，不再一一列出。构件总长 1400mm，宽度 200mm，钢板厚 12mm，STC 层厚度为 45mm 或 60mm，保护层厚度为 15mm 或 25mm，纵向钢筋数量为 4 根或 6 根，对应的钢筋间距为 50mm 或 33.3mm，栓钉间距为 150mm 或 200mm。当栓钉间距为 150mm 时，按照等面积配置栓钉的原则，构件应布置 10 个栓钉，考虑到构件设计的对称性和便于钢筋布置，中间 6 个栓钉沿横向中心线布置，剩余 4 个栓钉在端部对称布置，相邻栓钉在纵向的间距均为 150mm。钢材为 Q345qC 钢材，名义屈服强度为 345MPa，STC 层中布置纵横向钢筋网，纵横向钢筋间距相同，钢筋直径为 10mm，等级为 HRB400，名义屈服强度为 400MPa。STC 层和钢板通过剪力钉连接，剪力钉直径为 13mm、焊后高度为 35mm。

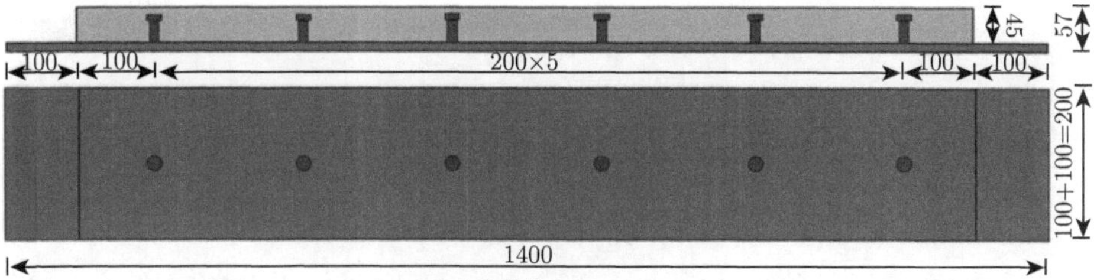

(a) 构件 S200-45

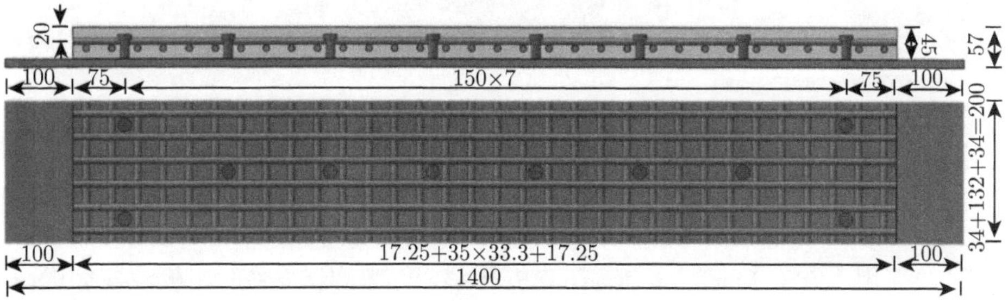

(b) 构件 S150-45-15-6

图 4.1 钢-STC 组合板构造示意图 (单位：mm)

试验中 STC 材料为湖南大学研究团队研究的钢桥面专用材料，主要由水泥、硅灰、石英粉、石英砂、高效减水剂、混合钢纤维组成。STC 中钢纤维为混合纤维，体积掺量为 3.5%，其中，端钩型钢纤维长 13mm，直径 0.2mm，体积掺量为 2%；圆直型钢纤维长 8mm，直径 0.12mm，体积掺量为 1.5%。

4.2.1.2　构件制作过程和养护方法

构件的主要制作过程如下：① 在钢板上焊接短栓钉；② 绑扎纵、横向钢筋网并立模；③ 浇筑 STC；④ 采用塑料薄膜润湿覆盖进行自然养护 48h 至终凝；⑤ 在 90~100℃ 温度下进行高温蒸汽养护 48h；⑥ 拆除模板，准备试验。构件制作主要过程的照片如图 4.2 所示。

(a) 焊接短栓钉　　(b) 绑扎钢筋网、立模　　(c) 浇筑 STC

(d) STC 自然养护　　(e) STC 高温蒸汽养护　　(f) 养护结束

图 4.2　钢-STC 组合板模型制作过程

4.2.1.3　试验加载和测试方案

试验采用 MTS (Mechanic Testing System，力学测试系统) 加载设备加载，为便于研究抗裂性能，所有构件均采用负弯矩四点加载方案，图 4.3 显示了详细的试验设置，两加载点之间的梁净跨为 1000mm，其中纯弯段长度为 400mm。挠度由机械百分表测得，精度为 0.01mm，端部滑移由千分表测得, 精度为 0.001mm。在纯弯段范围内布置了应变片，应变片布置如图 4.4 所示。对于 STC，在上表面布置 9 个混凝土应变片，在 STC 两侧各对称布置 3 个混凝土应变片。上表面应变片布置在纯弯段横向和纵向的四等分点处，侧面应变片沿高度方向布置在 STC 中心线位置，沿长度方向布置在四等分点上。和 STC 应变片的布置类似，在钢板的下表面布置 9 个钢应变片，在钢板两侧面分别布置 3 个钢应变片。钢筋应变片布置在靠中心的四根钢筋的上表面，沿纵向布置在四等分点处，每个构件共布置 12 个钢筋应变片。

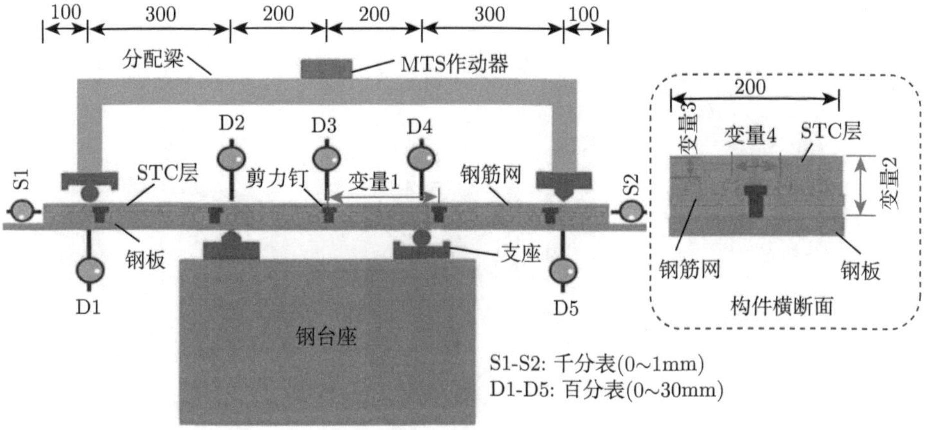

图 4.3 钢-STC 组合板负弯矩四点弯曲试验设置 (单位：mm)

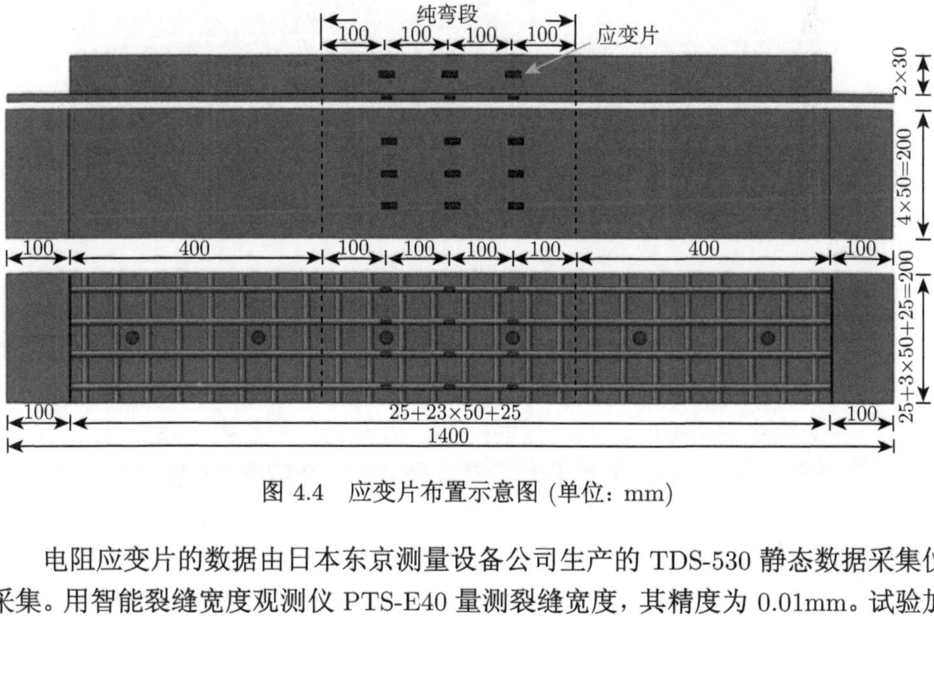

图 4.4 应变片布置示意图 (单位：mm)

电阻应变片的数据由日本东京测量设备公司生产的 TDS-530 静态数据采集仪采集。用智能裂缝宽度观测仪 PTS-E40 量测裂缝宽度，其精度为 0.01mm。试验加载照片如图 4.5 所示。每个构件的加载过程：首先采用力加载模式进行加载，加载幅度为每级增加 2kN，当荷载快达到弹性极限荷载时 (即构件即将进入非线性阶段时)，加载模式改为位移控制加载，加载幅度与力加载模式下每级荷载产生的位移值大致相同。每次加载完毕，要等荷载稳定后再进行数据采集，试验过程中主要关注跨中和端部支座位移、每级荷载下应变数据、纯弯段范围内 STC 顶面的开裂、裂缝宽度和发展情况。

图 4.5 试验加载照片

4.2.2 试验结果和分析

4.2.2.1 构件失效过程及破坏模式

在加载初期阶段，STC 表面未出现裂缝。随着荷载的持续增加，微裂缝逐渐产生并在 STC 表面扩展。从裂缝产生后，每级荷载作用下裂缝的宽度、长度和裂缝分布位置都被详细记录，从试验结果可以看出，裂缝几乎全部分布在长 400mm、宽 200mm 的纯弯段范围内。以部分构件为例，在正常使用极限状态下 (即 STC 表面最大裂缝宽度为 0.05mm 时)，构件纯弯段裂缝的分布如图 4.6 所示。

随着荷载的继续增大，钢筋达到屈服状态，构件进入屈服阶段，荷载达到最大，即构件进入极限承载力状态。构件在极限承载力状态下的初期 STC 表面裂缝分布如图 4.7 所示。与正常使用极限状态下的裂缝分布相比 (图 4.6)，裂缝数量变多、裂缝长度增长，几条主要裂缝迅速扩展，位移迅速增大而承载力和裂缝数量基本保持不变。

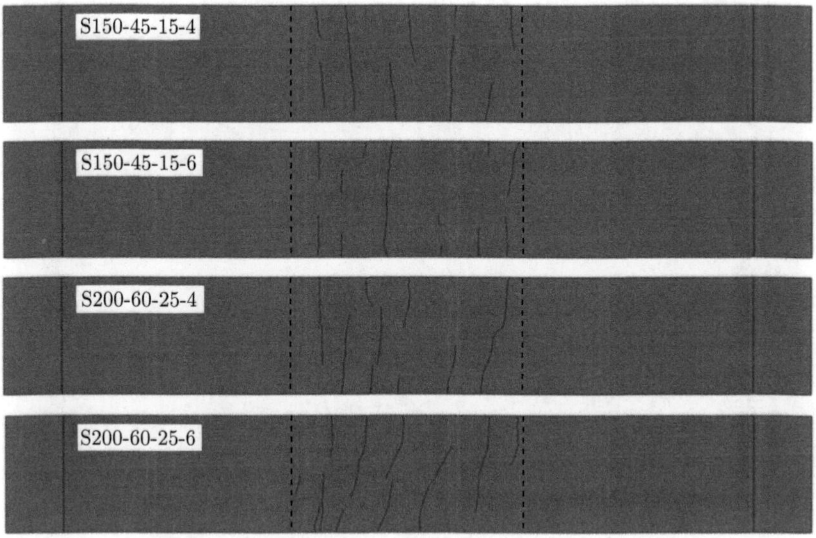

图 4.6 正常使用极限状态下构件纯弯段裂缝分布

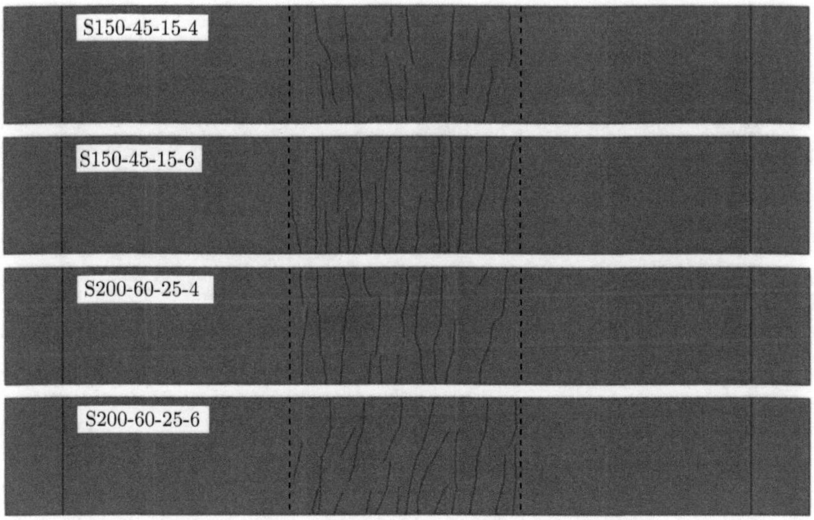

图 4.7 极限承载力状态下构件纯弯段裂缝分布

当构件失效时，配筋钢-STC 组合板受弯构件弯曲变形非常明显，这也表明钢-STC 组合板在负弯矩作用下具有较高的刚度和韧性。试验结束时部分构件的照片如图 4.8 (a) 和图 4.9 (a) 所示，所有的构件都表现出受弯破坏模式。

(a) 构件侧面视图照片

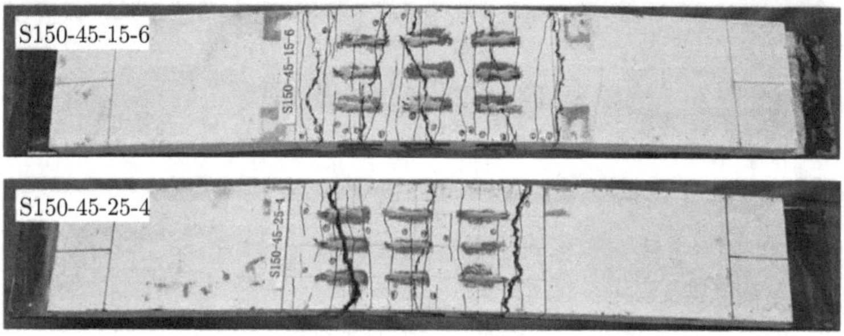

(b) 构件STC表面视图照片

图 4.8　配筋钢-STC 组合板失效模式和裂缝分布状态

(a) 构件侧面视图照片

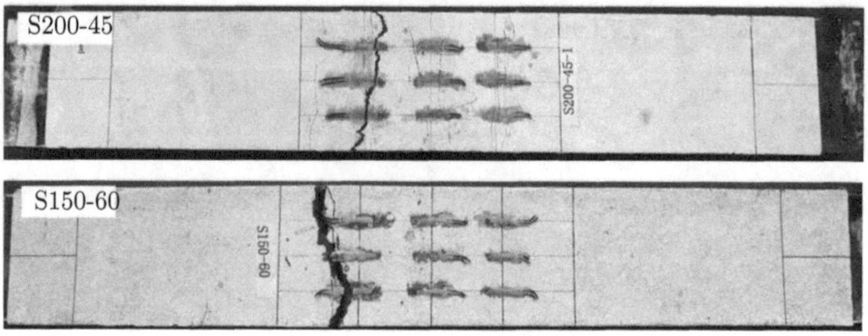

(b) 构件STC表面视图照片

图 4.9　未配筋钢-STC 组合板失效模式和裂缝分布状态

图 4.8 (b) 和图 4.9 (b) 表明，基本所有 STC 表面裂缝均分布在纯弯段范围内。然而，配筋钢-STC 组合板构件和未配筋构件裂缝分布状态完全不同。对于配筋钢-STC 组合板构件，如图 4.8 (b) 所示，在构件失效时 STC 表面可以观察到有 2~5 条主裂缝，在主裂缝之间分布较多的细小裂缝。而未配筋钢-STC 组合板构件，如图 4.9 (b) 所示，在 STC 表面只有一条主裂缝，并且裂缝数量极少。而图 4.8(b) 中，裂缝细而密，且主裂缝有数条，表明配置钢筋是负弯矩区域分散 STC 裂缝的有效方法。

4.2.2.2 荷载–跨中位移曲线

1. 荷载–跨中位移曲线整体特征

钢-STC 组合板位移由百分表测量，跨中挠度为 $d_{\mathrm{p}} = D_{\mathrm{P3}} - (D_{\mathrm{P1}} + D_{\mathrm{P5}})/2$，$D_{\mathrm{P3}}$ 为试验实测跨中位移，D_{P1} 和 D_{P5} 为支座处位移绝对值。以部分构件为例，绘制荷载–跨中挠度曲线，如图 4.10 所示。

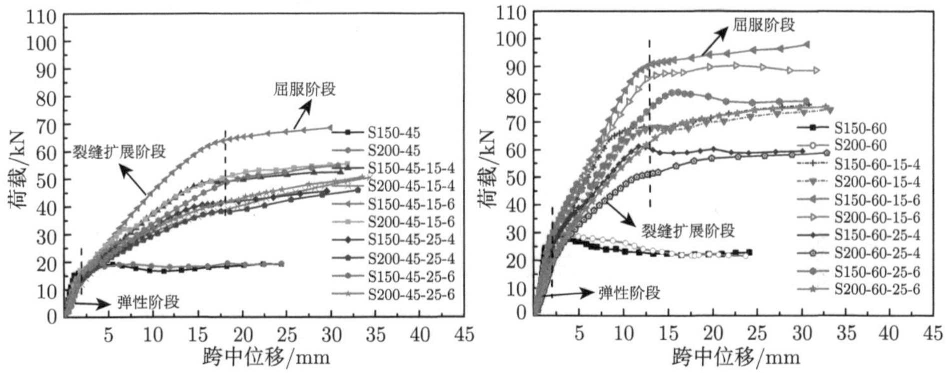

(a) STC层厚度为45mm构件　　(b) STC层厚度为60mm构件

图 4.10 配筋钢-STC 组合板荷载–跨中挠度曲线

从图 4.10 可以看出，配筋钢–STC 组合板的荷载–位移曲线都经历三个阶段：弹性阶段、裂缝扩展阶段和屈服阶段。在弹性阶段，荷载–位移曲线大致呈直线，STC 表面未出现裂缝；随着荷载的增加，组合板纯弯段 STC 层顶面最先出现短小横向可见裂缝，构件刚度降低，随着荷载继续增加，裂缝横向延伸增长且竖直往梁底发展，侧面裂缝逐渐向梁底发展，裂缝宽度逐步增大、裂缝数量逐渐增加，同时，钢筋应力迅速增大直至钢筋屈服，在屈服阶段，构件位移迅速增大，但承载力基本保持不变，裂缝数量基本不再增加，而裂缝宽度迅速增大，配筋构件表现为多元开裂，裂缝较密，且配筋率越大，裂缝越密，如图 4.8 (b) 所示。

对于未配筋构件，其荷载–位移曲线经历了弹性阶段、裂缝扩展阶段和屈服阶段。和配筋构件相比，未配筋构件荷载–位移曲线的最大区别为：裂缝扩展阶段较短，主要原因为在裂缝发展阶段，由于钢纤维的桥接作用，构件的承载力有小幅度增大，但没有钢筋的限制，裂缝扩展较快，钢纤维被拔出，荷载有所下降，最后承载力基本保持不变，进入持平段，裂缝数量少且裂缝扩展较快，如图 4.11 所示。在之前的研究中，张哲等测试了 STC 的轴拉作用下的应力–应变响应，结果表明，STC 材料性能在轴拉作用下表现出应变硬化行为，然而，图 4.11 的结果表明，当未配置钢筋时，裂缝的扩展使应变硬化行为在结构层面上削弱。由此可见，通过配置钢筋，可使构件在弹性阶段过后进入较大强化阶段，可以显著抑制构件的开裂和裂缝的扩展，证明了在钢桥面 STC 层中密集配筋的必要性。

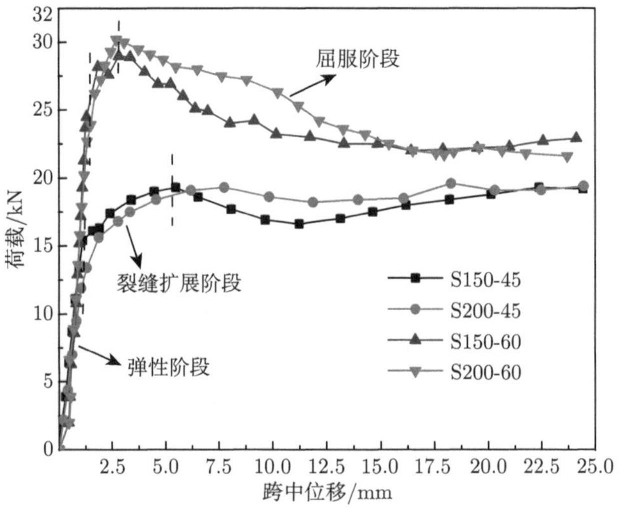

图 4.11 未配筋钢–STC 组合板荷载–跨中位移曲线

2. 主要设计参数对荷载–位移曲线的影响

为直观看出关键参数对荷载–跨中挠度曲线的影响，选取部分构件进行单一变量的对比，绘制荷载–挠度曲线如图 4.12 所示。

从图 4.12(a) 可以看出，对于配筋构件，在线弹性阶段，荷载位移曲线近似直线，主要设计参数对弹性阶段的构件刚度影响不大。在裂缝扩展阶段，构件刚度减小。图 4.12(a)，构件 S150-60-25-4-1 和构件 S200-60-25-4-1 的刚度明显大于构件 S150-45-25-4-1 和构件 S200-45-25-4-1 的刚度，且构件的承载力大幅度提高，因此，增大 STC 层厚度可以明显增大构件裂缝扩展阶段的刚度，提升构件的承载力。当其他参数不变，栓钉间距由 150mm 变为 200mm 时，构件在裂缝开展阶段的刚度降低，主要原因是栓钉间距增大时，钢和 STC 之间的自然黏结面破坏较早，滑移增大，导致刚度降低。从图 4.12(b) 可以看出，构件 S150-45-15-4-1 和构件 S150-45-15-6-1

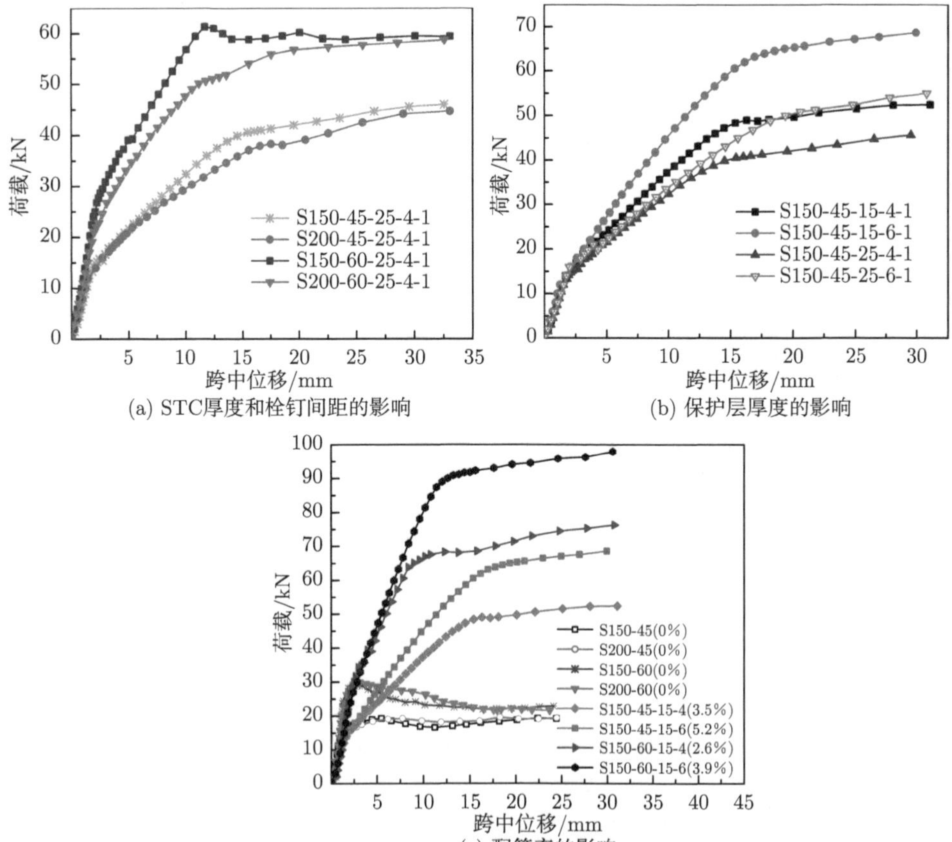

(a) STC厚度和栓钉间距的影响　(b) 保护层厚度的影响

(c) 配筋率的影响

图 4.12 主要设计参数对荷载–跨中挠度曲线的影响

的刚度和承载力大于构件 S150-45-25-4-1 和构件 S150-45-25-6-1 的刚度和承载力，即当保护层厚度从 25mm 减小到 15mm 时，构件在裂缝扩展阶段的刚度和承载力增大。从图 4.12(c) 可以看出，当配筋率提高时，不仅构件裂缝扩展阶段的刚度提高，而且裂缝扩展阶段大幅延长，承载能力提高。因此，减小栓钉间距、增大配筋率、减小纵向钢筋保护层厚度和增大 STC 厚度都可以有效提高裂缝扩展阶段构件刚度，有效抑制 STC 的开裂和裂缝的扩展，进而提高构件的承载能力。对比分析可以看出，STC 层厚度和配筋率对构件裂缝扩展阶段的刚度影响较大。

4.2.2.3 应变响应

1. 沿构件高度方向的应变分布

如前文所述，在 STC 的上表面、STC 侧面、钢板侧面和钢板的底面布置了应变片来测量每级荷载作用下的应变。同一高度位置应变值取应变片数据的平均值，由于构件数量较多，仅以部分构件为例，绘制每级荷载作用下沿构件高度方向的应变分布如图 4.13 所示。通常，当载荷处于相对低的水平时，截面应变呈线性分布。随着荷载的增加，非线性趋势逐渐产生。对于配筋钢-STC 组合板构件，产生非线性应变分布的临界载荷约为极限载荷 (即 F_u) 的 45%。对于未配筋的钢-STC 组合板构件，构件开裂前应变分布符合平截面假定，构件开裂后，裂缝迅速向靠近钢板一侧发展，中性轴下移，最后钢板部分截面由受压转为受拉。相应的产生非线性分布的临界载荷约为极限荷载的 85%，远高于配筋构件。

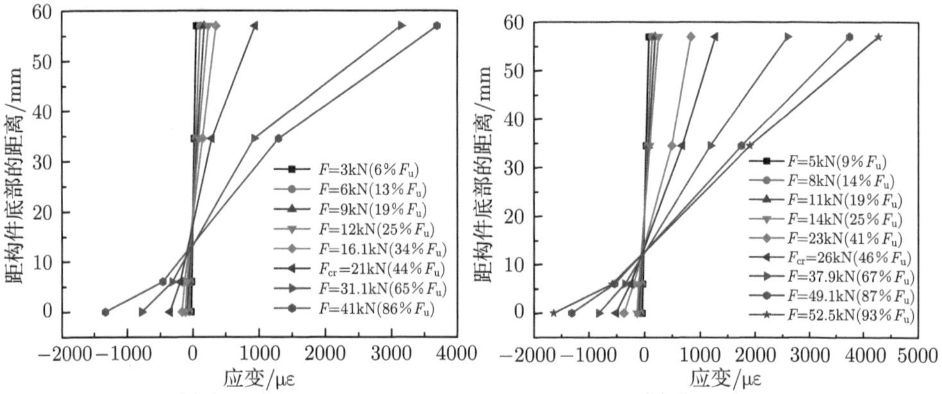

(a) S150-45-25-4-2　　(b) S200-45-15-4-1

图 4.13　沿高度方向的应变分布

从图 4.13 可以看出，当荷载超过临界值时，中性轴逐渐下移。然而，对于未配筋构件，中性轴的位置变化更明显。整体而言，无论是配筋构件还是未配筋构件，虽然超过临界荷载后应变的分布沿高度方向不再呈线性，但差别不大，可以近似认为构件沿高度方向的应变分布满足平截面假定。

需要注意的是，当试件接近失效时，许多应变片破坏。这表明在最终状态下，试样的变形超出了应变片的测量范围。因此，无法获得试件在最终加载状态下的应变分布。

2. 荷载–应变响应

STC 表面、钢板底面和钢筋表面分别布置了 9 个混凝土应变片、9 个钢应变片和 12 个钢筋应变片。根据每级荷载作用下测得的应变数据，统计出构件在线弹性极限点和名义开裂荷载作用下的实测应变数据如表 4.2 所示，相同的两个构件实测应变数据取平均值。同时，绘制得到了 STC 上表面荷载–应变曲线、钢筋–荷载应变曲线和钢板底面荷载–应变曲线，如图 4.14 所示。

表 4.2 线弹性极限点和名义开裂点实测应变

编号	构件名称	线弹性极限点				名义开裂点 ($W_{\max}=0.05$)			
		荷载/kN	STC 上表面应变/με	钢板底面应变/με	钢筋应变/με	荷载/kN	STC 上表面应变/με	钢板底面应变/με	钢筋应变/με
1	S150-45	15	287	−143		15.9	343	−185	
2	S200-45	10	175	−95		17.5	885	−291	—
3	S150-60	22.1	281	−113		25.5	348	−199	
4	S200-60	24.2	375	−168		33	771	−331	
5	S150-45-15-4	15	302	−164	163	22.2	1208	−375	724
6	S150-45-25-4	14.7	300	−154	109	19.6	738	−260	228
7	S200-45-15-4	18.3	349	−200	197	24.3	1092	−392	559
8	S200-45-25-4	13	309	−146	69	19	1308	−362	487
9	S150-45-15-6	14	397	−153	126	30.2	1725	−487	830
10	S150-45-25-6	16	357	−183	175	20.5	1068	−328	406
11	S200-45-15-6	12	310	−185	126	29	3178	−853	1302
12	S200-45-25-6	12	262	−4131	71	20.2	1259	−341	336
13	S150-60-15-4	26.2	539	−199	259	37.2	1232	−326	663
14	S150-60-25-4	23.4	492	−186	172	31.7	1074	−308	620
15	S200-60-15-4	20	278	−137	243	35.1	1552	−330	1012
16	S200-60-25-4	20.5	270	−158	146	28.7	1505	−351	487
17	S150-60-15-6	25.5	485	−185	224	51.2	2477	−477	972
18	S150-60-25-6	24.6	330	−161	155	35.6	1270	−309	608
19	S200-60-15-6	20.5	255	−143	177	49.1	2080	−493	877
20	S200-60-25-6	20	364	−157	144	34.6	1784	−414	651

由表 4.2 可以看出，构件 STC 上表面的弹性极限应变和开裂应变具有一定的离散性，保护层厚度和钢筋数量对其影响较大，因此，组合板的弹性极限点拉应变与 STC 层内钢筋布置相关。整体来讲，配筋可以提高构件 STC 上表面的弹性极限应变和开裂应变，当 STC 开裂后，钢筋应变迅速增大，保护层厚度较小时，钢筋应变较大。

从图 4.14 可以看出，钢筋荷载–应变曲线、STC 上表面的荷载–应变曲线和钢板底面荷载–应变曲线均呈现三个阶段：① 弹性阶段；② 裂缝扩展阶段；③ 屈服阶段。在弹性阶段，荷载–应变曲线没有出现明显转折基本呈线性，STC 的上表面和钢筋的拉应变分别约为 255~539με 和 71~259με，钢板底面的压应变大约为 131~200με。当构件进入到裂缝扩展阶段内荷载–应变曲线的斜率出现急剧改变，应变增大较快。STC 上表面的拉应变逐渐增大到 4000~5000με，钢筋的拉应变逐渐增大到 1800~2500με。然而，钢板底面的受压应变基本不超过 1300με，这表明钢筋首先处于屈服的临界状态，而此时，钢板未达到屈服状态。随着荷载的继续增大，钢板和钢筋的实测应变值都超过 2500~3000με，二者都达到屈服状态。在屈服阶段，

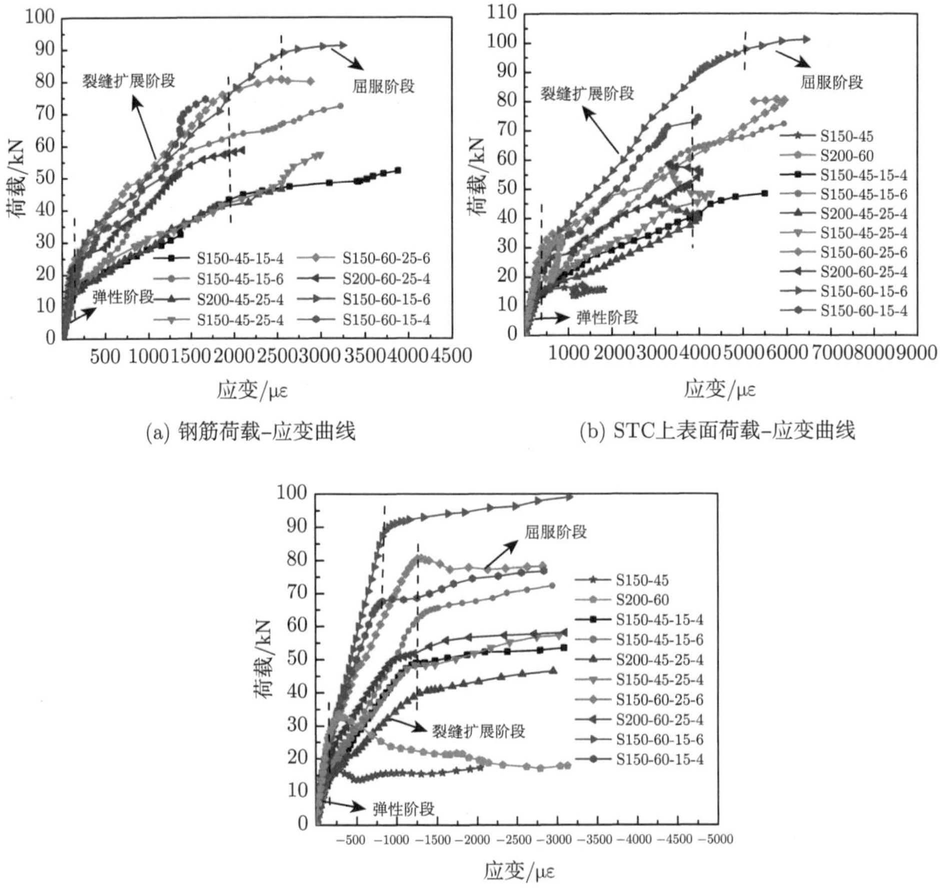

(a) 钢筋荷载–应变曲线

(b) STC上表面荷载–应变曲线

(c) 钢板底面荷载–应变曲线

图 4.14 不同位置荷载–应变曲线

对于保护层厚度为 15mm 的构件，荷载–应变曲线近似水平线，荷载基本保持不变，但应变急剧增大，对于未配筋构件和保护层厚度为 25mm 的构件，荷载基本保持不变，但应变逐渐减小。原因可能为：未配筋或保护层厚度较大时，钢筋对 STC 表面裂缝的约束作用减弱，裂缝发展较快，在屈服阶段，裂缝较宽，钢纤维逐渐从 STC 中拔出，释放了部分能量。

4.2.2.4 构件开裂行为特征和荷载–裂缝宽度曲线

如前文所述，配筋钢-STC 组合板的开裂模式和未配筋构件明显不同，这里结合配筋钢-STC 板和未配筋构件的荷载–最大裂缝宽度曲线对裂缝发展规律进行详细讨论。需要说明的是，最大裂缝宽度为位于 STC 表面的裂缝宽度。荷载–最大裂缝宽度全过程曲线如图 4.15 所示。

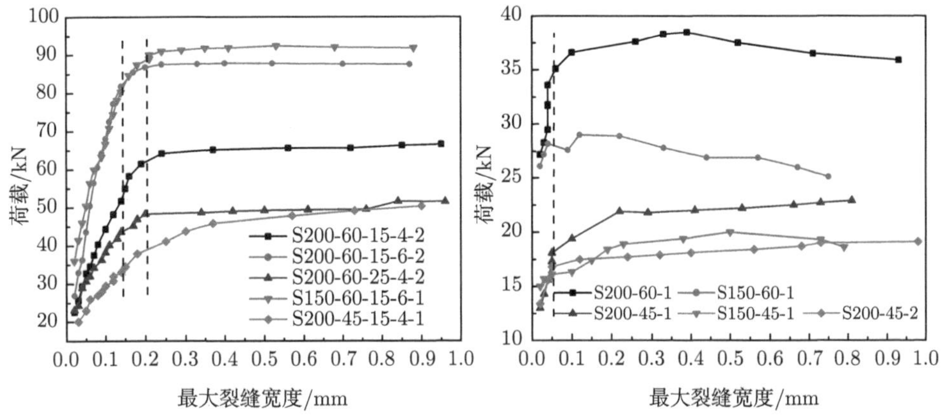

(a) 配筋构件　　(b) 未配筋构件

图 4.15 部分钢-STC 组合板荷载–最大裂缝宽度全过程曲线

对于配筋钢-STC 组合板构件，当最大裂缝宽度小于 0.2mm 时，裂缝扩展较慢，当最大裂缝宽度不大于 0.15mm 时，荷载–最大裂缝宽度曲线近似直线，如图 4.15(a) 所示。在这个阶段，大量细而密的裂缝产生。当最大裂缝宽度超过 0.2mm 时，荷载基本保持不变，而最大裂缝宽度迅速增大。在这个阶段，几条裂缝迅速扩展，最终形成 2~5 条主裂缝。

对于未配筋钢-STC 组合板构件，当最大裂缝宽度小于 0.05mm 时，STC 表面的裂缝宽度随荷载的增大而增大，裂缝发展较慢，在这个阶段，主要是钢纤维的桥接作用在约束裂缝的发展。当裂缝宽度超过 0.05mm 时，荷载基本保持不变，而裂缝宽度迅速增加。在这个阶段，由于没有钢筋的限制作用，裂缝扩展较快，最终，在 STC 表面只形成一条主裂缝，裂缝数量较少。

由前文可知，当裂缝宽度超过 0.2mm 之后，裂缝扩展较快，给出了配筋钢-STC 组合板裂缝发展较慢时的荷载–最大裂缝宽度曲线 (最大裂缝宽度在 0.2mm 左右)，具有相同 STC 层厚度、保护层厚度和纵向钢筋数量的构件绘制在同一组内，如图 4.16 所示。可以看出，构件的最大裂缝宽度随荷载的增加而增大，且大致呈线性增大趋势。具有相同设置参数 (STC 层厚度、保护层厚度和纵向钢筋数量) 的构件荷载–最大裂缝宽度曲线整体趋势一致，但构件之间存在一定的差异，且对于保护层厚度较大的构件，差异性增大。主要原因为裂缝的产生位置和扩展影响因素众多，与 STC 基体的强度、材料本身的匀质性、钢纤维的分布、浇筑质量等因素相关，这导致裂缝的产生和发展具有一定的不确定性，因此，即使两个相同构件的荷载–最大裂缝宽度曲线也有一定的偏差。当保护层厚度较大时，钢筋对 STC 表面裂缝的约束作用减弱，裂缝出现和扩展的随机性增强，相同构件之间的差异增大。

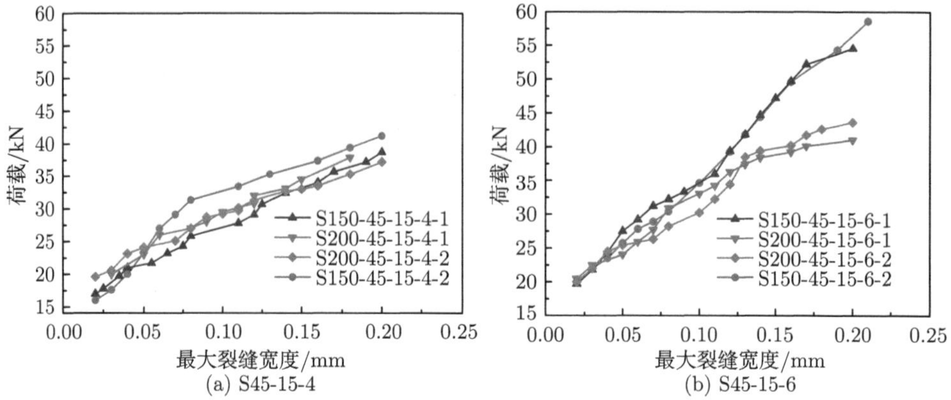

图 4.16　配筋钢-STC 组合板荷载–最大裂缝宽度曲线

4.2.2.5　钢筋应力分析

对于密集配筋的钢-STC 组合构件而言，当出现裂缝后，STC 层并未完全退出工作，钢纤维的桥接作用会分担部分拉力而减小钢筋应力，这和普通混凝土构件完全不同。基于钢筋表面布置的钢筋应变片实测的应变数据，可以得到钢筋的荷载–应力曲线，以部分构件为例，如图 4.17 所示。

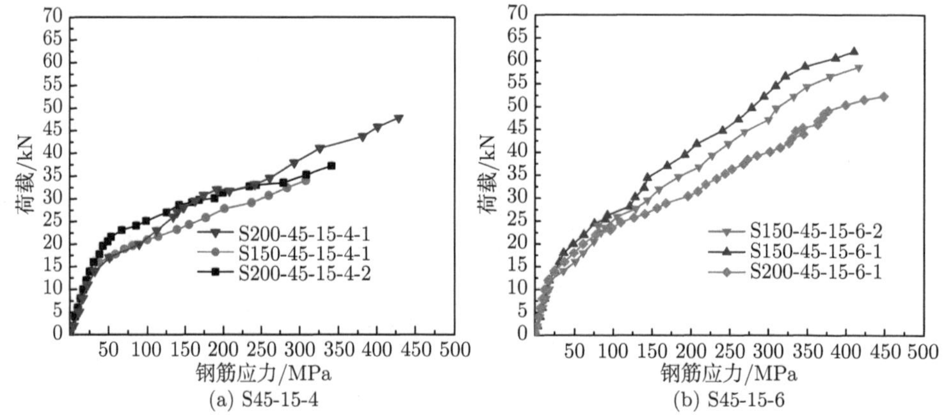

图 4.17　钢-STC 组合板荷载–钢筋应力曲线

从图 4.17 可以看出，在线弹性阶段，钢筋应力增大较慢，各构件荷载–钢筋应力曲线为直线且几乎重合，当 STC 开裂后，随着荷载的增大，钢筋应力迅速增加，钢筋–荷载的应力曲线仍然近似为直线。但不同构件之间存在一定的差异。这是因为 STC 中含有钢纤维，不同位置的纤维分布存在差异，且裂缝产生位置和发展具有一定的不确定性，这对钢筋应力都会产生一定的影响。整体而言，具有相同设计参数的构件荷载–钢筋应力曲线趋势相同，吻合较好。

4.2.2.6 钢板和 STC 界面滑移

钢板和 STC 层界面之间的滑移通过端部界面处设置的千分表 S1 和 S2 测得。结果取两个端部界面滑移值的平均值，绘制部分构件的荷载–界面滑移曲线如图 4.18 所示。通常，荷载–界面滑移曲线的特征都是相似的：当荷载较小时，在钢和 STC 界面处没有产生滑移，当荷载持续升高时，界面开始产生滑移并且随荷载的增大而逐渐增大。试验结果表明，栓钉间距是影响钢和 STC 界面滑移行为的最重要因素，其他参数相同，仅当保护层厚度不同、配筋率不同或者 STC 厚度不同时，构件的极限滑移值相差不大，即其他三个参数的影响有限。

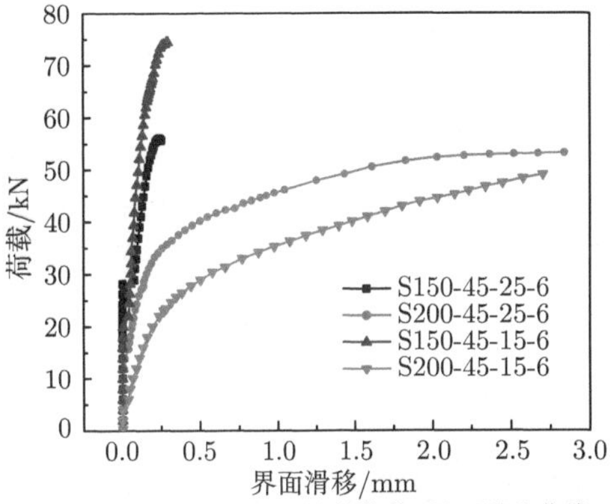

(a) 不同栓钉间距构件荷载–界面滑移曲线

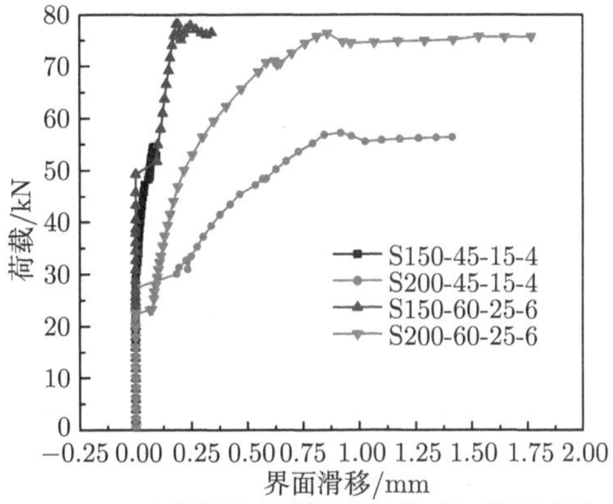

(b) 不同栓钉间距构件荷载–界面滑移曲线

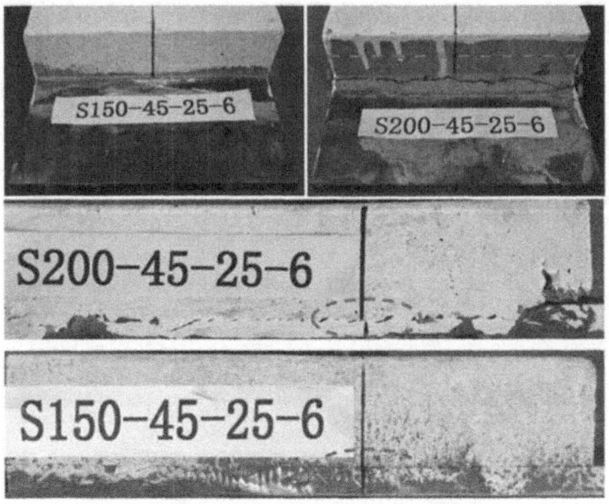

(c) 不同栓钉间距构件界面处照片

图 4.18 栓钉间距对界面滑移的影响

从图 4.18(a) 可以看出，构件 S150-45-25-6、S150-45-15-6 的临界滑移荷载和极限滑移值比试件 S200-45-25-6、S200-45-15-6 大，而图 4.18(b) 也表现出类似的现象：

试件 S150-45-15-4 和 S150-60-25-6 的临界滑移荷载和极限荷载滑移值明显大于构件 S200-45-15-4 和 S200-60-25-6。即当栓钉间距不同时，对应于临界滑动载荷和最终滑移值有明显的不同。根据试验结果，其他参数相同时，栓钉间距为 150mm 的构件出现滑移时的临界滑移荷载比栓钉间距为 200mm 的构件高 39.4%~182%。这表明，减小栓钉间距可以有效延迟钢和 STC 界面滑移的产生。对于极限滑移值，栓钉间距为 150mm 的构件极限滑移值为 0.09~0.3mm，而栓钉间距为 200mm 的构件极限滑移值为 1.4~3.0mm，相比栓钉间距为 200mm 的构件，栓钉间距为 150mm 构件的极限滑移值降低了 81%~94%。图 4.18(c) 可以明显看出，对于栓钉间距为 150mm 的构件，钢和 STC 界面保持完好，而栓钉间距为 200mm 的构件，钢和 STC 界面出现明显错动，滑移值较大。

从设计的角度来看，钢-STC 轻型组合桥面结构的栓钉间距不能太大，否则 STC 层和钢桥面之间的组合作用将失去效果。根据 Dieng 等 [2] 的试验和分析结果，钢和 STC 层之间连接作用的强弱直接影响钢-STC 组合结构的力学性能。结果表明：当钢结构和 STC 之间的连接较弱时，车轮荷载作用下 STC 层的局部受弯作用明显，STC 底部的拉应力较大；相反，当连接作用较强时，STC 层底部的拉应力能够明显降低。因此，钢桥面和 STC 层之间应具有较强的连接使二者形成牢固的组合作用共同受力，这样也有利于控制 STC 层中的拉应力。另外，对于钢-STC 轻型组合桥面结构，本书作者团队的研究表明 [3] 当栓钉间距从 200mm 减小为 150mm 时，可以有效降低正交异性钢桥面主要疲劳细节的应力幅度，尤其对 U 肋与横隔板交叉部位、弧形切口处细节的应力改善作用明显，应力幅可以降低 22.01%~27.96%，原因仍然是正交异性钢桥面和 STC 层的组合作用增强。因此，在对钢-STC 轻型组合桥面的栓钉数量和间距进行设计时，需要从两个方面进行考虑：① 栓钉的抗剪能力；② STC 层中的应力状态和正交异性钢桥面结构中主要疲劳细节的应力状态。

4.2.3 STC 层名义开裂应力分析

4.2.3.1 钢-STC 组合板开裂应力的计算方法

在钢-STC 轻型组合桥面结构的设计中，STC 中的应力状态通常通过有限元分析获得，通常将获得的最大拉应力与 STC 的允许应力进行比较。在钢-STC 轻型组合桥面结构中，STC 层是作为结构层参与结构受力而不是铺装层。因此，在实际结构的正常运营中，STC 层不应产生有害裂缝。Rafiee[4] 以及 Kranc 和 Sagues[5] 的研究结果表明，当 STC 中的裂缝宽度不超过 0.05mm 时，STC 的耐久性不受影响。在实际工程中，当裂缝宽度小于 0.05mm 时，肉眼难以发现 [6]，另外，考虑到我国公路桥梁交通量巨大且超载现象严重，STC 的裂缝宽度需要严格控制不超过 0.05mm，以防止 STC 在使用过程中出现开裂现象，保证结构的耐久性。因此，对于钢-STC 轻型组合桥面结构，当 STC 表面最大裂缝宽度为 0.05mm 时的荷载称为开裂荷载。换句话说，STC 的开裂应力也就是通过最大裂缝宽度为 0.05mm 时的荷载计算得到的应力。

开裂荷载可以通过荷载–最大裂缝宽度曲线获得，开裂应力可以通过式 (4.1)~式 (4.3) 计算得到。为简化计算，采用组合梁的截面换算法将 STC 的宽度通过乘以系数 n_s 进行换算，$n_s = E_c/E_s$，是 STC 和钢的弹性模量之比，转换示意图如图 4.19 所示。

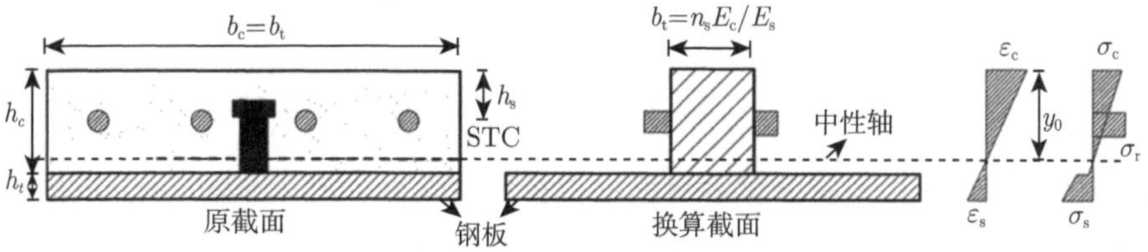

图 4.19 钢-STC 组合板截面换算示意图

截面中性轴到 STC 表面的距离：

$$y_0 = \frac{bh_t(h_t/2 + h_c) + b_{eq}h_c\dfrac{h_c}{2} + A_sh_s}{b_{eq}h_c + bh_t + A_s} \tag{4.1}$$

$$\begin{aligned} I =& \frac{1}{12}bh_t^3 + bh_t\left(\frac{h_t}{2} + h_c - y_0\right)^2 + \frac{1}{12}b_{eq}h_c^3 \\ &+ b_{eq}h_c\left(y_0 - \frac{h_c}{2}\right)^2 + A_s(y_0 - h_s)^2 \end{aligned} \tag{4.2}$$

$$\sigma_{cr} = \frac{M.y_0}{I} = \frac{F_{cr}L.y_0}{2I} \tag{4.3}$$

式中，h_s 为纵向钢筋形心到 STC 表面的距离；b_{eq} 为 STC 按照弹性模量比换算后的等效宽度；h_c 为 STC 层厚度；h_t 为钢板厚度,A_s 为纵向受力钢筋面积；E_s 为钢的弹性模量，为 206MPa；E_c 为 STC 弹性模量，取 45.8GPa；y_0 为中性轴到 STC 表面的距离；F_{cr} 为 STC 裂缝宽度为 0.05mm 时对应的荷载；M 为弯矩值；L 为力臂长度，取 300mm；σ_{cr} 为 STC 开裂应力。

基于式 (4.1)~ 式 (4.3) 可以计算得到所有配筋构件的开裂应力。相同设计参数构件的开裂应力取其平均值，计算结果如表 4.3 所示。

上述计算方法使用复合截面的换算截面法用于计算开裂应力，而没有考虑任何结构的非线性。如前文所述，当 STC 层中的最大裂缝宽度为 0.05mm 时，构件仍处于裂缝扩展阶段的早期阶段，滑移值较小且应变符合平截面假定，因此，上述假设是可以接受的。该计算方法可以简化钢-STC 轻型组合桥面结构的设计。具体而

表 4.3 钢-STC 组合板开裂应力计算结果

构件名称	开裂荷载/kN	开裂应力/MPa	构件名称	开裂荷载/kN	开裂应力/MPa
S150-45	15.9	16.0	S200-45-25-4	19.0	18.7
S200-45	17.5	17.6	S200-45-25-6	20.2	18.9
S150-60	25.5	16.1	S150-60-15-4	37.2	21.0
S200-60	28.4	17.9	S150-60-15-6	51.2	27.4
S150-45-15-4	22.2	20.2	S150-60-25-4	31.7	19.1
S150-45-15-6	30.2	27.8	S150-60-25-6	35.6	20.9
S150-45-25-4	19.6	19.6	S200-60-15-4	35.1	19.8
S150-45-25-6	20.5	19.9	S200-60-15-6	49.1	26.4
S200-45-15-4	24.3	22.2	S200-60-25-4	28.7	17.2
S200-45-15-6	29.0	25.3	S200-60-25-6	34.6	20.3

言，STC 层的应力状态可以通过线弹性分析而不是复杂的非线性分析来获得。因此，通过将设计荷载作用下获得的最大拉应力控制为不超过相应的开裂应力，可以容易地避免 STC 中的开裂。应该注意的是，这里定义的开裂应力是钢-STC 组合结构的弯曲拉伸强度，它不同于 STC 材料的轴向拉伸强度。

从表 4.3 中可以看出，具有 45mm 厚 STC 层或 60mm 厚 STC 层的配筋钢-STC 组合板构件开裂荷载分别为 19~30.2kN 和 28.7~51.2kN，开裂应力分别为 18.7~27.8MPa，17.2~27.4MPa。这些开裂荷载都位于荷载–挠度曲线的裂缝扩展阶段的早期阶段，如图 4.10 所示。这意味着当 STC 的最大裂缝宽度为 0.05mm 时，钢-STC 轻型组合桥面结构应该已经进入裂缝扩展阶段的早期阶段。

为进一步探究主要设计参数对开裂应力的影响规律，下面通过单一变量对比的方法对开裂应力作进一步分析。

4.2.3.2 配筋率对开裂应力的影响规律

配筋率对开裂应力的影响如图 4.20 所示。根据图 4.20 中的结果，进行单一变量的对比可以看出：当配筋率从 0%增大到 5.2%时，构件开裂应力提高 7.4%~73.8%，对于保护层厚度为 15mm 的构件 (图 4.20(a))，开裂应力提高了 43.8%~73.8%，而对于保护层厚度为 25mm 的构件 (图 4.20(b))，开裂应力仅提高了 7.4%~29.8%，提高幅度远低于保护层厚度为 15mm 的构件。因此，增大配筋率可以提高构件的开裂应力，且提高幅度和保护层厚度密切相关，当保护层厚度较小时提高配筋率可以更大幅度的提高构件开裂应力。原因应该是增加配筋率对应于钢筋中的拉应力降低。钢筋和 STC 层的拉伸变形变小，因此 STC 中裂缝的发展应该更缓慢，导致更高的拉伸开裂应力。另外，当保护层厚度较小时，钢筋对 STC 表面裂缝的约束作用更强。因此，对于保护层厚度较小的构件，增大配筋率更能有效增大构件的开裂应力。

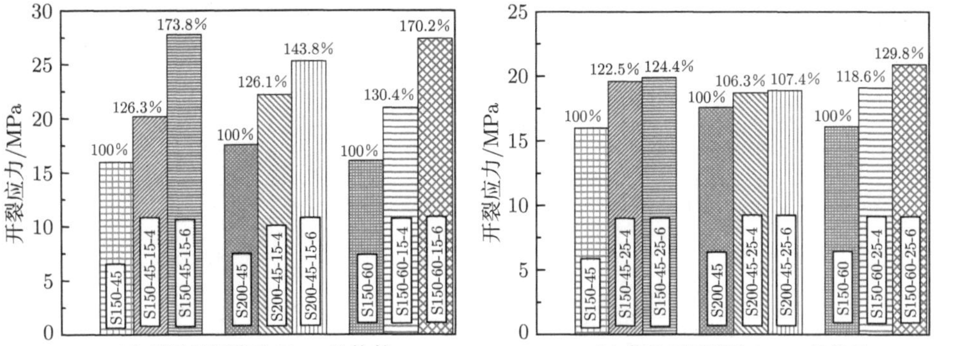

(a) 保护层厚度为15mm的构件　　(b) 保护层厚度为25mm的构件

图 4.20 配筋率对开裂应力的影响

4.2.3.3 保护层厚度对开裂应力的影响规律

其他参数相同，仅减小保护层厚度时 (保护层厚度由 25mm 变为 15mm)，构件的开裂应力变化如图 4.21 所示。

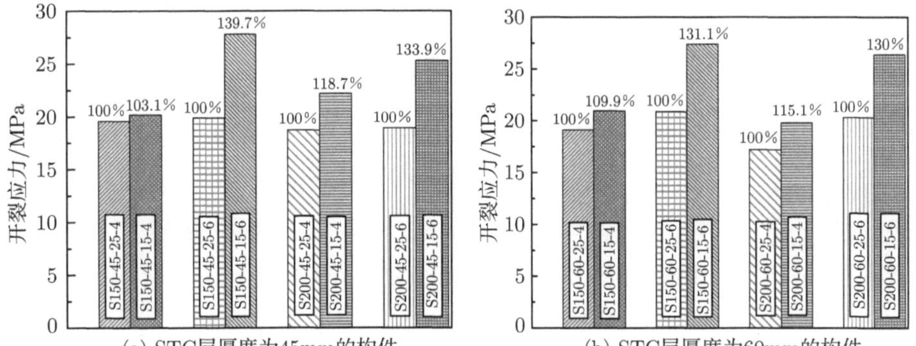

(a) STC层厚度为45mm的构件　　(b) STC层厚度为60mm的构件

图 4.21 保护层厚度对开裂应力的影响规律

由图 4.21 可以看出，当保护层厚度由 25mm 变为 15mm 时，构件的开裂应力提高 3.1%～39.7%，因此，减小保护层厚度可以提高构件的开裂应力，并且对于 4 根钢筋构件，开裂应力增加 3.1%～18.7%，而对于 6 根钢筋构件，开裂应力提高 30.0%～39.7%，提高幅度更大，因此，配筋率较大时减小保护层厚度开裂应力提高幅度更大。主要原因是减小保护层厚度时，钢筋对 STC 的约束作用更强，能有效限制 STC 的开裂和裂缝的扩展，同时，钢筋离构件中性轴的距离更远，钢筋的受力性能更能得到充分利用，从而提高了构件的开裂荷载。

4.2.3.4 STC 层厚度对开裂应力的影响规律

其他变量相同，仅增大 STC 的厚度时 (STC 厚度由 45mm 变为 60mm)，部分构件的开裂应力增大，部分构件的开裂应力降低，且增大和降低的幅度不大，如图 4.22 所示。由此可见，增大 STC 层厚度无法有效提高构件的开裂应力。原因是 STC 厚度的增加伴随着配筋率的降低，使得它们对 STC 开裂应力的整体影响变得复杂。

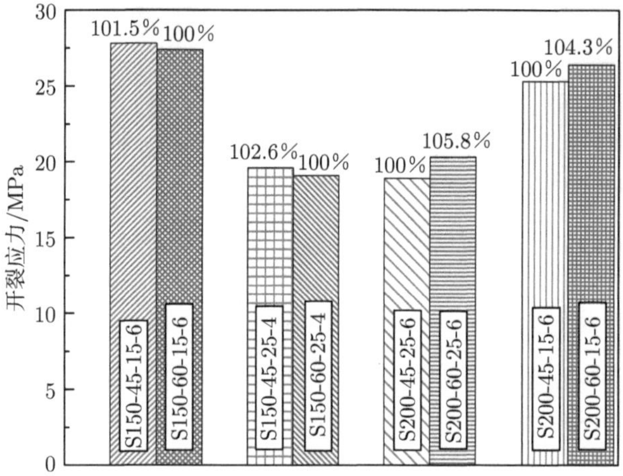

图 4.22　STC 层厚度对开裂应力的影响

4.2.3.5　栓钉间距对开裂应力的影响规律

由表 4.3 和图 4.23 可以看出，其他变量相同，栓钉间距由 200mm 变为 150mm 时，有七组构件的开裂应力有不同程度的提高，构件的开裂应力提高了 3.0%~11% (除构件 S45-15-4)。由此可见，减小栓钉间距会提高构件的开裂荷载，但提高的幅度有限。原因应该是 STC 开裂状态下 (最大裂缝宽度为 0.05mm) 钢板和 STC 界面的相对滑移仍然很低。换句话说，当栓钉间距为 200mm 时，钢-STC 组合板可以保证较强的组合作用，栓钉间距的进一步减小对改善 STC 中的组合作用和 STC 的开裂应力影响不大。和构件 S200-45-15-4 相比，构件 S150-45-15-4 的开裂应力有小幅降低，应该属于试验误差，有可能与构件浇筑质量等因素有关。

对于未配筋构件，根据试验现象可以看出，当 STC 表面出现裂缝后，由于钢纤维的搭桥作用，构件的承载力有小幅增大，但没有钢筋的限制，裂缝出现后扩展迅速，弹性极限荷载和裂缝宽度达到 0.05mm 时对应的开裂荷载都较小，此时，钢和 STC 结合面完好，滑移较小，此种情况下栓钉间距对开裂荷载的影响很弱。对于未配筋构件，裂缝出现后，钢纤维的搭桥作用对裂缝的扩展起到一定的限制作用，本试验 STC 中含体积掺量为 3.5%的混杂型纤维，浇筑质量的差异和沿构件长度方向上的钢纤维分布数量对开裂荷载的影响可能要大于栓钉间距的影响。因此，从未配筋构件可能无法看出栓钉间距变化对开裂荷载的影响规律，故在分析栓钉

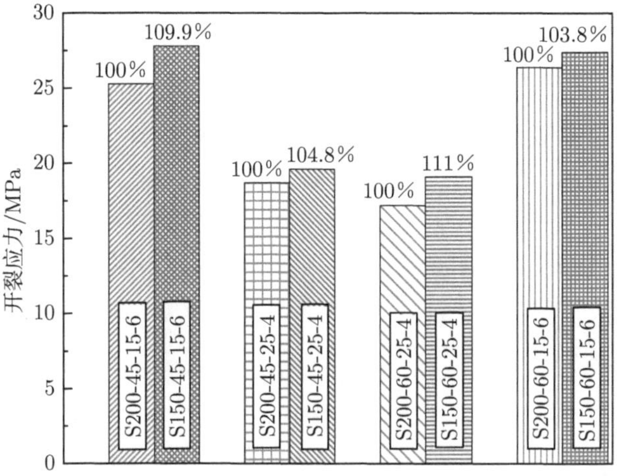

图 4.23 栓钉间距对开裂应力的影响

间距对开裂荷载的影响规律时，仅分析栓钉间距变化对配筋构件开裂荷载的影响规律，未考虑两组未配筋钢-STC 组合构件。

通过以上分析表明，主要设计参数对 STC 开裂应力的敏感性如下：配筋率 > 保护层厚度 > 栓钉间距 >STC 层厚度。在实际钢-STC 轻型组合桥面结构设计中，应综合考虑上述参数的影响以确定其合理值，确保在设计载荷作用下，STC 层的最大裂缝宽度不应超过 0.05mm。

4.2.4 试件承载力结果分析

4.2.4.1 结果汇总

加载过程中，构件所能承受的最大荷载为构件的极限承载力。相同参数构件的极限承载力取两个构件的平均值。试验实测配筋钢-STC 组合板构件的极限承载力如表 4.4 所示。

表 4.4 配筋钢-STC 组合板构件的极限承载力

构件名称	极限承载力/kN	构件名称	极限承载力/kN
S150-45-15-4	54.7	S150-60-15-4	77.2
S150-45-15-6	73.8	S150-60-15-6	101.6
S150-45-25-4	47.5	S150-60-25-4	61.5
S150-45-25-6	57.2	S150-60-25-6	77.5
S200-45-15-4	56.7	S200-60-15-4	76.7
S200-45-15-6	68.3	S200-60-15-6	87.2
S200-45-25-4	45.9	S200-60-25-4	58.3
S200-45-25-6	56.4	S200-60-25-6	76.1

下面进一步对构件的极限承载力进行分析，来探索主要设计参数对钢-STC 组合板极限承载力的影响。

4.2.4.2 配筋率对极限承载力的影响

配筋率对极限承载力的影响如图 4.24 所示。可以看出，配筋率是影响钢-STC 组合板构件极限承载力的重要参数。由图 4.24 和表 4.4 进行单一变量的对比分析可以发现：对于 STC 层厚度为 45mm 的构件，当配筋率从 0%增大到 5.2%时，构件的极限承载力增大了 156.5%~230.9%，对于 STC 层厚度为 60mm 的构件，当配筋率从 0%增大到 3.9%时，构件的极限承载力增大了 132.7%~228.8%。

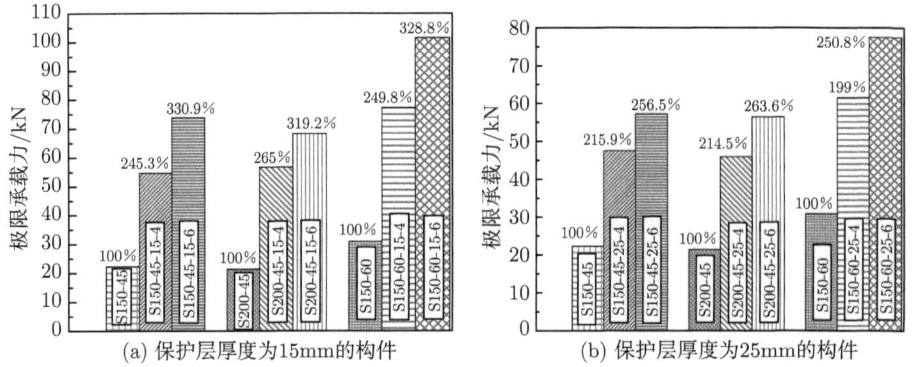

图 4.24 配筋率对极限承载力的影响

对于保护层厚度为 15mm 的构件，当增大配筋率时，构件的极限承载力增幅可达 230.9%，而对于保护层厚度为 25mm 的构件，当增大配筋率时，构件的极限承载力增幅为 163.6%，远小于保护层为 15mm 时的极限承载力增大幅度。因此，增大构件配筋率可以有效增大构件的极限承载力，且当保护层厚度较小时，增大配筋率对提高构件的极限承载力更加有效。原因与配筋率如何影响开裂应力相同。随着配筋率的增加，钢筋中的拉应力也相应减小。钢筋和 STC 层的拉伸变形变小，因此 STC 中裂缝的发展应该更缓慢，导致更高的极限载荷。另外，如前所述，当配筋率增加时，钢筋对 STC 表面裂缝的约束作用更强。因此，对于钢-STC 组合结构，提高配筋率是提高极限承载力的有效方法。

4.2.4.3 保护层厚度对极限承载力的影响

图 4.25 显示了保护层厚度对极限承载力的影响，可以看出，减小保护层厚度可以使构件的极限承载力增大。具体而言，当保护层厚度从 25mm 减小到 15mm 时，钢-STC 组合板的极限承载力增大 14.6%~31.6%。这可以解释为当保护层厚度更小时，钢筋发挥的效率更高。具体而言，由于在极限承载力状态下钢筋是处于屈

服状态的，由钢筋提供的总拉力大致相同。当保护层厚度较薄时，从钢筋到中性轴的力臂越大，导致钢筋抵抗的极限力矩越大，因此极限承载力提高。

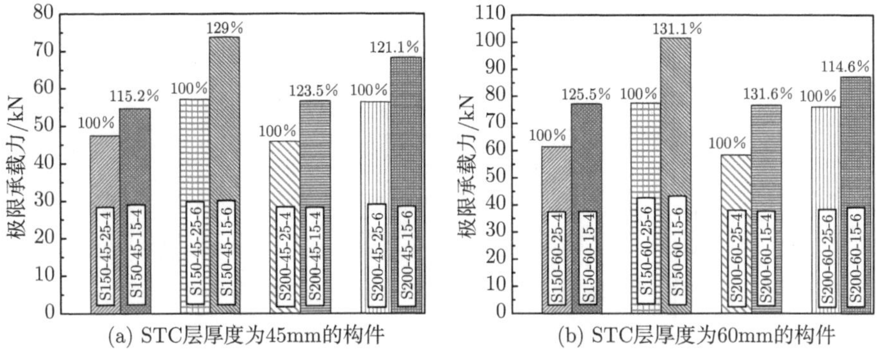

图 4.25 保护层厚度对极限承载力的影响

4.2.4.4 STC 层厚度对极限承载力的影响

图 4.26 展示了 STC 层厚度对钢-STC 组合板极限承载力的影响，同样可以看出，增大 STC 层厚度可以提高构件的极限承载力。通过图 4.26 和表 4.4 的对比分析可以看出，当 STC 层厚度从 45mm 增大到 60mm 时，构件的极限承载力增大 27.0%~41%。主要原因是增大 STC 层厚度可以使截面惯性矩增大，构件的刚度随着提高。

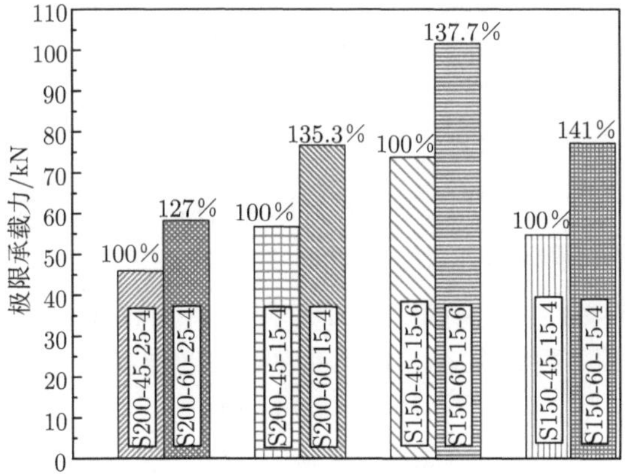

图 4.26 STC 层厚度对极限承载力的影响

4.2.4.5 栓钉间距对极限承载力的影响

图 4.27 可以看出，栓钉间距的减小可以提高构件的极限承载力。通过表 4.4 的对比分析，当其他参数不变，栓钉间距从 200mm 减小为 150mm 时，构件的极限承

载力仅提高了 0.7%∼16.5%，提高幅度有限，因此栓钉间距不是影响构件极限承载力的主要因素。原因应该是，正如试验观察所反映的那样，钢-STC 组合板的失效模式是弯曲破坏而不是短栓钉的剪切破坏。因此，栓钉间距为 200mm 时，钢板和 STC 层可以形成较强的组合作用使二者共同受力，并且可以忽略减小栓钉间距对试样组合作用的影响。

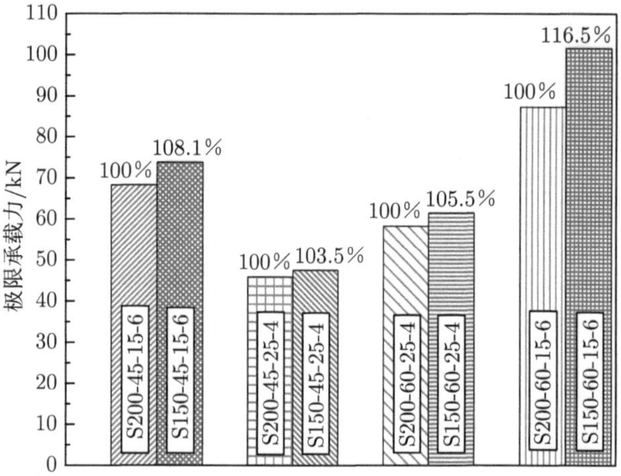

图 4.27　栓钉间距对极限承载力的影响

通过以上分析表明，主要设计参数对钢-STC 极限承载力的敏感性如下：配筋率 >STC 厚度 > 保护层厚度 > 栓钉间距。增大配筋率和 STC 层厚度、减小保护层厚度和栓钉间距都可以提高构件的极限承载力。

4.2.4.6　钢-STC 组合板极限承载力计算理论

为了便于在极限承载力状态下钢-STC 轻型组合桥面结构的设计，本节探讨钢-STC 组合结构极限承载力的计算理论。

对于普通钢–混凝土组合梁的广泛研究表明，在负弯矩下，混凝土桥面通常在最终状态下严重开裂，裂缝宽度较大且考虑到普通混凝土的抗拉强度非常低，在计算极限荷载时，混凝土在开裂后的受拉贡献通常被忽略。而对于钢-STC 组合结构，STC 中的裂缝非常细小并且分布较密。STC 开裂后并未退出工作，钢纤维的桥接作用会承担部分拉应力，即使对于主裂缝，钢纤维也可以桥接裂缝并在横截面中承受部分拉伸应力。因此，对于钢-STC 组合结构构件，应考虑 STC 所承受的拉应力。

根据本节钢-STC 组合板四点弯曲试验中观察到的现象，最终钢筋和钢板都达到了屈服状态。因此，假设在极限承载力状态下，钢、钢筋都处于屈服状态，STC 达到轴拉强度且保持轴拉强度不变，极限承载力的计算示意图如图 4.28 所示。基

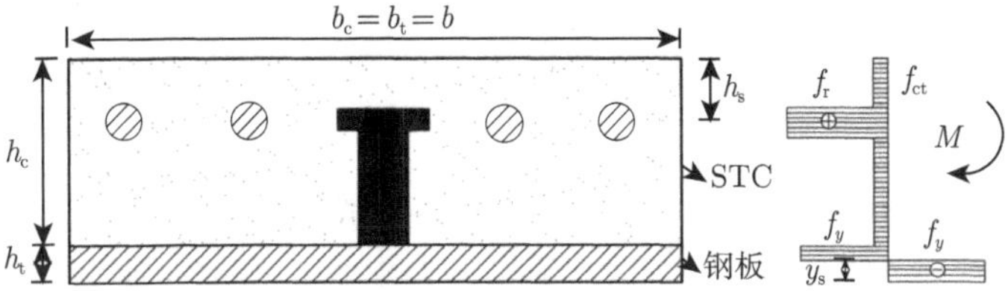

图 4.28 钢-STC 组合板极限承载力计算示意图

于该假设，极限承载力 F 可以通过式 (4.4)~ 式 (4.6) 进行计算。

$$f_y b y_s = f_y b(h_t - y_s) + A_s f_r + h_c b f_{ct} \tag{4.4}$$

$$M = f_y b(h_t - y_s)h_t/2 + A_s f_r(h_c - h_s + h_t - y_s/2) + h_c b f_{ct}(h_c/2 + h_t - y_s/2) \tag{4.5}$$

$$M = \mathrm{FL}/2 \tag{4.6}$$

式中，f_r 为钢筋的屈服强度，取 400MPa；f_y 为钢板的屈服强度，取 345MPa；f_{ct} 为 STC 的轴拉强度，取值为 9MPa；其他参数的含义和取值与式 (4.1)~ 式 (4.3) 中的参数含义相同。

通过公式计算得到钢-STC 组合板构件的极限载荷，并将理论计算结果和试验实测极限承载力进行对比，如表 4.5 所示。作为对比，按照广泛用于钢–普通混凝

表 4.5 极限承载力试验值和计算值的对比

构件名称	试验实测值①	计算值②	根据式 (4.4)~ 式 (4.6) 计算值③	实测值 1 /计算值 2	实测值 1 /公式计算值
S150-45-15-4	54.7	42.1	56.9	1.3	0.96
S150-45-15-6	73.8	54.7	69.2	1.35	1.07
S150-45-25-4	47.5	33.8	48.5	1.41	0.98
S150-45-25-6	57.2	42.1	56.6	1.36	1.01
S200-45-15-4	56.7	42.1	56.9	1.35	1.00
S200-45-15-6	68.3	54.7	69.2	1.25	0.99
S200-45-25-4	45.9	33.8	48.5	1.36	0.95
S200-45-25-6	56.4	42.1	56.6	1.34	1.00
S150-60-15-4	77.2	54.7	79.7	1.41	0.97
S150-60-15-6	101.6	73.5	98.2	1.38	1.03
S150-60-25-4	61.5	46.3	71.3	1.33	0.86
S150-60-25-6	77.5	60.9	85.6	1.27	0.91
S200-60-15-4	76.7	54.7	79.7	1.4	0.96
S200-60-15-6	87.2	73.5	98.2	1.19	0.89
S200-60-25-4	58.3	46.3	71.3	1.26	0.82
S200-60-25-6	76.1	60.9	85.6	1.25	0.89
均值	—	—	—	1.33	0.97

土组合梁的假设方法，即忽略了 STC 层的贡献，基于此常规计算方法计算得到的结果为计算值②。此方法的计算公式和式 (4.4)~ 式 (4.6) 类似，只是 STC 层的受拉作用不再考虑，此处不再进行详细的列举。

表 4.5 的结果表明，基于传统方法的极限承载力计算值和试验实测值相差较大，相对差异为 33%；相反，基于本节提出的计算理论得出的计算结果与试验实测值吻合较好，相对差异小于 3%。因此，对于负弯矩作用下的钢-STC 组合结构，在计算极限承载力时应考虑 STC 对受拉作用的贡献。式 (4.4)~ 式 (4.6) 的计算结果通过试验结果验证，表现出良好的一致性。因此，该计算方法可用于钢-STC 轻型组合桥面结构的设计。

4.3 钢-STC 轻型组合桥面结构纵桥向抗弯试验及分析

4.3.1 试验方案

4.3.1.1 试件参数

共设计 8 个钢-STC 组合梁足尺条带模型进行试验。试验包含 3 个设计变量：① STC 层厚度；② 保护层厚度；③ 纵向钢筋数量。栓钉间距为 155mm，STC 层厚度为 45mm/60mm，保护层厚度为 15mm/25mm，纵向钢筋数量为 12/16。对这三个设计参数进行正交设计，共制作 8 个钢-STC 组合梁，构件具体参数设置如表 4.6 所示。

表 4.6 钢-STC 组合梁参数设置

构件名称	栓钉间距/mm	STC 层厚度/mm	保护层厚度/mm	纵向钢筋数量	配筋率/%
U155-45-15-16	155	45	15	16	4.5
U155-45-15-12	155	45	15	12	3.4
U155-45-25-16	155	45	25	16	4.5
U155-45-25-12	155	45	25	12	3.4
U155-60-15-16	155	60	15	16	3.4
U155-60-15-12	155	60	15	12	2.5
U155-60-25-16	155	60	25	16	3.4
U155-60-25-12	155	60	25	12	2.5

构件的命名形式为：Ud-h-c-n，其中 U 代表组合梁构件，d 代表栓钉间距，h 代表 STC 层厚度，c 代表保护层厚度，n 代表纵向受力 Φ10mm 钢筋的数量。例如，U155-45-15-16 表示栓钉间距为 155mm，STC 层厚度为 45mm，保护层厚度为 15mm，纵向钢筋数量为 16 根的钢-STC 组合梁构件。

以构件 U155-60-25-16 为例，构件的构造示意图如图 4.29 所示。其他构件构造示意图和这些类似，仅在主要设计参数的组合上有所不同，不再一一列出。构件总长 2100mm，宽度 620mm，钢面板厚 12mm，U 肋厚度为 6mm，高度为 260mm，栓钉间距为 155mm。为便于加载和防止 U 肋局部屈服，在梁中间设置两道间距为 400mm 的横隔板。STC 层厚度为 45mm/60mm，保护层厚度为 15mm/25mm，纵向钢筋数量为 12 根/16 根。钢材为中国桥梁中常用 Q345qC 钢材，名义屈服强度为 345MPa，STC 层中布置纵、横向钢筋网，纵向钢筋布置在横向钢筋下层，纵、横向钢筋间距相同，钢筋直径为 10mm，等级为 HRB400，名义屈服强度为 400MPa。STC 层和钢板通过剪力钉连接，剪力钉直径为 13mm、焊后高度为 35mm。

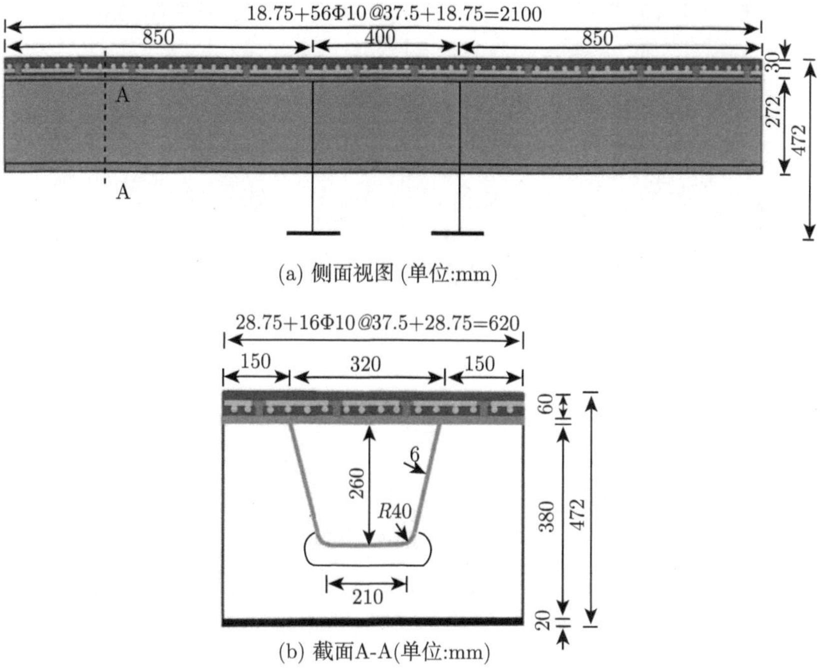

(b) 截面A-A(单位:mm)

图 4.29 钢-STC 组合梁构造示意图 (以 U155-60-25-16 为例)

4.3.1.2 构件制作过程和材料性能

钢-STC 组合梁主要制作过程如下：① 在钢面板上焊接纵向 U 肋，并在纵向 U 肋上焊接横隔板；② 在钢面板上焊接短栓钉；③ 绑扎纵、横向钢筋并支模板；④ 浇筑 STC；⑤ 盖塑料薄膜，保持 STC 湿润，自然养护 48h；⑥ 高温蒸汽养护 48h，养护温度保持在 90～100°C；⑦ 养护结束，准备试验。构件制作主要过程的照片如图 4.30 所示。在构件制作过程中需要注意以下方面：① 在钢面板上焊接 U 肋时，对钢面板和 U 肋进行简单固定，防止焊接过程中因焊接高温产生局部变形，同时应保证焊缝饱满；② 栓钉的焊接应保证定位准确和焊接牢固；③ 浇筑 STC 时应严格控制水灰比，在构件长度方向上沿一侧向另外一侧摊铺浇筑；④ 自然养护时，应保持 STC 表面湿润，但不得有积水；⑤ 在高温蒸汽养护的升温和降温过程中要注意升降温速度，严禁升温或降温过快。

(a) 焊接U肋　(b) 焊接短栓钉　(c) 绑扎钢筋并支模板

(d) 浇筑STC　(e) 自然养护　(f) 高温蒸汽养护

图 4.30　钢-STC 组合梁主要制作过程

4.3.1.3　试验加载和测试方案

为便于研究裂缝的性能，所有钢-STC 组合梁构件均采用负弯矩四点加载方案，加载示意图如图 4.31 所示。构件倒置于两个钢台座上，荷载通过分配梁传递到两横隔板上。两加载点之间的梁净跨为 1900mm，纯弯段长度为 400mm。支座和跨中挠度由机械百分表 D1~D3 测得，精度为 0.01mm，端部钢和 STC 层之间的界面滑移由千分表 S1~S2 测得，精度为 0.001mm。

在钢-STC 组合梁 400mm 的纯弯段范围内布置了应变片，应变片布置如图 4.32 所示。对于 STC，在上表面布置 15 个混凝土应变片 (U1~U15)，在 STC 两侧各对称布置 3 个混凝土应变片 (U16~U18)。上表面应变片沿纵向布置在纯弯段的四等分点处，侧面应变片沿高度方向布置在 STC 中心线位置，沿长度方向布置在四等分点上。和 STC 侧面应变片的布置类似，在钢面板的两侧面各对称布置 3 个钢应变片 (D1~D3)，在和 STC 表面应变片 U1~U3 和 U13~U15 对应位置的钢面板底面各布置 3 个钢应变片 (D4~D6)。在纵向 U 肋的两侧面各布置 9 个钢应变片，应变片布置在纯弯段 U 肋纵向和高度方向上的四等分点处，U 肋底面在纯弯段范围内沿长度和宽度四等分点处布置 9 个钢应变片 (S10~S18)。钢筋应变片布置在靠中心的 6 根钢筋的上表面，沿纵向布置在四等分点处，每个构件共布置 18 个钢筋应变片。

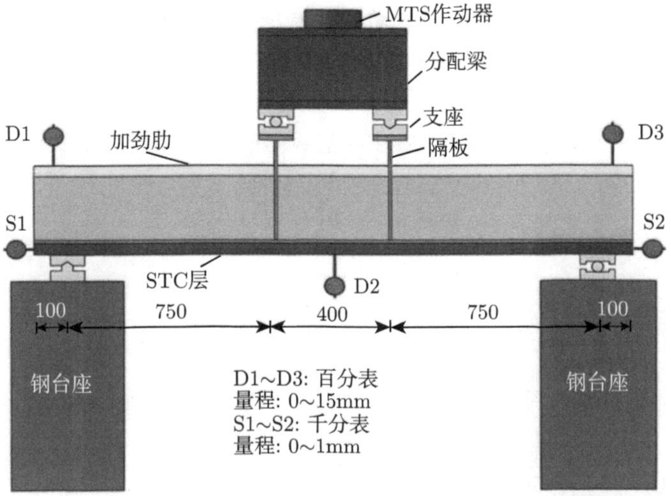

图 4.31 钢-STC 组合梁加载示意图 (单位：mm)

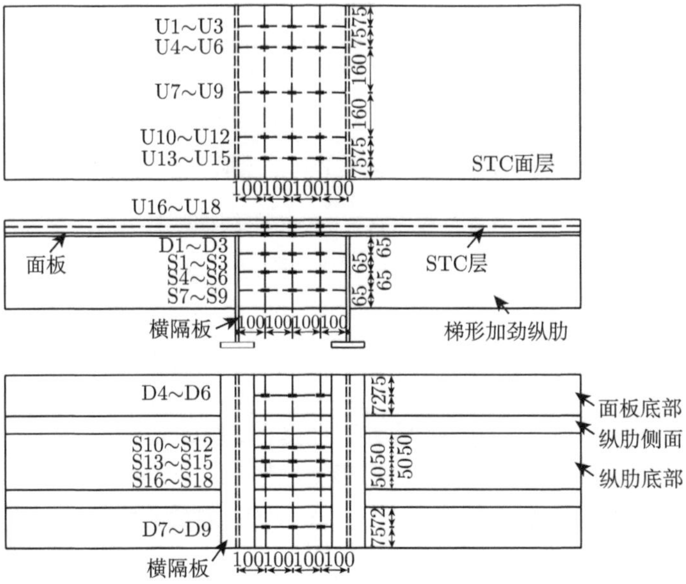

图 4.32 钢-STC 组合梁应变片布置示意图 (单位：mm)

电阻应变片的数据由日本东京测量设备公司生产的 TDS-530 静态数据采集仪采集。用智能裂缝宽度观测仪 PTS-E40 量测裂缝宽度，其精度为 0.01mm。试验照片如图 4.33 所示。试验采用 MTS 加载设备加载，但由于钢-STC 组合梁的极限承载力远大于钢-STC 组合板，因此，MTS 加载时选用的作动器大于组合板加载时的作动器。每个构件的加载分为两步：第一步采用力加载模式进行加载，加载幅度为 10kN/级，当荷载快达到弹性极限荷载时 (即构件即将进入非线性阶段时)，加载模式改为位移控制加载，加载幅度与力加载模式下每级荷载产生的位移值大致相同。每次加载结束后，要等到荷载稳定后才能进行数据采集等工作。试验过程中主要关注跨中和端部支座位移、钢和 STC 层之间的界面滑移、每级荷载下应变数据、纯弯段范围内 STC 顶面的开裂、裂缝宽度和发展等情况。

图 4.33　钢-STC 组合梁试验加载图

4.3.2　试验结果分析

4.3.2.1　荷载–跨中位移曲线

如图 4.31 所示，试验中用百分表 D2 来测量钢-STC 组合梁跨中位移，用百分表 D1 和 D3 来测量支座处位移。则跨中位移 $d_{\mathrm{b}} = D_{\mathrm{b2}} - (D_{\mathrm{b1}} + D_{\mathrm{b3}})/2$，其中，$D_{\mathrm{b1}}$、$D_{\mathrm{b2}}$ 和 D_{b3} 分别为百分表 D1、D2 和 D3 测量的位移值。8 个钢-STC 组合梁的荷载–跨中位移曲线如图 4.34 所示。

从图 4.34 可以看出，钢-STC 组合梁的荷载–跨中位移曲线可以分为三个阶段：弹性阶段，裂缝扩展阶段和屈服阶段。在弹性阶段，没有裂缝产生，荷载–跨中位移曲线近似直线。从弹性阶段至组合梁 U 肋屈服为裂缝扩展阶段，构件因 U 肋屈服而失效。在裂缝扩展阶段，和钢-STC 组合板相比，钢-STC 组合板在裂缝扩展阶段构件刚度明显折减，而对钢-STC 组合梁构件，虽然有裂缝的出现，构件刚度未出现明显的折减，构件刚度和弹性阶段基本相似。主要原因为对于钢-STC 组合梁，构件整体刚度较大，STC 层对构件的刚度贡献小于钢-STC 组合板中 STC 层的贡献，并且当裂缝出现后，由于裂缝宽度较小，钢纤维的桥接作用使 STC 层并未退出工作，因此，裂缝的产生对钢-STC 梁刚度的折减影响不大。另外，不同设置参数的构件荷载–跨中位移曲线差别不大，极限承载力差别不大。当 U 肋底部屈服后，构件进入屈服阶段。在屈服阶段，构件承载力迅速降低，跨中位移迅速增大。

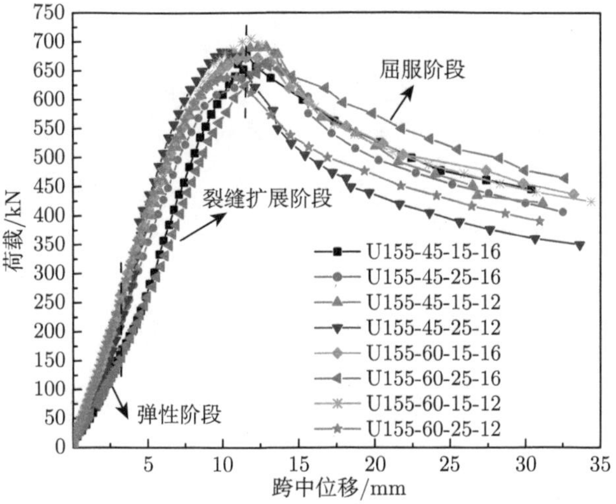

图 4.34 钢-STC 组合梁荷载–跨中位移曲线

如前文所述，开裂荷载为取 STC 表面最大裂缝宽度 0.05mm 时对应的荷载。极限承载力为钢-STC 组合梁构件所能承受的最大荷载。钢-STC 组合梁主要试验结果如表 4.7 所示。

表 4.7 钢-STC 组合梁主要试验结果

构件名称	开裂荷载/kN	极限承载力/kN
U155-45-15-16	593	678.6
U155-45-25-16	523.3	680.9
U155-45-15-12	538.4	690.3
U155-45-25-12	437	683
U155-60-15-16	551.2	673.5
U155-60-25-16	508.8	663.7
U155-60-15-12	492.5	705.4
U155-60-25-12	439.8	639

4.3.2.2 裂缝扩展特征和分布形态

在弹性阶段，构件未出现裂缝。随着荷载的增加，STC 表面沿横向出现细而短小的可见裂缝。随着荷载的继续增大，裂缝逐渐扩展，裂缝宽度逐步增大，数量逐渐增多，侧面裂缝向梁底发展且数量也逐步增多，直至 U 肋屈服。以部分构件为例，钢-STC 组合梁侧面最终裂缝分布如图 4.35 所示，STC 上表面裂缝分布如图 4.36 所示。

(a) U155-60-15-16　　(b) U155-45-25-16

图 4.35　钢-STC 组合梁侧面裂缝分布

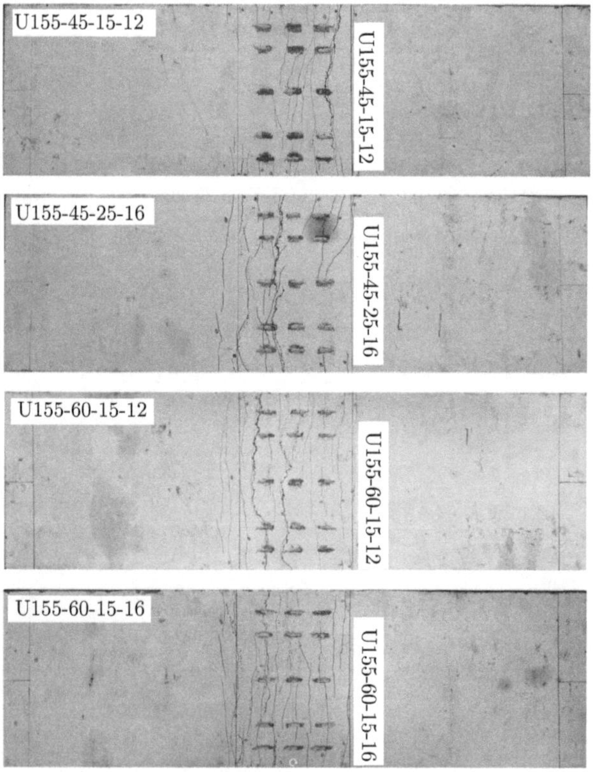

图 4.36　钢-STC 组合梁 STC 上表面裂缝分布

从图 4.35 可以看出，由于钢筋的限制，STC 侧面裂缝宽度较小，长度较短，基本未超过钢筋所在位置，且主要分布在纯弯段范围内。

从图 4.36 同样可以看出，裂缝在 STC 表面的分布主要在纯弯段及附近区域。在 U 肋屈服后，基于位移控制继续加载，构件承载力虽迅速下降，但裂缝宽度继续增大。从最终的裂缝分布可以看出，构件 U155-60-15-16 STC 表面的裂缝要比构件 U155-60-15-16 更密，因此，配筋可以改善裂缝的分布状态。但和钢-STC 组合板最终的裂缝分布状态相比，裂缝数量较少。

钢-STC 组合梁荷载-STC 表面最大裂缝宽度曲线如图 4.37 所示。可以看出，U 肋屈服前，STC 表面裂缝发展较慢且裂缝宽度不大，最大裂缝宽度约为 0.09~0.14mm。在裂缝宽度小于 0.06mm 时，构件的荷载–最大裂缝宽度曲线近似直线，在最大裂缝宽度超过 0.06mm 时，裂缝扩展速度稍有增大。

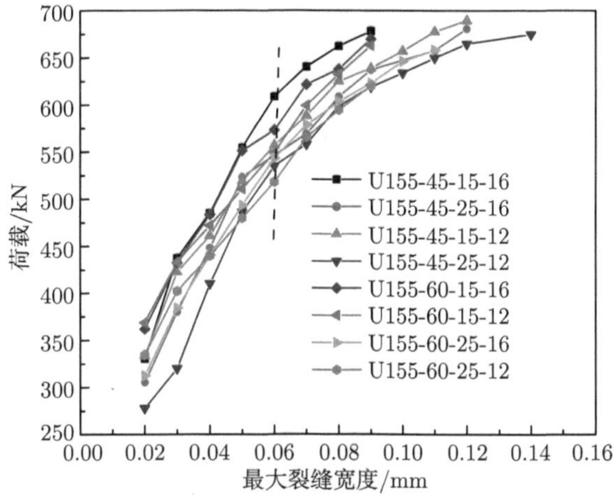

图 4.37 钢-STC 组合梁荷载–STC 表面最大裂缝宽度曲线

与钢-STC 组合板相比，钢-STC 组合梁以 U 肋屈服而破坏，其破坏形态明显不同。另外，最大裂缝宽度和扩展速度明显小于钢-STC 组合板构件，最终的裂缝分布状态也有所不同，即钢-STC 轻型组合桥面结构横向受弯性能和纵向受弯性能有较大的不同。

4.3.2.3 应变特征分析

1) STC 表面应变分析

在试验过程中，详细记录了每级荷载作用下的应变数据。如前文所述，在 STC 上表面布置 15 个混凝土应变片 (U1~U15)，取其平均值绘制荷载-STC 上表面应变曲线如图 4.38 所示。

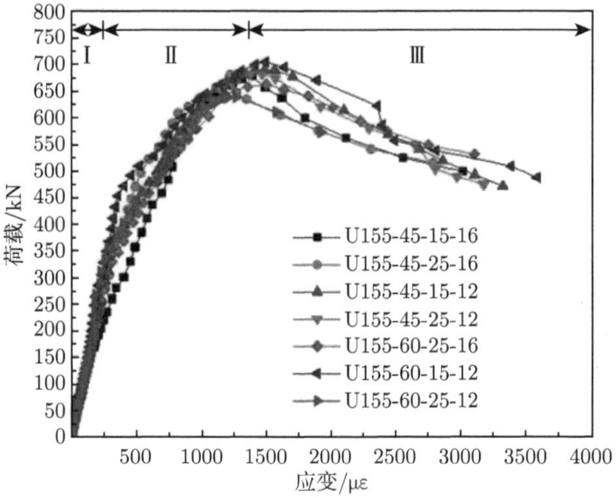

图 4.38　荷载-STC 上表面应变曲线

从图 4.38 可以看出，钢-STC 组合梁荷载-STC 上表面应变曲线特征类似，可分为 3 个阶段。在第 I 阶段，荷载-STC 上表面应变曲线近似直线，即 STC 表面应变随荷载呈线性增大，且各构件荷载-STC 上表面应变曲线基本重合。经过统计，构件在开裂荷载作用下的 STC 上表面应变处于 460~920με 之间。可以看出，各构件之间的开裂应变具有一定的离散性，主要原因为构件高温蒸养结束后，虽然绝大部分收缩已完成，STC 层中仍然存在一定的残余拉应力，另外，保护层厚度的差异 (15mm/25mm) 使钢筋对 STC 的约束作用也有所不同，因此，各构件之间的开裂应变具有一定的离散性。随着荷载的增大，荷载-STC 上表面应变曲线进入第 II 阶段。在第 II 阶段 STC 上表面应变随荷载增大的速率增大，各构件之间的荷载-STC 上表面应变曲线出现一定的差异。原因为各构件的设置参数不同，配筋率和保护层厚度等参数对 STC 上表面的应变产生一定的影响，另外，由于 STC 材料本身的非匀质性，使得 STC 上表面裂缝出现的位置和扩展有一定的随机性，这对 STC 上表面应变也有一定的影响。在极限承载力作用下，各构件 STC 上表面应变处于 1217~1563με 之间。随着 U 肋的屈服，钢-STC 组合板构件极限承载力下降，构件荷载-STC 上表面应变曲线进入第III阶段。在第III阶段，荷载降低，但 STC 上表面应变迅速增大。

2) 构件沿高度方向上的应变分析

根据 STC 表面、STC 侧面、钢面板侧面、钢面板底面、U 肋侧面和底面应变片的试验数据，以部分构件为例，绘制沿构件高度方向上的应变分布图，如图 4.39 所示。

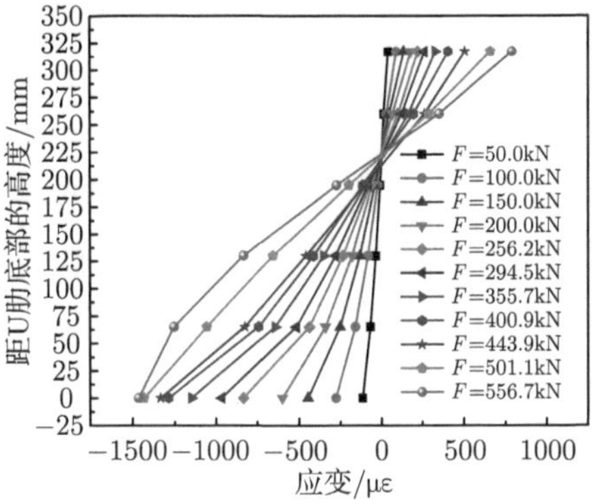

(a) U155-45-15-12

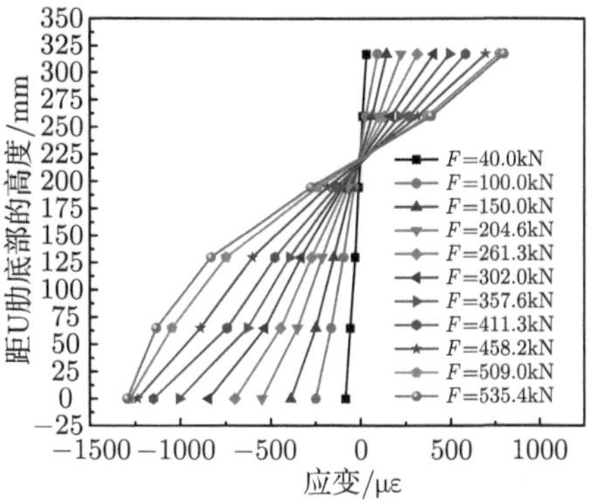

(b) U155-45-15-16

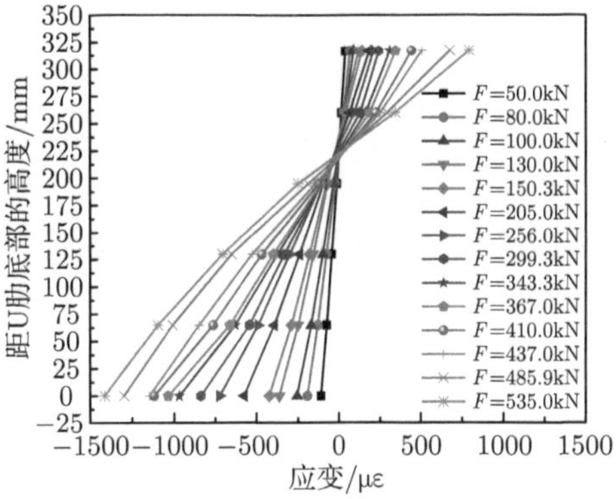

(c) U155-45-25-12

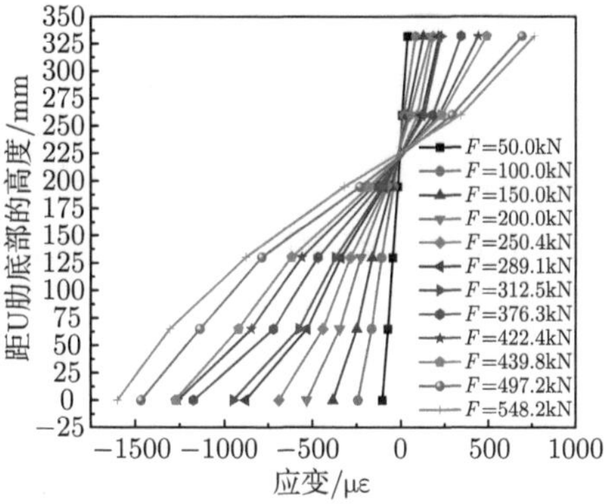

(d) U155-60-25-12

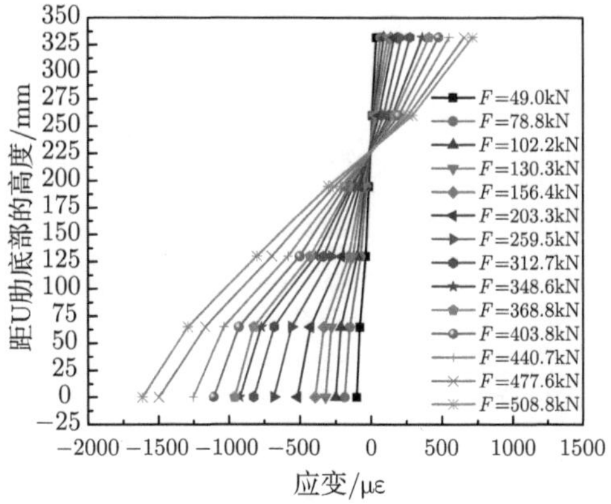

(e) U155-60-25-16

图 4.39 钢-STC 组合梁沿构件高度方向的应变分布

从图 4.39 可以看出，当载荷处于相对低的水平时，截面应变呈现线性分布。随着荷载的增加，非线性趋势逐渐产生。经过计算，钢-STC 组合梁荷载在极限承载力的 76.7%～86%之间时，沿构件高度方向上的应变分布基本符合平截面假定。当荷载进一步增大时，应变沿高度方向上的分布逐步产生非线性。

和配筋钢-STC 组合板相比，钢-STC 组合梁沿高度方向上应变分布产生非线性的临界荷载较高。主要原因为钢-STC 组合梁整体刚度大，STC 层对构件整体刚度的贡献小于钢-STC 组合板中 STC 层的贡献，当裂缝产生后，裂缝宽度较小，扩展速度较慢，钢-STC 组合梁的刚度未出现明显折减。因此，对于钢-STC 组合梁，其应变沿高度方向上的分布基本符合平截面假定。

4.3.2.4　钢筋应力分析

基于钢筋表面布置的 18 个钢筋应变片实测的应变数据，取其平均值，可以得到钢筋的荷载–应力曲线，如图 4.40 所示。当荷载较低时，钢筋应力随荷载的增大基本呈线性增大，各构件荷载–钢筋应力曲线为直线且增大速度较慢。当 STC 开裂后，随着荷载的增大，钢筋应力继续增大，但增大速率逐步提高，荷载–钢筋应力曲线不再为直线。由于 STC 中含有钢纤维，不同位置的纤维分布存在差异，且裂缝产生位置和发展具有一定的不确定性，这对钢筋应力都会产生一定的影响，另外，配筋率和保护层厚度的不同，使不同构件之间荷载–钢筋应力曲线存在一定的差异，但差异不大。可以看出，极限承载力状态下，钢筋的应力水平较低，基本未超过 200MPa。

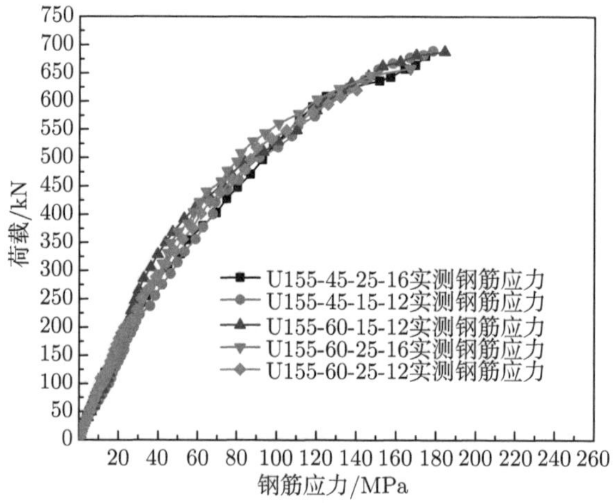

图 4.40　钢-STC 组合梁荷载–钢筋应力曲线

和钢-STC 组合板荷载–钢筋应力曲线相比，当出现裂缝后，钢-STC 组合梁构件钢筋应力增大速率虽有提高，但远小于钢-STC 组合板构件，如图 4.17 所示。主要原因为对于密集配筋的钢-STC 组合构件而言，当出现裂缝后，STC 材料并未完全退出工作，钢纤维的桥接作用会分担部分拉力而减小钢筋应力，并且对于钢-STC 组合梁构件而言，整体刚度大，STC 层对构件整体刚度的贡献小于钢-STC 组合板中 STC 层的贡献，当裂缝产生后，裂缝宽度较小，扩展速度较慢，钢-STC 组合梁的刚度未出现明显折减。

4.3.2.5 界面滑移特征分析

钢-STC 组合梁钢面板和 STC 层界面之间的滑移通过端部界面处设置的千分表 S1 和 S2 测得。结果取两个端部界面滑移值的平均值，绘制部分构件从加载开始至荷载达到极限承载力附近的荷载–界面滑移曲线如图 4.41 所示。可以看出，载荷–界面滑移曲线的特征都是相似的：当载荷较小时，在钢和 STC 界面处没有产生滑移，当载荷持续升高时，界面开始产生滑移并且随荷载的增大而逐渐增大。整体而言，钢-STC 组合梁钢面板和 STC 层之间的滑移较小，荷载在达到极限承载力状态时，构件最大滑移值约为 0.013~0.035mm，钢面板和 STC 层之间界面完好，未观察到有破坏现象。

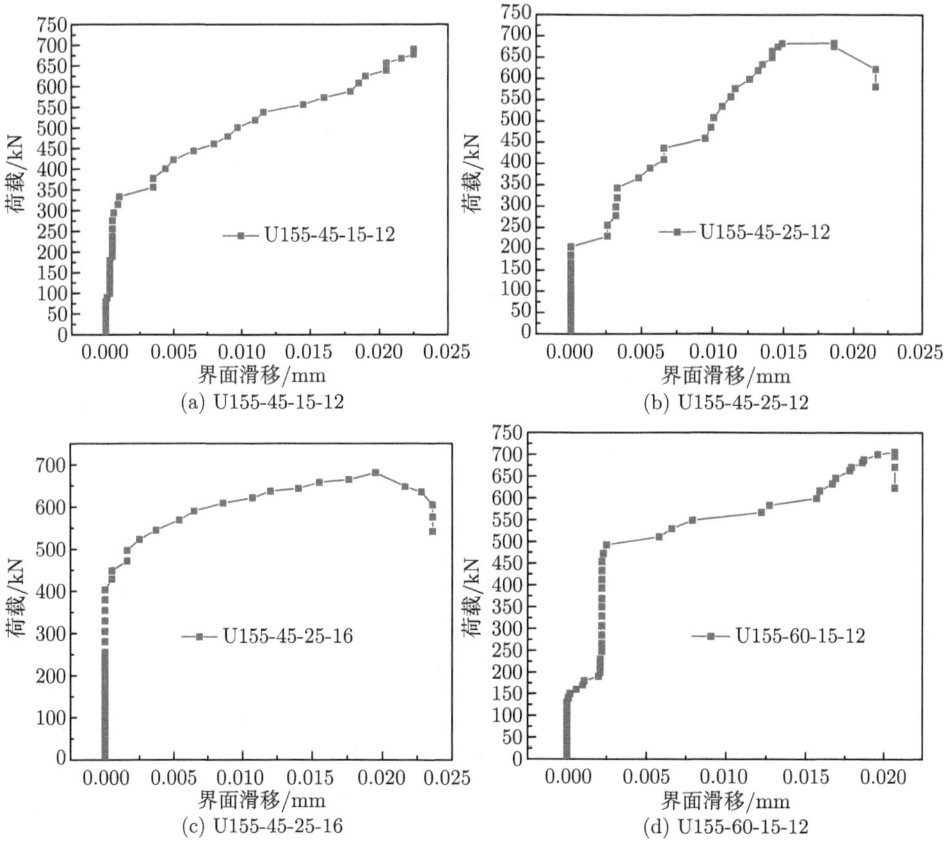

(a) U155-45-15-12 (b) U155-45-25-12

(c) U155-45-25-16 (d) U155-60-15-12

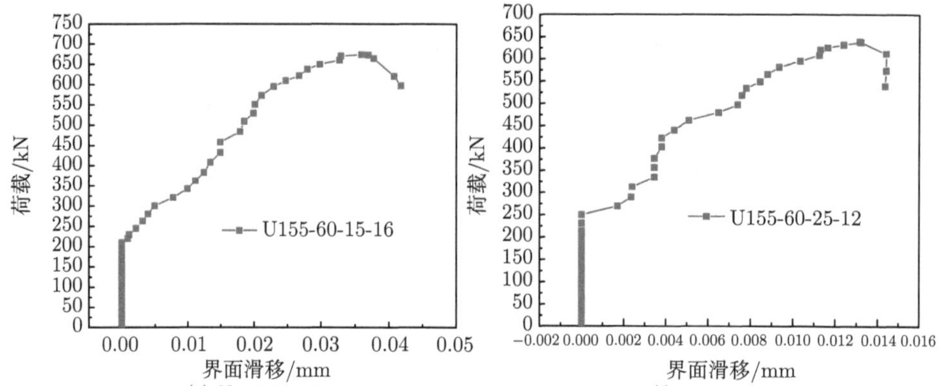

(e) U155-60-15-16　　(f) U155-60-25-12

图 4.41　钢-STC 组合梁荷载–界面滑移曲线

4.3.3　主要设计参数对开裂应力的影响

4.3.3.1　钢-STC 组合梁开裂应力的计算方法

如前文所述，将 STC 表面最大裂缝宽度为 0.05mm 时所对应的荷载称为开裂荷载，STC 的开裂应力也就是通过最大裂缝宽度为 0.05mm 时的荷载计算得到的应力。

对于钢-STC 组合梁构件，荷载在极限承载力的 76.7%~86%之间时，沿构件高度方向上的应变分布基本符合平截面假定，即在开裂荷载之前，构件沿高度方向上的应变分布符合平截面假定，且钢-STC 组合梁钢面板和 STC 层之间的滑移较小，荷载在达到极限承载力状态时，构件最大滑移值约为 0.013~0.035mm，钢面板和 STC 层之间界面完好，未观察到有破坏现象。因此，可以通过组合梁的换算截面法来计算钢-STC 组合梁的开裂应力。

钢-STC 组合梁的开裂应力计算示意图如图 4.42 所示，将 STC 的宽度通过乘以 STC 和钢的弹性模量之比进行换算，根据式 (4.7)~ 式 (4.9) 可以计算得到钢-STC 组合梁的开裂应力，计算结果如表 4.8 所示。

$$y_0=\frac{b_l h_l\left(\dfrac{h_l}{2}+h_f+h_t+h_c\right)+b_f h_f\left(\dfrac{h_f}{2}+h_t+h_c\right)+b_t h_t\left(\dfrac{h_t}{2}+h_c\right)+\dfrac{b_{eq}h_c^2}{2}+A_s h_s}{b_l h_l+b_f h_f+b_t h_t+b_{eq}h_c+A_s} \tag{4.7}$$

$$\begin{aligned}I=&\frac{1}{12}b_l h_l^3+b_l h_l\left(\frac{h_l}{2}+h_f+h_t+h_c-y_0\right)^2+\frac{1}{12}b_f h_f^3\\&+b_f h_f\left(\frac{h_f}{2}+h_t+h_c-y_0\right)^2+\frac{1}{12}b_t h_t^3+b_t h_t\left(y_0-\frac{h_t}{2}-h_c\right)^2+\frac{1}{12}b_{eq}h_c^3\end{aligned}$$

$$+ b_{\mathrm{eq}} h_{\mathrm{c}} \left(y_0 - \frac{h_{\mathrm{c}}}{2} \right)^2 + A_{\mathrm{s}} (y_0 - h_{\mathrm{s}})^2 \tag{4.8}$$

$$\sigma_{\mathrm{cr}} = \frac{M.y_0}{I} = \frac{F_{\mathrm{cr}} L_b . y_0}{2I} \tag{4.9}$$

式中，b_{t} 为钢面板宽度；h_{s} 为纵向钢筋形心到 STC 表面的距离；b_{eq} 为 STC 按照弹性模量比换算后的等效宽度；h_{c} 为 STC 层厚度；h_{t} 为钢面板厚度；b_{f} 为 U 肋等效腹板厚度；h_{f} 为 U 肋等效腹板高度；h_1 为 U 肋底板等效厚度；b_{l} 为 U 肋底板等效宽度；A_{s} 为纵向受力钢筋面积；n_{s} 为 STC 弹性模量与钢板弹性模量之比，即 $n_{\mathrm{s}} = E_{\mathrm{c}}/E_{\mathrm{s}}$，其中 E_{s} 为钢的弹性模量，为 206GPa；E_{c} 为 STC 弹性模量，取 45.8GPa；y_0 为中性轴到 STC 表面的距离；F_{cr} 为 STC 裂缝宽度为 0.05mm 时对应的荷载；M 为弯矩值；L_{b} 为组合梁力臂长度，取 750mm；σ_{cr} 为 STC 开裂应力。

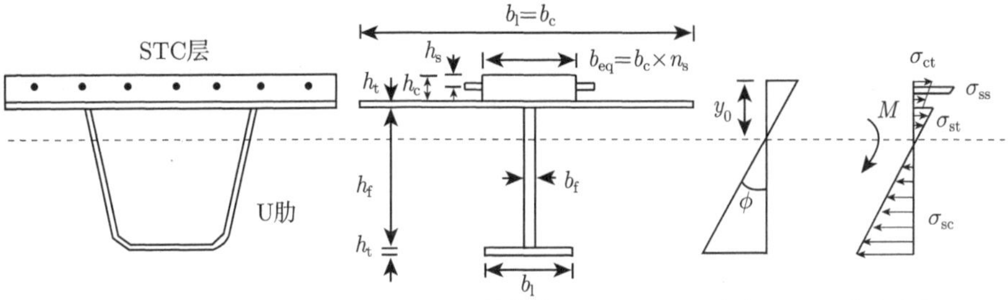

图 4.42 钢-STC 组合梁的开裂应力计算示意图

表 4.8 钢-STC 组合梁的开裂应力计算结果

构件名称	开裂荷载/kN	开裂应力/MPa
U155-45-15-16	593	27.3
U155-45-25-16	523.3	24.8
U155-45-15-12	538.4	25.7
U155-45-25-12	437	20.6
U155-60-15-16	551.2	25.2
U155-60-25-16	508.8	23.5
U155-60-15-12	492.5	22.7
U155-60-25-12	439.8	20.0

从表 4.8可以看出，STC 层厚度为 45mm 的钢-STC 组合梁的开裂应力为 20.6~27.3MPa，STC 层厚度为 60mm 的钢-STC 组合梁的开裂应力为 20.0~25.2MPa。

该计算方法和钢-STC 组合板开裂应力的计算方法类似，可以简化钢-STC 轻型组合桥面结构的设计。具体而言，STC 层的应力状态可以通过线弹性分析而不是复杂的非线性分析来获得。因此，通过将设计荷载作用下获得的最大拉应力控制为不超过相应的开裂应力，可以容易避免 STC 中的开裂。

4.3.3.2 主要设计参数对开裂应力的影响规律

为进一步探究主要设计参数对开裂应力的影响规律，下面通过单一变量对比的方法对开裂应力进行进一步分析。

根据表 4.8 中的数据进行对比分析可以发现：① 其他参数不变，当保护层厚度从 25mm 减小为 15mm 时，钢-STC 组合梁的开裂应力提高 7.2%~24.8%，即减小保护层厚度可以提高构件开裂应力；② 当保护层厚度和 STC 层厚度不变，纵向钢筋数量从 12 根增大到 16 根时，构件的开裂应力提高 6.2%~20.4%，因此，增大配筋率同样可以提高构件的开裂应力；③ 其他参数不变，当 STC 层厚度从 45mm 增大到 60mm 时，构件的开裂应力降低，降低幅度为 2.9%~11.67%。可以看出，对于钢-STC 组合梁构件，减小保护层厚度和增大配筋率都可以增大构件的开裂应力，而增大 STC 层厚度无法增大开裂应力。

根据试验结果，配筋率、保护层厚度和 STC 层厚度对钢-STC 组合梁极限承载力的影响不大，这与主要设计参数对钢-STC 组合板的影响规律不同。如前文所述，对于钢-STC 组合板构件，增大配筋率、减小保护层厚度、增大 STC 层厚度都可以有效提高构件的极限承载力。因此，钢-STC 轻型组合桥面的设计，需要综合考虑主要设计参数对钢-STC 轻型组合桥面结构横向受力和纵向受力性能的影响，来进一步确定设计参数。

4.4 轻型组合桥面结构 STC 层裂缝宽度计算方法

4.4.1 普通配筋混凝土的裂缝宽度计算理论及对比

4.4.1.1 裂缝宽度经典计算理论

裂缝宽度的控制与结构性质、荷载作用组合、暴露等级等因素有关。整体控制原则为开裂后结构的裂缝宽度须控制在容许范围内，不能影响结构的安全性、正常使用和耐久性，因此，准确计算裂缝的宽度对混凝土结构的正常使用性能和保证设计使用寿命耐久性能至关重要。

钢筋混凝土裂缝宽度产生和扩展的影响因素较多，以及混凝土材料本身的非匀质性，造成裂缝的萌芽及发展均带有一定的随机性，这些使探索裂缝机理与准确分析计算裂缝宽度并不容易。目前，针对普通混凝土有多种不同的裂缝宽度计算理论与方法，国外还有学者试图用断裂力学模型、有限元模型、损伤模型、弥散裂缝模型等直接或者间接地对裂缝宽度进行数值分析。但主要有四类经典的裂缝宽度计算理论：黏结–滑移理论、无滑移理论、黏结–滑移理论与无滑移理论相结合的综合分析理论和数理统计法。

黏结–滑移理论是由 Saliger[7] 基于钢筋混凝土轴拉杆试验提出的，该方法认为裂缝宽度主要取决于裂缝间距范围内钢筋与混凝土的应变差。Base 与 Read[8] 等认为当裂缝宽度在允许范围内，可忽略钢筋与混凝土之间的相对滑移，构件表面裂缝宽度大小由截面应变梯度决定，其决定性参数为构件的保护层厚度，这就是裂缝宽度计算的无滑移理论。综合分析法就是综合考虑了黏结–滑移法所考虑的钢筋与混凝土之间的滑移，同时也考虑了无滑移法所考虑的保护层厚度的影响。数理统计法是以近几十年积累的大量试验数据为基础，运用统计学方法所得到的裂缝宽度经验计算公式。该方法具有一定的可靠度，但需以大量试验数据为基础。几种计算理论的表达式及主要特点如表 4.9 所示。

表 4.9 裂缝宽度经典计算理论及特点

计算方法	裂缝宽度表达式	主要参数	主要特点
黏结–滑移法	$W_{\mathrm{m}}=l_{\mathrm{cr}}(\varepsilon_{\mathrm{sm}}-\varepsilon_{\mathrm{cm}})$	W_{m} 为平均裂缝宽度；l_{cr} 为平均裂缝间距；$\varepsilon_{\mathrm{sm}}$、$\varepsilon_{\mathrm{cm}}$ 分别为钢筋、混凝土平均应变	裂缝宽度直接与钢筋、混凝土在裂缝间距范围内的应变差值成正比
无滑移法	$W_{\max}=kc\dfrac{\sigma_{\mathrm{ss}}}{E_{\mathrm{s}}}$	c 为裂缝观测点与最近一根钢筋表面的距离，若 c 点位于构件表面，即为保护层厚度；k 为扩大系数；σ_{ss}、E_{s} 分别为钢筋的应力与弹性模量	裂缝宽度与观测点到钢筋的距离成正比
综合分析法	$W_{\mathrm{m}}=l_{\mathrm{cr}}(\varepsilon_{\mathrm{sm}}-\varepsilon_{\mathrm{cm}})$ $l_{\mathrm{cr}}=k_1c+k_2\dfrac{d_{\mathrm{s}}}{\rho_{\mathrm{eff}}}$	d_{s} 为钢筋直径；ρ_{eff} 为截面有效配筋率；k_1、k_2 为待定参数，可由试验数据回归分析而得；其余参数同上	裂缝间距同时考虑了保护层厚度与黏结滑移的影响

4.4.1.2 各国规范中裂缝宽度计算的理论依据与对比

以上述几种钢筋混凝土裂缝宽度计算理论为基础，世界各国规范根据试验和研究结果提出了多种裂缝宽度计算公式，这些公式所考虑的主要影响因素基本相同，但是各因素对裂缝宽度的影响程度有所不同，针对不同因素的影响，对裂缝宽度计算公式有一定的修正和不断改进，造成各国规范中裂缝宽度计算公式的形式各异，计算结果也有一定差别。部分学者 [9] 统计了世界各国混凝土设计规范中不同的裂缝宽度计算公式，基于此，本节直接对比分析不同规范中的裂缝宽度计算公式所依据的计算理论和所考虑的主要影响参数。各国规范裂缝宽度计算公式所依据的理论如表 4.10 所示，各规范中影响裂缝宽度的主要影响参数如表 4.11 所示。在表 4.11 中，$\surd$ 表示该规范计算公式直接或间接考虑了此因素；则表示该因素在公式里直接出现。c 为保护层厚度；σ_{s} 为钢筋应力；ρ 为截面配筋率；ϕ 为钢筋直径；A_{eff} 为混凝土有效受拉面积；f_{ctm} 为混凝土抗拉强度；s 为钢筋间距；τ_{bm} 为钢筋与混凝土之间的黏结应力。

表 4.10 部分规范中裂缝宽度计算方法的理论依据

规范名称	黏结–滑移理论	无滑移理论	综合分析理论	数理统计法
GB 50010[10]			√	
JTG 3362[11]				√
TB10002.3[12]				√
JTS 151[13]				√
AFGC/UHPFRC-2013[14]			√	
DL/T 5057[15]			√	
GB 50069[16]			√	
CECS38[17]			√	
Mode Code 1990[18]	√			
Mode Code 2010[19]			√	
ACI318-08[20]		√		
AASSTO LRFD-2015[21]				√
EN 1992-1-1:2004[22]			√	
BS 8110-1997[23]		√		

√ 表示该规范计算公式直接或间接考虑了此因素。

从表 4.10 可以看出，世界各国规范中裂缝宽度计算公式主要以综合分析理论和数理统计法为基础，而单独依据黏结–滑移理论和无滑移理论 (ACI 318、BS 8100) 的规范较少。

表 4.11 部分规范中裂缝宽度计算公式考虑的主要影响参数

影响因素	c	σ_{s}	ρ	ϕ	A_{eff}	f_{ctm}	s	τ_{bm}	钢筋形状	荷载特征
GB 50010[10]	√	√	√	√	√	√	√	√	√	√
	△	△	△	△						△
JTG D62[11]	√	√	√	√			√	√	√	√
		△	△	△					△	△
TB10002.3[12]	√	√	√	√	√		√	√	√	√
		△	△	△					△	△
Mode Code 2010[19]	√	√	√	√	√	√			√	√
	△	△	△	△		△				△
ACI318-08[20]	√	√		√	√		√			
	△	△		△	△					
EN 1991-1-1:2004[22]	√	√	√	√	√	√	√	√	√	√
	△	△	△	△		△			△	△

√ 表示该规范计算公式直接或间接考虑了此因素；

△ 表示该因素在公式里直接出现。

通过对表 4.11 分析可以发现，美国 ACI 318-08 规范所考虑的因素相对较少，未考虑截面配筋率的影响，而欧洲规范 (Mode Code 2010) 与我国混凝土规范 (GB50010-2010) 所考虑因素相对较多。影响混凝土裂缝宽度的主要因素包含：钢筋应力、钢筋保护层厚度、钢筋间距和直径，其中，钢筋应力与裂缝宽度的大小成正相关，对裂缝宽度的影响较大。

4.4.2 配筋纤维混凝土的裂缝宽度计算方法及适用性验证

纤维混凝土中含有普通钢筋和高体积掺量钢纤维，普通钢筋属于连续定向配筋而钢纤维属于分散乱向配筋，二者相互作用共同抑制纤维混凝土裂缝宽度的增长。钢筋钢纤维混凝土与普通钢筋混凝土最大的区别在于钢纤维在裂缝处的桥接作用使混凝土表现出残余抗拉强度，分担部分拉力而减小裂缝处钢筋应力；同时，裂缝处混凝土的残余抗拉强度可减小所需的传递长度而缩短了平均裂缝间距，这些原因使准确分析裂缝宽度的难度加大。

4.4.2.1 基于黏结–滑移理论的配筋钢纤维混凝土裂缝宽度计算公式推导

以钢筋混凝土轴心受拉杆为计算模型，基于黏结–滑移理论的裂缝宽度计算公式是物理意义最为明确、应用最早的方法，后续的研究均遵循其基本概念，考虑不同参数影响而加以补充或修正。考虑到裂缝宽度由主裂缝间钢筋与混凝土的应变差值决定这一本质特征并未改变，因而本节考虑纤维混凝土中钢纤维的桥接作用产生的残余抗拉强度和对钢筋应力的影响，基于黏结滑移理论推导了钢筋钢纤维混凝土轴拉杆的裂缝宽度计算公式。

4.4.2.2 未开裂阶段

由于钢纤维对混凝土的初裂强度影响很小，所以钢筋钢纤维混凝土的未开裂阶段与普通钢筋混凝土相同，即忽略钢纤维对混凝土抗拉强度的增强作用:

$$N_{\mathrm{tot}} = N_{\mathrm{s}} + N_{\mathrm{c}} = E_{\mathrm{s}} A_{\mathrm{s}} \varepsilon_{\mathrm{s}} + E_{\mathrm{c}} A_{\mathrm{c}} \varepsilon_{\mathrm{c}} \tag{4.10}$$

$$N_{\mathrm{tot}} = E_{\mathrm{c}} A_{\mathrm{c}} \varepsilon (1 + \rho \cdot \alpha_{\mathrm{e}}) \tag{4.11}$$

式中，N_{s} 为钢筋承担的拉力；N_{c} 为混凝土承担的拉力；E_{s} 为钢筋的弹性模量；E_{c} 为混凝土的弹性模量；ε_{s} 为钢筋应变；ε_{c} 为混凝土应变，α_{e} 为钢筋与混凝土的弹模比；ρ 为截面配筋率；N_{tot} 为外力。

4.4.2.3 初裂阶段

初裂后，钢纤维混凝土与普通混凝土最大的差别就是钢纤维在裂缝处仍能承担部分拉应力，减小了钢筋应力，如图 4.43 所示。假定裂后钢纤维混凝土的剩余

抗拉强度为定值，即

$$\sigma_{\rm f} = \chi f_{\rm ctm} \tag{4.12}$$

$$\sigma_{\rm s} = \sigma_{\rm sr} \tag{4.13}$$

式中，$\sigma_{\rm f}$ 为剩余抗拉强度；χ 为剩余强度对抗拉强度的折减系数。

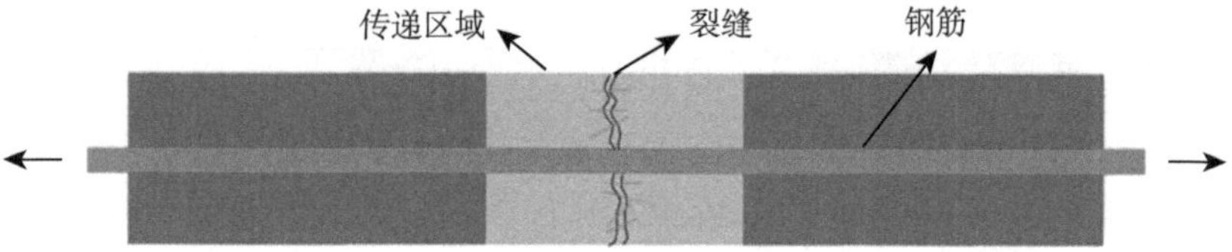

图 4.43　配筋钢纤维混凝土轴拉杆裂缝宽度计算模型

初裂后，外荷载由钢筋与钢纤维共同承担，此时的钢筋应力为

$$\sigma_{\rm sr} = \frac{N_{\rm cr} - \sigma_{\rm f} A_{\rm c}}{A_{\rm s}} = \frac{N_{\rm cr}}{A_{\rm s}} - \frac{\sigma_{\rm f}}{\rho} \tag{4.14}$$

式中，$N_{\rm cr}$ 为轴拉杆的开裂荷载；混凝土抗拉强度 $f_{\rm ctm} = E_{\rm c}\varepsilon$。

在传递长度外的钢筋应力仍为

$$\varepsilon_{\rm s} = \varepsilon_{\rm c} \Rightarrow \frac{\sigma_{\rm se}}{E_{\rm s}} = \frac{f_{\rm ctm}}{E_{\rm c}} \Rightarrow \sigma_{\rm se} = \frac{E_{\rm s} f_{\rm ctm}}{E_{\rm c}} = \alpha_{\rm e} f_{\rm ctm} \tag{4.15}$$

式中，$\sigma_{\rm se}$ 为在距离裂缝传递长度之外的钢筋应力。

在传递长度范围内通过黏结应力传递给混凝土的拉力为

$$N = A_{\rm c}(f_{\rm ctm} - \sigma_{\rm f}) \tag{4.16}$$

黏结应力在传递长度范围内的合力为

$$N = \tau_{\rm bm} \cdot l_{\rm t} \cdot m \cdot \pi \cdot \phi \tag{4.17}$$

式中，$A_{\rm c}$ 为混凝土面积；$\tau_{\rm bm}$ 为钢筋与混凝土的平均黏结强度；$l_{\rm t}$ 为传递长度；ϕ 为钢筋直径；m 为钢筋根数。

令式 (4.16) 与式 (4.17) 相等，可解得传递长度的表达式：

$$\tau_{\rm bm} \cdot l_{\rm t} \cdot m \cdot \pi \cdot \phi = A_{\rm c}(f_{\rm ctm} - \sigma_{\rm f}) \Rightarrow \tag{4.18}$$

$$\frac{\tau_{\rm bm} \cdot l_{\rm t} \cdot m \cdot \pi \cdot \phi}{A_{\rm s}} = \frac{A_{\rm c}(f_{\rm ctm} - \sigma_{\rm f})}{A_{\rm s}} = \frac{f_{\rm ctm} - \sigma_{\rm f}}{\rho} \tag{4.19}$$

代入 $A_{\rm s} = \frac{1}{4} \cdot m \cdot \pi \cdot \phi^2$，可得

$$\frac{\tau_{\rm bm} \cdot l_{\rm t} \cdot m \cdot \pi \cdot \phi}{\frac{1}{4} \cdot m \cdot \pi \cdot \phi^2} = \frac{f_{\rm ctm} - \sigma_{\rm f}}{\rho} \tag{4.20}$$

化简解得

$$l_{\mathrm{t}}=\frac{1}{4}\frac{f_{\mathrm{ctm}}-\sigma_{\mathrm{f}}}{\tau_{\mathrm{bm}}}\frac{\phi}{\rho} \tag{4.21}$$

最大裂缝宽度取决于两倍传递长度范围内钢筋与混凝土的应变差值，即

$$w=2l_{\mathrm{t}}(\varepsilon_{\mathrm{sm}}-\varepsilon_{\mathrm{cm}}) \tag{4.22}$$

式中，$\varepsilon_{\mathrm{sm}}$、$\varepsilon_{\mathrm{cm}}$ 分别为钢筋的平均应变与混凝土的平均应变。

假定在传递长度内钢筋与混凝土的黏结应力为常数，混凝土与钢筋的应变均呈线性变化，则

$$\varepsilon_{\mathrm{sm}}=\frac{1}{2E_{\mathrm{s}}}(\sigma_{\mathrm{sr}}+\sigma_{\mathrm{se}}) \tag{4.23}$$

$$\varepsilon_{\mathrm{cm}}=\frac{1}{2E_{\mathrm{c}}}(\sigma_{\mathrm{f}}+f_{\mathrm{ctm}})=\frac{1}{2E_{\mathrm{s}}}(\sigma_{\mathrm{f}}+f_{\mathrm{ctm}})\alpha_{\mathrm{e}}=\frac{1}{2E_{\mathrm{s}}}\sigma_{\mathrm{se}}(1+\chi) \tag{4.24}$$

应变差值为

$$(\varepsilon_{\mathrm{sm}}-\varepsilon_{\mathrm{cm}})=\frac{1}{2E_{\mathrm{s}}}(\sigma_{\mathrm{sr}}+\sigma_{\mathrm{se}})-\frac{1}{2E_{\mathrm{s}}}\sigma_{\mathrm{se}}(1+\chi)=\frac{1}{2E_{\mathrm{s}}}(\sigma_{\mathrm{sr}}-\chi\sigma_{\mathrm{se}}) \tag{4.25}$$

初裂阶段，最大裂缝宽度的表达式为

$$w=2l_{\mathrm{t}}(\varepsilon_{\mathrm{sm}}-\varepsilon_{\mathrm{cm}})=\frac{1}{4}\frac{f_{\mathrm{ctm}}-\sigma_{\mathrm{f}}}{\tau_{\mathrm{bm}}}\frac{\phi}{\rho}\frac{1}{E_{\mathrm{s}}}(\sigma_{\mathrm{sr}}-\chi\sigma_{\mathrm{se}}) \tag{4.26}$$

4.4.2.4 裂缝稳定开裂阶段

在裂缝稳定开展阶段，外力增量完全转化成钢筋的应力增量。裂缝宽度的增量只取决于裂缝间距内钢筋的应变增量。在计算最大裂缝宽度时，选择两倍传递长度为最大裂缝间距:

$$\Delta\varepsilon_{\mathrm{s}}=\frac{\Delta\sigma_{\mathrm{s}}}{E_{\mathrm{s}}}=\frac{\sigma_{\mathrm{s}}-\sigma_{\mathrm{sr}}}{E_{\mathrm{s}}} \tag{4.27}$$

$$\Delta w=2l_{\mathrm{t}}\Delta\varepsilon_{\mathrm{s}}=\frac{1}{2}\frac{f_{\mathrm{ctm}}-\sigma_{\mathrm{f}}}{\tau_{\mathrm{bm}}}\frac{\phi}{\rho}\frac{1}{E_{\mathrm{s}}}(\sigma_{\mathrm{s}}-\sigma_{\mathrm{sr}}) \tag{4.28}$$

最终的最大裂缝宽度表达式为

$$w_{\max}=w+\Delta w=\frac{1}{4}\frac{f_{\mathrm{ctm}}-\sigma_{\mathrm{f}}}{\tau_{\mathrm{bm}}}\frac{\phi}{\rho}\frac{1}{E_{\mathrm{s}}}(\sigma_{\mathrm{sr}}-\chi\sigma_{\mathrm{se}})+\frac{1}{2}\frac{f_{\mathrm{ctm}}-\sigma_{\mathrm{f}}}{\tau_{\mathrm{bm}}}\frac{\phi}{\rho}\frac{1}{E_{\mathrm{s}}}(\sigma_{\mathrm{s}}-\sigma_{\mathrm{sr}}) \tag{4.29}$$

化简可得

$$w_{\max}=\frac{1}{2}\frac{f_{\mathrm{ctm}}-\sigma_{\mathrm{f}}}{\tau_{\mathrm{bm}}}\frac{\phi}{\rho}\frac{1}{E_{\mathrm{s}}}\left(\sigma_{\mathrm{s}}-\frac{1}{2}\sigma_{\mathrm{sr}}-\frac{1}{2}\chi\sigma_{\mathrm{se}}\right) \tag{4.30}$$

若将剩余强度 σ_{f} 全部以 χf_{ctm} 表示，则上式可转化为

$$w_{\max}=\frac{1}{2}\frac{f_{\mathrm{ctm}}}{\tau_{\mathrm{bm}}}\frac{\phi}{\rho}\frac{1-\chi}{E_{\mathrm{s}}}\left(\sigma_{\mathrm{s}}-\frac{1}{2}\sigma_{\mathrm{sr}}-\frac{1}{2}\chi\sigma_{\mathrm{se}}\right) \tag{4.31}$$

式中，钢筋应力

$$\sigma_{\rm s}=\frac{N-\chi f_{\rm ctm}A_{\rm c}}{A_{\rm s}} \tag{4.32}$$

初裂时裂缝处钢筋应力

$$\sigma_{\rm sr}=\frac{f_{\rm ctm}}{\rho}(1+\rho\cdot\alpha_{\rm e})-\frac{\chi f_{\rm ctm}}{\rho} \tag{4.33}$$

初裂时在传递长度外的钢筋应力

$$\sigma_{\rm se}=\alpha_{\rm e}f_{\rm ctm} \tag{4.34}$$

4.4.2.5　各国规范中配筋钢纤维混凝土裂缝宽度计算方法

各国规范在进行配筋钢纤维混凝土裂缝宽度计算时，通常根据钢纤维混凝土的特殊力学性能，修正现行混凝土设计规范中普通混凝土裂缝宽度计算公式来实现。现在配筋钢纤维混凝土规范有我国的纤维混凝土结构技术规程 (CECS38:2004)、欧洲 RILEM TC 162-TDF 规范和欧洲模型规范 (Model Code 2010) 等。下面就这些规范中的裂缝宽度计算方法进行介绍。

1.《纤维混凝土结构技术规程》(CECS38:2004)

我国的 CECS38:2004 规范 [17] 中裂缝宽度计算公式是以《混凝土结构设计规范》[10] 为基础，考虑到钢纤维阻裂增韧的效用，对普通混凝土裂缝宽度计算公式进行了修正。

《混凝土结构设计规范》[10] 中，在荷载标准组合或准永久组合并考虑长期作用影响的最大裂缝宽度计算公式为

$$w_{\max}=\alpha_{\rm cr}\psi\frac{\sigma_{\rm s}}{E_{\rm s}}l_{\rm cr} \tag{4.35}$$

式中，$\alpha_{\rm cr}$ 为构件受力特征系数；ψ 为裂缝间纵向受拉钢筋应变不均匀系数；$\sigma_{\rm s}$ 为纵向钢筋的应力；$E_{\rm s}$ 为钢筋弹性模量；$l_{\rm cr}$ 为平均裂缝间距。

配筋钢纤维混凝土构件最大裂缝宽度的计算公式：

$$w_{\rm f,max}=w_{\max}(1-\beta_{\rm cw}\lambda_{\rm f}) \tag{4.36}$$

式中，$w_{\rm f,max}$ 为配筋钢纤维混凝土构件的最大裂缝宽度，需按荷载标准组合并且考虑长期作用的影响进行计算；$w_{\max}$ 为钢筋混凝土构件的最大裂缝宽度，按现行混凝土结构设计规范进行计算，且不考虑钢纤维的作用；$\beta_{\rm cw}$ 为裂缝宽度影响系数，即考虑钢纤维的阻裂增韧作用，一般经试验测定，当钢纤维混凝土强度等级高于 CF45 时，对于采用高强度 (抗拉强度不低于 1000MPa) 异形钢纤维的混凝土受弯构件，$\beta_{\rm cw}$ 可取 =0.50；$\lambda_{\rm f}$ 为钢纤维含量特征值，等于纤维长径比与体积率之积。

2. RILEM TC 162-TDF

欧洲 RILEM TC 162-TDF[24] 规范以欧洲规范 2[22] 为整体框架，适用于抗压强度标准值小于 50MPa 的钢纤维混凝土。裂缝宽度的基本计算公式为

$$w_{\mathrm{k}} = \beta s_{\mathrm{rm}} \varepsilon_{\mathrm{sm}} \tag{4.37}$$

式中，w_{k} 为裂缝宽度设计值；s_{rm} 为平均裂缝间距；$\varepsilon_{\mathrm{sm}}$ 为钢筋与混凝土的平均应变差值；β 为裂缝宽度平均值与设计值之间的相关系数，对于荷载引起的裂缝，可取值为 1.7。对于约束裂缝 (restrained cracking)，当梁高大于或等于 800mm 时，取值 1.7；当梁高小于或等于 300mm 时，取值 1.3；当梁高介于二者之间时，可线形内插取值。

钢筋与混凝土的平均应变差值 $\varepsilon_{\mathrm{sm}}$ 可通过下式进行计算：

$$\varepsilon_{\mathrm{sm}} = \frac{\sigma_{\mathrm{s}}}{E_{\mathrm{s}}}\left[1 - \beta_1\beta_2\left(\frac{\sigma_{\mathrm{sr}}}{\sigma_{\mathrm{s}}}\right)^2\right] \tag{4.38}$$

式中，σ_{s} 为裂缝处钢筋应力；σ_{sr} 为初裂时裂缝处钢筋应力；β_1 为考虑钢筋黏结性能的系数，对高黏结钢筋 (即变形钢筋)，取值为 1.0，对于光圆钢筋，取值为 0.5；β_2 为荷载特征系数，对于短期荷载，取值为 1.0，对于长期荷载或疲劳荷载，取值为 0.5。

平均裂缝间距 s_{rm} 可通过下式进行计算：

$$s_{\mathrm{rm}} = \left(50 + 0.25k_1k_2\frac{\phi_{\mathrm{b}}}{\rho_{\mathrm{r}}}\right)\left(\frac{50}{L/\phi}\right) \quad (\mathrm{mm}) \tag{4.39}$$

式中，$50/(L/\phi) \leqslant 1$；ϕ_{b} 为钢筋直径，mm；k_1 为考虑钢筋黏结性能的系数，对高黏结钢筋 (即变形钢筋)，取值为 0.8，对于光圆钢筋，取值为 1.6；k_2 为受力特征系数，对于受弯构件，取值为 0.5，对于轴拉构件，取值为 1.0；ρ_{r} 为有效配筋率，等于 $A_{\mathrm{s}}/A_{\mathrm{c,eff}}$，$A_{\mathrm{s}}$ 为混凝土有效受拉面积 $A_{\mathrm{c,eff}}$ 内的钢筋面积；L 为钢纤维长度，mm；ϕ 为钢纤维直径，mm。

3. Mode Code 2010

欧洲模型规范 Mode Code 2010[19] 是以普通钢筋混凝土的裂缝宽度计算方法为基础，考虑钢纤维的作用，对传递长度和裂缝形成阶段中裂缝处的最大钢筋应力进行修正，得到了配筋钢纤维混凝土裂缝宽度计算公式。

钢筋钢纤维混凝土裂缝宽度的基本计算公式为

$$w_{\mathrm{d}} = 2l_{\mathrm{s,max}}(\varepsilon_{\mathrm{sm}} - \varepsilon_{\mathrm{cm}} - \varepsilon_{\mathrm{cs}}) \tag{4.40}$$

式中，$l_{\mathrm{s,max}}$ 为钢筋与混凝土产生滑移所需的传递长度；$\varepsilon_{\mathrm{sm}}$ 为在传递长度范围内的钢筋平均应变；$\varepsilon_{\mathrm{cm}}$ 为在传递长度范围内的混凝土平均应变；$\varepsilon_{\mathrm{cs}}$ 为混凝土的收缩应变。

传递长度 $l_{s,max}$ 的计算公式为

$$l_{s,max} = k \cdot c + \frac{1}{4}\frac{f_{ctm} - f_{Ftsm}}{\tau_{bm}}\frac{\phi_s}{\rho_{s,ef}} \tag{4.41}$$

式中，k 为考虑保护层厚度影响的经验系数；c 为保护层厚度 ($c \leqslant 75$mm)；τ_{bm} 为钢筋与混凝土的黏结强度，具体取值如表 4.12 所示；ϕ_s 为钢筋直径；$\rho_{s,ef}$ 为受拉钢筋有效配筋率，等于 $A_s/A_{c,ef}$，$A_{c,ef}$ 为有效受拉混凝土面积，A_s 为 $A_{c,ef}$ 内的受拉钢筋面积；f_{ctm} 为混凝土基体的抗拉强度平均值；f_{Ftsm} 为钢纤维混凝土的剩余抗拉强度平均值。

表 4.12　MC2010 中裂缝宽度计算公式部分参数的取值

	初裂阶段	裂缝稳定开展阶段
短期或瞬时荷载	$\tau_{bm} = 1.8 \cdot f_{ctm}(t)$ $\beta = 0.6$ $\eta_r = 0$	$\tau_{bm} = 1.8 \cdot f_{ctm}(t)$ $\beta = 0.6$ $\eta_r = 0$
长期或重复荷载	$\tau_{bm} = 1.35 \cdot f_{ctm}(t)$ $\beta = 0.6$ $\eta_r = 0$	$\tau_{bm} = 1.8 \cdot f_{ctm}(t)$ $\beta = 0.4$ $\eta_r = 1$

钢筋与混凝土的平均应变差值由下式进行计算：

$$\varepsilon_{sm} - \varepsilon_{cm} - \varepsilon_{cs} = \frac{\sigma_s - \beta \cdot \sigma_{sr}}{E_s} - \eta_r \varepsilon_{sh} \tag{4.42}$$

式中，σ_s 为裂缝位置钢筋应力；β 为荷载特征系数，具体取值如表 4.12 所示；η_r 为混凝土收缩影响系数，具体取值如表 4.12 所示；ε_{sh} 为混凝土自由收缩应变；σ_{sr} 为初裂时裂缝位置最大钢筋应力

$$\sigma_{sr} = \frac{f_{ctm} - f_{Ftsm}}{\rho_{s,ef}}(1 + \alpha_e \rho_{s,ef}) \tag{4.43}$$

式中，α_e 为钢筋与混凝土的弹性模量比，等于 E_s/E_c。

综合式 (4.39)~式 (4.41)，可得到裂缝宽度计算公式的最终形式为

$$w_d = 2\left[k \cdot c + \frac{1}{4}\frac{f_{ctm} - f_{Ftsm}}{\tau_{bm}}\frac{\phi_s}{\rho_{s,ef}}\right]\frac{1}{E_s}(\sigma_s - \beta \cdot \sigma_{sr} - E_s \cdot \eta_r \cdot \varepsilon_{sh}) \tag{4.44}$$

4.4.2.6　配筋纤维混凝土裂缝宽度计算公式的适用性验证

从前文分析可知，我国的混凝土结构设计规范 (GB50010-2010)、纤维混凝土结构技术规程 (CECS38:2004) 和欧洲模型规范 (MC2010) 都是基于黏结–滑移理论和无滑移理论相结合的综合分析理论，考虑了配筋率、保护层厚度等主要因素的影响，考虑的影响因素较为全面。欧洲 RILEM TC 162-TDF 适用于抗压强度标准值

小于 50MPa 的钢纤维混凝土，而对于 STC 而言，其抗压强度一般在 150MPa 以上。故本节选用我国的混凝土结构设计规范 (GB50010-2010)、纤维混凝土结构技术规程 (CECS38:2004) 和欧洲模型规范 (MC2010) 中配筋纤维混凝土裂缝宽度计算公式来验证其对钢-STC 轻型组合桥面结构的适用性。

根据各规范裂缝宽度计算公式计算得到的结果和本节试验结果对比，如图 4.44 所示。依据我国的混凝土结构设计规范 (GB50010-2010) 中裂缝宽度计算公式 (4.35) 计算得到的结果在图中表示为 GB50010，根据我国纤维混凝土结构技术规程

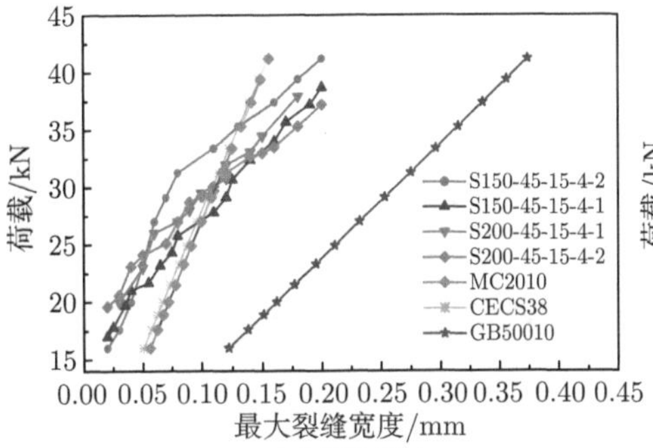

(a) S45-15-4

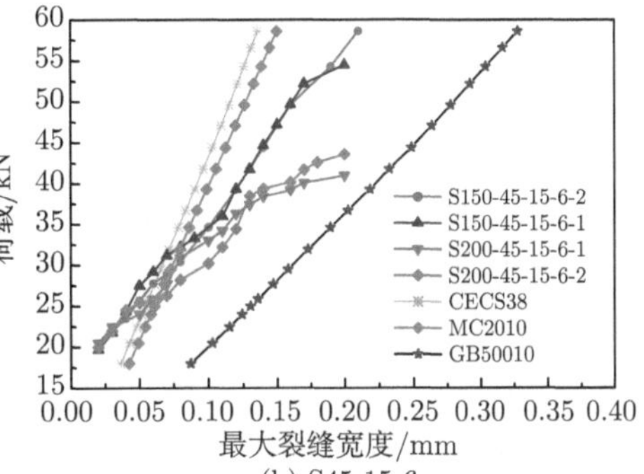

(b) S45-15-6

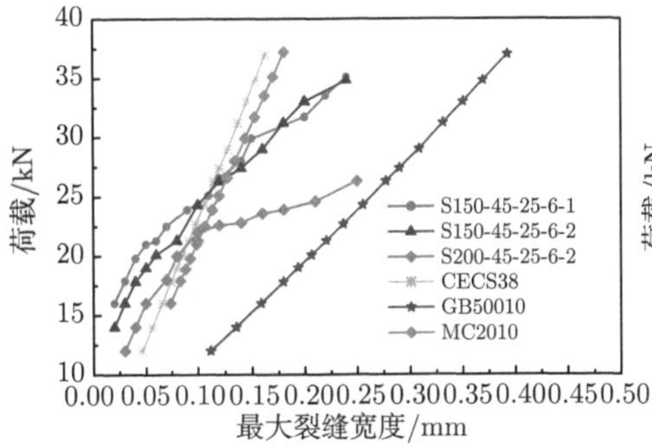

(c) S45-25-6

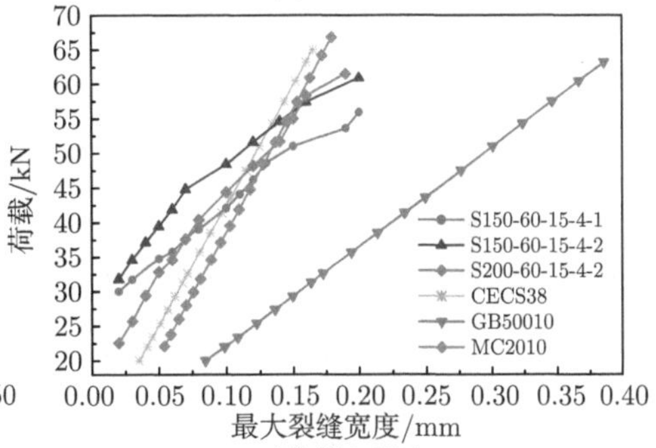

(d) S60-15-4

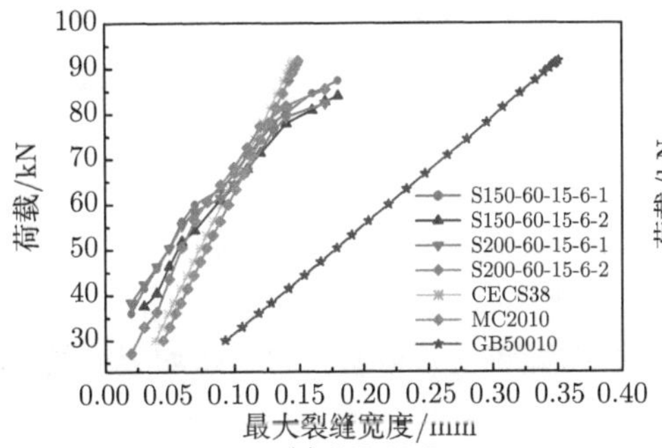

(e) S60-15-6

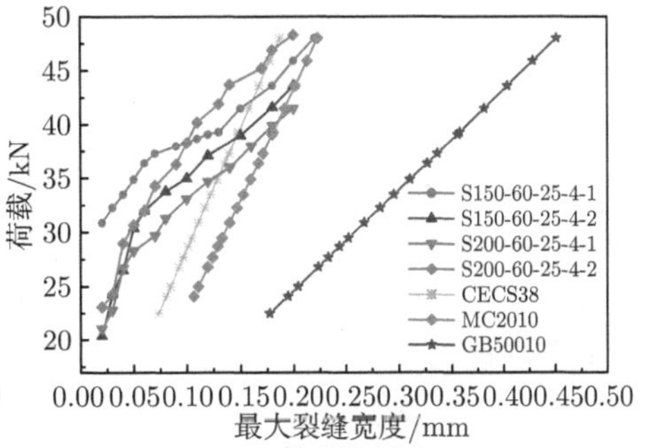

(f) S60-25-4

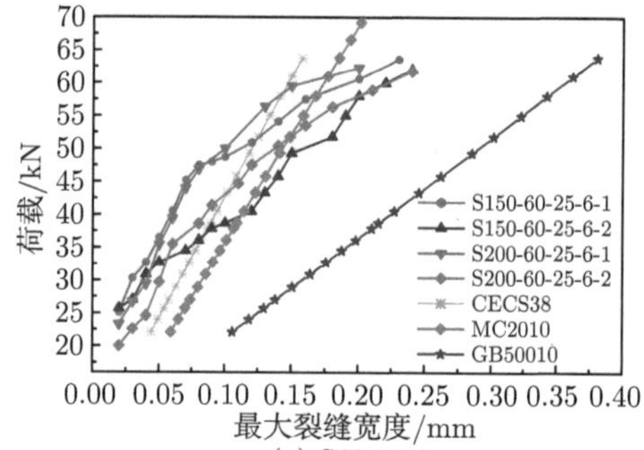

(g) S60-25-6

图 4.44　各国规范裂缝宽度计算值和实测值对比图

(CECS38:2004) 中裂缝宽度计算公式 (4.35) 和式 (4.36) 计算得到的结果在图中表示为 CECS38，根据欧洲模型规范 (MC2010) 中裂缝宽度计算公式 (4.44) 计算得到的结果在图中表示为 MC2010。

从图 4.44 可以看出，根据我国的混凝土结构设计规范 (GB50010-2010)、纤维混凝土结构技术规程 (CECS38:2004) 和欧洲模型规范 (MC2010) 中配筋纤维混凝土裂缝宽度计算公式来计算钢-STC 轻型组合桥面结构的裂缝宽度误差较大。根据混凝土结构设计规范 (GB50010-2010) 计算得到的结果和试验实测值偏差极大且过于保守，因为规范中的裂缝宽度计算公式未考虑钢纤维的作用。纤维混凝土结构技术规程 (CECS38:2004) 和欧洲模型规范 (MC2010) 中配筋纤维混凝土裂缝宽度计算公式计算得到的结果类似，当最大裂缝宽度小于 0.1mm 时，计算结果大于试验实测结果，当最大裂缝宽度大于 0.1mm 时，计算结果远小于试验实测结果。原因可能是：纤维混凝土结构技术规程中裂缝宽度计算公式虽然考虑了纤维的阻裂增韧作用，即引入了裂缝宽度修正系数，但是该系数为恒定常数，不随裂缝发展而变化；然而，在 STC 的实际工作中，因 STC 材料致密，钢纤维和 STC 之间的黏结性能增强，当裂缝宽度较小时，钢纤维的桥接作用发挥的作用较大，裂缝位置 STC 未退出工作，所承担的剩余抗拉强度较高，分担了较多的钢筋应力，因而试验实测值要小于计算值；随着裂缝宽度的逐步增大，STC 所分担的剩余抗拉强度随裂缝宽度增大而减小，因而试验值要大于计算值。

由于 STC 材料致密，钢纤维与 STC 基体的黏结强度大大提高，STC 开裂后，钢纤维在裂缝处的桥接作用分担部分拉力而减小裂缝处钢筋应力，同时，STC 开裂后并未退出工作，裂缝处 STC 的残余抗拉强度可减小所需的传递长度而缩短了裂缝间距，由前文可以看出，钢-STC 组合板裂缝较密，钢筋应力、平均裂缝间距等关键参数会和普通混凝土有较大差异。纤维混凝土结构技术规程 (CECS38:2004) 和欧洲模型规范 (MC2010) 中配筋纤维混凝土裂缝宽度计算公式虽然通过引入裂缝宽度修正系数考虑了钢纤维的作用，但未从机理上考虑 STC 的力学特性和钢纤维的桥接作用对钢筋应力、钢筋应变不均匀系数、裂缝扩展和平均裂缝间距等参数的影响。

4.4.3 配筋 UHPC 的裂缝宽度计算方法及适用性验证

4.4.3.1 基于我国《混凝土结构设计规范》的修正公式

北京工业大学徐海宾与邓宗才 [25] 开展了 8 根 UHPC 简支 T 梁的受弯试验，并对裂缝的扩展和分布形态进行了分析。在现行《混凝土结构设计规范》(GB50010-2010) [10] 的基础上，借鉴《纤维混凝土结构技术规程》(CECS38:2004) [17] 的配筋钢纤维混凝土裂缝宽度计算方法，综合考虑钢纤维作用对裂缝宽度的影响，引入了裂缝宽度修正系数，提出配筋 UHPC 梁的最大裂缝宽度建议公式：

$$w_{\mathrm{UHPC\,max}} = \alpha_{\mathrm{cr}}\psi\frac{\sigma_{\mathrm{s}}}{E_{\mathrm{s}}}l_{\mathrm{cr}}(1-\beta_{\mathrm{fw}}\lambda_{\mathrm{f}}) \tag{4.45}$$

式中，λ_{f} 为钢纤维含量特征值，等于纤维长径比与体积率之积；β_{fw} 为裂缝修正系数。

根据 8 根 UHPC 简支 T 梁的试验实测数据，对裂缝修正系数 β_{fw} 回归分析，最终取值 $\beta_{\mathrm{fw}}=0.35$。

综上所述，基于我国《混凝土结构设计规范》(GB50010-2010)，获得了配筋 UHPC 受弯构件的最大裂缝宽度建议公式。该建议公式简单明了，具有较强的实用性。但是，该公式的依托试验样本过少且试验变量参数较少，而且修正方法只是考虑钢纤维作用引入裂缝宽度修正系数，未考虑钢纤维的作用对钢筋应力、平均裂缝间距等因素的影响，未考虑到配筋 UHPC 的特殊力学性能。

4.4.3.2 荷兰 Delft 大学的推导公式

荷兰 Delft 大学 Yang 等 [26] 以配筋 HPC 轴拉杆模型为基础，按照普通配筋混凝土裂缝宽度的微分推导方式，考虑 HPC 开裂后 HPC 材料剩余抗拉强度，提出了配筋 HPC 的裂缝宽度计算方法。分析模型如图 4.45 所示。

1) 基本方程

变形协调的基本微分方程为

$$\frac{\mathrm{d}s}{\mathrm{d}x}=\varepsilon_{\mathrm{s}}-\varepsilon_{\mathrm{c}} \tag{4.46}$$

受力平衡的基本微分方程为

$$\frac{\mathrm{d}F_{\mathrm{s}}}{\mathrm{d}x}=\frac{\mathrm{d}F_{\mathrm{c}}}{\mathrm{d}x}=\phi\pi\cdot\tau_{\mathrm{b}}(s) \tag{4.47}$$

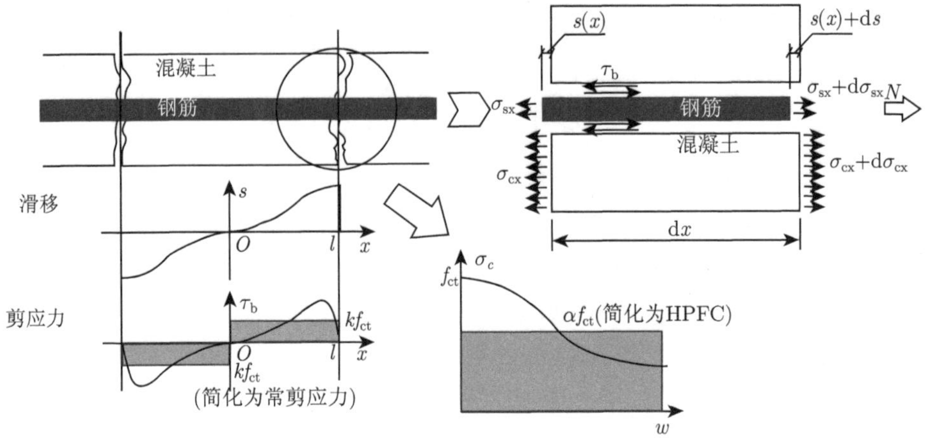

图 4.45　轴拉杆裂缝间应力分布

钢筋与混凝土的物理方程为

$$\varepsilon_{\mathrm{s}}=\frac{F_{\mathrm{s}}}{A_{\mathrm{s}}E_{\mathrm{s}}},\quad \varepsilon_{\mathrm{c}}=\frac{F_{\mathrm{c}}}{A_{\mathrm{c}}E_{\mathrm{c}}} \tag{4.48}$$

式中，s 为钢筋与混凝土之间的滑移量；$\tau_{\mathrm{b}}(s)$ 为钢筋与混凝土之间的黏结应力，是滑移量 s 的函数；ε_{s}、ε_{c} 分别为轴拉杆微段内钢筋与混凝土的应变；F_{s}、F_{c} 分别为轴拉杆微段内钢筋与混凝土承担的拉力。

联立式 (4.46)~式 (4.48)，可解得

$$\frac{\mathrm{d}^2 s}{\mathrm{d}x^2}-\frac{1-n\rho}{A_{\mathrm{s}}E_{\mathrm{s}}}\phi\pi\cdot\tau_{\mathrm{b}}(s)=0 \tag{4.49}$$

式中，n 为钢筋与混凝土弹模比，等于 $E_{\mathrm{s}}/E_{\mathrm{c}}$；$\rho$ 为截面配筋率，等于 $A_{\mathrm{s}}/A_{\mathrm{c}}$。

2) 边界条件

将坐标轴系统的原点设定在两裂缝间的中点位置，裂缝间距设定为 $2l$。对于普通钢筋混凝土，式 (4.49) 的边界条件为

$$\begin{cases} x=0, & s(0)=0 \\ x=l, & \sigma_{\mathrm{cx}}=0,\quad \sigma_{\mathrm{sx}}=\dfrac{N}{A_{\mathrm{s}}},\quad \dfrac{\mathrm{d}s}{\mathrm{d}x}=\dfrac{N}{A_{\mathrm{s}}E_{\mathrm{s}}} \end{cases} \tag{4.50}$$

然而，对于配筋 HPC，钢纤维的桥接作用可分担裂缝处的钢筋拉力。HPC 的剩余抗拉强度 $\sigma_{\mathrm{c,cr}}$ 可表示为裂缝张开位移的函数，即 $\sigma_{\mathrm{c,cr}}=\sigma(w)$。此时，式 (4.49) 的边界条件为

$$\begin{cases} x=0, & s(0)=0 \\ x=l, & \sigma_{\mathrm{cx}}=\sigma_{\mathrm{c,cr}}=\sigma(w),\quad \sigma_{\mathrm{sx}}=\dfrac{N-\sigma_{\mathrm{cx}}A_{\mathrm{c}}}{A_{\mathrm{s}}},\quad \dfrac{\mathrm{d}s}{\mathrm{d}x}=\dfrac{N-\sigma_{\mathrm{cx}}A_{\mathrm{c}}}{A_{\mathrm{s}}E_{\mathrm{s}}}-\dfrac{\sigma_{\mathrm{cx}}}{E_{\mathrm{c}}} \end{cases} \tag{4.51}$$

为了简化微分方程的求解，假定 HPC 的剩余抗拉强度为定值，同时，钢筋与 HPC 的黏结应力也为定值，即

$$\sigma_{\mathrm{c,cr}} = \sigma(w) = \alpha f_{\mathrm{ct}} \tag{4.52}$$

$$\tau_{\mathrm{b}} = k \cdot f_{\mathrm{ct}} \tag{4.53}$$

式中，f_{ct} 为 HPC 的抗拉强度；α 为 HPC 剩余抗拉强度对抗拉强度 f_{ct} 的折减系数；k 为黏结应力系数，可取值为 2。

3) 传递长度计算

对于配筋 HPC，坐标原点处，即裂缝间距中点位置 HPC 的拉应力为

$$\sigma_{\mathrm{c0}} = \int_l^0 \frac{\phi\pi \cdot \tau_{\mathrm{b}}(s)}{A_{\mathrm{c}}} \mathrm{d}x + \sigma(w) \tag{4.54}$$

当 σ_{c0} 达到 HPC 的抗拉强度 f_{ct}，此时 l 定义为传递长度 l_{t}。联立式 (4.52)~式 (4.54)，可解得

$$l_{\mathrm{t}} = \frac{f_{\mathrm{ct}}(1-\alpha)\phi}{4\tau_{\mathrm{b}}\rho} \tag{4.55}$$

4) 最大裂缝宽度计算

当裂缝间距为 2 倍传递长度 l_t 时，裂缝宽度取最大值。进而可解得滑移量的函数表达式：

$$s(x) = \frac{2kf_{\mathrm{ct}}}{\phi E_{\mathrm{s}}}(1-n\rho)x^2 + Cx \tag{4.56}$$

式中，

$$C = \frac{N}{A_{\mathrm{s}}E_{\mathrm{s}}} - \frac{f_{\mathrm{ct}}}{E_{\mathrm{s}}\rho}(1-n\rho) \tag{4.57}$$

此时，裂缝宽度等于裂缝两边的滑移量之和，即

$$w_{\max} = 2 \cdot s(l_{\mathrm{t}}) \tag{4.58}$$

联立式 (4.56)~式 (4.58)，可解得最大裂缝宽度的表达式为

$$w_{\max} = \frac{f_{\mathrm{ct}}(1-\alpha)\phi}{2\tau_{\mathrm{b}}\rho E_{\mathrm{s}}}\left[\frac{N}{A_{\mathrm{s}}} - \frac{f_{\mathrm{ct}}}{E_{\mathrm{s}}\rho}(1-n\rho)(1+\alpha)\right] \tag{4.59}$$

从最大裂缝宽度公式推导过程来看，该推导过程完全基于黏结–滑移理论，并对 HPC 剩余抗拉强度与黏结应力作了定值假设。

4.4.3.3　德国 Kassel 大学的推导公式

德国 Kassel 大学 Leutbecher 和 Fehling[27] 基于黏结–滑移理论，以轴拉杆模型为基础，推导了配筋 UHPC 裂缝宽度计算公式。考虑到开裂前后 UHPC 材料残余拉应力的不同，该公式的推导过程也分为三个阶段：未开裂阶段 (uncracked stage)、初裂阶段 (crack formation stage) 与裂缝稳定开裂阶段 (crack stabilized stage)。

1) 未开裂阶段

在 UHPC 未开裂阶段，钢筋与 UHPC 的应变相同：

$$N_{\mathrm{s}} = E_{\mathrm{s}} A_{\mathrm{s}} \varepsilon_{\mathrm{s}} \tag{4.60}$$

$$N_{\mathrm{c}} = E_{\mathrm{c}} A_{\mathrm{c}} \varepsilon_{\mathrm{c}} \tag{4.61}$$

$$\varepsilon_{\mathrm{s}} = \varepsilon_{\mathrm{c}} = \varepsilon \tag{4.62}$$

钢筋与 UHPC 共同承担外荷载 (轴向拉力)：

$$N_{\mathrm{tot}} = N_{\mathrm{s}} + N_{\mathrm{c}} = E_{\mathrm{s}} A_{\mathrm{s}} \varepsilon_{\mathrm{s}} + E_{\mathrm{c}} A_{\mathrm{c}} \varepsilon_{\mathrm{c}} \tag{4.63}$$

随着外荷载的增大，UHPC 拉应力逐渐增大直至达到抗拉强度，UHPC 达到抗拉强度时的荷载定义为开裂荷载：

$$N_{\mathrm{cr}} = E_{\mathrm{c}} A_{\mathrm{c}} \varepsilon (1 + \rho \cdot \alpha_{\mathrm{e}}) = A_{\mathrm{c}} \sigma^{i}_{\mathrm{cf,cr}} (1 + \rho \cdot \alpha_{\mathrm{e}}) \tag{4.64}$$

上几式中，$\sigma^{i}_{\mathrm{cf,cr}}$ 为 UHPC 抗拉强度；其余各参数的含义与 4.4.2.5 节相同，此处不再赘述。

2) 初裂阶段

在初裂阶段，即 UHPC 表面裂缝较小时，UHPC 因钢纤维的桥接作用并未退出工作，钢纤维在裂缝位置可分担部分拉力，减小裂缝处钢筋应力

$$\sigma_{\mathrm{ct}} = \sigma_{\mathrm{cf}} \tag{4.65}$$

$$\sigma_{\mathrm{s}} = \sigma_{\mathrm{sr}} \tag{4.66}$$

$$\sigma_{\mathrm{sr}} = \frac{N_{\mathrm{cr}} - A_{\mathrm{c}} \sigma_{\mathrm{cf}}}{A_{\mathrm{s}}} = \frac{A_{\mathrm{c}} \sigma^{i}_{\mathrm{cf,cr}} (1 + \rho \cdot \alpha_{\mathrm{e}}) - A_{\mathrm{c}} \sigma_{\mathrm{cf}}}{A_{\mathrm{s}}} = \frac{\sigma^{i}_{\mathrm{cf,cr}} (1 + \rho \cdot \alpha_{\mathrm{e}}) - \sigma_{\mathrm{cf}}}{\rho_{\mathrm{s}}} \tag{4.67}$$

式中，σ_{cf} 为 UHPC 在裂缝位置的拉应力。

在传递长度范围内通过黏结应力传递给 UHPC 的拉力为

$$N = A_{\mathrm{c}} (\sigma^{i}_{\mathrm{cf,cr}} - \sigma_{\mathrm{cf}}) \tag{4.68}$$

黏结应力在传递长度范围内的合力为

$$N = \tau_{\mathrm{bm}} \cdot l_{\mathrm{t}} \cdot m \cdot \pi \cdot \phi \tag{4.69}$$

令上两式相等，可解得传递长度的表达式：

$$\tau_{\mathrm{bm}} \cdot l_{\mathrm{t}} \cdot m \cdot \pi \cdot \phi = A_{\mathrm{c}}(\sigma^{i}_{\mathrm{cf,cr}} - \sigma_{\mathrm{cf}}) \tag{4.70}$$

$$\Rightarrow \frac{\tau_{\mathrm{bm}} \cdot l_{\mathrm{t}} \cdot m \cdot \pi \cdot \phi}{A_{\mathrm{s}}} = \frac{A_{\mathrm{c}}(\sigma^{i}_{\mathrm{cf,cr}} - \sigma_{\mathrm{cf}})}{A_{\mathrm{s}}} = \frac{(\sigma^{i}_{\mathrm{cf,cr}} - \sigma_{\mathrm{cf}})}{\rho} \tag{4.71}$$

代入 $A_{\mathrm{s}} = \frac{1}{4} \cdot m \cdot \pi \cdot \phi^2$，可得

$$\frac{\tau_{\mathrm{bm}} \cdot l_{\mathrm{t}} \cdot m \cdot \pi \cdot \phi}{\frac{1}{4} \cdot m \cdot \pi \cdot \phi^2} = \frac{(\sigma^{i}_{\mathrm{cf,cr}} - \sigma_{\mathrm{cf}})}{\rho} \tag{4.72}$$

化简解得

$$l_{\mathrm{t}} = \frac{1}{4} \frac{(\sigma^{i}_{\mathrm{cf,cr}} - \sigma_{\mathrm{cf}})}{\tau_{\mathrm{bm}}} \frac{\phi}{\rho} \tag{4.73}$$

最大裂缝宽度取决于两倍传递长度范围内钢筋与 UHPC 的应变差值，即

$$w = 2l_{\mathrm{t}}(\varepsilon_{\mathrm{sm}} - \varepsilon_{\mathrm{cm}}) \tag{4.74}$$

假定在传递长度内钢筋与 UHPC 的黏结应力呈二次分布，如图 4.46 所示。

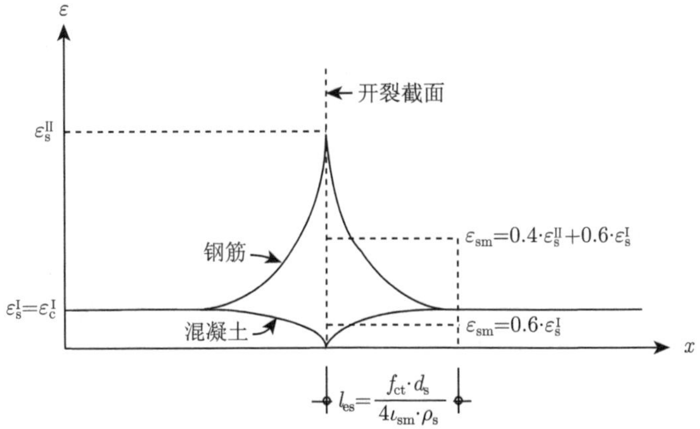

图 4.46 轴拉杆裂缝附近的应变分布

此时，钢筋的平均应变为

$$\varepsilon_{\mathrm{sm}} = 0.4\varepsilon_{\mathrm{s}} + 0.6\varepsilon_{\mathrm{c}} = \frac{2\sigma_{\mathrm{sr}}}{5E_{\mathrm{s}}} + \frac{3\sigma^{i}_{\mathrm{cf,cr}}\alpha_{\mathrm{e}}}{5E_{\mathrm{s}}} \tag{4.75}$$

UHPC 的应变差值为

$$\varepsilon_{\mathrm{sm}} = 0.6\varepsilon_{\mathrm{c}} = \frac{3\sigma^{i}_{\mathrm{cf,cr}}\alpha_{\mathrm{e}}}{5E_{\mathrm{s}}} \tag{4.76}$$

应变差值为

$$(\varepsilon_{\mathrm{sm}}-\varepsilon_{\mathrm{cm}})=\frac{2\sigma_{\mathrm{sr}}}{5E_{\mathrm{s}}}+\frac{3\sigma_{\mathrm{cf,cr}}^{i}\alpha_{\mathrm{e}}}{5E_{\mathrm{s}}}-\frac{3\sigma_{\mathrm{cf,cr}}^{i}\alpha_{\mathrm{e}}}{5E_{\mathrm{s}}}=\frac{2\sigma_{\mathrm{sr}}}{5E_{\mathrm{s}}} \tag{4.77}$$

初裂阶段，最大裂缝宽度的表达式为

$$w=2l_{\mathrm{t}}(\varepsilon_{\mathrm{sm}}-\varepsilon_{\mathrm{cm}})=2\cdot\frac{1}{4}\frac{(\sigma_{\mathrm{cf,cr}}^{i}-\sigma_{\mathrm{cf}})}{\tau_{\mathrm{bm}}}\frac{\phi}{\rho}\frac{2\sigma_{\mathrm{sr}}}{5E_{\mathrm{s}}}=\frac{1}{5}\frac{(\sigma_{\mathrm{cf,cr}}^{i}-\sigma_{\mathrm{cf}})}{\tau_{\mathrm{bm}}}\frac{\phi}{\rho}\frac{\sigma_{\mathrm{sr}}}{E_{\mathrm{s}}} \tag{4.78}$$

3) 裂缝稳定开裂阶段

在 UHPC 表面裂缝的稳定扩展阶段，外力的增大完全转化成钢筋的应力增量。裂缝宽度的增量只取决于裂缝间距内钢筋的应变增量。在计算最大裂缝宽度时，选择两倍传递长度为最大裂缝间距。

$$\Delta\varepsilon_{\mathrm{s}}=\frac{\Delta\sigma_{\mathrm{s}}}{E_{\mathrm{s}}}=\frac{(\sigma_{\mathrm{s}}-\sigma_{\mathrm{sr}})}{E_{\mathrm{s}}} \tag{4.79}$$

$$\Delta w=2l_{\mathrm{t}}\Delta\varepsilon_{\mathrm{s}}=\frac{1}{2}\frac{(\sigma_{\mathrm{cf,cr}}^{i}-\sigma_{\mathrm{cf}})}{\tau_{\mathrm{bm}}}\frac{\phi}{\rho}\frac{1}{E_{\mathrm{s}}}(\sigma_{\mathrm{s}}-\sigma_{\mathrm{sr}}) \tag{4.80}$$

最终的最大裂缝宽度表达式为

$$w_{\max}=w+\Delta w=\frac{1}{5}\frac{(\sigma_{\mathrm{cf,cr}}^{i}-\sigma_{\mathrm{cf}})}{\tau_{\mathrm{bm}}}\frac{\phi}{\rho}\frac{\sigma_{\mathrm{sr}}}{E_{\mathrm{s}}}+\frac{1}{2}\frac{(\sigma_{\mathrm{cf,cr}}^{i}-\sigma_{\mathrm{cf}})}{\tau_{\mathrm{bm}}}\frac{\phi}{\rho}\frac{1}{E_{\mathrm{s}}}(\sigma_{\mathrm{s}}-\sigma_{\mathrm{sr}}) \tag{4.81}$$

化简可得

$$w_{\max}=\frac{1}{2}\frac{(\sigma_{\mathrm{cf,cr}}^{i}-\sigma_{\mathrm{cf}})}{\tau_{\mathrm{bm}}}\frac{\phi}{\rho}\frac{1}{E_{\mathrm{s}}}(\sigma_{\mathrm{s}}-0.6\sigma_{\mathrm{sr}}) \tag{4.82}$$

从最大裂缝宽度计算公式的推导过程来看，该公式同样完全基于黏结–滑移理论。和荷兰 Delft 大学的推导公式相比，德国 Kassel 大学的推导公式假定了钢筋和 UHPC 之间的黏结应力呈二次分布，而荷兰 Delft 大学的推导公式对 HPC 剩余抗拉强度与黏结应力作了定值假设。

4.4.3.4　《法国超高性能纤维增强混凝土规范》的推荐公式

《法国超高性能纤维增强混凝土规范》(UHPFRC-2016)[14] 是针对 UHPC 材料的结构设计规范，规范中裂缝宽度计算公式考虑了超高性能混凝土材料的性能和钢纤维桥接作用的影响。

1) 适用范围

《法国超高性能纤维增强混凝土规范》(UHPFRC-2016) 中的 UHPC 裂缝宽度计算公式适用范围为应变软化或者低应变硬化的 UHPC。受拉本构关系为应变软化的 UHPC，不考虑纤维取向系数，受拉时一旦超过了弹性变形范围，应力就会迅速下降，发生“软化”，其开裂应力明显小于比例极限所对应的应力值。低应变硬化 UHPC 的受拉本构关系为应变硬化，在考虑了纤维取向系数影响之后，特征应力–应变本构关系曲线为应变软化。低应变硬化也可被称为低能量消耗的应变硬化 (strain-hardening with low energy absorption)。对于高应变硬化的 UHPC，当其拉应变处于弹性极限和强度极限之间时，即处于设计使用阶段内时，仅会出现非常细小密布的微裂纹，而不会出现局部裂缝，没有必要进行裂缝控制。

2) 裂缝宽度计算公式

钢筋位置的裂缝宽度 w_{s} 为

$$w_{\mathrm{s}} = s_{\mathrm{r,max,f}}(\varepsilon_{\mathrm{sm,f}} - \varepsilon_{\mathrm{sm,f}}) \tag{4.83}$$

式中，$s_{\mathrm{r,max,f}}$ 为最大裂缝间距；$\varepsilon_{\mathrm{sm,f}}$ 为裂缝间钢筋的平均应变；$\varepsilon_{\mathrm{sm,f}}$ 为裂缝间 UHPC 的平均应变。

应变差值计算：

$$\varepsilon_{\mathrm{sm,f}} - \varepsilon_{\mathrm{cm,f}} = \frac{\sigma_{\mathrm{s}}}{E_{\mathrm{s}}} - \frac{f_{\mathrm{ctfm}}}{K_{\mathrm{global}} \cdot E_{\mathrm{cm}}} - \frac{1}{E_{\mathrm{s}}}\left[k_{\mathrm{t}}\left(f_{\mathrm{ctm,el}} - \frac{f_{\mathrm{ctfm}}}{k}\right) \cdot \left(\frac{1}{\rho_{\mathrm{eff}}} + \frac{E_{\mathrm{s}}}{E_{\mathrm{cm}}}\right)\right] \tag{4.84}$$

式中，σ_{s} 为裂缝位置的钢筋应力；E_{s}、E_{cm} 分别为钢筋与 UHPC 的弹性模量；$f_{\mathrm{ctm,el}}$ 为 UHPC 的弹性极限强度的平均值；f_{ctfm} 为 UHPC 开裂后的应力最大值的平均值；K_{global} 为纤维纵向取向系数，局部荷载作用下取 1.75，其余荷载作用下取 1.25；ρ_{eff} 为有效配筋率，等于 $A_{\mathrm{s}}/A_{\mathrm{c,eff}}$；$k_{\mathrm{t}}$ 为荷载特征系数，对短期荷载，可取 $k_{\mathrm{t}} = 0.6$，对长期荷载或高幅重复荷载，可取 $k_{\mathrm{t}} = 0.4$。

最大裂缝间距可通过以下公式进行计算：

$$s_{\mathrm{r,max,f}} = 2.55\,(l_{\mathrm{o}} + l_{\mathrm{t}}) \tag{4.85}$$

$$l_{\mathrm{o}} = 1.33 \cdot c/\delta \tag{4.86}$$

$$l_{\mathrm{t}} = 2 * \left[0.3k_2\left(1 - \frac{f_{\mathrm{ctfm}}}{K_{\mathrm{global}} f_{\mathrm{ctm,el}}}\right)\frac{1}{\delta.\eta}\right]\frac{\phi}{\rho_{\mathrm{eff}}} \geqslant \frac{l_{\mathrm{f}}}{2} \tag{4.87}$$

$$\delta = 1 + 0.4\left(\frac{f_{\mathrm{ctfm}}}{K'_{\mathrm{global}} f_{\mathrm{ctm,el}}}\right) \leqslant 1.5 \tag{4.88}$$

式中，l_{t} 为传递长度；l_{o} 表示保护层厚度对裂缝间距的影响；c 为保护层厚度；δ 表示纤维对保护层的受拉性能与黏结强度的影响；k_2 为开裂截面的应变分布系数，类似于受力特征系数，对于受弯构件，可取值 $k_2 = 0.5$，对于纯拉构件，$k_2 = 1$；η 为钢筋的黏结系数，对于变形钢筋，可取值 $\eta = 2.25$，对于光圆钢筋，可取值 $\eta = 1$。

UHPC 表面裂缝宽度 w_{t} 需根据钢筋位置处最大裂缝宽度进行转换计算:

$$w_{\mathrm{t}} = w_{\mathrm{s}} \cdot (h - x - x')/(d - x - x') \tag{4.89}$$

式中，h 为截面高度；d 为截面有效高度；x 为受压区高度；x' 为 UHPC 拉应力在 0 与 $f_{\mathrm{ctm,el}}$ 之间的未开裂受拉区高度。

4.4.3.5　配筋 UHPC 裂缝宽度计算方法的适用性验证

基于我国《混凝土结构设计规范》的修正公式和《法国超高性能纤维增强混凝土规范》(UHPFRC-2016) 是基于黏结–滑移理论和无滑移理论相结合的综合分析理论，考虑的影响参数较为全面，而荷兰 Delft 大学的推导公式和德国 Kassel 大学的推导公式是以轴拉杆为模型，基于黏结–滑移理论推导得到的配筋 UHPC 裂缝宽度计算公式，考虑因素较少。故本节选择我国《混凝土结构设计规范》的修正公式和《法国超高性能纤维增强混凝土规范》(UHPFRC-2016) 中裂缝宽度计算公式来验证其对钢-STC 轻型组合桥面结构裂缝宽度计算的适用性。计算结果如图 4.47 所示，图中基于 GB50010 的修正公式曲线为根据基于我国《混凝土结构设计规范》的修正公式 (4.45) 计算得到的结果，法国 UHPC 规范曲线为根据《法国超高性能纤维增强混凝土规范》公式 (4.89) 计算得到的结果。

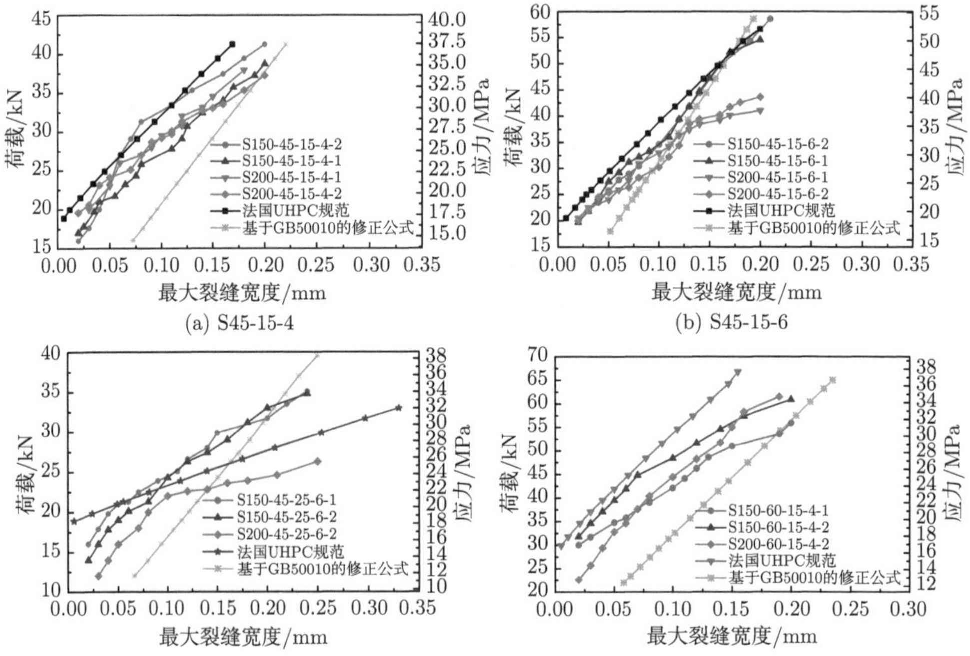

(a) S45-15-4　(b) S45-15-6

(c) S45-25-6　(d) S60-15-4

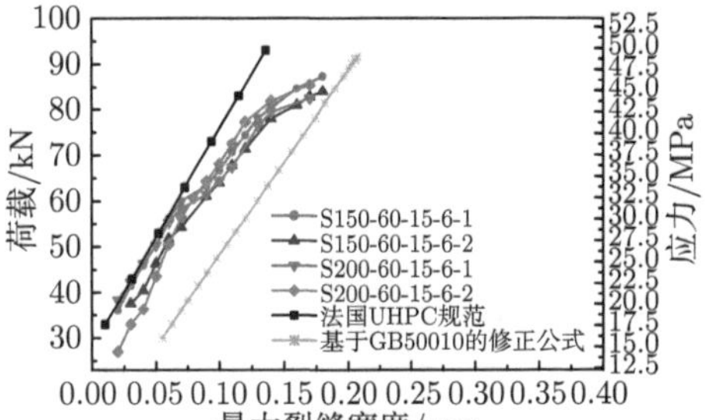

(e) S60-15-6

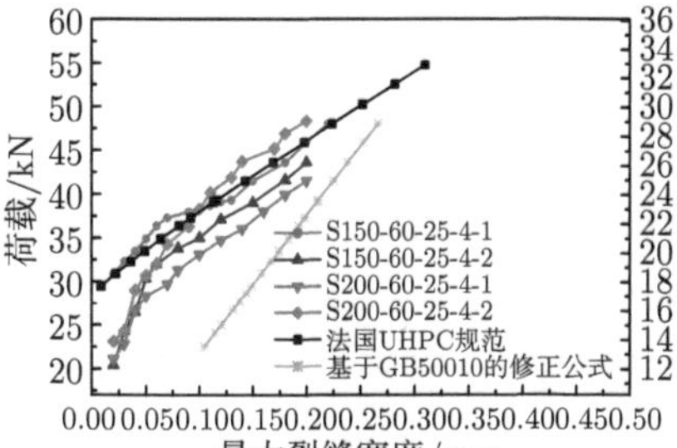

(f) S60-25-4

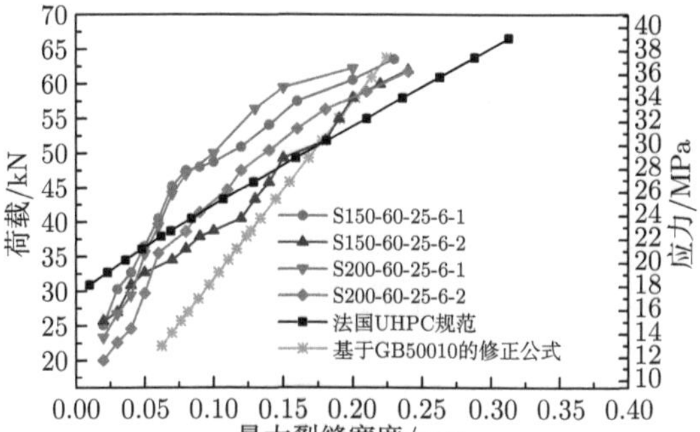

(g) S60-25-6

图 4.47　现有 STC 裂缝宽度计算方法计算值和实测值对比图

如图 4.47 (a)~(e) 所示，对于保护层厚度为 15mm 的构件，基于法国 UHPC 规范计算得到的结果趋势和试验实测结果相似，但误差较大，整体而言，计算值多数小于试验实测结果，经统计计算，保证率只有 17.4%。对于保护层厚度为 25mm 的构件，根据法国 UHPC 规范得到的计算值和试验实测值差别较大。主要原因为法国规范中的裂缝宽度计算公式针对 UHPC 构件，而钢-STC 轻型组合桥面结构为钢和 STC 形成的组合结构，结构的受力特点和 UHPC 构件差别较大，且轻型组合结构为密集配筋构件，纵、横向钢筋和钢板限制 STC 的自由收缩，当保护层厚度较小时，钢筋对 STC 的约束作用更强，在承受外荷载前，钢筋中已产生一定的收缩应力，致使构件在承受弯拉应力时开裂更早，导致计算值小于试验实测值。

基于我国《混凝土结构设计规范》的修正公式 (4.45) 计算得到的结果和试验实测值误差很大且过于保守，随着荷载的增大，二者差别逐渐减小。原因可能和前文所讲的根据纤维混凝土结构技术规程中裂缝宽度计算公式进行计算产生较大差别的原因相同，即基于我国混凝土结构设计规范的修正公式 (4.45) 虽然考虑了纤维的阻裂增韧作用对裂缝宽度计算公式引入了修正系数，但是该系数为恒定常数，不随裂缝发展而变，然而，当 STC 开裂后，随着裂缝的增大，钢纤维的桥接作用逐渐减弱，钢筋所承担的应力逐步增大。此方法并未从机理上考虑 STC 的力学特性和钢纤维的桥接作用对钢筋应力、钢筋应变不均匀系数、裂缝扩展和平均裂缝间距等参数的影响。

李文光 [28] 根据我国《混凝土结构设计规范》的修正公式 (式 (4.45)) 和法国 UHPC 规范中裂缝宽度计算公式 (式 (4.89)) 计算了钢-STC 组合结构的裂缝宽度。结果同样表明，基于这两种计算方法得到的计算结果与试验值相差较大。

4.4.4 钢-STC 轻型组合桥面结构 STC 裂缝宽度计算公式

4.4.4.1 钢筋应力计算方法

1) 适用性验证及分析

研究表明，根据我国现有混凝土规范 (GB50010-2010)[10]、配筋纤维混凝土规范 (CECS38:2004[17]、MC2010[19])、配筋 UHPC 裂缝宽度计算方法 (我国《混凝土结构设计规范》[10] 的修正公式和《法国超高性能纤维增强混凝土规范》(UHPFRC-2016)[14]) 来计算钢-STC 轻型组合桥面结构裂缝宽度过于保守且误差较大。主要原因有以下几个方面：① STC 材料力学性能不同于普通混凝土和钢纤维混凝土，其抗压强度和抗拉强度远优于普通混凝土或普通钢纤维混凝土；② STC 材料致密，钢纤维与 STC 基体的黏结强度大大提高，STC 开裂后，钢纤维在裂缝处的桥接作用分担部分拉力而减小裂缝处钢筋应力，同时，裂缝处 STC 的残余抗拉强度可减小所需的传递长度而缩短了裂缝间距，从前文可以看出，配筋钢-STC 构件裂缝细而密，配筋 STC 构件呈现多裂缝开展的良好性能，这与普通混凝土和纤维混凝土构件有较大的区别；③ 对于钢-STC 轻型组合桥面结构而言，STC 作为结构层参与结构受力，钢桥面板焊接大量短栓钉，且配筋密集，结构受力比较复杂。这些原因使得准确计算钢-STC 轻型组合桥面结构的钢筋应力和 STC 裂缝宽度变得更加困难。

下面探讨考虑 STC 特性和钢-STC 轻型组合桥面结构特点的钢筋应力计算方法。根据本章 4.2~4.3 节的试验结果可知，对于配筋钢-STC 组合板构件，当 STC 裂缝宽度小于 0.2mm 时，裂缝扩展较慢，并且当最大裂缝宽度小于 0.15mm 时，荷载–最大裂缝宽度曲线近似直线，当裂缝宽度超过 0.2mm 以后，裂缝发展较快，因此，钢-STC 组合板构件裂缝宽度模拟到 0.2mm，最大钢筋应力的计算模拟裂缝宽度为 0.2mm 时荷载作用下钢筋的应力。对于钢-STC 组合梁构件，由试验结果可知，在构件达到极限承载力状态之前即 U 肋屈服前，钢- STC 表面裂缝宽度不大，最大裂缝宽度约为 0.09~0.14mm，因此钢-STC 组合梁构件裂缝宽度模拟到构件达到极限承载力之前，最大钢筋应力的计算模拟构件达到极限承载力时钢筋的应力。

2) 基本假定

根据试验现象可知：纵向钢筋会限制 STC 裂缝的产生和发展，当裂缝宽度较小时，侧面裂缝的长度基本都不超过纵向钢筋的位置，随着裂缝宽度的增大，STC 参与受力的程度逐渐减弱但钢纤维的桥接作用并未退出工作。由前文试验结果可知，对于配筋钢-STC 组合板构件，在临界荷载前，应变沿高度方向上的分布符合平截面假定，超过临界荷载后应变的分布沿高度方向上不再呈线性，但差别不大，可以近似认为构件沿高度方向的应变分布满足平截面假定。根据试验，在裂缝宽度为 0.2mm 之前，钢-STC 组合板构件的界面滑移值较小；同时，钢-STC 组合梁荷载在极限承载力的 76.7%~86%之前时，沿构件高度方向上的应变分布基本符合平截面假定。当荷载进一步增大时，应变沿高度方向上的分布逐步产生非线性。整体而言，对于钢-STC 组合梁，在达到极限承载力之前，其应变沿高度方向上的分布基本符合平截面假定。由试验结果可知：钢-STC 组合梁钢面板和 STC 层之间的滑移较小，荷载在达到极限承载力状态时，构件最大滑移值约为 0.013~0.035mm，钢面板和 STC 层之间界面完好，未观察到有破坏现象。因此，基于以上试验结果和钢-STC 组合结构的受力特点，为简化计算，计算钢-STC 轻型组合结构开裂后钢筋应力时作以下假设：考虑受拉区 STC 参与截面受力，且假设 STC 超出比例极限应变后的应力保持为抗拉强度；假设可视裂缝时截面应变分布满足平截面假定。

3) 钢-STC 轻型组合桥面结构纵向钢筋应力计算方法

钢-STC 组合梁钢筋应力计算示意图如图 4.48 所示 [29,30]。由钢材受拉应力–应变曲线可知，钢材实际拉压应变高于钢的设计拉压应变 [29,30]。因此，为简化计算，当 U 肋底部钢材的压应变超过设计压应变时，假设其应变保持为设计压应变不变。

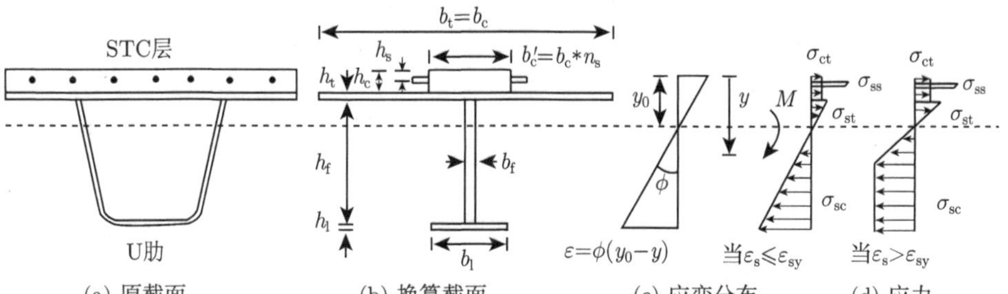

图 4.48 钢-STC 组合梁钢筋应力计算示意图

外荷载下裂后截面内力和弯矩平衡方程为

$$N_{sr}+N_{ct}+N_{st}+N_{sc}=0 \tag{4.90}$$

$$M_{sr}+M_{ct}+M_{st}+M_{sc}-M_{load}=0 \tag{4.91}$$

式中，N_{sr} 和 M_{sr} 分别为钢筋承担的轴力和弯矩；N_{ct} 和 M_{ct} 分别为受拉区 STC 所承担的轴力和弯矩；N_{st} 和 M_{st} 分别为受拉区钢结构 (钢板和 U 肋) 承受的轴力和弯矩；$N_{\rm sc}$ 和 $M_{\rm sc}$ 分别为受压区钢结构承受的轴力和弯矩；$N_{\rm cc}$ 和 $M_{\rm cc}$ 分别为受压区 STC 承受的轴力和弯矩；$M_{\rm load}$ 为外荷载作用下引起的弯矩。

根据钢-STC 组合梁应力分布 (以 U 肋底部的应变超过设计屈服应变为例)，如图 4.48(d) 所示，积分可求得式 (4.92)~式 (4.99) 中各内力表达式：

$$N_{\rm sc}=f_y b_{\rm f}\left(y_0-h_{\rm c}-h_{\rm t}-h_{\rm f}\right)-f_y b_{\rm l} h_{\rm l}+f_y b_{\rm f} h_y/2 \tag{4.92}$$

$$N_{\rm st}=b_{\rm t}h_{\rm t}E_{\rm s}\phi\left(y_0-h_{\rm c}-h_{\rm t}/2\right)+b_{\rm f}E_{\rm s}\phi\left(y_0-h_{\rm c}-h_{\rm t}\right)^2/2 \tag{4.93}$$

$$N_{\rm rt}=A_{\rm s}E_{\rm s}\varepsilon_{\rm s}=A_{\rm s}E_{\rm s}\phi\left(y_0-h_{\rm s}\right) \tag{4.94}$$

$$N_{\rm ct}=f_{\rm ct}b_{\rm c}h_{\rm c} \tag{4.95}$$

$$\begin{aligned}M_{\rm sc}=&b_{\rm f}E_{\rm s}\phi h_y^3/3+b_{\rm f}f_y\left[\left(h_{\rm c}+h_{\rm t}+h_{\rm f}-y_0\right)^2-h_y^2\right]/2\\&+f_y b_{\rm l}h_{\rm l}\left(h_{\rm c}+h_{\rm t}+h_{\rm f}+h_{\rm l}/2-y_0\right)\end{aligned} \tag{4.96}$$

$$M_{\rm st}=b_{\rm t}E_{\rm s}\phi\left[\left(h_{\rm c}+h_{\rm t}-y_0\right)^3-\left(h_{\rm c}-y_0\right)^3\right]/3+b_{\rm f}E_{\rm s}\phi\left(y_0-h_{\rm c}+h_{\rm t}\right)^3/3 \tag{4.97}$$

$$M_{\rm rt}=N_{\rm rt}\left(y_0-h_{\rm s}\right) \tag{4.98}$$

$$M_{\rm ct}=N_{\rm ct}\left(y_0-h_{\rm c}/2\right) \tag{4.99}$$

式中，$f_{\rm ct}$ 为 STC 材料的受拉强度 (MPa)；f_y 为钢材的屈服强度 (MPa)；$b_{\rm c}$ 为 STC 层的宽度 (mm)；$b_{\rm t}$ 为 U 肋钢面板的宽度 (mm)；$h_{\rm s}$ 为纵向受力钢筋形心到 STC 上表面的距离 (mm)；$h_{\rm c}$ 为 STC 层厚度 (mm)；$b_{\rm f}$ 为换算截面腹板的等效厚度 (mm)；$h_{\rm f}$ 为换算截面腹板的等效高度 (mm)；$h_{\rm l}$ 为 U 肋底部钢板转换后的厚度 (mm)；$b_{\rm l}$ 为 U 肋底部钢板转换后的宽度 (mm)；$A_{\rm s}$ 为纵向受力钢筋的截面面积 ($\rm mm^2$)；$E_{\rm s}$ 为钢材的弹性模量 (MPa)；$E_{\rm c}$ 为 STC 的弹性模量 (MPa)；ϕ 为截面弯曲曲率 (1/mm)；y_0 为中性轴到 STC 表面的距离 (mm)；h_y 为钢结构受压屈服的高度 (mm)；其表达式为

$$h_y=f_y/\phi \tag{4.100}$$

把式 (4.92)~式 (4.100) 代入到截面轴力和弯矩平衡方程，可求得截面应变分布 (曲率和中性轴位置)，从而得到钢筋应力。

试验中在钢-STC 组合梁的纵向钢筋表面布置有钢筋应变片，通过每级荷载作用下测得的钢筋应变平均值乘以钢筋的弹性模量来获得相应的钢筋应力。计算得到的钢筋应力计算值和试验实测值对比如图 4.49 所示，可以看出，钢筋应力计算值和试验实测值吻合较好，表明此计算方法可以用于计算钢-STC 轻型组合桥面结构纵向钢筋应力且具有较高的精度。

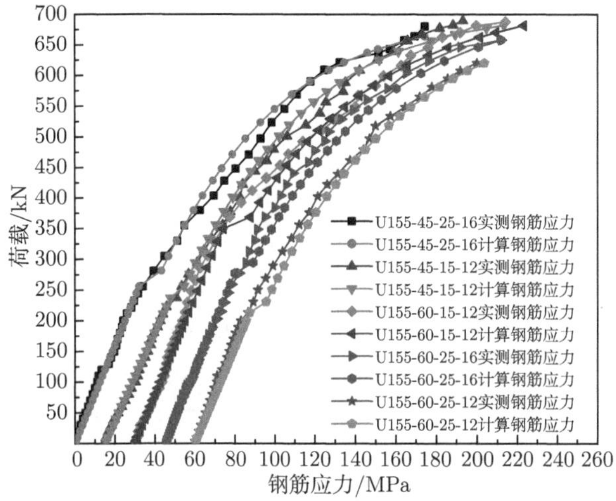

图 4.49 钢-STC 组合梁计算钢筋应力和实测钢筋应力对比图

4) 钢-STC 轻型组合桥面结构横向钢筋应力计算方法

钢-STC 组合板钢筋应力计算示意图如图 4.50 所示。

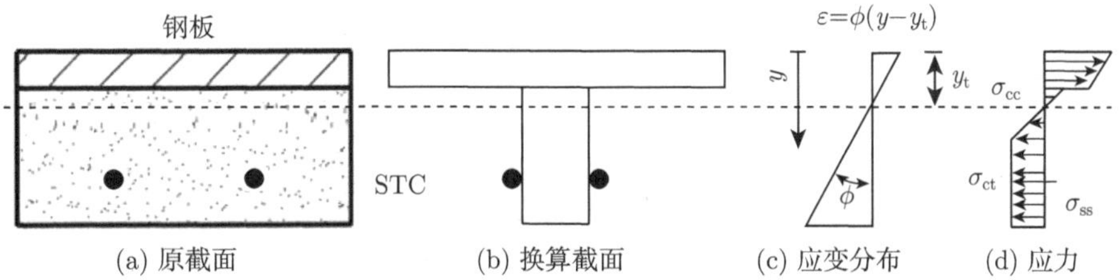

图 4.50 钢-STC 组合板钢筋应力计算示意图

假设中性轴位于 STC 层内，外荷载下裂后截面内力和弯矩平衡方程为

$$N_{\mathrm{sr}}+N_{\mathrm{ct}}+N_{\mathrm{cc}}+N_{\mathrm{sc}}=0 \tag{4.101}$$

$$M_{\mathrm{sr}}+M_{\mathrm{ct}}+M_{\mathrm{cc}}+M_{\mathrm{sc}}-M_{\mathrm{load}}=0 \tag{4.102}$$

式中，N_{sc} 和 M_{sc} 分别为受压区钢板承受的轴力和弯矩；N_{cc} 和 M_{cc} 分别为受压区 STC 承受的轴力和弯矩。

根据钢-STC 组合板应力分布，如图 4.50(d) 所示，积分可求得式 (4.103)~式 (4.111) 中各内力表达式：

$$N_{\mathrm{sc}}=b_{\mathrm{t}}E_{\mathrm{s}}\phi h_{\mathrm{t}}(h_{\mathrm{t}}/2-y_{\mathrm{t}}) \tag{4.103}$$

$$N_{\mathrm{cc}}=-b_{\mathrm{c}}E_{\mathrm{c}}\phi(h_{\mathrm{t}}-y_{\mathrm{t}})^2/2 \tag{4.104}$$

$$N_{\mathrm{sr}} = A_{\mathrm{s}} E_{\mathrm{s}} \phi (h_{\mathrm{t}} + h_{\mathrm{c}} - h_{\mathrm{s}} - y_{\mathrm{t}}) \tag{4.105}$$

$$M_{\mathrm{sc}} = b_{\mathrm{t}} E_{\mathrm{s}} \phi [y_{\mathrm{t}}^3 - (y_{\mathrm{t}} - h_{\mathrm{t}})^3]/3 \tag{4.106}$$

$$M_{\mathrm{cc}} = b_{\mathrm{c}} E_{\mathrm{c}} \phi (y_{\mathrm{t}} - h_{\mathrm{t}})^3/3 \tag{4.107}$$

$$M_{\mathrm{sr}} = A_{\mathrm{s}} E_{\mathrm{s}} \phi (h_{\mathrm{t}} + h_{\mathrm{c}} - h_{\mathrm{s}} - y_{\mathrm{t}})^2 \tag{4.108}$$

$$N_{\mathrm{ct}} = b_{\mathrm{c}} E_{\mathrm{c}} \phi h_{y\mathrm{t}}^2/2 + b_{\mathrm{c}} f_{\mathrm{ct}} (h_{\mathrm{c}} + h_{\mathrm{t}} - y_{\mathrm{t}} - h_{y\mathrm{t}}) \tag{4.109}$$

$$M_{\mathrm{ct}} = b_{\mathrm{c}} E_{\mathrm{c}} \phi h_{y\mathrm{t}}^3/3 + b_{\mathrm{c}} f_{\mathrm{ct}} [(h_{\mathrm{c}} + h_{\mathrm{t}} - y_{\mathrm{t}})^2 - h_{y\mathrm{t}}^2)]/2 \tag{4.110}$$

式中，y_{t} 为中性轴到钢板表面的距离 (mm)；$h_{y\mathrm{t}}$ 是 STC 应变达到弹性极限受拉应变时的高度，可表示为

$$h_{y\mathrm{t}} = \varepsilon_{\mathrm{ct}}/\phi \tag{4.111}$$

把式 (4.103)~式 (4.111) 代入到截面轴力平衡方程和弯矩平衡方程，可求得截面应变分布 (曲率和中性轴位置)，从而得到钢筋应力。

将得到的钢筋应力计算值和钢-STC 组合板试验实测值对比如图 4.51 所示。

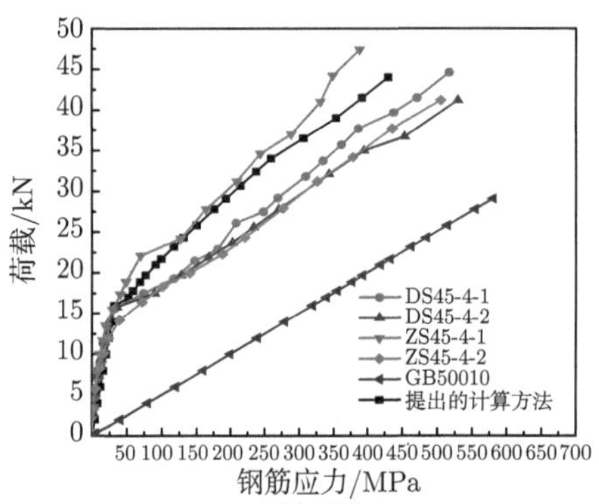

(a) S45-4

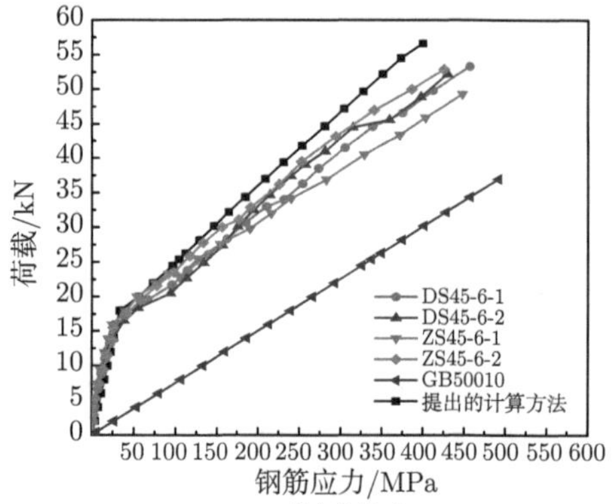

(b) S45-6

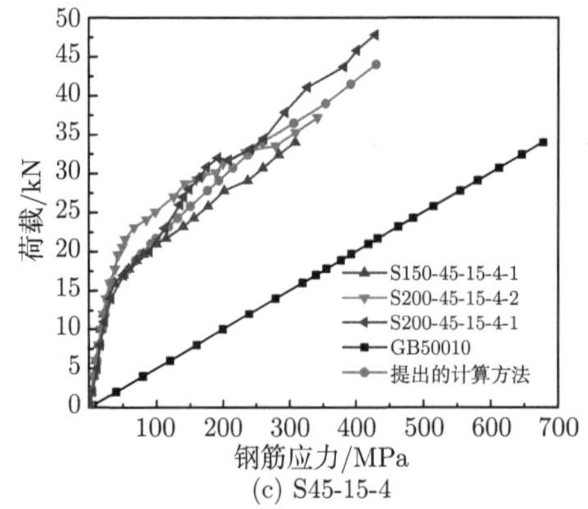

(c) S45-15-4

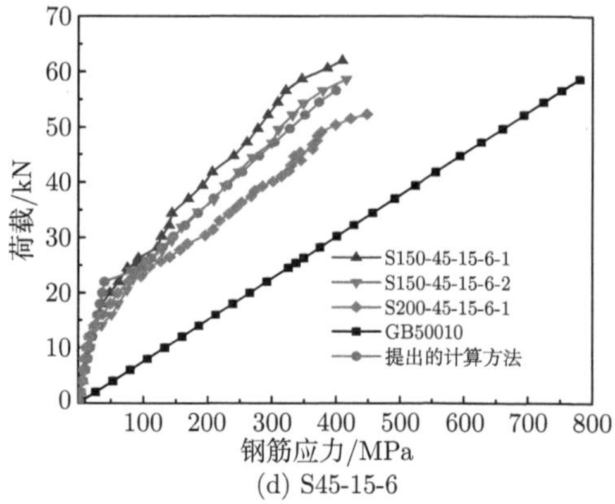

(d) S45-15-6

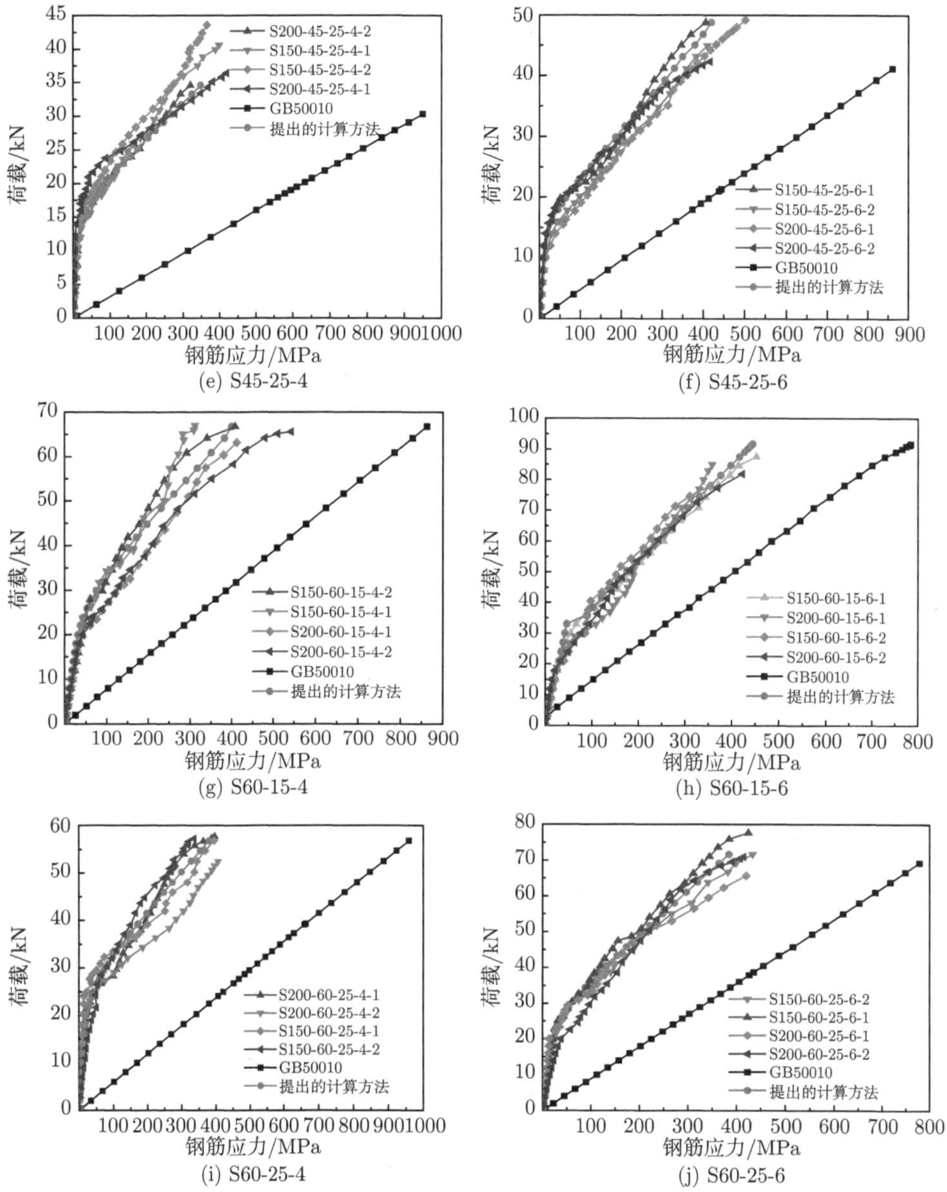

图 4.51 钢-STC 组合板计算钢筋应力和实测钢筋应力对比图

图 4.51(a) 和 (b) 为不同纤维类型配筋钢-STC 组合板实测钢筋应力和计算钢筋应力对比图，图 4.51(c)~(j) 为前文不同设计参数钢-STC 组合板的实测钢筋应力和计算钢筋应力对比图。可以看出，钢筋应力计算值和试验实测值吻合较好，表明此计算方法可以用于计算钢-STC 轻型组合桥面结构横向钢筋应力且具有较高的

精度。

4.4.4.2 钢-STC 轻型组合桥面结构裂缝宽度计算理论

裂缝宽度是影响结构安全性能和耐久性能的重要因素，对于钢-STC 轻型组合桥面结构而言，裂缝宽度的控制是钢-STC 轻型组合桥面结构设计的重要准则。因此，考虑 STC 特性和钢-STC 轻型组合桥面结构特点的裂缝宽度计算理论研究对钢-STC 轻型组合桥面结构的设计和推广具有重要意义。

我国《混凝土结构设计规范》(GB50010-2010)[10] 中裂缝宽度计算是基于黏结-滑移理论和无滑移理论相结合的综合分析理论，考虑的影响因素全面，且裂缝宽度计算公式物理意义明确，方便理解。另外，在《混凝土结构设计规范》(GB50010-2010) 裂缝宽度计算公式中的主要计算参数，如钢筋应力、平均裂缝间距等容易从试验中测量获得，然后可以考虑 STC 力学性能对这些参数进行修订。最后，弯曲试验中观察到的影响规律与 GB50010-2010 中的分析模型一致，如配筋率的大小和平均裂缝间距大小呈负趋势相关，保护层厚度大小和平均裂缝间距呈正趋势相关。基于以上原因，本节选择基于《混凝土结构设计规范》(GB50010-2010) 中的裂缝宽度计算公式来开发适合钢-STC 轻型组合桥面结构的裂缝宽度分析模型。

1. 组合桥面结构平均裂缝间距的计算

《混凝土结构设计规范》(GB50010-2010) 中平均裂缝间距计算公式为

$$l_{\mathrm{cr}} = 1.9c_{\mathrm{s}} + 0.08\frac{d_{\mathrm{eq}}}{\rho_{\mathrm{te}}} \tag{4.112}$$

式中，c_{s} 为最外层纵向受拉钢筋外边缘至受拉区底边的距离；ρ_{te} 为按有效受拉混凝土截面面积计算的纵向受拉钢筋配筋率；d_{eq} 为受拉区纵向钢筋的等效直径。

式 (4.112) 适用对象为普通混凝土。对于 STC 结构，STC 材料主要由水泥、硅灰、石英粉、石英砂、高效减水剂、混合钢纤维组成，不含粗骨料，内部缺陷少，STC 开裂时，裂缝处混凝土的残余抗拉强度可减小所需的传递长度而缩短了裂缝间距，同时，由式 (4.112) 可知，平均裂缝间距随截面纵向钢筋配筋率的增大而减小，钢纤维的作用实际上等效于增大了截面的配筋率，使平均裂缝间距减小，钢-STC 轻型组合结构是密集配筋构件，配筋率较高，且最小保护层厚度仅为 15mm，保护层厚度较小，小于规范中规定的最小保护层厚度 20mm，保护层厚度的减小增大了钢筋对 STC 的约束作用，同样可以减小所需的传递长度而缩短裂缝间距，根据式 (4.112) 计算得到的平均裂缝间距如表 4.13 所示，可以看出，根据式 (4.112) 得到的平均裂缝间距计算值明显大于实测裂缝间距，二者比值的平均值为 1.278，误差较大。因此，平均裂缝间距的计算应考虑钢纤维的作用和钢-STC 轻型组合结构的特点对式 (4.112) 进行修正。

表 4.13 平均裂缝间距试验值和计算值

构件	平均裂缝间距/mm						计算值/试验值	
	$w_{\max}$ =0.05	$w_{\max}$ =0.1	$w_{\max}$ =0.2	极限承载力状态	式 (4.112)	式 (4.113)	式 (4.112)	式 (4.113)
S150-45	200.0	114.0	100.0	100.0				
S200-45	114.2	100.0	88.9	88.9		—		
S150-60	160.0	133.3	133.3	133.3				
S200-60	114.3	88.9	80.0	80.0				
S150-45-15-4	66.7	57.1	40.0	40.0	49.5	37.7	1.24	0.94
S200-45-15-4	88.9	61.5	44.4	42.1	49.5	37.7	1.17	0.89
S150-45-15-6	72.7	44.4	32.1	30.8	45.6	30.4	1.48	0.99
S200-45-15-6	40.0	34.8	33.3	32.0	45.6	30.4	1.43	0.95
S150-45-25-4	80.0	61.5	42.2	42.2	59.0	48.3	1.40	1.14
S200-45-25-4	72.7	57.1	47.2	47.2	59.0	48.3	1.25	1.02
S150-45-25-6	61.5	57.1	38.2	38.2	55.1	41.0	1.44	1.07
S200-45-25-6	80.0	50.0	42.2	40.0	55.1	41.0	1.38	1.03
S150-60-15-4	53.3	38.1	36.4	36.4	53.3	44.9	1.46	1.23
S200-60-15-4	57.1	47.0	40.0	40.0	53.3	44.9	1.33	1.12
S150-60-15-6	53.3	44.4	33.3	33.3	48.2	35.3	1.45	1.06
S200-60-15-6	50.0	40.0	36.7	36.7	48.2	35.3	1.31	0.96
S150-60-25-4	66.7	57.1	50.0	50.0	62.8	55.5	1.26	1.11
S200-60-25-4	80.0	53.6	53.6	53.6	62.8	55.5	1.17	1.04
S150-60-25-6	57.1	44.4	38.2	38.2	57.7	45.9	1.51	1.20
S200-60-25-6	47.2	45.0	42.2	42.2	57.7	45.9	1.37	1.09
U155-45-15-16	66.7	66.7	66.7	66.7	65.3	58.3	0.98	0.87
U155-45-25-16	100.0	66.7	66.7	66.7	84.3	68.9	1.26	1.03
U155-45-15-12	80.0	66.7	66.7	66.7	71.2	68.0	1.07	1.02
U155-45-25-12	80.0	80.0	80.0	80.0	90.2	78.6	1.13	0.98
U155-60-15-16	66.7	57.1	57.1	57.1	71.2	68.8	1.25	1.21
U155-60-25-16	80.0	80.0	80.0	80.0	90.2	79.4	1.13	0.99
U155-60-15-12	100.0	80.0	80.0	80.0	79.1	81.9	0.99	1.02
U155-60-25-12	80.0	80.0	80.0	80.0	98.1	92.5	1.23	1.16
						平均值	1.278	1.045
						方差	0.022	0.009

根据 32 个配筋钢-STC 组合板和 8 个配筋钢-STC 组合梁的平均裂缝间距试验结果，对式 (4.112) 进行修正，结果为

$$l_{\mathrm{cr}} = 0.96c_{\mathrm{s}} + 0.138\frac{d_{\mathrm{eq}}}{\rho_{\mathrm{te}}} \tag{4.113}$$

式中，c_{s} 按实际保护层厚度取值；ρ_{te} 和 d_{eq} 的计算方法与规范 GB50010-2010 中计算方法相同。

按照式 (4.113) 计算得到的平均裂缝间距结果如表 4.13 所示，计算平均裂缝间距和实测裂缝间距的比值大部分接近 1，平均值为 1.045，吻合程度较高。

2. 钢筋应变不均匀系数的修正

钢筋应变不均匀系数是裂缝间钢筋平均应变与裂缝截面钢筋最大应变的比值。《混凝土结构设计规范》(GB50010-2010)[10] 中钢筋应变不均匀系数与混凝土强度、配筋率和裂缝处的钢筋应变有关，计算公式为

$$\psi = 1.1 - 0.65\frac{f_{\mathrm{tk}}}{\rho_{\mathrm{te}}\sigma_{\mathrm{s}}} \tag{4.114}$$

式中，f_{tk} 为混凝土轴心抗拉强度标准值。

STC 中钢纤维的桥接作用可减小裂缝处钢筋的最大应变，钢筋应变不均匀系数和普通混凝土是不同的。试验中每个钢-STC 组合板构件和钢-STC 组合梁构件在纯弯段范围内的钢筋上面分别布置了 12 个和 18 个钢筋应变片，根据 32 个配筋钢-STC 组合板和 8 个钢-STC 组合梁构件的钢筋应变结果，对钢筋应变不均匀系数计算公式进行修正，结果如式 (4.115) 所示：

$$\psi = 1.1 - 0.12\frac{f_{\mathrm{tk}}}{\rho_{\mathrm{te}}\sigma_{\mathrm{s}}} \tag{4.115}$$

当 $\psi < 0.2$ 时，ψ 取值为 0.2，当 $\psi > 1.0$ 时，ψ 取值为 1.0。

经过计算，根据式 (4.114) 计算得到的钢筋应变不均匀系数计算值和试验实测值差别较大，根据式 (4.115) 计算得到的钢筋应变不均匀系数计算值和试验实测值比值的平均值为 1.0587，二者吻合较好。

3. 构件受力特征系数的讨论

《混凝土结构设计规范》(GB50010-2010) 中构件特征受力系数计算公式为

$$\alpha_{\mathrm{cr}} = \tau_{\mathrm{l}}.\tau_{\mathrm{s}}.\beta.\alpha_{\mathrm{c}} \tag{4.116}$$

式中，τ_{l} 为长期作用的影响系数；τ_{s} 为最大裂缝宽度与平均裂缝宽度的比值；β 为裂缝间距的影响系数；α_{c} 为裂缝间混凝土自身伸长对裂缝宽度的影响系数。

系数 τ_{l} 是用来考虑长期作用 (如混凝土的收缩、徐变) 对裂缝宽度的影响，然而，试验表明，蒸汽养护期间，STC 收缩基本完成，高温蒸养结束后基本无残余收缩，蒸汽养护后的 STC 可以不考虑后期收缩的影响，另外，普通混凝土在长期荷载作用下的徐变效应非常明显，而 STC 材料因基体致密和纤维含量较高，使得其徐变系数远小于普通混凝土，因此，长期裂缝宽度影响系数必然小于普通混凝土的长期裂缝宽度影响系数。对于 STC 构件可以忽略系数 τ_{l} 的影响。系数 τ_{s} 反映了裂缝宽度不均匀分布的影响，是一定荷载标准组合下裂缝宽度的不均匀性存在的扩大系数，规范 GB50010-2010 中对于轴心受拉和偏心受拉构件建议取值 $\tau_{\mathrm{s}} = 1.9$。

钢-STC 轻型组合桥面结构横向和纵向受力特性分别为偏心受拉构件和轴心受拉构件，并且规范 GB50010-2010 中规定对于偏心受拉构件和轴心受拉构件 β 取值分别为 1.0 和 1.1。α_c 为裂缝间混凝土自身伸长对裂缝宽度的影响系数，与配筋率、截面形状和混凝土保护层厚度等因素有关，但是在一般情况下，α_c 变化不大，且对裂缝开展宽度的影响也不大，为简化计算，规范 GB50010-2010 中对受弯、轴心受拉、偏心受力构件均取 0.85。上述系数的取值取决于荷载特性而不是材料性能，因此，这些参数的取值 (除去 τ_l) 也可用于钢-STC 轻型组合桥面结构中来计算构件受力特征系数 α_{cr}。

4. 钢-STC 轻型组合桥面结构裂缝宽度预测模型

根据上述的讨论和分析，预测钢-STC 轻型组合桥面结构的最大裂缝宽度计算公式可总结为

$$w_{\max}=\tau_s\beta\alpha_c l_{cr}\frac{\sigma_s}{E_s}\psi \tag{4.117}$$

式中，l_{cr} 通过式 (4.113) 计算；纵向钢筋应力通过式 (4.92)~式 (4.99) 计算，横向钢筋应力通过式 (4.103)~式 (110) 计算；ψ 通过式 (4.115) 计算。

需要注意的是，对于规范 GB50010-2010，计算的最大裂缝宽度为钢筋位置，而本试验中实测最大裂缝宽度位置为 STC 表面，因此，为了将计算结果和试验结果进行对比，需要根据裂缝宽度沿截面高度的分布规律换算为 STC 表面裂缝宽度 ($w_{s,\max}$)，换算示意图如图 4.52 所示，换算公式为

$$w_{s,\max}=w_{\max}\frac{y_0-x}{y_0-x-h_s} \tag{4.118}$$

式中，y_0 是中性轴到 STC 表面的距离；x 是受拉未开裂 STC 的高度；h_s 是纵向受力钢筋形心到 STC 表面的距离。

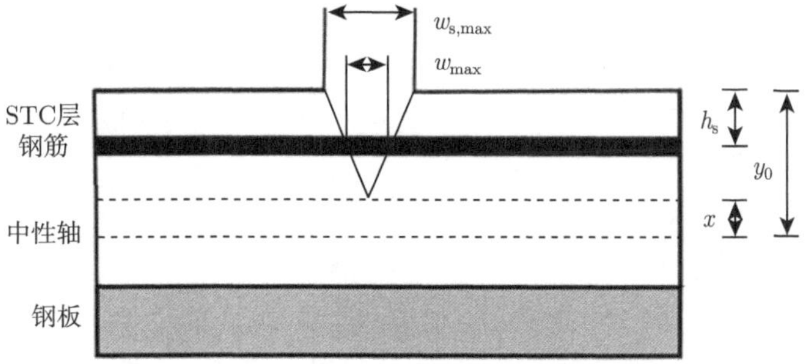

图 4.52 STC 表面裂缝宽度计算示意图

根据式 (4.117) 和式 (4.118) 计算得到的钢-STC 组合结构裂缝宽度曲线如图 4.53 所示。因 STC 材料本身的非匀质性，裂缝的产生和发展具有一定的随机性，因此，部分构件计算结果和试验结果存在一定的差异，如图 4.53 (f) 和 (g) 所

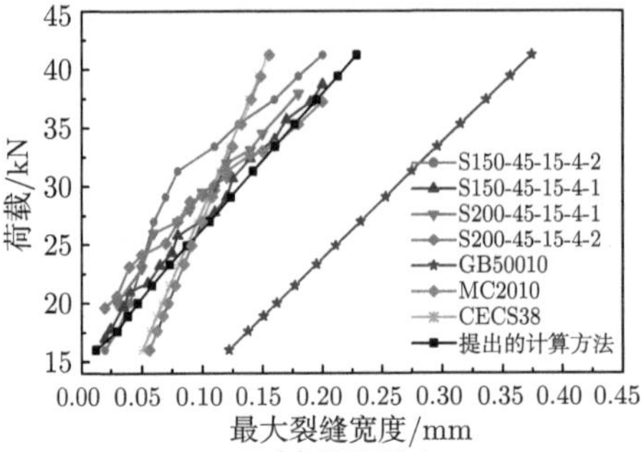

(a) S45-15-4

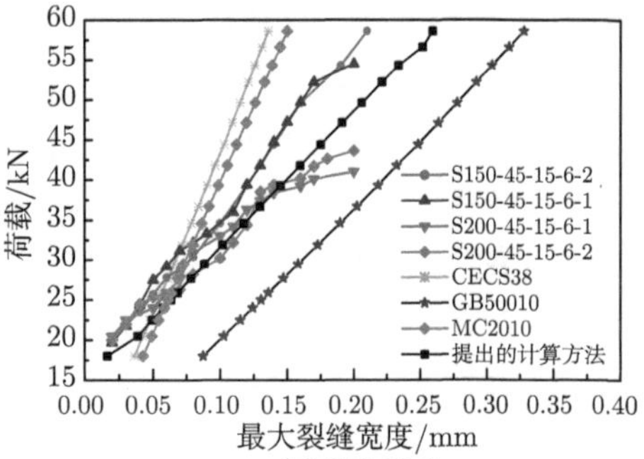

(b) S45-15-6

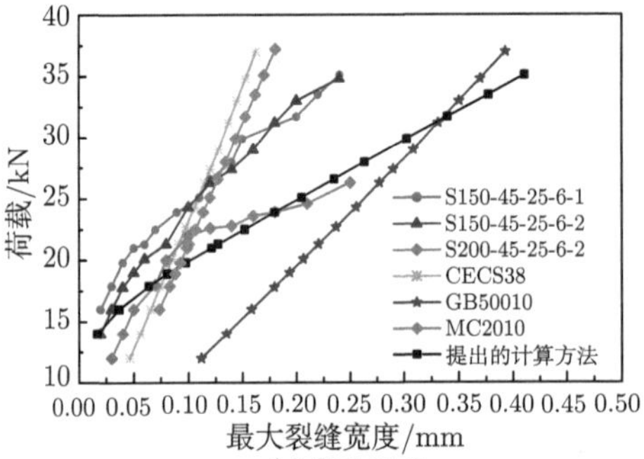

(c) S45-25-6

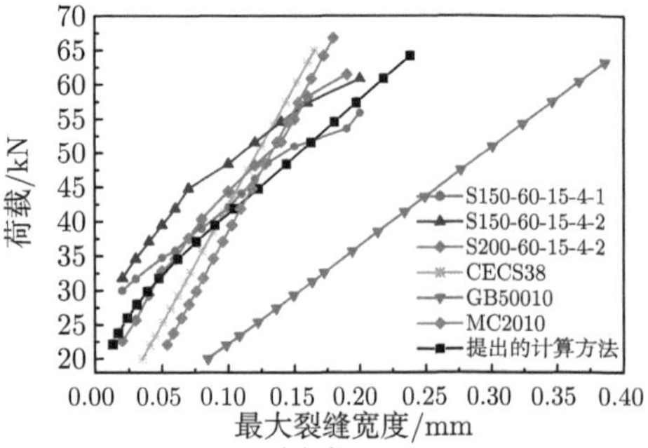

(d) S60-15-4

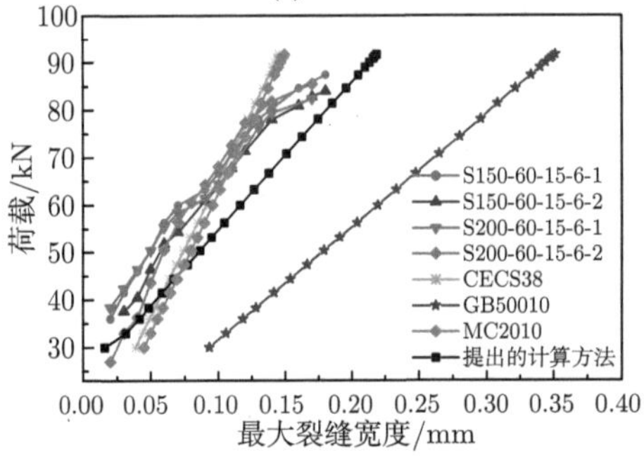

(e) S60-15-6

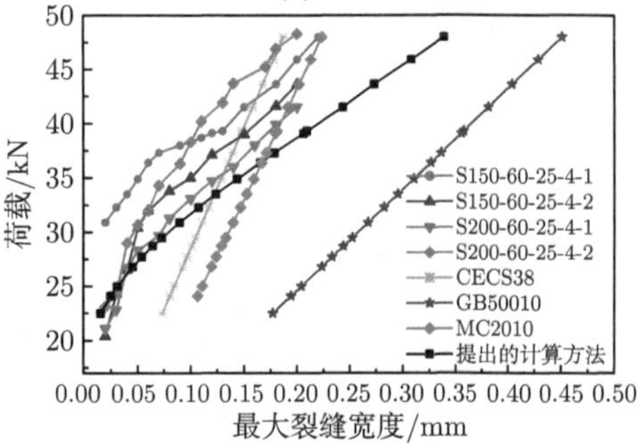

(f) S60-25-4

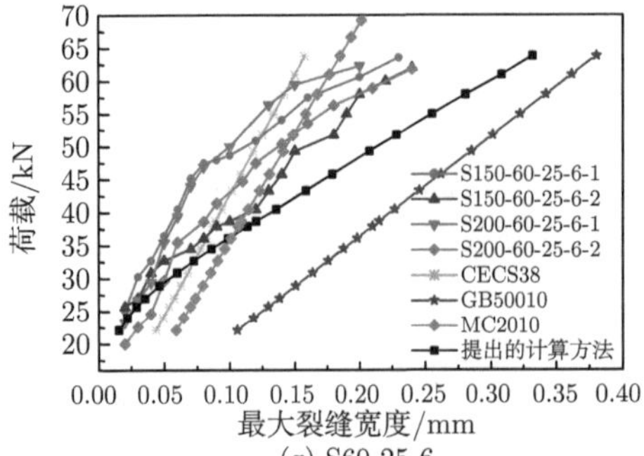

(g) S60-25-6

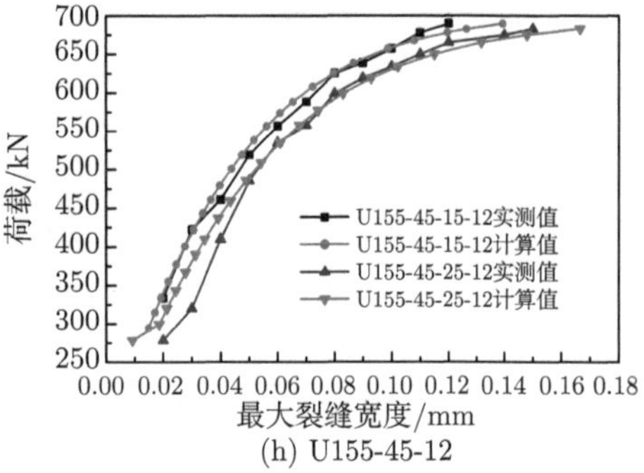

(h) U155-45-12

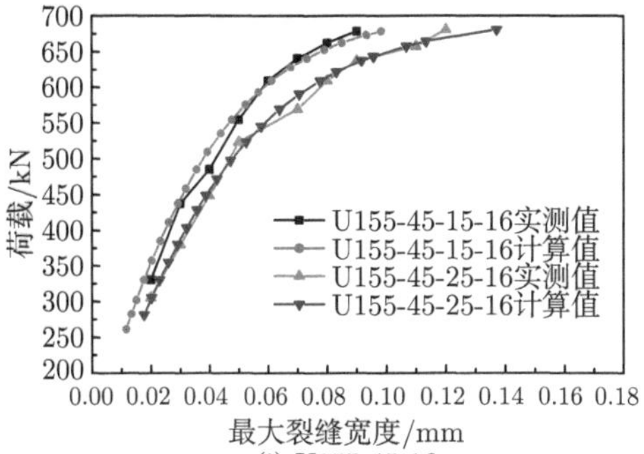

(i) U155-45-16

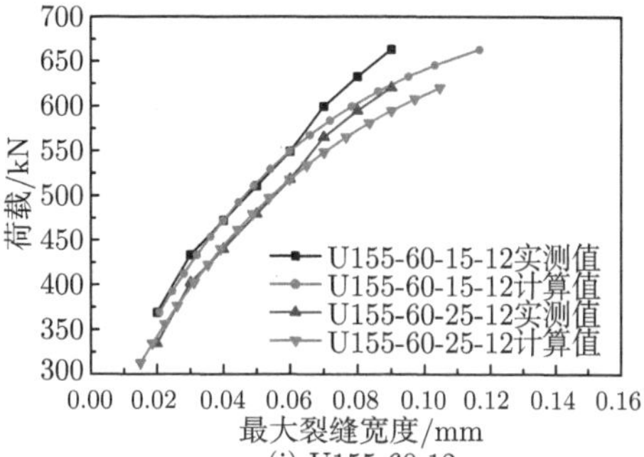

(j) U155-60-12

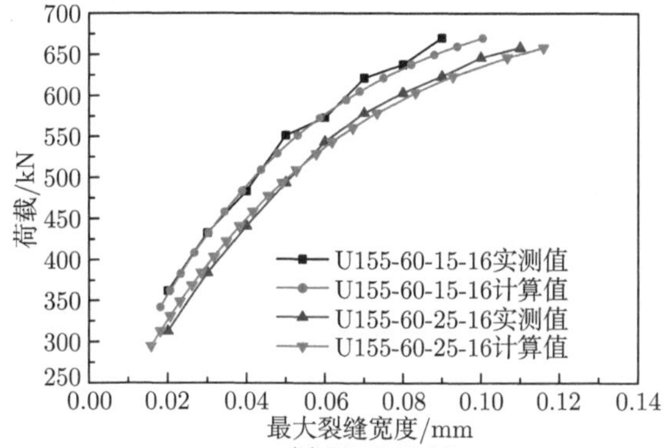

(k) U155-60-16

图 4.53 钢-STC 轻型组合桥面结构计算裂缝宽度和实测裂缝宽度对比图

示。整体而言，无论纵向受力构件还是横向受力构件，根据式 (4.117) 和式 (118) 计算得到的钢-STC 组合结构裂缝宽度和试验实测值吻合较好。

为直观看出本节提出的钢-STC 组合结构裂缝宽度计算方法和现有 STC 构件裂缝宽度计算方法的差别，结合图 4.47 和图 4.53，将不同荷载下构件实测最大裂缝平均值与各种计算方法得到的计算值进行对比，并计算得到其均值和方差如表 4.14 所示。

从表 4.14 可以看出，不同荷载下所有构件实测裂缝宽度与基于 GB50010 的修正公式得到的结果相比，得到的均值为 0.6239，方差为 0.0371，表明此计算方法和试验值误差较大且过于保守。不同荷载下所有构件实测裂缝宽度与基于法国 UHPC 规范中公式得到的结果相比，得到的均值为 1.5863，方差为 0.3215，即计算结果远小于试验实测结果且数据和实测值离散性较大。基于本节所提出的计算方法对比得到的均值为 0.8056，方差为 0.0054，和试验实测值的吻合程度远高于另外两种方法且离散性较小。经统计计算，根据本节提出的裂缝宽度计算方法进行计算保证率超过 95%，可以看出，考虑钢-STC 组合结构特点和主要设计参数影响后，得到的裂缝宽度计算理论精度更高，可用于钢-STC 轻型组合桥面结构的裂缝宽度计算和实际工程设计。

表 4.14　实测裂缝宽度均值与各裂缝宽度计算方法的对比

构件名称	基于 GB50010 的修正公式		法国 UHPC 规范		本节提出的公式	
	均值/mm	方差	均值/mm	方差	均值/mm	方差
S45-15-4	0.597	0.0426	1.877	0.7848	0.885	0.0076
S45-15-6	0.854	0.0642	1.536	0.0668	0.893	0.0059
S45-25-6	0.677	0.0649	1.464	0.443	0.794	0.0027
S60-15-4	0.606	0.0381	1.856	0.2468	0.803	0.006
S60-15-6	0.623	0.0156	1.274	0.0052	0.773	0.0028
S60-25-4	0.499	0.0213	1.772	0.4272	0.701	0.0009
S60-25-6	0.512	0.0127	1.325	0.2770	0.790	0.0117
均值	0.6239	0.0371	1.5863	0.3215	0.8056	0.0054

4.4.5　钢-STC 轻型组合桥面结构裂缝宽度计算理论适用性验证

为了验证本节所提出的钢-STC 轻型组合桥面结构裂缝宽度计算方法的适用性，对文献和本章前文所述 8 个不同纤维类型的钢-STC 组合板构件的裂缝宽度进行计算并和试验结果进行对比。文献 [28] 进行了 10 个钢-STC 组合板构件抗弯试验，其中 8 个为负弯矩抗弯试验，分别为构件 S6-15、S6-22、S4-15、S4-22(构件名称中，4/6 表示纵向钢筋数量，15/22 表示保护层厚度)，相同参数构件各两个。8 个不同纤维类型构件表示为：Z/DS45-4 和 Z/DS45-6。根据文献中构件的参数设置、试验结果和 8 个钢-STC 组合板构件试验结果，利用修正后的裂缝宽度计算公式 (式 (4.117) 和式 (4.118)) 计算得到裂缝宽度值，计算值和文献中的试验结果进行对比，如图 4.54 所示。

可以看出，对于保护层厚度为 22mm 的构件，相同构件的荷载裂缝宽度曲线差别增大，和本节的试验结果相似。计算结果和文献中的试验结果吻合较好，且保证率约为 96%，钢-STC 组合结构最大裂缝宽度计算公式具有一般适用性。

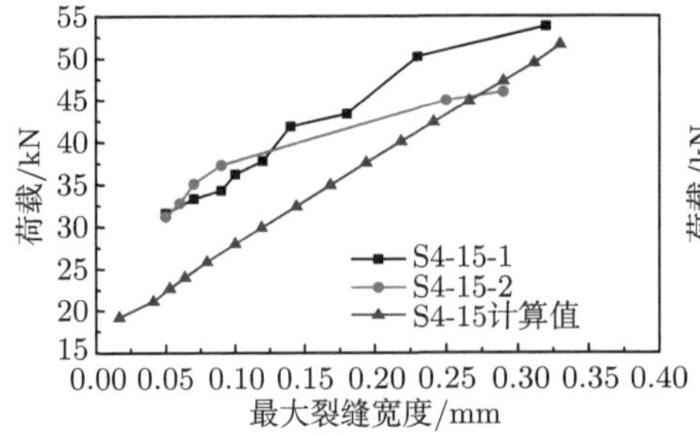

(a) S4-15

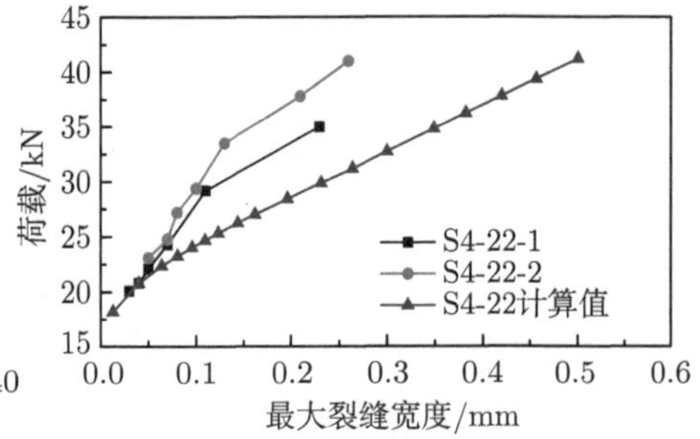

(b) S4-22

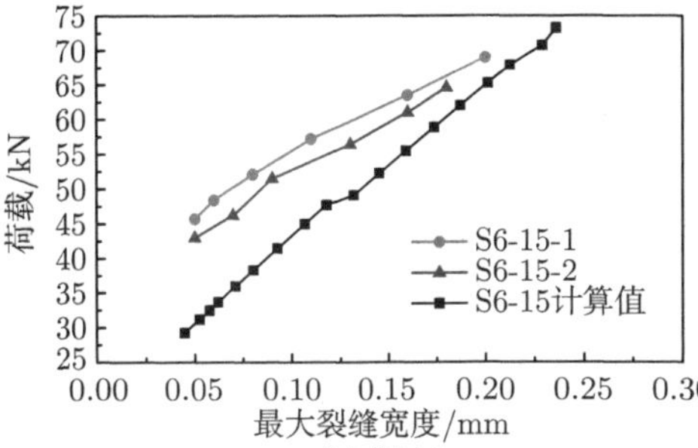

(c) S6-15

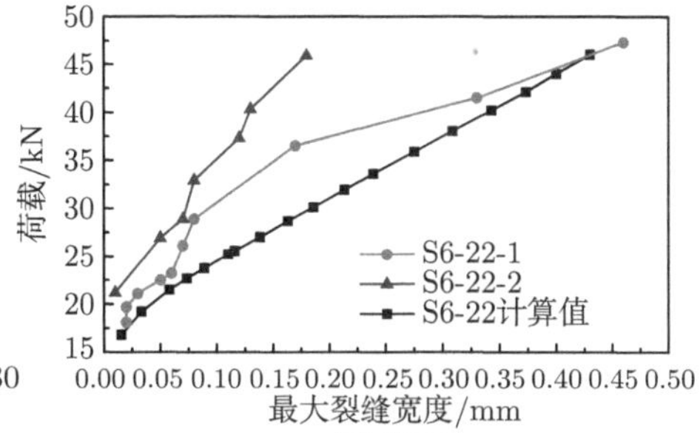

(d) S6-22

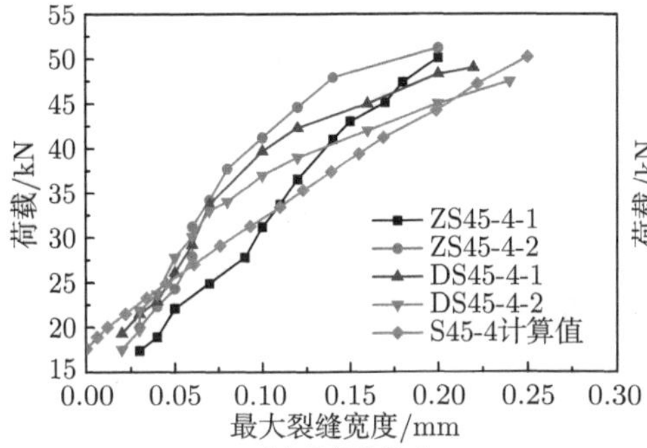

(e) Z/DS45-4

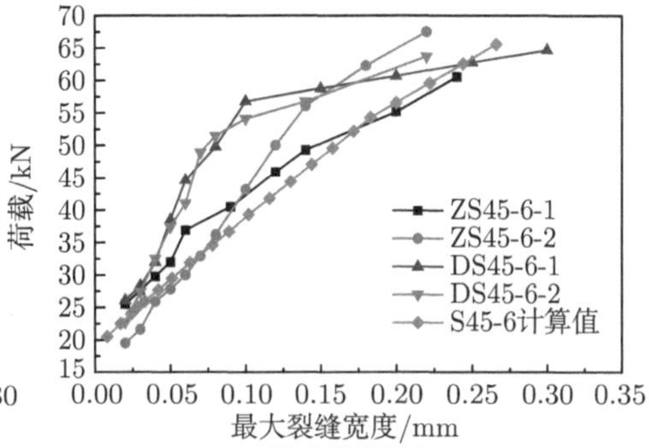

(f) Z/DS45-6

图 4.54 钢-STC 组合结构裂缝宽度计算方法的验证

4.5 轻型组合桥面结构横桥向抗弯足尺模型试验

4.5.1 钢-STC 轻型组合桥面板足尺模型试验

1) 模型设计

为进一步探明轻型组合桥面结构的横桥向抗弯性能，基于杭瑞高速洞庭湖大桥开展了大型足尺模型试验。杭瑞高速洞庭湖大桥是一座主跨 1480m 的双塔双跨钢桁梁悬索桥，桥面全宽 35.4m，吊索间距 16.8m，方案之一是采用带闭口 U 肋的正交异性钢-STC 轻型组合桥面结构。足尺模型 STC 层厚 50mm，钢面板厚 12mm，纵向加劲肋采用 8mm 厚闭口 U 肋，U 肋间距 600mm，U 肋上口宽 300mm，下底板宽 170mm，肋高 280mm。横肋采用 16mm 厚钢板，高度 1m，横肋标准间距 2.8m。模型横向选取 7 道 U 肋宽度；纵向选取 1 跨横肋间距，并向两端各伸出 1.2m，模型构造如图 4.55 所示。STC 层与钢面板通过高度为 35mm，直径为 13mm 的剪力钉连接，剪力钉间距为 150mm×150mm。相邻剪力钉间布置 4 根直径为 10mm 的 HRB400 钢筋，钢筋布置为横向钢筋在上方，纵向钢筋在下方，钢筋净保护层厚度为 15mm。

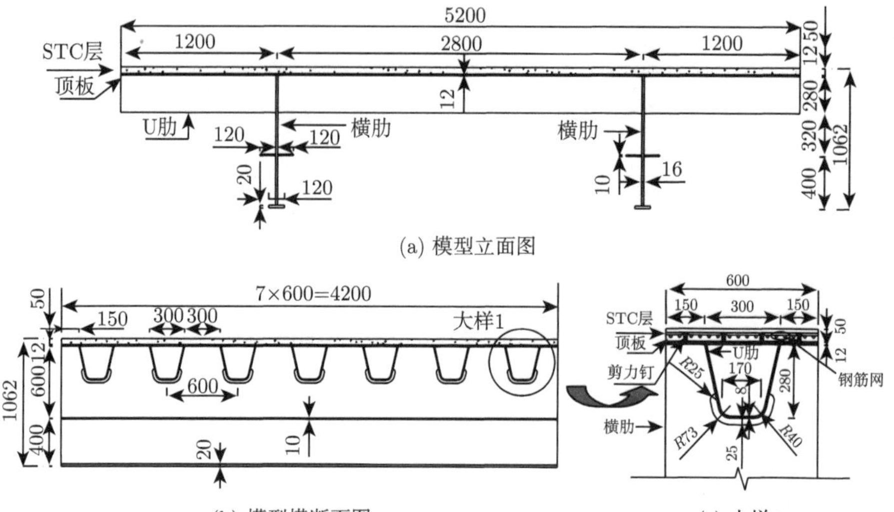

(a) 模型立面图

(b) 模型横断面图　　(c) 大样1

图 4.55　足尺模型构造图 (单位：mm)

2) 模型试验加载及量测方案

为探索钢-STC 组合桥面板的横向受力性能，试验采取了横向简支加载 (简支工况) 和横向悬臂加载 (悬臂工况) 两种工况，以考察横隔板弯曲对桥面板受力的影响程度，两种工况模型布置图如图 4.56 所示，图中支座均支撑于横肋底部，悬臂工况中的上支承位于 STC 层顶面以限制试件竖向位移，加载点位于模型纵向跨中断面。试验采用千斤顶进行加载，在千斤顶与组合桥面板之间设置了一块 600mm×200mm×20mm 的钢垫板及橡胶片以分散荷载。每级荷载增量控制在 30kN 左右，待每级荷载稳定后用 TDS-602 静态数据采集仪采集应变片数据。试验加载至 300kN 后卸载，两种工况的加载过程相同。模型加载照片如图 4.57 所示。

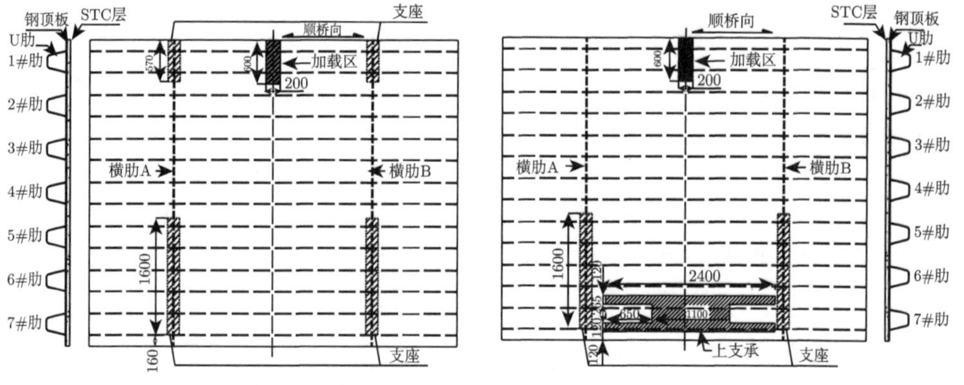

(a) 简支工况模型布置平面图　　(b) 悬臂工况模型布置平面图

图 4.56　两种工况模型布置图 (单位：mm)

图 4.57 加载试验 (悬臂工况)

应变测点主要沿 2#U 肋外侧腹板处桥面板纵向断面 (C-C 断面) 及模型跨中断面布置，为探明组合桥面板在荷载作用下的受力状态，需在每一测点断面的组合桥面板顶底面对应位置布置应变片，以判定第二、第三体系受力的参与程度，具体应变测点布置如图 4.58 所示，其中 “t”(top) 和 “b”(bottom) 分别代表组合桥面板顶、底面应变片编号的首字母，之后的字母和数字表示截面编号。C-C 断面的应变片从横肋 B 至横肋 A 的编号为 t(b)3-2~t(b)3-22，模型跨中断面的应变片从外侧至内侧的编号为 t(b)H-1~t(b)H-10。

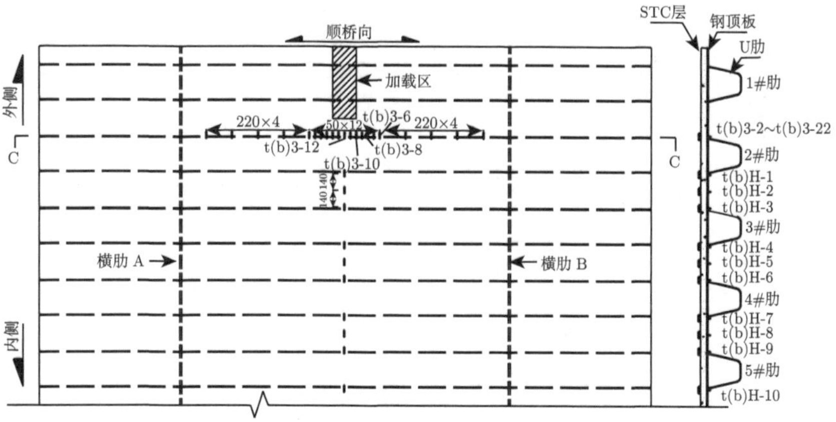

图 4.58 应变测点布置图 (单位：mm)

4.5.2 有限元模型建立

为将试验结果与理论结果进行对比，应用数值分析软件 ANSYS 建立有限元模型，对模型试验进行辅助分析。由于试验过程中模型各部分均处于弹性状态，本节仅对试验模型进行线弹性的模拟分析。模型除剪力钉外各部件均采用 solid95 单元模拟，剪力钉采用 combin14 单元模拟，并将 STC 层与钢面板界面间所有节点的竖向自由度进行耦合，忽略 STC 层与钢面板界面的横向黏接抗剪能力 [13]，建立如图 4.59 所示的有限元模型。简支工况的边界条件为横肋下方对应实际支撑位置处的节点约束三个方向的平动自由度；悬臂工况的边界条件为横肋下方对应实际支撑位置处的节点约束三个方向的平动自由度，同时 STC 层上方对应上支承位置处的节点约束竖向自由度。

(a) 简支工况有限元模型　(b) 悬臂工况有限元模型　(c) 网格划分

图 4.59　足尺有限元模型

4.5.3　钢-STC 轻型组合桥面板横向受力分析

1) 组合桥面板横向应力在单轮荷载下的横向影响范围

两种工况下，当轮载为 140kN 时，组合桥面板在荷载作用下沿跨中断面的横向应力分布如图 4.60 所示。从图中可看出，车轮荷载作用下，组合桥面板受力较大的区域主要在最外侧两道 U 肋范围内，组合桥面板受力表现出明显的局部性。总体而言，试验结果与理论计算值吻合较好。

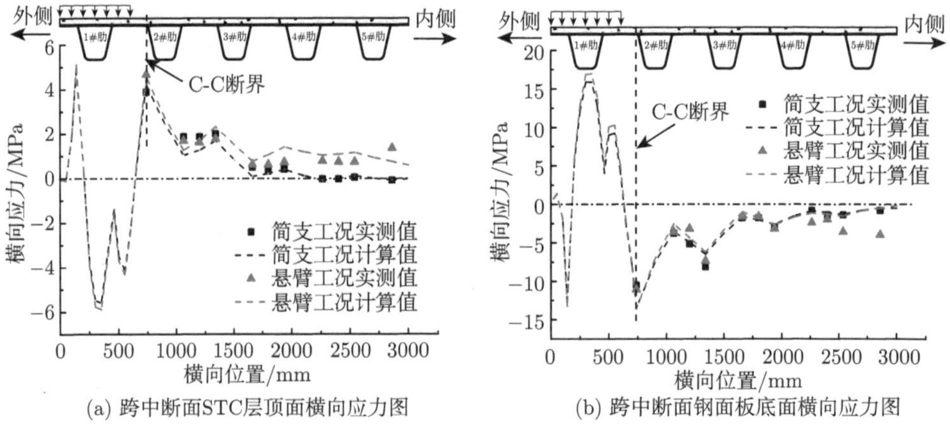

(a) 跨中断面STC层顶面横向应力图　(b) 跨中断面钢面板底面横向应力图

图 4.60　跨中断面横向应力图

由图 4.60 可知，在两种工况下，跨中断面的横向应力在与 C-C 断面交界处均出现应力峰值。简支工况下，组合桥面板顶、底面实测横向应力在该交界处分别为

3.89MPa 和 −10.49MPa；悬臂工况下，组合桥面板顶、底面的实测横向应力在同一位置处分别为 4.67MPa 和 −11.09MPa。两种工况下的应力差值仅为悬臂工况下应力值的 16.7%和 5.4%，说明在荷载作用影响区域内，横肋弯曲产生的桥面板整体附加弯矩影响很小，桥面板受力以第三体系为主。而在 3#至 5#纵肋范围内，组合桥面板在同一断面处，其顶、底面的横向应力在两种工况下的差值分别达到了悬臂工况下的 64%和 12%，说明在 3#至 5#纵肋范围内的组合桥面板，其横向受力以第二体系为主。

2) 组合桥面板横向应力在单轮荷载下的纵向影响范围

两种工况下，选取荷载为 140kN 时 C-C 断面处组合桥面板的横向应力进行对比分析。由于该断面的应变测点沿跨中对称分布，且试验数据亦具有对称性，这里仅选取横肋 B 至跨中的应变数据进行对比如图 4.61 所示。图 4.61(a) 显示，在两种工况下，STC 层顶面的横向应力计算值普遍大于实测值，这是由于计算模型忽略了 STC 层与钢面板间的黏结力与摩擦力，使得计算结果偏于安全。总体而言，计算结果与实测结果吻合良好。

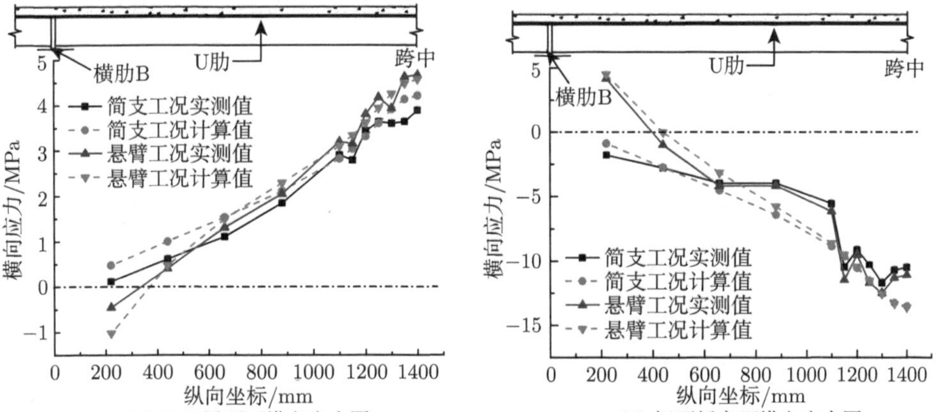

(a) STC层顶面横向应力图　(b) 钢面板底面横向应力图

图 4.61　C-C 断面处组合桥面板横向应力图

由图 4.61 可以看出，在简支工况下，随着 C-C 断面的测点位置逐渐靠近跨中，桥面板顶、底面的横向应力逐渐增大，而且在 1100~1400mm 范围内，应力增长速度加快，这是因为该区域受荷载作用的局部影响较为明显。在悬臂工况下，距横肋 B 200mm 处附近的断面，桥面板顶、底面的横向应力值符号与简支工况相反；而在 C-C 断面的其他位置，悬臂工况下组合桥面板顶、底面的横向应力值与简支工况同号，分析是由于悬臂工况相对简支工况而言，横肋受弯导致横肋附近的 STC 层上表面出现一定的压应力，事实上，悬臂工况可看成是简支工况与简支支撑下沉这两种工况的叠加；而在跨中区域，桥面板在两种工况下的横向应力则同号。在距横肋 B 350~730mm 的范围内，悬臂工况下 STC 层顶面的横向应力小于简支工况；而在 730~1400mm 的范围内，悬臂工况下 STC 层顶面的横向应力则大于简支工况，最大差值达到简支工况的 7.3%，这是由于横肋弯曲使得桥面板产生整体的附加弯矩，同时说明跨中单侧 500 mm 范围内的桥面板已足够远离横肋，根据圣维南原理，它们能够较真实地反映横肋弯曲变形对桥面板整体的影响。两种工况下，在 200~1400mm 范围内，桥面板顶、底面均有较大的横向应力值且变化趋势一致，说明整跨横肋间距范围内的桥面板，其横向应力均受局部车轮荷载的影响。

3) 试验结果对比分析

由前述分析，C-C 断面处跨中单侧 500mm 范围内的桥面板能较真实地反映横肋弯曲的影响。因此，本节以 C-C 断面在该范围内的四个典型测点断面进行实测数据与理论计算值的对比分析，以反映各测点应变随荷载的变化关系，如图 4.62、图 4.63 所示。试件变形如图 4.64 所示。

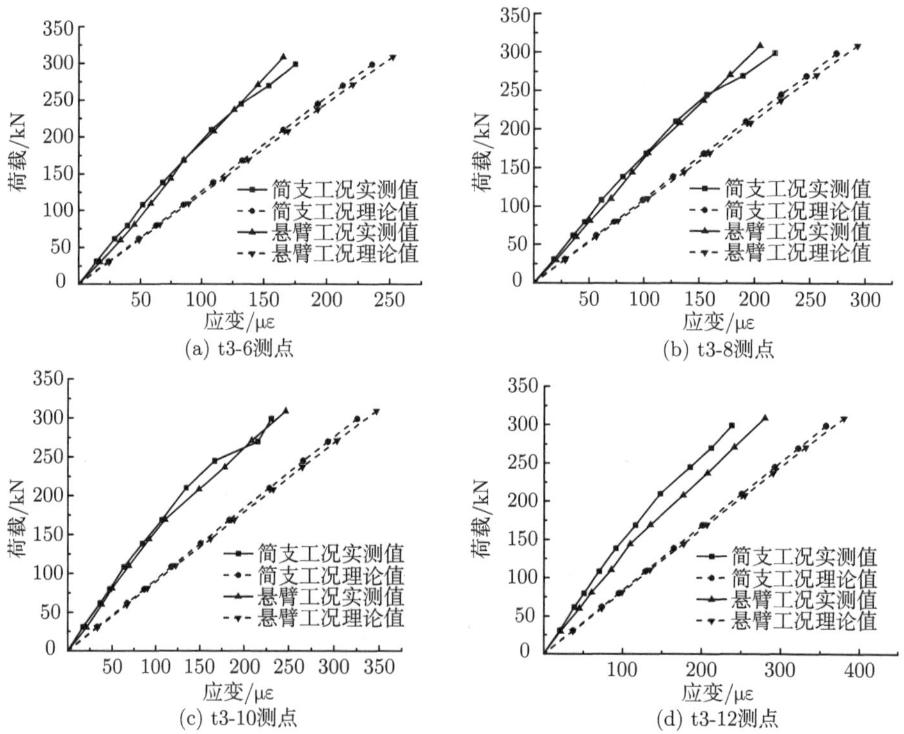

图 4.62　STC 层顶面测点荷载–应变曲线

图 4.62、图 4.63 表明，由于模型计算结果偏于安全，使得各曲线中理论值大于实测值，但总体上荷载–应变曲线理论值与实测值吻合较好且基本呈线性变化，组合桥面板横向受力处于弹性阶段。当加载至 300kN 时，荷载达到规范规定的车辆单

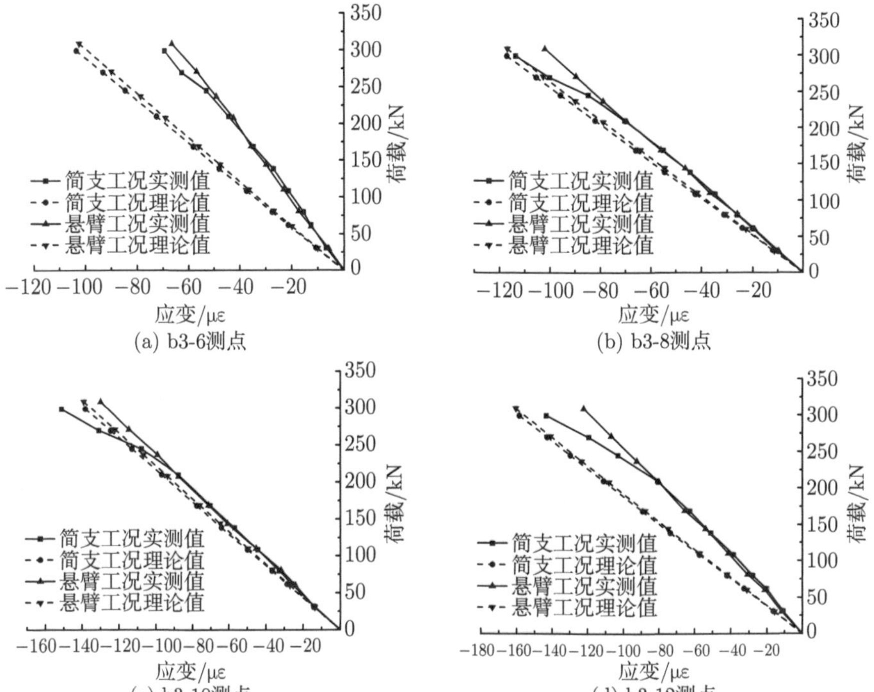

(a) b3-6测点 (b) b3-8测点

(c) b3-10测点 (d) b3-12测点

图 4.63 钢面板底面测点荷载-应变曲线

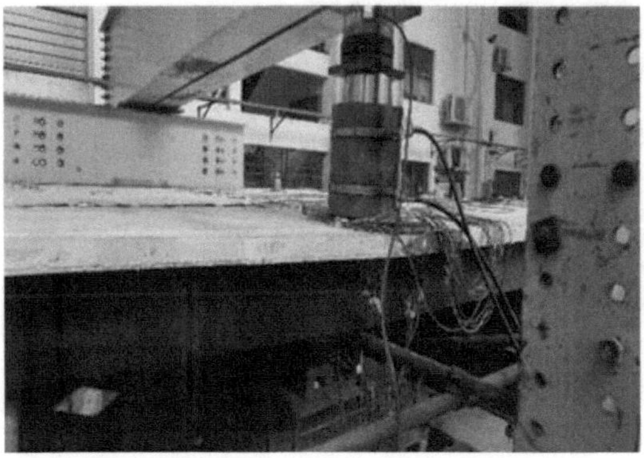

图 4.64 悬臂工况下桥面板变形图

轮荷载并计入 0.3 倍冲击系数后所得荷载的 300/(1.3×70)≈3.3 倍。根据文献 [14]，岳阳洞庭湖二桥采用本节所述方案时，STC 层顶面最人横向拉应力为 4.13MPa，而 300kN 时，悬臂工况实测 STC 层顶面最大横向拉应力为 11.9MPa 而未出现开裂现象，满足设计要求，组合桥面板表现出良好的横向受力性能。

将 140kN 时的简支工况和悬臂工况的实测结果对比如表 4.15 所示。

表 4.15 两种工况下各测点横向应力对比

应变测点	简支工况/MPa	悬臂工况/MPa	悬臂/简支 −1/(%)
t3-6	2.91	3.19	9.6
t3-12	3.89	4.67	20.0
b3-6	−5.55	−6.14	10.6
b3-12	−10.49	−11.09	5.7
tH-7	0	0.78	—
bH-7	−0.79	−2.38	201.2

从表 4.15 中可以看出，悬臂工况相对简支工况而言，STC 层上表面及钢面板下表面应力 (绝对值) 均有所增大。分析原因是在简支工况中，横肋下方设置支撑，荷载作用下，组合桥面板受力基本为第三体系受力；而在悬臂工况中，横肋有一定悬臂长度，其在荷载作用下会产生弯曲变形，此时组合桥面板除了自身发生弯曲变形外，还受到横肋弯曲的影响而作为横肋上翼缘参与受力，桥面板的横向受力相当于第二、三体系受力的组合。但由于本节所选取的 3 系列测点距离加载点较近，受荷载作用的影响更为明显，因而两种工况下，它们的横向应力增量在 20%以内，变化幅度较小，受力均以第三体系为主。而 3#~5#肋上方的 H 系列测点距离加载点较远，受横肋弯曲引起的组合桥面板整体弯曲变形的影响较为显著，因而在两种工况下，tH-7 测点的应力由零变为拉应力，bH-7 测点的压应力增大了 2 倍，该区域组合桥面板横向受力以第二体系为主。

4) 组合桥面板的横向受力组成分析

为研究组合桥面板在车轮荷载作用下的横向受力组成，即探明第二、第三体系受力的贡献，本节选取 140kN 的荷载进行计算分析。假定横肋刚度无穷大 (计算时，横肋弹模取为 2.06×10^8GPa)，其他加载条件不变，边界条件同简支工况，利用前述有限元模型进行计算，并将此情形记为工况 3，相应的横向受力即为第三体系受力。将计算所得组合桥面板顶、底面横向应变按材料力学方法进行单位宽度换算截面的弯矩合成 [15]，取钢材弹性模量为 E_s=206GPa，则钢材与 STC 层的弹模比为 $n_s = E_s/E_c$=4.84，h_c、h_s 分别为 STC 层和钢面板的厚度，ε_c 和 ε_s 分别为 STC 层顶面和钢面板底面的横向应变，a_s 为钢筋保护层厚度，A_s 为钢筋面积，b_0 为单位宽度。具体换算示意图见图 4.65。则换算截面受压区高度为

$$x_0 = \frac{n_s b_0 h_s \dfrac{h_s}{2} + b_0 h_c\left(\dfrac{h_c}{2} + h_s\right) + (n_s - 1)A_s(h_c + h_s - a_s)}{n_s b_0 h_s + b_0 h_c + (n_s - 1)A_s} \tag{4.119}$$

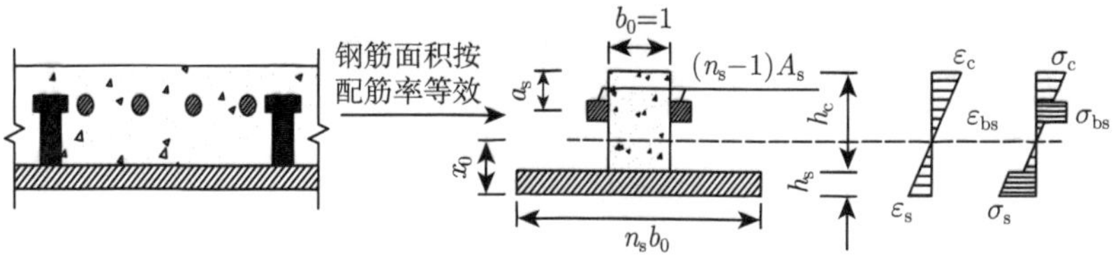

(a) 原组合截面　(b) 单位宽度换算截面　(c) 截面应变及应力

图 4.65 单位宽度换算截面示意图

换算截面惯性矩为

$$I_0=\frac{b_0h_c^3}{12}+b_0h_c\left(\frac{h_c}{2}+h_s-x_0\right)^2+\frac{n_sb_0h_s^3}{12}+n_sb_0h_s\left(\frac{h_s}{2}-x_0\right)^2+(n_s-1)A_s(h_c+h_s-a_s-x_0)^2 \tag{4.120}$$

换算截面面积为

$$A_0=b_0h_c+n_sb_0h_s+(n_s-1)A_s \tag{4.121}$$

由于按实测组合桥面板顶、底面应变确定的中性轴可能与换算截面几何中性轴不重合，引入一轴力 N 来表示两者的差别，从而弯矩 M 的计算公式如下:

$$\begin{cases}\dfrac{N}{A_0}+\dfrac{M}{I_0}(x_0-h_c-h_s)=\varepsilon_cE_c\\[2mm]\dfrac{N}{A_0}+\dfrac{M}{I_0}x_0=\varepsilon_sE_s/n_s\end{cases} \tag{4.122}$$

将三种工况下单位宽度截面横向弯矩计算结果汇总如表 4.16 所示。

表 4.16 三种工况下单位宽度截面横向弯矩

截面编号	简支工况/ (kN·m)		悬臂工况/ (kN·m)		工况 3(c)/(kN·m)	(a/b)/%	(c/b)/%
	实测值	计算值 (a)	实测值	计算值 (b)			
3-6	−2.64	−4.36	−2.91	−4.59	−3.44	95	75
3-8	−3.47	−5.02	−3.76	−5.30	−4.12	94	78
3-10	−3.92	−5.96	−4.25	−6.29	−5.05	95	80
3-12	−3.95	−6.62	−4.54	−7.00	−5.71	94	82
H-1	−1.73	−0.54	−1.57	−0.58	−1.07	93	184
H-4	−0.56	−0.29	−0.61	−0.50	−0.25	58	50
H-7	−0.13	−0.17	−0.82	−0.80	−0.12	21	15
H-10	−0.13	−0.09	−1.41	−0.49	−0.05	18	10

注：1. 截面横向弯矩以 STC 层上缘受压为 +；2. 令简支工况计算值为 a，悬臂工况计算值为 b，工况 3 计算值为 c；3. 在悬臂工况的边界条件下，桥面板同时包含第二、第三体系受力的成分，故以悬臂工况的计算值 b 作为截面的横向弯矩总值。

从表 4.16 中可看出，简支工况与悬臂工况的实测值和计算值均吻合良好，可利用它们的计算值与工况 3 的计算值进行对比如下。总体而言，a/b 大于 c/b，这是由于横肋的实际刚度并非无穷大，虽然简支工况中在横肋下方设置支撑，在荷载作用下横肋仍会产生一定变形，因而简支工况的结果介于悬臂工况和工况 3 之间；在 3 系列截面处，a 的值略小于 b 的值，c 也达到 b 的 75%，这是因为 3 系列截面距离加载点较近，在三种工况下，其横向受力均以第三体系为主，而第二体系的影响较小；H-1 为 2#肋内侧腹板在跨中处对应的截面，该截面对应的 a 和 b 几乎相同，但 c 要大于 a 和 b 的值，作者分析是由于 H-1 截面仍处于局部轮载影响范围内，横向受力仍以第三体系为主，但由于工况 3 横肋刚度趋于无穷大，使得桥面板受力更均匀，桥面板在跨中断面的横向应力曲线更为平顺；而 H 系列的其他截面位于 3#肋到 5#肋之间，距离加载点较远，其第三体系受力占总弯矩的比重迅速减小，横向受力主要为第二体系受力。可见，在局部轮载影响区域内，组合桥面板横向受力以第三体系为主，但在其他区域均以第二体系受力为主。

5) 足尺模型试验小结

对正交异性钢-STC 轻型组合桥面结构进行了足尺模型试验研究，初步探明了其在局部轮载作用下的横向受力性能，从而对这种轻型组合桥面结构应用于实际工程起到指导作用。

在横桥向，轻型组合桥面板的横向应力主要局限于荷载作用区域附近的两道 U 肋范围内，而后迅速衰减；在顺桥向，整跨横肋间距内桥面板的横向应力均受荷载影响。因此，桥面板的横向受力表现出很强的局部性。

横桥向位于外侧两道 U 肋范围内，纵桥向在跨中截面前后共 1000mm 范围内的桥面板，其横向受力主要以第三体系为主，第三体系受力引起的弯矩达到了总弯矩的 75%；而在此范围之外，组合桥面板横向受力以第二体系为主。

悬臂工况中，单轮荷载增加至 300kN 时，STC 层顶面最大横向应力达到 11.9MPa 而未出现开裂现象，大于洞庭湖二桥在设计车辆荷载作用下的 4.13MPa 的 STC 层顶面最大横向拉应力，此时钢-STC 轻型组合桥面板受力仍处于弹性阶段，其受力性能满足工程应用需求。

4.6　轻型组合桥面结构高抗裂性能机理分析

4.6.1　研究目的

以上的试验研究，均是对轻型组合桥面的纵横向条带模型进行的，而实际桥面结构是由几十条纵肋和多横隔板构成。在局部轮载作用下，其抗裂性能与板条模型的抗裂性能间是什么关系？本节分别基于单肋钢-STC 梁试件和大型板试件试验结果进行有限元分析，探讨两者抗裂性能之间的关系。

4.6.2 钢-STC 组合结构试验介绍

4.6.2.1 试验概况

本节未开展新的模型试验，而是对项目组前期的试验结果进行受力分析。本节具体设计两个轻型组合桥面结构的受力分析，一是钢-STC 组合梁试件，为文献 [36] 报道的模型试验，不予赘述；另一个是钢-STC 组合桥面板试验，为本章 4.5 节介绍的大型足尺模型试验。为便于后文分析，梁试件和板试件分别编号为试件 S-U-beam 和 S-U-deck，试件的尺寸及构造参数见表 4.17。表 4.17 中试件 S-U-beam 和 S-U-deck 中 U 肋高均为 280 mm；钢材为 Q345 钢，纵横向钢筋均为 HRB400；栓钉为 Φ13 mm×35 mm 的短栓钉。试件的详细几何尺寸和构造见图 4.66、图 4.67。

表 4.17 钢-STC 组合梁、组合桥面板试验参数 (单位：mm)

试件名称	试件编号	试件长	试件宽	U 肋高	STC 厚	钢筋间距	栓钉间距
钢-STC 组合梁	S-U-beam	3200	600	280	50	33.3	200
钢-STC 组合桥面板	S-U-deck	5200	4200	280	50	37.5	150

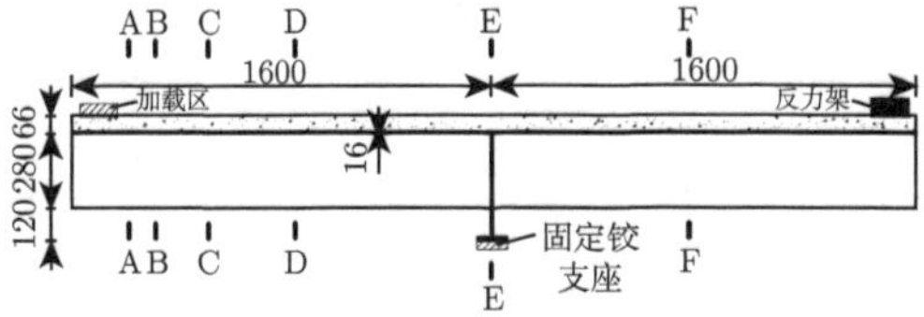

(a) 试件纵截面

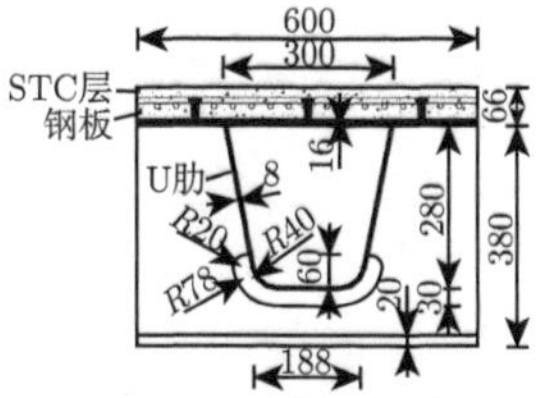

(b) 试件侧视图

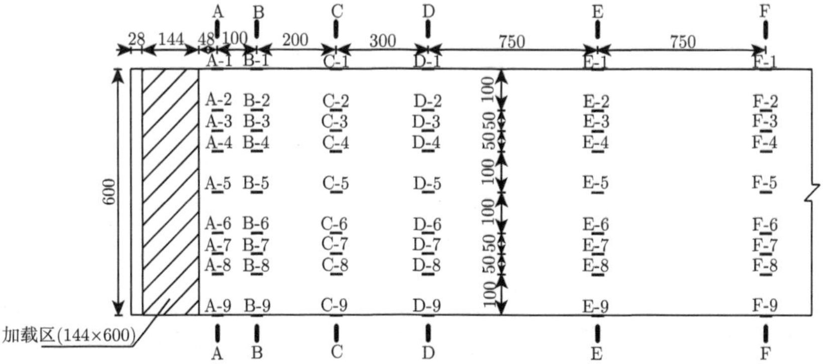

(c) 试件应变测量布置

图 4.66 钢-STC 组合梁一般构造图 (单位:mm)

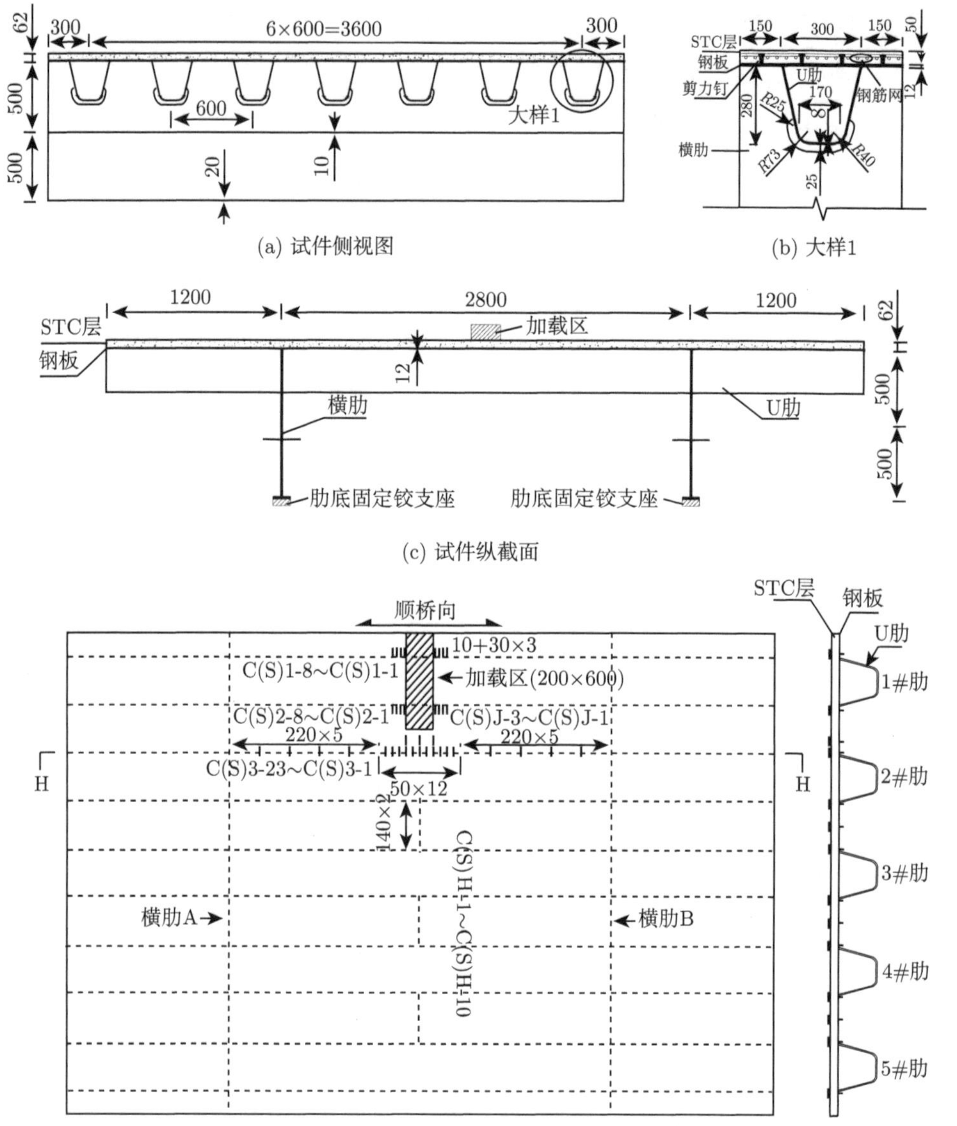

(a) 试件侧视图　(b) 大样1

(c) 试件纵截面

(d) 应变测量位置

图 4.67　钢-STC 组合桥面板一般构造图 (单位:mm)

4.6.2.2　试验加载及测点布置

对于 S-U-beam 试件，加载情况及测点布置如图 4.68 所示。采用悬臂负弯矩设计进行加载，横肋底部采用固定铰支座约束，悬臂端一侧加载，另一侧约束其竖向位移。每级荷载控制在 10kN 左右，每级荷载稳定后记录关注位置的应变和位移，开裂后，测量和记录 STC 层的裂缝发展情况。

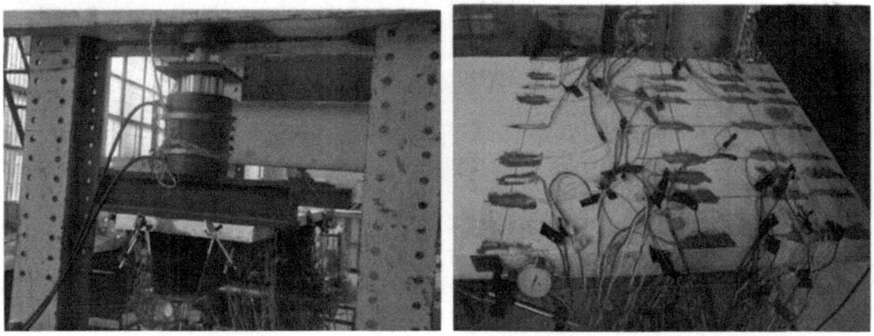

(a) 加载装置　　(b) 测点布置

图 4.68　试件 S-U-beam 加载装置及测点布置

对于试件 S-U-deck，按照悬臂板横向荷载的设计进行加载，已在本章 4.5 节中详细介绍了试验方法与过程。采用 150t 油压千斤顶进行加载，每级荷载控制在 30kN 左右，每级荷载加完稳定后记录应变片的应变和位移计读数，试件开裂后，记录 STC 层的裂缝宽度和长度。试验照片如图 4.69 所示。

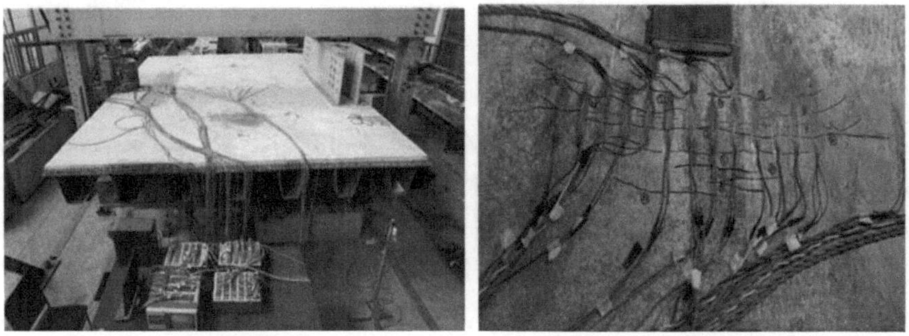

(a) 加载装置　　(b) 测点布置

图 4.69　试件 S-U-deck 加载装置及测点布置

4.6.2.3　试验结果分析

根据相关研究，当 STC 的裂缝宽度小于 0.05mm 时，裂缝基本不可见，且对其耐久性毫无影响，因此，本节将裂缝宽度 0.05mm 定义为 STC 开裂与否的界限，偏保守地取其前一级荷载读数为开裂荷载 F_{cr}。

对于梁试件 S-U-beam，加载至 110.8kN 时，横肋正上方截面 (E-E 截面)STC 表面出现第一条裂缝，裂缝宽度为 0.03mm；继续增加荷载，裂缝持续发展，当荷载加至 181.0kN 时，最大裂缝宽度达到 0.05mm，偏保守地取其前一级荷载 168.6kN 为开裂荷载；荷载加至 226.7kN 时，STC 层侧面出现 4 条裂缝，其中两条裂缝宽度 0.03mm，另外两条裂缝宽度 0.04mm；荷载加至 289kN 时，STC 最大裂缝宽度达到 0.13mm，主裂缝贯穿 E-E 截面，裂缝实测长度约为 600mm，继续加载，横肋发生屈曲，对试件进行卸载，试验结束。

对于板试件 S-U-deck，加载至 480kN 时，2#肋外侧腹板处纵向截面附近出现第一条裂缝，裂缝宽度为 0.02mm；荷载加至 986kN 时，最大裂缝宽度达到 0.05mm，以其前一级荷载为开裂荷载，即开裂荷载为 958kN；荷载加至 1240kN 时，测得最大受拉裂缝宽度为 0.07mm，裂缝实测分布长度为 600mm，受拉区 STC 仍处于裂缝发展阶段，随着荷载继续增加，加载点处 1#肋上方 STC 突然局部压溃，无法继续增加荷载，试件破坏。

梁试件和板试件的试验结果汇总见表 4.18。

表 4.18　试验结果汇总

试件类型	开裂截面	开裂荷载 (F_{cr})	极限荷载 (F_u)
钢-STC 组合梁	E-E 截面	168.6kN	289kN
钢-STC 组合桥面板	H-H 截面	958kN	1240kN

4.6.3　有限元计算分析

4.6.3.1　材料本构模型

1) STC 本构模型

本节的非线性有限元分析均在 ABAQUS/Standard 中进行 [37]。STC 弹性模量 E_c 取 42.6GPa，泊松比 υ=0.2，选择 ABAQUS 材料库中的损伤塑性 (concrete damage plasticity，CDP) 模型来模拟 STC，CDP 模型适用于抗拉、抗压强度不同的材料，材料的受压、受拉本构关系需要分别确定，相关参数均按 ABAQUS 的推荐取值选取 [37]：剪切角为 36°，偏心率为 0.1，双轴与单轴抗压强度比值为 1.16，K 值为 0.6667，黏性系数为 0。本节计算采用的 STC 本构关系曲线如图 4.70 所示。其中，ε_0=3500 με，$\xi=\varepsilon/\varepsilon_0$；$f_c$ 为圆柱体抗压强度；$n=E_c/E_s$，E_c 为初始弹性模

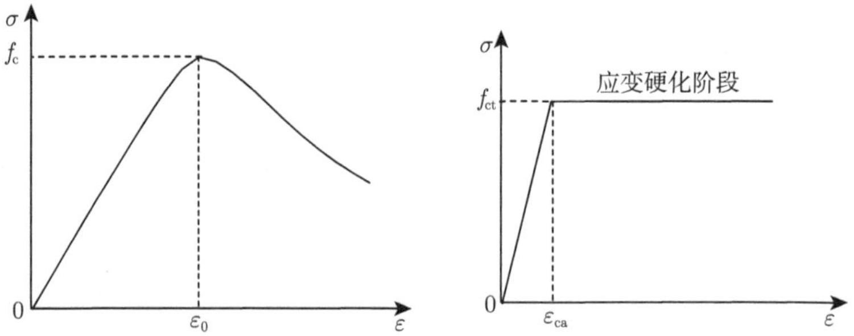

(a) 受压本构关系　　(b) 受拉本构关系

图 4.70　STC 本构关系曲线

量，E_s 为峰值点的割线模量；研究表明，STC 圆柱体抗压强度与立方体抗压强度之间换算系数约为 0.95，故取 f_c=0.95，f_{cu}=133.3MPa，f_{ct} 为应变硬化阶段平均应力；ε_{ca} 为弹性阶段峰值应变。上述各参数在本节中取值为：f_{ct}=8.0MPa，ε_{ca}=200με。

2) 钢材本构模型

钢板和钢筋均采用理想弹塑性本构关系，试验中钢板为 Q345 钢，f_y=345MPa，$E_s=2.06\times10^5$MPa；钢筋为 HRB400，f_y=400MPa，$E_s=2.0\times10^5$MPa。二者本构关系见图 4.71。

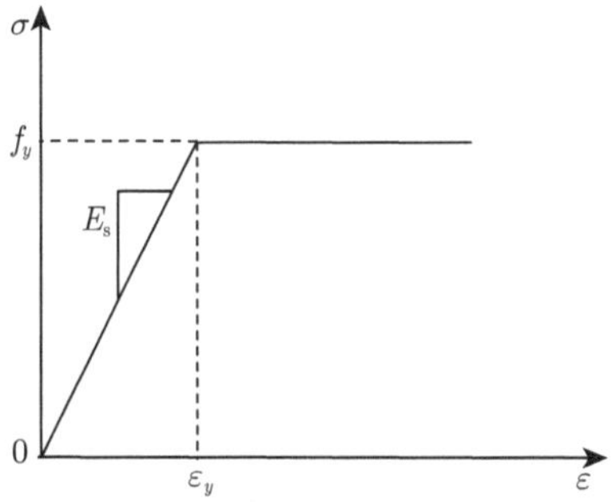

图 4.71 钢材本构关系曲线

4.6.3.2 有限元建模加载

对于梁试件 S-U-beam，由于模型较小，STC、钢板、U 肋及横肋均采用 C3D8R 实体单元模拟；钢筋采用 T3D2 两节点三维桁架单元模拟；栓钉采用弹簧 Springs 模拟；弹簧纵向和横向刚度设置为 120kN/mm，竖向刚度为 780kN/mm，钢筋以"Embedded" 的方式嵌入 STC 中，钢板和 STC 界面采用 ABAQUS 软件默认的"硬" 接触。

对于板试件 S-U-deck，STC 采用 C3D8R 实体单元模拟；钢筋采用 T3D2 两节点三维桁架单元模拟；由于模型较大，为了方便计算，钢板、U 肋及加劲肋不采用实体单元，而采用 S8R 八节点厚壳单元模拟；栓钉采用 B31 梁单元模拟；钢筋以"Embedded" 的方式嵌入 STC 中，钢板和 STC 界面同样采用 "硬" 接触。

与 ANSYS 线弹性分析不同，ABAQUS 非线性分析考虑材料非线性和几何非线性，且组合结构界面接触复杂，计算耗时较长且计算收敛存在一定难度，为提高计算效率，可适当增大网格尺寸，对于组合梁模型，STC 和钢梁单元网格尺寸设置为 20mm×20mm，STC 厚度方向均分为四等份；对于组合板模型，根据对称性取半结构进行建模计算，加载区域附近 STC 单元网格尺寸设置为 25mm×25mm，远离加载区域的 STC 网格设置为 25mm×50mm，厚度方向均分为四等份。

试验测得组合梁、组合板的破坏荷载分别为 289kN 和 1240kN，其中组合梁加载区域面积为 $144\times600=86400\text{mm}^2$，因而对应的面荷载为 3.34MPa。组合板加载区域面积为 200×600=120000mm^2，因而对应的面荷载为 10.33MPa。

4.6.4 计算结果与分析

采用 ABAQUS 建立试件 S-U-beam、S-U-deck 的有限元模型，进行非线性分析，得到有限元计算结果，并与试验结果进行对比分析。

4.6.4.1 荷载–挠度关系曲线

钢-STC 组合梁、钢-STC 组合桥面板试验及有限元计算的荷载–挠度曲线如图 4.72 所示。图 4.72 中，横坐标为模型加载点挠度，对于两个模型而言，均为结构的最大挠度，纵坐标为荷载值。

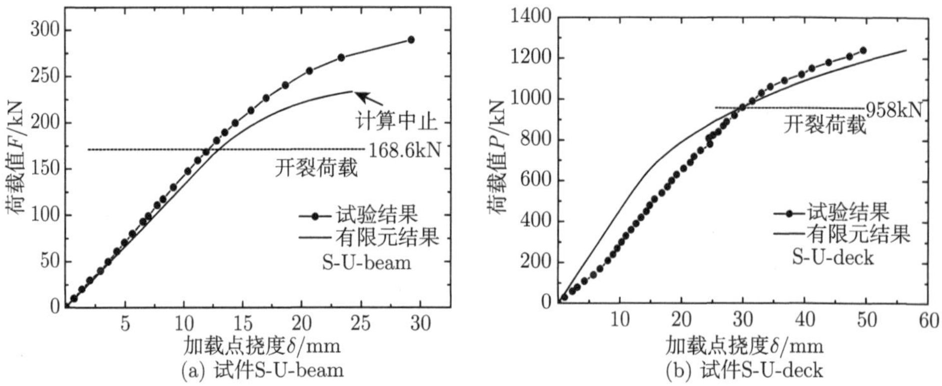

图 4.72 荷载–挠度曲线

由图 4.72 可知：

(1) 试件 S-U-beam 和试件 S-U-deck 试验测量得到的荷载–挠度曲线与有限元模拟得到的荷载–挠度曲线总体基本吻合，说明 ABAQUS 模型能较好地模拟试验全过程。

(2) 试件 S-U-beam 开裂之前，荷载、挠度近似为正比例关系；开裂之后，STC 进入拉伸硬化阶段，结构刚度下降，试件进入非线性阶段，相同荷载下有限元结果稍大于试验值；当计算荷载为 233.4kN 时，横肋处 U 肋底部和侧面大范围钢结构屈服，导致有限元计算收敛困难，计算中止。试验测得极限荷载 289kN 时结构最大挠度为 29.2mm，计算荷载 233.4kN 时最大挠度为 24.2mm。

(3) 试件 S-U-deck 前期试验挠度高于计算值，其主要原因是试件的一个钢横肋在之前的钢结构疲劳试验中出现了细微裂缝，经修补产生了不可忽视的初始缺陷，结构的整体刚度因此有所下降。试验结果曲线在开裂荷载处发生转折，结构刚度明显减小，试验最终测得最大挠度为 49.5mm，相对应的计算值为 56.3mm。

(4) 试件 S-U-deck 实测曲线在约 200kN 附近有拐点，结构刚度由小变大，分析其主要原因如下：加载初期阶段存在支座未充分压紧、千斤顶与反力架等装置接触不到位或支撑不均匀而导致了试验误差。

4.6.4.2　STC 顶层应变

试验中，通过布置应变片来测量 STC 顶层应变，组合梁、组合板试件均受负弯矩作用，除加载区域和约束位置存在应力集中现象而难以判定该处 STC 的受力情况外，其他区域 STC 顶层均处于受拉应力状态。

组合梁试件 S-U-beam 的 STC 顶层 A-A~F-F 六个截面应变布置情况如图 4.73(c) 所示，其中 D-D 截面、F-F 截面为以横肋截面为对称中心的对称截面；A-A、B-B 截面靠近加载位置，应变测量值离散性较大，这里不予讨论。图 4.73(a) 为 C-C、D-D、E-E 三个截面 STC 顶层应变测量平均值随荷载变化情况，图 4.73(b) 为 D-D、F-F 两个截面应变的对比结果。

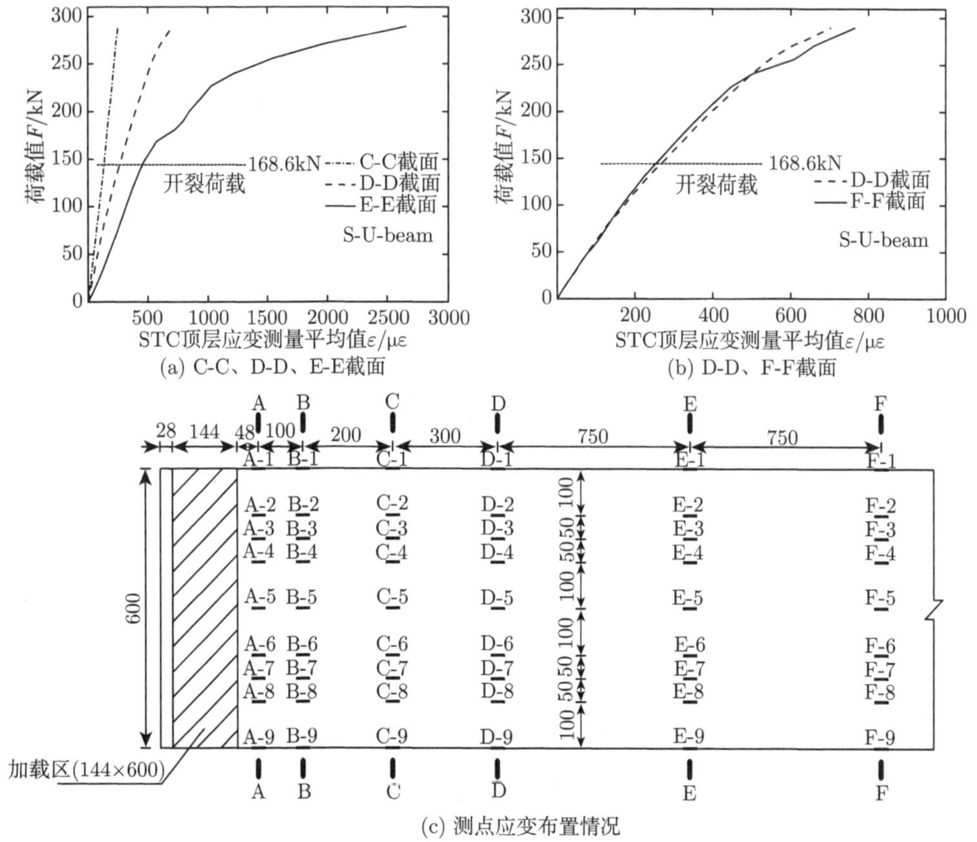

(a) C-C、D-D、E-E截面　(b) D-D、F-F截面

(c) 测点应变布置情况

图 4.73　STC 顶层应变测量平均值随荷载变化 (梁试件 S-U-beam)(单位：mm)

由图 4.73 可知，C-C 截面、D-D 截面、F-F 截面 STC 顶层应变与荷载基本呈线性关系，说明这三个截面在整个加载试验中基本处于弹性阶段，试验中也未观测到裂缝发生；D-D 截面、F-F 截面为对称截面，二者的荷载–应变曲线吻合良好，极限荷载时，STC 顶层应变均值约为 800με；E-E 截面为开裂截面，在荷载 $F < F_{cr} = 168.6\text{kN}$ 之前，STC 顶层应变与荷载呈线性关系；而当荷载 $F > F_{cr}$ 时，STC 层刚度下降，截面进入非线性阶段，曲线斜率下降；当 $F = 289\text{kN}$ 时，实测截面平均应变约为 2700με。

图 4.73 反映了截面平均应变随荷载的变化情况，试验中同一截面纵向应变沿横向 (裂缝长度方向) 的分布情况则需要通过相对应位置应变片的读数测得，应变可以反映应力沿横向的变化情况，尤其是在混凝土开裂之前，其应力应变关系呈线弹性关系，对于 STC 结构来说，这一条件可以近似放宽至裂缝宽度不超过 0.05mm。组合梁试件 S-U-beam 的 C-C 截面、D-D 截面、E-E 截面横向各布置了 9 个应变片，通过这些应变片的读数可以反映应变沿横向的变化情况，在此选取各截面 2、4、6、8 号位置处应变测量结果绘制出荷载–应变关系曲线，如图 4.74 所示。

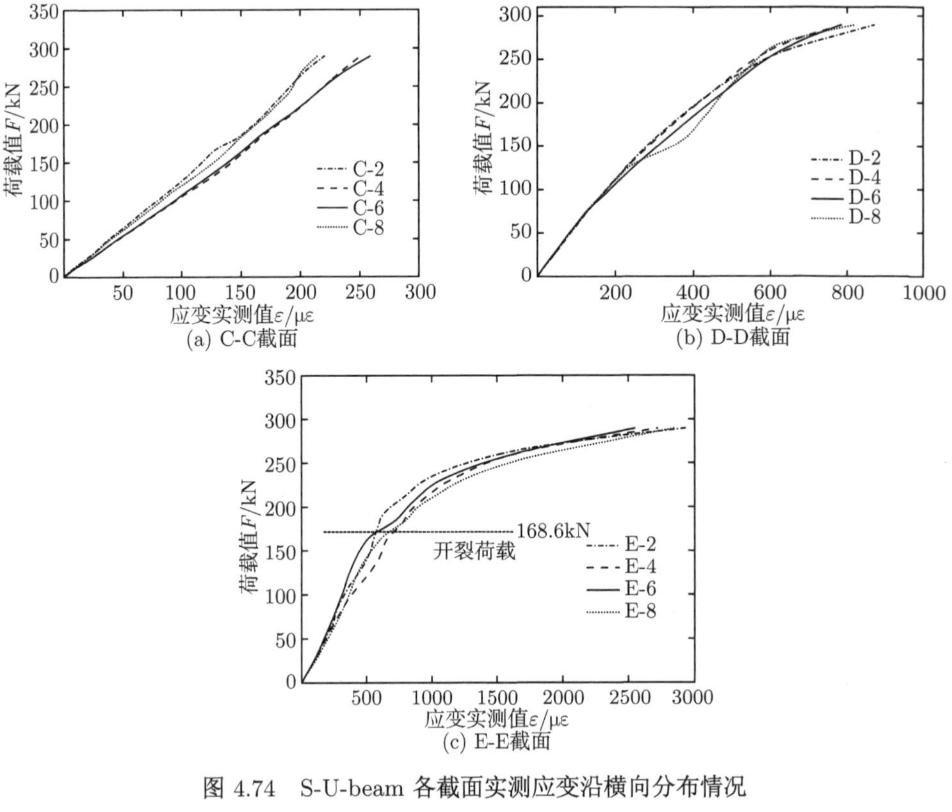

图 4.74　S-U-beam 各截面实测应变沿横向分布情况

图 4.74 表明：组合梁试件 C-C 截面、D-D 截面、E-E 截面各 2、4、6、8 号位置的实测荷载–应变曲线吻合较好，尤其是当荷载小于开裂荷载时，各位置的应变差值较小，从而可以推断试件各截面纵向应变沿横向变化较小；极限荷载时 C-C 截面、D-D 截面、E-E 截面实测应变平均值分别为 236$\mu\varepsilon$、815$\mu\varepsilon$ 和 2762$\mu\varepsilon$，各截面不同位置最终实测应变值、均值、最值、差值以及差值比的详细结果见表 4.19；E-E 截面为开裂截面，其荷载–应变曲线能较好地反映试验全过程，这已经在图 4.74 的分析中予以归纳，在此不予赘述。

表 4.19　组合梁 C-C～E-E 截面实测应变结果汇总　(单位：$\mu\varepsilon$)

截面编号	测点位置				均值	最小值	最大值	差值	差值比
	2	4	6	8					
C-C	220.2	250.5	258.7	214.4	236	214.4	258.7	44.2	20.6%
D-D	871.2	785.6	782.7	818.8	815	782.7	871.2	88.5	11.3%
E-E	2930.1	2721.7	2549.1	2847.9	2762	2549.1	2930.1	381.0	14.9%

图 4.75 为试件 S-U-deck 的 STC 顶层平均应变随荷载变化的关系曲线。不同于组合梁试件，组合板试件开裂截面 (H-H 截面) 应变沿横向变化较大，试验实测裂缝分布长度约为 600mm，故可取裂缝分布范围内各应变片的测量均值作为开裂截面 STC 顶层的实测应变，同样地，有限元计算值也取裂缝分布范围内的平均值。

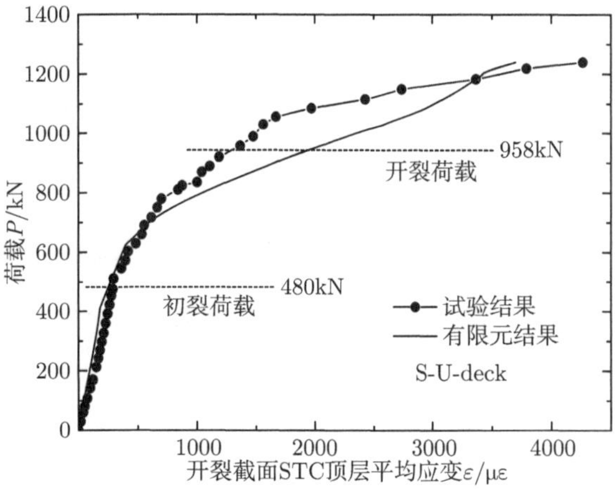

图 4.75　S-U-deck 开裂截面 STC 顶层平均应变随荷载变化的关系曲线 (H-H 截面)

由图 4.75 可知，在荷载 $P < 480\text{kN}$ 试件开裂之前，荷载-STC 顶层平均应变呈线性关系；试件开裂后，STC 层刚度下降，从而曲线斜率减小。荷载 $P < 800\text{kN}$ 之前，有限元模拟结果与实测值吻合良好；荷载 $800\text{kN} < P < P_{\text{cr}} = 958\text{kN}$，STC 顶层应变实测值出现波动，且小于有限元计算值，荷载 $P = P_{\text{cr}}=958\text{kN}$ 时，实测

STC 平均应变为 1365$\mu\varepsilon$，而有限元计算值为 2035$\mu\varepsilon$，主要原因是随着荷载的增加，新的裂缝产生在应变片布置位置的附近区域，而非应变片布置位置，新裂缝的产生局部释放了 STC 中的应变能，从而使得应变片布置位置的实测应变的增量变小，导致应变实测值小于有限元计算值。

同样地，试验中测量了组合板试件应变沿裂缝长度方向 (结构纵向) 的变化情况，1#肋上方位于加载区域的 STC 应变离散性较大，在此不予讨论，本节探究开裂截面 (H-H 截面) 应变沿结构纵向分布情况，其应变片编号为 C3-1~C3-23，沿 H-H 截面关于 K-K 横截面对称布置，正中心位置应变片为 C3-12，通过对比试验数据，发现除个别应变片测量结果异常外，其余应变片数据规律较好，对称位置应变实测结果吻合良好，因此，选取 C3-12、C3-18、C3-19、C3-21 四处应变测量值绘制荷载–应变关系曲线如图 4.76 所示，四处测点距离加载中心线 (K-K 横截面) 距离分别为 0mm、300mm、520mm 和 960mm。

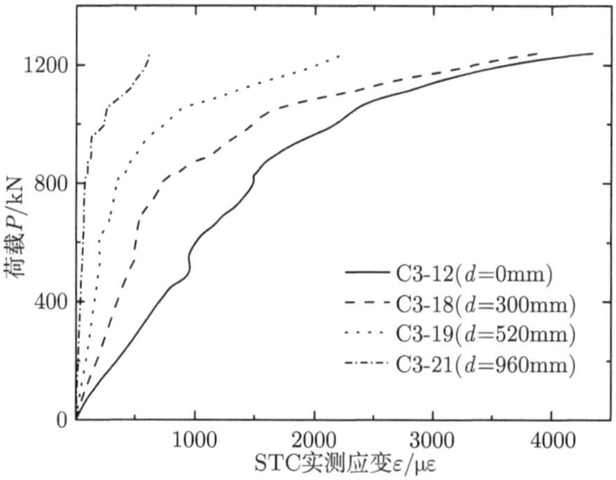

图 4.76 S-U-deck 的 STC 层实测应变随荷载变化关系

测点 C3-12、C3-18、C3-19、C3-21 在极限荷载 1240kN 下应变测量值分别为 4337$\mu\varepsilon$、3876$\mu\varepsilon$、2264$\mu\varepsilon$ 和 614$\mu\varepsilon$，图 4.76 表明：同一荷载下，加载中心线上应变值最大，随着距离 d 的增大，应变实测值明显变小，这一规律反映了组合桥面板结构受力状态下所具有的局部受力特性。

4.6.4.3 开裂截面 STC 顶层应力横向分布

为了探究组合桥面板的名义开裂应力明显高于组合梁的原因，分析了 STC 开裂截面应力随荷载增加的变化情况。图 4.77 为不同荷载作用下，开裂截面 STC 顶层应力沿横向的分布情况，图中 F_{cr} 和 P_{cr} 分别为组合梁试件、组合桥面板试件的开裂荷载。

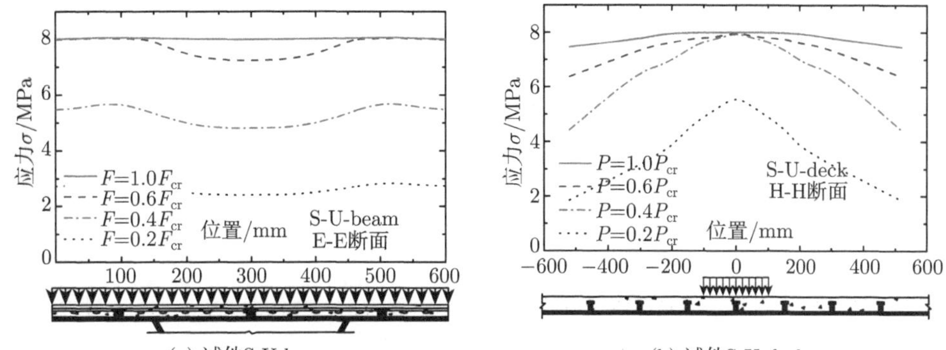

(a) 试件S-U-beam　　(b) 试件S-U-deck

图 4.77 开裂截面 STC 顶层横向应力分布

由图 4.77 可知：

(1) 梁试件 S-U-beam 在开裂荷载 F_{cr} 之前，截面应力沿横向的分布反映了截面的剪力滞效应。U 肋腹板刚度大，靠近腹板的栓钉位置 STC 的正应力最大，远离此位置的正应力逐渐衰减。虽然存在剪力滞效应，但总体而言，其正应力沿横向分布较为均匀，荷载 $F=0.6F_{cr}$ 时，横截面栓钉位置附近 STC 拉应力达到开裂应力 $f_{ct}=8$MPa，相应的应变为弹性峰值应变 ε_{ca}，此时材料进入应变硬化阶段，荷载继续增加，截面应力开始向附近区域传递，整个截面的正应力都迅速达到开裂应力 f_{ct}，荷载继续增加，截面的应力无法进一步扩散，应变增加迅速，随后试件出现裂缝，裂缝宽度达到 0.05mm 的前一级荷载即为开裂荷载 F_{cr}。

(2) 板试件 S-U-deck 的受力情况呈现明显的局部性，加载初期，开裂截面的横向应力随距离加载中心线位置的增大而迅速减小；计算结果表明，当荷载 $P=0.4P_{cr}$ 时，加载中心线上"开裂截面"(此时尚未开裂)STC 顶层应力已经接近开裂应力，但其周围区域的应力尚未达到开裂应力；随着荷载的增加，"开裂截面"STC 层应变硬化效应使得应力开始向周围区域扩散，当荷载 $P=P_{cr}$ 时，距离加载中心线 300mm 以内的 STC 顶层的拉应力均达到了开裂应力 f_{ct}。

上述的分析表明：梁试件 S-U-beam 横向全截面应力分布较为均匀，应力无处扩散，STC 名义开裂强度相对较低；而板试件 S-U-deck 在荷载作用下表现出明显的局部受力特点，随着荷载的增加，由于 STC 具有应变硬化特性，微裂截面的裂缝宽度被有效约束的同时，其峰值应力逐渐向横向扩散，延缓了开裂的发生，从而明显地提高了 STC 名义开裂强度。这是组合桥面板的名义开裂应力明显高于组合梁的根本原因。

4.7 本章小结

(1) 钢-STC 组合板受弯荷载–位移曲线均呈现三个阶段：弹性阶段、裂缝扩展阶段和屈服阶段。相比于未配筋构件，配筋钢-STC 组合板的裂缝扩展阶段明显增长，说明通过配筋可使构件在弹性阶段过后进入较大强化阶段，有效增强构件的刚度，显著抑制构件的开裂和裂缝的扩展。根据钢-STC 组合板应变沿高度分布规律，产生非线性应变分布的临界荷载分别约为极限荷载的 45%和 85%。整体而言，可以近似认为构件沿高度方向的应变分布满足平截面假定。

(2) 对于配筋钢-STC 组合板构件，当最大裂缝宽度小于 0.2mm 时，裂缝扩展较慢，当最大裂缝宽度超过 0.2mm 时，荷载基本保持不变，而最大裂缝宽度迅速增大。同时，分析了主要设计参数对平均裂缝间距的影响规律和原因，主要设计参数中，配筋率对平均裂缝间距的影响最大，保护层厚度的影响次之。

(3) 对于钢-STC 组合梁试件，均以 U 肋屈服而失效，与钢-STC 组合板相比，最大裂缝宽度和扩展速度明显小于钢-STC 组合板构件，在极限承载力状态下，钢-STC 表面裂缝数量较少且裂缝宽度不大，最大裂缝宽度约为 0.09~0.14mm。在裂缝宽度小于 0.06mm 时，构件的荷载–最大裂缝宽度曲线近似直线，在最大裂缝宽度超过 0.06mm 时，裂缝扩展速度稍有增大。

(4) 基于《混凝土结构设计规范》(GB50010-2010)，对平均裂缝间距、钢筋应变不均匀系数进行了修正，提出了考虑主要设计参数影响下的钢-STC 轻型组合桥面结构裂缝宽度计算模型，并对其适用性进行了验证，结果表明，本节所提的钢-STC 轻型组合桥面结构裂缝宽度计算方法能够较为准确地预测裂缝宽度并且具有良好的保证率，可用于钢-STC 轻型组合桥面结构的设计。

(5) 基于大型足尺模型试验开展了轻型组合桥面结构横桥向抗弯静力试验，结果表明，在横桥向，轻型组合桥面板的横向应力主要局限于荷载作用区域附近的两道 U 肋范围内，而后迅速衰减；在纵桥向，整跨横肋间距内桥面板的横向应力均受荷载影响。STC 的横桥向名义抗裂强度达 35.3MPa；开裂后，荷载–位移曲线持续上升，密配筋 STC 层在受拉开裂后表现出良好的抗拉韧性；峰值荷载时，最大裂缝宽度只有 0.07mm，且受拉裂缝宽度在较小范围内。

(6) 本章裂缝宽度计算公式都是基于组合桥面的纵、横向条带模型获得的，对比条带试验和板试验结果做进一步分析，结果表明：实桥的组合桥面板在局部轮载作用下，其抗裂性能比条带模型更高，原因是 STC 具有应变硬化性能，当桥面上作用超重轮载时，局部应力能沿纵、横向有效扩散，延缓了细微裂缝的扩大，从而明显提高了 STC 名义开裂强度。

参考文献

[1] 罗军. 钢-UHPC轻型组合桥面结构力学性能及裂缝宽度计算理论研究. 长沙: 湖南大学, 2020

[2] Dieng L, Marchand P, Gomes F, et al. Use of UHPFRC overlay to reduce stresses in orthotropic steel decks. Journal of Constructional Steel Research, 2013, 89: 30-41

[3] 邵旭东, 胡建华. 钢–超高性能混凝土轻型组合桥梁结构. 北京: 人民交通出版社股份有限公司, 2015: 1-395

[4] Rafiee J. Computer Modeling and Investigation on the Steel Corrosion in Cracked Ultra High Performance Concrete. Germany: Kassel University, 2012

[5] Kranc S, Sagues A A. Computation of Corrosion Distribution of Reinforcing Steel in Cracked Concrete. Tampa, Florida 33620: Department of Civil and Environmental Engineering University of South Florida, 1999: 1-12

[6] Makita T, Brühwiler E. Tensile fatigue behaviour of ultra-high performance fibre reinforced concrete combined with steel rebars (R-UHPFRC). International Journal of Fatigue, 2014, 59: 145-152

[7] Saliger R. High grade steel in reinforced concrete //Preliminary Publication,2nd Congress of IABSE. Berlin-Munich, IABSE Publication, 1936

[8] Base G D. et al. An investigation of the crack control characteristics of various types of bar in reinforced concrete beams. London Cement and Concrete Association, 1966: 1-44

[9] 项贻强, 徐建武, 唐国斌, 等. 钢筋混凝土构件裂缝宽度计算的修正方法及其实桥试验研究. 公路交通科技, 2011, 28(2):45-51

[10] 中华人民共和国住房和城乡建设部. 混凝土结构设计规范. 北京: 中国建筑工业出版社, 2010: 1-427

[11] 中华人民共和国交通运输部. 公路钢筋混凝土及预应力混凝土桥涵设计规范 (JTG 3362). 北京: 人民交通出版社, 2018

[12] 国家铁路局. 铁路桥涵设计规范 (TB 10002). 北京: 中国铁道出版社, 2017

[13] 中华人民共和国交通运输部. 水运工程混凝土结构设计规范 (JTS151). 北京: 人民交通出版社, 2011

[14] AFNOR. National Addition to Eurocde 2 Design of Concrete Structures: Specific Rules for Ultra-hight Performance Fibre-reinforced Concrete (UHPFRC). France: Association Francaise de Normalisation, 2016

[15] 中华人民共和国电力工业部. 水工混凝土结构设计规范 (dl t5057). 北京: 中国电力出版社, 1996

[16] 中华人民共和国建设部. 给水排水工程结构设计规 (GB50069). 北京: 中国建筑工业出版社, 2002

[17] 中国工程建设标准化协会. 纤维混凝土结构技术规程 (CECS 38). 北京: 中国计划出版社, 2004

[18] (FIB) I F o S C. Model Code 1990. Germany: DCC Document Competence Center, 1990

[19] (FIB) I F o S C, Model Code 2010. Final Complete Draft. fib bulltins 65 & 66, 2012

[20] Institute A C. Building Code Requirements for Structural Concrete (ACI 318-08) and Commentary (ACI 318R-08). United States: America Concrete Institute, 2008

[21] AASHTO. AASHTO LRFD Bridge Design Specifications. USA: American Association of State Highway and Transportation Officials, 2015

[22] ECS. Eurocode 2: Design of Concrete Structures, Part 1-1: General Rues and Rules for Buildings (EN 1992-1-1). Brussels: European Committee for Standardization, 2004

[23] BSI. Structural Use of Concrete(BS 8110-1-1997)Part 1: Code of Practice for Design and Construction. Great Britain: Standard Board, 2002

[24] 162-TDF R T. Test and design method for steel fibre reinforced concrete. Bending test, Final recommendation (RILEM TC 162-TDF), 2002: 579-582

[25] 徐海宾，邓宗才. 新型 UHPC 应力–应变关系研究. 混凝土, 2016, (6): 66-68

[26] Yang Y, Walraven J C, den Uijl J A. Combined effect of fibers and steel rebars in high performance concrete. Civil Engineering and Geosciences, 2009, (54): 205-224

[27] Leutbecher T, Fehling E. Tenslie behavior of Ultra High Performance Concrete reinforced with reinforce bars and fibers:minimizing fiber content. ACI Structural Journal, 2012, 109(2): 253-264

[28] 李文光. 轻型组合桥面 UHPC 层的弯拉静力及疲劳性能试验研究. 长沙: 湖南大学, 2015

[29] Jun L, Shao X, Cao J, et al. Transverse bending behavior of the steel-UHPC lightweight composite deck Orthogonal test and analysis. Journal of Constructional Steel Research, 2019, (162): 105708

[30] 邵旭东，罗军，曹君辉，等. 钢-UHPC 轻型组合桥面结构试验及裂缝宽度计算研究. 土木工程学报, 2019, 52(3): 61-75

[31] 李文光, 邵旭东, 方恒, 等. 钢-UHPC 组合板受弯性能的试验研究. 土木工程学报, 2015, 48(11): 94-102

[32] 张哲, 邵旭东, 刘梦麟, 等. 正交异性钢 -RPC 组合桥面板弯拉强度的实验研究. 湖南大学学报 (自然科学版), 2012, 39(10): 7-13

[33] 郑晗. 钢-UHPC 轻型组合桥面全过程及空间受力性能研究. 长沙: 湖南大学, 2016

[34] Roy S, Alapati R, Manandhar N, et al. Structures Congress 2011: American Society of Civil Engineers, 2011: 179-189

[35] 王新敏. ANSYS 工程结构数值分析. 北京: 人民交通出版社, 2007

[36] 朱忠, 沈志荣, 沈华, 等. 带板肋的钢-UHPC 轻型组合桥面板计算与试验研究. 公路工程, 2018, 43(3): 77-82

[37] Dassault Systèmes Simulia. ABAQUS Analysis User's Manual, Version 6.12. Providence: Hibbitt, Karlsson, and Sorenson Inc., 2012: 1-1137

第 5 章　组合桥面疲劳性能及计算理论

5.1　本 章 概 述

钢-STC 轻型组合桥面结构直接承受车轮荷载的反复作用，因此，组合桥面的抗疲劳性能是新结构成败的核心关键。本章主要对以下内容进行深入研究：① 栓钉焊趾处钢面板的抗拉疲劳 *S-N* 曲线及疲劳计算方法；② 基于疲劳荷载的轻型组合桥面结构参数分析及抗弯疲劳试验；③ 轻型组合桥面结构优化设计及试验验证。结合前期研究基础[1]和本章研究成果，为建立钢-STC 轻型组合桥面结构的疲劳计算理论奠定基础。

5.2　栓钉焊趾处钢面板的疲劳性能及设计

5.2.1　研究现状

对于带焊接栓钉的钢板，国内外学者已经对其开展了系列研究，多为利用轴拉板试件或弯拉梁试件进行疲劳试验，例如，Selby 等[2]、Yukio 和 Yasuharu[3]、Koh 等[4]分别对这一疲劳细节开展了大量疲劳试验。

基于已有疲劳试验结果，目前国内外相关规范已经对带焊接栓钉的钢板这一疲劳细节建立了名义应力 *S-N* 曲线。欧洲规范 3[5]、日本钢结构协会规范[6]、中国规范均规定，该疲劳细节在 200 万次疲劳寿命下的疲劳强度为 80MPa，而美国规范规定[7]，其疲劳细节分类为 C 类。由于各国规范的规定相似，现仅将美国规范和欧洲规范 3 规定的 *S-N* 曲线绘制成图，如图 5.1 所示。

对于本节涉及的钢–薄层 STC 轻型组合桥面结构，难以直接利用这些 *S-N* 曲线对带焊接短栓钉的钢面板进行疲劳验算，原因是：钢–薄层 STC 轻型组合桥面结构中带栓钉的钢面为板结构，而不是梁结构，其受力复杂且局部受力突出，难以定义其名义应力，因而需要尝试其他方法。

近年来，另一种疲劳评估方法——热点应力法应用越来越广泛。与名义应力法不同，热点应力法认为焊接钢结构的疲劳性能与构造细节无关而主要与焊缝有关。进行疲劳评估时，热点应力法无须针对不同疲劳细节建立大量 *S-N* 曲线，而仅需根据焊缝形式建立少数几条 *S-N* 曲线。在该方法中，“热点”是指焊接结构中最容易萌生疲劳裂纹的点，通常指焊趾处的钢板表面位置，“热点应力”也称为“结构应力”，考虑了由于结构构造引起的应力集中，但仅包含焊接构件中应力的线性部分

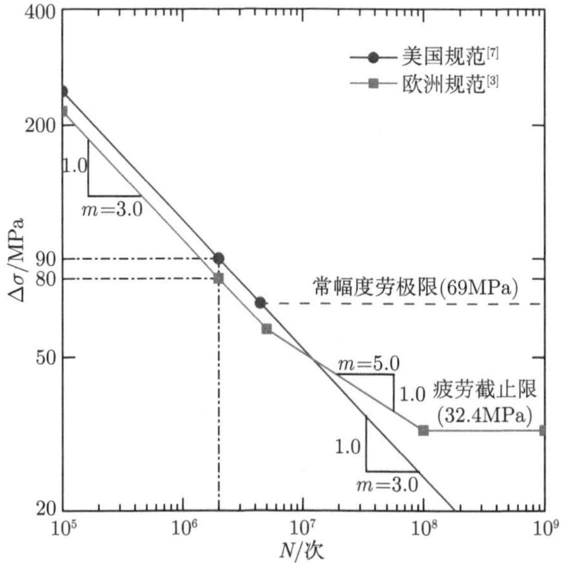

图 5.1 相关规范中带焊接栓钉的钢板的 S-N 曲线

(包含膜应力和面外弯曲应力)，而剔除了因焊缝自身尺寸引起的非线性应力。为剔除焊缝引起的应力集中，早期 (20 世纪 60 年代) 的做法是对离焊趾一定距离的点提取钢板中的热点应力，这一做法最早由 Peterson 等学者采用；在 20 世纪 70 年代，热点应力开始采用外推法计算，外推点的位置与钢板厚度有关，当时热点应力法主要用于钢管节点的疲劳评估，后来逐渐推广到钢板结构。

热点应力法在钢桥疲劳计算中受到欢迎。对于具有复杂焊接构造的大型结构 (如正交异性钢桥面板)，名义应力法的应用会很困难[8,9]，原因是：一方面难以获取复杂细节中的名义应力；另一方面也难以对这些复杂细节选取合适的 S-N 曲线，而此时使用热点应力法更加合适。目前热点应力法已经被欧洲规范、美国规范、日本规范、国际焊接协会等规范或行业组织采纳。相关文献已报道了许多以热点应力法对钢桥进行疲劳评估的例子。

因此，以热点应力法对钢–薄层 STC 轻型组合桥面结构中的复杂细节进行疲劳评估更为合适，但首先需要建立热点应力 S-N 曲线。目前已有的热点应力 S-N 曲线分为两类：一类适用于连接板件间的对接焊缝和角焊缝，另一类适用于连接管件间的焊缝。对于钢–混凝土组合梁，栓钉通过拉弧式栓钉焊与钢板连接，从连接构造上看，这既不属于板件连接也不属于管件连接，而从焊缝形式上看，栓钉根部的焊缝也与常规角焊缝不同。换言之，目前各国规范中的热点应力 S-N 曲线是否适用于带焊接栓钉的钢板有待研究和探讨。

本节将对带焊接栓钉的钢板建立热点应力 S-N 曲线。建立热点应力 S-N 曲线的方法多样，即可以开展疲劳试验，也可进行理论分析。后一种方法的思路是通过计算分析，将现有名义应力 S-N 曲线转化为热点应力 S-N 曲线。因目前作者暂未基于热点应力法对带焊接短栓钉的钢板进行疲劳试验，而是利用已有学者开展的、基于名义应力法的疲劳试验数据，通过有限元计算将各试件的名义应力幅转化为热点应力幅，进而建立热点应力 S-N 曲线。

5.2.2 计算思路

由于本节计算涉及的疲劳试件较多，为提高建模效率，采用实体模型 (Solidworks)→ 有限元模型 (Hypermesh)→ 求解 (Abaqus) 的计算过程，具体为：① 在 Solidworks 软件中对试件建立实体模型；② 将实体模型通过 IGS 格式导入到 Hypermesh 中，对模型进行网格划分，并定义材料属性和边界条件，形成有限元模型；③ 将有限元模型通过 INP 格式导入到 Abaqus，定义荷载并求解，如图 5.2 所示。

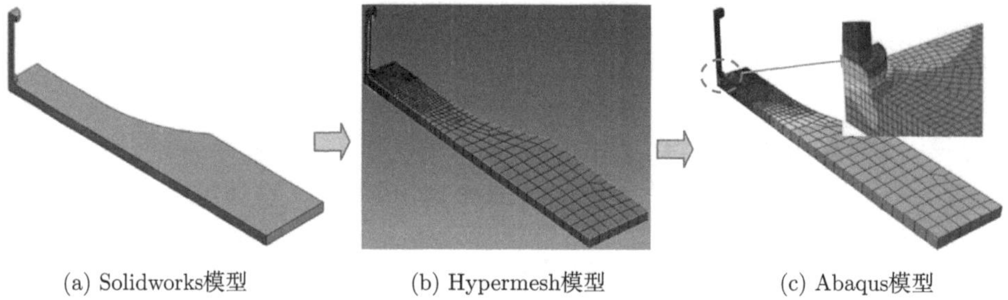

图 5.2 有限元建模过程 (彩图请扫封底二维码)

众所周知，Solidworks 是专业的 CAD 软件，可以方便地进行参数化建模，Hypermesh 是专业的有限元网格划分软件，便于网格划分操作，而 Abaqus 的强项是对有限元问题进行求解，因此，上述建模和分析过程充分利用了各个软件的优点，提高了建模和计算效率。由于带焊接栓钉的钢板的疲劳试件一般具有对称性，故对每个试件仅建立了 1/4 的模型 (图 5.2)，并在对称面上施加相应的对称约束。

本节需要将疲劳试件的名义应力转化为热点应力，这里首先介绍热点应力集中因子 (stress concentration factor，SCF) 的概念。热点应力集中因子 $\mathrm{SCF_{hs}}$，顾名思义，为热点应力与名义应力之比，其计算如下：

$$\mathrm{SCF_{hs}} = \frac{\sigma_{\mathrm{hs}}}{\sigma_{\mathrm{nom}}} \tag{5.1}$$

式中，$\mathrm{SCF_{hs}}$ 为热点应力集中因子；σ_{hs} 为焊趾处钢板表面的热点应力；σ_{nom} 为钢板中的名义应力。

由上式可知，应力转化时只需明确名义应力 σ_{nom} 和 $\mathrm{SCF_{hs}}$ 便可将疲劳试验中的名义应力幅转化为热点应力幅。名义应力的计算一般通过 $\sigma = M/W$ 或 $\sigma = F/A$ 等经典力学公式计算，不包含因局部构造变化、孔洞、焊缝等引起的应力集中。

而热点应力的计算要稍复杂。热点应力是一种虚拟的应力值，但是根据 Radaj 等学者的研究，板状或壳状钢结构中的热点应力为构件中焊趾处膜应力与弯曲应力之和，既可通过沿受力方向的表面应力外推法得到，也可通过沿钢板厚度方向的线性化方法得到，在疲劳设计中应用较为广泛的是表面外推法。本节采用三种表面外推法对带焊接栓钉的钢板进行热点应力计算，如图 5.3 所示，相应的计算公式如式 (5.2)~式 (5.4) 所示。

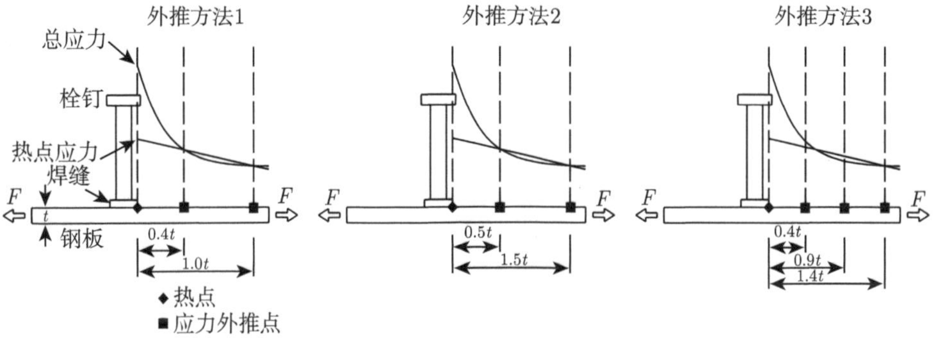

图 5.3 计算热点应力的三种常用应力外推法

$$\sigma_{\mathrm{hs1}} = 1.67 \cdot \sigma_{0.4t} - 0.67 \cdot \sigma_{1.0t} \tag{5.2}$$

$$\sigma_{\mathrm{hs2}} = 1.50 \cdot \sigma_{0.5t} - 0.50 \cdot \sigma_{1.5t} \tag{5.3}$$

$$\sigma_{\mathrm{hs3}} = 2.52 \cdot \sigma_{0.4t} - 2.24 \cdot \sigma_{0.9t} + 0.72 \cdot \sigma_{1.4t} \tag{5.4}$$

5.2.3 影响热点应力集中因子的参数分析

5.2.3.1 适宜网格尺寸的确定

在进行批量计算前，首先以一个试件为例，探索不同网格尺寸对计算结果的影响规律。所选取的试件为文献报道的轴拉板试件，其构造如图 5.4 所示。对该试件建立了有限元模型，考虑了三种网格尺寸 (4mm、2mm、1mm) 和三种应力插值方法。试件轴向受拉，中部区域的名义应力为 $\sigma_{\mathrm{nom}} = 200\mathrm{MPa}$。

根据相关研究，热点应力计算结果与单元网格关系密切，因此，首先对比了不同网格尺寸对焊趾附近钢面板表面正应力分布的影响，如图 5.5 所示。从图中可以看出，三种网格尺寸均能反映靠近焊趾处的应力集中现象，越靠近焊趾，应力越大，而远离焊趾处的应力趋于稳定，大致等于钢板中试件的名义应力 200MPa。当网格

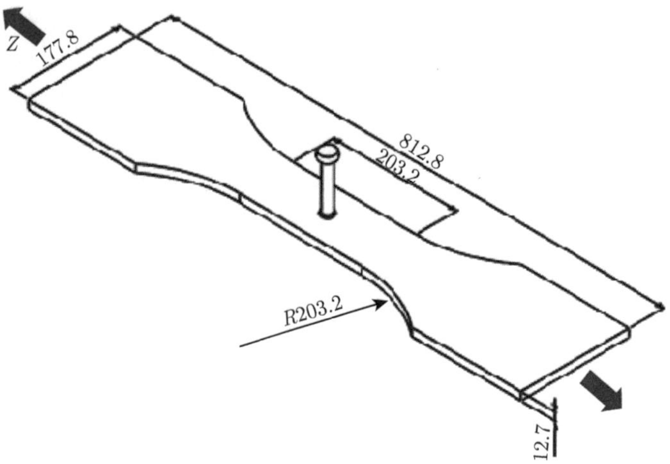

图 5.4　轴拉疲劳试件示意 (单位：mm)

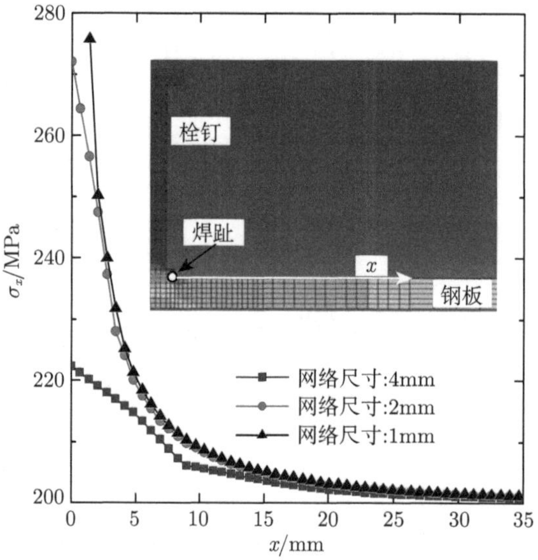

图 5.5　网格尺寸对焊趾附近钢面板表面正应力分布的影响 (彩图请扫封底二维码)

尺寸从 4mm 减小到 2mm 时，离焊趾约 15mm 范围内的应力仍有显著提高，而当网格尺寸从 2mm 进一步减小到 1mm 时，该范围内的应力变化已很小。这意味着，4mm 的网格尺寸尚不能充分反映出焊趾附近钢板中的应力集中现象。但 1mm 网格尺寸计算结果与 2mm 尺寸计算结果已无明显差异，表明计算结果已收敛。考虑到本节中的计算模型较多，为节约计算成本，后文计算采用 2mm 的网格尺寸。

下面根据式 (5.2)~式 (5.4) 对每种网格尺寸的模型计算钢板表面的热点应力，

并得到了热点应力集中因子 SCF_{hs}，计算结果如图 5.6 所示。

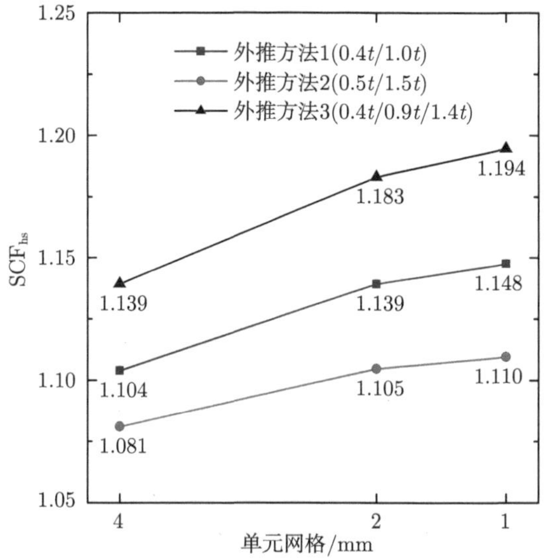

图 5.6　不同网格尺寸下钢面板中的热点应力集中因子

从图 5.6 可以看出，随着网格尺寸的减小，热点应力集中因子呈增加趋势。当网格尺寸从 4mm 减小为 2mm 时，三种外推法的 SCF_{hs} 增加了 2.2%～3.8%，而当网格从 2mm 进一步减小为 1mm 时，SCF_{hs} 值仅增加了 0.5%～1.0%。因此，就 SCF_{hs} 而言，即使采用 4mm 的单元网格，也可以认为其计算结果收敛，加密网格使得 SCF_{hs} 的增量小于 5%。但是考虑到 2mm 的计算结果增量更小，更加精确，因而结合图 5.5 的计算结果，在本节后续的计算分析中，单元网格尺寸确定为 2mm。疲劳试件热点应力集中系数计算。

5.2.3.2　疲劳试件汇总

本节主要对文献中报道的疲劳试件进行仿真分析[2−4]。这些文献报道的不仅有纯钢板或钢梁试件，还有钢–混凝土组合梁试件。但根据文献 [3]，目前对“带焊接栓钉的钢板”这一疲劳细节建立 S-N 曲线一般都基于纯钢梁试件，而不考虑混凝土层的作用。

因此，为与上述常规做法保持一致，并使得所建立的热点应力 S-N 曲线更具通用性，本节仅对上述文献中的带焊接栓钉的钢板、钢梁试件进行汇总，如表 5.1 所示。需要说明的是，在文献报道的疲劳试验中，个别试件为“溜号 (run-out)”试件，即试件没有出现疲劳破坏，因而没能得到其疲劳寿命，这些试件未被纳入本节的试件汇总中。

表 5.1 疲劳试件汇总

文献	试件编号	试件示意图/mm	钢板屈服强度/MPa
[2]	1-1	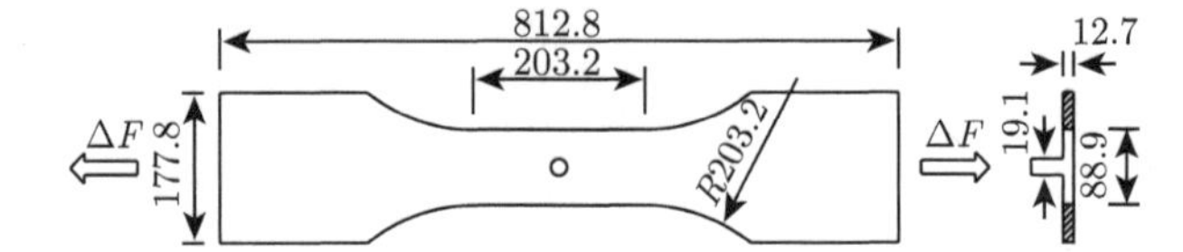	210
	1-2		425
	1-3	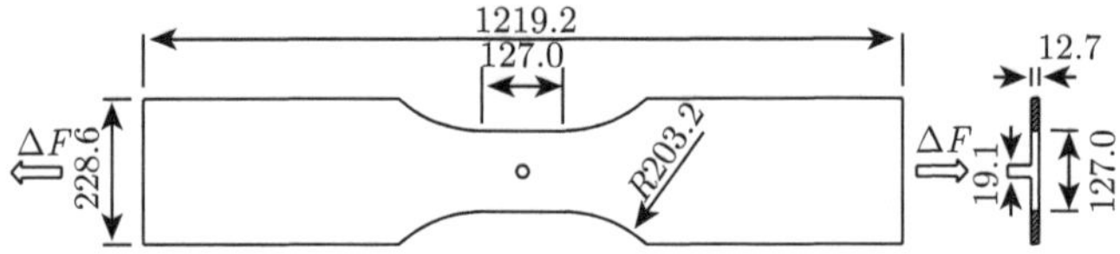	425
	1-4	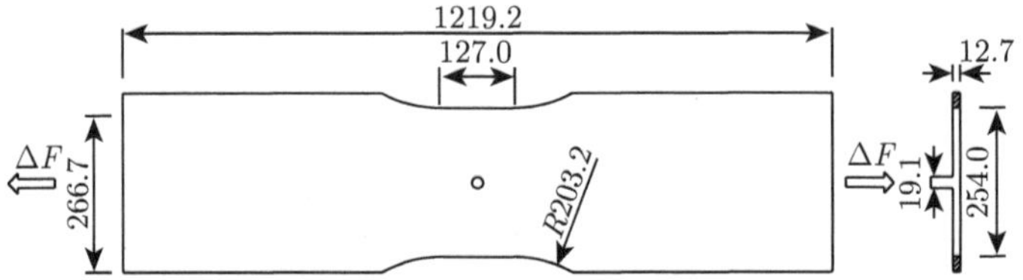	425
	1-5	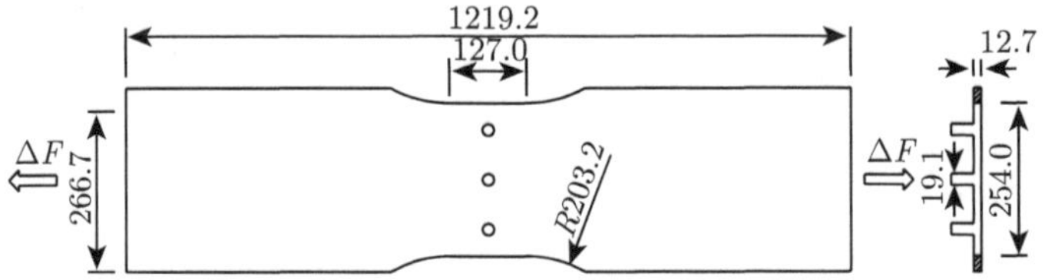	425
	1-6	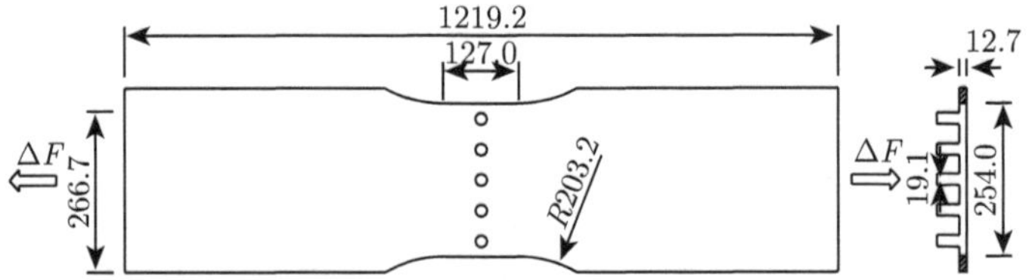	425
	1-7	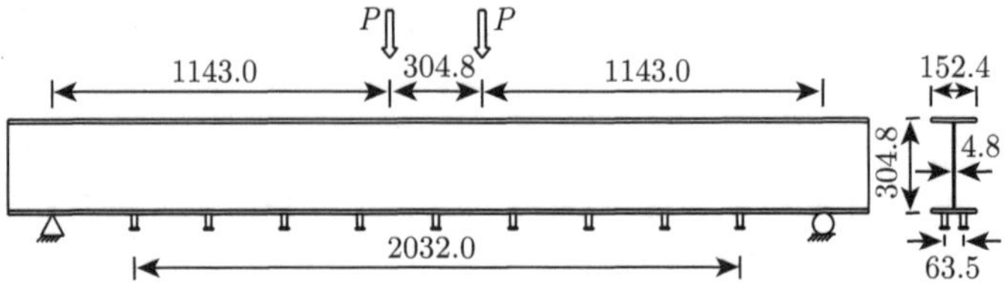	425

续表

文献	试件编号	试件示意图/mm	钢板屈服强度/MPa
[3]	2-1	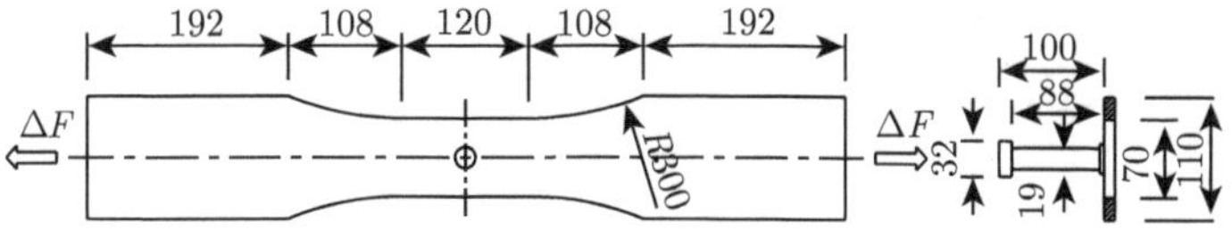	275
	2-2		353
	2-3		549
[4]	3-1	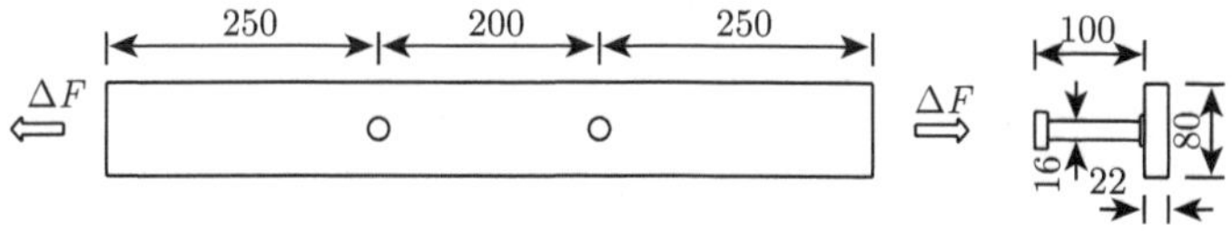	245
	3-2	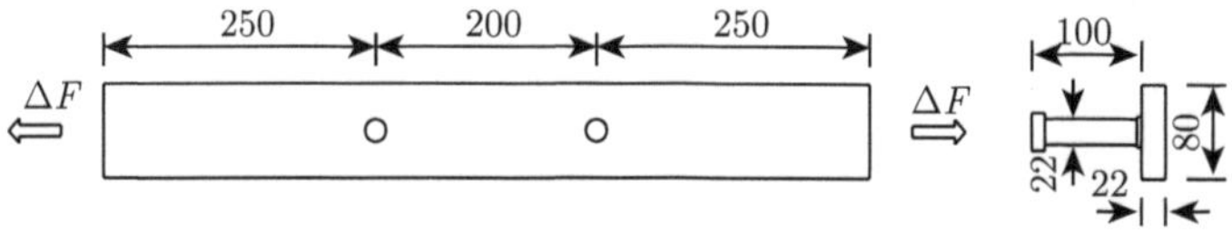	245
	3-3	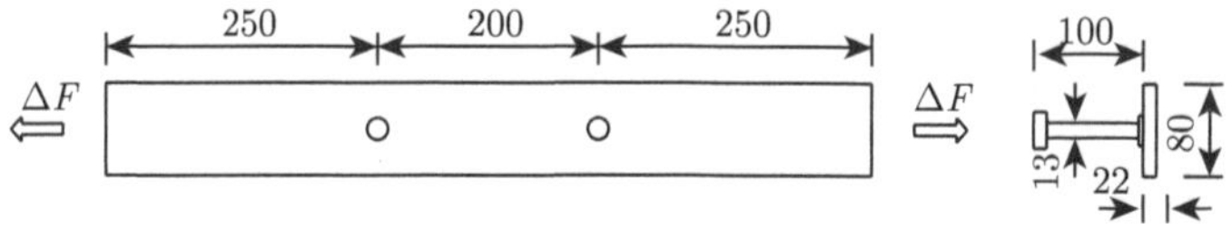	245
	3-4	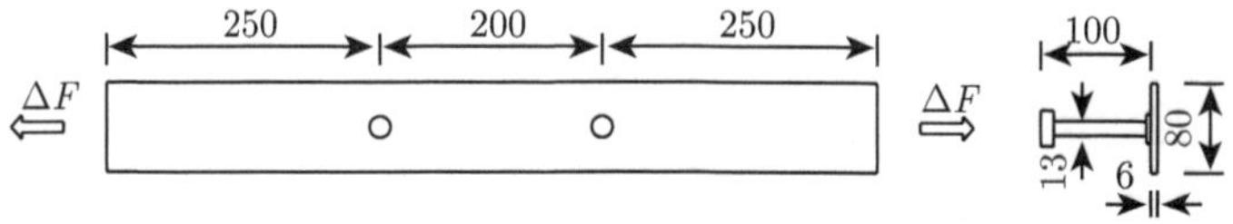	245
	3-5	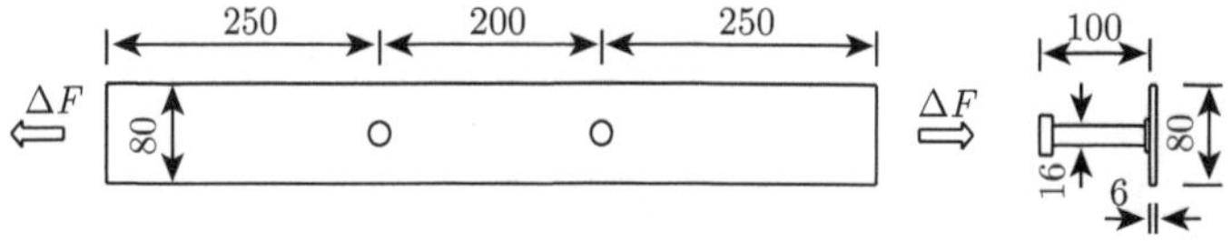	245
	3-6	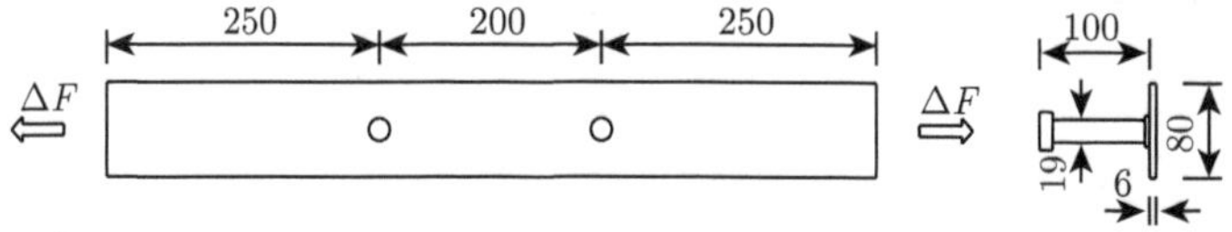	245
	3-7	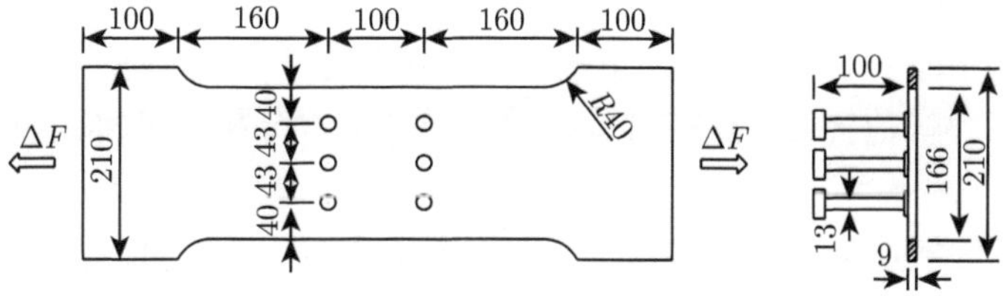	245

5.2.3.3　热点应力集中因子计算结果

对表 5.1 中的疲劳试件分别建立有限元模型，计算各试件中的热点应力集中因子 SCF_{hs}。对每个试件建立三个有限元模型，以分别模拟三种不同的表面应力外推方法，计算结果汇总如表 5.2 所示。

表 5.2　各试件的热点应力集中因子

文献	试件编号	热点应力集中因子		
		SCF_{hs1}	SCF_{hs2}	SCF_{hs3}
[2]	1-1	1.168	1.132	1.205
	1-2	1.168	1.132	1.205
	1-3	1.177	1.141	1.213
	1-4	1.131	1.097	1.165
	1-5	1.177	1.152	1.225
	1-6	1.181	1.145	1.217
	1-7	1.231	1.054	1.268
[3]	2-1~2-3	1.195	1.154	1.237
[4]	3-1	1.067	1.042	1.110
	3-2	1.097	1.065	1.127
	3-3	1.113	1.087	1.148
	3-4	1.175	1.145	1.244
	3-5	1.247	1.188	1.252
	3-6	1.277	1.219	1.333
	3-7	1.171	1.128	1.197

从表 5.2 可以看出，总体而言，各试件中的应力集中因子数值不大，大体分部在 1.05~1.35 之间。而对于同一试件，基于不同外推法得出的结果存在一定差距，具体规律是：$SCF_{hs3} > SCF_{hs1} > SCF_{hs2}$。

在文献报道的疲劳试验中，疲劳应力幅均为名义应力幅。由于前文已经通过计算得到了各试件的热点应力集中因子，而根据式 (5.1) 可将各试件的名义应力幅转化为热点应力幅。

5.2.3.4　名义应力 *S-N* 曲线

对疲劳数据进行回归分析，可得到 *S-N* 曲线。为便于对比分析，这里首先对名义应力拟合出相应的 *S-N* 曲线。由于该表中的名义应力幅均为原始试验数据，因而无须进行应力幅值转换，直接对原始试验数据进行分析便可得到名义应力 *S-N* 曲线。

根据国际焊接协会建议的方法[10]，若用于建立 *S-N* 曲线的疲劳试验数据的来源不同，首先要对数据样本的均一性 (homogenity) 进行判断，以确保数据不是异

源的 (heterogenous)，具体步骤如下：

(1) 对每个数据点计算 S-N 曲线的疲劳常数 $\log C$，其中指数斜率 m 根据经验采用指定值，例如，对于钢结构或铝结构一般为 m=3.0；

(2) 对所有的疲劳常数 $\log C$ 数据点进行数理统计，并绘制高斯概率图 (即正态分布概率图)，其中 $\log C$ 绘制在横坐标，正态分布百分位数绘制在纵坐标；

(3) 对上述概率图进行检查，如果数据样本具有异源性，需要将异源数据剔除，仅保留均一性的数据样本。

由于本节对不同文献的类似试验进行了归纳汇总，因而需要对数据进行同源性验证。根据步骤 (1)~(3)，对基于名义应力的试验数据进行数理统计，并绘制了高斯概率图，如图 5.7 所示。其中计算疲劳常数 $\log C$ 时，根据欧洲规范 3，指数斜率取为 $m = 3.0$。

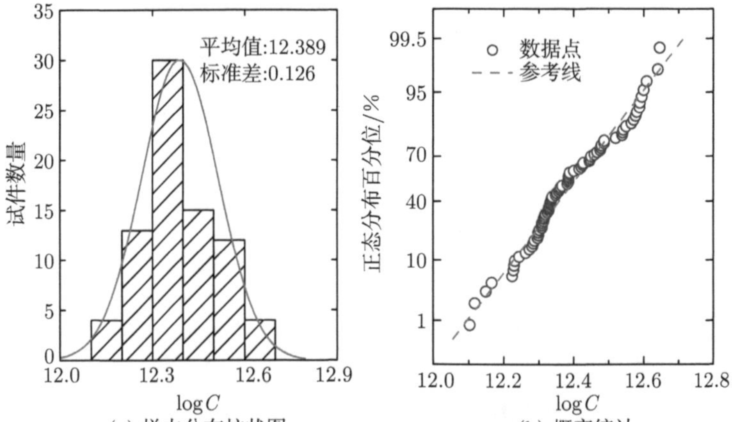

(a) 样本分布柱状图　　(b) 概率统计

图 5.7　基于名义应力的数据样本分布及概率统计

从图 5.7(a) 可以看出，所归纳的基于名义应力的疲劳试验数据符合正态分布规律，$\log C$ 的均值和标准差分别为：$\mu_{\log C} = 12.389$，$\sigma_{\log C} = 0.126$。而从图 5.7(b) 可看出，数据样本基本分布在参考线附近，偏差较小，表明虽然这些疲劳数据来源不同，但数据样本的均一性较好。因此，所归纳的疲劳试验样本无明显异源性，全部数据均可用于建立 S-N 曲线。

接下来对疲劳数据建立名义应力 S-N 曲线。若直接对数据进行线性拟合，可得指数斜率为 $m = 2.709$，与欧洲规范 3 规定的 $m = 3.0$ 接近。根据国际焊接协会规程，当采用来源不同的试验数时，建议根据既有经验采用指定斜率，因此这里取 $m = 3.0$。

疲劳设计 S-N 曲线一般具有 95%存活率，因而需要考虑特征值修正系数 k。依照 2007 版计算特征值修正系数。本节所归纳的样本数量为 $n = 78$，进而可得

$k = 1.95$，进而可得 $\log C$ 的特征值为 $\log C_k = \mu_{\log C} - k\sigma_{\log C} = 12.143$。因此，本节得到的基于名义应力的 S-N 曲线为式 (5.5)，S-N 曲线如图 5.8 所示，为便于对比，图中还给出了欧洲规范 3 对该疲劳细节所规定的 S-N 曲线 (FAT80)。

$$3.0 \log \sigma + \log N = 12.143 \tag{5.5}$$

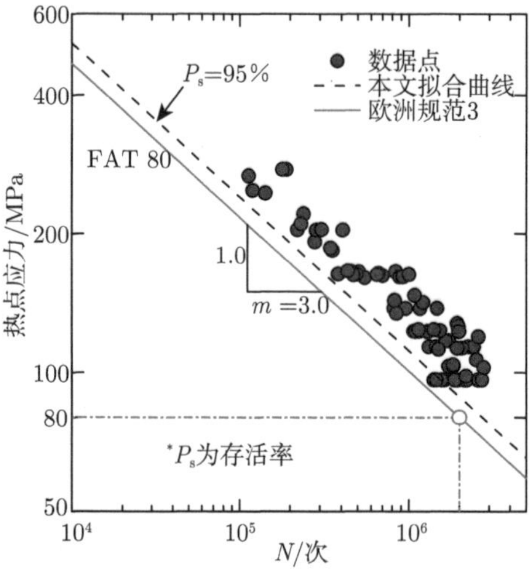

图 5.8　基于名义应力的 S-N 曲线

从图 5.8 可以看出，绝大多数数据点位于拟合的特征 S-N 曲线上方，与曲线的 95%存活率相符。拟合的具有 95%存活率的特征 S-N 曲线位于欧洲规范规定的 FAT80 上方，在 200 万次寿命下，两者的疲劳强度分别为 88.6MPa 和 80MPa，略有差异，引起差异的原因应该是欧洲规范统计的数据样本更大，同时计算特征值系数的方法也可能存在差异。

5.2.3.5　热点应力 S-N 曲线

1. 基于外推法 1 的热点应力

采用与前文类似的方法，对疲劳细节建立基于外推法 1 的热点应力 S-N 曲线。在建立 S-N 曲线前，同样先对数据的均一性进行检查，结果表明，数据的异源性较小，如图 5.9 所示。

接下来计算 $\log C$ 的均值与标准差，并得到特征 S-N 曲线方程如式 (5.6) 所示。数据点及拟合的热点应力 S-N 曲线如图 5.10 所示。国际焊接协会对焊接钢结构定义了两条热点应力 S-N 曲线，分别为 FAT100 和 FAT90，对比发现，本节拟合的曲线与 FAT100 更为接近，因此将 FAT100 一并绘出。

$$3.0 \log \sigma + \log N = 12.362 \tag{5.6}$$

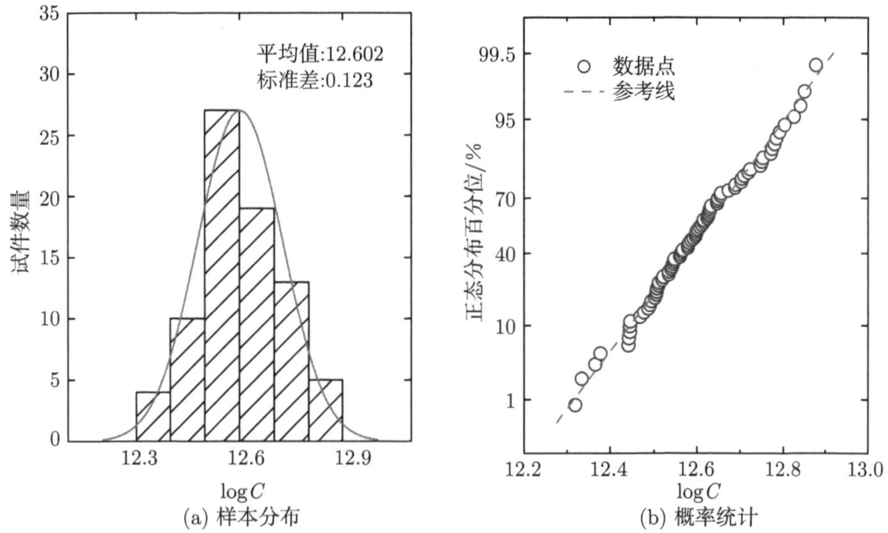

图 5.9 基于外推法 1 的热点应力数据样本分布及概率统计

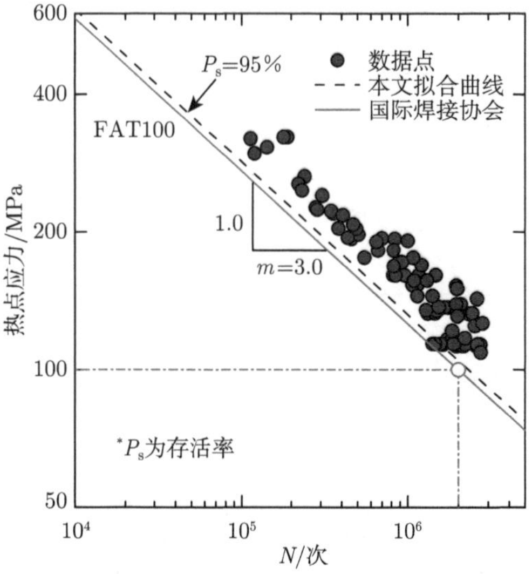

图 5.10 基于外推法 1 的热点应力 S-N 曲线

从图 5.10 可以看出，基于外推法 1 得到的热点应力 S-N 曲线位于国际焊接协会规定的 FAT100 疲劳等级上方。两者较为接近，在 200 万次疲劳寿命下，本节拟合曲线的疲劳强度为 104.8MPa，略高于 100MPa。

2. 基于外推法 2 的热点应力

根据疲劳数据建立基于外推法 2 的热点应力 S-N 曲线。在建立 S-N 曲线前，同样先对数据的均一性进行检查，如图 5.11 所示。

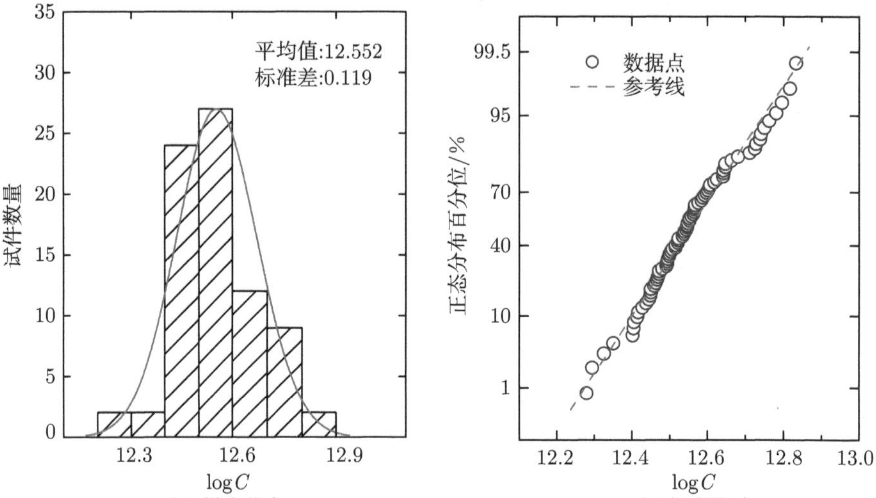

(a) 样本分布　　(b) 概率统计

图 5.11　基于外推法 2 的热点应力数据样本分布及概率统计

然后对数据进行分析，建立了基于外推法 2 的热点应力 S-N 曲线，如图 5.12 所示，图中同样给出了国际焊接协会中 FAT100 疲劳等级的 S-N 曲线。特征 S-N 曲线方程如下：

$$3.0\log\sigma + \log N = 12.320 \tag{5.7}$$

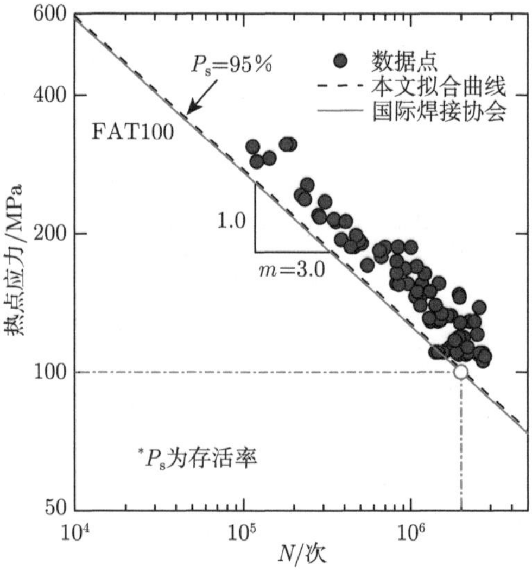

图 5.12　基于外推法 2 的热点应力 S-N 曲线

从图 5.12 可以看出，基于外推法 2 拟合的热点应力 S-N 曲线几乎与国际焊接协会规定的 FAT100 疲劳等级重合。两者在 200 万次疲劳寿命下的疲劳强度分别为 101.5MPa、100MPa。

3. 基于外推法 3 的热点应力

基于疲劳数据建立基于外推法 3 的热点应力 S-N 曲线。在建立 S-N 曲线前，同样先对数据的均一性进行检查，如图 5.13 所示。结果表明，数据样本符合正态分布规律 (图 5.13(a))，且异源性较小 (图 5.13(b))。

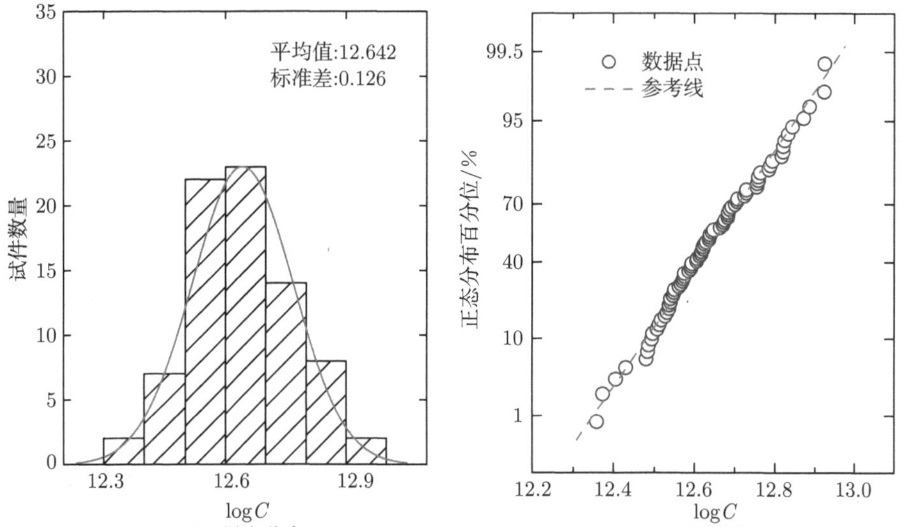

(a) 样本分布 (b) 概率统计

图 5.13 基于外推法 3 的热点应力数据样本分布及概率统计

然后建立基于外推法 3 的热点应力 S-N 曲线，如图 5.14 所示，图中同样绘出了 FAT100 的 S-N 曲线。拟合的热点应力特征 S-N 曲线如式 (5.8) 所示。

$$3.0\log\sigma + \log N = 12.396 \tag{5.8}$$

从图 5.14 可以看出，基于外推法 3 拟合的热点应力 S-N 曲线同样位于国际焊接协会规定的 FAT100 疲劳等级上方。两则较为接近，本节拟合曲线在 200 万次疲劳寿命下的疲劳强度为 107.6MPa，略高于 100MPa。

5.2.3.6 不同 S-N 曲线对比

为便于对比，将前述基于不同方法对带焊接栓钉的钢板这一疲劳细节建立的 S-N 曲线绘制在同一张图中，如图 5.15 所示。

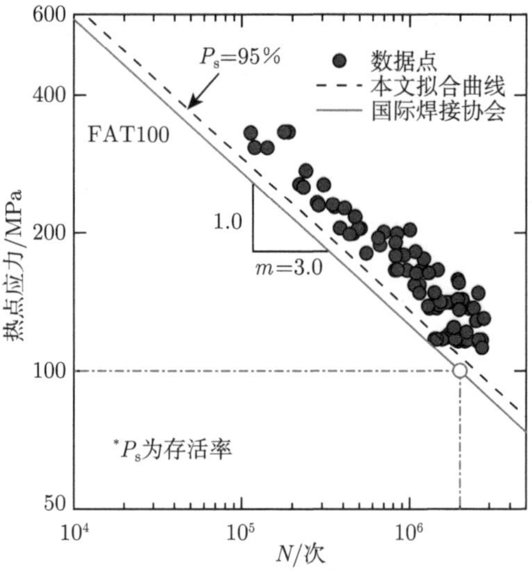

图 5.14　基于外推法 3 的热点应力 S-N 曲线

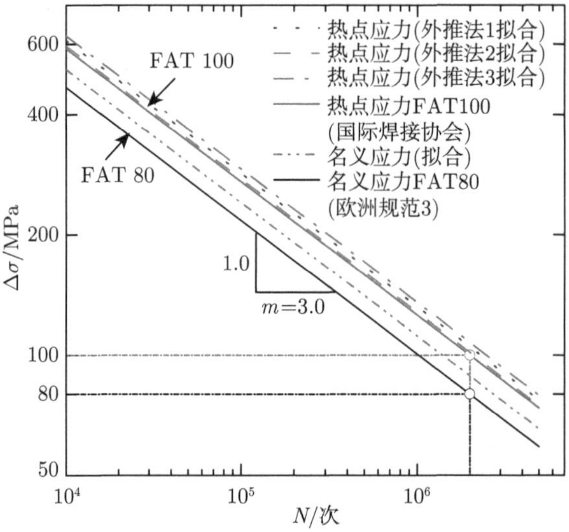

图 5.15　不同 S-N 曲线对比

从图 5.15 可以看出，热点应力 S-N 曲线的位置整体比名义应力 S-N 曲线要高，这是因为在相同荷载下，栓钉根部焊缝在钢板中引起了应力集中现象，使得相同条件下，试件的热点应力高于名义应力。本节拟合的名义应力 S-N 曲线略高于欧洲规范中的 FAT80。

同时，本节通过数据转化得到的热点应力 S-N 曲线与国际焊接协会规定的热点应力疲劳强度等级 FAT100 接近，且基于三种表面应力外推法拟合得到的曲线均位于 FAT100 上方。在 200 万次寿命下，基于 $0.4t/1.0t$、$0.5t/1.5t$、$0.4t/0.9t/1.4t$ 三种外推法拟合得到的热点应力 S-N 曲线的疲劳强度分别为：104.8MPa、101.5MPa、107.6MPa，均高于 100MPa，其中以外推法 2($0.5t/1.5t$) 与 FAT100 最为接近。

根据以上分析，基于 $0.5t/1.5t$ 外推法得到的热点应力 S-N 曲线与国际焊接协会规定的 FAT100 热点应力疲劳等级十分接近，两者几乎重合。因此，在设计中可以采用 FAT100 对该细节进行疲劳设计。需要说明的是，在疲劳计算中，所采用的应力外推方法应与建立 S-N 曲线所采用的方法一致，由于本节采用的是表面外推法，因而建议设计中同样采用表面外推法。

5.2.4 基于热点应力法的栓钉焊趾处钢面板疲劳评估

1. 钢面板应力分布

本节计算采用第 3 章 3.2.3 节的多尺度有限元模型，但重点关注栓钉根部钢面板的疲劳应力幅。

由于本节计算中车辆荷载均位于重车道，因而仅调取了重车道范围内的钢面板应力。关注了两个荷载工况下钢面板中的应力分布：T3L12 和 T3L17，分别对应车轮作用在横隔板断面处和跨中断面处，钢面板的应力云图如图 5.16 所示。

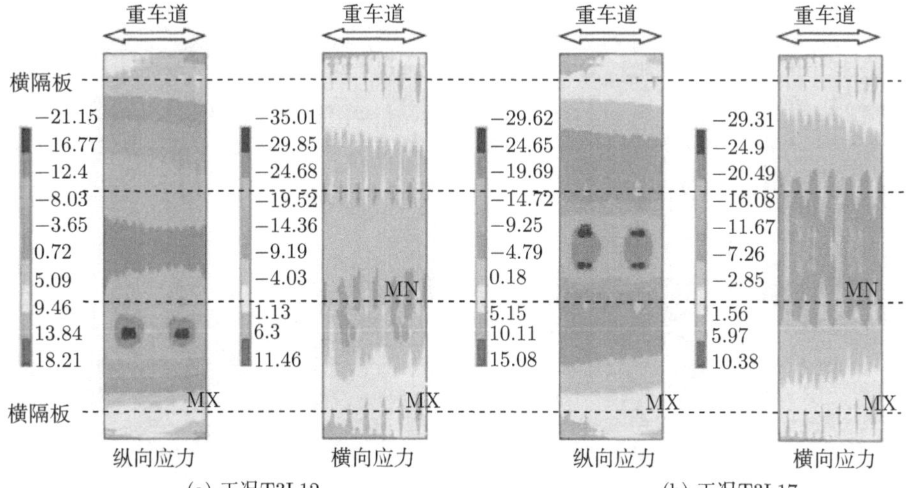

(a) 工况T3L12 (b) 工况T3L17

图 5.16 钢面板中纵、横桥向应力分布 (单位：MPa)(彩图请扫封底二维码)

从图 5.16 可以看出，就钢面板纵向应力而言，无论车轮荷载是作用在横隔板上方还是横隔板中间位置，钢面板中的高应力区均为车轮荷载下方和横隔板断面位置。而对于横向应力，钢面板中的高应力区均位于横隔板断面处，且高应力区的位置大致与车轮横向位置对齐。

通过上述分析可知，带焊接栓钉的钢面板疲劳细节的应力仍然主要受车轮荷载作用位置影响，即横向不利位置位于车轮荷载下方 (栓钉横向编号 T60 和 T73 为最不利位置)。纵桥向上选取靠近 2#横隔板的一排栓钉 ($X = 5300$mm)，以及靠近跨中断面的一排栓钉 ($X = 7100$mm) 作为代表进行计算。

2. 疲劳计算与评估

关注位置建立子模型，并进行热点应力计算。以 T60 号栓钉位置为例，栓钉及其周围钢面板中的应力分布如图 5.17 所示。

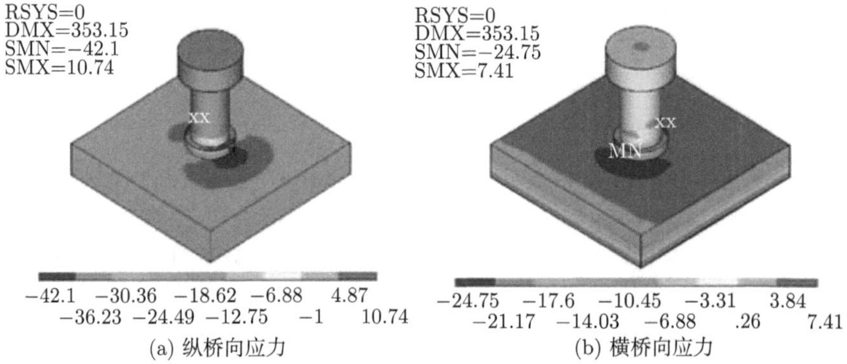

图 5.17　栓钉及其周围钢面板中的应力分布云图 (单位: MPa)(彩图请扫封底二维码)

建立子模型后，对如图 5.18 所示的 4 个位置提取热点应力历程，并得到热点应力幅。计算发现，对于本节关注的带焊接栓钉的钢面板疲劳细节，上述 4 个关注点的主应力方向几乎与焊缝法向方向重合，即偏角小于 60°，因此，各点的热点应力均采用主应力。

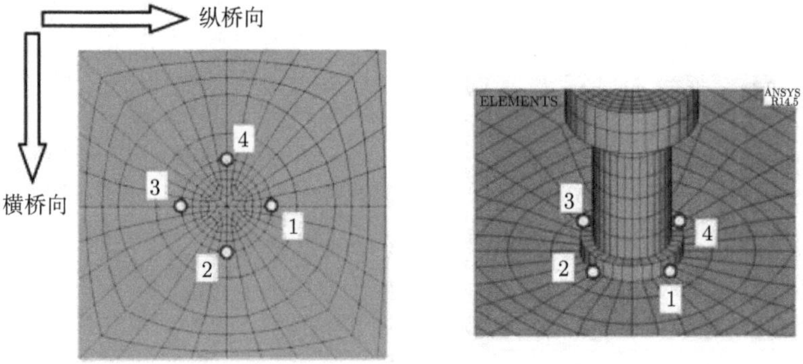

图 5.18　焊趾处钢面板中热点位置示意

这里以隔板断面附近 (负弯矩区) 的栓钉和跨中断面附近 (正弯矩区) 的栓钉为例，计算栓钉根部钢面板中的热点应力幅，计算结果如表 5.3 所示。

表 5.3 栓钉焊趾处钢面板热点应力计算结果

负弯矩区			正弯矩区		
栓钉编号	关注点	主应力幅/MPa	栓钉编号	关注点	主应力幅/MPa
T60L27	1	7.75	T60L36	1	26.74
	2	13.46		2	18.15
	3	25.79		3	16.35
	4	4.18		4	15.73
T73L27	1	0.29	T73L36	1	26.73
	2	12.65		2	24.89
	3	30.71		3	16.04
	4	15.82		4	16.22
最大值		30.71	最大值		26.74

由表 5.3 计算结果可知，总体而言，各区域的热点应力幅水平较低。对位于负弯矩区的细节，高热点应力幅位置为 3，该位置以纵桥向应力为主；而对于正弯矩区的细节，纵、横桥向的热点应力幅均较高，且纵桥向热点应力略高于横桥向。

前期对带焊接栓钉的钢板建立了热点应力 S-N 曲线，其在 200 万次寿命下的疲劳强度为 $\Delta\sigma_{\mathrm{C}} = 100\mathrm{MPa}$，因此设计疲劳强度为 $\dfrac{\Delta\sigma_{\mathrm{C}}}{\gamma_{\mathrm{Mf}}} = \dfrac{100}{1.15} \approx 86.96\mathrm{MPa}$，其中 γ_{Mf} 为疲劳抗力分项系数。

为对该疲劳细节进行疲劳评估，还需将表 5.3 中的应力值乘以损伤等效系数。对于负弯矩区，该疲劳细节的最大热点应力幅为 30.71MPa，因此 $\Delta\sigma_{\mathrm{E2}} = 1.8 \times 30.7 \approx 55.3\mathrm{MPa} < 86.96\mathrm{MPa}$，满足设计要求。而对于正弯矩区，最大热点应力幅为 26.7MPa，$\Delta\sigma_{\mathrm{E2}} = 2.5 \times 26.74 \approx 66.85\ \mathrm{MPa} < 86.96\mathrm{MPa}$，同样满足设计要求。因此，在钢–薄层 STC 轻型组合桥面结构中，带焊接栓钉的钢面板的抗疲劳性能亦能满足设计要求。

5.3 基于疲劳评估的轻型组合桥面结构参数分析及试验验证

5.3.1 计算目的

在前期研究中，作者团队已经对钢-STC 轻型组合桥面结构开展了大量有限元计算分析。但主要对比了增设 STC 层对钢桥面典型疲劳细节活载应力的影响，以量化对比轻型组合桥面结构与常规沥青铺装在钢桥面中引起的应力降幅，未深入考量主要涉及参数变化对疲劳计算与评估结果的影响。

本节主要通过对多个轻型组合桥面结构进行疲劳分析，探明多参数对钢桥面疲劳应力幅的相互影响，并给出主要设计参数的建议取值范围。

5.3.2　钢桥面疲劳验算细节

各国学者对钢桥面典型易疲劳开裂细节进行了一系列的研究调查，归纳出钢桥面易发生疲劳开裂的细节：①面板与 U 肋焊缝处的顶板纵向裂缝细节；②U 肋与面板焊缝的 U 肋纵向裂缝细节；③U 肋与横隔板交叉部位纵肋腹板裂缝细节；④U 肋与横隔板交叉部位的横隔板裂缝细节；⑤弧形切口处裂缝细节；⑥U 肋下缘对接焊缝的裂缝细节。如图 5.19 所示。

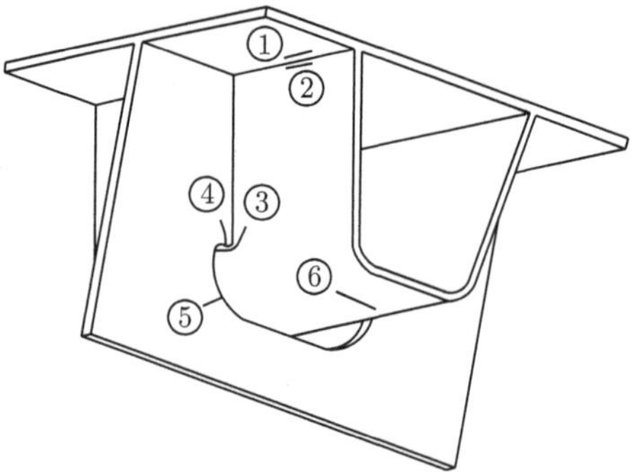

图 5.19　正交异性钢桥面板典型疲劳细节

5.3.3　钢桥面疲劳验算方法

本节按照 S-N 曲线中的名义应力法，取疲劳抗力分项系数为 1.15，根据文献、湖南省地方规范《DB43/T 1173-2016 钢–超高韧性混凝土轻型组合结构桥面技术规范》[11]、中国规范《JTG D64-2015 公路钢结构桥梁设计规范》[12] 确定细节④的疲劳强度，根据文献确定其余 5 个细节的疲劳强度，各疲劳细节在 200 万次寿命下的疲劳强度均为 60.87MPa，在 500 万次寿命下的常幅疲劳极限为 44.35MPa。

5.3.4　钢桥面疲劳有限元分析

5.3.4.1　局部有限元模型

1. 模型概况

本节计算仍然以广东虎门大桥为参考，现拟将轻型组合桥面结构应用于该大桥上，具体设计方案如下：凿除原有铺装层，在原钢箱梁上焊接长为 35mm、直径为 13m 短剪力钉，根据剪力钉位置定位绑扎纵、横向钢筋，并浇筑 STC 层，轻型组合桥面结构有限元模型示意图如图 5.20 所示。

采用 ANSYS 有限元软件建立钢桥面板局部有限元分析模型，大桥相邻吊索区段的间距为三跨横隔板长度。建模时，将吊索区段两侧沿纵向各延伸一跨横隔板长度，建立五跨横隔板模型，共 20m。同时，为减少计算量，加快分析速度，模型横向采用半幅箱梁结构，不考虑风嘴、人洞等次要结构。

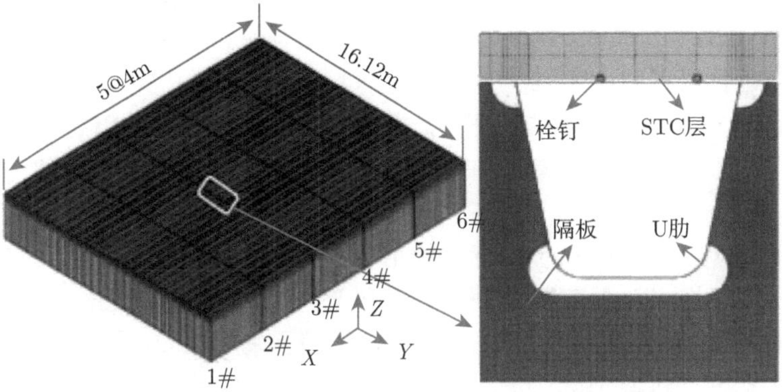

图 5.20 轻型组合桥面结构有限元模型示意图

2. 网格划分

ANSYS 网格划分有自由网格划分和映射网格划分两种方式。映射网络划分方式得到的网格质量更好。本节采用映射网格划分。根据名义应力法，对 ANSYS 模型进行网格划分。考虑到模型的规模较大，有限元模型中对关注的中车道区域的网格进行细化，其他区域采用较粗糙的网格。在中车道区域中，对关注的六个细节尺寸再进行进一步细化，表 5.4 列出了六个细节的网格细化尺寸。

表 5.4 关注细节尺寸

编号	位置	网格尺寸	方向
①	面板与 U 肋焊缝处的顶板纵向裂缝	6mm(0.5t)	S_X
②	U 肋与面板焊缝的 U 肋纵向裂缝	4mm(0.5t)	S'_Y/S''_Y
③	U 肋与横隔板交叉部位纵肋腹板裂缝	4mm(0.5t)	S'_Y/S''_Y
④	U 肋与横隔板交叉部位的横隔板裂纹	5mm(0.5t)	S_1
⑤	弧形切口处裂纹	10mm	S_1
⑥	U 肋下缘对接焊缝的裂缝	100mm	S_Z

注：S_X、S''_Y、S'_Y、S_Z 方向见图 5.20。

经映射网格划分，三种 STC 厚度的轻型组合桥面结构计算模型单元与节点数量如表 5.5 所示。

表 5.5 轻型组合桥面结构网格规模

STC 厚度	0mm	45mm	60mm
单元数	1171430	1785312	1785312
节点数	1161717	2060034	2060034

3. 单元类型

有限元模型中，顶板、底板、U 肋、腹板与横隔板均采用 shell63 单元进行模拟；STC 层采用 solid45 单元进行模拟。STC 层与钢桥面板之间的抗剪能力主要由 STC 层与面板之间的黏结力、栓钉对两者的约束力所提供。在分析中，仅考虑栓钉对两者的约束所提供的抗剪力。文献根据对四种常见栓钉抗剪刚度计算方法的理论与试验分析结果，建议在进行 STC 中的栓钉抗剪刚度计算时，采用欧洲规范 4 或日本规范中的计算方法。本节根据欧洲规范 4 规定计算栓钉的抗剪刚度：$K\mathrm{sc}=0.7P_{\mathrm{Rk}}/S$(式中 P_{Rk} 为标准推出试验得到的栓钉抗剪承载力特征值，有 $P_{\mathrm{Rk}}=0.9P_{\mathrm{u}}$；$S$ 为 $0.7P_{\mathrm{Rk}}$ 荷载值对应的滑移量。)，得到长为 35mm、直径为 13mm 的短剪力栓钉的抗剪刚度为 120kN/mm。建模时，采用 conbin14 单元，通过定义弹簧单元的横向和纵向刚度，以此来模拟剪力钉考虑纵桥向和横桥向的抗剪作用。同时，在竖向对 STC 下表面节点与钢面板节点进行耦合，实现 STC 与钢面板的连接。计算中，忽略 STC 层与钢板之间的黏结抗剪作用和竖向的拉拔脱层效应。

4. 本构关系

对于钢材：按照线弹性考虑钢材，不考虑材料屈服。

对于 STC 层：根据文献的条带足尺模型试验可知，强化抗拉能力、降低收缩的钢桥面专用 STC 层的抗弯拉强度高达 42.7MPa；另外，根据立方体抗压强度试验，STC 的抗压强度为 135.9MPa。且计算结果表明，在采用 45mm 厚 STC 层时，应用于模拟大桥的 STC 层的拉应力与压应力均远小于其抗压与抗拉强度，即在该模型的应用中，STC 层材料只利用了比较小的应力水平。所以 STC 层材料在计算中也假定为线弹性。具体材料参数见表 5.6。

表 5.6　各材料主要物理指标

材料	弹性模量 E/MPa	泊松比 μ	密度/(kg/m^3)
钢材	210000	0.3	7850
STC	42600	0.2	2700

5. 边界条件

有限元模型的边界条件为：在端横隔板截面处，约束端部的纵向 (Z 向) 平动自由度和绕横向 (X 向) 和竖向 (Y 向) 转动自由度；在道路中心线截面处，采用横向 (X 向) 对称约束；在有吊索位置的腹板端部约束其竖向 (Y 向) 平动自由度。由于本节验算的细节在中车道 (图 5.21)，距上述边界较远，根据圣维南原理，上述边界条件对关注点的应力结果影响较小。文献针对马房大桥，采用了与本节相似的边界条件建立局部梁段有限元模型，有限元计算结果与第三方实测值对比证明两者吻合度较高[13]。文献在进行局部模型疲劳验算时也采用了与本节相同的边界条件施加方法，一系列理论与试验分析证明：采用该边界条件下的计算结果进行设计试验结果满足预期，计算结果可信，具有工程指导意义。

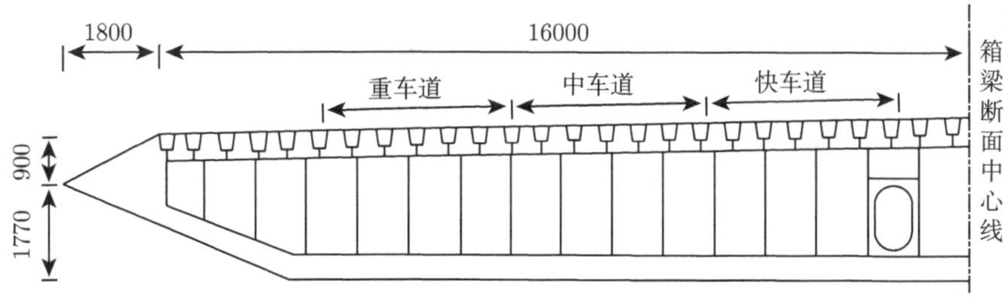

图 5.21 车道位置 (单位：mm)

5.3.4.2 疲劳荷载及加载方式

1) 疲劳荷载

疲劳荷载采用《公路钢结构桥梁设计规范》[12] 中的标准疲劳车型 III，每轴轴重 120kN。由于钢桥面板应力分布的局部性较强，纵、横向影响线较短，故疲劳验算可忽略多车效应。同时，由于标准疲劳车的前、后轴轴距较大 (相距 6m)，可忽略前后车轴之间的叠加效应，而只采用标准疲劳车的后轴 (120kN+120kN) 进行加载。

2) 荷载工况

根据文献确定验算细节横向位置：根据正交异性钢桥面板的几何特性，在横桥向分正 U 肋、骑 U 肋、U 肋间 3 种加载方式，在纵桥向有跨中 (3# 横隔板与 4# 横隔板之间) 和横隔板 (3# 横隔板) 上方两种加载方式，如图 5.22 所示。通过这 6 种加载方式基本可以确定各疲劳细节的最不利横向位置。

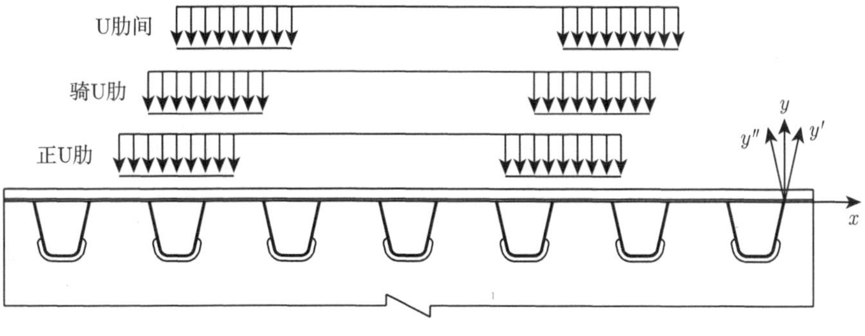

图 5.22 车轮横向加载位置

验算细节纵向位置的确定：对于弧形切口细节以及横隔板 U 肋相交处的细节，纵向最不利位置在 3# 横隔板；对于 U 肋与盖板相交处等细节，最不利纵向位置未必在跨中，为了尽可能得到最大应力幅，因而选择跨中及距跨中纵向两侧 0.1m、0.2m、0.4m、0.7m、1m、2m、4m、6m 共 17 个典型截面进行加载，图 5.23(a)

所示。同时为保守起见，对于弧形切口细节以及横隔板 U 肋相交处的细节，同样选择在距 3#横隔板 0.1m、0.2m、0.4m、0.7m、1m、2m、4m、6m 共 17 个典型截面进行加载，如图 5.23(b) 所示。将双联轴疲劳荷载按照前述确定的纵、横向加载位置沿中车道进行加载，根据各细节应力历程，通过泄水法获得不同厚度 STC 层情形下各细节的最大应力幅。

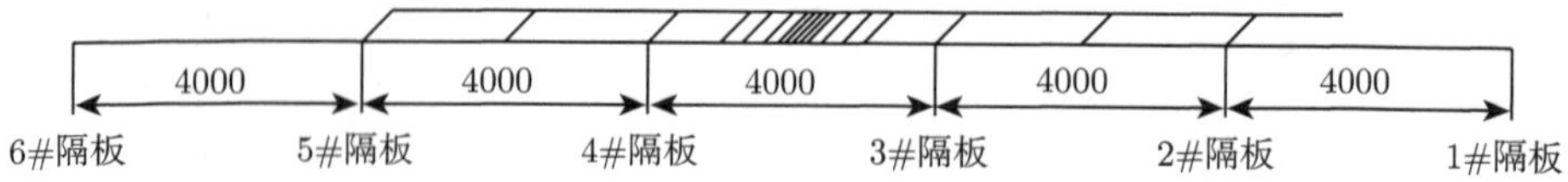

(a) 从跨中向两侧逐渐稀疏布载的车轮纵向加载位置(单位: mm)

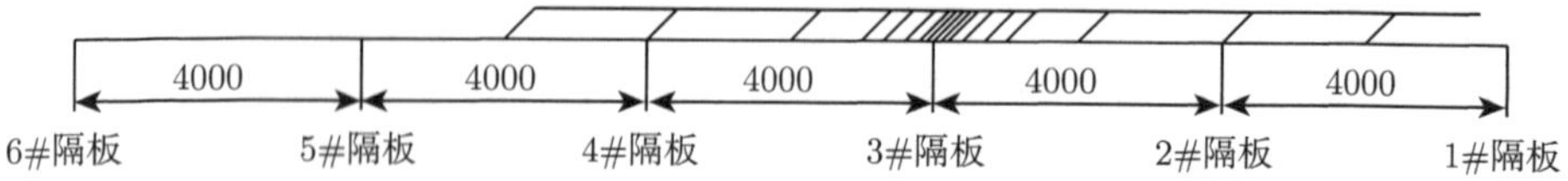

(b) 从3#横隔板向两侧逐渐稀疏布载的车轮纵向加载位置(单位: mm)

图 5.23 车轮纵向加载位置

5.3.5 参数分析及结果

5.3.5.1 参数组合

按照前述钢桥面疲劳有限元分析方法计算典型疲劳细节的应力和最大应力幅，考虑横隔板厚度、剪力钉间距、STC 层厚度三个参数对轻型组合桥面结构疲劳性能的影响。其中 STC 层厚度设置为 0mm、45mm、60mm，横隔板厚度取 10mm、14mm、16mm，剪力钉间距为 150mm×150mm、200mm×200mm(下文按 200mm、150mm 表述)，共 15 种参数形式。有限元计算结果如图 5.24~图 5.29 所示。

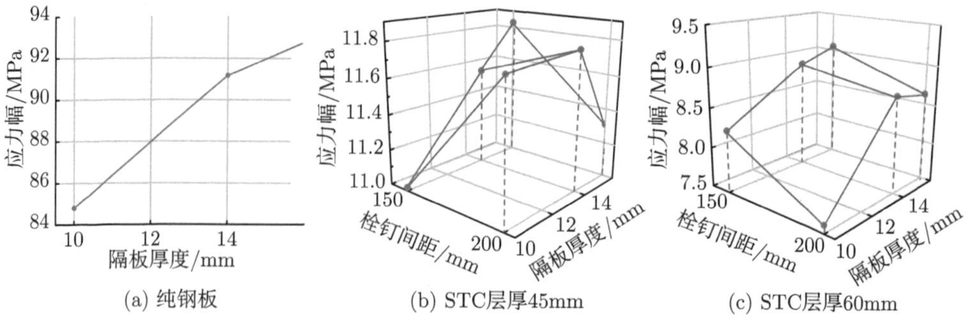

图 5.24 各设计参数下疲劳细节①的最大应力幅值

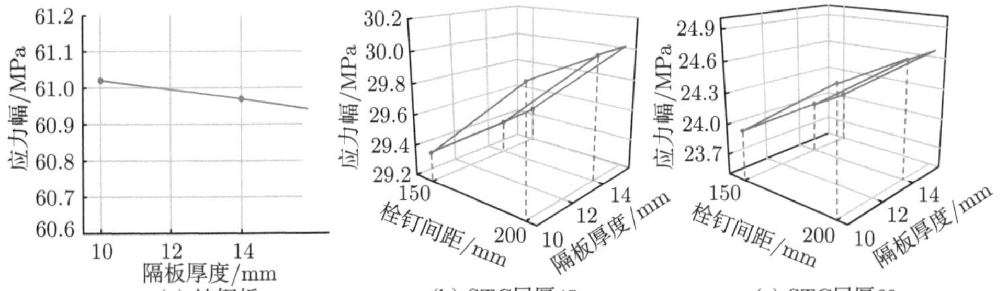

(a) 纯钢板 (b) STC层厚45mm (c) STC层厚60mm

图 5.25 各设计参数下疲劳细节②的最大应力幅值

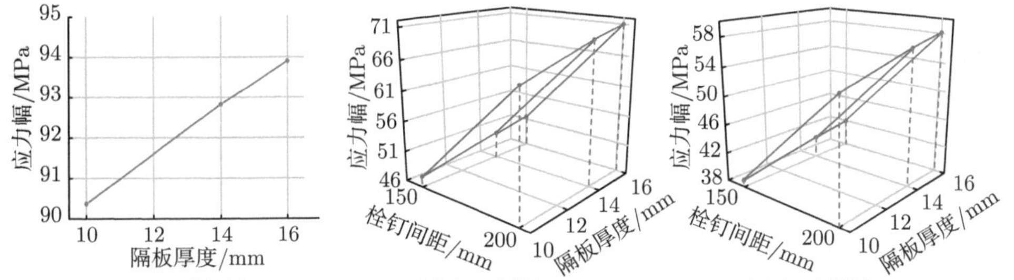

(a) 纯钢板 (b) STC层厚45mm (c) STC层厚60mm

图 5.26 各设计参数下疲劳细节③的最大应力幅值

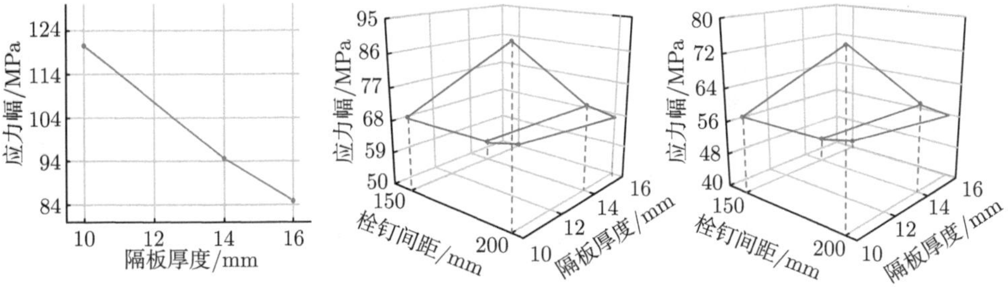

(a) 纯钢板 (b) STC层厚45mm (c) STC层厚60mm

图 5.27 各设计参数下疲劳细节④的最大应力幅值

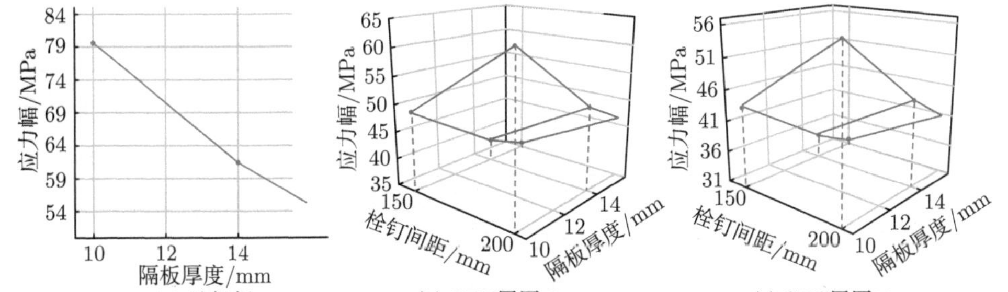

(a) 纯钢板 (b) STC层厚45mm (c) STC层厚60mm

图 5.28 各设计参数下疲劳细节⑤的最大应力幅值

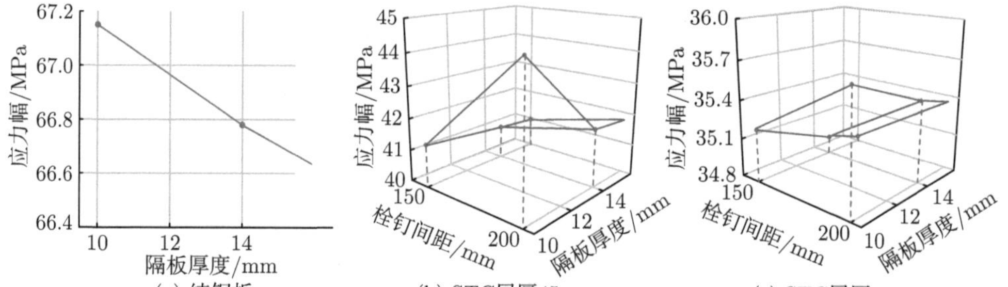

(a) 纯钢板　　(b) STC层厚45mm　　(c) STC层厚60mm

图 5.29　各设计参数下疲劳细节⑥的最大应力幅值

由图 5.24～图 5.29 可以发现，采用轻型组合桥面结构后，细节①、②应力幅显著改善，应力幅降幅为 51%～91%，其余细节的应力幅也有较大幅度的降低，降幅为 20%～57%。其原因是 STC 弹性模量较大，与钢桥面结合形成组合结构后，对于较薄的钢面板有很大的强化作用，但对于整体刚度的贡献有限。在本节关注的六个细节中，细节①、②位于钢面板中，其应力状态受局部刚度影响明显，其余细节则位于纵肋或横隔板中，受桥面板局部刚度影响相对较弱。

从疲劳强度角度来看，模拟的 12 种轻型组合桥面结构中有 7 种方案的各疲劳细节均满足疲劳强度设计要求；对于不满足疲劳强度要求的方案，主要是因为疲劳应力受整体刚度影响较大的细节③、④、⑤不满足疲劳强度设计要求，尤其是细节④最难满足。从常幅疲劳极限角度考虑，各疲劳细节中，各方案细节①、②、⑥的最大应力幅均低于常幅疲劳极限，可以认为不会发生疲劳开裂；而细节③、④、⑤较难满足常幅疲劳极限要求，尤其是细节④。因此，疲劳细节④是轻型组合桥面结构参数设计的控制性细节。

在模拟的各种设计方案中，当横隔板厚度为 16mm、栓钉间距为 150mm×150mm、STC 厚度为 60mm 时，轻型组合桥面中 6 类疲劳细节的最大疲劳应力幅均低于常幅疲劳极限，可视为永不开裂细节，该设计参数下各典型疲劳细节最大应力幅如表 5.7 所示。

表 5.7　理论上不开裂设计方案下各典型疲劳细节最大应力幅

项目	细节①	细节②	细节③	细节④	细节⑤	细节⑥
最大应力幅/MPa	9.05	24.02	41.94	41.81	31.87	34.84
常幅疲劳极限/MPa	44.35	44.35	44.35	44.35	44.35	44.35

5.3.5.2　*STC 厚度对疲劳细节应力幅的影响*

随着 STC 厚度增加，钢桥面局部刚度与整体刚度进一步提升，相对于 45mm 厚 STC 层，60mm 厚 STC 层下钢桥面各疲劳细节应力幅降低更加明显，六个细节应力幅分别约降低：25%、18%、18%、16.5%、10.8%、15%，原因为当 STC 层厚度增加时，桥面板的整体局部刚度相应提高，从而降低了同等荷载作用下钢桥面各疲劳细节中的应力。

5.3.5.3 横隔板厚度对疲劳细节应力幅的影响

随着横隔板厚度的增加，横隔板自身刚度加强，结构整体刚度提高，根据图 5.24~图 5.29 可分析横隔板厚度对轻型组合桥面结构各疲劳细节的影响。

(1) 当横隔板厚度从 10mm 增加为 14mm、16mm 时，细节④、⑤两处细节应力幅下降幅度为 20%~29%；细节③最大应力幅增幅为 5%~8%。分析其原因为细节④、⑤是位于横隔板上的细节，随着横隔板厚度的增加，其刚度也相应增大，使得细节④、⑤的应力幅降低。然而细节③位于纵肋–横隔板交叉位置的纵肋腹板中，纵肋的变形受到横隔板的约束，横隔板越厚，这种约束作用越强，使得该位置纵肋中的应力集中现象越明显，进而导致细节③的应力幅增加。

(2) 对于细节①、②，当横隔板厚度从 10mm 增加为 14mm、16mm 时，两处细节应力幅增大的幅度分别在 5%~10%、1%左右。但因为轻型组合桥面结构中，桥面的局部刚度已显著提高，细节①、②的应力均处于很低的水平，所以横隔板厚度引起的应力幅增加值极小，仅为 0.03~1.12MPa，故可不考虑横隔板厚度对细节①、②的影响。

(3) 随着横隔板厚度的增加，细节⑥的应力幅以极微小的幅度下降，降低值为 0.27~2.79MPa。两处细节应力幅因横隔板厚度增加而改变的程度基本维持在 1%左右。可以看出，增大横隔板厚度确实能提高结构整体刚度，减小各板件间的相对变形，但横隔板厚度从 10mm 增加到 14mm、16mm 对整体刚度的提高幅度有限，故可以忽略横隔板厚度改变对于细节⑥疲劳性能的影响。

5.3.5.4 栓钉间距对疲劳细节应力幅的影响

栓钉的疏密程度将会影响 STC 层与钢桥面的组合程度，进而对钢桥面疲劳细节的应力及应力幅产生影响。目前在工程应用中，栓钉间距一般采用 150mm×150mm。根据文献对组合桥面结构中栓钉抗剪承载力的预测与分析，本节提出 200mm×200mm 的栓钉间距形式，并模拟分析两种栓钉间距下组合桥面的疲劳性能，探索栓钉间距适当加宽的可能性。

对于不同参数下的轻型组合桥面，栓钉间距从 200mm 变为 150mm 时，疲劳细节③、④、⑤应力幅改善作用较为明显，三类细节应力幅降低值为 9.21~23.41MPa，降幅为 22.01%~27.96%；而细节①、②、⑥的疲劳应力幅受整体刚度的影响较小，应力幅降低值基本低于 1MPa，可忽略栓钉变密引起的应力幅改变。对于细节①、②、⑥，由于 200mm 栓钉间距下的钢板-STC 已经紧密结合，故加密栓钉至 150mm

对钢板板-STC 组合刚度提高有限，引起细节①、②、⑥应力幅的改变较小。

5.3.6　轻型组合桥面结构横桥向抗弯疲劳性能

5.3.6.1　试验设计和制作

为验证轻型组合桥面结构横桥向抗弯疲劳性能，设计一块钢-STC 组合板，其构造示意图如图 5.30 所示。构件总长 1400mm，宽 200mm，STC 层厚度为 60mm，钢板厚 12mm，钢板和 STC 层通过大头短栓钉连接，剪力钉直径为 13mm、焊后高度为 35mm，栓钉间距为 150mm。STC 层中布置纵横向钢筋网，纵横向钢筋间距相同，间距为 33.3mm，钢筋直径为 10mm，等级为 HRB400，名义屈服强度为 400MPa。钢筋保护层厚度为 25mm。钢材为常用 Q345qC 钢材，名义屈服强度为 345MPa。

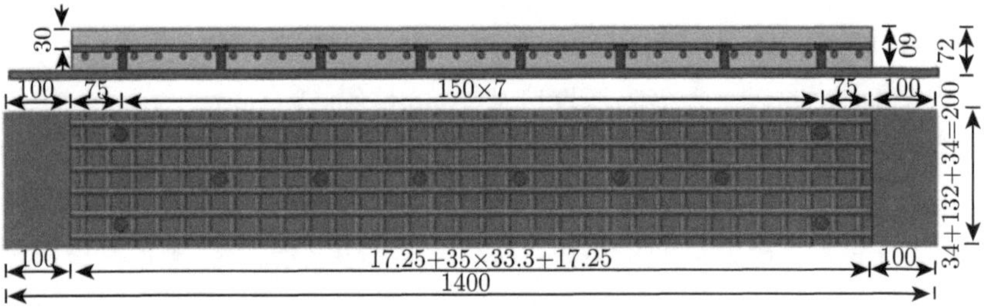

图 5.30　疲劳试验构件构造示意图 (单位：mm)

5.3.6.2　加载方案及测试内容

试验通过疲劳机作动器将力施加到分配梁上，再由分配梁传递至构件，为便于研究裂缝的性能，构件均采用负弯矩四点加载，两加载点之间的梁净跨为 1000mm，纯弯段长度为 400mm。每加载一定的疲劳循环次数后停机做静载试验，来测量构件的挠度、界面滑移和 STC 表面的裂缝情况。挠度由机械百分表测得，精度为 0.01mm，端部滑移由千分表测得，精度为 0.001mm。试验以恒定应力幅加载，最小疲劳荷载 ($P_{\min}$) 取最大疲劳荷载 ($P_{\max}$) 的 10%。

具体加载过程和应力幅取值如表 5.8 所示。根据文献 [14] 的有限元分析结果

表 5.8　疲劳试验具体荷载和应力幅取值

$P_{\max}$/kN	$P_{\min}$/kN	应力幅/MPa	加载次数/($\times10^4$)	累计等效疲劳循环次数/($\times10^4$)
8.4	0.8	4.5	1000	1000
15.1	1.5	8.1	350	3041.2
18.4	1.8	9.9	200	5170.8
21.7	2.2	11.7	127.5	7411.7
25.0	2.5	13.5	82.5	9639.2

可知，实桥在设计荷载作用下 STC 表面最大拉应力为 3.8MPa，在加载初期，应力幅保守取值为 4.5MPa，当疲劳循环次数超过 1000 万次时，逐步提高应力幅。疲劳试验加载照片如图 5.31 所示。

图 5.31 疲劳试验加载照片

5.3.6.3 试验结果分析

在经历 1587.5 万次疲劳循环后，STC 表面出现第一条裂缝宽度为 0.02mm 的裂缝，从静载试验构件的荷载–跨中位移曲线 (图 5.32) 可以看出，构件的刚度基本未折减，随着荷载的继续施加，裂缝宽度逐步增大，长度逐渐变长，在达到 1697.5 万次疲劳循环后，STC 表面的裂缝宽度达到 0.05mm，在疲劳循环次数达到 1760 万次时，STC 表面最大裂缝达到 0.1mm，此时构件的刚度基本未产生折减。

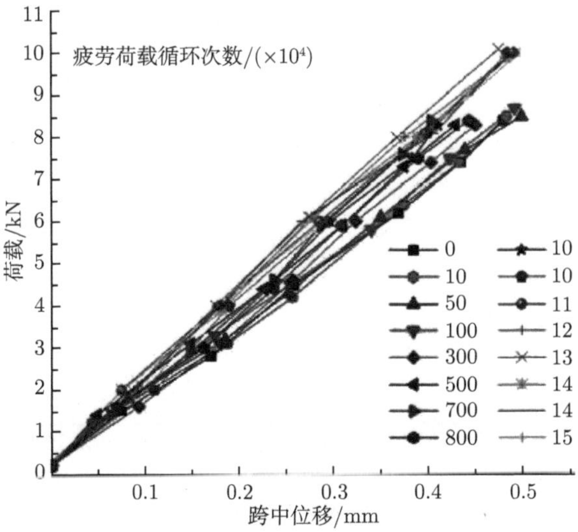

图 5.32 荷载–跨中位移曲线

保守的根据 AASHTO 规范[7]，不同应力幅作用下疲劳循环次数的转换存在以下关系：

$$N' = \sum_{i=1}^{n} \left(\frac{\sigma_i}{\sigma'}\right)^m n_i \tag{5.9}$$

式中，σ' 为设计应力 (MPa)；σ_i 为施加应力 (MPa)；m 为 S-N 曲线斜率，取值为 3.0；n_i 为在施加应力 σ_i 作用下经历的循环次数；N' 为设计荷载作用下的等效循环次数。

由前文可知，在设计荷载作用下 STC 表面横桥向最大拉应力为 3.8MPa，保守取值为 4.5MPa, 实际价值施加应力幅如表 5.8 所示，将其代入式 (5.9) 可得到设计荷载作用下的等效疲劳循环次数，如表 5.8 所示。

设计荷载作用下最大裂缝宽度–等效疲劳循环次数曲线如图 5.33 所示。可以看出，在经历 6612 万次等效疲劳循环后，STC 表面出现裂缝宽度为 0.05mm 的裂缝，远超 1000 万次无限疲劳寿命要求，表明钢-STC 轻型组合桥面结构在设计荷载作用下有较好的横向受弯疲劳性能，能满足设计要求。在等效循环次数达到 9640 万次时，STC 表面最大裂缝达到 0.1mm。此时，STC 表面和侧面的裂缝分布如图 5.34 所示，在 STC 表面共有三条裂缝，最大裂缝长度为 8cm，裂缝宽度为 0.1mm，其余两条裂缝的长度分别为 4cm 和 5cm，裂缝宽度均为 0.02mm，裂缝数量较少且侧面裂缝长度基本不超过纵向钢筋位置。钢板和 STC 之间的界面完好，试验测得的滑移值较小，最大界面滑移值仅为 0.03mm。

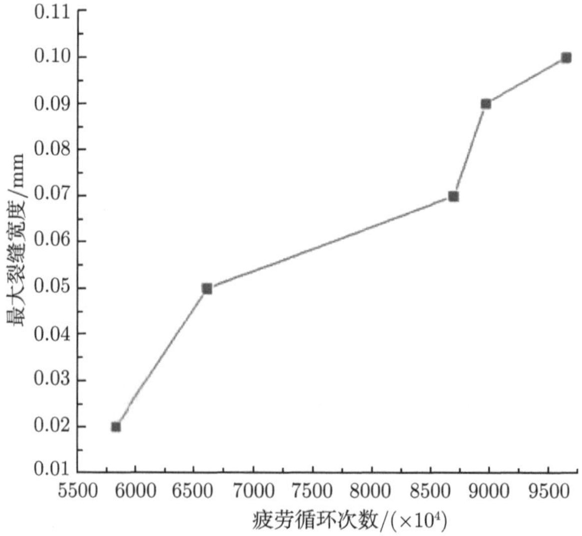

图 5.33　最大裂缝宽度–等效疲劳循环次数曲线

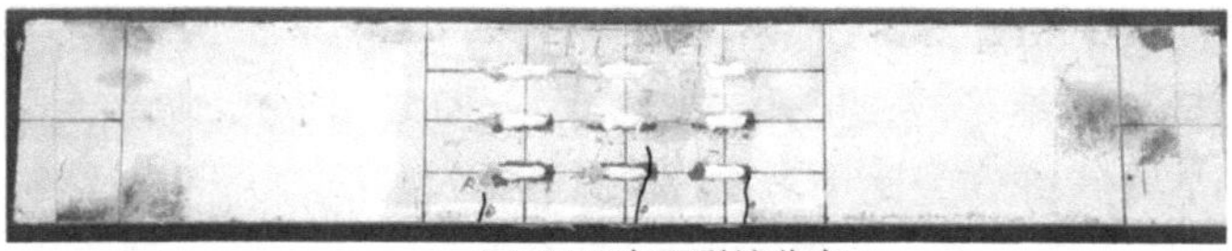

(a) STC表面裂缝分布

(b) STC侧面裂缝分布

图 5.34 疲劳试验构件裂缝分布图

5.3.6.4 试验结果评价与疲劳评估

对于钢-STC 轻型组合桥面结构横向受弯疲劳性能，本节试验结果表明，在设计荷载作用下经历 6612 万次疲劳循环后，STC 表面才出现裂缝宽度为 0.05mm 的裂缝，刚度基本未发生变化且钢-STC 界面完好，基本无滑移产生，远超 1000 万次无限疲劳寿命[15,16] 的要求，表明钢-STC 轻型组合桥面结构在设计荷载作用下有较好的横向受弯疲劳性能，能满足设计要求。

5.4 轻型组合桥面结构纵肋构造优化研究

5.4.1 研究目的

如前文所述，虽然钢-STC 轻型组合桥面结构能够显著改善钢面板和纵肋的疲劳受力，但对于纵肋–横隔板连接细节应力的改善效果仍然存在提升空间。该疲劳细节往往是正交异性钢桥面受力最复杂的位置之一。因此，考虑到 STC 层能够显著提高钢桥面的局部抗弯刚度，本节提出三种新型纵肋形式：①球扁钢开口肋方案；②板肋开口肋方案；③大 U 肋方案，并开展理论分析和模型试验研究，下面进行详细介绍。

5.4.2 纵肋优化形式一：球扁钢开口肋

5.4.2.1 两类纵肋轻型组合桥面方案对比

以杭瑞高速洞庭湖大桥为背景进行对比分析。杭瑞高速洞庭湖大桥原桥面系设计方案采用的是带闭口纵向加劲肋的正交异性钢桥面板。钢顶板厚度为 16mm；吊点处横梁厚度为 20mm，非吊点处横肋厚度为 16mm，间距为 2800mm；U 肋口宽为 300mm，底宽为 170mm，高度为 280mm，厚度为 8mm；铺装层采用 75mm 浇筑式沥青混凝土。其局部构造如图 5.35 所示。

由于该桥为新建项目，故除了将原 75mm 厚沥青混凝土铺装层改为 50mm 厚 STC+30mm 磨耗层外，同时还减少钢顶板的厚度，由原来的 16mm 减至 12mm，在保证受力性能的同时，减少钢材的用量，以此来提高方案的经济性。不改变纵向加劲肋以及横隔板的构造形式及间距，便得到带闭口纵向加劲肋的超高性能轻型组合梁方案，本节将它称之为比选方案 1。为了探讨纵向加劲肋对结构受力的影响，将比选方案 1 的 U 肋厚度减小至 6mm，其余参数不变，便得到比选方案 2。这两种比选方案的局部构造如图 5.36 所示。

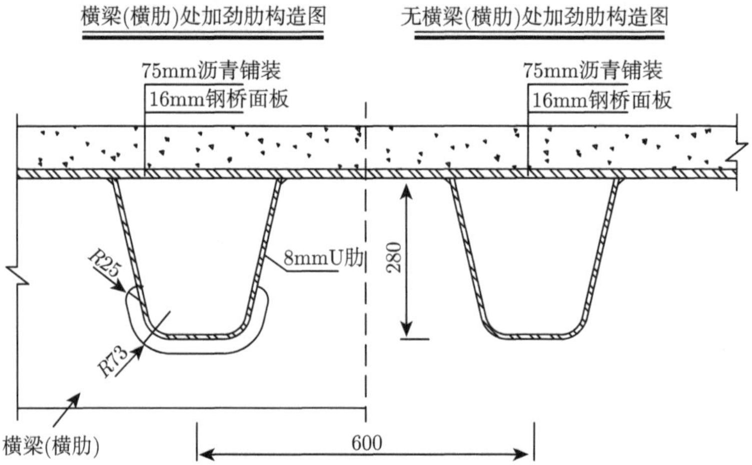

图 5.35　原设计方案桥面系构造图 (单位：mm)

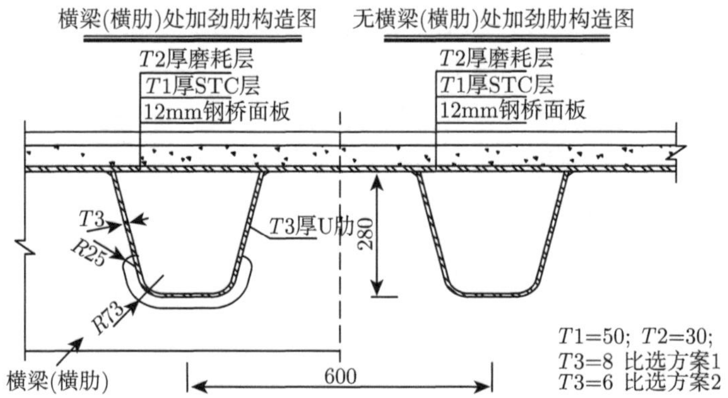

图 5.36　闭口肋比选方案桥面系构造图 (单位：mm)

目前开口纵向加劲肋多采用板肋、倒 T 形肋、倒 L 形肋和球扁钢肋等。其中焊接倒 T 形肋和焊接倒 L 形肋的工厂焊接工程量较大，在工地连接也比较困难，且在几何形式上类似于球扁钢。球扁钢基本分为偏球扁钢和正球扁钢两大类，是一种热轧型钢。在制作及市场供应方面，目前国内生产偏球扁钢的厂家较多，生产工艺成熟，而正球扁钢生产需额外制作生产模具，并且重新制定生产工艺，单独针对本桥生产正球扁钢还可能存在工艺稳定问题。由于相同截面性质的偏球扁钢与正球扁钢在结构受力和构造细节上都没有本质的差别，因此本节将重点研究讨论偏球扁钢的加劲肋形式。

根据规范《热轧球扁钢 (GB/T 9945-2001)》[22]中规定的球扁钢规格，按照等效于原方案单位宽度纵向抗弯刚度的原则，给出带开口纵向加劲肋超高性能轻型组合梁方案，即比选方案 3。过焊孔形状为苹果形；钢桥面板厚度为 12mm；加劲肋型号为 260mm×12mm，间距为 500mm；原 75mm 厚沥青混凝土铺装层改为 50mm 厚 STC 层 +30mm 磨耗层。在此基础上，修改开口加劲肋的横向间距，得到比选方案 4(纵肋间距 400mm) 和比选方案 5(纵肋间距 600mm)。同时参考比选方案 3，将其偏球扁钢肋改为同规格的板肋后得到比选方案 6。各比选方案的局部构造如图 5.37、图 5.38 所示。

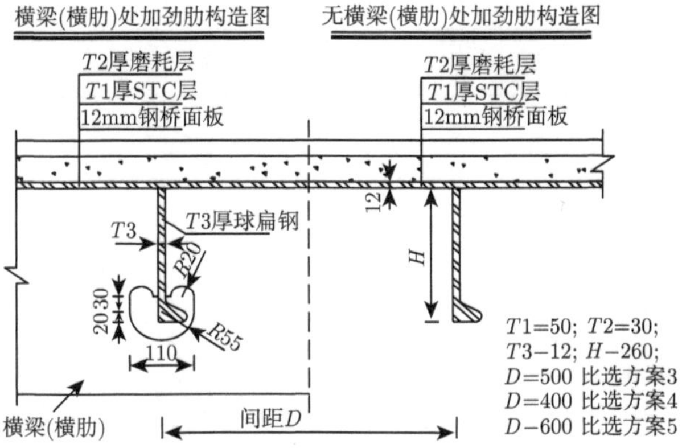

图 5.37 球扁钢肋比选方案桥面系构造图 (单位：mm)

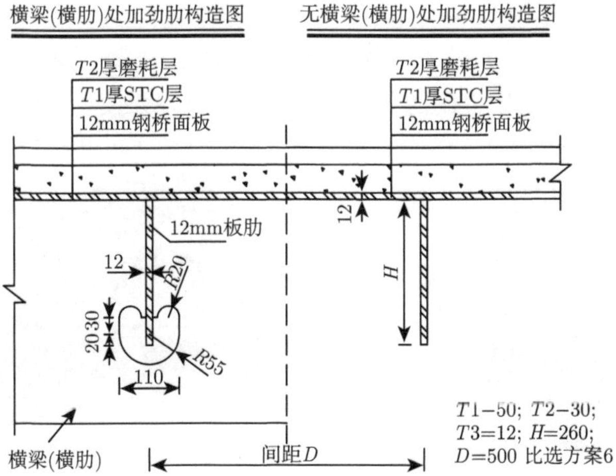

图 5.38 板肋比选方案桥面系构造图 (单位：mm)

以上共给出了七种方案，其中一个为纯钢梁方案，六个为组合梁方案；按加劲肋形式区分则有三个闭口纵向加劲肋方案，四个开口纵向加劲肋方案。原设计方案采用了 75mm 沥青混凝土铺装层，而各超高性能轻型组合梁方案均采用 50mm 厚 STC 层，并在其上铺设 30mm 厚磨耗层。各方案的几何参数汇总于表 5.9。

表 5.9　七种方案结构参数　(单位：mm)

不同方案	桥面板	纵向加劲肋				横肋
	厚度	形式	高度	厚度	间距	间距
原方案	16	U 肋	280	8	600	2800
比选方案 1	12	U 肋	280	8	600	2800
比选方案 2	12	U 肋	280	6	600	2800
比选方案 3	12	球扁钢	260	12	500	2800
比选方案 4	12	球扁钢	260	12	400	2800
比选方案 5	12	球扁钢	260	12	600	2800
比选方案 6	12	板肋	260	12	500	2800

5.4.2.2　节段模型有限元分析

1. 模型建立

采用有限元程序 ANSYS 对主梁节段的七种比选方案进行计算分析。选取三个加劲梁标准节段范围内的桥面系建立板壳单元模型，模型纵向长度为 $2.8\text{m}\times 6 = 16.80\text{m}$，横桥向取半桥宽为 18.05m，其细部尺寸分别参考图 5.35～图 5.38。模型中钢结构采用 4 节点弹性壳单元 shell63，带 STC 层的桥面板采用 4 节点分层壳单元 shell181[23]。综合考虑计算时间和计算精度，通过不同尺寸网格模型的对比计算，最终将单元大小控制在 25mm 左右。由于计算模型较大，且只进行线弹性分析，为节省资源，模型在分析时进行了适当的简化，比如，没有考虑钢筋以及剪力钉的影响；不考虑 STC 层与钢板之间的剪切滑移。结构有限元模型如图 5.39 所示。

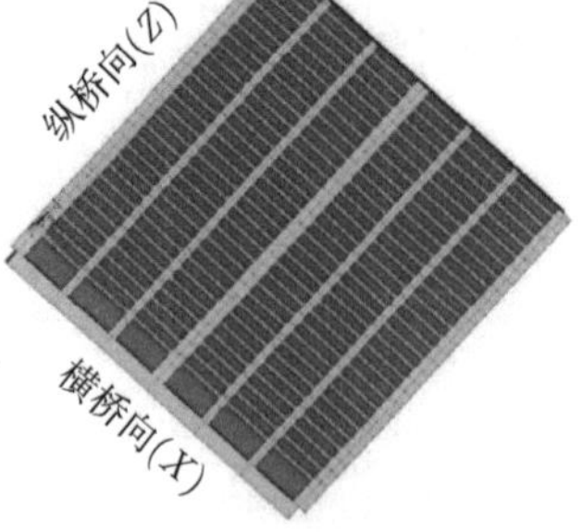

(a) 仰视图

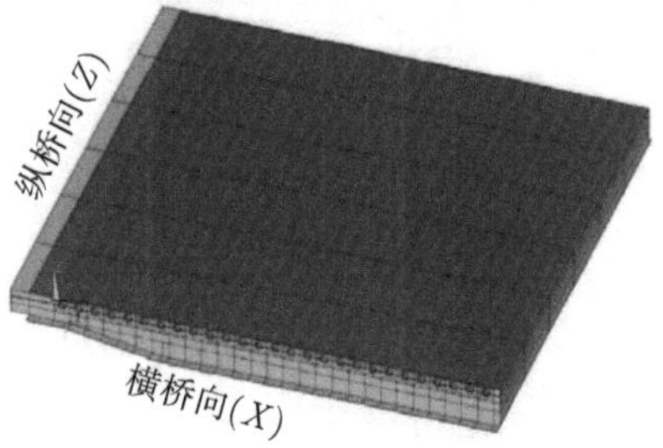

(b) 俯视图

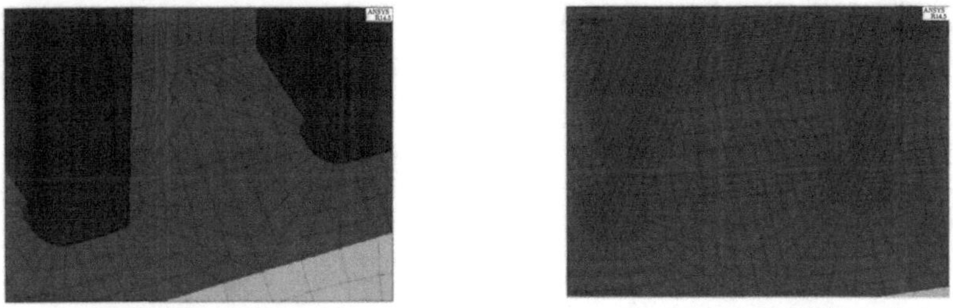

(c) 闭口肋方案过焊孔网格 (d) 开口肋方案过焊孔网格

图 5.39 有限元模型

在定义有限元模型的材料特性时，钢材的弹性模量取为 210GPa，密度取为 7850kg/m^3，泊松比取为 0.3；STC 的弹性模量取为 42GPa，密度取为 2800kg/m^3，泊松比取为 0.2。

在建立有限元模型时，横桥向为 X 轴，纵桥向为 Z 轴，竖向为 Y 轴。在悬索桥吊索位置处约束节点竖向 (Y 轴) 自由度；在桥梁横向中心线处施加节点横向 (X 轴) 对称自由度；另外，为防止结构的刚体运动，选取模型两纵向端部节点约束其纵桥向 (Z 轴) 位移及横桥向 (X 轴) 位移。由于模型尺寸较大，且验算部位均距离边界较远，根据圣维南原理，可以认为上述边界条件对应力的结算结果影响较小。

2. 荷载工况

最新的规范《公路桥涵设计通用规范 (JTG D60-2015》，如图 5.40 所示。由于标准重车的中后轴相距 7m，纵向间距较大，可不考虑中后轴之间的叠加效应，计算时仅考虑后轴的双轴作用，且加载轴中每个车轮作用面积为 200mm×600mm (纵桥向 × 横桥向)，考虑 30% 的冲击系数。

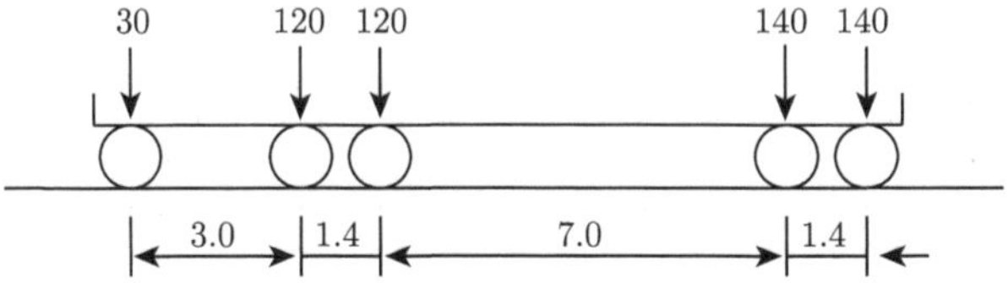

(a) 标准车轴重

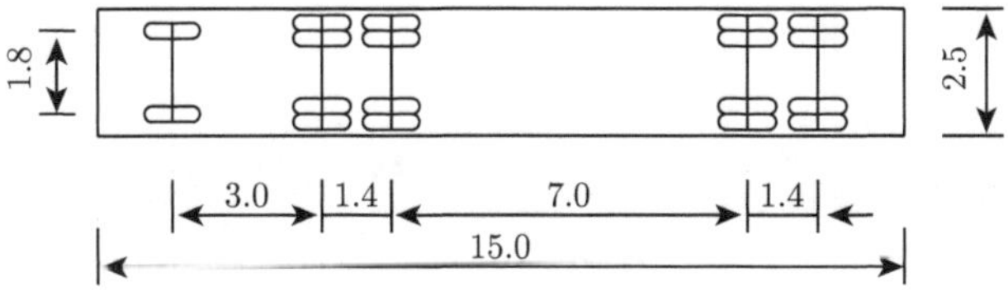

(b) 标准车平面图

图 5.40 标准重车 (单位：轮载 kN；长度 m)

根据钢桥面的几何特点，开口肋桥面在横桥向考虑肋上和肋间两种加载方式，闭口肋桥面在横桥向考虑正 U 肋、骑 U 肋和 U 肋间三种加载方式，如图 5.41 所示。

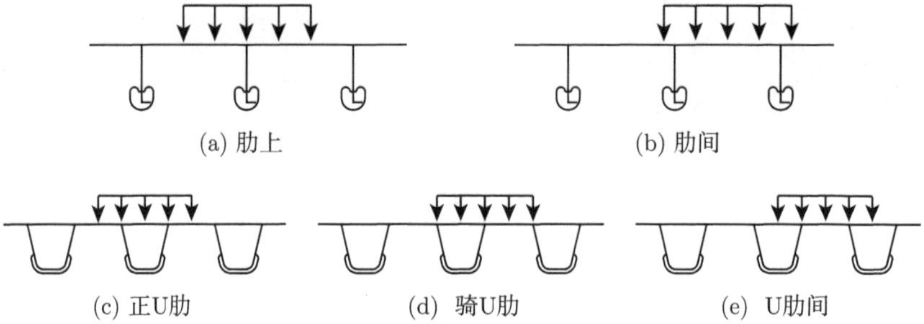

图 5.41　横向工况

为了得到纵向最不利位置，将荷载沿纵桥向从 3#横肋移动加载到 4#横梁，对比得到最大应力。纵向工况如图 5.42 所示。

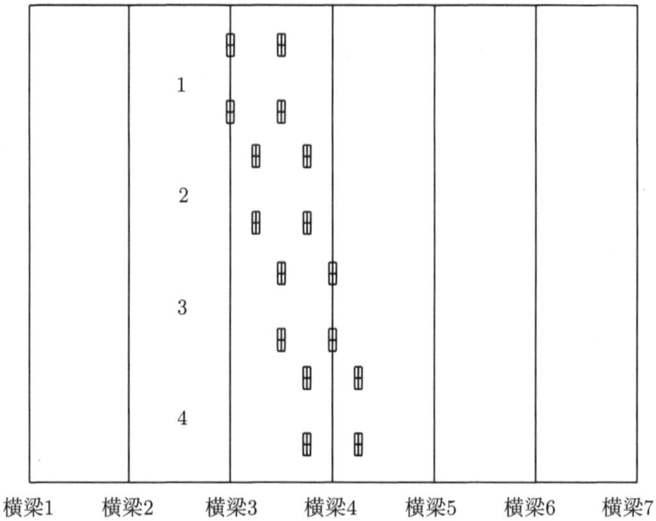

图 5.42　纵向工况

综上所述，开口加劲肋方案有 $2\times4=8$ 种加载工况；闭口加劲肋方案有 $3\times4=12$ 种加载工况。

5.4.2.3　计算结果对比分析

1. 桥面竖向位移

将各比选方案的最大竖向位移有限元计算结果汇总于表 5.10 。

表 5.10 最大竖向位移 (单位：mm)

方案	最大竖向位移	降幅
原方案	7.34	—
比选方案 1	6.83	6.9%
比选方案 2	7.16	2.5%
比选方案 3	6.66	9.3%
比选方案 4	6.45	12.1%
比选方案 5	6.89	6.1%
比选方案 6	7.73	升 5.3%

对比原方案与比选方案 1~6，可以看出：钢-STC 轻型组合梁方案的竖向位移要小于原设计方案的竖向位移，这表明钢-STC 轻型组合梁方案的桥面系刚度有一定的提高。

故此处推荐采用钢-STC 轻型组合梁比选方案 1、2、3、4、5。

2. STC 层应力

将各比选方案的 STC 层最大拉应力有限元计算结果汇总于表 5.11 。

表 5.11 STC 层最大拉应力

方案	横桥向拉应力/MPa	降幅	纵桥向拉应力/MPa	降幅
原方案	—	—	—	—
比选方案 1	4.13	—	8.86	—
比选方案 2	4.51	升 9.2%	10.10	升 14.0%
比选方案 3	0.89	78.5%	7.65	13.7%
比选方案 4	0.41	90.1%	6.69	24.5%
比选方案 5	1.50	63.7%	8.42	5.0%
比选方案 6	1.15	72.2%	8.79	0.8%

对比闭口肋比选方案 1、2 可以看出，当减小闭口加劲肋厚度后，STC 层拉应力会有小幅增加，横桥向应力增加 9.2%，纵桥向应力增加 14.0%。

对比开口肋比选方案 3、4、5 可以看出，开口肋横向间距越小，STC 层拉应力越小，当间距为 500mm 时，横桥向应力降低 78.5%，纵桥向应力降低 13.7%。

对比开口肋比选方案 3、6 可以看出，相同开口肋间距条件下，球扁钢肋方案比板肋方案的 STC 层拉应力更小，受力性能更好。

对比开口肋方案 3~6 与闭口肋方案 1、2，前者的 STC 层拉应力均较小。因此，开口肋轻型组合梁方案具有更好的抗裂性能。

故此处推荐采用开口肋轻型组合梁比选方案 3、4。

3. 钢顶板应力

将各比选方案的钢顶板最大拉应力有限元计算结果汇总于表 5.12 。

表 5.12　钢顶板最大拉应力

方案	横桥向拉应力/MPa	降幅	纵桥向拉应力/MPa	降幅
原方案	113.77	—	115.68	—
比选方案 1	16.27	85.7%	6.93	94.0%
比选方案 2	17.08	85.0%	8.87	92.3%
比选方案 3	12.31	89.2%	13.68	88.2%
比选方案 4	9.11	92.0%	9.45	91.8%
比选方案 5	15.24	86.6%	17.82	84.6%
比选方案 6	13.73	87.9%	14.99	87.0%

由表 5.12 可以看出，轻型组合梁比选方案 1~6 中钢桥面板的横桥向拉应力和纵桥向拉应力均远小于原方案。横桥向最大拉应力降幅在 85%~92%，纵桥向最大拉应力降幅在 84.6%~94.0%。因此，轻型组合梁方案极大地提高了钢桥面板的局部刚度，显著改善轮载作用下钢桥面板的受力。

对比闭口肋轻型组合梁比选方案 1、2 可以看出，当减小闭口肋厚度后，钢桥面板的拉应力增大，但是差异不大。

对比开口肋轻型组合梁比选方案 3、4、5 可以看出，开口肋间距越小，钢桥面板的拉应力越小。当开口肋间距为 400mm 时，应力降幅约为 91.8%。

对比开口肋轻型组合梁比选方案 3、6 可以看出，在相同加劲肋间距下，球扁钢肋方案比板肋方案的钢桥面板拉应力更小，受力性能更好。

故此处推荐采用轻型组合梁比选方案 1、2、3、4、5、6。

4. 加劲肋应力

将各比选方案的加劲肋最大纵桥向应力有限元计算结果汇总于表 5.13 。

表 5.13　加劲肋最大纵桥向应力

方案	纵桥向压应力/MPa	降幅	纵桥向拉应力/MPa	降幅
原方案	−98.38	—	89.25	—
比选方案 1	−65.93	33.0%	45.88	48.6%
比选方案 2	−65.88	33.0%	56.33	36.9%
比选方案 3	−60.43	38.6%	58.09	34.9%
比选方案 4	−50.86	48.3%	51.09	42.8%
比选方案 5	−68.07	30.8%	64.11	28.2%
比选方案 6	−81.57	17.1%	81.32	8.9%

由表 5.13 可以看出，轻型组合梁方案 1~6 中加劲肋的应力水平均小于原方案。压应力降幅在 17%~49%之间，拉应力降幅在 8%~49%之间。因此，轻型组合梁方案提高了正交异性桥面板的刚度，降低了纵向加劲肋的应力水平。

对比闭口肋轻型组合梁比选方案 1、2 可以看出，当减小加劲肋厚度后，纵向加劲肋的拉应力约增加了 23%，压应力几乎没有改变。

对比开口肋轻型组合梁比选方案 3、4、5 可以看出，开口加劲肋间距越小，加劲肋的纵桥向拉应力越小，比选方案 5(间距 600mm) 和比选方案 4(间距 400mm) 相比，拉应力约增加了 26%，压应力约增加了 34%。

对比开口肋轻型组合梁比选方案 3、6 可以看出，在相同加劲肋间距下，球扁钢肋方案比板肋方案的加劲肋拉应力更小，且此时板肋方案的最大拉应力已经接近原设计方案，降幅仅为 8.9%。

故此处推荐采用比选方案 1、2、3、4。

5. 横隔板应力

将各比选方案的横隔板最大主拉应力有限元计算结果汇总于表 5.14 。

表 5.14 横隔板最大主拉应力

方案	主拉应力/MPa	降幅
原方案	118.25	—
比选方案 1	107.34	9.2%
比选方案 2	107.72	8.9%
比选方案 3	75.31	36.3%
比选方案 4	81.02	31.5%
比选方案 5	72.60	38.6%
比选方案 6	75.23	36.4%

由表 5.14 可以看出，轻型组合梁方案 1~6 中横隔板的主拉应力均小于原方案。其中，闭口肋轻型组合梁方案的横隔板主拉应力降幅为 9%左右，开口肋轻型组合梁方案的横隔板主拉应力降幅为 40%左右。因此，开口肋轻型组合梁方案采用的苹果型开孔方案可以有效地降低横隔板的主拉应力水平。

对比闭口肋轻型组合梁比选方案 1、2 可以看出，当减小加劲肋厚度后，横隔板的最大主拉应力基本没有改变，加劲肋厚度对其影响较小。

对比开口肋轻型组合梁比选方案 3、4、5 可以看出，开口加劲肋间距的改变对横隔板最大主拉应力影响较小。

对比开口肋轻型组合梁比选方案 3、6 可以看出，相同加劲肋间距下，球扁钢肋方案和板肋方案的横隔板最大主拉应力几乎没有差别，开口肋的形式影响较小。

故此处推荐使用比选方案 3、4、5、6。

6. 有限元计算小结

对比原纯钢梁方案与钢-STC 轻型组合梁方案可以看出：改用组合桥面方案后，正交异性钢桥面板的刚度得到了增加，桥面系竖向位移减小。同时，局部刚度的提高可以改善钢结构各构造细节的应力水平，钢顶板和纵向加劲肋的应力降幅较明显，从而也可以降低其疲劳开裂的风险。因此，钢-STC 轻型组合梁方案能够极大的提高结构的静力和疲劳受力性能。

对比超高性能轻型组合梁的闭口肋方案和开口肋方案可以看出：两种方案在 STC 层、钢顶板和纵向加劲肋的应力差别较小。开口肋方案在纵横肋相交处采用苹果形开孔，这种局部构造对结构整体刚度影响很小，相对于传统型开孔，苹果形开孔方案能更大幅度地减小横梁及横肋的主拉应力，改善其疲劳受力性能。

对比超高性能轻型组合梁开口肋方案可以看出：比选方案 6(板肋) 和比选方案 5(600mm 肋间距) 单位纵向抗弯刚度相对较低，位移及应力结果的改善情况不如比选方案 3(500mm 肋间距) 和比选方案 4(400mm 肋间距)。比选方案 3 和比选方案 4 都有较大的应力降幅和应力富余，从受力角度两种方案差别不大，但是前者比后者节约大概 28%的钢材用量，有较好的经济性，且 500mm 的加劲肋间距更加便于施工。

综上所述，比选方案 3 受力性能良好，该方案在荷载作用下桥面板应力、纵向加劲肋应力和横隔板应力均较小。因此，建议使用构造措施如下：使用超高性能轻型组合梁开口肋方案，即 12mm 钢桥面 +50mm STC 层 +30mm 磨耗层；纵向加劲肋采用偏球扁钢肋，规格为 12×260mm，间距 500mm。

5.4.3 足尺模型静力试验

5.4.3.1 闭口肋试验及结果分析

1. 试验方案

参考杭瑞高速洞庭湖大桥的原设计方案，制作闭口肋轻型组合梁足尺模型。如图 5.43 所示。模型在纵桥向取两道横隔板间距，长度为 1.2+2.8+1.2=5.2m；在横

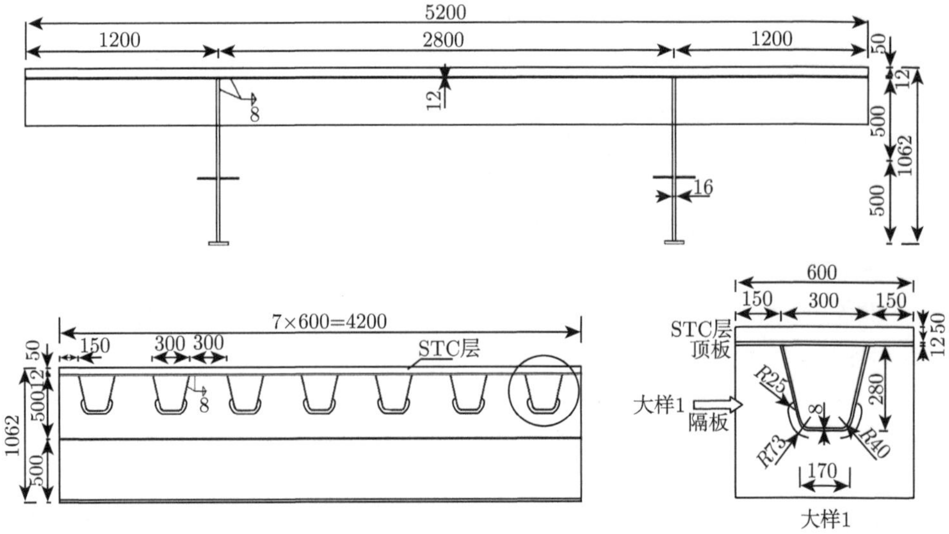

图 5.43 闭口肋模型横断面与纵断面 (单位：mm)

桥向取 7 道加劲肋范围，宽度为 7×0.6=4.2m。横隔板厚度为 16mm；U 肋厚度为 8mm；钢顶板厚度为 12mm，并在其上铺设 50mm 厚的 STC 层。STC 层中配置直径 10mm 的 HRB335 级钢筋网，其中横向钢筋位于纵向钢筋之上，保护层厚度为 15mm。剪力连接件为直径 13mm、高度 35mm 的栓钉。

在构造细节位置布置测点，如图 5.44 所示。开展纯钢梁足尺模型跨中加载及横隔板加载试验。正式试验前，需对模型进行一次预加载，用以消除各种非线性和不稳定因素的影响，并检查各仪器是否正常工作。

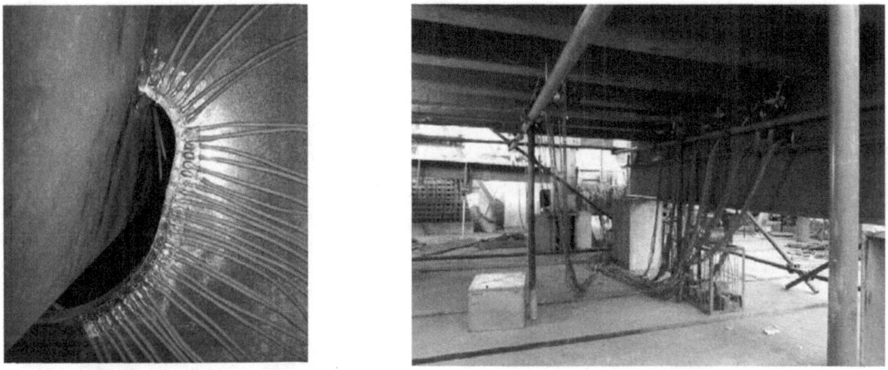

(a) 测点布置　　　　(b) 测点连接线

图 5.44　数据采集

待完成纯钢梁加载试验后，将钢顶板顶面打磨干净，焊接剪力钉并绑扎钢筋网。部分加工过程如图 5.45 所示。

(a)　　　　(b)

图 5.45　栓钉与钢筋网

在模型四周架设模板并浇筑 STC，初凝后搭设保温层，利用蒸汽机进行高温蒸汽养护两天形成钢-STC 轻型组合桥面，如图 5.46 所示。

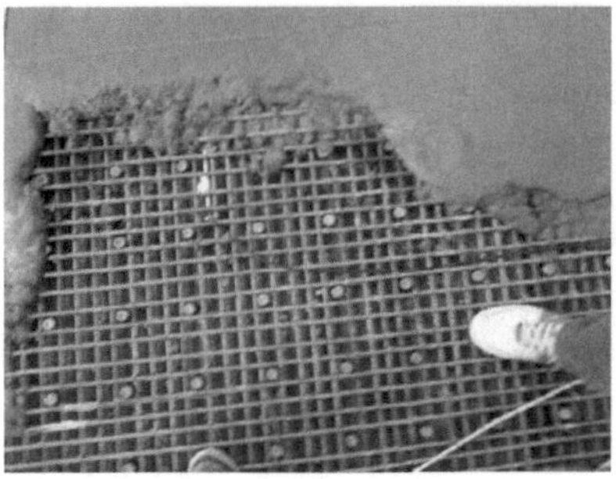
(a)
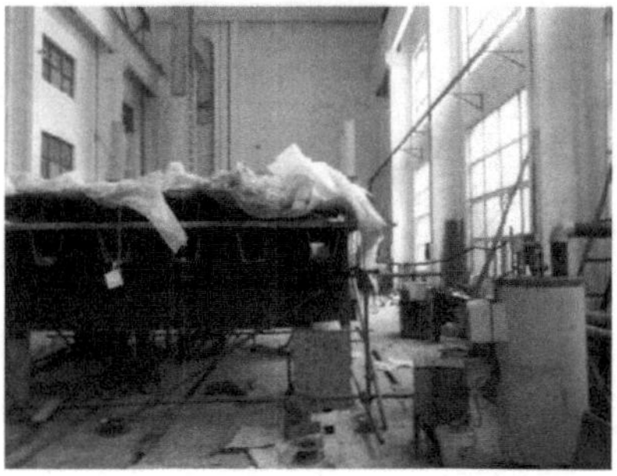
(b)

图 5.46　STC 层的浇筑与养护

在构造细节位置布置测点，开展轻型组合梁足尺模型跨中加载及横隔板加载试验。正式试验前，需对模型进行一次预加载，用以消除各种非线性和不稳定因素的影响，并检查各仪器是否正常工作 (图 5.47)。

(a)

(b)

图 5.47　纯钢梁加载试验与组合梁加载试验

试验中，每次加载持荷 10min 后再开始各项测试工作。

采用最大加载力为 50t 的千斤顶加载，加载面积为 200mm×600mm(纵桥向 × 横桥向)。

2. 工况及测点布置

闭口肋纯钢梁模型在纵桥向分为横隔板加载和跨中加载两种，在横桥向分为 U 肋间、U 肋上和 U 肋中三种工况以及另外两种对称的工况，故有横隔板 1~5、跨中 6~10 共 10 种加载工况，如图 5.48 所示。根据有限元计算结果，最大加载荷载为 140kN。

闭口肋轻型组合梁模型在纵桥向分为横隔板加载和跨中加载两种，位置同上，最大加载荷载为 170kN。

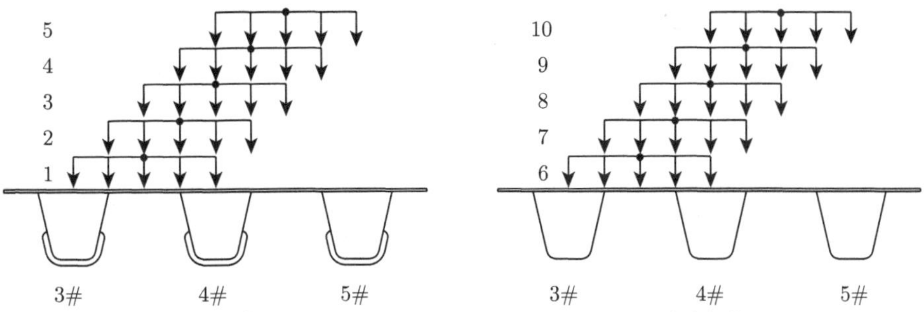

(a) 横隔板加载工况 (b) 跨中加载工况

图 5.48 闭口肋纯钢梁加载方案

3. 试验结果及分析

1) 构造细节①

构造细节①为钢顶板与加劲肋连接焊缝处，位于钢顶板上的焊趾。为测量模型中相应位置的应力，在钢顶板下缘靠近焊趾的位置处，沿着横向共布置了 10 个应变片，其中跨中位置处 5 个测点 (M1-1~M1-5)，靠近横隔板位置处 5 个测点 (Z1-1~Z1-5)，其布置如图 5.49、图 5.50 所示。

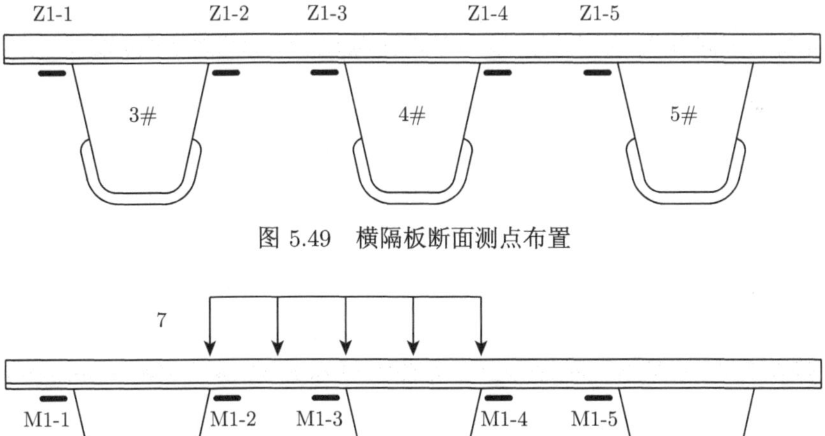

图 5.49 横隔板断面测点布置

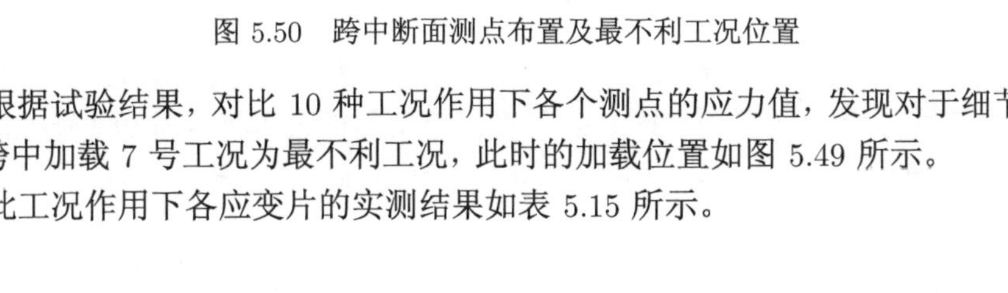

图 5.50 跨中断面测点布置及最不利工况位置

根据试验结果，对比 10 种工况作用下各个测点的应力值，发现对于细节①而言，跨中加载 7 号工况为最不利工况，此时的加载位置如图 5.49 所示。

此工况作用下各应变片的实测结果如表 5.15 所示。

表 5.15　最不利工况作用下各测点实测值　　(单位：MPa，拉 + 压 −)

测点	0kN	20kN	60kN	100kN	140kN	170kN	卸载
M1-1	0	0	−0.4	−0.6	−0.8	−0.8	0.2
M1-2	0	−0.8	−3.0	−5.3	−7.7	−9.1	−0.2
M1-3	0	3.0	10.1	17.2	24.6	30.1	0.4
M1-4	0	0.6	0.6	0.6	0.2	−0.2	0
M1-5	0	−1.2	−3.4	−6.1	−8.9	−10.5	0
Z1-1	0.2	−0.8	−2.6	−4.4	−6.3	−7.7	0
Z1-2	0	0	0.2	0.4	0.6	0.8	0
Z1-3	0	−0.2	−0.8	−0.6	−0.8	−1.2	0.2
Z1-4	0.2	−0.4	−1.8	−3.0	−4.4	−5.5	0.2
Z1-5	0	0.4	1.0	1.6	2.2	2.6	0

由表 5.15 中的数据可以看出，测点 M1-1~M1-5 的实测数据较规律，基本呈现线性变化，应力分布也大致与有限元计算结果相同，卸载后应力基本都能回到最开始时未加载的状态，测量仪器的准确性较好。测点 Z1-1~Z1-5 几乎没有变化。

同时结果表明：在最不利工况作用下，跨中测点 M1-3 会出现最大拉应力，当作用力为 170kN 时，拉应力值为 30.1MPa。此测点在对应工况作用下的有限元计算值为 31.9MPa。实测值比计算值小约 1.8MPa，误差约为 5.6%，两种数据对比如图 5.51 所示。

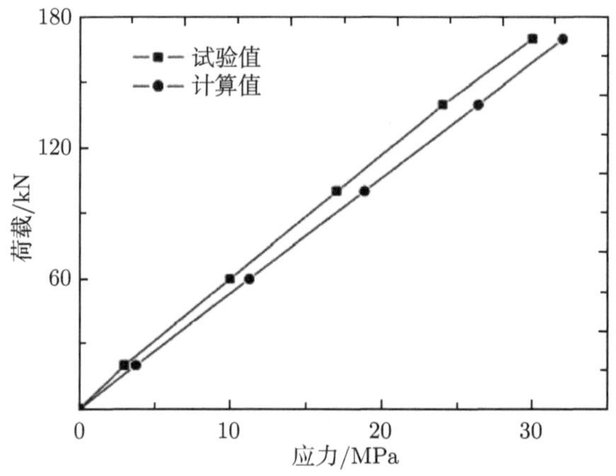

图 5.51　计算值与实测值对比

当加载荷载为 140kN 时，在构造细节①处，纯钢梁的最大实测值为 −230.5MPa，对应的有限元计算值为 −214.3MPa；轻型组合梁的最大实测值为 24.6MPa，对应的有限元计算值为 25.8MPa。降幅对比如表 5.16 所示。

表 5.16 闭口肋纯钢梁与轻型组合梁对比 (单位：MPa)

	闭口肋纯钢梁	闭口肋轻型组合梁	降幅
计算值	214.3	25.8	88.0%
实测值	230.5	24.6	89.3%

从表 5.16 可以看出，超高性能轻型组合梁能极大地降低构造细节①处的应力，实测值和有限元计算值的降幅都在 90% 左右。且纯钢梁为压应力，轻型组合梁则为拉应力，是由于局部刚度的提高使钢顶板的变形模式发生了改变。

2) 构造细节②

构造细节②为钢顶板与加劲肋连接焊缝处，位于加劲肋腹板上的焊趾。为测量模型中相应位置的应力，在加劲肋腹板外侧靠近焊趾的位置处，沿着竖向共布置了 10 个应变片，其中跨中位置处 5 个测点 (M2-1~M2-5)，靠近横隔板位置处 5 个测点 (Z2-1~Z2-5)，其布置如图 5.52、图 5.53 所示。

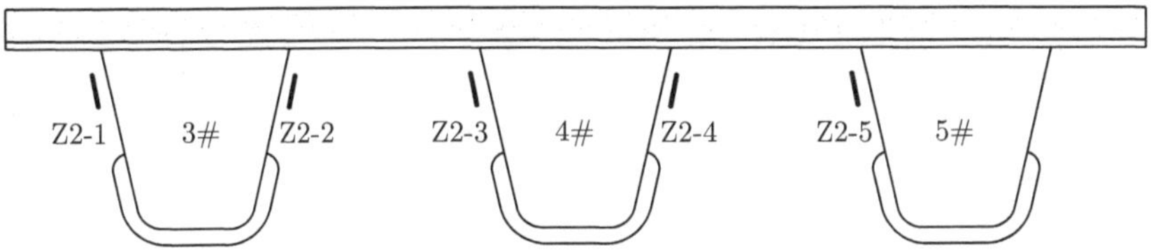

图 5.52 横隔板断面测点布置

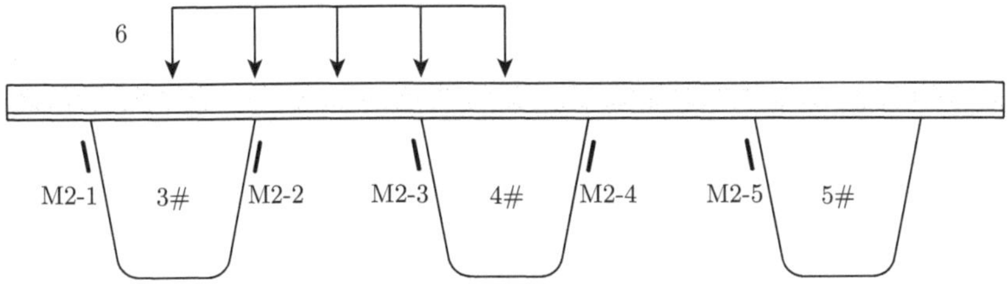

图 5.53 跨中断面测点布置及最不利工况位置

根据试验结果，对比 10 种工况作用下各个测点的应力值，发现对于细节②而言，跨中加载 6 号工况为最不利工况，此时的加载位置如图 5.53 所示。

此工况作用下各应变片的实测结果如表 5.17 所示。

由表 5.17 数据可以看出，测点 M2-1~M2-5 的实测数据较规律，基本呈现线性变化，应力分布也大致与有限元计算结果相同，卸载后应力基本都能回到最开始时未加载的状态，测量仪器的准确性较好。而测点 Z2-1~Z2-5 则几乎没有应力。

同时结果表明：在最不利工况作用下，跨中测点 M2-1 会出现最大拉应力，当作用力为 170kN 时，拉应力值为 36.4MPa，此测点在对应工况作用下的有限元计

表 5.17　最不利工况作用下各测点实测值　(单位：MPa，拉 + 压 −)

测点	0kN	20kN	60kN	100kN	140kN	170kN	卸载
M2-1	0.2	4.2	12.1	21.0	30.3	36.4	0
M2-2	0	−7.5	−24.4	−38.2	−55.7	−65.4	0.2
M2-3	−0.2	−9.1	−27.1	−42.8	−59.4	−69.1	−0.2
M2-4	0.2	3.2	9.5	14.9	21.8	25.2	0.2
M2-5	0	−2.4	−7.3	−11.7	−16.8	−19.6	0.2
Z2-1	0	−0.6	−1.4	−2.2	−3.2	−3.6	0.2
Z2-2	0	0.2	0.8	1.4	2.2	2.2	0
Z2-3	0	−0.4	−0.2	0.6	0.6	0.4	0.4
Z2-4	0	−0.4	−1.0	−1.8	−2.4	−2.8	0
Z2-5	0	0	0	0.2	0.2	0	0.2

算值为 34.3MPa，实测值比计算值大 2.1MPa，误差的为 6.1%，两种数据对比如图 5.54 所示。

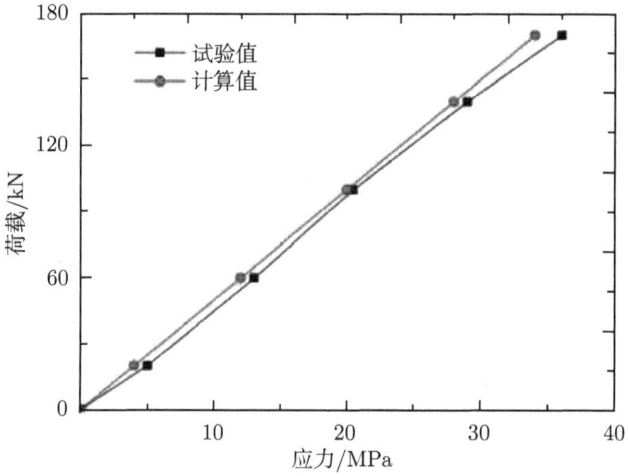

图 5.54　计算值与实测值对比

当加载荷载为 140kN 时，在构造细节②处，纯钢梁的最大实测值为 81.4MPa，对应的有限元计算值为 87.9MPa；轻型组合梁的最大实测值为 30.3MPa，对应的有限元计算值为 28.2MPa。降幅对比如表 5.18 所示。

表 5.18　闭口肋纯钢梁与轻型组合梁对比　(单位：MPa)

	闭口肋纯钢梁	闭口肋轻型组合梁	降幅
计算值	87.9	28.2	67.9%
实测值	81.4	30.3	62.8%

由表 5.18 可以看出，超高性能轻型组合梁能极大地降低构造细节②处的应力，

实测值和有限元计算值的降幅在 64%左右。

3) 构造细节③

构造细节③为加劲肋与横隔板连接焊缝处，位于在加劲肋上的焊趾。为测量模型中相应位置的应力，在加劲肋靠近弧形切口起弧点的腹板处，沿着纵向共布置 6 个测点 (Z3-1、Z3-2、Z3-3、Z3-4、Z3-5、Z3-6)，其中测点 Z3-5 为应变花，其余测点为应变片，其布置如图 5.55 所示。

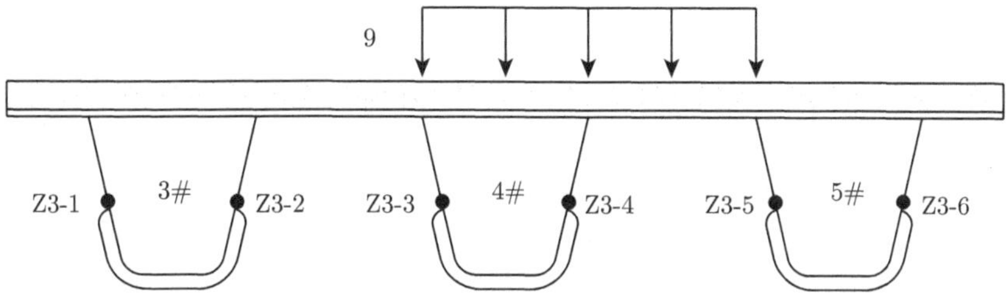

图 5.55 应变片布置图

根据试验结果，对比 10 种工况作用下各个测点的应力值，发现对于细节⑥而言，跨中加载 9 号工况为最不利工况，此时的加载位置如图 5.55 所示。

此工况作用下各应变片的实测结果如表 5.19 所示。

表 5.19 最不利工况作用下各测点实测值 (单位：MPa，拉 + 压 −)

测点	0kN	20kN	60kN	100kN	140kN	170kN	卸载
Z3-1	0	1.0	0.2	−1.4	−2.6	−4.2	−0.2
Z3-2	0	−0.2	−1.0	−0.8	−1.6	−1.6	−0.6
Z3-3	0.2	−1.0	−5.5	−11.5	−17.0	−21.8	0.6
Z3-4	−0.2	1.4	−0.2	−2.2	−4.4	−7.3	0
Z3-5	0.3	3.3	9.4	15.5	22.0	26.6	0.6
Z3-6	—	—	—	—	—	—	—

由表 5.19 中的数据可以看出，测点 Z3-1~Z3-6 的实测数据较规律，基本呈现线性变化，应力分布也大致与有限元计算结果相同，卸载后应力基本都能回到最开始时未加载的状态，测量仪器的准确性较好。

同时结果表明：在最不利工况作用下，跨中测点 Z3-5 会出现最大拉应力，当作用力为 170kN 时，拉应力值为 26.6MPa，此测点在对应工况作用下的有限元计算值为 28.8MPa，实测值比计算值小 2.2MPa，误差约为 7.6%，数据吻合较好。两种数据对比如图 5.56 所示。

当加载荷载为 140kN 时，在构造细节③处，纯钢梁的最大实测值为 60MPa，对应的有限元计算值为 62MPa；轻型组合梁的最大实测值为 22.0MPa，对应的有限元计算值为 24.1MPa。降幅对比如表 5.20 所示。

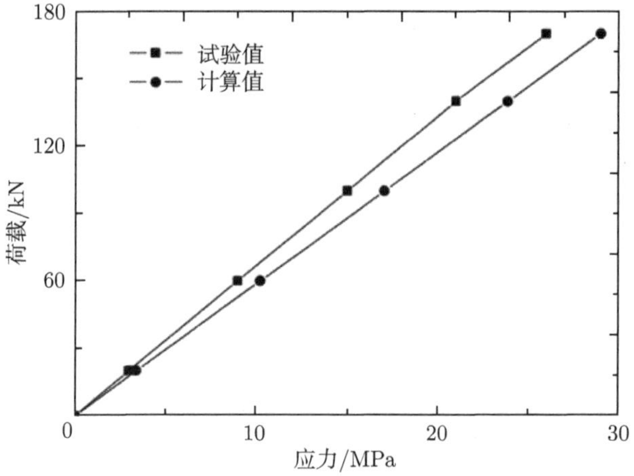

图 5.56　计算值与实测值对比

表 5.20　闭口肋纯钢梁与轻型组合梁对比　　(单位：MPa)

	闭口肋纯钢梁	闭口肋轻型组合梁	降幅
计算值	62	24.1	61%
实测值	60	22.0	65%

由表 5.20 可以看出，超高性能轻型组合梁能极大地降低构造细节③处的应力，实测值和有限元计算值的降幅分别约为 65%和 61%。

4) 构造细节④和⑤

构造细节④和⑤为横隔板上的弧形切口，为测量模型中相应位置的应力，在横隔板与 5# 纵向加劲肋相交的弧形切口处沿着边缘共布置 23 个应变片 H-1~H-23，其布置如图 5.57 所示。

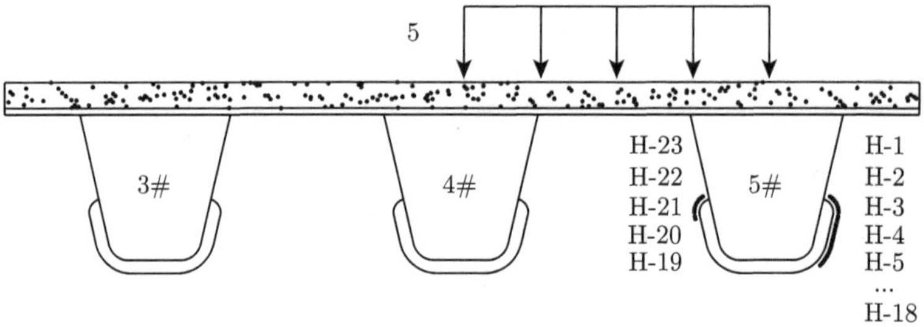

图 5.57　测点布置及最不利工况位置

根据试验结果，对比 10 种工况作用下各个测点的应力值，得到横隔板加载 5# 工况为最不利工况，此时的加载位置如图 5.57 所示。

此工况作用下各应变片的实测结果如表 5.21 所示。

表 5.21 最不利工况作用下各测点实测值【小数点后一位】(单位：MPa，拉 + 压 −)

测点	0kN	20kN	60kN	100kN	140kN	170kN	卸载
H1	0	−0.2	−3.4	−5.6	−8.3	−10.3	−0.8
H2	0	0.8	−0.6	−1.6	−2.6	−3.4	0.4
H3	0	0	0	1.6	1.6	1.6	0
H4	0	1.4	3.0	4.4	5.7	7.1	0
H5	0	5.0	12.1	16.2	22.0	26.5	0
H6	0	1.6	4.4	5.7	8.7	10.1	0
H7	−1.4	2.6	4.4	5.7	7.3	10.1	−1.4
H8	0.2	5.0	13.5	18.4	25.0	30.3	0.2
H9	−0.2	5.7	15.5	20.2	28.7	34.1	0
H10	0.2	6.1	17.0	23.2	31.9	38.6	0.2
H11	0	6.7	18.8	25.6	35.5	42.6	0
H12	0	7.1	20.0	27.1	37.4	45.4	0
H13	0	2.8	7.1	10.1	12.9	15.9	0
H14	−1.4	1.4	5.7	8.5	11.5	15.9	−1.4
H15	0	6.5	18.6	25.4	35.1	42.2	0.2
H16	0	5.9	16.8	23.2	31.9	38.4	0
H17	0.4	5.4	15.1	19.8	27.7	33.9	0.4
H18	0	4.2	12.1	16.4	23.2	27.7	0.2
H19	0	−2.8	−11.5	−14.5	−21.6	−26.0	0
H20	0	−10.5	−35.3	−49.3	−69.1	−82.6	−0.6
H21	0	−7.5	−25.8	−35.9	−50.3	−60.0	0
H22	0	−1.6	−5.7	−8.7	−11.5	−14.5	0
H23	0	−1.4	−4.2	−4.2	−7.1	−7.1	0

由表 5.21 中的数据可以看出，测点 H-1~H-23 的实测数据较规律，基本呈现线性变化，应力分布也大致与有限元计算结果相同，卸载后应力基本都能回到最开始时未加载的状态，测量仪器的准确性较好。

同时结果表明：在最不利工况作用下，跨中测点 H-12 会出现最大拉应力，当作用力为 170kN 时，拉应力值为 45.4MPa，此测点在对应工况作用下的有限元计算值为 47.0MPa，实测值比计算值小约 1.6MPa，误差约为 3.4%，数据吻合较好。两种数据对比如图 5.58 所示。

当加载荷载为 140kN 时，在构造细节⑤处，纯钢梁的最大实测值为 56.2MPa，对应的有限元计算值为 51.3MPa；轻型组合梁的最大实测值为 37.4MPa，对应的有限元计算值为 38.8MPa。降幅对比如表 5.22 所示。

由表 5.22 可以看出，超高性能轻型组合梁能降低构造细节⑤处的应力，但是降幅较小，实测值的降幅约为 33.5%，有限元计算值的降幅约为 24.4%。由于弧形切口处的应力对切口几何形状和焊接质量非常敏感，所以两者结果有一定偏差。

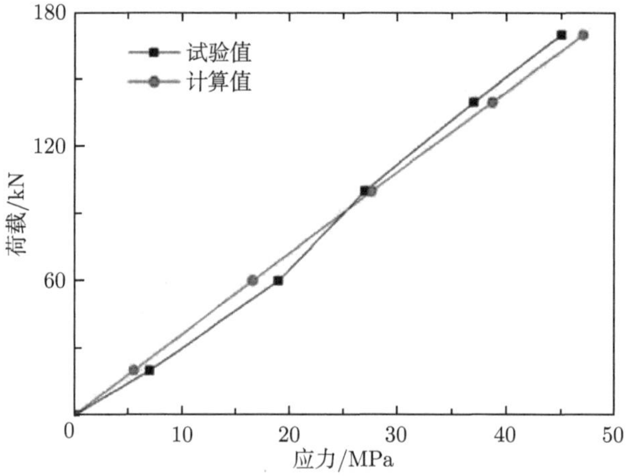

图 5.58　计算值与实测值对比

表 5.22　闭口肋纯钢梁与轻型组合梁对比【小数点后一位】　(单位：MPa)

	闭口肋纯钢梁	闭口肋轻型组合梁	降幅
计算值	51.3	38.8	24.4%
实测值	56.2	37.4	33.5%

5) 构造细节⑥

构造细节⑥为加劲肋底，为测量模型中相应位置的应力，在纵向加劲肋肋底沿纵向共布置 6 个测点，其中肋底跨中位置处 3 个测点 (M6-1、M6-2、M6-3)，肋底靠近横隔板位置处 3 个测点 (Z6-1、Z6-2、Z6-3)，其布置如图 5.59、图 5.60 所示。

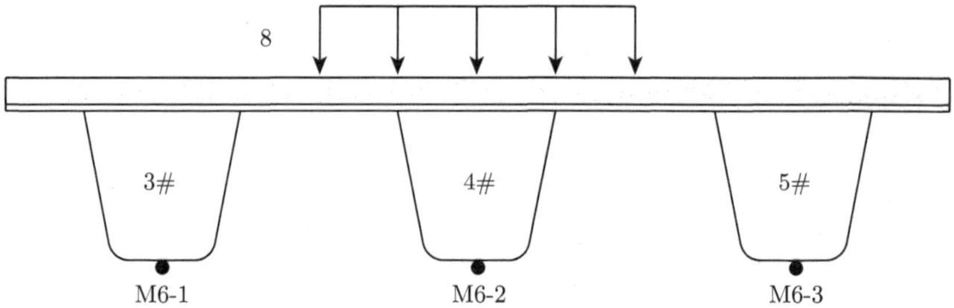

图 5.59　跨中断面测点布置及最不利工况位置

根据试验结果，对比 10 种工况作用下各个测点的应力值，发现对于细节⑥而言，跨中加载 8 号工况为最不利工况，此时的加载位置如图 5.60 所示。

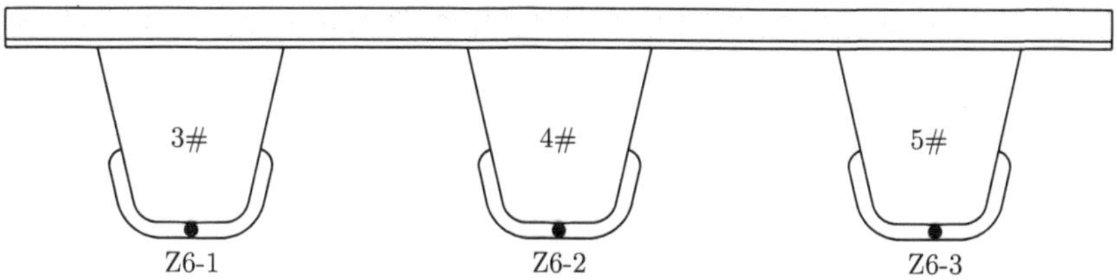

图 5.60 横隔板截面测点布置

此工况作用下各应变片的实测结果如表 5.23 所示。

表 5.23 最不利工况作用下各测点实测值 (单位：MPa，拉 + 压 −)

测点	0kN	20kN	60kN	100kN	140kN	170kN	卸载
M6-1	—	—	—	—	—	—	—
M6-2	0.2	8.9	23.8	36.8	52.1	62.8	0.2
M6-3	0	4.6	11.5	17.4	24.6	29.3	0
Z6-1	0	0.4	1.2	2.0	2.8	3.4	−0.2
Z6-2	1.0	1.4	−0.2	−4.6	−8.7	−9.1	−0.8
Z6-3	0	0	0.4	0.8	0.6	1.2	0

由表 5.23 中的数据可以看出，测点 M6-1~M6-3 的实测数据较规律，基本呈现线性变化，卸载后应力都能回到最开始时未加载的状态，测量仪器的准确性较好。

同时结果表明：在最不利工况作用下，跨中测点 M6-2 会出现最大拉应力，当作用力为 170kN 时，拉应力值为 62.8MPa，此测点在对应工况作用下的有限元计算值为 62.9MPa，数据吻合较好。两种数据对比如图 5.61 所示。

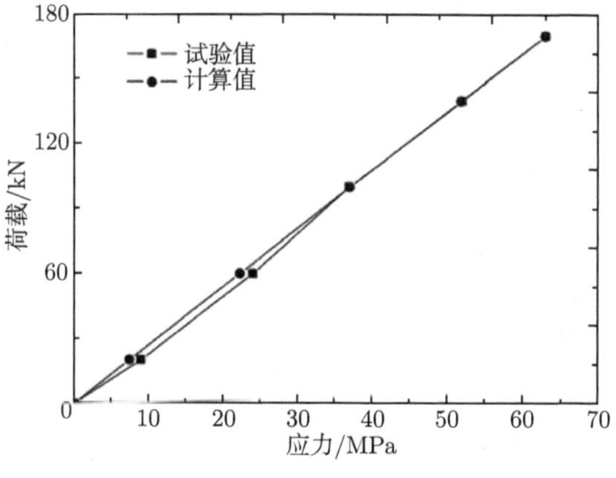

图 5.61 计算值与实测值对比

当加载荷载为 140kN 时，在构造细节⑥处，纯钢梁的最大实测值为 107.4MPa，对应的有限元计算值为 101.2MPa；轻型组合梁的最大实测值为 52.1MPa，对应的有限元计算值为 51.9MPa。降幅对比如表 5.24 所示。

表 5.24　闭口肋纯钢梁与轻型组合梁对比　(单位：MPa)

	闭口肋纯钢梁	闭口肋轻型组合梁	降幅
计算值	101.2	51.9	48.7%
实测值	107.4	52.1	51.5%

由表 5.24 可以看出，超高性能轻型组合梁能大幅降低构造细节⑥处的应力，实测值和有限元计算值的降幅都在为 50%左右。纯钢梁中应力最大测点与附近测点的应力比值为 10.7，而轻型组合梁中比值为 2.2，这说明后者的局部刚度有较大提高，结构的变形和受力整体性增强。

6) STC 层顶面应力

为测量 STC 层的纵桥向拉应力，在横隔板正上方的 STC 层上缘沿纵向布置 2 个测点 (D-1、D-2)，如图 5.62 所示。

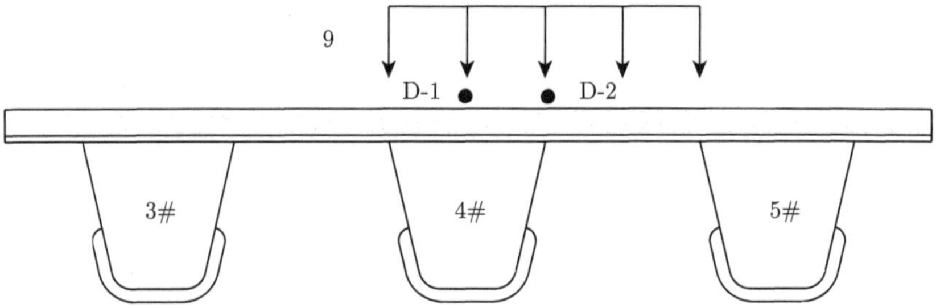

图 5.62　测点布置及最不利工况位置

根据试验结果，对比 10 种工况作用下各个测点的应力值，发现对于 STC 层顶部的纵向拉应力而言，跨中加载 9 号为最不利工况，此时的加载位置如图 5.62 所示。

此工况作用下各应变片的实测结果如表 5.25 所示。

表 5.25　最不利工况作用下各测点实测值　(单位：MPa，拉 + 压 −)

测点	0kN	20kN	60kN	100kN	140kN	170kN	卸载
D-1	0	0.20	0.73	1.18	1.58	1.87	0.2
D-2	0	0.53	1.34	2.07	2.72	3.37	0

由表 5.25 中的数据可以看出，测点 D-1 和 D-2 的实测数据较规律，基本呈现线性变化，应力分布也大致与有限元计算结果相同，卸载后应力基本都能回到最开

始时未加载的状态，测量仪器的准确性较好。

同时结果表明：在最不利工况作用下，测点 D-2 会出现最大拉应力，当作用力为 170kN 时，拉应力值为 3.37MPa，此测点在对应工况作用下的有限元计算值为 3.49MPa，实测值比计算值小约 0.12MPa，误差约为 3.4%，数据吻合较好。两种数据对比如图 5.63 所示。

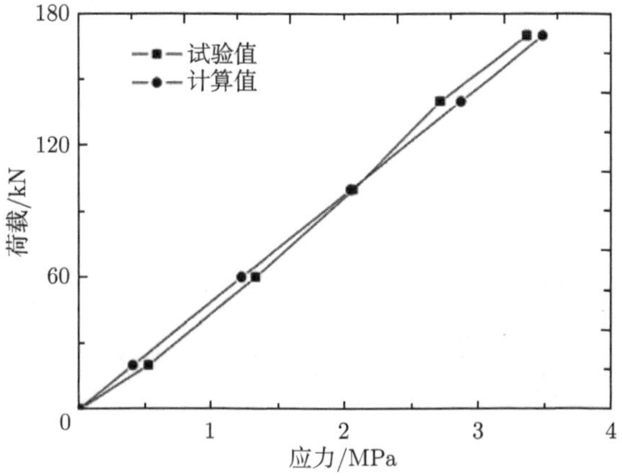

图 5.63 计算值与实测值对比

5.4.3.2 球扁钢开口肋试验及结果分析

1. 试验方案

参考杭瑞高速洞庭湖大桥的原设计方案，制作开口肋轻型组合梁足尺模型，如

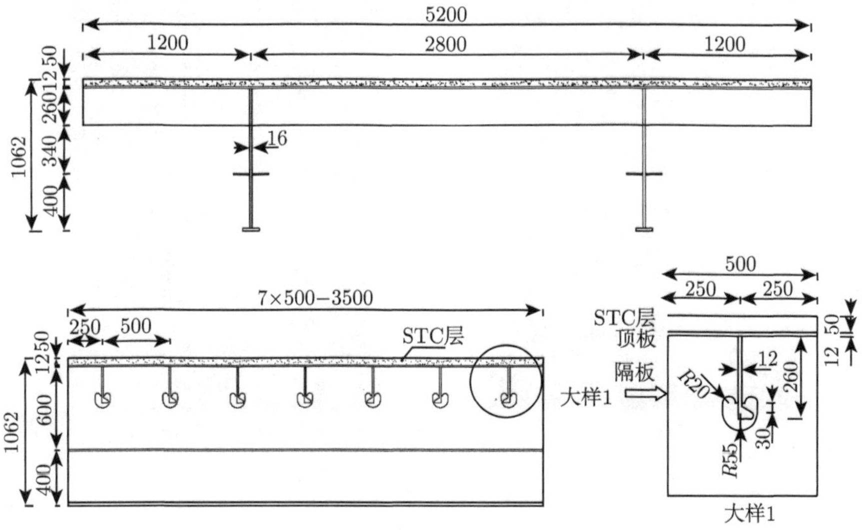

图 5.64 开口肋模型横断面与纵断面 (单位：mm)

图 5.64 所示。模型在纵桥向取两道横隔板，长度为 1.2+2.8+1.2=5.2m；在横桥向取 7 道加劲肋范围，宽度为 7×0.5=3.5m。横隔板厚度为 16mm；偏球扁钢肋厚度为 12mm；钢顶板厚度为 12mm，并在其上铺设 50mm 厚的 STC 层。STC 层中配置直径 10mm 的 HRB335 级钢筋网，横向钢筋位于纵向钢筋之上，保护层厚度为 15mm。剪力连接件为直径 13mm、高度 35mm 的栓钉。

按照设计图纸，完成纯钢梁足尺模型及加载装置的制作，为各项测试及加载工作做好准备。部分钢结构构件如图 5.65 所示。

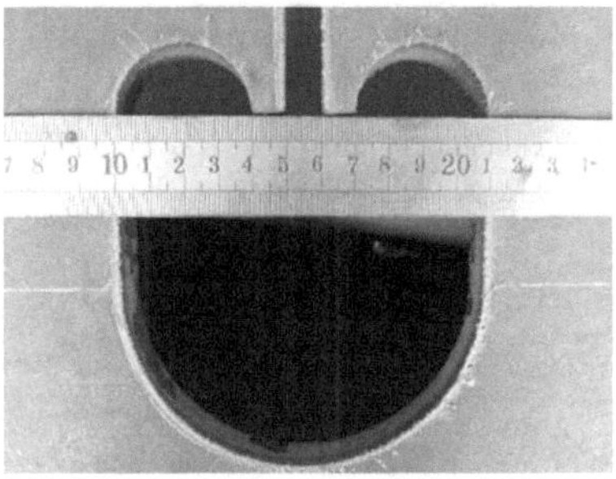

(a) 苹果形过焊孔

(b) 偏球扁钢加劲肋

图 5.65　部分钢结构构件

在构造细节位置布置测点，过焊孔应变片布置如图 5.66 所示。开展纯钢梁足尺模型跨中加载及横隔板加载试验。正式试验前，需对模型进行一次预加载，用以消除各种非线性和不稳定因素的影响，并检查各仪器是否正常工作。

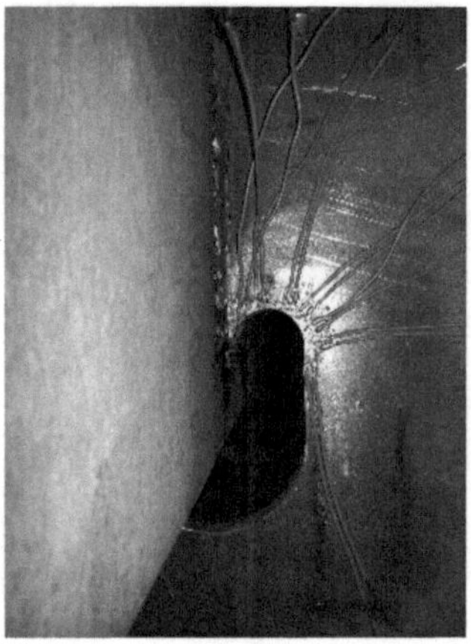

(a) 右侧应变片布置

(b) 左侧应变片布置

图 5.66　过焊孔应变片布置

完成纯钢梁加载试验后，将钢顶板顶面打磨干净，焊接剪力钉并绑扎钢筋网，如图 5.67 所示。

(a) 剪力钉布置　(b) 钢筋布置

图 5.67　钢筋及剪力钉布置

在模型四周架设模板并浇筑超高性能混凝土，初凝后搭设保温层，利用蒸汽机进行高温蒸汽养护两天形成超高性能轻型组合桥面，如图 5.68 所示。

(a) 浇筑混凝土　(b) 养护完成

图 5.68　形成超高性能轻型组合桥面

在构造细节位置处布置测点，开展轻型组合梁足尺模型跨中加载及横隔板加载试验。正式试验前，需对模型进行一次预加载，用以消除各种非线性和不稳定因素的影响，并检查各仪器是否正常工作 (图 5.69)。

图 5.69　组合梁加载试验

试验中，每次加载持荷 10min 后在开始各项测试工作。

2. 荷载工况及应变片布置

开口肋纯钢梁模型在纵桥向分为横隔板加载和跨中加载两种，在横桥向分为肋间和肋上两种工况以及另外三种对称的工况，故共有 10 种加载工况，如图 5.70 所示。根据有限元计算结果，最大加载荷载为 100kN。

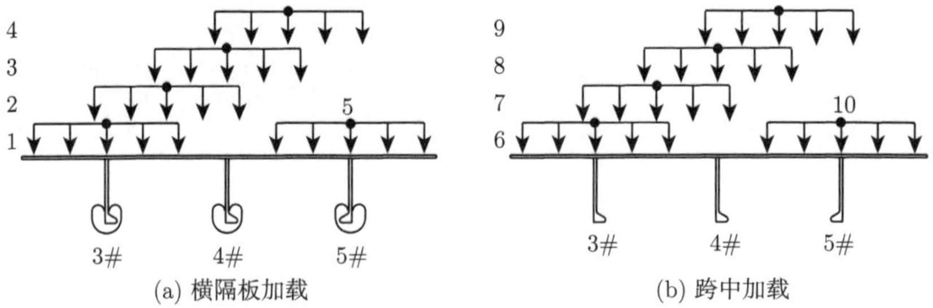

图 5.70　纯钢梁加载

开口肋轻型组合梁模型在纵桥向分为横隔板加载和跨中加载两种，与图 5.70 位置相同，最大加载荷载为 170kN。

3. 试验结果及分析

1) 构造细节①

构造细节①为钢顶板与加劲肋连接焊缝处，位于钢顶板上的焊趾，为测量模型中相应位置的应力，在钢顶板下缘靠近焊趾的位置处，沿着横向共布置 10 个测点，其中跨中位置处 6 个测点 (M1-1~M1-6)，靠近横隔板位置处 4 个测点 (Z1-1、Z1-2、Z1-3、Z1-4)，其布置如图 5.71、图 5.72 所示。

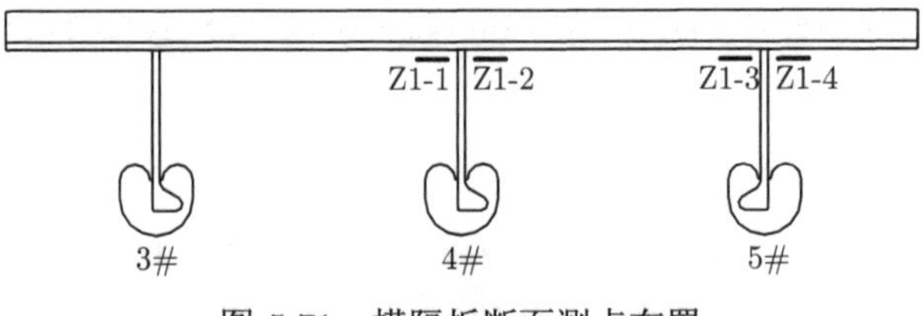

图 5.71　横隔板断面测点布置

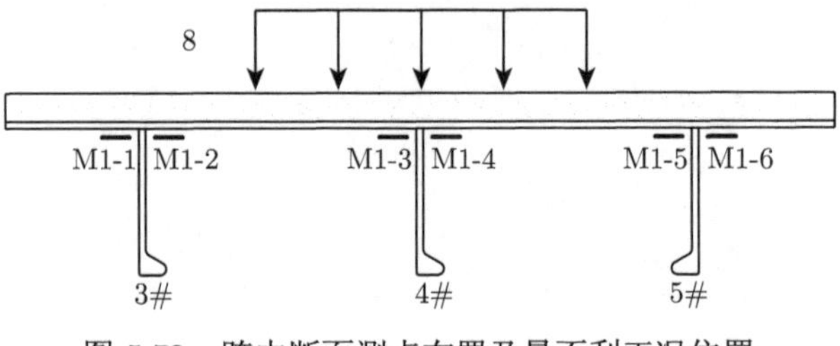

图 5.72　跨中断面测点布置及最不利工况位置

根据试验结果，对比 10 种工况作用下各测点的应力值，发现对于细节①来说，跨中加载 8 号工况为最不利工况，此时各加载位置如图 5.72 所示。

此工况作用下各应变片的实测结果如表 5.26 所示。

由表 5.26 中的数据可以看出，各个测点的实测数据较规律，基本呈现线性变化，卸载后应力基本都能回到最开始时未加载的状态，测量仪器的准确性较好。

表 5.26　最不利工况作用下各测点实测值　(单位：MPa，拉 + 压 −)

测点	0kN	20kN	60kN	100kN	140kN	170kN	卸载
M1-1	0	−2.2	−4.8	−7.3	−9.7	−12.3	−0.6
M1-2	0	−1.4	−3.0	−4.4	−5.6	−7.1	0
M1-3	−0.2	1.4	7.7	14.1	20.2	24.8	−0.2
M1-4	0	6.9	15.5	24.4	32.5	41.0	0.8
M1-5	0.2	−0.6	−1.2	−2.2	−2.8	−3.6	0.4
M1-6	0	−1.6	−4.0	−6.1	−8.3	−10.3	0.4
Z1-1	0.2	0.6	1.2	2.0	2.6	3.2	−0.2
Z1-2	0	0.2	0.6	1.0	1.4	1.6	−0.4
Z1-3	0	0	−0.2	−0.2	−0.4	−0.6	0.2
Z1-4	0	0.2	0.4	0.6	1.0	0.8	0

同时结果表明：在最不利工况作用下，跨中测点 M1-4 会出现最大拉应力，当作用力为 170kN 时，拉应力值为 41.0MPa，此测点在对应工况作用下的有限元计算值为 45.7MPa，实测值比计算值小约 4.7MPa，误差约为 10.3%，数据吻合较好。两种数据对比如图 5.73 所示。

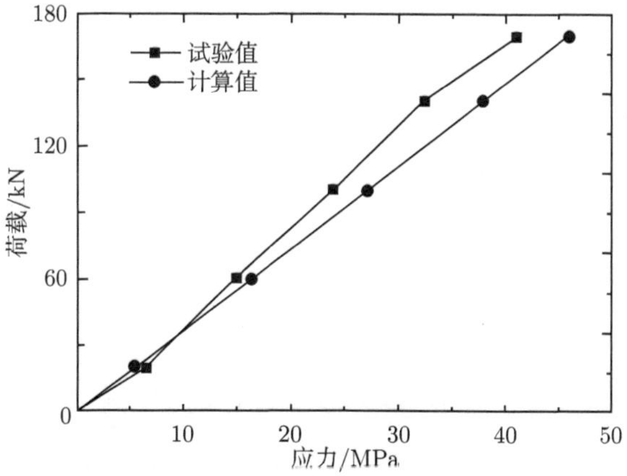

图 5.73　计算值与实测值对比

当加载荷载为 100kN 时，在构造细节①处，纯钢梁的最大实测值为 −254.3MPa，对应的有限元计算值为 −244.1MPa；轻型组合梁的最大实测值为 24.4MPa，对应的有限元计算值为 27.1MPa。降幅对比如表 5.27 所示。

表 5.27 闭口肋纯钢梁与轻型组合梁对比 (单位：MPa)

	闭口肋纯钢梁	闭口肋轻型组合梁	降幅
计算值	−244.1	27.1	88.9%
实测值	−254.3	24.4	90.4%

由表 5.27 可以看出，超高性能轻型组合梁能极大地降低构造细节①处的应力，实测值和有限元计算值的降幅都在 90%左右。且纯钢梁为压应力，轻型组合梁则为拉应力，是由于局部刚度的提高使钢顶板的变形模式发生了改变。

2) 构造细节②

构造细节②为钢顶板与加劲肋连接焊缝处，位于加劲肋上的焊趾。为测量模型中相应位置的应力，在加劲肋腹板外侧靠近焊趾的位置处，沿着竖向共布置了 10 个测点，其中跨中位置处 6 个测点 (M2-1～M2-6)，靠近横隔板位置处 4 个测点 (Z2-1～Z2-4)，其布置如图 5.74、图 5.75 所示。

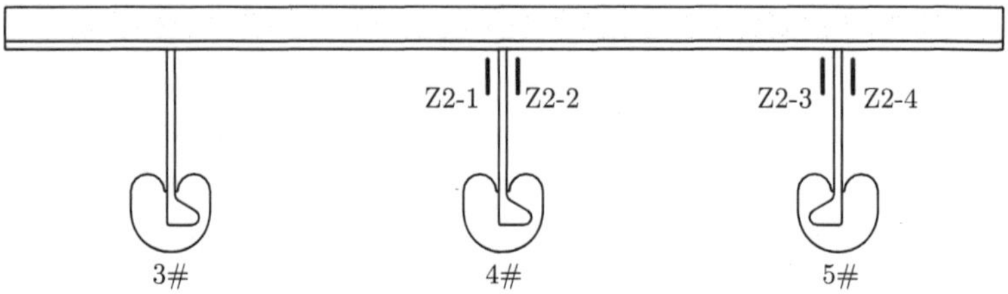

图 5.74 横隔板断面测定布置

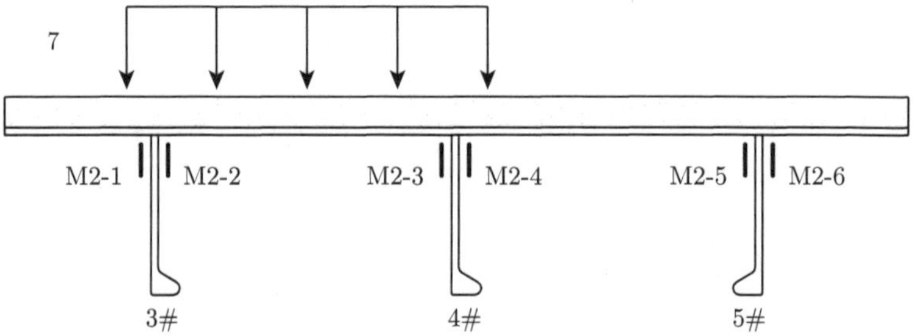

图 5.75 跨中断面测点布置及最不利工况位置

根据试验结果，对比 10 种工况作用下各测点的应力值，发现对于细节②来说，跨中加载 7 号工况为最不利工况，此时各加载位置如图 5.75 所示。此工况作用下各应变片的实测结果如表 5.28 所示。

表 5.28　**最不利工况作用下各测点实测值**　(单位：MPa，拉 + 压 −)

测点	0kN	20kN	60kN	100kN	140kN	170kN	卸载
M2-1	0	−3.8	−11.9	−17.6	−24.8	−30.3	3.2
M2-2	0	0.6	1.4	1.6	1.8	2.0	−1.0
M2-3	0.2	−6.1	−19.4	−29.5	−41.6	−51.3	−0.4
M2-4	−0.2	2.4	6.9	10.5	14.7	18.0	2.8
M2-5	0	0.4	1.6	2.2	3.2	4.0	0.4
M2-6	0	−0.4	−1.4	−2.2	−3.2	−3.8	0.8
Z2-1	—	—	—	—	—	—	—
Z2-2	−0.2	−0.2	−0.2	−0.4	−0.4	−0.4	0.2
Z2-3	0	0	−0.6	−1.0	−1.6	−2.0	0.2
Z2-4	0	0.6	1.6	2.4	3.2	4.0	0.4

由表 5.28 中的数据可以看出，各个测点的实测数据较规律，基本呈现线性变化，应力分布也大致与有限元计算结果相同，卸载后应力基本都能回到最开始时未加载的状态，测量仪器的准确性较好。

同时结果表明：在最不利工况作用下，跨中测点 M2-4 会出现最大拉应力，当作用力为 170kN 时，拉应力值为 18.0MPa，此测点在对应工况作用下的有限元计算值为 19.8MPa，实测值比计算值小约 1.8MPa，误差约为 9.1%，数据吻合较好。两种数据对比如图 5.76 所示。

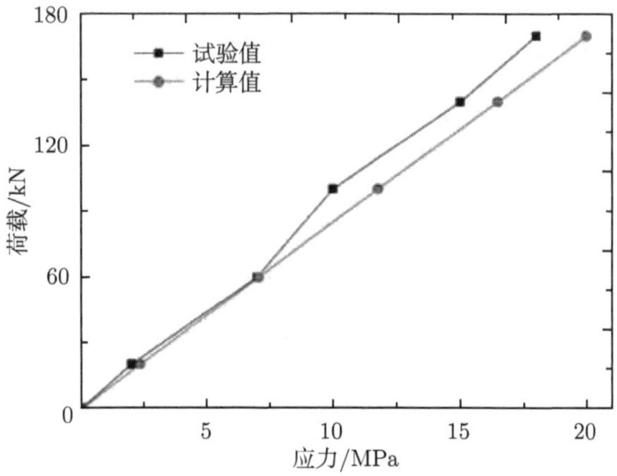

图 5.76　计算值与实测值对比

当加载荷载为 100kN 时，在构造细节②处，纯钢梁的最大实测值为 105.2MPa，对应的有限元计算值为 108.9MPa；轻型组合梁的最大实测值为 10.5MPa，对应的有限元计算值为 12.2MPa。降幅对比如表 5.29 所示。

由表 5.29 可以看出，超高性能轻型组合梁能极大地降低构造细节②处的应力，实测值和有限元计算值的降幅都在 90%左右。此构造位置的压应力降低了 65%，

表 5.29　闭口肋纯钢梁与轻型组合梁对比

	闭口肋纯钢梁/MPa	闭口肋轻型组合梁/MPa	降幅/%
计算值	108.9	12.2	88.7
实测值	105.2	10.5	90.0

因此可以极大地降低疲劳应力幅，提高疲劳寿命。

3) 构造细节③

构造细节③为加劲肋与横隔板连接焊缝处，位于在加劲肋上的焊趾。为测量模型中相应位置的应力，在加劲肋靠近弧形切口起弧点的腹板处，沿着纵向共布置 6 个测点 (Z3-1、Z3-2、Z3-3、Z3-4、Z3-5、Z3-6)，其布置如图 5.77 所示。

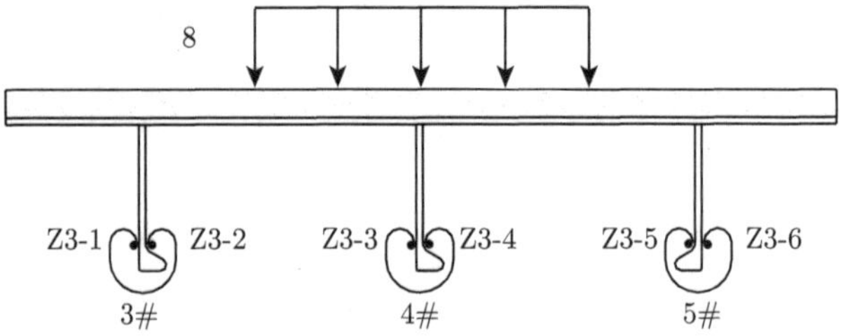

图 5.77　测点布置及最不利工况位置

根据试验结果，对比 10 种工况作用下各测点的应力值，发现对于细节③来说，跨中加载 8 号工况为最不利工况，此时各加载位置如图 5.77 所示。

此工况作用下各应变片的实测结果如表 5.30 所示。

表 5.30　最不利工况作用下各测点实测值　　(单位：MPa，拉 + 压 −)

测点	0kN	20kN	60kN	100kN	140kN	170kN	卸载
Z3-1	0	1	2	4	5	6	0
Z3-2	0	1	2	4	5	7	0
Z3-3	0	2	6	10	13	15	0
Z3-4	0	0	0	1	1	1	1
Z3-5	0	1	2	3	5	6	0
Z3-6	0	1	2	3	4	5	0

由表 5.30 中的数据可以看出，各个测点的实测数据较规律，基本呈现线性变化，卸载后应力基本都能回到最开始时未加载的状态，测量仪器的准确性较好。

同时结果表明：在最不利工况作用下，跨中测点 Z3-3 会出现最大拉应力，当作用力为 170kN 时，拉应力值为 15MPa，此测点在对应工况作用下的有限元计算值为 13MPa，实测值比计算值大约 2MPa，误差约为 15.4%，二者差值较小，但由于应力水平较低，导致有一定的误差。两种数据对比如图 5.78 所示。

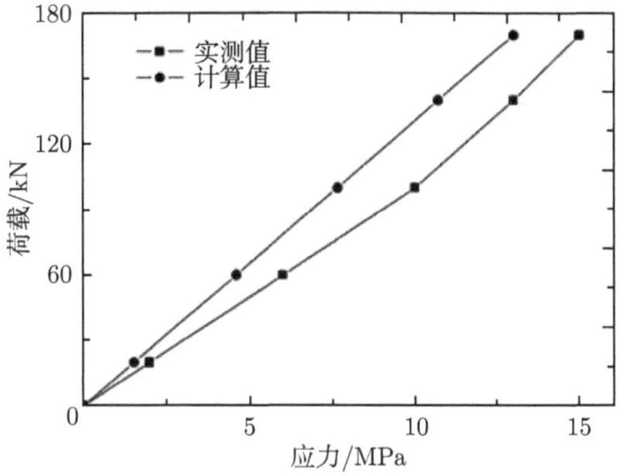

图 5.78 计算值与实测值对比

当加载荷载为 100kN 时，在构造细节③处，纯钢梁的最大实测值为 34MPa，对应的有限元计算值为 38MPa；轻型组合梁的最大实测值为 10MPa，对应的有限元计算值为 8MPa。降幅对比如表 5.31 所示。

表 5.31 闭口肋纯钢梁与轻型组合梁对比 (单位：MPa)

	闭口肋纯钢梁/MPa	闭口肋轻型组合梁/MPa	降幅
计算值	34	8	76%
实测值	38	10	74%

由表 5.31 可以看出，超高性能轻型组合梁能极大地降低构造细节③处的应力，实测值和有限元计算值的降幅分别约为 74%和 76%。

4) 构造细节④和⑤

构造细节④和⑤为横隔板上的弧形切口，为测量模型中相应位置的应力，在横隔板与 4# 和 5# 纵向加劲肋相交的弧形切口处，沿着边缘共布置 32 个测点 (4Z-1～4Z-8、4Y-1～4Y-8、5Z-1～5Z-8、5Y-1～5Y-8)，其布置如图 5.79 所示。

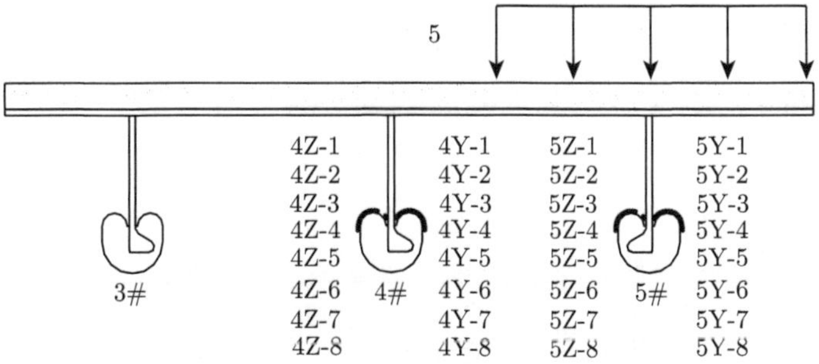

图 5.79 测点位置及最不利工况位置

根据试验结果，对比 10 种工况作用下各测点的应力值，发现对于细节⑤来说，横隔板加载 5# 工况为最不利工况，此时各加载位置如图 5.79 所示。

此工况作用下各应变片的实测结果如表 5.32 所示。

表 5.32　最不利工况作用下各测点实测值　　(单位：MPa，拉 + 压 −)

测点	0kN	20kN	60kN	100kN	140kN	170kN	卸载
4Y-1	−0.2	0.0	0.2	0.4	0.4	0.4	0
4Y-2	0.2	3.8	8.3	12.3	15.8	18.8	0
4Y-3	−0.2	3.2	7.3	10.7	13.9	16.6	−0.4
4Y-4	−0.2	2.8	6.3	9.1	11.9	14.1	−0.2
4Y-5	0	4.0	8.5	12.3	16.0	19.0	0.2
4Y-6	−0.2	4.2	9.3	13.5	17.2	20.2	−0.2
4Y-7	−0.2	4.2	9.3	13.7	17.4	20.8	−0.2
4Y-8	0	4.4	9.5	13.9	17.8	21.2	−0.6
4Z-1	0	2.4	5.5	8.3	11.3	13.9	0
4Z-2	0	3.4	7.5	11.1	14.5	17.2	0
4Z-3	—	—	—	—	—	—	—
4Z-4	−0.2	3.0	5.9	8.3	10.3	11.9	0
4Z-5	0	3.0	5.7	7.9	9.5	11.1	0
4Z-6	−0.2	3.2	6.3	8.9	10.9	12.7	−0.2
4Z-7	0	3.2	6.3	8.9	10.9	12.9	−0.2
4Z-8	—	—	—	—	—	—	—
5Y-1	0	0.8	2.2	3.6	5.2	6.5	0
5Y-2	−0.2	5.0	12.3	18.2	24.4	29.3	−0.4
5Y-3	0	4.4	9.9	14.3	19.0	22.6	0
5Y-4	0	3.0	6.5	9.1	11.3	13.1	0
5Y-5	0.2	3.0	5.9	7.9	8.7	9.5	0.2
5Y-6	0	3.4	6.5	8.5	9.1	9.9	−0.2
5Y-7	0.2	3.4	6.3	7.9	8.5	9.3	0
5Y-8	0.2	3.6	6.5	8.9	10.1	11.1	0.2
5Z-1	0.2	1.4	4.0	6.1	8.5	10.5	0.2
5Z-2	0	5.9	14.3	21.2	28.7	34.7	0
5Z-3	−0.2	5.0	11.7	17.6	23.6	28.3	0.2
5Z-4	0	5.0	11.5	16.5	22.0	26.2	0
5Z-5	0.2	4.8	10.3	14.7	18.6	22.0	0.2
5Z-6	0	5.2	11.1	15.7	19.6	22.8	−0.2
5Z-7	0	5.2	10.5	14.9	18.6	21.8	0
5Z-8	0.2	4.4	9.1	12.7	15.7	18.2	0

由表 5.32 中的数据可以看出，各个测点的实测数据较规律，基本呈现线性变化，应力分布也大致与有限元计算结果相同，卸载后应力基本都能回到最开始时未加载的状态，测量仪器的准确性较好。

同时结果表明：在最不利工况作用下，测点 5Z-2 会出现最大拉应力，当作用力为 170kN 时，拉应力值为 34.7MPa，此测点在对应工况作用下的有限元计算值为 27.7MPa，实测值比计算值大约 7.0MPa，误差约为 25.3%。两种数据对比如图 5.80 所示。原因在于应力水平较低，且苹果型过焊孔对加工精度要求极高，实际模型与有限元模型尺寸有一定偏差，导致了较大误差的产生。闭口肋纯钢梁和闭口肋组合梁在此细节位置的应力都有一定偏差。

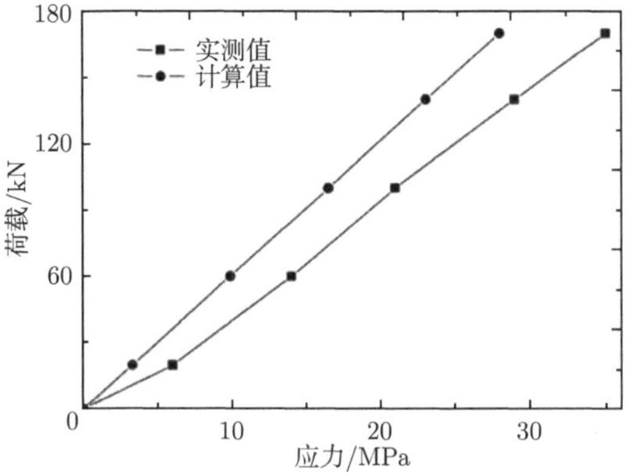

图 5.80　计算值与实测值对比

当加载荷载为 100kN 时，在构造细节⑤处，纯钢梁的最大实测值为 54.7MPa，对应的有限元计算值为 43.4MPa；轻型组合梁的最大实测值为 21.2MPa，对应的有限元计算值为 17.3MPa。降幅对比如表 5.33 所示。

表 5.33　闭口肋纯钢梁与轻型组合梁对比　(单位：MPa)

	闭口肋纯钢梁	闭口肋轻型组合梁	降幅
计算值	43.4	17.3	60.1%
实测值	54.7	21.2	61.2%

由表 5.33 可以看出，超高性能轻型组合梁能极大地降低构造细节⑤处的应力，实测值和有限元计算值的降幅分别约为 61.2%和 60.1%。

5) 构造细节⑥

构造细节⑥为加劲肋底，为测量模型中相应位置的应力，在加劲肋肋底沿纵向共布置 5 个测点 (M6-1、M6-2、M6-3、M6-4、M6-5)，其布置如图 5.81 所示。

根据试验结果，对比 10 种工况作用下各测点的应力值，发现对于细节⑥来说，跨中加载 8 号工况为最不利工况，此时各加载位置如图 5.81 所示。

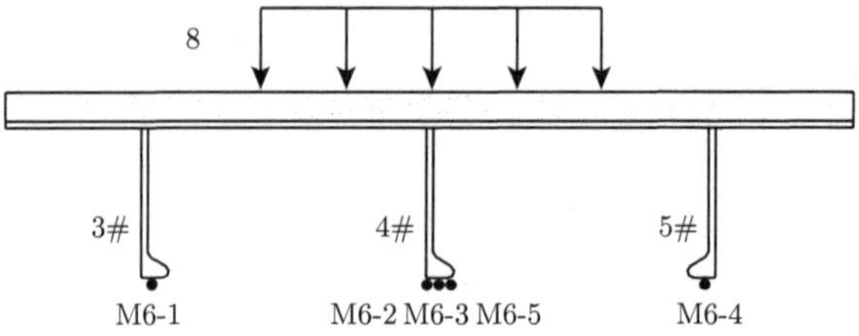

图 5.81　测点布置及最不利工况位置

此工况作用下各应变片的实测结果如表 5.34 所示。

表 5.34　最不利工况作用下各测点实测值　　(单位：MPa，拉 + 压 −)

测点	0kN	20kN	60kN	100kN	140kN	170kN	卸载
M6-1	0	3.0	5.9	7.3	6.7	5.4	−1.6
M6-2	0	18.8	45.4	73.7	98.8	118.0	0
M6-3	0	16.0	38.6	62.2	83.8	101.2	0.4
M6-4	0	7.5	17.4	28.5	38.0	46.2	−3.6
M6-5	0	14.3	35.7	58.0	79.2	96.7	0.8

由表 5.34 中的数据可以看出，各个测点的实测数据较规律，基本呈现线性变化，应力分布也大致与有限元计算结果相同，卸载后应力基本都能回到最开始时未加载的状态，测量仪器的准确性较好。

同时结果表明：在最不利工况作用下，跨中测点 M6-2 会出现最大拉应力，当作用力为 170kN 时，拉应力值为 118.0MPa，此测点在对应工况作用下的有限元计算值为 108.4MPa，实测值比计算值大约 9.6MPa，误差约为 8.9%，误差产生的原因可能是试件加工时，加劲肋没有与钢顶板严格垂直，与有限元模型有一定偏差。两种数据对比如图 5.82 所示。

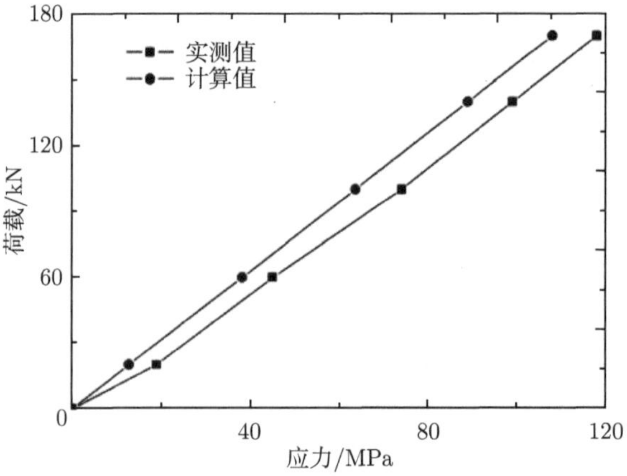

图 5.82　计算值与实测值对比

当加载荷载为 100kN 时，在构造细节⑥处，纯钢梁的最大实测值为 143.4MPa，对应的有限元计算值为 129.2MPa；轻型组合梁的最大实测值为 73.7MPa，对应的有限元计算值为 64.3MPa。降幅对比如表 5.35 所示。

表 5.35 闭口肋纯钢梁与轻型组合梁对比 (单位：MPa)

构造细节⑥	闭口肋纯钢梁	闭口肋轻型组合梁	降幅
计算值	129.2	64.3	50.2%
实测值	143.4	73.7	48.6%

由表 5.35 可以看出，超高性能轻型组合梁能较大地降低构造细节⑥处的应力，实测值和有限元计算值的降幅分别约为 50%、48%。

6) STC 层顶面应力

为测量 STC 层的纵桥向拉应力，在横隔板正上方的 STC 层上缘沿纵向布置 3 个测点 (D-1、D-2、D-3)，如图 5.83 所示。

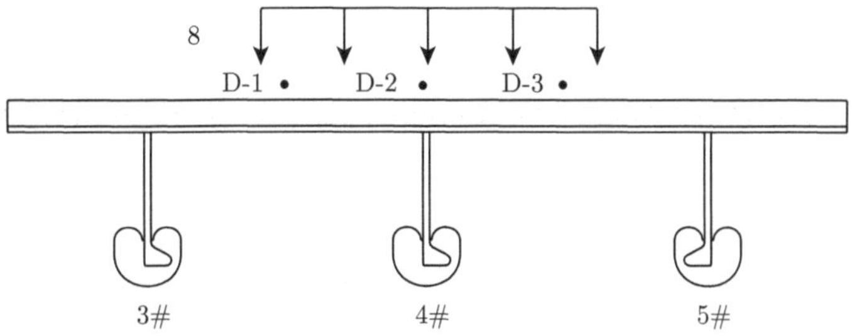

图 5.83 测点位置及最不利工况位置

根据试验结果，对比 10 种工况作用下各测点的应力值，发现对于 STC 层来说，跨中加载 8 号工况为最不利工况，此时各加载位置如图 5.83 所示。此工况作用下各应变片的实测结果如表 5.36 所示。

表 5.36 最不利工况作用下各测点实测值 (单位：MPa，拉 + 压 −)

测点	0kN	20kN	60kN	100kN	140kN	170kN	卸载
D-1	0	0.37	0.69	1.14	1.75	2.11	0
D-2	0	0.57	1.30	1.91	2.68	3.41	0
D-3	0	0.41	0.81	1.42	1.91	2.52	0

由表 5.36 中的数据可以看出，各个测点的实测数据较规律，基本呈现线性变化，应力分布也大致与有限元计算结果相同，卸载后应力基本都能回到最开始时未加载的状态，测量仪器的准确性较好。

同时结果表明：在最不利工况作用下，测点 D-2 会出现最大拉应力，当作用力为 170kN 时，拉应力值为 3.4MPa。此测点在对应工况作用下的有限元计算值为

3.38MPa。实测值比计算值大约 0.03MPa，误差约为 1%，数据吻合较好。两种数据对比如图 5.84 所示。

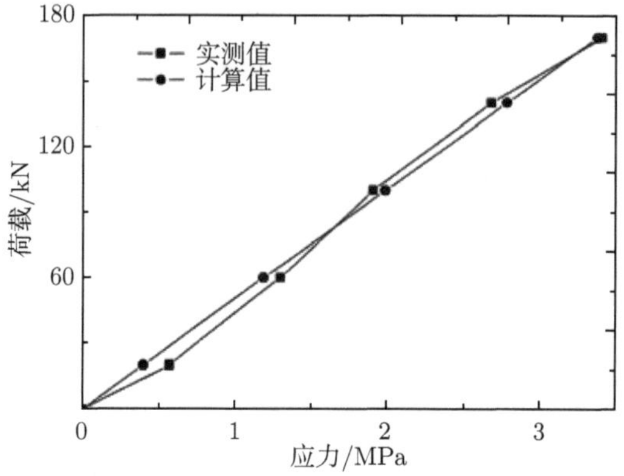

图 5.84　计算值与实测值对比

5.4.3.3　闭口肋与开口肋试验结果对比

1. 构造细节①的应力对比

当荷载大小为 170kN 时，在构造细节①(钢顶板与加劲肋连接焊缝在钢顶板上的焊趾) 处，闭口肋轻型组合梁的实测值为 30.1MPa，对应的计算值为 31.9MPa；开口肋轻型组合梁的实测值为 41.0MPa，对应的计算值为 45.7MPa。如表 5.37 所示。

表 5.37　应力结果汇总与对比　　(单位：MPa)

构造细节①	闭口肋轻型组合梁	开口肋轻型组合梁	应力降幅
计算值	31.9	45.7	升 43.3%
实测值	30.1	41.0	升 36.2%

由表 5.37 可以看出，闭口肋轻型组合梁比开口肋轻型组合梁的应力水平更低。

在跨中断面，闭口肋轻型组合梁和开口肋轻型组合梁的截面形式如图 5.85 所示。由于加劲肋在横向的支承跨度 D 不同，闭口肋轻型组合梁为 300mm，开口肋轻型组合梁为 500mm，所以开口肋轻型组合梁支承根部位置受到更大的弯矩，在构造细节①处的应力会比闭口肋轻型组合梁的结果大，这也与试验结果是一致的。

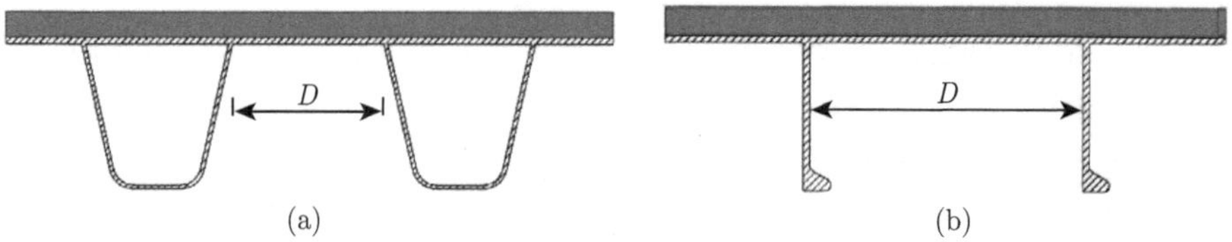

图 5.85　跨中断面

在有横隔板的支点断面，闭口肋轻型组合梁和开口肋轻型组合梁的截面形式如图 5.86 所示。由于闭口肋截面的挖空，此处的桥面板并没有被连续支承，刚度会有突变，在构造细节①处会出现应力集中的现象，影响疲劳寿命。而开口肋轻型组合梁在这个位置则不会出现因为刚度突变产生的应力集中。

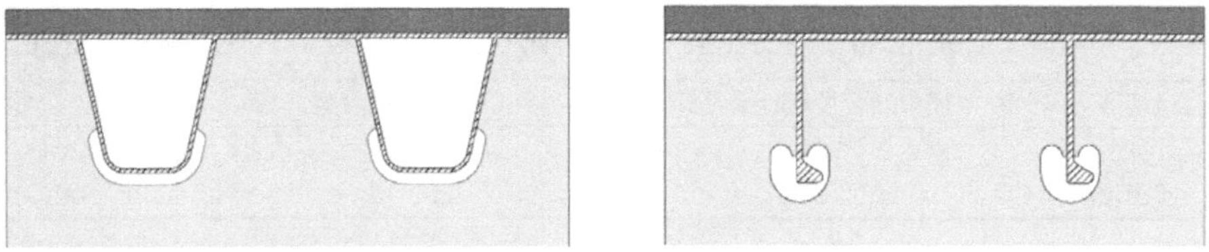

(a) (b)

图 5.86 支点断面

与闭口肋相比，开口肋的双面角焊缝使加劲肋与钢顶板的焊缝连接更加可靠，有效避免应力集中和焊接缺陷，如图 5.87 所示。

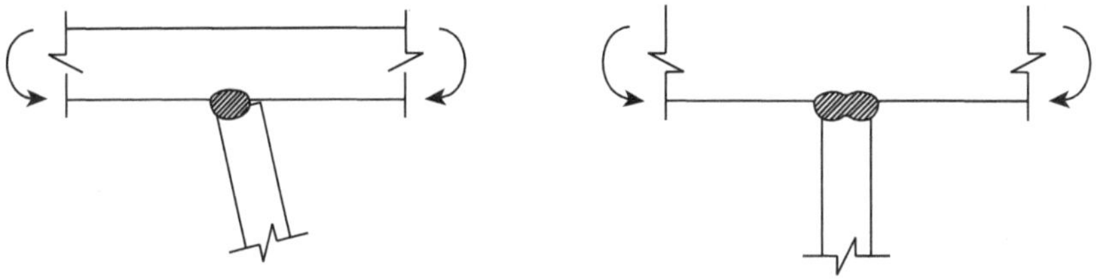

(a) (b)

图 5.87 焊接示意图

2. 构造细节②的应力对比

当荷载大小为 170kN 时，在构造细节②(钢顶板与加劲肋连接焊缝在加劲肋腹板上的焊趾) 处，闭口肋轻型组合梁的实测值为 36.4MPa，对应的计算值为 34.3MPa；开口肋轻型组合梁的实测值为 18.0MPa，对应的计算值为 19.8MPa。如表 5.38 所示。

表 5.38 应力结果汇总与对比 (单位：MPa)

构造细节②	闭口肋轻型组合梁	开口肋轻型组合梁	应力降幅
计算值	34.3	19.8	42.6%
实测值	36.4	18.0	50.5%

由表 5.38 可以看出，在构造细节②处开口肋轻型组合梁比闭口肋轻型组合梁的应力水平更低。在图 5.85 中，虽然开口肋轻型组合梁中的横向支承间距 D 较大，但是开口加劲肋厚度为 12mm，闭口加劲肋厚度为 8mm，且开口加劲肋与钢顶板垂直焊接，所以开口肋轻型组合梁在构造细节②处的应力更小，而且在横隔板位置开口加劲肋的肋壁两侧都被焊接，约束较好，如图 5.86 所示。

3. 构造细节③的应力分析

当荷载大小为 170kN 时，在构造细节③(加劲肋与横隔板连接焊缝在加劲肋腹板上的焊趾) 处，闭口肋轻型组合梁的实测值为 26.6MPa，对应的计算值为 28.8MPa；开口肋轻型组合梁的实测值为 15MPa，对应的计算值为 13MPa。如表 5.39 所示。

表 5.39　应力结果汇总与对比　(单位：MPa)

构造细节③	闭口肋轻型组合梁/MPa	开口肋轻型组合梁/MPa	应力降幅
计算值	28.8	13	55%
实测值	26.6	15	42%

由表 5.39 可以看出，在构造细节③处，开口肋轻型组合梁比闭口肋轻型组合梁的应力水平更低。

4. 构造细节④和⑤的应力对比

当荷载大小为 170kN 时，在构造细节⑤(横隔板弧形切口) 处，闭口肋轻型组合梁的实测值为 45.4MPa，对应的计算值为 47.0MPa；开口肋轻型组合梁的实测值为 34.7MPa，对应的计算值为 27.7MPa。如表 5.40 所示。

表 5.40　应力结果汇总与对比　(单位：MPa)

构造细节⑤	闭口肋轻型组合梁	开口肋轻型组合梁	应力降幅
计算值	47.0	27.7	41.1%
实测值	45.4	34.7	23.6%

由表 5.40 可以看出，对于构造细节⑤处的受力，开口肋轻型组合梁方案要优于闭口肋轻型组合梁方案。

由于纵向加劲肋要连续通过横隔板，故在交叉位置处要有弧形切口，这样会削弱横隔板截面。根据图 5.86 所示，闭口肋轻型组合梁开孔截面高度约为开口肋轻型组合梁开孔高度的 3 倍，故在此处的应力较大，疲劳性能差。

5. 构造细节⑥的应力对比

当荷载大小为 170kN 时，在构造细节⑥(加劲肋底) 处，闭口肋轻型组合梁的实测值为 62.8MPa，对应的计算值为 62.9MPa；开口肋轻型组合梁的实测值为 118.0MPa，对应的计算值为 108.4MPa。如表 5.41 所示。

表 5.41　应力结果汇总与对比　(单位：MPa)

构造细节⑥	闭口肋轻型组合梁	开口肋轻型组合梁	应力降幅
计算值	62.9	108.4	升 72.3%
实测值	62.8	118.0	升 87.9%

由表 5.41 可以看出，在构造细节⑥处，闭口肋轻型组合梁比开口肋轻型组合

梁的应力水平更低。

6. STC 层的应力对比

取荷载等级为 170kN，将两种轻型组合结构模型的 STC 层纵桥向应力试验结果和有限元计算结果汇总于表 5.42。

表 5.42 应力结果汇总与对比 (单位：MPa)

STC 层	闭口肋轻型组合梁	开口肋轻型组合梁	应力降幅
计算值	3.49	3.38	降 3%
实测值	3.37	3.41	升 1%

由表 5.42 可以看出，不论是闭口肋方案还是开口肋方案，采用超高性能轻型组合结构后，STC 层拉应力较小，且两种轻型组合梁方案相差不大。

5.4.4 足尺模型疲劳试验

5.4.4.1 闭口肋试验及结果分析

1. 试验方案

试验模型采用前文所述的足尺模型。本次疲劳试验选用 PMS-500 型数显式脉动疲劳试验机开展静力和动力加载。动载试验的加载频率设定为 3.0Hz，静应变由 TDS-602 装置来测试，动应变由 DC-204R 来测试。疲劳试验的静位移根据千分表测得，动位移由 HBM 公司生产的 WA100 测得。疲劳试验装置如图 5.88、图 5.89 所示。

图 5.88 疲劳试验静载

足尺试验模型的尺寸为 5200mm×4200mm×1062mm(长 × 宽 × 高)，包括 2 道横隔板和 7 道 U 形闭口纵肋，试验模型四个角点放置在钢支座上，支座与模型之间垫上橡胶垫块作为吸能材料，模型整体如图 5.90 所示。本次疲劳试验加载点选取在横隔板 1 的正上方，采用应力等效方法，以横隔板 1 的外侧面弧形开孔周边

应力最大的点 (细节⑤) 作为应力等效控制点，同时也对应力最大位置的细节③和细节④进行了实际测量。

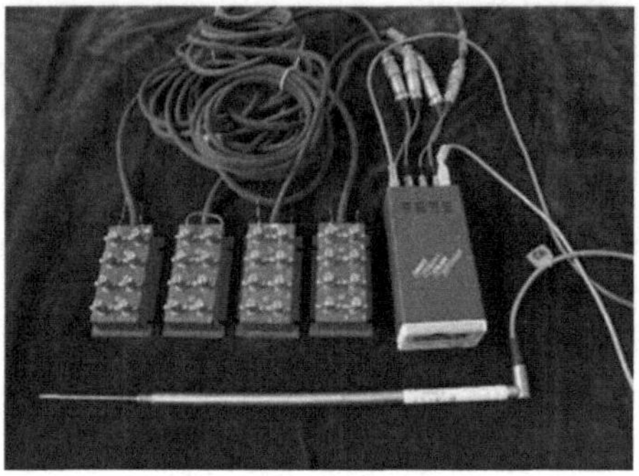

图 5.89　桥盒与动位移计

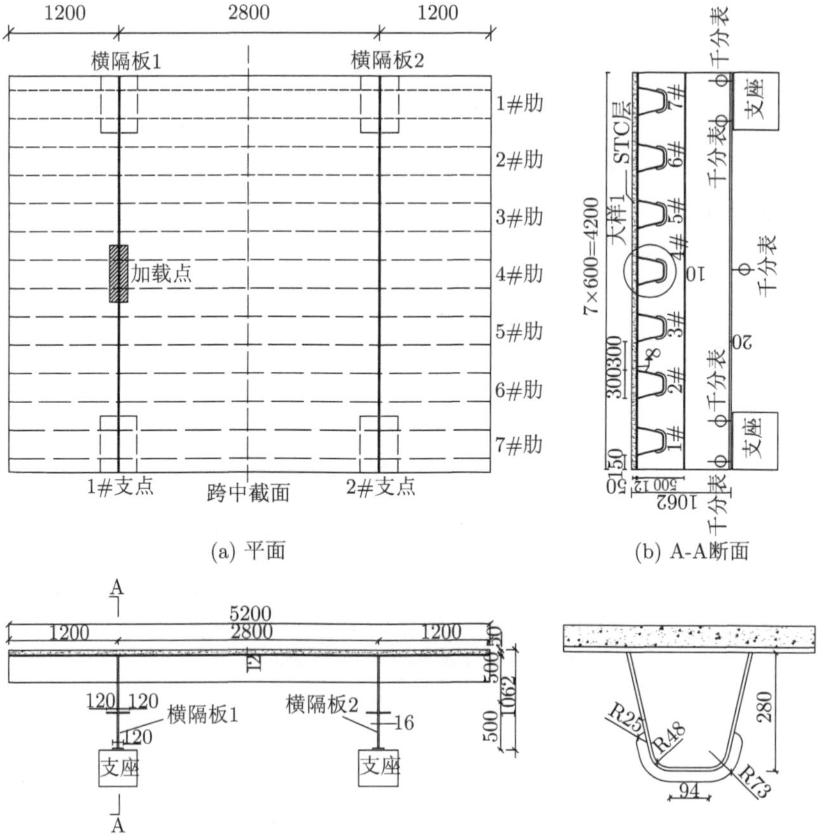

(a) 平面　(b) A-A断面　(c) 立面　(d) 大样1

图 5.90　尺模型疲劳试验模型 (单位：mm)

图 5.88 中的竖向作动器与 STC 层之间放置面积为 200mm×600mm 的橡胶块和钢垫板，用于模拟均布作用的车轮荷载。循环动载试验的加载模式为 $P_{\max}=300.0\text{kN}$，$P_{\min}=30.0\text{kN}$，疲劳试验采用常幅循环荷载加载。试验中荷载循环次数为 0、1、5、10、50、100、150、200、300、400、500、600(万次) 时停机进行静载试验，以检查试件是否出现裂纹及测点的应力变化规律。静载试验采用逐级加载方式，竖向作动器的加载模式为：0→60kN→120kN→180kN→240kN→300kN→0，每级停留 5min，待结构应力稳定后进行读数，一共为 6 级加载。

静载试验测试内容包括：

(1) A-A 截面 3#肋与 5#肋附近横隔板弧形切口控制点细节应变 (H 和 H′ 测点)，如图 5.91 所示；

(2) A-A 截面 4#肋处细节③最不利位置应变 (Z 和 Z′ 测点)，如图 5.91 所示；

(3) A-A 截面 4#肋附近横隔板细节④最不利位置应变 (W 和 W′ 测点)，如图 5.91 所示；

(4) 试验梁 A-A 截面支座处与加载点横隔板正下方位移。

动态试验测试内容包括：

(1) A-A 截面 3#肋与 5#肋附近横隔板弧形切口控制点细节应变；

(2) 试验梁 A-A 截面横隔板正下方动位移。

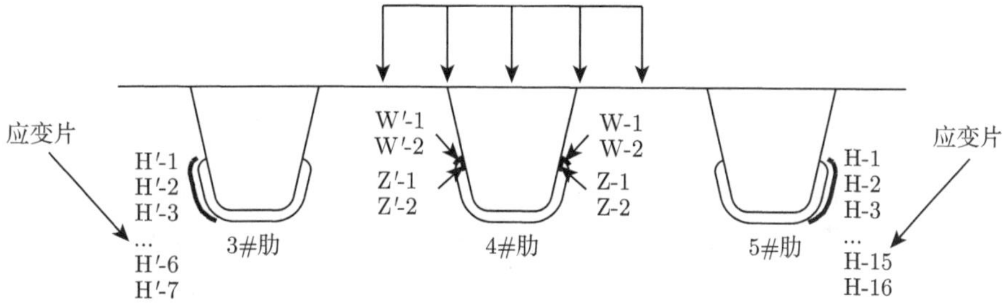

图 5.91 A-A 截面控制点加载与应变片布置

2. 试验结果与分析

1) 控制点处细节动载状态下应力监测

采用 270kN 的荷载差进行 600 万次加载，考察疲劳细节的疲劳强度。疲劳试验进行过程中，使用 DC-204R 连续监测动载状态下应力控制点处应力是否达到设计幅值，结果如表 5.43 所示，表中实测应力幅 = 实测应变幅 × 弹性模量，弹性模量取 206GPa；控制区域处为主应力幅。控制点区域主拉应力云图和控制点区域应变片布置如图 5.92、图 5.93 所示。

表 5.43 应力控制区域动态应力幅实测值和理论值对比

荷载循环次数/万次	应力幅实测值/MPa	应力幅理论值/MPa
0.1	63.0	58.6
1	63.2	
5	63.2	
10	63.3	
50	63.5	
100	65.8	
150	65.4	
200	66.4	
300	67.1	
400	67.1	
500	67.7	
600	68.2	

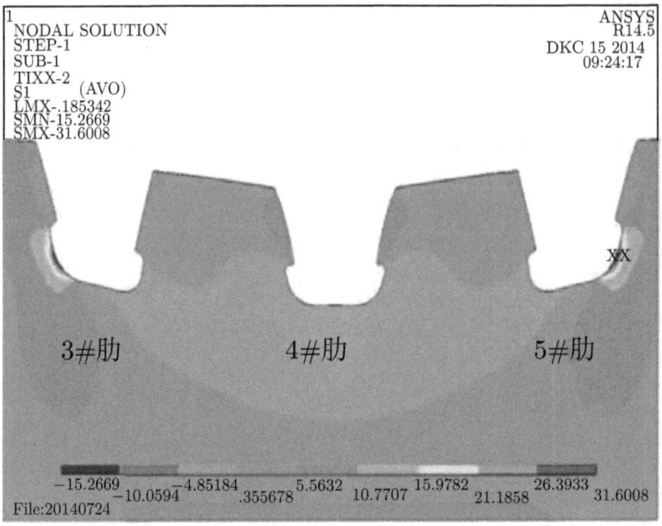

图 5.92 隔板主拉应力图 (彩图请扫封底二维码)

2) 疲劳细节静载应力结果

(1) 弧形切口处 (细节⑤)。以 3#肋和 5#肋附近横隔板弧形切口处应力集中区域为应力控制点，由于制造误差和加载不可避免的偏心，两肋在此区域的应力并不相同，且在 5#肋横隔板处外侧弧形切口处控制区域得到的应力幅值最大，由于为等效应力计算，取 5#肋外侧应力集中区域 H12、H13 这 2 个应变片的平均值作为代表值，作荷载–控制点平均应变曲线，如图 5.94 所示。

由图 5.94 可知，不同疲劳荷载循环次数后，控制点处的荷载–应变曲线基本保持为线性，最大应变由 339$\mu\varepsilon$ 增至 368$\mu\varepsilon$，约增加了 8.55%。

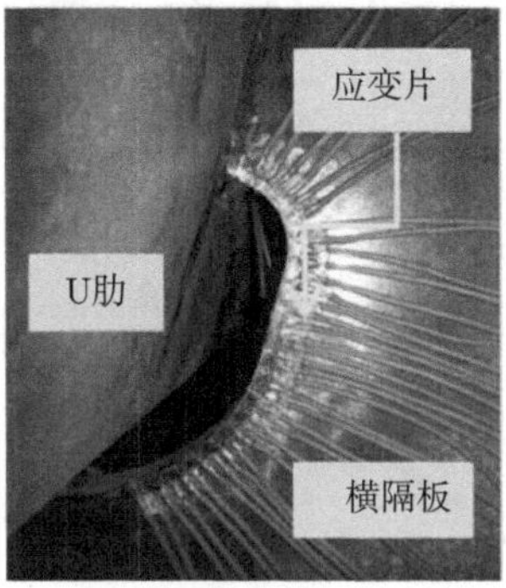

图 5.93 控制点区域应变片布置

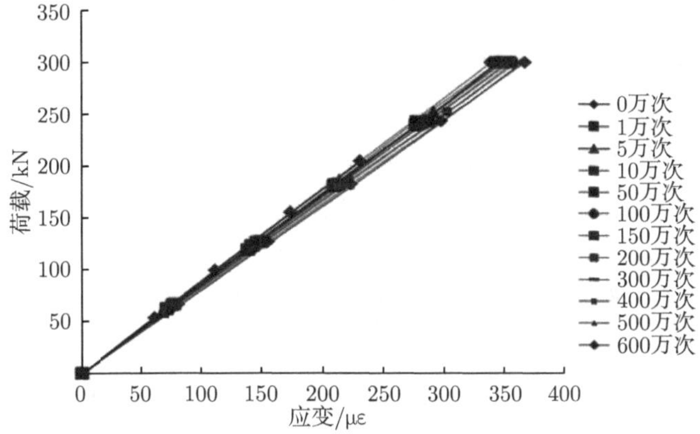

图 5.94 控制点处荷载–平均应变曲线

疲劳次数达到后，停机检查，未发现控制点出现可见裂纹，该处的应力幅实际测量值为 63.1MPa。

(2) 横隔板与纵肋焊接处纵肋细节 (细节③)。疲劳次数达到后，停机检查，未发现该部位出现可见裂纹，此细节应力最大位置在 4#肋，该处的应力幅实际测量值为 32.1MPa。

(3) 横隔板与纵肋焊接处横隔板细节 (细节④)。疲劳次数达到后，停机检查，未发现该部位出现可见裂纹，此细节应力最大位置在 4#肋附近横隔板上，该处的应力幅实际测量值为 50.7MPa。

3) A-A 截面横隔板正下缘处挠度变化

每隔一定的荷载循环次数后，进行静载试验，A-A 截面横隔板正下缘处荷载-挠度曲线如图 5.95 所示。由于支座处垫有橡胶片作为吸能材料，A-A 截面横隔板正下缘处的挠度计算必须考虑 A-A 截面 1#支点线中两个支座处沉降的影响。由图 5.95 可以看出不同疲劳荷载循环次数后，A-A 截面横隔板正下缘挠度的荷载–挠度曲线基本保持为线性，最大挠度由 0.420mm 增至 0.452mm，约增加了 7.62%。

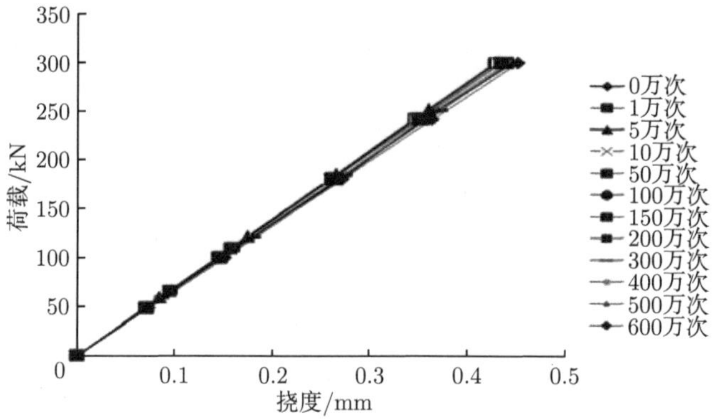

图 5.95　A-A 截面横隔板正下缘荷载–挠度曲线

4) 钢桥面疲劳细节的疲劳性能分析

类似弧形切口这样的非焊接细节采用折算应力幅 $\Delta\sigma = \sigma_{\max} - 0.7\sigma_{\min}$ 来表达疲劳强度。因为本次试验控制 c，为保守起见，这里按照焊接细节将应力幅定义为 $\Delta\sigma = \sigma_{\max} - \sigma_{\min}$。

据 Miner 线性累积损伤准则，对于控制点 (细节⑤)，设计应力幅 σ'=56MPa，实际应力幅保守取 σ_i=63.1MPa，可得 600 万次疲劳加载等效成设计疲劳应力幅对应的循环次数为 858.4 万次，满足洞庭湖二桥的工程设计要求 (200 万次)；对于细节③，设计应力幅 σ'=49.6MPa，实际应力幅保守取 σ_i=32.1MPa，可得 600 万次疲劳加载等效成设计疲劳应力幅对应的循环次数为 162.6 万次；对于细节④，设计应力幅 σ'=58.6MPa，实际应力幅保守取 σ_i=50.7MPa，可得 600 万次疲劳加载等效成设计疲劳应力幅对应的循环次数为 388.6 万次，满足工程设计要求。

5) STC 层的疲劳性能

试验过程中，每隔一定次数停机做静载试验，对试件进行检查，观测 STC 表面是否出现疲劳裂纹。600 万次试验后，对试件 STC 表面进行检查，未发现有裂纹出现，STC 层与顶板间也未出现滑移。结果表明，STC 具有良好的抗疲劳性能。

5.4.4.2　开口肋试验及结果分析

1. 试验测试方案

试验对象同样为前文开口肋足尺模型。采用应力等效方法，为方便测量和控制，以横隔板 1 的开孔自由边缘应力最大的点 (细节⑤) 作为应力等效控制点。疲劳试验前，对试验模型进行了有限元分析，以后又做了静力试验，有限元分析和静力试验结果差别不大，这里仅介绍疲劳试验部分。控制点 (细节⑤) 的计算应力幅为 95.8MPa，实测值为 90.6MPa。细节③的热点应力幅计算值为 55.3MPa，实测值为 50.5MPa。由于测量困难，细节④并没有取得实测值，有限元分析得到细节④的热点应力幅为 8.1MPa。

疲劳试验过程中，每隔一定次数停机做静力试验，并对试验模型仔细检查，以观察试验模型各细节是否出现疲劳裂纹。

2. 试验结果分析

不同循环荷载次数下模型各测点应变没有发生显著的变化，这里仅列出控制点处的荷载–应变曲线和悬臂端部 B-B 线 4#肋前端的荷载–挠度曲线，如图 5.96 所示。

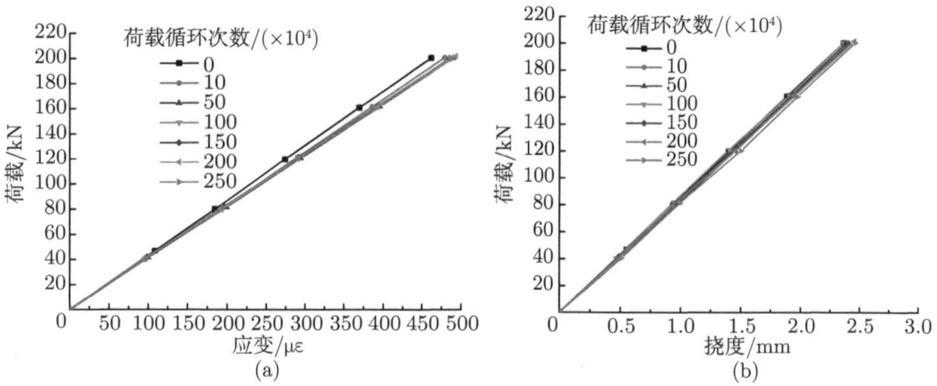

图 5.96 疲劳试验结果

疲劳试验进行到 250 万次时，对试验模型的各个细节进行检查，未发现有疲劳裂纹出现，考虑到试验已经满足工程要求，疲劳试验结束。试验结果表明，不同循环荷载次数下，模型各测点应变和悬臂端线 B-B 处挠度均未发生显著变化。

根据 Miner 线性累积损伤准则，对于本次疲劳试验，实桥设计应力幅 σ'=66.2MPa，试验疲劳应力 σ=90.6MPa，对于控制点 (细节⑤)，可得 250 万次疲劳加载等效成设计疲劳应力幅对应的循环次数为 640 万次，远超杭瑞高速洞庭湖大桥设计要求 (200 万次)。

5.4.5 纵肋优化形式二：板型开口肋

5.4.5.1 *方案构造*

本节以浙江省湖州市五一大桥改建工程项目为工程背景。五一大桥改建工程位于 104 国道上，其主桥采用三跨连续钢–砼混合梁，桥跨布置为 60m+128m+60m=248m，分左右两幅布置，单幅桥宽 18.5m，其跨中合拢段 45m 范围内采用钢箱梁，其他位置为混凝土箱梁。

主跨钢箱梁和钢混结合梁段拟采用 STC 组合结构和沥青混凝土铺装层的方案。初步拟定由正交异性钢桥面 +5cm 厚 STC 形成轻型组合结构，铺装层为 5cm 细粒式沥青混凝土 (SMA13，如图 5.97)。此方案采用的 1 字形加劲肋 (板肋) 与钢–混结合段的连接板合二为一，不仅受力明确，而且施工方便，具有良好的经济性。由于带板肋的超高性能轻型组合梁属国内外首创，而其与常规预应力混凝土形成混合梁也是首次，故需结合五一大桥的结构特点对这种新结构进行具体研究，为新建大桥提供坚实的技术支持。

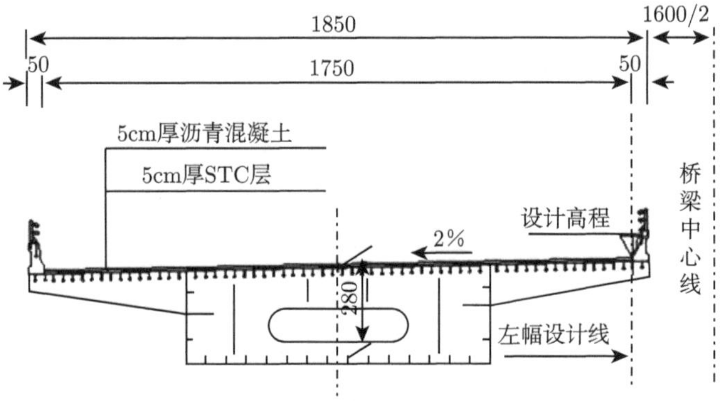

图 5.97　五一大桥钢箱梁截面初拟方案 (单位：cm)

为验证板肋组合结构的可行性，需对 U 肋–STC 组合结构和板肋–STC 组合结构两种方案进行对比论证。此外还计算了 U 肋加劲的普通钢箱梁方案即原方案作为对比。其中方案一：带板肋的超高性能组合桥面板方案；方案二：带 U 肋的超高性能组合桥面板方案；原方案：U 肋加劲普通钢箱梁方案。三个方案具体参数如图 5.98 所示。

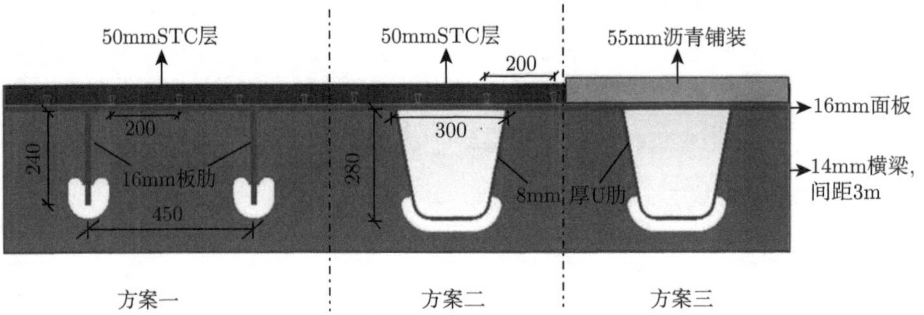

图 5.98　三种方案示意图

5.4.5.2 疲劳计算与评估

1. 建立有限元模型

运用 ANSYS 建立节段模型，纵向取其跨中合拢段钢箱梁：1.5+2.0+3.0×5+1.5=20m 范围，横桥向取单幅桥面全宽 18.5m。有限元模型如图 5.99 所示。

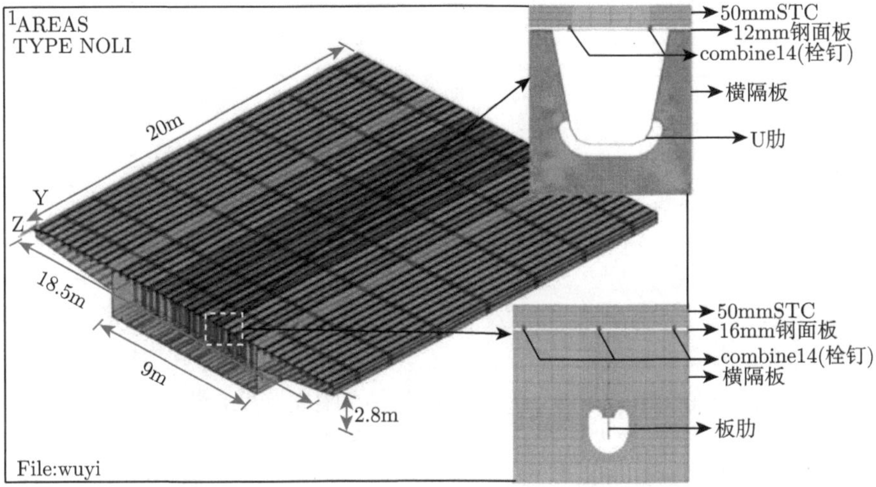

图 5.99 有限元模型

2. 计算结果分析

在提取结果时，考虑到五一大桥为三跨连续梁，构件受力较明确，因此本节主要以名义应力法为主，提取以下几个主要疲劳构造细节下的应力幅：I 细节①，钢顶板与加劲肋连接焊缝在钢顶板上的焊趾；II 细节②，钢顶板与加劲肋连接焊缝在加劲肋上的焊趾；III细节③，加劲肋与横隔板连接焊缝在加劲肋上的焊趾；IV细节④，加劲肋与横梁 (肋) 连接焊缝在横梁 (肋) 上的焊趾；V 细节⑤为横梁 (肋) 上的弧形切口；VI细节⑥为纵肋肋底拼接位置，如图 5.100 所示。

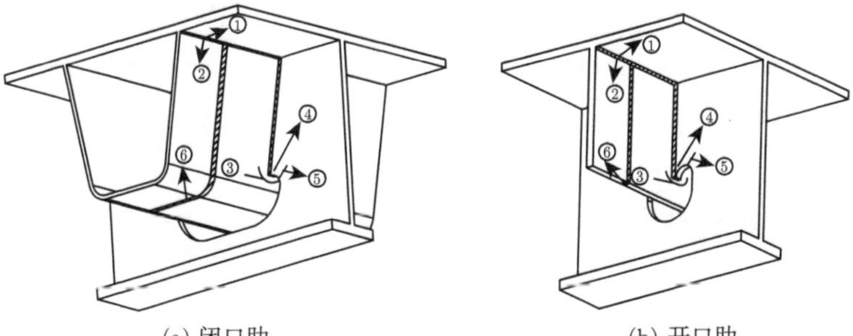

(a) 闭口肋 (b) 开口肋

图 5.100 构造细节位置示意图

按照名义应力法，偏安全的考虑取距离关注细节 0.5t 处应力值作为各关注点的名义应力，将各荷载工况下的应力幅最大值汇总于表 5.44。

表 5.44　各细节应力幅最大值　(单位：MPa)

方案	钢结构疲劳细节						STC 层顶面		栓钉设计应力幅
	细节①	细节②	细节③	细节④	细节⑤	细节⑥			
200 万次疲劳容许值	S_X	S_Y	S_1	S_1	S_1	S_Z	S_X	S_Z	
	61	61	61	48	61	96	—	—	78
原方案 (U 肋)	67.0	45.0	70.5	60.5	21.8	51.1	—	—	—
方案一 (板肋)	33.7	13.0	8.6	23.4	42.5	38.0	4.7	4.3	36.0
方案二 (U 肋)	19.6	33.6	50.9	42.3	17.3	37.0	3.6	2.2	39.6

注：S_X 为横桥向正应力；S_Y 为沿纵肋腹板方向的正应力；S_Z 为纵桥向正应力；S_1 为主应力；对于钢结构表中结果为名义应力，对于 STC 层，应力均为峰值应力。

由表 5.44 可知，方案一 (板肋) 及方案二 (U 肋) 在所有疲劳细节的应力幅均满足《公路钢结构桥梁设计规范 JTG D64-2015》的要求，无疲劳开裂风险。相比于方案二而言，方案一在疲劳细节②、③、④上均有大幅度降低，最大降幅为 83.1%(细节③)，并避免了横隔板与纵肋连接尖角处应力集中点疲劳开裂风险。究其原因主要是在细节②、③上板肋腹板厚度是 U 肋腹板厚度两倍，因而能够大幅降低其疲劳应力幅；细节④的降低则是由于 U 肋加劲的正交异性钢桥面结构中 U 肋受力存在受扭状态，所以会相应增大横隔板上焊接应力。而在细节⑥上有较低幅度提高，主要是由于板肋轻型组合结构相比于 U 肋轻型组合结构而言，下部结构刚度偏小中性轴更靠上，加劲肋底面均更靠近中性轴，故相同荷载作用下应力更大；板肋组合结构中钢面板上疲劳细节①的疲劳应力幅之所以会较大，其主要原因在于就横向受力而言，板肋组合结构属于开口型结构明显不如 U 肋组合结构 (闭口型结构) 刚度大。对于细节⑤而言，U 肋组合结构的弧形切口半径远大于板肋组和切口的苹果型切孔半径，使得应力传递更为流畅，进而降低了疲劳应力幅，但其应力集中现象较板肋更为明显。两种轻型组合结构方案在疲劳应力幅上均大大小于普通钢箱梁方案。计算得出 STC 层表面纵向最大拉应力为 4.3MPa，横向最大拉应力为 4.7MPa。由于本节中五一大桥钢箱梁段采用在跨中合拢段，运营阶段 STC 受压为主，但对于局部轮载作用等复杂工况下，应考虑负弯矩拉应力工况，因此有必要开展负弯矩性能试验研究。

5.4.5.3　静力试验验证

1. 试验模型

为了更加系统的研究板肋组合结构中性轴高度对于 STC 开裂强度的影响，本节增设了 5 个试验模型 (板肋高度 240mm，厚度 16mm，间距 450mm)，以得到正、负弯矩荷载作用下板肋轻型组合结构中 STC 层的名义开裂应力、结构破坏形式、承载能力、界面抗滑移性能等。依据李文光等研究表明组合结构中截面配筋率、栓钉间距是影响结构性能的主要因素，故在本次试验中选取配筋率、栓钉间距以及受力模式 (正弯矩加载或负弯矩加载) 作为变化参数进行设计分析。各个试件尺寸汇总于表 5.45。

表 5.45　试验试件参数汇总表

试件编号	加载方式	加劲肋高度/mm	STC 厚度/mm	保护层厚度/mm	栓钉间距/mm	钢筋数量	配筋率/%	钢筋间距/mm
NBSD150	负弯矩	240	50	15	150	24	4.18	37.5
NBSD200		240			200	26	4.55	33.3
NBSD200(U)		280			200	16	4.18	33.3
PBSD150	正弯矩	240			150	24	4.18	37.5
PBSD200		240			200	26	4.55	33.3

注：试件编号中 NB 代表负弯矩作用下性能试验；PB 代表正弯矩作用下性能试验；U 代表 U 肋；SD150 表示纵横向栓钉间距为 150mm。

正、负弯矩试验模型长 3.2m，宽 0.9m，设有两道板肋，STC 与钢面板之间进行涂油处理，仅考虑焊接栓钉的抗剪能力。STC 层中布置纵、横向钢筋，横向钢筋置于上层。试验模型详细尺寸及布置如图 5.101～ 图 5.104 所示。

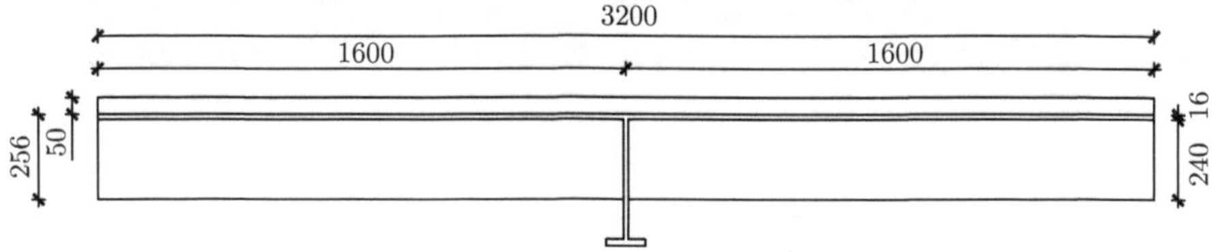

图 5.101　负弯矩模型立面图 (单位：mm)

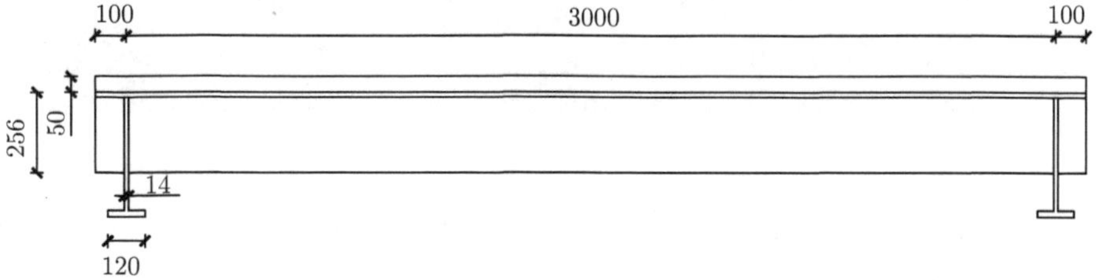

图 5.102　正弯矩模型立面图 (单位：mm)

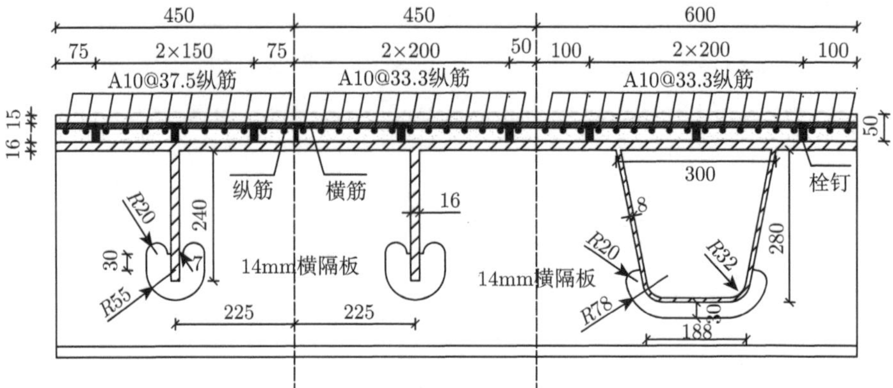

(a) NB(PB)SD150　(b) NB(PB)SD200　(c) NBSD200(U)

图 5.103　组合结构横断面图 (单位：mm)

(a) NB(PB)SD150

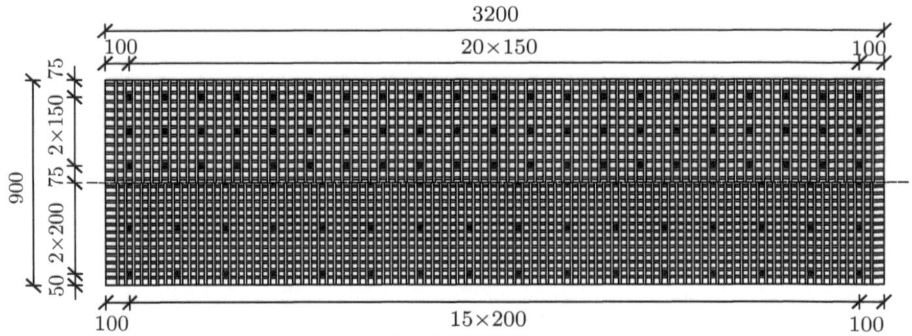

(b) NB(PB)SD200

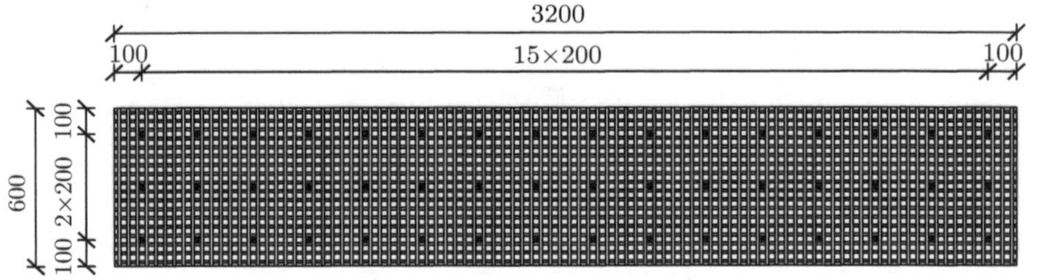

(c) NBSD200(U)

图 5.104　栓钉及钢筋布置图 (单位：mm)

2. 加载方案

负弯矩受弯试验采用悬臂加载方式，悬臂段计算长度为 1.5m。为保证加载端荷载垂直于加载面而不出现偏心加载，在反力架的钢横梁与千斤顶之间布置球形支座以调节荷载方向，同时在试件两个端部均设置传感器以明确两端受力是否一致。试验加载设备及装置如图 5.105 所示。

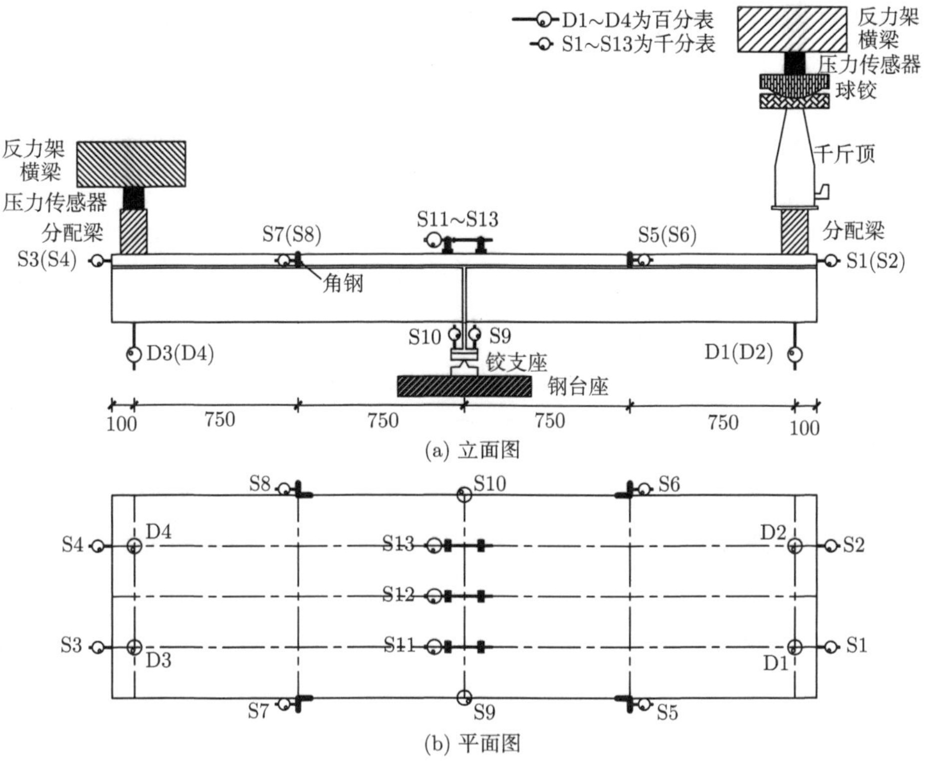

图 5.105 试验加载设备及装置图 (单位: mm)

正弯矩受弯试验采用跨中纯弯段加载方式，纯弯段长度为 1.0m，加载设备选用量程为 150t 的油压千斤顶。为保证加载端荷载垂直于加载面而不出现偏心加载，在反力架的钢横梁与油压千斤顶之间布置球形支座以调节荷载方向；同时在千斤顶和球铰之间布置 100t 传感器一个。加载设备及装置如图 5.106 所示。

3. 试验结果

1) 破坏模式

5 个静力试验试件中，4 个板肋轻型组合结构试件的破坏模式均为加劲肋屈服，丧失承载能力；U 肋轻型组合结构的破坏模式为横隔板屈曲失稳破坏，此时加劲肋也已经进入屈服阶段，如图 5.107 所示。

2) 荷载–挠度曲线

正、负弯矩作用下 5 个试件的荷载–挠度曲线如图 5.108 所示。

从图 5.108 中可以看出，负弯矩作用下 3 个组合梁试件的荷载–挠度曲线可基本分为三个阶段：弹性阶段、裂缝开展阶段和屈服阶段。弹性阶段：荷载–挠度曲线近似成直线，两个板肋组合梁弹性阶段刚度几乎相等，U 肋组合梁刚度明显大于板肋组合梁。裂缝开展阶段：随着荷载增大，STC 内部微裂缝开展，STC 表面出现可见裂缝，轻型组合梁刚度减小，荷载–挠度曲线曲率逐渐减小。屈服阶段：随着荷载进一步增大，纵筋开始屈服，随后荷载缓慢增大而挠度显著增大，直至试验无法继续，但整个过程荷载均未减小。组合梁在承受负弯矩时表现出良好的延性，STC 层具有优异的抗拉韧性。

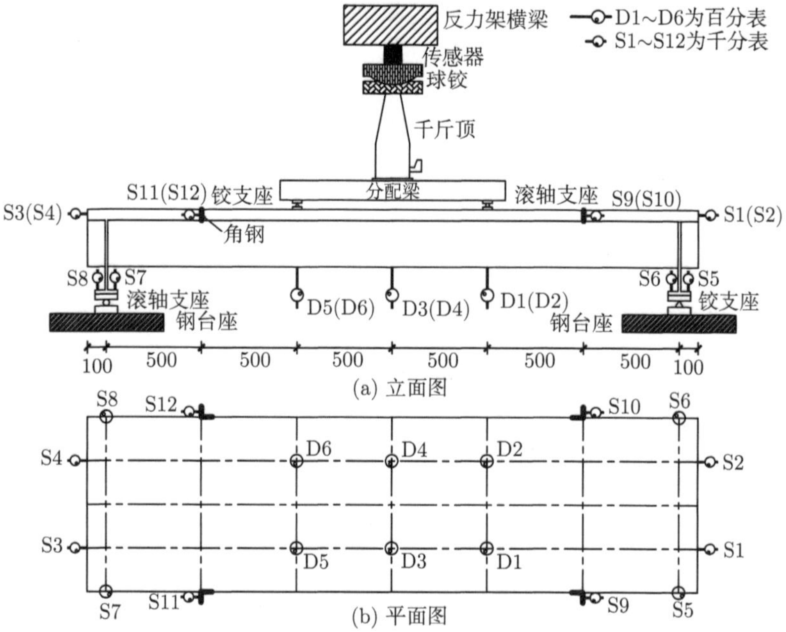

图 5.106　试验加载图 (单位：mm)

(a) 负弯矩破坏模式(板肋)　(b) 负弯矩破坏模式(U肋)　(c) 正弯矩破坏模式(板肋)

图 5.107　两种轻型组合结构破坏模式示意图

3) 荷载–应变曲线

负弯矩作用下，3 个试件支点截面顶面的荷载-STC 应变关系如图 5.109 所示，此应变指加劲肋正上方处 STC 顶面纵向平均应变。

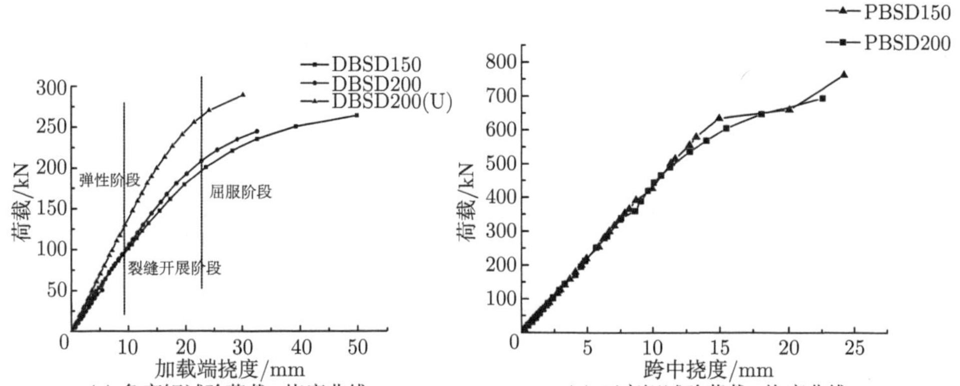

(a) 负弯矩试验荷载–挠度曲线 (b) 正弯矩试验荷载–挠度曲线

图 5.108 荷载–挠度曲线

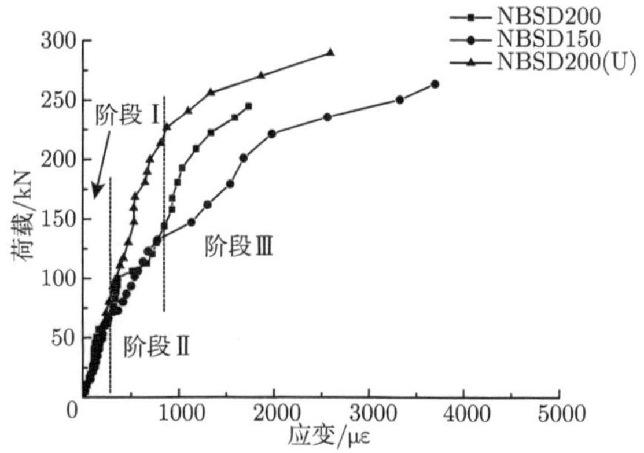

图 5.109 荷载–支点截面 STC 顶面应变关系

据图 5.109 可知，阶段 I：线弹性阶段，3 个试件的荷载–应变曲线基本重合，主要原因在于 3 个试件的荷载–应变关系主要与中性轴与 STC 顶面距离以及截面抗弯刚度有关，而 3 个试件中中性轴与 STC 顶面距离与截面抗弯刚度的比值几乎相等，所以 3 条曲线线弹性段基本重合。3 个试件荷载–应变曲线主要在非线性段产生差异。阶段 II：裂缝开展阶段，STC 顶面出现微小裂缝，梁截面应力发生重分布，从图中可以看出 U 肋轻型组合结构荷载–应变关系曲线位于板肋轻型组合结构上方，且开裂荷载也大于板肋轻型组合结构，其主要原因在于 U 肋组合结构中截面中性轴位置相比于板肋轻型组合结构而言更靠下，下部钢结构刚度大于板肋组合结构，因此相同荷载作用下 U 肋轻型组合结构中钢结构以上部分承担的应变更小。对比两个板肋轻型组合结构试件可以看出，相同荷载作用下，截面配筋率越高 STC 顶面应变则越小。阶段 III：屈服阶段，在 STC 顶面开裂之后，据图可以看出 STC 具有很明显的应变强化现象，呈现出很长延性段。

计算表明，当各试件裂缝宽度达到 0.01mm、0.05mm、0.1mm、0.15mm、0.2mm 时，名义开裂应力汇总于如表 5.46 所示。

表 5.46 典型裂缝宽度下计算名义应力汇总表 (单位：MPa)

		裂缝宽度				
		0.01mm	0.05mm	0.1mm	0.15mm	0.2mm
名义开裂应力	NBSD200	4.9	20.1	26.9	32.8	34.2
	NBSD150	6.8	15.8	34.5	—	—
	NBSD200(U)	13.1	23.6	34.1	—	—

注：表中若试件在各级荷载作用下测得裂缝宽度没有上述宽度取值时，则向上取一级宽度进行计算。

5.4.5.4 疲劳试验验证

1. 试验模型

以五一大桥为工程背景，在已经完成的静力试验研究和有限元疲劳分析中，基于抗裂疲劳安全性考虑，方案二最优。所以本阶段以方案二 (板肋加劲、栓钉间距 200mm) 为主，进行正、负弯矩疲劳试验加载。试件尺寸如图 5.110 所示。

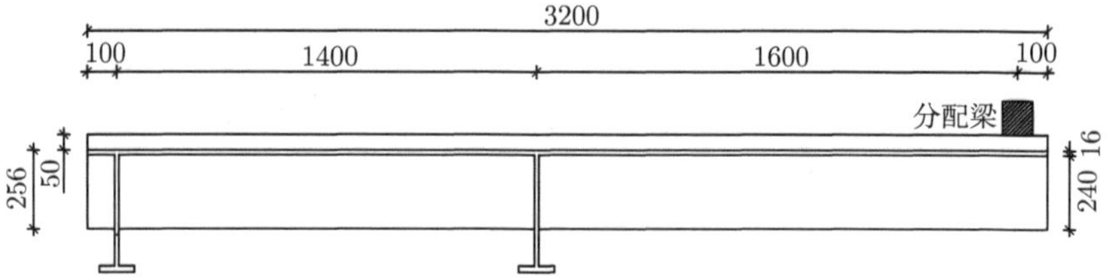

(a) 负弯矩疲劳试验加载示意图

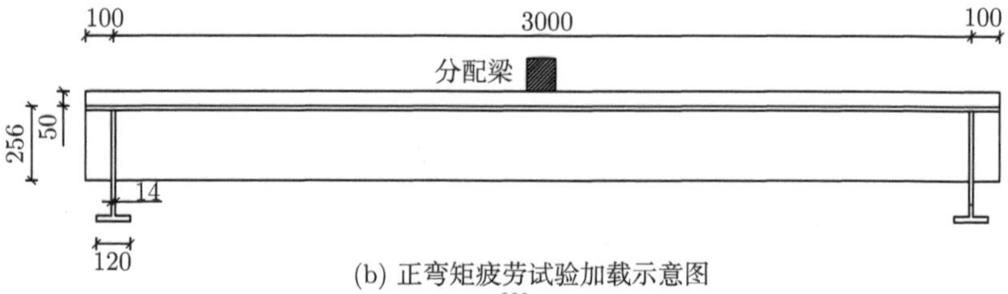

(b) 正弯矩疲劳试验加载示意图

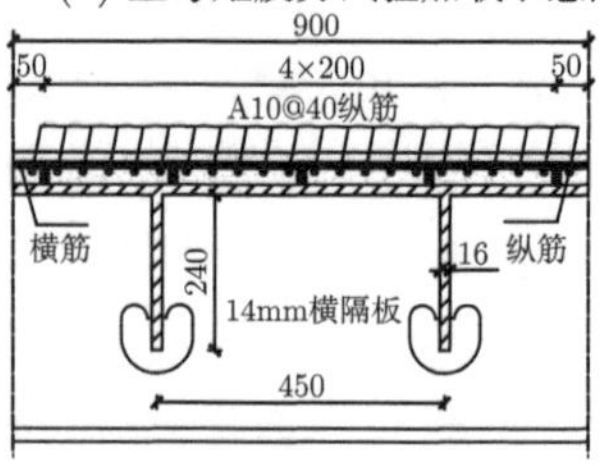

(c) 疲劳试件横断面示意图

图 5.110 疲劳试件尺寸图 (单位：mm)

对于负弯矩疲劳试件，由于疲劳应力幅以支点断面 STC 层拉应力幅控制，层间剪应力很小，因此布置栓钉时对最外围的栓钉未做加密处理。而正弯矩疲劳试件以层间剪应力幅作为控制因素，因此为了排除外围栓钉应力集中现象的影响，对最外围的栓钉采用 100mm 间距，加密一倍布置，具体布置如图 5.111 所示。

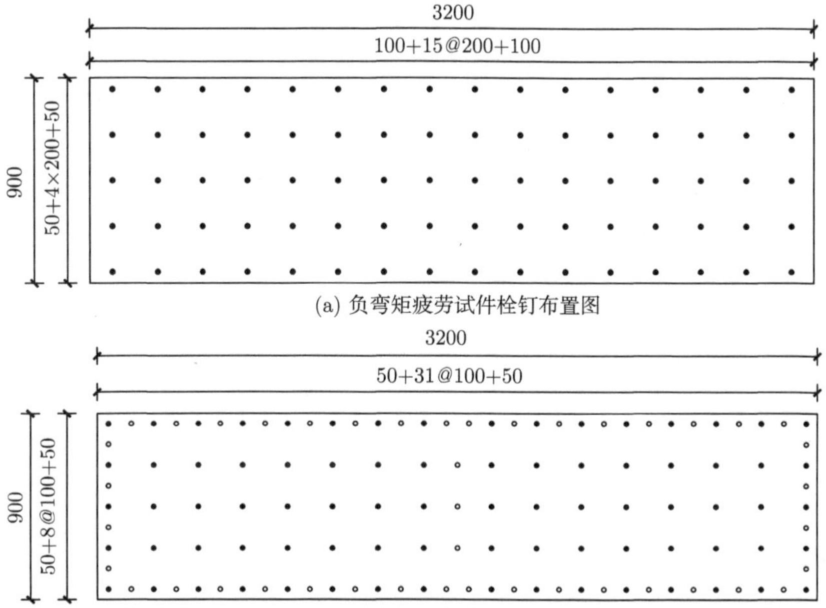

(a) 负弯矩疲劳试件栓钉布置图

(b) 正弯矩疲劳试件栓钉布置图

图 5.111　疲劳试件栓钉布置图 (单位：mm)

2. 加载方案

由于五一大桥钢混组合梁段位于全桥跨中合拢段，故第一体系 STC 拉应力不予考虑，仅在局部轮载作用下 STC 层纵向存在 4.7MPa 拉应力，因此负弯矩疲劳试验试件中 STC 层采用 10MPa 应力幅进行控制加载。为了确定疲劳加载的上下应力峰值，采用大连理工大学通过纯拉疲劳试验得到的混凝土轴拉疲劳 S-N 方程进行应力等效：

$$\log_{10} N = 16.67 - 17.76S_{\max} + 5.17S_{\min} \tag{5.10}$$

式中，$S_{\max}$ 表示疲劳最大应力比 $\sigma_{\max}/f_{\mathrm{tm}}$；$S_{\min}$ 表示疲劳最小应力比 $\sigma_{\min}/f_{\mathrm{tm}}$。

为了得到更为直观、方便的等效公式，式 (5.10) 可以改写成下式：

$$\frac{\sigma_{\max}^{\mathrm{e}}}{f_{\mathrm{tm}}} \quad \frac{5.17}{16.76}\frac{\sigma_{\min}^{\mathrm{e}}}{f_{\mathrm{tm}}} = \frac{\sigma_{\max}}{f_{\mathrm{tm}}} - \frac{5.17}{16.76}\frac{\sigma_{\min}}{f_{\mathrm{tm}}} \tag{5.11}$$

式中，$\sigma_{\max}^{\mathrm{e}}$ 是等效最大应力；$\sigma_{\min}^{\mathrm{e}}$ 是等效最小应力。

综上所述，为了得到等效结果为 $\sigma_{\max}^{\mathrm{e}}=10\mathrm{MPa}$; $\sigma_{\min}^{\mathrm{e}}=0\mathrm{MPa}$ 的应力上、下限组合，除了上述等效公式外还需要一个额外条件才能得到实际上下限应力值，为保证试验正常开展，在正弦脉动加载时试件已完成前一阶段的变形回弹，因此使 $\sigma_{\min}=0.25\sigma_{\max}$，得到 $\sigma_{\min}=2.75\mathrm{MPa}$，$\sigma_{\max}=11\mathrm{MPa}$，由此根据平截面假定，计算得到疲劳机加载的上、下荷载峰值为 $F_{\max}=70.5\mathrm{kN}$, $F_{\min}=17.7\mathrm{kN}$。

正弯矩疲劳试验以层间剪应力为控制因素，为了计算梁式试件栓钉名义剪应力，参照文献中的计算方法，首先由实际截面换算得到组合梁的换算截面如图 5.112 所示。

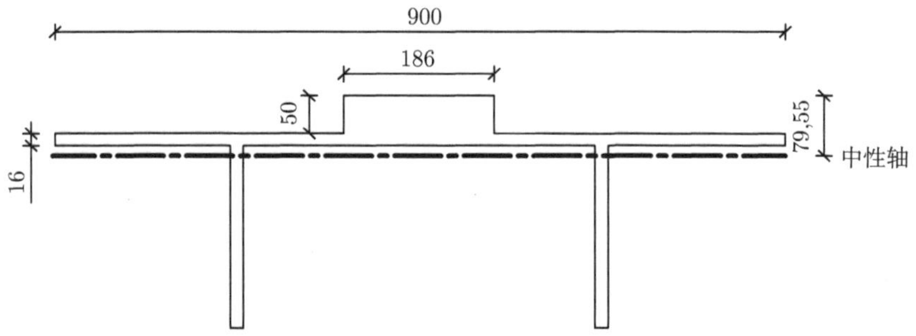

图 5.112　试验梁的换算截面 (单位：mm)

组合截面特性计算：

$$I_{\mathrm{cs}}=160496836.1377\mathrm{mm}^4 \tag{5.12}$$

换算后 STC 层对组合截面中和轴的静矩：

$$S_{\mathrm{cs}}=507315\mathrm{mm}^3 \tag{5.13}$$

试验荷载下试件截面的剪力图 (忽略自重) 如图 5.113 所示。

抗剪连接件的弹性计算方法：当不考虑混凝土翼缘板的混凝土徐变，界面上单位长度上的纵向剪力按下式计算

$$V_{i\mathrm{s}}=\frac{V_i S_{\mathrm{cs}}}{I_{\mathrm{cs}}} \tag{5.14}$$

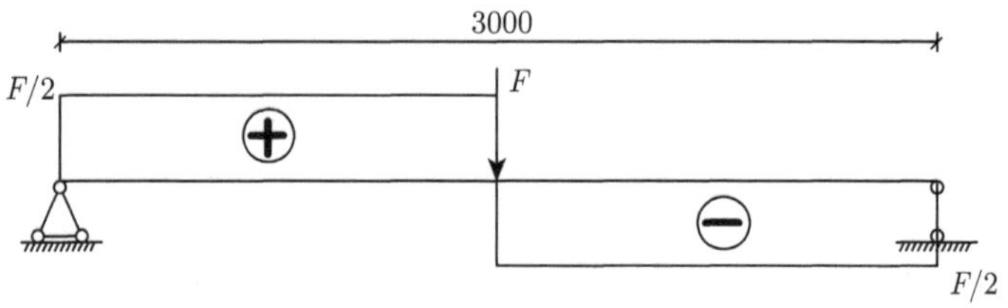

图 5.113　试验梁剪力图

式中：S_{cs} 为混凝土翼缘板的换算截面绕整个换算截面中性轴的面积矩；I_{cs} 为整个截面绕换算截面自身中性轴的惯性矩。

由于 $I_{\mathrm{cs}}/S_{\mathrm{cs}}$ 为常量，所以单位长度的纵向剪力与该处的竖向剪力 V_i 成正比。设该处连接件的间距为 u_i，所以该连接件所承受的纵向剪力为 V_{s}(即一个截面上得出抗剪连接件所承受的纵向剪力)，如图 5.114 所示。

$$V_{\mathrm{s}} = V_{i\mathrm{s}} u_i = \frac{V_i S_{\mathrm{cs}} u_i}{I_{\mathrm{cs}}} \tag{5.15}$$

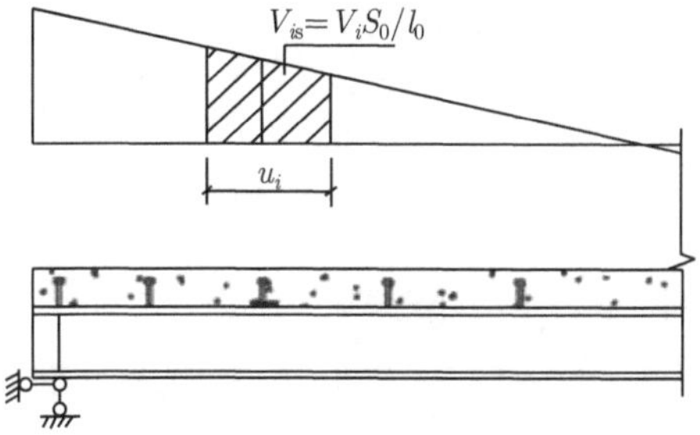

图 5.114 组合梁中连接件的纵向剪力

当截面上的栓钉列数为 n，且一个栓钉的直径为 d(面积 $A_s = \dfrac{\pi d^2}{4}$) 时，则每个断面上一个栓钉的剪力大小为

$$\tau = \frac{4V_i S_{\mathrm{cs}} u_i}{n\pi d^2 I_{\mathrm{cs}}} \tag{5.16}$$

对于跨中集中荷载的情况：

$$\tau = \frac{2F S_{\mathrm{cs}} u_i}{n\pi d^2 I_{\mathrm{cs}}} \tag{5.17}$$

由于试件剪力钉纵向间距为 200mm，5 列栓钉，即 $u_i = 200\mathrm{mm}$, $n = 5$，加载力幅为 F=40~229kN, 即 $\Delta F = 189\mathrm{kN}$ 时，将已知数据代入式 (5.17)，可得每个栓钉的剪应力 $\tau = 90\mathrm{MPa}$。

板肋轻型组合结构正、负弯矩疲劳性能试验加载频率均为 3.0Hz。

负弯矩疲劳性能试验采用悬臂加载模式，悬臂段长度 1.6m，支点断面横隔板的下翼缘板采用铰支座进行支撑，一端加载另一端用千斤顶压紧以防卸载时发生跳动，如图 5.115 所示；正弯矩疲劳试验采用跨中加载模式，计算梁段长度为 3m，支承方式采用简支，如图 5.116 所示。

图 5.115　负弯矩疲劳试验

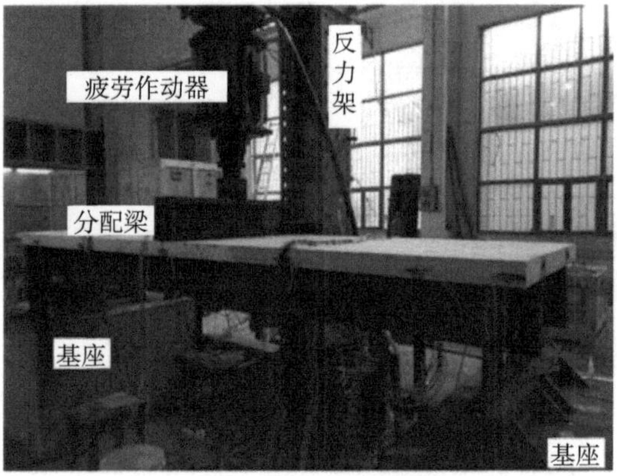

图 5.116　正弯矩疲劳试验

5.4.5.5　试验结果分析

1. 破坏模式

疲劳试验在循环 0 次、5 万次、10 万次、20 万次、30 万次、50 万次、100 万次、200 万次、300 万次、400 万次及 500 万次时停机做静载试验，采集 STC 层表面应变数据、挠度、滑移、裂缝宽度、长度、位置数据等。静载试验荷载由 0 逐渐加载至疲劳荷载上峰值，负弯矩静载试验的加载梯度为 10kN，正弯矩静载试验的加载梯度为 20kN。

负弯矩疲劳试验过程总共进行了 525 万次循环，其中 0~500 万次以 STC 顶面控制 10MPa 拉应力幅进行加载，500 万次~525 万次采用 15MPa 应力幅进行加载。

整个试验过程中钢结构未出现任何疲劳裂缝，当试验开展至 9 万次出现第一条长度 19cm、位置距离加载端 147cm、宽度 0.03mm 的裂缝，编号为 1#；20 万次时静载测得 1#裂缝宽度 0.06mm，长度不变；30 万次时测得第二条长度 10cm、位置距离固定端 123cm、宽度 0.03mm 的裂缝，编号为 2#；静载测得 1#裂缝宽度 0.06mm，长度不变；50 万次时静载测得 1#裂缝长度 19cm，宽度 0.06mm；2#裂缝长度 16cm，宽度 0.03mm；100 万次时静载测得 1#裂缝长度 20cm，宽度 0.07mm；2#裂缝长度 16cm，宽度 0.03mm；200 万次时静载测得 1#裂缝长度 35cm，宽度 0.08mm；2#裂缝长度 22cm，宽度 0.04mm；300 万次时静载测得 1#裂缝长度 35cm，宽度 0.09mm；2#裂缝长度 23cm，宽度 0.05mm；420 万次时静载测得 1#裂缝长度 36cm，宽度 0.09mm；2#裂缝长度 23cm，宽度 0.05mm；第三条长度 41cm、位置距离加载端 109cm、宽度 0.03mm 裂缝，编号 3#；500 万次时静载测得 1#裂缝长度 61cm，宽度 0.09mm；2#裂缝长度 23cm，宽度 0.05mm；3#裂缝长度 41cm，宽度 0.05mm。

正弯矩疲劳试验过程总共进行了 50 万次循环，控制栓钉剪应力幅 90MPa，疲劳荷载上下限为 40~229kN。当试验循环至 50 万次时，跨中加载点附近的加劲肋发生疲劳断裂，此时层间无可见滑移裂缝，也就意味着加劲肋会先于栓钉发生疲劳破坏。因此对跨中断面加劲肋底部按照平截面假定换算，得到加劲肋底部疲劳应力上下限为 42~235MPa，应力幅为 193MPa，而实桥中疲劳荷载作用下加劲肋底部的疲劳应力幅为 40MPa。

根据 Miner 线性累积损伤准则，换算得到实桥中加劲肋的疲劳寿命为 5616 万次。

对于栓钉而言，试验中采用栓钉剪应力幅为 90MPa，然而有限元计算得到实桥栓钉纵、横向剪应力幅为 $\tau_{\mathrm{L}} = 14.0\mathrm{MPa}, \tau_{\mathrm{T}} = 12.4\mathrm{MPa}$，进一步换算得到实桥中栓钉设计应力幅为

$$\tau_{\mathrm{eq}} = \gamma_1\gamma_2\gamma_3\gamma_4\sqrt{\tau_{\mathrm{L}}^2 + \tau_{\mathrm{T}}^2} = 36(\mathrm{MPa}) \tag{5.18}$$

其中，γ_1 为栓钉考虑影响线长度的损伤等效系数，对于栓钉取 1.55；γ_2 为考虑车流量的损伤等效系数，考虑五一大桥的交通量、车道数以及重车比率，取值为 1.21；γ_3 为考虑设计寿命的损伤等效系数，$\gamma_3 = (t_{\mathrm{LD}}/100)^{1/8} = 1.023$；$\gamma_4$ 为多车道效应系数，由于栓钉的影响线范围很小，取 1.0。

结合欧洲规范 4 提出的栓钉抗剪连接件疲劳寿命计算模型：

$$N_R = \left(\frac{\Delta\tau_R}{\Delta\tau_C}\right)^8 N_C \tag{5.19}$$

计算得到实桥中栓钉连接件预测寿命大于 76293 万次，满足规范要求。

同时就 0 次、5 万次、10 万次、20 万次静载试验而言，涂油侧与不涂油侧在荷载滑移关系上存在一定程度的差别，具体结果见下节分析。

2. 应变

正弯矩疲劳试验过程总共进行了 50 万次循环，控制栓钉剪应力幅 90MPa，疲劳荷载上下限为 40~229kN，试件的破坏照片如图 5.117 所示。

试验结果主要从应变、挠度以及滑移等几个方面进行试验梁疲劳性能分析。

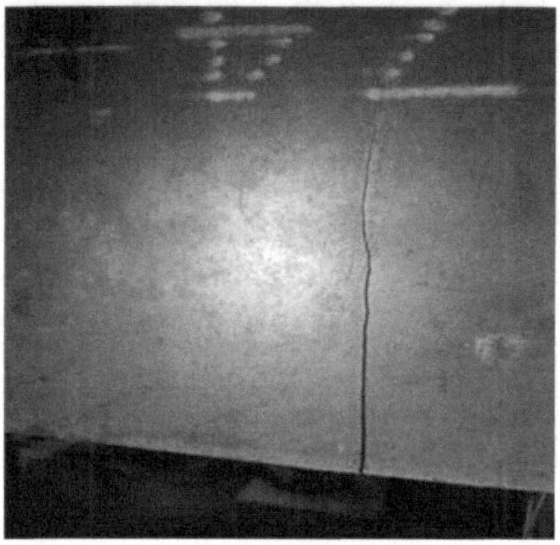

图 5.117　正弯矩疲劳试验破坏形式

图 5.118 为负弯矩疲劳试验不同疲劳荷载循环次数下，支点断面荷载-STC 顶面平均纵向应变曲线。试验没有有效的测得残余应变，因此荷载–应变曲线从原点开始，后续图中不再赘述。

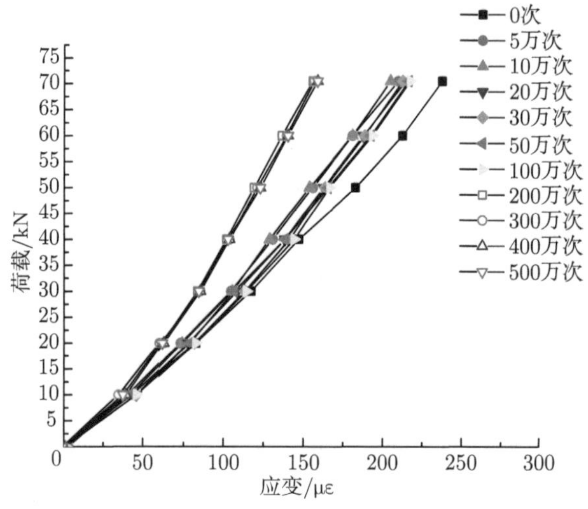

图 5.118　不同疲劳荷载循环下的支点断面荷载-STC 顶面平均纵向应变曲线

由图 5.118 可知，在循环次数达到 200 万次之前，随着循环次数的增加，STC 应变呈现出逐步软化的趋势，但是并不十分明显，而 200 万次之后应变几乎没有变化，但相比于 200 万次之前应变又有一定幅度减小，其主要原因是在测点 (支点断面) 附近出现了微裂缝，使得试件受弯产生的应变能在微裂缝附近得到释放，所以测点处应变没有增加反而减小。

图 5.119 为负弯矩疲劳试验不同疲劳荷载循环次数下，支点断面荷载–加劲肋底部平均纵向应变曲线。根据图可知随着循环次数的逐渐增加，同一荷载作用下，钢结构应变逐渐增大，刚度缓慢下降。

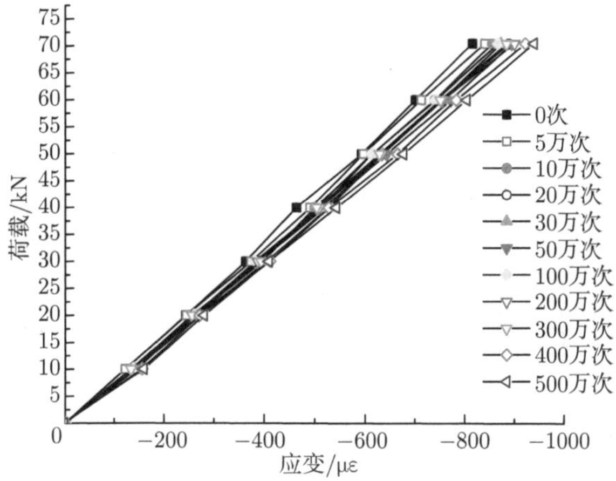

图 5.119 不同疲劳荷载循环次数下支点断面–荷载加劲肋底部平均纵向应变曲线

图 5.120 为正弯矩疲劳试验不同疲劳荷载循环次数下，跨中断面荷载–加劲肋底部平均纵向应变曲线。根据图可知随着循环次数的逐渐增加，同一荷载作用下，钢结构应变无明显变化，刚度缓慢下降。

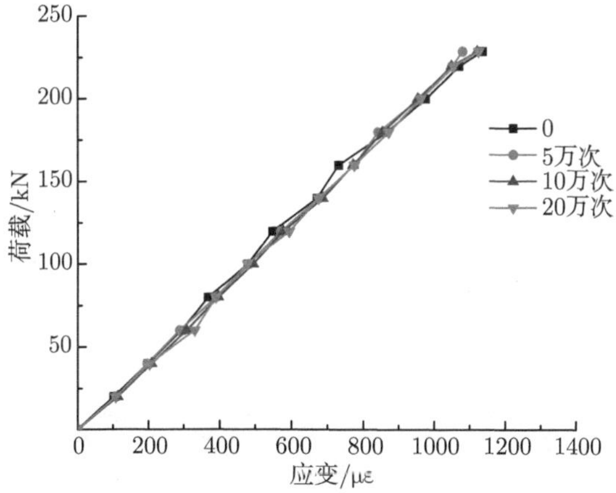

图 5.120 不同疲劳荷载循环次数下跨中断面–荷载加劲肋底部平均纵向应变曲线

综上所述，可见板肋组合结构在疲劳循环荷载作用下刚度下降缓慢，STC 层抗疲劳特性强，且钢结构中始终未出现任何裂纹说明板肋组合结构中钢结构不论是焊接细节还是开孔细节的抗疲劳特性均处于较优水平。

3. 挠度

图 5.121 为负弯矩疲劳试验中不同疲劳荷载循环次数下，加载端荷载–挠度曲线。

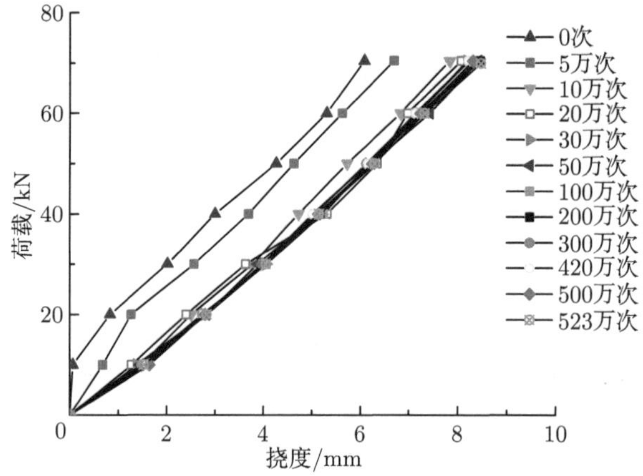

图 5.121　不同疲劳荷载循环次数下加载端荷载–挠度曲线

由图 5.121 可知，板肋组合结构在负弯矩疲劳荷载作用下结构刚度几乎不变，从 10 万次到最后 523 万次的过程中，结构的荷载–挠度曲线几乎重合，说明不论是 STC 层还是下部钢结构在此疲劳荷载循环过程中均无损伤累积，结构层间联系也一直紧密，结构刚度变化不大。

图 5.122 为正弯矩疲劳试验中不同疲劳荷载循环次数下，跨中荷载–挠度曲线。

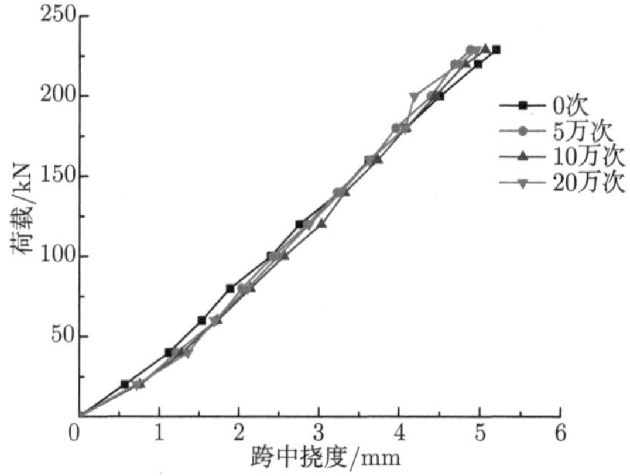

图 5.122　不同疲劳荷载循环次数下跨中荷载–挠度曲线

由图 5.122 可知，板肋组合结构在正弯矩疲劳荷载作用下结构刚度几乎不变，从 0 万次到最后 20 万次的过程中，结构的荷载–挠度曲线几乎重合，刚度几乎不变。

5.4.6 纵肋优化方案形式三：大 U 肋

5.4.6.1 方案构造

增大 U 肋可以减少 U 肋数量，从而减小焊接量。但增大 U 肋势必增大了桥面板的横向跨径，为确保刚度，桥面板必须相应增厚。对于钢-STC 轻型组合桥面，由于其刚度相比单纯钢桥面提高了 30 倍以上，因而完全可以增大 U 肋尺寸、减少 U 肋数量。

目前学者们对大 U 肋做了一些研究。Tang[17] 曾提出过大 U 肋的概念，如图 5.123(b) 所示，U 肋开口宽为 400mm，肋高 380mm 且在 U 肋腹板顶部和底部变厚度，U 肋间距 800mm，横隔板间距取为 8000mm。文中取宽 12m 长 16m 的梁段为例，传统 U 肋钢桥面板有 20 根纵肋和 4 道横隔板，也就意味着纵肋和横梁将有 20×4=80 处交汇焊缝，此时桥面板容重为 2.81kN/m^3；同样的梁段，若为大 U 肋钢桥面板，将有 15 根纵肋和 2 道横隔板，此时纵肋和横隔板将有 15×2=30 处交汇焊缝，桥面板容重为 2.89 kN/m^3。可以看到，容重基本不变，但纵肋–隔板焊缝数量从 80 减小到了 30，而纵肋–面板焊缝数量减少了 25%，横隔板–面板焊缝减少了 50%。为便于对比，图 5.122(a) 列出了常用的传统 U 肋尺寸图。

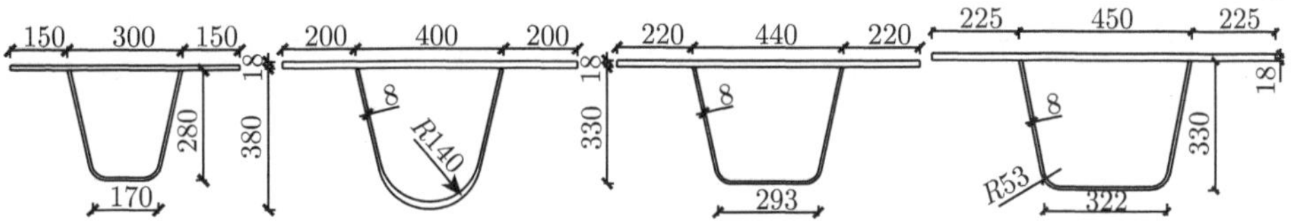

(a) 传统U肋　(b) 大U肋方案1　(c) 大U肋方案2　(d) 大U肋方案3

图 5.123 学者提出的大 U 肋断面图 (单位：mm)

日本桥梁建设协会[18] 也提出过大断面 U 肋的概念，如图 5.122(c) 所示，U 肋开口宽为 440mm，肋高 330mm，同时建议横隔板间距取为 5m。同时还有 450mm×330mm×8mm(上开口宽 × 纵肋高度 × 纵肋厚度) 和 454mm×332mm×9mm 两种更大尺寸的 U 肋断面。此外，Kazuyuki[19] 在 2004 年的正交异性钢桥面板国际会议上也提出过大 U 肋的方案设计，如图 5.122(d) 所示。可以看出，使用大 U 肋通常配以较厚的钢顶板，这主要是考虑到局部刚度应该有足够保证。

参考学者对大 U 肋的研究，考虑到闭口加劲肋受压稳定问题和 STC 层的贡献，设计大 U 肋轻型组合桥面板如图 5.124 所示，STC 层厚 50mm，钢顶板厚 12mm，U 肋开口宽为 500mm，U 肋间距 1000mm，壁厚为 10mm。U 肋斜高 400mm，垂直高度 380mm，底部宽度 250mm，U 肋内径 48mm。需要注意的是，虽然 12mm 的钢面板厚度不能满足前述规范对于顶板相关尺寸的要求，但由于 STC 层作为结构层参与受力，极大地提升了桥面板的刚度，完全能满足要求。

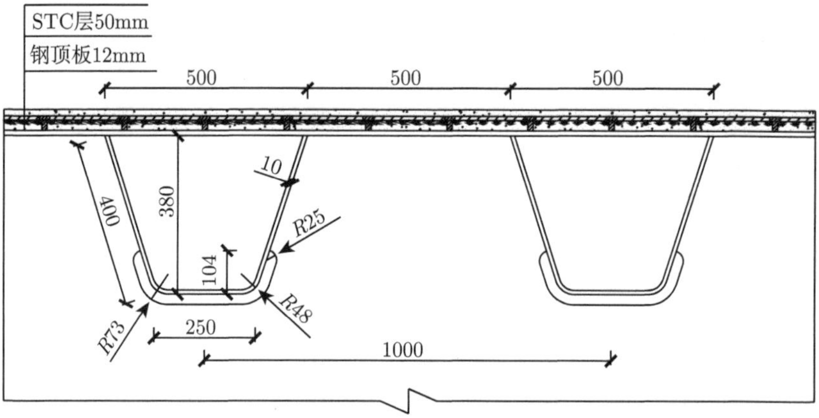

图 5.124　大 U 肋轻型组合桥面板断面图 (单位：mm)

基于国内某千米级斜拉桥进行主梁 + 铺装层自重对比分析，计算结果如表 5.47 所示。

表 5.47　不同桥面板方案构件重量　　(单位：t)

构件类型	原桥面板方案	大 U 肋轻型组合桥面板 +10mm TPO	大 U 肋轻型组合桥面板 +15mm TPO
钢顶板 + 上 U 肋	17143	15077	15077
环氧沥青铺装层	9745	—	—
STC+TPO	—	12107	12993

根据设计资料可知，该桥钢梁重量为 49574t，因而原桥面板方案主梁总重为：钢梁重 + 环氧沥青铺装层重，即 49574+9745=59319t。同时可以得到，采用大 U 肋轻型组合桥面板 +10mm TPO 的方案，主梁总重将增加 0.5%；若采用大 U 肋轻型组合桥面板 +15mm TPO 的方案，主梁总重将增加 2.0%。本次计算采用 10mm TPO 铺装层的方案。

5.4.6.2　*疲劳计算与评估*

1. 局部有限元模型

某大桥钢箱梁横断面图如图 5.125 所示，半幅桥宽 17.7m，高 4m。这里模型纵向选取 5 个横隔板开间长度，考虑到对称性，横桥向取原钢箱梁的一半，并在箱梁断面对称中心处施加横向 (X) 对称约束，具体为约束对称线上节点的横向 (X) 平

动自由度和纵向 (Z)、竖向 (Y) 的转动自由度。模型的其他约束条件为：在端横隔板截面处，约束端部的纵向 (Z 向) 平动自由度和绕竖向 (Y 向) 与横向 (X 向) 的转动自由度；在有拉索位置的腹板端部约束其竖向 (Y 向) 平动自由度。由于本节的验算细节在中车道，距上述边界较远，根据圣维南原理，上述边界条件对关注点的应力结果影响较小。

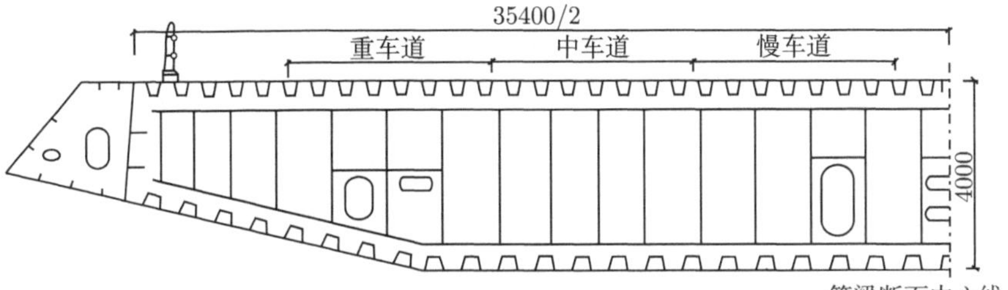

图 5.125 钢箱梁横断面图 (单位：mm)

模型采用通用有限元计算软件 ANSYS 建立，有限元模型如图 5.126 所示。STC 层使用 8 节点实体单元 solid45，该单元由各向同性材料参数来定义，单元每个节点有 3 个方向的平动自由度。钢结构采用壳单元 shell63 模拟，该单元既有弯曲能力又包含膜应力，单元共有 4 个节点，每个节点具有 3 个平动自由度和 3 个转动自由度。栓钉采用弹簧单元 combine14 模拟，同时定义其纵向 (Z 向) 和横向 (X 向) 抗剪刚度，以模拟纵桥向和横桥向的抗剪作用。

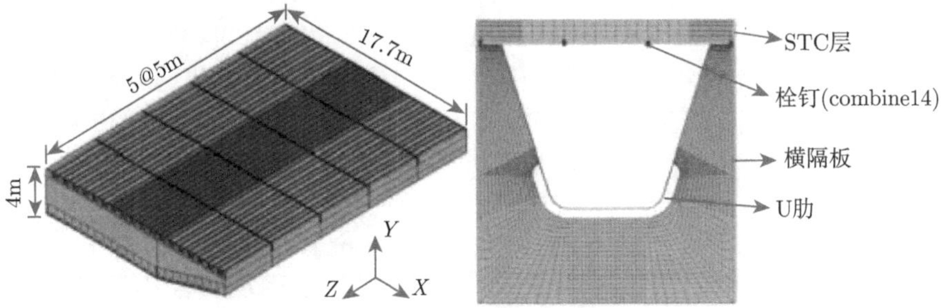

图 5.126 局部有限元模型

为便于相互校核和对比，同时计算了其他 3 种桥面板体系各个细节的应力幅值，如图 5.127 所示，共四种桥面板体系：①传统 U 肋纯钢桥面板体系，②传统 U 肋轻型组合桥面板体系，③大 U 肋纯钢桥面板体系，④大 U 肋轻型组合桥面板体系。其中传统 U 肋纯钢桥面板及传统 U 肋轻型组合桥面板 (以下称为传统 U 肋桥面板体系) 横隔板间距为 4m，纵肋间距为 600mm；大 U 肋纯钢桥面板及大 U 肋轻型组合桥面板 (以下称为大 U 肋桥面板体系) 横隔板间距为 5m，纵肋中心间距为 1000mm。传统 U 肋轻型组合桥面板及大 U 肋轻型组合桥面板 (以下称为轻型组合桥面板体系) 均采用 50mm 厚 STC 层，栓钉间距 200mm。四种体系的钢顶板及横隔板厚度均为 12mm。

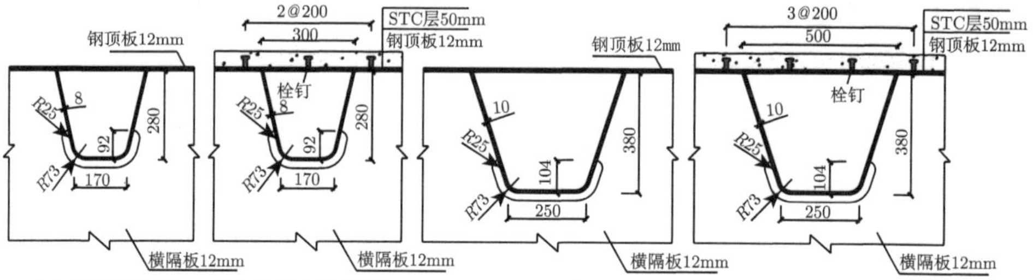

图 5.127　四种桥面板体系 (单位：mm)

相比于传统 U 肋纯钢桥面板体系，大 U 肋纯钢桥面板体系的钢顶板、纵肋和横隔板三者总用钢量基本不变，但顶板-U 肋、顶板–横隔板和 U 肋–横隔板焊缝长度分别减少了 39%、20%和 8%，桥面板三类焊缝总长度减少了 36%，这对于施工质量和周期的保证将大有裨益。焊缝长度的减少也使疲劳细节和焊接缺陷相应减少，从侧面降低了钢桥面板疲劳开裂的风险。

2. 计算结果分析

由表 5.48 可知，相比纯钢桥面板体系，轻型组合桥面板体系的各细节应力幅值均有明显降低，其中钢顶板-U 肋连接处的细节①和细节②降幅较大，其他 4 个细节应力幅降幅则相对较小。纯钢面板体系中，细节①应力幅值均远超细节②，但两个轻型组合桥面板体系中细节①应力幅值均小于细节②，这表明增设 STC 层大幅降低了钢顶板中的应力，降幅高达 86%。

表 5.48　各疲劳细节应力幅

	细节位置	顶板-U 肋		U 肋–横隔板交叉处		弧形切口	纵肋下缘
	细节编号	①	②	③	④	⑤	⑥
	应力参数	S_X	S'_Y/S''_Y	S'_Y/S''_Y	S_1	S_1	S_Z
最大应力幅/MPa	传统 U 肋纯钢桥面板	127.54	69.86	132.19	117.46	20.51	54.69
	传统 U 肋轻型组合桥面板	16.64	34.58	82.87	85.58	17.83	34.86
	降幅/%	87	51	37	27	13	36
	大 U 肋纯钢桥面板	216.17	106.63	136.48	115.78	30.26	44.69
	大 U 肋轻型组合桥面板	29.74	30.55	88.29	73.62	18.19	32.19
	降幅/%	86	71	35	36	40	28

注：表中 S_X、S'_Y、S''_Y、S_Z 的方向见表 3.5，S_1 为主应力。

同时，相比传统 U 肋桥面板体系，大 U 肋桥面板体系的细节①应力幅值较高，这是因为纵肋上开口宽变大，纵肋间距加大，钢顶板横向受力更为不利。

纯钢桥面板体系的疲劳性能难以满足工程设计要求。传统 U 肋轻型组合桥面板和大 U 肋轻型组合桥面板各细节应力幅值均低于对应的疲劳等级值，表明结构满足工程要求，其中细节①、②、⑤和⑥应力幅值均低于常幅疲劳极限，理论上达到了无限疲劳寿命设计，可不再进行疲劳寿命的计算。细节③和细节④最大应力幅仍然高于常幅疲劳极限。

轻型组合桥面板体系中的细节③和细节④应予以特别关注。以横隔板厚度为变量对大 U 肋轻型组合桥面板进行参数分析，分别取横隔板厚度为 10mm、12mm、14mm、16mm、18mm 进行计算，得到的细节③和细节④计算结果如图 5.128 所示。从图中可以看出，随着横隔板厚度的增加，细节④热点应力值逐渐降低，细节③热点应力小幅上涨。对于细节④，分析其应力组成发现，面内应力为主要部分，最不利工况下面外弯曲应力均不超过 12%；横隔板厚度增加，刚度变大，细节④应力值降低。当横隔板厚度为 16mm 时，细节④热点应力最值已低于常幅疲劳极限，可视为永久不开裂细节。对细节③的应力组成进行分析，在最不利工况下，面外弯曲应力占总应力的比重均在 75%以上。此处应力主要是由于弧形切口顶部的不连续约束引起的次内力所致。横隔板厚度增加，对 U 肋的不连续约束作用进一步增强，次内力也将更大。

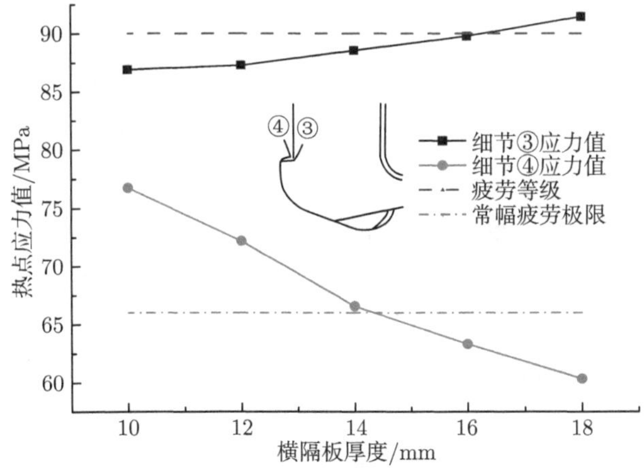

图 5.128 不同隔板厚度下细节③和细节④计算结果

弧形切口处的细节⑤主要为面内应力，面外应力几乎为零。值得说明的是，表 5.48 给出的细节⑤应力幅为主拉应力幅值。但由前述弧形切口主应力分布图可以看出，细节⑤主压应力幅值远超出主拉应力幅值，四种体系下最大主压应力幅值如表 5.49 所示。文献认为[20]，这主要与横梁高度相关。文献通过实桥测量也得到了弧形切口以受压应力为主的结论。

表 5.49　细节⑤最大主压应力幅值

桥面板方案	传统 U 肋 纯钢桥面板	传统 U 肋 组合桥面板	大 U 肋 纯钢桥面板	大 U 肋 组合桥面板
压应力幅值/MPa	120	84	129	107

5.4.6.3　试验验证

1. 模型与加载方案

试验梁尺寸如图 5.129 所示，是 4000mm×1000mm×682mm(长 × 宽 × 高) 的双悬臂简支梁，包括 2 道横隔板和一条大 U 肋，钢顶板厚 12mm，横隔板厚 14mm，钢材均为 Q345qD。钢顶板上焊接直径 13mm、高 35mm 的栓钉，栓钉间距为 200mm。钢顶板上铺设直径 10mm、钢筋间距 33.3mm 的钢筋网 (横向钢筋置于纵向钢筋之上)，纵筋配筋率为 4.4%。

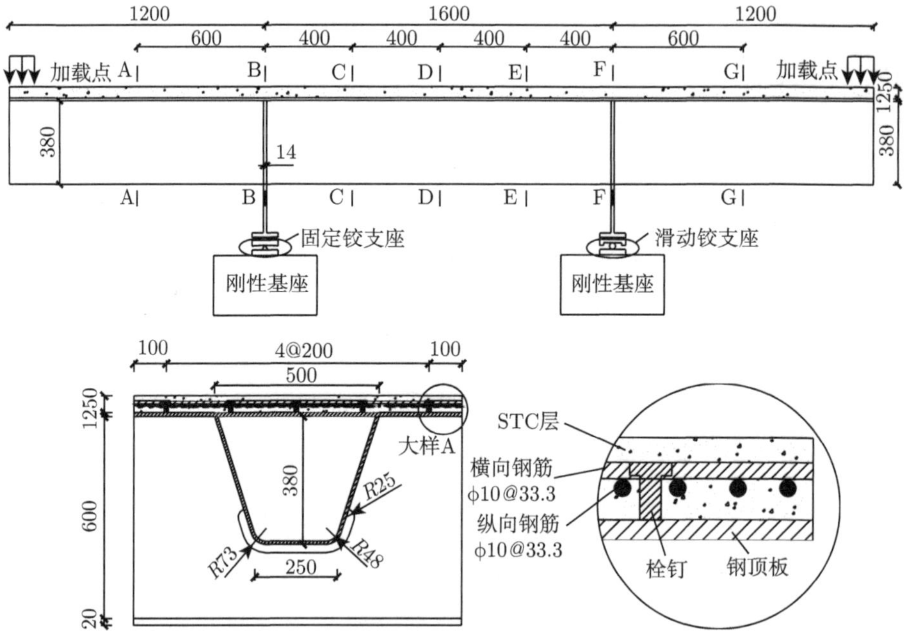

图 5.129　试验梁尺寸图示 (单位：mm)

2. 试验装置及加载

分别在试验梁的两道横隔板下方放置固定铰支座和滑动铰支座，加载方式为双悬臂加载，即两端分别采用油压式千斤顶同步加载，如图 5.130 所示。试验正式开始前，对试验梁进行三次预加载，预载荷载增量为 5kN，加荷至 30kN，读取应变数据和位移表读数，检验各数据是否呈线性增长，以判断各仪器能否正常工作，同时消除支座松动或传感器与反力架接触不良等影响。最后一次预载时，若读取的试验数据与前两次差别不大则开始正式加载。

加载时首先采取荷载控制的方式，控制荷载增量为 15kN 左右，由于试验梁刚度较大，之后部分荷载步增量提升至 30kN 左右,；在试验后半段，STC 层开裂，钢结构应力水平较高，试件挠度增长较快时，采取位移加载的方式。位移增量根据试验情况调整，直至试验结束。

图 5.130 试验加载图

3. 试验数据采集

本试验过程中采用 TDS530 应变采集仪进行应变采集，采集位置包括图 5.129 所示 A~G 共 7 个断面的 STC 层上表面、钢顶板下表面，U 肋腹板和肋底，同时在纯弯段架设引伸仪测量 STC 层顶部应变，引伸仪位置如图 5.131 所示。竖向位移和由百分表和千分表测得：百分表在梁端和跨中位置处竖向架设，测量竖向挠度；千分表则在支座处竖向架设，测量支座沉降和转动引起的竖向位移。STC 层和钢顶板的相对滑移由千分表测得，架设位置如图 5.131 所示。试验使用百分表共计 6 个，千分表共计 18 个。

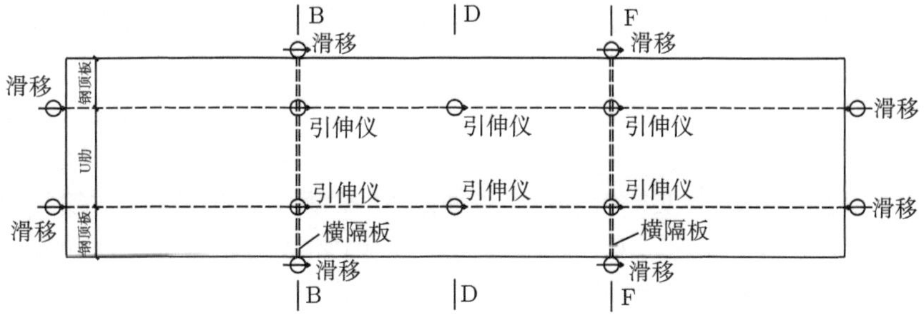

图 5.131 试验所用千分表位置图 (单位：mm)

4. 试验结果分析

试验开始前首先利用有限元软件 ANSYS 对整个加载过程进行线弹性模拟。B-B 断面 STC 层的试验和有限元计算结果如图 5.132 所示。当荷载加至 390.5kN 时，STC 层表面应变达到 951με, 且表面未出现可见裂纹；继续加载至 402.0kN 时，STC 层出现第一条可视裂缝 (这里定义可视裂缝宽度为 0.05mm)，此时按照有限元线弹性计算得到的应力为 24.1MPa，因此确定大 U 肋轻型组合桥面板 STC 层名义开裂应力为 24.1MPa。这个值远超计算得到的 STC 层纵向最大拉应力 10.9MPa，表明大 U 肋轻型组合桥面板的 STC 层具有良好的抗弯拉性能，满足设计要求。

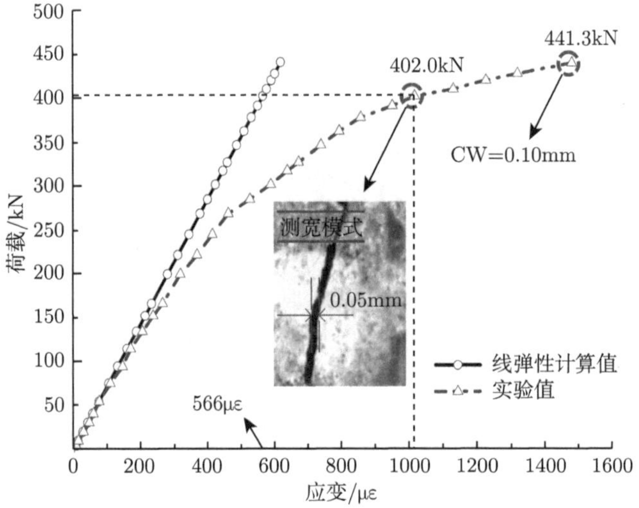

图 5.132　B-B 断面 STC 表层荷载–应变曲线

加载端荷载–挠度曲线如图 5.133 所示，荷载加至 441.3kN 时，挠度为 11.8mm。

当荷载加至 441.3kN 时，横隔板侧向挠曲过大，为避免因横隔板失稳而引发试验安全事故，试验结束，此时裂缝宽度为 0.1mm。假设试件中横隔板刚度足够，由文献中的条带静力试验结果可以预见，最终试验会以 U 肋底部出现受压屈服的试验现象结束。

荷载-U 肋底部应变曲线如图 5.134 所示。从图中可以看出，当荷载加至 402.0kN 时纵肋底部压应变大小为 2742με，可以推断，在 STC 层出现可视裂缝前 U 肋底部钢材 Q345 已经屈服。但实际上钢材发生如图 5.135 所示的屈服现象时实际应变在 5000με 以上，但由于前述原因，本试验并未进行到如此程度。之后，U 肋底部应变持续增大，而荷载增长趋于缓慢。

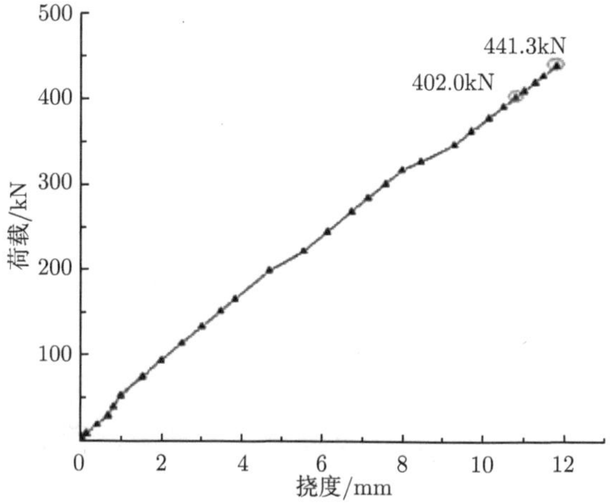

图 5.133 加载端荷载–挠度曲线

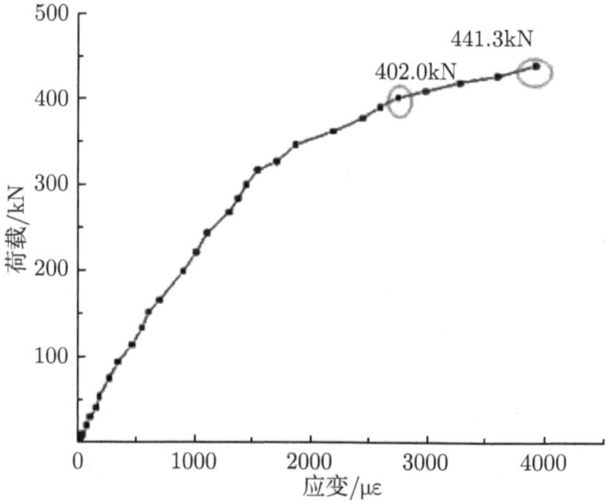

图 5.134 荷载-U 肋底部应变曲线

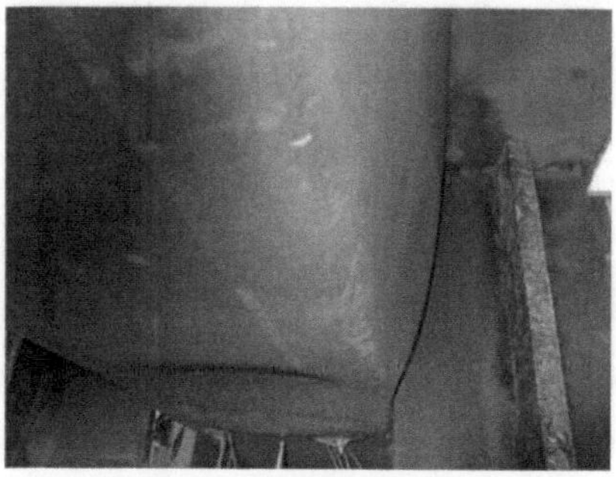

图 5.135 U 肋底部屈服现象[21]

试验后裂缝分布如图 5.136 所示，可以看到，纯弯段的裂缝分布比较均匀，最终均趋向于发展为横向贯穿的裂缝。

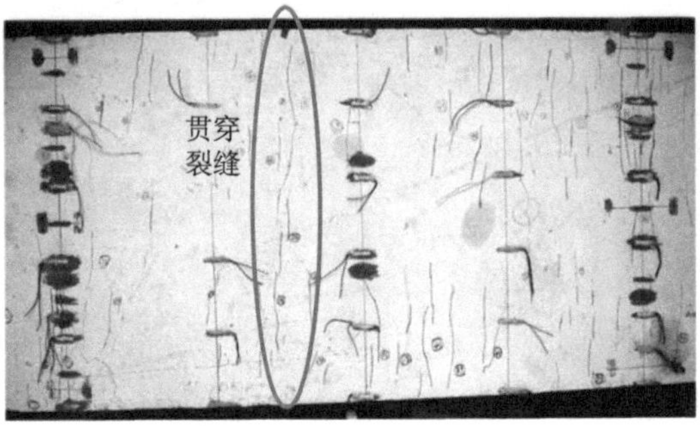

图 5.136　裂缝分布图

5.5　本章小结

(1) 基于相关文献对带栓钉钢板的轴拉疲劳试验结果，建立有限元模型进行分析，由热点应力法的定义，得到了栓钉根部钢面板中的热点应力集中因子，将名义应力试验结果转化为热点应力结果，获得了该疲劳细节的热点应力 S-N 曲线。以某大桥为背景，基于多尺度有限元建模和子模型技术，得到了疲劳荷载作用下栓钉根部钢面板的热点应力幅，并结合提出的热点应力 S-N 曲线对该疲劳细节进行疲劳评估，验证了该疲劳细节的安全性。

(2) 研究了 STC 厚度、隔板厚度、栓钉间距对钢-STC 轻型组合桥面结构疲劳性能的影响，通过研究十二种轻型组合桥面结构方案，表明各方案的疲劳细节均满足疲劳强度设计要求，但仅有一种方案的各细节最大应力幅均低于常幅疲劳极限，理论上拥有无限疲劳寿命；各结构参数方案中，细节③、细节④、细节⑤较难满足常幅疲劳极限要求，尤其是细节④为开裂控制细节，最后得到疲劳开裂风险最低的轻型组合桥面方案。

(3) 开展了钢-STC 组合板疲劳试验，在设计应力幅下，钢-STC 可以经历 6612 万次疲劳循环后，STC 表面才出现裂缝宽度为 0.05mm 的裂缝，远超 1000 万次无限疲劳寿命要求，且构件刚度基本未折减，钢和 STC 层之间界面完好，滑移值较小，表明钢-STC 轻型组合桥面结构在设计荷载作用下有较好的横向受弯疲劳性能，能满足设计要求。

(4) 基于杭瑞高速洞庭湖大桥，提出了七种比选方案，其中包括一种原设计方案，六种超高性能轻型组合梁方案。计算结果表明，与闭口肋轻型组合梁方案相比，开口肋轻型组合梁方案在大多数细节位置的应力水平更低，应力集中现象不明显，具有更优的疲劳性能，而两种方案在 STC 结构层拉应力差距不大。优选球扁钢开口肋方案，开展了与闭口肋轻型组合桥面结构的对比试验，探明了两类轻型组合桥面结构的静力和疲劳性能。

(5) 提出了板肋钢-STC 轻型组合桥面结构。基于名义应力法对板肋及 U 肋加劲的两种轻型组合结构进行疲劳分析计算，结果表明板肋在疲劳细节②、③、④上优势明显，但 U 肋在疲劳细节①、⑤、⑥上应力幅更低。开展了静力和疲劳试验，结果表明，STC 层抗裂性能及栓钉的抗剪性能均能满足设计要求。

(6) 提出了大 U 肋钢-STC 轻型组合桥面结构，相比于传统 U 肋桥面板方案，大 U 肋桥面板方案用钢量基本不变，桥面焊缝长度减少了约 36%。疲劳计算结果表明，6 个疲劳细节的应力幅水平与传统 U 肋的轻型组合桥面板相当，均能满足 200 万次疲劳寿命的要求，其中细节①、②、⑤和⑥的最大应力幅值均大于对应的常幅疲劳极限，可视为永不开裂。开展了静力试验，表明大 U 肋轻型组合桥面结构中的 STC 仍具有优异的抗裂强度。

参 考 文 献

[1] 邵旭东, 胡建华. 钢–超高性能混凝土轻型组合桥梁结构. 北京: 人民交通出版社股份有限公司, 2015: 1-395

[2] Selby K A, Stallmayer J E, Munse W H. Fatigue tests of plates and beams with stud shear connectors. Illinois: University of Illinois Urbana, 1963: 1-68

[3] Yukio M, Yasuharu K. Fatigue strength of tension flanges with stud shear connectors. //Proceeding of IABSE. Zurich: IABSE, 1986: 141-456

[4] Koh J S E, Minata O, Muranaka A. Fatigue strength characteristics of welded stud joint with respect to steel plate thickness. Advanced Steel Construction, 2008, 4(2): 103-112

[5] ECS. Eurocode 3: Design of Steel Structures, Part 1-9: Fatigue (EN 1993-1-9). Brussels: European Committee for Standardization, 2005: 1-34

[6] JSSC. Fatigue design recommendations for steel structures. Gihodo: Japanese Society of Steel Construction, 2012: 1-24

[7] AASHTO. AASHTO LRFD bridge design specifications. USA: American Association of State Highway and Transportation Officials, 2015

[8] Aygül M, Al-Emrani M, Barsoum Z, et al. Investigation of distortion-induced fatigue cracked welded details using 3D crack propagation analysis. International Journal of Fatigue, 2014, 64: 54-66

[9] Radaj D, Sonsino C M, Fricke W. Recent developments in local concepts of fatigue assessment of welded joints. International Journal of Fatigue, 2009, 31: 2-11

[10] Hobbacher A F. Recommendations for fatigue design of welded joints and components (XIII-2151-07/XV-1254-07). Paris: International Institute of Welding, 2007: 1-149

[11] 湖南省质量技术监督局. 钢–超高韧性混凝土轻型组合结构桥面技术规范 (DB43/T 1173-2016). 北京: 人民交通出版社股份有限公司, 2016: 1-46

[12] 中华人民共和国交通运输部. 公路钢结构桥梁设计规范 (JTG D64-2015). 北京: 人民交通出版社股份有限公司, 2015: 1-161

[13] Cao J H, Shao X D, Zhang Z, et al. Retrofit of an orthotropic steel deck with compact reinforced reactive powder concrete. Structure and Infrastructure Engineering, 2016, 12(3): 411-429

[14] 罗军. 钢–UHPC 轻型组合桥面结构力学性能及裂缝宽度计算理论研究. 长沙: 湖南大学, 2020

[15] Hobbacher A F. Recommendations for fatigue design of welded joints and components (XIII-2460-13/XV-1440-13). Paris: International Institute of Welding, 2016, 1-143

[16] Makita T, Brühwiler E. Tensile fatigue behaviour of ultra-high performance fibre reinforced concrete (UHPFRC). Materials and Structures, 2014, 47: 475-491

[17] Tang M-C. A new concept of orthotropic steel bridge deck. Structure and Infrastructure Engineering, 2011, 7(7): 587-595

[18] 日本桥梁建设协会. 新しい鋼橋の誕生 II– 改订版. 东京: 日本桥梁建设协会, 2004: 22-25

[19] Kazuyuki M K Y. Rationalized steel deck structure and large model test of developing new type of structure. // Orthotropic Bridge Conference. Sacramento, 2004: 23-29

[20] 唐亮, 黄李骥, 刘高. 正交异性钢桥面板横梁弧形切口周边应力分析. 公路交通科技, 2011, 28(6): 83-90

[21] 丁楠, 邵旭东. 轻型组合桥面板的疲劳性能研究. 土木工程学报, 2015, 48(1): 74-81

[22] 国家技术监督局. 热轧球扁钢 (GB/T 9945-2012). 2012

[23] 王新敏, 李义强, 许宏. ANSYS 结构单元与应用. 北京: 人民交通出版社, 2011, 251-274

[24] 中华人民共和国行业标准. 公路桥涵设计通用规范 (JTG D60-2004). 北京: 人民交通出版社, 2004: 24-25

第 6 章　多种强化接缝及设计理论

6.1　本 章 概 述

STC 中富含钢纤维，这是其具有高抗裂强度的最主要原因。然而，当 STC 应用于大跨径或宽幅桥梁时，STC 采用分次浇筑施工是不可避免的，分次浇筑就存在接缝，而接缝处钢纤维被人为阻断，导致接缝的抗裂强度很低 (经凿毛处理的接缝抗裂强度，实测仅为非接缝截面的 20%～30%)。为解决这一难题，笔者团队研究了多种强化接缝方案，以提高接缝处的抗裂强度，同时，提出了实桥接缝布置方案，以尽可能避免接缝成为组合桥面的薄弱环节。

本章介绍分次浇筑的 STC 接缝的 4 种强化技术，并通过模型试验获得了每种强化接缝的开裂应力。这 4 种强化接缝方案分别是：①加密钢筋湿接缝；②加强钢板湿接缝；③企口接缝湿接缝；④异形钢板湿接缝。

6.2　加密钢筋湿接缝静力弯曲受拉性能

6.2.1　方案构造

通过配置加密钢筋来提高接缝处 STC 的配筋率，从而加强接缝处新、旧 STC 之间的结合能力，限制接缝处裂缝的发展，以达到提高湿接缝的力学性能和抗裂性能。钢面板与 STC 层之间通过剪力钉连接。

设计并制作了 1 片包含 1 种常规平面接口湿接缝和 4 种不同加密钢筋湿接缝构造形式的试验梁，并进行了负弯矩加载试验。在测试过程中，测量了 STC 层表面的应变和最大裂缝宽度以及荷载变形曲线；然后，对不同湿接缝连接形式的力学性能进行了分析，并与 STC 层最大名义拉应力裂缝宽度曲线进行比较来研究湿接缝的抗裂性能；最后，结合理论分析，提出了加密钢筋湿接缝的裂缝宽度计算公式，从而为该种结构建立设计计算方法。

6.2.2　试验模型设计与制作

为研究 STC 层混凝土板浇注前后接缝受力和开裂情况，参照某座大桥 [1,2] 正交异性钢桥面结构尺寸，设计了 STC 桥面板加密钢筋连接形式的湿接缝，并制作了试验梁模型 B1 梁，如图 6.1 所示。试验模型在横桥向取一个 U 肋条带宽，宽度为 0.6 m，U 肋高度为 280mm，钢面板厚度为 12mm，STC 层厚度为 50mm；试验梁钢板采用 Q345 钢材，STC 层横向和纵向分别布置了间距为 50mm 的 Φ10mm 和 Φ12mm HRB400 钢筋，在湿接缝的相连区域纵向钢筋采用对接焊接起来；另外，横向钢筋位于纵向钢筋之上，保护层厚度为 10mm。试验梁全长 5.3m，在接缝处分别布置了常规平面接口连接形式以及采用 Φ6mm、Φ8mm、Φ10mm、Φ12mm 加密钢筋共 5 种连接接缝形式。加密钢筋主要是为了加强接缝处 STC 之间的结合能力，从而提高湿接缝的力学性能。

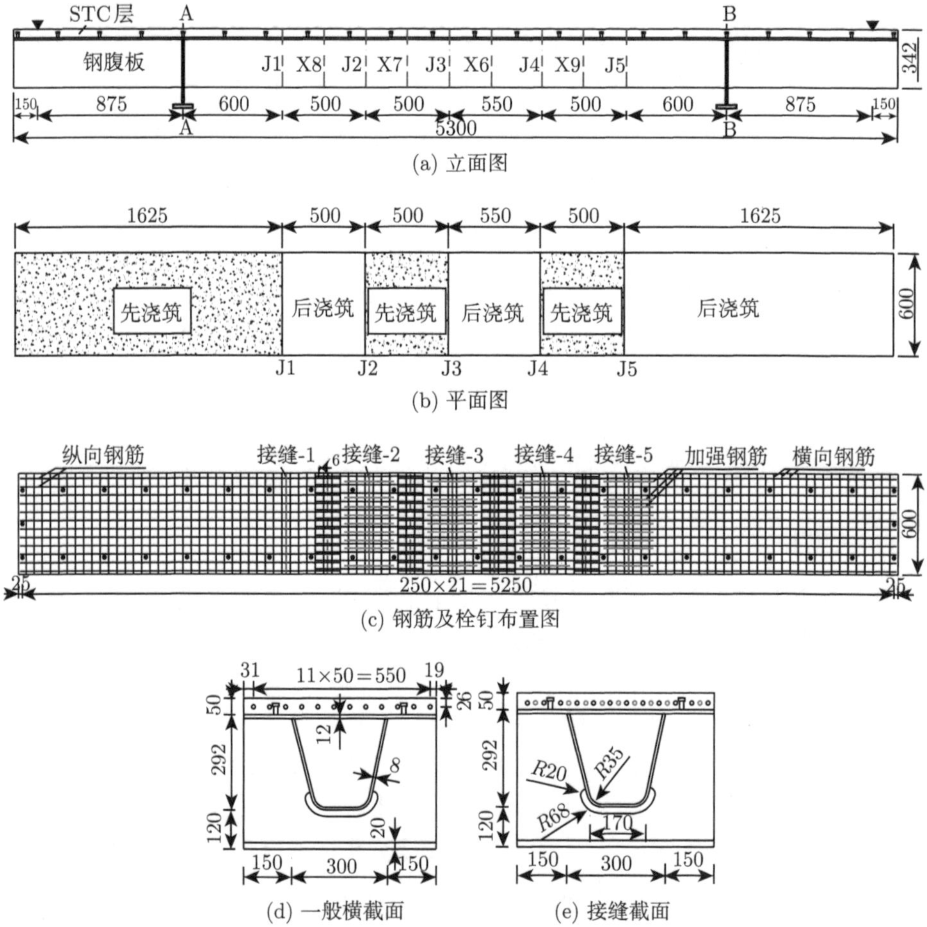

图 6.1　加密钢筋湿接缝试验模型构造图 (单位：mm)

在试验模型中，采用一种矮剪力钉来确保 STC 层和钢面板之间的组合作用，布置的剪力钉直径为 13mm，高度为 35mm。为了形成预制和现浇混凝土层之间的新老混凝土的接缝结合面，试验梁模型的 STC 层混凝土间隔分两次浇筑完成 (图 6.1)。

试验模型的制作过程 (图 6.2) 如下：

(a) 制作纯钢梁

(b) 焊接剪力钉

(c) 布设加密钢筋

(d) 制作STC 预制桥面板

(e) 高温蒸汽养护

(f) 焊接钢筋

(g) 接缝凿毛处理

(h) 延伸计布置及模型加载

图 6.2 试件制作过程

(1) 对纯钢梁进行制作加工，并在钢梁顶面做防腐涂装及焊接剪力钉；然后在钢面板上绑扎钢筋，并布设 300mm 长度加密钢筋，接缝区域钢筋间距加密至 25mm；

(2) 浇筑 50mm 先浇筑段 STC 层，并浇筑完成终凝后进行 90℃ 以上高温蒸汽养护，持续 2d，形成预制段；

(3) 在各预制段间焊接纵向钢筋，并对接缝进行适当的凿毛处理；

(4) 浇筑现浇 STC 层，浇筑完成终凝后进行 90℃ 以上高温蒸汽养护，持续 2d；

(5) 模型测试前布置测试计。

STC 湿接缝试验梁模型详细参数如表 6.1 所示。

表 6.1 试验梁不同湿接缝细节

湿接缝类型	细节	湿接缝配筋率/%	位置
加密钢筋 (STC-B1 梁)	常规平面接口	4.52	接缝-1
	局部加密钢筋 Φ6mm	5.37	接缝-2
	局部加密钢筋 Φ8mm	6.03	接缝-3
	局部加密钢筋 Φ10mm	6.88	接缝-4
	局部加密钢筋 Φ12mm	7.92	接缝-5

模型试验梁中除了加密钢筋直径不同外，湿接缝的其他构造细节是相同的。

6.2.3 试验加载方案及测点布置

6.2.3.1 试验装置及加载方案

为了测试加密钢筋湿接缝的力学性能和抗裂性能，试验模型梁负弯矩试验模型及加载装置图如图 6.3 所示。试验模型梁均使用对称加载进行测试，使其产生一个负弯矩纯弯区域，试验梁纯弯区域的长度为 3250mm。为便于裂缝观察及加载条件限制，采用双千斤顶进行加载，试验梁两端千斤顶保持同步加载并严格控制力差，最大差值未超过 2% 且不超过 5kN，加载前均对千斤顶进行了标定，在每级加载后测量 STC 表面裂缝宽度。

试验梁两点正向对称加载时，千斤顶在两端自上向下加载，下部支座提供向上的支承反力，一端铰支 (不可滑动辊轴)，一端简支可滑动 (辊轴)，加载采用机械式千斤顶，并通过压力传感器来测量荷载的大小，各测点应变数据由电阻应变片测得，利用日本东京测器公司 (TML) 生产的 TDS-602 静态数据采集仪采集，并直接输入电子计算机。并在接缝位置布置了位移计以测试接缝截面应变。静力加载试验过程通过千斤顶逐级分次加载直至破坏，加载方式如图 6.3 所示。

试验过程及加载控制方式为：静力加载试验过程通过千斤顶逐级分次加载，由 0kN 开始，加载待试验数据稳定后，采集数据并进行下一级加载。当出现裂缝后，记录主裂缝的宽度及对应荷载，试验梁在加载至使所有接缝裂缝宽度均超过 0.2mm 时终止，最终荷载为 580kN。此时接缝处 STC 最大接缝裂缝宽度为 0.31mm，现浇处 STC 最大裂缝宽度为 0.23mm，钢梁底板已经屈服。

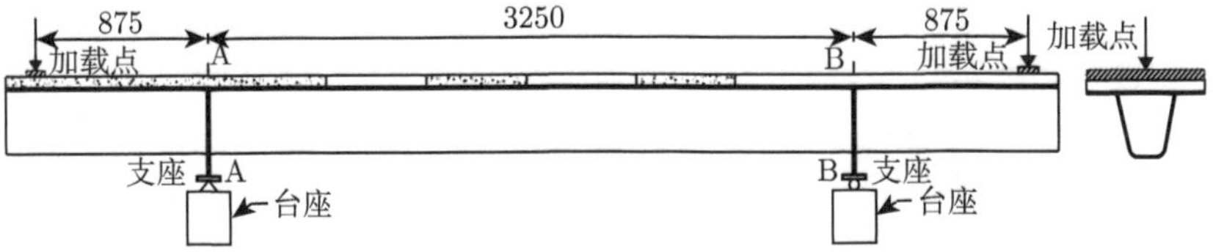

(a) 立面图

(b) 试验装置图

图 6.3 负弯矩试验模型及加载装置图 (单位:mm)

6.2.3.2 测点布置

本试验测量内容为关键位置的应变、挠度、负弯矩区接缝位置裂缝宽度。布置测点具体如下。

(1) 位移 (挠度) 测点。挠度是宏观测量值，能反映构件的整体工作性能，分别在试验梁支座处、1/4 跨和跨中对称布置两排百分表，用以测量试验梁支座处、1/4 跨和跨中的位移，位移测点布置如图 6.4 所示。

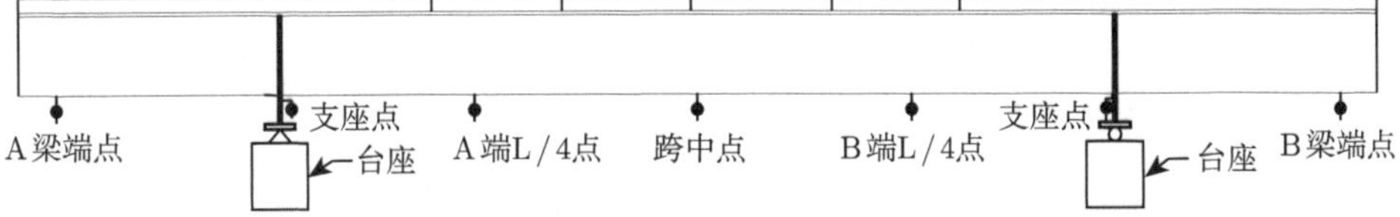

图 6.4 位移测点布置

(2) 应变测点。沿跨中截面布置应变片，用于测量跨中截面的应变分布情况。沿梁的全跨在顶板中心和 U 肋对应顶板处布置了三列应变片，用于测试沿梁纵向的应变分布。顶板应变测点布置如图 6.5、图 6.6 所示。在钢梁上翼缘和 U 肋底板，沿梁全长布置了应变片。在现浇混凝土段钢梁截面和接缝截面腹板一侧沿竖向等间距布置了两片应变片，其测点布置如图 6.7、图 6.8 所示。

(3) 引伸仪位移计测点。为了解接缝处应变分布情况，在试验梁 5 处接缝位置布置了 2 列引伸仪位移计，引伸仪位移计标距采用 100mm。顶板位移计测点布置如图 6.5、图 6.6 所示。

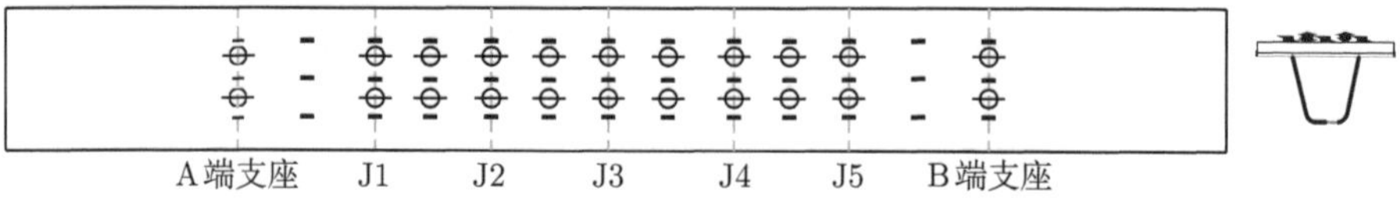

图 6.5　顶板测点布置

图 6.6　试验梁顶板测点布置

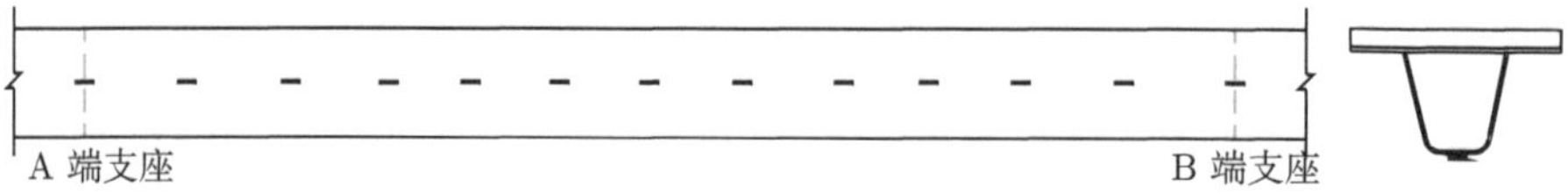

图 6.7　底板测点布置

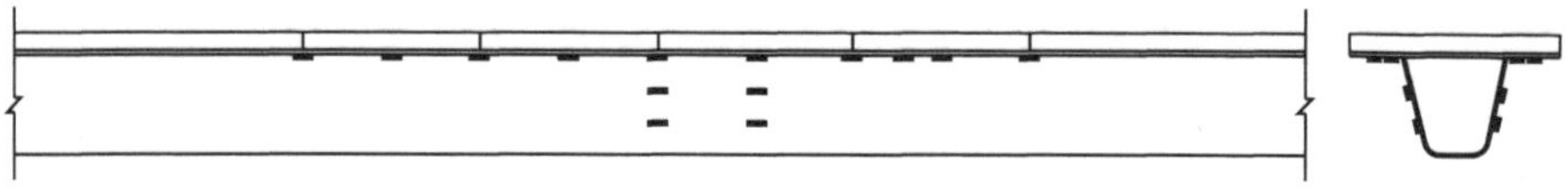

图 6.8　翼缘及腹板测点布置

6.2.4　试验结果与分析

6.2.4.1　荷载–挠度曲线

沿试验梁布置了 7 个挠度测点，测点位置如前文图 6.4 所示。对试验梁进行纯弯加载试验，荷载–跨中挠度关系曲线如图 6.9 所示。

由图 6.9 可见，组合梁构件的荷载–跨中挠度曲线可分为近似线弹性阶段和非线性阶段。在荷载小于 320～400kN 时，荷载–挠度曲线基本上接近线弹形，而此时

STC 层接缝已经开裂，梁的刚度没有因为裂缝的发展而显著降低，试验梁仍然有较好的受力性能。当荷载达到 320kN 时，对应试验梁跨中位移为 6.4mm，之后，荷载–挠度曲线开始出现非线性的特征，曲线渐趋于平缓，挠度增加加快，原因可能是钢梁底板开始屈服。由此可见，试验梁在负弯矩作用下具有很好的延性。

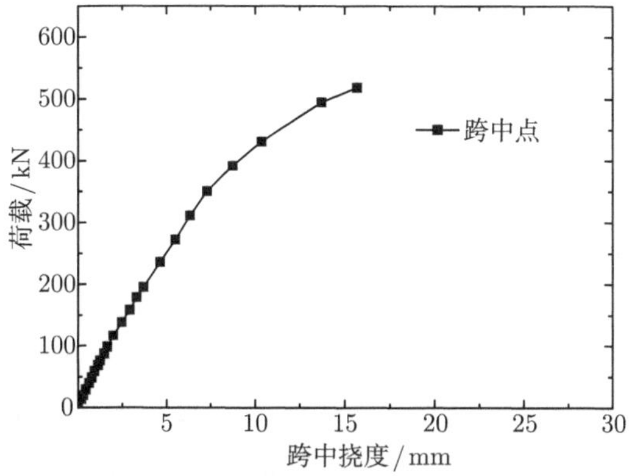

图 6.9 试验梁荷载–跨中挠度关系曲线

6.2.4.2 STC 层顶板纵向应变分布

测试试验梁顶板 STC 应变沿梁纵向分布时，沿 STC 顶板内布置了两列位移计测点，测试值取其平均值。STC 应变沿梁纵向分布如图 6.10 所示 (应变以受拉为正，受压为负)。

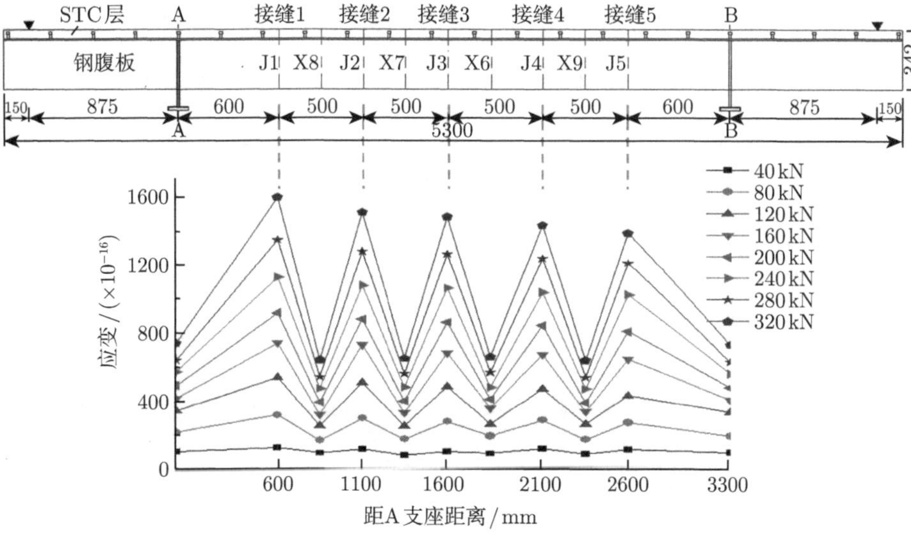

图 6.10 STC 应变沿梁纵向分布

由图 6.10 所示的实测数据表明，当荷载较小时，顶板 STC 接缝截面和现浇截面在梁纵向方向的应变近似接近；随着荷载的增加，接缝截面应变与现浇截面应变差别越来越显著。原因是当荷载较小时，STC 层处于微裂缝阶段，由于接缝结合面钢纤维的连接抗拔拉作用使结合面能够相互黏结一起作用，其表现与现浇连续截面无显著差异，而随着荷载的增加接缝截面应变显著增大，接缝截面 STC 抗拉强度相对现浇截面较低；现浇截面 STC 应变近似接近，因为现浇截面均在纯弯区域；同级荷载作用下，接缝截面应变随着配筋率增加应变相应减小。

6.2.4.3　STC 接缝荷载–应变关系

试验梁负弯矩试验 STC 层接缝处表面各主要测点荷载–应变试验结果如图 6.11 所示。

由图 6.11 可见，各 STC 接缝表面应变随着荷载的增大而增加较快，在荷载小于 320～400kN 时，荷载–应变曲线基本上近似线形，当荷载为 320kN 时，试验梁 STC 接缝 -J1～ 接缝 -J5 截面平均应变分别为 1600με、1510με、1490με、1450με、1330με，对应现浇 STC-X6 截面平均应变为 640με，可见，在相同荷载作用下，接缝截面

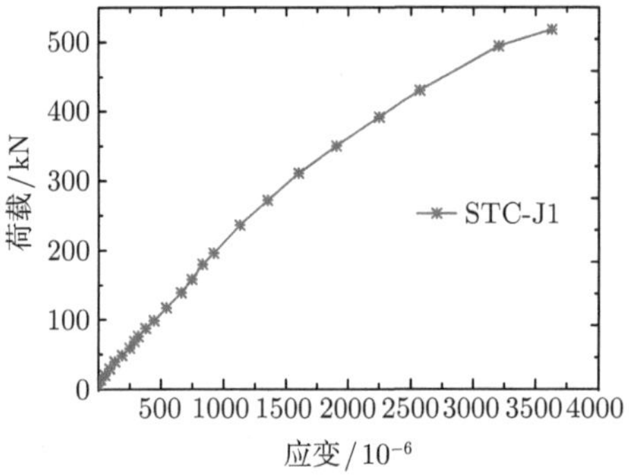

(a) 试验梁STC接缝-J1

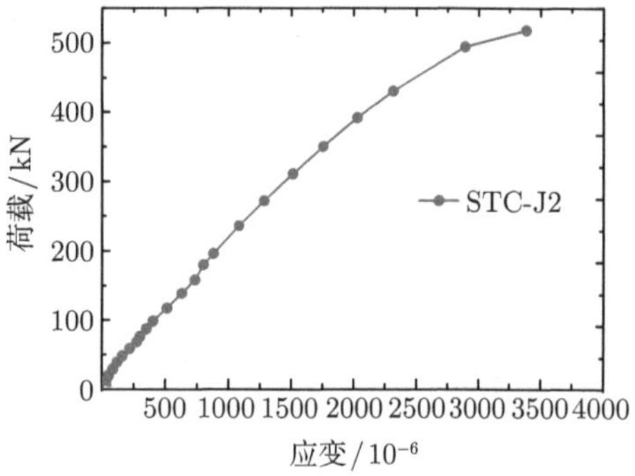

(b) 试验梁STC接缝-J2

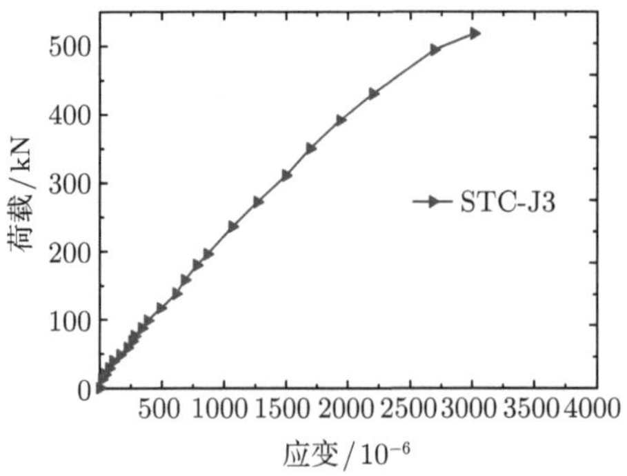

(c) 试验梁STC接缝-J3

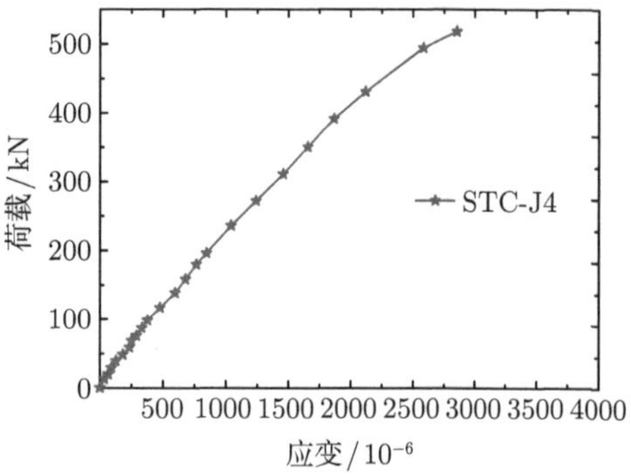

(d) 试验梁STC接缝-J4

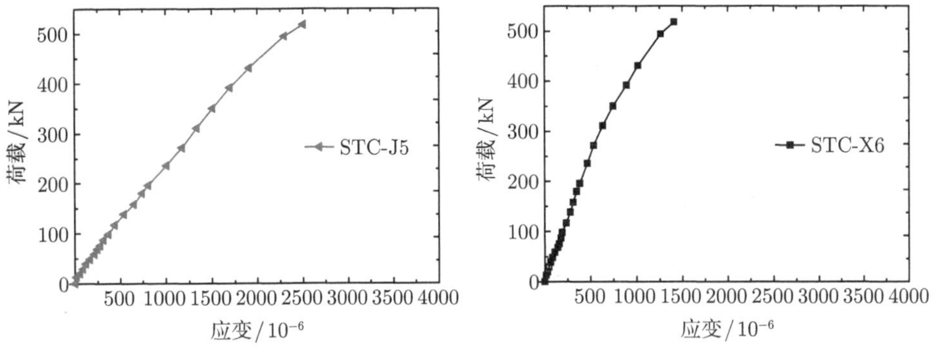

(e) 试验梁STC接缝-J5 (f) 试验梁现浇STC-X6

图 6.11 试验梁各测点荷载–应变曲线

应变比相应 STC 现浇连续截面应变要大很多，而且配筋率越高接缝截面应变相应越小。

为了便于将加密钢筋接缝连接形式与后文接缝形式的抗裂性能进行比较，这里采用统一的名义拉应力–应变关系来表征钢-STC 湿接缝的弯曲拉伸性能，需要将试验梁弯曲拉伸的荷载应变曲线转化为名义拉应力–应变曲线。因此，从构件的宏观层次上来看，STC 接缝对应现浇截面的等效名义拉应力 σ_{eq} 可采用下式来得到

$$\sigma_{\mathrm{eq}}=\frac{M}{W} \tag{6.1}$$

式中，M 为截面所受弯矩；W 为构件对应现浇截面抵抗矩。

由此可得到接缝 STC 名义拉应力–应变综合试验结果如图 6.12 所示。

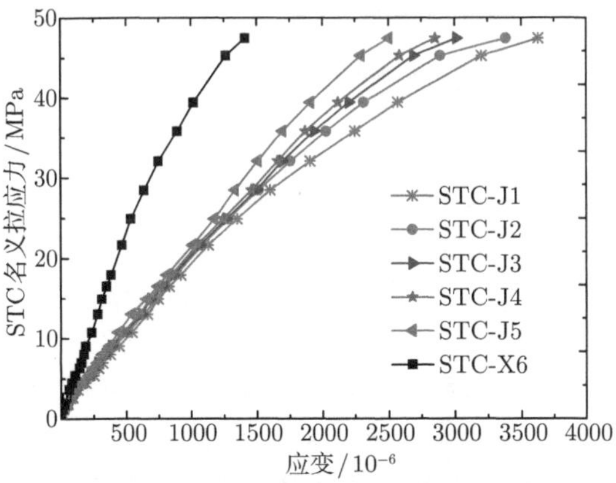

图 6.12 试验梁接缝 STC 名义应力–应变曲线

由图 6.12 可见，对于试验梁 STC 接缝而言，当名义拉应力对应小于 20~25MPa 时，接缝两侧 STC 应变基本呈线性变化，设置不同加密钢筋的接缝应变没有显著

不同，之后接缝应变开始分化，配筋率越高应变相应越小并呈非线性趋势，主要原因可能是 STC 材料与钢筋之间黏结强度好，配筋率越高相应的单根钢筋所承担的应力就越小。换言之，加密钢筋湿接缝形式的加密钢筋配筋率越高，接缝的力学性能越好。

6.2.4.4　沿梁高的应变分布

试验梁沿梁高截面应变分布如图 6.13 所示，其中现浇各截面的应变沿梁高的分布如图 6.13(a) 所示，从试验结果来看，各接缝之间现浇 STC 中间截面 STC 表面应变均基本接近，且符合平截面假定，而此时接缝处 STC 已经开裂，可见各现浇截面并未受到各接缝开裂影响，因此也可认为各接缝性能并未存在相互影响。各截面应变沿梁高分布如图 6.13(b) 所示，可见各接缝截面 STC 表面应变明显大于各现浇 STC 截面表面应变，这是由于接缝截面 STC 基体断裂所致，但是各截面钢梁部分的应变变化不大，钢梁对于组合结构能够起到很好的受力分担作用。

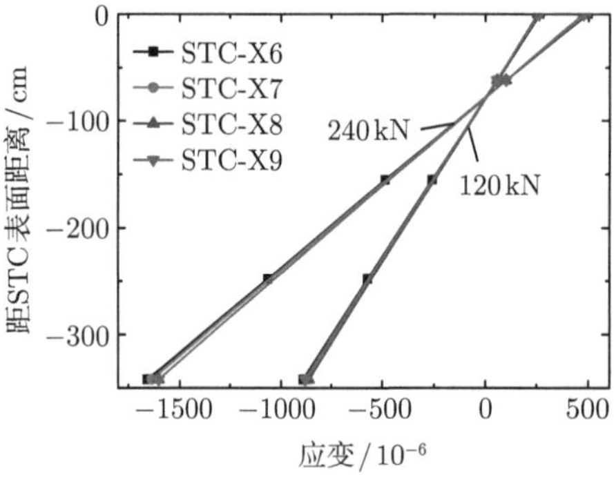

(a) STC 现浇截面应变沿梁高分布

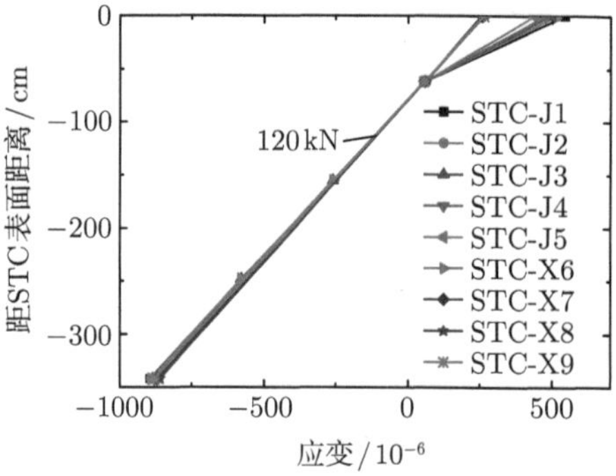

(b) 截面应变沿梁高分布

图 6.13　试验梁沿梁高截面应变分布

6.2.4.5　裂缝特征

模型梁受弯试验裂缝观测情况如下。随着荷载的逐渐增大，组合梁 STC 接缝处首先出现初始拉伸裂缝，裂缝的进一步发展伴随着 STC 钢纤维拔拉引起的"嘣嘣"声；随着荷载的不断增大，接缝之间的 STC 连续段内也开始出现裂缝且裂缝数目不断增多，裂缝间距不断减小。裂缝的发展过程主要可分为两个阶段：裂缝数目不断增多的平均开裂阶段和裂缝宽度不断增加的集中开裂阶段。裂缝在平均开裂阶段时表现为随着荷载的增加裂缝在 STC 层表面不断出现，并且裂缝细小且均匀分布；而在集中开裂阶段裂缝表现为裂缝宽度不断增加从而形成了集中裂缝。

试验梁在试验后的 STC 表面裂缝分布如图 6.14 所示。由图中可见，在试验梁的加载过程中，STC 表面裂纹主要分布在纯弯段区域，因为从试验梁的受力来看，纯弯区域的弯矩相对最大。从裂缝的大小来看，裂缝主要可以分为两类：裂缝宽度较大的主裂缝和裂缝宽度较小的次生裂缝。从裂缝的扩展来看，主裂缝主要是钢梁屈服后裂缝集中开展而形成的裂缝，是随着多条裂缝沿 STC 层高度和宽度方向上延伸形成的；次生裂缝表现为细小裂缝，它是在平均开裂阶段由于 STC 材料受弯拉而出现的。

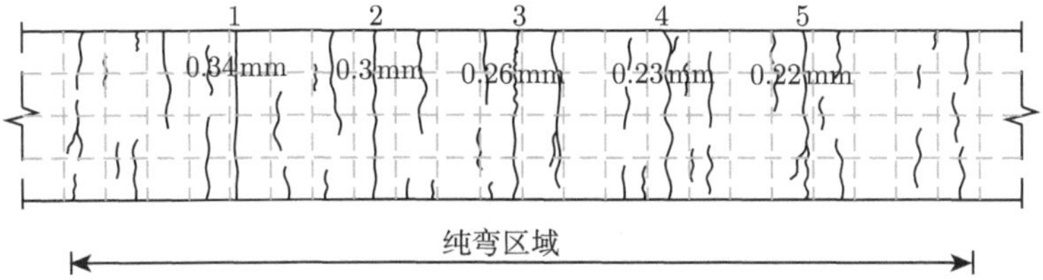

图 6.14 试验梁在试验后的 STC 表面裂缝分布图

加密钢筋湿接缝连接形式试验梁接缝处 STC 层顶面的最大裂缝宽度关系曲线如图 6.15 所示。图中可见，STC 接缝处最大裂缝宽度随着荷载的增加而增大，近似呈线性增长。此外，同等荷载作用下配筋率高的接缝裂缝宽度相比配筋率低的接缝裂缝宽度更小，可见，增大配筋率可以有效抑制 STC 接缝裂缝宽度的扩展。

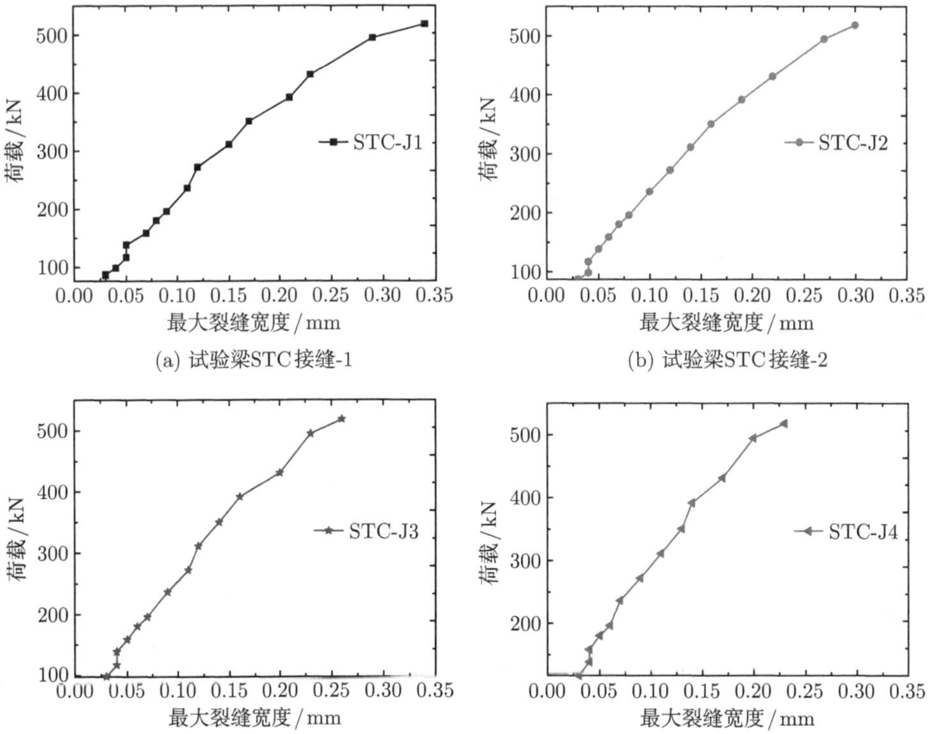

(a) 试验梁STC接缝-1

(b) 试验梁STC接缝-2

(c) 试验梁STC接缝-3

(d) 试验梁STC接缝-4

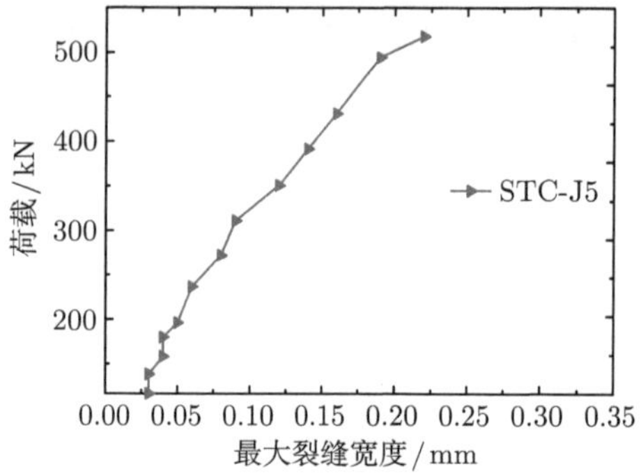

(e) 试验梁STC接缝-5

图 6.15 试验梁 STC 荷载–最大裂缝宽度

为了便于不同构造的加强接缝比较，这里采用统一的名义拉应力–裂缝宽度关系来表征钢-STC 湿接缝的弯曲拉伸性能，将试验梁弯曲拉伸的荷载–裂缝宽度曲线转化为名义拉应力 - 裂缝宽度曲线。加密钢筋湿接缝 STC 表面的名义拉应力–最大裂缝宽度综合试验结果如图 6.16(a) 所示。可见，STC 湿接缝设置加密钢筋后其抗裂性能优于没有设置加密钢筋湿接缝的抗裂性能。当 STC 湿接缝配置 Φ12mm 加密钢筋 (接缝 5) 时，STC 层截面相应的配筋率 ρ=7.92%，此时对应的 STC 湿接缝出现裂缝时对应的名义拉应力为 18.1 MPa；而当 STC 湿接缝未配置加密钢筋 (接缝 -1) 时，STC 层截面相应的配筋率 ρ=4.52%，此时对应的 STC 湿接缝出现裂缝时 STC 接缝名义拉应力为 11.0MPa。

接缝 STC 名义拉应力与最大裂缝宽度的关系如图 6.16 所示，由图中可见，接缝 STC 裂缝宽度与配筋率关系密切，配筋率越高的接缝其抗裂性能也越好。

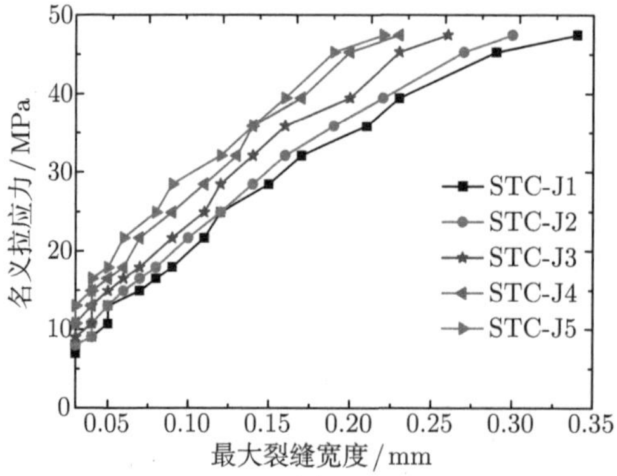

(a)

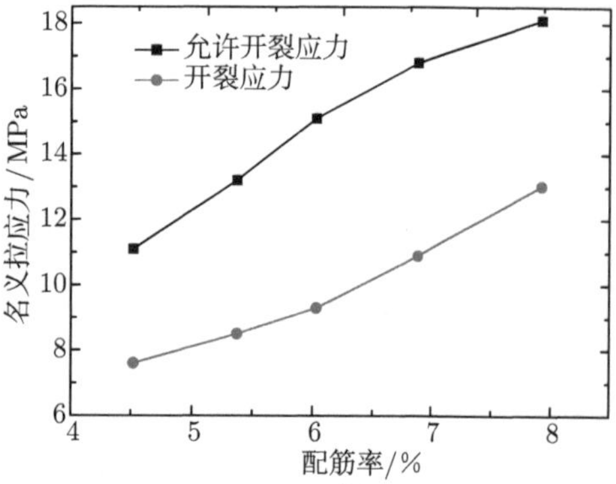

(b)

图 6.16 试验梁接缝 STC 名义拉应力–最大裂缝宽度

试验梁接缝的 STC 层开裂应力如表 6.2 所示。配筋率越高接缝开裂应力相应也越高，接缝抗裂性能相应也越好，原因对于加密钢筋湿接缝而言，对于 STC 材料具有增强增韧作用，加密钢筋加强了接缝两侧 STC 层之间的相互作用，并对接缝位置 STC 有更好的约束，更有利于接缝两侧 STC 层之间力的传递。

表 6.2 湿接缝 STC 开裂应力 (单位：MPa)

位置	钢-STC 试验梁湿接缝				
	常规	Φ6mm 加密	Φ8mm 加密	Φ10mm 加密	Φ12mm 加密
开裂应力 σ_a	11.0	13.2	15.1	16.8	18.1

值得指出的是，STC 现浇位置开裂时名义拉应力为 35.8 MPa，而 Φ12mm 加密钢筋湿接缝开裂应力为现浇位置 STC 开裂名义拉应力的 18.1/35.8≈51%，表明接缝的抗裂性能明显不足。

6.2.5 钢-STC 加密钢筋湿接缝抗裂计算方法

针对钢-STC 轻型组合桥面结构 STC 分次浇筑而形成的接缝截面抗裂性能薄弱的特点，加密钢筋湿接缝开裂应力的计算是钢-STC 轻型组合桥面结构设计的关键。本节主要内容包含两个部分：第一，基于给定几何尺寸和构造的钢-STC 组合结构截面进行计算分析；第二，基于组合梁静力弯曲试验对于给定几何尺寸和构造形式的组合梁 STC 接缝如何分析计算得到接缝的开裂应力及裂缝宽度计算公式。

6.2.5.1 钢-STC 组合梁截面分析

受弯试验加载后，在梁弹性阶段工作范围，未开裂现浇截面内力和应力可按照组合梁换算截面法计算。而对于接缝截面，随着荷载的增加，由于 STC 的应变硬化特征，接缝结合面主要通过钢筋的抗拉作用和钢纤维的连接抗拔作用结合。对于给定几何尺寸及配筋构造的钢-STC 组合结构，下面对组合梁结构截面计算过程作简要介绍。

试验组合梁在荷载作用下接缝截面主裂缝出现开裂时，STC 现浇截面未出现可见裂缝，仍然处于线弹性工作阶段。在现浇截面受力分析过程中，假定截面符合平截面假定，钢与 STC 具有可靠连接，不考虑两者滑移作用，采用弹性力学理论分析，利用面积矩和惯性矩等效的原则，将混凝土 STC 板换算为厚度不变，宽度为 $1/n_s$ 倍的钢板，其中弹性模量比 $n_s = E_s/E_c$，E_c 和 E_s 分别为 STC 和钢筋的弹性模量。

计算未开裂现浇截面 STC 层的应变在弹性范围内的惯性矩和中性轴位置，如图 6.17 所示，h_0 为钢-STC 组合结构的中性轴距组合结构上缘高度，由换算截面

STC 拉、压区对中和轴的面积矩相等的原则确定 h_0 为

$$h_0=\left(\frac{b_\mathrm{c}h_\mathrm{c}}{n_\mathrm{s}}\times\frac{h_\mathrm{c}}{2}+(n_\mathrm{s}-1)A_\mathrm{r}\times a_\mathrm{st}+b_\mathrm{c}h_\mathrm{t}\left(h_\mathrm{c}+\frac{h_\mathrm{t}}{2}\right)+2b_\mathrm{f}h_\mathrm{f}\left(h_\mathrm{c}+h_\mathrm{t}+\frac{h_\mathrm{f}}{2}\right)+b_\mathrm{b}h_\mathrm{b}\left(h_\mathrm{c}+h_\mathrm{t}+h_\mathrm{f}+\frac{h_\mathrm{b}}{2}\right)\right)\Big/(b_\mathrm{c}h_\mathrm{c}/n_\mathrm{s}+(n_\mathrm{s}-1)A_\mathrm{r}+b_\mathrm{c}h_\mathrm{t}+2b_\mathrm{f}h_\mathrm{f}+b_\mathrm{b}h_\mathrm{b}) \tag{6.2}$$

换算截面惯性矩为

$$I_0=\frac{b_\mathrm{c}h_\mathrm{c}^3}{12n_\mathrm{s}}+\frac{b_\mathrm{c}}{n_\mathrm{s}}h_\mathrm{c}\left(h_0-\frac{h_\mathrm{c}}{2}\right)^2+\frac{b_\mathrm{c}h_\mathrm{t}^3}{12}+b_\mathrm{c}h_\mathrm{t}\left(h_0-h_\mathrm{c}-\frac{h_\mathrm{t}}{2}\right)^2+\frac{2b_\mathrm{f}(h_0-h_\mathrm{c}-h_\mathrm{t})^3}{3}+\frac{2b_\mathrm{f}(h_\mathrm{f}+h_\mathrm{c}+h_\mathrm{t}-h_0)^3}{3}+\frac{b_\mathrm{b}h_\mathrm{b}^3}{12}+b_\mathrm{b}h_\mathrm{b}\left(h_\mathrm{f}+h_\mathrm{c}+h_\mathrm{t}-h_0+\frac{h_\mathrm{b}}{2}\right)^2+n_\mathrm{s}A_\mathrm{r}\times(h_0-a_\mathrm{st})^2 \tag{6.3}$$

上两式中，h_c、b_c、b_b、h_t、b_f、h_f 和 h_b 为组合截面的几何参数，详见图 6.17；A_r 为 STC 层中钢筋的面积；a_st 为受拉区钢筋的净保护层厚度。

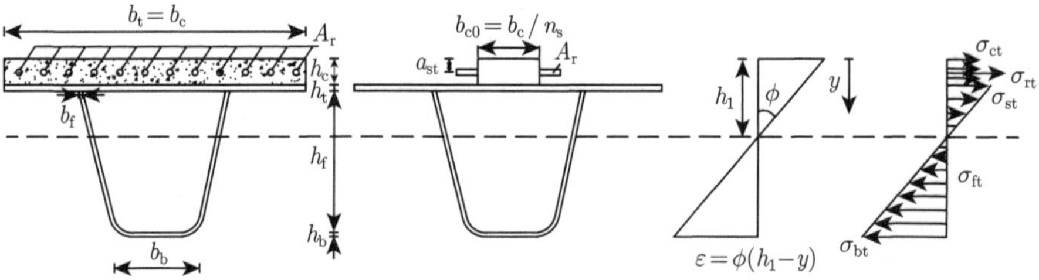

图 6.17　等效截面和截面应力应变分布

现浇截面线弹性阶段最大曲率 $\phi_\mathrm{e,max}$ 为

$$\phi_\mathrm{e,max}=\frac{\varepsilon_\mathrm{e}}{h_0} \tag{6.4}$$

式中，ε_e 为 STC 材料的最大受拉弹性应变。

组合梁 STC 层的应变超过材料的弹性极限应变后，对于组合梁纯弯段受力的现浇截面而言，组合梁中 STC 层远离截面的中性轴，接缝开裂时现浇截面 STC 层大部分或几乎全部处于较均匀的受拉状态，即弯曲受力下组合梁的 STC 层近似处于全截面均匀受拉的轴拉状态；仍然假定截面满足平截面假定，可假设组合梁截面应变 ε 满足线形分布。

$$\varepsilon=\phi(h_1-y) \tag{6.5}$$

其中，ϕ 为截面曲率；y 为截面受拉区的边缘到应变计算点的距离。图 6.17 所示为试验梁截面的应变和应力分布，由截面受力平衡可得轴力和弯矩应满足：

$$\sum N = N_{\mathrm{rt}} + N_{\mathrm{ct}} + N_{\mathrm{st}} + N_{\mathrm{sc}} = 0 \tag{6.6}$$

$$\sum M = M_{\mathrm{rt}} + M_{\mathrm{ct}} + M_{\mathrm{st}} + M_{\mathrm{sc}} = M \tag{6.7}$$

其中，轴力 N_{rt} 为 STC 中钢筋所受的力；N_{ct} 和 M_{ct} 为 STC 部分所受的轴力和弯矩；而 N_{st} 和 M_{st} 为钢梁受拉区部分所受的轴力和弯矩；N_{sc} 和 M_{sc} 为钢梁受压区部分所受的轴力和弯矩；M 为组合梁在外荷载作用下所受的弯矩，各项内力可由下式计算：

$$\begin{cases} N_{\mathrm{rt}} = A_{\mathrm{r}} E_{\mathrm{s}} \phi (h_1 - a_{\mathrm{st}}), \quad M_{\mathrm{rt}} = A_{\mathrm{r}} E_{\mathrm{s}} \phi (h_1 - a_{\mathrm{st}})^2 \\ N_{\mathrm{ct}} = \sigma_{\mathrm{cf}} b_{\mathrm{c}} h_{\mathrm{c}}, \quad M_{\mathrm{ct}} = \sigma_{\mathrm{cf}} b_{\mathrm{c}} h_{\mathrm{c}} (h_1 - h_{\mathrm{c}}/2) \\ N_{\mathrm{st}} = \dfrac{1}{2} b_{\mathrm{t}} E_{\mathrm{s}} \phi [(h_1 - h_{\mathrm{c}})^2 - (h_1 - h_{\mathrm{c}} - h_{\mathrm{t}})^2] + b_{\mathrm{f}} E_{\mathrm{s}} \phi (h_1 - h_{\mathrm{c}} - h_{\mathrm{t}})^2 \\ M_{\mathrm{st}} = \dfrac{1}{3} b_{\mathrm{t}} E_{\mathrm{s}} \phi [(h_1 - h_{\mathrm{c}})^3 - (h_1 - h_{\mathrm{c}} - h_{\mathrm{t}})^3] + \dfrac{2}{3} b_{\mathrm{f}} E_{\mathrm{s}} \phi (h_1 - h_{\mathrm{c}} - h_{\mathrm{t}})^3 \\ N_{\mathrm{sc}} = \dfrac{1}{2} b_{\mathrm{b}} E_{\mathrm{s}} \phi [(h_{\mathrm{c}} + h_{\mathrm{t}} + h_{\mathrm{f}} - h_1)^2 - (h - h_1)^2] - b_{\mathrm{f}} E_{\mathrm{s}} \phi (h_{\mathrm{c}} + h_{\mathrm{t}} + h_{\mathrm{f}} - h_1)^2 \\ M_{\mathrm{sc}} = \dfrac{1}{3} b_{\mathrm{b}} E_{\mathrm{s}} \phi [(h - h_1)^3 - (h_{\mathrm{c}} + h_{\mathrm{t}} + h_{\mathrm{f}} - h_1)^3] + \dfrac{2}{3} b_{\mathrm{f}} E_{\mathrm{s}} \phi (h_{\mathrm{c}} + h_{\mathrm{t}} + h_{\mathrm{f}} - h_1)^3 \end{cases} \tag{6.8}$$

现浇截面 STC 层最大拉应变应满足变形协调条件：

$$\varepsilon_{\mathrm{ct}} = \phi h_1 \tag{6.9}$$

若截面几何尺寸参数已知，由式 (6.6)、式 (6.7) 可以发现方程组中仅含有截面曲率 ϕ 和截面受压区高度 h_1 两个参数，故联立非线性方程组迭代求解可得到 ϕ 和 h_1。

6.2.5.2 钢-STC 接缝截面裂缝宽度计算

钢-STC 组合结构的 STC 层中包含普通钢筋和高强钢纤维，钢筋属于连续的定向配筋而钢纤维则可视为非连续的乱向配筋，两者共同承担外荷载，两者都能抑制 STC 内裂缝的发展。因钢纤维的阻裂增韧作用，钢-STC 轻型组合结构的 STC 层裂缝宽度受钢纤维的长径比、分布方向以及钢纤维的体积掺量和钢纤维黏结性能等因素的影响，但是裂缝宽度的本质仍决定于裂缝间距内钢筋与混凝土之间的应变差。钢-STC 组合结构 STC 层的接缝截面裂缝作用机理与普通钢筋混凝土构件的主要不同在于受拉应变硬化效应、接缝截面处高强钢纤维的桥接作用使 STC

具有一定的抗拉强度，降低了裂缝处钢筋应力而减小了裂缝宽度。本节引入考虑 STC 材料拉伸特性的修正参数，由此提出适用于钢-STC 组合结构接缝弯曲受拉模式下的裂缝宽度计算公式。

1) 接缝截面钢筋应力计算

在接缝截面初裂阶段，钢纤维的桥接作用使得裂缝处的 STC 仍能承担拉应力，从而钢筋承担的荷载降低，若设裂缝处由于钢纤维的桥接作用而产生的 STC 部分的拉应力为 $\sigma_{\lambda\mathrm{t}}$，$\sigma_{\lambda\mathrm{t}}$ 可表示为 $\lambda\sigma_{\mathrm{fc}}$，其中 λ 为接缝界面粗糙度，它表示的含义为接缝界面处实际钢纤维的露出程度，其与施工时对接缝界面的凿毛程度有关。λ 取值为 0~1，为 0 时表示接缝界面光滑不考虑钢纤维的作用，为 1 时表示接缝界面钢纤维完全露出；σ_{fc} 为 STC 接缝界面钢纤维完全露出时抗拉强度，即 STC 裂后强度。则接缝截面开裂后钢筋的拉应力 σ_{sr} 可按下面分析来得到。

组合梁接缝梁段示意图如图 6.18 所示，对于钢-STC 组合梁，由于 STC 的高强性能，钢-STC 剪力连接件破坏时通常表现为剪力钉直接剪断 [3]，在接缝初裂时对于钢-STC 组合梁中 STC 现浇连续截面可认为钢与 STC 连接可靠，这与试验结果中 STC 现浇连续截面应变符合平截面分布相合 (图 6.13)。因此对 STC 现浇截面段可忽略钢与 STC 交界面上的滑移，其应力分布如图 6.18(b) 所示，接缝开裂时钢筋位置处 STC 现浇截面名义拉应力设为 σ_{ct}。接缝截面所在位置位于剪力钉中间，此位置 STC 层与钢梁之间并没有抗剪连接件，考虑接缝所在剪力钉之间梁段为 STC 与钢梁叠合作用，由组合梁现浇截面梁段 STC 层传递过来的拉力 T 单独由接缝截面钢筋与接缝处 STC 部分的拉应力 $\sigma_{\lambda\mathrm{t}}$ 承担。

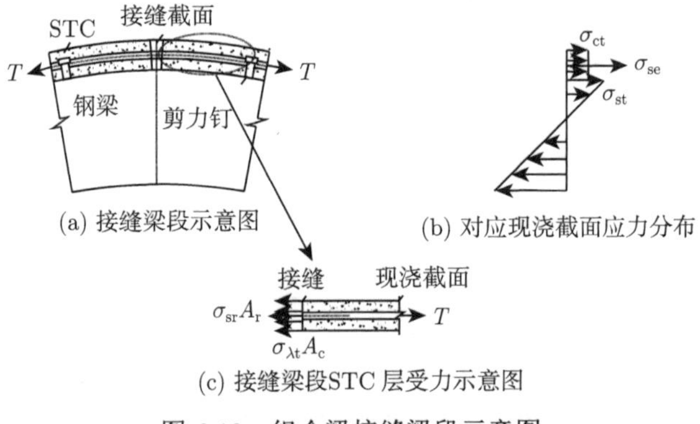

(a) 接缝梁段示意图　　(b) 对应现浇截面应力分布

(c) 接缝梁段STC 层受力示意图

图 6.18　组合梁接缝梁段示意图

根据 STC 的应力应变关系，STC 层中拉力 T 分为两种情况：

(1) 当钢筋处 STC 名义拉应力 σ_{ct} 不大于 STC 的抗拉强度 σ_{cf} 时，有

$$T = N_{\mathrm{ct}} + N_{\mathrm{rt}} = E_{\mathrm{c}}A_{\mathrm{c}}\varepsilon_{\mathrm{c}}(1+\alpha_{\mathrm{E}}\rho_{\mathrm{s}}') = A_{\mathrm{c}}\sigma_{\mathrm{ct}}(1+\alpha_{\mathrm{E}}\rho_{\mathrm{s}}') \tag{6.10}$$

(2) 当钢筋处 STC 名义拉应力 σ_{ct} 大于 STC 的抗拉强度 σ_{cf} 时，有

$$T = N_{\mathrm{ct}} + N_{\mathrm{rt}} = A_{\mathrm{c}}\sigma_{\mathrm{cf}} + A_{\mathrm{c}}\sigma_{\mathrm{ct}}\alpha_{\mathrm{E}}\rho'_{\mathrm{s}} \tag{6.11}$$

组合梁接缝处 STC 主要通过钢筋和钢纤维来起连接作用，钢纤维的桥接作用使得接缝处的 STC 仍能承担较高的拉应力，从而降低了钢筋承担的荷载，根据接缝处 STC 的受力图示则可得到钢筋的拉应力 σ_{sr} 和应变 $\varepsilon_{\mathrm{sr}}$ 分别为

$$\sigma_{\mathrm{sr}} = \frac{T - \sigma_{\lambda\mathrm{t}}A_{\mathrm{c}}}{A_{\mathrm{r}}} = \frac{\sigma_{\mathrm{ct}}(1+\alpha_{\mathrm{E}}\rho'_{\mathrm{s}}) - \sigma_{\lambda\mathrm{t}}}{\rho_{\mathrm{s}}}, \quad \varepsilon_{\mathrm{sr}} = \frac{\sigma_{\mathrm{sr}}}{E_{\mathrm{s}}}(\sigma_{\mathrm{ct}} \leqslant \sigma_{\mathrm{cf}}) \tag{6.12}$$

$$\sigma_{\mathrm{sr}} = \frac{T - \sigma_{\lambda\mathrm{t}}A_{\mathrm{c}}}{A_{\mathrm{r}}} = \frac{\sigma_{\mathrm{cf}} + \sigma_{\mathrm{ct}}\alpha_{\mathrm{E}}\rho'_{\mathrm{s}} - \sigma_{\lambda\mathrm{t}}}{\rho_{\mathrm{s}}}, \quad \varepsilon_{\mathrm{sr}} = \frac{\sigma_{\mathrm{sr}}}{E_{\mathrm{s}}}(\sigma_{\mathrm{ct}} > \sigma_{\mathrm{cf}}) \tag{6.13}$$

2) 裂缝宽度的计算

基于黏结–滑移理论推导裂缝宽度计算公式 [4]，推导过程可以根据 STC 层中名义拉应力情况分为两个阶段。但是，根据加密钢筋湿接缝试验结果可见，当接缝开裂时，接缝两侧 STC 现浇连续截面并未开裂，且此时 STC 名义拉应力已经超过 STC 的抗拉强度 σ_{cf}。因此，由未开裂区域钢筋应力与开裂区域钢筋应力之间存在的关系，假设钢筋应力图形是以开裂截面钢筋应力 σ_{sr} 为最大值连续变化的曲线。STC 受拉构件中，STC 及钢筋应变分布如图 6.19 所示。

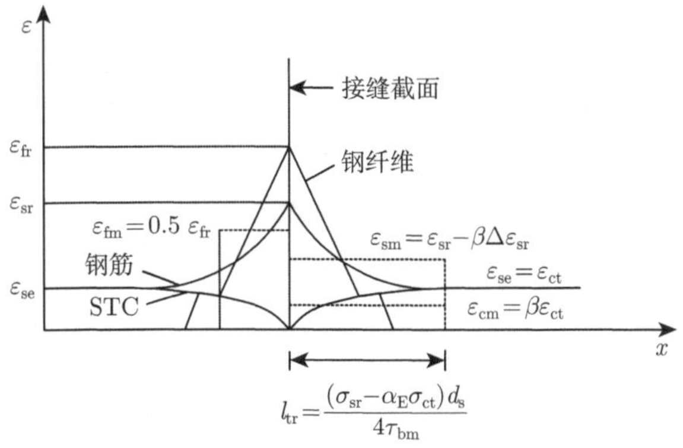

图 6.19 STC 受拉构件中，STC 及钢筋应变分布

除接缝开裂截面两侧黏结力传递长度 l_{tr} 之外，钢筋和 STC 的应力和应变均与未开裂现浇截面相同。对于未开裂现浇截面，钢筋与 STC 两者的应变相同即 $\varepsilon_{\mathrm{se}}=\varepsilon_{\mathrm{ct}}$，传递长度内钢筋的应力差应由黏结力所平衡：

$$\pi d_{\mathrm{s}} l_{\mathrm{tr}} \tau_{\mathrm{bm}} = A_{\mathrm{c}}(\sigma_{\mathrm{cf}} - \sigma_{\lambda\mathrm{t}}) = A_{\mathrm{r}}(\sigma_{\mathrm{sr}} - \sigma_{\mathrm{se}}) \tag{6.14}$$

式中，τ_{bm} 为传递长度 l_{tr} 范围内的平均黏结力，即 $\tau_{\mathrm{bm}}\dfrac{1}{l_{\mathrm{tr}}}\displaystyle\int_0^{l_{\mathrm{tr}}} \tau(s)\mathrm{d}x$；$\sigma_{\mathrm{se}}$ 为接缝两侧 STC 现浇截面的钢筋应力，即

$$\sigma_{\mathrm{se}} = E_{\mathrm{s}}\varepsilon_{\mathrm{ct}} = \alpha_{\mathrm{E}}\sigma_{\mathrm{ct}} \tag{6.15}$$

由此，由式 (6.14)、式 (6.15) 可得黏结力的传递长度 l_{tr} 为

$$l_{\mathrm{tr}}=\frac{(\sigma_{\mathrm{cf}}-\sigma_{\lambda\mathrm{t}})d_{\mathrm{s}}}{4\tau_{\mathrm{bm}}\rho_{\mathrm{s}}}=\frac{(\sigma_{\mathrm{sr}}-\alpha_{\mathrm{E}}\cdot\sigma_{\mathrm{ct}})d_{\mathrm{s}}}{4\tau_{\mathrm{bm}}} \tag{6.16}$$

在传递长度范围内，传递长度两端钢筋的应变差为 $\Delta\varepsilon_{\mathrm{sr}}=\varepsilon_{\mathrm{sr}}-\varepsilon_{\mathrm{se}}$。钢筋和 STC 的平均应变分别为

$$\varepsilon_{\mathrm{sm}}=\varepsilon_{\mathrm{sr}}-\beta\cdot\Delta\varepsilon_{\mathrm{sr}}=(1-\beta)\varepsilon_{\mathrm{sr}}+\beta\varepsilon_{\mathrm{se}},\quad \varepsilon_{\mathrm{cm}}=\beta\cdot\varepsilon_{\mathrm{ct}}=\beta\cdot\varepsilon_{\mathrm{se}} \tag{6.17}$$

则可得到两者的应变差为

$$\varepsilon_{\mathrm{sm}}-\varepsilon_{\mathrm{cm}}=(1-\beta)\cdot\varepsilon_{\mathrm{sr}} \tag{6.18}$$

其中，β 为应变分布图形范围内平均应变分布系数，即 $\beta\cdot\Delta\varepsilon_{\mathrm{sr}}=\dfrac{1}{l_{\mathrm{tr}}}\displaystyle\int_0^{l_{\mathrm{tr}}}\varepsilon_{\mathrm{s}}(x)\mathrm{d}x$。

因此，钢–STC 组合结构的 STC 层接缝在负弯矩作用下钢筋位置处的裂缝宽度计算公式如下：

$$w_{\max}=s_{\mathrm{r\,max}}\cdot(\varepsilon_{\mathrm{sm}}-\varepsilon_{\mathrm{cm}})=2l_{\mathrm{tr}}\cdot(\varepsilon_{\mathrm{sm}}-\varepsilon_{\mathrm{cm}}) \tag{6.19}$$

式 (6.19) 是基于黏结–滑移理论的钢–STC 加密钢筋湿接缝的接缝裂缝宽度计算公式，该公式建立在欧洲模式规范 (Model Code 1990)[5] 所采用的黏结–滑移裂缝理论上，该理论未计入混凝土保护层厚度对于裂缝间距和裂缝宽度的影响。因此，对前述钢–STC 加密钢筋湿接缝的接缝裂缝宽度计算公式进行修正，在应力传递长度表达式中考虑 STC 保护层厚度的影响，可得到基于综合裂缝理论的最大裂缝宽度计算公式为

$$w_{\max}=s_{\mathrm{r\,max}}\cdot(\varepsilon_{\mathrm{sm}}-\varepsilon_{\mathrm{cm}})=2c_2(1-\beta)\left(k\cdot c_1+\frac{(\sigma_{\mathrm{sr}}-\alpha_{\mathrm{E}}\cdot\sigma_{\mathrm{ct}})d_{\mathrm{s}}}{4\tau_{\mathrm{bm}}}\right)\frac{\sigma_{\mathrm{sr}}}{E_{\mathrm{s}}} \tag{6.20}$$

其中，c_1 为 STC 保护层的厚度；k 为保护层厚度影响系数，可取 1.0；c_2 为用于考虑分次浇筑或装配式预制板间裂缝的工作系数，因工作条件的不同，该系数取值为 1.0~1.5，这里取 1.0。该公式适用于现浇 STC 未开裂时接缝裂缝宽度的计算。

因对接缝模型进行简化计算时将 STC 层与钢梁作为叠合梁来考虑，因此假设 STC 层与钢梁曲率相同，在 STC 层表面裂缝宽度 $w_{\mathrm{t,max}}$ 可由钢筋位置处的裂缝宽度 $w_{\max}$ 换算得到

$$w_{\mathrm{t,max}}=w_{\max}\cdot\frac{1}{\gamma_{\mathrm{s}}}=w_{\max}\cdot\frac{h_1}{h_1-a_{\mathrm{st}}} \tag{6.21}$$

其中，γ_{s} 为钢筋的内力臂系数，其综合反映了钢筋的承载贡献度和裂缝抑制作用的相对大小；h_1 为截面受拉区高度；a_{st} 为钢筋形心到 STC 层表面的距离。

式 (6.20) 中含有两个参数，传递长度范围内钢筋的平均黏结应力 τ_{bm} 和钢筋或 STC 应变的平均应变分布系数 β，下面探讨下这两个参数的影响。

(1) 平均黏结应力 τ_{bm}。

黏结应力为钢筋和混凝土两者界面上的力，应力状态复杂，钢筋应力及应变沿黏结长度发生变化，黏结应力的存在将钢筋应力传递给周围混凝土，从而引起混凝土应力和应变，从而产生相对滑移。从式 (6.14) 可以看出，黏结应力可通过两点间钢筋的拉力差除以接触面积来近似的计算，即

$$\tau_{\mathrm{bm}}=\frac{A_{\mathrm{r}}(\sigma_{\mathrm{sr}}-\sigma_{\mathrm{se}})}{\pi d_{\mathrm{s}} l_{\mathrm{tr}}} \tag{6.22}$$

此计算方法是建立在假定两点间黏结应力均匀分布的基础上，且这种处理方法得到的黏结应力大小在每个区段内是一段直方图，即按直方图所表现出的黏结应力分布面积尽可能等于实际黏结应力曲线所包围的面积，如图 6.20 所示。

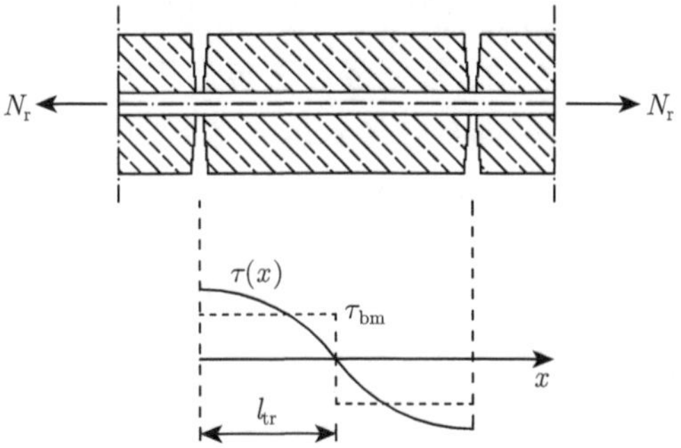

图 6.20 钢筋混凝土受拉构件平均黏结应力

对于 STC 内的水化硅酸钙凝胶与钢纤维具有较强的化学胶着力，与纤维之间有较强的摩擦力及机械咬合力，从而使钢纤维与 STC 基体界面具有较高的黏结强度。根据欧洲模式规范 Model Code 2010[6]，钢筋的黏结应力 τ 可表示为界面滑移 s 的函数 $\tau(s)$。钢筋混凝土的黏结–滑移曲线的上升段可采用如下函数关系表示。实际上，在试验过程中 STC 中钢筋很难拔出，钢筋的黏结状况非常好，相对滑移量较小，处于曲线的第一段。

$$\tau_{\mathrm{b}}(s)=\begin{cases}\tau_{\max}\left(\dfrac{s}{s_1}\right)^{\alpha}, & s\leqslant s_1\\ \tau_{\max}, & s>s_1\end{cases} \tag{6.23}$$

式中，$\tau_{\max}$ 为钢筋与 STC 之间的最大黏结力，即黏结强度；s_1 为对应 $\tau_{\max}$ 的滑移值；α 为考虑界面黏结性能有关的系数。其中参数 $\tau_{\max}$、s_1 和 α 通常由试验来确定。

对于钢筋混凝土受拉构件裂缝间的界面滑移 s 可表示为裂缝宽度 w 的函数：

$$s(x)=\frac{w}{2}\cdot\left(\frac{2\cdot x}{s_\mathrm{r}}\right)^{\eta} \tag{6.24}$$

式中，x 为滑移点距裂缝截面的距离；s_r 为裂缝间距；η 为滑移特征曲线待定系数。

黏结应力传递长度 l_tr 范围内的平均黏结应力 τ_bm 则可由下式积分来确定：

$$\tau_\mathrm{bm}=\frac{1}{l_\mathrm{tr}}\int_0^{l_\mathrm{tr}}\tau(s)\mathrm{d}x \tag{6.25}$$

可见，平均黏结应力 τ_bm 的表达式形式复杂，还是待求裂缝宽度 w 的函数。为简便起见，可假设钢筋混凝土的黏结–滑移本构关系为理想的弹塑性，则可取平均黏结应力 $\tau_\mathrm{b}=k_\mathrm{b}\cdot f_\mathrm{cfm}$，学者 Leutbecher 等 [4,7] 假设平均黏结系数 k_b 取为 1.8。

(2) 平均应变分布系数 β。

钢筋混凝土受拉构件钢筋及混凝土应变分布如图 6.21 所示，可由裂缝两边的应变分布求得平均应变分布系数。取钢筋应变传递长度 l_tr 长的应变分布建立图形坐标系，其中 $\Delta\varepsilon_\mathrm{sr}$ 代表裂缝截面与传递长度末端截面钢筋的应变差。根据传递长度范围内钢筋应变面积应等效于平均应变面积原则，可得到

$$\beta\cdot\Delta\varepsilon_\mathrm{sr}=\frac{1}{l_\mathrm{tr}}\int_0^{l_\mathrm{tr}}\varepsilon_\mathrm{s}(x)\mathrm{d}x \tag{6.26}$$

钢筋或混凝土的应变分布通常可假设为三角函数分布，则可得到钢筋或混凝土的应变分布为

$$\varepsilon(x)=\Delta\varepsilon_\mathrm{sr}\cos\left(\frac{\pi x}{2l_\mathrm{tr}}-\frac{\pi}{2}\right) \tag{6.27}$$

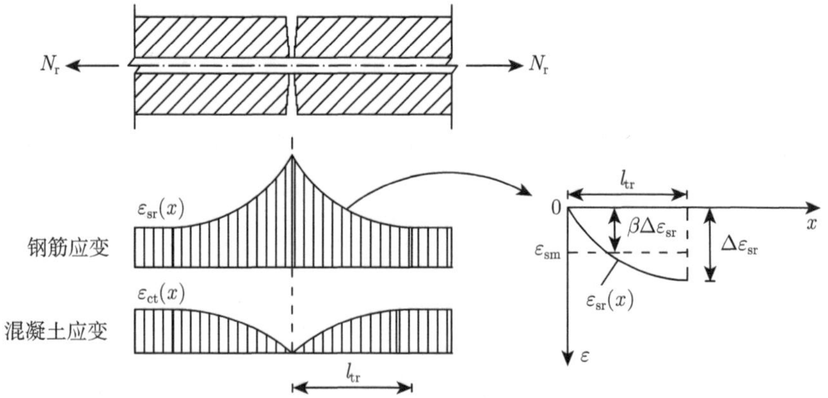

图 6.21　钢筋混凝土受拉构件钢筋及混凝土应变分布

由式 (6.26) 可得

$$\begin{aligned}\beta &= \frac{1}{\Delta\varepsilon_{\mathrm{sr}} l_{\mathrm{tr}}}\int_0^{l_{\mathrm{tr}}}\varepsilon(x)\mathrm{d}x \\ &= \frac{1}{\Delta\varepsilon_{\mathrm{sr}} l_{\mathrm{tr}}}\int_0^{l_{\mathrm{tr}}}\Delta\varepsilon_{\mathrm{sr}}\cos\left(\frac{\pi x}{2l_{\mathrm{tr}}}-\frac{\pi}{2}\right)\mathrm{d}x \\ &= \frac{1}{\Delta\varepsilon_{\mathrm{sr}} l_{\mathrm{tr}}}\Delta\varepsilon_{\mathrm{sr}}\frac{2l_{\mathrm{tr}}}{\pi}\sin\left(\frac{\pi x}{2l_{\mathrm{tr}}}-\frac{\pi}{2}\right)\bigg|_0^{l_{\mathrm{tr}}} \\ &= \frac{2}{\pi}\end{aligned}$$

可见，若钢筋或混凝土的应变符合三角函数分布，则平均应变分布系数大致为 $2/\pi$；若考虑长期荷载作用，黏结应力降至 2/3，则平均应变分布系数相应的降为 $4/3\pi$。

钢-STC 组合结构湿接缝负弯矩作用下，STC 层初裂时相应最大裂缝宽度的计算结果如表 6.3 所示。鉴于接缝裂缝作用机理的复杂性，对于接缝界面分不凿毛和凿毛两种情况来考虑。

表 6.3 钢-STC 组合结构湿接缝最大裂缝宽度的计算结果

接缝类型	初裂荷载/kN	名义拉应力/MPa	不凿毛 (λ=0)		凿毛 (λ=0.2)		最大裂缝宽度实测值/mm	②/实测值
			钢筋应力/MPa	①计算值	钢筋应力/MPa	②计算值		
常规接口	120	11.0	251.8	0.080	203.2	0.054	0.05	108%
加密筋 Φ6	142	13.2	254.4	0.079	213.4	0.058	0.05	116%
加密筋 Φ8	161	15.1	259.1	0.081	222.6	0.061	0.05	122%
加密筋 Φ10	182	16.8	236.5	0.068	204.7	0.052	0.05	104%
加密筋 Φ12	198	18.1	235.3	0.067	207.5	0.053	0.05	106%

当不考虑接缝界面凿毛时 (界面粗糙度 λ=0)，即不考虑接缝钢纤维的作用，最大裂缝宽度计算值与实测值相差较大，比值范围为 134%~162%；当考虑试件所有接缝结合面均凿除 10mm STC，界面粗糙度统一取 λ=0.2 时，各接缝最大裂缝宽度计算值与实测值比值范围为 104%~122%，可见，其误差值显著减小，造成两者差异主要源于接缝面钢纤维的桥接作用而引起的钢筋应力及应力传递长度上的差异。对于不同的接缝加密钢筋形式，随着配筋增大，初裂荷载和接缝抗拉能力也随之增大，配筋率影响了接缝钢筋应力水平，而钢筋应力水平直接影响了 STC 的裂缝间距和裂缝宽度的发展。值得指出的是，因接缝存在初始缺陷，其开裂时现浇 STC 未出现裂缝，因此钢筋应力传递长度对配筋率影响并不显著，这与现浇 STC 开裂有所不同。对于最大裂缝宽度计算值与实测值误差产生的原因可能有：① 施工凿毛情况不同影响了接缝界面粗糙度，从而造成了接缝由钢纤维桥接而引起 STC 抗

拉作用的不同；② 由于实际结构中钢与 STC 层之间存在摩擦或其他可能存在的抗剪连接作用，与接缝计算模型中假定的钢与 STC 层之间无剪力连接的叠合梁形式有差别，若考虑剪力连接的影响，钢筋应力应会减小，从而使最大裂缝宽度计算值更接近实测值。总而言之，加密钢筋湿接缝抗拉能力随着配筋增大而增大；为改善接缝的受弯拉性能，在 STC 层施工时，应当对 STC 接缝面适当地进行凿毛处理以便增加露出的钢纤维，能起到增大抗裂的良好效果。

6.3　加强钢板强化湿接缝静力弯曲受拉性能

6.3.1　方案构造

增设加强钢板，接缝设置在加强钢板上方，加强钢板焊接在钢桥面板上，可有效提高接缝截面刚度，加强钢板两端的企口可与 STC“咬合”，提高了与 STC 之间的结合能力，并可保护接缝处主钢板免受水的侵蚀，如图 6.22 所示。

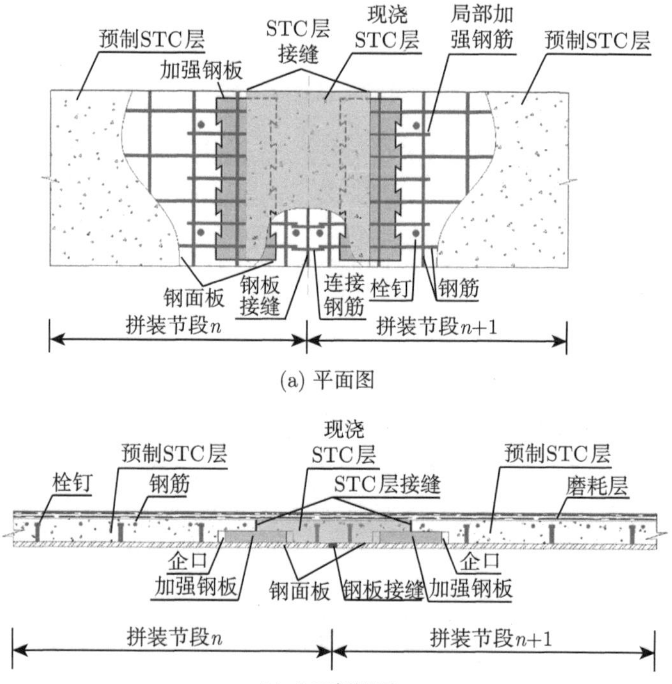

(a) 平面图

(b) 立面剖视图

图 6.22　轻型组合桥面结构加强钢板强化湿接缝示意图

试验中设计并制作了一片试验梁，并考虑在加强钢板上设置加强钢筋以加强接缝的性能，其中包含了 3 种湿接缝连接形式，分别为：① 在接缝处加强钢板上焊接局部加强钢筋；② 在接缝处加强钢板上设置局部加强钢筋但不焊接；③ 在接缝处加强钢板上不设置局部加强钢筋。

6.3.2 试验模型设计与制作

为了研究在 STC 混凝土板浇注前后接缝受力和开裂情况，参照某座大桥 [1] 正交异性钢桥面结构，设计了装配式 STC 桥面板加强钢板连接形式的接缝，并制作了试验模型，如图 6.23 所示。试验模型在横桥向取一个 U 肋条带，宽度为 0.6 m，U 肋高度为 280mm，钢面板厚度为 14mm，加强钢板厚度为 16mm，超薄 STC 层厚度为 50mm；试验梁钢板采用 Q345 钢材，STC 层纵横向均采用了 Φ12mm HRB400 钢筋，间距均为 50mm；为了符合装配式结构实际效果，在湿接缝的相连区域对纵向钢筋采用连接钢筋焊接连接起来；在加强钢板上方焊接了 Φ10mm 的 HRB400 局部加强钢筋，并与不焊接或不布置局部加强钢筋的情况进行对比。局部加强钢筋主要是为了提高湿接缝的力学性能。

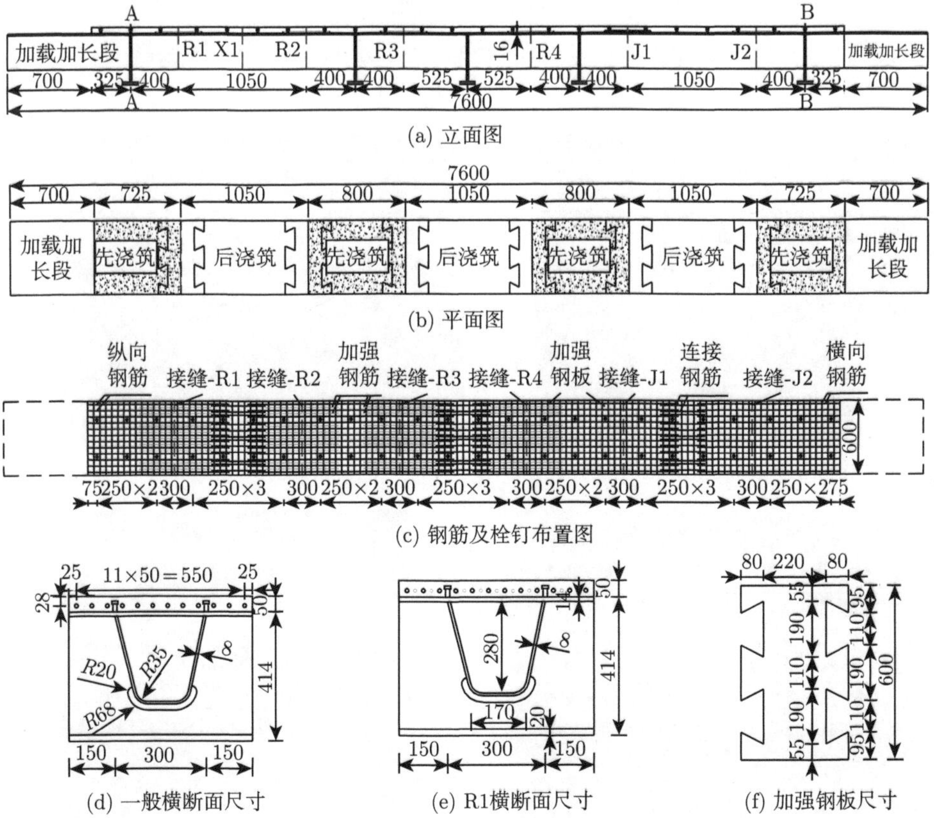

图 6.23 加强钢板强化湿接缝试验模型构造图 (单位：mm)

在试验模型中，采用矮剪力钉来确保 STC 层和钢面板之间的组合作用，剪力钉的直径为 13mm，高度为 35mm。为了形成预制和现浇混凝土层之间的新老混凝土接缝结合面，试验梁模型 STC 层混凝土间隔分两次浇筑完成。

试验梁制作与试验过程如下 (图 6.24)：

(1) 对纯钢梁进行制作加工，并在钢梁顶面焊接加强钢板及剪力钉；然后在钢面板上绑扎钢筋，并布设 600mm 长度局部加强钢筋；

(2) 浇筑 50mm 预制段 STC 层，并浇筑完成终凝后进行 90℃ 以上热水养护，持续 2d；50mm STC 层混凝土间隔分两次浇筑完成，从而形成新老混凝土接缝结合面；

(3) 在各先浇预制段间焊接纵向连接钢筋，并对接缝进行适当的凿毛处理；

(4) 浇筑现浇 STC 层，并浇筑完成终凝后进行 90℃ 以上热水养护，持续 2d；

(5) 模型测试。

试验梁不同 STC 湿接缝模型参数如表 6.4 所示。

值得注意的是模型试验梁中除了加强钢筋布设形式不同外，湿接缝的构造细节是相同的；试验梁养护完成后 STC 表面未出现任何收缩裂缝。

(a) 纯钢梁上焊接加强钢板及剪力钉

(b) 剪力钉高度

(c) 布设局部加强钢筋

(d) 制作STC预制桥面板

(e) 接缝STC层

(f) 分次浇筑STC桥面板

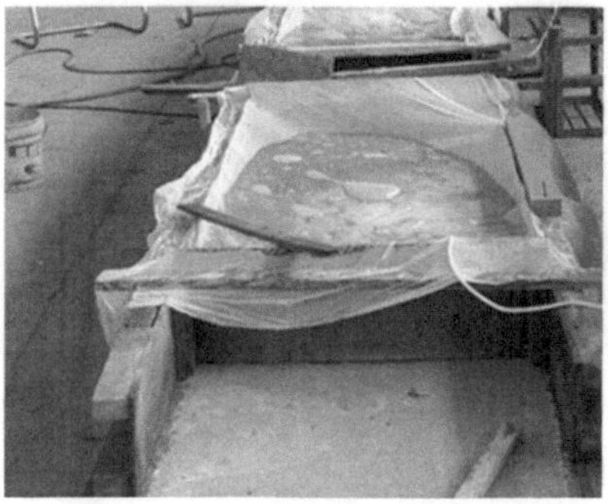

(g) 热养护

(h) 模型加载试验

图 6.24　试件制作过程

表 6.4　试验梁不同 STC 湿接缝模型参数

湿接缝类型	细节	湿接缝配筋率/%	位置
加强钢板 (STC-B2 梁)	焊接局部加强钢筋	10.11	接缝 -R1/R2
	未焊接局部加强钢筋	10.11	接缝 -R3/R4
	不设局部加密钢筋	6.65	接缝 -J1/J2

6.3.3　试验加载方案及测点布置

6.3.3.1　试验装置及加载方案

为了测试强化湿接缝的力学性能和抗裂性能，试验模型梁负弯矩试验的加载示意图如图 6.25 所示。模型试验梁均使用对称加载进行了测试，使其产生一个恒定的负弯矩区域，试验梁纯弯区域的长度为 1850mm。在每级加载后测量 STC 表面裂缝宽度，且基于平截面假定计算 STC 表面的名义拉应力。为了测试接缝的抗裂能力，试验模型安排了 3 个工况进行测试，其中工况一是测试加强钢板上焊接局部加强钢筋的接缝性能，并与工况二加强钢板上不设置局部加强钢筋的接缝性能进行比较；工况三的接缝布置了局部加强钢筋但不焊接。进行工况一与工况二试验时，发现试验梁工况三作用位置 STC 的接缝处已经出现开裂，最大裂缝宽度为 0.06mm，遂将试验梁放置了 2 个月，发现裂缝完全闭合不见，然后再进行了工况三试验。

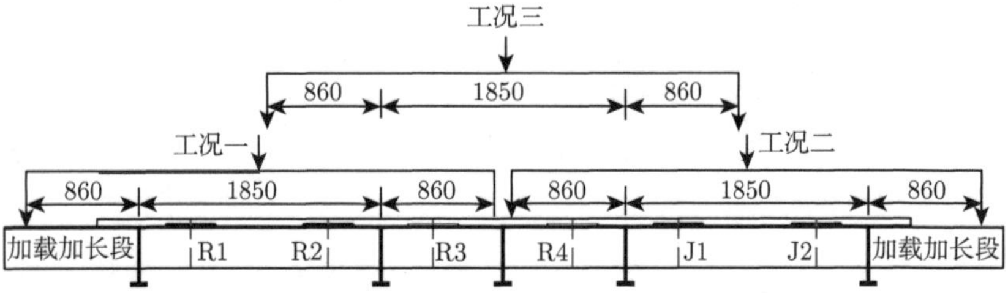

(a) 立面图

(b) 试验装置图

图 6.25　试验模型及加载装置图 (单位：mm)

静力加载试验过程通过千斤顶逐级分次加载，加载方式如图 6.25 所示。

试验过程及加载控制方式为：静力加载试验过程通过千斤顶逐级分次加载，由 0kN 开始，加载待试验数据稳定后，采集数据并进行下一级加载。当出现裂缝后，记录主裂缝的宽度及对应荷载，试验梁在加载致使所有接缝裂缝宽度均超过 0.2mm 时终止。

6.3.3.2　测点布置

本试验测量内容为关键位置的应变、挠度、负弯矩区接缝位置裂缝宽度。布置测点具体如下。

(1) 位移 (挠度) 测点。挠度是宏观测量值，能反映构件的整体工作性能，分别在试验梁支座处、1/4 跨和跨中对称布置两排百分表，用以测量试验梁支座处、1/4 跨和跨中的位移，位移测点布置如图 6.26 所示。

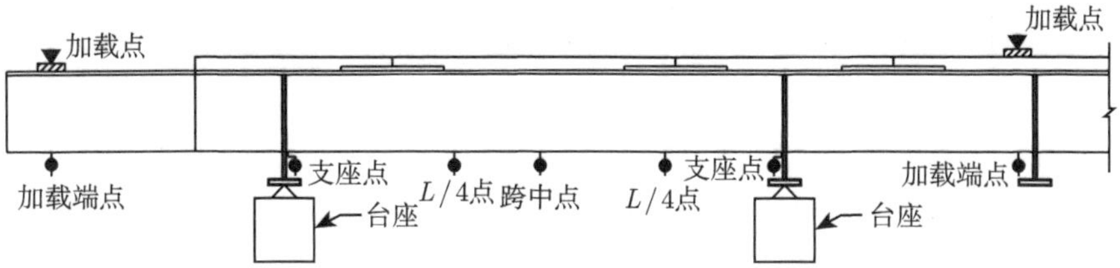

(a) 工况一位移测点布置

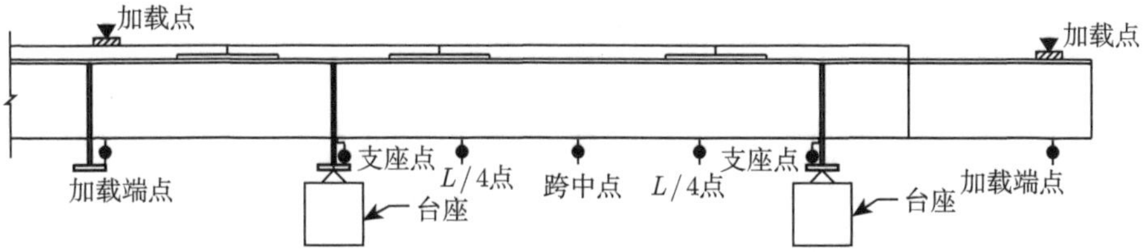

(b) 工况二位移测点布置

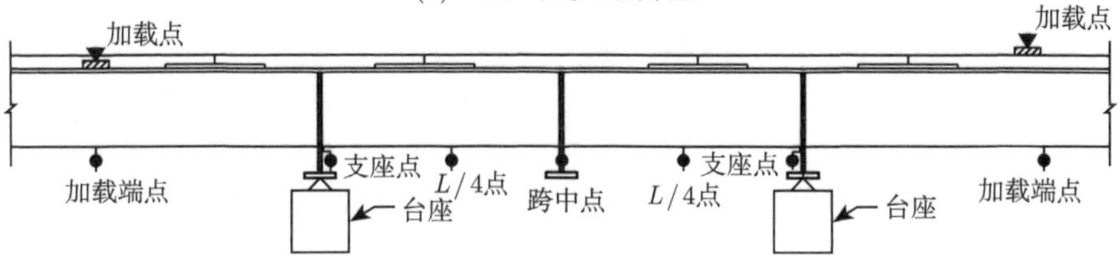

(c) 工况三位移测点布置

图 6.26 位移测点布置

(2) 应变测点。沿各工况加载跨中截面布置应变片，用于考察跨中截面的应变分布情况。沿梁的全跨在顶板中心和 U 肋对应顶板处及加强钢板企口位置布置了 3 列应变片，用于测试沿梁纵向的应变分布。顶板应变测点布置如图 6.27 所示。在钢梁上翼缘和 U 肋底板，各工况均沿梁全长对应顶板位置布置了应变片；在现浇混凝土段钢梁截面和接缝截面腹板一侧沿竖向等间距布置了两片应变片，其测点布置如图 6.28 和图 6.29 所示。

(3) 引伸仪位移计测点。为了解接缝处应变分布情况，在试验梁接缝位置布置了 2 列引伸仪位移计，引伸计基距采用 100mm。顶板位移计测点布置如图 6.27 所示。

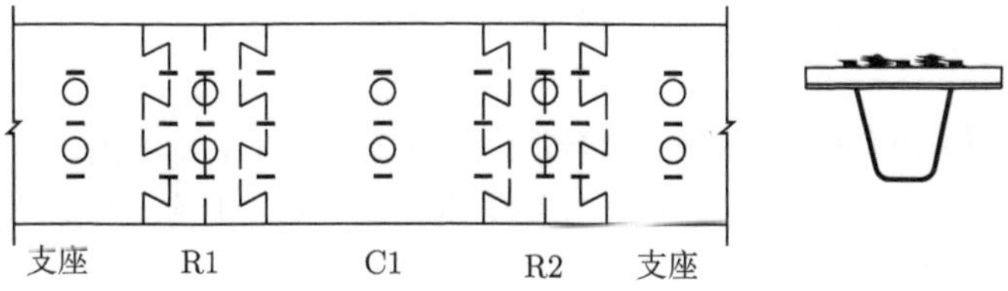

(a) 工况一测点布置

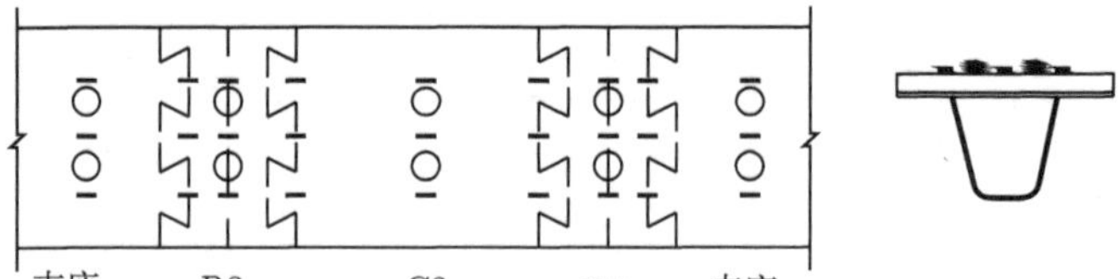

(b) 工况二测点布置

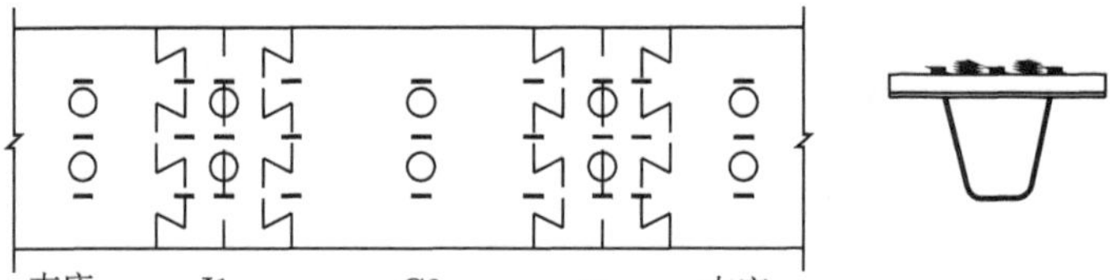

(c) 工况三测点布置

图 6.27　顶板应变测点布置

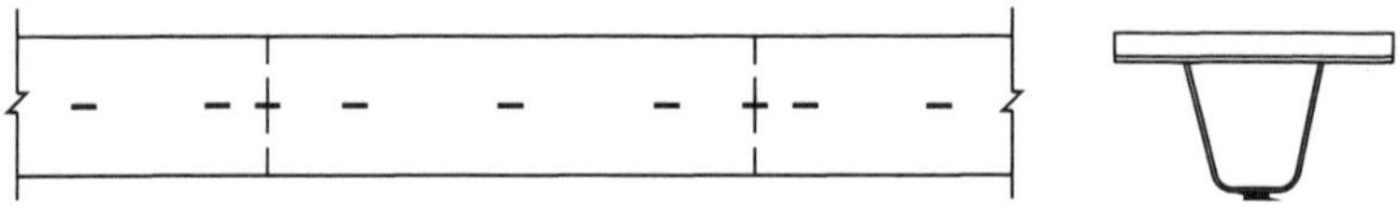

图 6.28　底板应变测点布置

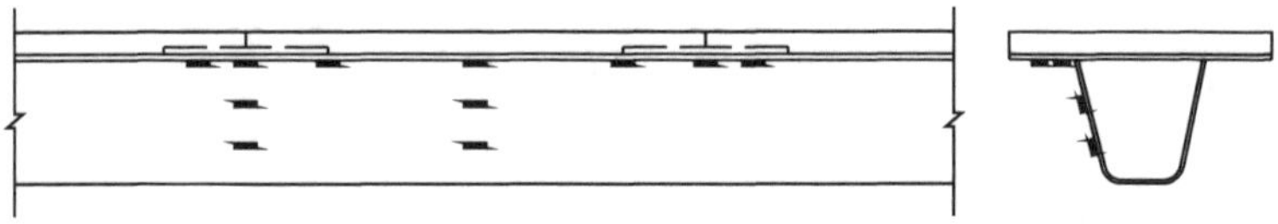

图 6.29　翼缘及腹板应变测点布置

6.3.4　试验结果与分析

6.3.4.1　荷载–挠度关系

沿试验梁布置了 7 个挠度测点，测点位置如前文图 6.26 所示。对试验梁进行纯弯加载试验，荷载–跨中挠度关系曲线如图 6.30 所示。

由图 6.30 可见，组合梁构件的荷载–跨中挠度曲线可分为线弹性阶段和非线性阶段。在荷载小于 400kN 时，荷载–挠度曲线基本上是线性的，而此时 STC 接缝已经开裂，梁的刚度没有因为裂缝的发展而显著降低，试验梁仍然有较好的受力性能。之后，荷载–挠度曲线开始出现非线性的特征，曲线渐趋于平缓，挠度增加较快，可见，试验梁具有良好的延性。试验梁加载最大荷载 800kN，对应跨中最大位移 32mm，局部加强钢筋对梁整体的刚度影响很小。可见，加强钢板上焊接局部加强钢筋与未焊接或未设置局部加强钢筋相比，对湿接缝的力学性能影响不显著。

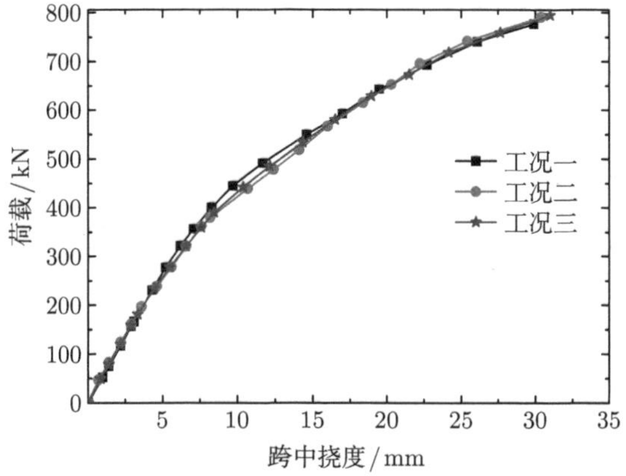

图 6.30 试验梁荷载–跨中挠度关系曲线

6.3.4.2 STC 层顶板应变

试验梁各主要测点荷载–应变试验结果如图 6.31 所示。相同荷载作用下，接缝截面应变比相应 STC 连续截面应变要大。当荷载为 320 kN 时，工况一 (焊接加强钢筋) 和工况三 (未焊接加强钢筋) 接缝平均应变分别为 712με 和 940με；而此时工况二 (未设置加强钢筋) 接缝平均应变为 1150με；对应现浇处 STC 最大应变约为 450με。加强钢板上焊接加强钢筋接缝应变要比不焊接加强钢筋或未设置加强钢筋接缝小，抗裂性能更好。

接缝 STC 名义拉应力–应变综合试验结果如图 6.32 所示。从试验结果可以看出，接缝两侧 STC 应变近似呈线性变化；同等荷载作用下，加强钢板上焊接加强钢筋接缝应变要比未焊接加强钢筋接缝小，而未焊接加强钢筋接缝应变要比未设置加强钢筋接缝要小，可以得出结论，焊接加强钢筋接缝的力学性能要优于未焊接加强钢筋接缝的力学性能，而未焊接加强钢筋接缝的力学性能又要比未设置加强钢筋接缝的力学性能好。

6.3.4.3 沿梁高的应变分布

试验梁各工况应变沿梁高的分布如图 6.33 所示，其中各工况跨中现浇截面的应变沿梁高的分布如图 6.33(a) 所示。从试验结果来看，当荷载为 200kN 时，各工况跨中现浇截面 STC 表面应变基本接近，并符合平截面假定；当荷载为 400kN 时，各工况跨中现浇截面 STC 表面应变有所差别，原因是现浇截面 STC 层已经存在微裂缝。各工况接缝截面的应变沿梁高的分布如图 6.33(b)~(d) 所示，由图中可见，各接缝截面 STC 表面应变均比对应现浇截面应变要大，而且工况二未设置局部加

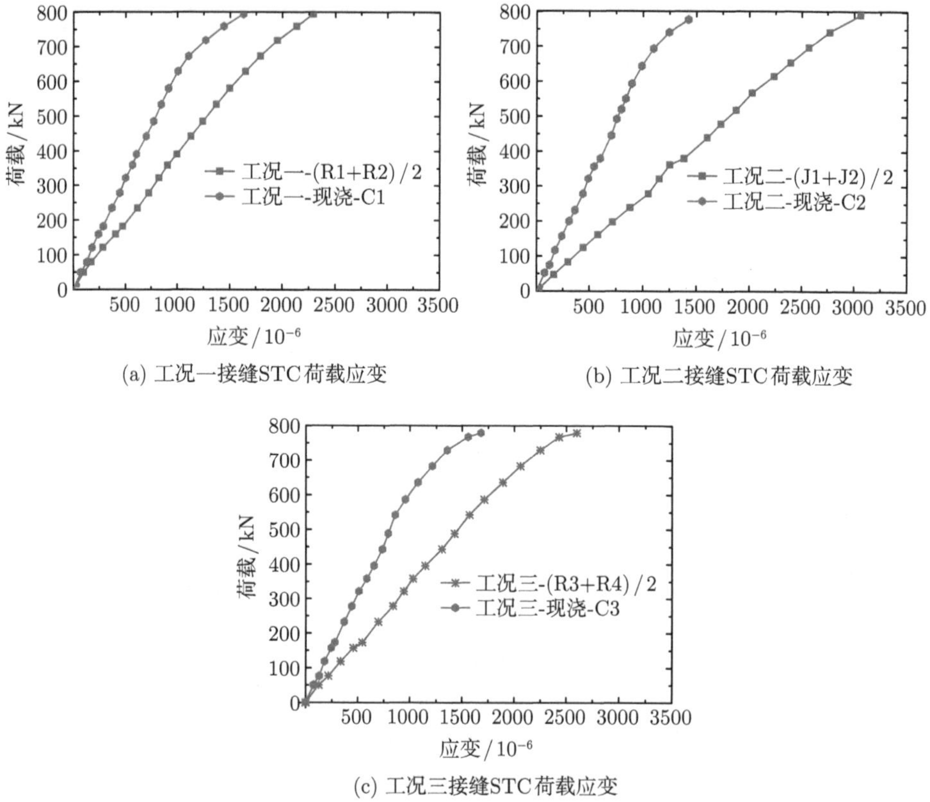

(a) 工况一接缝STC荷载应变　(b) 工况二接缝STC荷载应变

(c) 工况三接缝STC荷载应变

图 6.31　试验梁各主要测点荷载–应变曲线

强钢筋中的接缝截面 STC 表面应变在同等荷载作用下应变也要大于工况一 (焊接局部加强钢筋) 和工况三 (设置局部加强钢筋)，这是接缝截面 STC 钢纤维不连续所致，但是各截面钢梁部分的应变变化不大，接缝截面钢梁部分应变分布基本符合平截面假定，钢梁对于组合结构能够起到很好的受力分担作用。

6.3.4.4　裂缝特征

模型梁在试验中的发展情况如下，随着载荷的逐渐增大，组合梁 STC 接缝处首先出现裂缝。随着荷载的不断增大，接缝之间的 STC 连续段内也开始出现细小裂缝且裂缝数目不断增多，裂缝间距不断减小。裂缝的发展过程主要可分为两个阶段：裂缝数目不断增多的平均开裂阶段和裂缝宽度不断增加的集中开裂阶段。裂缝在平均开裂阶段时表现为在 STC 层表面随着荷载的增加不断出现，裂缝细小且均匀分布，而在集中开裂阶段裂缝表现为裂缝宽度不断增加从而形成了集中裂缝。

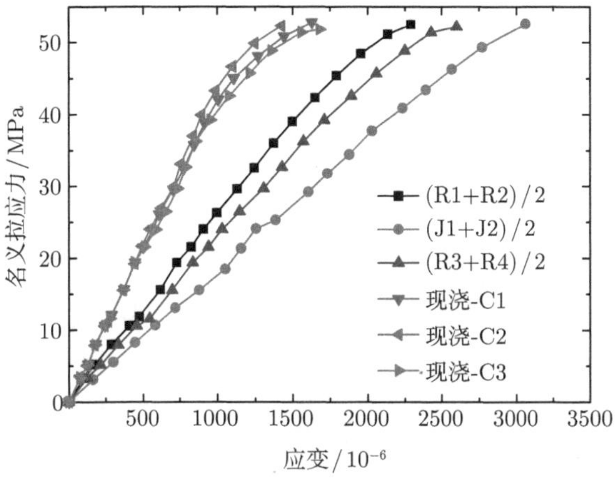

图 6.32 接缝 STC 名义拉应力–应变曲线

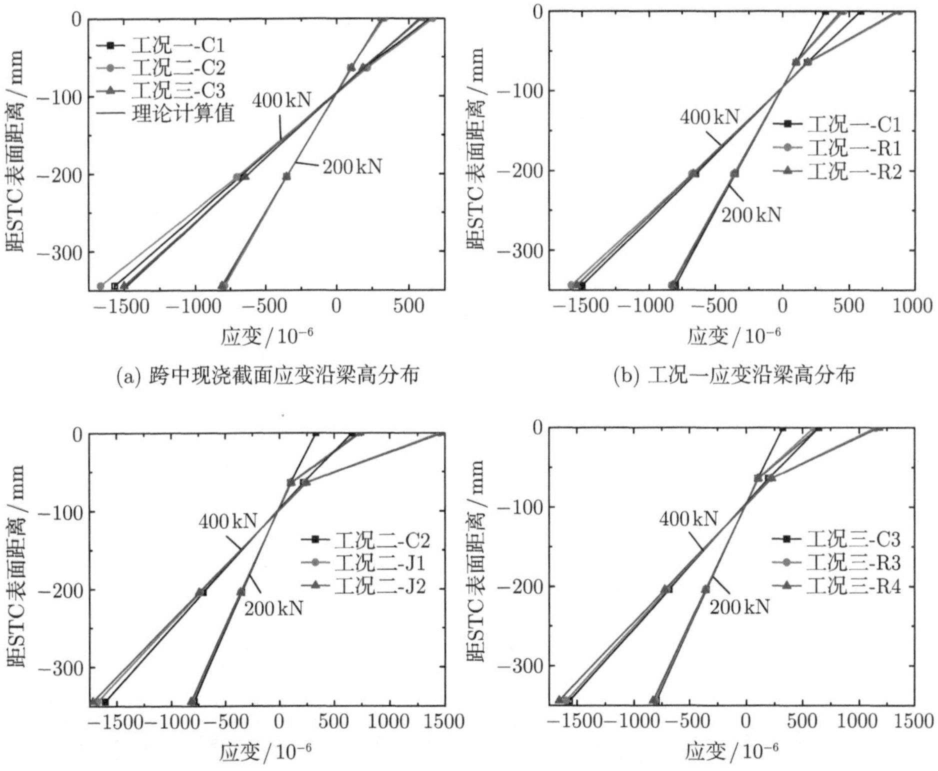

(a) 跨中现浇截面应变沿梁高分布

(b) 工况一应变沿梁高分布

(c) 工况二应变沿梁高分布

(d) 工况三应变沿梁高分布

图 6.33 试验梁各工况应变沿梁高的分布

试验梁在试验后的 STC 表面裂缝分布如图 6.34 所示。由图中可见，在试验梁的加载过程中，STC 表面裂缝主要分布在纯弯段，因为从试验梁的受力来看，纯弯区域的弯矩相对最大。裂缝主要可以分为两类：裂缝宽度较大的主裂缝和裂缝宽度较小的次生裂缝。主裂缝主要发生在接缝所在截面，次生裂缝主要是在平均开裂阶段因 STC 材料受拉而出现的细小裂缝。

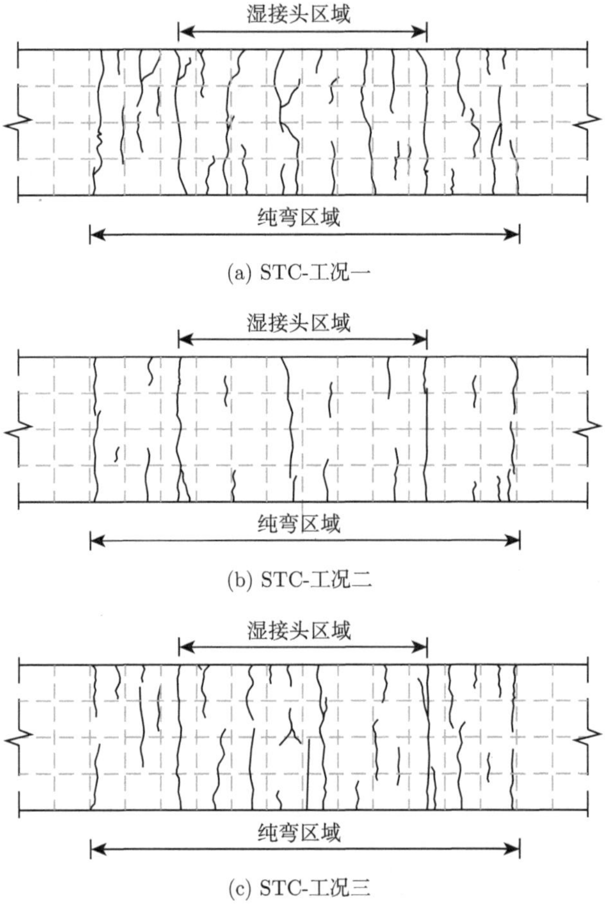

(a) STC-工况一　(b) STC-工况二　(c) STC-工况三

图 6.34　试验梁在试验后的 STC 表面裂缝分布图

值得注意的是，加强钢板强化湿接缝中设置有局部加强钢筋试验梁与未设置局部加强钢筋试验梁相比，在相同荷载作用下 STC 表面裂缝数目较多且分布要密一些，这是因为设置局部加强钢筋后截面配筋率更大对 STC 有更好约束作用。在加强钢板企口位置 STC 表面裂缝出现较晚，与现浇 STC 截面裂缝几乎同时出现，可见企口具有与 STC 良好的 “咬合” 能力，并没有使企口位置 STC 截面带来显著削弱。

加强钢板强化湿接缝试验梁接缝处 STC 表面的荷载–最大裂缝宽度曲线如

图 6.35 所示。图中可见，STC 接缝处的最大裂缝宽度随着荷载的增加而增大，近似线性增长。此外，同等荷载作用下配置局部加强钢筋的接缝裂缝宽度相比未配置局部加强钢筋的接缝裂缝宽度要小，可见，增大配筋率可以抑制 STC 接缝的裂缝宽度的扩展；焊接局部加强钢筋的接缝裂缝宽度又比未焊接局部加强钢筋的接缝裂缝宽度要小，原因是焊接局部加强钢筋加强了接缝位置 STC 与钢梁的共同作用。

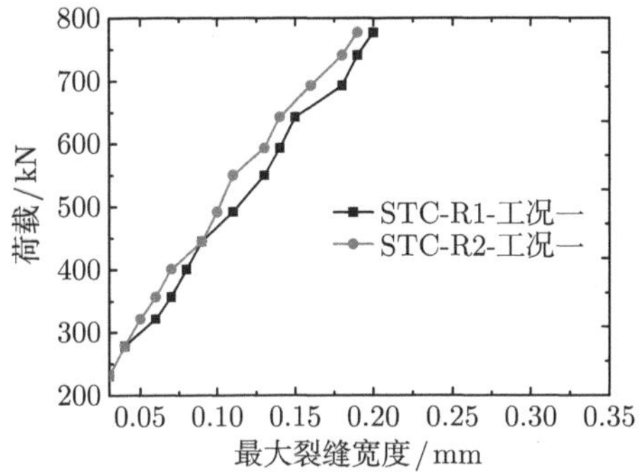

(a) 工况一STC接缝荷载-最大裂缝宽度

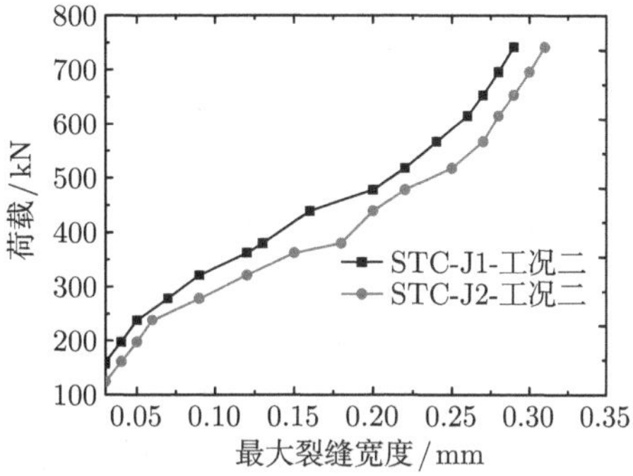

(b) 工况二STC接缝荷载-最大裂缝宽度

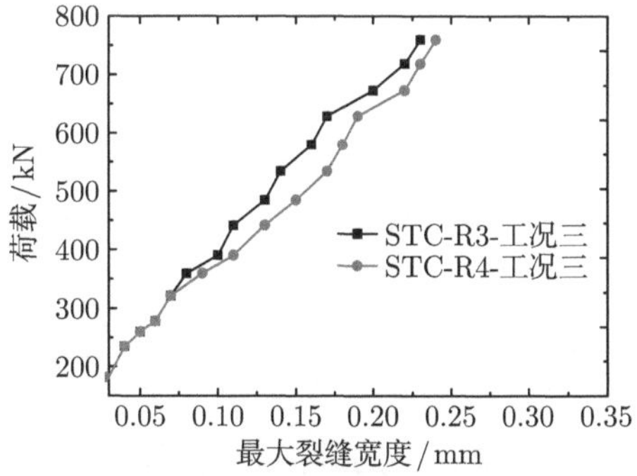

(c) 工况三STC接缝荷载-最大裂缝宽度

图 6.35 试验梁 STC 接缝荷载–最大裂缝宽度

加强钢板强化湿接缝形式试验梁 STC 表面的名义拉应力–最大裂缝宽度综合试验结果如图 6.36 所示。由图可见，以焊接加强钢筋加强钢板湿接缝为例，STC 出现裂缝时开裂应力为 15.5MPa，未焊接加强钢筋湿接缝 STC 出现裂缝时开裂应力为 12.2MPa，而未设置加强钢筋湿接缝 STC 出现裂缝时开裂应力为 10.7MPa。可见，采用焊接加强钢筋加强钢板湿接缝的抗裂性能要优于未焊接加强钢筋湿接缝的抗裂性能，而未焊接加强钢筋湿接缝的抗裂性能又要比未设置加强钢筋湿接缝的抗裂性能好。

试验梁的 STC 层初裂应力如表 6.5 所示。焊接局部加强钢筋的加强钢板湿接缝抗裂性能要优于未焊接局部加强钢筋湿接缝的抗裂性能，原因在于对加强钢板

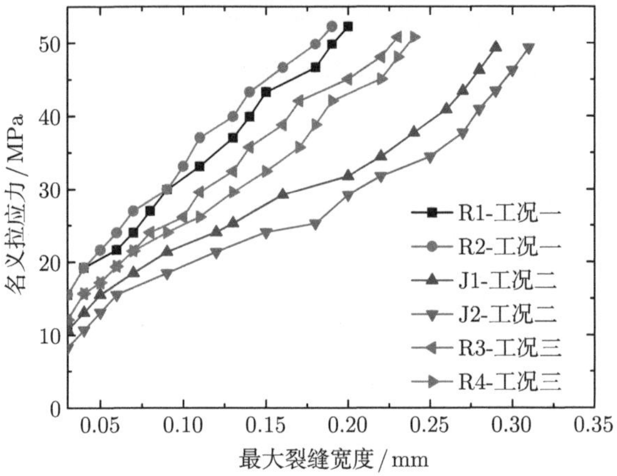

图 6.36　试验梁 STC 名义拉应力–最大裂缝宽度

表 6.5　试验梁的 STC 层初裂应力　(单位：MPa)

位置	钢-STC 试验梁湿接缝			
	工况一	工况二	工况三	现浇 C 截面开裂应力
初裂应力 σ_a	19.7	15.5	17.0	32.2

湿接缝而言，加强钢筋焊接在加强钢板上能限制加强钢板上方接缝处与 STC 之间的滑移，且对于 STC 材料具有增强增韧作用，加强了接缝两侧 STC 层之间的相互作用，并对接缝位置 STC 有更好的约束，更有利于接缝两侧 STC 层之间力的传递；而未焊接局部加强钢筋的湿接缝，加强钢筋加强了接缝两侧 STC 层之间的相互作用，但并未加强 STC 与加强钢板之间的联结作用，因而抗裂性能稍差，但其抗裂性能又要比未设置局部加强钢筋的湿接缝要好。

焊接与未焊接局部加强钢筋强化接缝 STC 初裂应力根据试验梁试验结果分别为 19.7MPa 和 15.5MPa。可见，焊接局部加强钢筋接缝的初裂应力为现浇位置 STC 初裂应力的 19.7/32.2≈61%；而未设局部加强钢筋接缝的初裂应力为现浇位置 STC 初裂应力的 15.5/32.2≈48%。表明接缝的抗裂性能仍显不足，还有待研发具有更好抗裂性能的湿接缝连接形式。

6.3.5　钢-STC 加强钢板强化湿接缝静力弯曲拉伸性能

6.3.5.1　钢-STC 组合梁截面分析

本节钢-STC 组合梁截面分析的基本原理与假定与 6.2.5 节相同，以下计算未开裂现浇截面惯性矩以及中性轴位置。

如图 6.37 所示，h_0 为钢-STC 组合结构的中性轴距组合结构上缘高度，由换

算截面 STC 拉、压区对中和轴的面积矩相等的原则确定中性轴位置 h_0 为

$$h_0=\left(\frac{b_c h_c^2}{2n_s}+(n_s-1)(A_r\times a_{st}+A_q\times a_{qt})+b_c h_t\left(h_c+\frac{h_t}{2}\right)\right.$$
$$\left.+2b_f h_f\left(h_c+h_t+\frac{h_f}{2}\right)+b_b h_b\left(h-\frac{h_b}{2}\right)\right)\Big/$$
$$(b_c h_c/n_s+(n_s-1)A_r+(n_s-1)A_q+b_c h_t+2b_f h_f+b_b h_b) \tag{6.28}$$

换算截面惯性矩为

$$I_0=\frac{b_c h_c^3}{12n_s}+\frac{b_c}{n_s}h_c(h_0-\frac{h_c}{2})^2+\frac{b_c h_t^3}{12}+b_c h_t\left(h_0-h_c-\frac{h_t}{2}\right)^2$$
$$+\frac{b_b h_b^3}{12}+b_b h_b\left(h-h_0-\frac{h_b}{2}\right)^2$$
$$+\frac{2b_f(h-h_0-h_b)^3}{3}+\frac{2b_f(h_0-h_c-h_t)^3}{3}+n_s A_q$$
$$\times(h_0-a_{qt})^2+n_s A_r\times(h_0-a_{st})^2 \tag{6.29}$$

上两式中，h_c、b_c、b_b、h_t、b_f、h_f 和 h_b 为组合截面的几何参数，详见图 6.37；A_r 为 STC 层中钢筋的面积；A_q 为截面中所含加强钢板面积；a_{st} 为受拉区钢筋的净保护层厚度；a_{qt} 为加强钢板中心距 STC 外缘的距离；若在不含加强钢板的现浇截面可令 A_q 为零即可得到。

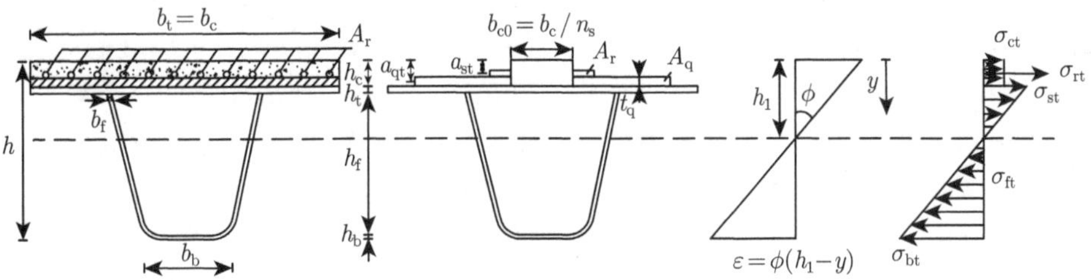

图 6.37 等效截面和截面应力应变分布

截面线弹性阶段最大曲率 $\phi_{e,max}$ 以及组合梁截面应变 ε 可分别根据式 (6.4) 和式 (6.5) 计算得到。

根据式 (6.28) 和式 (6.29) 计算出试验梁截面惯性矩和中性轴后不难得到焊接加强钢板截面抵抗矩 W_1 和未焊接加强钢板截面的抵抗矩 W_2 的比值约为 0.8 倍，即在同样大小荷载作用下，焊接加强钢板后对 STC 板外缘的应力值理论上可减小 20%左右。

截面的应变和应力分布如图 6.37 所示，现浇截面各部分内力可以根据式 (6.6) 和式 (6.7) 计算得到。

与 6.2.5 节的分析不同的是，本节的分析中 $N_{\rm st}$ 和 $M_{\rm st}$ 还应包括加强钢板的贡献项。各项内力可由下式计算：

$$
\begin{cases}
N_{\rm rt} = A_{\rm r}E_{\rm s}\phi(h_1 - a_{\rm st}), \quad M_{\rm rt} = A_{\rm r}E_{\rm s}\phi(h_1 - a_{\rm st})^2 \\
N_{\rm ct} = \sigma_{\rm cf}b_{\rm c}(h_{\rm c} - t_{\rm q}), \quad M_{\rm ct} = \sigma_{\rm cf}b_{\rm c}(h_{\rm c} - t_{\rm q})\left(h_1 - \dfrac{h_{\rm c} - t_{\rm q}}{2}\right) \\
N_{\rm st} = \dfrac{1}{2}b_{\rm t}E_{\rm s}\phi[(h_1 - h_{\rm c} + t_{\rm q})^2 - (h_1 - h_{\rm c} - h_{\rm t})^2] + b_{\rm f}E_{\rm s}\phi(h_1 - h_{\rm c} - h_{\rm t})^2 \\
M_{\rm st} = \dfrac{1}{3}b_{\rm t}E_{\rm s}\phi[(h_1 - h_{\rm c} + t_{\rm q})^3 - (h_1 - h_{\rm c} - h_{\rm t})^3] + \dfrac{2}{3}b_{\rm f}E_{\rm s}\phi(h_1 - h_{\rm c} - h_{\rm t})^3 \\
N_{\rm sc} = \dfrac{1}{2}b_{\rm b}E_{\rm s}\phi[(h_{\rm c} + h_{\rm t} + h_{\rm f} - h_1)^2 - (h - h_1)^2] - b_{\rm f}E_{\rm s}\phi(h_{\rm c} + h_{\rm t} + h_{\rm f} - h_1)^2 \\
M_{\rm sc} = \dfrac{1}{3}b_{\rm b}E_{\rm s}\phi[(h - h_1)^3 - (h_{\rm c} + h_{\rm t} + h_{\rm f} - h_1)^3] + \dfrac{2}{3}b_{\rm f}E_{\rm s}\phi(h_{\rm c} + h_{\rm t} + h_{\rm f} - h_1)^3
\end{cases}
\tag{6.30}
$$

现浇截面 STC 层最大拉应变可以根据式 (6.9) 计算得到。

若截面几何尺寸参数已知，由式 (6.6)、式 (6.7) 和式 (6.30) 可以发现方程组中仅含有截面曲率 ϕ 和截面受压区高度 h_1 两个参数，故联立非线性方程组迭代求解可得到 ϕ 和 h_1。

6.3.5.2　钢-STC 接缝截面滑移计算

在钢-STC 组合梁中，钢与 STC 能够共同作用是通过剪力连接件来实现的，而对于接缝截面，接缝受力作用时，由于接缝截面 STC 基体的断开，接缝截面 STC 由钢筋与接缝结合面存在的钢纤维连接共同抗拔拉作用。在前述强化接缝试验中，工况二中未焊接局部加强钢筋强化接缝与工况三中未设局部钢筋强化接缝中的接缝面均设置在加强钢板上方，此时接缝的受力状态与前文介绍的加密钢筋接缝受力状态相同，均把含接缝梁段作为钢与 STC 叠合梁受力来考虑，其裂缝宽度计算也与加密钢筋接缝计算方法相同；而工况一中加强钢板上焊接了局部加强钢筋，焊接的局部加强钢筋对接缝梁段钢与 STC 起到抗剪连接作用，此时接缝梁段可作为组合梁受力来考虑，但需要考虑钢与 STC 之间的滑移作用。钢与 STC 交接面相对滑移对接缝的性能影响较大，不考虑这种滑移就不能真实反映接缝的实际受力状态。为此，本节讨论钢-STC 接缝截面交接面相对滑移的计算方法。由于组合梁截面实际刚度是随着 STC 层开裂逐渐变化的，下面首先讨论不计 STC 基体作用但考虑 STC 由于钢纤维桥接的抗拉作用部分，然后再讨论考虑刚度实际变化的计算方法。近似地把组合梁当作弹性体考虑，并作如下几点假定：

(1) 组合梁交界处的水平剪力与相对滑移成正比；

(2) 剪力键的水平剪力沿组合梁长度方向呈连续分布；

(3) 钢梁和 STC 层具有相同的转角和曲率，符合平截面假定，不考虑 STC 层的竖向掀起作用；

(4) 组合梁顶板 STC 开裂后仅考虑由于钢纤维桥接的抗拉作用部分。

组合梁顶板 STC 对钢梁和钢筋起连接作用，用来传递钢筋和钢梁之间的水平剪力，而接缝处梁段 STC 顶板主要通过钢筋和钢纤维来起连接作用。实际上，组合梁截面受力是由钢梁、钢筋及 STC 共同作用受力的，对于接缝截面，STC 作用力减小则钢梁与钢筋就承担了更大的作用力。现以图 6.38 所示的两点对称集中荷载的简支组合梁为例，先不考虑加强钢板的刚度加强作用，组合梁在负弯矩作用下的微段梁变形模型计算图示如图 6.39 所示。其中，STC 连接单元由图中的虚线表示。

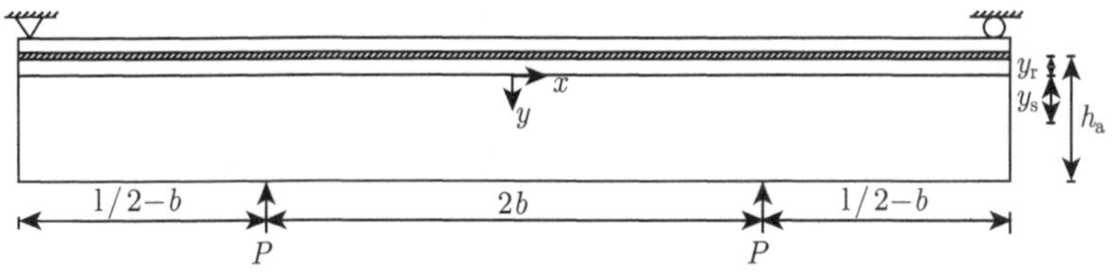

图 6.38 简支梁计算图示

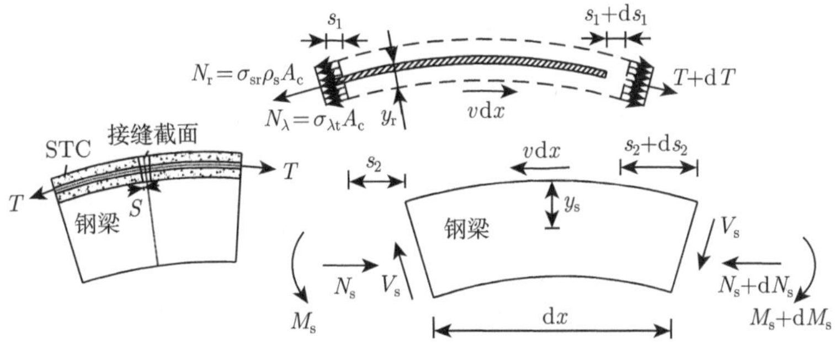

图 6.39 微段梁变形模型计算图示

y_s 表示钢梁顶面到钢梁中性轴的距离；y_r 表示钢筋中心到钢梁顶面的距离。s_1 表示钢筋和 STC 之间的相对滑移；s_2 表示钢梁和 STC 交界面之间的相对滑移

1) 钢筋和 STC 之间的相对滑移

基于黏结–滑移理论在钢筋混凝土的理论分析中，钢筋与混凝土的截面会发生滑移 [9−11]，根据顶板 STC 连接单元的平衡条件可得

$$uv = k_1 s_1 \tag{6.31}$$

式中，u 是剪力连接件的间距；v 是沿梁长单位长度上的剪力；k_1 表示钢筋与 STC 之间的黏结刚度。为简便起见，假设钢筋混凝土的黏结–滑移本构关系为理想的弹

塑性，可取黏结应力 $\tau_{\mathrm{b}}=2k_{\mathrm{b}}\cdot f_{\mathrm{tkm}}s_1$，黏结系数 k_{b} 取 1.8[4]。

则组合梁顶板 STC 中钢筋与 STC 之间的黏结滑移刚度可表示为

$$k_1 = 11.31ud_{\mathrm{s}}n_{\mathrm{r}}f_{\mathrm{tkm}} \tag{6.32}$$

式中，d_{s} 为钢筋的直径，n_{r} 为钢筋的数量。

2) 钢梁和 STC 交界面之间的相对滑移

根据假设 (1) 和 (2)，可以得出

$$uv = k_2s_2 \tag{6.33}$$

式中，u 是剪力连接件的间距；v 是沿梁长单位长度上的剪力；k_2 表示剪力连接件的抗剪刚度。

则组合梁的相对滑移 s 可表示为 $s = s_1 + s_2$，由于滑移刚度表现为串联关系，则总的滑移刚度可表示为

$$k = \frac{k_1k_2}{k_1 + k_2} \tag{6.34}$$

钢梁与 STC 之间的剪力由总的滑移刚度可表示为

$$uv = ks \tag{6.35}$$

根据梁纵向水平方向上的内力平衡关系可得

$$\frac{\mathrm{d}T}{\mathrm{d}x} = -v \tag{6.36}$$

其中，T 为钢筋传递力 N_{r} 与接缝处 STC 作用的传递力 N_λ 之和，$N_\lambda = \sigma_{\lambda\mathrm{t}}A_{\mathrm{c}}$，$\sigma_{\lambda\mathrm{t}}$ 为由于钢纤维的桥接作用而产生的 STC 部分的拉应力。

对钢梁单元体左侧形心取矩，可得

$$\frac{\mathrm{d}M_{\mathrm{s}}}{\mathrm{d}x} + V_{\mathrm{s}} = vy_{\mathrm{s}} \tag{6.37}$$

由假设 (3)，可得

$$\phi = \frac{M_{\mathrm{s}}}{E_{\mathrm{s}}I_{\mathrm{s}}} \tag{6.38}$$

其中，ϕ 为组合梁截面的曲率；E_{s} 为钢材的弹性模量；I_{s} 为纯钢梁的截面惯性矩。

根据受力平衡关系 $T = N_{\mathrm{s}}$，可知顶板钢筋对应的 STC 单元底部拉应变 $\varepsilon_{\mathrm{tc}}$ 和钢梁顶面的应变 $\varepsilon_{\mathrm{ts}}$ 分别可表示为

$$\varepsilon_{\mathrm{tc}} = \frac{N_{\mathrm{r}}}{E_{\mathrm{s}}A_{\mathrm{r}}} - \phi y_{\mathrm{r}} \tag{6.39}$$

$$\varepsilon_{\mathrm{ts}} = \phi y_{\mathrm{s}} - \frac{N_{\mathrm{s}}}{E_{\mathrm{s}}A_{\mathrm{s}}} \tag{6.40}$$

其中，钢筋作用力 $N_{\mathrm{r}}=N_{\mathrm{s}}-N_{\lambda}=T-N_{\lambda}$；令 $\gamma=N_{\lambda}/T=\sigma_{\lambda\mathrm{t}}A_{\mathrm{c}}/T$，为接缝截面钢纤维作用度，则 $N_{\mathrm{r}}=T-\gamma T$。

则钢梁与顶板钢筋对应的 STC 交界面上的相对滑移效应 ε_{s} 为

$$\varepsilon_{\mathrm{s}}=s'=\varepsilon_{\mathrm{ts}}-\varepsilon_{\mathrm{tc}}=\phi(y_{\mathrm{s}}+y_{\mathrm{r}})-\frac{T}{E_{\mathrm{s}}A_{\mathrm{s}}}-\frac{T-\gamma T}{E_{\mathrm{s}}A_{\mathrm{r}}} \tag{6.41}$$

将式 (6.38) 代入式 (6.37)，并考虑到式 (6.35)，便有

$$\frac{\mathrm{d}\phi}{\mathrm{d}x}(E_{\mathrm{s}}I_{\mathrm{s}})=ksy_{\mathrm{s}}/u-V_{\mathrm{s}} \tag{6.42}$$

对式 (6.41) 求导，并将式 (6.42) 和式 (6.36) 代入，就可以得到

$$\frac{\mathrm{d}^2s}{\mathrm{d}x^2}=\alpha^2s-\beta V_{\mathrm{s}} \tag{6.43}$$

式中，$\alpha^2=\dfrac{K}{u}\left(\dfrac{1}{E_{\mathrm{s}}A_{\mathrm{s}}}+\dfrac{1-\gamma}{E_{\mathrm{s}}A_{\mathrm{r}}}+\dfrac{y_{\mathrm{s}}\left(y_{\mathrm{s}}+y_{\mathrm{r}}\right)}{E_{\mathrm{s}}I_{\mathrm{s}}}\right)$；$\beta=\dfrac{y_{\mathrm{s}}+y_{\mathrm{r}}}{E_{\mathrm{s}}I_{\mathrm{s}}}$。

求解微分方程，可得到对于弯剪段有 $V_{\mathrm{s}}=P$，利用边界条件可得弯剪段的滑移方程：

$$S=\frac{\left(\mathrm{e}^{\alpha b}+\mathrm{e}^{-\alpha b}\right)\left(\mathrm{e}^{-\alpha(l-x)}+\mathrm{e}^{-\alpha x}\right)\beta p}{2\left(1+\mathrm{e}^{-\alpha l}\right)\alpha^2}+\frac{\beta p}{\alpha^2} \tag{6.44}$$

对于纯弯段有 $V_{\mathrm{s}}=0$，利用边界条件可得纯弯段的滑移方程：

$$S=\frac{\left(\mathrm{e}^{-\alpha(l-b)}-\mathrm{e}^{-\alpha b}\right)\left(\mathrm{e}^{\alpha x}-\mathrm{e}^{-\alpha x}\right)\beta p}{2\left(1+\mathrm{e}^{-\alpha l}\right)\alpha^2} \tag{6.45}$$

其中，l 为梁长，$2b$ 为梁纯弯段长度。对上式求导数，得纯弯段交界面处的滑移应变为

$$\varepsilon_{\mathrm{s}}=\frac{\left(\mathrm{e}^{-\alpha(l-b)}-\mathrm{e}^{-\alpha b}\right)\left(\mathrm{e}^{\alpha x}+\mathrm{e}^{-\alpha x}\right)\beta P}{2\left(1+\mathrm{e}^{-\alpha l}\right)\alpha} \tag{6.46}$$

由此可得到滑移应变 ε_{s} 引起的附加曲率 $\Delta\phi$ 为

$$\Delta\phi=\frac{\varepsilon_{\mathrm{s}}}{h_{\mathrm{a}}} \tag{6.47}$$

式中，h_{a} 为钢梁底缘和钢筋形心之间的距离。

因 $\phi=f''$ 并沿梁长进行积分，然后代入边界条件并注意到 $\mathrm{e}^{-\alpha t}\approx 0$，可得组合梁两点对称加载作用下滑移效应引起的跨中附加挠度为

$$\Delta f=\frac{2\beta P}{h}\left(\frac{l-2b}{2\alpha^2}-\frac{\mathrm{e}^{-\alpha b}}{\alpha^3}\right) \tag{6.48}$$

则当考虑滑移效应时，组合梁的总挠度为

$$f=f_0+\Delta f \tag{6.49}$$

其中，f_0 为组合梁的挠度，其可通过弹性换算截面法计算得到；Δf 为组合梁层间滑移而引起的附加挠度。

两点负弯矩加载时组合梁跨中总挠度可表示为

$$f=\frac{Pl^3}{48EI}\left[2\left(l/2-b\right)^3+3b\left(l/2-b\right)\right]+\frac{2\beta P}{h}\left(\frac{l-2b}{2\alpha^2}-\frac{\mathrm{e}^{-\alpha b}}{\alpha^3}\right) \tag{6.50}$$

则可得到组合梁接缝截面的折减刚度：

$$B=\frac{EI}{1+\xi} \tag{6.51}$$

其中，刚度折减系数可表示为

$$\xi=\frac{48EI\beta}{l^3h}\left(\frac{l-2b}{\alpha^2}-\frac{2\mathrm{e}^{-\alpha b}}{\alpha^3}\right)\Big/\left[2\left(l/2-b\right)^3+3b\left(l/2-b\right)\right] \tag{6.52}$$

式 (6.51) 计算得到的组合梁的刚度只能代表开裂后的截面刚度，从对组合梁试验观察中，实际的 STC 接缝在荷载作用下发生开裂，如图 6.40(a) 所示，在接缝开裂时，两裂缝之间的 STC 仍然处于未开裂状态，即此时接缝处刚度最小，两裂缝之间刚度最大，沿梁长方向实际上为一变刚度梁，其有效截面刚度变化如 6.40(b) 中曲线所示。把图 6.40(b) 中曲线等效成矩形形式，然后再等效成 6.40(c) 中的一条实线即为梁的等效截面刚度。

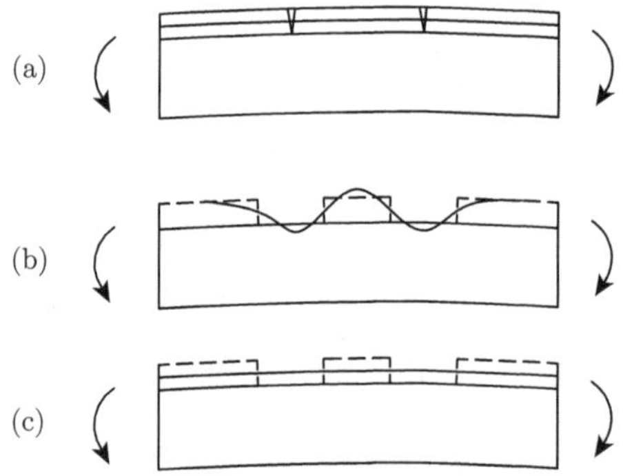

图 6.40 构件截面等效示意图

6.3.5.3 钢-STC 接缝截面裂缝宽度计算

本节钢-STC 强化接缝中焊接局部加强钢筋的强化接缝抗裂性能最好，其作用机理也不同于未焊接局部加强钢筋的强化接缝，其抗裂性能的提高主要是由于焊接的局部加强钢筋在接缝处能提供抗剪连接作用，从而使接缝截面处 STC 和钢板能产生一定的共同受力作用，当然两者之间的滑移效应越大其共同受力作用就越小。在接缝处 STC 作用力减小的部分一部分由钢筋承担，一部分转移到由钢梁承担；而对于未焊接局部加强钢筋的强化接缝而言，接缝处 STC 作用力减小的部分基本由钢筋所承担，原因在于此种受力模式下缺乏将接缝处 STC 作用力减小并部分传递给钢梁的连接件。本节主要介绍适用于焊接局部加强钢筋的钢-STC 组合结构接缝弯曲受拉模式下的裂缝宽度计算公式。

1) 接缝截面钢筋应力计算

设裂缝处由于钢纤维的桥接作用而产生的 STC 部分的拉应力为 $\sigma_{\lambda t}$，则接缝截面初裂后钢筋的拉应力 σ_{sr} 可按下面计算来得到。

由于两点加载时裂缝主要分布在梁跨中区域，则可得到跨中区域截面的滑移应变为

$$\varepsilon_{s0}=s'_{x=0}=\frac{\left(e^{-\alpha b}-e^{-\alpha(l-b)}\right)\beta P}{\left(1+e^{-\alpha l}\right)\alpha} \tag{6.53}$$

由式 (6.41) 得

$$\varepsilon_s=\phi(y_s+y_r)-\frac{T}{E_sA_s}-\frac{T-\gamma T}{E_sA_r} \tag{6.54}$$

由材料力学公式可以得到曲率与弯矩关系为

$$\phi=\frac{M}{B} \tag{6.55}$$

式中，B 为组合梁接缝截面的折减刚度。

由式 (6.53)~ 式 (6.55) 可以求得拉力 T，从而可得出钢筋应力 σ_{sr} 和应变 ε_{sr} 分别为

$$\sigma_{sr}=ME_sA_0(y_s+y_r)/(BA_r)+E_sA_0\varepsilon_{s0}/A_r,\quad \varepsilon_{sr}=\frac{\sigma_{sr}}{E_r} \tag{6.56}$$

式中，$\dfrac{1}{A_0}=\dfrac{1}{A_s}+\dfrac{1-\gamma}{A_r}$。

由接缝开裂截面钢筋应力计算公式 (6.56) 可见钢筋应力第一项为不考虑滑移钢筋应力，第二项为考虑滑移钢筋产生的附加应力。

2) 裂缝宽度的计算

对于钢-STC 组合梁，由于 STC 的高强性能，钢-STC 剪力连接键破坏时通常表现为剪力钉直接剪断 [12]，在接缝初裂时对于钢-STC 组合梁中 STC 现浇截面段可认为钢与 STC 连接可靠，而在试验梁加载试验中 (图 6.33)，在现浇截面段应变符合平截面分布，因此对 STC 现浇截面段可忽略钢与 STC 交界面上的滑移。根据黏结滑移理论由未开裂区域钢筋应力与开裂区域钢筋应力之间存在的关系，钢筋应力图形是以开裂截面钢筋应力 σ_{sr} 为最大值连续变化的曲线。STC 受拉构件的应变分布如图 6.19 所示。

对于加强钢板接缝形式的裂缝宽度计算理论分析与 6.2.5 节中加强钢筋接缝形式的裂缝宽度计算理论分析相同，具体计算见 6.2.5 节相关内容。

根据 6.2.5 节的理论分析可得到基于综合裂缝理论的钢-STC 组合结构的 STC 层接缝在负弯矩作用下钢筋位置处的裂缝宽度计算公式：

$$\begin{aligned} w_{\max} &= s_{\mathrm{r,max}} \cdot (\varepsilon_{\mathrm{sm}} - \varepsilon_{\mathrm{cm}}) \\ &= 2c_2(1-\beta)\left(k \cdot c_1 + \frac{(\zeta\sigma_{\mathrm{sr}} - \alpha_{\mathrm{E}} \cdot \sigma_{\mathrm{ct}})d_{\mathrm{s}}}{4\tau_{\mathrm{bm}}}\right)\frac{\zeta\sigma_{\mathrm{sr}}}{E_{\mathrm{s}}} \end{aligned} \tag{6.57}$$

其中，ζ 为钢筋应力折减系数；其余参数与式 (6.20) 中含义相同。该公式同样仅适用于现浇 STC 未开裂时接缝裂缝宽度的计算。

STC 层表面裂缝宽度 $w_{\mathrm{t,max}}$ 可由式 (6.21) 计算得到。

钢-STC 组合结构湿接缝负弯矩作用下，STC 层初裂时相应最大裂缝宽度的计算结果如表 6.6 所示。由表中可见，考虑到接缝裂缝作用机理的复杂性，对于接缝界面分不凿毛和凿毛两种情况来考虑。当不考虑接缝界面凿毛 (界面粗糙度 λ=0) 时，即不考虑接缝钢纤维的作用，最大裂缝宽度计算值与实测值均相差较大，其中焊接局部加强钢筋 (工况一) 计算值与实测值比值为 125.0%，未设置加强钢筋的比值最大达到 139.6%；当考虑试件所有接缝结合面均凿除 10mm STC，界面粗糙度统一取 λ=0.2 时，焊接局部加强钢筋计算值与实测值比值为 111.4%，而未设置加强钢筋和未焊接加强钢筋的比值分别达到 112.4%和 102.6%。两者的差异主要源于接缝面钢纤维的桥接作用而引起的钢筋应力及应力传递长度上的差异。

表 6.6　钢-STC 组合结构湿接缝最大裂缝宽度计算结果

工况	初裂荷载/kN	名义拉应力/MPa	不凿毛 (λ=0)		凿毛 (λ=0.2)		最大裂缝宽度实测值/mm	②/实测值
			钢筋应力/MPa	计算值①	钢筋应力/MPa	计算值②		
工况一	302	19.7	224.9	0.0625	211.2	0.0557	0.05	111.4%
工况二	238	15.5	233.2	0.0698	206.8	0.0562	0.05	112.4%
工况三	260	17.0	218.4	0.0613	197.6	0.0513	0.05	102.6%

从接缝裂缝宽度的试验和计算结果来看，对于未设置局部加强钢筋 (工况二) 和设置局部加强钢筋 (工况三) 相比，接缝配筋率越大，接缝抗裂能力越好，因为配筋率的提高可以减小钢筋应力并加强接缝处 STC 的连接作用；对于焊接局部加强钢筋 (工况一) 和设置局部加强钢筋 (工况三) 情况而言，焊接局部加强钢筋和未焊接局部加强钢筋对接缝的受力机理分析完全不同，焊接局部加强钢筋在接缝处提供抗剪连接作用，使接缝截面处 STC 和钢板能产生一定的共同受力作用，当然其提供的抗剪刚度越接近组合梁的总的滑移刚度，计算结果越可靠。总之，界面钢纤维作用对接缝而言是有利的，为改善接缝的受弯拉性能，应当在施工时对 STC 接缝面进行适当的凿毛处理以便提高界面粗糙度。

6.4 企口接缝湿接缝静力弯曲受拉性能

6.4.1 方案构造

企口接缝湿接缝主要用于 STC 装配式施工的情形。预制的 STC 板在栓钉处预留灌浆孔，在周边做成外宽内窄的企口，如图 6.41 所示，将预制的 STC 板安放在焊有栓钉的钢面板上之后，现浇灌浆孔和接缝以形成组合桥面板。预制的 STC 板与后浇筑的 STC 接缝中均配有钢筋并相互连接 [13]。

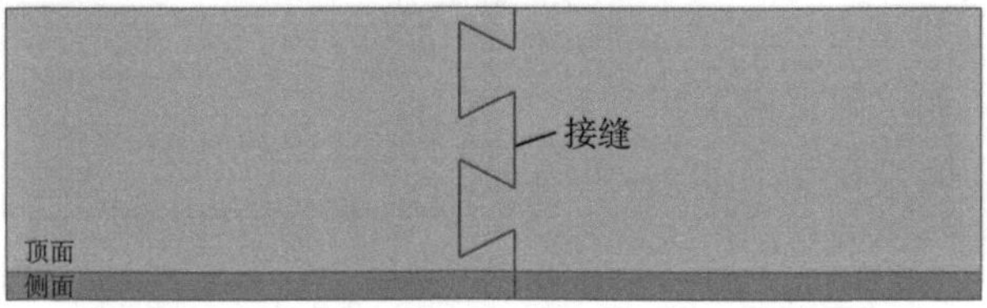

图 6.41 STC 企口接缝湿接缝连接形式示意图

为研究企口接缝湿接缝连接形式的力学性能和抗裂性能，设计制作了 1 片包含 3 个 U 肋的试验梁，其中包含了大小 2 种企口湿接缝连接形式，在测试过程中，测量了接缝 STC 层表面的应变和最大裂缝宽度。研究了不同企口湿接缝连接形式的力学性能和抗裂性能。最后结合理论分析，为该种湿接缝连接形式建立初步的设计计算方法。

6.4.2 试验模型设计与制作

为了研究在 STC 板浇注前后接缝受力和开裂情况，参照某座大桥 [1] 正交异性钢桥面结构，设计了企口接缝连接形式的装配式 STC 组合桥面结构，并制作了试验模型，如图 6.42 所示。

试验模型在横桥向取三个 U 肋条带，宽度为 1.8 m，U 肋高度为 260mm，钢面板厚度为 12mm，超薄 STC 层厚度为 50mm；试验梁钢板采用 Q345 钢材，STC 层横向和纵向分别布置了间距为 50mm 的 Φ12mm HRB400 钢筋，在湿接缝的相连区域纵、横向钢筋均采用对接焊接起来，另外，横向钢筋位于纵向钢筋之上。试验模型长为 2.4m，在试验模型中，采用了剪力钉来确保 STC 层和钢面板之间的组合作用，剪力钉的直径为 13mm，高度为 35mm。为了形成预制和现浇混凝土层之间的新老混凝土接缝结合面，试验模型预制 STC 层混凝土安装到位后再现浇 STC 混凝土。

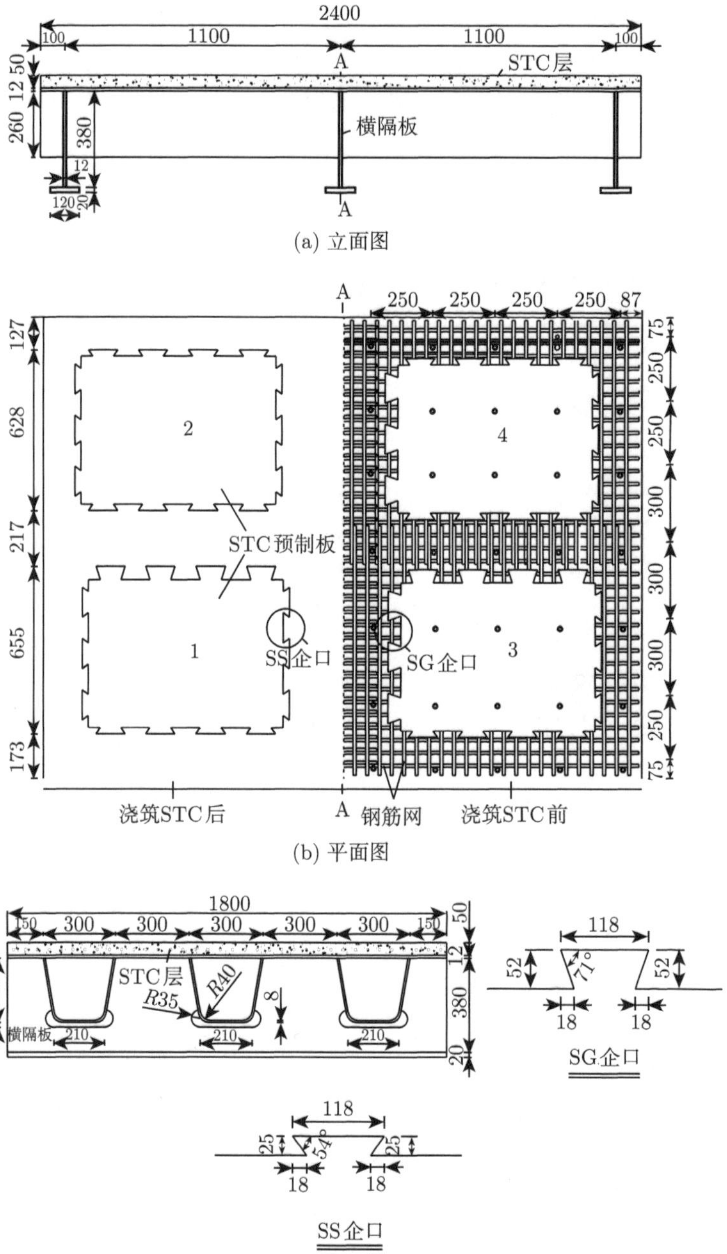

图 6.42　试验模型构造详图 (单位：mm)

试验模型制作过程 (图 6.43) 如下：

(1) 工厂制作正交异性钢桥面，并在钢面板顶面做防腐处理，然后在钢面板上焊接剪力钉；

(2) 先浇筑 STC 预制桥面板，STC 预制板周围布置有外宽内窄的企口接缝，STC 预制板预留了 6 个 Φ13mm×35mm 的剪力钉孔以及预留出了焊接纵、横向钢筋；

(3) 在钢桥面顶面及剪力钉涂抹黏结剂，然后布设 STC 预制板，布置纵、横向钢筋 (纵向钢筋在下，横向钢筋在上)；

(4) 浇筑现浇 STC 层，并在浇筑终凝后进行 90℃ 以上热养护，持续 3d；

(5) 模型测试前布置测试计。

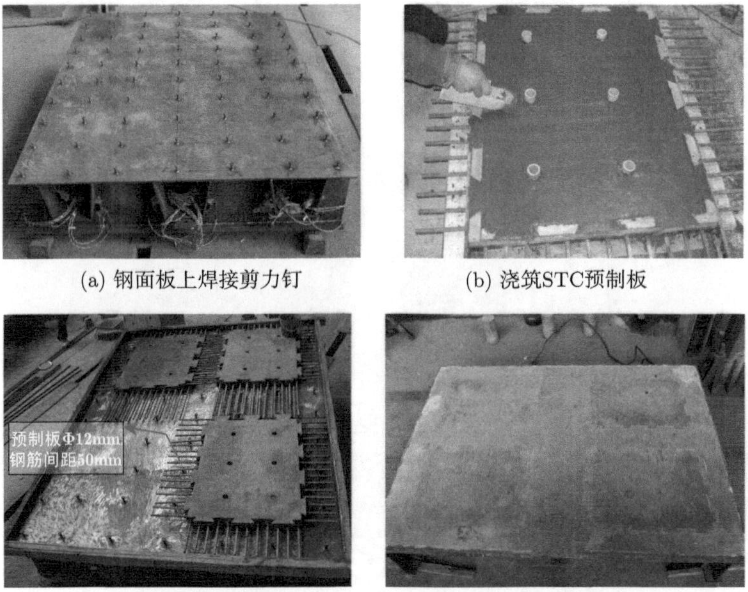

(a) 钢面板上焊接剪力钉 (b) 浇筑STC预制板

(c) 布设STC 预制板 (d) 装配式组合桥面

图 6.43 试件制作过程

足尺模型的 STC 层达到强度后，STC 表面未出现任何收缩裂缝。

6.4.3 试验加载方案及测点布置

6.4.3.1 试验装置及加载方案

为了测试组合桥面结构企口接缝的力学性能和抗裂性能，模型试验梁使用纵向悬臂加载方式进行了测试。试验模型梁负弯矩试验的加载示意图如图 6.44 所示，由图中可见，将试验梁中间横隔板置于加载支撑台座上并固定，然后跨中位置千斤顶通过纵向分配梁间接作用在放置于两端横隔板上的两个横向钢梁上，并通过自上而下的加载方式来实现横向悬臂加载。主要控制截面为纵向跨中截面、靠近跨中位置企口接缝所对应的截面。静力加载试验过程通过千斤顶逐级分次加载，在每级加载后测量 STC 表面裂缝宽度。

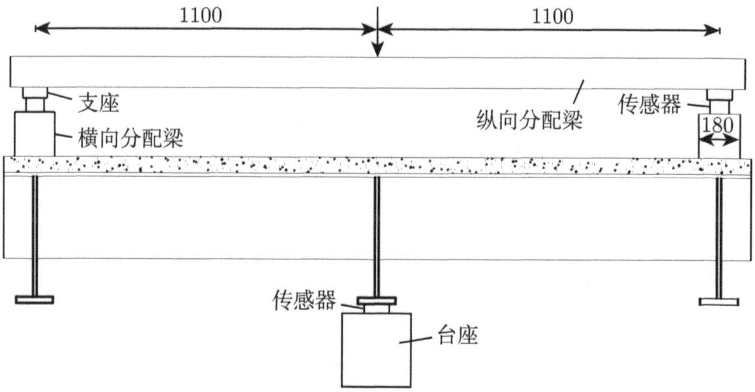

(a) 立面图

(b) 加载试验装置图

图 6.44　试验模型及加载装置图 (单位：mm)

试验过程及加载控制方式为：通过跨中千斤顶逐次分级加载，由 0kN 开始，加载等级为 40kN，待试验数据稳定后，采集数据并进行下一级加载，记录主裂缝的宽度及对应荷载。当发现首条肉眼可见细微裂缝时，加载荷载为 600kN，为了悬臂对称加载安全以及其他后续试验的需要，试验模型加载到 720kN 后停止加载，并记录裂缝发展情况。

6.4.3.2　测点布置

本试验测量内容为关键位置的应变、挠度、负弯矩区企口接缝位置裂缝宽度，布置测点具体如下。

(1) 位移 (挠度) 测点。挠度是宏观测量值，能反映构件的整体工作性能，分别在试验梁中间支座处、1/4 跨和加载端布置百分表对挠度进行了测量。位移测点布置如图 6.45 所示。

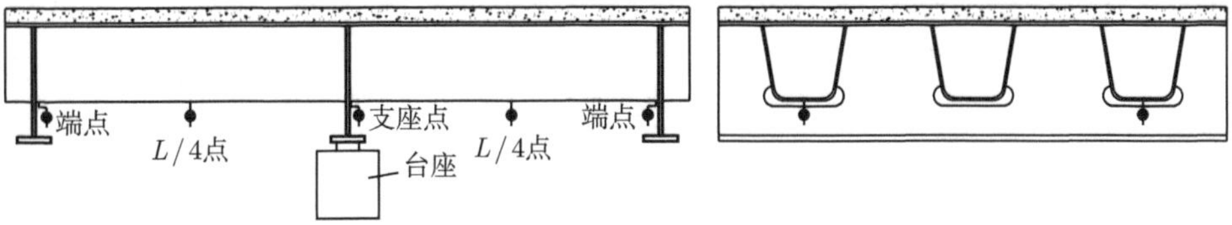

图 6.45 位移测点布置

(2) 应变测点。为测量 U 肋底部和 STC 层表面的应变分布情况，在纵向 U 肋以及 STC 层表面布置电阻应变片，用于测量 U 肋底部及 STC 层表面应力分布规律。对于在 STC 表面企口接缝处，除了布置电阻应变片 (长度为 5cm 混凝土应变片) 以外，为了防止电阻应变片由于接缝开裂而测量失效还布置了引伸仪位移计 (基距为 10cm) 进行测量；其测点布置如图 6.46、图 6.47 所示。

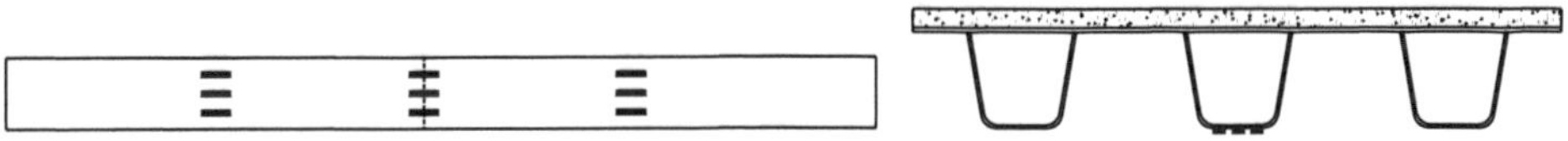

图 6.46 底板测点布置

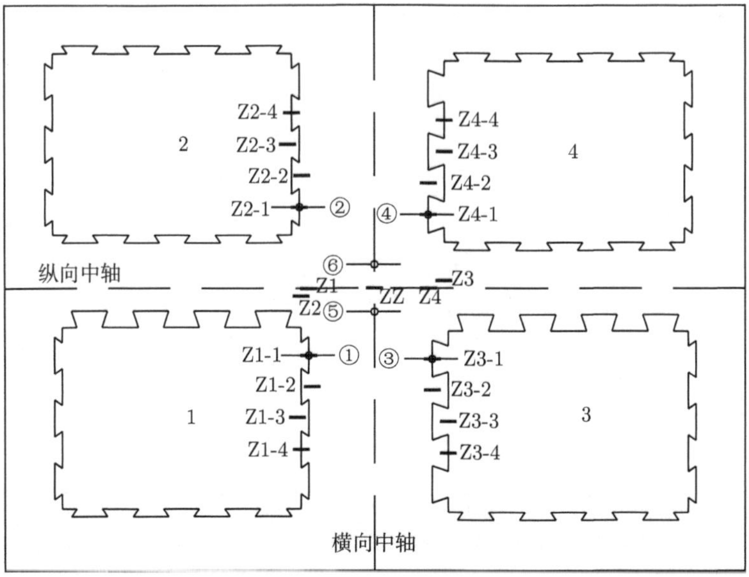

图 6.47 STC 顶板测点布置

(3) 引伸仪位移计测点。为了解企口接缝处裂缝分布及发展情况，用智能裂缝宽度观测仪观察裂缝宽度。

6.4.4 试验结果与分析

6.4.4.1 荷载–挠度关系

对试验梁进行悬臂对称加载试验，梁端测点位置处荷载–挠度关系曲线如图 6.48 所示。

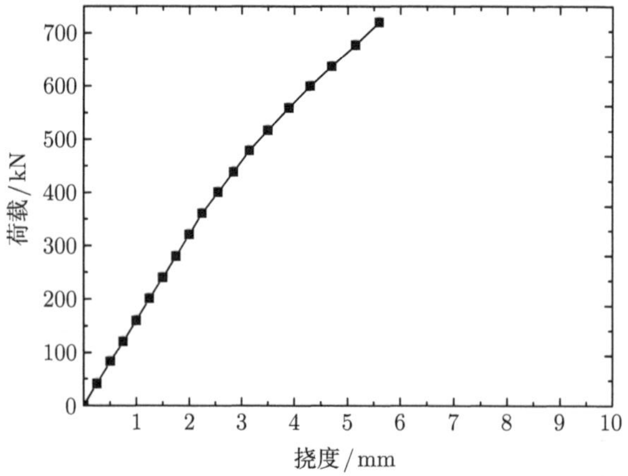

图 6.48　模型悬臂端荷载–挠度关系曲线

由图 6.48 实测数据表明，荷载–挠度曲线近似为线性，说明结构刚度处于良好的弹性阶段，梁的刚度没有因为裂缝的发展而显著降低，试验梁仍然有较好的受力性能。其主要原因是钢-STC 组合桥面结构模型试验中钢梁对结构整体抗弯刚度的贡献较大，所以引起试验模型荷载跨中挠度曲线的斜率即刚度变化较小，STC 接缝开裂后，企口的 "咬合" 作用与钢筋的增强作用，共同抑制了接缝开裂宽度的发展。随着荷载的继续增加，由于模型试验梁的中性轴靠近钢梁顶板，且钢梁底板的屈服强度低于钢筋的屈服强度，最终使钢梁底板先发生屈服，但此时钢筋和钢梁顶板还未屈服，模型梁荷载–挠度曲线整体上还处于上升段而并未达到其弯曲承载力。当模型试验梁加载最大荷载为 720kN 时，对应横隔板挠度最大位移试验值为 5.6mm。

6.4.4.2 STC 层接缝荷载–应变关系

钢-STC 试验梁模型 STC 层表面企口接缝位置荷载–应变曲线如图 6.49 所示。其中，图 6.49(a) 所示为电阻应变片测量结果，从试验结果中可以看出，在相同荷载作用下，靠近模型结构纵向中轴位置企口接缝应变比远离纵向中轴位置企口接缝应变要大；而靠近横向中轴位置的对应企口接缝的荷载–应变曲线较为接近，但是由于 SG 企口位置比 SS 企口距离横向中轴位置要近，可见 SG 企口受力性能要优于 SS 企口的受弯性能。接缝位置处应变要大于悬臂根部 (支座位置截面)STC 现浇位置的应变 ZZ，即接缝位置处应变要比模型 STC 层现浇应变最大值还要大。

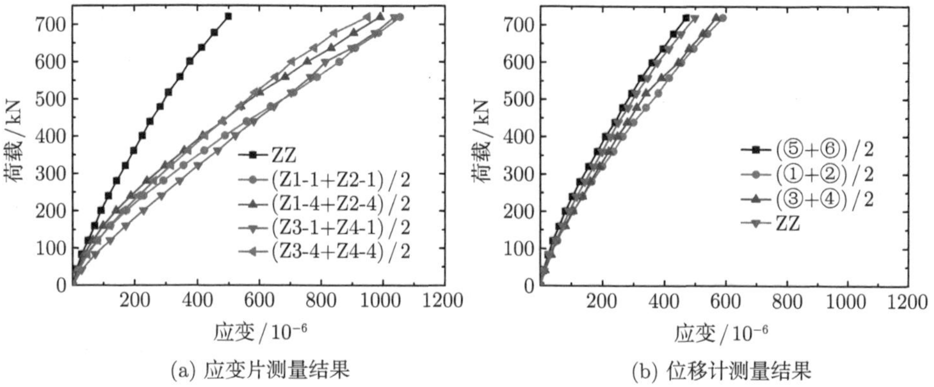

图 6.49　企口接缝 STC 荷载–应变曲线

图 6.49(b) 所示为引伸仪位移计测量结果，从荷载–应变曲线结果来看，SG 企口和 SS 企口接缝抗拉性能较为接近，但 SG 企口抗拉性能稍优于 SS 企口接缝抗拉性能，因为相同荷载作用下 SG 企口接缝应变稍微要小一点。然后可以注意到悬臂根部 (支座位置截面)STC 现浇位置的应变用电阻应变片和引伸仪位移计测量结果较为接近，而企口接缝应变两者测量结果有较大不同，原因是两者测量应变基距不同造成的，应变片基距小测量结果反映了企口接缝局部的应变结果，而位移计基距大测量结果反映了企口接缝更大范围的应变结果；从试验结果可以看出，对于 STC 现浇位置应变，由于 STC 未开裂，应变片和位移计测量结果较为接近，两者测量结果吻合较好；对于企口接缝位置，由于湿接缝的存在，接缝 STC 基体和钢纤维断开，实际上是存在施工缝的，所以应变片测量的接缝位置应变要远大于 STC 现浇连续位置，但是又由于位移计基距大 (10cm)，而接缝位置由于企口的“咬合”作用，位移计基距范围内 STC 层平均应变较为接近 STC 现浇连续位置，反映了企口接缝企口具有良好的工作性能。

试验模型企口接缝处应变近似接近为线性变化，当荷载为 600kN 时，企口接缝处最大应变达到 858με，发现肉眼可见的细微裂缝，裂缝宽为 0.03mm，长为 23mm，而此时与企口接缝位置对应的 STC 现浇位置处的最大应变为 445με，换算为 STC 的名义拉应力为 18.9MPa。

6.4.4.3　裂缝特征

由于模型试验梁包含三个 U 肋，整体上来说刚度较大，在加载初始阶段，接缝并未出现裂缝表现了良好的抗裂性能，随着荷载的逐渐增大，直至荷载达到 600kN 时，接缝处初始拉伸裂缝开始出现。试验后的试验模型的裂缝分布如图 6.50 所示。

当荷载加至 600kN 时，1 号 STC 预制板在远离中轴的 SS 企口接缝处首次发现宽度为 0.03mm，长度为 23mm 的细微裂缝。当荷载加至 640kN 时，此条裂缝宽度发展为 0.04mm，长度增长到 30mm；同时在 1 号、3 号 STC 预制板其他企口接缝处发现 4 条宽度为 0.03mm 的裂缝，而此时 2 号、4 号 STC 预制板直到加载至 720kN 终止均未发现裂缝。可见，整体上来说企口接缝表现了良好的抗裂性能和受力性能，企口对 STC 层接缝的“咬合”作用，加强了接缝两侧 STC 层之间的相互作用，并对接缝位置 STC 有更好的约束，更有利于接缝两侧 STC 层之间力的传递。值得注意的是，STC 层表面连续现浇位置到加载结束均未出现肉眼可见的裂缝。

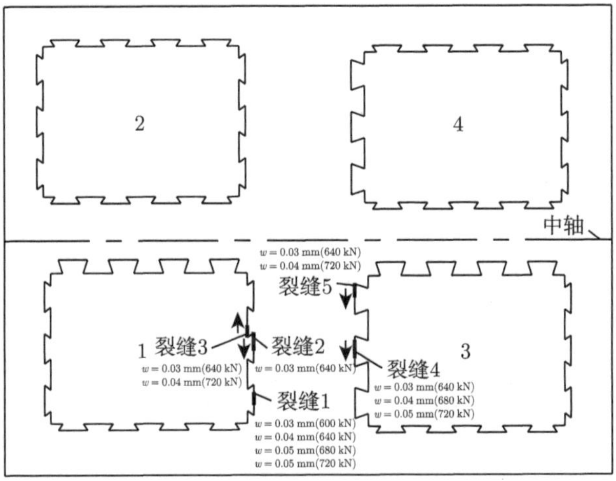

图 6.50　试验模型裂缝分布图

从裂缝出现先后来看，SS 企口接缝处首先出现肉眼可见裂缝 (0.03mm)，可见，SG 企口抗裂性能要略优于 SS 企口。通过企口的作用可以使接缝承受的拉应力转化为剪应力，并且 SG 企口还配置了直径 12mm 的钢筋，更有利于提高接缝截面的抗剪能力及降低接缝开裂风险。

STC 初裂名义拉应力如表 6.7 所示。从试验结果可以看出，当接缝开裂时，大企口接缝形式对应的 STC 初裂应力为 24.6MPa，可以满足广东虎门大桥轻型组合桥面结构方案中 STC 层最大拉应力为 10.08MPa(整体应力 + 局部应力) 的要求。但是企口接缝现浇施工不方便，凿毛更不方便。这种接缝形式更适合于预制装配化施工的情形。

表 6.7　STC 初裂名义拉应力　　(单位：MPa)

	小企口	大企口
初裂应力 σ_a	22.9	24.6

通过上述试验梁加载试验结果可见企口接缝形式具有良好的抗裂性能。值得指出的是，大企口接缝形式对应的 STC 初裂应力为 24.6MPa，而小企口接缝形式对应的初裂应力为 22.9MPa，但是对于连续现浇位置的 STC 层表面，其到加载结束均未出现肉眼可见的裂缝。

6.4.5　钢-STC 企口接缝静力弯曲拉伸性能

6.4.5.1　钢-STC 企口接缝受力分析

通过前面的模型试验结果，可见对企口接缝而言，由于预制 STC 层和现浇 STC 层的结合面处 STC 不连续，其结合面的抗拉强度变为“零”。为了将预制和现浇 STC 层有效连接起来，从而不影响 STC 层整体抗拉强度，设计了企口连接方式，依靠企口的“咬合力”提高薄弱结合面的抗拉强度。为了更好地了解企口接缝湿接缝受力机理，下面对企口接缝的受力行为来进行分析。由于预制板的特性及企口接缝面凿毛困难，这里分析不考虑接缝面 STC 中钢纤维的桥接作用。

STC 企口接缝示意图如图 6.51 所示，在实际工程中企口接缝沿横桥向是连续布置的，图中只显示了包含一个完整企口的预制 STC 层和两个完整企口的后浇 STC 层的梁模型。由图 6.51(a) 中可见，STC 可能的薄弱截面在 A-A 截面或 B-B 截面，由于企口的对称性，其实这两个截面中接缝面的总面积在截面占比是一样的，故在梁模型截面分析中这两个薄弱截面可任取一个来进行分析；而接缝可能开裂位置见图中 S1 和 S2 接缝面。图 6.51(b) 是常见的几种企口形式：外宽内窄企口形式、外窄内宽企口形式和矩形企口形式。

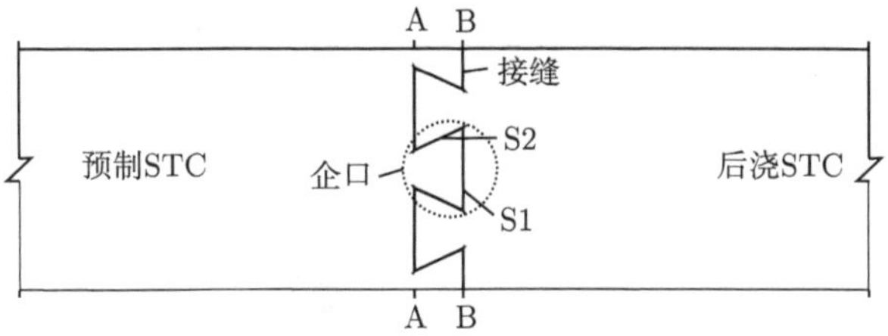

(a) STC层企口接缝示意图

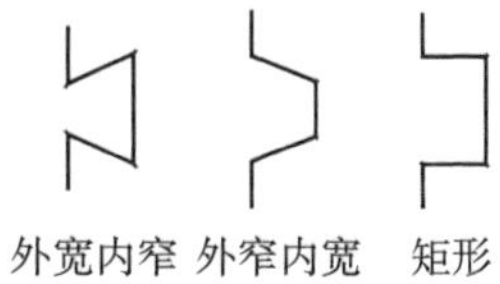

(b) 常见企口形式

图 6.51　STC 企口接缝示意图

对于接缝可能开裂位置 S2 接缝面分析可基于弹性力学理论分析，利用弹性力学中 Mohr 圆的概念，将接缝面设置在拉应力较小的界面处，一点的应力状态如图 6.52 所示。

假设该点只有 x 向正应力 σ_x 作用，则在与 x 方向夹角为 θ 的界面上，正应力可以表示如下：

$$\sigma_{\mathrm{n}} = \sigma_x \cos^2\theta = \sigma_x \frac{1}{1+\tan^2\theta} \tag{6.58}$$

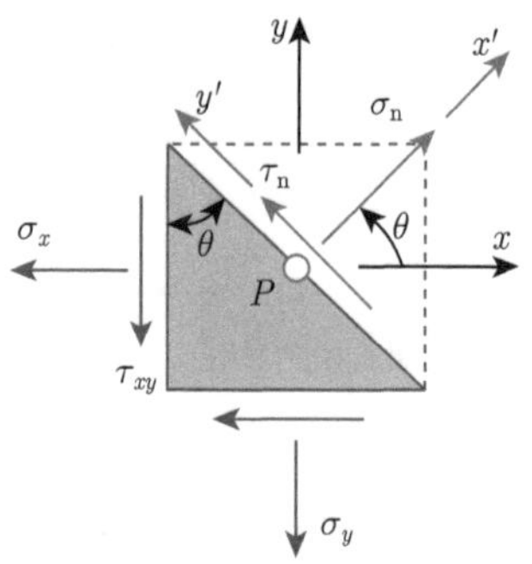

图 6.52　一点应力状态示意图

可见，S2 接缝界面正应力与接缝设置角度有关，若采用外窄内宽企口形式，界面正应力 $\sigma_{\rm n}$ 明显大于零即出现拉应力，对接缝界面受力不利；若采用矩形企口形式，接缝设置角度为 π/2，此时 $\tan\theta$ 趋近于无穷大，界面正应力 $\sigma_{\rm n}$ 接近为零；若采用外窄内宽企口形式，则此时 σ_x 对界面变为了挤压作用，界面正应力 $\sigma_{\rm n}$ 小于零变为压应力，这正是接缝理想的受力形式，避免了接缝开裂。所以采用外宽内窄企口形式，S2 接缝界面不会存在开裂风险，这与试验结果相符。

对于接缝可能开裂位置 S1 接缝面分析，企口接缝受力示意图如图 6.53 所示，其中企口受力中 $\sigma_{\rm c}$ 为 STC 连续部分应力，其最大值应小于 STC 抗拉强度 $f_{\rm cf}$；企口角度设为 α，后浇 STC 层对企口产生的挤压力为 p，假设接缝界面摩擦系数为 μ，则后浇 STC 层对企口接缝界面间的摩阻力 f_p 为

$$f_p = \mu p \tag{6.59}$$

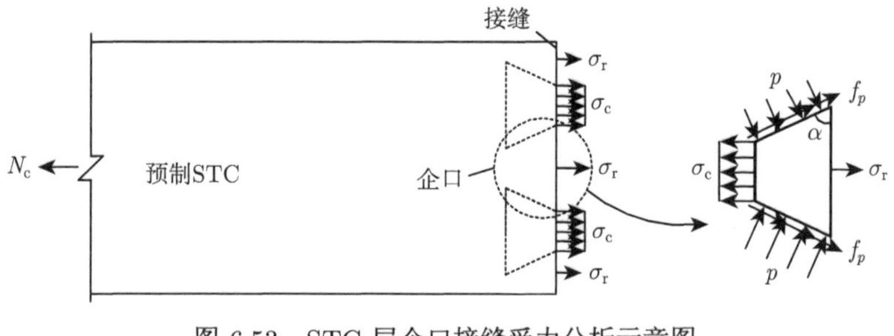

图 6.53　STC 层企口接缝受力分析示意图

企口 S1 接缝面存在钢筋作用力 $\sigma_{\rm r}$，显然 $\sigma_{\rm r}$ 越小，接缝界面受力越有利。假设挤压力 p 与摩阻力 f_p 的合力为 R，R 的水平分力为

$$R_x = R\sin(\alpha + \arctan\mu) \tag{6.60}$$

由企口水平方向受力平衡可知，R_x 越大则接缝界面钢筋所受到的作用力就越

小。由式 (6.59) 可见 R_x 与企口角度 α 以及接缝界面摩擦系数 μ 有关，若取一般工程材料，摩擦系数 μ=0.45，可得到企口角度 α 约为 66°，则接缝界面钢筋所受到的作用力最小。本试验方案中 SG 企口中在企口 S2 接缝面处还通过有横向钢筋，增加了 f_p 方向的力，故要使接缝界面钢筋所受到的作用力最小，相应企口角度 α 可能会有所增大。

由于 STC 企口受力的复杂性，并且还受到钢梁作用的影响，下面通过 ANSYS 有限元软件来分析合理的企口设置角度，对试验模型截取 1 个 U 肋条带来进行分析，同时考虑材料非线性及几何非线性，STC 部分采用三维 8 节点实体单元 solid65，钢材采用三维 4 节点弹性壳单元 shell63，用 Pipe20 模拟钢筋作用，STC 的本构关系采用理想的弹塑性模型，钢材和钢筋根据《钢结构设计规范》[14] 中规定，采用双线性本构关系，泊松比取 0.3。不同于现浇 STC 层，STC 接缝处忽略钢纤维的拉接作用；采用 conta173，targe170 面 - 面接触单元模拟 STC 先浇部分与后浇部分在企口处的接触问题，取一般工程结构摩擦系数为 0.45；钢-STC 组合结构假设连接可靠，不考虑两者之间的滑移。

有限元计算模型如图 6.54(a) 所示，采用两端对称加载，中间两横隔板设为支座。该模型单元总数为 5 万余个，节点总数为 4 万余个。在加载分析中分 10 个荷载子步加载至 480kN。其中企口的单元划分如图 6.54(b) 所示。

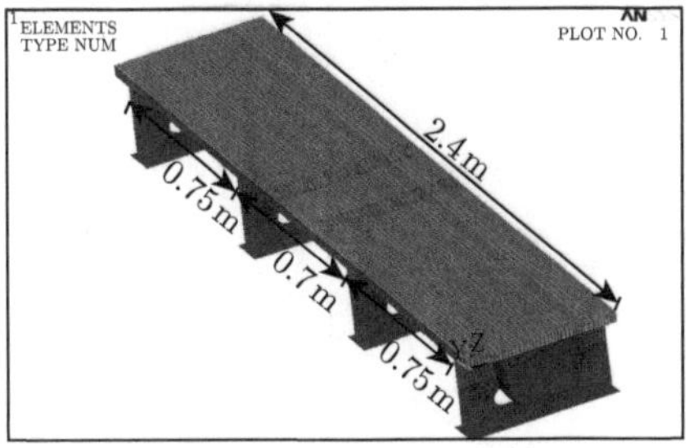

(a) 计算模型

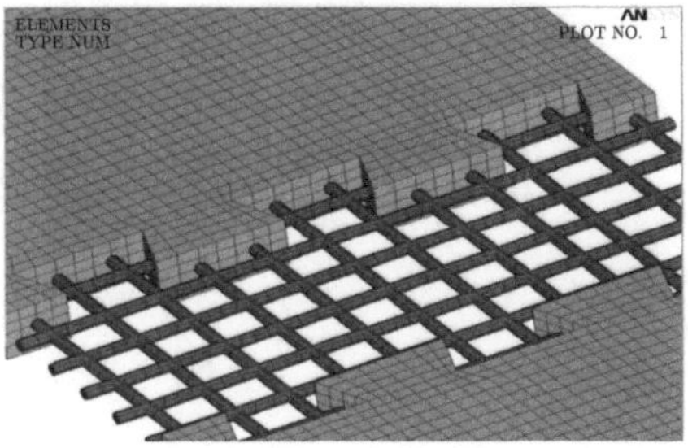

(b) 企口单元划分

图 6.54 企口接缝有限元计算模型

利用有限元计算模型，对 SG 企口形式分别设计了 66°、71°、76° 三种企口角度，通过分析得到不同企口角度在荷载作用下接缝处钢筋应力的关系如图 6.55 所示，由图中可见，企口接缝处钢筋应力基本呈线性变化，且当企口角度为 71° 时，接缝处钢筋应力最小，说明企口角度 71° 为理想角度；同时，可以发现企口角度小范围改变对钢筋应力影响并非显著。

计算模型中跨中位置现浇 STC 层表面在不同企口角度时的跨中 STC 表面荷载–名义拉应力曲线如图 6.56 所示。由图中可以看出，企口角度变化对跨中位置现浇 STC 层表面名义拉应力影响很小，可见企口角度的改变只对企口范围内接缝位置附近有影响，而对于企口范围外 STC 层基本无影响。

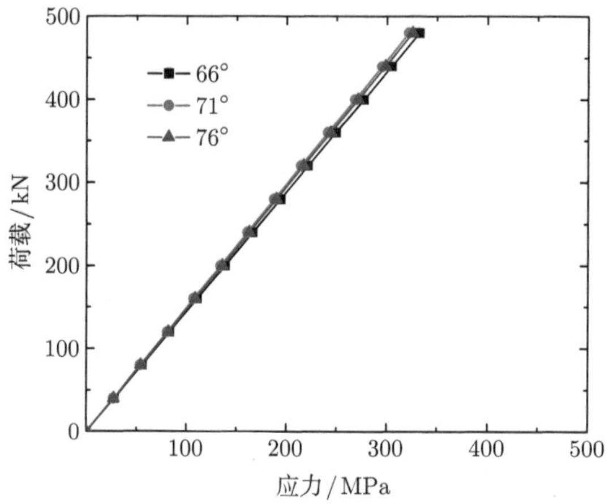

图 6.55　接缝处钢筋荷载–应力

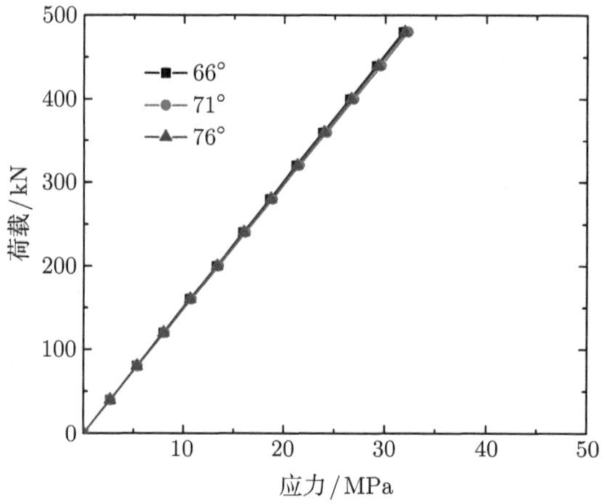

图 6.56　跨中 STC 表面荷载–名义拉应力

企口角度为 71° 时接缝处钢筋应力为 211MPa，此时对应跨中位置钢筋应力为 91.7MPa，由于接缝的存在，接缝钢筋应力远大于现浇位置钢筋应力，这也是接缝在荷载作用下先发生开裂的原因。在受弯荷载作用下，不同企口角度 STC 接缝荷载–裂缝宽度如图 6.57 所示。可见，企口接缝处裂缝宽度 ANSYS 计算值基本呈线性变化，且当企口角度为 71° 时，接缝裂缝宽度最小，说明企口角度 71° 为理想角度。同时，可以发现企口角度小范围改变对接缝裂缝宽度影响不显著。

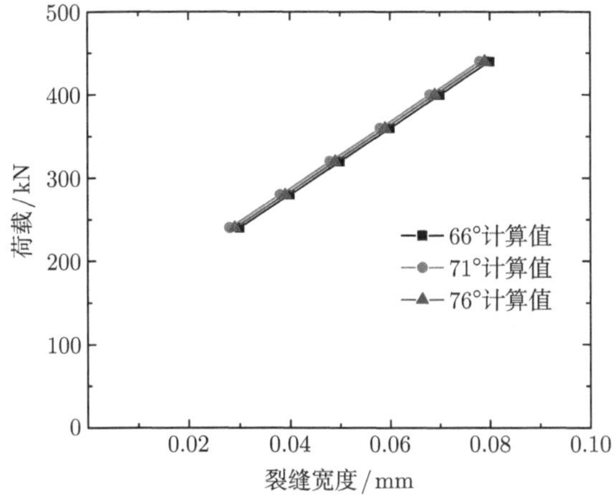

图 6.57 接缝荷载–裂缝宽度

考虑到钢筋对企口接缝的影响，对 71° 企口角度的企口配置了两种钢筋网布置方式：50mm×50mm 间距钢筋网和 30mm×30mm 间距钢筋网，如图 6.58 所示。钢筋均采用 Φ12mm 的 HRB400。

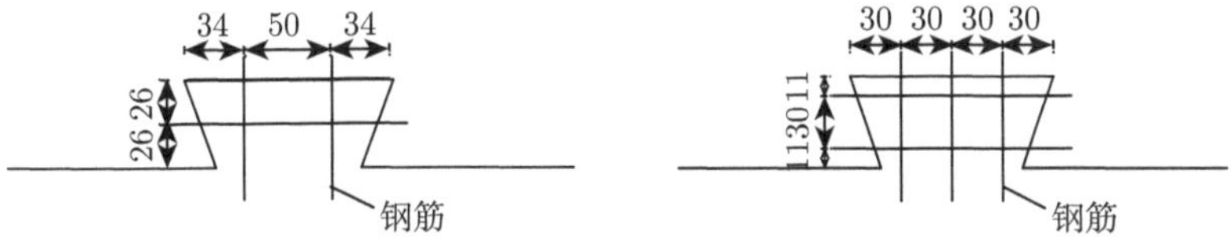

(a) 配筋率4.52%　(b) 配筋率7.54%

图 6.58 两种企口配筋率 (单位：mm)

企口接缝不同配筋率时接缝处钢筋的荷载–应力曲线如图 6.59 所示。可见，接缝处钢筋的荷载–应力曲线基本呈线性变化，且其应力随着配筋率增大而减小，原因可能是随着企口配筋率的增大，将会使得单根钢筋分担的应力减小，从而可以使得接缝的受拉性能得到提高。从数据结果来看，配筋率从 4.52%增加到 7.54%约增加了 67%，而钢筋应力从 322MPa 减小到 280MPa 减小约 13%，可见，接缝钢筋应力随着配筋率增大减小并不显著，原因可能是由于钢梁共同作用的影响减小了钢筋单独作用的效果。

6.4.5.2 钢-STC 企口接缝裂缝宽度计算

6.3.5 节建立了钢-STC 组合结构在受弯作用下接缝的最大裂缝宽度计算公式，同时为了对企口接缝受弯作用下接缝裂缝宽度的计算进行比较并提供理论依据，下面简要介绍几种计算裂缝宽度的规范。

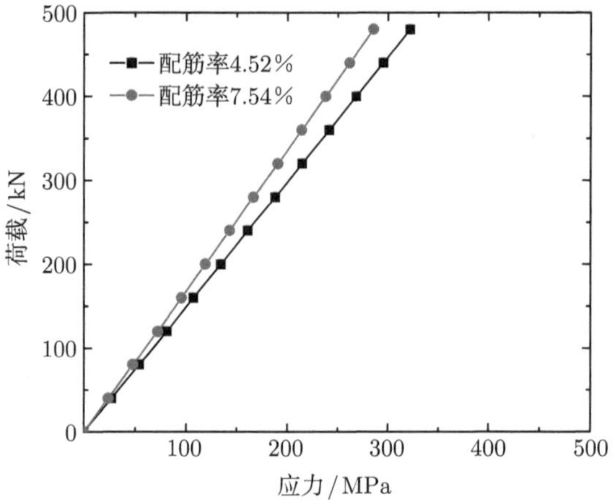

图 6.59　不同配筋率下接缝处钢筋的荷载–应力

1) DL/T 5085-99

DL/T 5085-99 即《钢–混凝土组合结构设计规程》[15]，其裂缝宽度计算公式是以综合裂缝理论为基础，其基本的计算公式为

$$
\begin{aligned}
w_{\max} &= 2.7\psi\frac{\sigma_{\mathrm{sr}}}{E_{\mathrm{s}}}\left(2.7c+0.11\frac{d_{\mathrm{s}}}{\rho_{\mathrm{e}}}\right)\upsilon \\
\psi &= 1.1-\frac{0.65f_{\mathrm{tk}}}{\rho_{\mathrm{e}}\sigma_{\mathrm{sr}}}
\end{aligned} \tag{6.61}
$$

其中，σ_{sr} 为裂缝处钢筋应力；E_{s} 为钢筋的弹性模量；c 为混凝土保护层的厚度；d_{s} 为钢筋直径；υ 为与受拉钢筋表面特征有关的系数，变形钢筋取 υ=0.7，光面钢筋取 υ=1.00；ρ_{e} 为钢筋有效配筋率，即 $\rho = A_{\mathrm{s}}/A_{\mathrm{c}}$；$f_{\mathrm{tk}}$ 为混凝土抗拉强度平均值；ψ 为裂缝间受拉钢筋应变不均匀系数。

2) Model Code 2010

欧洲模式规范 Model Code 2010 [6] 基于经典的综合裂缝理论，并在公式中考虑了钢纤维对混凝土的修正作用，其裂缝宽度公式表示为

$$
w_d = 2l_{\mathrm{s,max}}(\varepsilon_{\mathrm{sm}}-\varepsilon_{\mathrm{cm}}-\varepsilon_{\mathrm{cs}}) \tag{6.62}
$$

式中，$l_{\mathrm{s,max}}$ 为黏结力传递长度；$\varepsilon_{\mathrm{sm}}$、$\varepsilon_{\mathrm{cm}}$ 分别表示传递长度内钢筋与纤维混凝土的平均应变；而 $\varepsilon_{\mathrm{cs}}$ 表示收缩应变，对于短期荷载的影响取 $\varepsilon_{\mathrm{cs}}$=0。

黏结力传递长度按下式计算：

$$
l_{\mathrm{s,max}} = k\cdot c+\frac{1}{4}\frac{f_{\mathrm{ctm}}-f_{\mathrm{Fsm}}}{\tau_{\mathrm{bm}}}\frac{d_{\mathrm{s}}}{\rho_{\mathrm{s,ef}}} \tag{6.63}
$$

式中，k 为混凝土保护层厚度的影响系数；c 为混凝土保护层厚度；$\tau_{\rm bm}$ 为钢筋与混凝土的黏结强度；$f_{\rm ctm}$ 为混凝土抗拉强度平均值；$f_{\rm Fsm}$ 为钢纤维混凝土的剩余抗拉强度平均值；$d_{\rm s}$ 为钢筋直径；$\rho_{\rm s,ef}$ 为有效配筋率。

平均应变差可采用下式计算：

$$\varepsilon_{\rm sm}-\varepsilon_{\rm cm}=\frac{(1-\beta)\sigma_{\rm sr}}{E_{\rm s}} \tag{6.64}$$

式中，$\sigma_{\rm sr}$ 为裂缝位置的钢筋应力；β 为平均应变分布系数，其受荷载特征影响，详细参数计算见文献 [7]。

6.4.5.3 钢-STC 企口接缝受弯裂缝宽度计算公式

对于企口类接缝最大裂缝宽度计算可以借鉴 6.3.5 节的接缝裂缝宽度计算方法，其计算公式为

$$w_{\max}=2c_2(1-\beta)\left(k\cdot c_1+\frac{(\sigma_{\rm sr}-\alpha_{\rm E}\cdot\sigma_{\rm ct})d_{\rm s}}{4\tau_{\rm bm}}\right)\frac{\sigma_{\rm sr}}{E_{\rm s}} \tag{6.65}$$

公式中参数的含义同 6.3.5 节。

对比并仔细观察上述几种裂缝宽度的计算公式，无论是欧洲模式规范 Mode Code 2010，亦或是中国钢–混凝土组合结构设计规程 DL/T 5085-99 和美国混凝土规范 ACI318，均不难发现裂缝宽度计算公式均与钢筋应力存在直接的正比关系。因此，钢-STC 企口接缝的裂缝宽度计算的重点和难点在于如何准确地求得钢筋应力 $\sigma_{\rm sr}$(或应变 $\varepsilon_{\rm sr}$)，由于企口接缝受力的复杂性，缺乏足够的接缝钢筋应变的试验数据，这里采用有限元的计算结果进行计算。

钢-STC 企口接缝初裂时相应的最大裂缝宽度计算结果如表 6.8 所示。由表 6.8 中可见，由本节提出的钢-STC 企口接缝的最大裂缝宽度计算公式 (6.65)，计算得到的接缝 STC 裂缝宽度值为 0.0486mm，与实测值 0.05mm 相差较小，误差不足 3%；相比钢–混凝土组合结构设计规程和欧洲模式规范 Mode Code 2010 的裂缝宽度计算式 (6.61) 和式 (6.62)，本节采用的接缝最大裂缝宽度计算式 (6.65) 与实测值误差更小。因此，钢-STC 企口接缝的最大裂缝宽度计算公式 (6.65) 对于 STC 接缝的适用性较好。

表 6.8 钢-STC 企口接缝初裂时相应的最大裂缝宽度计算结果

试件特征	STC 名义拉应力/MPa	钢筋应力/MPa	裂缝宽度计算值/mm			裂缝宽度实测值/mm	式 (6.65) 计算值/实测值
			式 (6.65)	Mode Code 2010	组合结构规程		
企口接缝	24.6	198.95	0.0486	0.0636	0.0557	0.05	97.2%

企口接缝形式具有良好的抗裂安全性，能够满足轻型组合桥面结构 STC 层的受力要求。

6.5　异形钢板湿接缝静力弯曲受拉性能及接缝设置

6.5.1　方案构造

在 STC 两次浇筑的接缝位置设置异形钢板 [16]，将 STC 湿接缝置于异形钢板的中部，通过异形钢板的企口咬合作用加强了接缝两侧 STC 之间的结合能力，起到 “刚性锁定” 作用，有效限制了钢面板与 STC 之间的滑移，使得接缝处钢板共同参与受力，同时提高了接缝处的截面刚度，从而大幅度增强了接缝的抗裂能力 (图 6.60)。

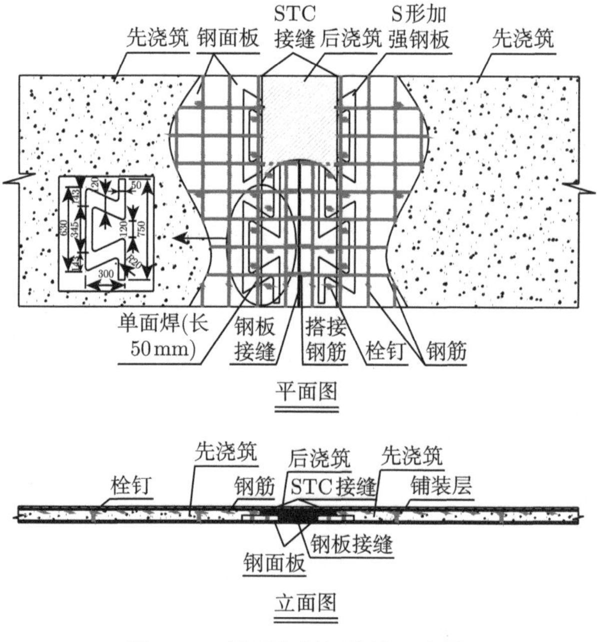

图 6.60　异形钢板湿接缝示意图

设计制作了 1 片包含 3 种不同角度异形钢板湿接缝和 1 种焊接钢筋网湿接缝构造形式的试验梁，并进行了负弯矩加载试验。在测试过程中，测量了 STC 层表面的应变和最大裂缝宽度。然后，对荷载变形曲线进行了比较，研究不同湿接缝连接形式的力学性能，并与 STC 层最大名义拉应力裂缝宽度曲线进行比较来研究湿接缝的抗裂性能。最后，根据 STC 的耐久性计算了湿接缝的 STC 初裂应力并结合理论分析，对该种结构湿接缝进行了受力分析，提出异形钢板接缝最大裂缝宽度计算方法，为该种结构建立起初步的设计计算方法。

6.5.2 试验模型设计与制作

为了研究 STC 层混凝土板浇注前后接缝受力和开裂情况，参照杭瑞高速洞庭湖大桥正交异性钢桥面结构尺寸，设计了 STC 桥面板异形钢板连接形式的湿接缝，并制作了试验梁，如图 6.61 所示。STC 组合梁的整体高度为 325mm，其中，钢面板宽度为 800mm，厚度为 12mm；超薄 STC 层厚度为 50mm，钢梁下缘受压区翼板厚为 20mm；在试验梁的 STC 层中沿梁纵向布置了直径为 Φ12 的纵向钢筋，沿 STC 面板横向布置了直径为 Φ10 的横向钢筋，纵横向钢筋的间距均为 50mm；在钢面板上对应的接缝位置焊接了 4 种连接接缝形式，包含了 3 种不同企口角度的异形钢板连接形式及 1 种钢筋网连接形式，其中异形钢板厚度为 12mm，钢筋网采用 Φ12 钢筋焊接。组合梁中钢梁部分采用 Q345 钢材，而 STC 层中的钢筋均采用 HRB400 级。设置异形钢板和钢筋网主要是为了提高湿接缝的力学性能。

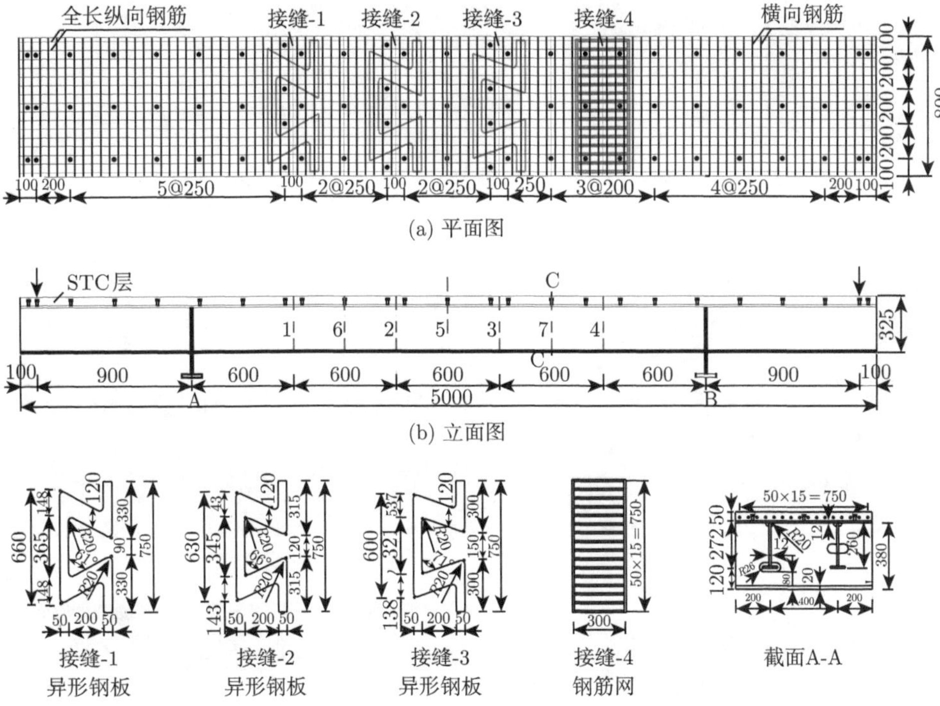

图 6.61 试验梁模型尺寸 (单位：mm)

在试验模型中，为了确保 STC 层和钢面板之间可靠的组合作用，在钢面板上焊接矮剪力钉来作为抗剪连接件，选取的剪力钉的直径和高度分别为 13mm 和 35mm。试验梁间隔分两次来完成 STC 层混凝土的浇筑，以便在先浇混凝土和后浇混凝土之间形成 STC 的接缝结合面，为了使接缝得到更好的抗裂性能，对结合面进行了适当的凿毛处理；此外，应该指出的是，试验梁接缝处未设置加密钢筋，试验梁采用的是开口的正交异性钢板。

试件制作过程如下 (图 6.62)：

(1) 对纯钢梁进行制作与加工，并在钢梁顶面焊接剪力钉、异形钢板和钢筋网；然后在钢面板上绑扎钢筋；

(2) 分次浇筑 50mm STC 层，并在浇筑完成且初凝后进行 90℃ 以上高温蒸汽养护，持续 48h，形成先浇段；

(3) 在各先浇段间绑扎横向钢筋，并对接缝进行适当的凿毛处理；

(a) 剪力钉

(b) 焊接异形钢板和钢筋网

(c) 布设钢筋

(d) 制作分次浇筑STC桥面板

(e) 接缝凿毛处理

(f) STC浇筑施工

(g) 高温蒸汽养护

(h) 模型加载STC位移计布置

图 6.62 试件制作过程

(4) 再次浇筑后浇 STC 层，并浇筑完成且初凝后进行 90℃ 以上高温蒸汽养护，持续 48h，形成整体试件；

(5) 模型测试前布置测试计。

试验梁模型中 STC 湿接缝详细参数如表 6.9 所示，接缝截面配筋率为 4.52%。

表 6.9 试验梁不同湿接缝细节

湿接缝类型	细节	位置
异形钢板	异形钢板企口角度 61°	接缝-1
	异形钢板企口角度 71°	接缝-2
	异形钢板企口角度 66°	接缝-3
钢筋网	焊接直径 12mm 加强钢筋网	接缝-4

试验梁模型中除了异形钢板的企口设置角度有区别外，湿接缝的构造细节是相同的，另外还设置了一种焊接钢筋网湿接缝连接形式作为比较。

6.5.3 试验加载方案及测点布置

6.5.3.1 试验装置及加载方案

试验梁模型负弯矩试验的加载示意图如图 6.63 所示。试验梁模型使用对称加载进行测试，使其产生一个恒定的负弯矩纯弯区域，试验梁纯弯区域的长度为 3000mm。为了便于裂缝观察及加载条件限制，采用双千斤顶进行加载，试验梁两端千斤顶保持同步加载并严格控制力差，最大差值未超过 2% 且不超过 5kN，加载前均对千斤顶进行了标定。在每级加载后测量 STC 表面裂缝宽度，且基于平截面假定计算 STC 表面的名义拉应力。

静力加载试验过程通过千斤顶逐级分次加载直至破坏，试验装置如图 6.63(b) 所示。

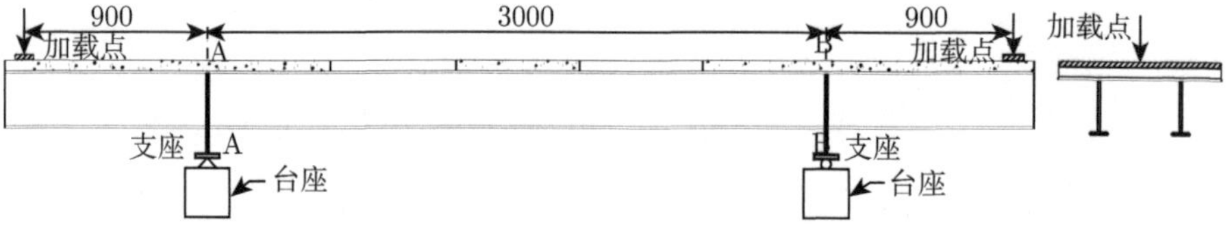

(a) 立面图

(b) 试验装置图

图 6.63　试验梁模型及加载装置图

试验过程及加载控制方式为：静力加载试验过程中通过千斤顶逐级分次加载，由 0kN 开始，加载待试验数据稳定后，采集数据并进行下一级加载。当出现裂缝后，记录主裂缝的宽度及对应荷载，试验梁最终荷载加载至 610kN。此时最大接缝裂缝宽度为 0.17mm，跨中最大位移为 15.9mm，钢梁底板已经屈服。

6.5.3.2　测点布置

本试验测量内容为关键位置的应变、挠度、负弯矩区接缝位置裂缝宽度。布置测点具体如下。

(1) 位移 (挠度) 测点。挠度是宏观测量值，能够反映构件整体的工作性能，分别在试验梁支座处、1/4 跨和跨中对称布置了两排百分表，用于测量试验梁支座处、1/4 跨和跨中的位移，位移测点布置如图 6.64 所示。

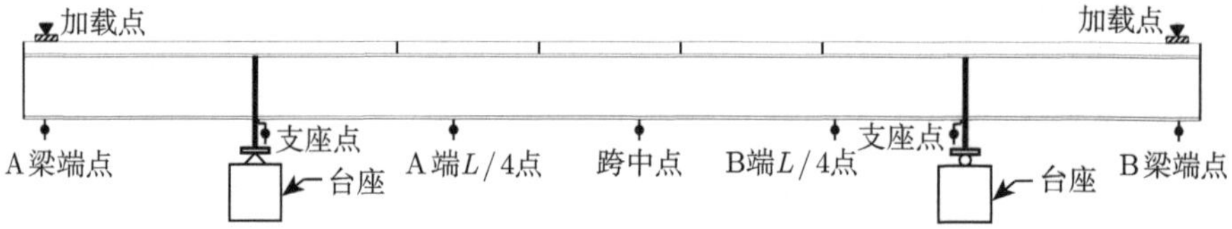

图 6.64　位移测点布置

(2) 应变测点。沿试验梁跨中截面布置应变片，用于考察跨中截面的应变分布情况。沿梁的全跨在顶板中心和肋板对应的顶板处布置了五列应变片，用于测试沿梁纵向的应变分布。顶板应变测点布置如图 6.65、图 6.66 所示。在钢梁上翼缘和肋底板，沿梁全长布置了应变片。在现浇混凝土段钢梁截面和接缝截面腹板一侧沿竖向等间距布置了两片应变片，其测点布置如图 6.67、图 6.68 所示。

(3) 引伸仪位移计测点。为了解接缝处应变分布情况，在试验梁四处接缝位置和跨中截面位置布置了两列引伸仪位移计，引伸仪位移计基距采用 100mm。顶板位移计测点布置如图 6.65、图 6.66 所示。

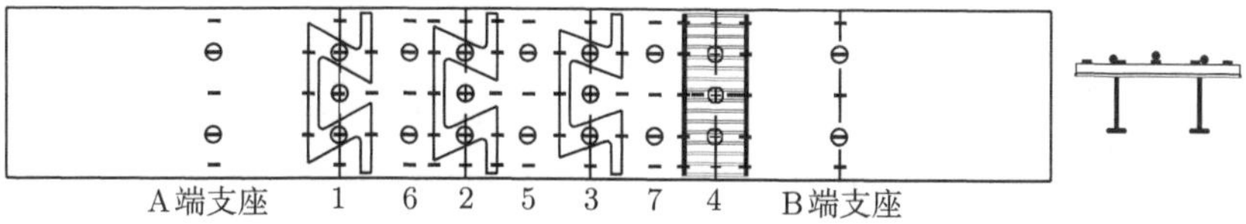

图 6.65 顶板应变测点布置

图 6.66 试验梁顶板应变测点布置

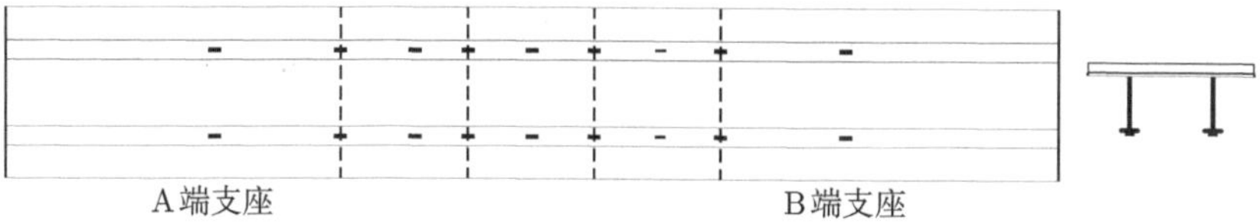

图 6.67 底板应变测点布置

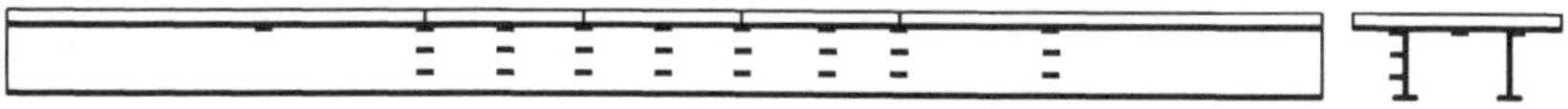

图 6.68 翼缘及腹板应变测点布置

6.5.4 试验结果与分析

6.5.4.1 荷载–挠度关系

沿试验梁全长布置了 7 个挠度测点，测点位置如图 6.64 所示。对试验梁进行纯弯加载试验，荷载–跨中挠度关系曲线如图 6.69 所示，可见，在荷载小于 320~400kN 时，荷载–挠度曲线基本上是线性的，此时 STC 层接缝处已经开裂，梁的刚度并没有因为裂缝的发展而显著降低，试验梁仍然具有较好的受力性能。当荷载为 320kN 时，对应试验梁跨中位移为 5.6mm，之后荷载–挠度曲线开始出现非线性的特征，曲线渐趋于平缓，挠度增加较快。可见，试验梁具有很好的延性。

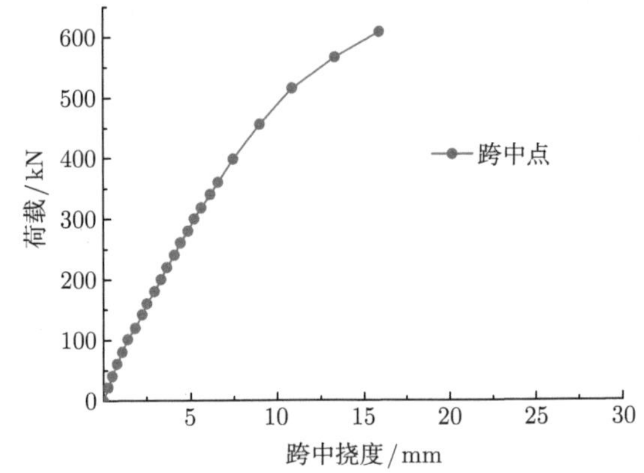

图 6.69　试验梁荷载–跨中挠度关系曲线

6.5.4.2　STC 层顶板应变

1) STC 顶板纵向的应变分布

测试试验梁顶板 STC 应变沿梁纵向分布时，沿 STC 顶板内布置了两列位移计测点，测试值取其平均值。STC 应变沿梁纵向分布如图 6.70 所示 (应变以受拉为正，受压为负)。

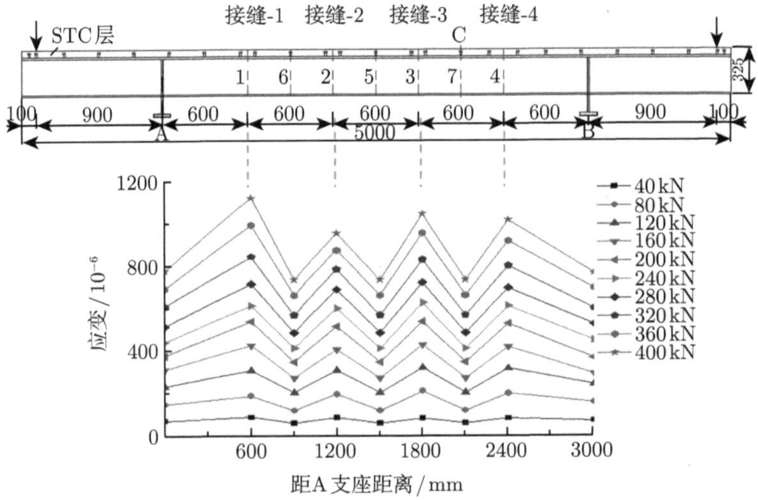

图 6.70　STC 应变沿梁纵向分布

由图 6.70 所示的实测数据表明，当荷载较小时，顶板 STC 接缝截面和现浇截面在梁纵向方向的应变近似接近；随着荷载的增加，接缝截面应变与现浇截面应变差别越来越显著。原因是当荷载较小时，在微裂缝阶段由于接缝结合面钢纤维的连接抗拔作用以及异形钢板的“套箍”作用使结合面能够相互黏结一起作用，其表现与现浇连续截面无明显差异，而随着荷载的增加接缝截面应变显著增大，接缝截面的 STC 抗拉强度相对现浇截面较低；现浇截面 STC 层表面应变基本接近，因为现浇截面均在纯弯段。

2) STC 接缝应力–应变曲线

试验梁各主要测点荷载–应变试验结果如图 6.71 所示。在荷载小于 320~400kN 时，荷载–应变曲线基本上是线性的，当荷载为 320kN 时，试验梁 STC 接缝-1~ 接缝-4 截面平均应变分别为 850με、786με、830με、802με，对应现浇 STC 截面 5 的截面平均应变为 570με，可见，相同荷载作用下，接缝截面应变比相应 STC 现浇连续截面应变要大得多，异形钢板和焊接钢筋网接缝连接形式效果均较好，异形钢板企口角度为 66° 时，STC 接缝应变最小，效果相应最好。

异形钢板接缝 STC 名义拉应力–应变综合试验结果如图 6.72 所示。对于试验梁 STC 接缝来说，当名义拉应力对应小于 22~25MPa 时，接缝 STC 应变基本呈线性变化，异形钢板企口角度小范围改变 (61°~71°) 对接缝应变的影响没有显著不同，之后接缝应变开始分化并呈非线性走势，原因是接缝处 STC 已经开裂。

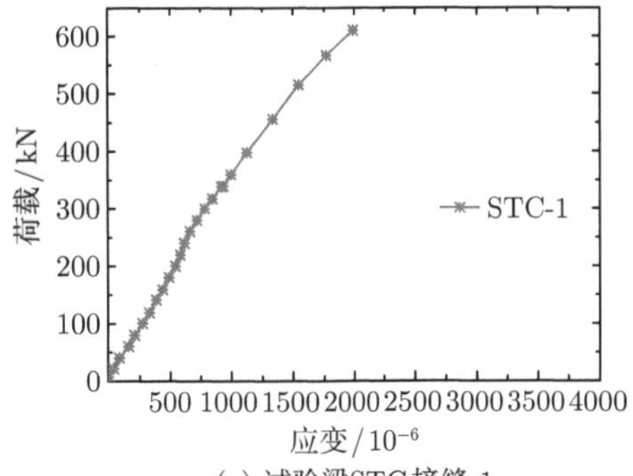

(a) 试验梁STC接缝-1

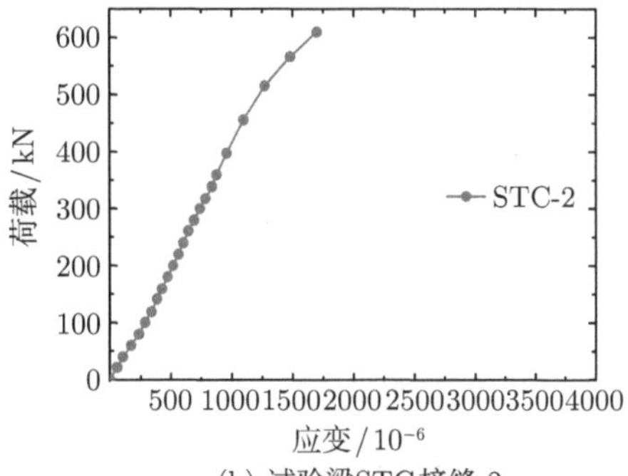

(b) 试验梁STC接缝-2

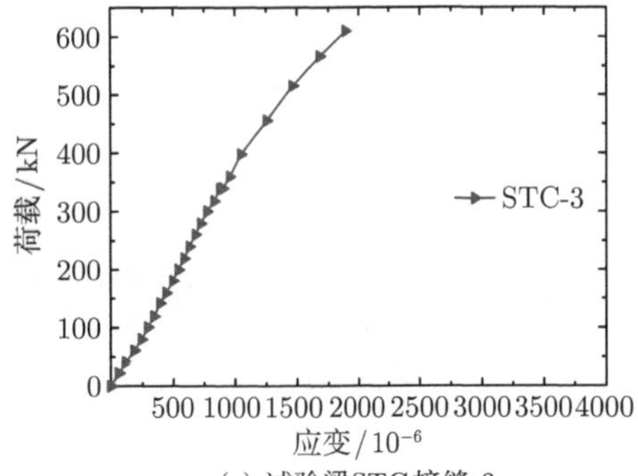

(c) 试验梁STC接缝-3

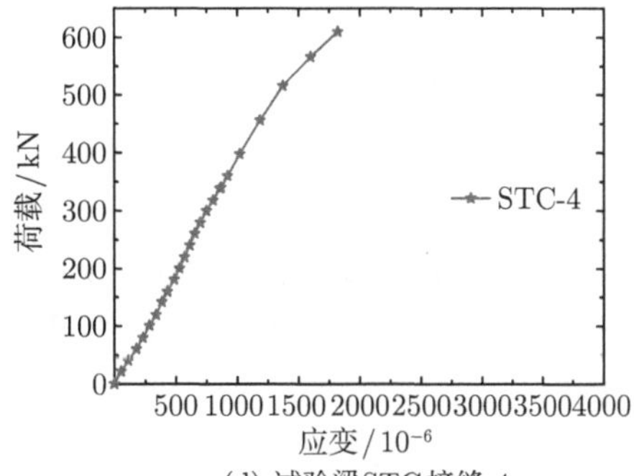

(d) 试验梁STC接缝-4

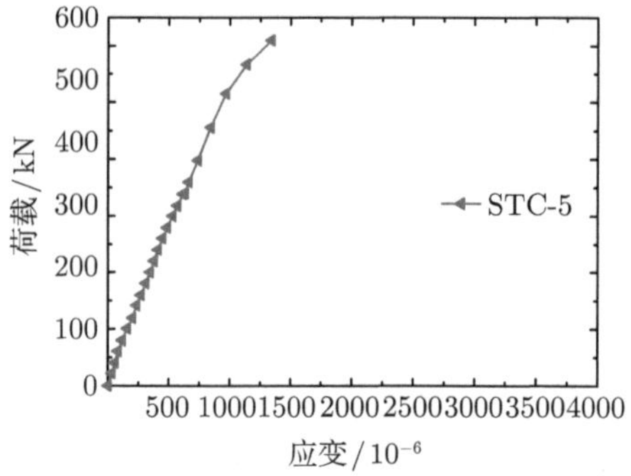

(e) 试验梁STC接缝-5

图 6.71　试验梁各主要测点荷载–应变曲线

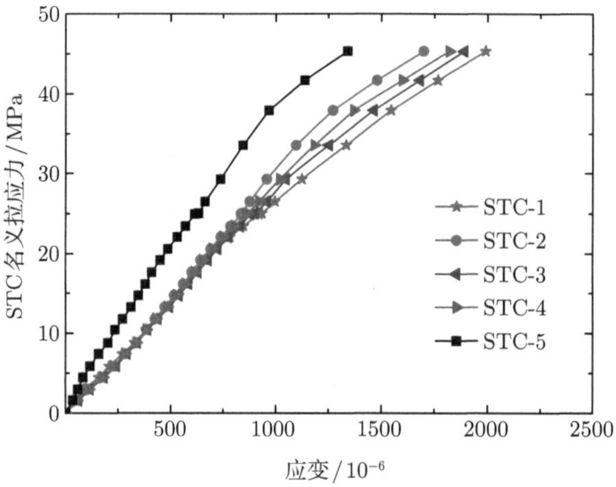

图 6.72　试验梁接缝 STC 名义拉应力–应变曲线

6.5.4.3　沿梁高的应变分布

试验梁沿梁高截面应变分布如图 6.73 所示，其中现浇截面应变沿梁高分布如图 6.73(a) 所示，从试验结果来看，各接缝之间 STC 现浇截面表面应变均基本接近，并符合平截面假定，而此时接缝处 STC 已经开裂，可见各现浇截面并未受到各接缝开裂影响，因此也可认为各接缝性能并未存在相互影响或影响很小。接缝截面应变沿梁高分布如图 6.73(b) 所示，其中 STC-5 为跨中现浇截面，可见各接缝截面 STC 表面应变明显大于现浇 STC 截面表面应变，这是接缝截面 STC 基体和钢纤维不连续所致，但是各截面钢梁部分的应变变化不大，钢梁对于组合结构能够起到很好的受力分担作用。

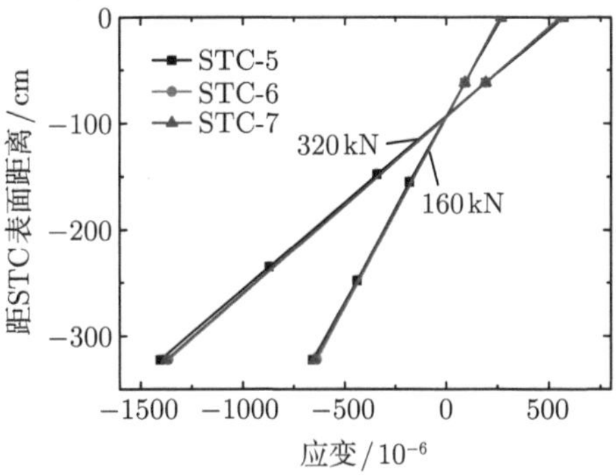

(a) 现浇截面应变沿梁高分布

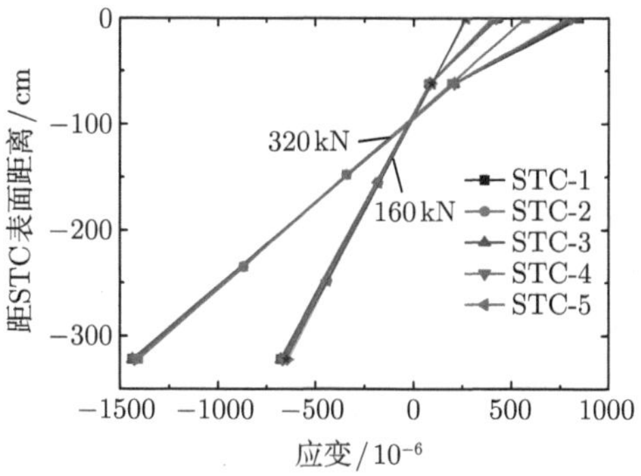

(b) 接缝截面应变沿梁高分布

图 6.73 试验梁沿梁高截面应变分布

6.5.4.4 裂缝特征

模型梁试验中，裂缝萌生及发展过程描述如下。随着荷载的逐渐增大，组合梁 STC 接缝处首先出现初始拉伸裂缝。裂缝的进一步发展伴随着 STC 钢纤维拔拉引起的 “嘣嘣” 声。随着荷载的不断增大，接缝之间的 STC 连续段内也开始出现初始拉伸裂缝且裂缝数目不断增多，裂缝间距不断减小。裂缝的发展过程主要可分为两个阶段：裂缝数目不断增多的平均开裂阶段和裂缝宽度不断增加的集中开裂阶段。

在试验梁的加载过程中，STC 表面裂缝主要分布在纯弯区域段，因为从试验梁的受力来看，纯弯区域的弯矩相对最大。裂缝主要可以分为两类：裂缝宽度较大的主裂缝和裂缝宽度较小的次生裂缝。从裂缝的扩展来看，主裂缝主要集中在接缝位置，因为与现浇截面相比接缝截面相对薄弱；次生裂缝表现为细小裂缝，它是在平均开裂阶段由于 STC 材料受弯拉而出现的。试验后的试验梁的裂缝分布情况如图 6.74 所示。

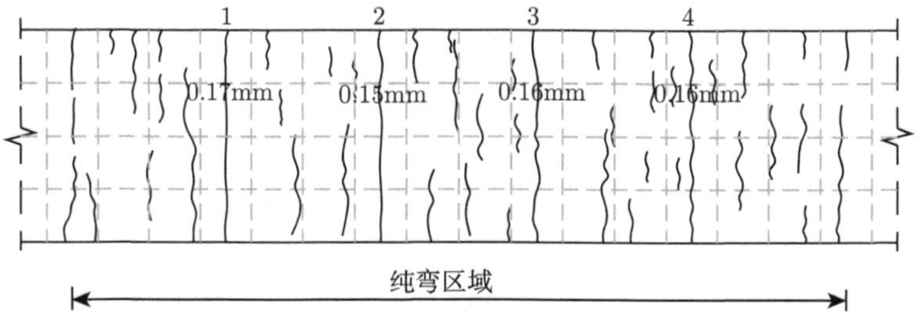

图 6.74 试验梁的裂缝分布图

异形钢板湿接缝形式试验梁接缝处 STC 表面的荷载–最大裂缝宽度发展如图 6.75 所示。图中可见，STC 接缝处的最大裂缝宽度随着荷载的增加而增大，近似线性增长。当荷载为 610kN 时，异形钢板湿接缝中最大裂缝宽度为 0.17mm，焊接钢筋网湿接缝最大裂缝宽度为 0.15mm，异形钢板湿接缝连接形式和焊接钢筋网湿接缝形式抗裂性能均较好。

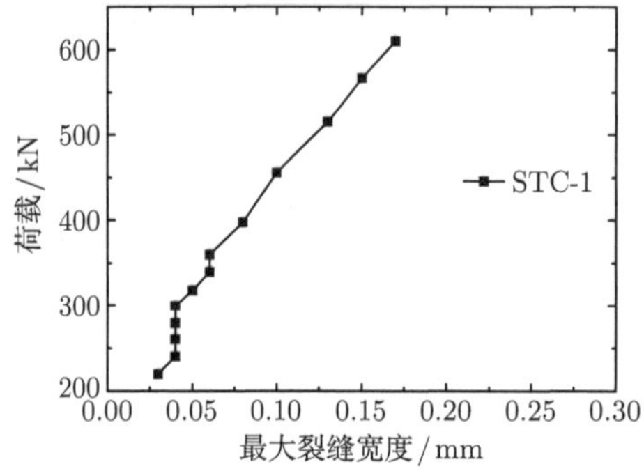

(a) 试验梁STC接缝-1

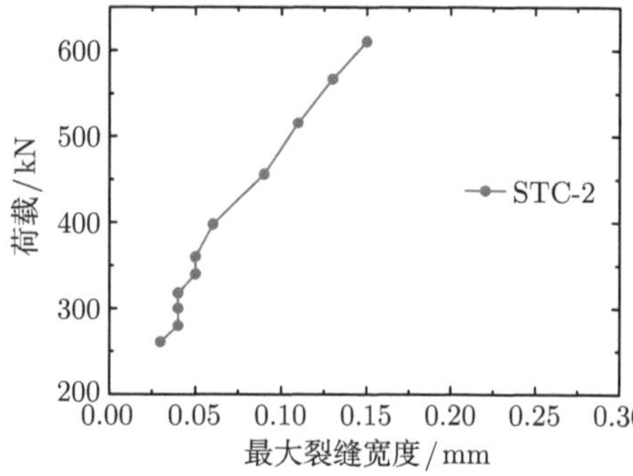

(b) 试验梁STC接缝-2

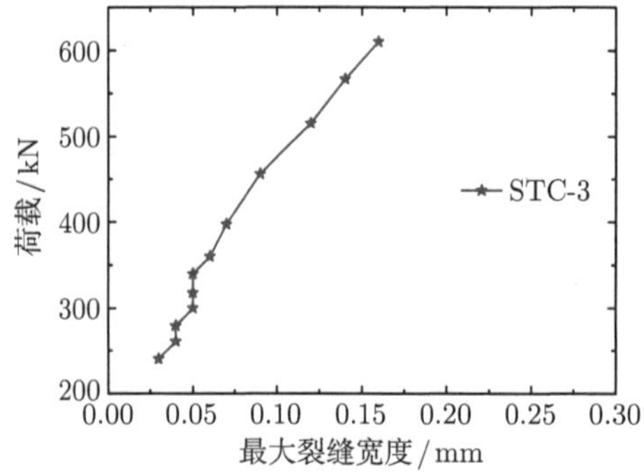

(c) 试验梁STC接缝-3

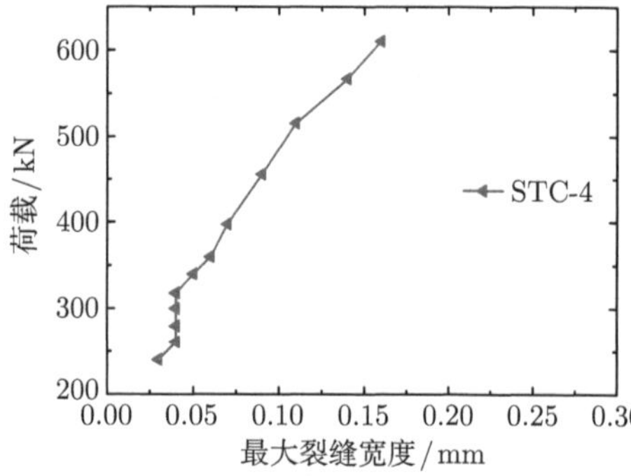

(d) 试验梁STC接缝-4

图 6.75　试验梁接缝处 STC 表面的荷载–最大裂缝宽度

异形钢板湿接缝形式试验梁 STC 表面的名义拉应力–最大裂缝宽度综合试验结果如图 6.76 所示。可见，异形钢板和焊接钢筋网接缝连接形式效果均较好，异形钢板企口角度为 66° 时，STC 开裂应力最高，这与式 (6.60) 取摩擦系数 μ=0.45，计算得到的企口角度为 66° 结果较为吻合。

试验梁的湿接缝 STC 层初裂拉应力如表 6.10 所示。异形钢板湿接缝连接形式与焊接钢筋网湿接缝连接形式均表现出较好的抗裂性能。原因是异型钢板和焊接钢筋网湿接缝连接形式对接缝位置的 STC 有更好的约束作用，对接缝的抗拉能力有很大的增强作用。湿接缝中的异形钢板对新老 STC 形成“刚性锁定”作用，并能很好的抵抗接缝处 STC 与钢面板之间的滑移，使 STC 与钢面板共同受力；而焊接钢筋网湿接缝形式焊接的钢筋网能加强与接缝处 STC 的黏结作用，也提供了接缝处 STC 与钢面板之间良好的抗滑移能力，使桥面钢板参与了共同受力。值得注意的是，当加载荷载到 467kN 时，STC 现浇截面出现可见裂缝，此时对应 STC 名

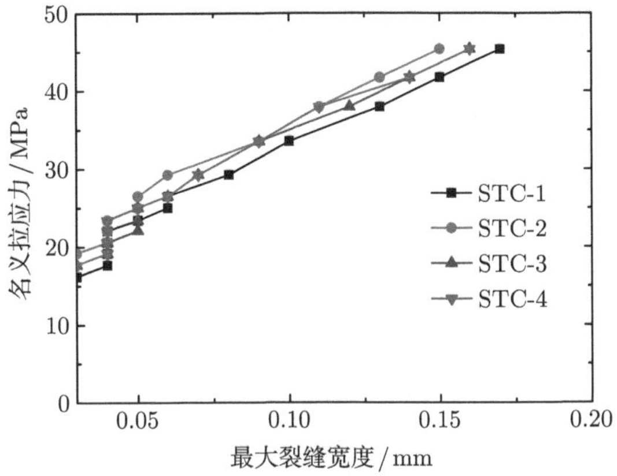

图 6.76 试验梁 STC 表面的名义拉应力–最大裂缝宽度

表 6.10 湿接缝 STC 层初裂拉应力 (单位：MPa)

	61°	66°	71°	焊接钢筋网
初裂应力 σ_a	23.5	26.5	25.1	25.1

义拉应力为 33.6MPa，显著高于 STC 接缝处，名义初裂应力为 26.5MPa，可见接缝 STC 基体和钢纤维的不连续对 STC 的抗拉作用有显著影响。

异形钢板湿接缝以及焊接钢筋网湿接缝的 STC 初裂应力，两片试验梁测试结果分别为 26.5 MPa 和 25.1 MPa，能够满足 STC 桥面板在车辆荷载作用下的抗裂强度要求 [17]。值得指出的是，STC 现浇位置开裂应力为 33.6 MPa，而异形钢板企口角度为 66° 时湿接缝初裂应力为现浇位置 STC 开裂应力的 26.5/33.6≈79%，可见，相比其他形式接缝，异形钢板接缝形式具有更好的抗裂性能。

6.5.5 钢-STC 异形钢板湿接缝静力弯曲拉伸性能

6.5.5.1 钢-STC 异形钢板湿接缝截面分析

受弯试验加载后，在梁弹性阶段工作范围，未开裂现浇截面内力和应力可按照组合梁弹性等效换算法计算。而对于异形钢板湿接缝的接缝截面，接缝 STC 由于钢纤维的作用在结合面能够相互黏结一起作用。由于 STC 的应力硬化特征，接缝结合面主要通过钢筋的抗拉作用和钢纤维的连接抗拔拉作用以及异形钢板的连接作用三者结合。本节主要介绍梁弹性阶段工作范围内未开裂弹性现浇截面计算方法以及接缝截面的理论计算方法。对于给定几何尺寸及配筋构造的带异形钢板的钢-STC 组合结构，下面简要介绍截面计算过程。

1) 钢-STC 组合梁现浇截面分析

试验组合梁在荷载作用下接缝截面初裂时，STC 现浇截面未出现可见裂缝，仍然处于线弹性工作阶段。在现浇截面受力分析过程中，假定截面符合平截面假定，钢与 STC 具有可靠连接，不考虑两者滑移作用，并假定钢和 STC 材料均为理想的线弹性材料。采用弹性力学理论分析，利用面积矩和惯性矩等效的原则，将混凝土 STC 板换算为厚度不变，宽度为 n_c 倍的钢板，其中弹性模量比 $n_s = E_s/E_c$，E_c 和 E_s 分别为 STC 和钢筋的弹性模量。可计算得到未开裂现浇截面惯性矩和中性轴位置。

如图 6.77 所示，h_1 为钢-STC 组合结构的中性轴距组合结构上缘高度，由换算截面 STC 拉、压区对中合轴的面积矩相等的原则确定 h_0 为

$$\begin{aligned} h_0 = &\left(\frac{b_c h_c^2}{2n_s} + (n_s - 1)(A_r \times a_{st} + A_y \times a_{yt}) + b_c h_t\left(h_c + \frac{h_t}{2}\right)\right. \\ &\left. + 2b_f h_f\left(h_c + h_t + \frac{h_f}{2}\right) + 2b_b h_b\left(h - \frac{h_b}{2}\right)\right) \\ &\Big/ (b_c h_c/n_s + (n_s - 1)(A_r + A_y) + b_c h_t + 2b_f h_f + 2b_b h_b) \end{aligned} \tag{6.66}$$

换算截面惯性矩为

$$\begin{aligned} I_0 = &\frac{b_c h_c^3}{12n_s} + \frac{b_c}{n_s}h_c\left(h_0 - \frac{h_c}{2}\right)^2 + \frac{b_c h_t^3}{12} + b_c h_t\left(h_0 - h_c - \frac{h_t}{2}\right)^2 \\ &+ \frac{b_b h_b^3}{6} + 2b_b h_b\left(h - h_0 - \frac{h_b}{2}\right)^2 \\ &+ \frac{2b_f(h - h_0 - h_b)^3}{3} + \frac{2b_f(h_0 - h_c - h_t)^3}{3} + n_s A_y \times (h_0 - a_{yt})^2 \\ &+ n_s A_r \times (h_0 - a_{st})^2 \end{aligned} \tag{6.67}$$

上两式中，h_c、b_c、b_b、h_t、b_f、h_f 和 h_b 为组合截面的几何参数，详见图 6.77；A_r 为 STC 层中钢筋的面积；A_y 为截面中所含异形钢板面积，对于不含异形钢板现浇 STC 梁段取其为零，对于焊接钢筋网截面取为焊接钢筋面积；a_{st} 为受拉区钢筋的净保护层厚度；a_{yt} 为异形钢板中心距 STC 外缘的距离。

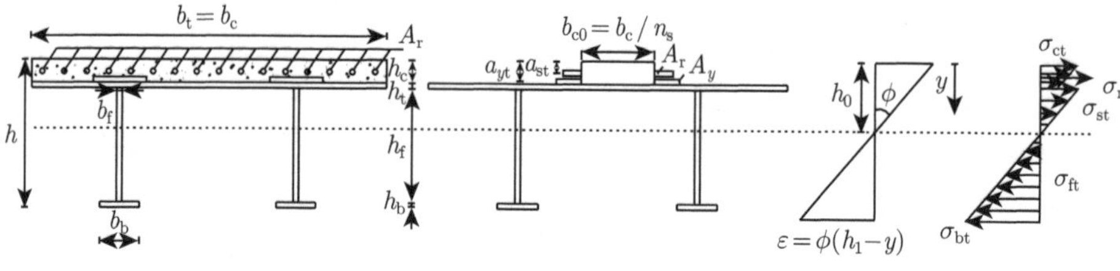

图 6.77 等效截面和截面应力、应变分布

根据式 (6.66) 和式 (6.67) 可计算出试验梁截面中性轴和惯性矩，当荷载加载到 467kN 时，STC 现浇截面出现可见裂缝，不难得到焊接异形钢板时 STC 表面名义拉应力和未焊接异形钢板时 STC 表面名义拉应力分别为 31.5MPa 和 33.6MPa。可见，采用焊接异形钢板后理论计算得到的 STC 名义拉应力值为原未焊接异形钢板的 94%左右。理论上采用异形钢板可提高钢-STC 组合桥面结构的名义初裂强度，从而降低组合桥面结构 STC 层在复杂受力作用下的受拉开裂风险。

现浇截面线弹性阶段最大曲率 $\phi_{\mathrm{e,max}}$ 可由式 (6.4) 计算得到。

STC 构件初裂特性主要受材料初裂应变和钢筋配筋率的影响，美国 UHPC 桥面板设计指南 [18] 指出，UHPC 材料的受拉应力–应变关系在拉应变达极限应变 0.007 之前可假设为理想弹塑性材料，这说明 UHPC 材料受拉性能很好，能与钢筋一起共同变形。而且作者研究团队前期的研究成果表明钢-STC 组合桥面结构的 STC 层实测初裂应变约为 0.001[19]。本试验钢-STC 组合梁在弯曲受力模式下的现浇截面 STC 初裂时的对应的初裂应变约为 0.0008。

2) 钢-STC 组合梁接缝截面分析

对于组合梁纯弯段受力而言，组合梁中 STC 层远离截面的中性轴，接缝初裂时，STC 层大部分或几乎全部处于较均匀的受拉状态，即弯曲受力下组合梁的 STC 层近似处于全截面均匀受拉的轴拉状态。而且对于异形钢板湿接缝而言，由于异形钢板对钢梁和 STC 的连接作用，限制了交界面处 STC 的滑移。假定接缝截面满足平截面假定，由图 6.73 接缝截面应变沿梁高的分布可见，对于接缝截面而言，由于 STC 基体和钢纤维不连续，钢梁和 STC 具有不同的曲率，如图 6.78(c) 所示截面应变分布钢梁截面设为 ϕ_{s}，STC 层截面附加曲率设为 ϕ_{c}，则组合梁截面钢梁和 STC 应变 ε 分别满足线形分布。

$$\varepsilon_{\mathrm{s}}=\phi_{\mathrm{s}}(h_1-y),\quad \varepsilon_{\mathrm{c}}=\phi_{\mathrm{s}}(h_1-y)+\phi_{\mathrm{c}}(h_{\mathrm{c}}-y) \tag{6.68}$$

其中，ϕ 为截面曲率；h_1 为截面受拉区高度；y 为受拉区边缘到计算点的距离。接缝截面和截面应力、应变分布如图 6.78 所示。

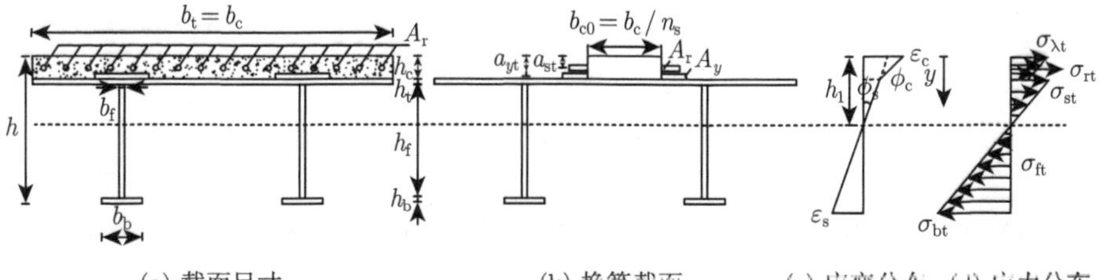

(a) 截面尺寸　(b) 换算截面　(c) 应变分布　(d) 应力分布

图 6.78　接缝截面和截面应力、应变分布

由截面的应变和应力分布，根据截面的轴力和弯矩平衡方程可得到接缝截面各部分内力表达为

$$\sum N = N_{\mathrm{rt}}+N_{\lambda\mathrm{t}} + N_{\mathrm{st}} + N_{\mathrm{sc}} = 0 \tag{6.69}$$

$$\sum M = M_{\mathrm{rt}}+M_{\lambda\mathrm{t}} + M_{\mathrm{st}} + M_{\mathrm{sc}} = M \tag{6.70}$$

其中，N_{rt} 和 M_{rt} 为钢筋承担的轴力和弯矩；$N_{\lambda\mathrm{t}}$ 和 $M_{\lambda\mathrm{t}}$ 为由接缝钢纤维桥接作用产生的 STC 部分所承担的轴力和弯矩；N_{st} 和 M_{st} 为钢梁受拉区所承担的轴力和弯矩；N_{sc} 和 M_{sc} 为钢梁受压区承担的轴力和弯矩；M 为组合梁承受的外荷载作用下的弯矩，各项内力可由下式计算：

$$\begin{cases} N_{\mathrm{rt}} = A_{\mathrm{r}}E_{\mathrm{s}}[\phi_{\mathrm{s}}(h_1 - a_{\mathrm{st}}) + \phi_{\mathrm{c}}(h_{\mathrm{c}} - a_{\mathrm{st}})] \\ M_{\mathrm{rt}} = A_{\mathrm{r}}E_{\mathrm{s}}[\phi_{\mathrm{s}}(h_1 - a_{\mathrm{st}}) + \phi_{\mathrm{c}}(h_{\mathrm{c}} - a_{\mathrm{st}})](h_1 - a_{\mathrm{st}}) \\ N_{\lambda\mathrm{t}} = \sigma_{\lambda\mathrm{t}}b_{\mathrm{c}}h_{\mathrm{c}};\quad M_{\lambda\mathrm{t}} = \sigma_{\lambda\mathrm{t}}b_{\mathrm{c}}h_{\mathrm{c}}\left(h_1 - \dfrac{h_{\mathrm{c}}}{2}\right) \\ N_{\mathrm{st}} = \dfrac{1}{2}b_{\mathrm{t}}E_{\mathrm{s}}\phi_{\mathrm{s}}[(h_1 - h_{\mathrm{c}})^2 - (h_1 - h_{\mathrm{c}} - h_{\mathrm{t}})^2] \\ \qquad +b_{\mathrm{f}}E_{\mathrm{s}}\phi_{\mathrm{s}}(h_1 - h_{\mathrm{c}} - h_{\mathrm{t}})^2 + E_{\mathrm{s}}A_y\phi_{\mathrm{s}}(h_1 - a_{y\mathrm{t}}) \\ M_{\mathrm{st}} = \dfrac{1}{3}b_{\mathrm{t}}E_{\mathrm{s}}\phi_{\mathrm{s}}[(h_1 - h_{\mathrm{c}})^3 - (h_1 - h_{\mathrm{c}} - h_{\mathrm{t}})^3] \\ \qquad +\dfrac{2}{3}b_{\mathrm{f}}E_{\mathrm{s}}\phi_{\mathrm{s}}(h_1 - h_{\mathrm{c}} - h_{\mathrm{t}})^3 + E_{\mathrm{s}}A_y\phi_{\mathrm{s}}(h_1 - a_{y\mathrm{t}})^2 \\ N_{\mathrm{sc}} = b_{\mathrm{b}}E_{\mathrm{s}}\phi_{\mathrm{s}}[(h_{\mathrm{c}} + h_{\mathrm{t}} + h_{\mathrm{f}} - h_1)^2 - (h - h_1)^2] - b_{\mathrm{f}}E_{\mathrm{s}}\phi_{\mathrm{s}}(h_{\mathrm{c}} + h_{\mathrm{t}} + h_{\mathrm{f}} - h_1)^2 \\ M_{\mathrm{sc}} = \dfrac{2}{3}b_{\mathrm{b}}E_{\mathrm{s}}\phi_{\mathrm{s}}[(h - h_1)^3 - (h_{\mathrm{c}} + h_{\mathrm{t}} + h_{\mathrm{f}} - h_1)^3] + \dfrac{2}{3}b_{\mathrm{f}}E_{\mathrm{s}}\phi_{\mathrm{s}}(h_{\mathrm{c}} + h_{\mathrm{t}} + h_{\mathrm{f}} - h_1)^3 \end{cases} \tag{6.71}$$

6.5.5.2　接缝截面钢筋应力计算

本节钢-STC 异形钢板湿接缝的抗裂性能均较好，其作用机理主要是由于焊接的异形钢板在接缝处能提供抗剪连接作用，从而使接缝截面处 STC 和钢板能共同承担荷载，在接缝处 STC 由于基体的断开而减小的作用力一部分由钢筋承担，一部分转移到由钢梁承担。本节主要介绍适用于钢-STC 组合结构异形钢板湿接缝弯曲受拉模式下的裂缝宽度计算方法。

在接缝截面初始开裂阶段，钢纤维的桥接作用使得裂缝处的 STC 仍能承担拉应力，从而钢筋承担的荷载降低，设裂缝处由于钢纤维的桥接作用而产生的 STC 部分的拉应力为 $\sigma_{\lambda\mathrm{t}}$，若要计算接缝截面初裂后钢筋的拉应力 σ_{sr}，我们先了解下接缝截面的传力机理。

异形钢板接缝受力模型及截面应力、应变分布示意图如图 6.79 所示。对于异形钢板湿接缝而言，由于异形钢板对钢梁和 STC 的连接作用，限制了交界面处钢与 STC 的滑移。接缝截面应变分布如图 6.79(b) 所示，可设接缝截面钢梁部分截面曲率为 ϕ_s，STC 层截面附加曲率设为 ϕ_c。其实异形钢板湿接缝截面受力情况可表示如图 6.79(c) 所示，可先假设初始时接缝所在截面为整体现浇截面，则截面应变分布满足平截面假定，STC 表面应力用 σ_{ce} 表示，其截面应力分布如图 6.79(c) 虚线所示，然后考虑断开截面 STC 基体只考虑钢纤维桥接作用如实线部分 $\sigma_{\lambda t}$ 表示，那么 STC 应力由 σ_{ce} 变为 $\sigma_{\lambda t}$ 减少的作用力一部分由钢筋承担使钢筋应力增大，一部分由于钢与 STC 交界面异形钢板的连接作用传递到钢梁上，使截面受拉区高度增加。这就是异形钢板接缝截面的传力机理。

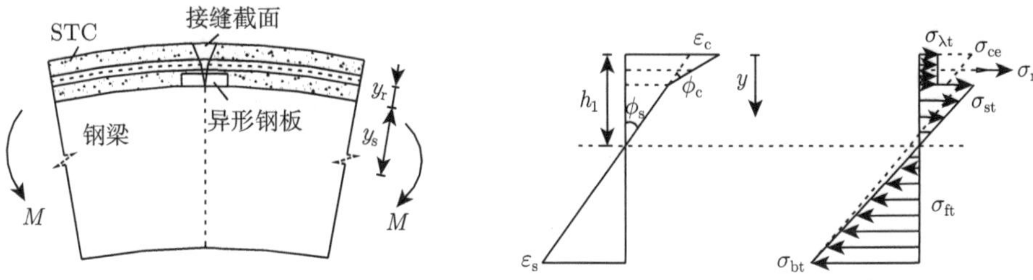

(a) 接缝梁段示意图 (b) 应变分布 (c) 应力分布

图 6.79 接缝受力模型及截面应力、应变分布示意图

接缝截面初裂后钢筋拉应力 σ_{sr} 的计算可基于截面内力方程组的求解过程。由于 STC 层内钢纤维和钢筋对裂缝桥接作用，接缝处 STC 仍能传递应力。将式 (6.71) 代入式 (6.69) 和式 (6.70) 可得到组合结构异形钢板接缝截面的内力平衡方程组：

$$\sum N = 0 \Rightarrow N(\phi_s, \phi_c, h_1) = 0 \tag{6.72}$$

$$\sum M = M \Rightarrow M(\phi_s, \phi_c, h_1) = M \tag{6.73}$$

同时由截面 STC 与钢梁交界面变形协调条件，即 STC 连接单元底面应变 ε_{tc} 和钢梁顶面的应变 ε_{ts} 应相等，可得

$$\frac{N_{rt}}{E_s A_r} - (\phi_c + \phi_s)(h_c - a_{st}) - \left[\phi_{ss} y_s - \frac{N_{rt} + N_{\lambda t}}{E_s A_s}\right] = 0 \tag{6.74}$$

式中，y_s 为纯钢梁中性轴到交界面距离；I_s 为纯钢梁惯性矩；ϕ_{ss} 为纯钢梁截面曲率，$\phi_{ss}(M_{st} + M_{sc})/I_s$，但考虑到式 (6.68) 可改写为

$$h_1 = \frac{\varepsilon_{ts}}{\phi_s} + h_c \tag{6.75}$$

可见，交界面变形协调条件 (6.74) 与式 (6.68) 及式 (6.75) 具有相关性，还需寻求其他变量关系式。参考法国 UHPC 规范 [20] 和 Casanova 和 Rossi [21] 提出的 UHPC 非线性铰裂缝模型来建立裂缝部分变量之间的关系，如图 6.80 所示虚拟非线性铰裂缝模型假定裂缝作用影响范围内即非线性铰的长度 l_{s}(裂缝高度的两倍) 内 STC 的转角 φ 等于裂缝的展开角度 φ'，而裂缝的展开角度近似表示为表面张开位移与裂缝高度的比值，即

$$\varphi' = w_{\mathrm{cm}}/h_{\mathrm{c}} \tag{6.76}$$

式中，w_{cm} 为裂缝表面张开位移，可设 $w_{\mathrm{cm}} = w_i$。设非线性铰长度内 STC 曲率为简谐函数分布，则可得到非线性铰长度内 STC 的平均曲率为

$$\bar{\phi} = (2 \cdot \phi_{\mathrm{s}} + \phi_{\mathrm{s}} + \phi_{\mathrm{c}})/\pi = (3\phi_{\mathrm{s}} + \phi_{\mathrm{c}})/\pi \tag{6.77}$$

则非线性铰转角可表示为

$$\varphi = l_{\mathrm{s}} \cdot \bar{\phi} = 2h_{\mathrm{c}}\bar{\phi} \tag{6.78}$$

将式 (6.78) 和式 (6.77) 代入式 (6.76) 可得

$$w_i = \frac{(3\phi_{\mathrm{s}} + \phi_{\mathrm{c}})}{\pi} \cdot 2h_{\mathrm{c}}^2 \tag{6.79}$$

联立方程组 (6.72)、(6.73) 和 (6.79) 便可唯一确定一组特征变量值 $(\phi_{\mathrm{s}}, \phi_{\mathrm{c}}, h_1)$。由解得的截面曲率 ϕ_{s}、ϕ_{c} 和截面受拉区高度 h_1 便可确定钢筋应力：

$$\sigma_{\mathrm{sr}} = E_{\mathrm{s}}[\phi_{\mathrm{s}}(h_1 - a_{\mathrm{st}}) + \phi_{\mathrm{c}}(h_{\mathrm{c}} - a_{\mathrm{st}})] \tag{6.80}$$

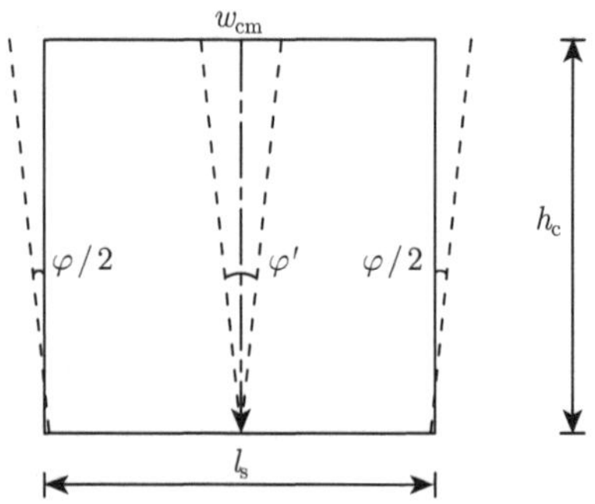

图 6.80　虚拟非线性铰裂缝模型示意图

6.5.5.3　接缝截面裂缝宽度计算

因此，考虑 STC 保护层厚度的影响项，可得到基于综合裂缝理论的钢-STC 组合结构的 STC 层接缝在负弯矩作用下钢筋位置处的裂缝宽度计算公式如下

$$w_{\max} = s_{\mathrm{r,max}} \cdot (\varepsilon_{\mathrm{sm}} - \varepsilon_{\mathrm{cm}}) = 2c_2(1-\beta)\left(k \cdot c_1 + \frac{(\zeta\sigma_{\mathrm{sr}} - \alpha_{\mathrm{E}} \cdot \sigma_{\mathrm{ct}})d_{\mathrm{s}}}{4\tau_{\mathrm{bm}}}\right)\frac{\zeta\sigma_{\mathrm{sr}}}{E_{\mathrm{s}}} \tag{6.81}$$

其中，σ_{sr} 参见式 (6.80) 计算；ζ 为钢筋应力折减系数，这里由于异形钢板作用的折减可取 $\zeta=0.94$。该公式同样仅适用于现浇 STC 未开裂时接缝裂缝宽度的计算。

STC 层表面裂缝宽度 $w_{t,max}$ 可由式 (6.21) 计算得到。

钢-STC 组合结构湿接缝负弯矩作用下 STC 层初裂时，相应最大裂缝宽度的计算结果如表 6.11 所示。由表中可见，考虑到接缝裂缝作用机理的复杂性，当不考虑接缝界面凿毛时 (界面粗糙度 λ=0)，即不考虑接缝钢纤维的作用，最大裂缝宽度计算值与实测值比值达到 114.8%，相差较大；当考虑试件所有接缝结合面均凿除 10mm STC，界面粗糙度统一取 λ=0.2 时，接缝最大裂缝宽度计算值与实测值比值为 105.4%，与试验结果符合良好。可见，两者差异的主要源于接缝面钢纤维的桥接作用而引起的钢筋应力及应力传递长度上的差异。对于异形钢板湿接缝而言，异形钢板在接缝处的“刚性锁定”作用，使接缝截面处 STC 和钢板能一起共同受力作用，改善了接缝的受力性能和抗裂性能。当然，由于界面钢纤维作用对接缝的有益性，为改善接缝的弯曲受拉性能，应当在施工时对 STC 接缝面进行适当的凿毛处理以便提高界面粗糙度。

表 6.11 异形钢板湿接缝初裂时的最大裂缝宽度计算结果

试件特征	初裂荷载/kN	名义拉应力/MPa	不凿毛 (λ=0)		凿毛 (λ=0.2)		最大裂缝宽度实测值/mm	②/实测值
			钢筋应力/MPa	①计算值	钢筋应力/MPa	② 计算值		
异形钢板	362	26.5	245.2	0.0574	229.5	0.0527	0.05	105.4%

6.6 各典型湿接缝弯曲拉伸性能比较及接缝设置位置

6.6.1 各典型湿接缝弯曲拉伸性能比较

前面几节对钢-STC 组合桥面结构的各种不同类型 STC 湿接缝连接形式进行了试验与理论分析，下面对这几种湿接缝的力学性能和抗裂性能进行比较分析。

如图 6.81 所示为不同类型湿接缝试验梁在受弯作用下 STC 现浇截面的名义拉应力–应变曲线，由图中可见，虽然在各试验梁的材性试验中 STC 的强度有所区别，但从 STC 的名义拉应力–应变曲线来看，在小于 30~35MPa 名义拉应力时各试验梁 STC 名义拉应力–应变曲线基本接近，之后有所分化，可能是由于 STC 已经开裂的缘故；值得指出的是，相同配比及钢纤维掺量的 STC 在受力前期拉应力–应变曲线斜率是近似的，即弹性模量是近似的。

不同类型的典型湿接缝连接形式在受弯作用下的名义拉应力–应变曲线如图 6.82 所示，由图中可见，在相同的 STC 名义拉应力下，接缝截面的应变均要大于 STC 现浇截面，原因可能是由于 STC 基体断裂的缘故；其中 66° 异形钢板湿接缝连接形式力学性能表现最好，其次是焊接钢筋网和加强钢板上焊接局部加强钢筋强化湿接缝连接形式，加密 Φ12 钢筋接缝连接形式力学性能表现要差些。

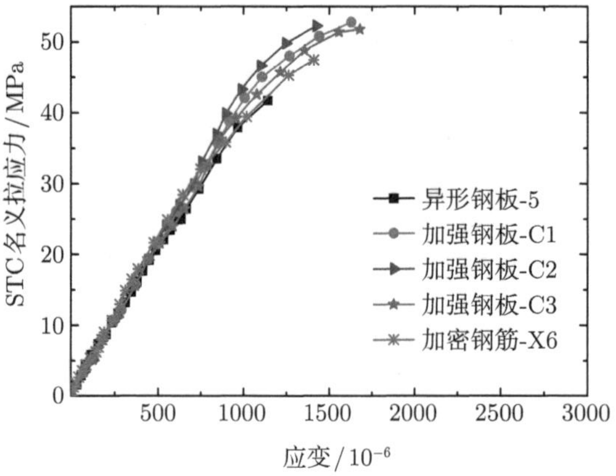

图 6.81　不同类型连接缝试验梁在受弯作用下 STC 现浇截面名义拉应力–应变曲线

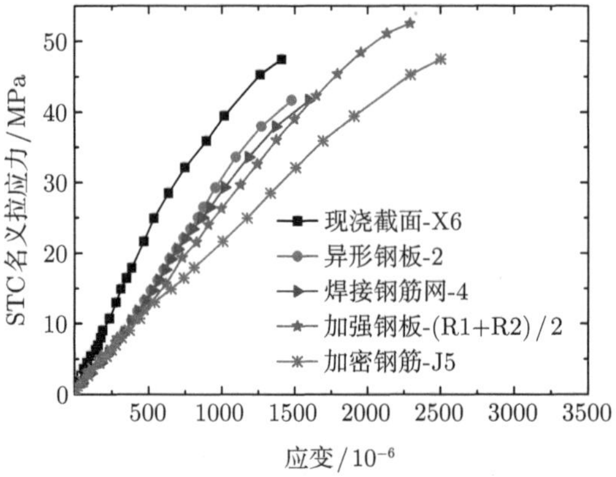

图 6.82　各典型湿接缝连接形在受弯作用下的名义拉应力–应变曲线

不同类型的典型湿接缝连接形式在受弯作用下的名义拉应力–最大裂缝宽度曲线如图 6.83 所示，由图中可见，66° 角度异形钢板湿接缝连接形式抗裂性能表现最好，其次是焊接钢筋网和加强钢板上焊接局部加强钢筋强化湿接缝连接形式，加密 Φ12 钢筋接缝连接形式力学性能表现要差些。造成不同类型湿接缝连接形式力学性能差异的原因在前叙章节已经表述过，这里从复合力学角度解释：钢-STC 组合桥面结构从复合力学角度可看做是钢板为一相、STC 基体为一相、钢筋为一相以及钢纤维为一相的四相材料的复合作用，在接缝处，由于 STC 基体和钢纤维的不连续，其本来由 STC 基体承担的作用力转移到由钢板、钢筋和钢纤维来承担，当然其转移的效率越高则接缝性能越好，若转移效率越低则接缝性能越差；对于加密钢筋和企口接缝作用机理是采用修复接缝 STC 的连接作用，明显企口接缝对接缝的连接作用要比加密钢筋形式要好；而异形钢板和焊接钢筋接缝连接方式则是通过接缝处的抗剪连接，使接缝 STC 基体承担的作用力转移到由钢板共同作用，明显异形钢板提供的“刚性锁定”作用要强于焊接钢筋提供的抗剪连接。从桥梁设计的经济性来说，考虑耐久性的不同形式湿接缝的 STC 初裂名义强度可以参考表 6.12。

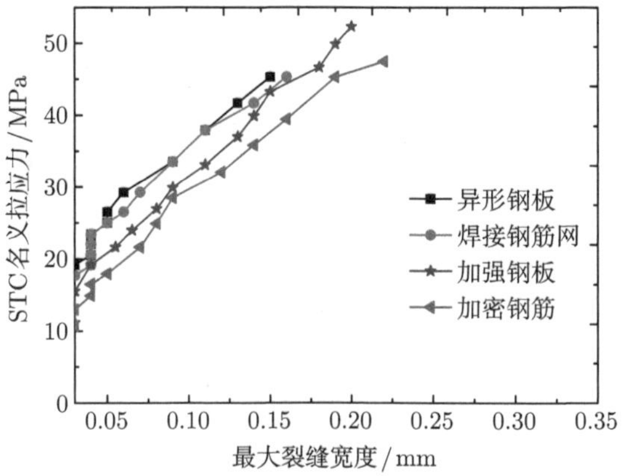

图 6.83 各典型湿接缝连接形式在受弯作用下的名义拉应力–最大裂缝宽度曲线

表 6.12 各典型湿接缝 STC 初裂名义强度 (单位：MPa)

类型	Φ10mm 加密	Φ12mm 加密	强化接缝未设置钢筋	强化接缝焊接钢筋	企口接缝	焊接钢筋网	66° 异形钢板
初裂名义强度	16.8	18.1	15.5	19.7	24.6	25.1	26.5

6.6.2 各典型湿接缝位置设置

试验和分析结果表明，前述几种湿接缝方案，其接缝处 STC 初裂强度均低于连续浇筑 STC 抗裂应力，抗裂能力最强的异形钢板接缝，其抗裂强度也仅为连续浇筑截面的 79%。因而接缝仍然是薄弱环节，为消除这一薄弱环节，需要将接缝设置在桥面的低拉应力区，这样可有效避免接缝提前开裂。

基于虎门大桥有限元模型计算结果，可得到在轮载作用下轻型组合桥面结构 STC 纵桥向拉应力示意图如图 6.84 所示。最大拉应力发生在横隔板处 K 位置为 10.08MPa，而最小拉应力发生在横隔板中间 H 位置为 5.52MPa，其中全桥体系整体应力贡献了 5.23MPa，可见，H 位置拉应力主要由全桥体系贡献的，而局部轮载产生的拉应力很小，STC 层的湿接缝在顺桥向宜设置在两横隔板的中间位置，如

图 6.85 所示。若取轻型组合桥面结构 STC 的名义抗拉强度为 42.7MPa[22]，则不难得到 STC 层现浇连续截面的最小计算抗裂安全度为：42.7/10.08≈4.24。

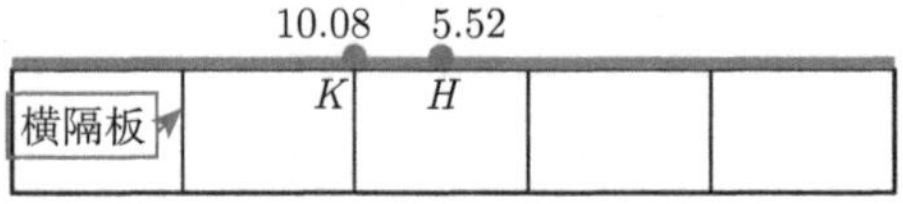

图 6.84　轮载下 STC 纵桥向拉应力示意图

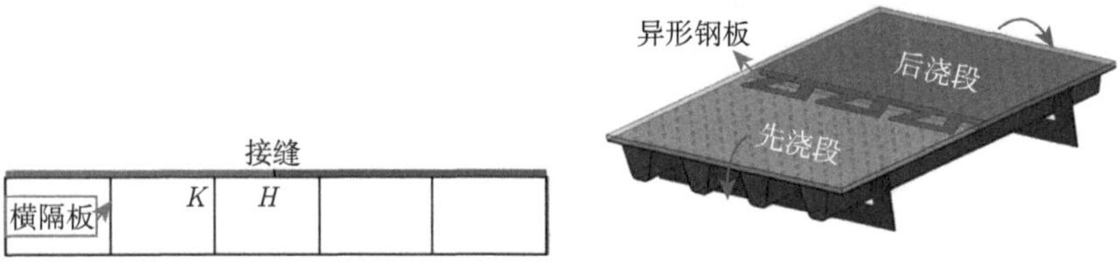

图 6.85　横向接缝位置图

当 STC 层湿接缝在顺桥向设置在两横隔板的中间位置时，基于虎门大桥有限元模型计算结果的各典型湿接缝方案中接缝处 STC 的计算抗裂安全度如表 6.13 所示。从表中可见，虽然各典型湿接缝方案中接缝处 STC 初裂强度均低于连续浇筑 STC 抗裂应力，但是，当将接缝设置在合理的位置时 (顺桥向两横隔板的中间位置)，各典型湿接缝基于虎门大桥的计算抗裂安全度为 2.75~4.80，均能满足抗裂安全要求。但从计算抗裂安全度的角度而言，企口接缝、焊接钢筋网和异形钢板湿接缝形式的计算抗裂安全度均超过了 STC 层现浇连续截面的最小计算抗裂安全度，均具有良好的抗裂性能，相对而言，异形钢板湿接缝形式的抗裂性能最好，通过合理设置湿接缝位置，接缝抗裂安全度达到 4.80。

表 6.13　各典型接缝计算抗裂安全度

类型	Φ10mm 加密	Φ12mm 加密	强化接缝未设置钢筋	强化接缝焊接钢筋	企口接缝	焊接钢筋网	66° 异形钢板
计算抗裂安全度	3.04	3.28	2.75	3.48	4.46	4.55	4.80

基于虎门大桥有限元模型计算结果的轻型组合桥面结构在轮载作用下 STC 横桥向拉应力示意图如图 6.86 所示，受力以局部轮载作用为主，最大拉应力发生在 U 肋腹板顶部位置为 6.41MPa，而最小拉应力发生在两 U 肋的中间位置为 1.51MPa。可见，STC 层的湿接缝在横桥向宜设置在两 U 肋的中间位置，如图 6.87 所示。此处局部轮载作用下 STC 拉应力很小，不到 2MPa，接缝置于此处基本无开裂风险。

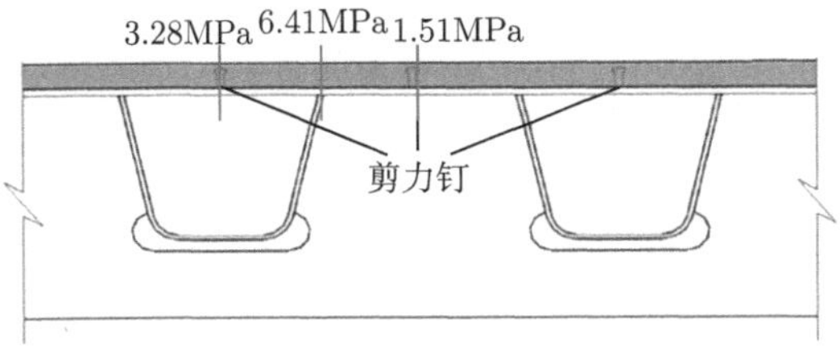

图 6.86　轮载下 STC 横桥向拉应力示意图

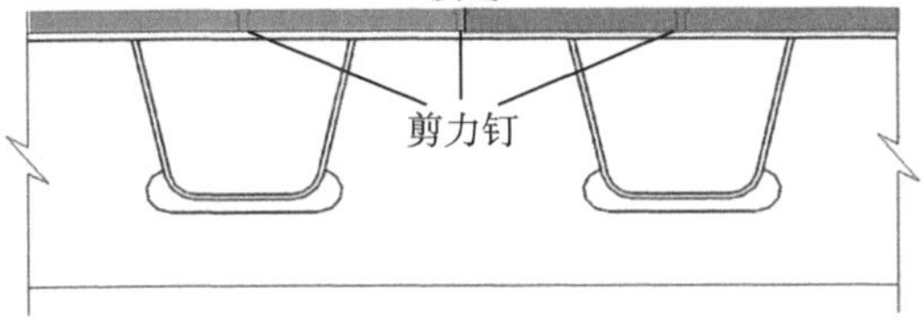

图 6.87　横向接缝位置示意图

6.7 本章小结

为克服 STC 湿接缝处钢纤维被“人为”截断，导致其抗裂强度低等问题，本章提出了四种强化接缝方案，分别开展了模型试验和理论分析研究，探明了各种强化接缝方案的抗裂性能，主要结论如下。

(1) 加密钢筋湿接缝方案，随着接缝配筋率的增加，组合梁加密钢筋湿接缝 STC 层的初裂名义强度为 11.0~18.1MPa。

(2) 加强钢板强化湿接缝方案，设置有焊接局部加强钢筋的强化湿接缝 STC 初裂名义强度为 19.7MPa，而未设置加强钢筋的强化湿接缝为 15.5MPa。由于加强钢板的存在，亦可保护主钢板免受雨水侵蚀。

(3) 企口接缝湿接缝通过企口“咬合”来加强 STC 接缝之间的结合能力，最优接缝企口角度为 71°。STC 初裂名义强度为 24.6MPa。

(4) 钢-STC 轻型组合桥面结构异形钢板湿接缝通过异形钢板“S”形企口的“刚性锁定”作用来加强接缝 STC 之间的结合能力，并使接缝处钢板共同参与受力。异形钢板企口角度为 66° 时，接缝 STC 初裂名义强度达到 26.5MPa，抗裂性能最好，可达 STC 连续浇筑处抗裂强度的 79%。

(5) 无论如何强化，STC 接缝的抗裂强度仍低于非接缝截面，因而应将接缝置于两隔板 (或纵肋) 的中间区域，该区域在局部车轮荷载作用下接缝基本处于受压状态，从而可确保接缝不成为控制设计的薄弱截面。

参 考 文 献

[1] 牛和恩. 虎门大桥工程 (悬索桥). 北京：人民交通出版社, 1998: 106-118

[2] 陈斌，邵旭东，曹君辉. 正交异性钢桥面疲劳开裂研究. 工程力学，2012, 29(12): 170-174

[3] 曹君辉. 钢–薄层超高性能混凝土轻型组合桥面结构基本性能研究. 湖南：湖南大学, 2016: 29-127

[4] Leutbecher T, Fehling E. Tensile behavior of ultra-high-performance concrete reinforced with reinforcing bars and fibers: minimizing fiber content. ACI Structural Journal, 2012, 109(2): 253-263

[5] CEB-FIP. Model Code 1990. Design code. London: Thomas Telford, 1990

[6] CEB-FIP. Model Code 2010. First complete draft. Lausanne, Switzerland: International Federation for Structural Concrete (fib), 2010, 1-2

[7] 张哲. 钢–配筋 UHPC 组合桥面结构弯曲受拉性能研究. 湖南：湖南大学, 2016: 1-147

[8] FHWA. Manual for design, construction, and maintenance of orthotropic steel deck bridges (FHWA-IF-12-027). Washington D.C., U.S.A, Federal Highway Administration, 2012

[9] 王连广. 钢与混凝土组合结构理论与计算. 北京: 科学出版社, 2005: 63-70

[10] 聂建国, 刘明, 叶列平. 钢–混凝土组合结构. 北京: 中国建筑工业出版社, 2005: 100-110

[11] 向红. 装配式钢箱–预应力混凝土组合梁性能试验与设计理论研究. 重庆: 重庆交通大学, 2012: 145-165

[12] Shao X D, Yi D T, Huang Z Y, et al. The basic performance of the composite deck system composed of orthotropic steel deck and Ultra-thin RPC layer. Journal of Bridge Engineering, 2013, 18(5): 417-428

[13] 王文前. 装配式钢 -RPC 轻型组合桥面结构关键技术研究. 湖南: 湖南大学, 2013: 1-70

[14] 中华人民共和国国家标准. 钢结构设计规范. 北京: 中国计划出版社, 2003: 17-21

[15] 中华人民共和国行业标准. 钢–混凝土组合结构设计规程 (DL/T 5085-99). 北京：中国电力出版社, 1999: 58-69

[16] 邵旭东, 陈斌, 周绪红. 钢 -RPC 轻型组合桥面结构湿接缝弯曲试验. 中国公路学报, 2017, 30(3): 210-217

[17] 邵旭东, 张哲, 刘梦麟, 等. 正交异性钢 -RPC 组合桥面板弯拉强度的实验研究. 湖南大学学报 (自然科学版), 2012, 39(10): 7-13

[18] U.S.Department of Transportation. Design guide for precast UHPC waffle deck panel system including connections. Washington D.C., U.S.A，Federal Highway Administration, 2013

[19] 邵旭东, 曹君辉, 易笃韬, 等. 正交异性钢板–薄层 RPC 组合桥面基本性能研究. 中国公路学报, 2012, 25(2): 40-45

[20] AFGC, SETRA. Ultra high performance fiber-reinforced concrete. Recommendations. Bagneux, France: AFGC-SETRA Working Group, 2013: 1-175

[21] Casanova P, Rossi P. Analysis of metallic fibre-reinforced concrete beams submitted to bending. Materials and Structures, 1996, 29(6): 354-361
[22] 林广平. 基于 BP 神经网络的正交异性钢桥面系多目标结构优化设计. 公路交通科技, 2005, 22(5): 83-86

第 7 章　特殊构造性能及计算理论

7.1　本 章 概 述

前述的研究工作，均系针对轻型组合桥面结构的普通区域，但部分桥面结构存在特殊性，需研究相匹配的特殊构造及设计方法，本章研究这类问题。

本章具体涉及三种特殊构造：栓接钢桥螺栓带构造、混合梁的钢–混结合段构造和高烈度区桥面连续抗震构造。研发了相应的构造措施，并对每类特殊构造开展了理论或试验研究，揭示了其基本受力特性，提出了设计计算方法，以指导实桥工程应用。

7.2　栓接钢桥螺栓带超高韧性混凝土强化构造

7.2.1　构造思路

我国钢桥主梁节段间常采用栓接连接，桥面螺栓带拼接板显著减小了 STC 的局部层厚，引起局部应力集中。若处理不当，容易导致该区域 STC 层低应力下开裂。

因此，为防止栓接钢桥螺栓带 STC 层开裂，笔者提出了多项强化构造措施，具体强化思路是：通过将纵向钢筋焊接在栓接带拼接板顶面或局部加密该区域栓钉来加强该区域的界面连接，消除应力集中，从而提高螺栓带 STC 层的抗裂性能。本节通过条带模型试验及理论分析对轻型组合桥面结构螺栓带的抗弯性能展开了研究，为该技术在栓接钢桥中的应用提供技术支撑，具体研究内容如下。

7.2.2　试验研究

7.2.2.1　试验模型设计

依据广东汕头礐石大桥的钢箱梁螺栓连接区域桥面结构，共设计了 2 根含螺栓连接区域的钢-STC 组合简支带悬臂 (伸臂梁) 条带模型，STC 层厚度为 50mm。两个试件整体构造相同，STC 层通过剪力钉与钢面板连接，U 肋间通过螺栓连接，模型尺寸如图 7.1 所示 [1,2]。其中顶板厚 12mm，U 肋厚 8mm，横隔板厚 12mm，钢材均为 Q345；纵横向钢筋均为 Φ10 HRB400，横向钢筋在上纵向钢筋在下，平均间距 40mm，保护层厚度 15mm；剪力钉均为 13mm×35mm 的短栓钉，纵横向间距 160mm；螺栓为 M22 摩擦型高强螺栓，设计有效预紧力为 200kN，并根据《公路工程质量检验评定标准》(JTJ071-98) 及《钢结构高强度螺栓连接技术规程》(JGJ82-2011) 进行施拧质量检验；STC 统一采用圆直型钢纤维，体积掺量 3.5%，水胶比 0.18，实测弹性模量 43.3GPa。

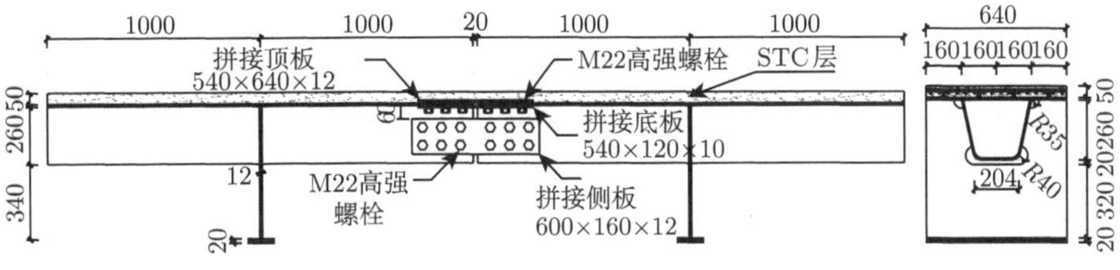

(a) 立面 (b) 断面

图 7.1 试件尺寸图示 (单位：mm)

2 个试件的跨中段各包含有一个螺栓连接区域，每个螺栓连接区域两侧各有一个接头区域，共四个接头区域，对应设计四种不同的方案：① 未采取强化构造措施仅常规处理；② 局部加密剪力钉，即靠近螺栓连接接头的 4 排剪力钉间距由 160mm 减小为 80mm；③ 部分纵向钢筋与拼接钢板局部焊接，即将一半数量的纵向受拉钢筋与拼接钢板在螺栓连接接头处通过双面焊焊接在一起，焊缝长度 50mm；④ 同时采取局部加密剪力钉和部分纵向钢筋与拼接钢板局部焊接两项措施，具体布置如图 7.2 所示。值得说明的是，方案③与方案④中所选取的焊接纵向钢筋数量及位置主要受连接区域局部空间限制，为保证焊接牢固可靠，使得纵向钢筋能与拼接钢板共同受力，根据《钢筋焊接及验收规程》(JGJ18-2012) 采用双面焊形式，且搭接长度不小于 5 倍钢筋直径。

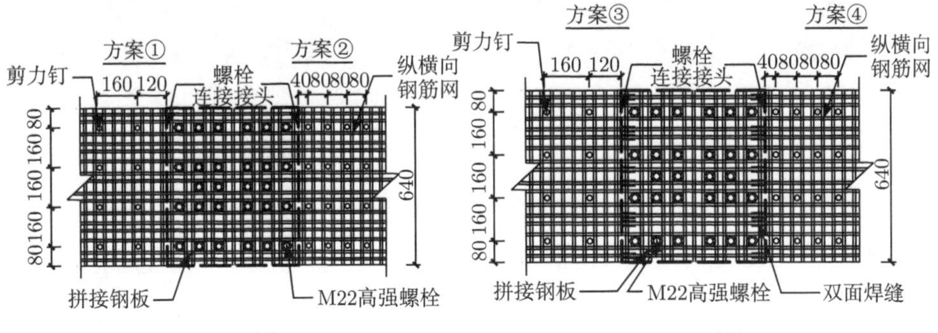

(a) 试件1 (b) 试件2

图 7.2 方案布置图 (单位：mm)

7.2.2.2 试验加载与数据采集

2 个试件均一端设置固定铰支座，另一端设置活动铰支座，通过油压千斤顶对其两悬臂端进行对称加载，确保跨中为纯弯段，如图 7.3 所示。图中吊绳仅作为加载后期的保护措施，不参与试件受力。试验中主要对支座处、试件加载点及纯弯段内位移、STC 层应变、钢板应变等进行了测量。如图 7.4 所示，其中应变片布置位置包括 A~I 共 9 个截面的 STC 层顶面、U 肋腹板和肋底，应变数据由 TDS530 静态数据采集仪采集；同时，为获得 STC 层开裂后受拉应变的情况，在 STC 层顶面对称布置了 8 个引伸仪。挠度由百分表测得，引伸仪变形增量及支座位移由千分表测得，荷载由压力传感器监控。试验中，用智能裂缝宽度观测仪量测裂缝宽度，其精度为 0.01mm。图 7.4 中 E 截面为跨中截面，螺栓连接接头处的 D 截面和 F 截面为接头截面，其余为一般截面。

图 7.3　试验加载图

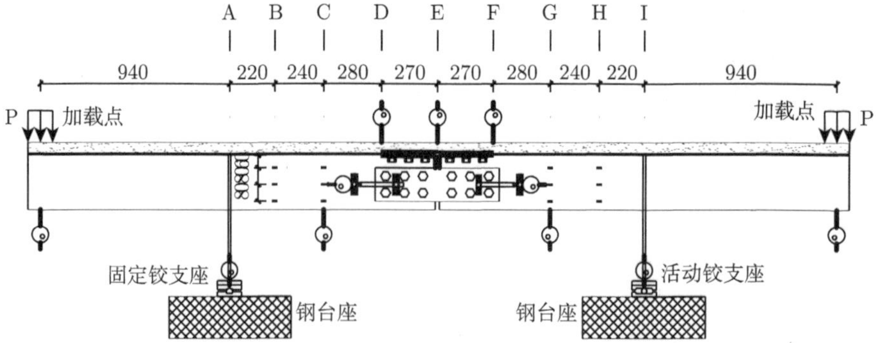

(a) 立面

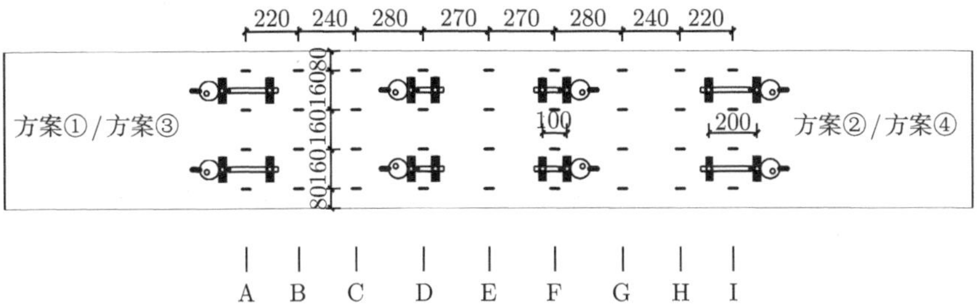

(b) 平面

图 7.4 加载与测点布置图 (单位：mm)

7.2.2.3 试验结果与分析

1. 试验现象

试验过程中，当荷载 P 分别达到 81.3kN 和 106.2kN 时，在试件 1 与试件 2 跨中纯弯段的 STC 层顶面出现了宽度约为 0.01~0.02mm 的微裂纹。随着荷载增加，微裂纹在两个试件跨中多个截面位置处的 STC 层顶面出现，如图 7.5 所示。裂纹数量不断增多、间距不断减小，宽度缓慢增长。随着荷载 P 继续增加，4 种方案的 STC 层顶面依次出现了宽度为 0.05mm 的裂缝，如表 7.1 所示。值得说明的是，根据文献 [3], [4]，当 STC 的裂缝宽度小于 0.05mm 时，裂缝几乎不可见且对其耐久性毫无影响，因此本节将裂缝宽度 0.05mm 定义为 STC 开裂与否的界限, 并偏保守的将出现 0.05mm 宽度裂缝的前一级荷载作为开裂荷载。

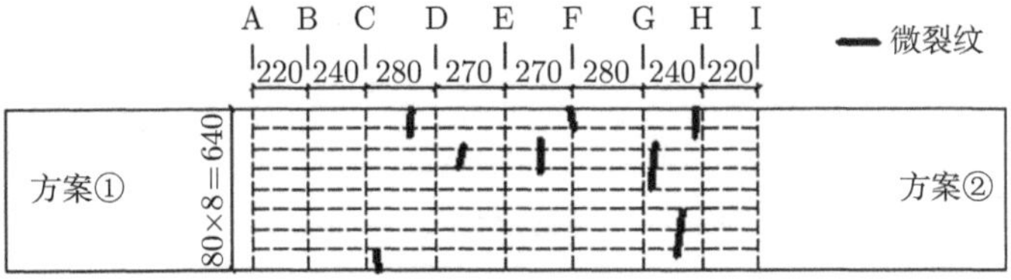

(a) 试件1

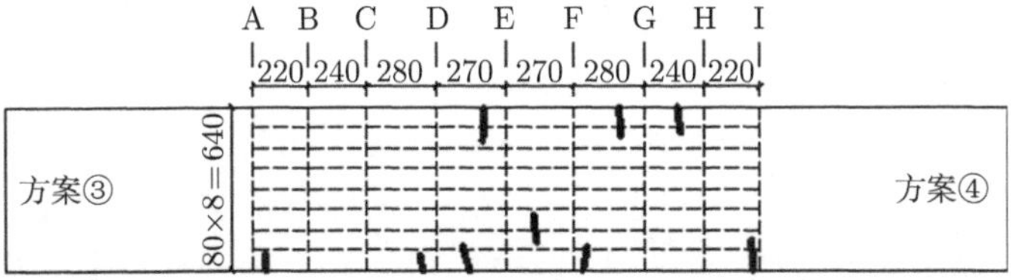

(b) 试件2

图 7.5 多元开裂微裂纹示意 (单位：mm)

表 7.1　试件开裂情况

试件	方案	裂缝位置	开裂荷载/kN	开裂荷载比
试件 1	方案①	D 截面外侧	130.5	100%
	方案②	F 截面内侧	148.2	114%
试件 2	方案③	A 截面内侧	155.2	119%
	方案④	H 截面内侧	160.3	123%

STC 层开裂后，裂缝的数量几乎不再增多，但长度和宽度随荷载的增大迅速增长。当荷载 P 分别达到 180.1kN 和 181.0kN 时，试件 1 与试件 2 中 STC 层顶面最大裂缝宽度均超过 0.1mm，且两个试件中的摩擦型高强螺栓均发生明显错动，伴有剧烈响声，传感器显示荷载读数不再稳定，试件视为破坏。

2. 试件跨中挠度

考虑支座位移影响，试件 1 与试件 2 的荷载–跨中挠度曲线如图 7.6 所示。

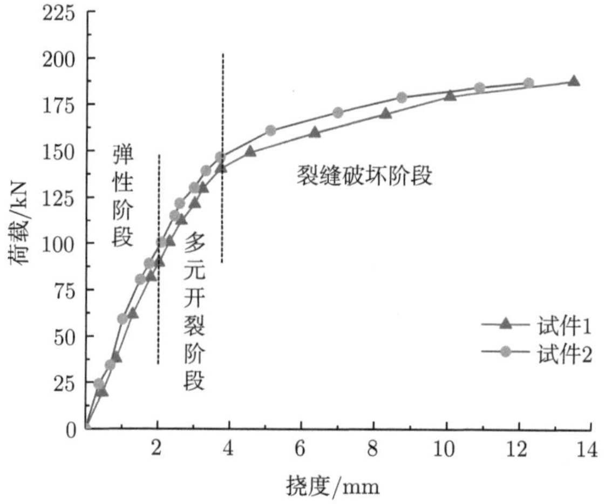

图 7.6　荷载–跨中挠度曲线

从图 7.6 中可以看出，2 个试件的荷载–跨中挠度曲线形状类似。结合试验现象，破坏前两者的受力过程均可分为三个阶段：弹性阶段、多元开裂阶段和裂缝破坏阶段。在弹性阶段，荷载–跨中挠度曲线近呈直线，2 个试件的整体刚度几乎相等；当荷载 P 分别达到 81.3kN 和 106.2kN 时，2 个试件的 STC 层顶面多个截面处均出现细而密的微裂纹，试件视为进入多元开裂阶段；随着荷载继续增加，分别达到 130.5kN 和 155.2kN 时，试件 1 和试件 2 的荷载–跨中挠度曲线均出现明显的拐点，此时 2 个试件中的微裂纹宽度集中发展形成裂缝，2 个试件的整体刚度均明显下降，试件视为进入裂缝破坏阶段。

3. STC 层顶面拉应变

试件 1 与试件 2 中，4 种方案 STC 层顶面接头截面处的荷载–应变曲线如图 7.7 所示。图中方案①与方案③的接头截面处应变分别取为试件 1 与试件 2 中 STC 层顶面 D 截面处应变，方案②与方案④的接头截面处应变分别取为试件 1 与试件 2 中 STC 层顶面 F 截面处应变。

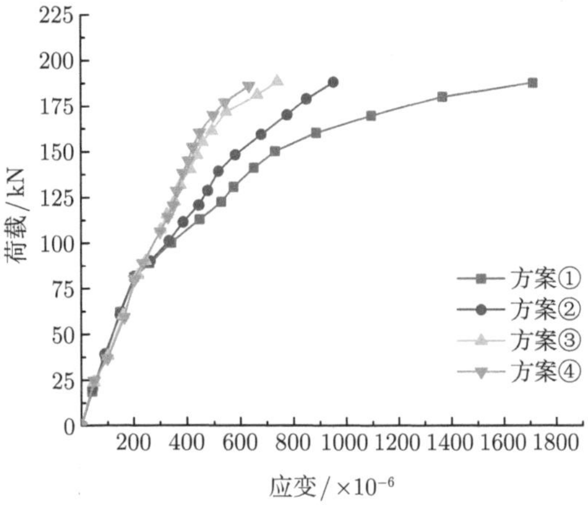

图 7.7 STC 层顶面接头截面处的荷载–应变曲线

从图 7.7 中可以看出，处于弹性阶段时，四个接头截面处荷载–应变曲线相互重合且大致呈直线变化，局部刚度几乎相同；进入多元开裂阶段后，四个接头截面处的荷载–应变曲线发生了不同的变化，其中方案①接头截面处应变发展最快，方案②次之，方案③与方案④接头截面处的应变发展较缓慢，且较为接近。

结合裂缝观测数据可以发现，导致接头截面处应变增加的主要原因是微裂纹宽度的增长。由此可见，采取了强化构造措施的方案②~④均能在不同程度上延缓接头截面处微裂纹变宽，且以方案④效果为最好。究其原因，方案②中局部加密布置的剪力钉增强了钢-STC 间的组合作用，提高了接头区域截面的刚度，减小了局部的变形，从而达到了阻滞微裂纹宽度发展的目的；方案③与方案④中部分纵向钢筋与拼接钢板局部焊接，使得纵向受拉钢筋随同拼接钢板一起受力变形，大大降低了受拉钢筋应力，而根据相关研究 [4,5]，钢筋应力是影响裂缝宽度的主要因素，且钢筋应力和裂缝宽度呈正比例线性关系，即钢筋应力越小，裂缝宽度越小。

试件 1 与试件 2 中，4 种方案 STC 层顶面一般截面和接头截面处的荷载–应变曲线对比如图 7.8 所示。图中方案①与方案③的一般截面处应变分别取为试件 1 与试件 2 中 STC 层顶面 A 截面处应变，方案②与方案④的一般截面处应变分别取为试件 1 与试件 2 中 STC 层顶面 I 截面处应变。

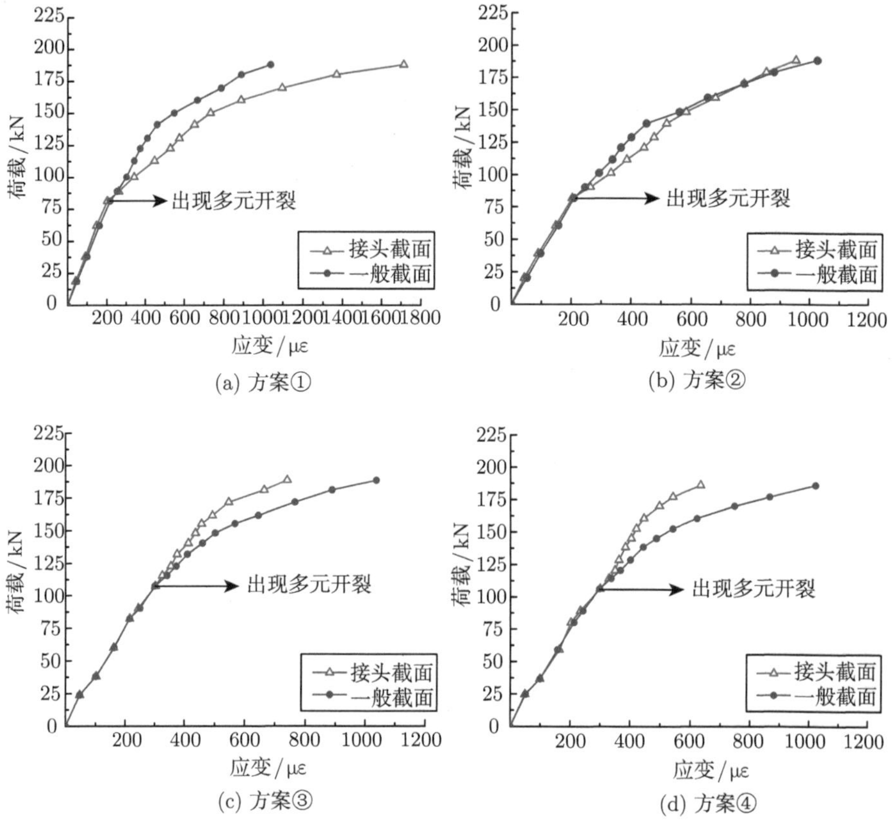

图 7.8　STC 层顶面一般截面与接头截面处的荷载–应变曲线

从图 7.8 中可以看出，处于弹性阶段时，各个方案中一般截面和接头截面处 STC 层顶面的荷载–应变曲线几乎重合，拉应变大体相同；而进入多元开裂阶段后，各个方案中一般截面与接头截面处 STC 层顶面的荷载–应变曲线均发生了不同程度的偏转，且呈现出不同的规律。具体变化规律为：方案①中接头截面处 STC 层顶面的拉应变增长比一般截面处更快，在相同荷载下，接头截面处应变大于一般截面；方案②中接头截面和一般截面处 STC 层顶面的拉应变几乎同步增长，在相同荷载下，接头截面处应变略大于一般截面；方案③与方案④中接头截面处 STC 层顶面的拉应变增长均比一般截面处更慢，在相同荷载下，接头截面处应变小于一般截面。当 4 种方案的 STC 层依次发生开裂时，各个方案中一般截面和接头截面处 STC 层顶面的实测应变如表 7.2 所示。

由表 7.2 可知，方案①与方案②的 STC 层分别发生开裂时，其接头截面处 STC 层顶面的拉应变均大于一般截面处应变，而方案③与方案④的 STC 层分别发生开裂时，其接头截面处 STC 层顶面的拉应变仅为一般截面处应变的 82%和 72%。

表 7.2 STC 层顶面拉应变

试件	方案	荷载/kN	接头截面应变/($\times10^{-6}$)	一般截面应变/($\times10^{-6}$)	应变比
试件 1	方案①	130.5	575	410	140%
	方案②	148.2	582	560	104%
试件 2	方案③	155.2	457	555	82%
	方案④	160.3	447	622	72%

由此可见，方案①与方案②的 STC 层顶面接头截面处均会先于一般截面处开裂，而方案③与方案④的 STC 层顶面接头截面处则不会先于一般截面处开裂，这与表 7.1 中所反映的试件开裂情况吻合。

综上所述，方案①~方案④均能在不同程度上阻滞 STC 层顶面接头截面处微裂纹宽度的发展，减小局部变形，延缓开裂。但不同方案的阻裂效果不同，只有当采用方案③或方案④时，才能够确保 STC 层顶面接头截面处晚于一般截面处发生开裂，且以方案④效果为最佳。换言之，当采用方案③或方案④时，可确保控制 STC 设计的截面为一般截面，而不是接头截面，大大降低设计难度。

7.2.3 有限元计算

7.2.3.1 计算方案

首先采用 3D 建模软件 SolidWorks 分别创建试件中各部件，然后通过“配合”组装成装配体，最后导入 ANSYS Workbench 中进行计算，几何模型如图 7.9 所示。

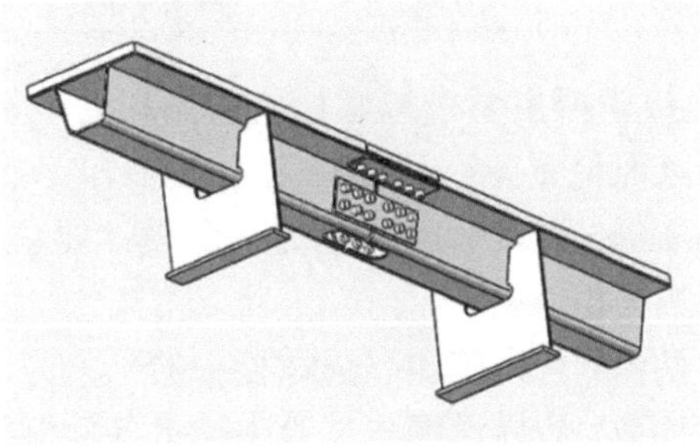

图 7.9 几何模型

7.2.3.2 计算模型

有限元模型中：纵、横向钢筋网主要受拉，故选用杆单元 link180 进行模拟；剪力钉主要受弯剪，故选用梁单元 beam188 进行模拟；其余几何实体均采用实体单元 solid186 进行模拟，如图 7.10 所示。材料均按线弹性考虑，钢材弹性模量取为 206GPa，STC 弹性模量取为 43.3GPa。

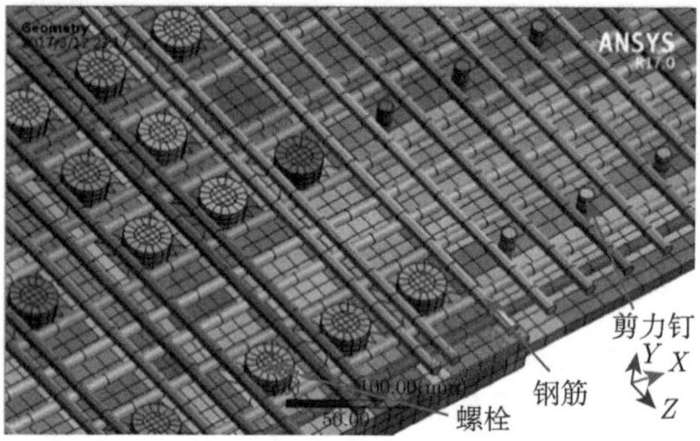

图 7.10　有限元模型 (局部)

模型中钢筋、剪力钉与 STC 层之间在重合位置进行节点耦合。偏安全不考虑 STC 层与 U 肋之间的自然黏结抗剪作用，STC 层与 U 肋顶板之间在重合位置仅耦合节点 UY 方向的自由度 (图 7.10)。其余接触关系通过在相邻接触面上分别建立 conta174(接触单元) 和 targe170(目标单元) 形成“接触对”来实现，接触类型选择如表 7.3 所示。

表 7.3　接触类型表

接触类型	对应位置
Bonded(绑定)	螺帽、螺母与拼接板
Frictionless(无摩擦)	螺栓杆与孔壁
Frictional(摩擦)	拼接板与 U 肋
Spot weld(点焊)	纵向受拉钢筋与拼接钢板

摩擦型高强螺栓连接模拟主要模拟螺栓中所施加的预紧力。首先在螺栓栓杆中插入预紧面，并在预紧面位置建立预紧单元 (prets179)，然后利用预紧单元施加螺栓预紧力 (Bolt Pretension)，最后当预紧力达到设计要求后锁死 (Lock) 螺栓自身变形，即完成预紧力的模拟 [7][8]。

模型的加载过程分两步，首先施加高强螺栓中的预紧力，然后采用面荷载形式进行试验中的两端悬臂加载。边界设置与试验中支承条件保持一致，即一端采用固定支座，另一端采用活动支座。

7.2.3.3　计算结果

由 7.2.2 小节可知，仅当采用试件 2 中的方案③或方案④时，设计计算中才可以忽略螺栓连接区域的不利影响。故偏安全取方案③开裂位置处 (试件 2 中 STC 层顶面 A 截面内侧) 应变如图 7.11 所示。当计算荷载达到试验开裂荷载 155.2kN 时，有限元计算所得拉应力为 17.7MPa。值得说明的是，由于此时方案④区域的截面还未发生开裂，故取此拉应力作为名义开裂应力对于方案④而言是偏安全的。

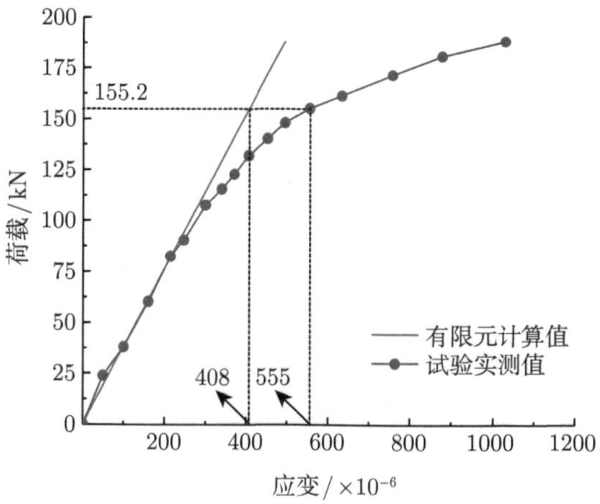

图 7.11　开裂位置荷载–应变曲线

7.2.4　礐石大桥桥面维修方案设计计算

广东汕头礐石大桥是一座大跨度正交异性板加劲钢箱梁与 PC (Prestressed Concrete) 箱梁混合结构半悬浮弹性体系斜拉桥 [9]，主跨 518m，跨径组成为：2×47m (PC 箱梁)+100m (钢箱梁)+518m (钢箱梁)+100m (钢箱梁)+2×47m (PC 箱梁)，如图 7.12 所示。桥面总宽 30.35m，双向六车道，不考虑风嘴箱梁顶宽 26.07m，斜拉索中距 25.2m。钢箱梁节段间用螺栓连接，钢箱梁标准段长度每节为 12m。钢箱梁顶板厚度 12mm，U 肋间距 600mm，U 肋壁厚 8mm，横隔板间距 3m，如图 7.12 所示。

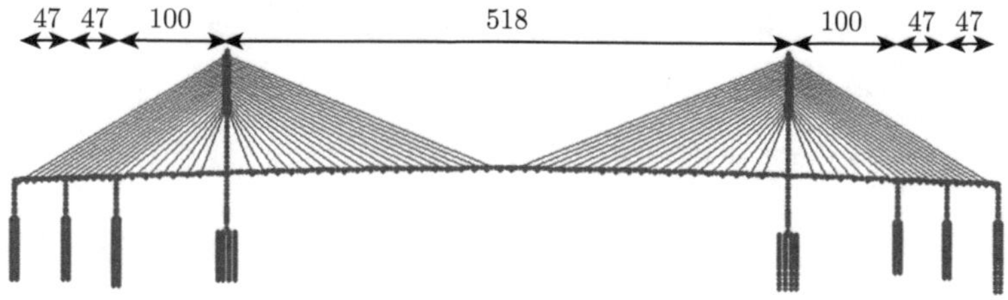

图 7.12　礐石大桥立面图 (单位：m)

经检测发现，近年来礐石大桥的钢桥面铺装表面出现了严重车辙、推移，并伴随诸多裂缝，局部出现坑槽、泛油等病害，故设计单位拟采用钢-STC 轻型组合桥面结构方案对其进行桥面维修，维修方案中采用 50mm 厚 STC 层，螺栓连接接头区域设计与 7.2.2.1 节中方案④一致，如图 7.13 所示。由上文试验结果可知，当采用方案④时，一般截面将代替接头截面成为需要设计控制的不利截面。

根据设计方案，对礐石大桥轻型组合桥面结构开展了详细的有限元计算分析，详见本书第 10 章 10.4.1 节内容，不予赘述。实桥螺栓带轻型组合桥面结构强化构造照片如图 7.13 所示。

图 7.13　磐石大桥螺栓连接接头区域

7.3　钢–混结合段构造

7.3.1　构造思路

对于钢–混凝土混合梁，当钢桥面上采用 STC 组合桥面方案时，STC 在钢–混结合段如何设计需要研究。通常钢–混结合段刚度突变，受力复杂，易出现开裂、渗水等病害。针对上述问题，作者团队提出了适用于轻型组合桥面结构的钢–混结合段构造，具体为：将钢桥面中的 STC 层适当延长，盖过钢–混结合段的区域。由于 STC 具有优异的力学性能和耐久性，可确保其在运营中不会开裂，从而改善钢–混结合段的受力，有效避免结合面出现开裂、渗水等问题 [10]。

7.3.2　钢–混结合段节段模型计算

7.3.2.1　依托工程概况

本节的依托工程为浙江省湖州市五一大桥，该桥采用超高性能混合梁连续梁桥方案，桥跨布置为 (60+128+60)m，边中跨比约为 0.469。主桥分左右两幅布置，单幅桥宽 18.5m。为降低主梁梁高，在主跨跨中设置长 45m 的钢主梁，主墩处主梁梁高为 6.4m，跨中梁高为 2.8m。桥梁立面如图 7.14 所示。

钢–混结合段的设置需考虑刚度和受力的过渡。钢–混结合段长度为 1.5m，钢箱梁过渡段长度为 2.5m，混凝土箱梁过渡段长度为 4m。结合段采用有格室的构造形式，钢格室高 0.95m，格室内填充的混凝土主要通过 PBL(Perfobond Leiste) 剪力键与钢结构形成可靠连接。结合段内布置大量的预应力束，以抵抗结合段内可能出现的拉应力，防止混凝土开裂。预应力束一端锚固在混凝土梁内，另一端锚固在承压板上及钢梁横隔板上。钢–混结合段立面布置如图 7.15 所示，结合面断面如图 7.16、图 7.17 所示。

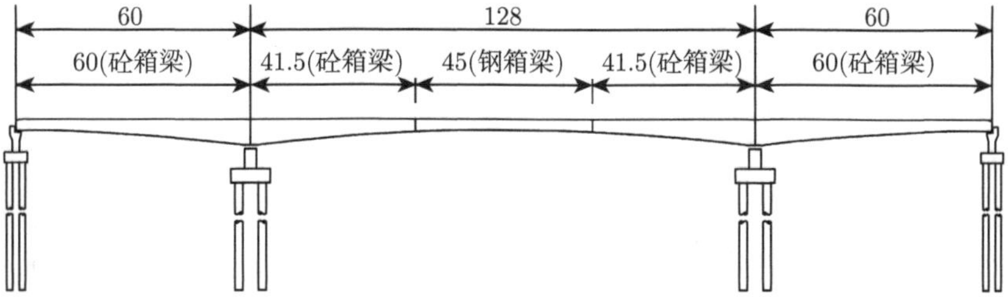

图 7.14　五一大桥立面图 (单位：m)

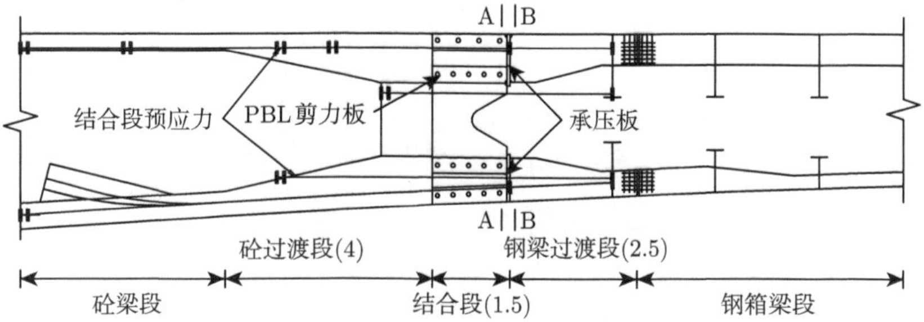

图 7.15　钢–混结合段立面图 (单位：m)

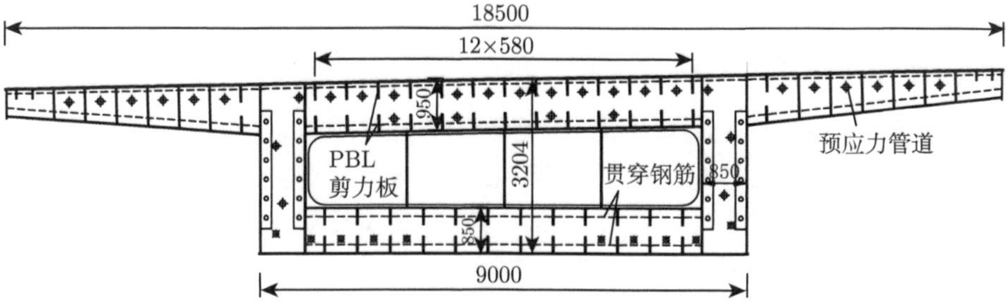

图 7.16　A-A 横断面图 (单位：mm)

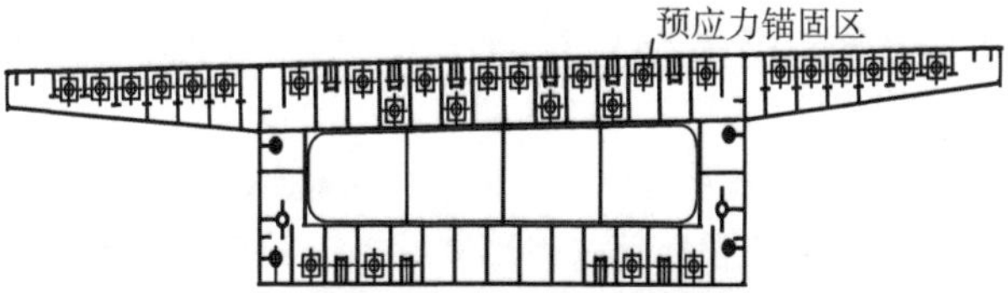

图 7.17　B-B 横断面图 (单位：mm)

主跨钢箱梁桥面板采用简化的正交异性钢桥面 +6cm 厚密集配筋的 STC 薄层形成轻型组合桥面结构。考虑到跨中区钢箱梁顶板加劲肋能够与钢梁过渡段板肋的平顺连接及其本身的加劲作用，采用带板肋的钢–STC 轻型组合桥面结构。轻型组合桥面的 STC 层作为结构层参与桥面板受力，能显著提高桥面板的局部刚度，改善正交异性钢桥面板的受力性能，从而解决正交异性钢桥面铺装层破损及钢结构疲劳开裂两类病害。轻型组合桥面的板肋加劲肋与钢梁过渡段板肋及结合段内 PBL 开孔钢板连接顺畅，传力明确，且施工方便。

该桥钢–混结合段是将中跨钢–STC 轻型组合桥面中的 STC 层连续延伸，盖过钢–混结合段，并部分伸入混凝土箱梁 (7.5m) 中的新型结合段形式。STC 层通过剪力键与钢–混结合段和混凝土箱梁紧密连接，形成组合结构，共同参与受力。钢–混结合段内部采用了剪力钉、PBL 剪力键以及预应力束的连接方式，如图 7.18 所示。

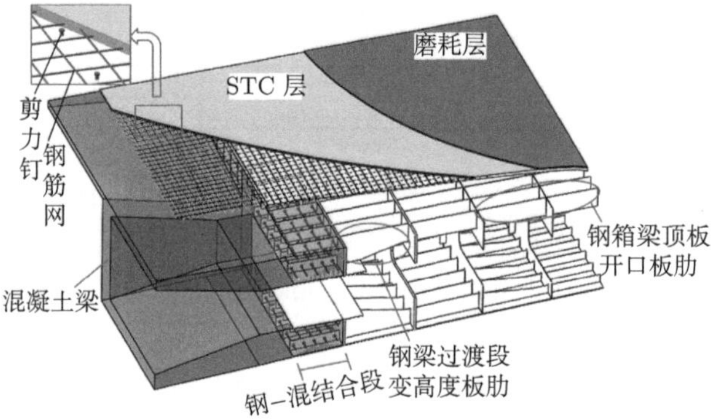

图 7.18　五一大桥钢–混结合段区示意图

7.3.2.2　有限元模型的建立

参考五一大桥结合段构造形式，根据圣维南原理，选取结合段及其附近区域为研究对象，建立有限元模型。其中，钢箱梁段及钢梁过渡段长 7.5m，钢–混结合段长 1.5m，混凝土箱梁长 8m，总长 17m。为方便建模及重点关注有无 STC 层对结合段受力性能的影响，对结合段的模拟进行以下简化。

不再模拟结合段内部混合使用的剪力钉及 PBL 剪力键，假定剪力连接件能较好地发挥其传剪性能，直接将结合段钢结构部分和与其接触的混凝土结构部分共节点，形成完全抗剪连接；对有 STC 层的模型，不考虑 STC 层内部钢筋；不考虑结合段内部预应力束作用。

为方便下文描述，对传统无 STC 层的结合段构造形式，本节将它称为传统构造形式；对有 STC 层的新型结合段构造形式，本节将它称为新型构造形式。

有限元模型中钢结构采用 4 节点弹性壳单元 shell181，混凝土梁及 STC 层采用 8 节点弹性实体单元 solid45，有 STC 层的模型中的剪力钉采用弹簧单元 combin14。

在定义材料特性时，钢材的弹性模量取为 210GPa，泊松比取为 0.3；普通混凝土的弹性模量取为 36GPa，泊松比取为 0.2；STC 的弹性模量取为 42GPa，泊松比取为 0.2。

由于结合段一侧混凝土箱梁刚度较大，位移较小，故将混凝土箱梁侧梁端面 (X=−9.5m 处) 进行固结约束，使模型成为悬臂结构。同时，以钢箱梁侧梁端面 (X=7.5m 处) 为加载端：可以先在钢梁端面形心处建立主节点，然后与钢箱梁端面的节点形成刚域 (满足平截面假定)，并在主节点上施加节点荷载。模型边界条件及加载示意图如图 7.19 所示。模型中，纵桥向为 X 轴，竖向为 Y 轴，横桥向为 Z 轴。

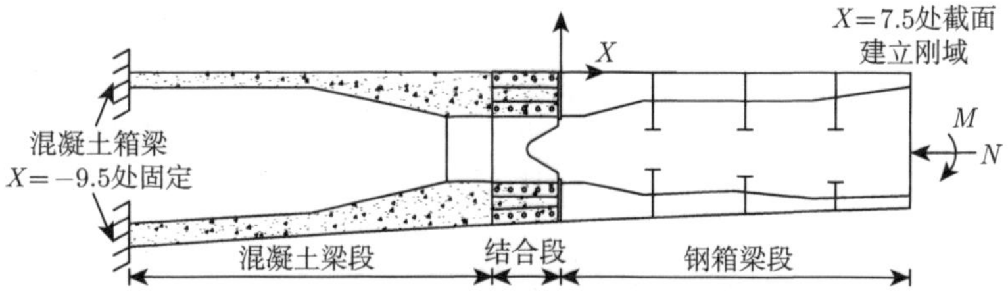

图 7.19　模型边界条件及加载示意图

两种构造形式结合段的整体模型及模型中的钢结构部分如图 7.20、图 7.21 所示。由于单元网格尺寸为 5cm 左右，为显示清楚，将图形显示模式设置为只显示单元网格边界线模式。

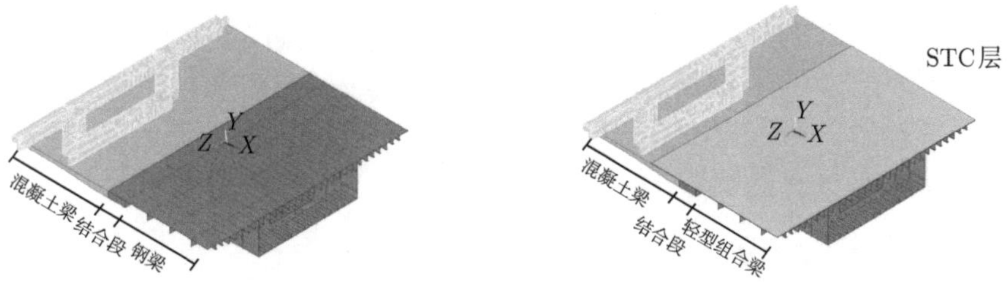

(a) 传统构造形式　　(b) 新型构造形式

图 7.20　整体模型示意图 (彩图请扫封底二维码)

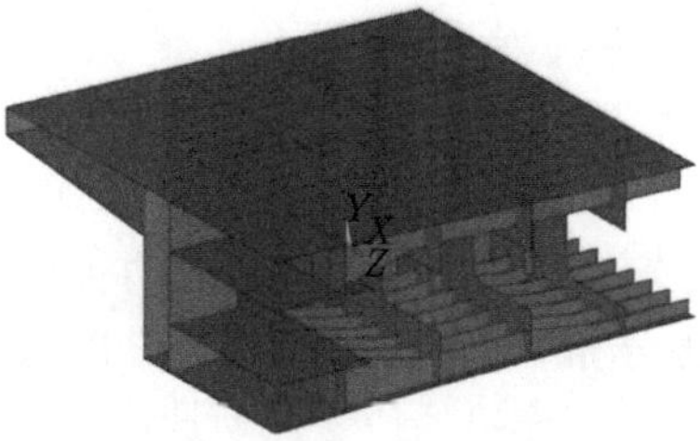

图 7.21　钢结构示意图 (彩图请扫封底二维码)

向两种构造形式施加相同大小的荷载：弯矩、压力、压弯作用，对比分析结合段在三种单一受力状态下各构件的应力分布情况，以研究 STC 层对结合段受力性能的影响。

7.3.2.3　结果提取位置

钢–混结合段为连接混凝土主梁与钢主梁的连接段，其将钢主梁的内力传递至混凝土主梁，是混合梁的关键部位。为方便下文描述，本节将钢主梁与钢–混结合段连接的面称为结合面 1；将钢–混结合段与混凝土主梁连接的面称为结合面 2，如图 7.22 所示。结合面是不同梁段的连接面，是结合段的关键截面。因此，本节重点关注 STC 层对结合面 1 的钢顶、底板纵桥向应力、结合面 2 的上、下部混凝土纵桥向应力、结合段内部混凝土主应力及结合段内混凝土部分与钢结构部分或轻型组合结构部分之间的内力分配比例。

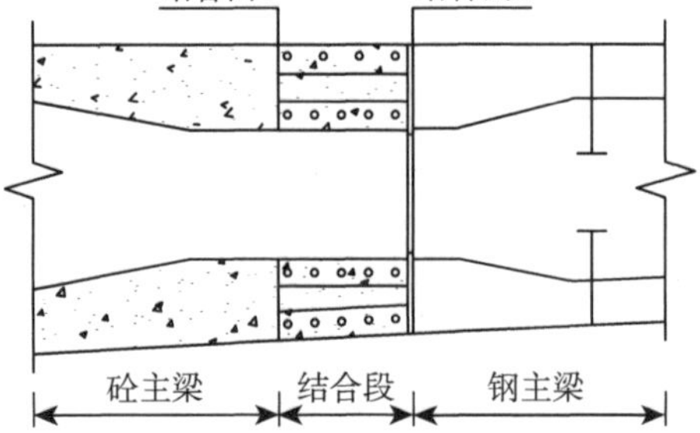

图 7.22　结合面位置示意图

7.3.3　节段模型计算结果与分析

7.3.3.1　受弯性能对比分析

本节中，向两种不同构造形式的结合段模型施加大小为 -10×10^4kN·m 的弯矩(使结合段上部受拉)。提取计算结果，对比分析两种构造形式结合段在受弯状态下的受力性能。

1. 结合面 1 钢顶、底板应力对比分析

沿横桥向 (Z 轴方向) 提取结合面 1 的钢顶板上表面纵桥向拉应力和钢底板下表面纵桥向压应力进行分析，其沿横截面的应力分布如图 7.23、图 7.24 所示。

由图 7.23、图 7.24 可知，在负弯矩作用下，两种构造形式结合段的结合面 1 的钢顶、底板的纵桥向应力分布十分相似：钢顶板纵桥向拉应力沿横截面基本均匀分布，与顶板加劲板肋和腹板相连接的位置比两边应力值略小；钢底板纵桥向压应力在横截面中间基本均匀分布，靠近腹板位置逐渐增大，在腹板处达到最大值，与加劲板肋相连接的位置比两边应力值略小。

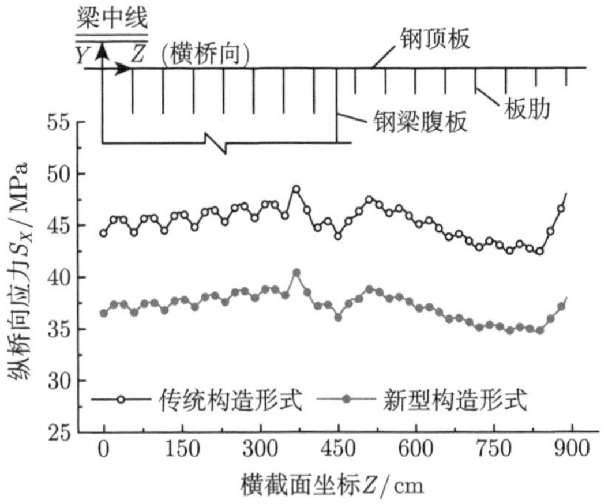

图 7.23 结合面 1 钢顶板上表面纵桥向拉应力 S_X

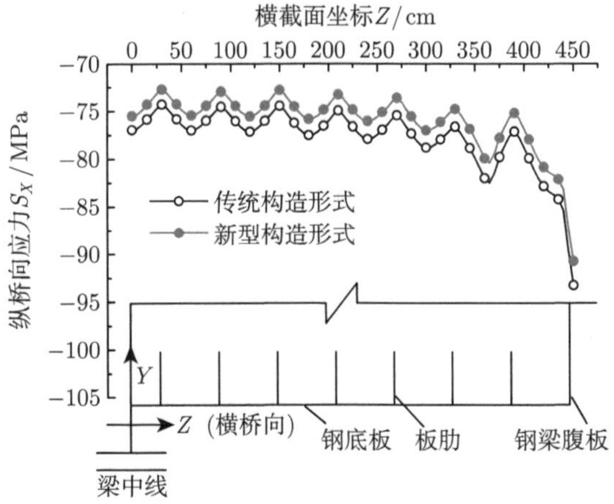

图 7.24 结合面 1 钢底板下表面纵桥向压应力 S_X

对比两种构造形式结合段的应力值可知，受弯状态下，STC 层可明显降低结合面 1 钢顶板的纵桥向拉应力，其最大值由 48.54MPa 降至 40.11MPa，降幅约 17.4%；STC 层对结合面 1 钢底板的纵桥向压应力值影响较小。

2. 结合面 2 混凝土顶、底部应力对比分析

沿横桥向 (Z 轴方向) 提取结合面 2 的混凝土顶部处纵桥向拉应力和混凝土底部纵桥向压应力进行分析，其沿横截面的应力分布如图 7.25、图 7.26 所示。需说明的是：模型中钢结构部分与混凝土部分共节点处理，由于结合面 2 为结合段钢结构结束的截面，故造成此处混凝土顶、底板表面的应力有点突变。因此，提取距离顶、底板表面 0.1m 处的节点结果作为混凝土顶、底部应力值。

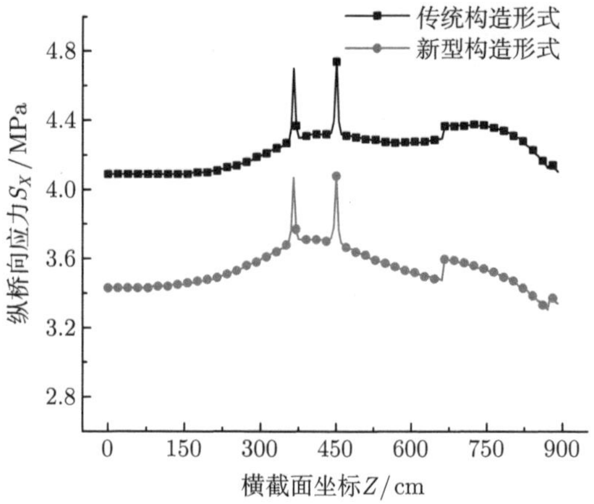

图 7.25 结合面 2 混凝土顶部纵桥向拉应力 S_X

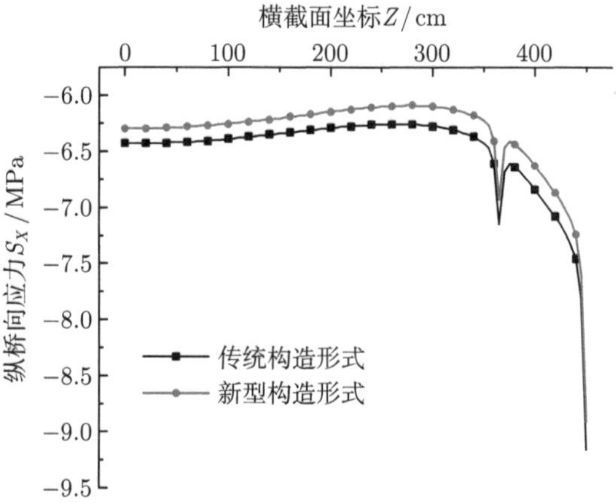

图 7.26 结合面 2 混凝土底部纵桥向压应力 S_X

由图 7.25、图 7.26 可知，在负弯矩作用下，两种构造形式结合段的结合面 2 的混凝土顶、底部纵桥向应力分布十分相似：混凝土顶部纵桥向拉应力沿横截面呈现剪力滞效应，腹板附近应力值比两侧大；混凝土底部纵桥向压应力从横截面中间向腹板先逐渐减小，到厚腹板内壁处达到最小，在腹板内逐渐增大，在腹板外壁处达到最大值。图中，混凝土顶、底部腹板位置两侧都出现了两个较大应力值，这是结合段内双壁钢腹板在此处结束引起的。

对比两种构造形式结合段的应力值可知，受弯状态下，STC 层可明显降低结合面 2 混凝土顶部的纵桥向拉应力，其最大值由 4.32MPa 降至 3.81MPa，降幅约为 11.8%；STC 层对结合面 2 混凝土底部的纵桥向压应力值影响较小。

3. 结合段内部混凝土应力对比分析

提取结合段内部混凝土和部分混凝土梁段顶部受拉翼缘中沿纵桥向 (X 轴方向) 分布的一系列节点组的主拉应力，同时提取底部受压翼缘中沿纵桥向分布的一系列节点组的主压应力，对比分析 STC 层对结合段内部混凝土受力性能的影响。各节点在 $X=0$ 截面处的投影位置如图 7.27 所示。其中，每个节点组共有 3 个小组，沿 Y 轴由上到下依次编号为 1、2、3。顶部节点组主拉应力、底部节点组主压应力分布如图 7.28、图 7.29 所示。

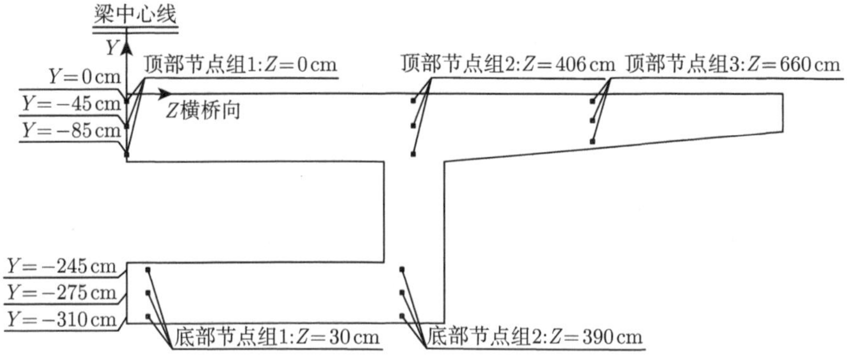

图 7.27 混凝土节点结果提取位置示意图

由图 7.28、图 7.29 可知，在负弯矩作用下，两种构造形式结合段内部混凝土主应力分布十分相似：混凝土顶部节点组主拉应力沿横截面 (Z 轴) 变化不大，沿截面高度方向 (Y 轴) 逐渐减低，沿纵桥向 (X 轴)，在结合面 1 附近，应力变化剧烈，结合面 2 附近，靠近顶板的节点组应力变化较大；混凝土底部节点组主压应力分布规律与顶部节点组相似。结合段内部混凝土应力在结合段两端部变化剧烈，主要是由结合段内部剪力键群钉效应造成的。

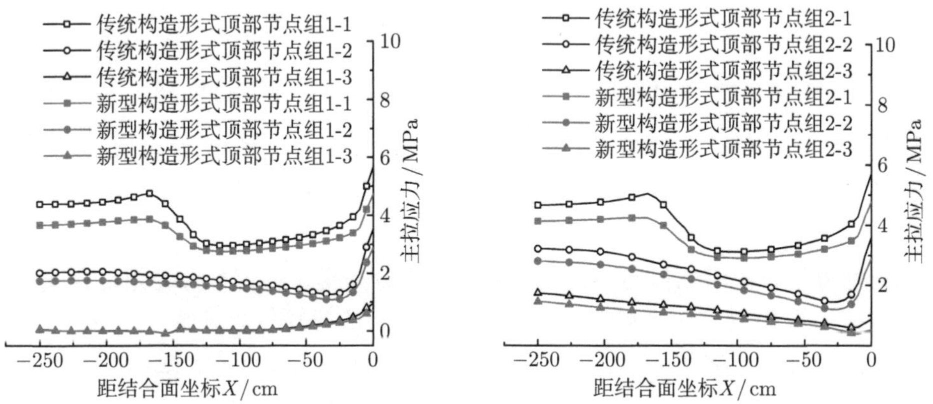

(a) 顶部节点组1主拉应力图 (b) 顶部节点组2主拉应力图

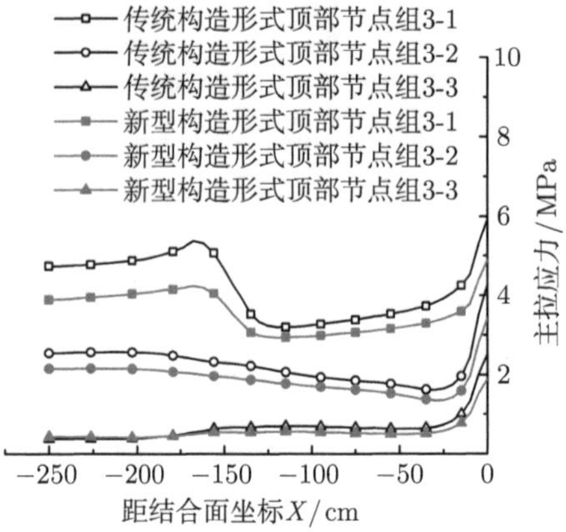

(c) 顶部节点组3主拉应力图

图 7.28　混凝土顶部节点组主拉应力

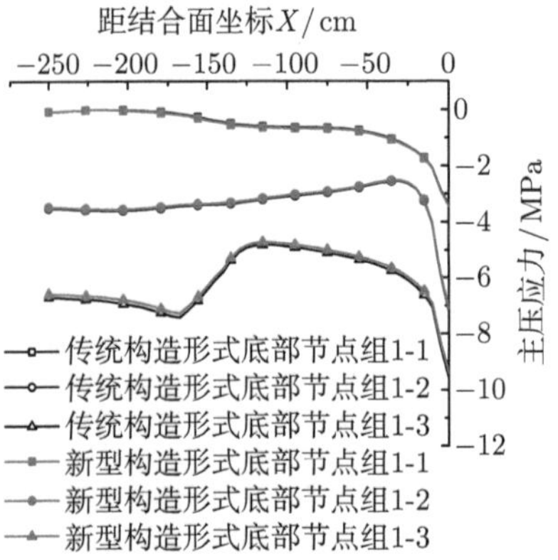

(a) 底部节点组1主压应力图

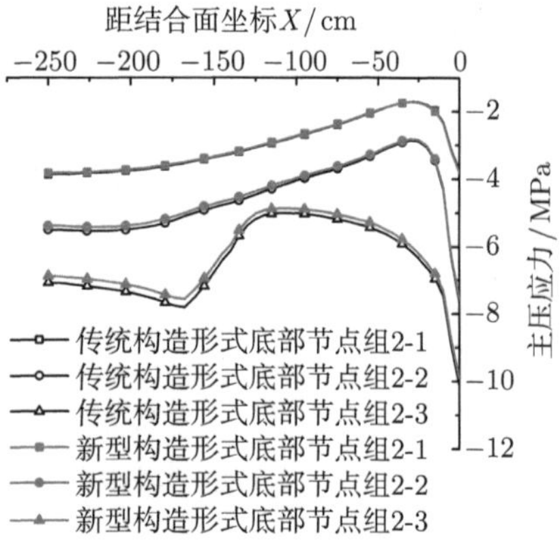

(b) 底部节点组2主压应力图

图 7.29　混凝土底部节点组主压应力图

对比两种构造形式结合段的应力值可知，受弯状态下，STC 层可降低结合段顶部混凝土主拉应力，离顶板较近的区域降幅较大，其最大值由 5.67MPa 降至 4.79MPa，降幅约为 15.5%；STC 层对结合段底部混凝土主压应力值影响较小。

4. 结合段内力分配比例对比分析

分别将结合段沿纵桥向各截面的混凝土部分与钢结构部分或轻型组合梁的节点力对截面形心取矩，得出各截面上各部分承担的弯矩值，对比分析 STC 层对结合段内部弯矩分配比例的影响。结合段沿纵桥向各截面弯矩分配比例如图 7.30 所示。

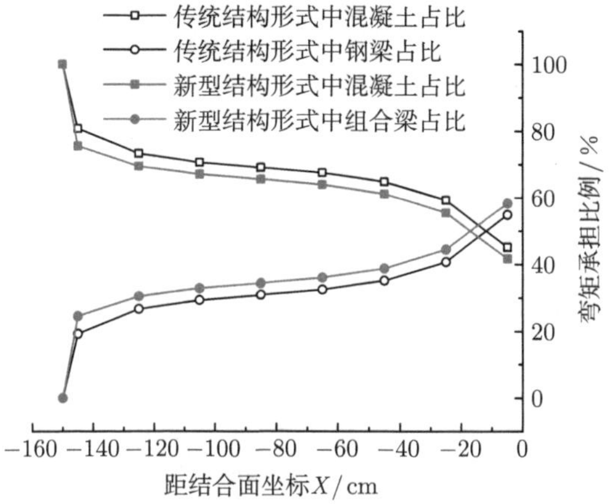

图 7.30 结合段沿纵桥向各截面弯矩分配比例

由图 7.30 可知，在负弯矩作用下，两种构造形式结合段各截面的弯矩分配规律十分相似：经过结合面 1 的传力作用，结合段混凝土部分承担比例约为 44%；结合段内部弯矩在结合面 1 附近变化较大，在结合段中间变化平缓，在结合面 2 附近变化剧烈。

对比两种构造形式结合段的弯矩分配比例可知，受弯状态下，STC 层可使得结合段混凝土弯矩承担比例略微下降，靠近结合面 1 的截面，比例由 45.2%下降到 41.6%。

7.3.3.2 受压性能对比分析

与受弯相似，本节中，向两种不同构造形式的结合段模型施加大小为 -10×10^4kN 的轴向压力。提取计算结果，对比分析两种构造形式结合段在受压状态下的受力性能。以下受压分析中，各提取应力的节点位置与 7.3.3.1 节受弯分析相同，只在提取结合段内部混凝土主应力时，混凝土上、下翼缘全部提取主压应力。

1. 结合面 1 钢顶、底板应力对比分析

图 7.31、图 7.32 为结合面 1 的钢顶板上表面纵桥向拉应力和钢底板下表面纵桥向压应力沿横桥向分布图。

由图 7.31、图 7.32 可知，受压状态下，结合面 1 的钢顶、底板的纵桥向应力沿其横截面基本均匀分布，与加劲板肋相连接的位置比其两侧应力值略小，靠近腹板的位置应力逐渐增大。

对比两种构造形式结合段的应力值可知，受压状态下，STC 层可明显降低结合面 1 钢顶板的纵桥向压应力，其最大值由 70.58MPa 降至 58.58MPa，降幅约为 17%；STC 层对结合面 1 钢底板的纵桥向压应力值影响较小。

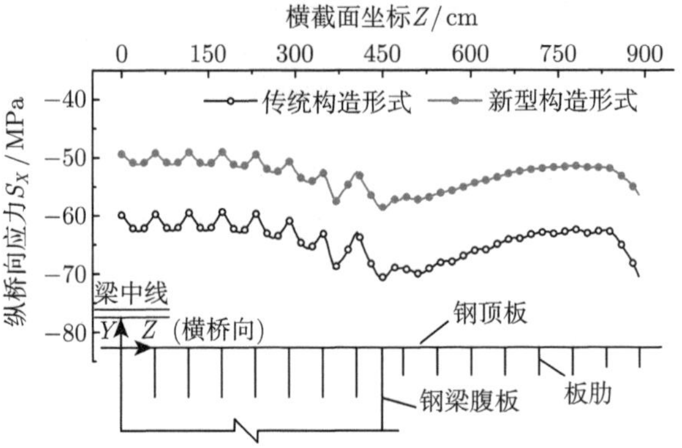

图 7.31　结合面 1 钢顶板上表面纵桥向拉应力 S_X

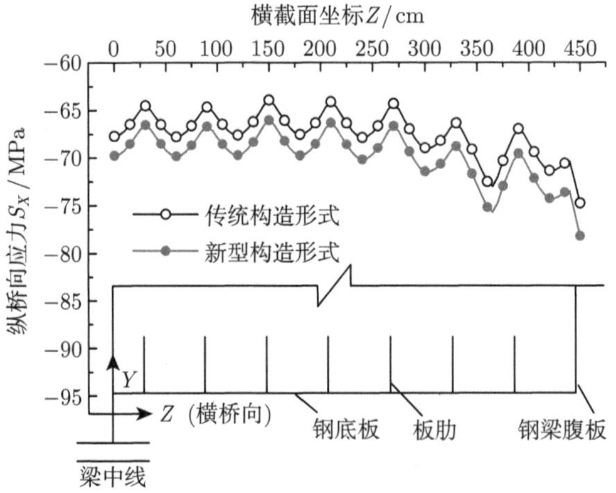

图 7.32　结合面 1 钢底板下表面纵桥向压应力 S_X

2. 结合面 2 混凝土顶、底部应力对比分析

图 7.33、图 7.34 为结合面 2 的混凝土顶、底部处纵桥向压应力沿横截面分布图。由图可知，在受压状态下，混凝土顶部纵桥向压应力沿横截面呈现剪力滞效应，腹板附近应力值比两侧稍小；混凝土底部纵桥向压应力从横截面中间向腹板先逐渐减小，到厚腹板内壁处达到最小，在腹板内逐渐增大，在腹板外壁处达到最大值。

对比两种构造形式结合段的应力值可知，受压状态下，STC 层可明显降低结合面 2 混凝土顶部的纵桥向压应力，其最大值由 −5.42MPa 降至 −4.7MPa，降幅约为 13.3%；STC 层使结合面 2 混凝土底部的纵桥向压应力值略微增大，由截面中间由 −5.17MPa 增大至 −5.34MPa，这是增设 STC 层使得截面形心上移，轴力偏心产生一定大小正弯矩造成的。

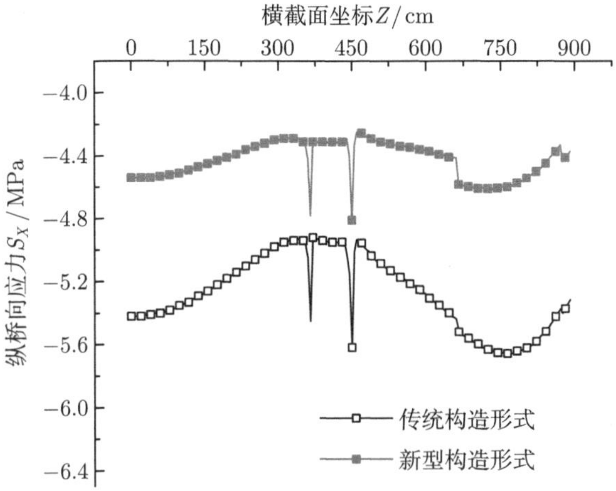

图 7.33 结合面 2 混凝土顶部纵向压应力 S_X

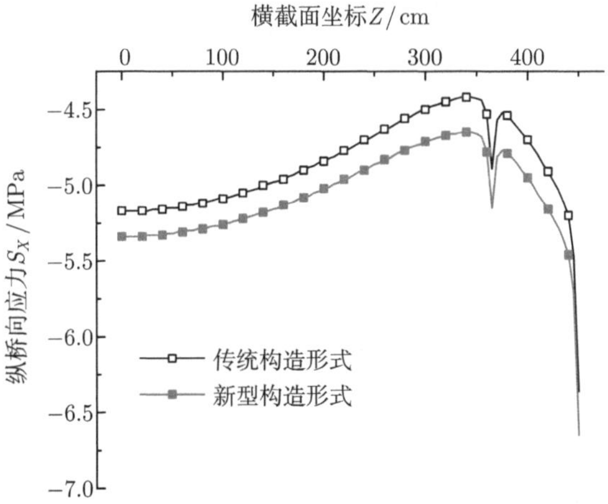

图 7.34 结合面 2 混凝土底部纵向压应力 S_X

3. 结合段内部混凝土应力对比分析

图 7.35、图 7.36 为结合段内部混凝土顶、底部处纵桥向主压应力沿纵桥向分布图。由图可知，在受压状态下的混凝土顶、底部处纵桥向主压应力分布与受弯状态下相似，在结合面 1 附近，应力变化较大，结合面 2 附近，靠近顶板的节点组应力变化较大。

对比两种构造形式结合段的应力值可知，STC 层可降低结合段顶部混凝土主压应力，离顶板较近的区域降幅较大，其最大值由 −7.97MPa 降至 −6.79MPa，降幅约为 14.8%，随高度增加，降幅逐渐减小；STC 层对结合段底部混凝土主压应力值影响较小。

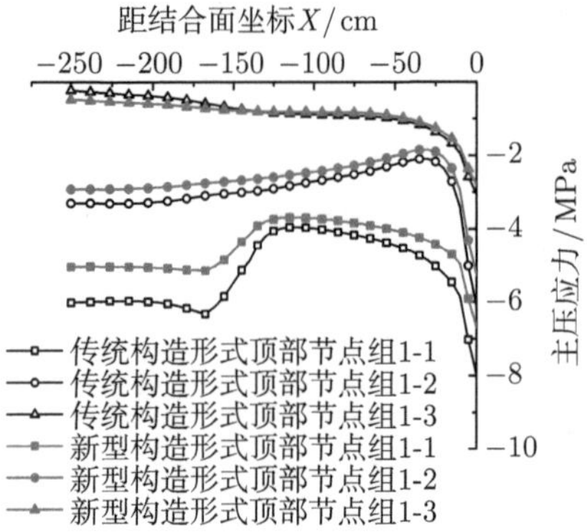

(a) 顶部节点组1主拉应力图

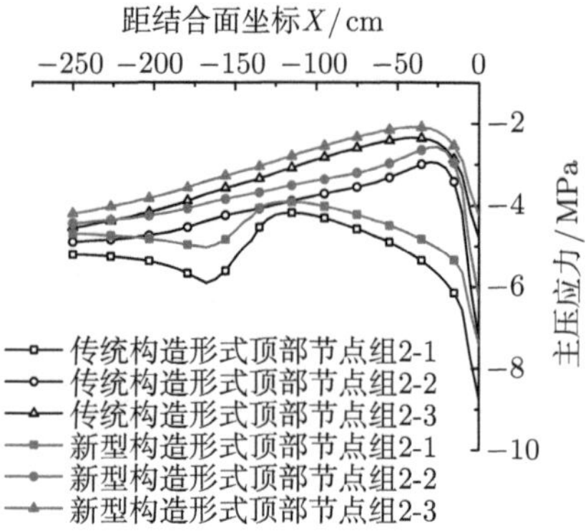

(b) 顶部节点组2主拉应力图

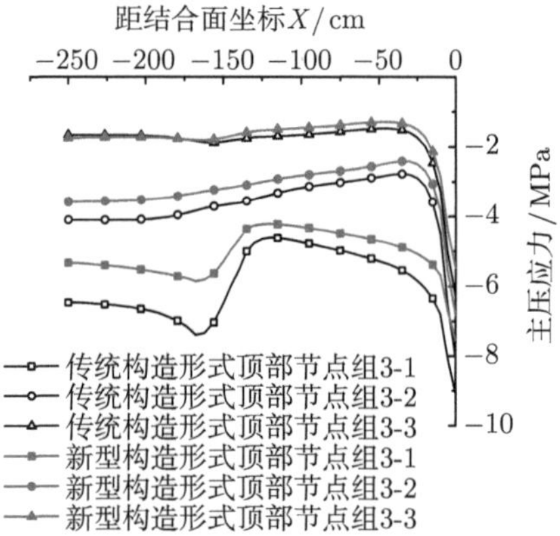

(c) 顶部节点组3主拉应力图

图 7.35　混凝土顶部节点组主拉应力图

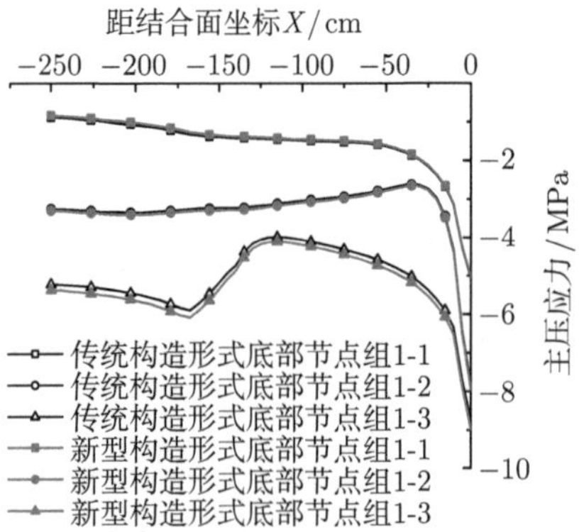

(a) 底部节点组1主压应力图

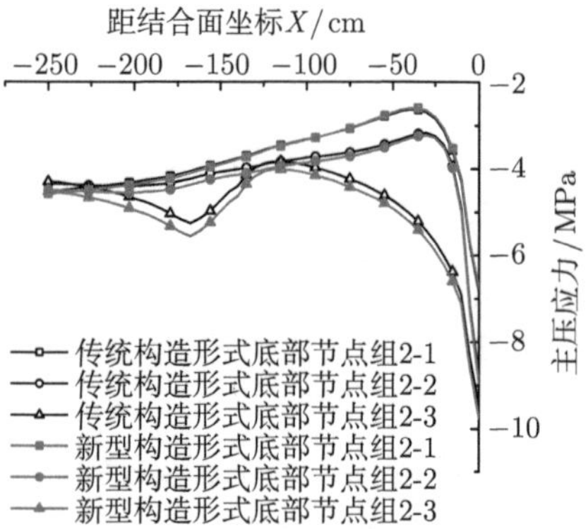

(b) 底部节点组2主压应力图

图 7.36　混凝土底部节点组主压应力图

4. 结合段内力分配比例对比分析

图 7.37 为结合段沿纵桥向的各截面轴力分配比例图。由图可知，在受压状态下，两种构造形式结合段沿纵桥向的各截面轴力分配规律相似，经过承压板的传递作用，混凝土部分与钢梁部分各承受约一半轴力，结合段内剪力键逐渐将钢梁上轴力传递给混凝土部分，在结合面 1 附近变化较大，在结合段中间变化平缓，在结合面 2 附近变化剧烈。

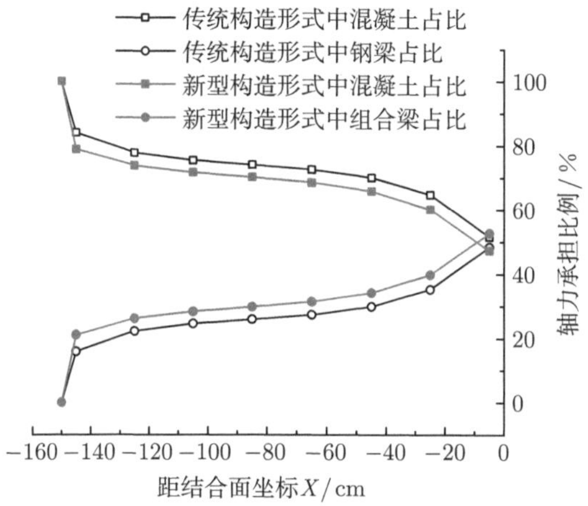

图 7.37 结合段沿纵桥向的各截面轴力分配比例

对比两种构造形式结合段的轴力分配比例可知，STC 层可使得结合段混凝土轴力承担比例略微下降，靠近结合面位置，比例由 51.6%下降到 47.3%。

7.3.3.3 受压弯作用性能对比分析

混合梁钢–混结合段通常情况处于压弯状态，故对钢–混结合段在压弯作用下的受力性能进行分析。受桥型和结合段所处位置的影响，结合段所承受的弯矩与轴力的相对大小可分为：弯矩远大于轴力、弯矩与轴力大小相近及轴力远大于弯矩。故向模型施加表 7.4 中所示的三组荷载，比较分析两种构造形式结合段在弯压状态下的受力性能。

表 7.4 各组压弯荷载值

	弯矩/(kN·m)	压力/kN
1	-5×10^4	15×10^4
2	-10×10^4	10×10^4
3	-15×10^4	5×10^4

提取三组计算结果对比分析得知，当弯矩较小而压力较大时 (组 1)，结合段的应力分布与受压状态相似；当弯矩与压力大小相近时，结合段上部构件应力与下部

构件应力已出现明显差距；当弯矩远大于压力时，结合段上、下部构件应力进一步拉大差距。现提取第 3 组荷载作用下的计算结果进行分析。

1. 结合面 1 钢顶、底板应力对比分析

图 7.38、图 7.39 为结合面 1 的钢顶板上表面纵桥向拉应力和钢底板下表面纵桥向压应力沿横桥向分布图。其分布规律与受弯状态相似。对比两种构造形式结合段的应力值可知，压弯状态下，STC 层可明显降低结合面 1 钢顶板的纵桥向压应力，其最大值由 38.69MPa 降至 31.85MPa，降幅约为 17.7%；STC 层对结合面 1 钢底板的纵桥向压应力值影响较小。

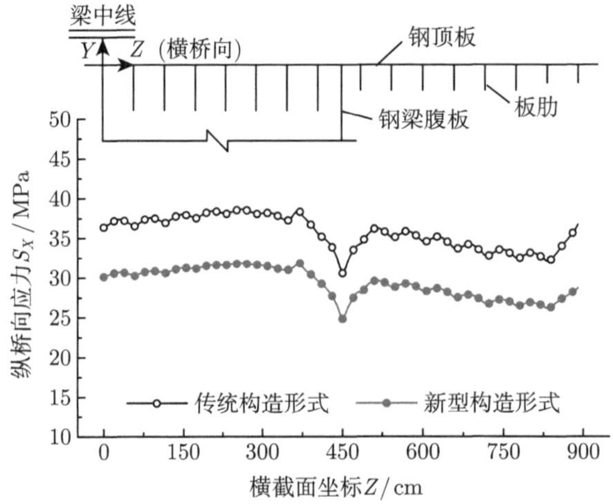

图 7.38　结合面 1 钢顶板上表面纵桥向拉应力 S_X

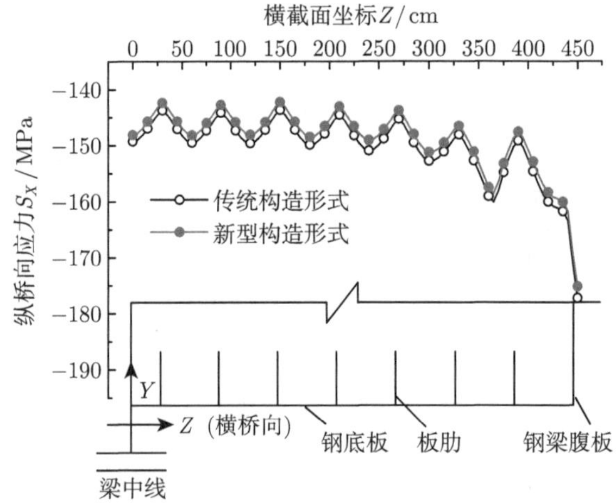

图 7.39　结合面 1 钢底板下表面纵桥向压应力 S_X

2. 结合面 2 混凝土顶、底部应力对比分析

图 7.40、图 7.41 为结合面 2 的混凝土顶、底部处纵桥向拉应力、压应力沿横截面分布图。其分布规律与受弯状态相似。对比两种构造形式结合段的应力值可知，压弯状态下，STC 层可明显降低结合面 2 混凝土顶部的纵桥向拉应力，其最大值由 3.93MPa 降至 3.49MPa，降幅约为 11.2%；STC 层对结合面 2 混凝土底部的纵桥向压应力值影响较小。

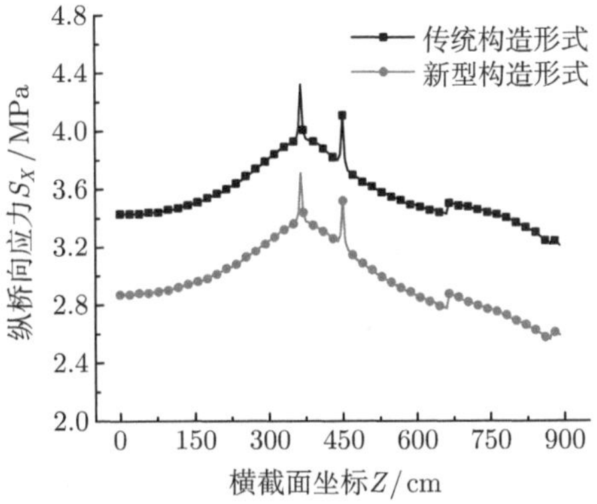

图 7.40 结合面 2 混凝土顶部纵向拉应力 S_X

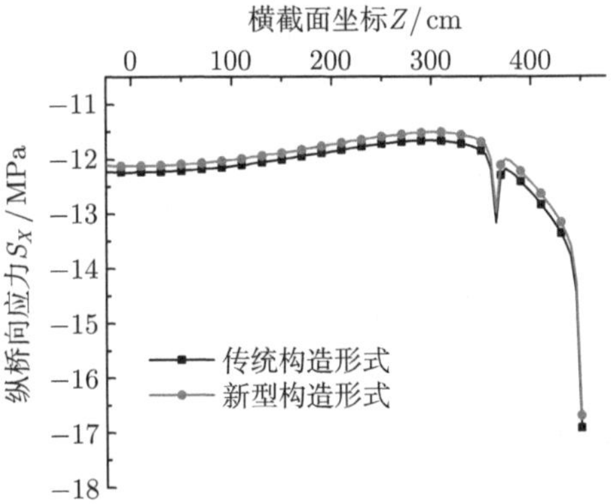

图 7.41 结合面 2 混凝土底部纵向压应力 S_X

3. 结合段内部混凝土应力对比分析

图 7.42、图 7.43 为结合段内部混凝土顶、底部处纵桥向主拉应力、主压应力沿纵桥向分布图。其分布规律与受弯状态相似。对比两种构造形式结合段的应力值可知，STC 层可降低结合段上部混凝土主拉应力，离顶板较近的区域降幅较大，其最大值由 4.51MPa 降至 3.8MPa，降幅约为 15.7%，随高度增加，降幅逐渐减小；STC 层对结合段下部混凝土主压应力值影响较小。

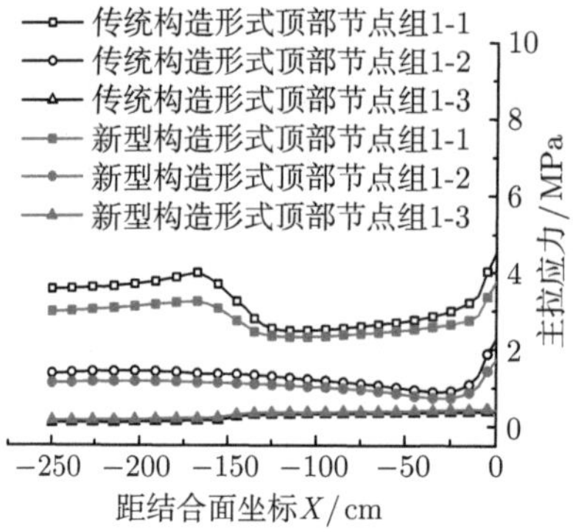

(a) 顶部节点组1主拉应力图

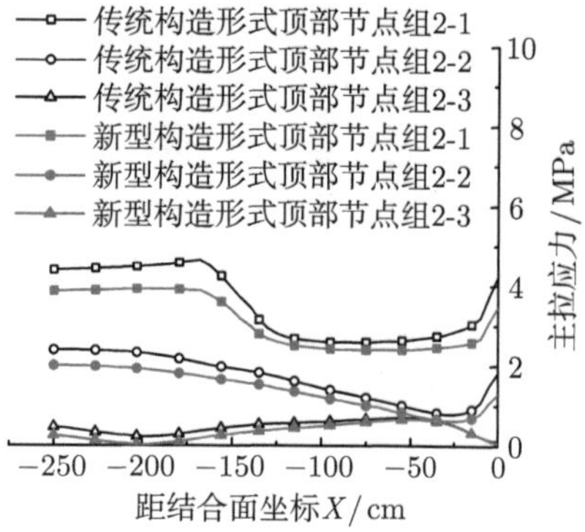

(b) 顶部节点组2主拉应力图

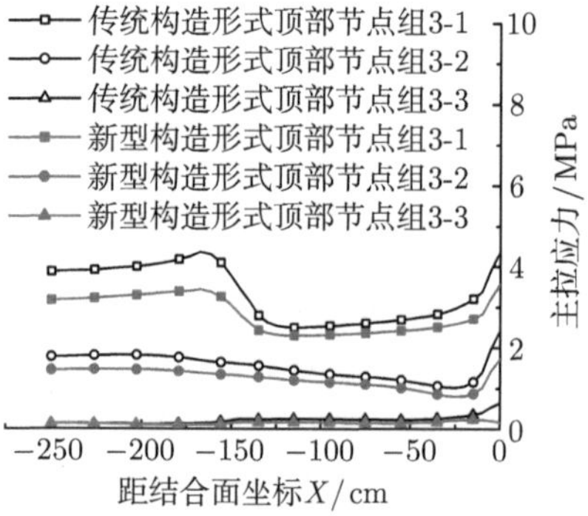

(c) 顶部节点组3主拉应力图

图 7.42 混凝土顶部节点组主拉应力图

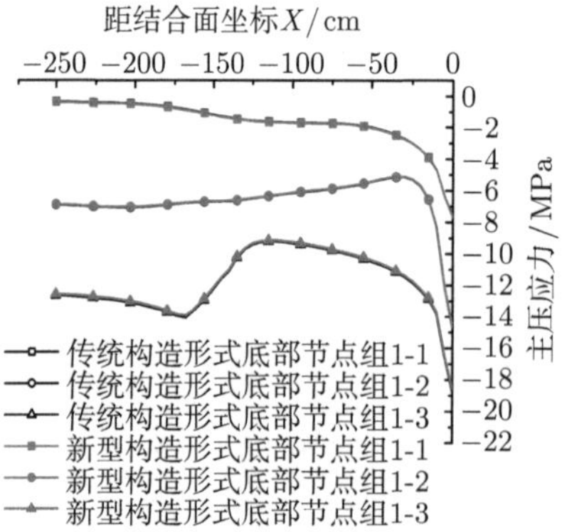

(a) 底部节点组1主压应力图

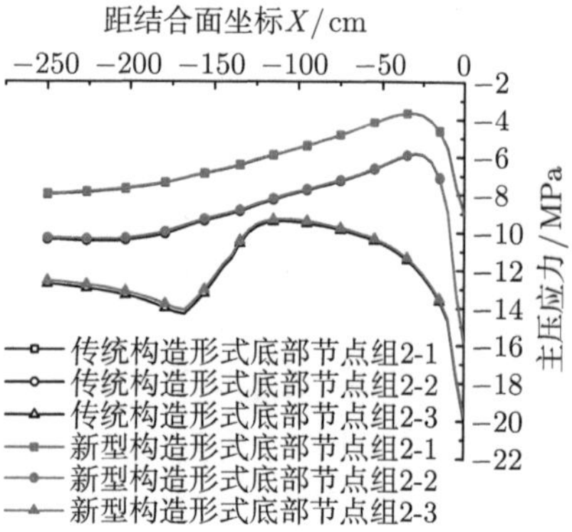

(b) 底部节点组2主压应力图

图 7.43 混凝土底部节点组主压应力图

4. 结合段内力分配比例对比分析

图 7.44 为结合段沿纵桥向各截面内力分配比例图。由图可知，在压弯状态下，其内力传递规律与受弯和受压相似，在结合段两端传力明显，在结合段内部传力平缓。对比两种构造形式结合段的轴力分配比例可知，STC 层可使得结合段混凝土弯矩承担比例下降，靠近结合面位置，比例由 45.5%下降到 43.6%；但使结合段混凝土轴力承担比例上升，靠近结合面位置，比例由 51.1%上升到 56.2%。这可能是在第 3 组荷载值下，结合段还是以受负弯矩为主，STC 层所处的上翼缘处在受拉状态，对弯矩传递有贡献。

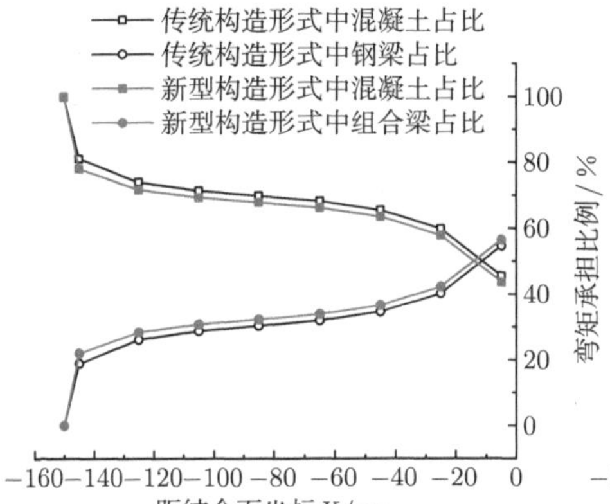

(a) 结合段弯矩分配比例

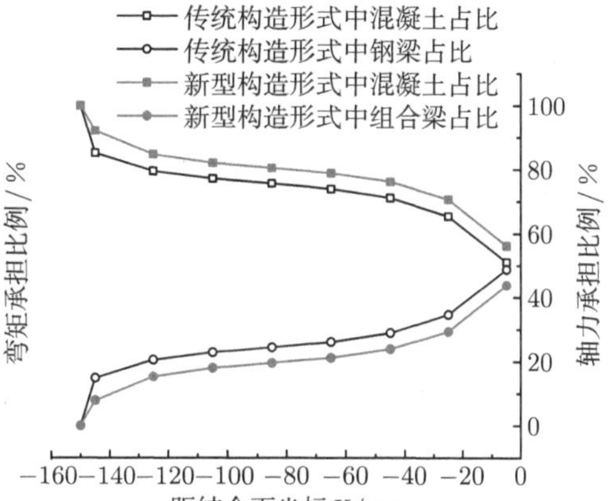

(b) 结合段轴力分配比例

图 7.44 结合段沿纵桥向各截面内力分配比例

7.3.4 钢–混结合段多尺度有限元模型计算

基于五一大桥，建立多尺度有限元模型。多尺度有限元模型由大尺度模型和小尺度模型两部分组成，大尺度模型一般采用杆系单元，侧重于结构整体性；小尺度模型一般采用壳单元和实体单元，侧重于构件的构造细节。

ANSYS 提供多种不同方式来实现不同尺度单元之间的连接。对于小变形问题有两种方式可用：一种方式是在局部坐标系下采用约束方程；另外一种是对连接界面处的节点自由度建立刚性连接 (CEGIR)，在界面处程序自动形成约束方程，从节点的位移与主节点位移始终保持一致，但会造成刚度的增加。对大变形问题，ANSYS 创建多点约束 (MPC) 法来实现不同尺度单元之间的连接，即采用接触算法实现两种不同类型单元的耦合连接。MPC 法可克服传统接触算法难收敛及其他多点约束工具的不足，且不需要输入接触刚度。对小变形问题，它代表了真实的接触行为，求解时不需要平衡迭代；对大变形问题，MPC 方程在每次平衡迭代中不断更新，克服了小变形的限制条件。在实际应用中可根据分析对象与目的、模型复杂程度及计算费用等选择合适的方式。

多尺度模型中有两个装配边界面：一个是 beam189 单元和小尺度模型中混凝土部分 solid45 单元的连接，另外一个是 beam189 单元和小尺度模型中钢箱梁部分 shell181 单元的连接。beam189 单元有 3 个平动自由度和 3 个转动自由度，shell181 单元有 3 个平动自由度和 3 个转动自由度，而 solid45 单元只有 3 个平动自由度。都可采用 CERIG 命令自动建立约束方程来实现上述两种界面连接，只需从节点自由度选择选项中选择相应自由度数即可，此时连接界面满足平截面假定。

装配后的多尺度模型如图 7.45 所示，为清楚的显示整体模型，图中并未显示小尺度与大尺度模型之间的刚域连接。对模型按照实桥设计情况考虑施工阶段、边界条件，以及恒载与活载。

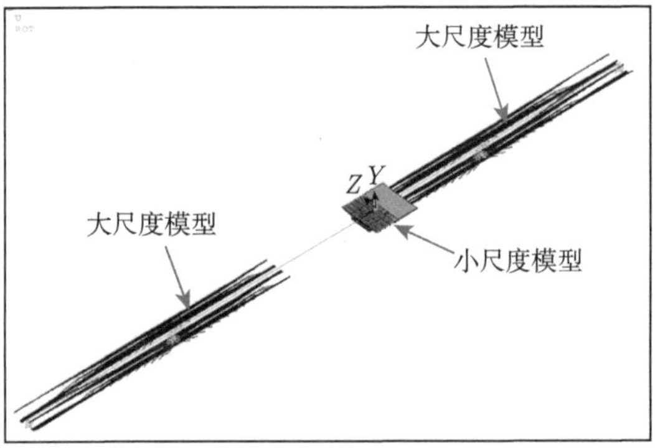

图 7.45　混合连续梁桥钢–混结合段多尺度模型

新型构造形式的结合段顶层的 STC 层是在大桥成桥后施加二期恒载时浇筑施工。因此，STC 层对钢–混结合段受力性能的影响主要发生在正常使用阶段。故提取正常使用阶段最大正、负弯矩工况下两种构造形式的应力，对比分析 STC 层对钢–混结合段的受力性能的影响。其中荷载只包括使用阶段 17 的汽车荷载与使用阶段 18 的收缩徐变、整体温度、梯度温度及支座沉降作用。

7.3.5　多尺度有限元模型计算结果与分析

7.3.5.1　负弯矩工况下对比分析

1. 结合面 1 钢顶、底板应力对比分析

由图 7.46、图 7.47 可知，正常使用阶段最大负弯矩工况下，结合面 1 的钢顶板的纵向拉应力为汽车局部轮载和其他使用阶段荷载作用下的叠加，其最大值出现在车轮横向布置在加劲肋的肋间时。对比两种构造形式结合段的应力值可知，最大负弯矩工况下，STC 层可明显降低结合面 1 钢顶板的纵桥向拉应力，尤其是局部轮载附近的纵桥向拉应力，其最大值由 51.02MPa 降至 29.52MPa，降幅约为 42.1%，

横向其他位置的最大值由 20.83MPa 降至 17.33MPa，降幅约为 16.8%；STC 层对结合面 1 钢底板的纵桥向压应力值影响较小。

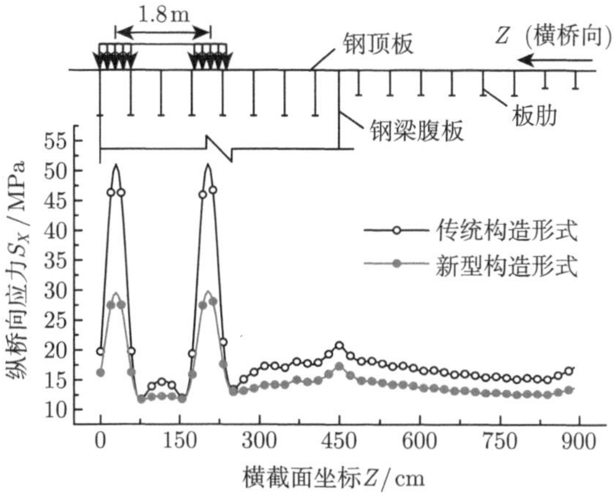

图 7.46 结合面 1 钢顶板纵向拉应力 S_X

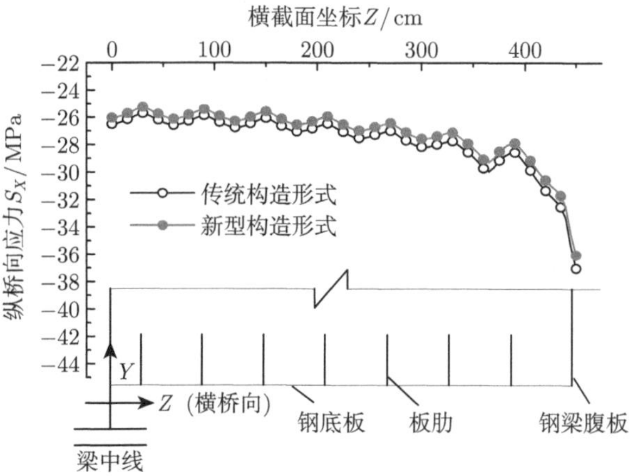

图 7.47 结合面 1 钢底板纵向压应力 S_X

2. 结合面 2 混凝土顶、底部应力对比分析

图 7.48、图 7.49 为正常使用阶段最大负弯矩工况下，结合面 2 的混凝土顶、底部处纵桥向拉、压应力沿横截面分布图。对比两种构造形式结合段的应力值可知，最大负弯矩工况下，STC 层可明显降低结合面 2 混凝土顶部的纵桥向拉应力，其最大值由 1.66MPa 降至 1.46MPa，降幅约为 12.0%；STC 层对结合面 2 混凝土底部的纵桥向压应力值影响较小。

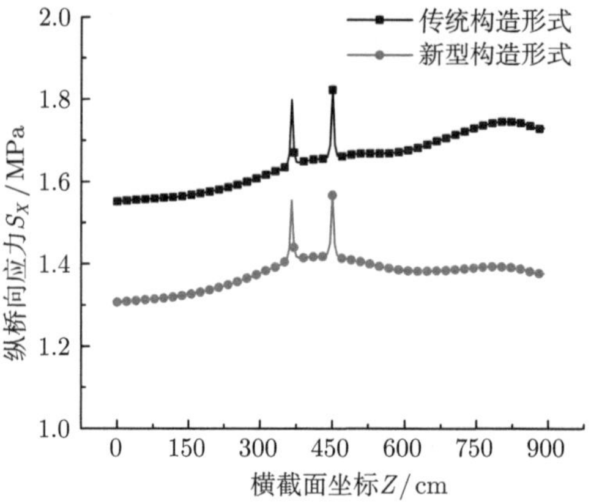

图 7.48　结合面 2 混凝土顶部纵桥向拉应力 S_X

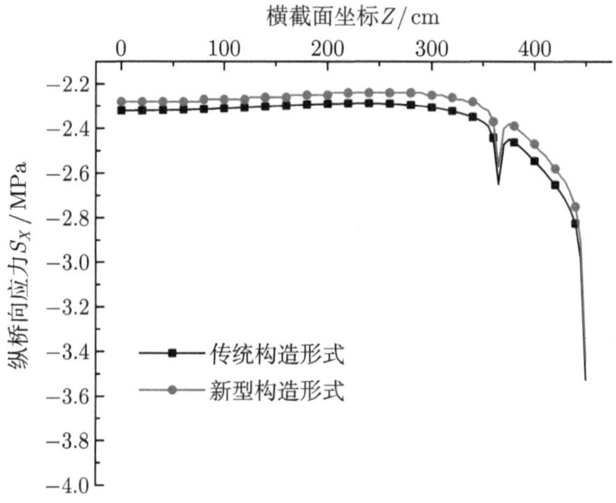

图 7.49　结合面 2 混凝土底部纵桥向压应力 S_X

3. 结合段内部混凝土应力对比分析

图 7.50、图 7.51 为正常使用阶段最大负弯矩工况下，结合段内部混凝土顶、底部处纵桥向主压应力沿纵桥向分布图。对比两种构造形式结合段的应力值可知，最大负弯矩工况下，STC 层可降低结合段上部混凝土主拉应力，离顶板较近的区域降幅较大，其最大值由 1.85MPa 降至 1.56MPa，降幅约为 15.7%，随高度增加，降幅逐渐减小；STC 层对结合段下部混凝土主压应力值影响较小。

4. 结合段内力分配比例对比分析

图 7.52 为正常使用阶段最大负弯矩工况下结合段沿纵桥向的各截面弯矩分配比例图。对比两种构造形式结合段的弯矩分配比例可知，STC 层可使得结合段混凝土弯矩承担比例略微下降，靠近结合面 1 的位置，比例由 43.1%下降到 39.4%。

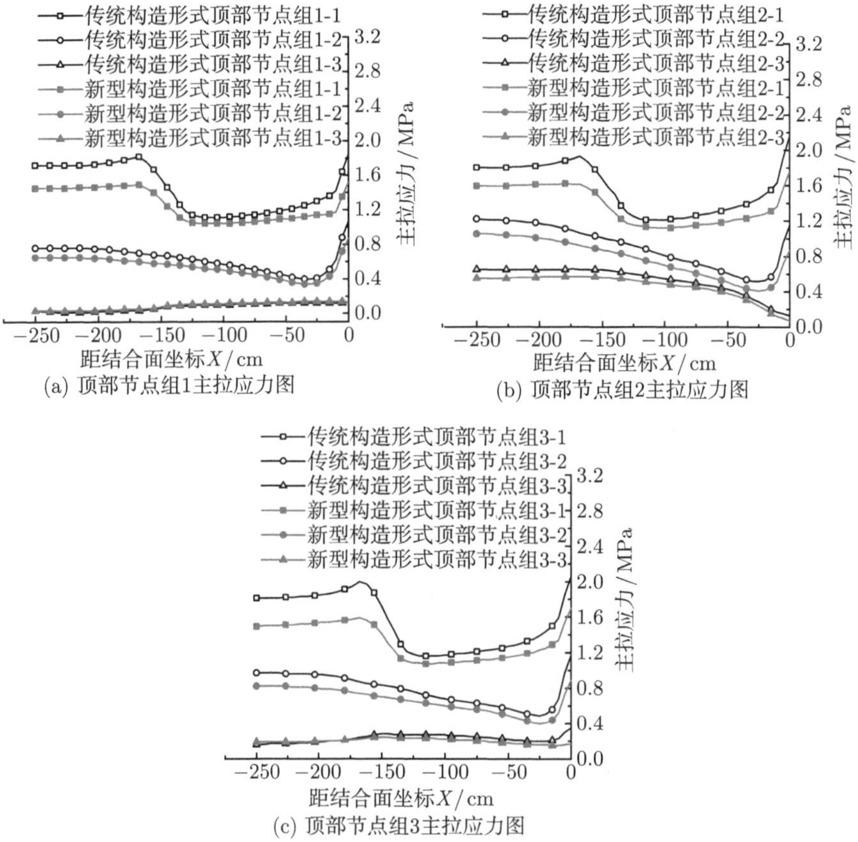

图 7.50 混凝土顶部节点组主拉应力图

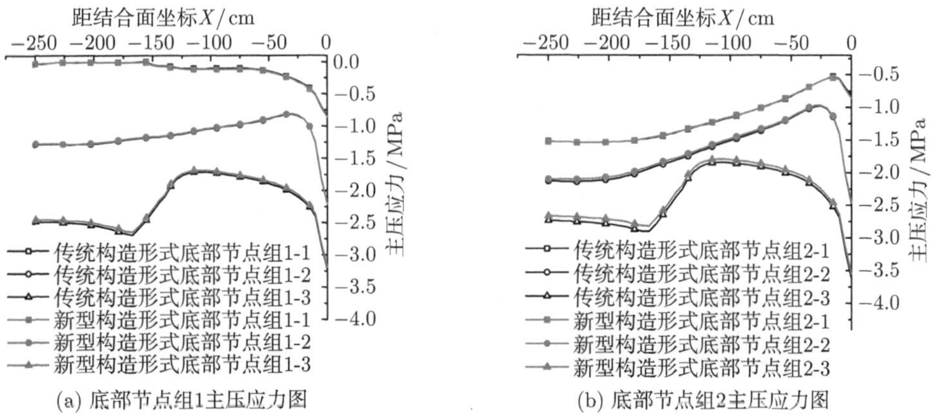

图 7.51 混凝土底部节点组主压应力图

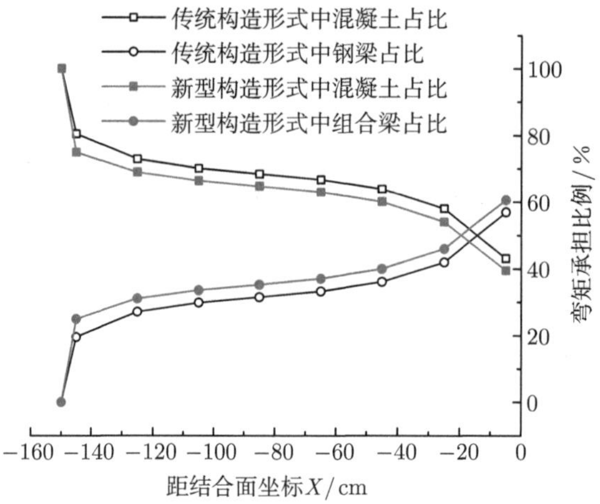

图 7.52 结合段沿纵桥的各截面弯矩分配比例

5. STC 层应力分析

图 7.53、图 7.54 正常使用阶段最大负弯矩工况下，结合面 1、2 的 STC 层顶面纵桥向应力沿横截面的分布图。由图可知，结合面 1 的 STC 层顶面纵桥向应力为汽车局部轮载和其他使用阶段荷载作用下的叠加，其最大值出现在车轮横向布置在加劲肋肋间时，其值为 8.42MPa；结合面 2 的 STC 层顶面纵桥向应力最大值出现在靠近腹板的位置，其值为 2.3MPa。

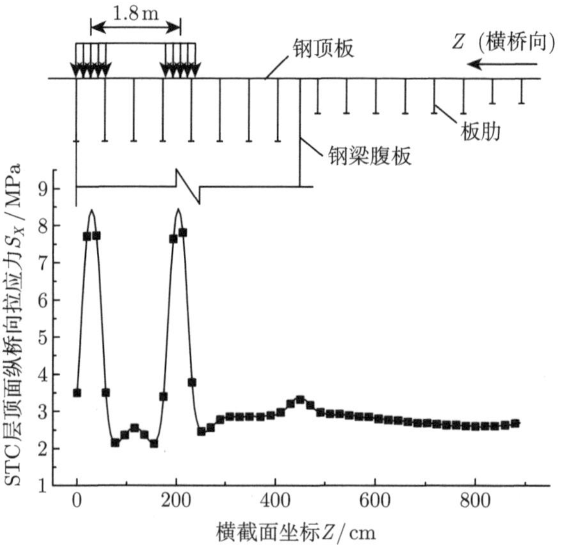

图 7.53 结合面 1 的 STC 层顶面纵桥向应力沿横截面的分布

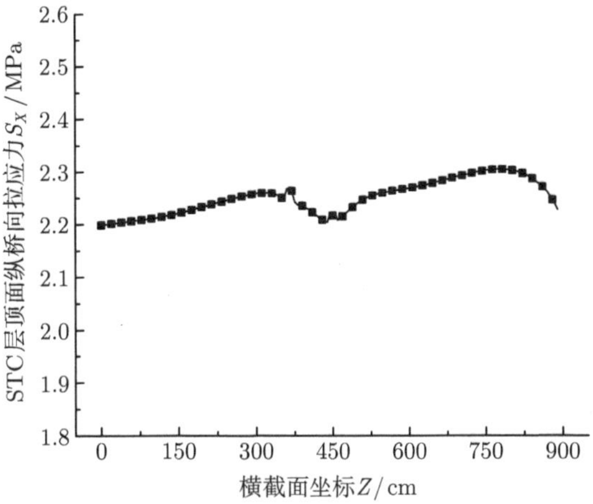

图 7.54 结合面 2 的 STC 层顶面纵桥向应力沿横截面的分布

7.3.5.2 正弯矩工况下对比分析

1. 结合面 1 钢顶、底板应力对比分析

由图 7.55、图 7.56 可知，正常使用阶段最大正弯矩工况下，结合面 1 的钢顶板的纵向拉应力为汽车局部轮载和其他使用阶段荷载作用下的叠加，其最大值出现在车轮横向布置在加劲肋的肋间，其表现为拉应力，其他位置在正弯矩作用下表现为压应力。对比两种构造形式结合段的应力值可知，最大正弯矩工况下，STC 层可明显降低结合面 1 钢顶板的纵桥向应力，尤其是局部轮载附近的纵桥向拉应力，其最大值由 23.98MPa 降至 7.11MPa，降幅为 70.4%横向其他位置的压应力的最大值由 −12.02MPa 降至 −10.1MPa，降幅为 16.0%；STC 层对结合面 1 钢底板的纵桥向拉应力值影响较小。

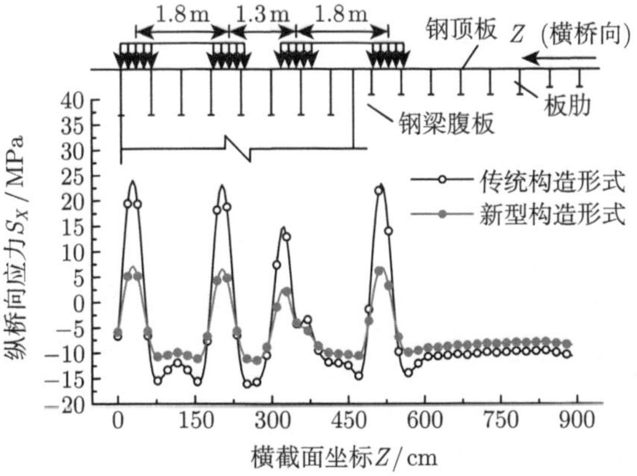

图 7.55 结合面 1 钢顶板纵向拉应力 S_X

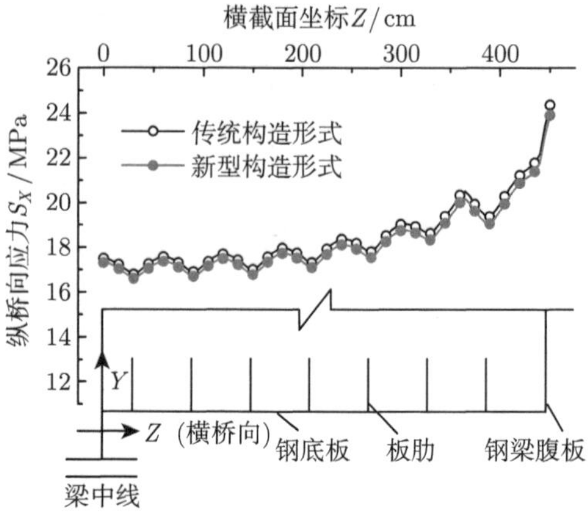

图 7.56　结合面 1 钢底板纵向压应力 S_X

2. 结合面 2 混凝土顶、底部应力对比分析

图 7.57、图 7.58 为正常使用阶段最大正弯矩工况下，结合面 2 的混凝土顶、底部处纵桥向应力沿横截面分布图。对比两种构造形式结合段的应力值可知，最大正弯矩工况下，STC 层可明显降低结合面 2 混凝土顶部的纵桥向压应力，其最大值由 −0.996MPa 降至 −0.871MPa，降幅为 12.6%；STC 层对结合面 2 混凝土底部的纵桥向拉应力值影响较小。

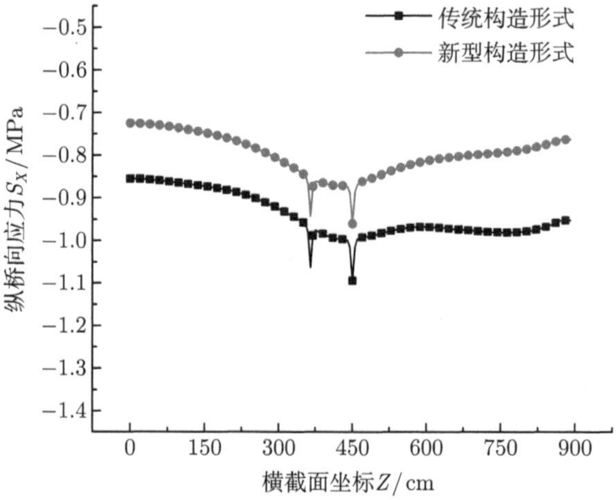

图 7.57　结合面 2 混凝土顶部纵桥向拉应力 S_X

3. 结合段内部混凝土应力对比分析

图 7.59、图 7.60 为正常使用阶段最大正弯矩工况下，结合段内部混凝土顶、底部处纵桥向主压、拉应力沿纵桥向分布图。对比两种构造形式结合段的应力值可知，最大正弯矩工况下，STC 层可降低结合段上部混凝土主压应力，离顶板较近的

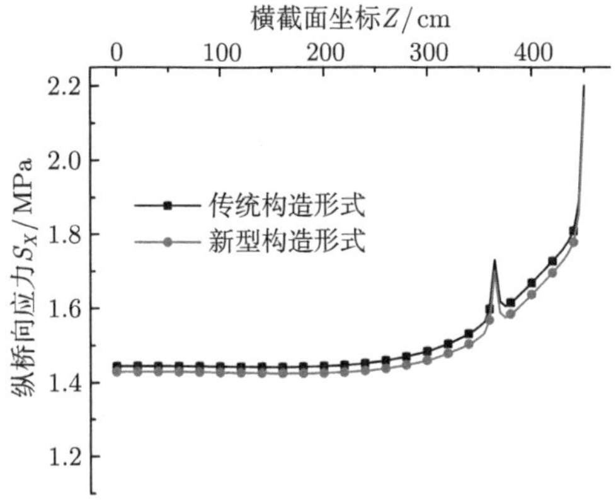

图 7.58 结合面 2 混凝土底部纵桥向压应力 S_X

区域降幅较大，其最大值由 −1.49MPa 降至 −1.26MPa，降幅为 15.4%，随高度增加，降幅逐渐减小；STC 层对结合段下部混凝土主拉应力值影响较小。

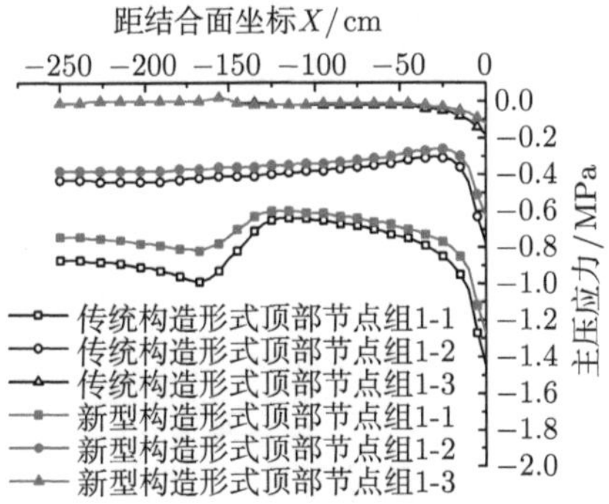

(a) 顶部节点组1主压应力图

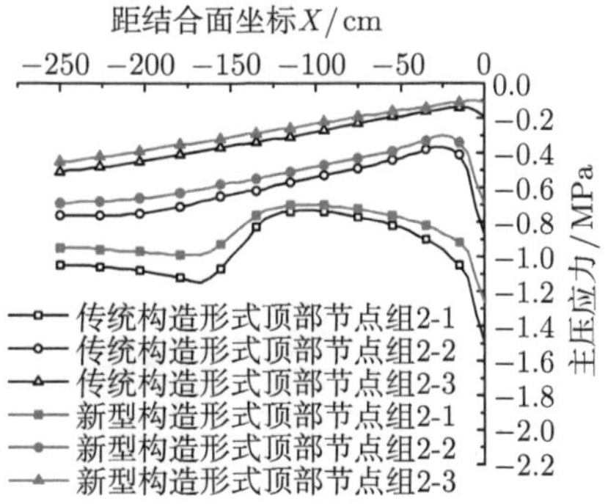

(b) 顶部节点组2主压应力图

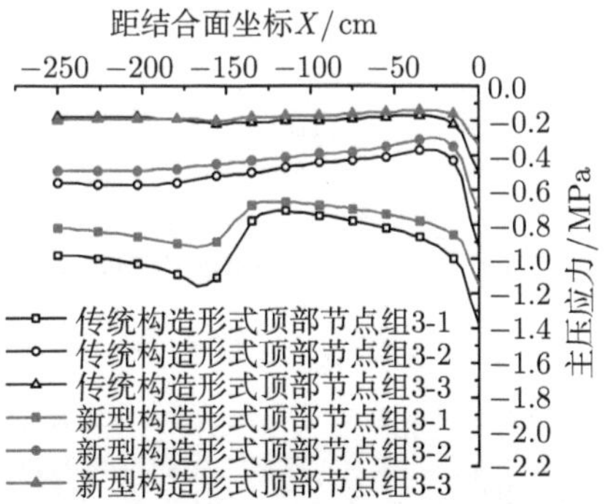

(c) 顶部节点组3主压应力图

图 7.59 混凝土顶部节点组主压应力图

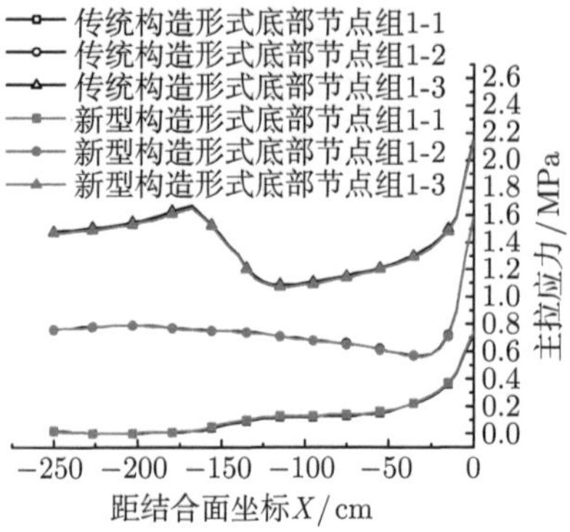

(a) 底部节点组1主拉应力图

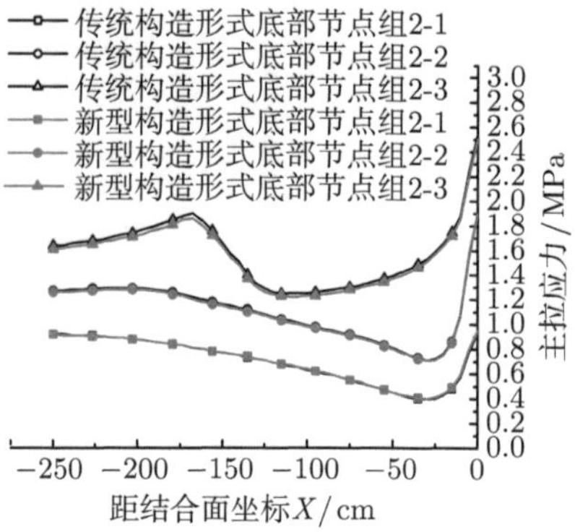

(b) 底部节点组2主拉应力图

图 7.60　混凝土底部节点组主拉应力图

4. 结合段内力分配比例对比分析

图 7.61 为正常使用阶段最大正弯矩工况下结合段沿纵桥向的各截面弯矩分配比例图。对比两种构造形式结合段的弯矩分配比例可知，STC 层可使得结合段混凝土弯矩承担比例下降，靠近结合面位置，比例由 45.3%下降到 41.6%。

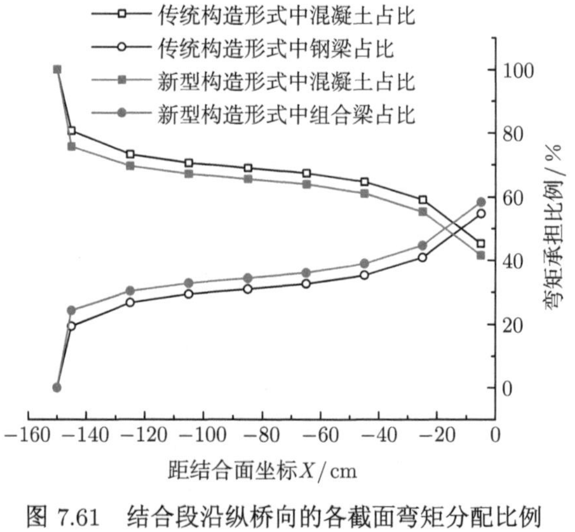

图 7.61　结合段沿纵桥向的各截面弯矩分配比例

5. STC 层应力分析

图 7.62、图 7.63 为正常使用阶段最大正弯矩工况下结合面 1、2 的 STC 层顶面纵桥向应力沿横截面的分布图。由图可知，结合面 1 的 STC 层顶面纵桥向应力为汽车局部轮载和其他使用阶段荷载作用下的叠加，其最大值出现在车轮横向布置在加劲肋的肋间时，其值为 3.95MPa；结合面 2 的 STC 层顶面纵桥向应力最大值出现在靠近腹板的位置，其值为 −1.4MPa。

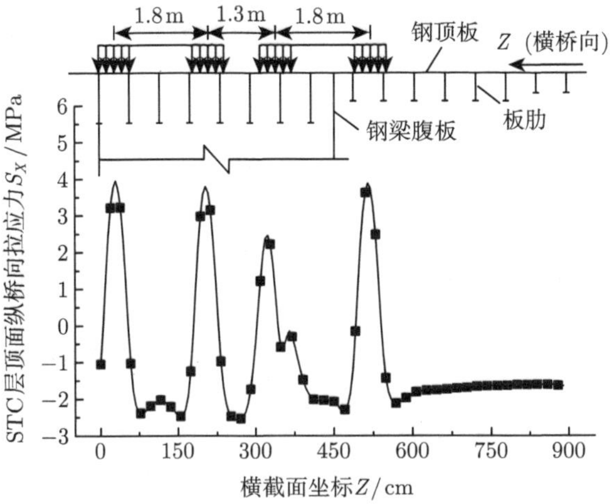

图 7.62 结合面 1 的 STC 层顶面纵桥向应力沿横截面的分布

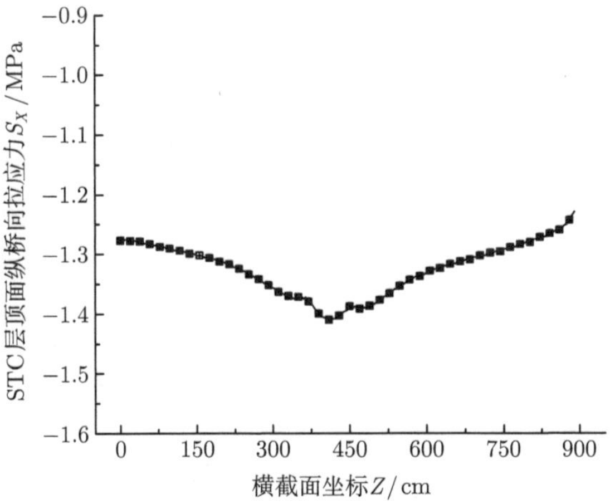

图 7.63 结合面 2 的 STC 层顶面纵桥向应力沿横截面的分布

7.3.5.3 钢–混结合段应力分析

多尺度模型可以计算分析钢–混结合段从施工建造到大桥正常运营各个阶段的实时应力状态及其变化规律。现提取各个阶段中钢–混结合段内部混凝土的纵桥向应力 (S_X) 分布变化情况，如图 7.64 所示，其中包括从边跨合拢 (施工阶段 13) 到正常运营阶段。正常运营阶段荷载组合取最不利负弯矩组合工况。

对比图 7.64 中各个阶段结合段内部混凝土纵桥向应力可知：① 钢–混结合段内部混凝土应力主要来自边跨顶板合拢束和结合段局部预应力束。在各个阶段中，预应力束使结合段内部混凝土都处于受压状态。② 施工阶段 14 即中跨钢箱梁吊装合拢施工阶段，此时钢–混结合段处于最大悬臂状态，且还需承受中跨合拢的施工荷载，是大桥合拢前的最不利状态，相比于施工阶段 13(边跨合拢张拉顶底板合

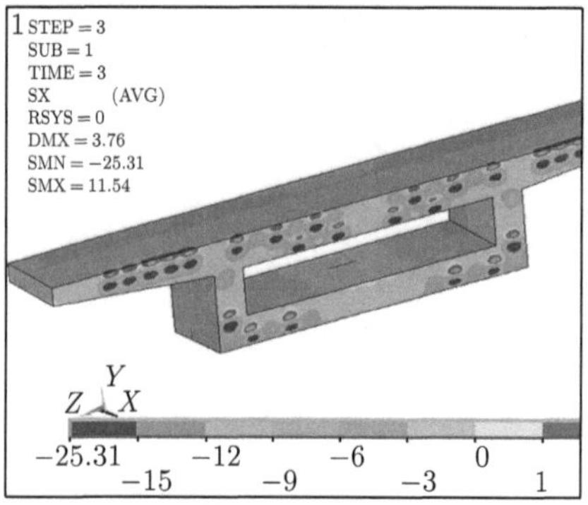

(a1) 应力云图

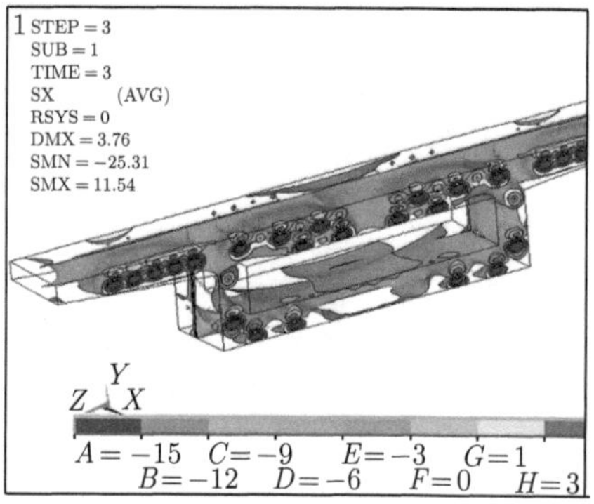

(a2) 应力等值面图

(a) 施工阶段13: 边跨合拢

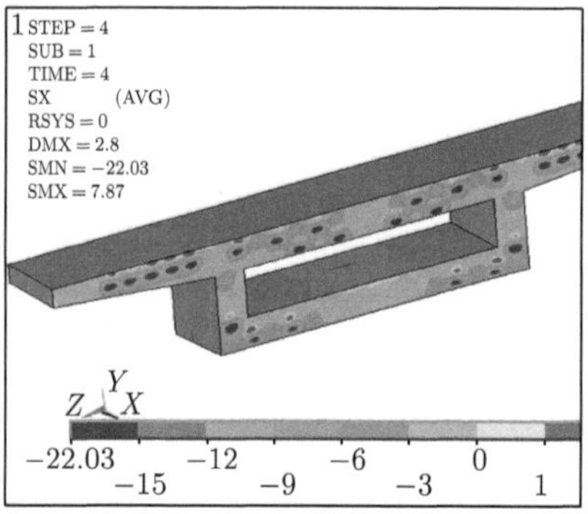

(b1) 应力云图

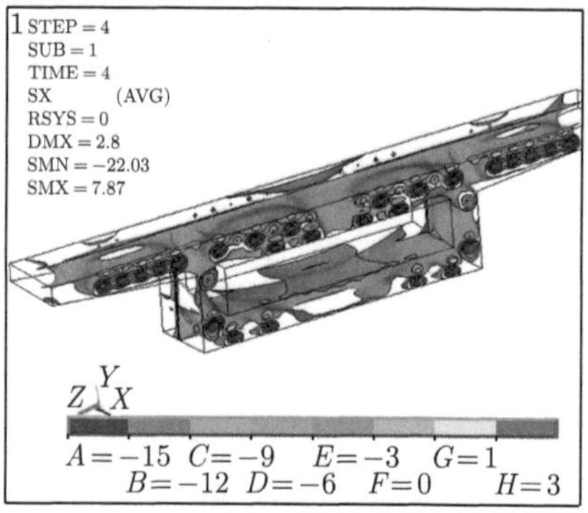

(b2) 应力等值面图

(b) 施工阶段14: 中跨钢梁吊装

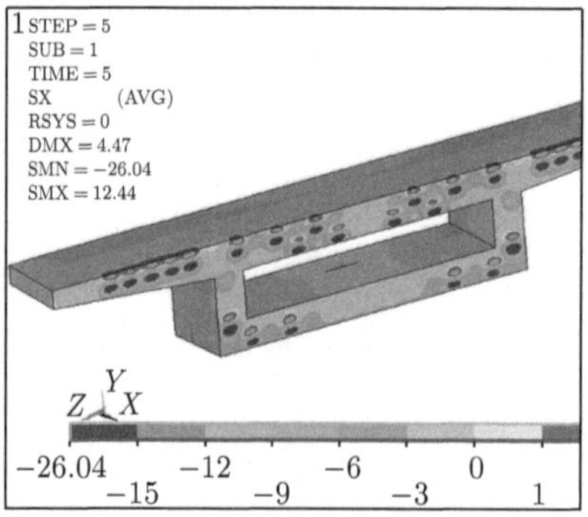

(c1) 应力云图

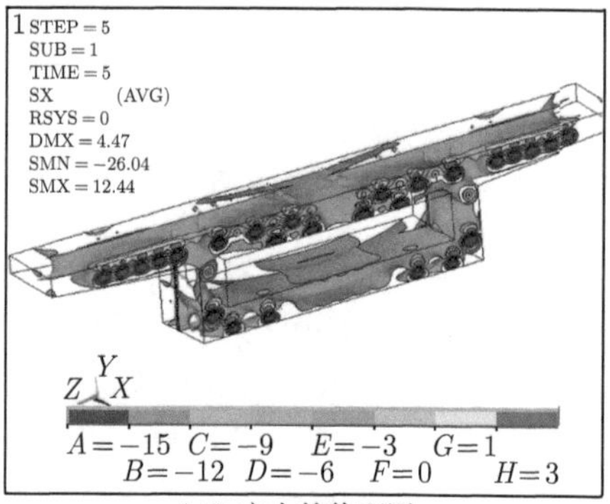

(c2) 应力等值面图

(c) 施工阶段15: 中跨合拢,体系转换

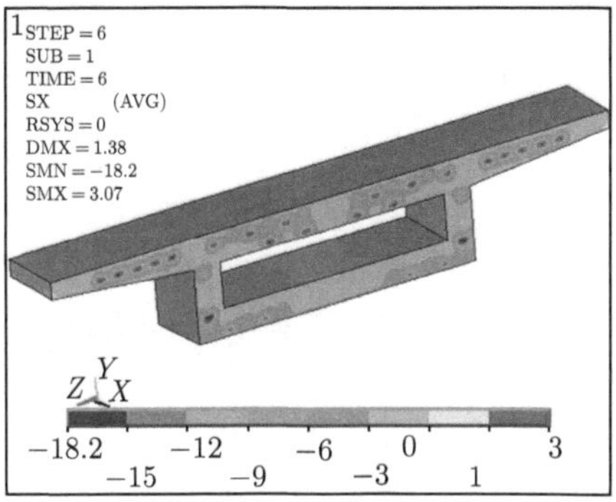

(d1) 应力云图

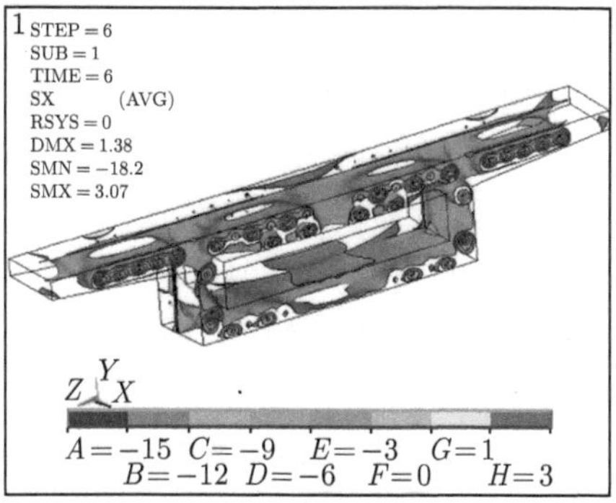

(d2) 应力等值面图

(d) 施工阶段16: 二期恒载+STC层施工

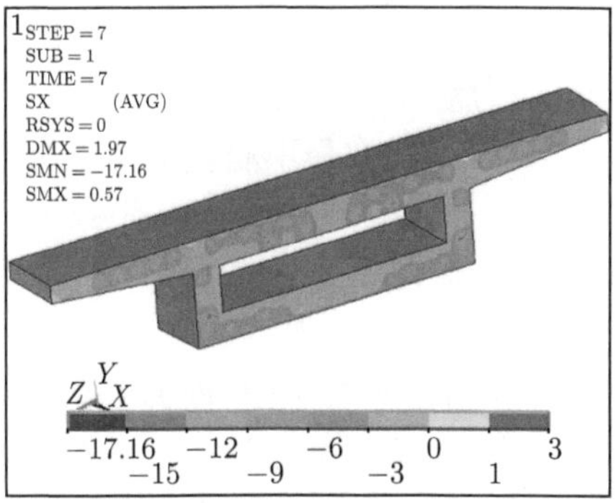

(e1) 应力云图

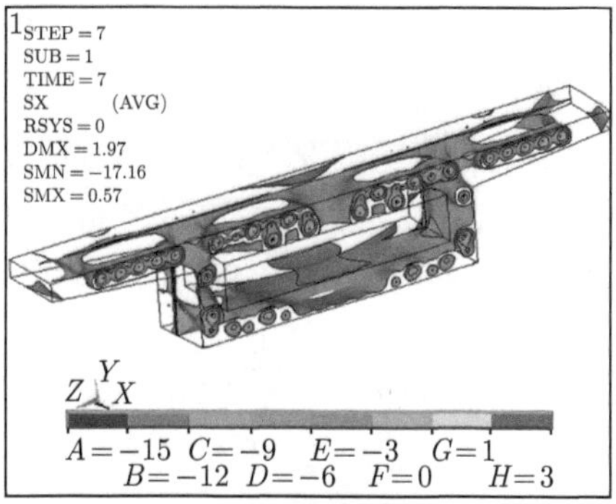

(e2) 应力等值面图

(e) 运营阶段17: 汽车荷载

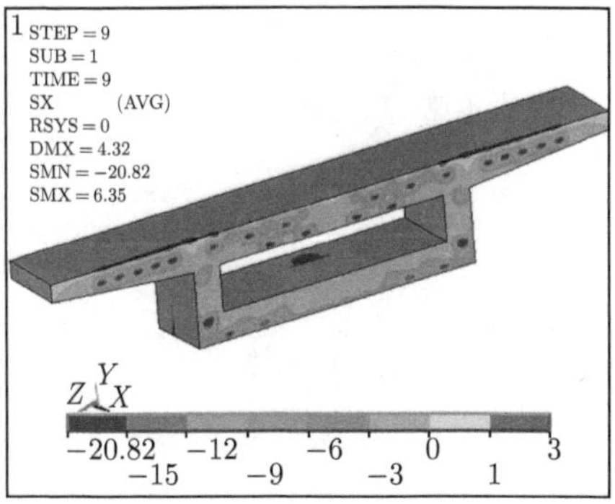

(f1) 应力云图

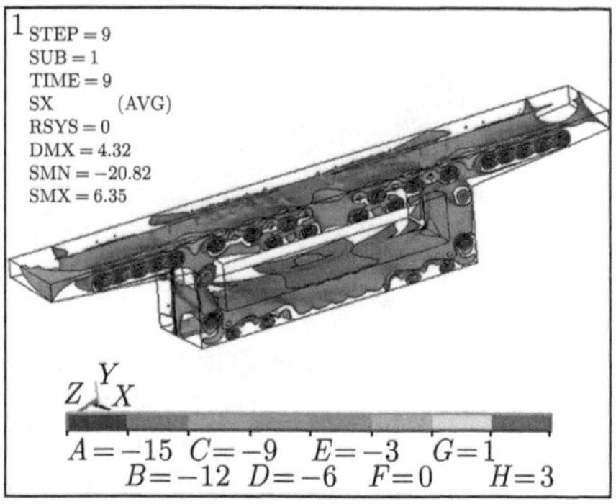

(f2) 应力等值面图

(f) 运营阶段18: 温度、收缩徐变、支座沉降

图 7.64 各个阶段中钢–混结合段内部混凝土的纵桥向应力 S_X (单位: MPa)
(彩图请扫封底二维码)

拢束完成)，混凝土上翼缘预压力稍微减小，但仍处于预压状态，说明在中跨钢箱

梁吊装合拢施工过程中，钢–混结合段上翼缘处于受压状态，不会开裂。③ 中跨合拢后即施工阶段 15 相比与施工阶段 14，结合段混凝土压应力水平略微增加，说明大桥合拢后，全桥结构由悬臂体系转换为整体受力体系，提高了桥梁结构的整体受力性能，同时也对结合段的应力水平产生了影响，使其压应力水平略微增加。④运营阶段 17(汽车荷载) 相比于成桥阶段 (施工阶段 16)，上翼缘压应力水平没有明显降低，说明成桥后，钢–混结合段处于中跨反弯点附近，汽车荷载对其应力分布影响不明显。

由以上分析可知，控制钢–混结合段设计的不仅是正常使用阶段，也可能是大桥施工过程中某些关键阶段，如中跨合拢吊装钢箱梁阶段。为此，针对钢–混结合段建立多尺度模型，进行从施工到正常使用阶段的全过程分析显得尤为重要。

7.3.5.4　最不利负弯矩工况下钢–混结合段应力水平分析

通过 7.3.5.3 节对各阶段结合段内部混凝土应力对比分析可知，正常使用阶段最不利负弯矩工况下钢–混结合段受力最不利。因此，提取最不利负弯矩工况下钢–混结合段各构件应力进行分析。

1. 钢结构部分的有限元分析结果

1) 钢顶板应力分析

钢顶板从钢主梁连续延伸至结合段，且钢格室顶板上焊接 PBL 剪力键和焊钉与格室内混凝土相连，是结合段传力的主要构件。钢顶板应力分布如图 7.65 所示。

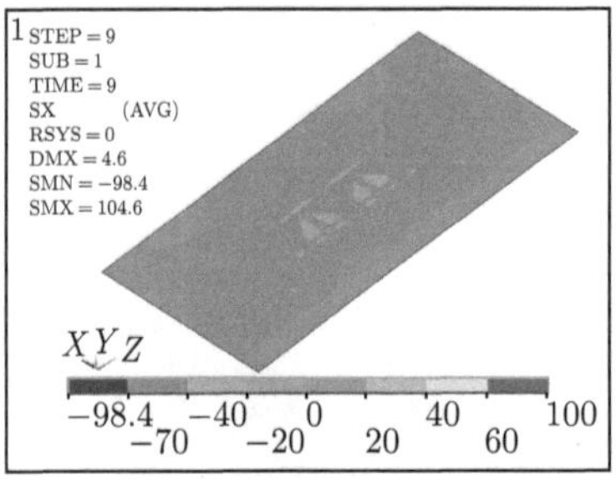

(a) 纵桥向应力 S_X

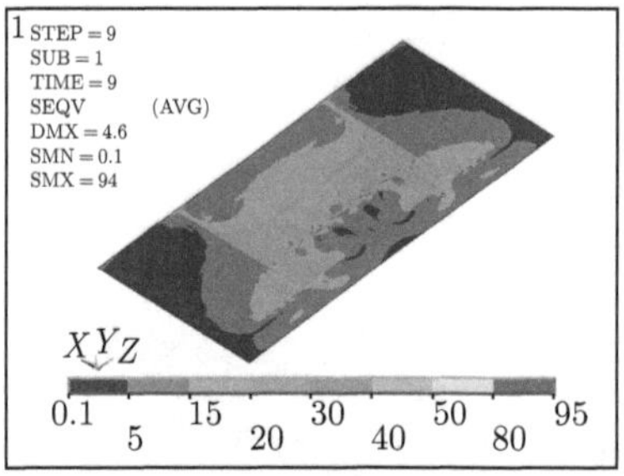

(b) Von Mises 应力

图 7.65　钢顶板应力分布图 (单位：MPa) (彩图请扫封底二维码)

由图 7.65 可知，最不利负弯矩工况下，钢顶板的最大应力 (104.6MPa) 和最小应力 (−98.4MPa) 出现在与横隔板相连的两侧顶板的下表面，是锚固在第一横隔板上的结合段预应力束使锚固区局部变形造成的，所占应力区面积很小；其他钢主梁上的钢顶板处于受拉状态，其纵桥向拉应力在 20MPa 以内；但钢–混结合段钢格室的钢顶板处在受压状态，其纵桥向压应力在 −20MPa 以内，其是由结合段内部预应力预压作用造成的。除去预应力锚固的影响区之外，钢顶板的 Von Mises 应力大都在 50MPa 以内，应力水平较低。

2) 钢底板应力分析

钢底板从钢主梁连续延伸至钢混结合段，成为钢–混结合段钢格室的钢底板，且在钢格室底板内焊接 PBL 剪力键和焊钉与格室内混凝土相连接，是结合段传力的主要构件。钢底板应力分布如图 7.66 所示。

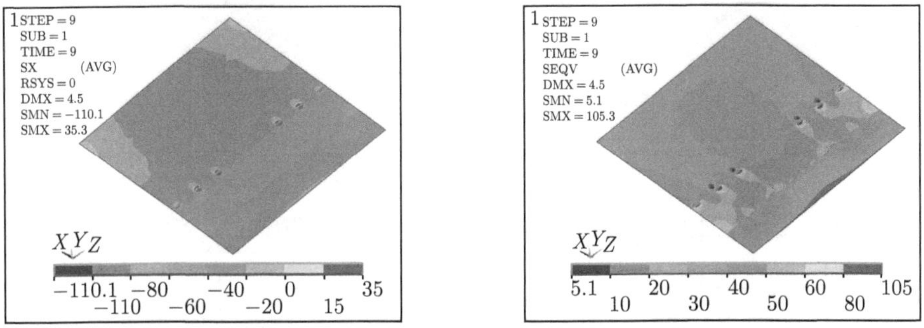

(a) 纵桥向应力 S_X　　(b) Von Mises 应力

图 7.66 钢底板应力分布图 (单位：MPa) (彩图请扫封底二维码)

由图 7.66 可知，最不利负弯矩工况下，钢底板的最大应力 (35.3MPa) 和最小应力 (−110.1MPa) 出现在与横隔板相连的两侧底板的上表面，是由锚固在第一横隔板上的结合段预应力束使锚固区局部变形造成的，所占应力区面积很小；钢梁过渡段上的钢底板纵桥向压应力较大，在 −60MPa 以内，其他位置钢底板的纵桥向压应力在 −40MPa 以内。除去预应力锚固的影响区之外，钢底板的 Von Mises 应力大都在 80MPa 以内，应力水平较低。

3) 顶板加劲肋应力分析

钢主梁桥面板采用钢–STC 轻型组合桥面结构，其采用板肋作为纵向加劲肋，与钢梁过渡段的变高度加劲板肋直接相连接，传力明确，施工方便。顶板加劲肋应力分布如图 7.67 所示。由图可知，除在板肋变高度开始的位置出现应力集中外，其他位置的应力水平都不高，钢主梁上的顶板加劲板肋处于受拉状态，其纵桥向拉应力在 35MPa 以内；但钢梁过渡段的顶板加劲板肋处在受压状态，其纵桥向压应力在 −20MPa 以内，是由结合段预应力束造成的。除去应力集中区域外，顶板加劲板肋的 Von Mises 应力大都在 40MPa 以内，应力水平较低。

4) 底板加劲肋应力分析

钢主梁底板采用板肋作为加劲肋，与钢梁过渡段的变高度加劲板肋直接相连接，传力明确，施工方便。底板加劲肋应力分布如图 7.68 所示。由图可知，除在板肋变高度开始的位置出现应力集中外，其他位置的应力水平都不高，且都处于受压状态，其纵桥向压应力大都在 −50MPa 以内。除去应力集中区域外，底板加劲肋的 Von Mises 应力大都在 40MPa 以内，应力水平较低。

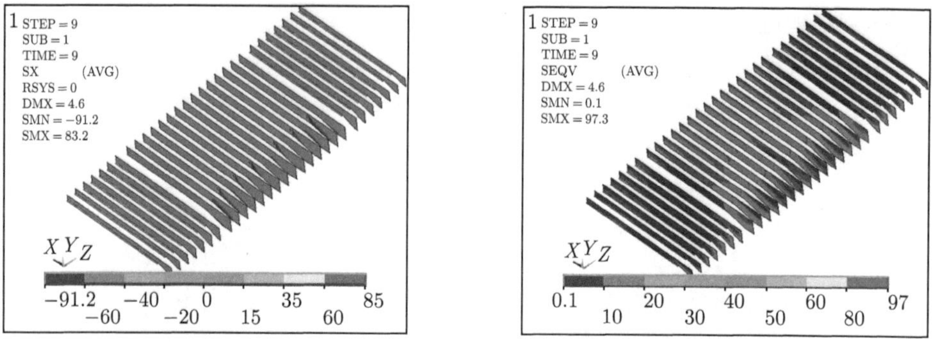

(a) 纵桥向应力 S_X　　　　(b) Von Mises 应力

图 7.67　顶板加劲肋应力分布图 (单位：MPa) (彩图请扫封底二维码)

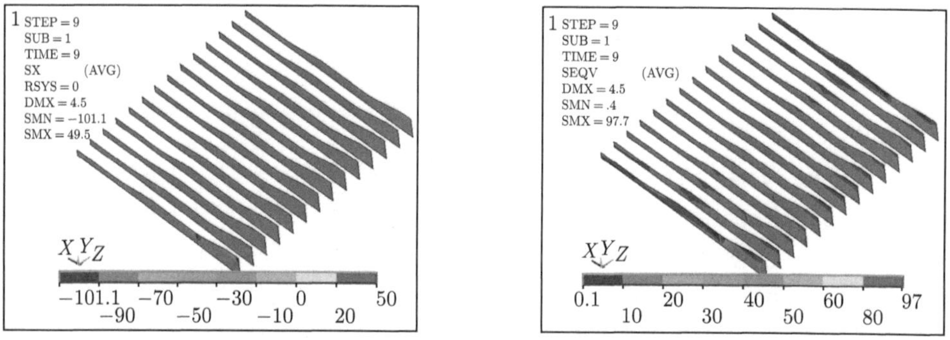

(a) 纵桥向应力 S_X　　　　(b) Von Mises 应力

图 7.68　底板加劲肋应力分布图 (单位：MPa) (彩图请扫封底二维码)

5) 承压板与第一横隔板应力分析

承压板是不仅承受着从钢梁过渡段传递过来的钢主梁的内力，而且还要承担钢–混结合段预应力束和顶板合拢束锚固于此的强大的锚固力，其受力颇为复杂。第一横隔板为靠近结合段的钢主梁上第一块横隔板，其也承担着部分钢–混结合段预应力束的强大锚固力。承压板与第一横隔板应力分布如图 7.69 所示。由图可知，承压板与第一横隔板的最大 Von Mises 应力都出现在预应力锚固位置，分别为 140.5MPa 和 234.9MPa，应力水平较高，应注意锚下构造措施的设置，其他位置的应力都在 40MPa 以内。第一横隔板上的 Von Mises 应力大于承压板上的 Von Mises 应力，是因为承压板后有钢格室内的混凝土与承压板一起承压。

6) 钢腹板应力分析

钢腹板从钢主梁连续延伸至钢混结合段，成为钢–混结合段钢格室的钢腹板，且在钢格室顶腹内焊接 PBL 剪力键和焊钉与格室内混凝土相连接，是结合段传递剪力的主要构件。钢腹板应力分布如图 7.70 所示。由图可知，腹板上部受拉，纵

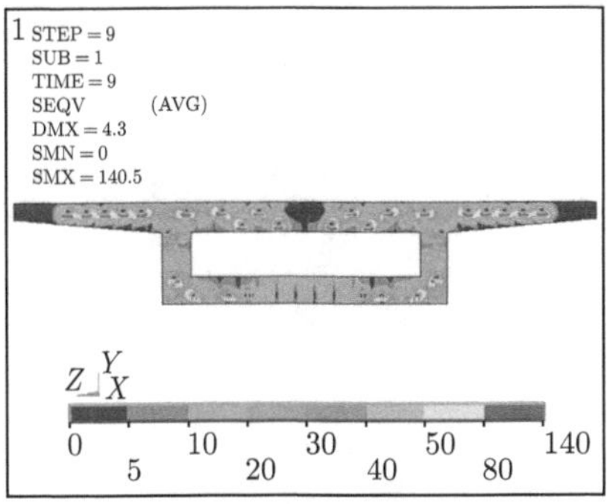

(a) 承压板Von Mises应力

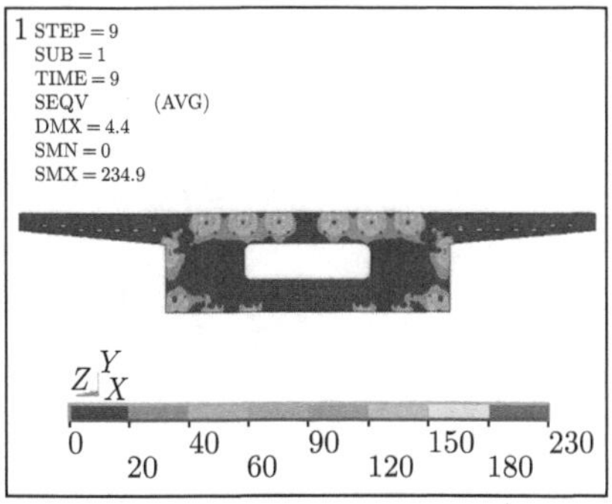

(b) 第一横隔板Von Mises应力

图 7.69 承压板与第一横隔板应力分布图 (单位：MPa) (彩图请扫封底二维码)

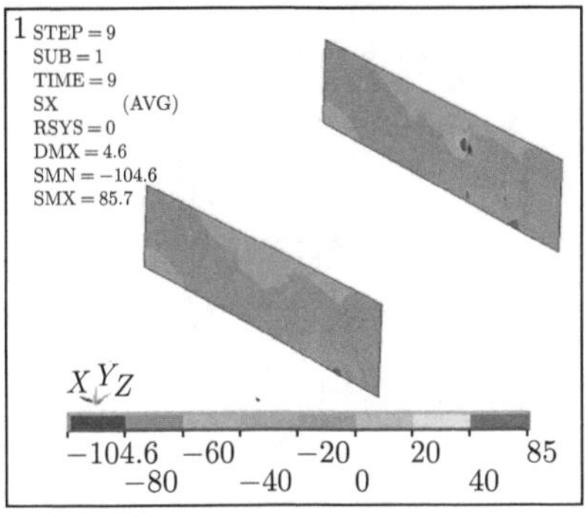

(a) 纵桥向应力S_X

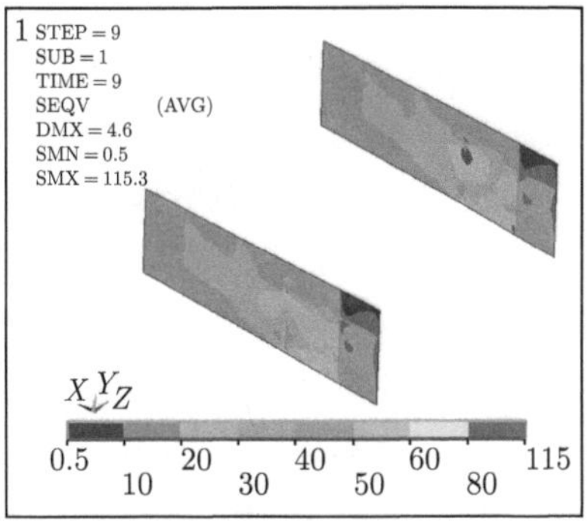

(b) Von Mises应力

图 7.70 钢腹板应力分布图 (单位：MPa) (彩图请扫封底二维码)

桥向拉应力在 20MPa 以内；下部受压，纵桥向压应力在 −60MPa 以内。钢主梁上 Von Mises 应力在 80MPa 以内，结合段的腹板 Von Mises 应力明显低于钢主梁的 Von Mises 应力，在 40MPa 以内。应力水平较低。

2. 混凝土部分的有限元分析结果

钢–混结合段内的混凝土通过剪力连接件和预应力束与钢梁紧密联系在一起，主要作用是将钢主梁的内力平顺传递至混凝土主梁。由于其内部构造复杂和预应力的作用，其应力分布会出现应力集中现象。结合段内部混凝土和混凝土主梁的混凝土纵桥向应力分布如图 7.71 所示。

由图 7.71 可知，在最不利负弯矩工况下，大部分混凝土都处于受压状态，纵桥向应力值都在 −15MPa 以内，只在预应力锚下存在应力集中点，但是应力集中的面积很小。这说明在最不利负弯矩工况下，结合段混凝土仍处在预压状态，不会出现开裂。

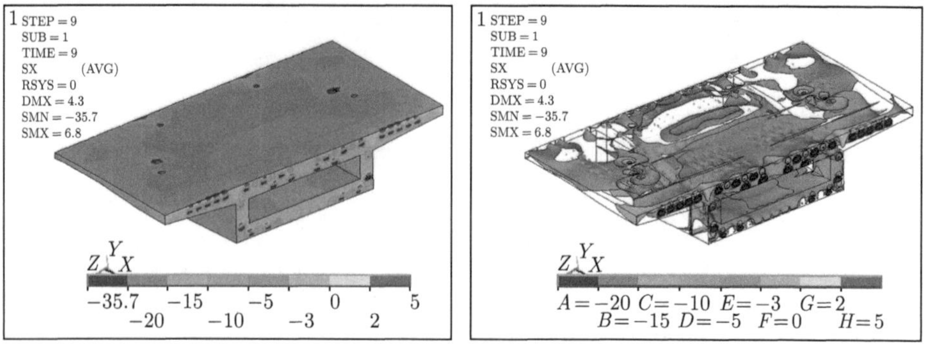

(a) 应力云图　　　　(b) 应力等值面图

图 7.71　混凝土部分纵桥向应力 S_X (单位：MPa) (彩图请扫封底二维码)

为了进一步查看混凝土内部的应力分布变化情况，现沿纵桥向每隔一定距离提取混凝土截面的切面图，对比分析混凝土应力分布变化，如图 7.72 所示。

由图 7.72 可知，结合段内，在距承压板较近的位置，预应力锚下的混凝土应力值较大，其他位置的应力值较小，随着离承压板越远，应力在混凝土内部扩散及由剪力键传递来的钢格室上的应力，使得横截面上混凝土应力分布越来越均匀，上翼缘混凝土的压应力在 −5MPa 以内，下翼缘混凝土的压应力在 −10MPa 以内。应力传至混凝土箱梁，随着混凝土箱梁顶底板的厚度减小，上、下翼缘混凝土应力都增大，但都在 −15MPa 以内。

由以上分析可知，混凝土内部除在预应力锚下及边角处存在应力集中外，其他位置应力传递较顺畅；上翼缘混凝土一直处于预压状态，未出现拉应力，混凝土整体应力水平较低。

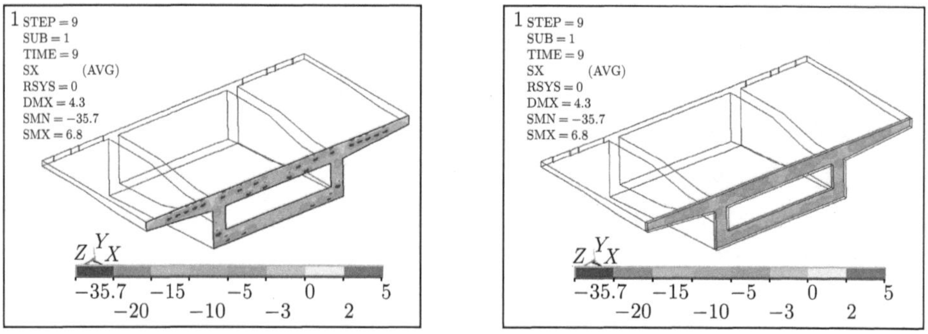

(a) 距承压板0.1 m处　　　　(b) 距承压板0.25 m处

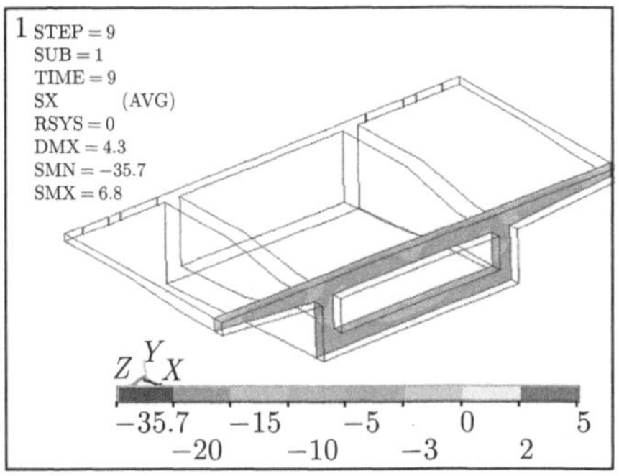

(c) 距承压板0.5 m处

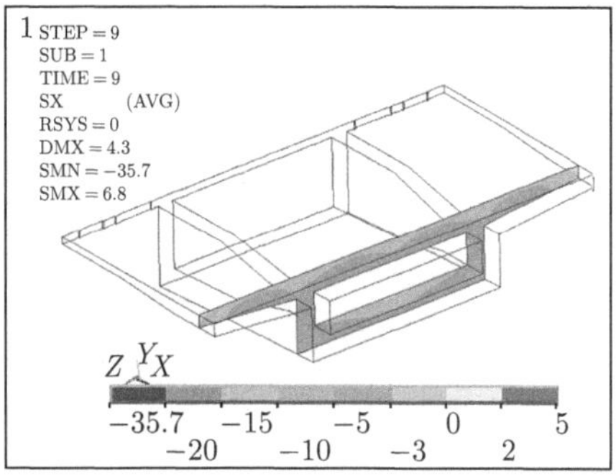

(d) 距承压板1 m处

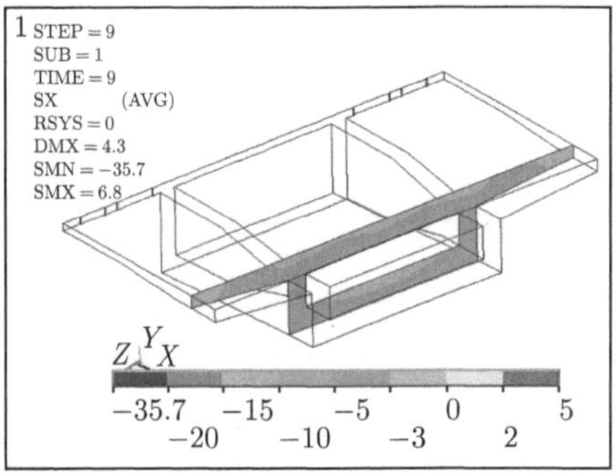

(e) 距承压板1.5 m处

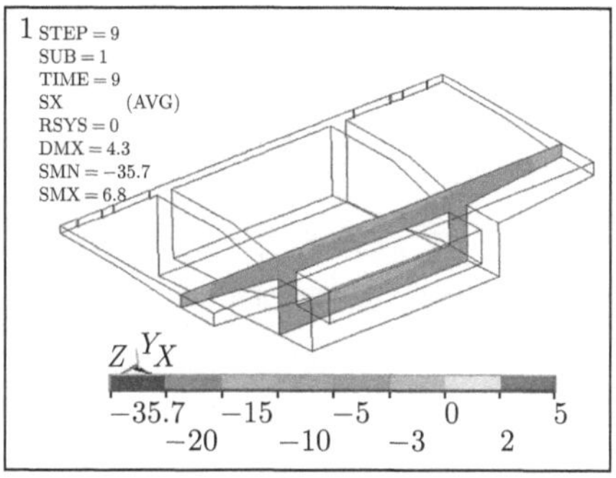

(f) 距承压板2 m处

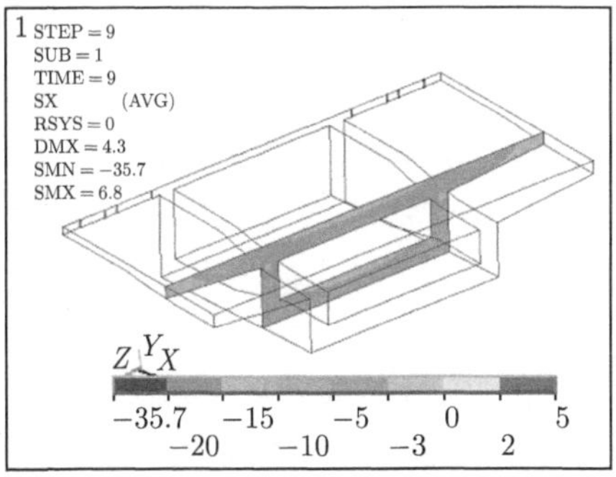

(g) 距承压板3 m处

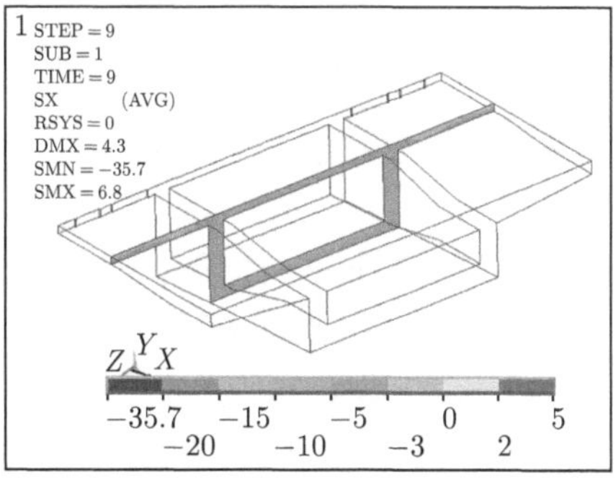

(h) 距承压板6 m处

图 7.72 混凝土截面应力分布图 (单位：MPa) (彩图请扫封底二维码)

3. STC 层应力分析

图 7.73 给出了 STC 层顶面的纵桥向应力分布图。由图可知，在最不利负弯矩工况下，STC 层顶面的纵桥向最大拉应力出现在结合面 1 中受车辆轮载影响的区域，最大值为 6.9MPa；最大压应力出现在车辆轮载下，最大值为 −5.5MPa；其他位置的应力水平不高。

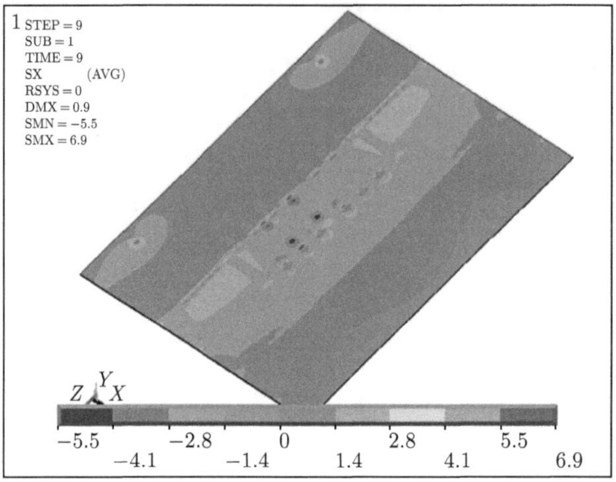

图 7.73 STC 层顶面的纵桥向应力 S_X (单位：MPa) (彩图请扫封底二维码)

综上分析，钢–混结合段通过内部的剪力连接键和预应力束将钢主梁与混凝土主梁紧密连接在一起，钢主梁上的内力通过结合段传递至混凝土主梁。在最不利负弯矩工况下，钢–混结合段及其附近区域钢梁的钢结构部分除在预应力锚下存在应力集中外，整体应力水平较低；混凝土部分在预应力作用下，上翼缘混凝土一直处于预压状态，未出现拉应力，混凝土整体应力水平较低；钢–混结合段内应力传递较顺畅。

7.3.5.5 钢–混结合段应力传递分析

钢–混结合段的预应力束主要是为结合段提供预压效应，且其锚固区局部效应明显。因此，在分析钢主梁与混凝土主梁之间的内力传递时，不考虑预应力束的作用，荷载工况取最不利负弯矩工况。

1. 钢梁顶、底板应力传递

顶板选取 Z=0、365cm、450cm、515cm、834cm (Z 为横截面方向) 处沿纵桥向顶面为应力路径线，底板选取 Z=0、365cm、450cm 处沿纵桥向顶面为应力路径线 (其中 Z=0 为截面中心，Z=365、450cm 为双壁腹板的内、外腹板，Z=515cm、834cm 为悬臂翼缘最内与外道加劲肋位置)，提取各条应力路径线的纵桥向应力分布如图 7.74、图 7.75 所示。

由图 7.74、图 7.75 可知，钢梁顶板的纵桥向应力在钢主梁段变化不明显，进入钢–混结合段后，应力水平有很明显的降低，特别是在结合段的两端变化较剧烈；钢梁底板的纵桥向应力在钢主梁段变化较小，进入钢–混结合段后，应力水平有很明显的降低，特别是在结合段的两端变化较剧烈。主要是因为在钢–混结合段上，钢梁顶、底板与格室内部的混凝土一起参与受力，降低了钢梁顶、底板的应力；钢–混

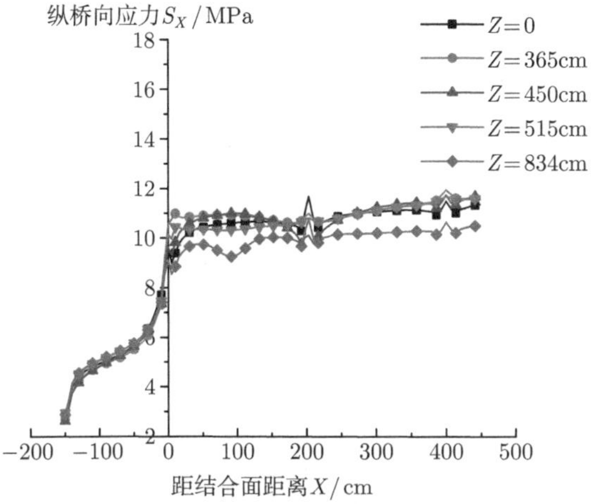

图 7.74　钢顶板纵桥向应力分布图

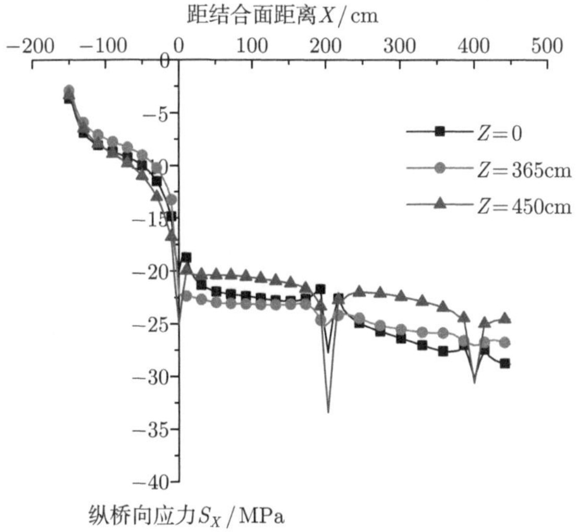

图 7.75　钢底板纵桥向应力分布图

结合段内部有大量的剪力键，由于剪力键的群钉效应，使得在结合段两端传递的钢与混凝土之间剪力比例较大，因此造成钢梁顶、底板的纵桥向应力在结合段两端变化较剧烈。钢主梁的钢底板在横隔板位置存在应力集中，而顶板上应力集中较小，是因为顶板采用的是钢–STC 轻型组合桥面板，其中的 STC 参与顶板的受力，加强了桥面系的刚度，使得横隔板上的顶板的应力集中减小。

2. 钢梁加劲肋应力传递

钢主梁采用带板肋钢–STC 轻型组合桥面系，其加劲板肋与钢梁过渡段的变高度加劲板肋传力明确，连接方便。分别提取 Z=0 处顶板加劲板肋和 Z=0.3m 处底板加劲板肋的 3 组节点应力路径进行应力传递分析，提取点位如图 7.76 所示，应力分布如图 7.77、图 7.78 所示。

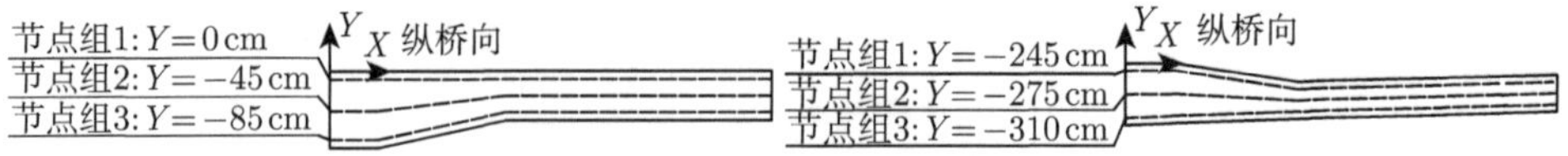

(a) 顶板加劲板肋应力结果提取点位　　(b) 底板加劲板肋应力结果提取点位

图 7.76　加劲板肋应力结果提取点位示意图

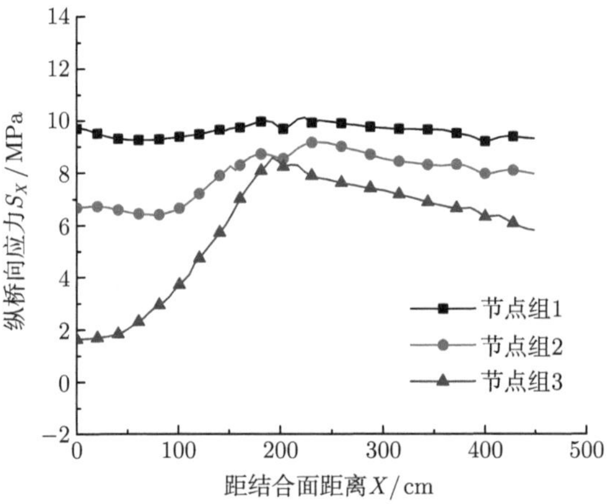

图 7.77　Z=0 顶板加劲肋纵桥向应力分布图

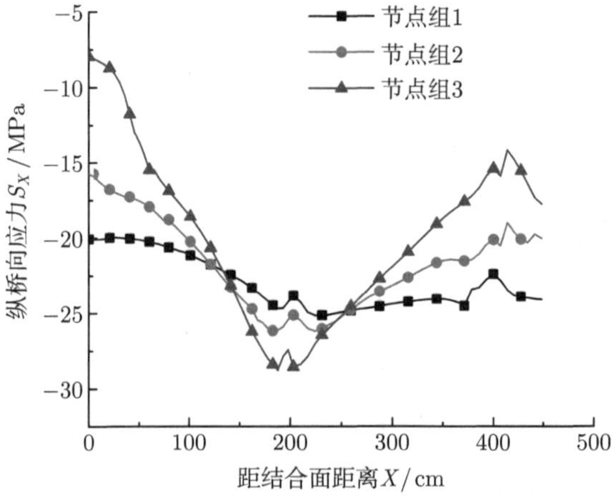

图 7.78　Z=0.3m 底板加劲肋纵桥向应力分布

由图 7.77、图 7.78 可知，顶板加劲肋等高度段应力变化不明显，变高度段应力能得到较好的扩散，纵桥向应力传递顺畅；底板加劲肋由于自身高度的变化与梁高的变化，使得应力变化较大，且在横隔板处应力集中较明显，但整体纵桥向应力传递较顺畅。

3. 承压板应力传递

钢–混结合段的承压板厚 60mm，是钢结构与混凝土结构的分界线，主要承受顶、底加劲肋传递来的应力与结合段预应力束的锚固力。现沿横桥向 (Z 向) 提取承压板各高度处的 Von Mises 应力加以分析，提取点位如图 7.79 所示，应力分布如图 7.80 所示。

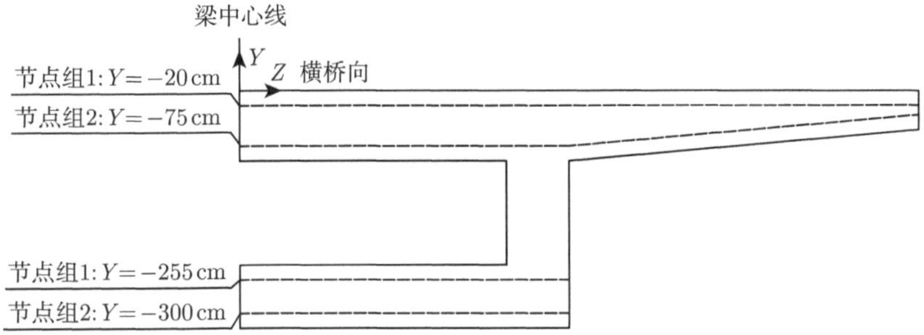

图 7.79　承压板应力结果提取点位示意图

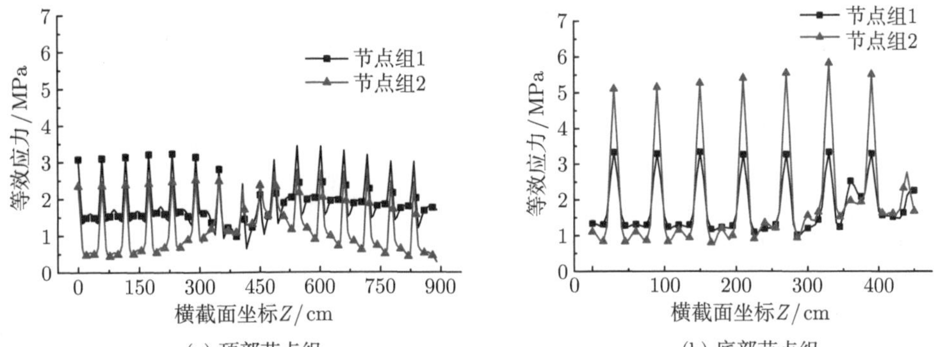

图 7.80　承压板等效应力沿横截面分布图

由图 7.80 可知，在未考虑预应力束作用下其整体应力水平较小，这是由于承压板与格室内混凝土紧密连接，共同受力的结果。承压板上、下翼缘的应力分布相似，在与纵向加劲肋相连的位置，等效应力较大，其他位置应力较小，说明承压板的主要作用是承受加劲肋传递来的局部应力，并扩散至混凝土，防止混凝土局部压碎。

4. 结合段混凝土应力传递

提取混凝土上、下翼缘沿纵桥向分布的一系列节点组的纵桥向应力，分析混凝土应力传递规律。提取点位如图 7.81 所示，应力分布如图 7.82 所示。由图可知，混凝土顶、底翼缘的纵向应力分布相似，在结合段内的两端变化较大，是由结合段内部剪力键的群钉效应使两端传递的剪力较大引起的；在其他位置应力变化不明显。

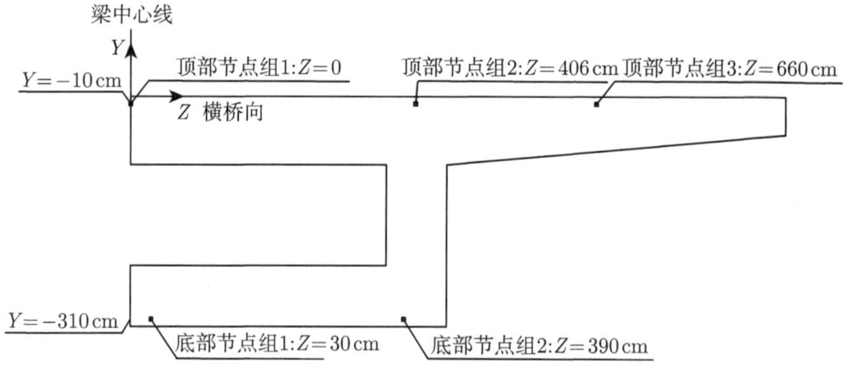

图 7.81　混凝土应力结果提取点位示意图

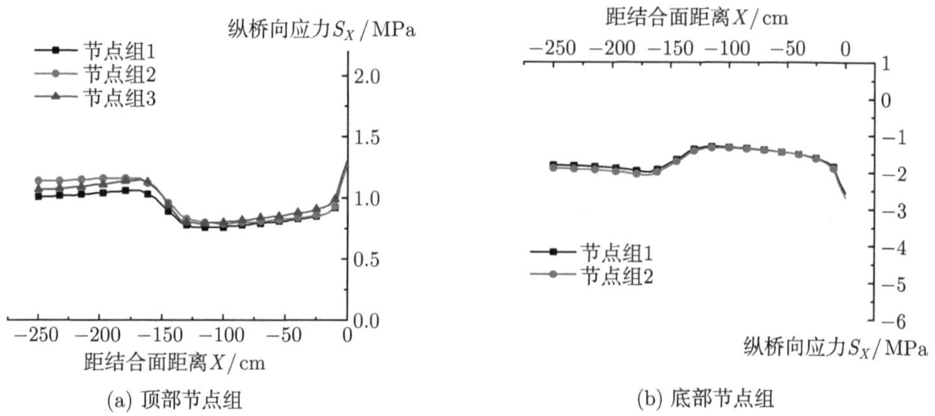

图 7.82　混凝土纵桥向应力分布图

5. STC 层应力传递

图 7.83 给出了 STC 层顶面纵桥向应力分布图。由图可知，STC 层的纵桥向应力在钢主梁段变化不明显，进入钢–混结合段后，应力水平有很明显的降低，特别是在结合段的两端变化较剧烈，主要是因为在钢–混结合段上，STC 层与下面的钢顶板和混凝土一起受力，降低了 STC 层的应力；进入混凝土梁段后，STC 层的应力有一个明显的阶跃的上升，是因为钢梁顶板在这里结束，原有钢顶板与 STC 层一起承担的应力转由 STC 层单独承担。

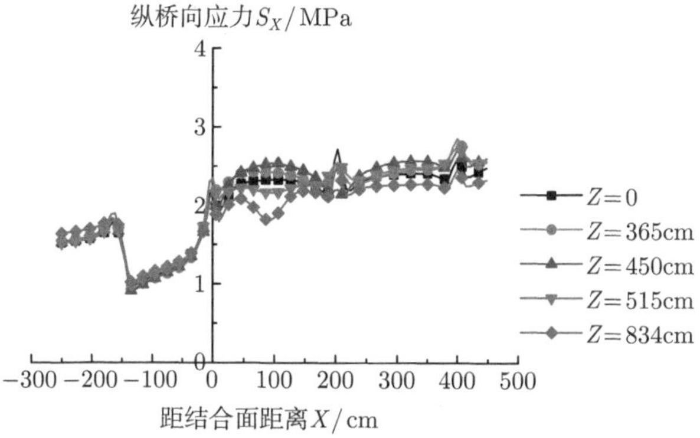

图 7.83　STC 层顶面纵桥向应力分布图

7.3.6　实桥应用

2016 年，钢–混结合段轻型组合桥面构造成功应用于五一大桥。大桥为主跨 128m 的三跨连续钢–混凝土混合梁桥，跨中 45m 采用钢箱梁。在跨中钢箱梁范围内采用了钢-STC 轻型组合桥面结构，并在钢–混结合段采用了本节的研究成果。实桥施工照片如图 7.84 所示。

(a) 大桥全貌

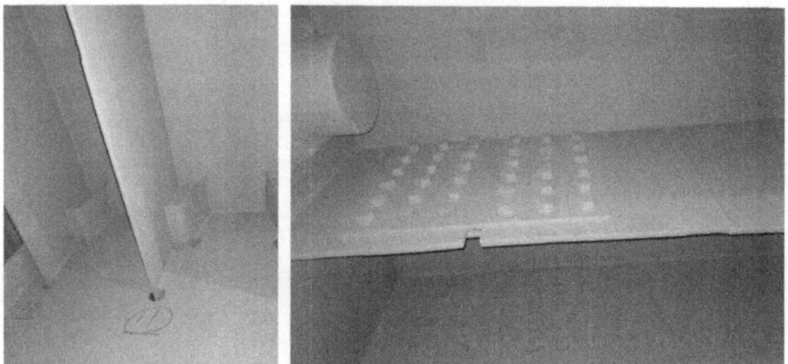

(b) 钢–混段箱梁内部构造

(c) 钢–混结合段STC植入栓钉

图 7.84　五一大桥钢–混段轻型组合桥面结构施工照片

7.4　高烈度区桥梁桥面连续抗震构造

7.4.1　构造思路

海南海文跨海大桥位于强震区，为降低震害风险，该桥的引桥采用了钢箱梁 + STC 桥面的简支梁桥，跨径约 57~62m，共 10 跨。为提高行车舒适性，部分主梁间采用了桥面连续的措施，对于这种特殊的桥面连续结构，国内外均无文献报道。针对这种需求，需研发受力性能优良、震后易修复的钢-STC 轻型组合简支梁桥面连续结构 [11]。

处于强震区的简支梁桥面连续构造需同时满足两方面的要求：① 正常使用条件下 STC 不开裂；② 极端强震作用下，桥面连续构造率先损坏，箱梁主体结构完好，便于快速修复。为此共设计了两种螺栓连接桥面连续结构，分别开展了足尺模型试验，对该新型螺栓连接桥面连续构造的受力特点进行了深入探索。

7.4.2　试验研究

7.4.2.1　工程背景

海南海文跨海大桥位于海南岛东北端，连接海口和文昌两市，大桥全长 5.7km，其中跨海大桥长约 3.8km。海文跨海大桥建设条件独特，其地震动峰值加速度属国内最高；同时是国内首座跨活动断层的特大型桥梁。

海南海文跨海大桥主桥和引桥采用钢箱梁，其余部分为混凝土箱梁。本节主要关注引桥。引桥原方案采用简支梁的形式，共 10 跨，断面形式如图 7.85 所示，其中钢箱梁高度 2.8m，桥面宽度 15.75m，每跨加厚段桥面板厚度 24mm，标准段厚度 16mm，U 肋高度 280mm，上口宽 300mm，相邻 U 肋间距 300mm。

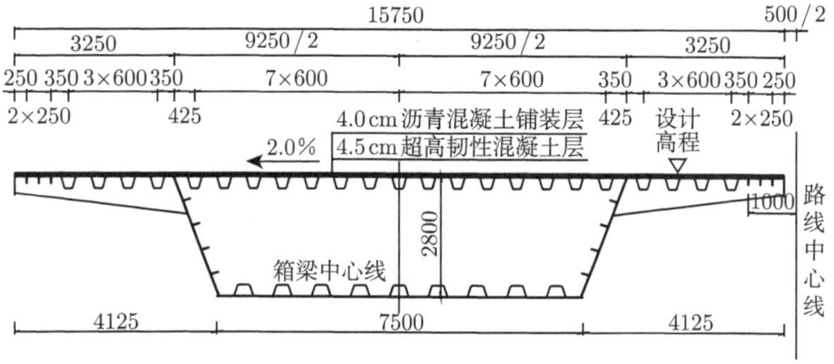

图 7.85 引桥的钢箱梁构造图 (单位：mm)

7.4.2.2 试验方案

为了对桥面连续方案进行研究，设计了 1:1 足尺模型试验，共设计了两种桥面连续方案。方案①：倒 T 肋与 U 肋等高，并与 U 肋一一对应。方案②：倒 T 肋放置于相邻 U 肋之间，高度略降低。由于方案①中倒 T 肋数量与 U 肋一一对应，故取一个 U 肋和一个倒 T 肋设计试验。值得说明的是，方案②中倒 T 肋与 U 肋间隔布置，为了尽可能真实的模拟全桥 U 肋与 T 肋的刚度分配情况，设计 3 个 U 肋、2 个倒 T 肋进行试验。图 7.86、图 7.87 详细指出了两个方案的构造细节 [12]。

两种方案各有其优缺点，方案①施工方便，仅需在端隔板之间焊接倒 T 肋即可，缺点是螺栓连接带截面刚度较大，可能对箱梁主体结构有影响。方案②将倒 T 肋置于相邻两个 U 肋之间，受力与 U 肋相对独立，对 U 肋有一定的保护作用，同时减少了螺栓数量；缺点是倒 T 肋需要在两个 U 肋之间焊接，操作空间较小，增加了施工难度。

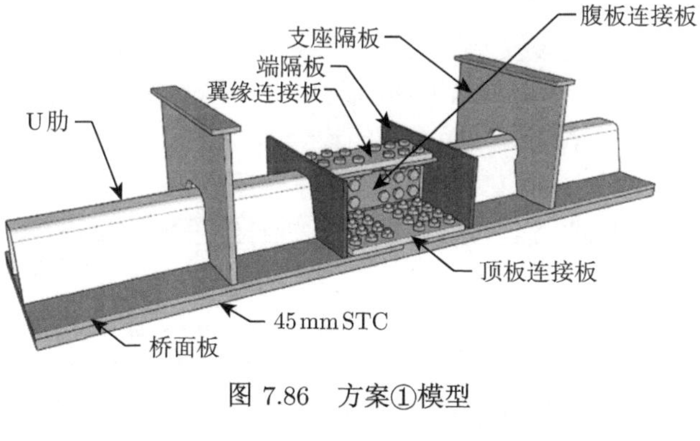

图 7.86 方案①模型

1. 方案①

由于桥面连续处主要承受纵向负弯矩作用，取箱梁纵向条带设计试验。STC 层厚度为 45mm，通过剪力钉与钢面板连接，U 肋在桥面连续处断开，采用倒 T 肋的形式，通过螺栓将两跨连成整体，试验模型尺寸如图 7.88 所示。

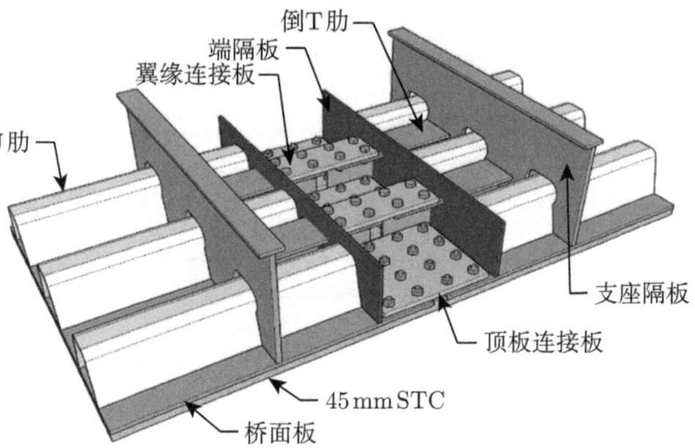

图 7.87　方案②模型

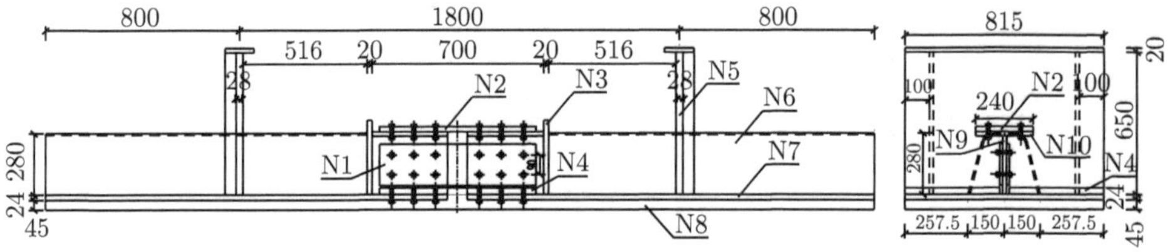

图 7.88　方案①模型尺寸 (单位：mm)

N1— 倒 T 肋腹板连接板；N2— 倒 T 肋翼缘连接板；N3— 端隔板；N4— 顶板连接板；N5— 支座隔板；N6—U 肋；N7— 桥面板；N8—STC；N9— 倒 T 肋腹板；N10— 倒 T 肋翼缘

其中桥面顶板厚 24mm，顶板连接板厚 30mm，U 肋厚 8mm，倒 T 肋腹板、翼缘分别厚 16mm、20mm，倒 T 肋腹板连接板、翼缘连接板分别厚 12mm、24mm，端隔板厚 20mm，倒 T 肋腹板、底板焊接于端隔板与桥面顶板上；纵横向钢筋采用 Φ10 HRB400 级钢筋，纵横向钢筋平均间距 37.5mm，保护层厚度 10mm；剪力钉均为 Φ13mm×35mm 的短栓钉，纵横向间距均为 150mm；高强螺栓采用 M27 型摩擦型高强螺栓，设计预紧力 290kN，并进行施拧质量检验；STC 由水泥、硅灰、石英砂、石英粉、高效减水剂、混合钢纤维组成，钢纤维采用 1.5%直纤维 +2%端钩型纤维。

试件采用力学测试系统 (Mechanic Testing System) 加载，250t 的作动器作用于分配梁上，两个悬臂端底部一端设置固定铰支座，另一端设置活动铰支座，保证桥面连续处为纯弯段，加载装置如图 7.89 所示。

试验主要关注 A、B、C、D、E、F、G 处 7 个截面，如图 7.90(a) 所示。采用 TDS-530 静态数据采集仪测量截面处 STC、钢材应变数据，采用百分表、千分表测量跨中挠度、支座位移等，如图 7.90(b) 所示。试验中，裂缝宽度采用智能裂缝宽度观测仪测量。

图 7.89 方案①试验加载装置

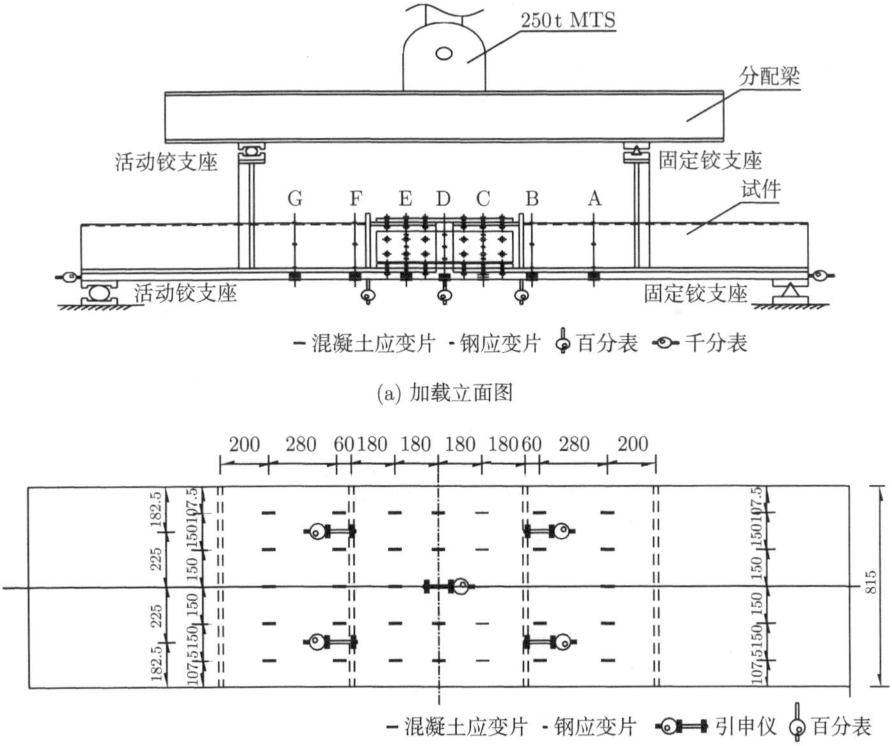

(a) 加载立面图

(b) 测点布置平面图

图 7.90 方案①加载与测点布置图 (单位：mm)

2. 方案②

设计了如图 7.91 所示的桥面连续方案。该方案把倒 T 肋置于相邻 U 肋之间，倒 T 肋在端隔板处断开，并焊接于钢桥面板与端隔板上。该方案基本可实现倒 T

肋与 U 肋的单独受力，避免 U 肋受力不利。

试验模型尺寸如图 7.91 所示，试验选取横向 3 个 U 肋，2 个 T 肋，纵向长度 3.4m，横向宽度 1.8m，STC 配比、栓钉直径和高度与试件 1 相同。为增加桥面连续处抗剪强度，将倒 T 肋翼缘连接板加厚至 30mm，其余构件厚度与试件 1 相同。横向钢筋间距 150mm，纵向钢筋由于穿过相邻两排高强螺栓，故需要对钢筋间距作适当调整，调整原则是相邻两排螺栓之间均匀布置 4 根钢筋。

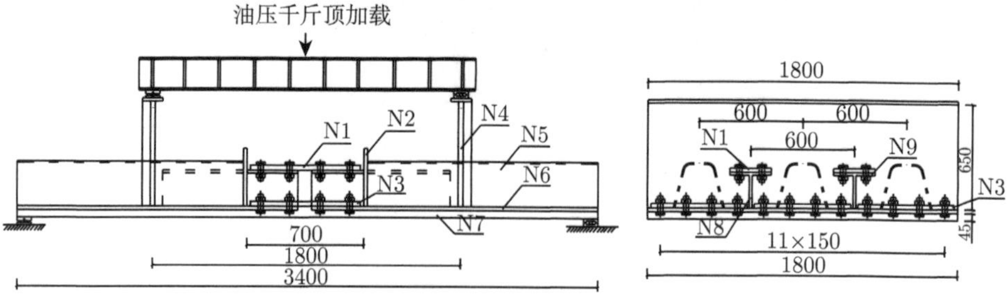

图 7.91 方案②模型尺寸 (单位：mm)

N1— 倒 T 肋翼缘连接板；N2— 端隔板；N3— 顶板连接板；N4— 支座隔板；N5—U 肋；N6— 桥面板；N7—STC；N8— 倒 T 肋腹板；N9— 倒 T 肋翼缘

试件 2 的制作过程与试件 1 基本相同，不再赘述。

试验开始前，对试验模型进行有限元建模，初步估计试件的承载力，由于计算承载力较大，250t MTS 吨位不够，故采用千斤顶进行加载，千斤顶的荷载由油压机控制。加载方案如图 7.92、图 7.93 所示。

图 7.92 方案②试验加载图

试验主要关注图 7.93 中 A、B、C、D、E、F、G 处 7 个截面，其中 A、G 截面为 U 肋截面，B、F 截面为 U 肋 +T 肋截面，C、D、E 截面为螺栓连接截面。采用 TDS-530 静态数据采集仪测量截面处混凝土、钢材应变数据，跨中挠度、支座位移等。试验中，裂缝宽度采用智能裂缝宽度观测仪。

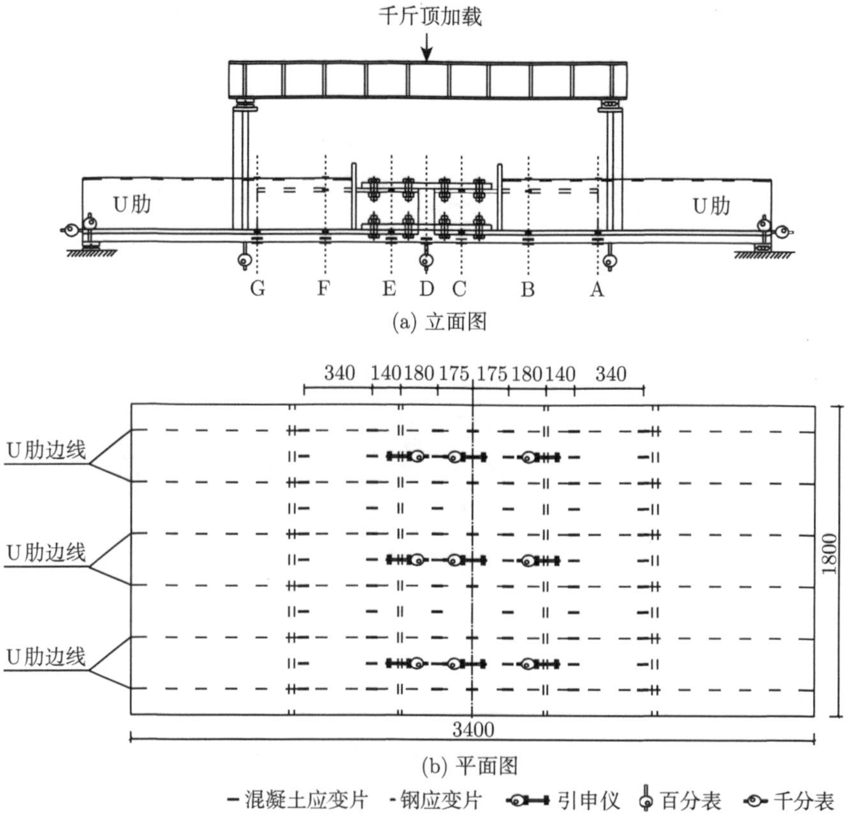

图 7.93 方案②加载及测点布置 (单位：mm)

7.4.2.3 试验结果与分析

1. 方案①主要试验现象

对于方案①，当加载至 281kN 时，跨中 STC 顶面出现第一条微裂缝，宽度为 0.02mm；随着荷载继续增加，STC 顶面出现多条裂缝，但裂缝宽度发展缓慢，加载至 731kN 时，F-F 截面裂缝宽度最大，且裂缝宽度仍未超过 0.05mm。根据文献 [3], [13]，当 STC 裂缝宽度小于 0.05mm 时，裂缝几乎不可见，且对其耐久性无影响，故本节将 731kN 定为方案① STC 开裂与否的界限。

当荷载加载到 1163kN 时，U 肋底部外鼓，出现屈曲破坏，而此时螺栓连接区域 STC 层基本未破坏，此区域最大裂缝宽度仅 0.05mm。方案①破坏模式以及 STC 表面裂缝分布如图 7.94 所示。

(a) U 肋底部屈曲图

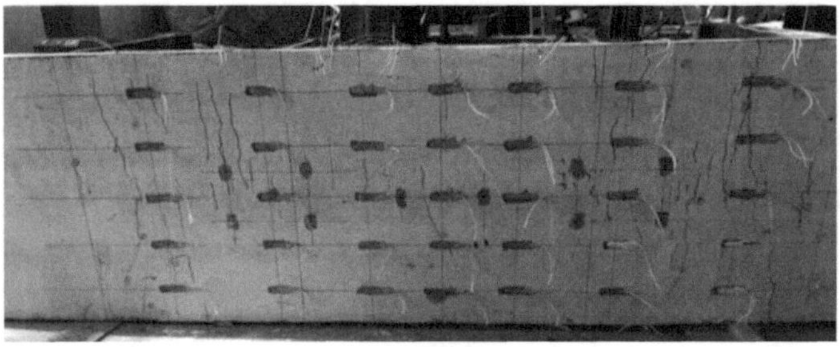

(b) STC 表面裂缝分布

图 7.94　方案①试验现象

从图 7.94 可以看出，由于 U 肋截面刚度较小，裂缝发展较多，而螺栓连接区域基本无裂缝发展，表明螺栓连接区域的抗裂性能比 U 肋区强。

2. 方案②主要试验现象

对于方案②，加载至 330kN 时，倒 T 肋与支座隔板之间 STC 顶面出现第一条微裂缝，裂缝宽度为 0.02mm；随着荷载增加，螺栓连接带 STC 层顶面出现多条裂缝，但裂缝宽度发展缓慢，加载至 700kN 时，跨中最大裂缝宽度达到 0.05mm。本节将 700kN 定为方案② STC 的开裂荷载。

当加载到 2900kN 时，螺栓突然断裂，此时最大裂缝宽度达到 7mm，主裂缝位于螺栓带端隔板顶面 STC 位置。方案②破坏模式以及 STC 表面裂缝分布如图 7.95 所示。

比较来看，方案①的裂缝主要集中于非螺栓连接区域，说明方案①的螺栓连接区域 STC 抗裂效果突出。但是应该注意到，方案①的最终破坏模式为 U 肋屈曲破坏，说明螺栓连接带区域比 U 肋区域更强，但 U 肋发生屈曲，箱梁主结构破坏。而方案②虽然 STC 开裂荷载略低，但达到了保护箱梁主结构的目的。因此从 STC 开裂和破坏模式来看，方案②更优，强度和刚度合理。

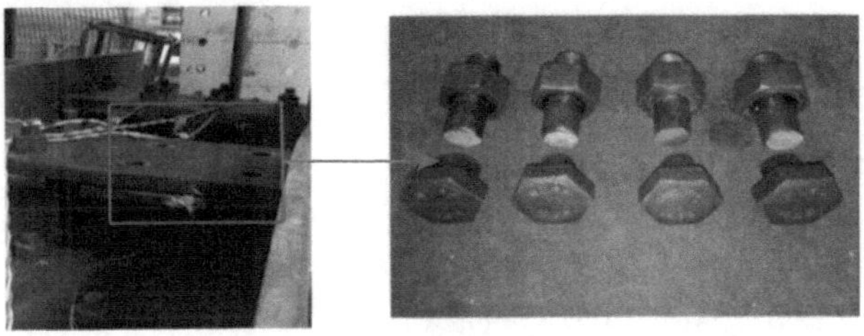

(a) 螺栓断裂图

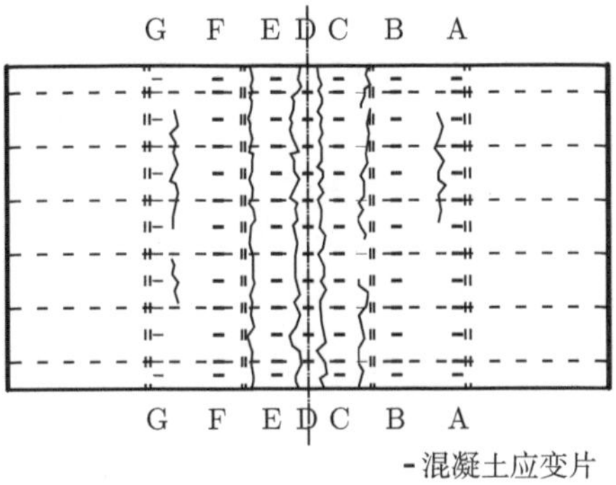

(b) STC表面裂缝分布

图 7.95　方案②试验现象

3. 试件跨中挠度

试件跨中挠度采用百分表测得，考虑支座位移的影响，最终绘制荷载–跨中挠度曲线如图 7.96 所示。

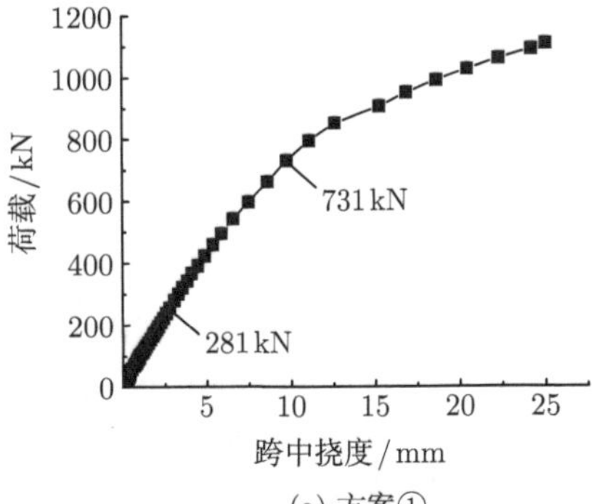

(a) 方案①

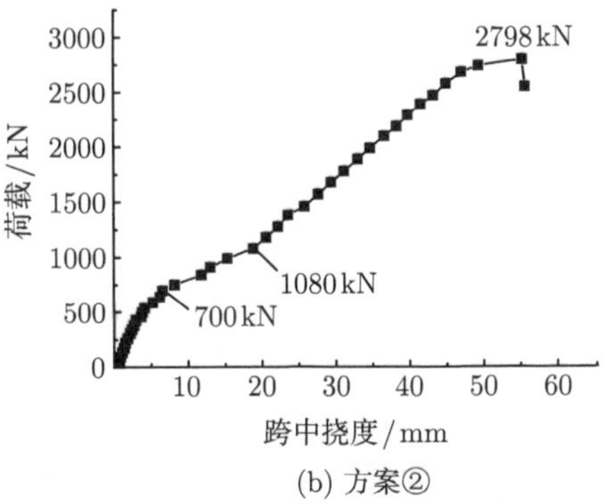

(b) 方案②

图 7.96　荷载–跨中挠度曲线

从图 7.96(a) 可以看出，方案①荷载在达到 281kN 之前，荷载–跨中挠度曲线基本呈线性，达到 281kN 时，曲线出现略微偏转，此时观测到 STC 表面出现第一条微裂缝，宽度 0.02mm；当荷载达到 731kN 时，荷载–跨中曲线出现较为明显的拐点，荷载–跨中挠度曲线逐渐进入非线性阶段，此时观察到 STC 层顶面多个截面出现细密的裂纹，最大裂缝宽度为 0.05mm。

从图 7.96(b) 可以看出，方案②加载到 500kN 时，由于 STC 的高韧性，此时的裂缝宽度为 0.03mm，并未达到 0.05mm，裂缝宽度发展缓慢且均匀。当荷载达到 700kN 时，方案②跨中荷载–跨中挠度曲线出现明显转折，此时 STC 表面裂缝宽度达到 0.05mm，试件整体刚度开始下降；同时螺栓滑移量不断增加，使得梁体挠度增加。从 500~700kN，由于 STC 层中的裂缝宽度很小 (0.03~0.05mm)，试件仅表现出轻微的非线性。当荷载达到 1080kN 时，螺栓滑移基本结束，此时 STC 最大裂缝宽度 0.2mm，此后荷载–跨中挠度曲线再次基本呈线性增长，但刚度比开始略微降低。随后进入破坏阶段，试件一侧螺栓被剪断，试件破坏。由于螺栓断裂突然，此时对应的荷载为 2900kN，但试验中未读到相应的位移数据。

4. STC 与钢板应变

方案①钢板和 STC 的荷载–应变曲线如图 7.97、图 7.98 所示，其中图 7.98 STC 应变数据取自试件跨中。

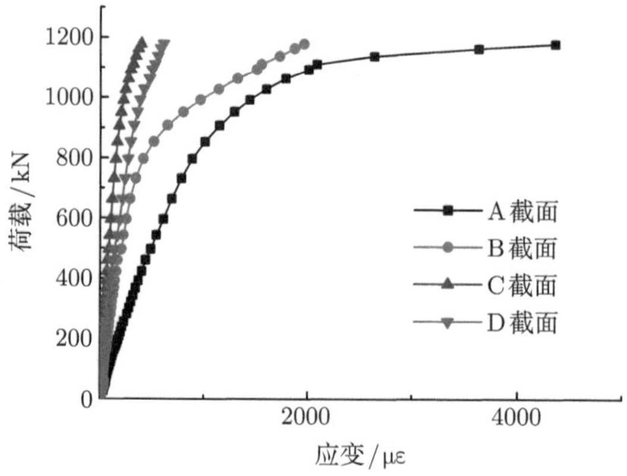

图 7.97　方案①钢板荷载–应变曲线

从方案①钢板的应变数据来看，A、B 截面应变大于 C、D 截面，因为倒 T 肋处截面刚度大于 U 肋截面，因此 U 肋处截面应变较倒 T 肋截面增长更快。随着荷载的增加，A 截面 (即 U 肋截面) 荷载–应变曲线呈明显的非线性增长。荷载达到 1163kN 时，U 肋底部外鼓，出现屈曲破坏，螺栓未出现明显的滑移。表明结构通过钢桥面的局部屈服来耗能、失效。换言之，螺栓带的 STC 过强，导致 STC 层自身裂缝数量很少、拉应变较低，结构失效时不能有效保护主梁结构，导致钢 U 肋先于螺栓带破坏。

从方案① STC 的应变数据来看，当加载至 281kN 时，跨中 STC 顶面出现第一条微裂缝，宽度为 0.02mm；当荷载达到 392kN 时，虽然 STC 表面已出现微裂纹，但 STC 仍处于弹性阶段；之后荷载–应变曲线出现拐点，刚度下降，STC 进入多元开裂阶段；此时多条裂缝均衡发展，发展速度缓慢，当荷载达到 906kN 时，最大裂缝宽度仅 0.07mm，之后 STC 进入裂缝破坏阶段。

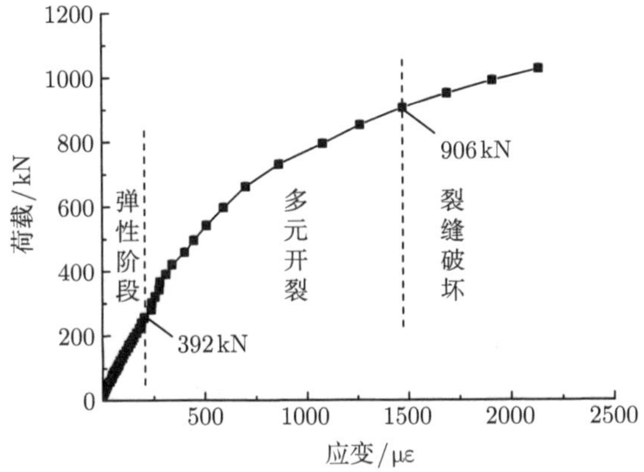

图 7.98　方案① STC 荷载–应变曲线

根据应变采集结果，由于 A 截面处于刚度突变部位，故 A 截面 U 肋底部压应力最大，主要关注 A 截面 U 肋是否屈服。图 7.99 是 U 肋编号的示意图，图 7.100 是 A 截面对应位置的应变结果。

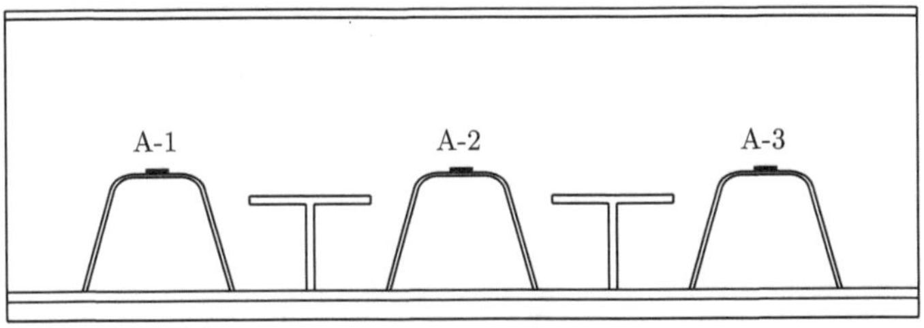

图 7.99　U 肋编号

从图 7.100 中可以看出，随着荷载增加，荷载–应变曲线呈线性发展，同时中间 U 肋应变大于两边 U 肋应变。说明钢 U 肋保持弹性，梁体未破坏。

图 7.101 示出了方案②中 STC 层 A~D 截面的荷载–应变曲线。

从图 7.101 中可以看出，在线性阶段，A 截面和 D 截面、B 截面和 C 截面的发展趋势基本吻合，因为根据计算换算截面特性，STC 开裂前，A、D 截面刚度基本相同，B、C 截面刚度基本相同。当荷载达到 330kN 时，A 截面和 D 截面均出现拐点，因为 A 截面和 D 截面均出现裂缝；从应变增长速度来看，C、D 截面在荷载达到 540kN 以后，应变相对于 A、B 截面有较大增长，因为 C、D 截面处于螺栓连接区域，该区域发生了螺栓滑移，使该区域 STC 更容易开裂。

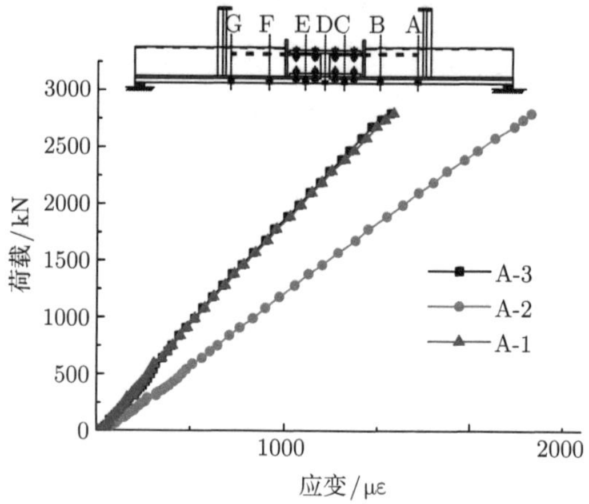

图 7.100　方案② A 截面 U 肋底部荷载–应变曲线

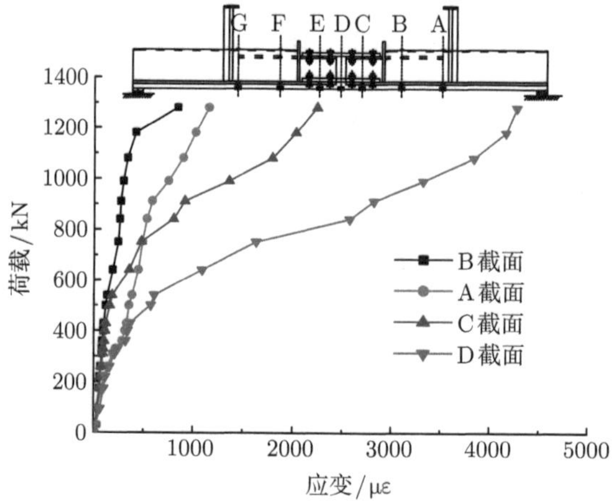

图 7.101　方案② STC 层 A~D 截面的荷载–应变曲线

7.4.3　有限元计算分析

7.4.3.1　试验有限元计算

1. 参数设置

采用 ABAQUS6.14/ Standard 建立了有限元模型。为了简化计算模型，仅取 1/2 模型进行有限元计算。材料参数取值如下：STC 弹性模量按实测取值 40GPa，泊松比 0.2，考虑材料非线性 [6]；钢材弹性模量 206GPa，泊松比 0.3，考虑材料非线性[14]；钢筋弹性模量 200GPa，泊松比 0.3，考虑弹塑性本构[15]；高强螺栓弹性模量 206GPa，泊松比 0.3，采用折线型本构[16]。打开大位移选项。各材料本构关系如图 7.102 所示。

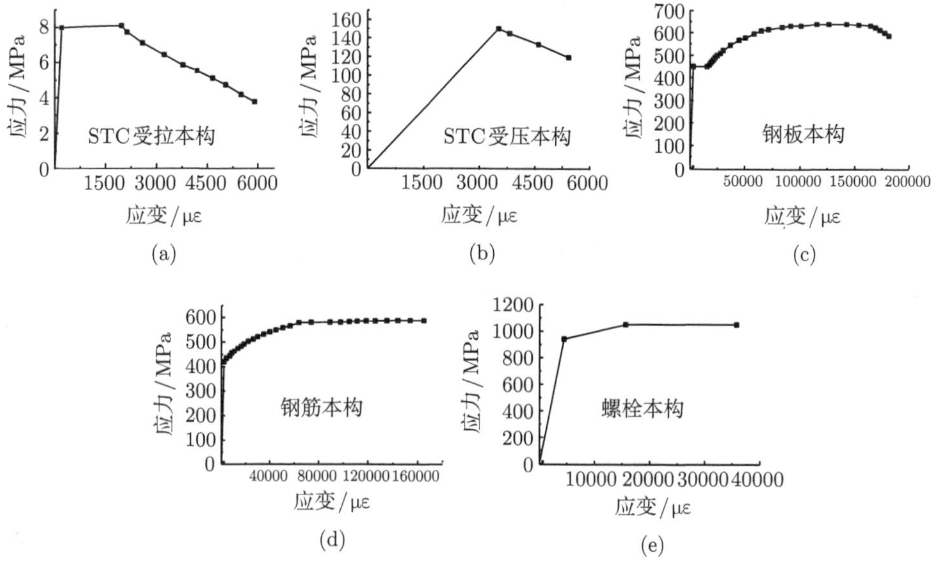

图 7.102 材料本构曲线

接触关系与边界条件处理：螺栓杆与螺孔内壁采用硬接触类型，螺帽与钢板之间、连接板与主体结构之间考虑摩擦，摩擦系数按照规范中钢丝清除浮锈取值 0.35[17]。钢筋与 STC 的接触关系采用嵌入 (Embeded) 方式模拟。有限元半结构模型如图 7.103 所示。

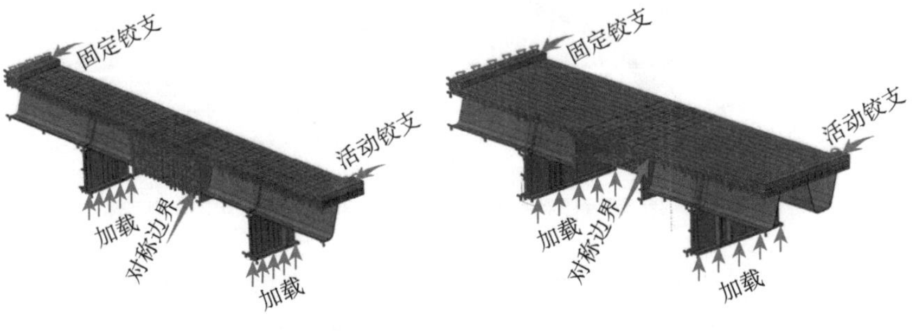

(a) 方案① (b) 方案②

图 7.103 ABAQUS 有限元半结构模型

模型采用位移加载的方式。摩擦型高强螺栓预紧力采用 ABAQUS 自带的 bolt load 功能进行添加。试验加载过程分为三步，首先施加高强螺栓预紧力，然后保持螺杆长度不变，最后正式加载。边界条件的设置与试验中保持一致，即试件一端采用固定支座，一端采用活动支座。

2. 试验值与有限元拟合

为了验证模型的准确性，将试验数据与有限元结果进行了对比，结果如下：通过图 7.104、图 7.105 可以看出，线性阶段方案①、②的试验值与模拟值基本吻合，非线性阶段略有偏差，主要由于螺孔与螺杆的间隙、加工误差、以及材料并非完全均质等原因的影响，总体来讲，拟合结果良好。

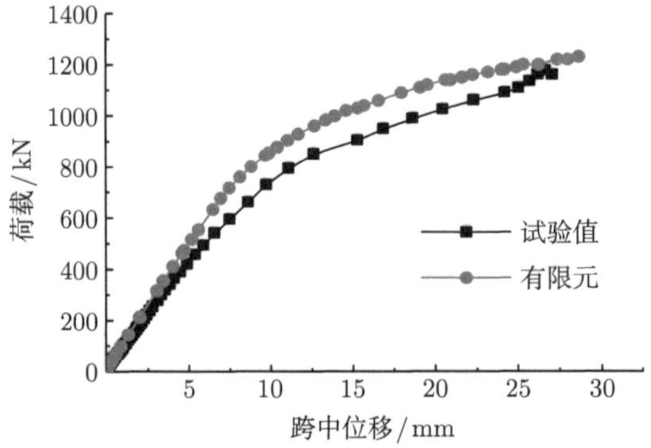

图 7.104　方案①荷载–跨中挠度曲线

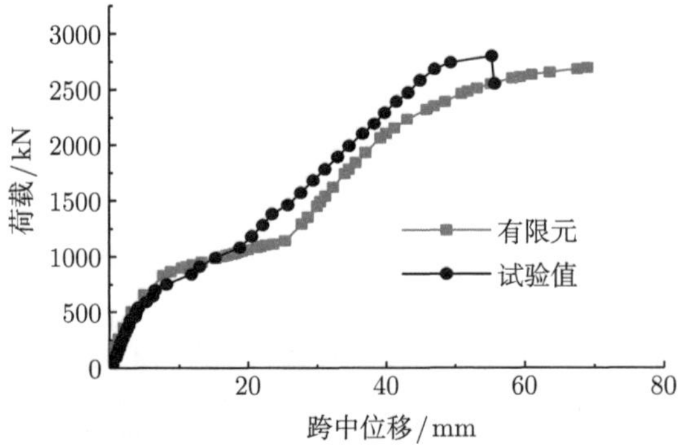

图 7.105　方案②荷载–跨中挠度曲线

3. STC 的名义开裂应力计算

通过上文对有限元模型的验证，说明了模型的准确性，现在进一步利用 ABAQUS 6.14-1 进行线弹性有限元分析，材料均不考虑非线性，并与 STC 荷载–应变曲线进行对比，得到两种方案的 STC 名义开裂应力。根据试验，把 STC 中的最大裂缝宽度达到 0.05mm 时的荷载定义为开裂荷载，试件 1、2 的开裂荷载分别为 731kN 和 700kN，根据荷载–应变曲线，得到开裂应力如图 7.106、图 7.107 所示。

其中图 7.106 试验曲线取自 F-F 截面 (开裂截面) 的结果，图 7.107 试验曲线取自跨中截面 (开裂截面) 的结果。

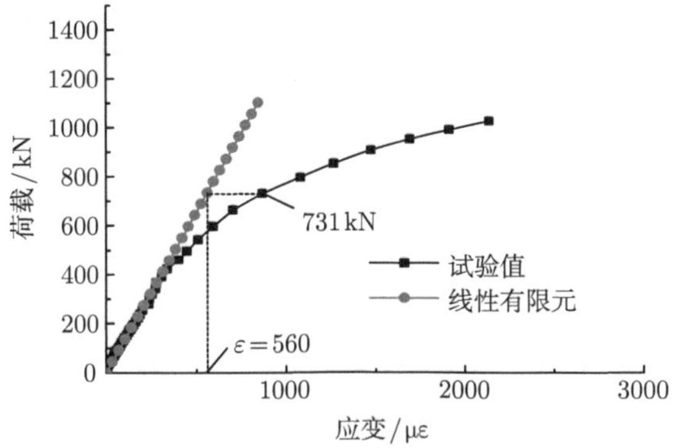

图 7.106 方案①荷载–应变曲线

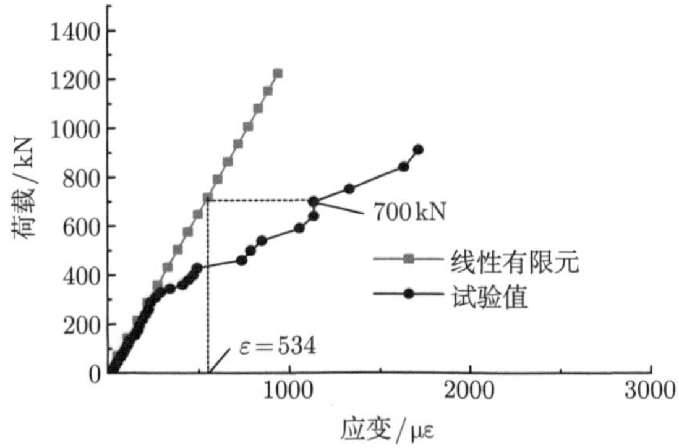

图 7.107 方案②荷载–应变曲线

从图 7.106 和图 7.107 中可以看出，当方案①和方案②达到开裂荷载时，对应的线性有限元 STC 应变分别为 560με、534με，对应的名义开裂应力分别为 22.4MPa 和 21.4MPa。相比而言，方案②的 STC 开裂应力略低于方案①。

7.4.3.2 STC 实桥有限元计算

1. 参数设置

为了分析该桥面连续结构在正常使用情况下的受力情况，建立了两跨整体有限元模型，用 ANSYS 17.0 有限元软件分析倒 T 肋连接处 STC 的应力状态。

先用三维 CAD 按照实桥跨径布置建立了两跨 58m+60m 简支桥面连续结构，如图 7.108 所示，钢箱梁、STC 均采用 shell63 单元，支座采用 combine14 单元，STC 与钢箱梁之间耦合所有自由度采用简支边界条件。图 7.109、图 7.110 示意了两种方案的倒 T 肋局部细节。钢材弹性模量取 206GPa，泊松比 0.3，线膨胀系数 1.2×10^{-5}；STC 弹性模量取 40GPa，泊松比 0.2，线膨胀系数 1.1×10^{-5}。

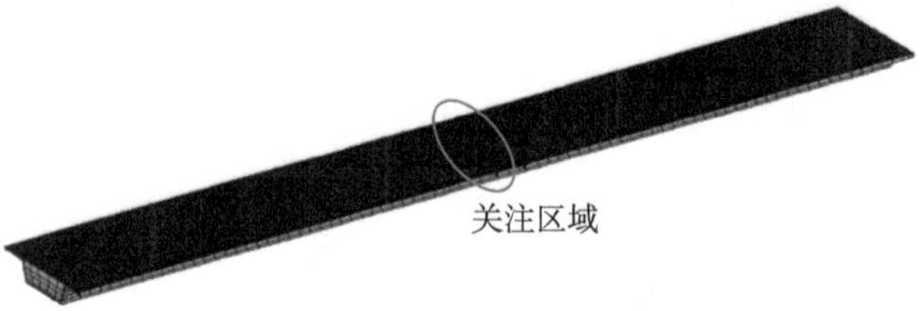

图 7.108　整体有限元模型

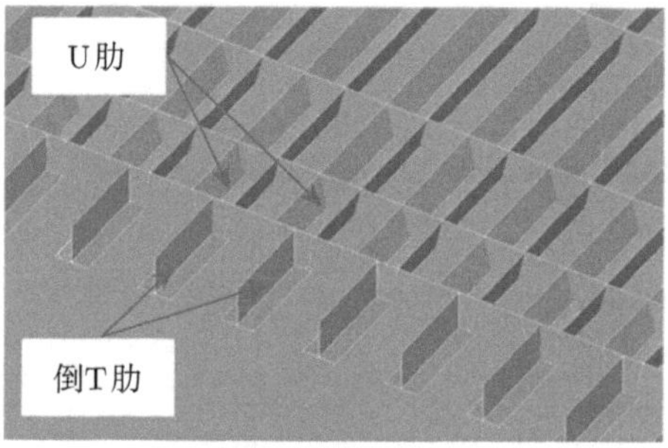

图 7.109　方案①的倒 T 肋局部细节

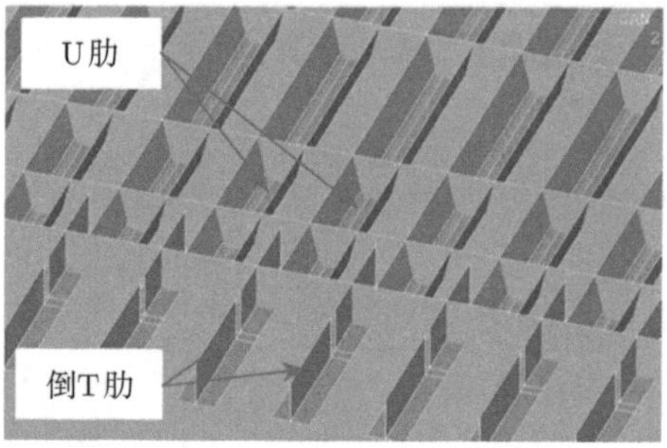

图 7.110　方案②的倒 T 肋局部细节

设计荷载取值如下：

整体计算考虑二期恒载、车道荷载、温度荷载。根据施工顺序，桥面连续部位的施工是在相邻两跨钢梁已吊装就位后进行的，此时两跨钢梁已承受结构自重荷载，所以 ANSYS 计算桥面连续处应力时，自重无须考虑。局部计算考虑车辆荷载，均按照《公路桥涵设计通用规范》(JTG D60-2015) 取值，考虑横向折减系数 0.67，以及冲击系数 1.3。

车道荷载中均布荷载按照实际车道位置施加均布力于 ANSYS 整体模型上，集中力施加于跨中位置。温度荷载采用整体升温 20°C 计算。桥面连续处 STC 层顶面拉应力整体计算结果云图如图 7.111 所示。

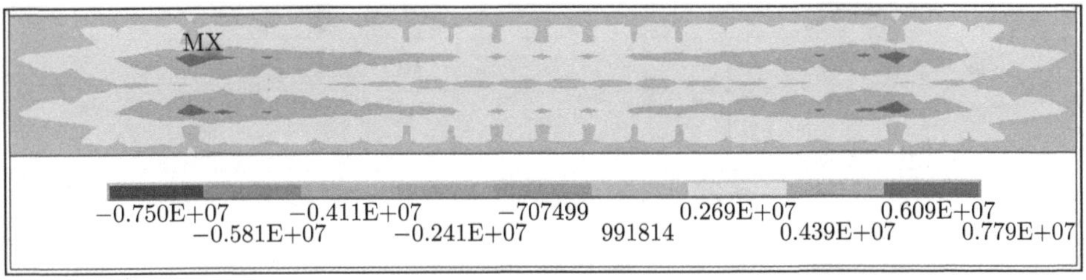

(a) 方案①

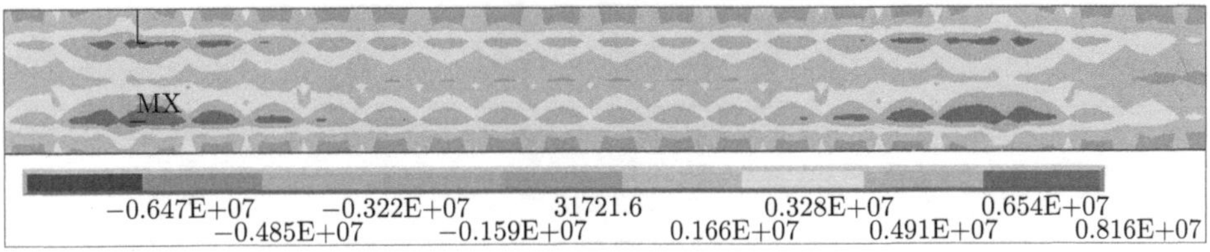

(b) 方案②

图 7.111　关注位置 STC 顶面顺桥向应力 (彩图请扫封底二维码)

2. 局部有限元计算

先截取 15m 对称节段模型，包括 2 对端隔板和 7 对普通横隔板，车辆加载以及关注位置取桥面连续处 STC，如图 7.112 所示。局部有限元采用与整体有限元相同的单元类型与耦合方式，由于模型端部远离加载区域，采用固定边界条件，桥面连续处采用 combine14 弹簧单元模拟支座。

车辆荷载加载位置的确定：拟定横向和纵向加载工况，如图 7.113(a)、(b)、(c) 所示，从中确定最不利的车辆荷载加载工况。

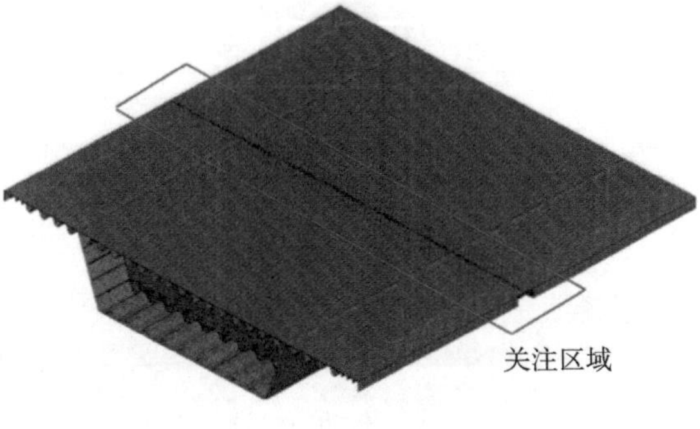

图 7.112　节段有限元模型

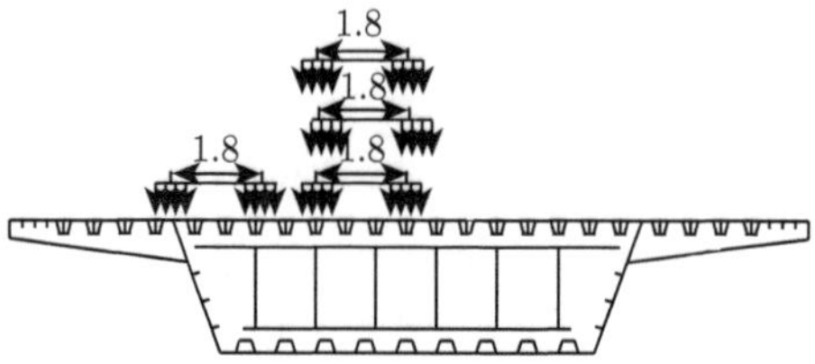

(a) 方案①横桥向

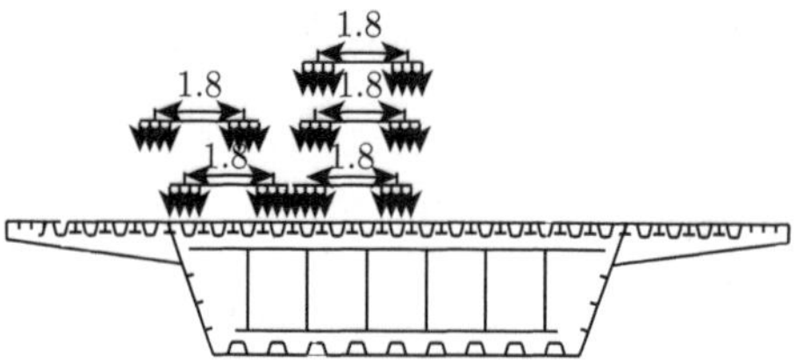

(b) 方案②横桥向

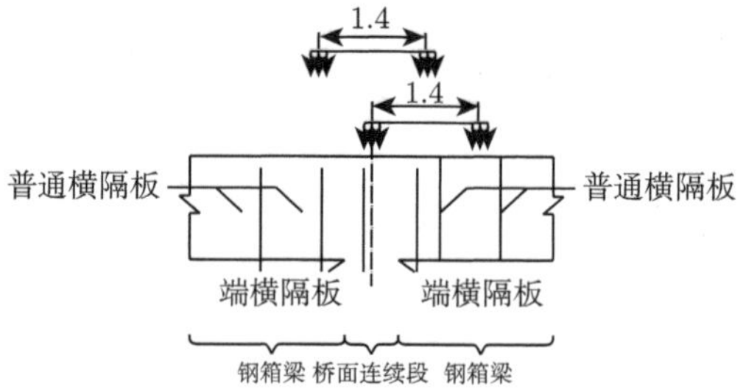

(c) 纵桥向

图 7.113　轮载布置图 (单位：m)

根据节段模型计算结果，两种方案当一侧轮载横向布置于靠近箱梁腹板处的两个倒 T 肋之间，纵向轮载直接作用于桥面连续处时，STC 层顶面出现最大拉应力。STC 顶面顺桥向应力云图如图 7.114(a)、(b) 所示。

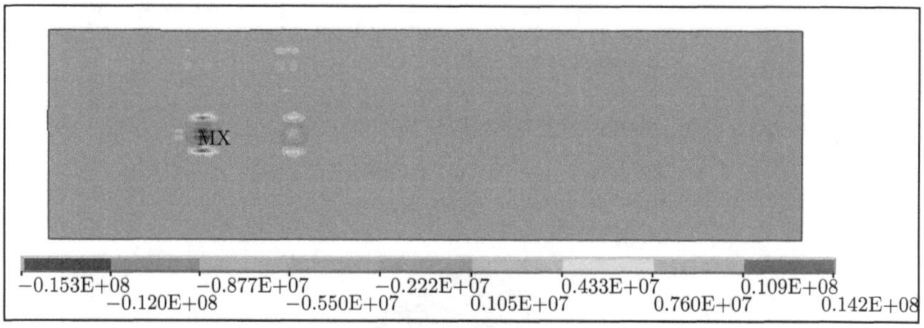

(a) 方案①

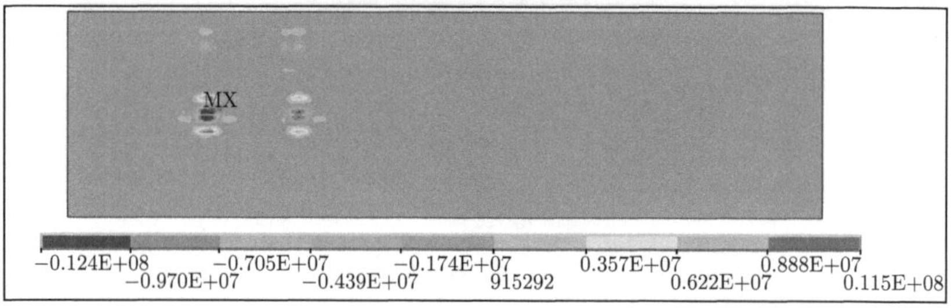

(b) 方案②

图 7.114　关注位置 STC 顶面纵桥向应力 (单位：Pa) (彩图请扫封底二维码)

3. 计算结果

取最不利荷载组合：整体计算 (二期恒载、车道荷载和温度荷载)+ 局部计算 (车辆轮载)，计算结果如表 7.5 所示：

表 7.5 有限元计算结果

	STC 顶面拉应力		
	整体/MPa	局部/MPa	合计/MPa
方案①	7.8	14.2	22.0
方案②	8.2	11.5	19.7

结合表中数据以及前文所述 STC 开裂应力，方案①试验开裂应力为 22.4MPa，试验值/设计值 =22.4/22.0=1.02；方案②试验开裂应力为 21.4MPa，试验值/设计值 =21.4/19.7≈1.09。因而方案①和方案②均满足正常使用极限状态设计要求，且方案②的安全储备略高于方案①。

7.4.3.3 承载能力计算

利用 MIDAS 2017 建立 58m+60m 两跨简支桥面连续结构杆系模型，考虑二期恒载和车辆活载，模型如图 7.115 所示。

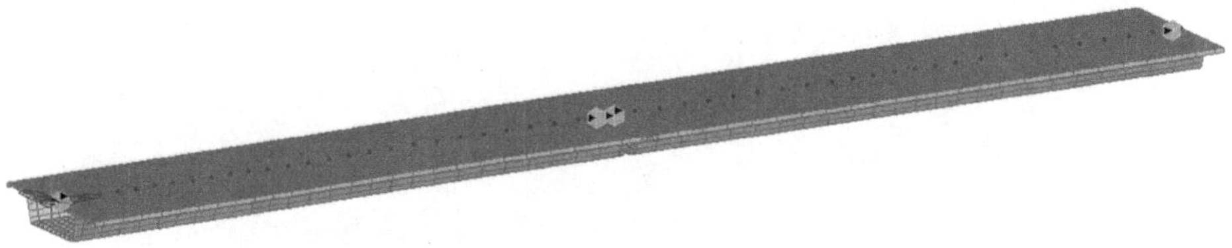

图 7.115 MIDAS 计算模型

通过计算方案①和方案②在荷载作用下，桥面连续部位的弯矩，并与试验得到的极限弯矩进行比较，以此来比较方案①和方案②的承重能力。计算结果如表 7.6 所示。表中“设计弯矩”是根据 MIDAS 整体计算结果均摊到每一个倒 T 肋上的值；而对于“试验抗弯承载力”，方案①是将试件中 U 肋达到屈服时的荷载乘以跨中断面的力臂得到的弯矩值，方案②的极限弯矩是试件中高强螺栓剪断时荷载乘以跨中断面的力臂得到的值。

表 7.6 承载力对比表 (1 个倒 T 肋)

方案	设计弯矩 M_d/(kN·m)	试验抗弯承载力 M_u/(kN·m)	安全系数 $M_\mathrm{u}/M_\mathrm{d}$
①	410.6	465.2	1.1
②	321.7	580	1.8

从表 7.6 中可以看出方案②的承载力安全系数远高于方案①，表明结构承载的安全储备更优。同时，试验现象表明，方案②能够在极限荷载下螺栓剪断，而梁体没有明显破坏现象，保护了梁体，且震后容易修复。因而作者认为方案②对用于跨断裂带桥梁保护主梁结构更具优势。

另外，本节计算中对比了不同方案的梁端转角，如表 7.7 所示。

表 7.7　不同方案的梁端转角对比

	桥面连续结构 (方案①)	桥面连续结构 (方案②)	原设计方案
最大转角/rad	0.0018	0.0019	0.0029

从表 7.7 可以看出，在相同设计荷载下，本节提出的两种方案梁端转角能力基本持平，其中方案①的梁端转角略小于方案②(差异约为 5%)，表明两者的转动刚度在一个水平。同时，两种方案的梁端转角均原小于简支梁小 (约降低 34%)，表明桥面连续结构可以显著提高梁端的转动刚度，从而明显改善大桥在正常使用状态的行车舒适性，避免桥头跳车等现象，同时该区域对桥面铺装的受力更有利。

方案②的极限承载力高，同时能够在极限荷载下螺栓剪断，而梁体没有明显破坏现象，保护了梁体，震后易修复。综合来看，方案②优于方案①。目前方案②已应用于海南海文跨海大桥引桥工程中，图 7.116 为现场施工完成后的桥面连续部位。

图 7.116　现场施工完成后的桥面连续部位

7.5　本 章 小 结

本章针对轻型组合桥面结构中的特殊构造进行了理论和试验研究，主要结论如下。

(1) 栓接钢桥节段间存在螺栓带，削弱了 STC 层的厚度，导致局部应力集中。为避免该区域成为轻型组合桥面结构受力的薄弱环节，提出了四种强化措施，试验结果表明，当采取方案③(部分钢筋与拼接钢板焊接) 或方案④(方案③+ 栓钉局部加密) 时，STC 层分别即将发生开裂前，其接头截面处 STC 层顶面的拉应变仅为一般截面处应变的 82%和 72%，这意味着一般区域先于接头区域开裂，表明方案③或方案④均可有效规避接头区域 STC 层过早开裂的风险，即设计计算中仅需对一般截面进行抗裂性验算，而无须再考虑螺栓连接区域对 STC 层抗裂性的影响。

(2) 为避免钢–混结合段出现开裂、渗水等病害，提出了 STC 延伸盖过钢–混界面的构造。有限元计算结果表明，STC 层作为结构层参与顶板的受力，可明显降低钢–混结合段钢顶板及上翼缘混凝土的应力值。在最不利正、负弯矩工况下，对结合面 1 钢顶板的降幅为 16.0%～16.8%，对结合面 2 混凝土顶板的降幅为 12.1%～12.6%，对结合段上部混凝土主应力的降幅为 15.4%～15.7%；在汽车局部轮载附近，负弯矩工况下，结合面 1 的纵桥向应力由 51.02 MPa 降至 29.52MPa，正弯矩工况下，结合面 1 的纵桥向应力由 23.98 MPa 降至 7.11MPa。对钢–混结合段下部的钢底板和混凝土的应力影响不大。

(3) 为避免强震区桥梁在地震作用下出现严重破损，提出了桥面连续构造，以确保地震作用时桥面连续构造破坏，从而有效保护桥梁主体结构，且便于震后快速修复。试验结果表明，从破坏模式来看，方案②和端隔板开孔方案、增加短肋方案均可以达到螺栓剪断的目的，同时 U 肋未屈服，即达到了保护箱梁主体结构的目的。从承载力来看，方案②和增加短肋方案的承载力相差不大，端隔板开孔方案最小，同时增加短肋方案，由于增加了短肋，提高了局部刚度，在相同荷载作用下，使跨中挠度较方案②略微增加。因此，综合比选，方案②更优。

参 考 文 献

[1] 邵旭东, 郭程, 曹君辉. 钢-STC 轻型组合桥面螺栓连接接头区域设计. 中国公路学报, 2019, 32(1): 57-66

[2] 郭程. 钢桥面螺栓连接区域受弯性能研究. 长沙: 湖南大学, 2017

[3] Makita T, Brühwiler E. Tensile fatigue behaviour of ultra-high performance fibre reinforced concrete (UHPFRC). Materials and Structures, 2014, 47: 475-491

[4] 过镇海, 时旭东. 钢筋混凝土原理和分析. 北京: 清华大学出版社, 2003

[5] 张哲. 钢–配筋 UHPC 组合桥面结构弯曲受拉性能研究. 长沙: 湖南大学, 2016

[6] 张哲, 邵旭东, 李文光, 等. 超高性能混凝土轴拉性能试验. 中国公路学报, 2015, 28(8): 50-58

[7] 刘笑天. ANSYS Workbench 结构工程高级应用. 北京: 中国水利水电出版社, 2015

[8] 中华人民共和国住房和城乡建设部. 钢结构高强度螺栓连接技术规程 (JGJ82). 北京: 中国建筑工业出版社，2011

[9] 杨进. 汕头礐石大桥主孔斜拉桥的开拓性技术成就. 桥梁建设, 2000, (3): 25-28

丁楠, 邵旭东. 轻型组合桥面板的疲劳性能研究. 土木工程学报, 2015, 48(1): 74-81

[10] 黄细军. 超高性能混合梁钢–混结合段受力性能有限元分析. 长沙: 湖南大学, 2016
[11] 周银东. 钢筒支梁螺栓连接桥面连续结构抗弯性能研究. 长沙: 湖南大学, 2018
[12] 邵旭东, 周银东, 曹君辉, 等. 钢筒支梁的新型桥面连续结构抗弯性能试验研究. 土木工程学报, 2019, 52(12): 80-92
[13] Rafiee J. Computer Modeling and Investigation on the Steel Corrosion in Cracked Ultra High Performance Concrete. Germany: Kassel University, 2012
[14] 石永久, 王萌, 王元清. 循环荷载作用下结构钢材本构关系试验研究. 建筑材料学报, 2012, 15(3): 293-300
[15] 张耀庭, 赵壁归, 李瑞鸽, 等. HRB400 钢筋单调拉伸及低周疲劳性能试验研究. 工程力学，2016, 33(4): 121-129
[16] 赵伟, 童根树. 加劲 T 形连接件有限元分析. 工业建筑, 2008, 38(6): 102-105
[17] 中华人民共和国住房和城乡建设部. 钢结构高强度螺栓连接技术规程 (JGJ82). 北京: 中国建筑工业出版社, 2011

第 8 章　STC-薄面层黏结性能及设计理论

8.1　本 章 概 述

超高性能轻型组合桥面体系由钢桥面系、STC 层和薄面层组合而成，见图 8.1。其中 STC 层为永久结构层，薄面层作为磨耗层，保护 STC 结构层免受行车磨损及外界环境因素的影响，同时提高行车舒适性。薄面层可选择改性沥青玛蹄脂碎石 (Stone Mastic Asphalt, SMA)、密级配改性沥青混凝土 (Asphalt Concrete, AC) 或聚合物混凝土薄面层 (Thin Polymer Overlay, TPO) 等满足使用要求的材料。相对于 AC 和 SMA 面层，TPO 主要有如下优势：厚度通常为 7~15mm，能有效减轻桥面自重；它具有高抗弯拉强度和抗压强度，能够提供长久的抗滑能力，且温度稳定性好、无车辙和推移破坏。服役寿命可达 12~20 年[1]。

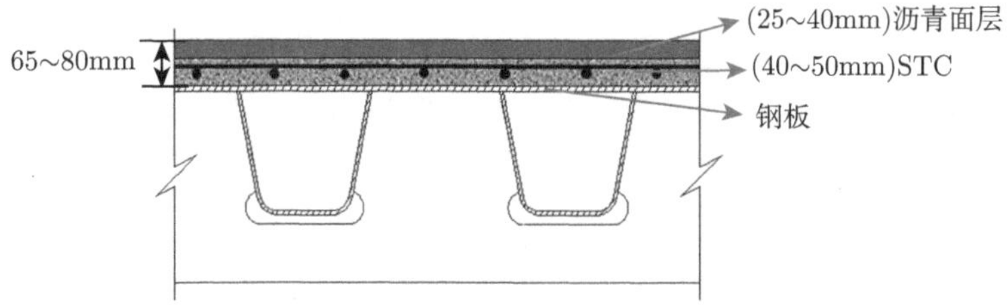

(a) Ⅰ型-薄型

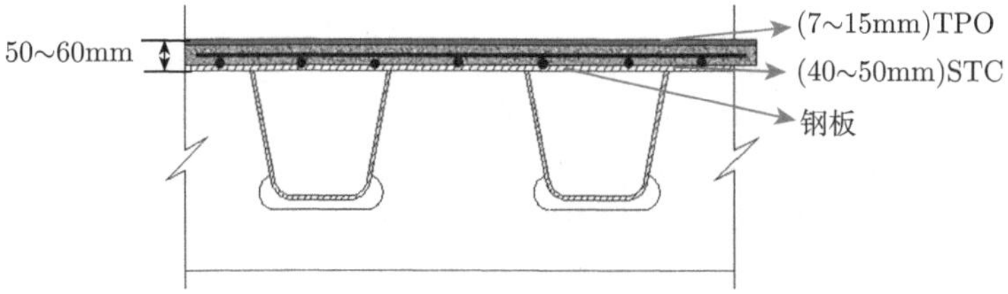

(b) Ⅱ型-超薄型

图 8.1　超高性能轻型组合桥面

沥青混凝土面层或聚合物混凝土铺面，既是 STC 保护层又是桥面结构的共同受力层，它作为一种特殊的铺面工程，其受力特点、路用性能要求等与普通柔性路面、复合式路面有相似之处但也存在很大的差别。薄面层直接铺筑在超高性能混凝土 STC 板上，其受力特点及使用环境较道路路面要复杂得多，原因在于：一是由于上、下层材料的弹性模量相差很大，STC 模量一般在 45000MPa 左右，而沥青面层的模量约为 1500MPa, TPO 模量为 7000MPa；二是下承层表面宏观纹理不足，STC 不含粗骨料，且高强致密；三是面层很薄，面层厚度约为 7~40mm。这些特点使得 STC 与面层层间界面成了轻型组合桥面结构的薄弱环节[2]。

研究表明，上下层间黏结的好坏对于传递竖向荷载及层间剪应力至关重要, 层间黏结力不足或失效会引起面层滑移、剥落等问题 (图 8.2), 同时也会诱发开裂、松散、拥抱、推移等病害的发生。一些其他的路面问题, 如早期疲劳破坏、自上而下的裂缝等也与层间黏结力不足有关[3]。

(a) 面层纵向滑移　(b) 面间横向滑移　(c) 层间剥落

图 8.2　层间典型病害

STC-薄面层层间牢固黏结是轻型组合桥面体系需要解决的关键技术之一。

8.2　薄　面　层

面层直接承受车轮荷载反复作用和各种自然因素影响，应具有平整密实、抗滑耐磨、稳定耐久的服务功能，同时也应具有良好的温度稳定性和抗老化性能。

超高性能轻型组合桥面为减轻恒载重量，采用薄面层，厚度为 7~40mm，它既起磨耗层作用，同时保护 STC 结构层免受行车磨损及外界环境因素的影响。

现行的薄面层材料通常采用沥青混合料，厚度为 25~40mm，如 SMA、AC、OGFC、Superpave 和 Novachip 等，使用寿命一般为 6 ~ 12 年。国外较早开展薄层聚合物铺面材料研究，美国在理论研究及长期实践应用的基础上，率先采用聚合物铺面材料，并制定了聚合物混凝土铺面规范与规程[4]。薄层聚合物铺面 TPO 是以改性树脂为胶结料，以坚硬耐磨玄武岩为集料的高效能结构材料，早期主要应用于水泥混凝土桥面的修复[5]，而后由于其良好的路用性能被广泛应用于美国 40 个州的各类桥梁铺面，如跨海大桥、公路桥梁、城市高架、FRP 桥梁、吊桥、隧道等[6]。

轻型组合桥面结构体系中, 薄面层一般采用两种类型材料: 沥青混凝土 (如 AC、SMA) 或薄层聚合物铺面 TPO。

8.2.1 沥青薄面层

沥青薄面层通常指改性沥青混凝土 AC 或沥青玛蹄脂碎石 SMA，厚度一般为 25~40mm。适用于大跨径、特大跨径钢桥的新建工程或改建工程。

轻型组合桥面对沥青面层本身没有特别要求, 参照《公路沥青路面设计规范》(JTG D50) 和《公路沥青路面施工技术规范》(JTG F40) 执行。

STC-沥青薄面层黏结层要求详见 8.3 节。

8.2.2 聚合物混凝土薄面层

TPO 是以环氧树脂为黏结料，以坚硬耐磨玄武岩为集料的高性能铺面结构。主流聚合物铺面采用层铺法，铺装厚度一般不足 10mm，在非机动车道区域甚至可减为 2~3mm，这对于一些恒载很敏感的桥梁而言具有重要的意义。

聚合物混凝土薄面层典型结构见图 8.3。

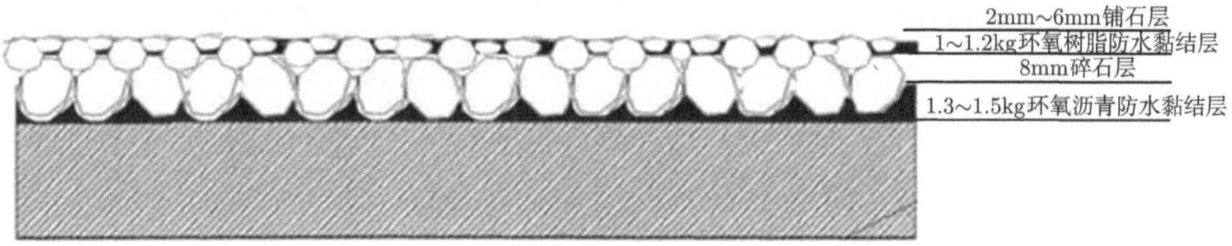

图 8.3 聚合物混凝土薄面层

8.2.2.1 树脂黏结料

树脂黏结料通常由 A、B 两组分构成，A 组分为树脂，B 组分为固化剂，A、B 组分按照一定的比例混合均匀，发生固化反应，通常现场搅拌后立即使用。目前作为薄面层的树脂材料主要有四种: 环氧树脂 (epoxy)、聚酯 (polyester)、甲基丙烯酸甲酯 (MMA)、聚氨酯环氧树脂 (epoxy urethane)。根据 AASHTO 技术规范[4]，树脂黏结材料技术参数如表 8.1 所示。

表 8.1 树脂黏结材料技术参数

	环氧树脂	聚酯	MMA	聚氨酯环氧树脂
黏度/(Pa·s)	7~25	1~5	10~25	35~70
凝胶时间/min	15~45	10~25	10~150	15~45
抗压强度 (带集料)/MPa	⩾ 34.4	⩾ 34.4	⩾ 34.4	⩾ 34.4
抗拉强度 (带集料)/MPa	13.8~34.4	13.8~34.4	13.8~34.4	15.2~34.4
延伸率/%	30~80	30~80	50~100	30~100
黏结强度/MPa	⩾ 1.7	⩾ 1.7	⩾ 1.7	⩾ 1.7
固化后收缩率/%	< 1	1~2	1~2	< 1
吸水率/%	< 1	< 1	< 1	< 1

《薄层聚合物桥面铺装使用指南》对上述四种聚合物薄面层长期性能，如抗滑性能、拉伸断裂强度、抗渗透性等进行了对比分析，如图 8.4 所示。

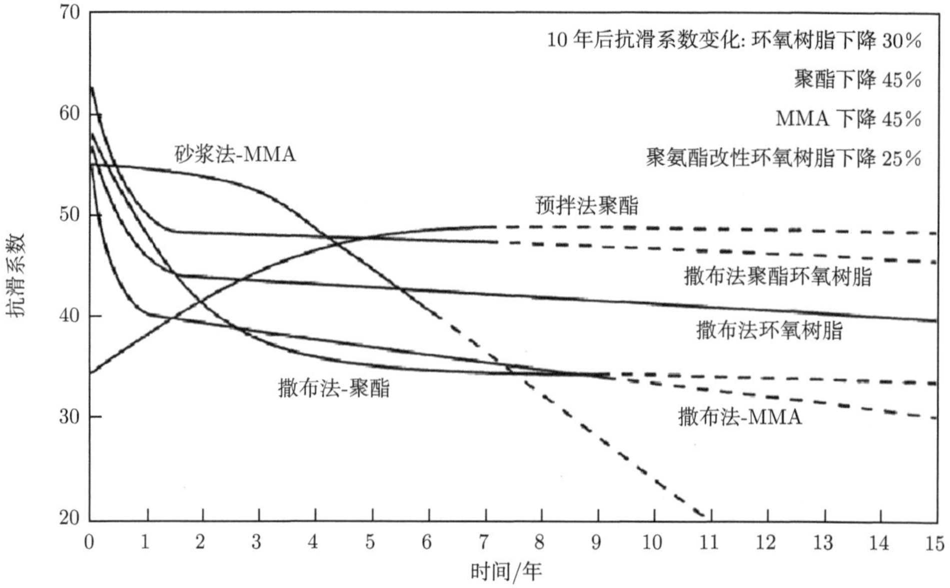

(a) 抗滑性能

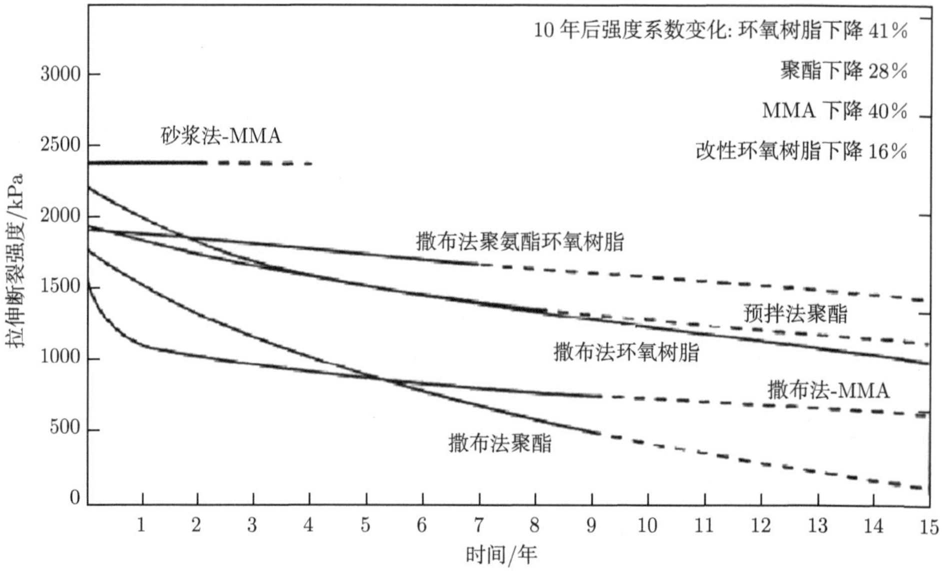

(b) 拉伸断裂强度

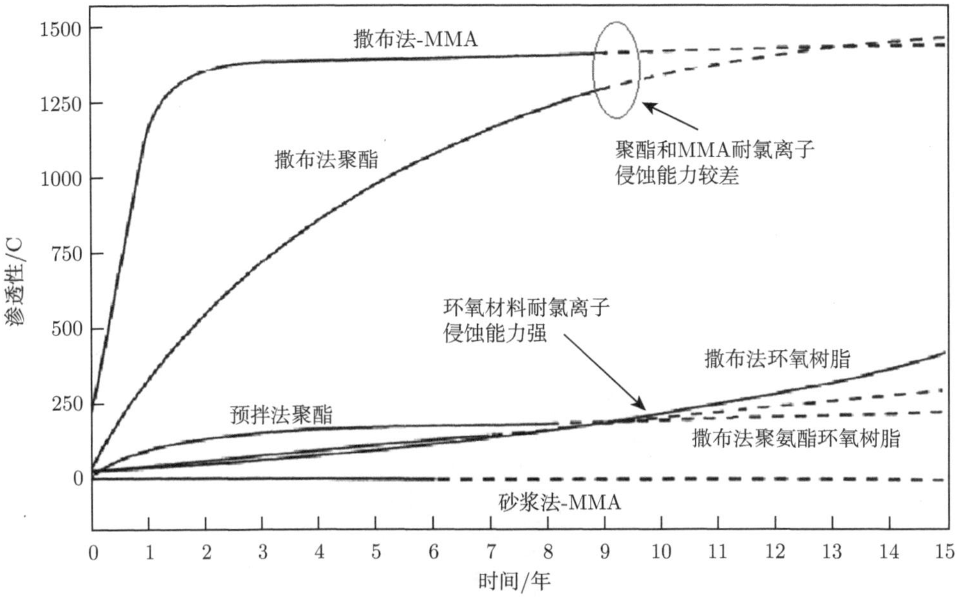

(c) 抗渗透性

图 8.4 薄层聚合物铺面长期性能

常用聚合物薄面层综合性能对比汇总见表 8.2。

表 8.2 聚合物薄面层综合性能对比

	环氧树脂	聚酯	MMA	聚氨酯环氧树脂
抗渗透性 (10 年后)	好	一般	较差	好
抗滑性能 (10 年后)	一般	一般	一般	较好
拉伸断裂强度	好	一般	较好	好
延伸率	较差	一般	好	好
黏结性能	好	较好	较好	好

由表 8.2 对比可知，与其他三种聚合物材料相比，聚氨酯环氧树脂薄面层在抗滑性能、拉伸断裂强度、抗渗透性等方面表现更为优异，因此，建议采用聚氨酯环氧树脂作为 TPO 黏结料。

聚氨酯环氧树脂是由弹性的氨酯分子和环氧分子结合而成的聚合物, 具有优良的柔韧性，即使低温环境也如此，其稳定的分子结构使得材料长久有效。它由 A、B 两种组分构成，A 组分为聚氨酯环氧树脂，B 组分为固化剂，A、B 组分的性质可参见表 8.3。

使用时按照配比要求将 A、B 组分混合，搅拌均匀后呈现透明琥珀色 (图 8.5)。

表 8.3　聚氨酯环氧树脂 A、B 组分的性质

	A 组分	B 组分	测试方法
外观	琥珀色	琥珀色	DOWM 101303
黏度	3.2~5.4Pa·s	0.15~0.3Pa·s	ASTM D445/ASTM D2983
密度	—	0.946~0.971g/mL	ISO 2811-2
胺值	—	7.55~8.15meq/g	ISO 9702
红外光谱相关性	> 95%	—	ASTM E1252
混合质量比	70%	30%	—
固化程度	完全	完全	—
产品保质期限	2 年	2 年	—

图 8.5　聚氨酯环氧树脂 (彩图请扫封底二维码)

A、B 组分混合后的性质可参见表 8.4。

表 8.4　聚氨酯环氧树脂 A、B 组分混合后的性质

技术指标	单位	技术要求	试验方法
颜色		透明，琥珀色	—
黏度	Pa·s	12~16	ASTM-D2393
凝结时间 ((23±2)°C)	min	15~45	AASHTO T237
凝结时间 (与集料混合) ((23±2)°C)	h	1.5	AASHTO T237
初凝时间 ((23±2)°C)	h	6	—
最终硬化时间 ((23±2)°C)	d	2~7	—

聚氨酯环氧树脂固化后的性质可参见表 8.5。

8.2.2.2　集料

TPO 的耐久性和表面抗滑性能主要取决于集料性质以及与树脂的黏结强度。薄面层对粗集料的技术要求高，其品质的好坏直接影响其路用性能及耐久性。由于 TPO 使用寿命可达 12~20 年，粗集料除应符合《公路沥青路面施工技术规范》(JTJF40) 表面层技术要求的规定外，部分指标应予以提高要求，参见表 8.6。

表 8.5 聚氨酯环氧树脂固化后的性质

技术指标	单位	技术要求	试验方法
对混凝土的黏附	%	100	ASTM D-4541
邵氏硬度	—	40～50	ASTM D2240-75
黏结强度 ((23±2)℃)	MPa	> 5	ASTM C882
(60℃)	MPa	⩾ 1.7	
抗压强度 ((23±2)℃)	MPa	48～62	ASTM C-109
抗拉强度 ((23±2)℃)	MPa	> 15	ASTM D638-82
延伸率 ((23±2)℃)	%	30±10	ASTM D638-82
吸水率	%	< 0.5	ASTM D-570
耐磨性 (CS-17 轮下 1000 次循环, 1000g)	mg	60～70	ASTM C-501
7d 低温弯曲蠕变总量	mm	> 0.165	California Test 419
屈服强度	MPa	> 34.4	ASTM D-790

表 8.6 粗集料技术指标及要求

技术指标	单位	技术要求	试验方法
石料压碎值	%	≯ 10	T 0316
洛杉矶磨耗损失	%	≯ 20	T 0317
磨光值	PSV	≮ 48	T 0321
吸水率	%	≯ 1.5	T 0304
坚固性	%	≯ 10	T 0314
针片状颗粒含量 (混合料)	%	≯ 5	T 0312
水洗法 < 0.075mm 颗粒含量	%	≯ 0.5	T 0310

TPO 通常选择具有高耐磨、硬度高的优质集料，如矾土、金刚砂、玄武岩等，集料级配可参见表 8.7 推荐值并取通过率的中值，级配曲线如图 8.6 所示。

表 8.7 集料级配

级配名称	不同筛孔孔径 (mm) 下的通过率/%			
	4.75	2.36	1.18	0.6
级配上限	100	75	5	1
级配下限	100	30	0	0

8.2.2.3 TPO *施工工艺*

TPO 通常采用层铺法或拌和法施工，参见图 8.7。

层铺法是将聚合物黏结料按一定用量涂抹在下承层表面，随后将一定级配的耐磨骨料撒布在黏结剂表面，经养生固化后，清除多余的骨料。层铺法可以单层或多层施工，以达到预期的设计厚度。层铺法常用厚度为 7～10mm。

拌和法与传统沥青类材料施工技术相似，即预先将聚合物黏结料和集料按一定配比搅拌均匀，然后按一定铺装厚度摊铺在下承层表面。由于聚合物黏结料的性能不同于沥青材料，不能使用传统的沥青摊铺机作业，一般仍是采用小型搅拌桨和搅拌桶，再经人工摊铺。摊铺后，补撒集料，确保表面无湿点存在。拌和法常用厚度为 10~20mm。

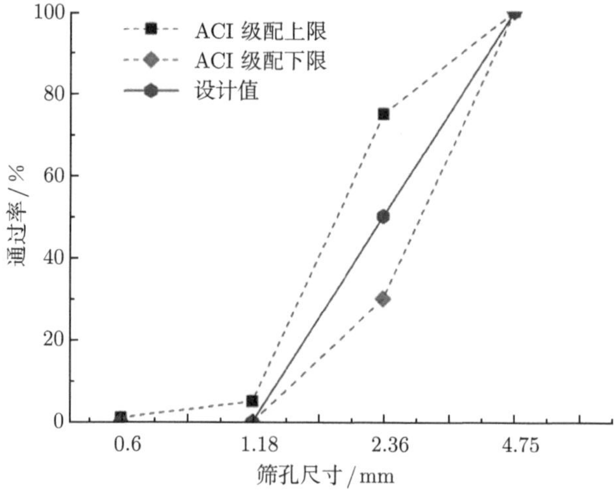

图 8.6　级配曲线图

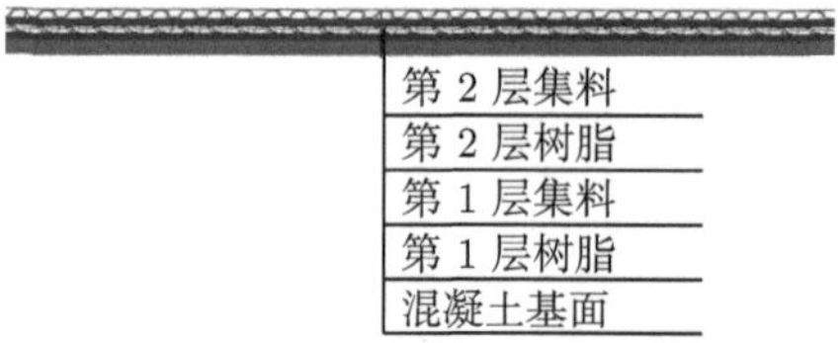

(a) 层铺法

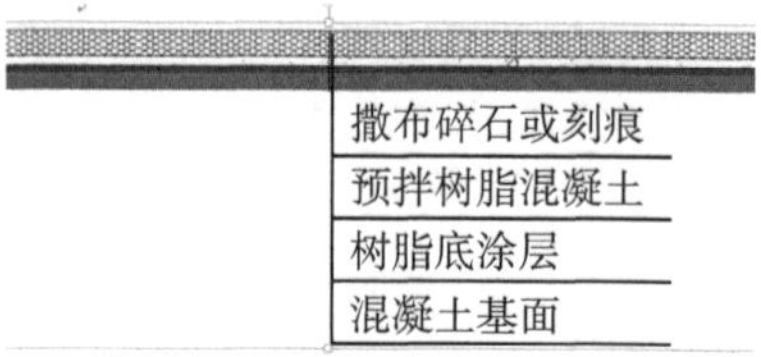

(b) 拌和法

图 8.7　TPO 典型结构

超高性能轻型组合桥面 TPO 面层宜采用层铺法，铺面厚度可通过不同树脂用量、摊铺层数及撒布骨料量控制。

TPO 可采用人工铺筑或机械铺筑 (图 8.8)。

(a) 人工铺筑

(b) 机械铺筑

图 8.8 TPO 施工

施工工艺如下: ① 底层喷丸处理，② 涂刷树脂, ③ 撒布集料或摊铺混合料，④ 压实成型。

8.3 黏 结 层

黏结层是为加强面层与 STC 层之间的黏结而洒布的黏结材料薄层, 其作用是使 STC-薄面层完全黏结，形成整体。

STC 为水泥基材料, 但组分中不含粗骨料，表面宏观纹理不如普通混凝土，另外，薄面层与 STC 之间剪应力、拉应力较大。因此，STC 与薄面层之间必须采用性能优良的黏结层，其黏结材料应满足以下要求：① 具备较强的黏结力，保证 STC-薄面层之间长久的有效黏结；② 具备较强的变形适应能力，以满足铺面结构因荷载作用和温度应力等而发生的形变；③ 具备良好的高温及低温性能，在工作区温度范围内保持稳定的力学性能；④ 足够的耐久性能；⑤ 方便施工，且具备抗施工损伤能力。

黏结层材料的性质主要取决于材料本身的黏度、用量及与上下层材料的黏结作用。

8.3.1 STC-沥青薄面层

STC-薄面层之间必须设置黏结层，黏结层材料宜采用 SBS 改性沥青、高黏高弹沥青、环氧沥青和改性环氧树脂等。

1. SBS 改性沥青

SBS 是一种热塑性弹性体，将 SBS (sryrene-butadiene-sryrene block copolymer，苯乙烯–丁二烯–苯乙烯) 嵌段共聚物掺入基质沥青中，其高劲度的聚苯乙烯 “节点” 及超韧性的聚丁二烯 “链” 形成三维网状结构，大大增强了沥青的低温变形能力及耐高温性能，使得 SBS 改性沥青具有良好的力学特性，较好的温度稳定性和弹性恢复性能[7]。

SBS 改性沥青应符合现行《公路沥青路面施工技术规范》(JTG F40) 的有关规定，并应结合工程特点和当地经验确定原材料性质要求和添加剂要求。SBS 改性沥青黏结层技术指标建议值见表 8.8。

表 8.8　SBS 改性沥青黏结层技术指标建议值

技术指标		单位	技术要求	试验方法
针入度 (25°C, 100g, 5s)		0.1mm	50~80	T 0604
延度 (5°C，5cm/min)		cm	⩾ 30	T 0605
软化点 (环球法)		°C	⩾ 85	T 0606
运动黏度，135°C		Pa·S	⩽ 3	T 0625
溶解度		%	⩾ 99	T 0607
弹性恢复 (25°C)		%	⩾ 90	T 0662
TF0T 或 RTFOT 后残留物	质量变化	%	−1.0 ~ 1.0	T 0610
	针入度比 ((23±2)°C)	%	⩾ 70	T 0604
	延度 (5°C，5cm/min)	cm	⩾ 20	T 0605
复合试件剪切强度	(23±2)°C	MPa	⩾ 0.80	45° 斜剪试验
	60°C	MPa	⩾ 0.35	
附着力拉拔强度 (与 STC)	(23±2)°C	MPa	⩾ 0.60	拉拔头圆形 (直径 50mm)、正方形 (边长 50mm) 均可
	60°C	MPa	⩾ 0.20	
抗冻性		−20 ~20°C冻融循环20 次不开裂		JT-T535-2004
耐腐蚀性 ((23±2)°C)		$Ca(OH)_2$ 中浸泡 15d	无异常	GB/T16777-2008
		3% 盐水浸泡 15d	无异常	
抗硌破		轮碾机碾压 50 次	不穿孔	/

2. 高黏高弹沥青

基质沥青中掺入高黏度添加剂、稳定剂等，以增强沥青绝对黏度及弹性恢复性能。高黏高弹沥青具有较高的黏度、黏韧性和韧性，特别是在高温条件下仍具有较好的黏度，同时也具有一定的变形能力，能够适应车辆荷载下局部变形而引起的拉应力的反复作用。

高黏高弹沥青技术要求应符合现行《高黏高弹道路沥青》(GBT 30516-2014) 的有关规定，并应结合工程特点和当地经验确定原材料性质要求和添加剂要求。高黏高弹沥青黏结层技术指标建议值见表 8.9。

3. 环氧沥青

环氧沥青是一种由环氧树脂、固化剂与基质沥青经复杂的化学改性所得到的混合物。环氧树脂加入到沥青中，经与固化剂发生固化反应，形成不可逆的三维立体互穿网络结构，沥青被束缚在交联网络中，高温时沥青无法流动，低温时沥青的抗裂性也得到提高，从而改变了沥青所固有的热塑性行为。环氧沥青兼具沥青和环氧树脂两种材料的特点，具有较高的强度和黏结力、温度稳定性好、抗疲劳性能优良。

表 8.9 高黏高弹沥青黏结层技术指标建议值

	技术指标	单位	技术要求	试验方法
	针入度 (25°C，100g，5s)	1/10mm	40～80	GB/T 0604
	延度 (5cm/min，5°C)	cm	≮ 40	GB/T 0605
	软化点 (环球法)	°C	≮ 75	GB/T 0606
	黏度 (60°C)	mm^2/s	≮ 20000	SH/T 0557
	弹性恢复 ((23±2)°C)	%	≮ 85	SH/T 0737
	离析 (软化点差)	°C	≯ 2.5	SH/T 0740
薄膜烘箱试验 (163°C，5h)	质量损失	%	≯ 1.0	GB/T 5304
	针入度比 ((23±2)°C)	%	≮ 70	GB/T 4509
	延度 (5°C)	cm	≮ 30	
复合件剪切强度	(23±2)°C	MPa	⩾ 0.80	45° 斜剪试验
	60°C	MPa	⩾ 0.35	
附着力拉拔强度 (与 STC)	(23±2)°C	MPa	⩾ 0.60	碳纤维黏结强度检测仪
	60°C	MPa	⩾ 0.15	
抗冻性	−20 ～20°C冻融循环		20 次不开裂	JT-T535-2004
耐腐蚀性 ((23±2)°C)	$Ca(OH)_2$ 中浸泡 15d		无异常	GB/T16777-2008
	3% 盐水浸泡 15d		无异常	
抗硌破	轮碾机碾压 50 次		不穿孔	/

环氧沥青一般包含 A、B 两组分，组分 A 是环氧树脂，组分 B 是一种由石油沥青和固化剂等组成的匀质合成物。目前我国所采用的环氧沥青主要有美国产、日本产和我国自产 3 种。

美国 ChemCo Systems 公司环氧沥青黏结层由组分 A(环氧树脂) 和组分 B(石油沥青和固化剂等) 混合而成。组分 A 技术指标要求见表 8.10。

表 8.10 组分 A 技术指标要求

技术指标	单位	技术要求	试验方法
黏度 (23°C)	Pa·s	11～15	ASTM D 445
环氧当量	克/当量	185～192	ASTM D 1652
颜色	—	⩽ 4	ASTM D 1544
含水量最高值	%	⩽ 0.05	ASTM D 1744
闪点	°C	⩾ 200	ASTM D 92
比重 (23°C)	—	1.16～1.17	ASTM D 1475
外观	—	透明琥珀状	目视

组分 B 是一种由石油沥青和环氧树脂固化剂组成的匀质合成物。其技术指标要求见表 8.11。

表 8.11　组分 B 技术指标要求

技术指标	单位	技术要求	试验方法
黏度最低值	Pa·s	⩾ 680	ASTM D 445
比重 (23℃)	—	0.98～1.02	ASTM D 1476
颜色	—	黑色	目视
酸值	mg KOH/g	87～109	ASTM 664
闪点	℃	250	ASTM D 92

A、B 组分按比例混合并固化后得到的环氧沥青黏结层技术性能见表 8.12。

表 8.12　环氧沥青黏结层技术性能 (固化后)

技术指标	单位	技术要求	试验方法
组分 A/B 重量比	—	100/296	—
抗拉强度 (23℃)	MPa	⩾ 9.65	ASTM D 638
断裂延伸率 (23℃)	%	⩾ 185	ASTM D 638
黏度增至 1Pa.s 的时间 (121℃)	min	⩾ 20	见检验
热固性 (300℃)	—	不融化	—

环氧沥青的物理力学性质主要取决于环氧树脂和固化剂的种类与性质，以及它们与沥青为配合比例。由于各种品牌环氧沥青性能不尽相同、工程要求也不同，环氧沥青用量及技术要求也有所差异。

轻型组合桥面体系中环氧沥青黏结层技术指标建议值见表 8.13。

表 8.13　环氧沥青黏结层技术指标建议值 (固化后)

技术指标		单位	技术要求	试验方法
外观		—	色泽均匀	GB/T 16777—2008
拉伸强度 ((23 ± 2)℃)		MPa	⩾ 2.0	
断裂延伸率 ((23 ± 2)℃)		%	⩾ 100	
不透水性 (0.3MPa，30min)		—	不渗水	
柔韧性 ((−20±2)℃)		—	无裂纹	JC/T 408—2005
耐热性 ((165±2)℃)		—	不流淌，不滑动	JC/T 408—2005
复合件剪切强度	(23 ± 2)℃	MPa	⩾ 0.80	45° 斜剪试验
	60℃	MPa	⩾ 0.50	
附着力拉拔强度 (与 STC)	(23±2)℃	MPa	⩾ 1.00	拉拔头圆形 (直径 50mm)、正方形 (边长 50mm) 均可
	60℃	MPa	⩾ 0.40	
抗冻性	−20 ～20℃冻融循环	—	20 次不开裂	JT-T535—2004
耐腐蚀性 (20℃)	$Ca(OH)_2$ 中浸泡 15d	—	无异常	GB/T 16777—2008
	3% 盐水浸泡 15d	—	无异常	
抗硌破	轮碾机碾压 30 次	—	不穿孔	/

4. 改性环氧树脂

环氧树脂黏结层按照化学反应发生过程分为普通型环氧树脂和二次固化环氧树脂。与普通型环氧树脂不同，二次固化环氧树脂最大的特点是具有分两次固化的特性，即环氧树脂 A 组分、B 组分混合均匀，喷洒或涂刷后，养生一定时间初步固化，在高温作用下，树脂胶膜发生熔化，随后发生二次固化，形成牢固的黏结作用。

二次固化改性环氧树脂是针对沥青铺装开发的专用环氧黏层材料，其固化作用贯穿于沥青面层整个施工过程中。首先将它涂刷在 STC 表面，常温 48h 左右达到表干，然后摊铺热拌沥青混合料，高温铺筑面层促使黏层材料迅速软化，两者相互胶凝，通过碾压后发挥黏接作用，铺设的热铺沥青混合料进一步提高 STC-SMA 层间黏结性能。

某品牌二次固化改性环氧树脂 A、B 组分技术要求见表 8.14；A、B 组分混合后性能见表 8.15。

表 8.14 二次固化改性环氧树脂 A、B 组分技术要求

项目	A 组分	B 组分
颜色	琥珀色	琥珀色
混合比 (重量)	100	80
固含量	100%	100%
储存期	2 年	2 年

表 8.15 二次固化改性环氧树脂 A、B 组分混合后性能 (固化后)

技术指标		单位	技术要求	试验方法
颜色			琥珀色	
表干时间 (25℃)		h	16	
完全固化时间 (25℃)		h	48~168	
低温柔度 (−20℃)		/	无裂纹	JC/T 975—2005
耐热性 (160℃)		/	不流淌，不滑动	JC/T 975—2005
黏结强度	25℃	MPa	> 3	GB/T 16777—2008
	60℃	MPa	> 1.5	
拉伸强度	23℃	MPa	> 3	JC/T 975—2005
	−10℃	MPa	> 5	
断裂延伸率	23℃	%	> 260	JC/T 975—2005
	−10℃	%	> 100	

对 STC-沥青面层而言，改性环氧树脂黏结层技术指标建议值见表 8.16。

表 8.16 改性环氧树脂黏结层技术指标建议值 (固化后)

技术指标		单位	技术要求	试验方法
AB 组分混合后/颜色		—	透明	目测
AB 组分混合后/表干时间		h	≤ 48	不黏手
开放交通时间		h	48~72	/
柔韧性 ((−20 ± 2)℃)		/	无裂纹	JC/T 408—2005
耐热性 ((160±2)℃)		/	不流淌，不滑动	JC/T 408—2005
复合件剪切强度	(23±2)℃	MPa	≥ 1.60	45° 斜剪试验
	60℃	MPa	≥ 0.80	
附着力拉拔强度 (与 STC)	(23±2)℃	MPa	≥ 2.00	拉拔头圆形 (直径 50mm)、正方形 (边长 50mm) 均可
	60℃	MPa	≥ 1.00	
抗冻性	−20 ~20℃冻融循环	—	20 次不开裂	JT-T 535—2004
耐腐蚀性 (20℃)	$Ca(OH)_2$ 中浸泡 15d	—	无异常	GB/T 16777—2008
	3% 盐水浸泡 15d	—	无异常	
抗硌破	轮碾机碾压 30 次	—	不穿孔	/

8.3.2 STC-TPO

STC-TPO 黏结层材料宜采用与 TPO 黏结料相同的聚氨酯环氧树脂，其技术要求参见表 8.5。

8.4 STC 表面糙化处理

为保证 STC-薄面层实现良好的应力传递和协同受力，界面糙化处理及黏结层材料的选择至关重要。STC-薄面层层间黏结性能主要取决于两方面：一是下承层 STC 表面粗糙纹理提供的层间摩阻力，二是黏结层材料本身提供的与 STC 及薄面层的黏结力。由于 STC 组分中无粗骨料且表面致密高强，除选择性能优良的黏结层材料之外，还需要通过对 STC 板进行糙化处理，增加其表面的宏观构造和微观纹理，以达到提高层间黏结性能的目的[8]。

8.4.1 表面糙化

普通混凝土表面糙化处理方法有刻槽、拉毛、酸蚀法、高压水冲毛、洗刨等。由于 STC 钢纤维含量高、抗压强度是普通混凝土的 4 倍，且不含粗骨料，故以上方法大多不可行。研究初期曾采用硬刻槽法对 STC 表面进行处理，但由于刻槽深度约需 3~4mm，间距 7~10mm，将降低钢筋保护层厚度；虽可通过增加 STC 厚度弥补，但不是一种理想的解决方案，况且之后更换旧面层时，要对原刻槽进行清理或重新刻槽，存在进一步破坏 STC 结构层的风险。刻槽虽然制造了接触面宏观构造，可以强化层间机械咬合力的作用，但对薄层 STC 造成损伤；抛丸工艺在提高接触面宏观纹理的同时也大大改善了微观纹理构造，且对薄层 STC 损伤较小。

由于 STC 为永久结构层，其厚度仅为 40 ~ 50mm，因此建议采用抛丸、嵌石等对 STC 层损伤较小的糙面工艺。

8.4.2 STC-沥青面层复合试件试验研究

通过室内试验，探讨 STC 表面抛丸、嵌石及温度等因素对 STC-沥青面层层间黏结性能的影响，分析不同糙面方式的破坏特征。采用抗剪强度和黏结强度来共同评价层间黏结性能。

8.4.2.1 原材料

STC 基体组成成分包括水泥、硅灰、石英砂、高效减水剂和水，配合比见表 8.17，钢纤维掺量按体积比 3.5%掺入。沥青面层采用 AC-13，主要包括 SBS 改性沥青、玄武岩碎石、机制砂、水泥等，油石比 5.2%。黏结层采用 SBS 改性乳化沥青，技术指标如表 8.18 所示。

表 8.17 STC 基材配合比

组分	水泥	硅灰	石英砂	石英粉	减水剂	水
质量比	1.000	0.250	1.100	0.300	0.019	0.225

表 8.18 SBS 改性乳化沥青技术指标

技术指标		检测结果	技术要求
筛上剩余量 (1.18)，不大于/%		0.07	0.1
微粒子电荷阳 (+)		+	+
黏度	恩格拉黏度 E_{25}	4.7	1~10
	标准黏度 $C_{25.3}$	12.6	8~25
常温储稳定性	1d，不大于/%	0.8	1
	5d，不大于/%	—	5
蒸发残留物	残留物含量，不小于/%	51.5	50
	针入度 ((23±2)°C)/(0.1mm)	67	40~120
	延度 (5°C)，不小于/cm	65	20

8.4.2.2 试件制备

复合试件的制作流程见图 8.9，说明如下：(1) 制备 8 块 STC 板，板长 300mm、宽 300mm、高 35mm。分成两组，其中 1#~4#进行抛丸处理、5#~8#进行嵌石处理。

(a) 抛丸处理　(b) 涂刷黏层　(c) 黏层涂抹完成

(d) 养护 24h 后　(e) 成型复合试板　(f) STC-AC复合试板

图 8.9　STC-沥青面层复合试件制作

(2a) 抛丸工艺为：试板浇筑成型后，在室内环境下自然养护 48h，待 STC 终凝后，拆模并进行蒸汽养护 48h，养护温度控制 90~100℃；待试件自然晾干后，清理 STC 层表面浮浆，用压缩空气吹净表面浮尘，随后进行表面抛丸。专用抛丸机型号 SG-2-550，钢丸直径 1.4mm，机器行走速度 6m/min (以下简称: 抛丸 1) 或 4m/min(以下简称: 抛丸 2)，经测定表面构造深度分别为 0.54mm 和 0.58mm，见图 8.10。

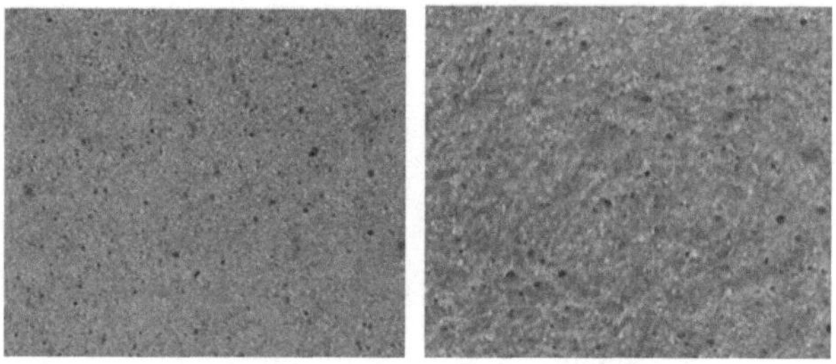

(a) 抛丸1　(b) 抛丸2

图 8.10　STC 表面抛丸处理

(2b) 嵌石处理是将裹覆有高强砂浆料的 4.75~9.5mm 石英石压入未初凝的 STC 表面以下，深度为碎石粒径的 2/5~3/5，撒布面积占 STC 表面积的 60%(以下简称:60%嵌石) 和 80%(以下简称:80%嵌石)。STC 经高温蒸养后，自然冷却，采用压缩空气进行表面吹扫，去掉表面浮浆及松动的碎石，见图 8.11。

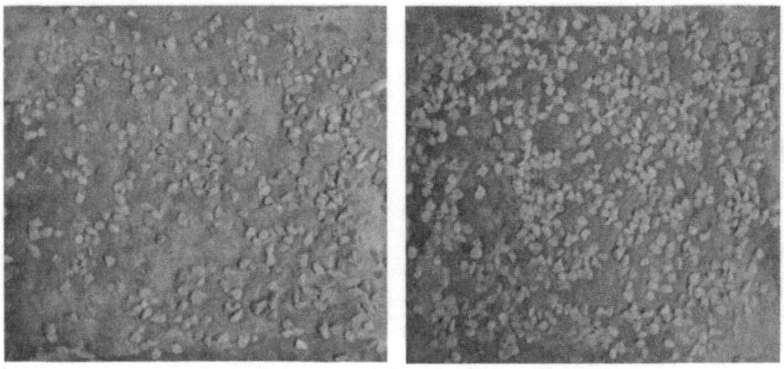

(a) 60%嵌石　　　　　　　　　　(b) 80%嵌石

图 8.11　STC 表面嵌石处理

(3) 将处理好的 STC 板表面涂刷 SBS 改性乳化沥青，将涂刷黏层材料的试板放入车辙试模中并成型 20mm 沥青混合料，撒布用量见表 8.19。

表 8.19　不同表面处理下 STC 板对应撒布量

STC 板编号	表面处理	黏层材料用量/(kg/m^2)
1#~2#	抛丸 1	0.5
3#~4#	抛丸 2	0.5
5#~6#	60%嵌石	0.5
7#~8#	80%嵌石	0.5

(4) 待沥青混合料在常温下冷却 16h 后进行切割，试块尺寸为 98mm×98mm×55mm。

(5) 复合试件共 72 块，其中抛丸 1、抛丸 2、60%嵌石、80%嵌石各 18 块，STC-沥青面层组合试块见图 8.12。

(a) 待测试块

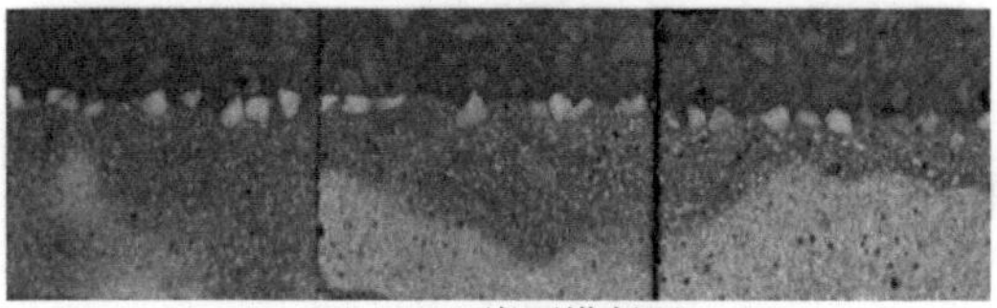

(b) 80%嵌石横断面

图 8.12　STC-沥青面层组合试块

8.4.2.3　试验方案

室内试验包括常温、高温环境，具体试验内容如下：采用拉拔和斜剪试验，探究 STC 表面处理对组合桥面结构与沥青面层层间力学性能的影响；斜剪试验、拉拔试验参考 ASTM C882/C882M-13[9]、ASTM D7234-12[10] 进行。选用 TJ-10 型碳纤维黏结强度检测仪测试试块层间黏结强度；液压式压力机与 45° 斜剪装置测试层间剪切强度，剪切速率为 1kN/s。测试装置见图 8.13，分别测试 (23±2)℃和 60℃温度状态下，STC-沥青面层界面黏结强度及抗剪强度。

(a) 拉拔试验装置　　(b) 斜剪试验装置

图 8.13　拉拔与剪切试验装置

8.4.2.4　试验结果与分析

四种界面处理方式下 STC-沥青面层层间黏结、剪切强度如表 8.20 和表 8.21，拉拔破坏面及剪切破坏面分别如图 8.14、图 8.15 所示。

表 8.20　不同界面处理下 STC-沥青面层层间黏结强度试验结果

温度/℃		表面处理方式			
		60%嵌石 [a]/MPa	80%嵌石 [b]/MPa	抛丸 1[c]/MPa	抛丸 2[d]/MPa
23±2	实测值	0.36	0.37	0.33	0.34
		0.33	0.35	0.33	0.37
		0.34	0.37	0.31	0.34
	平均值	**0.34**	**0.36**	**0.32**	**0.35**
60	实测值	0.14	0.15	0.09	0.11
		0.14	0.17	0.11	0.12
		0.15	0.17	0.07	0.12
	平均值	**0.14**	**0.16**	**0.09**	**0.12**

注：a 表示碎石撒布占 STC 表面积的 60%，碎石粒径为 4.75~9.5mm；b 表示碎石撒布占 STC 表面积的 80%，碎石粒径为 4.75~9.5mm；c 表示抛丸机对 STC 表面进行抛丸处理后平均构造深度 TD = 0.54mm；d 表示抛丸机对 STC 表面进行抛丸处理后平均构造深度 TD = 0.58mm。

表 8.21 不同界面处理下 STC-沥青面层层间剪切强度试验结果

温度/°C		表面处理方式			
		60%嵌石/MPa	80%嵌石/MPa	抛丸 1/MPa	抛丸 2/MPa
23±2	实测值	2.21	2.51	0.67	0.78
		2.01	2.75	0.73	0.79
		2.14	2.37	0.74	0.83
	平均值	**2.12**	**2.54**	**0.71**	**0.80**
60	实测值	1.48	1.74	0.41	0.47
		1.31	1.94	0.44	0.46
		1.37	1.88	0.39	0.42
	平均值	**1.39**	**1.85**	**0.41**	**0.45**

(a) 抛丸 (b) 嵌石

图 8.14 STC-沥青面层典型拉拔破坏形态

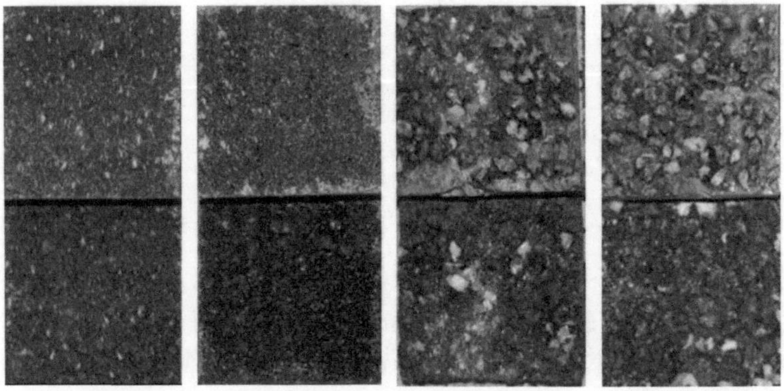

(a) 抛丸1 (b) 抛丸2 (c) 60%嵌石 (d) 80%嵌石

图 8.15 STC-沥青面层典型剪切破坏形态

拉拔破坏试验表明：

(1) 抛丸和嵌石处理下，拉拔破坏面基本都发生在 STC 与沥青上层交界面处，表明层间是薄弱部位；

(2)STC 表面采用抛丸时，拉拔破坏面光滑平整；而嵌石处理后，破坏面呈现凹凸不平状态，说明 STC 表面处理方式对层间黏附状态有一定影响。

剪切破坏试验表明：

(1) 剪切破坏面出现在组合试件交界面处，它与 STC 表面处理方式、测试温度几乎无关，说明层间是薄弱部位；

(2) 抛丸处理下，在达到极限荷载之初，层间相对位移很小，接近破坏时层间快速错动、不能继续承担荷载；而嵌石处理下，剪切面开始出现微小滑移错动时，组合试件仍能够继续承担荷载，直至达到极限破坏荷载，上下两层嵌固的石英石部分被剪坏，表现出较好的抗剪承载力及良好的抗滑移能力。

表 8.20 和表 8.21 说明，表面不同处理方式对 STC-面层层间黏结强度有明显影响，同时温度对层间强度影响显著，试验结果见图 8.16 和图 8.17。

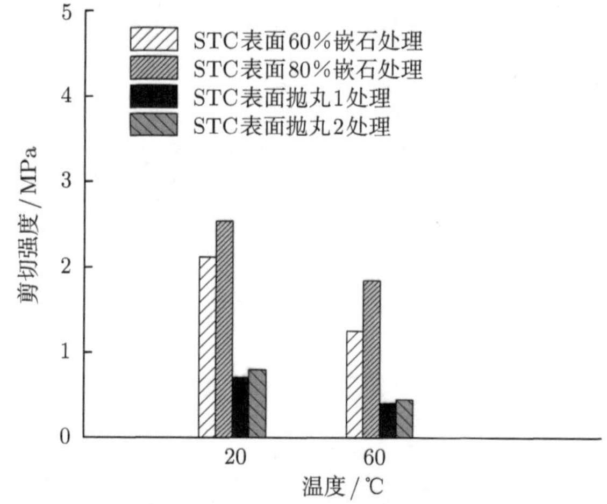

图 8.16　STC-沥青面层剪切强度

分析图 8.16 可知：

(1) (23±2)℃(常温)、60℃(高温) 时，与抛丸方式相比，嵌石处理下 STC-沥青面层层间抗剪强度较高，轮碾机成型沥青混凝土时，石英石嵌固在沥青混凝土中一定深度，受到剪切荷载时石英石相当于栓钉作用，使得层间抗剪强度大为增加，所以嵌石界面的抗剪强度比抛丸界面方式更大；

(2) 环境温度对抗剪强度的影响较大，与 (23±2)℃时相比，60℃下 60%嵌石、80%嵌石、抛丸 1、抛丸 2 的抗剪强度分别下降了 34.4%、27.2%、42.3%、43.8%。相对抛丸法，嵌石法的抗剪强度高温敏感度低些，原因主要是黏层材料受高温影响较大，而层间机械咬合力基本不受温度影响，因此，主要依赖嵌锁力的嵌石处理方式受温度影响更小，而依靠黏层黏结力来提供层间强度的抛丸方式受高温影响较大；

(3) 与 60% 嵌石比，80% 嵌石的抗剪强度在常温下提高了 19.8%，高温下提高了 33.1%，说明碎石的撒布数量会影响层间抗剪强度，在一定范围内嵌石化程度越高，抗剪强度也会增大。

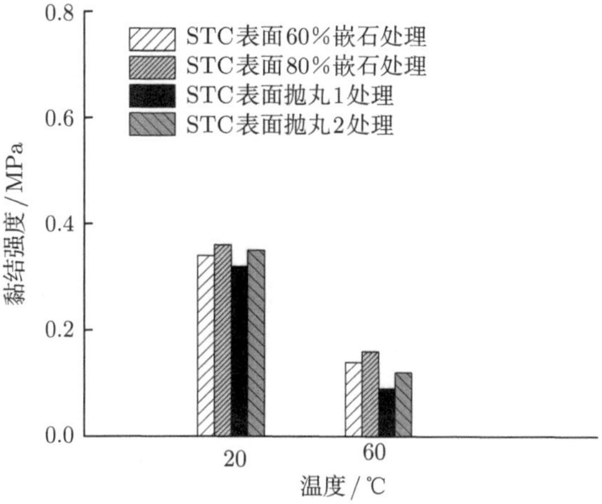

图 8.17 STC-沥青面层平均黏结强度

分析图 8.17 可知：

(1) 温度在 (23±2)℃(常温)、60℃(高温) 时，嵌石和抛丸处理下 STC-沥青铺装层间黏结强度变化不大，表明 STC 表面嵌石对层间黏结强度提升作用不明显；

(2) 60℃时，60% 嵌石、80% 嵌石、抛丸 1 和抛丸 2 层间黏结强度分别为 0.14MPa、0.16MPa、0.09MPa、0.12MPa，与 (23±2)℃相比，最大降幅达 71.9%，说明高温下黏层材料黏结性下降，对层间强度影响较大；

(3) 与抛丸 1 相比，抛丸 2 方式下黏结强度在常温下提高了 9.4%，表明随着粗糙度的增加，黏结强度会有所提高，但提高幅度较小。

综上可知：

(1) 抛丸和嵌石处理下，拉拔破坏面与斜剪破坏面均发生在 STC 与沥青上层的交界面，表明层间是薄弱部位。

(2) 由于表面抛丸以细观尺度的纹理构造为主，而表面嵌石可构建宏观与细观多尺度嵌锁结构；与抛丸方式相比，STC 表面石英砂嵌固处理能够更大幅提高层间抗剪性能。相比 60% 嵌石，80% 嵌石的抗剪强度在常温时提高了 19.8%，高温时提高了 33.1%，说明碎石的撒布数量会影响层间抗剪强度，在一定范围内嵌石化程度越高，抗剪强度也会增大。

(3) 60%嵌石、80%嵌石、抛丸 1、抛丸 2 等四种界面处理下的层间抗剪强度，高温 (60℃) 比常温 ((23±2)℃) 分别下降 34.4%、27.2%、42.3%、43.8%，说明环境温度对层间黏结性能有显著影响，故需要重点关注高温条件下 STC-沥青面层层间黏结性能。

(4) 常温 ((23±2)℃) 和高温 (60℃) 环境，嵌石和抛丸处理的 STC-沥青面层界面黏结强度变化不大，说明糙面处理方式对层间黏结强度影响较小；60℃时，60%嵌石、80%嵌石、抛丸 1 和抛丸 2 层间黏结强度分别为 0.14MPa、0.16MPa、0.09MPa、0.12MPa，与 (23±2)℃相比，降幅分别为 58.8%、55.6%、71.9%和 65.7%，说明高温下黏结层的黏结性显著下降，对层间黏结强度影响很大。

影响结构层间黏结性能的主要因素包括下承层粗糙的表面纹理所提供的层间摩阻力以及黏结层材料自身的黏结能力。由于超高性能轻型组合桥面体系材料组成、受力特性、施工工艺等不同于传统的桥面铺装，为避免薄面层早期开裂、拥包、松散、推移或脱层等病害, 既要重视 STC 表面糙化处理技术，同时也要优选黏结层材料，对重要工程宜进行专项设计及施工工艺研究。

8.4.3　STC-TPO 复合试件试验研究

尽管 STC、TPO 各自均有优异的力学性能，但 STC-TPO 结合界面可能会是薄弱部位。通过常温、高温条件的拉拔和斜剪试验，探究 STC 不同表面处理方式对 STC-TPO 层间力学性能的影响。

8.4.3.1　原材料

STC 材料参照 8.4.2.1 节。TPO 中树脂黏结料采用聚氨酯环氧树脂，由 A、B 两组分组成，按质量比 3:1 混合，树脂固化后技术性质见表 8.5。集料为玄武岩，其级配采用 ACI 548.8-07 推荐值并取通过率的中值，见表 8.22。

表 8.22　集料级配

级配名称	不同筛孔孔径 (mm) 下的通过率/%			
	4.75	2.36	1.18	0.6
级配上限	100	75	5	1
级配下限	100	30	0	0
合成级配	100	52.5	2.5	0.5

8.4.3.2　试件制备

(1) 制备 9 块 STC 板，板长 300mm、宽 300mm、高 35mm。试板浇筑成型后，在室内环境下自然养护 48h，待 STC 终凝后，拆模并进行蒸汽养护 48h，养护温度控制 90~100℃；待试件自然晾干后，清理 STC 层表面浮浆，用压缩空气吹净表面浮尘，随后进行表面处理。STC 板采用 3 种表面处理方式：① 1#~2#板表面不作处理；② 3#~6#板采用抛丸处理，详见 8.4.2.2 抛丸 1 和抛丸 2。试板表面处理情况见图 8.18，表面构造深度参见表 8.23。

(a) 清除浮浆 (b) 抛丸1 (c) 抛丸2

图 8.18 STC 表面处理情况

表 8.23 STC 表面构造深度

表面类型	清除浮浆	抛丸 1	抛丸 2
TD/mm	0.51	0.54	0.58

(2) 将玄武岩集料的两种粒径按照 1:1 的质量比混合，并将聚氨酯环氧树脂 A、B 组分按照质量比 3:1 的比例搅拌混合均匀，搅拌时长 3 ~4min。在干燥、干净的 STC 板上用层铺法铺筑 TPO，TPO 总厚度为 10mm。第一层树脂用量为 1.23kg/m^2，第二层树脂用量为 2.86kg/m^2。集料用量第一层为 8.14kg/m^2，第二层为 8.14kg/m^2。待 TPO 固化完成后，将试板切割成尺寸为 98mm×98mm×45mm 的试块。

8.4.3.3 试验方案

室内试验包括常温、高温试验和耐久性等，具体试验内容如下：

(1) 常温、高温条件下采用拉拔和斜剪试验，探究表面处理工艺对 STC-TPO 层间力学性能的影响；

(2) 模拟路面长期老化过程，测定 STC-TPO 老化后层间剩余破坏强度；

(3) 冻融后拉拔试验和斜剪试验，测定组合试件在受到水损害后层间劣化规律。

拉拔试验和斜剪试验参照 8.4.2.3 节，冻融循环模拟以及长期老化方法参照《公路工程沥青及沥青混合料试验规程》(JTG E20) 进行。

8.4.3.4 STC-TPO 层间黏结试验结果与分析

在 (23±2)°C和 60°C环境状态下，分别测试 STC-TPO 界面黏结强度及抗剪强度。试件破坏情况见图 8.19、图 8.20，测试结果见表 8.24、表 8.25。

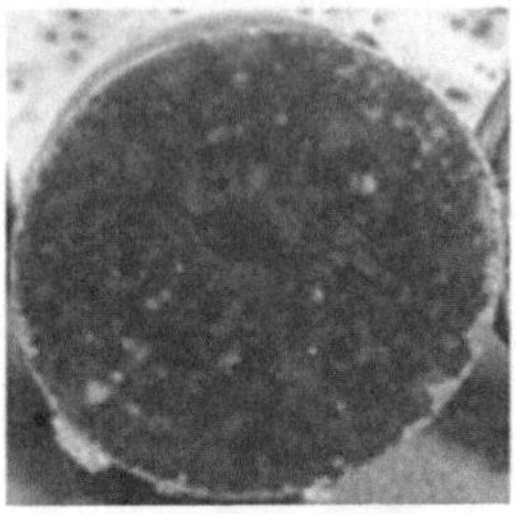

(a) 清除浮浆　　(b) 抛丸

(1) (23±2)℃

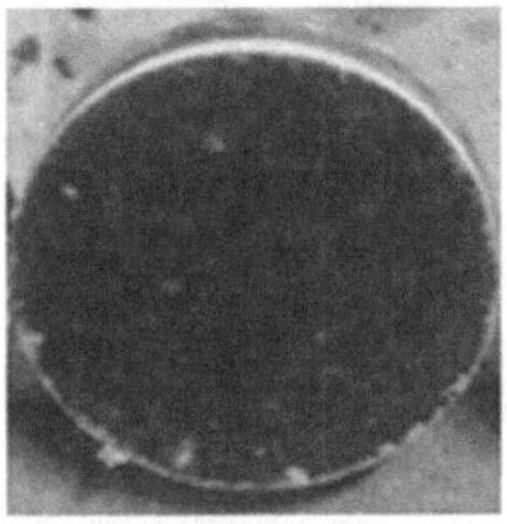

(a) 清除浮浆　　(b) 抛丸

(2) 60℃

图 8.19　STC-TPO 层间拉拔试验破坏形态

(a) 清除浮浆　　(b) 抛丸

(1) (23±2)℃

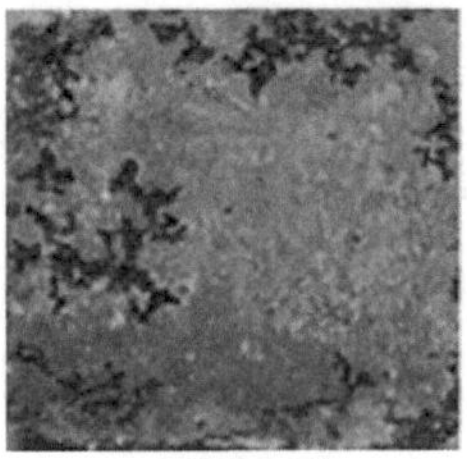

(a) 清除浮浆　　(b) 抛丸

(2) 60℃

图 8.20　STC-TPO 层间剪切试验破坏形态

表 8.24　STC-TPO 层间拉拔试验结果　(单位：MPa)

温度/°C		表面处理方式		
		清除浮浆[a]	抛丸 1[b]	抛丸 2[c]
23±2	实测值	3.98	3.92	4.23
		3.85	4.08	4.18
		3.96	4.06	4.40
	平均值	**3.93**	**4.02**	**4.27**
60	实测值	1.03	1.23	1.98
		1.34	1.18	2.54
		0.99	1.22	2.05
	平均值	**1.12**	**1.21**	**2.19**

注：a 表示 STC 表面清除浮浆及灰尘简易处理；b 表示抛丸机对 STC 表面进行抛丸处理后平均构造深度 TD = 0.54mm；c 表示抛丸机对 STC 表面进行抛丸处理后平均构造深度 TD = 0.58mm。

表 8.25　STC-TPO 层间剪切试验结果　(单位：MPa)

温度/°C		表面处理方式		
		清除浮浆	抛丸 1	抛丸 2
23±2	实测值	15.12	15.13	15.59
		15.10	15.10	15.31
		15.02	15.20	15.12
	平均值	**15.08**	**15.14**	**15.34**
60	实测值	1.90	1.97	3.76
		1.80	2.41	3.26
		1.96	1.74	3.54
	平均值	**1.89**	**2.04**	**3.52**

图 8.19 可以看出：

(1) 在常温 (23±2)°C、高温 60°C时，拉拔破坏面基本都发生在 STC-TPO 交界面，说明层间是薄弱部位；

(2) STC 表面若只进行清除浮浆简易处理，其拉拔破坏面接近光滑平整面，而抛丸处理的拉拔破坏面深入 STC 内部 1mm 左右、呈现凹凸不平状；说明 STC 表面处理方式对层间黏附状态有一定影响；

(3) 与高温 60°C比，常温 (23±2)°C下抛丸处理的拉拔破坏面黏附更多的 STC 成分，表明温度能够影响上下两层材料的黏结性，高温条件使 STC-TPO 层间黏结情况减弱。

图 8.20 表明：

(1) 在 (23±2)°C(常温)、60°C(高温) 时，剪切破坏发生在层间交界处，表明层间是薄弱部位；

(2) 只对 STC 表面清除浮浆处理，剪切破坏面整齐平滑；而抛丸处理时 STC 和 TPO 破坏面上均黏附对方少量成分，破坏面呈粗糙状，说明接触面处理影响层间剪切破坏面形态；

(3) (23±2)℃(常温)、60℃(高温) 时剪切破坏面均相似，说明温度对层间剪切破坏面形态影响较小。

观察表 8.24 中数据可知，温度对层间黏结强度影响显著；STC 表面糙化方式对层间黏结强度有所影响，详见图 8.21。

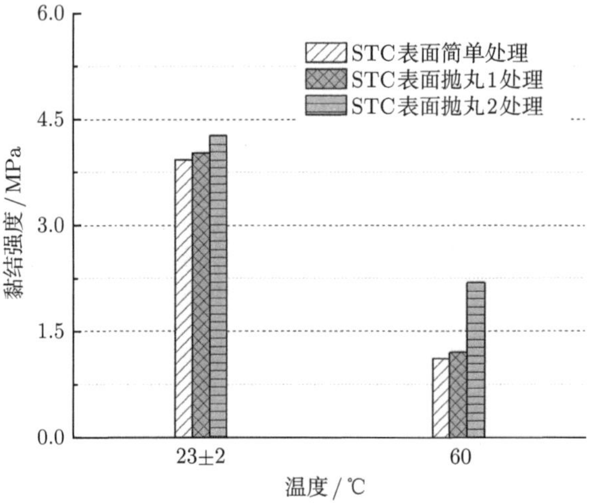

图 8.21　STC-TPO 平均黏结强度

图 8.21 表明，与 STC 表面清除浮浆简易处理对比可知：

(1) 常温 (23±2)℃条件下，抛丸 1 和抛丸 2 的黏结强度分别提升了 2.3% 和 8.7%，说明 STC 表面粗糙能够提高层间黏结强度，但提高程度不显著；

(2) 高温 60℃条件下，抛丸 2 黏结强度提升显著，达 95.5%，抛丸 1 只提升 8.0%；表明在高温下不同糙化方式对提高层间黏结强度存在较大差异；

(3) 抛丸 2 方式对层间黏结强度贡献明显，温度敏感性较抛丸 1 低，经抛丸 2 处理，不论是常温或是高温 STC-TPO 层间黏结性能均较优异。

由表 8.25 得到表面糙化方式对层间剪切强度的影响见图 8.22。

图 8.22 分析可知：

(1) 23±2℃时，STC 表面处理方式对抗剪强度的提高影响不明显，说明常温下 STC-TPO 层间抗剪强度主要依靠黏结层的作用，机械咬合力并非主要因素；

(2) 60℃时，抛丸 2 与简易处理相比，其抗剪强度提升了 86.2%，抛丸 1 提升 7.9%；表明高温下接触面糙化方式对层间抗剪有较大影响，此时黏结层作用占比降低，机械咬合力占比增加，抛丸 2 方式下的层间剪切强度在高温下优良。

综上所述，不论是黏结强度还是剪切强度，高温 60℃与常温 (23±2)℃相比，不论是黏结强度还是剪切强度均大幅度的下降，说明环境温度对层间黏结性能有显著影响，需要重点关注高温条件下 STC 与 TPO 层间黏结性能；抛丸 2 对提高 STC-TPO 层间黏结性能效果明显，尤其是在 60℃条件下，层间黏结和抗剪强度均较高，表现出良好的高温稳定性。

美国混凝土协会发布的标准 ACI 548.8-07、ACI 548.5R-16 和 ACI 548.9-08 均有规定，聚合物铺面与水泥混凝土的黏结强度最低为 1.70MPa。通过接触面抛丸 2 处理后，即使在不利高温季节 (60℃)，STC-TPO 层间平均黏结强度也能达到 2.19MPa，满足美国规范大于 1.70MPa 的要求。

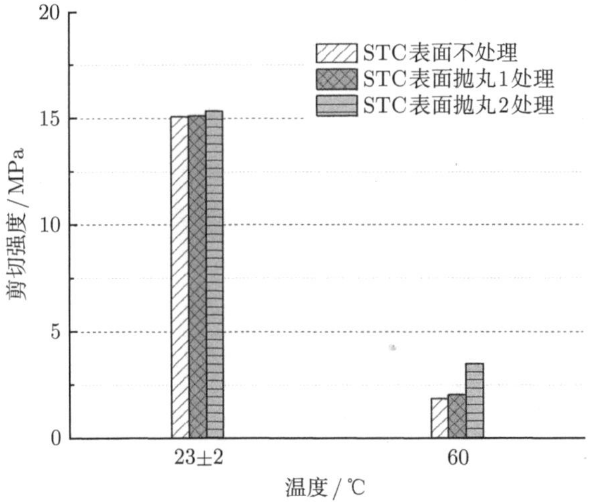

图 8.22 STC-TPO 平均剪切强度

8.5 STC-沥青薄面层界面黏结性能

影响层间黏结性能的因素众多，如下承层的表面纹理提供的层间摩阻力、黏结层材料剂自身的黏结力和外界环境等。超高性能轻型组合桥面体系中，水泥基材料 STC 下承层与沥青面层牢固黏结是需要解决的主要技术问题之一，它对延长桥面使用寿命、保护 STC 主体结构、避免滑移、脱层等病害至关重要。

常规水泥混凝土板与沥青面层层间黏结问题，国内外学者开展了大量的研究。Ozer 等通过剪切试验、拉拔强度和路面加速加载试验，以及有限元分析计算，探究水泥混凝土板与沥青铺装层间的黏结性能[11]；Zhen 等开展热拌沥青混合料 (HMA) 与波特兰水泥混凝土 (PCC) 层间剪切试验，指出影响层间黏结强度的因素为温度、热拌沥青混合料和黏结层材料性能、黏结剂涂抹量和水泥混凝土表面处理方式等[12]；Bocci 和 Canestrari 进行环氧沥青界面剂研究，结果表明，环氧沥青作为层间黏结剂具有较好的抗剪性能，且受温度影响较小[13]；贾晓阳和李立寒采用有限元分析混凝土桥面沥青铺装层间水平剪应力与法向正应力的关系，提出层间剪应力临界边界，并找出层间剪应力临界边界的影响因素，给出了临界边界方程形式[14]；刘云等对混凝土箱梁沥青铺装层间黏结性能的研究表明，SBS 改性沥青和橡胶沥青可作为混凝土箱梁的层间黏结材料[15]；李萍等针对桥面铺装层抗剪强度和黏结强度不足而出现的病害，分析剪切角度、黏结层种类与用量、温度等对水泥砼桥面沥青铺装层抗剪切性能的影响[16]。国内外现有研究主要关注沥青上、下面层或沥青层与常规水泥混凝土下层之间的联结问题，这些研究成果具有一定的借鉴意义。

由于 STC 材料组分内不包含粗骨料，颗粒粒径一般小于 1mm，成型后表面致密且宏观纹理不及普通混凝土，其材料组成、力学性能、表面特征等方面均与沥青混合料、普通混凝土存在很大差异[17]，因此有必要开展 STC-沥青面层层间黏结性能研究。

8.5.1　试件制备与试验

拟通过常温、高温条件下 STC-SMA 复合试件层间力学试验，探讨不同黏结层材料对 STC-SMA 层间受力性能的影响。

8.5.1.1　*原材料*

STC 基体成分包括水泥、硅灰、石英砂、高效减水剂和水，钢纤维掺量按体积比 3.5%掺入。薄面层采用沥青玛蹄脂碎石混合料 SMA-13，主要成分包括 SBS 改性沥青、玄武岩碎石、聚丙烯腈纤维、矿粉，油石比 5.8%。

本试验选用的黏结层材料有三种类型：第一类为改性环氧树脂，包括二次固化环氧树脂 (品牌 A) 和二次固化环氧树脂 (品牌 B)，其基本技术指标汇总于表 8.26；第二类为改性沥青，包括高黏高弹沥青和胶粉掺量为 22%的橡胶沥青，其基本技术指标汇总于表 8.27；第三类为环氧沥青，其基本技术指标如表 8.28 所示。

表 8.26　改性环氧树脂黏结层材料技术指标

技术指标		二次固化环氧树脂 (品牌 A)	二次固化环氧树脂 (品牌 B)
固体含量 (%)		⩾ 99	⩾ 99
表干时间 ((23±2)℃，h)		24	16
实干时间 ((23±2)℃，h)		72	48~168
拉伸强度	(23℃，MPa)	> 3.0	⩾ 2.0
	(−10℃，MPa)	> 5.0	/
断裂延伸率	(23℃，%)	> 400	⩾ 100
	(−10℃，%)	> 250	/
柔韧性 ((−23 ± 2)℃)		无裂纹	无裂纹

表 8.27 改性沥青黏结层材料技术指标

技术指标			高黏高弹沥青	橡胶沥青
软化点		℃	91.5	⩾ 55
延度		5℃，不小于/cm	29	⩾ 10
延度		15℃，不小于/cm	> 80	> 90
针入度		(23±2)℃/dmm	45.7	> 40
弹性恢复		(23±2)℃/%	> 90	⩾ 70
闪点		℃	> 260	⩾ 280
溶解度		%	> 99.5	/
韧性		N·m	> 15	/
动力黏度		60℃/Pa·s	> 40000	> 16000
薄膜烘箱试验	质量损失	%	0.09	⩽ ±1.0
	针入度比	/	79	⩾ 60
	延度	5℃，不小于/cm	20	⩾ 5

表 8.28 环氧沥青技术指标

指标	重量比 (A:B)	稳定度/kN	断裂延伸率 ((23±2)℃)/%	拉伸强度 ((23±2)℃)/MPa
数值	100:290	⩾ 45	⩾ 200	⩾ 2.0

8.5.1.2 试件制备

(1) 制备 300mm×300mm×30mm STC 基板，养护完成后对 STC 表面进行抛丸处理，控制构造深度在 0.4~0.55mm，STC 表面抛丸处理见图 8.23；然后将清理干净的 STC 板表面分别涂刷 5 种黏结层材料，每种黏层材料刷 2 块板。黏结层材料配合比、洒布量、拌和温度、洒布温度和养生条件如表 8.29 所示。

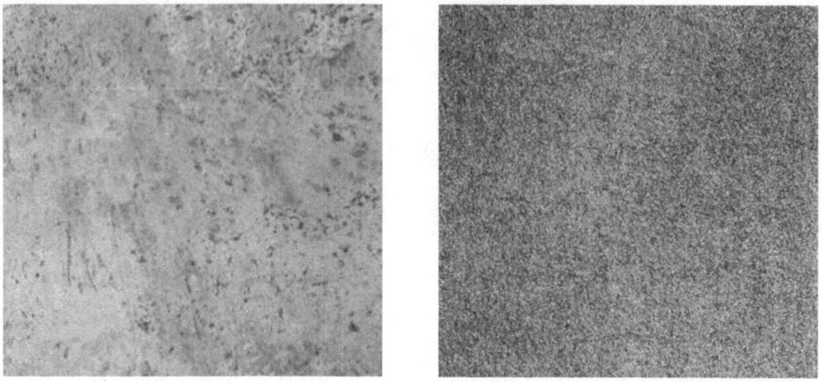

(a) 抛丸前 (b) 抛丸后

图 8.23 STC 表面抛丸处理

表 8.29　黏结层材料涂刷要求

黏结层材料	配合比 (A:B)	洒布量/(kg/m^2)	拌和温度/°C	洒布温度/°C	养护条件
改性环氧树脂 (品牌 A)	100:100	0.6	25~30	25	(23±2)°C，24h
改性环氧树脂 (品牌 B)	100:90	0.7	60	25	(23±2)°C，24h
高黏高弹沥青	/	1.8	/	180~190	无须养生
橡胶沥青	22%胶粉掺量	2.5	180~190	180~190	无须养生
环氧沥青	100:760	1.5	145~155	110~130	无须养生

(2) 材料按配合比称量，将 A、B 组分加温到拌和温度，倒入容器中，用电动搅拌机搅拌 3min，然后在规定温度下，将黏结层材料均匀涂刷在 STC 表面上，黏层涂刷完成后如图 8.24 所示。

(a) 二次固化改性环氧树脂 A　　(b) 二次固化改性环氧树脂 B

(c) 高黏高弹沥青　　(d) 橡胶沥青　　(e) 环氧沥青

图 8.24　涂刷黏结层材料

(3) 用轮碾法成型 3cm 厚的 SMA-13；待自然冷却后将复合试板切割成 90mm×90mm×60mm 的小试件，用于斜剪试验；另外将复合试板切成 70mm×70mm×60mm 的小试件，用于拉拔试验。

8.5.1.3 层间强度试验

采用抗剪强度和拉拔强度来评价层间黏结性能。斜剪试验、拉拔试验参考美国标准试验方法 ASTM C882/C882M-13[9]、ASTM C1583-4[18] 进行。试验设备为测力量程 50kN 的 UTM 微机控制万能试验机，剪切试验加载速率为 1kN/s，拉伸试验加载速率为 0.5kN/s，试验装置见图 8.25。

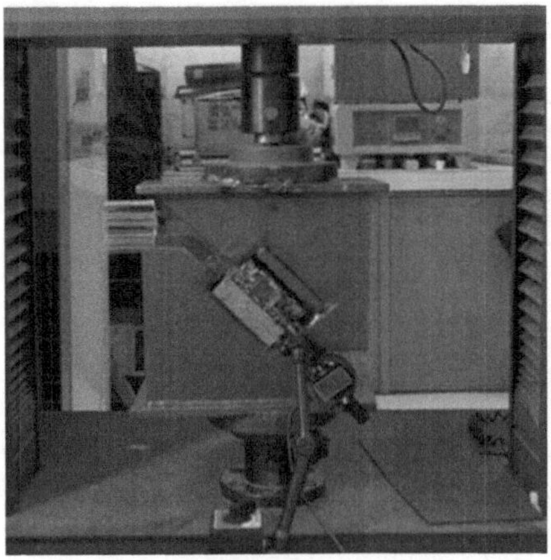

(a) 剪切试验

(b) 拉拔试验

图 8.25 复合试件层间力学试验

8.5.2 试验结果与分析

8.5.2.1 复合试件剪切强度

采用环氧树脂类黏结层的 STC-SMA 复合试件，其剪切破坏均发生在 SMA 内部，破坏面接近层间界面 (图 8.26(a))；而沥青类黏结层的复合试件，破坏面出现在层间，黏结层发生破坏，见图 8.26(b) 和 (c)。

(a) 环氧黏结层

(b) 沥青黏结层

(c) 环氧沥青黏结层

图 8.26 复合试件剪切破坏形态

STC-SMA 复合试件层间剪切试验结果如表 8.30 所示。

表 8.30　剪切试验结果　(单位：MPa)

温度/°C		黏结层材料				
		改性环氧树脂 (品牌 A)	改性环氧树脂 (品牌 B)	高黏高弹沥青	橡胶沥青	环氧沥青
23±2	实测值	1.79*	2.25*	0.74	0.60	0.56
		1.77*	2.26*	0.93	0.64	0.56
		1.73*	2.03*	0.84	0.68	0.70
	平均值	**> 1.76**	**> 2.18**	**0.84**	**0.64**	**0.61**
60	实测值	1.09*	0.80*	0.26	0.24	0.19
		0.89*	0.67*	0.25	0.21	0.34
		0.87*	0.70*	0.24	0.21	0.27
	平均值	**> 0.95**	**> 0.72**	**0.25**	**0.22**	**0.27**

注：* 试件破坏发生在沥青混合料内部，表明层间强度大于该数据。

分析表 8.30 可知：

(1) (23±2)°C(常温)、60°C(高温) 时，采用环氧类黏结层的 STC-SMA 复合试件，其剪切破坏均发生在沥青混凝土内部 (图 8.26(a))，此时实测破坏应力为面层的抗剪强度，由此推断环氧黏结层强度大于该数据。

(2) (23±2)°C(常温)、60°C(高温) 时，采用改性沥青和环氧沥青的复合试件，其剪切破坏均发生在 STC-SMA 层间 (图 8.26(b) 和 (c))，故实测破坏应力即为黏结层抗剪强度。(23±2)°C(常温) 时抗剪强度排序为：高黏高弹沥青 > 橡胶沥青 > 环氧沥青；60°C(高温) 时抗剪强度排序为：环氧沥青 > 高黏高弹沥青 > 橡胶沥青。

(3) 环境温度对层间抗剪强度有较大影响，特别是沥青黏结层复合试件。与常温 ((23±2)°C) 相比，高温 (60°C) 条件下，高黏高弹沥青、橡胶沥青、环氧沥青强度强度分别下降 70.2%、65.6%、55.74%，这是因为沥青材料热塑性所致；环氧沥青兼具环氧树脂与沥青的特性，高温强度优于高黏高弹沥青、橡胶沥青。60°C(高温) 下，改性环氧树脂 (品牌 A)、改性环氧树脂 (品牌 B) 的剪切强度分别达到 0.95MPa、0.72MPa 以上，说明环氧材料的热固性使得其高温稳定性明显优于沥青材料。

8.5.2.2　复合试件拉拔强度

采用环氧树脂黏结层的复合试件，其拉拔破坏均发生在沥青混凝土内部，此时黏结层尚未破坏，见图 8.27。

采用改性沥青的复合试件，其拉拔破坏约 50%发生在沥青混凝土内部，另 50%出现在 STC-SMA 层间；环氧沥青复合试件，拉拔破坏约 70%发生在沥青混凝土内部，30%发生在 STC-SMA 层间，破坏形态见图 8.28。

图 8.27 环氧树脂黏结层复合试件拉拔破坏形态

(a) SMA内部破坏　　(b) STC-SMA层间破坏

图 8.28 沥青类黏结层复合试件拉拔破坏形态

STC-SMA 复合试件层间拉拔试验结果如表 8.31 所示。

表 8.31 拉拔试验结果 (单位：MPa)

温度/℃		黏层材料				
		改性环氧树脂 (品牌 A)	改性环氧树脂 (品牌 B)	高黏高弹沥青	橡胶沥青	环氧沥青
23±2	实测值	1.17*	1.03*	1.45*	1.78*	1.43*
		1.48*	1.55*	1.20*	1.78	1.59
		1.51*	1.21*	1.32	1.78	1.74*
	平均值	**> 1.39**	**> 1.26**	**> 1.32**	**⩾ 1.78**	**> 1.59**
60	实测值	0.24*	0.24*	0.13	0.09	0.14
		0.16*	0.19*	0.14	0.11	0.20
		0.15*	0.20*	0.15	0.12	0.18
	平均值	**> 0.18**	**> 0.21**	**0.14**	**0.10**	**0.17**

注：* 试件破坏发生在沥青混合料内部，表明层间强度大于该数据。

分析表 8.31 可知：

(1) (23±2)℃(常温)、60℃(高温) 时，采用环氧黏结层的 STC-SMA 复合试件，其拉拔破坏均发生在沥青混凝土内部 (图 8.28(a))，此时实测破坏应力为 SMA 的抗拉强度，由此推断环氧黏结层强度大于该数据。

(2) (23±2)℃(常温) 时，改性沥青、环氧沥青复合试件破坏面发生在沥青混凝土内部或 STC-SMA 层间，故层间黏结强度应大于或等于此时实测的拉拔破坏应力。拉拔强度大致排序为：橡胶沥青 > 环氧沥青 > 高黏高弹沥青。

(3) 60℃(高温) 时，采用改性沥青、环氧沥青的复合试件，拉拔破坏面均出现在 STC-SMA 层间，且破坏面平整，故此时破坏应力即为改性沥青、环氧沥青的层间黏结强度；拉拔强度排序为：环氧沥青 > 高黏高弹沥青 > 橡胶沥青，由此说明环氧树脂的加入一定程度改善了黏结层高温稳定性。

(4) 环境温度对层间黏结强度的影响较大，由于沥青类材料的热塑性，高黏高弹沥青、橡胶沥青、环氧沥青高温 (60℃) 强度分别比常温 ((23±2)℃) 强度下降 89.4%、94.4%、89.3%；与剪切强度相似，环氧树脂的热固性使得其在高温下拉拔强度较高，60℃高温下，改性环氧树脂 (品牌 A)、改性环氧树脂 (品牌 B) 其拉拔强度分别达到 0.18MPa、0.21MPa 以上。

综上所述，环境温度对层间黏结性能有显著影响，环氧黏结层由于其热固性，高温稳定性明显优于热塑性的沥青类黏结层；另外，拉拔强度较剪切强度高温稳定性更差，原因在于黏结层材料的感温性，而层间机械咬合力基本不受温度影响，因此，部分依赖嵌锁力的剪切强度受温度影响较小，而主要依靠黏结力的拉拔强度受温度影响较明显。

8.6 STC-TPO 耐久性研究

STC 是一种高强高韧的水泥基材料，其结构致密，内部空隙在 2~3nm 左右，气体渗透系数比普通混凝土低 1~2 个数量级，氯离子渗透系数分别为普通混凝土和高性能混凝土的 1/50 和 1/30，具有极好的耐久性。STC-TPO 结构耐久性主要取决于环氧胶结剂，一方面要求牢固黏结玄武岩集料，具有良好的抗松散掉粒性能；另一方面保证 TPO 薄面层与 STC 永久结构层界面的长期有效黏结，薄面层不出现开裂、松散掉粒、抗滑性能下降等问题。

8.6.1 环氧铺面材料耐老化研究现状

8.6.1.1 环氧树脂

环氧树脂在其加工、贮存及使用过程中有可能发生光氧化反应和热氧化反应等，导致高分子材料结构发生变化以及相对分子质量下降或交联，材料的性能劣变，例如，泛黄、光泽损失、强度及其他力学性能下降，从而影响高分子材料的使用寿命。

倪晓雪等[19] 研究大气环境对环氧树脂胶结剂老化性能的影响，将制备好的环氧胶结剂试样分别投放在 3 个大气暴露站，暴露时间为 1 年，每 2 个月取样一次进行测试。试验数据表明，随着暴晒时间的增加，环氧胶结剂的剪切强度出现指数形式下降的规律。高岩磊等[20] 研究环氧树脂胶结剂在 100~250℃空气中的老化行为，将试样分别置于 100℃、150℃、200℃、250℃热空气环境箱中进行老化，每隔一段时间取出测其剪切强度。试验结果表明：环氧树脂剪切强度降幅随老化温度的增加而增大；在较高温度条件下，黏合剂的失重主要是由老化过程中黏合剂分解产生的低分子量挥发物造成的；空气中的氧气是造成黏合剂发生热降解的主要原因。Signor 等[21] 指出室外环境对有机聚合物具有破坏性，如湿气、酸雨、温度循环和紫外线 (UV) 辐射，特别是紫外线辐射对有机聚合物材料产生极大破坏。采用 1000W 氙弧光源暴露来模拟紫外线作用，通过拉伸试验、原子力显微镜 (AFM)、傅里叶变换红外光谱 (FTIR)、X 射线光电子能谱 (XPS) 分析树脂在紫外线照射下降解的原因，以及紫外线暴露对拉伸性能的影响。试验结果表明：紫外线辐射会显著影响树脂基体的拉伸性能，暴露 4000h 后极限应变降低 40%，韧性降低 60%；通过 AFM 发现，曝光 1000h 后硬度和弹性模量增加，但 1000h 和 4000h 两组标本间无显著性差异；XPS 和 FTIR 分析显示了氧化光降解过程的表面变化；虽然降解可能仅限于薄表面层，但物理性能却受到显著影响。Sevim[22] 研究紫外老化与环境老化对玻璃纤维/环氧树脂、玻璃纤维/乙烯基酯复合材料的影响作用。紫外老化采用 1000W/m^2 的氙弧光源暴露 500h，环境老化为 6h 紫外线辐射、6h 100%湿度环境、40℃环境再放置 500h，老化前后进行了拉伸和差示扫描量热法 (DSC) 试验。研究表明，环境老化的破坏作用比单独紫外老化更严重。Ray[23] 认为，纤维增强环氧树脂复合材料结构完整性和耐久性很大程度上依赖于纤维/聚合物界面的稳定性。依照 ASTM 标准 (D2344) 三点弯曲试验制备短梁剪切试样，研究温度对于碳纤维/环氧树脂、玻璃纤维/环氧树脂复合材料湿热老化的影响，碳/环氧短梁剪切试样一部分暴露于 60℃和 95%相对湿度的环境中，另一部分在 70℃和 95%相对湿度环境作为对比，暴露时间为 1200h；玻璃/环氧试样一部分暴露于 50℃和 95%相对湿度，另一部分是 70℃和 95%湿度环境，暴露时间为 260h。试验结果表明：湿热老化环境中更高的温度不仅增加了水分的吸收率，高温相当于复合物界面间水分子扩散的活化剂，在高温条件下，碳/环氧树脂、玻璃纤维/环氧树脂复合材料界面黏结更易发生湿热老化；室温测试结果进一步反映了温度引起的界面破坏的不可逆性。乔琨等[24] 将碳纤维增强环氧树脂复合材料放入紫外老化箱中，开展人工加速紫外老化试验，在一定温度和辐射强度下，分别于 120h、240h、360h、480h 和 600h 后取出，试验结果发现：紫外辐射会使环氧树脂性能下降，同时也会降低环氧树脂基体和增强体的界面结合强度，且复合材料外层由于对紫外线敏感而使其力学性能下降 (如弯曲强度、冲击强度)，变化趋势都呈指数函数，老化前期强度下降幅度较大，老化后期的强度变化不明显，趋于稳定。

8.6.1.2　环氧薄面层

方星等[25] 开展 5~10mm 环氧抗滑铺装层研究，采用室内加速加载试验，模拟桥面环氧薄层铺装材料在常温和高温下的使用性能，试验结果表明：与水泥混凝土和沥青混凝土相比，环氧铺装材料在有效减轻桥梁自重的情况下，表现出更优良的耐磨损性和抗松散掉粒性能以及层间黏结能力。崔树华等[26] 采用三分点小梁弯曲试验，探讨 −10 ~60℃温度条件下环氧铺装材料的断裂性能，研究发现：环氧铺装材料比 SMA 及环氧沥青混凝土具有更优异的高温性能，且薄层环氧铺装层低温条件下弯曲能力和抗裂纹扩展性能要优于上述两种材料，更适合于桥面铺装。李宇峙等[27] 针对 2cm 的环氧树脂混凝土 (简称 ERC) 新型钢桥面结构，探究其路用性能，进行 60℃和 70℃的车辙试验和小梁低温弯曲试验，试验结果表明：与 SMA 和浇注式沥青混凝土相比，ERC 的动稳定度要更大，因此在高温下的累积变形比其他类型的混凝土会小很多，环氧树脂混凝土具备更加优异的高温稳定性，更能适用在重载条件下的道路路面或钢桥面，低温弯曲试验数据表明其韧性优于水泥混凝土。研究表明，环氧树脂混凝土是一种强度高、路用性能好的材料，可作为桥面铺装层和路面表面层。吴迪和张宏超[28] 采用室内斜剪试验，分析剪切速率、温度以及涂膜厚度对层间抗剪强度的影响。通过试验发现：随着剪切速率的增加，聚合物铺装结构层间抗剪强度呈幂指数上升；层间抗剪强度随温度的上升而下降，60℃时抗剪强度为 6.62MPa，远高于其他桥面铺装黏结材料；相对于沥青类材料受温度影响的程度较小，即使在高温条件下，依然能表现出优良的黏结性和稳定性。张平等[29] 探讨了环氧树脂混凝土的弯拉强度和弯曲劲度模量，试验结果表明：弯曲变形性能方面，环氧树脂混凝土要优于水泥混凝土，具备良好的韧性；而与沥青混凝土相比，常温、低温下弯曲变形能力不如沥青混凝土，但强度和高温稳定性方面却要高于沥青混凝土。刘克非[30] 进行环氧树脂结合料强度测试、弯曲变形能力测试和抗紫外线老化性能测试，并开展 ERC 的路用性能研究，包括强度试验、高温车辙试验、低温弯曲试验和温缩试验等。研究表明：胶结剂 30℃的拉剪强度优于 70℃拉剪强度，其强度随温度的升高会呈现出逐渐下降的趋势，但在 70℃时，强度依然可以满足环氧树脂混凝土工程应用时的需求；在室外进行紫外光老化试验，12 个月后环氧树脂胶的拉伸强度未出现明显下降现象，说明环氧树脂胶结剂有较优的耐紫外光老化性能；路用性能试验数据表明，不仅在常温和中温条件下 ERC 具备足够的强度，低温时也保持良好的韧性，并呈现出优良的热稳定性、低温变形性能及抗老化性能。

8.6.2 环境条件模拟

我国大跨径桥梁主要修建在南方，考虑南方地区具有日照强烈、降雨丰富、气候潮湿、温度高等特点，再加上桥面可能遭受海雾及除冰盐的侵蚀，故以紫外光照、饱水浸泡、氯盐侵蚀、高温环境为模拟工况，通过单因素及双因素耦合作用，探讨环境因素对 STC-TPO 复合构件力学性能和路用性能的影响。

8.6.2.1 水损害模拟

TPO 由环氧树脂胶结坚硬耐磨集料组成, 水对路面材料的不利影响主要表现在破坏集料与胶结料的黏结力，造成胶结膜剥落。这是因为集料表面或多或少具有亲水性，一旦雨水雪水渗入路面空隙就很难流出，驻留在路面内部的水分会在集料的表面发生置换作用；即使胶结料将集料全部裹覆，但尖角或粗糙处的胶凝膜非常的薄，水能渗透薄膜到集料表面，破坏胶结料与集料的黏结，发生胶凝薄膜破裂现象。车辆行驶形成的动水压力将加速水损害的发生。

参照《公路工程沥青及沥青混合料试验规程》(JTG E20)，采用冻融性试验检验 TPO 抗水损害能力，其模拟环境条件比常规的浸水环境更苛刻，即将试件放置在 −18℃的冷冻箱中持续 16h，然后取出放入 60℃的恒温水槽中保温 8h，该过程为一次循环。共进行 15 次循环。

8.6.2.2 紫外光照模拟

太阳光中的紫外光是引起 TPO 面层服役期间发生老化的主要自然因素之一。环氧树脂胶结剂作为一种高分子材料，在日照条件下，紫外光中波长为 300~400nm 的部分引起材料化学键的断裂，聚合物树脂发生光降解[31]，致使其性能劣化，与集料之间的黏结性变弱，从而导致集料脱落，影响 TPO 面层路用性能及耐久性。

目前，紫外光照的实现方法主要有两类：室内环境箱模拟和室外自然大气暴露。影响材料紫外老化的因素主要有紫外光照强度 ($W{\cdot}m^{-2}$) 与暴露时间 (h) 等。鉴于目前尚无环氧树脂及聚合物紫外老化试验的标准和规范，参照文献 [32]，采用光照强度与光照时间之积作为评价准则，即光照累积效率达 $380W{\cdot}m^{-2}{\cdot}h$ 为 1 次紫外光照作用，间隔 12h，往复循环，共循环 12 次。紫外光照强度采用紫外线强度检测仪测得，无论试件置于室内环境箱或室外光照条件下，只要达到等效紫外光照效率，即可实现紫外光照简化模拟。

8.6.2.3 含盐高湿环境模拟

沿海地区高浓度海雾、冬季用除冰盐和融雪剂等往往都能成为 NaCl 的载体渗入面层中。当氯盐溶液与 TPO 接触后，由于其表面张力比环氧树脂大，更容易侵入胶结剂与集料结合处与胶结剂发生置换，从而降低胶结剂与集料的黏附性，再加上荷载和温度胀缩反复作用，将加剧集料的剥落。

参照文献 [33]，配制 10%浓度的 NaCl 溶液，在室温 23±2℃下，将 STC-TPO 复合试件完全浸泡在溶液中，持续浸泡 24h 后取出，室温下放置 12h 为一次干湿循环，共循环 12 次。为保持氯离子浓度基本恒定，容器加盖以减少溶剂蒸发，每 10d 更换一次溶液。

8.6.2.4 高温环境模拟

TPO 环氧树脂中轻质组分，在高温环境下容易挥发，发生热失重现象。由红外光谱图可见，随着老化时间的增加及温度的上升，环氧树脂分子内部发生官能团的变化和化学键断裂，环氧树脂分解从而产生新的低分子量挥发物，热失重速率加快，黏结强度下降、发脆、出现裂纹，且温度越高，反应越明显[34]。

参考《公路工程沥青及沥青混合料试验规程》(JTG E20) 进行高温加速老化模拟。将制备好的 STC-TPO 复合试件放入 (85±3)℃的烘箱中，在强制通风条件下连续加热 24h，之后经自然冷却不少于 16h 至室温，该过程为 1 次循环。试验规程中规定沥青高温老化模拟总循环次数为 5，大体相当于沥青路面使用 5 ~ 7 年服务年限里的老化过程；而考虑到 TPO 使用寿命一般比沥青路面更长，因此增加循环次数，采取高温环境模拟总循环次数为 7。

8.6.2.5 环境因素耦合

桥面暴露在自然环境中，温度、湿度、太阳光照、含盐海雾等因素将对桥面的耐久性产生不利影响。拟从单环境因素到多因素耦合作用，模拟自然条件下 STC-TPO 复合试件老化过程。分别采用紫外光照 (环境 1)、紫外光照 + 水浸泡 (环境 2)、紫外光照 + 氯盐溶液浸泡 (环境 3)、紫外光照 + 高温 (环境 4) 等四种环境模拟方式，如表 8.32 所示。其中前 3 种方式循环次数为 3、6、9、12，第 4 种方式循环次数为 1、3、5、7。

表 8.32 环境模拟方式汇总

环境方式	紫外光照	水浸泡	10%NaCl	85℃高温
环境 1	√			
环境 2	√	√		
环境 3	√		√	
环境 4	√			√

8.6.3 TPO 水稳定性

依据《公路工程沥青及沥青混合料试验规程》(JTG E20)，采用冻融性试验检验 TPO 抗水损害能力。以石料脱落率为指标，表征 TPO 受水损害时的掉粒、松散继而破损的程度，检验树脂与集料在水与温度共同作用下的黏附情况，以评价其水稳定性。

石料脱落率以质量损失率评价，文献 [35] 表明，超高性能混凝土即使在经受 100 次冻融循环后，质量损失接近 0，故本文将试件的质量损失视作上层 TPO 的石料脱落率。

在规定条件下对试件进行冻融循环，测定 1、3、5、7、9、11、13、15 (次) 冻融后试件的质量损失率，结果见图 8.29。

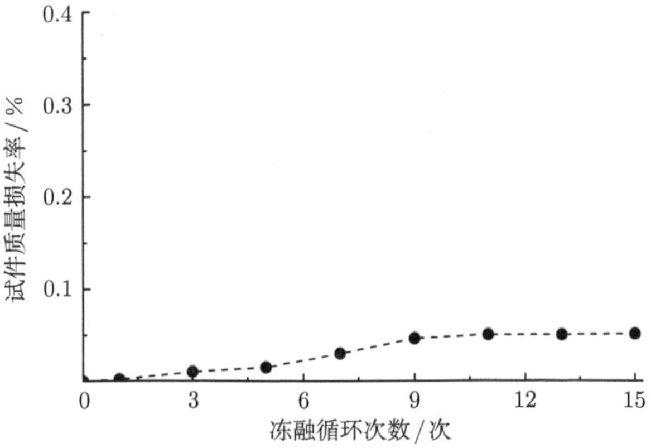

图 8.29 质量损失率与冻融循环次数的关系

从图 8.29 可知，冻融循环对试件的质量基本没有影响，经过 5 次冻融后质量损失率仅为 0.015%，第 5~10 次冻融后，TPO 中的集料微少脱落，10 次以后质量损失率基本维持不变，15 次冻融循环后质量损失率约为 0.05%。《普通混凝土长期性能和耐久性能试验方法标准》(GB/T 50082—2009) 规定：冻融循环后的质量损失率最大不超过 5%，而 TPO 经过 15 次冻融循环后，表面的石料脱落率仅为 0.05%，远小于 5% 的要求，水稳性优良。

8.6.4 TPO 耐老化性能

TPO 铺筑于 STC 表面，直接暴露于外界环境中，会受到紫外线、雨水降雪、氯离子、温度等外界环境的影响。TPO 由环氧树脂和坚硬耐磨的玄武岩组成，材料老化主要是指环氧树脂的紫外老化和热氧老化，导致高分子材料结构发生变化以及材料性能劣变，如泛黄、光泽损失、黏结强度下降等。

8.6.4.1 环氧树脂

1) 颜色变化

分别对环氧树脂 A 组分、环氧树脂 B 组分、混合物 (A 组分:B 组分的质量比 =3:1) 进行紫外老化和热氧老化，观察老化前后颜色及状态变化。

紫外环境箱中，采用 GGZ500 紫外线高压汞灯作为紫外线光源，辐射波长为 365nm，其基本参数见表 8.33。

表 8.33　紫外灯的主要技术参数

型号	电源电压/V	额定功率/W	工作电压/V	工作电流/A	外径/mm	总长/mm	有效弧长/mm	有效寿命/h
GGZ500	220	500	120±15	4.4	20	290	144	1000

为了实现室内与室外自然老化环境相近的老化试验条件，调整底盘高度，使高压汞灯离样品表面的距离为 45cm，同时紫外老化箱内部温度控制在 (60±1)℃，此时用紫外线强度检测仪测得试块表面光强为 $16\mathrm{W/m^2}$。将三组试样均匀摆放在紫外老化箱底盘，底盘保持匀速旋转以保证试块在紫外箱中位置循环交换，以期获得同样光强水平, 见图 8.30。

图 8.30　紫外环境箱

光照强度与时间累积效率 $380\mathrm{W\cdot m^{-2}\cdot h}$，间隔 12h 为 1 次紫外光照循环，循环 3 次后，试样状态及颜色变化见图 8.31。

试验显示：

(1) 老化后环氧树脂 A、B 组分仍为液体状态；混合物由于固化作用，老化后变为固态；

(2)A 组分由透明无色变为黄色，B 组分由清澈淡黄色变为深焦糖色；A、B 混合物由老化前淡黄色变为老化后颜色加深，程度介于 A 液和 B 液之间。三组试件老化后均发生了颜色变深，正如文献 [36] 所述，老化过程中环氧树脂内部组分发生化学变化，生成某些发色结构，引起颜色变化。

(a) A组分

(b) B组分

(c) A、B混合物

图 8.31 环氧树脂老化前后对比 (彩图请扫封底二维码)

2) 吸水率

吸水率可在一定程度上反映环氧覆层的耐水性能，间接评价铺装层的路用性能。参考 ASTM-D570 规程[37]，将 A、B 组分按质量比 3:1 混合均匀，浇筑在直径 50.8mm，厚度 3.2mm 的试盒中，试样厚度控制在 3mm。23℃下固化 7d 后脱模，测其浸水前质量 m_0；然后常温下浸泡水中 24h 后取出，擦干表面水后测浸水后质量 m_{w}。对经历老化后的试块亦进行浸水前后质量测试。环氧树脂吸水率变化，如表 8.34、表 8.35 所示。

表 8.34　未老化试件吸水率

试件	1	2	3
浸水前质量 m_0/g	10.42	10.25	10.91
浸水后质量 m_w/g	10.48	10.31	10.97
实测值	0.58%	0.59%	0.55%
平均值		0.57%	

表 8.35　紫外老化后试件吸水率

试件	1	2	3
浸水前质量 m_0/g	9.90	9.95	9.87
浸水后质量 m_w/g	9.96	10.02	9.93
实测值	0.63%	0.67%	0.64%
平均值		0.65%	

由于紫外老化造成环氧树脂轻质组分挥发，故老化后试件质量有所减小。另外，经过 3 次紫外老化，试件吸水率由 0.57%变为 0.65%，环氧树脂老化后吸水率略有增加，其耐水性能变差，但仍满足吸水率小于 1%的技术要求。

8.6.4.2　TPO 渗水性

参考《公路工程沥青及沥青混合料试验规程》(JTG E20)，将经过环境模拟老化后的试板取出，自然条件下冷却至室温并保持干燥。清除试板表面浮尘，将测试仪器底座放在试板中心，用密封材料对环形密封区进行密封处理，使密封材料嵌满缝隙，牢固贴合在试板上，形成密封环；安置渗水仪，并使渗水仪的中心和密封环中心重合，然后将渗水仪压在密封材料上，再加上压重铁圈压住仪器底座，以防压力水从底座与试块之间流出；将开关关闭，向量筒中注满水，然后打开开关使水下流，将渗水仪底部气泡全部排出。关闭开关，并再次向量筒中注满水，随后将开关打开，待下降至 100mL 刻度时，立即开动秒表开始计时，每间隔 60s，记录仪器管的刻度，当水面下降 500mL 时停止。

渗水系数按式 (8.1) 计算，计算时以水面从 100mL 下降到 500mL 所需时间为标准：

$$C_{\mathrm{w}}=\frac{V_2-V_1}{t_2-t_1}\times 60 \tag{8.1}$$

式中，C_{w} 为路面渗透系数 (mL/min)；V_1 为第一次计时时的水量 (mL)，通常为 100mL；V_2 为第二次计时时的水量 (mL)，通常为 500mL；t_1 为第一次计时的时间 (s)；t_2 为第二次计时的时间 (s)。

在测试中，如果密封材料与底座之间有水流渗出，则说明密封条件不好，此时应将设备移至干燥处再重新开始操作；如果试验时，观察到水面下降速度很慢，则从水面下降 100mL 开始，测试 3min，测得此时的渗水量就可停止测试；如果观察到下降至一定程度后水面保持基本不发生变动，则表明路面基本上不透水或根本不透水。

分别观测紫外光照 (环境 1)、紫外光照 + 水浸泡 (环境 2)、紫外光照 +10% 氯盐溶液浸泡 (环境 3)、紫外光照 + 高温 (环境 4) 等四种环境经过 12 次循环后 TPO 试板，仪器管的刻度均未见水面明显下降 (图 8.32)，说明 TPO 老化后基本不渗水。

(a) 试验开始　　(b) 试验结束

图 8.32 渗水试验

8.6.4.3 表面构造深度

经过紫外光照 (环境 1)、紫外光照 + 水浸泡 (环境 2)、紫外光照 +10% 氯盐溶液浸泡 (环境 3)、紫外光照 + 高温 (环境 4) 等不同循环次数后，将试板取出，自然条件下冷却至室温并保持干燥。参照《公路工程沥青及沥青混合料试验规程》(JTG E20 2011)，采用铺砂法测试 TPO 表面构造深度，见图 8.33。

图 8.33 表面构造深度试验

四种不同老化条件下，试板的表面构造深度测试结果见表 8.36。

表 8.36　不同环境条件表面构造深度测试结果　　(单位：mm)

循环次数	环境 1	环境 2	环境 3	环境 4
0	1.1	1.1	1.1	1.1
1				1.1
3	1.1	1.1	1.1	1.2
5				1.1
6	1.2	1.2	1.2	
7				1.0
9	1.2	1.2	1.1	
12	1.1	1.1	1.1	

由表 8.36 可以看出：① 经过环境 1、环境 2、环境 3、环境 4 多次老化后，构造深度基本没有变化；② 经历四种环境模拟老化后，表面构造深度 TD 均大于等于 1.0，满足现行规范 $TD = 0.7 \sim 1.1mm$ 的要求[38]。

8.6.4.4　*石料脱落率*

石料脱落率以质量损失率为指标，用于检验树脂胶结剂与集料的黏附情况。文献表明[35]，超高性能混凝土即使在经受 100 次冻融循环后，质量损失几乎为 0，因此本文假定 STC 无质量损失，TPO 石料脱落率即为 STC-TPO 复合试块的质量损失率。

四种老化工况下，试块石料脱落率随着循环次数的变化结果见表 8.37~表 8.40。

表 8.37　TPO 石料脱落率 (环境 1)

循环次数	试块质量/g			石料脱落率/%	
	老化前	老化后	变化值	测试值	平均值
3	772.7	770.2	2.5	0.324	0.378
	742.1	739.5	2.6	0.350	
	740.2	736.8	3.4	0.459	
6	768.3	762.4	5.9	0.768	0.756
	768.7	763.5	5.2	0.676	
	778.1	771.7	6.4	0.823	
9	807.4	800.5	6.9	0.855	0.849
	785.6	778.9	6.7	0.853	
	798.2	791.5	6.7	0.839	
12	770.5	763.8	6.7	0.871	0.866
	765.5	758.9	6.6	0.859	
	773.8	767.1	6.7	0.867	

表 8.38 TPO 石料脱落率 (环境 2)

循环次数	试块质量/g			石料脱落率/%	
	老化前	老化后	变化值	测试值	平均值
	741.8	739.4	2.4	0.328	
3	762.1	758.8	3.3	0.437	0.381
	773.2	770.3	2.9	0.378	
	800.3	793.9	6.4	0.803	
6	753.3	747.6	5.7	0.758	0.779
	795.2	789.0	6.2	0.776	
	809.2	802.4	6.8	0.842	
9	789.7	783.2	6.5	0.825%	0.853
	765.7	758.9	6.8	0.892%	
	757.7	751.0	6.7	0.889	
12	809.6	802.6	7.0	0.867	0.871
	801.6	794.7	6.9	0.857	

表 8.39 TPO 石料脱落率 (环境 3)

循环次数	试块质量/g			石料脱落率/%	
	老化前	老化后	变化值	测试值	平均值
	780.5	777.7	2.9	0.367	
3	761.9	759.0	2.9	0.379	0.388
	752.9	749.8	3.1	0.418	
	789.5	783.1	6.4	0.815	
6	784.8	778.5	6.3	0.801	0.785
	795.9	790.0	5.9	0.739	
	798.5	791.6	6.9	0.858	
9	781.3	774.5	6.7	0.862	0.861
	774.3	767.6	6.7	0.863	
	760.9	754.2	6.8	0.891	
12	788.1	781.3	6.8	0.864	0.877
	773.5	766.8	6.8	0.876	

表 8.40 TPO 石料脱落率 (环境 4)

循环次数	试块质量/g			石料脱落率/%	
	老化前	老化后	变化值	测试值	平均值
	769.9	766.9	3.0	0.395	
1	762.4	759.3	3.1	0.402	0.392
	777.5	774.6	2.9	0.379	
	777.2	771.0	6.2	0.793	
3	768.3	762.2	6.2	0.801	0.789
	759.6	753.7	5.9	0.773	
	737.5	731.1	6.4	0.873	
5	785.0	778.3	6.7	0.857	0.872
	736.1	729.6	6.5	0.886	
	771.1	764.2	6.9	0.893	
7	755.1	748.4	6.6	0.879	0.881
	738.5	732.1	6.4	0.871	

石料脱落率随循环次数的变化规律见图 8.34。

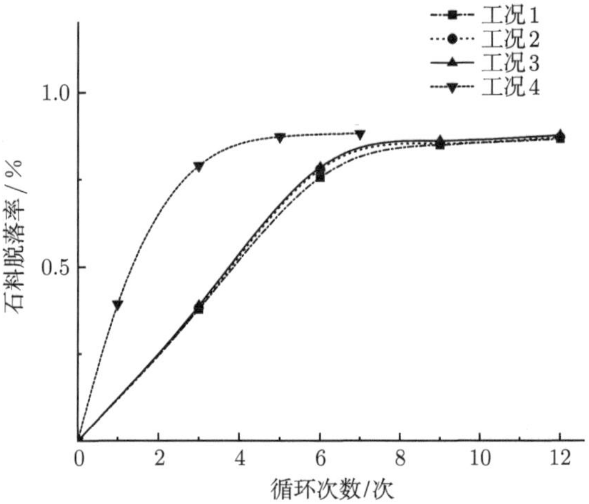

图 8.34　石料脱落率随循环次数的变化规律

从图 8.34 可知，环境 1、2、3 工况下，石料脱落率变化趋势基本一致，前 6 次循环随老化次数的增加而增加；经过 9 次循环后，石料脱落率基本稳定。环境 4 工况下，前 3 次循环石料脱落率较大，但 5 次循环后，亦基本趋于稳定。石料脱落率均在 0.3%～0.9%，表明老化环境对 TPO 胶结剂与集料的黏附强度基本没有影响，石料脱落率满足现行规范小于 5%的要求[39]。

8.6.5　STC-TPO 层间水稳定性

参照《公路工程沥青及沥青混合料试验规程》(JTG E20)，采用冻融性试验检验试件抗水损害能力，其冻融环境比一般的浸水环境更苛刻。在规定条件下对试件进行冻融循环，测定试件在受到水损害后的剩余值，与未冻融循环前进行对比，以评价其水稳定性。

对组合试件进行冻融循环，测定 1、3、5、7、11、13、15 (次) 冻融后 STC-TPO 的层间黏结强度，与未冻融循环前的强度对比，以评价 STC-TPO 层间的水稳定性，测试结果见表 8.41。层间黏结强度、剪切强度随冻融次数的变化曲线见图 8.35。

由图 8.35 可知：

(1) 剪切强度与黏结强度随冻融次数变化规律基本相似，前 5 次冻融循环 STC-TPO 层间黏结强度和剪切强度下降幅度均较大，随后降速趋缓，7 次冻融循环以后层间强度变化微小。这是因为 STC-TPO 层间有细微孔隙，水分通过孔隙快速积聚在界面，浸入的水对层间形成一种润滑作用，使胶结剂与被黏材料原有吸附力降低，同时水结冰产生的膨胀力也使得黏结效应下降，表现为最初几次冻融循环

表 8.41 不同冻融循环次数下 STC-TPO 层间强度试验结果

冻融次数	剪切强度/MPa	黏结强度/MPa	剪切强度/黏结强度
0	15.34	4.27	3.59
1	14.24	3.92	3.63
3	12.78	3.63	3.52
5	12.34	3.49	3.54
7	12.21	3.40	3.59
9	12.12	3.36	3.61
11	11.87	3.31	3.59
13	11.72	3.28	3.57
15	11.55	3.22	3.59

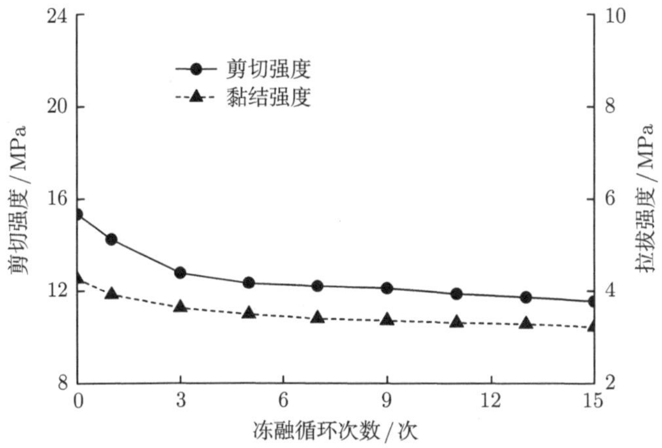

图 8.35 STC-TPO 层间强度与冻融次数的关系

STC-TPO 层间强度以较快速度降低；随着冻融循环次数增加，外界水分无法更多透过紧密结合的 STC-TPO 而进入层间界面，先前产生的膨胀力已达最大，层间强度早期下降较快后逐渐趋于稳定。

(2) 经过 15 次冻融循环，STC-TPO 层间抗剪强度由最初的 15.34MPa 下降到 11.55MPa，降幅约为 24.7%；拉拔强度由最初的 4.27MPa 下降到 3.22MPa，降幅约为 24.6%。

通过分析测试数据及其变化规律，指数形式能较好拟合冻融循环次数与层间强度之间的关系，相应的拟合函数如下：

$$\tau = 11.76 + 3.54e^{-t/2.72} \quad (R^2 = 0.9827) \tag{8.2}$$

$$\sigma = 3.26 + 0.96e^{-t/3.17} \quad (R^2 = 0.9861) \tag{8.3}$$

式中，τ 为层间剪切强度，MPa；σ 为层间黏结强度，MPa；t 为冻融次数。

对表 8.41 测试数据分析发现，剪切强度、黏结强度随冻融循环次数的变化有较好的一致性，剪切强度与黏结强度的比值处于 3.52~3.63 之间，变化幅度仅为 3.1%，说明抗剪强度与黏结强度两者相关性显著 (图 8.36)。

$$\tau = 3.66\sigma - 0.28 \quad (R^2 = 0.9894) \tag{8.4}$$

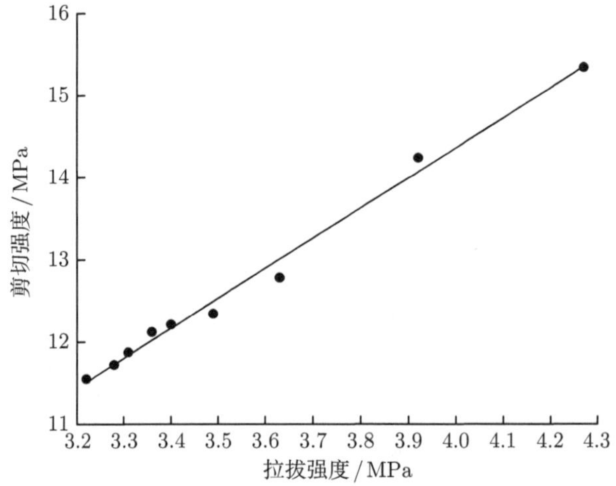

图 8.36 拉拔强度与剪切强度拟合曲线

研究表明，模拟老化后 TPO 面层抗渗水性、表面构造深度、石料脱落率等路用性能未发生明显改变，即环境因素对于面层路用性能的影响基本可以忽略；同时，STC-TPO 层间剩余拉拔强度达 2.8 MPa 以上，剩余抗剪强度达 8.5MPa 以上。另外, 模拟水损害环境，即在规定条件下对试件进行冻融循环后，UHPC-TPO 层间剩余剪切强度为 11.55MPa，拉拔强度为 3.22MPa，表现出优良的力学性能。综上所述，TPO 面层以及 UHPC-TPO 复合构件表现出优异的耐久性能。

8.6.6 STC-TPO 层间耐老化性

将完成环境模拟后的 STC-TPO 复合构件取出，静置待用 (图 8.37)。力学性能试验主要内容包括: ① STC-TPO 层间拉拔试验；② STC-TPO 层间斜剪试验。

8.6.6.1 拉拔试验

复合试块分别经历紫外光照 (环境 1)、紫外光照 + 水浸泡 (环境 2)、紫外光照 +10% 氯盐溶液浸泡 (环境 3)、紫外光照 + 高温 (环境 4) 后，采用 TJ-10 型碳纤维黏结强度检测仪，测试 STC-TPO 层间黏结强度。

图 8.37 STC-TPO 待测试件

不同环境条件下拉拔典型破坏面如图 8.38 所示。

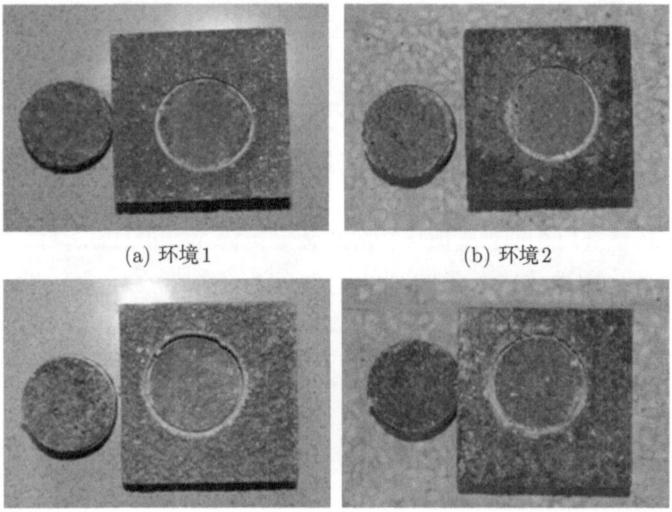

(a) 环境1 (b) 环境2

(c) 环境3 (d) 环境4

图 8.38 拉拔典型破坏形态 (彩图请扫封底二维码)

从图 8.38 可见，① 老化后拉拔破坏面均位于 STC-TPO 层间交界处，破坏面平整，破坏形式与模拟条件无关，表明层间是薄弱部位。② 环境 3(图 8.38(c)) 和环境 4(图 8.38(d))，TPO 底面环氧树脂胶结剂由最初的透明黄色变化成棕色，颜色明显变深，说明在紫外光照 +10%氯盐溶液浸泡、紫外光照 + 高温条件下，树脂老化程度较严重。③ 无论是哪种工况，界面破化时，TPO 层都没有任何破坏，说明 TPO 受环境影响后，抗拉性能仍然保持良好。

四种工况下随着循环次数的变化，拉拔强度的测试结果见表 8.42。

表 8.42　拉拔强度的测试结果　　(单位：MPa)

循环次数		0	1	3	5	6	7	9	12
环境 1	测试值			4.04		3.62		3.61	3.63
				4.02		3.75		3.55	3.48
				4.01		3.89		3.68	3.57
	平均值	**4.27**		**4.02**		**3.75**		**3.61**	**3.56**
环境 2	测试值			3.94		3.66		3.50	3.52
				4.01		3.78		3.57	3.49
				3.96		3.58		3.51	3.43
	平均值	**4.27**		**3.97**		**3.67**		**3.53**	**3.48**
环境 3	测试值			3.62		3.19		3.05	3.04
				3.67		3.23		3.06	2.97
				3.58		3.15		3.08	2.96
	平均值	**4.27**		**3.62**		**3.19**		**3.06**	**2.96**
环境 4	测试值		4.14	3.45	2.84		2.77		
			4.17	3.48	2.83		2.79		
			4.16	3.42	2.85		2.83		
	平均值	**4.27**	**4.16**	**3.45**	**2.84**		**2.80**		

根据表 8.42 可知，对于环境 1～环境 3，经过 12 次循环后，黏结强度由最初的 4.27MPa 分别下降至 3.56MPa、3.48MPa、2.96MPa，降幅分别约为 16.63%、18.5%、30.68%；对于环境 4，经过 7 次循环，黏结强度下降至 2.8MPa，降幅约为 34.43%。黏结强度随循环次数变化曲线见图 8.39。

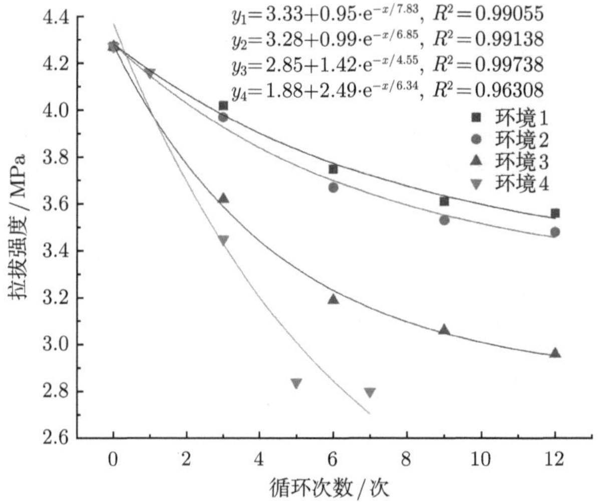

图 8.39　STC-TPO 拉拔强度与循环次数的关系

由图 8.39 可以看出，随着循环次数的增加, STC-TPO 复合构件层间黏结强度均呈现出逐渐下降的趋势，① 环境 1~环境 3，前 6 次循环黏结强度下降幅度较大；随后曲线平缓，强度变化较小；经过 12 次循环，黏结强度数据基本趋于稳定；② 对于环境 4，随循环次数增加，TPO-STC 黏结强度逐渐下降，经过 7 次循环后强度仍有下降趋势，有必要增加循环次数以反映“紫外光照 + 高温”耦合条件对 STC-TPO 层间黏结强度的影响；③ 不同环境条件下，黏结强度各不相同，说明 TPO-STC 界面性能劣化程度存在差异，劣化程度排序为：环境 4 > 环境 3 > 环境 2 > 环境 1。

8.6.6.2 斜剪试验

斜剪试验测试装置见图 8.40。

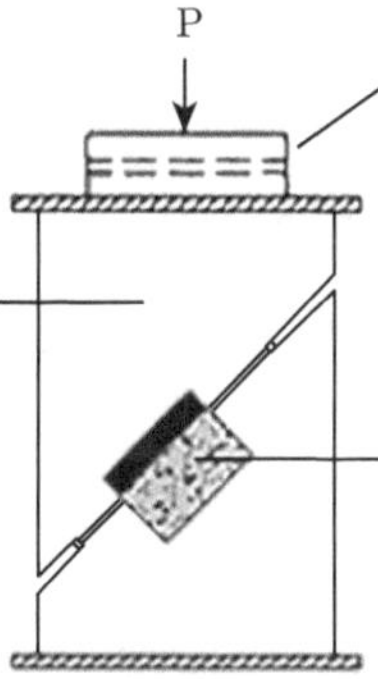

图 8.40 斜剪试验装置

四种环境条件下斜剪典型破坏形态见图 8.41，STC-TPO 层间斜剪强度实测数据汇总于表 8.43 中。

(a) 环境 1

(b) 环境 2

(c) 环境 3

(d) 环境 4

图 8.41 不同环境条件斜剪典型破坏形态 (彩图请扫封底二维码)

表 8.43　斜剪试验结果　　(单位：MPa)

循环次数		0	1	3	5	6	7	9	12
环境 1	测试值			13.04		11.04		10.54	10.31
				13.11		11.09		10.66	10.42
				12.91		11.02		10.32	10.23
	平均值	**15.34**		**13.02**		**11.05**		**10.51**	**10.32**
环境 2	测试值			12.42		10.87		10.15	9.94
				12.33		11.01		10.13	9.97
				12.58		10.83		10.21	9.94
	平均值	**15.34**		**12.44**		**10.90**		**10.16**	**9.95**
环境 3	测试值			12.15		9.96		9.32	9.23
				12.22		10.02		9.29	9.15
				12.20		9.95		9.25	9.16
	平均值	**15.34**		**12.19**		**9.97**		**9.29**	**9.18**
环境 4	测试值		14.84	11.61	8.82		8.59		
			14.79	11.57	8.84		8.61		
			14.86	11.63	8.81		8.88		
	平均值	**15.34**	**14.83**	**11.60**	**8.82**		**8.59**		

从图 8.41 可见：① 剪切破坏均出现在层间交界处；② 四种环境条件下，斜剪典型破坏形态无明显差别，但对于环境 3 和环境 4，上层 TPO 底面环氧树脂胶结剂颜色明显变深，表明紫外光照+10%氯盐溶液浸泡、紫外光照 + 高温模拟条件下其树脂老化程度较严重。

由表 8.43 可知，对于环境1 ~环境 3，经过 12 次循环后，抗剪强度由最初的 15.34MPa 分别下降到 10.32MPa、9.95MPa、9.18MPa，降幅分别约为 32.7%、35.1%、40.2%；环境 4 经过 7 次循环后，抗剪强度下降至 8.59MPa，降幅约为 44.0%。

多次老化循环后，STC-TPO 的层间斜剪强度变化曲线见图 8.42。

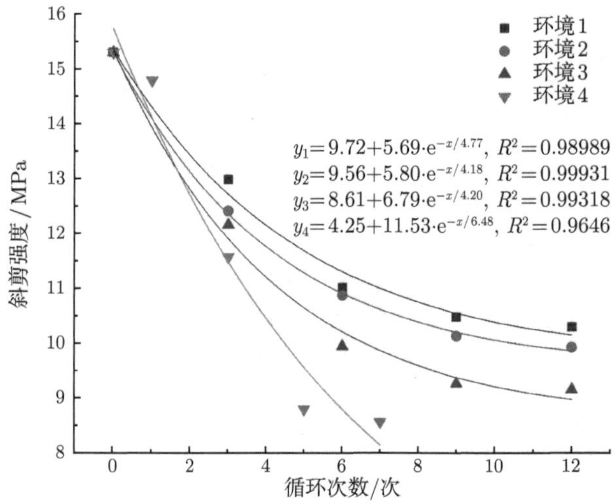

图 8.42　斜剪强度与循环次数的关系

图 8.42 可知，随着循环次数的增加, STC-TPO 复合构件层间抗剪强度逐渐下降。环境 1 ~ 环境 3，初始 6 个循环斜剪强度下降明显，之后强度变化幅度减小，经过 12 次循环后，斜剪强度趋于稳定；对于环境 4，随循环次数增加，TPO-STC 抗剪强度逐渐下降，7 次循环后变化趋势仍不稳定。劣化程度排序为：环境 4 > 环境 3 > 环境 2 > 环境 1。

8.6.6.3 拉拔强度与剪切强度相关性分析

试验研究发现，剪切强度、拉拔强度随老化循环次数的变化规律有较好的一致性，将层间强度测试数据汇总于表 8.44。

表 8.44 四种工况下不同循环次数 STC-TPO 层间强度试验结果

工况	循环次数	拉拔强度/MPa	剪切强度/MPa	剪切强度/拉拔强度
1	3	4.02	13.02	3.24
	6	3.75	11.05	2.95
	9	3.61	10.51	2.91
	12	3.56	10.32	2.90
2	3	3.97	12.44	3.13
	6	3.67	10.9	2.97
	9	3.53	10.16	2.88
	12	3.48	9.95	2.86
3	3	3.62	12.19	3.37
	6	3.19	9.97	3.13
	9	3.06	9.29	3.04
	12	2.96	9.18	3.10
4	1	4.16	14.83	3.56
	3	3.45	11.6	3.36
	5	2.84	8.82	3.11
	7	2.8	8.59	3.07

表 8.44 显示，模拟自然条件下，拉拔强度与剪切强度随循环次数变化规律基本一致。剪切强度与黏结强度的比值处于 2.86~3.56 之间，说明剪切强度与拉拔强度两者相关性较好 (图 8.43)，剪切强度 τ 和黏结强度 σ 之间的拟合函数如下：

$$\tau = 5.48\sigma - 9.22, \quad R^2 = 0.9830 \tag{8.5}$$

$$\tau = 4.65\sigma - 4.61, \quad R^2 = 0.9910 \tag{8.6}$$

式中，τ 为斜剪强度，MPa；σ 为黏结强度，MPa。

研究表明，环境因素对 STC-TPO 层间强度的影响程度排序为：紫外光照+高温 > 紫外光照 + 氯盐浸泡 > 紫外光照 + 水浸泡 > 紫外光照。复合构件老化后界面强度比老化前均有不同程度下降，究其原因是由于环氧树脂在紫外光照、饱水浸泡、氯盐侵蚀、有氧高温条件下，聚合物中低分子物挥发，发生热降解，导致胶结剂的分子结构发生改变，从而使 STC-TPO 界面黏结强度降低。

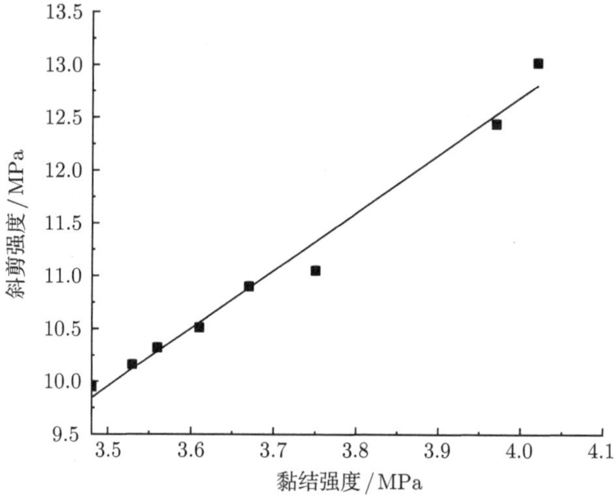

(a) 工况1、工况2

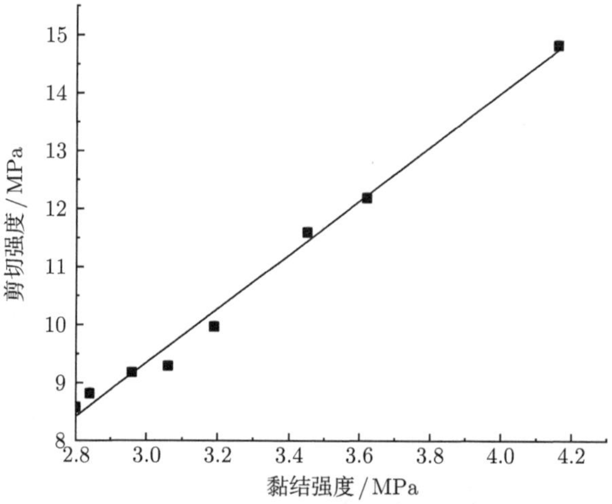

(b) 工况3、工况4

图 8.43　黏结强度与斜剪强度拟合曲线

美国混凝土协会发布的标准 ACI 548.8-07、ACI 548.5R-16 和 ACI 548.9-08 均有规定，聚合物铺面与水泥混凝土的拉拔强度最低为 1.70MPa。STC-TPO 界面即使在老化后，拉拔强度仍满足美国规范大于 1.70MPa 要求，耐老化性能优良。

8.7　STC-沥青面层新铺与重铺界面性能对比研究

现行的薄面层通常采用沥青混合料，厚度 25~40mm，使用寿命约 8~12 年，而超高性能组合桥面中 STC 作为永久结构层，设计寿命 100 年。因此，STC-沥青薄面层结构必然需要多次铣刨与重铺。沥青面层铣刨后，STC 表面不可避免会吸附少量沥青混合料残留物及部分旧黏层材料，因此，重铺时 STC 界面状态与新建 STC 界面会有所区别。

在车辆荷载作用下，沥青薄面层有可能与原有 STC 结构层发生界面破坏，层间强度不足、变形能力不佳均会造成铺面修复的失效。重铺时界面的物理力学性能对面层修复的效果起着决定性的作用，因此，不仅要研究新建工程中沥青面层与 STC 界面性能，而且需掌握铣刨重铺面层与旧的 STC 界面的力学性能。

8.7.1 国内外研究综述

目前国内外文献主要针对沥青铺装修复问题或沥青混合料与普通混凝土层间性能开展研究。

8.7.1.1 修复界面性能的研究

李兴海等[40] 针对钢桥面铺装修复界面层间易出现剪切破坏的现象，采用 NCAT 剪切试验，通过完善修复界面评价方法，分析不同修复方案铺装层间界面状况，引入能量法评价不同黏结方案的剪切性能。针对钢桥面沥青铺装开展疲劳断裂试验[41]，探讨沥青铺装病害修复界面疲劳特性，定量评价修复的效果。陈磊磊等[42] 通过沥青混合料小梁疲劳试验，分析不同的裂缝槽口型式和修复后的疲劳性能，评价不同裂缝处治下的界面修复效果。试验结果表明：修复后的小梁试件的疲劳寿命下降幅度明显增加，但极限弯拉强度较完好的小梁试件无太大变化；部分修复断面的修复效果不及全断面修复。Li 等[43] 分析了新老混凝土界面薄弱的原因及对界面黏结性能的要求，采用弯曲黏结试验方法对新型修补材料其界面性能进行了测试。Tran 等[44] 开展超薄白面层 (UTW) 与旧混凝土界面的黏结特性研究，结果表明：旧混凝土不同表面预处理对加铺层与下承层界面的黏结性能有较大影响，界面凿毛处理对与新混凝土的协同工作有较大贡献，且界面黏合剂能增强界面与旧混凝土层的协调性，界面凿毛和刷界面胶的处理组合可以有效提高弱界面过渡层的强度。Jung 等[45] 通过对丁苯橡胶混凝土 (SBR)、聚合物混凝土 (PC) 和粗集料聚合物混凝土 (CPC) 三种修补材料的体积变化，计算出修补材料与基体混凝土界面应力，从界面滑移和剪切应力的角度分析了界面行为特征，从而提出了界面刚度的计算方法。Xiong 和 Lei[46] 提出了一种获取新旧混凝土黏结界面人工粗糙度的方法，基于分形理论，对数字图像法采集的生态数据进行处理，将人工粗糙度表征为分形维数，实现界面的三维重组，探讨粗糙度与新旧混凝土黏结性能的相关性。

8.7.1.2 刚–柔结构界面性能研究

曹明明等[47] 依托高速公路刚柔复合路面试验段，通过室内斜剪试验，探究了不同界面处理方案、加载速率、环境温度对复合式路面层间界面剪切滑移特性的影响，试验结果表明：峰值荷载下凿毛处理界面滑动位移较喷砂界面更大，能达到更好的抗剪性能，加载速率能显著地影响层间的剪切强度，温度对剪变特性影响显著。柳力等[48] 结合刚柔复合路面反射裂缝机理，制作了直接加铺、加铺抗裂层材料、浸渍土工布三种试件，开展室内弯拉和剪切疲劳试验。结果表明：加铺了抗裂层材料的试件其弯拉和疲劳应力要低于浸渍土工布和直接加铺筑，抗裂层吸收层间应力，延缓反射裂缝的产生和扩展。

李盛等[49] 在层间界面剪切疲劳试验的基础上，提出了复合路面的层间剪切刚度系数，基于有限元计算方法提出了沥青厚度的设计计算方法。贾进和甘孟松[50] 为探究复合式路面层间耐久性差且容易脱黏的问题，通过试件的拉拔强度和剪切强度，分析界面未处理、拉毛处理、粗糙处理各自的特点。试验结果表明：界面拉毛处理较简单的粗糙处理能提高复合路面的拉拔和剪切强度。Ozer 等[51] 分析影响层间黏结性能的多个因素，包括黏结材料的种类、表面状况、温度等。通过室内剪切试验、模拟路面加载试验，并结合有限元仿真，探讨不同因素对层间性能的影响，试验结果表明：温度对于层间性能的影响显著；界面采用铣刨的处理方式能提供最佳的黏结效果，采用刻槽处理对常温下的黏结效果基本无影响。

Mahmoud 等[52] 提出了一种测试沥青面层与水泥混凝土基层界面相互作用的试验方法。通过最大剪切强度、最大剪切强度下位移、零到最大剪切强度与位移围成的面积和总面积等指标来评价混合料种类、黏结层种类、黏结层用量及汉堡车辙轮碾次数对层间力学性能影响，建议采用该方法确定最佳的黏层油用量。Zhen 等[53] 进行了热拌沥青混合料 (HMA) 和波特兰水泥混凝土 (PCC) 的剪切性能试验研究，指出影响层间性能的因素主要有温度、热拌沥青混合料和黏结层材料的性能、黏结剂用量、表面处理方式等，环境温度对层间黏结能力有很大影响。温度越高，结合能力越差，水泥混凝土的表层处理方式直接影响层间性能。

上述研究成果对 STC-沥青薄面层界面性能的研究有一定的借鉴意义。

8.7.2 剪切破坏能量分析

目前对于结构层界面性能的研究通常采用强度指标来评价，较少考虑到变形失效等问题。然而，如果结构层发生了宏观的变形推移，也可视为界面破坏失效。能量是物理变化的本质因素，能量分析方法涉及力和变形的共同作用，因而基于能量分析法可以更全面地评价结构层间界面性能[54]。

引起 STC-沥青面层层间剪切破坏的原因有多种，比如材料黏结能力不足或变形能力欠佳，但其本质都是能量驱动下的一种层间界面的断裂失效现象[55]。层间强度只能表征抵抗破坏作用力的大小，不能表征抵抗变形的能力。

从使用功能角度分析，如果结构层发生了宏观的变形推移，即可视为界面破坏失效。能量揭示物理反应的本质特征，反映物质发生破坏的内在因素，能量分析方法涉及力和变形的共同作用，或者应力和应变的共同表现，因而基于能量分析法可以全面地评价结构层间性能。

本文以极限承载力作为破坏准则，通过分析 STC-沥青面层界面剪切破坏过程中的能量转换，获取层间破坏发生所需要吸收的能量值，并将变形破坏吸收的总能量称为剪切断裂能，通过剪切断裂能来评判层间抗剪性能。

根据热力学第一定律，在室内剪切试验加载过程中，试验机所做的功将全部转化成为 STC-沥青面层层间剪切变形吸收的总能量：

$$W = U = U^{\mathrm{e}} + U^{\mathrm{d}} \tag{8.7}$$

式中，W 为剪切断裂能 (J)；U 为试验机所做功 (J)；U^{e} 为弹性变形能 (J)；U^{d} 为耗散能 (J)。

如图 8.44 所示，点状的阴影面积即为耗散能 U^{d}，包括了试验过程中塑性变形以及形成损伤所消耗的能量；带状阴影面积即为弹性变形能 U^{e}，表征存储在 STC-沥青薄面层单元中可逆的弹性能量。

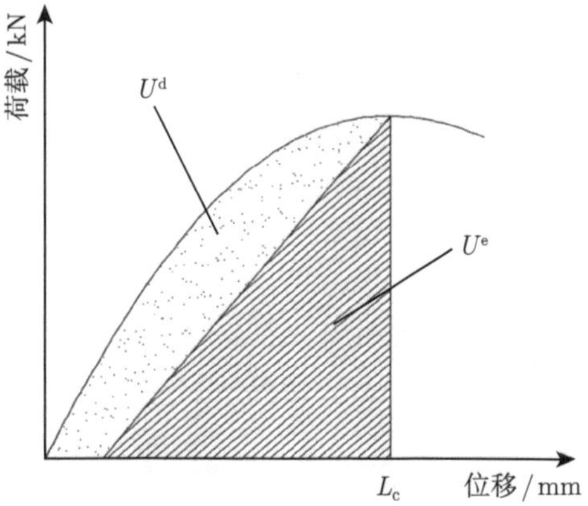

图 8.44 剪切破坏能量分析

剪切断裂能即为峰值荷载–位移曲线包络面积，根据式 (8.8) 计算确定：

$$W = \int_0^{L_c} F\mathrm{d}L \tag{8.8}$$

式中，F 为施加荷载；L 为剪切位移；L_c 为峰值荷载对应的变形位移。

8.7.3 STC-新铺沥青面层界面性能

新型组合桥面体系中，因为 STC-沥青面层界面黏结力不足容易导致面层开裂，拥包、滑移、脱层等病害。此外，桥面体系直接暴露在自然环境下，雨水雪水、高温高湿、表面腐蚀 (酸、碱、盐溶液)、太阳光照等都可能造成不利影响。因此，我们不仅需要关注 STC-沥青面层层间界面的力学性能，也需要探究层间界面的耐老化性能。

通过常温和高温条件下的剪切和拉拔试验，并以浸水损害、高温湿热、氯盐侵蚀为模拟条件，测试与分析不利环境下试件老化过程。从能量角度和界面强度角度来综合评价 STC-沥青面层界面性能。

8.7.3.1　原材料

STC 基体材料配合比见表 8.45，钢纤维掺量按体积比 3.5%掺入。沥青面层采用改性沥青 SMA，主要包括聚丙烯腈纤维 SBS 改性沥青、玄武岩碎石、矿粉等，油石比 5.8%，沥青混合料级配见表 8.46。

表 8.45　STC 基体材料配合比

组分	水泥	硅灰	石英砂	石英粉	减水剂	水
质量比	1.000	0.250	1.100	0.300	0.019	0.225

表 8.46　沥青混合料级配表

筛孔尺寸/mm	13.2	9.5	4.75	2.36	1.28	0.075	矿粉
通过百分率/%	100	61	24.5	19.4	16.5	10.5	7

STC-沥青面层的黏结层采用二次固化改性环氧树脂 (品牌 A)，其 A、B 组分混合比 (质量) 为 100:80，技术性能满足表 8.15 要求。

8.7.3.2　试件制备

浇筑并蒸养尺寸为 300mm×300mm×30mm 的 STC 基板，基板表面采用抛丸处理，构造深度为 0.50 ~ 0.55TD/mm，如图 8.45 所示。

(a) 抛丸前

(b) 抛丸后

图 8.45　STC 表面抛丸处理

将黏结层均匀涂刷在 STC 基板表面上，用量为 0.7kg/m^2，如图 8.46 所示。

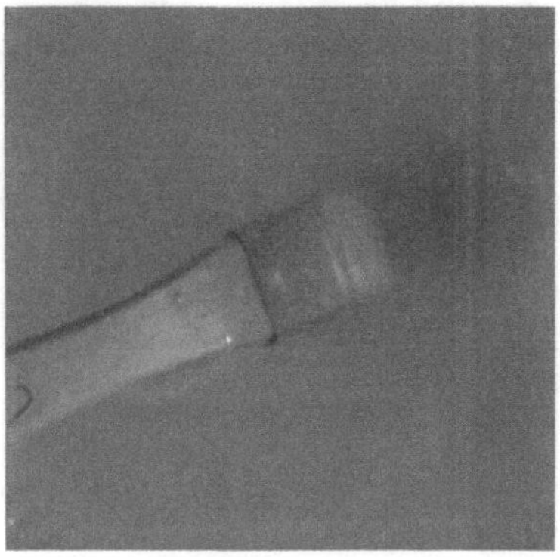

(a) 环氧树脂黏结材料

(b) 黏结层表干后

图 8.46 STC 表面黏结材料

待 48h 表干后，轮碾成型 3cm 厚的沥青混合料 SMA，24h 后脱模，在 80℃条件下养护 6h。冷却后切割试板，测试复合试件的剪切强度和拉拔强度 (图 8.47)。

(a) 剪切试验

(b) 拉拔试验

图 8.47 室内试验试件

8.7.3.3 试验方法

参考美国标准试验方法 ASTM C882/C882M-13[9]，进行复合试件层间斜剪试验。试验装置为量程 50N 的 UTM 试验机，加载速率 10mm/min，试验机自动记录受剪过程不同界面位移对应的荷载值，直至达到剪切破坏峰值荷载。

附着力拉拔试验方法参考美国标准规范 ASTM D7234-12[10] 进行，试验装置为 TJ-10 型碳纤维黏结强度检测仪测试，通过匀速转动手柄来控制加载速率。试验装置如图 8.48 所示。

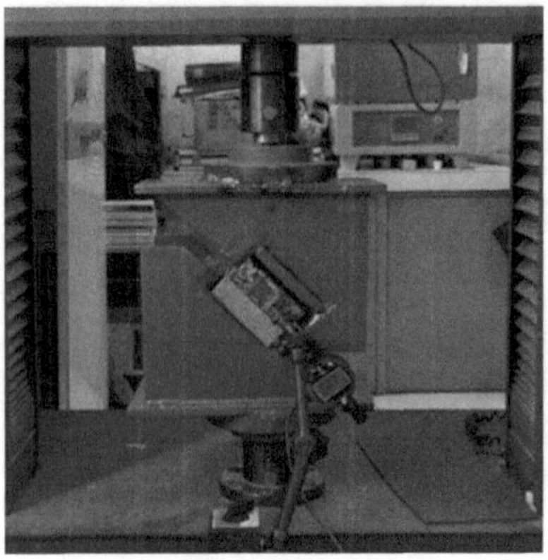

(a) 斜剪试验

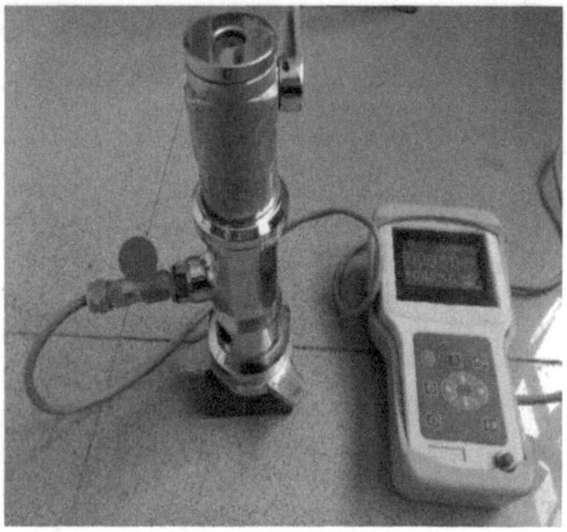

(b) 附着力拉拔试验

图 8.48　试验装置

8.7.3.4　界面力学性能试验与分析

在 (23±2)℃、60℃条件下，分别进行复合试件斜剪试验以及附着力拉拔试验，复合试件剪切破坏形态如图 8.49 所示，附着力拉拔破坏态如图 8.50 所示。

图 8.49　复合试件剪切破坏形态

图 8.50　与 STC 附着力拉拔破坏形态

由图 8.50 可知，复合试件剪切破坏面发生在层间界面，表面呈粗糙状态，STC 表面均吸附有部分沥青混合料的残留物。拉拔破坏也发生在层间界面，同时拉拔破坏面上也黏附有少许 STC 材料。试验结果汇总如表 8.47 所示。

表 8.47 新铺面层层间界面力学性能试验结果置

项目	参数	(23±2)℃				60℃			
		试件一	试件二	试件三	**平均值**	试件一	试件二	试件三	**平均值**
复合件剪切/MPa	峰值荷载	33.72	34.55	35.74	**34.64**	9.41	10.09	10.67	**10.06**
	剪切强度	2.94	3.01	3.11	**3.02**	0.82	0.88	0.93	**0.88**
附着力拉拔/MPa	峰值荷载	6.94	7.14	7.23	**7.10**	1.39	1.53	1.73	**1.55**
	拉拔强度	3.53	3.64	3.68	**3.62**	0.71	0.78	0.88	**0.79**

将复合试件剪切过程中界面位移以及对应的荷载测试值标示于图 8.51 中，并进行曲线拟合。

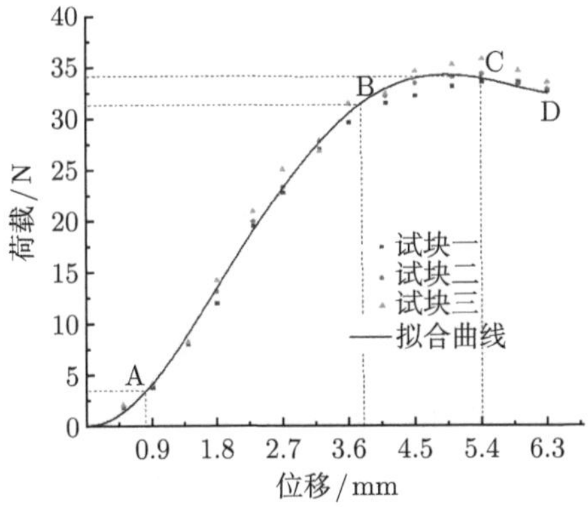

(a) 常温

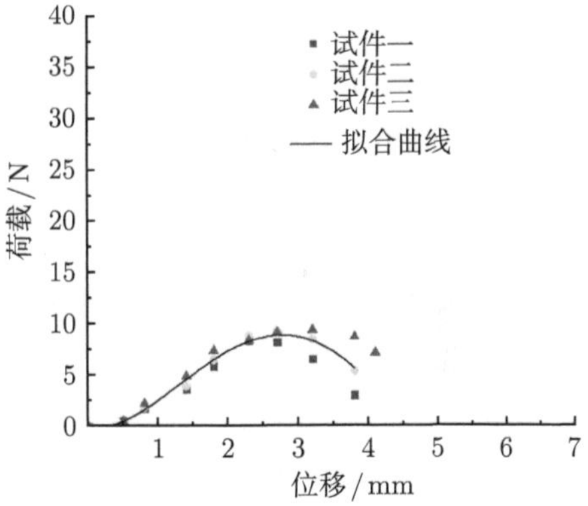

(b) 高温

图 8.51 剪切荷载–界面位移拟合曲线

从图 8.51 可以看出，常温下荷载–位移曲线呈现较为明显的四个阶段: 初始阶段 OA，弹性阶段 AB，塑性阶段 BC，破坏阶段 CD。加载初期，由于试件和模具不能完全密合，测试位移值中包含了试验初始的系统误差，故表现出位移读数增加较快的现象，曲线斜率较缓，荷载–位移曲线出现反弯点；弹性阶段，荷载–位移关系呈线性变化，界面推移随着荷载增加逐渐明显；随后进入塑性阶段，这一阶段同样的位移步长承受的荷载值变小，界面黏结力逐步丧失，直至达到抗剪极限承载力；界面破坏后，承载能力快速下降，位移值迅速加大，复合试件上下层分离。

高温 (60℃) 状态下的试件荷载–位移曲线图也呈现出相同的阶段特征，但与常温状态相比，在峰值荷载、剪切破坏位移、曲线斜率等有明显的下降。

在高温状态下，试件的剪切强度由常温状态下的 3.02MPa 下降至 0.88MPa，下降幅度约为 70.9%，附着力拉拔强度由 3.62MPa 下降至 0.79MPa，下降幅度约为 78.2%可以发现附着力拉拔强度下降幅度均要大于剪切强度，这是由于斜剪强度由环氧树脂黏结材料所提供的黏聚力和层间粗糙面提供的机械摩擦力两者构成，而附着力拉拔强度仅由环氧树脂黏结剂黏聚力提供；其中受温度影响的主要是由黏结材料提供的黏聚力。

8.7.3.5 界面耐老化性能试验与分析

钢桥面直接暴露在自然环境中，主要影响因素为湿热环境、干湿交替、紫外光辐射、冻融循环、酸腐蚀、碱腐蚀和盐腐蚀等。而在我国，大跨度钢桥主要建在南方地区，春季多雨、夏季炎热潮湿，且桥面可能被海雾和除冰盐侵蚀。因此，以浸水损害、高温湿热、氯盐侵蚀为模拟条件，探讨不利自然因素对 STC-沥青薄面层界面性能的影响。

1. 不利自然环境模拟

1) 水损环境模拟 (简称：环境①)

参考《公路工程沥青及沥青混合料试验规程》(JTG E20)，通过冻融性试验来检验试件抵抗水损害能力，其模拟环境条件比常规的浸水更严格，即将试件放置在 −18℃的冷冻箱中持续 16h，然后取出放入 60℃的恒温水槽中保温 8h，该过程为一次循环。共进行 9 次循环。

2) 湿热环境模拟 (简称：环境②)

参考文献 [56]，将试件放入温度为 80℃、湿度为 96%的环境箱中持续 12h，然后拿出放置在室温下 12h，该过程为一次循环。共进行 9 次循环。

3) 含盐高湿环境模拟 (简称：环境③)

参考文献 [57]，配制 10%浓度的 NaCl 溶液，在室温 (23±2)℃下，将试件完全浸泡在溶液中，持续浸泡 16h，然后放入 80℃烘箱内烘 8h 为一次循环。共进行 9 次循环。

2. 剪切试验结果与分析

(23±2)℃条件下，将试件在环境 ①、环境 ②、环境 ③ 条件下进行 0、1、3、5、7、9 (次) 循环，老化完成后，进行复合试件剪切试验，每组 3 个试件，测试结果见表 8.48。

复合试件剪切荷载–界面位移曲线见图 8.52。

由图 8.52 可知：

(1) 三种不利环境条件下，不同循环次数的荷载–界面位移曲线与未经老化 (循环 -0) 形态相似，模拟老化后改性环氧树脂黏结材料没有出现脆化现象，仍呈现出明显的四阶段特征，即不利环境对于层间抗剪性能的劣化规律基本一致。

表 8.48 新铺试件剪切试验结果

循环次数		环境 ①		环境 ②		环境 ③	
		剪切强度/MPa	破坏位移/mm	剪切强度/MPa	破坏位移/mm	剪切强度/MPa	破坏位移/mm
1	试件 1-1	2.95	5.5	3.07	5.5	2.95	5.5
	试件 1-2	2.96	5.5	3.12	5.5	3.00	5.5
	试件 1-3	3.00	5.5	3.14	5.5	3.02	5.5
	平均值	**2.97**	**5.5**	**3.11**	**5.5**	**2.99**	**5.5**
3	试件 3-1	2.80	5.2	2.93	5.4	2.81	5.4
	试件 3-2	2.81	5.2	2.96	5.4	2.86	5.4
	试件 3-3	2.82	5.2	2.98	5.4	2.88	5.4
	平均值	**2.81**	**5.2**	**2.96**	**5.4**	**2.85**	**5.4**
5	试件 5-1	2.58	5.1	2.81	5.1	2.69	5.1
	试件 5-2	2.61	5.1	2.85	5.1	2.73	5.1
	试件 5-3	2.63	5.1	2.88	5.1	2.74	5.1
	平均值	**2.61**	**5.1**	**2.85**	**5.1**	**2.72**	**5.1**
7	试件 7-1	2.35	5.2	2.59	5.1	2.49	4.8
	试件 7-2	2.39	5.2	2.63	5.1	2.51	4.8
	试件 7-3	2.40	5.2	2.66	5.1	2.53	4.8
	平均值	**2.38**	**5.2**	**2.63**	**5.1**	**2.51**	**4.8**
9	试件 9-1	2.00	4.1	2.37	4.4	2.19	4.4
	试件 9-2	2.02	4.1	2.41	4.4	2.22	4.4
	试件 9-3	2.04	4.1	2.43	4.4	2.25	4.4
	平均值	**2.02**	**4.1**	**2.40**	**4.4**	**2.22**	**4.4**

(2) 环境 ② 经过一次循环后，剪切破坏峰值不降反升，这是因为黏层材料为二次固化改性环氧树脂，其在高温下融化，渗进面层 SMA 空隙中，增大了 STC 与 SMA 的接触面积，故抗剪能力得以提升。

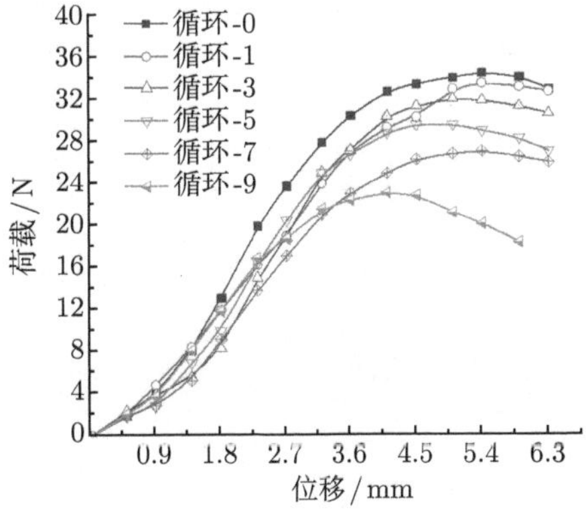

(a) 环境①

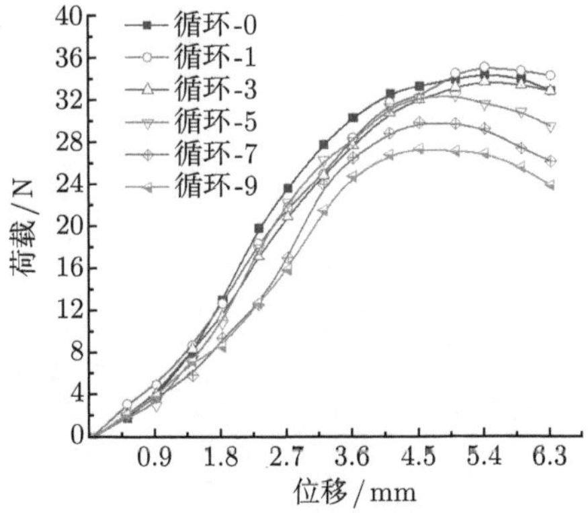

(b) 环境②

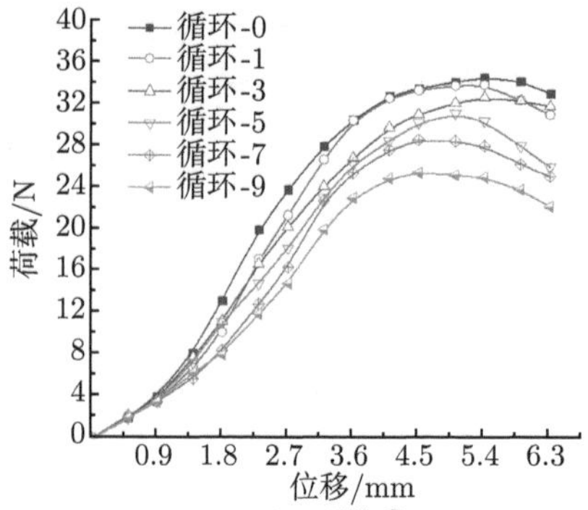

(c) 环境③

图 8.52　剪切荷载–界面位移曲线

(3) 不同环境条件下，抗剪强度峰值随循环次数的增加而下降，且下降幅度逐渐增大。9 次循环后，环境 ① 剪切强度为 2.02MPa，环境 ②、环境 ③ 分别为 2.40MPa 和 2.22MPa，下降幅度分别为 33.1%、20.5%和 26.5%，表明不利环境对于层间抗剪性能的劣化程度存在差异，不利环境影响排序为：水损害 (环境 ①) > 氯盐 (环境 ③) > 湿热 (环境 ②)。

不同环境下荷载–界面位移曲线特征点汇总见表 8.49，其中 F_a、L_a 分别为初始阶段 A 点荷载、位移平均值，F_b、L_b 分别为弹性阶段 B 点荷载、位移平均值，F_c、L_c 分别为峰值荷载及其对应的剪切破坏位移值。

表 8.49　荷载–界面位移曲线特征点

(a) 环境 ①

循环次数		特征点 A		特征点 B		特征点 C		剪切强度
		F_a/N	L_a/mm	F_b/N	L_b/mm	F_c/N	L_c/mm	τ/MPa
1	试件 1-1	3.34	0.9	30.23	4.1	33.86	5.5	2.95
	试件 1-2	3.44	0.9	30.72	4.1	33.98	5.5	2.96
	试件 1-3	3.45	0.9	31.03	4.1	34.37	5.5	3.00
	平均值	**3.41**	**0.9**	**30.66**	**4.1**	**34.07**	**5.5**	**2.97**
3	试件 3-1	3.14	0.8	28.43	4.0	32.11	5.2	2.80
	试件 3-2	3.23	0.8	28.99	4.0	32.18	5.2	2.81
	试件 3-3	3.29	0.8	29.61	4.0	32.40	5.2	2.82
	平均值	**3.22**	**0.8**	**29.01**	**4.0**	**32.23**	**5.2**	**2.81**
5	试件 5-1	2.94	0.9	26.32	3.8	29.63	5.1	2.58
	试件 5-2	2.98	0.9	26.99	3.8	29.98	5.1	2.61
	试件 5-3	3.05	0.9	27.52	3.8	30.21	5.1	2.63
	平均值	**2.99**	**0.9**	**26.94**	**3.8**	**29.94**	**5.1**	**2.61**
7	试件 7-1	2.68	0.8	24.22	4.5	26.99	5.2	2.35
	试件 7-2	2.74	0.8	24.67	4.5	27.39	5.2	2.39
	试件 7-3	2.77	0.8	24.82	4.5	27.52	5.2	2.40
	平均值	**2.73**	**0.8**	**24.57**	**4.5**	**27.30**	**5.2**	**2.38**
9	试件 9-1	2.24	0.6	20.54	3.1	22.89	4.1	2.00
	试件 9-2	2.34	0.6	20.96	3.1	23.22	4.1	2.02
	试件 9-3	2.38	0.6	21.05	3.1	23.40	4.1	2.04
	平均值	**2.32**	**0.6**	**20.85**	**3.1**	**23.17**	**4.1**	**2.02**

续表

(b) 环境 ②

循环次数		特征点 A		特征点 B		特征点 C		剪切强度
		F_a/N	L_a/mm	F_b/N	L_b/mm	F_c/N	L_c/mm	τ/MPa
1	试件 1-1	3.51	0.7	31.59	4.0	35.22	5.5	3.07
	试件 1-2	3.58	0.7	31.08	4.0	35.74	5.5	3.12
	试件 1-3	3.62	0.7	33.66	4.0	36.05	5.5	3.14
	平均值	**3.57**	**0.7**	**32.11**	**4.0**	**35.67**	**5.5**	**3.11**
3	试件 3-1	3.35	0.7	30.12	4.0	33.66	5.4	2.93
	试件 3-2	3.39	0.7	30.61	4.0	33.97	5.4	2.96
	试件 3-3	3.46	0.7	30.95	4.0	34.23	5.4	2.98
	平均值	**3.40**	**0.7**	**30.56**	**4.0**	**33.95**	**5.4**	**2.96**
5	试件 5-1	3.22	0.8	29.11	3.7	32.24	5.1	2.81
	试件 5-2	3.38	0.8	29.57	3.7	32.74	5.1	2.85
	试件 5-3	3.31	0.8	29.58	3.7	33.09	5.1	2.88
	平均值	**3.27**	**0.8**	**29.42**	**3.7**	**32.69**	**5.1**	**2.85**
7	试件 7-1	2.95	0.8	26.72	3.8	29.73	5.1	2.59
	试件 7-2	2.99	0.8	27.21	3.8	30.22	5.1	2.63
	试件 7-3	3.09	0.8	27.52	3.8	30.56	5.1	2.66
	平均值	**3.01**	**0.8**	**27.15**	**3.8**	**30.17**	**5.1**	**2.63**
9	试件 9-1	2.71	0.6	24.44	3.6	27.13	4.4	2.37
	试件 9-2	2.76	0.6	24.84	3.6	27.61	4.4	2.41
	试件 9-3	2.78	0.6	25.06	3.6	27.85	4.4	2.43
	平均值	**2.75**	**0.6**	**24.78**	**3.6**	**27.53**	**4.4**	**2.40**

(c) 环境 ③

循环次数		特征点 A		特征点 B		特征点 C		剪切强度
		F_a/N	L_a/mm	F_b/N	L_b/mm	F_c/N	L_c/mm	τ/MPa
1	试件 1-1	3.32	0.9	30.42	3.9	33.86	5.5	2.95
	试件 1-2	3.44	0.9	30.91	3.9	34.41	5.5	3.00
	试件 1-3	3.53	0.9	31.34	3.9	34.63	5.5	3.02
	平均值	**3.43**	**0.9**	**30.89**	**3.9**	**34.30**	**5.5**	**2.99**
3	试件 3-1	3.23	0.8	28.87	4.0	32.21	5.4	2.81
	试件 3-2	3.27	0.8	29.49	4.0	32.77	5.4	2.86
	试件 3-3	3.31	0.8	29.9	4.0	33.09	5.4	2.88
	平均值	**3.27**	**0.8**	**29.42**	**4.0**	**32.69**	**5.4**	**2.85**
5	试件 5-1	3.05	0.8	27.45	3.9	30.89	5.1	2.69
	试件 5-2	3.14	0.8	28.12	3.9	31.30	5.1	2.73
	试件 5-3	3.17	0.8	28.67	3.9	31.41	5.1	2.74
	平均值	**3.12**	**0.8**	**28.08**	**3.9**	**31.20**	**5.1**	**2.72**
7	试件 7-1	2.79	0.7	25.25	3.8	28.53	4.8	2.49
	试件 7-2	2.89	0.7	26.01	3.8	28.84	4.8	2.51
	试件 7-3	2.96	0.7	26.47	3.8	29.00	4.8	2.53
	平均值	**2.88**	**0.7**	**25.91**	**3.8**	**28.79**	**4.8**	**2.51**
9	试件 9-1	2.51	0.6	21.67	3.6	25.12	4.4	2.19
	试件 9-2	2.57	0.6	22.98	3.6	25.47	4.4	2.22
	试件 9-3	2.57	0.6	24.11	3.6	25.79	4.4	2.25
	平均值	**2.55**	**0.6**	**22.92**	**3.6**	**25.46**	**4.4**	**2.22**

复合试件的剪切荷载–界面位移曲线均呈现出明显的四个阶段。为方便起见，将各个阶段 (OA、AB、BC、CD) 分别用直线关系简化处理，如图 8.53 所示。

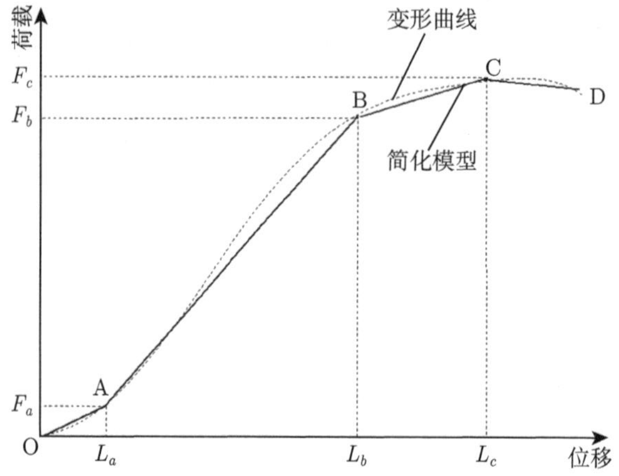

图 8.53　剪切荷载–界面位移简化计算模型

剪切荷载–界面位移简化计算公式如下：

$$F=\begin{cases}\dfrac{L}{L_a}F, & 0\leqslant L\leqslant L_a\\ \dfrac{L-L_a}{L_b-L_a}(F_b-F_a)+F_a, & L_a\leqslant L\leqslant L_b\\ \dfrac{L-L_b}{L_c-L_b}(F_c-F_b)+F_b, & L_b\leqslant L\leqslant L_c\end{cases} \tag{8.9}$$

式中，各符号含义与表 8.49 相同。

根据测试结果 (表 8.49)，由式 (8.9) 和式 (8.10) 计算剪切断裂能 W，计算结果见表 8.50。

$$\begin{aligned}W&=\int_0^{L_c}F\mathrm{d}l\\&=\int_0^{L_a}\frac{L}{L_a}\mathrm{d}l+\int_{L_a}^{L_b}\left[\frac{L-L_a}{L_b-L_a}(F_b-F_a)+F_a\right]\mathrm{d}l+\int_{L_b}^{L_c}\left[\frac{L-L_b}{L_c-L_b}(F_c-F_b)+F_b\right]\mathrm{d}l\end{aligned} \tag{8.10}$$

表 8.50 显示，不利环境条件下，剪切强度、剪切断裂能均随老化循环次数增加而下降；剪切断裂能与剪切强度两者之比随着循环次数的增加逐渐变小。剪切强度–剪切断裂能相互关系拟合曲线见图 8.54。

表 8.50 剪切断裂能计算结果

循环次数	不利环境	剪切断裂能/J	剪切断裂能/剪切强度
0	—	106.0	36.6
1	环境 ①	101.4	33.6
	环境 ②	110.9	35.6
	环境 ③	105.1	36.2
3	环境 ①	90.2	32.1
	环境 ②	102.4	34.9
	环境 ③	97.1	34.7
5	环境 ①	81.7	31.3
	环境 ②	92.2	34.6
	环境 ③	85.2	30.1
7	环境 ①	69.7	30.0
	环境 ②	83.5	32.7
	环境 ③	73.0	29.2
9	环境 ①	51.6	26.4
	环境 ②	63.0	25.7
	环境 ③	58.3	25.5

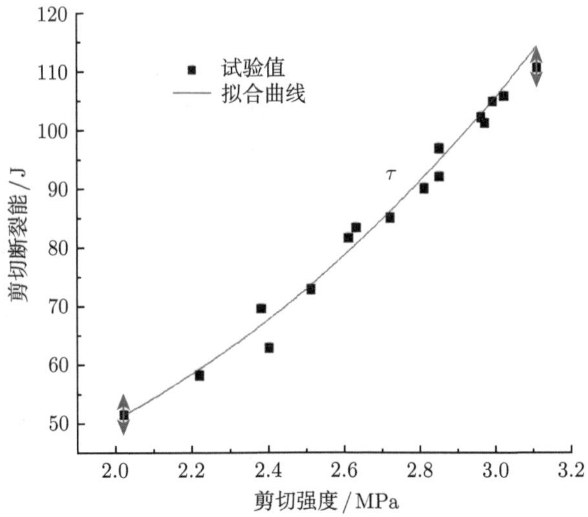

图 8.54 剪切强度与剪切断裂能关系曲线

经过相关分析得到如下回归方程：

$$W = 11.8\mathrm{e}^{0.728\tau}, \quad R^2 = 0.984 \tag{8.11}$$

式中，W 为剪切断裂能 (J)；τ 为剪切强度 (MPa)。

剪切强度与剪切断裂能均可反映结构层间抗剪性能，随着老化循环次数的增加，剪切断裂能下降的幅度要明显大于剪切强度下降的幅度；不利环境条件不仅导致极限承载能力的下降，还导致层间抵抗变形能力的下降。而剪切断裂能则综合反映了层间剪切强度和剪切推移量的大小，能够更加全面的表征层间抗剪性能。

3. 附着力拉拔试验结果与分析

将试件在环境 ①、环境 ②、环境 ③ 下进行多次循环交替。0、1、3、5、7、9 (次) 循环后，测试 (23±2)℃条件下附着力拉拔强度，试验结果见表 8.51。

表 8.51　附着力拉拔试验结果

循环次数		环境 ①		环境 ②		环境 ③	
		峰值荷载/N	拉拔强度/MPa	峰值荷载/N	拉拔强度/MPa	峰值荷载/N	拉拔强度/MPa
1	试件 1-1	6.25	3.40	6.27	3.41	6.27	3.41
	试件 1-2	6.34	3.45	6.49	3.53	6.36	3.46
	试件 1-3	6.77	3.68	6.82	3.71	6.56	3.57
	平均值	**6.45**	**3.51**	**6.53**	**3.55**	**6.40**	**3.48**
3	试件 3-1	5.77	3.14	6.05	3.29	5.88	3.20
	试件 3-2	5.99	3.26	6.18	3.36	6.03	3.28
	试件 3-3	6.38	3.47	6.25	3.4	6.34	3.45
	平均值	**6.05**	**3.29**	**6.16**	**3.35**	**6.09**	**3.31**
5	试件 5-1	5.28	2.87	5.61	3.05	5.31	2.89
	试件 5-2	5.31	2.89	5.72	3.11	5.48	2.98
	试件 5-3	5.46	2.97	5.77	3.14	5.59	3.04
	平均值	**5.35**	**2.91**	**5.70**	**3.10**	**5.46**	**2.97**
7	试件 7-1	4.39	2.39	5.04	2.74	4.73	2.57
	试件 7-2	4.58	2.49	5.20	2.83	4.89	2.66
	试件 7-3	4.93	2.68	5.26	2.86	5.11	2.78
	平均值	**4.63**	**2.52**	**5.17**	**2.81**	**4.91**	**2.67**
9	试件 9-1	3.53	1.92	4.28	2.33	4.23	2.30
	试件 9-2	3.71	2.02	4.58	2.49	4.45	2.42
	试件 9-3	4.01	2.18	4.82	2.62	4.50	2.45
	平均值	**3.75**	**2.04**	**4.56**	**2.48**	**4.39**	**2.39**

根据表 8.51 可知：不同环境条件下，附着力拉拔强度峰值随循环次数的增加而下降，且下降幅度逐渐增大。9 次循环后，环境 ①、环境 ②、环境 ③ 的附着力拉拔强度有最初的 3.62MPa 分别下降至 2.04MPa、2.48MPa、2.39MPa，下降的幅度分别约为 43.6%、31.5%、34.0%，表明环境条件对于界面附着力拉拔的劣化程度存在差异，不利环境影响排序为：水损害 (环境 ①) > 氯盐 (环境 ③) > 湿热 (环境 ②)。这也与剪切强度的劣化规律相似。

8.7.4 STC-重铺沥青面层界面性能

沥青面层使用一定年限后，将出现粗糙度下降、开裂、坑槽、推移等病害，影响行车舒适性及安全性，此时需要重新铺筑沥青面层，以恢复轻型组合桥面表面功能。重铺沥青面层与 STC 的牢固黏结对维修工程的效果起着决定性的作用，重铺界面强度不足或抗变形能力不佳均可能造成不良后果。

8.7.4.1 试验设计

1. 试验方案

采用与新铺面层相同的黏结层材料，即改性环氧树脂黏层，通过剪切试验、附着力拉拔试验，评价 STC-沥青面层界面性能，具体试验内容如下：

(1) 采用 3 种不同的黏层材料用量，通过对比分析获得修复界面最佳黏层用量；

(2) 模拟路面环境影响过程，测定修复界面试件老化后层间劣化规律，探究修复界面耐老化性能。

2. 修复界面模拟

新型组合桥面体系中，STC 是永久性结构层，因此，在清除 STC 上覆沥青面层时，应尽量避免损伤 STC 层的行为。建议采用机械铣刨与人工清除相结合的方式，首先通过人工试开挖的方式获取沥青面层的实际最小厚度，控制机械铣刨深度，对残留的沥青混合料采用人工清除。

为了模拟真实的情况，室内试验选择在进行了耐久性试验的试块上进行面层重铺。先将沥青面层与 STC 层分开，可以发现 STC 表面覆盖了一层沥青混合料残留物 (图 8.55(b))；随后用钢丝刷将黏附的集料清理干净，这时 STC 表面呈现部分沥青及部分环氧黏结料残留物 (图 8.55(c))。可见表面状况与第一次摊铺时经过抛丸处理的表面状况 (图 8.55(a)) 有明显差异。

(a) 新铺界面　(b) 铲除薄面层　(c) 重铺界面

图 8.55 STC 表面状况

3. 试件制备

在经过处理后的重铺界面上涂刷改性环氧树脂黏结层，采用 0.7kg/m^2、0.5kg/m^2 和 0.3kg/m^2 三种用量；随后固定拉拔头。斜剪试件制作需要将原试块拼装好，放入模具中。将黏结材料均匀涂抹在 STC 表面上，如图 8.56 所示。48h 树脂黏结层表干后，轮碾成型 3cm 厚的沥青面层。养护条件与新界面试件相同。300mm×300mm×60mm 试板切割成 9 块复合试件。

图 8.56　试块拼装

8.7.4.2　力学性能试验与分析

1. 剪切试验

沥青薄面层重铺后，在 (23±2)℃条件下进行复合试件的斜剪试验，表面破坏形态见图 8.57。

(a) 0.7kg/m^2　(b) 0.5kg/m^2　(c) 0.3kg/m^2

图 8.57　剪切破坏形态

从图 8.57 可以看出，所有破坏均发生在层间。黏结材料用量为 0.7kg/m^2 时，STC 表层覆盖了大量沥青混合料残留物且吸附了部分集料，有明显的凹凸面；黏结材料用量为 0.5kg/m^2 时表面残留物与吸附的集料有所减少，表面粗糙度下降；而黏结材料用量为 0.3kg/m^2 时，STC 表层几乎无沥青混合料残留物存在，可见大面积 STC 裸露面。

复合试件剪切荷载–界面位移曲线见图 8.58。

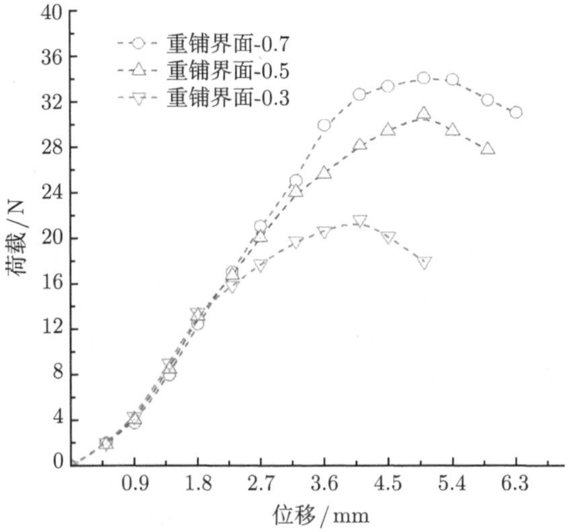

图 8.58 剪切荷载–界面位移曲线

图 8.58 显示，修复界面黏结材料用量对荷载–位移曲线峰值荷载有较大影响。在剪切荷载小于 16N 时，三条荷载–位移曲线基本一致；随着荷载增加，同等加载下, 较小的用量出现更大的界面推移；用量为 0.3kg/m^2 时，变形曲线更早达到抗剪承载力极限，且峰值荷载明显降低，表现出较差的抗剪性能；用量为 0.7kg/m^2 时，抗剪性能更优。

重铺试件剪切试验计算结果汇总见表 8.52。

表 8.52 重铺试件剪切试验结果

黏结剂用量/(kg/m^2)		特征点 A		特征点 B		特征点 C		剪切强度	剪切断裂能
		F_a/N	L_a/mm	F_b/N	L_b/mm	F_c/N	L_c/mm	τ/MPa	W/J
0.7	试件一	3.39	0.8	30.57	3.8	33.85	5.3	2.95	100.6
	试件二	3.41	0.8	30.65	3.8	34.04	5.3	2.97	101.0
	试件三	3.46	0.8	31.06	3.8	34.65	5.3	3.02	102.4
	平均值	**3.42**	**0.8**	**30.76**	**3.8**	**34.18**	**5.3**	**2.98**	**101.3**
0.5	试件一	3.08	0.7	27.58	3.9	30.75	5.0	2.68	81.7
	试件二	3.02	0.7	27.42	3.9	30.82	5.0	2.69	82.2
	试件三	3.20	0.7	28.58	3.9	31.28	5.0	2.73	84.9
	平均值	**3.10**	**0.7**	**27.86**	**3.9**	**30.95**	**5.0**	**2.70**	**82.9**
0.3	试件一	2.25	0.6	21.04	3.5	22.48	4.1	1.96	47.5
	试件二	2.09	0.6	18.59	3.5	20.23	4.1	1.77	42.2
	试件三	2.17	0.6	19.05	3.5	22.48	4.1	1.96	43.8
	平均值	**2.17**	**0.6**	**19.56**	**3.5**	**21.73**	**4.1**	**1.90**	**44.5**

由表 8.52 可知，黏层用量不足将严重影响界面抗剪能力及抵抗剪切变形的能力。薄面层重铺时采用 0.7kg/m^2 黏层用量，抗剪强度为 2.98MPa，剪切断裂能为 101.3J，而用量为 0.5kg/m^2 时，剪切强度下降至 2.70MPa，下降幅度约 9.4%，剪切断裂能降至 82.9J，下降幅度约 18.2%；用量为 0.3kg/m^2 时，剪切强度下降至 1.90MPa，下降幅度达 36.2%，剪切断裂能下降至 44.5J，下降幅度达 57.5%。

2. 附着力拉拔试验

在 (23±2)℃下，测试黏层与 STC 附着力拉拔强度，典型试件破坏形态如图 8.59 所示。

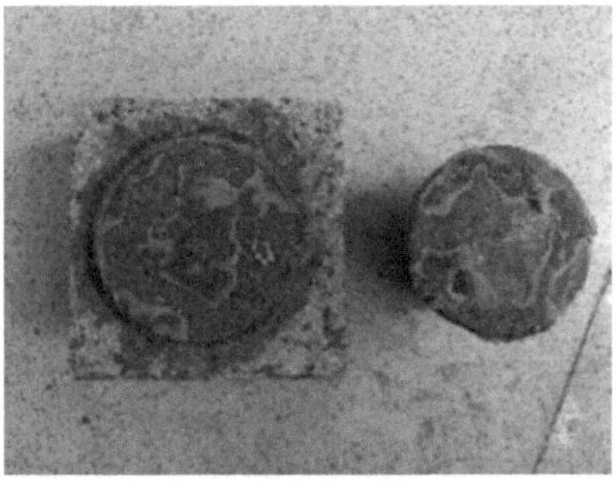

(a) 新铺界面

(b) 重铺界面

图 8.59　STC 界面典型拉拔破坏形态

由图 8.59 可知，新铺界面与重铺界面的拉拔破坏面有一定的区别，两种界面的拉拔头上均黏附有部分的 STC，但重铺界面的拉拔头上还吸附部分残留的沥青混合料。测试结果见表 8.53。

表 8.53　重铺试件附着力拉拔试验结果　　(单位：MPa)

	黏结剂用量/(kg/m^2)	参数	(23±2)℃			
			试件一	试件二	试件三	**平均值**
重铺界面	0.7	峰值荷载	6.73	7.11	7.19	**7.01**
		拉拔强度	3.43	3.62	3.66	**3.53**
	0.5	峰值荷载	6.00	6.12	6.30	**6.14**
		拉拔强度	3.02	3.08	3.17	**3.09**
	0.3	峰值荷载	2.89	2.78	3.24	**3.08**
		拉拔强度	1.46	1.55	1.63	**1.55**

由表 8.53 可知：重铺时采用 0.7kg/m^2 黏层用量，附着力拉拔强度为 3.53MPa，用量为 0.5kg/ m^2 时，附着力拉拔强度为 3.09MPa，相比 0.7kg/m^2 量下降 12.5%；用量为 0.3kg/ m^2 时，附着力拉拔强度下降至 1.55MPa，下降幅度达 56.1%。由此可知黏层用量很大程度上影响修复后抗掀起性能。

8.7.4.3 界面耐老化性能与分析

1. 剪切试验

8.7.3 节研究表明，水损害 (环境 ①) 对层间界面性能影响最为显著。为了探究重铺界面的耐老化性能，将重铺沥青混合料的复合试件在环境 ① 条件下同样进行 1、3、5、7、9 (次) 循环，黏层用量为 0.7kg/m^2。荷载–位移曲线图见图 8.60，测试结果汇总见表 8.54。

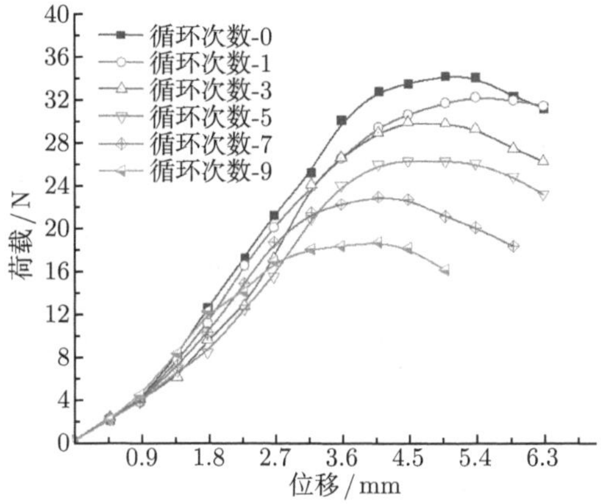

图 8.60 重铺薄面层荷载–位移曲线

表 8.54 重铺试件剪切试验结果

循环次数		特征点 A		特征点 B		特征点 C		剪切强度	剪切断裂能
		F_a/N	L_a/mm	F_b/N	L_b/mm	F_c/N	L_c/mm	τ/MPa	W/J
0	试件 0-1	3.39	0.8	30.57	3.8	33.85	5.3	2.95	100.6
	试件 0-2	3.41	0.8	30.65	3.8	34.04	5.3	2.97	101.0
	试件 0-3	3.46	0.8	31.06	3.8	34.65	5.3	3.02	102.4
	平均值	**3.42**	**0.8**	**30.76**	**3.8**	**34.18**	**5.3**	**2.98**	**101.3**
1	试件 1-1	3.15	0.8	27.96	3.9	31.55	5.3	2.75	91.1
	试件 1-2	3.22	0.8	28.99	3.9	32.21	5.3	2.81	94.1
	试件 1-3	3.26	0.8	29.81	3.9	32.63	5.3	2.84	96.3
	平均值	**3.21**	**0.8**	**28.92**	**3.9**	**32.13**	**5.3**	**2.80**	**93.8**
3	试件 3-1	2.99	0.7	27.01	3.8	29.86	5.0	2.60	81.7
	试件 3-2	3.04	0.7	27.40	3.8	30.35	5.0	2.65	82.9
	试件 3-3	3.06	0.7	27.52	3.8	30.81	5.0	2.69	83.5
	平均值	**3.03**	**0.7**	**27.31**	**3.8**	**30.34**	**5.0**	**2.65**	**82.7**
5	试件 5-1	2.58	0.7	23.24	3.6	25.98	4.9	2.27	70.3
	试件 5-2	2.65	0.7	23.89	3.6	26.32	4.9	2.29	72.0
	试件 5-3	2.69	0.7	24.12	3.6	26.87	4.9	2.34	73.0
	平均值	**2.64**	**0.7**	**23.75**	**3.6**	**26.39**	**4.9**	**2.30**	**71.8**
7	试件 7-1	2.25	0.6	20.22	3.5	22.56	4.5	1.97	54.6
	试件 7-2	2.27	0.6	20.57	3.5	22.77	4.5	1.99	55.5
	试件 7-3	2.32	0.6	20.77	3.5	23.07	4.5	2.01	56.1
	平均值	**2.28**	**0.6**	**20.52**	**3.5**	**22.80**	**4.5**	**1.99**	**55.4**
9	试件 9-1	1.78	0.6	16.35	3.1	18.32	4.0	1.60	38.8
	试件 9-2	1.84	0.6	16.77	3.1	18.57	4.0	1.62	39.7
	试件 9-3	1.96	0.6	16.98	3.1	18.79	4.0	1.64	40.4
	平均值	**1.86**	**0.6**	**16.70**	**3.1**	**18.56**	**4.0**	**1.62**	**39.6**

由图 8.60 和表 8.54 可知：

(1) 修复界面的剪切强度、剪切断裂能均随着循环次数的增加而减小，且随着循环次数的增加下降的幅度越来越大。

(2) 经过 9 次循环后，重铺试件剪切强度、剪切断裂能分别为 1.62MPa 和 39.6J，较老化前分别下降了 45.6%和 60.9%。剪切断裂能下降幅度远大于剪切强度，剪切破坏位移由 5.3mm 下降至 4.0mm，由此证明黏结层老化后，不仅强度抗力会下降，抵抗变形能力也在下降。

2. 附着力拉拔试验

将重铺界面附着力拉拔试件在环境 ① 条件下同样进行 1、3、5、7、9 (次) 循环，黏层用量为 0.7kg/m^2。测验结果见表 8.55。

表 8.55　重铺试件附着力拉拔试验结果　　(单位：MPa)

循环次数	参数	(23±2)°C			
		试件一	试件二	试件三	平均值
0	峰值荷载	6.73	7.11	7.19	7.01
	拉拔强度	3.43	3.62	3.66	3.53
1	峰值荷载	6.45	6.61	6.80	6.62
	拉拔强度	3.24	3.32	3.42	3.33
3	峰值荷载	5.99	6.21	6.19	6.13
	拉拔强度	3.02	3.13	3.12	3.09
5	峰值荷载	5.03	5.13	5.38	5.18
	拉拔强度	2.53	2.58	2.71	2.61
7	峰值荷载	4.00	4.18	4.45	4.21
	拉拔强度	2.01	2.10	2.24	2.12
9	峰值荷载	2.85	3.02	2.89	2.98
	拉拔强度	1.43	1.52	1.45	1.50

由表 8.55 可知：

(1) 重铺界面试件的附着力拉拔强度随着循环次数的增加而减小，与剪切强度的变化趋势一致。

(2) 经过 9 次循环后，附着力拉拔强度为 1.50MPa，老化前下降了 57.5%，下降幅度大于剪切强度，表明环境因素对于修复后界面的拉拔性能的影响要大于剪切性能。

综上所述，黏层材料用量对于修复效果的影响显著，用量不足将影响修复界面的性能，修复过程中采用 0.7kg/m^2 黏层用量时，剪切强度、剪切断裂能、附着力拉拔强度分别为 2.98MPa、101.0J、3.53MPa；而采用 0.5kg/m^2 用量时各项指标分别下降了 9.4%、18.2%和 12.5%，采用 0.3kg/m^2 用量时，下降幅度更大，达 36.2%、57.5%和 56.1%。另外，不利环境因素对于修复界面性能影响显著，修复界面的剪切强度、剪切断裂能、附着力拉拔强度均随着循环次数的增加而减小，且随着循环次数的增加下降的幅度越来越大，9 次循环后，剪切强度、剪切断裂能、附着力拉拔强度分别为 1.50MPa、39.6J、1.62MPa、下降幅度依次为 45.6%、60.9%、57.5%。

8.7.5　重铺与新铺薄面层界面性能比较

通过室内试验对比分析新铺界面与重铺界面力学性能及其耐久性的变化，采用剪切强度、剪切断裂能、附着力拉拔强度综合评价重铺界面力学特征。

8.7.5.1　*层间界面力学性能*

新铺与重铺界面剪切荷载–位移曲线如图 8.61 所示，层间界面力学性能对比见表 8.56 和图 8.62。

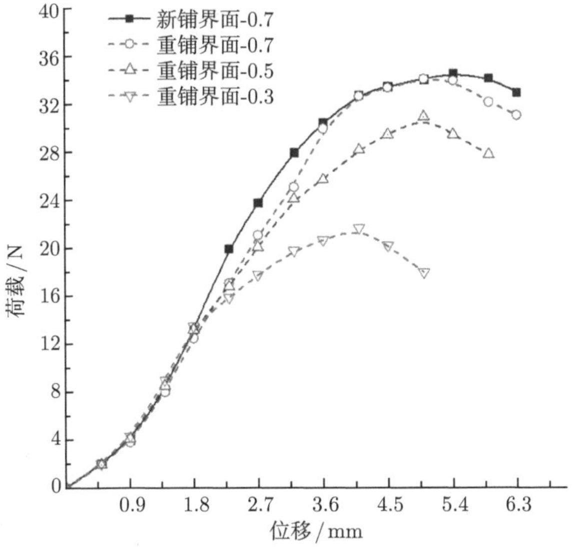

图 8.61　新铺与重铺界面剪切荷载–位移曲线对比

表 8.56　新铺与重铺层间界面力学性能对比

	黏层用量/(kg/m^2)	性能指标		
		剪切强度/MPa	剪切断裂能/J	附着力拉拔强度/MPa
新铺	0.7	3.02	106.0	3.62
重铺	0.7	2.98	101.3	3.53
	0.5	2.70	82.9	3.09
	0.3	1.90	44.5	1.55

可以看出新、旧界面荷载–界面位移曲线形态相似。重铺时界面涂刷 0.7kg/m^2 黏层材料用量时，荷载–界面位移曲线与新界面时基本接近。而随着黏层用量的下降，荷载–位移曲线差异明显，表现在变形曲线更早的达到抗剪承载力极限，且峰

值荷载明显降低。

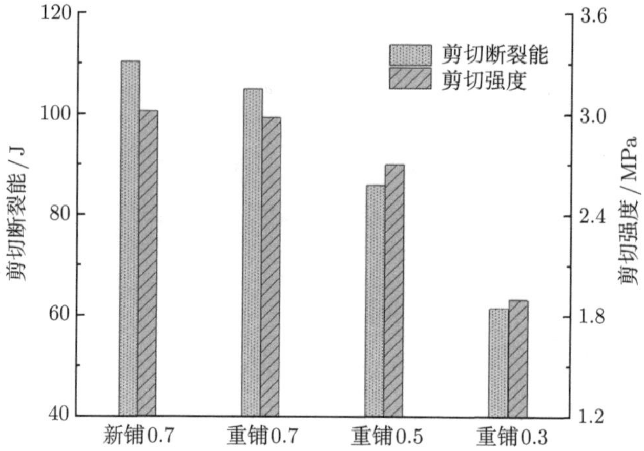

(a) 剪切

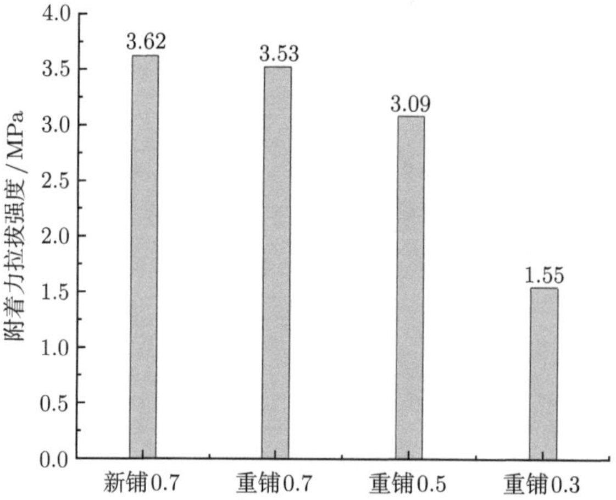

(b) 拉拔

图 8.62 新铺与重铺界面力学性能对比

由表 8.56 和图 8.62 可以得出，重铺时黏层采用 0.7kg/m^2，抗剪强度为 2.98MPa，剪切断裂能为 101.3J，与新铺时相比分别下降 1.3%、4.4%，表明新、旧界面抗剪性能基本相当；而黏层用量为 0.5kg/m^2 时，剪切强度由新铺界面时的 3.02MPa 降至 2.70MPa，下降幅度 10.6%，剪切断裂能由 106.0J 降至 82.9J，下降幅度 21.8%；黏层用量为 0.3kg/m^2 时，剪切强度由新铺界面时的 3.02MPa 下降至 1.90MPa，下降幅度达 37.1%，剪切断裂能由 106.0J 下降至 44.5J，下降幅度达 58.2%。

重铺界面采用 0.7kg/m^2 黏层用量，附着力拉拔强度为 3.53MPa，相比于新铺界面仅下降 2.5%，表明新、旧界面抗拉拔性能变化微小；黏层用量为 0.5kg/m^2 时，附着力拉拔强度由新界面试件的 3.62MPa 降至 3.09MPa，下降幅度 14.6%；黏层用量为 0.3kg/m^2 时，附着力拉拔强度由新铺界面试件的 3.62MPa 下降至 1.55MPa，下降幅度达 57.2%。

综上所述，采用 0.7kg/m^2 的黏层用量，重铺界面与新铺界面相比，STC-沥青面层界面抗剪切、抗拉拔能力基本接近，由此建议重铺界面采用 0.7kg/m^2 的黏层用量。

8.7.5.2 耐老化性能

在相同不利环境下，通过新铺界面与重铺界面的耐老化性能试验，对比分析两者层间性能的劣化规律。以环境 ① 为例，重铺界面与新铺界面参数随循环次数变化情况见表 8.57 和图 8.63。

表 8.57 重铺界面与新铺界面性能对比

循环次数	参数	新铺界面	重铺界面
1	剪切强度/MPa	2.97	2.80
	剪切断裂能/J	101.4	93.8
	附着力拉拔强度/MPa	3.51	3.33
3	剪切强度/MPa	2.81	2.65
	剪切断裂能/J	90.2	82.7
	附着力拉拔强度/MPa	3.29	3.09
5	剪切强度/MPa	2.61	2.30
	剪切断裂能/J	81.7	71.8
	附着力拉拔强度/MPa	2.91	2.61
7	剪切强度/MPa	2.38	1.99
	剪切断裂能/J	69.7	55.4
	附着力拉拔强度/MPa	2.52	2.12
9	剪切强度/MPa	2.02	1.62
	剪切断裂能/J	51.6	39.6
	附着力拉拔强度/MPa	2.04	1.50

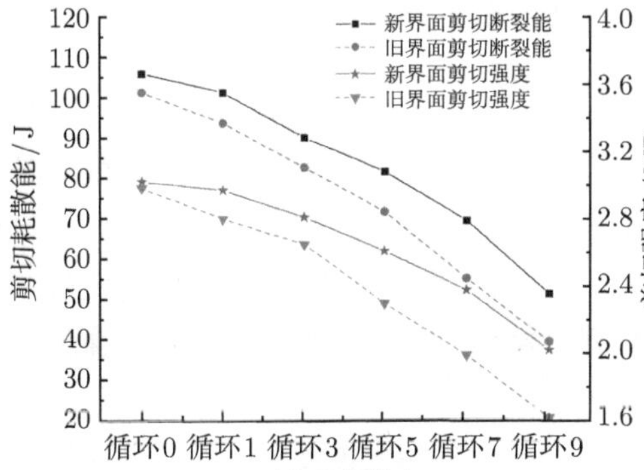

(a) 抗剪能力

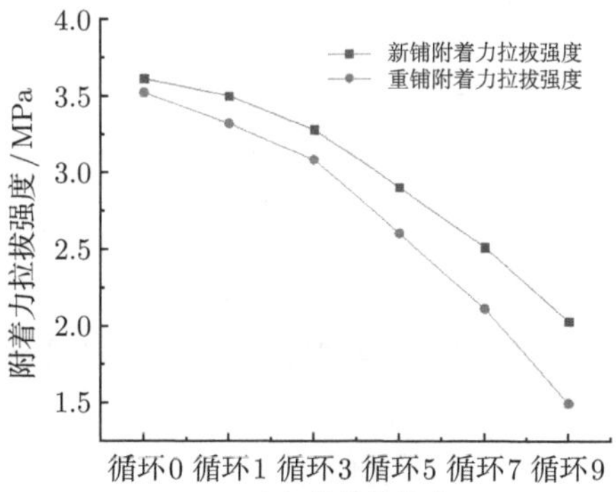

(b) 抗拉拔能力

图 8.63 新铺界面与重铺界面耐老化性能对比

由图 8.63 可知：

(1) 新、旧界面的剪切强度、剪切断裂能、附着力拉拔强度均随着循环次数的增加而减小；

(2) 循环次数相同时，旧界面试件的剪切强度、剪切断裂能、附着力拉拔强度均小于新铺界面试件，两者差值随着循环次数增加而逐渐增大；

(3) 经过 9 次循环后，重铺界面的剪切强度、剪切断裂能、附着力拉拔强度较新铺界面分别下降 19.8%、23.4%、26.5%。

试验研究表明：与新铺界面相比，不利环境对重铺界面的性能影响更大，循环次数越多，重铺界面劣化进展越快，表明沥青面层铣刨重铺后，其层间界面耐老化性能较新建工程有一定程度的下降。

8.8　钢-STC-TPO 组合板静力试验研究

针对特大跨径桥梁减轻自重的要求，开展“钢面板-STC (35~40mm)-TPO (13mm)”超高性能组合桥面体系受力性能研究。

文献 [58] 表明，钢-STC 组合桥面结构承受纵向负弯矩时，截面中性轴在钢面板以下，钢面板与 STC 共同受拉，STC 静力开裂强度达 42.7MPa，远高于其在设计荷载作用下的拉应力 10~15MPa[59,60]；而当组合桥面结构横向受弯时，钢-STC 组合板支撑在腹板、纵向加劲肋上，故在局部轮载作用下，钢-STC 组合板在支撑处产生负弯矩，STC 顶面承受较大拉应力；钢桥面-STC 组合结构通常表现为横向受力更为不利[61]。因此，需重点关注钢-STC-TPO 组合板横桥向受力性能。

8.8.1　试验模型的设计与制作

设计 3 块钢-STC-TPO 组合板，编号 1#、2#、3#，用于横桥向静力性能试验。

试件总长为 1200mm，净跨 1000 mm，宽 300 mm。组合板总厚 60mm，其中钢板 12mm，STC 层 35mm，TPO 层 13mm。STC 中布置纵、横向钢筋网，横向钢筋在上部，纵向钢筋在下部，纵桥向钢筋通过焊缝与钢板连接。横向、纵向钢筋均采用 HRB400 级钢筋，直径为 10mm，间距为 37.5mm。为观察 STC 层表面裂缝发展情况，TPO 铺筑宽度为 260mm，沿纵边两侧各留出 20mm。试件模型及具体尺寸如图 8.64 所示。

严格控制焊接质量，焊接总面积以栓钉抗剪时的焊接总面积相近为原则，焊缝长 14cm，纵向间距为 250mm，焊接后的实际效果图如图 8.65 所示。

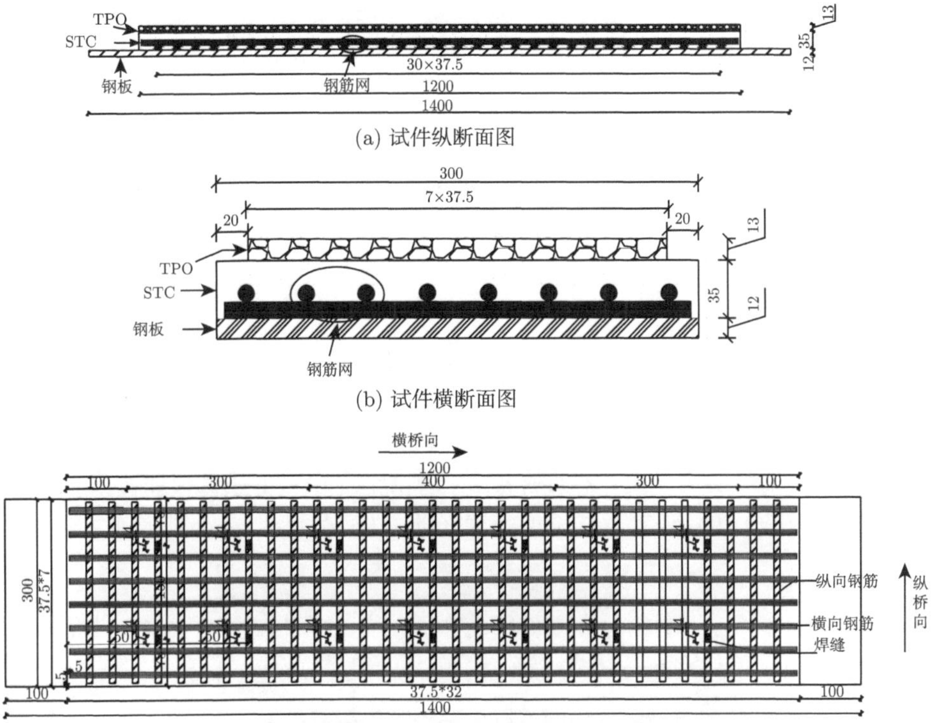

(a) 试件纵断面图

(b) 试件横断面图

(c) 试件底部钢筋构造图

图 8.64 试件构造示意图 (单位：mm)

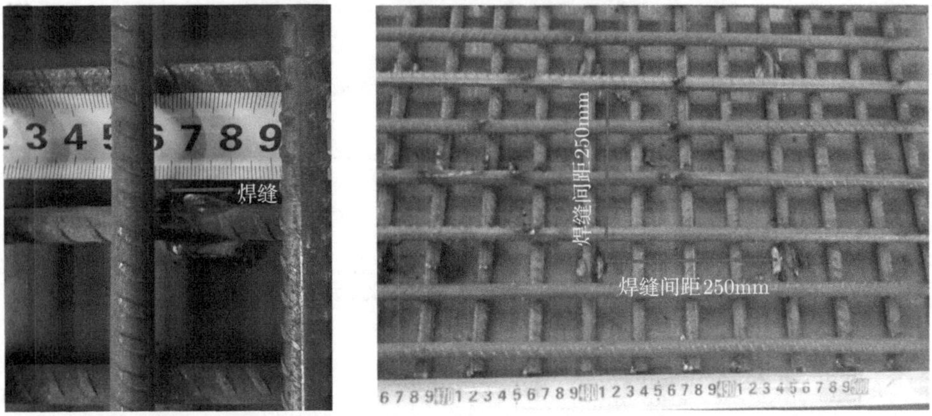

(a) 焊缝尺寸

(b) 焊缝间距尺寸

图 8.65 实际焊缝效果图

STC、TPO 相关参数采用实测数据，基本力学性能如表 8.58、表 8.59 所示。

表 8.58　STC 基本力学性能

立方体抗压强度/MPa	抗折强度/MPa	受压弹性模量/GPa	容重/(kN·m^{-3})
132.9	27.2	42.6	25.5

表 8.59　TPO 基本力学性能

立方体抗压强度/MPa	弯拉强度/MPa	弹性模量/GPa	拉拔黏结强度/MPa
47.61	> 14.5	7.97	> 1.7

8.8.2　试验方案

采用四点加载方案对 1#、2#、3#组合板进行静力试验。为便于量测，负弯矩加载时组合板铺装层面朝上、钢面板朝下，采用千斤顶从下往上施加荷载，荷载由压力传感器控制。加载装置及位移计布置如图 8.66 所示。

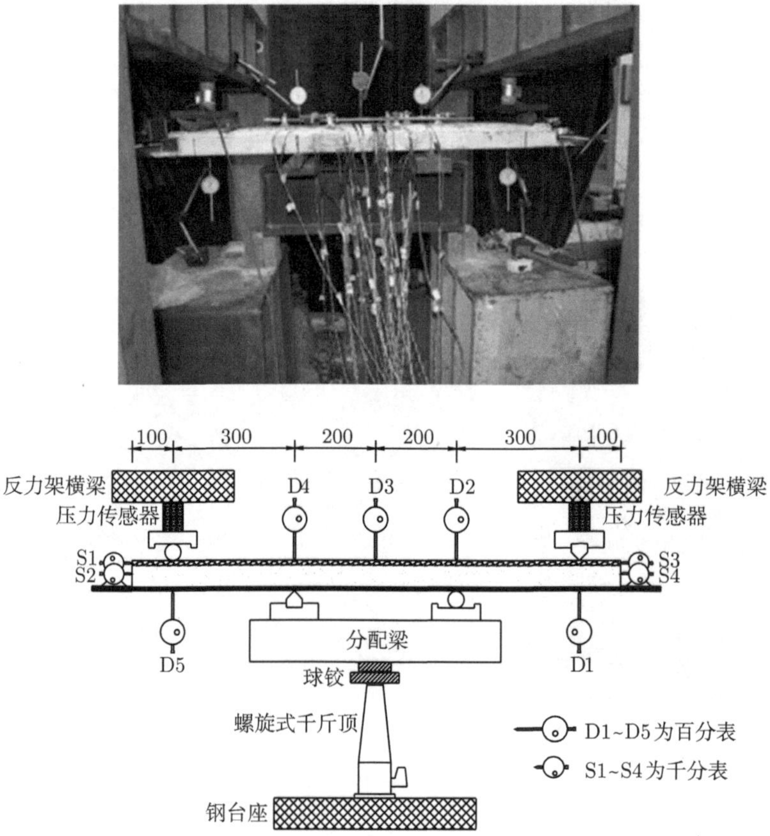

图 8.66　加载装置及位移计布置 (单位：mm)

试验中主要量测内容如下：组合板跨中、加载点、端支座的位移、钢板与 STC 之间的相对滑移、STC 与 TPO 之间的相对滑移、TPO 层应变、STC 层应变及钢板应变。利用 TDS-602 静态数据采集仪采集电阻应变片的数据；挠度由百分表测得，层间相对滑移由千分表测得，荷载由压力传感器控制。同时，为了反映 TPO 层开裂后受拉应变情况，在 TPO 层顶面布置四个引伸仪。试验中用智能裂缝宽度观测仪量测裂缝宽度，其精度为 0.01mm。静载试验测点布置及测试元件如图 8.67 所示。

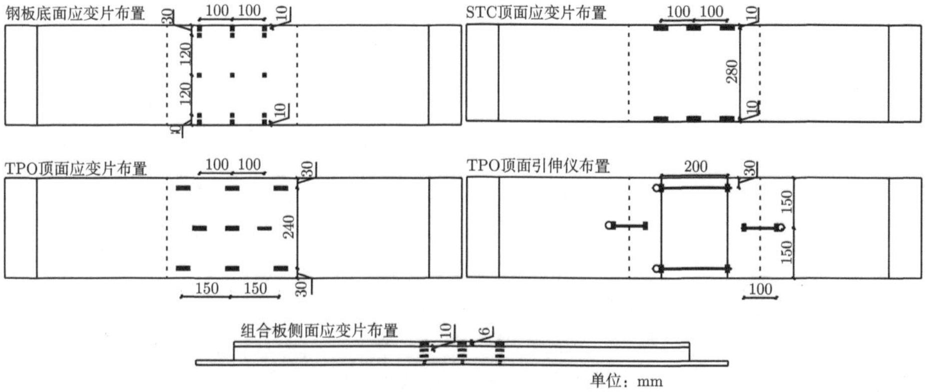

(a) 测点布置图

(b) 跨中挠度及引伸仪测点布置图

(c) 层间滑移测点布置图

图 8.67　试验测点及测试元件

8.8.3　试验结果与分析

8.8.3.1　荷载-挠度曲线

组合板跨中挠度为 $\delta = D_3 - (D_1 + D_5)/2$，$D_3$ 为跨中位移，D_1、D_5 为支座处位移绝对值。在负弯矩作用下，3 块组合板的荷载–跨中挠度曲线如图 8.68 所示。

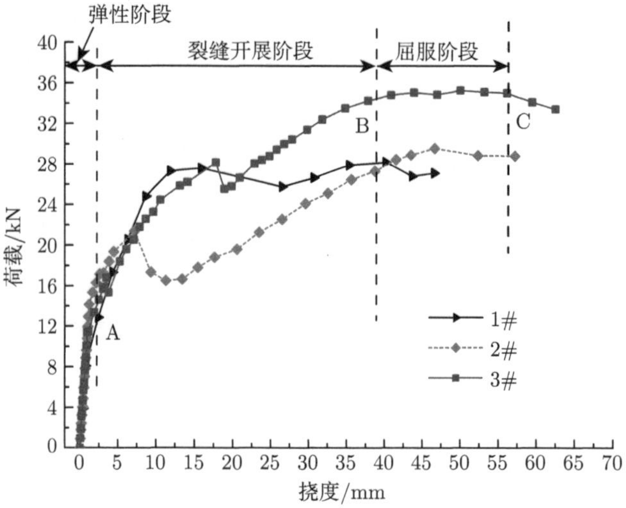

图 8.68　荷载–跨中挠度曲线

从图 8.68 可以看出，3 块组合板荷载–跨中挠度曲线形状近似，表现出三个阶段，即弹性阶段、裂缝开展阶段及屈服阶段。在弹性阶段 (O-A)，荷载–挠度曲线近似直线，3 块组合板刚度几乎相等；在裂缝开展阶段 (A-B)，钢板与 STC 层间界面突然失黏，组合板刚度骤减，荷载–挠度曲线出现波动，STC 层随之出现可见裂缝，上铺装层 TPO 没有可视裂缝；在屈服阶段 (B-C)，由于部分抗剪连接件发生破坏，纵筋屈服，STC 层裂缝宽度迅速增大，随之 TPO 层开裂。

组合板受弯全过程关键点定义如下：① 弹性极限指荷载–挠度曲线开始进入非线性阶段；② 开裂荷载定义为最大裂缝宽度达到 0.05mm 时对应的荷载；③ 极限荷载定义为组合板结构所能承受的最大荷载。

组合板弯曲试验主要测试结果汇总如表 8.60 所示。

表 8.60　组合板受弯全过程关键点数据

试件编号	弹性极限				STC 层裂缝达到 0.05mm			极限荷载/kN
	TPO 层荷载/kN	TPO 层应变/με	STC 层荷载/kN	STC 层应变/με	荷载/kN	TPO 层应变/με	STC 层应变/με	
1#	3.1	220	3.9	220	16.6	3465	2878	28.2
2#	3.7	226	4.05	230	15.4	3097	2782	29.6
3#	3.2	224	5.7	282	15.1	2387	2362	35.3

上层 TPO 先于下层 STC 进入非线性阶段。在负弯矩加载过程中，STC 层顶面率先出现裂缝，当 STC 层顶面最大裂缝宽度达 0.05mm 时，上层 TPO 拉应变均值为 2983με (试件 1#、2#、3#)，没有出现可视裂缝，显示出良好的抗拉延性，

因此，开裂荷载即为 STC 层最大裂缝宽度达到 0.05mm 时对应的荷载。

8.8.3.2 开裂强度分析

由表 8.60 可得，STC 层先于 TPO 层开裂，并且当 STC 层最大裂缝宽度达到 0.05mm 时，TPO 层仍无可视裂缝。裂缝宽度小于 0.05mm 时，肉眼很难辨识，且裂缝对结构的使用性能和耐久性能也基本没有影响，故组合板的开裂荷载定义为 STC 层最大裂缝宽度达 0.05mm 时对应的荷载。图 8.69 为智能裂缝宽度观测仪观测到的组合板 STC 顶面裂缝形态。

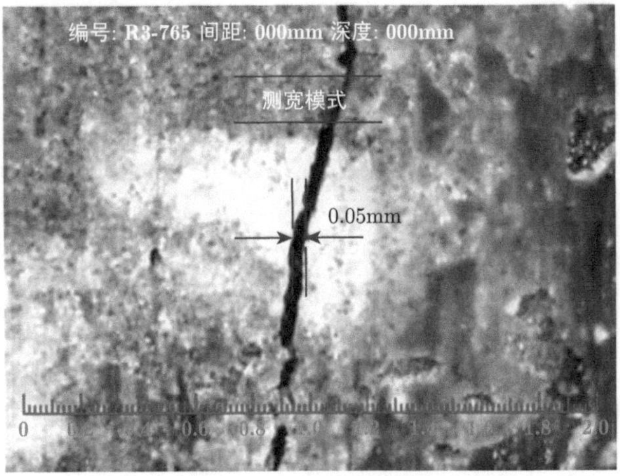

图 8.69 钢-STC-TPO 组合板开裂形态

钢-STC-TPO 组合桥面结构设计中，必须控制 STC 层、TPO 层的最大拉应力分别小于其设计开裂强度。为便于结构设计，采用组合梁截面换算法，计算钢-STC-TPO 组合板的开裂强度。

基本假定如下: ① 钢板、STC、TPO 均为理想线弹性材料; ② 组合板截面的应变分布满足平截面假定。

组合板等效截面换算如图 8.70 所示。

图 8.70 组合板等效截面示意图

基于实测数据，钢板及钢筋、STC、TPO 三者的弹性模量分别为 $E_1 = 210\text{GPa}$、$E_2 = 42.6\text{GPa}$、$E_3 = 7.97\text{GPa}$，将 TPO、STC 转换成与钢板相同弹性模量的材料，即将复合梁截面转换成钢板等效截面，并引入模量比 n_1、n_2，并且 $n_1 =$

E_3/E_1，$n_2 = E_3/E_2$。经截面换算后，按材料力学方法计算得到开裂荷载作用下组合板 STC 层的开裂强度及 TPO 在组合板结构开裂荷载作用下的拉应力，计算结果如表 8.61 所示。

表 8.61　开裂强度

编号	STC 层开裂荷载/kN	STC 层开裂强度/MPa	TPO 层拉应力*/MPa
1#	16.6	24.28	6.50
2#	15.4	22.52	6.03
3#	15.1	22.08	5.91
平均值	**15.7**	**23.0**	**6.1**

注：* 为 STC 层裂缝宽度为 0.05mm 时，TPO 层承受的拉应力。

由表 8.61 可知，下层 STC 名义开裂应力均值为 23.0MPa；上面层 TPO 开裂应力大于 6.1MPa。

以虎门大桥作为设计原型，进行数值仿真分析，其中 U 肋横向间距为 620mm，U 肋上口宽为 314mm，下口宽为 204mm，高为 262mm，U 肋厚为 8mm，钢顶板厚度为 12mm。有限元计算表明，12mm 钢板-35mm STC-13mm TPO 方案，在 140kN 后轴单轴轮载的作用下 (考虑 15%的冲击作用和 30%的超载作用)，最不利工况时，STC 横桥向的最大拉应力为 7.8MPa，TPO 的最大拉应力为 1.1MPa。

静力试验结果表明，STC 和 TPO 的抗拉强度远大于虎门大桥最大拉应力计算值。

8.8.3.3　界面滑移分析

界面滑移为左右两侧千分表测得，组合板的界面滑移曲线如图 8.71 所示。

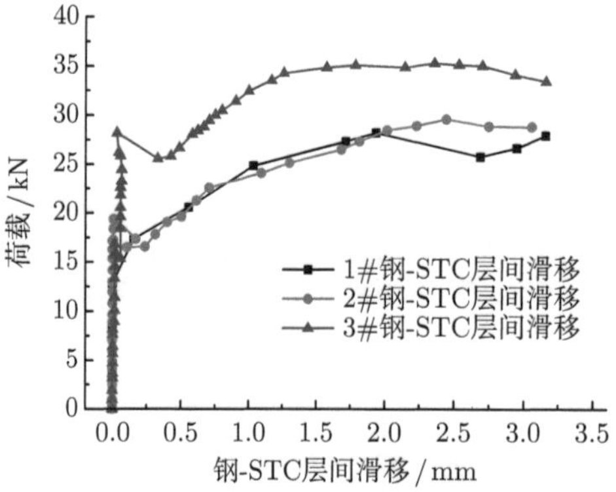

(a) 钢-STC层间滑移曲线

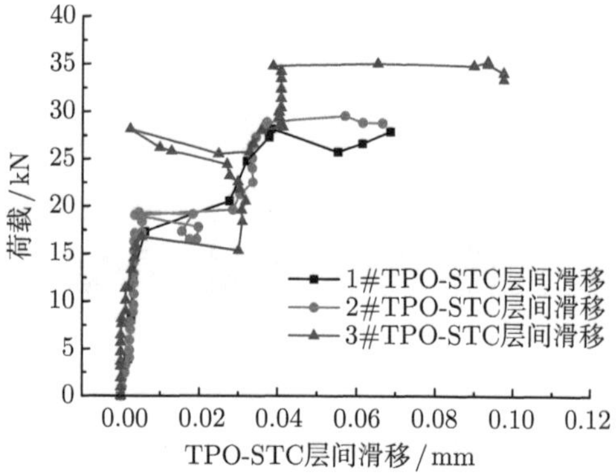

(b) TPO-STC层间滑移曲线

图 8.71　组合板的界面滑移曲线

由组合板滑移曲线可知，在受弯试验加载初期，钢-STC 层间滑移在每一级荷载作用下增加缓慢；在裂缝开展阶段，由于钢板与 STC 层交界面的黏结突然破坏而造成滑移骤增，裂缝的扩展也进一步释放了更多的弯曲变形；此后进入屈服阶段，滑移迅速增大，最终试件破坏时钢-STC 层间滑移量平均达 3.12mm；而在整个加载过程中，STC-TPO 层间始终保持良好的黏结作用，层间滑移微小，滑移量最大仅为 0.09mm。试验后通过观察可知，三块组合板在达到极限强度破坏后均出现钢-STC 层端部界面错动的现象，而 TPO-STC 层黏结良好，界面无明显变化，如图 8.72 所示。

(a) 钢-STC层端部错动

(b) TPO-STC层界面黏结良好

图 8.72 组合板破坏时界面黏结情况

8.8.3.4 最大裂缝宽度发展规律

负弯矩作用下，荷载–顶面最大裂缝宽度发展曲线如图 8.73 所示。

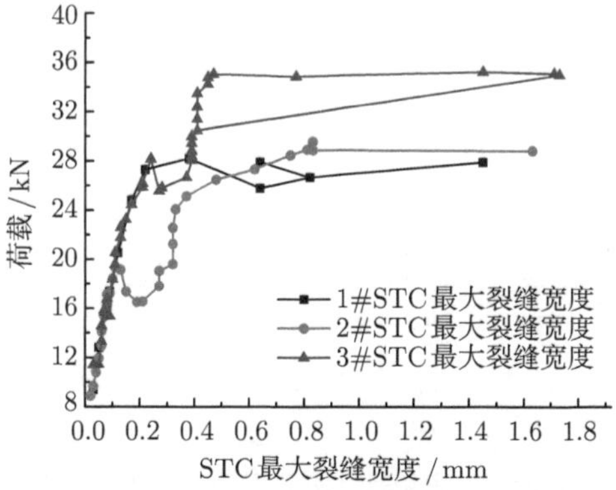

(a) STC层

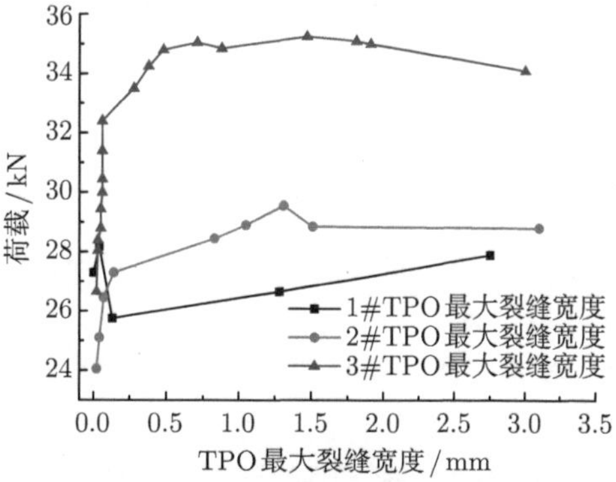

(b) TPO层

图 8.73 荷载–顶面最大裂缝宽度曲线 (负弯矩作用)

由图 8.73 可知，在抗弯试验加载过程中，STC 层先于 TPO 层出现可视裂缝。STC 层裂缝刚萌生时，裂缝宽度增长缓慢，当裂缝宽度小于 0.14mm 时，荷载–最大裂缝宽度接近线性关系；随着荷载的持续增大，裂缝宽度的增长速度加快；当荷载接近组合板屈服荷载时，裂缝宽度迅速增加，直至裂缝失稳扩展，发展成为宏观裂缝。通过试验观察得知，STC 层最先开裂的位置均是在支座附近，刚开始出现短小横向可见裂缝，随着荷载增加，纯弯段裂缝数量增加，裂缝间距减小，裂缝宽度增大，裂缝分布由两侧支座处向跨中出现并延伸往梁底发展，如图 8.74(a) 所示。

(a) STC层　　　(b) TPO层

图 8.74　组合板最终裂缝形态 (负弯矩作用)

TPO 层具有较强的韧性，加载至 STC 层最大裂缝宽度达 0.2mm 时，其表面及侧面仍无可视裂缝；持续加载至接近屈服荷载时，随着 STC 层顶面裂缝宽度逐渐增大，裂缝数目增多，TPO 侧面及表面先后出现裂缝，并且一旦开裂，裂缝宽度发展迅速。而通过试验观察也可得知，TPO 层最先开裂的位置均是在 STC 顶面裂缝宽度最大位置处的侧面，可以解释为由于 STC 裂缝宽度的增大，造成 STC 顶面应力分布不均，从而使 TPO 在该裂缝位置处的应力突然增大，从而导致开裂，如图 8.74(b) 所示。

8.8.3.5　极限抗弯承载力分析

从组合板静力试验得知，TPO 先于 STC 进入非线性阶段，并且在组合板破坏前，STC 和 TPO 已进入塑性阶段。考虑到 STC 高抗拉强度及 TPO 高韧性的特点，按常规组合梁塑性计算理论，分析负弯矩作用下钢-STC-TPO 组合板的极限抗弯承载力。TPO 弹性模量较大，能够改善铺装体系的受力，不仅是一个功能层，也是一个结构层[62]。因此计算时，考虑 TPO、STC 和钢板共同作用，组合截面及其应力分布如图 8.75 所示。

截面轴力平衡方程：

$$fbx = fb(t_{\mathrm{p}} - x) + f_y A_{\mathrm{s}} + f_{\mathrm{t}} h_{\mathrm{c}} b + f_{\mathrm{u}}(b - 2a)t_{\mathrm{u}} \tag{8.12}$$

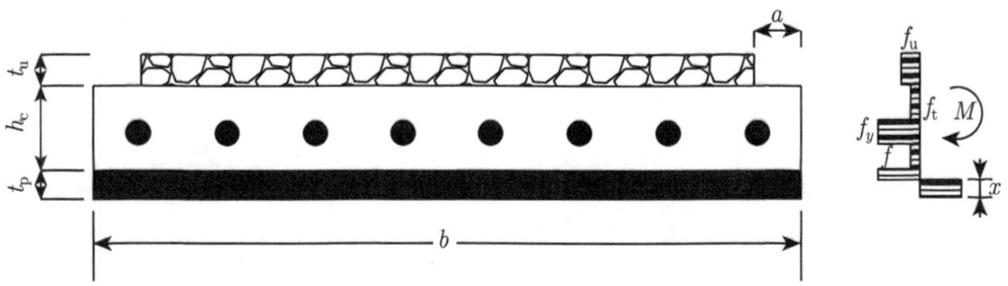

图 8.75 组合板截面及应力分布 (负弯矩作用)

截面弯矩平衡方程：

$$M_{\mathrm{nu}} = fb(t_{\mathrm{p}} - x)\frac{t_{\mathrm{p}}}{2} + f_y A_{\mathrm{s}}\left(e + t_{\mathrm{p}} - \frac{x}{2}\right) + f_{\mathrm{t}} b h_{\mathrm{c}}\left(\frac{h_{\mathrm{c}}}{2} + t_{\mathrm{p}} - \frac{x}{2}\right) + f_{\mathrm{u}}(b - 2a)t_{\mathrm{u}}\left(\frac{t_{\mathrm{u}}}{2} + h_{\mathrm{c}} + t_{\mathrm{p}} - \frac{x}{2}\right) \tag{8.13}$$

式中，x 为钢板受压区高度；t_{p} 为钢板厚度；t_{u} 为 TPO 厚度；b 为板宽；a 为 TPO 顶面两端距离；h_{c} 为 STC 层厚度；e 为钢筋形心与钢板顶面距离；A_{s} 为钢筋面积；f_y 为钢筋屈服强度，取 335MPa；f 为钢板屈服强度，取 345MPa；f_{t} 为 STC 轴拉强度，据本研究团队轴拉试验结果可得，取 7.9MPa；f_{u} 为 TPO 抗拉强度，根据实测值，取 15.2MPa。

先由式 (8.12) 解出钢板受压区高度 x，再将 x 代入式 (8.13) 中计算得出负弯矩作用下钢-STC-TPO 组合板的极限抗弯承载力 M_{nu}，并与试验结果 M_{tu} 进行比较，如表 8.62 所示。

表 8.62 负弯矩极限抗弯承载力理论值与试验值对比

编号	纵筋保护层厚度/mm	截面配筋	M_{nu}/(kN·m)	M_{tu}/(kN·m)	$M_{\mathrm{tu}}/M_{\mathrm{nu}}$
1#	15	8C10@37.5	11.2	8.46	75.5%
2#	15	8C10@37.5	11.2	8.88	79.2%
3#	15	8C10@37.5	11.2	10.59	94.6%
平均值	15	8C10@37.5	11.2	9.31	83%

通过对表 8.62 分析对比可得：负弯矩作用下，组合板的极限抗弯承载力的试验值比理论计算值小，存在一定的差异性。究其原因，一方面在于 TPO 摊铺时存在厚度的不均匀性，理论计算值偏大；另一方面在于组合板弯拉破坏时，由于连接件的破坏，部分钢筋上移，并没有充分发挥作用，导致试验值偏小。

图 8.76 为组合板受弯破坏图例，虽然此时 STC 层和 TPO 层裂缝宽度都较大，但是根据其荷载–跨中位移曲线可以发现，此时组合板的承载能力并未出现明显的下降，STC 层内的钢筋和钢纤维充当桥联作用，保持 STC 基本完好而不发生脆性断裂，钢-STC-TPO 组合板属于延性破坏。

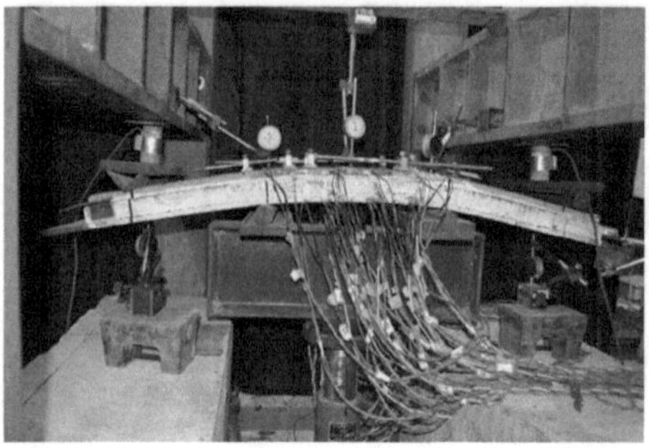

(a) 组合板弯曲变形

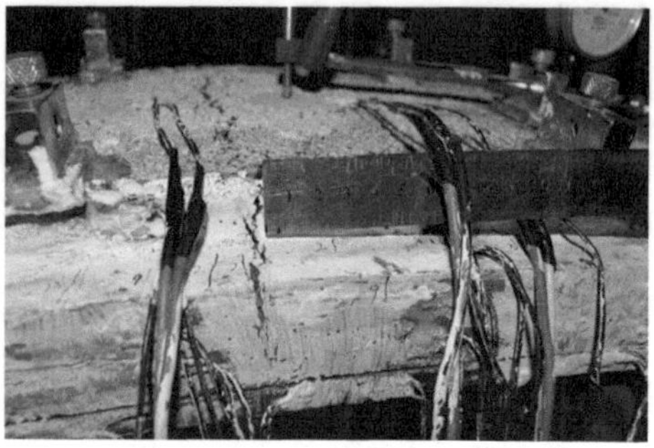

(b) 组合板裂缝贯通

图 8.76　组合板受弯破坏图例

通过对钢-STC-TPO 组合板静力试验，得到以下结论。

(1) STC 层的横桥向开裂强度为 22.08~24.28MPa。当 STC 裂缝宽度达 0.05mm 时，TPO 层无可视裂缝出现，TPO 开裂强度应超过此时其对应的计算拉应力 6.1MPa。采用塑性分析方法计算钢-STC-TPO 组合板的极限抗弯承载力，与试验值相比偏大。

(2) 组合板受弯过程中，钢-STC 界面滑移值较小，界面抗剪能力较强；而 TPO-STC 层间牢固黏结，直至组合板受弯破坏，界面状况无明显变化。

(3) 负弯矩作用下，TPO 比 STC 更早呈现非线性特性，出现非线性时，TPO 的平均应变约为 173με，STC 平均应变约为 159με。但 STC 比 TPO 更早开裂，当 STC 层裂缝宽度达到 0.2mm 时，TPO 并没有开裂，仍具有较强的变形能力，而 TPO 一旦开裂，裂缝宽度会迅速增大。

8.9　钢-STC-TPO 组合板弯拉疲劳性能试验研究

对钢-STC-TPO 组合板开展抗弯疲劳性能研究，重点关注组合板的疲劳开裂寿命、组合板在疲劳试验过程中荷载–挠度曲线变化规律、TPO 和 STC 的最大应变变化规律、组合板的刚度以及剩余强度变化规律等，以期探究钢-STC-TPO 组合结构的疲劳损伤特征。

8.9.1　疲劳破坏标准

疲劳试验出现以下情况之一时，即认为组合板破坏，并停止试验：① 上面层 TPO 开始出现裂缝；② STC 先于 TPO 层开裂，并且 STC 层裂缝宽度达到 0.05mm；③ 组合板开始出现层间滑移现象。

8.9.2 疲劳试验

8.9.2.1 试验设计

制作两块钢-STC-TPO 组合板，编号 4#、5#，试板设计与制作参见 8.8.1 节。

采用四点加载方式，对 4#、5#组合板进行疲劳加载。为方便调整加载力大小，特设计两级加载刚性分配梁，如图 8.77 所示。在组合板加载前，将传感器置于疲劳机作动器位置以及刚性分配梁支座处，校核加载力的精度，以减小加载误差。

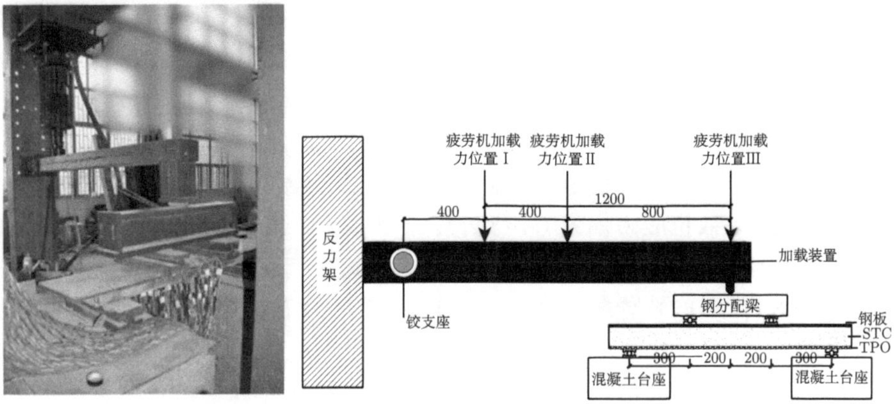

图 8.77 疲劳试验加载装置示意图 (单位：mm)

试验采用 PMS-500 数显式脉动疲劳试验机系统，加载精度为 0.01kN，加载频率为 2~2.5Hz。疲劳试验前对试验梁进行预加载两次，以消除松动及接触不良，进一步检查仪器能否正常工作。

为了充分掌握试板疲劳加载全过程受力状态，在 0(疲劳加载前)、1、5、10、20、50、100、150、200 (万次) 加载后，分别停机进行静力试验，采用逐级加载，测试试板的静应变和跨中挠度变化。TPO 层、STC 层与钢板各测点静应变由电阻应变片测得，数据由 TDS-602 静态数据采集仪采集，应变片布置位置与静力试验相同，加载时组合板跨中、加载点、端支座的位移由百分表测得，见图 8.66 和图 8.67。

8.9.2.2 试验加载力

疲劳试验分低应力幅加载和高应力幅加载两种工况。

工况一: 低应力幅加载，试验中控制 STC 层拉应力范围为 1.9~9.3MPa。作动器安放于图 8.77 加载力位置 I，对应的疲劳机加载力为 10.4~50.9kN。

工况二: 高应力幅加载，试验中控制 STC 层拉应力范围为 2.9~14.0MPa。作动器安放于图 8.77 中加载力位置 II，对应的疲劳机加载力为 7.8~38.2kN。

参考文献 [63]，计算得到工况一 STC 层的等效脉动应力幅为 0~8.5MPa; 工况二的等效脉动应力幅为 0~13.2MPa。

8.9.3　疲劳试验结果与分析

8.9.3.1　疲劳开裂寿命

(1) 4#组合板

工况一: 低等效应力幅 0~8.5MPa，加载 200 万次，STC 层及 TPO 层均无可视裂缝出现。

工况二: 由于加载 200 万次试板仍未有破坏征兆，提高拉应力幅至 0~13.2MPa。继续加载 128.5 万次，STC 表面靠近支座处首次出现短小裂缝，共 4 条，裂缝最大宽度为 0.02mm；加载至 337 万次时，STC 表面裂缝最大宽度达 0.05mm。而 TPO 层在整个加载过程中始终未出现可视裂缝。

(2) 5#组合板

基于 4#组合板疲劳试验结果，制定 5#组合板加载方案: 对 5#板直接进行工况二高应力幅 (等效拉应力幅为 0~13.2MPa) 加载；加载至 200.1 万次时，STC 表面靠近支座处首次出现短小裂缝，共 3 条，裂缝最大宽度为 0.02mm；继续加载至 430 万次时，STC 表面裂缝最大宽度达 0.05mm。TPO 在整个加载过程中始终无可视裂缝出现。

8.9.3.2　荷载-挠度曲线

(1) 4#组合板

1) 工况一。

在低等效应力幅为 0~8.5MPa 下加载 0(疲劳加载前)、1、5、10、20、50、100、150、200 (万次) 后，组合板荷载–跨中挠度曲线测试结果见图 8.78。

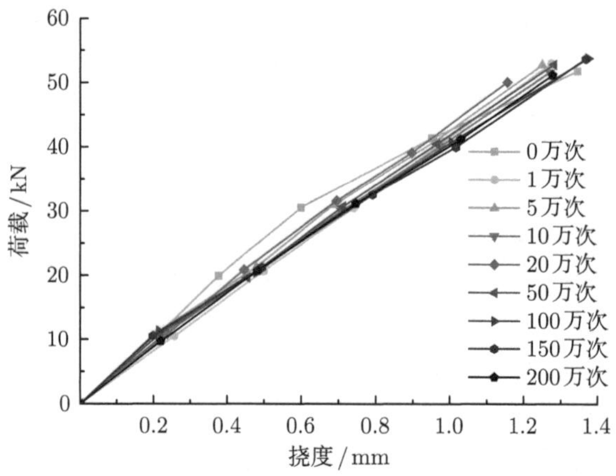

图 8.78　4# 组合板疲劳加载后荷载–跨中挠度曲线 (工况一)

图 8.78 显示，组合板在历经 200 万次疲劳加载过程中，荷载–跨中挠度曲线接近直线，且斜率变化不明显，可见在工况一疲劳试验中，组合板的整体抗弯刚度基本保持不变。

2) 工况二。

工况一完成 200 万次加载后，将等效拉应力幅提升到 0~13.2MPa，继续加载。后续荷载–跨中挠度曲线测试结果见图 8.79。

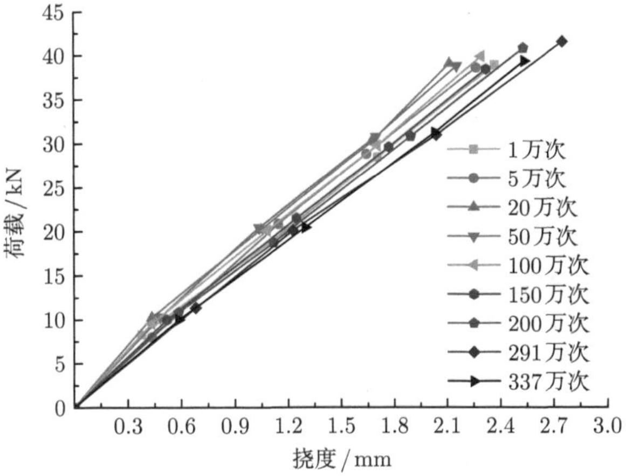

图 8.79　4# 组合板疲劳加载后荷载–跨中挠度曲线 (工况二)

从图 8.79 可以看出，荷载–跨中挠度曲线基本呈直线，在经历 100 万次加载后，随着疲劳次数的增加，荷载–跨中挠度曲线斜率变小，表明组合板结构刚度发生折减。究其原因，加载至 128.5 万次时，观测到 STC 表面靠近支座处首次出现短小裂缝，裂缝最大宽度为 0.02mm，在随后加载至 337 万次过程中，STC 表面裂缝数目增多，裂缝长度增大，STC 表面裂缝宽度发展到 0.05mm，且越靠近支座分布越密集交叉，裂缝的发展及延伸造成组合板结构刚度有所损失。

(2) 5#组合板

直接进行工况二加载，在高应力幅 0~13.2MPa 下加载到组合板破坏。组合板荷载–跨中挠度曲线测试结果见图 8.80。

从图 8.80 可以看出，组合板在历经 430 万次疲劳加载过程中，荷载–跨中挠度曲线基本呈直线。在加载至 200 万次后，荷载–跨中挠度曲线斜率有所减小，随着裂缝的出现，组合板刚度发生折减。

4#、5#板试验表明，组合板各荷载–挠度关系近似直线；随着疲劳次数增加，斜率稍微减小，可见在疲劳试验过程中，组合板的整体抗弯刚度没有明显折减。

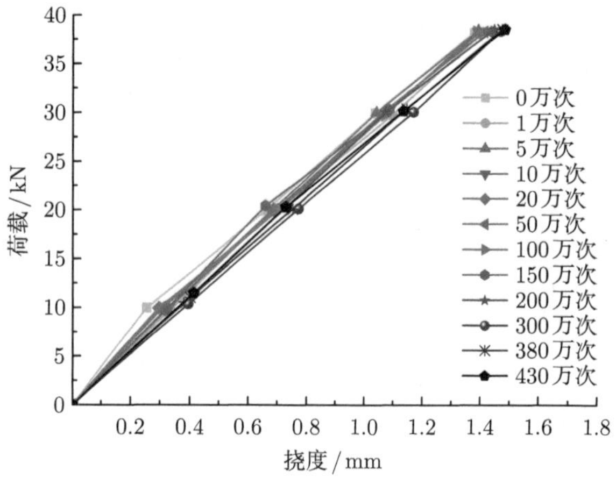

图 8.80　5# 组合板疲劳加载后荷载–跨中挠度曲线 (工况二)

8.9.3.3　TPO、STC 最大应变

(1) 4#组合板

1) 工况一。

低等效应力幅 0~8.5MPa 作用下，TPO、STC 层最大应变随加载次数的变化如图 8.81 所示。

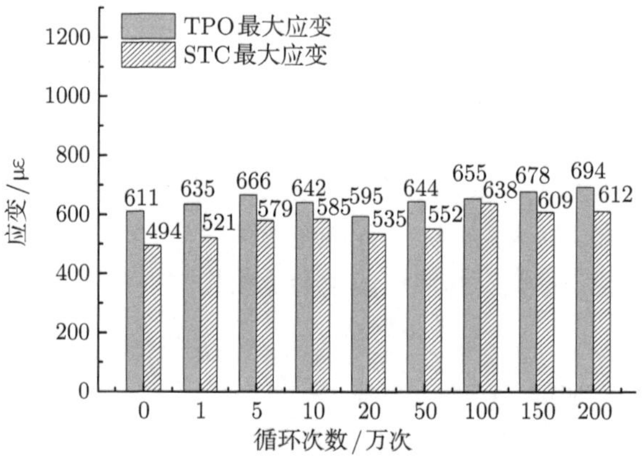

图 8.81　4# 组合板最大应变随加载次数的变化 (工况一)

0~200 万次疲劳加载，TPO 应变、STC 应变呈现小幅变化；经过 200 万次疲劳加载后，STC 应变由 494με 增大到 612με，增长幅度约为 24%，TPO 应变由 611με 增大到 694με，增长幅度约为 14%；在疲劳加载过程中，未发现 TPO 层及 STC 层出现可视裂缝。

2) 工况二。

将等效拉应力幅提高至 0~13.2MPa，继续加载 128.5 万次后，STC 表面靠近支座处首次开裂，应变读数由疲劳加载之初的 494με 增大到 1124με，增长幅度为 128%；TPO 应变由 611με 增大到 1263με，增长幅度为 108%。此时 STC 最大裂缝宽度为 0.02mm，TPO 层无可视裂缝。TPO、STC 最大应变随加载次数的变化情况如图 8.82 所示。

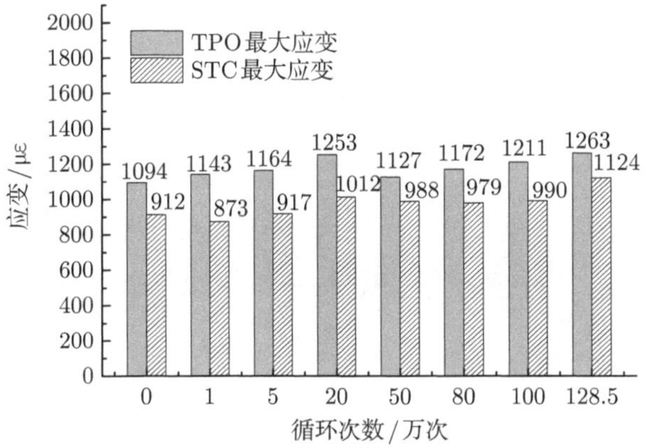

图 8.82 4# 组合板最大应变随加载次数的变化 (工况二)

STC 出现 0.02mm 微裂缝后，继续工况二加载，直至其最大裂缝宽度达 0.05mm 为止，此时加载次数达 337 万次。由于该阶段 STC 层应变片逐步被拉坏，故只关注 TPO 层最大应变随加载次数的变化规律，如图 8.83 所示。

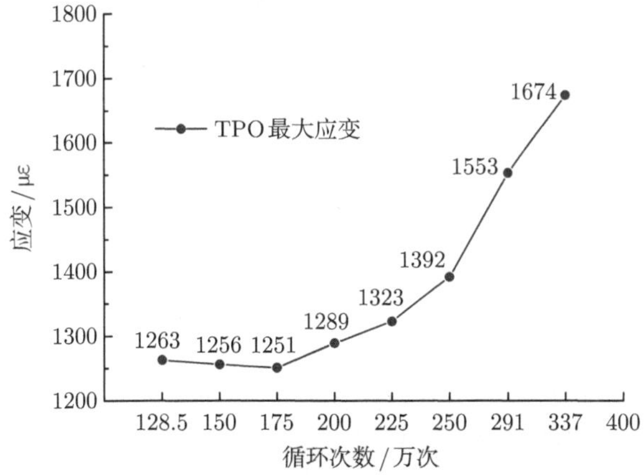

图 8.83 TPO 层最大应变随加载次数的变化 (4# 组合板，工况二)

测试表明，继工况一疲劳加载 200 万次、工况二又加载至 337 万次后，STC 裂缝宽度达到 0.05mm，此时 TPO 应变为 1674με，没有出现开裂现象，显示出良好的抗裂性能。

(2) 5#组合板

在高应力幅 0~13.2MPa 下加载到 200.1 万次时，组合板 TPO、STC 层最大应变随加载次数的变化如图 8.84 所示。

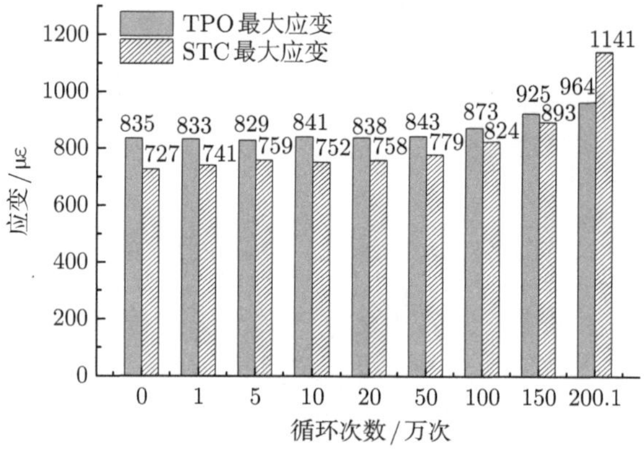

图 8.84　5# 组合板最大应变随加载次数的变化 (工况二)

结果表明，5#组合板在工况二下加载至 200.1 万次时，STC 表面靠近支座处首次开裂，应变读数由疲劳加载之初的 727με 增大到 1141με，增长幅度为 57%；TPO 应变由 835με 增大到 964με，增长幅度为 15%。此时 STC 最大裂缝宽度为 0.02mm，TPO 层无可视裂缝。

当组合板 STC 出现 0.02mm 微裂缝后，继续工况二加载，直至其最大裂缝宽度达 0.05mm 为止，此时加载次数达 430 万次。TPO 层最大应变随加载次数的变化规律，如图 8.85 所示。

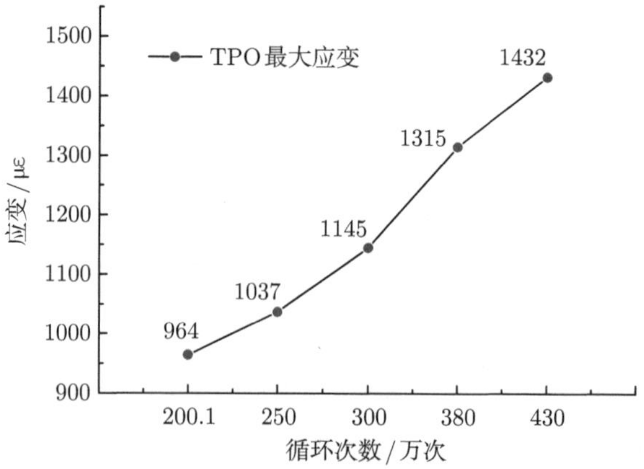

图 8.85　TPO 层最大应变随加载次数的变化 (5# 板，工况二)

结果表明，5#组合板继工况二疲劳加载至 430 万次时，STC 裂缝宽度达到 0.05mm，此时 TPO 应变为 1432με，没有出现开裂现象；与 4#组合板类似，5#组合板同样表现出良好的抗裂性能。

8.9.4 组合板剩余弯拉强度

不同荷载循环次数后的剩余强度能一定程度地反映结构的抗弯拉疲劳性能与疲劳累积损伤规律。为探明组合板在历经疲劳荷载后的剩余强度，对 4#、5#试板进行静力弯曲破坏试验，加载位置见图 8.77 所示位置III，直至构件破坏。试件加载及结构破坏如图 8.86 所示。

(a) 试板受弯　　(b) 组合板层间破坏

图 8.86 剩余弯拉强度试验

4#、5# 组合板剩余弯拉强度试验结果与 1#~3# 板的静力试验结果对比见图 8.87。

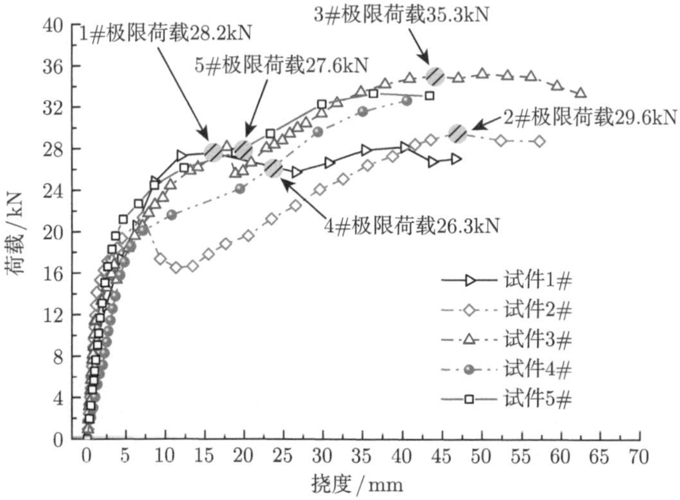

图 8.87 疲劳前后，组合板荷载–挠度曲线对比

从图 8.87 可以看出，4#、5#组合板经历疲劳荷载循环后，剩余弯拉强度分别为 26.3kN 和 27.6kN，与静力试验结果 (1#、2#、3#) 对比 (如表 8.63 所示)，疲劳试验后整体抗弯强度平均下降 13%。这表明，试板在经历约 400 万次疲劳加载后，仍能保持很高的承载力，该新型组合桥面体系具有优良的抗弯拉疲劳性能。

表 8.63　静力弯曲破坏试验结果

试件编号	加载类型	破坏荷载/kN	平均破坏荷载
1#	未承受疲劳荷载	28.2	31kN
2#	未承受疲劳荷载	29.6	
3#	未承受疲劳荷载	35.3	
4#	历经疲劳荷载 (390.7 万次)	26.3	27kN
5#	历经疲劳荷载 (430.1 万次)	27.6	
破坏荷载降幅	—	—	13%

8.9.5　组合板剩余抗弯刚度

疲劳试验前后试件刚度的衰减能一定程度地反映组合结构的抗弯拉疲劳性能与疲劳累积损伤规律。

对于钢-STC-TPO 组合板 (图 8.88)，在不考虑滑移、不考虑疲劳损伤时，荷载–挠度曲线的解析公式如下：

$$\delta = \frac{33pl^3}{4000EI} \tag{8.14}$$

$$K_0 = \frac{P}{\delta} = \frac{4000EI}{33l^3} \tag{8.15}$$

其中，δ 为跨中挠度 (mm)；P 为疲劳机加载力 (kN)；l 为组合板计算长度 (mm)；E 为钢板弹性模量 (GPa)；I 为组合梁按截面换算法等效为钢板后的截面惯性矩；K_0 定义为疲劳试验加载前，组合板跨中截面计算抗弯刚度 (kN/mm)。

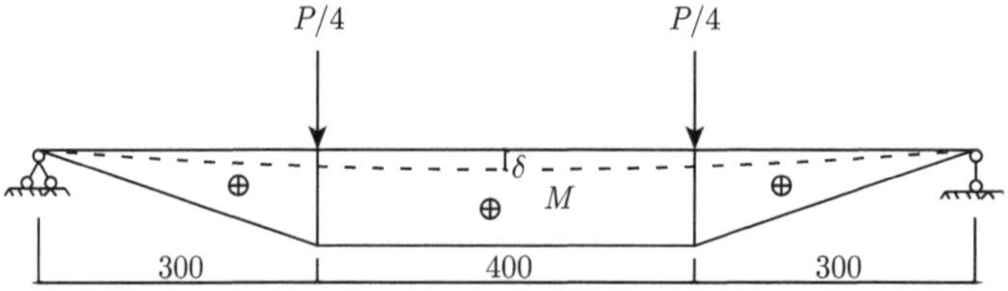

图 8.88　计算弯矩图 (单位：mm)

为了探究组合板的刚度随疲劳加载循环次数的衰减规律，在疲劳加载至不同次数时，停机测试组合板刚度。定义组合板的剩余抗弯刚度为 K_n，n 为加载循环次数。疲劳试验后，两个试件的剩余抗弯刚度随加载循环次数的变化规律如图 8.89 所示，其中图中 X 轴为加载循环次数，Y 轴为不同加载循环次数停机的静载试验下，组合板荷载–挠度曲线拟合后的斜率，此时斜率等同为组合板跨中截面剩余抗弯刚度 K_n。

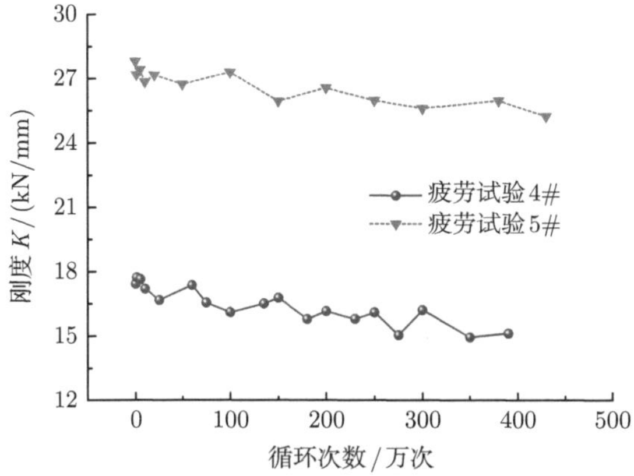

图 8.89 试板抗弯刚度

由图 8.89 可得，4#、5#组合板在多次重复加载后，剩余抗弯刚度 K_n 与初始抗弯刚度 K_0 相比，均略有下降。经历 400 万次加载循环后，组合板荷载–挠度曲线的刚度分别下降 13.1%和 9.6%。这表明两块组合板在经历约 400 万次疲劳循环后的疲劳损伤很小。

8.9.6 疲劳试验前后最大裂缝宽度

1. STC 层

疲劳试验前后组合板受弯破坏时，STC 层的荷载–最大裂缝宽度关系如图 8.90 所示。

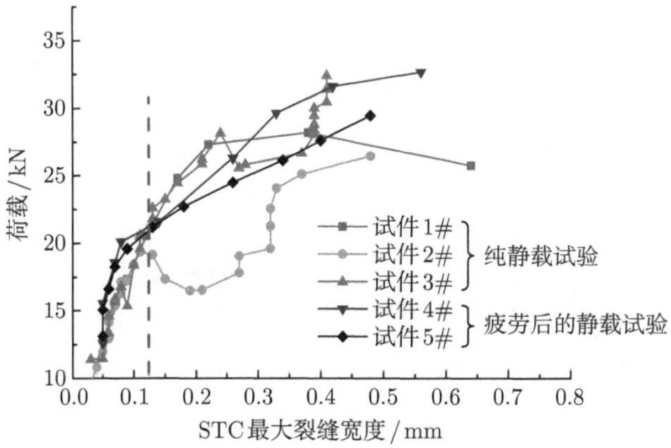

图 8.90 疲劳试验前后，STC 层的荷载–最大裂缝宽度关系

由图 8.90 可知，疲劳试验前后，STC 最大裂缝宽度发展规律无明显变化。对于疲劳试验后的组合板，当裂缝宽度小于 0.1mm 时，荷载与最大裂缝宽度几乎呈线性关系。当裂缝宽度大于 0.1mm 时，由于 STC 内纵向钢筋开始屈服，随着荷载的增大，STC 裂缝会迅速变大。

2. TPO 层

疲劳试验前后组合板受弯破坏时，TPO 层的荷载–最大裂缝宽度关系如图 8.91 所示。

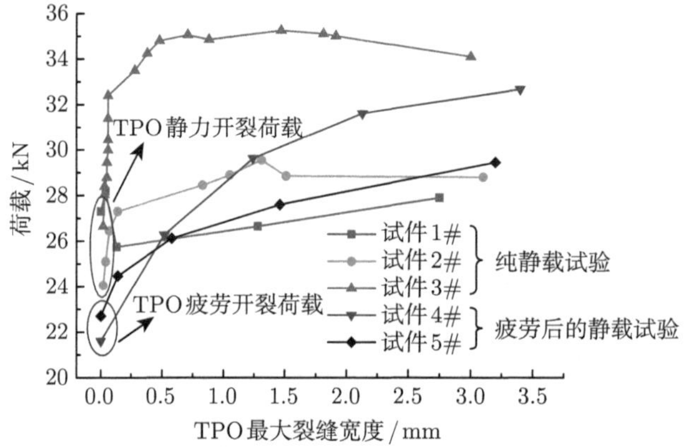

图 8.91　疲劳试验前后，TPO 层的荷载–最大裂缝宽度关系

图 8.91 表明，与静力试验结果相比，疲劳作用使 TPO 材料初裂荷载有所降低。静力试验过程中，当 STC 层最大裂缝宽度达 0.2mm 时，TPO 层无明显裂缝产生；但疲劳试验后，TPO 材料有所损伤，当 STC 层最大裂缝宽度达 0.2mm 时，TPO 侧面均出现开裂，随着荷载的继续增大，TPO 裂缝宽度急剧增大。

通过对钢-STC-TPO 组合板的弯拉疲劳试验，得到以下结论。

(1) 4#组合板 STC 层在 0~8.5MPa 的疲劳荷载作用下，历经 200 万次荷载循环，未出现任何破坏征兆；将应力幅提高至 0~13.2MPa，继续加载 337 万次，STC 层表面开裂，TPO 表面始终未见裂缝出现。5#组合板在 0~13.2MPa 的疲劳荷载反复作用 430.1 万次后，STC 层表面开裂，TPO 表面未见可视裂缝。

(2) 在经过多次弯拉重复加载后，两块组合板剩余强度均值为 26.9kN，整体抗弯刚度与纯静载试验结果相比仅下降了 13%。表明钢桥面 -STC-TPO 组合板具有优良的抗弯拉疲劳性能。

(3) 组合板疲劳试验前后对比，STC 层最大裂缝宽度发展规律无明显变化；疲劳试验后，TPO 材料初裂荷载略有降低，但开裂后的最大裂缝宽度变化与纯静载试验无显著差异，仍表现出良好的裂纹扩展性能。

8.10 STC-薄面层设计与计算

超高性能轻型组合桥面典型结构为: (12~16)mm 钢面板-(40~50)mm STC-(25~40)mm AC 或 SMA，或 (7~15)mmTPO，见图 8.92。

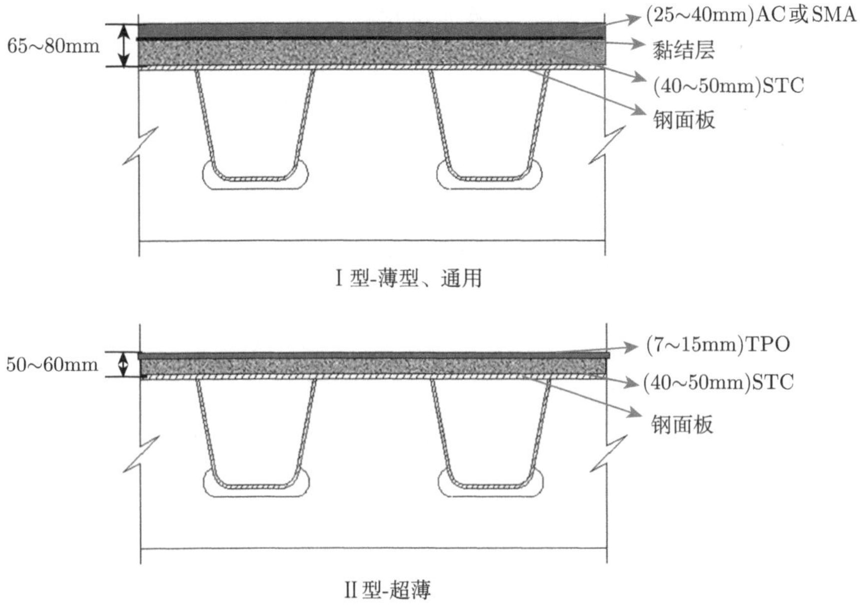

图 8.92 超高性能轻型组合桥面典型结构

I 型铺面总厚度约 65~80mm，适用于大跨径、特大跨径钢桥的新建工程或改建工程。II 型为超薄型，铺面总厚度约 50~60mm，特别适用于对自重十分敏感的特大跨径钢桥铺装改造或新建工程。

STC-薄面层牢固黏结是轻型组合桥面体系需要解决的关键技术之一。STC 与薄面层有效形成整体，既能够改善组合桥面体系受力状况，又能够增强薄面层抵抗车辆荷载反复作用的抗疲劳性能，提高面层的耐久性。层间黏结破坏不但会使 STC 与面层的复合作用大大减弱，进而引起面层拥包、松散、推移、脱层等早期破坏，其修复工程也十分困难。

8.10.1 结构设计指标与要求

STC-薄面层结构属刚柔复合体系，STC 是刚性的水泥基材料，其材料特性决定了 STC 层不会产生高温车辙、推移和拥包这类病害；薄面层主要起磨耗层作用，厚度约为 7~40mm，据国内工程实践及计算分析，水泥基 STC 层上覆薄面层，在行车荷载作用下，面层层底将承受较大的弯拉应力，面层也将承受较大的剪应力；

另外，STC-薄面层界面应力很大，容易出现界面黏结不足而导致层间滑移、脱层、掀起等病害。

STC-薄面层结构设计应满足层间牢固黏结、沥青面层抗剪切破坏和抗弯拉开裂的要求。采用层间抗剪强度、抗拉强度以及沥青面层抗剪强度、抗弯拉强度作为设计控制指标。

STC-薄面层各项设计指标应符合下列规定:

(1) 计算的 STC-面层层间最大剪应力应小于或等于黏结层的容许抗剪强度，满足以下要求:

$$\tau_{\rm m} \leqslant [\tau_{\rm R}] \tag{8.16}$$

式中，$\tau_{\rm m}$ 为计算的层间最大剪应力 (MPa)，通常采用有限元分析与计算，详见 8.10.3 节；$[\tau_{\rm R}]$ 为黏结层的容许抗剪强度 (MPa):

$$[\tau_{\rm R}] = \frac{\tau_{\rm S}}{k_{\rm r}} \tag{8.17}$$

式中，$\tau_{\rm S}$ 为复合试件层间抗剪强度 (MPa)；$k_{\rm r}$ 为层间抗剪强度系数，可按下列要求进行计算:

$$k_{\rm r} = 1.2/A_{\rm c} \tag{8.18}$$

式中，$A_{\rm c}$ 为道路等级系数，高速公路、一级公路、城市快速路、主干路取 1.0, 二级公路、城市次干路取 1.1。

(2) 计算的 STC-面层层间最大拉应力应小于或等于黏结层的容许抗拉强度，满足以下要求:

$$\sigma_{\rm m} \leqslant [\sigma_{\rm R}] \tag{8.19}$$

式中，$\sigma_{\rm m}$ 为计算的层间最大法向拉应力 (MPa)，可采用有限元分析与计算，详见 8.10.3 节；$[\sigma_{\rm R}]$ 为黏结层的容许抗拉强度 (MPa):

$$[\sigma_{\rm R}] = \frac{\delta_{\rm S}}{k_{\rm S}} \tag{8.20}$$

式中，$\sigma_{\rm S}$ 为复合试件层间抗拉强度 (MPa); $k_{\rm S}$ 为层间抗拉强度结构系数。可根据疲劳损坏、环境因素等确定，或参照建议取值: 高速公路、城市快速路取 1.3, 一级公路、城市主干路取 1.25, 二级公路、城市次干路取 1.2。

(3) 计算的面层最大剪应力应小于或等于材料的容许抗剪强度，满足以下要求:

$$\tau'_{\rm m} \leqslant [\tau'_{\rm R}] \tag{8.21}$$

式中，τ'_{m} 为计算的面层最大剪应力 (MPa)，通常采用有限元分析与计算，详见 8.10.3 节；$[\tau'_{\mathrm{R}}]$ 为面层材料的容许抗剪强度 (MPa):

$$[\tau'_{\mathrm{R}}] = \frac{\tau'_{\mathrm{S}}}{k_{\mathrm{r}}} \tag{8.22}$$

式中，τ'_{S} 为面层材料的抗剪强度 (MPa)；k_{r} 为抗剪强度系数，同可按下列要求进行计算：

$$k_{\mathrm{r}} = 1.2/A_{\mathrm{c}} \tag{8.23}$$

式中，A_{c} 为道路等级系数，高速公路、一级公路、城市快速路、主干路取 1.0, 二级公路、城市次干路取 1.1。

(4) 计算的面层最大拉应力应小于或等于材料的容许抗拉强度，满足以下要求：

$$\sigma'_{\mathrm{m}} \leqslant [\sigma'_{\mathrm{R}}] \tag{8.24}$$

式中，σ'_{m} 为计算的面层最大拉应力 (MPa)，通常采用有限元分析与计算，详见 8.10.3 节；$[\sigma'_{\mathrm{R}}]$ 为面层材料的容许抗拉强度 (MPa):

$$[\sigma'_{\mathrm{R}}] = \frac{\sigma'_{\mathrm{S}}}{k_{\mathrm{S}}} \tag{8.25}$$

式中，σ'_{S} 为面层材料的极限劈裂强度 (MPa)；k_{S} 为抗拉强度结构系数, 可根据疲劳损坏、环境因素等确定，或参照建议取值: 高速公路、城市快速路取 1.3, 一级公路、城市主干路取 1.25, 二级公路、城市次干路取 1.2。

8.10.2 STC-薄面层典型结构

根据有限元仿真分析以及室内试验可以发现，水泥基 STC 板与沥青混凝土或薄层聚合物铺面之间的黏结层起着非常关键的作用，面层越薄，这种作用越明显。轻型组合桥面体系处于复杂的应力应变状态，在车辆频繁启动、制动作用下，以及荷载与温度、湿度的综合作用下，STC-薄面层层间应力很大，若面层与 STC 桥面板缺乏牢固黏结，就可能出现层间拉–剪破坏，进而引发上覆面层早期破坏。

面层与 STC 桥面板黏结不好是导致面层损坏的最根本的原因。STC-薄面层之间必须设置黏结层，其目的是使面层与 STC 层黏结成为一个整体，充分发挥面层与 STC 板的复合作用，改善桥面板与面层的受力情况。层间界面黏结强度不足，甚至成为滑动的界面状态，面层成为一个单独受力的层次，就会出现很大的水平剪应力和层底弯拉应力，必然导致薄面层迅速破坏。

8.10.2.1　黏结层选择

黏结层材料应具有足够的黏结强度、抗施工损伤能力和耐久性，可采用改性沥青、环氧沥青和改性环氧树脂等。应根据道路等级、面层材料、气候特点、交通荷载、道路线型等因素，结合已有工程经验，经技术论证后确定。

黏结层的选择通常考虑黏结材料与上面层材料的相容性、黏结性和施工可行性，同时应考虑工程地区交通状况、环境条件等。

(1) 相容性。性质相同的材料总是相容的，相近性质材料的相容性次之，不同类型材料的相容性可能存在问题，应根据实际情况开展研究确定。例如，上面层沥青混合料采用 SBS 改性沥青作为结合料，宜使用 SBS 沥青黏结层；上面层采用高黏高弹沥青作为沥青混合料结合料，宜使用高黏高弹沥青黏结层；TPO(环氧树脂混凝土铺面) 的黏结层应使用环氧树脂材料；热拌沥青混合料面层均可采用专用环氧沥青黏结层或改性环氧树脂黏结层。一般情况下，上面层与黏结层应相互匹配，其相容性需要经过试验或实际工程验证。

(2) 黏结性能。沥青材料黏结能力相对较弱，特别是高温环境强度很低，在重交通道路、长大纵坡、炎热地区，车辆荷载反复作用下容易出现层间滑移、面层拥包和开裂等病害，发生比较严重的高温稳定性问题。环氧沥青黏结强度常温时与 SBS 改性沥青、高黏高弹沥青等相近，但高温强度优于沥青黏结层，它兼具环氧树脂与沥青的特性；环氧树脂黏结强度高，高温稳定性明显优于热塑性的沥青类黏结层，也优于环氧沥青。特别针对沥青铺装开发的二次固化环氧黏层材料，在初期硬化后，摊铺热拌沥青混合料时能迅速溶解软化，通过压路机碾压后发挥优良的黏接作用。

(3) 交通状况。主要涉及交通量过大和重载超载两种因素。交通量大的钢桥对黏结层的抗拉、抗剪和耐疲劳性能要求高；重载超载车辆较多的桥梁，黏结层将承受更高拉应力和剪应力。因此，对特重交通、重交通道路，黏结层应具有更高的抗拉强度和抗剪强度，良好的柔韧性，以增强薄面层的抗裂性能、抗推移性能和抗脱层性能。

(4) 环境条件。桥面直接暴露在自然环境中，主要影响因素为湿热环境、干湿交替、紫外光辐射、冻融循环、海洋环境、酸腐蚀、碱腐蚀和盐腐蚀等。初步研究表明，黏结层材料高温 60℃黏结强度比常温 (23±2)℃均有大幅度的下降，说明环境温度对层间黏结性能有显著影响，且高温环境比紫外光照、浸水损害、氯盐侵蚀等对层间力学性能的劣化作用更大，故需要重点关注高温条件下 STC-薄面层层间黏结性能。在高温环境下，由于沥青等热塑性材料黏结度的降低，易出现流动性变形而引起层间滑移、车辙和推拥等病害；而环氧树脂固化后，其黏弹性性质中的黏性特征不明显，受温度变化的影响较小。沥青类黏结层更适合于北方寒冷天气，而环氧树脂黏结层适应性很广泛。

(5) 道路线型。相比于平直路段，长大纵坡路段、交叉口以及小半径弯道处更容易出现薄面层早期破坏，重载大交通道路桥梁尤为明显。究其原因主要是重载车辆在坡道路段爬行时，速度变慢，使得车辆荷载与路面之间的作用时间变长，或者由于车辆频繁刹车和转弯处水平荷载的增加，导致内部应力、层间应力增大；另外，经过车轮荷载的反复作用、冻融和雨水等不利环境因素的侵蚀，加之高温季节材料黏结性能大幅度降低，从而导致面层开裂、拥包和推移破坏的发生，严重影响行车安全。鉴于此，对于频繁变速的山区道路、长大纵坡或小半径桥梁，为避免层间黏结力不足而发生路面早期破坏，对黏结层材料必须提出更高的要求。

8.10.2.2 STC-薄面层典型结构

1. STC-沥青面层典型结构

1) 沥青黏结层

沥青黏结层材料性能指标建议值参见 8.3 节。

一般情况下，STC 上覆热拌沥青混合料面层，STC–沥青黏结层–沥青面层典型结构如图 8.93 所示。

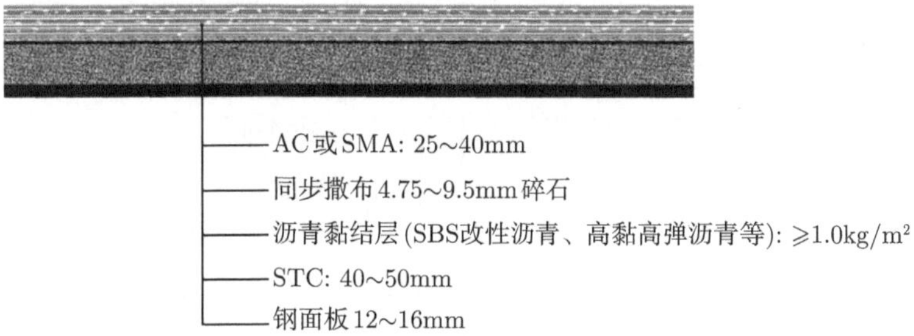

图 8.93 STC–沥青黏结层–沥青面层典型结构

沥青黏结层通常可选择 SBS 改性沥青、高黏高弹沥青等材料，所使用的基质沥青标号宜与面层沥青混合料相同，同步撒布覆盖率为 70%~80%的单粒径碎石。黏层产品和用量，应根据试洒确定，黏层用量宜大于 1.0kg/m^2。当面层采用 AC 沥青混凝土时，AC 与 STC 基本为面–面接触，黏结层用量较小；而采用 SMA 面层时，由于 SMA 为骨架结构，主骨料突出，与 STC 的接触界面为点–面接触，所以黏结层用量应增加，宜大于 1.2kg/m^2，以增加 SMA-STC 的接触面积。

沥青黏结材料具有一定的变形能力和黏结强度，能够适应一般交通荷载下层间受力要求。其最大的缺点是材料随着温度的升高出现软化，高温黏结性能大幅度降低，重载大交通作用下，薄面层容易出现推移、拥包等病害。

沥青黏结层不宜在纵坡较大和平曲线半径较小的超高性能轻型组合桥面上使

用；同时，该类黏结层也不宜用在交通量大、重载超载车辆多、炎热地区的桥面上。

2) 环氧沥青黏结层

东南大学等科研机构自 20 世纪末引进和研究环氧沥青技术，大力推动了我国环氧沥青材料、工艺等成套技术的发展。环氧沥青由环氧树脂、固化剂与基质沥青混合而成，具有一定的热固性，高温下会变软但不会流动，其物理力学性质主要取决于环氧树脂和固化剂的种类与性质，以及它们与沥青的配合比例。环氧沥青材料性能指标建议值参见 8.3 节。

STC–环氧沥青黏结层–沥青面层典型结构如图 8.94 所示。

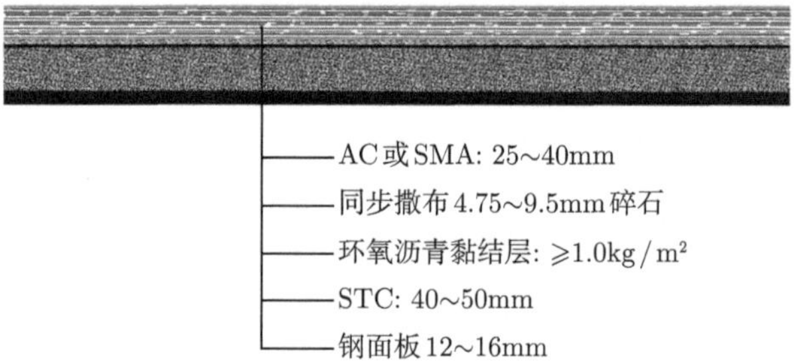

图 8.94　STC–环氧沥青黏结层–沥青面层典型结构

目前我国采用的环氧沥青主要有美国产、日本产和我国自产三种。由于各种环氧沥青性能不尽相同，环氧沥青黏结材料用量也有所不同。

初步研究表明，环氧沥青与 SBS 改性沥青、高黏高弹沥青相比，常温下黏结性能基本相当，高温下前者优于后者，环氧沥青表现出较好的高温稳定性，扩大了沥青的使用温度范围。环氧沥青适用于包括炎热地区在内的一般道路桥梁超高性能轻型组合桥面；对于纵坡较大、平曲线半径较小，且重载大交通路的，建议结合已有工程的使用经验，并经技术论证后确定。

3) 改性环氧树脂黏结层

针对沥青铺面开发的二次固化改性环氧树脂黏结层，它涂刷在 STC 表面，表干后即可摊铺热拌沥青混合料面层，热拌热铺沥青混合料促使黏层融化，通过碾压与面层相互胶凝，促使 STC-沥青面层强力黏结。施工时应在摊铺机轮迹带散布较细的沥青混合料，以防止黏层材料黏附到车轮上。环氧树脂性能指标建议值参见 8.3 节。

STC–改性环氧树脂黏结层–沥青面层典型结构如图 8.95 所示。

改性环氧树脂不论是常温条件还是高温环境均具有优良的黏结性能，可用于所有等级工程。特别适用重载大交通道路，重要交通通道，或者是夏季温度高、高温持续时间长、山区及丘陵地区长大纵坡路段等行车速度慢的道路桥梁，或者对抗剪强度及抗推移要求较高的工程。

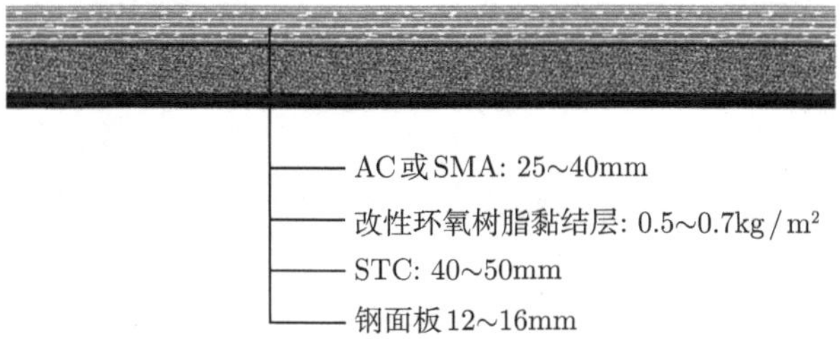

图 8.95 STC–改性环氧树脂黏结层–沥青面层典型结构

2. STC-TPO 典型结构

TPO 面层厚度一般为 7~15mm，通常采用层铺法或拌和法施工。STC-TPO 典型结构参见图 8.96。

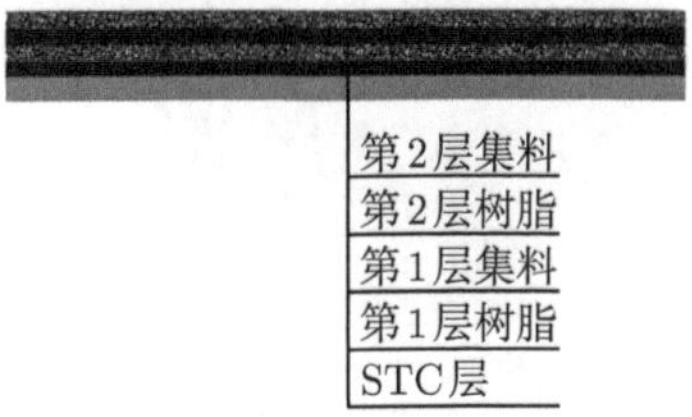

(a) 层铺法

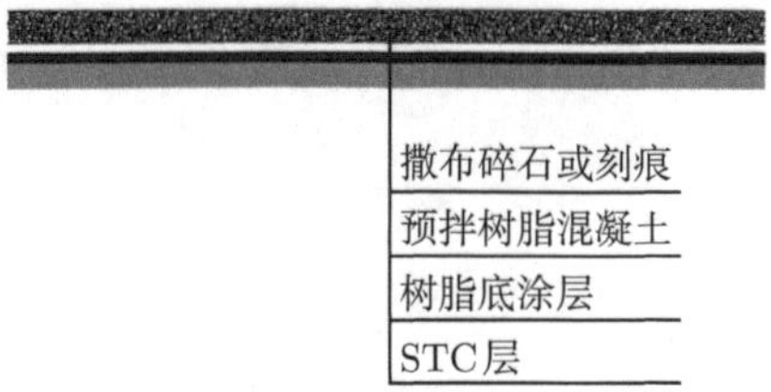

(b) 拌和法

图 8.96 STC-TPO 典型结构

相对于 AC、SMA 等沥青面层，TPO 能有效降低桥梁的恒载，且具有更高的抗弯拉强度和抗压强度，能够提供长久的抗滑能力，服役寿命可达 12~20 年。

8.10.3 STC-面层有限元分析

以某大桥为设计原型，采用有限元仿真计算，分析 STC–面层应力状况，掌握高拉应力、高剪力区域以及分布规律，获得最不利荷载作用下最大拉应力、最大剪应力等计算结果，为黏结层材料选择以及结构设计提供依据。

8.10.3.1 建立有限元计算模型

某大桥为 1480m 双塔双跨悬索桥 (图 8.97)，正交异性钢桥面，桥面钢板厚 12mm，加劲 U 肋厚 8mm，钢面板上铺筑 45mm STC，其上铺筑 40mm SMA 面层，形成超高性能轻型组合桥面结构。

采用通用有限元计算软件 ANSYS 建立轻型组合桥面节段模型，横桥向取 1/2 截面宽度 17.285m，纵桥向取一个标准节段 16.8m。有限元计算模型见图 8.98。

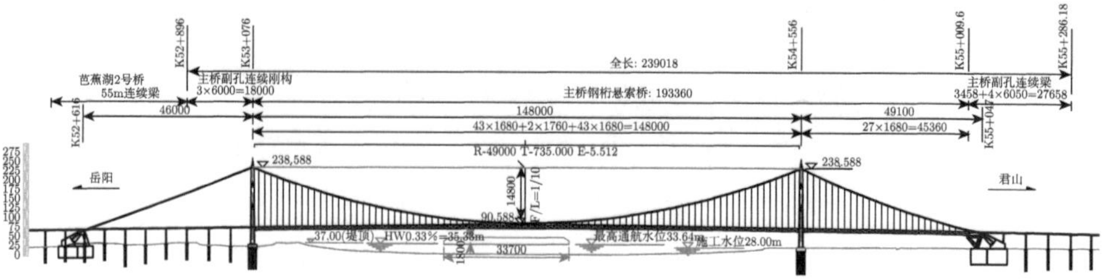

图 8.97　某大桥立面布置 (单位: cm)

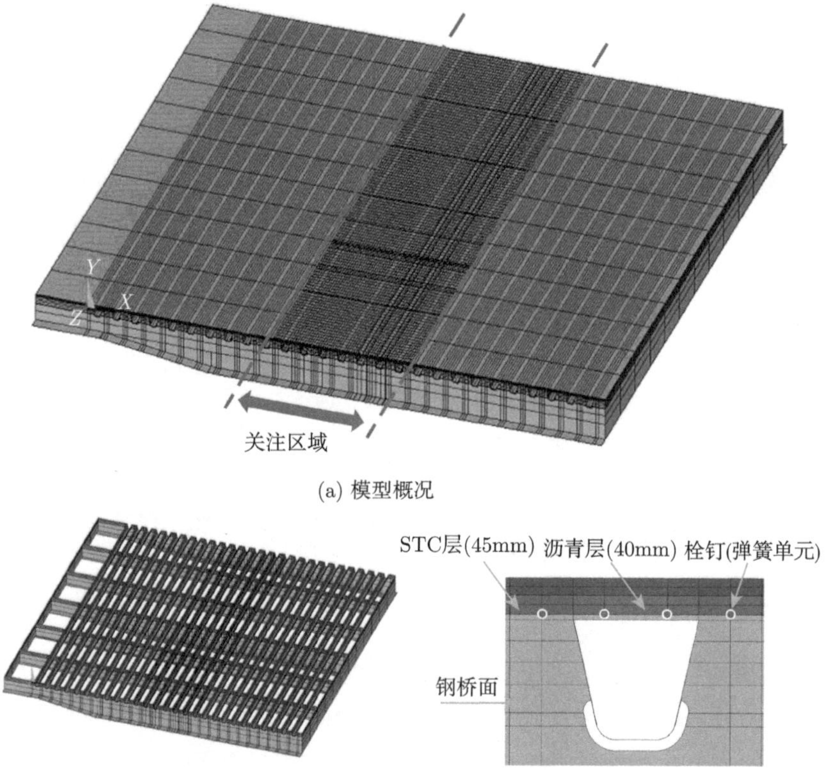

(a) 模型概况

(b) 钢结构部分

(c) 桥面结构部分

图 8.98　有限元计算模型

假定各层为连续、均匀、各向同性的弹性体，钢主梁顶板采用 solid45 实体单元、其他部分均采用壳单元 shell63；STC 层和沥青面层采用实体单元 solid45；STC 层与钢箱梁的顶面连接采用弹簧单元 combin14。STC 层与钢箱梁的顶面连接、沥青面层与 STC 层顶面的连接均采用共节点形式处理。为节约计算资源，钢箱梁取半幅，横桥向采用对称约束，纵桥向采用固结，材料物理力学参数如表 8.64 所示。

表 8.64 材料物理力学参数

项目	数值	项目	数值
钢板弹性模量	206GPa	STC 弹性模量	42GPa
(23±2)°C SMA 模量	1600MPa	60°C SMA 模量	320MPa
钢板泊松比	0.30	SMA 泊松比	0.25
SMA 密度	2450kg/m^3	STC 泊松比	0.20
STC 厚度	45mm	SMA 厚度	40mm
钢板密度	7850kg/m^3	STC 密度	2800kg/m^3

计算中的加载方式参照《公路桥涵设计通用规范》(JTG D60-2015) 选用，车辆荷载为 550kN 标准车，由于标准车车轴的纵向间距较大，计算中仅考虑后轴的双联轴作用。加载轴中每个车轮作用面积为 200mm×600mm(纵桥向 × 横桥向)。竖向荷载考虑 1.3 的冲击系数，水平荷载取竖向荷载的 0.5 倍 (模拟车辆紧急制动，水平力系数取 0.5)。车辆荷载立面、平面布置如图 8.99 所示。

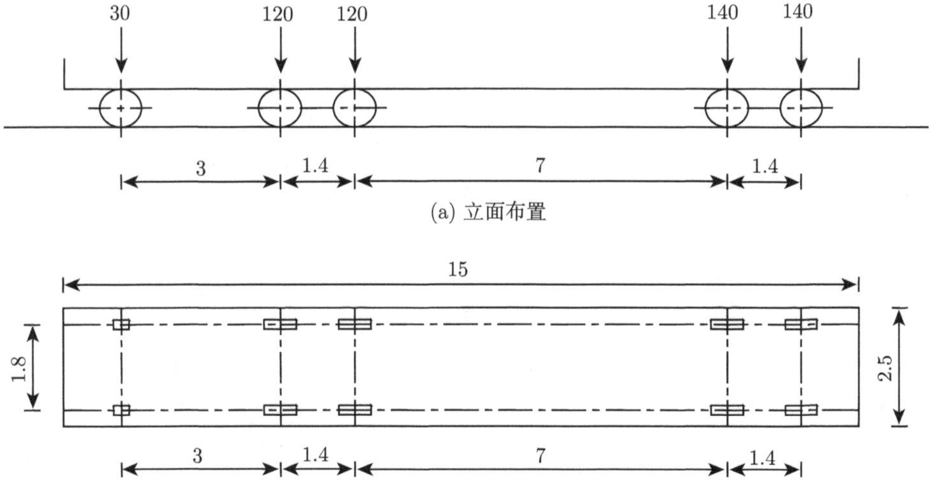

(a) 立面布置

(b) 平面布置

图 8.99 车辆荷载布置图 (单位：mm)

横桥向布设三种荷载位置，如图 8.100(a) 所示；对应每个横向荷位工况，沿纵桥向布设两种荷载位置，如图 8.100(b) 所示。

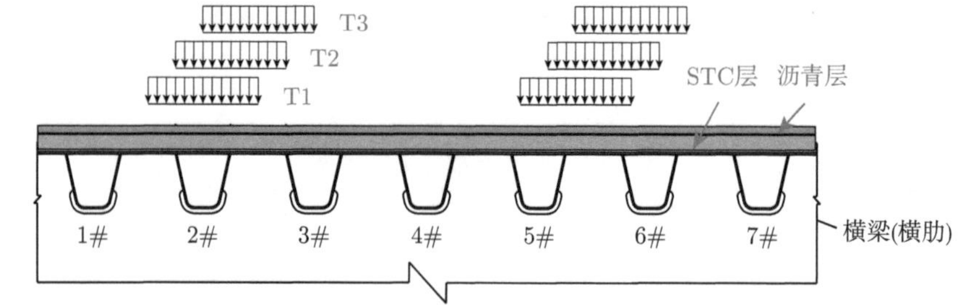

(a) 横桥向的三种荷载工况(T1～T3)

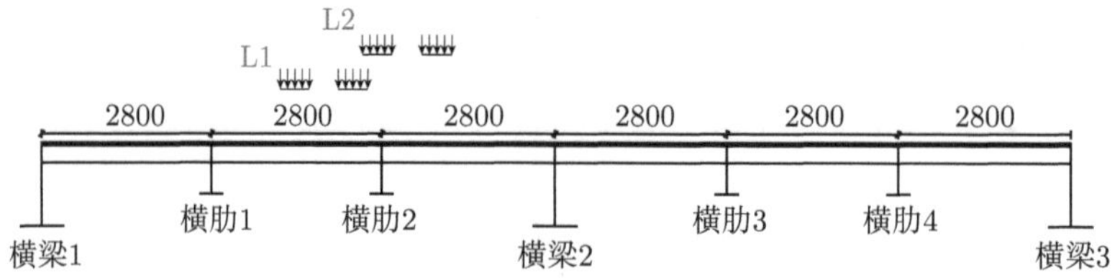

(b) 纵桥向的两种荷载工况(L1、L2)

图 8.100　荷载位置 (单位：cm)

8.10.3.2　计算结果与分析

参照结构设计指标以及力学参数，提取 STC-SMA 层间剪应力峰值、法向拉应力峰值计算结果，如表 8.65 所示。

表 8.65　STC-SMA 层间应力峰值汇总　　(单位：MPa)

荷载工况 *	(23±2)℃			60℃		
	剪应力		法向拉应力	剪应力		法向拉应力
	纵桥向	横桥向		纵桥向	横桥向	
LC-T1-L1	−0.269	0.346	0.149	−0.137	0.327	0.146
LC-T2-L1	−0.234	0.341	0.139	−0.128	0.319	0.144
LC-T3-L1	−0.27	0.350	0.145	−0.137	0.328	0.147
LC-T1-L2	−0.264	0.336	0.153	−0.135	0.324	0.149
LC-T2-L2	−0.279	0.330	0.152	0.136	0.318	0.147
LC-T3-L2	−0.263	0.341	0.152	−0.135	0.326	0.148
最大值	**0.442**		**0.153**	**0.355**		**0.149**

注：* 荷载工况中第一个数字表示横桥向位置，第二个数字表示纵桥向位置，“−” 表示与坐标轴的方向相反。

计算结果表明，考虑超载、动荷载及紧急制动等最不利荷载组合下，(23±2)℃和 60℃条件下，STC-SMA 层间最大剪应力分别为 0.442MPa、0.355MPa；层间最大法向拉应力分别为 0.153MPa、0.149MPa。

另外，提取沥青面层沿深度方向 0，10mm，20mm，30mm，40mm 剪应力峰值，层底拉应力峰值计算结果，见表 8.66~表 8.70。

表 8.66 深度方向 0mm (沥青层面表面) 应力峰值 (单位：MPa)

荷载工况	(23±2)°C			60°C		
	剪应力		层底拉应力	剪应力		层底拉应力
	纵桥向	横桥向		纵桥向	横桥向	
LC-T1-L1	−0.072	0.37	0.111	−0.05	0.366	0.111
LC-T2-L1	0.065	0.403	0.11	0.05	0.4	0.111
LC-T3-L1	−0.072	0.364	0.112	−0.05	0.365	0.112
LC-T1-L2	−0.071	0.369	0.112	−0.05	0.366	0.111
LC-T2-L2	0.07	0.403	0.112	0.051	0.4	0.112
LC-T3-L2	−0.071	0.37	0.114	−0.05	0.367	0.113
最大值	**0.409**		**0.114**	**0.403**		**0.113**

注：LC-Ta-Lb 中 a 表示荷载横向位置，b 表示荷载纵向位置。

表 8.67 深度方向 −10mm (沥青面层内) 应力峰值 (单位：MPa)

荷载工况	(23±2)°C			60°C		
	剪应力		层底拉应力	剪应力		层底拉应力
	纵桥向	横桥向		纵桥向	横桥向	
LC-T1-L1	−0.112	0.352	0.125	−0.069	0.345	0.124
LC-T2-L1	0.098	0.352	0.124	0.069	0.345	0.126
LC-T3-L1	−0.112	0.352	0.125	−0.07	0.344	0.125
LC-T1-L2	−0.111	0.348	0.125	−0.069	0.344	0.124
LC-T2-L2	0.109	0.349	0.127	0.071	0.345	0.126
LC-T3-L2	−0.11	0.349	0.127	−0.069	0.344	0.126
最大值	**0.369**		**0.127**	**0.352**		**0.126**

注：LC-Ta-Lb 中 a 表示荷载横向位置，b 表示荷载纵向位置。

表 8.68 深度方向 −20mm (沥青面层内) 应力峰值 (单位：MPa)

荷载工况	(23±2)°C			60°C		
	剪应力		层底拉应力	最大剪应力		层底拉应力
	纵桥向	横桥向		纵桥向	横桥向	
LC-T1-L1	−0.187	0.341	0.147	−0.102	0.329	0.148
LC-T2-L1	−0.162	0.336	0.144	0.098	0.323	0.147
LC-T3-L1	−0.187	0.343	0.147	−0.102	0.329	0.148
LC-T1-L2	−0.183	0.335	0.151	−0.101	0.328	0.149
LC-T2-L2	−0.167	0.331	0.151	0.103	0.322	0.148
LC-T3-L2	−0.183	0.338	0.15	−0.101	0.328	0.149
最大值	**0.391**		**0.151**	**0.344**		**0.149**

注：LC-Ta-Lb 中 a 表示荷载横向位置，b 表示荷载纵向位置。

表 8.69　深度方向 −30mm (沥青面层内) 应力峰值　(单位：MPa)

荷载工况	(23±2)℃			60℃		
	剪应力		层底拉应力	最大剪应力		层底拉应力
	纵桥向	横桥向		纵桥向	横桥向	
LC-T1-L1	−0.242	0.342	0.149	−0.126	0.325	0.148
LC-T2-L1	−0.216	0.337	0.142	0.118	0.318	0.146
LC-T3-L1	−0.243	0.345	0.147	0.126	0.326	0.149
LC-T1-L2	−0.238	0.333	0.153	−0.125	0.323	0.150
LC-T2-L2	−0.241	0.328	0.153	0.124	0.316	0.149
LC-T3-L2	−0.238	0.337	0.153	−0.125	0.324	0.150
最大值	**0.422**		**0.153**	**0.350**		**0.150**

注：LC-T*a*-L*b* 中 *a* 表示荷载横向位置，*b* 表示荷载纵向位置。

表 8.70　深度方向 −40mm (沥青面层层底) 应力峰值 (单位：MPa)

荷载工况	(23±2)℃			60℃		
	剪应力		层底拉应力	剪应力		层底拉应力
	纵桥向	横桥向		纵桥向	横桥向	
LC-T1-L1	−0.269	0.346	0.149	−0.137	0.327	0.146
LC-T2-L1	−0.234	0.341	0.139	−0.128	0.319	0.144
LC-T3-L1	−0.27	0.35	0.145	−0.137	0.328	0.147
LC-T1-L2	−0.264	0.336	0.153	−0.135	0.324	0.149
LC-T2-L2	−0.279	0.33	0.152	0.136	0.318	0.147
LC-T3-L2	−0.263	0.341	0.152	−0.135	0.326	0.148
最大值	**0.442**		**0.153**	**0.355**		**0.149**

注：LC-T*a*-L*b* 中 *a* 表示荷载横向位置，*b* 表示荷载纵向位置。

由表 8.66~表 8.70 表明，在超载、动荷载及紧急制动等最不利荷载组合下，面层 SMA 最大应力值如表 8.71 所示。

表 8.71　面层 SMA 最大应力计算结果汇总　(单位：MPa)

深度	(23±2)℃		60℃	
	剪应力	层底拉应力	剪应力	层底拉应力
0	0.409	0.114	0.403	0.113
10	0.396	0.127	0.335	0.126
20	0.391	0.151	0.345	0.149
30	0.422	0.153	0.350	0.150
40	0.442	0.153	0.355	0.149
最大值	**0.442**	**0.153**	**0.403**	**0.150**

计算结果表明，(23±2)℃时，SMA 最大剪应力为 0.442MPa，发生在深度 40mm 处 (SMA 层底)；法向拉应力峰值为 0.153MPa，发生在深度 40mm 处 (SMA 层底)；60℃时，最大剪应力为 0.403MPa，发生在深度 0mm 处 (SMA 表层)；最大法向拉应力为 0.15MPa，发生在深度 30mm 处 (SMA 层内)。

8.10.4 STC-面层结构强度分析

依据 8.10.1 节，基于设计控制指标及要求, 分析面层以及 STC-面层层间强度适应性。

实例分析

某大桥为 1480m 钢桁梁悬索桥 (图 8.97)，正交异性钢桥面。超高性能轻型组合桥面方案为 12mm 钢面板-45mm STC- 黏结层 -40mm SMA，如表 8.72 所示。

表 8.72 超高性能轻型组合桥面方案

超高性能轻型组合桥面	黏结层材料
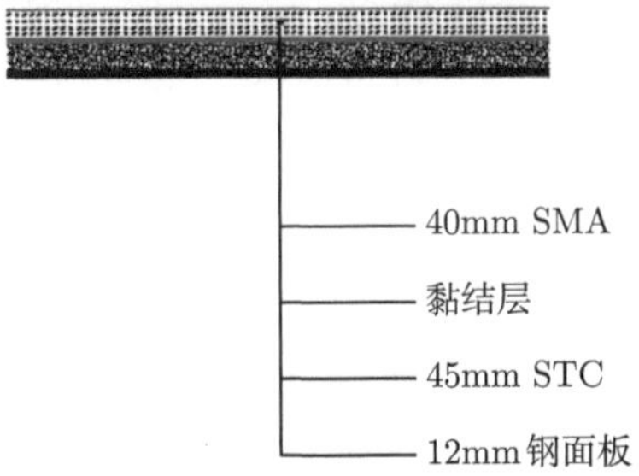	二次固化改性环氧树脂 (品牌 A): 0.6kg/m^2 二次固化改性环氧树脂 (品牌 B): 0.7kg/m^2 高黏高弹沥青: 1.5kg/m^2 橡胶沥青: 2.5kg/m^2 环氧沥青: 1.5kg/m^2

1. 有限元仿真计算

参见 8.10.3 节, 提取最不利荷载作用下，面层 SMA 最大剪应力 τ'_{m}、最大拉应力 σ'_{m}，STC-SMA 最大层间剪应力 τ_{m}、最大法向拉应力 σ_{m}，如表 8.73 所示。

表 8.73 有限元计算结果汇总 (单位：MPa)

环境温度	面层 SMA		STC-SMA 层间	
	最大剪应力 τ'_{m}	最大拉应力 σ'_{m}	最大剪应力 τ_{m}	最大拉应力 σ_{m}
(23±2)℃	0.442	0.153	0.442	0.153
60℃	0.403	0.150	0.355	0.149

2. STC-SMA 复合试件层间强度试验结果

参见 8.5 节，制备 STC-SMA 复合试件，在常温、高温条件下，测试复合试件层间抗剪强度、抗拉强度。五种黏结层材料强度试验结果见表 8.74，面层 SMA 强度测试结果见表 8.75。

表 8.74　STC-SMA 复合试件黏结层强度测试结果　(单位：MPa)

项目		黏结层材料				
		二次固化改性环氧树脂 A	二次固化改性环氧树脂 B	高黏高弹沥青	橡胶沥青	环氧沥青
(23±2)℃	抗剪强度 τ_s	> 1.76*	> 2.18*	0.84	0.64	0.61
	抗拉强度 σ_s	> 1.39*	> 1.26*	> 1.32*	⩾ 1.78*	> 1.59*
60℃	抗剪强度 τ_s	> 0.95*	> 0.72*	0.25	0.22	0.27
	抗拉强度 σ_s	0.79**	> 0.21*	0.14	0.10	0.17

注：* 试件破坏发生在沥青混合料内部，表明黏结层强度大于该数据；** 附着力拉拔试验，详见文献 [63]。

表 8.75　面层 SMA 强度测试结果　(单位：MPa)

(23±2)℃		60℃	
抗剪强度 τ_s'	抗拉强度 σ_s'	抗剪强度 τ_s'	抗拉强度 σ_s'
1.97	1.33	0.84	0.20

3. 容许强度计算

1) 黏结层

由式 (8.17) 和式 (8.18)，计算容许抗剪强度

$$[\tau_R] = \frac{\tau_s}{k_r}$$

其中，抗剪强度系数 $k_r = 1.2$。

由式 (8.19) 和式 (8.20)，计算容许抗拉强度

$$[\sigma_R] = \frac{\sigma_s}{k_s}$$

其中，抗拉强度结构系数 $k_s = 1.3$。

因此，根据表 8.74 黏结层强度测试结果，可计算得到黏结层容许抗剪强度 $[\tau_R]$、容许抗拉强度 $[\sigma_R]$，汇总结果见表 8.76。

表 8.76　STC-SMA 层间容许强度计算结果　(单位：MPa)

项目		黏结层材料				
		二次固化改性环氧树脂 A	二次固化改性环氧树脂 B	高黏高弹沥青	橡胶沥青	环氧沥青
(23±2)℃	容许抗剪强度 $[\tau_R]$	> 1.47	> 1.82	0.70	0.53	0.51
	容许抗拉强度 $[\sigma_R]$	> 1.07	> 0.97	> 1.02	⩾ 1.37	> 1.22
60℃	容许抗剪强度 $[\tau_R]$	> 0.79	> 0.60	0.21	0.18	0.23
	容许抗拉强度 $[\sigma_R]$	0.61	> 0.16	0.11	0.08	0.13

2) 面层 SMA

由式 (8.22) 和式 (8.23)，计算容许抗剪强度：

$$[\tau'_{\mathrm{R}}] = \frac{\tau'_{\mathrm{s}}}{k_{\mathrm{r}}}$$

其中，抗剪强度系数 $k_{\mathrm{r}} = 1.2$。

由式 (8.24) 和式 (8.25)，计算容许抗拉强度

$$[\sigma'_{\mathrm{R}}] = \frac{\sigma'_{\mathrm{s}}}{k_{\mathrm{s}}}$$

其中，抗拉强度结构系数 $k_{\mathrm{s}} = 1.3$。

因此，根据表 8.75 面层 SMA 强度测试结果，可计算得到 SMA 容许抗剪强度 $[\tau'_{\mathrm{R}}]$、容许抗拉强度 $[\sigma'_{\mathrm{R}}]$，汇总结果见表 8.77。

表 8.77　面层 SMA 容许强度计算结果　　(单位：MPa)

(23±2)℃		60℃	
容许抗剪强度 $[\tau'_{\mathrm{R}}]$	容许抗拉强度 $[\sigma'_{\mathrm{R}}]$	容许抗剪强度 $[\tau'_{\mathrm{R}}]$	容许抗拉强度 $[\sigma'_{\mathrm{R}}]$
1.64	1.02	0.7	0.15

4. 强度适应性评估

依据 8.10.1 节结构设计指标与要求，分析 STC-SMA 层间、面层 SMA 强度适应性。结果如表 8.78、表 8.79 所示。

1) STC-SMA 层间

研究表明，在最不利荷载组合下，高黏高弹沥青、橡胶沥青和环氧沥青等三种黏层材料均满足常温 ((23±2)℃) 条件下层间受力要求，但无法满足高温 (60℃) 环境层间受力要求；而二次固化改性环氧树脂 (品牌 A)、二次固化改性环氧树脂 (品牌 B) 无论是常温 ((23±2)℃) 还是高温 (60℃)，均能满足层间受力要求，并且具有足够的安全储备。

表 8.78　STC-SMA 层间强度适应性

温度	判别公式	二次固化改性环氧树脂 A	二次固化改性环氧树脂 B	高黏高弹沥青	橡胶沥青	环氧沥青
(23±2)℃	$\tau_{\mathrm{m}} \leqslant [\tau_{\mathrm{R}}]$	是	是	是	是	是
	$\sigma_{\mathrm{m}} \leqslant [\sigma_{\mathrm{R}}]$	是	是	是	是	是
60℃	$\tau_{\mathrm{m}} \leqslant [\tau_{\mathrm{R}}]$	是	是	否	否	否
	$\sigma_{\mathrm{m}} \leqslant [\sigma_{\mathrm{R}}]$	是	是	否	否	否

2) 面层 SMA

因此，SMA 按设计要求施工，能够满足最不利荷载组合下受力要求 (表 8.79)。

表 8.79　面层 SMA 强度适应性

(23±2)°C		60°C	
判别公式 $\tau'_{\mathrm{m}} \leqslant [\tau'_{\mathrm{R}}]$	判别公式 $\sigma'_{\mathrm{m}} \leqslant [\sigma'_{\mathrm{R}}]$	判别公式 $\tau'_{\mathrm{m}} \leqslant [\tau'_{\mathrm{R}}]$	判别公式 $\sigma'_{\mathrm{m}} \leqslant [\sigma'_{\mathrm{R}}]$
是	是	是	是

8.11　本 章 小 结

超高性能轻型组合桥面体系由钢桥面系、STC 层和薄面层组合而成。由于 STC 力学性能、材料组分与普通混凝土有很大差异，STC 无粗骨料、表面致密且宏观纹理不足，STC-薄面层层间牢固黏结是轻型组合桥面体系需要解决的关键技术之一。

(1) 轻型组合桥面典型结构为：(12～16)mm 钢面板-(40～50)mm STC-(7～40)mm 面层，其中 STC 层为永久结构层，薄面层可选择 SMA、AC 或 TPO 等满足使用要求的材料。“钢面板-(40～50)mm STC-(25～40)mm 沥青面层”，铺面总厚度约 65～80mm，适用于大跨径、特大跨径钢桥的新建工程或改建工程；“钢面板-(40～50)mm STC-(7～15)mm TPO”，铺面总厚度约 50～60mm，它特别适用于对自重十分敏感的特大跨径桥梁铺装改造或新建工程。

(2) 轻型组合桥面体系处于复杂的应力应变状态，在车辆频繁启动、制动作用下，以及荷载与温度、湿度的综合作用下，STC-薄面层层间界面产生很大的层间应力，若面层与 STC 桥面板缺乏牢固黏结，就可能出现层间拉–剪破坏，进而引发上覆面层早期破坏。

(3) 为保证 STC-薄面层完全黏结形成整体和协同受力，界面糙化处理及黏结层材料的选择至关重要。STC 表面应平整、干净、干燥，宜采用抛丸、嵌石等对结构层损伤较小的糙面工艺。黏结层材料应具有足够的黏结强度、抗施工损伤能力和耐久性，可采用 SBS 改性沥青、高黏高弹沥青、环氧沥青和改性环氧树脂等满足使用要求的材料。

(4) STC-薄面层结构设计应满足层间牢固黏结、面层抗剪切破坏和抗弯拉开裂的要求。设计控制指标采用层间抗剪强度、抗拉强度以及面层抗剪强度、抗弯拉强度等四项。实际工程应基于设计控制指标及要求, 分析面层以及 STC-面层层间强度适应性，经技术论证后确定超高性能轻型组合桥面铺面方案。

轻型组合桥面结构应根据桥梁的受力要求、平纵线形、道路等级、交通状况、环境条件等因素，合理地选择面层类型及黏结层材料，并结合已有工程经验综合研究确定。应布置完善的桥面防水、排水系统。

参 考 文 献

[1] Sprinkel M. Twenty-Five-Year Experience with Polymer Concrete Overlays on Bridge Decks. London: CRC Press. 2003/2020: 15-24

[2] 李嘉, 冯啸天, 邵旭东, 等. 正交异性钢桥面-RPC 薄层组合铺装体系研究. 湖南大学学报 (自然科学版), 2012, 39(12): 7-12

[3] West R, Moore J, Zhang J. Evaluation of Bond Strength Between Pavement Layers. NCAT Report 05-08, National Center for Asphalt Technology, Auburn, Alabama, 2005.

[4] Guide Specification for Polymer Concrete Bridge Deck Overlays: Task Force34. AASHTO, 1995: 15-24

[5] Michael M S. Polymer concrete bridge overlays. Transportation Research Board. Washington, D. C., 1993: 107-116

[6] Neil J P, Sandra R, Robert E S, et al. Long-term performance of polymer concrete for bridge decks. 2011: 6-24

[7] 沈金安. 改性沥青与 SMA 路面. 北京: 人民交通出版社, 1999

[8] 李嘉, 王万鹏, 裴必达, 等. UHPC-TPO 层间黏结性能研究. 中国公路学报, 2018, 31(5): 84-91

[9] ASTM C882/C882M-13 Standard Test Method for Bond Stress of Epoxy-Resin Systems Used with Concrete by Slant Shear. US:ASTM, 2013: 1-4

[10] ASTM D7234-12 Standard Test Method for Pull-Off Adhesion Strength of Coating Using Portable Pull-Off Adhension Testers. US: ASTM, 2012: 1-5

[11] Ozer H, Al-Qadi I L, Wang H, et al. Characterisation of interface bonding between hot-mix asphalt overlay and concrete pavements: modelling and in-situ response to accelerated loading. International Journal of Pavement Engineering, 2012, 13(2): 181-196

[12] Zhen L, Al-Qadi I L, Carpenter S H, et al. Interface bonding between hot-mix asphalt and various portland cement concrete surfaces laboratory assessment. Transportation Research Record, 2009, 11(2057): 46-53

[13] Bocci E, Canestrari F. Experimental evaluation of shear resistance of improved steel-asphalt interfaces. Transportation Research Record: Journal of the Transportation Research Board, 2013: 145-150

[14] 贾晓阳, 李立寒. 混凝土桥面沥青铺装粘结层抗剪设计方法. 同济大学学报 (自然科学版), 2013, 41(3): 402-407

[15] 刘云, 于新, 戴忧华, 等. 混凝土箱梁桥铺装防水粘结层力学性能. 同济大学学报 (自然科学版), 2012, 40(1): 57-61

[16] 李萍, 念腾飞, 张雅莉, 等. 基于斜剪试验的水泥砼桥面沥青铺装层抗剪切性能研究. 武汉理工大学学报, 2015, 37(11): 48-53

[17] 龙广成, 谢友均, 王培铭, 等. 活性粉末混凝土的性能与微细观结构. 硅酸盐学报, 2005, 33(4): 456-461
[18] ASTM C1583-4 standard test method for tensile strength of concrete surfaces and the bond strength or tensile strength of concrete repair and overlay materials by direct tension (pull-off method). US: ASTM, 2013: 1-5
[19] 倪晓雪, 李晓刚, 张三平, 等. 环氧胶粘剂在典型大气环境中的老化行为. 腐蚀与防护, 2010, 31(4): 276-278
[20] 高岩磊, 崔文广, 牟微, 等. 环氧树脂粘合剂热氧老化行为研究. 化工新型材料, 2011, 39(2): 72-74
[21] Signor A W, Vanlandingham M R, Chin J W. Effects of ultraviolet radiation exposure on vinyl ester resins: characterization of chemical, physical and mechanical damage. Polymer Degradation and Stability, 2003, 79(2): 359-368
[22] Sevim C. Solar and environmental degradation effect on tensile strength and glass transition temperature of glass fibre reinforced plastic laminates. Polymers and Polymer Composites, 2010, 18(18): 339-345
[23] Ray B C. Temperature effect during humid ageing on interfaces of glass and carbon fibers reinforced epoxy composites. Journal of Colloid and Interface Science, 2006, 298(1): 111-127
[24] 乔琨, 朱波, 高学平, 等. 紫外老化对碳纤维增强环氧树脂复合材料性能的影响. 功能材料, 2012, 43(21): 10-20
[25] 方星, 王兴昌, 磨炼同, 等. 薄层环氧抗滑铺装材料加速加载试验研究. 公路, 2010(10): 214-219
[26] 崔树华, 卢钢, 方星, 等. 环氧薄层铺装材料断裂性能试验研究. 建材世界, 2013, 34(2): 38-42
[27] 李宇峙, 徐敏, 李家庆, 等. 环氧树脂混凝土路用性能及其钢桥面铺装施工工艺研究. 公路, 2008(10): 103-107
[28] 吴迪, 张宏超. 新型聚合物桥面铺装结构层间剪切性能. 北京科技大学学报, 2011(1): 193-198
[29] 张平, 李宇峙, 徐敏. 环氧树脂混凝土弯曲变形性能试验研究. 中外公路, 2009, 29(1): 208-211
[30] 刘克非. 环氧树脂混凝土路用性能研究. 东南大学学报 (自然科学版), 2009(2): 274-278
[31] 丁著明, 吴良义, 范华, 等. 环氧树脂的稳定化 (I) 环氧树脂的老化研究进展. 热固性树脂, 2001, 16(5): 34-36
[32] 张恒龙, 谭邦耀, 朱崇政. 有机蛭石与纳米二氧化钛复配改性沥青的抗老化性能研究. 中国科技论文, 2016, 11(7): 728-732
[33] 张苛, 张争奇. 含盐高湿环境沥青混合料力学特性的劣化. 华南理工大学学报 (自然科学版), 2015, 43(8): 106-112

[34] 高岩磊, 崔文广, 牟微, 等. 环氧树脂粘合剂热氧老化行为研究. 化工新型材料, 2011, 39(2): 72-74

[35] 鞠彦忠, 王德弘, 单明. 活性粉末混凝土力学性能及冻融性能研究. 实验力学, 2012, 27(2): 214-220

[36] 王思嘉, 方世强, 张秉坚. 典型环氧类粘结材料老化过程的探索性研究. 文物保护与考古科学, 2017, 29(2): 15-25

[37] ASTM-D570-98-2005, Standard test method for water absorption of plastics. US: ASTM

[38] JTG D40-2011, 公路水泥混凝土路面设计规范

[39] 中华人民共和国住房和城乡建设部. 普通混凝土长期性能和耐久性能试验方法标准. 中国建筑工业出版社, 2009: 1-37

[40] 李兴海, 王江洋, 谢超, 等. 钢桥面铺装修复界面II型断裂特性的研究. 公路, 2015, 60(03): 20-23

[41] 李兴海, 钱振东, 周绪利, 等. 钢桥面铺装修复界面疲劳特性试验. 中国公路学报, 2018, 31(05): 99-105

[42] 陈磊磊, 钱振东, 何长江, 等. 钢桥面沥青铺装裂缝处治技术效果评价. 北京工业大学学报, 2011, 37(06): 888-892

[43] Li M, Zhi X L, Yao A L, et al. The interface bonding performance experiment analysis of slag base cement concrete pavement repair material. Advanced Materials Research, 2013, 723: 761-766

[44] Tran Q T, Toumi A, Turatsinze A. Modelling of debonding between old concrete and overlay: fatigue loading and delayed effects. Materials & Structures, 2007, 40(10): 1045-1059

[45] Jung Y S, Lin W, Han H, et al. Interface behavior of partial depth repair for airport concrete pavement subjected to differential volume change. Construction & Building Materials, 2017, 143: 515-521

[46] Xiong Z, Lei Z. Characterization of roughness of fresh-old concrete bonding interface based on method of digital image. Fly Ash Comprehensive Utilization, 2013(01): 9-13

[47] 曹明明, 陆阳, 黄晚清, 等. 复合式路面层间界面剪切滑移特性. 交通运输工程学报, 2018, 18(04): 1-11

[48] 柳力, 刘朝晖, 李盛. 刚柔复合式路面层间抗裂材料疲劳性能研究. 公路, 2016, 61(03): 7-11

[49] 李盛, 刘朝晖, 李宇峙, 等. 刚柔复合式路面层间界面剪切疲劳试验研究. 土木工程学报, 2013, 46(07): 151-156

[50] 贾进, 甘孟松. 考虑界面状态的复合式路面层间黏结性能研究. 中外公路, 2018, 38(05): 73-78

[51] Ozer H, Imad L, Al-Qadi, et al. Characterisation of interface bonding between hot-mix asphalt overlay and concrete pavements: modelling and in-situ response to accelerated loading. International Journal of Pavement Engineering, 2012, 13(2): 181-196

[52] Mahmoud A, Coleri E, Batti J, et al. Development of a field torque test to evaluate in-situ tack coat performance. Construction and Building Materials, 2017, 135: 377-38552

[53] Zhen L, Ozer H, Al-Qadi I, et al. Interface bonding between hot-mix asphalt and various portland cement concrete surfaces: laboratory assessment. Transportation Research Record: Journal of the Transportation Research Board, 2008, 2057: 46-53

[54] 张明, 张瑀, 周广春, 等. 基于应变能密度的单层球面网壳结构失效判定准则. 土木工程学报, 2014, 47(04): 56-63

[55] 谢和平, 鞠杨, 黎立云, 等. 岩体变形破坏过程的能量机制. 岩石力学与工程学报, 2008(09): 1729-1740

[56] 洪雷, 马腾龙, 王苏岩. 湿热环境下预应力 CFRP 加固高强混凝土的耐久性. 建筑科学与工程学报, 2017, 34(01): 25-31

[57] 李树忱, 张峰, 祝金鹏. 海水侵蚀环境下混凝土力学性能劣化试验. 公路交通科技, 2009, 26(12): 35-38

[58] 邵旭东, 曹君辉, 易笃涛, 等. 正交异性钢板–薄层 RPC 组合桥面基本性能研究. 中国公路学报, 2012, 25(2): 40-45

[59] 刘梦麟, 邵旭东, 张哲, 等. 正交异性钢板一超薄 RPC 组合桥面板结构抗弯疲劳性能试验研究. 公路交通科技, 2012, 29(10): 46-53

[60] 丁楠, 邵旭东. 轻型组合桥面板的疲劳性能. 土木工程学报, 2015, 48(1): 75-81

[61] 邵旭东, 张哲, 刘梦麟, 等. 正交异性钢-UHPC 组合桥面板弯拉强度的实验研究. 湖南大学学报 (自然科学版), 2012, 39(10): 7-13

[62] 李嘉, 王懿, 李洪, 等. 超高性能轻型组合桥面铺装体系基本力学性能研究. 公路交通科技, 2015, 32(07): 56-61

[63] 丁楠, 邵旭东. 轻型组合桥面板的疲劳性能. 土木工程学报, 2015, 48(1): 75-81

第 9 章　钢-STC 轻型组合桥面设计施工方法

9.1　本 章 概 述

基于一系列的理论、试验研究以及工程实践，团队于 2015 年和 2016 年分别编制了轻型组合桥面结构的广东、湖南两个地方标准 [1,2]。随着研究工作的进一步深入，工程实践的进一步积累，对上述标准进行了多方面的完善，目前已编制完成中国公路学会团体标准的总校稿，并正着手编制交通运输部的行业标准。本章以即将颁布的团体标准为基础，阐述轻型组合桥面结构的设计施工方法，为实桥设计和施工提供科学依据。

9.2　材　　料

9.2.1　STC 原材料

水泥宜采用不低于 42.5 级的硅酸盐水泥或普通硅酸盐水泥，并符合现行《通用硅酸盐水泥》(GB 175) 的规定。

矿物掺合料宜采用 I 级粉煤灰、S95 等级以上的粒化高炉矿渣粉、二氧化硅含量不低于 90%的硅灰等材料，且应符合现行《用于水泥和混凝土中的粉煤灰》(GB/T 1596)、《用于水泥和混凝土中的粒化高炉矿渣粉》(GB/T 18046)、《砂浆和混凝土用硅灰》(GB/T 27690) 的规定。当采用其他矿物掺合料时，应通过试验进行验证。

细集料宜为石英砂，性能指标应按表 9.1 采用。

表 9.1　石英砂的技术指标　　(单位：%)

项目	技术指标
二氧化硅含量	⩾ 97
氯离子含量	⩽ 0.02
硫化物及硫酸盐含量	⩽ 0.50
云母含量	⩽ 0.50

石英砂和石英粉的筛分试验和粒径应符合现行《活性粉末混凝土》[3] (GB/T 31387) 的规定。

减水剂应符合现行《混凝土外加剂》(GB 8076) 和《混凝土外加剂应用技术规范》(GB 50119) 的规定。宜选用高性能减水剂，减水剂的减水率宜大于 30%。

掺用改善拌和物和 STC 性能的其他外加剂时，其性能应符合现行相关标准的规定，且应通过试验，确定 STC 性能满足工程应用要求后方可使用。

钢纤维应采用高强度钢纤维 (可镀铜)，其性能指标应按表 9.2 采用。

表 9.2　钢纤维的性能指标

项目	性能指标
抗拉强度/MPa	⩾ 2000
长度合格率 (12~14mm 或 7~8mm 纤维比例)[1]/%	⩾ 96
直径合格率 (0.18~0.22mm 或 0.12~0.14mm 纤维比例)[2]/%	⩾ 90
形状合格率/%	⩾ 96
杂质含量/%	⩽ 1.0

注：1. 50 根试样的长度平均值应在 12~14mm 或 7~8mm 范围内；
2. 50 根试样的直径平均值应在 0.18~0.22mm 或 0.12~0.14mm 范围内。

纳米碳酸钙 ($CaCO_3$) 的性能指标应按表 9.3 采用。

表 9.3　纳米碳酸钙的性能指标

项目	性能指标
$CaCO_3$ 含量	>90%
平均粒径	60nm

纳米二氧化硅 (SiO_2) 的性能指标应按表 9.4 采用。

表 9.4　纳米二氧化硅的性能指标

项目	性能指标
SiO_2 含量/%	>99.9
平均粒径/nm	10
表面积/(cm^2/g)	6.45×10^6
摇实密度/(g/cm^3)	<0.15
氯离子含量/%	<0.028

拌和用水应符合现行《公路桥涵施工技术规范》(JTG/T F50) 的规定。

9.2.2　STC 混合料

STC 的强度等级、抗弯拉强度、抗压强度标准值和设计值应按表 9.5 采用。

STC 具有轴拉应变硬化特性。STC22、STC25、STC28 的轴拉强度设计值 f_{td} 宜分别取 7MPa、8MPa、9MPa，极限拉应变设计值 ε_{td} 宜取 2000με。初裂应变设计值 $\varepsilon_{crack,d}$ 应根据轴拉应力强度设计值 f_{td} 和本章规定的 STC 的弹性模量 E_c 计算确定 (图 9.1)。

STC 的弹性模量 E_c 应按现行《活性粉末混凝土》(GB/T 31387) 的规定通过

试验确定，当无试验资料时，可按表 9.6 采用。

表 9.5　STC 强度等级

强度等级	抗弯拉强度/MPa		抗压强度/MPa		
	标准值 f_{fk}	设计值 f_{fd}	立方体抗压强度标准值 $f_{cu,k}$	轴心抗压强度标准值 f_{ck}	轴心抗压强度设计值 f_{cd}
STC22	22	15.2	120	77.4	53.4
STC25	25	17.2	140	90.3	62.3
STC28	28	19.3	160	103.2	71.2

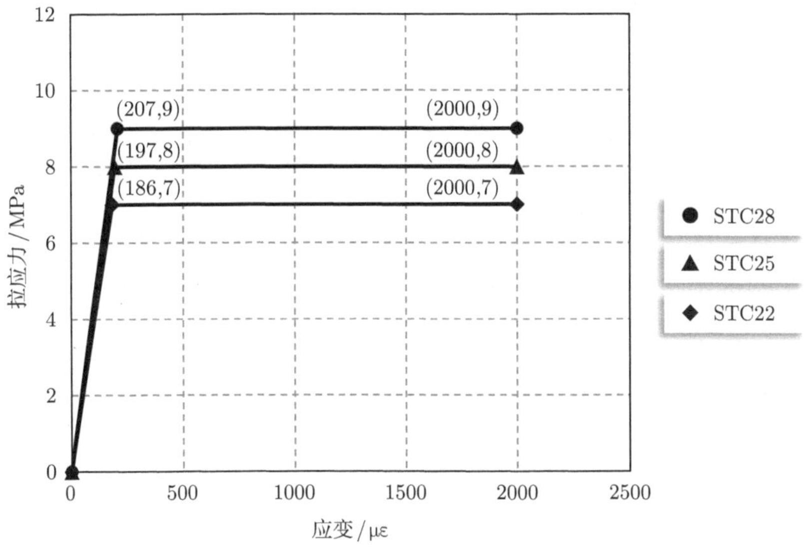

图 9.1　STC 的轴拉应力–应变曲线

表 9.6　不同强度等级 STC 的弹性模量 E_c　(单位：GPa)

STC 强度等级	STC22	STC25	STC28
弹性模量	37.6	40.7	43.5

STC 的剪切变形模量 G_c 可按表 3.2.3 中 E_c 值的 0.4 倍采用，STC 的泊松比 μ_c 可采用 0.2。

STC 的温度线膨胀系数 α_c 可采用 1.1×10^{-5}/°C。

STC 采用蒸汽养护，养护结束后，收缩应变和徐变系数终值可按表 9.7 采用。

钢筋在 STC 中的锚固长度取值应符合本条规定：当钢筋达到其极限强度时，锚固长度为 $10d_r$，其中 d_r 为钢筋的公称直径。

STC 的抗氯离子渗透性应不大于 100C (电通量法)；吸水孔隙率应不大于9.0%[4]。

表 9.7 STC 的收缩应变和徐变系数终值

养护条件	收缩应变/με	徐变系数
蒸汽养护	0	0.2

9.2.3 钢材

焊钉连接件的材料应符合现行《电弧螺柱焊用圆柱头焊钉》(GB/T 10433) 的规定。

STC 中的普通钢筋宜选用 HRB400 或 HRB500 钢筋，钢筋的材料性能设计指标应按现行《公路钢筋混凝土及预应力混凝土桥涵设计规范》(JTG 3362) 的规定取用。

9.2.4 黏结层材料

黏结层材料宜采用高黏高弹沥青、环氧沥青黏结剂、改性环氧树脂黏结剂，主要性能指标及要求应按表 9.8 采用。

表 9.8 黏结层养生固化后主要技术指标及要求

序号	项目		技术要求	
			I 型 (高黏高弹沥青、 环氧沥青黏结剂)	II 型 (改性环氧 树脂黏结剂)
1	复合试件剪切强度/MPa	25℃	⩾ 0.8	⩾ 1.6
		60℃	⩾ 0.4	⩾ 0.8
2	附着力拉拔强度(与 STC)/MPa	25℃	⩾ 1.0	⩾ 2.0
		60℃	⩾ 0.3	⩾ 0.8
3	抗冻性	−20～20℃ 冻融循环	20 次不开裂	
4	耐腐蚀性 (20℃)	$Ca(OH)_2$ 中浸泡 15d	无异常	
		3% 盐水浸泡 15d	无异常	
5	抗硌破	轮碾机碾压 30 次	不穿孔	

注：附着力拉拔试验可采用圆形拉拔头 (直径 50mm) 或正方形拉拔头 (边长 50mm)。

9.2.5 磨耗层材料

磨耗层材料性能应符合现行《公路沥青路面设计规范》(JTG D50-2017)的规定。

9.3 设　计

9.3.1 一般规定

组合桥面结构应根据建设条件、结构受力性能等因素，确定合理的结构形式、截面构造等。

组合桥面结构应按持久状况承载能力极限状态，进行承载能力计算，其作用 (或荷载) 组合应采用基本组合，结构材料性能应采用其强度设计值。

组合桥面结构应按持久状况正常使用极限状态，进行裂缝宽度、挠度、连接件滑移验算，作用 (或荷载) 组合应采用频遇组合。

组合桥面结构应进行疲劳计算，计算中仅考虑疲劳荷载。

组合桥面结构的计算按第一、第二和第三体系考虑，并对计算结果进行线性叠加。

(1) 第一体系：组合桥面结构作为钢主梁全截面的上翼缘，承受整体荷载，称为“主梁体系”。

(2) 第二体系：STC 层与正交异性钢面板共同形成支撑在主梁腹板、横隔板上的桥面板，承受车辆局部荷载，称为“桥面体系”。

(3) 第三体系：STC 层与钢面板共同形成支撑在桥面纵向加劲肋上的连续组合板，板体承受车轮的局部荷载，称为“面板体系”。

其中，第一体系一般按整体受力计算、第二和第三体系按局部受力计算。

整体受力应按现行《公路钢混组合桥梁设计与施工规范》(JTG/T D64-01-2015) 进行计算。

局部受力应建立节段有限元模型进行计算，应选用适宜的单元类型及网格尺寸。

磨耗层设计和计算应符合《公路沥青路面设计规范》(JTG D50-2017) 的规定。

9.3.2 作用效应

组合桥面结构的作用效应计算应符合下列规定：

(1) 应按弹性方法进行计算。

(2) 当计算桥梁的整体受力时，组合桥面结构作用效应计算可不计入正交异性钢桥面板和 STC 层间的滑移效应；当计算桥面局部受力时，应计入两者间的滑移效应。

组合桥面结构温度效应的计算应符合下列规定：

(1) 组合桥面结构的整体温度效应按现行《公路桥涵设计通用规范》(JTG D60-2015) 的规定计算。

(2) 组合桥面结构的温度梯度效应计算应按图 9.2 所示的竖向温度梯度分布形式计算，温度梯度的取值应按式 (9.1)、式 (9.2) 计算。

温升时，T_2 按照下式计算：

$$T_2 = 25 - \frac{25 - 6.7}{100} h_c \tag{9.1}$$

式中，h_c 是 STC 层的厚度 (mm)。

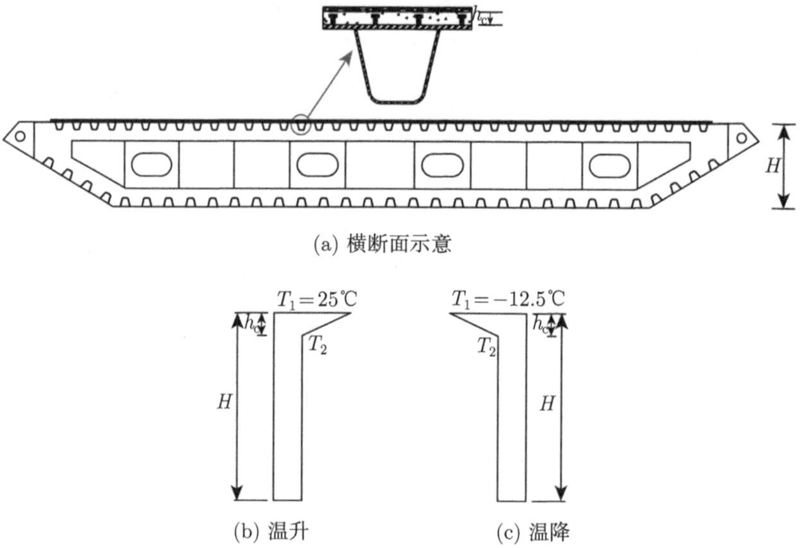

图 9.2 温度梯度计算图示

h_c 为 STC 层厚度；H 为组合截面全高

温降时，T_2 按照下式计算：

$$T_2 = -12.5 - \frac{-12.5+3.3}{100}h_c \tag{9.2}$$

STC 蒸汽养护完成之后的收缩应变为 0，无需计算收缩应力。

STC 徐变效应计算可假定徐变与 STC 应力呈线性关系。当缺乏符合当地实际条件的数据和计算方法时，按下列规定计算。

蒸汽养护结束后时，STC 的徐变系数随时间的发展可按式 (9.3) 计算：

$$\varphi_b(t,t_0) = \beta_{bc}\frac{\sqrt{t-t_0}}{\sqrt{t-t_0}+10} \tag{9.3}$$

式中，$\varphi_b(t,t_0)$ 是蒸汽养护时，加载龄期为 t_0，计算考虑龄期为 t 时的 STC 徐变系数；β_{bc} 是 STC 的徐变系数终值，按表 9.7 采用；t 是计算考虑时刻的 STC 龄期，从蒸汽养护结束开始计算 (天)；t_0 是加载时的 STC 龄期，从蒸汽养护结束开始计算 (天)。

9.3.3 强度计算

强度计算中，整体和局部受力计算荷载均应按《公路桥涵设计通用规范》(JTG D60-2015) 的规定取用。

组合桥面结构抗弯承载力验算应符合下列规定：

(1) 整体受力状态下的正应力应采用线弹性方法，按式 (9.4) 计算：

$$\sigma_{\text{global}} = \sum_{i=\text{I}}^{\text{II}} \frac{M_{\text{d},i}}{W_{\text{eff},i}} \tag{9.4}$$

式中，σ_{global} 是整体受力状态下的正应力 (MPa)；i 是变量，表示不同的应力计算阶段，其中，$i=\text{I}$ 表示未形成组合桥面结构的应力计算阶段；$i=\text{II}$ 表示形成组合桥面结构之后的应力计算阶段；$M_{\text{d},i}$ 是对应不同应力计算阶段，作用于钢梁或组合梁的弯矩设计值 (N·mm)；$W_{\text{eff},i}$ 是对应不同应力计算阶段，钢梁或组合梁的抗弯模量 (mm^3)。

(2) 局部受力状态下的应力 σ_{local} 应采用线弹性方法，进行有限元计算。

(3) 应按式 (9.5) 计算考虑整体和局部叠加效应后的正应力。

$$\sigma = \sigma_{\text{global}} + \sigma_{\text{local}} \tag{9.5}$$

式中，σ 是组合桥面结构考虑整体和局部叠加后的正应力 (MPa)。

(4) 应按式 (9.6) 验算抗弯承载力：

$$\gamma_0 \sigma \leqslant f \tag{9.6}$$

式中，σ 是组合桥面结构考虑整体和局部叠加后的应力 (MPa)；f 是钢筋、钢梁及 STC 的强度设计值或容许值 (MPa)，其中 STC 轴心抗压强度设计值按表 9.5 采用、极限抗拉强度容许值可按下文表 9.12 采用，钢筋和钢梁的强度设计值应分别按现行《公路钢筋混凝土及预应力混凝土桥涵设计规范》(JTG 3362-2018)、《公路钢结构桥梁设计规范》(JTG D64-2015) 的规定取值；γ_0 是桥涵结构重要性系数，应按《公路桥涵设计通用规范》(JTG D60-2015) 规定的结构设计安全等级采用，对应于设计安全等级为一级、二级、三级的桥涵结构，分别取 1.1、1.0、0.9。

9.3.4 疲劳计算

组合桥面结构的疲劳计算应符合下列规定：

(1) 钢桥面板、连接件、STC 层应进行疲劳验算；

(2) 组合桥面结构疲劳验算应采用弹性分析方法计算。

组合桥面结构疲劳可按名义应力法计算。

疲劳荷载的选取应符合现行《公路钢结构桥梁设计规范》(JTG D64-2015) 的规定。

STC 层的抗裂疲劳强度取值应按表 9.9 采用。

正交异性钢桥面板、焊钉以及焊接钢筋网连接件的疲劳强度应按现行《公路钢结构桥梁设计规范》(JTG D64-2015) 的规定取用。

表 9.9　STC 层的疲劳细节及分类

1000 万次疲劳强度/MPa	细节位置及示意图	细节描述和施工要求
$0.70\left[f_{t,\mathrm{trans}}^{\mathrm{serv}}\right]$—横桥向 $0.70\left[f_{t,\mathrm{longi}}^{\mathrm{serv}}\right]$—纵桥向	STC层连续区域 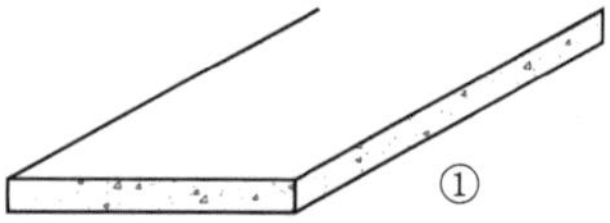	① STC 层连续浇筑。
$0.70\left[f_{t,\mathrm{trans,joint}}^{\mathrm{serv}}\right]$—横桥向 $0.70\left[f_{t,\mathrm{longi,joint}}^{\mathrm{serv}}\right]$—纵桥向	STC施工接缝区域 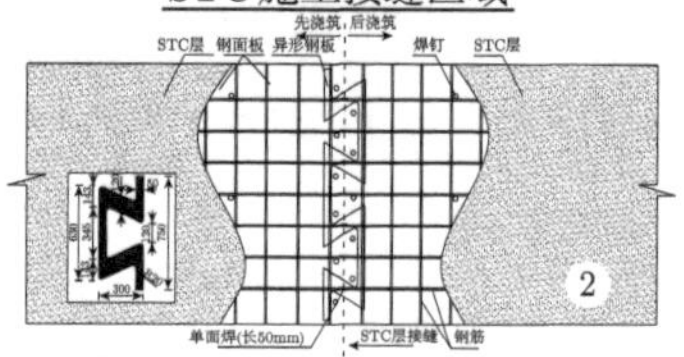	② 先浇–后浇交界区域，设置 STC 施工接缝。

9.3.5　STC 裂缝计算

在正常使用极限状态下，组合桥面结构负弯矩区 STC 层表面的最大裂缝宽度按式 (9.7)~式 (9.9) 计算：

$$w_{\mathrm{s,max}}=\alpha_{\mathrm{cr}}\psi\frac{\sigma_{\mathrm{ss}}}{E_{\mathrm{r}}}\left(1.06c_{\mathrm{s}}+0.152\frac{d_{\mathrm{s}}}{\rho_{\mathrm{te}}}\right)\frac{y_0-h_{\mathrm{td}}}{y_0-h_{\mathrm{td}}-h_{\mathrm{r}}} \tag{9.7}$$

$$\psi=1.1-0.12\frac{f_{\mathrm{td}}}{\rho_{\mathrm{te}}\sigma_{\mathrm{ss}}} \tag{9.8}$$

$$\rho_{\mathrm{te}}=\frac{A_{\mathrm{r}}}{A_{\mathrm{te}}} \tag{9.9}$$

式中，$w_{\mathrm{s,max}}$ 是 STC 表面的最大裂缝宽度 (mm)；α_{cr} 是构件受力特征系数，按表 9.10 采用；ψ 是裂缝间受拉钢筋应变不均匀系数：当 $\psi<0.2$ 时，取 $\psi=0.2$；当 $\psi>1.0$ 时，取 $\psi=1.0$；σ_{ss} 是按作用 (或荷载) 频遇组合计算的 STC 层中钢筋拉应力 (MPa)；E_{r} 是钢筋的弹性模量 (MPa)；c_{s} 是验算方向上 (纵桥向或横桥向)，STC 层受拉钢筋外边缘至受拉侧表面的距离 (mm)；ρ_{te} 是按有效受拉 STC 截面面积计算的受拉钢筋配筋率；A_{r} 是受拉区钢筋截面面积 (mm^2)；A_{te} 是有效受拉 STC 截面面积 (mm^2)，纵桥向 STC 层按轴心受拉构件计算，取计算模型中 STC 层截面面积 $A_{\mathrm{te}}=b_{\mathrm{c}}h_{\mathrm{c}}$，横桥向 STC 层按偏心受拉构件计算，取 $A_{\mathrm{te}}=0.5b_{\mathrm{c}}h_{\mathrm{c}}$，$b_{\mathrm{c}}$、$h_{\mathrm{c}}$ 分别为计算模型中 STC 层的宽度和厚度；d_{s} 是验算方向上 (纵桥向或横桥向)，受拉区钢筋直径 (mm)；f_{td} 是不配筋 STC 的轴拉强度设计值 (MPa)；y_0 是受拉 STC 上表面到中性轴的距离 (mm)；h_{td} 是受拉区未开裂的 STC 高度，即拉应力在 0 到 f_{td} 之间的高度 (mm)；h_{r} 是受拉钢筋重心位置至受拉 STC 上表面的距离 (mm)。

表 9.10 构件受力特征系数

STC 受力方向	α_{cr}
横桥向	1.6
纵桥向	1.8

由作用 (或荷载) 频遇组合效应引起的 STC 层中受拉钢筋拉应力 σ_{ss} 应按以下步骤计算。

9.3.5.1 横桥向 STC 层中受拉钢筋应力计算

横桥向 STC 层中受拉钢筋应力计算见图 9.3 和式 (9.10)。

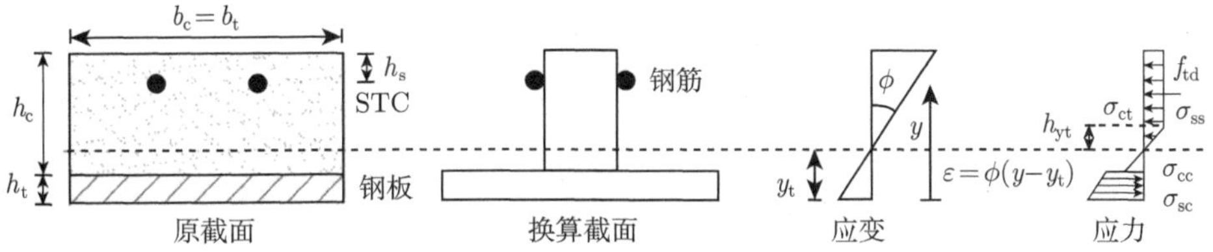

图 9.3 横桥向受力模型中钢筋应力计算示意图

(1) 假设中性轴位于 STC 层内，外荷载作用下裂后截面内力和弯矩平衡方程如式 (9.10) 所示：

$$
\begin{aligned}
&N_{sr} + N_{ct} + N_{cc} + N_{sc} = 0 \\
&M_{sr} + M_{ct} + M_{cc} + M_{sc} - M_{load} = 0
\end{aligned}
\tag{9.10}
$$

式中，N_{sc}、M_{sc} 是为受压区钢板所承担的轴力 (N) 和弯矩 (N·mm)；N_{cc}、M_{cc} 是受压区 STC 所承担的轴力 (N) 和弯矩 (N·mm)；N_{ct}、M_{ct} 是受拉区 STC 所承担的轴力 (N) 和弯矩 (N·mm)；N_{sr}、M_{sr} 是钢筋所承担的轴力 (N) 和弯矩 (N·mm)；M_{load} 是外荷载引起的截面弯矩 (N·mm)。

(2) 对图 9.3 的截面应力分布进行积分，得到式 (9.10) 中各项的表达式，如式 (9.11) 所示：

$$
\begin{aligned}
&N_{sc} = b_t E_s \phi h_t \left(h_t/2 - y_t\right) \\
&N_{cc} = -b_c E_c \phi \left(h_t - y_t\right)^2/2 \\
&N_{sr} = A_r E_r \phi \left(h_t + h_c - h_s - y_t\right) \\
&N_{ct} = b_c E_c \phi f_{td} h_{yt} + b_c f_{td} \left(h_c + h_t - y_t - h_{yt}\right) \\
&M_{sc} = b_t E_s \phi \left[y_t^3 - \left(y_t - h_t\right)^3\right]/3 \\
&M_{cc} = b_c E_c \phi \left(y_t - h_t\right)^3/3 \\
&M_{sr} = A_r E_r \phi \left(h_t + h_c - h_r - y_t\right)^2 \\
&M_{ct} = b_c E_c \phi f_{td} h_{yt}^2/2 + b_c f_{td} \left[\left(h_c + h_t - y_t\right)^2 - h_{yt}^2\right]/2
\end{aligned}
\tag{9.11}
$$

式中，b_c 是抗裂验算时，计算模型中 STC 层的宽度 (mm)；h_c 是计算模型中 STC 层的厚度 (mm)；b_t 是计算模型中钢板的宽度 (mm)；h_t 是计算模型中钢板的厚度 (mm)；A_r 是计算模型中横向钢筋的截面面积 (mm^2)；E_r 是钢筋的弹性模量 (MPa)；E_s 是钢板的弹性模量 (MPa)；E_c 是 STC 的弹性模量 (MPa)；ϕ 是计算模型中截面的弯曲曲率 (1/mm)；y_t 是计算模型中性轴到钢板底面的距离 (mm)；h_r 是横桥向钢筋形心到 STC 层表面的距离 (mm)；f_{td} 是不配筋 STC 的轴心抗拉强度设计值 (MPa)；h_{yt} 是 STC 比例极限拉应变高度，$h_{yt} = \varepsilon_{crack,d}/\phi$，(mm)。

将式 (9.11) 代入式 (9.10)，方程组仅含截面曲率 (ϕ) 和中性轴高度 (y_t) 两个未知参数，可通过迭代计算，得到钢筋应力。

9.3.5.2　纵桥向 STC 层中受拉钢筋应力计算

(1) 外荷载下初裂截面内力和弯矩平衡方程：

$$
\begin{aligned}
&N_{sr} + N_{ct} + N_{st} + N_{sc} - N_{load} = 0 \\
&M_{sr} + M_{ct} + M_{st} + M_{sc} - M_{load} = 0
\end{aligned}
\tag{9.12}
$$

式中，N_{sr} 是钢筋所承担的轴力 (N)；M_{sr} 是钢筋所承担的弯矩 (N·mm)；N_{ct} 是受拉 STC 所承担的内轴力 (N)；M_{ct} 是受拉 STC 所承担的弯矩 (N·mm)；N_{st} 是受拉区钢结构所承担的内力 (N)；M_{st} 是受拉区钢结构所承担的弯矩 (N·mm)；N_{sc} 是受压区钢结构所承担的内力 (N)；M_{sc} 是受压区钢结构所承担的弯矩 (N·mm)；N_{load} 是外荷载引起的轴力 (N)；M_{load} 是外荷载引起的截面弯矩 (N·mm)。

(2) 对图 9.4 的截面应力分布进行积分，得到式 (9.12) 中各项的表达式，如式 (9.13) 所示：

$$
\begin{aligned}
N_{sc} &= f_y b_f (h_l - y_t) - f_y b_l h_l + f_y b_f h_y/2 \\
N_{st} &= b_t h_t E_s \phi (h_f + h_l - y_t + h_t/2) + b_f E_s \phi (h_f + h_l - y_t)^2/2 \\
N_{sr} &= A_r E_r \phi (h_c + h_t + h_f + h_l - y_t - h_r) \\
N_{ct} &= f_{td} b_c h_c \\
M_{sc} &= b_f E_s \phi h_y^3/3 + b_f f_y \left[(y_t - h_l)^2 - h_y^2\right]/2 + f_y b_l h_l (y_t - h_l/2) \\
M_{st} &= b_t E_s \phi \left[(y_t - h_f - h_l)^3 - (y_t - h_f - h_l - h_t)^3\right]/3 \\
&\quad + b_f E_s \phi (h_l + h_f + 2h_t - y_t)^3/3 \\
M_{sr} &= N_{sr} (h_c + h_t + h_f + h_l - y_t - h_s) \\
M_{ct} &= N_{ct} (h_t + h_f + h_l - y_t + h_c/2)
\end{aligned}
\tag{9.13}
$$

式中，y_t 是计算模型中性轴到 U 肋底面距离 (mm)；h_s 是计算模型中纵向钢筋形心到 STC 上表面距离 (mm)；f_{td} 是不配筋 STC 的轴心抗拉强度设计值 (MPa)；f_y 是钢材的屈服强度 (MPa)；b_c 是计算模型中 STC 的宽度 (mm)，$b_c = b_t/n_s$，n_s 为钢板与 STC 弹性模量之比；b_t 是计算模型中纵肋顶部钢板宽度 (mm)；h_t 是计算模型中纵肋顶部钢板厚度 (mm)；b_f 是计算模型中换算截面腹板厚度 (mm)；h_f 是计算模型中换算截面腹板高度 (mm)；h_l 是计算模型中换算截面下翼缘厚度 (mm)；b_l 是计算模型中换算截面下翼缘宽度 (mm)。

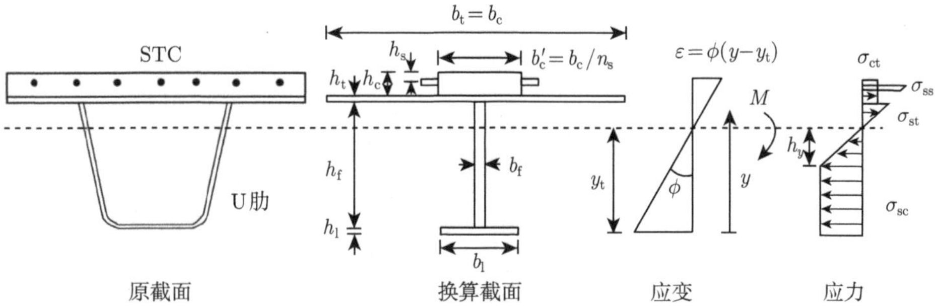

图 9.4 纵桥向计算模型中钢筋应力计算示意图

其中受压钢板屈服区域高度可表示为

$$h_y = f_y/\phi \tag{9.14}$$

将式 (9.14) 和式 (9.13) 代入式 (9.12)，方程组仅含截面曲率 (ϕ) 和中性轴高度 (y_t) 两个未知参数，可通过迭代计算，得到钢筋应力。

正常使用极限状态下，组合桥面结构中 STC 表面的最大裂缝宽度限值为 0.05mm。

当钢面板厚 12mm，STC 厚度为 45mm，横桥向钢筋 (位于上层，净保护层厚度为 15mm)、纵桥向钢筋 (位于下层) 直径均为 10mm 时，配筋 STC 的名义抗裂强度容许值和名义抗拉极限强度容许值分别按表 9.11、表 9.12 采用；对于其他情形，相应的强度值应根据本节公式计算确定。

表 9.11 各强度等级下 STC 的名义抗裂强度容许值

强度等级	钢筋间距/mm	横桥向名义抗裂强度容许值 $\left[f_{t,\text{trans}}^{\text{serv}}\right]$/MPa	纵桥向名义抗裂强度容许值 $\left[f_{t,\text{longi}}^{\text{serv}}\right]$/MPa
STC22	75	13.5	15.1
	50	15.0	15.5
	37.5	16.7	16.3
	30	18.3	17.2
STC25	75	15.2	17.3
	50	16.7	17.6
	37.5	18.4	18.2
	30	20.1	19.0

续表

强度等级	钢筋间距/mm	横桥向名义抗裂强度容许值 $\left[f_{t,\mathrm{trans}}^{\mathrm{serv}}\right]$/MPa	纵桥向名义抗裂强度容许值 $\left[f_{t,\mathrm{longi}}^{\mathrm{serv}}\right]$/MPa
STC28	75	16.9	19.3
	50	18.4	19.6
	37.5	20.2	20.0
	30	21.9	20.7

表 9.12　各强度等级下 STC 的名义抗拉极限强度容许值

强度等级	钢筋间距/mm	横桥向名义抗拉极限强度容许值 $\left[f_{t,\mathrm{trans}}^{\mathrm{ulti}}\right]$/MPa	纵桥向名义抗拉极限强度容许值 $\left[f_{t,\mathrm{longi}}^{\mathrm{ulti}}\right]$/MPa
STC22	75	22.0	19.0
	50	29.3	20.2
	37.5	37.1	21.3
	30	44.7	22.2
STC25	75	23.9	21.2
	50	31.4	22.1
	37.5	39.2	23.1
	30	47.1	23.9
STC28	75	25.9	23.3
	50	33.4	23.9
	37.5	41.3	24.7
	30	49.3	25.4

当施工中需要对 STC 进行分块、分幅浇筑时，应在先浇–后浇连接处设置施工接缝。施工接缝处 STC 的名义抗裂强度容许值 ($\left[f_{t,\mathrm{trans,joint}}^{\mathrm{serv}}\right]$ 或 $\left[f_{t,\mathrm{longi,joint}}^{\mathrm{serv}}\right]$) 和名义抗拉极限强度容许值 ($\left[f_{t,\mathrm{trans,joint}}^{\mathrm{ulti}}\right]$ 或 $\left[f_{t,\mathrm{longi,joint}}^{\mathrm{ulti}}\right]$) 应分别按表 9.11、表 9.12 值的 0.7 倍采用。

9.3.6　变形计算

组合桥面结构桥梁的整体挠度应按现行《公路钢混组合桥梁设计与施工规范》(JTG-T 64-01) 的规定计算。

组合桥面结构的局部挠度不应超过 $l/1000$，其中 l 为纵肋 (或横隔板) 腹板的中心间距。

9.3.7　连接件计算

应根据 STC 层的厚度选取适宜的连接件。

连接件应保证钢桥面与 STC 层有效结合，共同承担作用力，并应具有一定的变形能力。

计算连接件剪力设计值时，应按照不同剪力方向进行作用组合。

连接件的抗剪刚度计算：

(1) 焊接栓钉连接件的抗剪刚度按式 (9.15) 计算：

$$k = \frac{0.3V_{\mathrm{u}}}{s} \tag{9.15}$$

式中，k 是焊钉连接件的抗剪刚度 (N/mm)；V_{u} 是焊钉连接件的抗剪承载力设计值 (N)；s 是焊钉连接件荷载–滑移曲线中，荷载 $0.3V_{\mathrm{u}}$ 对应的滑移值 (mm)。

以上数据可通过推出试验获得，当无试验数据时，对于 STC 中常用的 Φ13mm 焊钉连接件，抗剪刚度可取为 270000N/mm。

(2) 焊接钢筋网连接件的抗剪刚度按式 (9.16) 计算：

$$k = \frac{V_{0.025\mathrm{mm}}}{s} \tag{9.16}$$

式中，k 是焊接钢筋网连接件的抗剪刚度 (N/mm)；$V_{0.025\mathrm{mm}}$ 是焊接钢筋网连接件荷载–滑移曲线对应 0.025mm 滑移时的荷载 (N)；s 是焊接钢筋网连接件荷载–滑移曲线上特征滑移值，取为 0.025mm。

以上数据可通过推出试验获得，当无试验数据时，对于直径为 10mm 的焊接钢筋网连接件，单侧单位长度 (1mm) 双面焊缝的抗剪刚度可取为：30000 N/mm。

连接件的承载能力极限状态和正常使用极限状态验算：

(1) 承载能力极限状态应按式 (9.17) 进行验算：

$$\gamma_0 V_{\mathrm{d}} \leqslant V_{\mathrm{u}} \tag{9.17}$$

式中，V_{d} 是承载能力极限状态下连接件剪力设计值 (N)；V_{u} 是承载能力极限状态下连接件抗剪承载力设计值 (N)。

(2) 正常使用极限状态应按式 (9.18) 进行验算：

$$S_{\max} \leqslant S_{\lim} \tag{9.18}$$

式中：$S_{\max}$ 是正常使用极限状态下结合面的最大滑移值 (mm)；$S_{\lim}$ 是正常使用极限状态下结合面的滑移限值 (mm)，可取 0.05mm。

承载能力极限状态下，连接件的抗剪承载力计算：

(1) 焊钉连接件按式 (9.19) 计算 (焊钉剪断破坏)：

$$V_{\mathrm{u}} = (0.85A_{\mathrm{sc}}f_{\mathrm{stud}} + \eta f_{\mathrm{ck}}d_{\mathrm{wc}}l_{\mathrm{wc}})/\gamma_{\mathrm{V}} \tag{9.19}$$

式中，V_{u} 是承载能力极限状态下焊钉连接件的抗剪承载力设计值 (N)；A_{sc} 是焊钉钉杆横截面面积 (mm^2)；f_{stud} 是焊钉抗拉强度 (MPa)；η 是焊缝尺寸对焊钉抗剪强度的贡献系数，取为 2.5；f_{ck} 是 STC 的轴心抗压强度标准值 (MPa)；d_{wc} 是焊钉根部焊缝的直径 (mm)，可根据现行《电弧螺柱焊用圆柱头焊钉》(GB/T 10433) 的规定取值；l_{wc} 是焊钉根部焊缝的高度 (mm)，可根据现行《电弧螺柱焊用圆柱头焊钉》(GB/T 10433) 的规定取值；γ_{V} 是焊钉抗力分项系数，取为 1.25。

(2) 焊接钢筋网连接件按式 (9.20) 计算：

$$V_{\mathrm{u}} = \min\left\{\frac{\sqrt{2}}{2}h_{\mathrm{w}}l_{\mathrm{w}}\tau_{\mathrm{wud}}, \frac{1}{2}\pi d_{\mathrm{r}}l_{\mathrm{c}}\tau_{\mathrm{cud}}\right\} \tag{9.20}$$

式中，V_{u} 是焊接钢筋网的抗剪承载力设计值 (N)；h_{w} 是纵筋–钢面板连接焊缝的焊脚尺寸 (mm)；l_{w} 是纵筋–钢面板连接焊缝的长度 (mm)；l_{c} 是纵向钢筋黏结长度，即纵筋–钢面板连接焊缝的纵向间距 (mm)；τ_{wud} 是纵向钢筋–钢板连接焊缝的抗剪强度设计值，取为 295 MPa，已考虑 1.2 的材料分项系数；τ_{cud} 是纵筋与 STC 间的黏结强度设计值，取为 22MPa，已考虑 1.45 的材料分项系数；d_{r} 是焊接钢筋网的公称直径 (mm)。

正常使用极限状态下，结合面最大滑移值按式 (9.21) 计算：

$$S_{\max} = \frac{V_{\mathrm{sd}}}{k} \tag{9.21}$$

式中，$S_{\max}$ 是正常使用极限状态下的结合面最大滑移值 (mm)；V_{sd} 是正常使用极限状态下的连接件剪力设计值 (N)；k 是连接件的抗剪刚度 (N/mm)。

9.3.8 构造要求

组合桥面结构中各层的厚度应符合下列规定：

(1) 钢面板厚度不应小于 12mm；

(2) STC 层的厚度不宜小于 35mm；

(3) 黏结层宜采用高黏高弹沥青、环氧沥青、改性环氧树脂等材料，用量宜为：高黏高弹沥青 1.4~1.8kg/m^2、环氧沥青 0.6~0.8kg/m^2、改性环氧树脂 0.6~0.7kg/m^2；

(4) 磨耗层可采用沥青混凝土和树脂类，厚度宜为 7~40mm。

钢筋网的设置应符合下列规定：

(1) 钢筋直径不宜小于 10mm；

(2) 钢筋净间距不宜小于 1.5 倍的钢纤维长度，中心间距不宜大于 50mm；

(3) 钢筋的上净保护层厚度不应小于 10mm，也不应大于 20mm，宜采用 15mm；

(4) 钢筋接头宜设置在相邻横隔板中间 $l/3$ 区域，l 为横隔板间距；搭接长度不宜小于 20 倍的钢筋直径；

(5) STC 内应包含横桥向和纵桥向两层钢筋，一般情况下，纵桥向钢筋应置于下层，横桥向钢筋应置于上层。

焊钉连接件的设置应符合下列规定：

(1) 焊钉连接件直径不宜大于钢面板厚度的 1.5 倍；

(2) 焊钉连接件的间距宜为 150mm，不应小于焊钉直径的 5 倍，且不宜超过 250mm；

(3) 焊钉连接件的外侧边缘与钢面板边缘的距离不应小于 25mm；

(4) 当焊钉连接件间距为 250mm 时，应对桥面板四周的焊钉加密一倍。

焊接钢筋网连接件的设置应符合下列规定：

(1) 焊接钢筋直径宜为 10~14mm；

(2) 纵向钢筋与钢面板间连接件单面焊缝的长度不宜小于 20mm，应采用双面焊；

(3) 连接件的纵、横向间距不宜小于 200mm，且不宜大于 500mm。

STC 预制拼装或分段浇筑时，应设置施工接缝，宜采用 Z 型钢板接缝 (图 9.5)，且应符合下列规定：

(1) Z 型钢板厚度宜为 10mm、宽度宜为 300mm；

(2) Z 型钢板通过间隔焊固定在钢面板上，焊接总长度不宜低于 Z 型钢板边缘总长度的 20%。

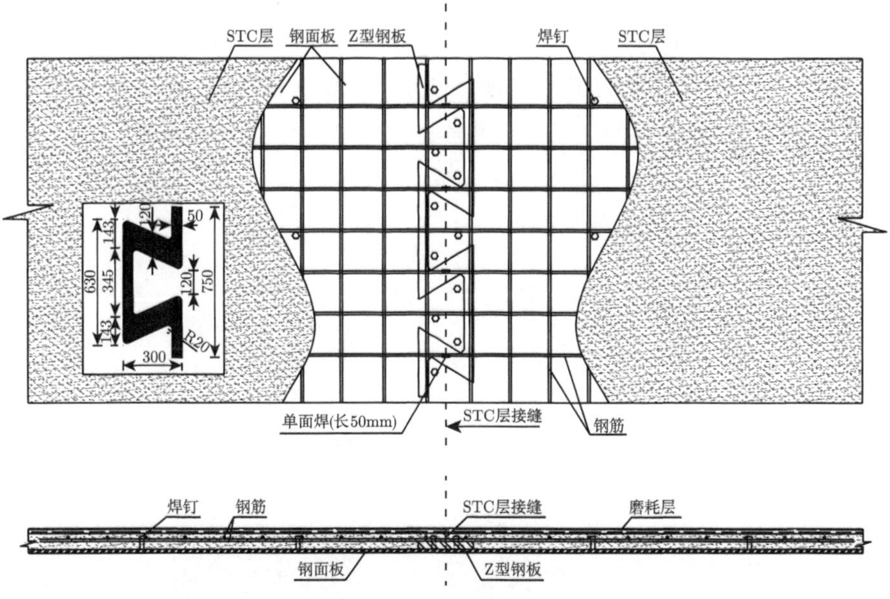

图 9.5　Z 型钢板强化施工接缝构造示意 (单位：mm)

横向施工接缝应在相邻横隔板中间 $l/3$ 区域，l 为横隔板间距 (图 9.6)，纵向施工接缝应设置在相邻纵肋的中间位置。

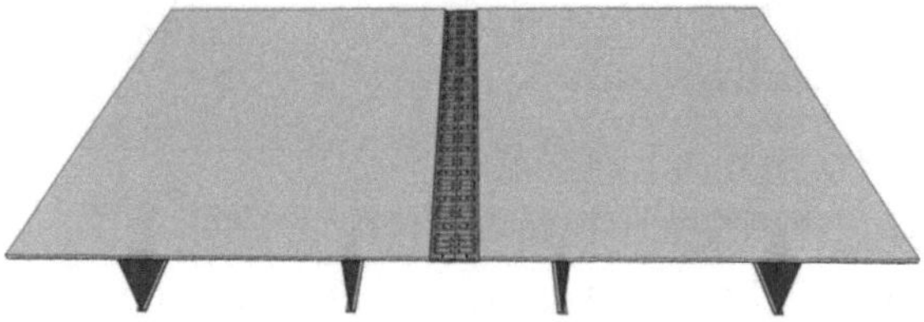

(a) 横向接缝

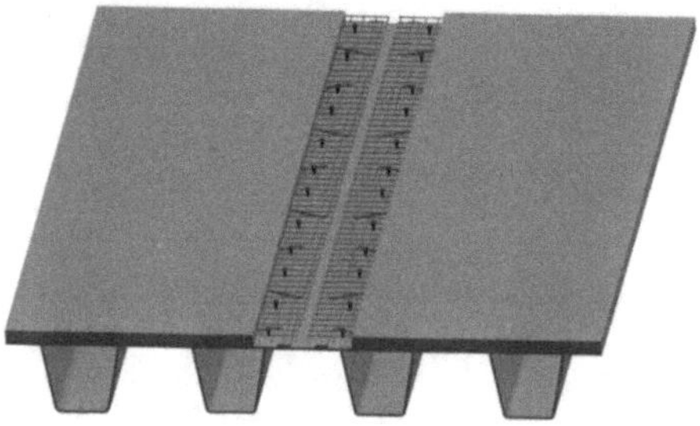

(b) 纵向接缝

图 9.6　STC 施工接缝布置位置示意

STC 层连接周边钢结构时，连接构造应符合下列规定。

(1) 焊接 U 型钢筋时，应按图 9.7、图 9.8 进行设计，U 型钢筋应与 STC 中的钢筋同型号；U 型钢筋与钢结构边界面之间采用单面满焊方式；U 型钢筋两肢长度不宜低于 150mm；U 型钢筋开口端宽度宜为 150mm；相邻 U 型钢筋间距不宜大于 300mm。

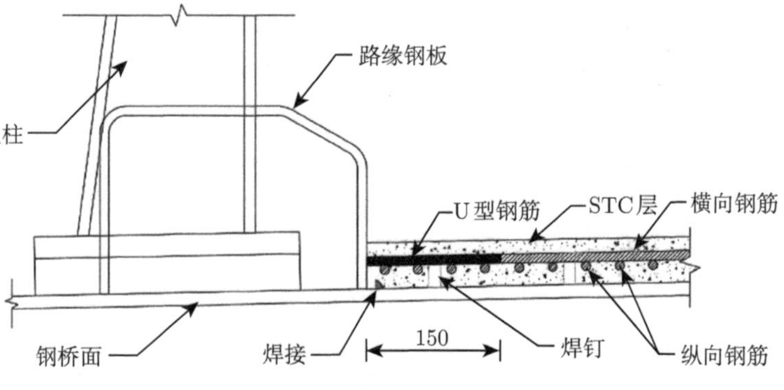

图 9.7　STC 层与钢结构连接断面示意图 (U 型钢筋连接，单位：mm)

(2) 采用焊钉时，应按图 9.9、图 9.10 进行设计，焊钉位置宜位于 STC 的一半厚度处，间距不宜大于 300mm；焊钉直径不宜低于 13mm，长度不宜小于 35mm。

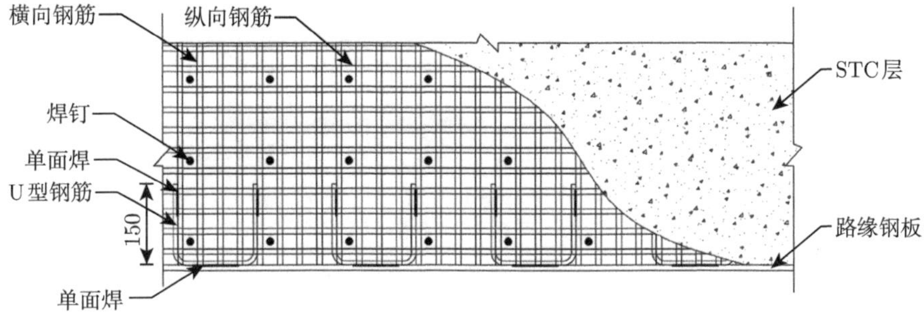

图 9.8　STC 层与钢结构连接平面示意图 (U 型钢筋连接，单位：mm)

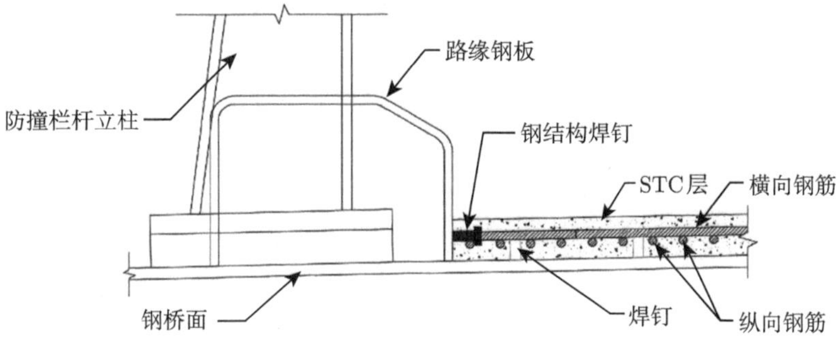

图 9.9　STC 层与钢结构连接断面示意图 (焊钉连接)

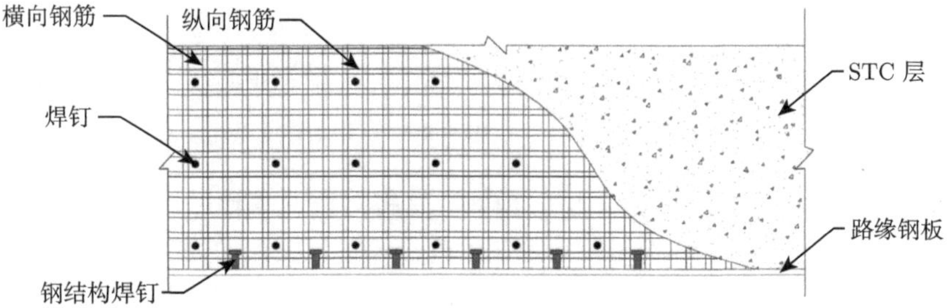

图 9.10　STC 层与钢结构连接平面示意图 (焊钉连接)

STC 层连接周边混凝土结构时，连接构造应符合下列规定：

(1) 应在混凝土结构中预埋锚固钢筋，钢筋的型号应与 STC 内的钢筋相同，并处于同一平面，间距应不大于 300mm，搭接长度不小于 $15d$；

(2) 锚固钢筋预埋长度 L 按现行《公路钢筋混凝土及预应力混凝土桥涵设计规范》(JTG 3362) 的规定取值。

(3) 植筋代替预埋钢筋时，应按现行《公路桥梁加固设计规范》(TJG/T J22) 的规定实施。STC 层与混凝土结构的边界连接构造可参照图 9.11 和图 9.12 设置。

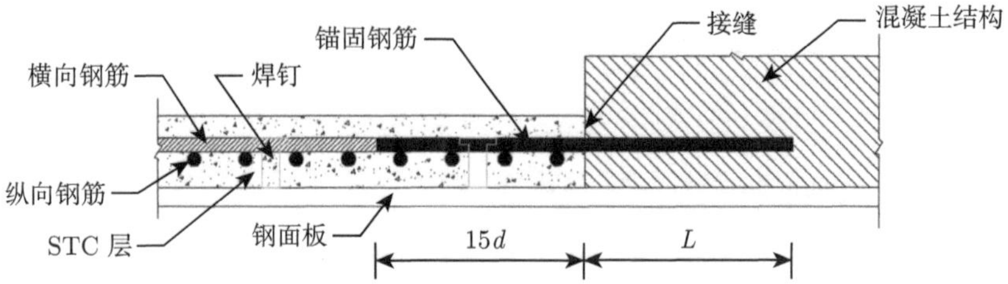

图 9.11　STC 层与混凝土结构连接立面示意图 (单位：mm)

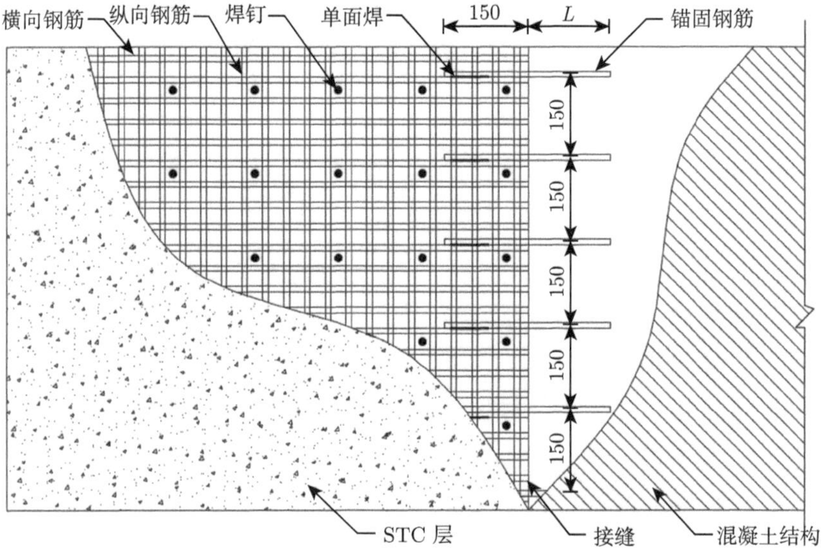

图 9.12　STC 层与混凝土结构连接平面示意图 (单位：mm)

组合桥面结构应用于栓接钢桥面板时，宜将钢桥面螺栓区域一半数量的纵向钢筋焊接在拼接板顶面；螺栓带前、后与螺栓带等宽范围内的焊钉连接件数量加密一倍 (图 9.13)。

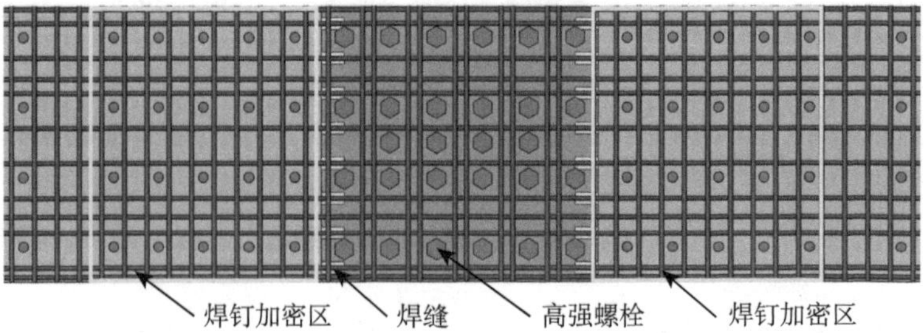

图 9.13　栓接钢桥螺栓带的局部强化措施 (单位：mm)

9.4 施　工

9.4.1 一般规定

施工前，应编制施工组织设计。

应进行封闭施工，工作面应洁净。

施工环境气温范围为 0~38°C，风力不大于 7 级。

9.4.2 施工准备

应根据设计要求进行 STC 混合料配合比设计。

正式施工前应进行试验段施工，通过试验段施工确定 STC 的拌和设备、摊铺设备选型及工艺参数，确保拌和能力、摊铺能力满足施工现场需求，确保拌和料均匀稳定，不得出现粉团或钢纤维结团。

原材料、袋装干混料储存应防潮、防雨、防涝，并应按品种、批号分别堆放，不应混堆。应备足养护设备和材料。

9.4.3 钢桥面处理

应对钢桥面进行联测，测定基面的纵向和横向线形。

新建钢桥可保留钢面板车间底漆，直接在钢桥面板顶面进行 STC 施工。

旧桥 STC 施工前，基面处理应符合下列规定：

(1) 应按设计严格控制原桥面铺装层铣刨深度，不应损伤桥面钢板；

(2) 检查钢桥面板有无损伤，并按设计要求做相应修补；

(3) 应清除桥面污垢；

(4) 喷砂除锈及防腐涂装应符合现行《公路桥梁钢结构防腐涂装技术条件》(JT 722) 的规定及设计要求。

焊钉焊接前，应对焊钉处的钢桥面板局部打磨，焊接处钢面板应表面平整、光滑。

9.4.4 焊钉焊接

焊接焊钉时，应符合下列规定：

(1) 应按焊钉的布置位置在钢桥面板上划线定位；

(2) 当焊钉的设计位置与钢主梁拼接焊缝位置冲突时，应将焊钉偏离焊缝边界 2~3cm，不应将焊钉直接焊接在拼接焊缝顶面；

(3) 应采用电弧螺柱焊机焊接焊钉；

(4) 焊接完后应对焊钉进行敲击检查。

设置 STC 施工接缝时，应预留焊钉的焊接位置。

焊接完焊钉后，应在钢桥面板四周 500mm 宽局部区域内进行防腐涂装。

9.4.5　钢筋网铺设和 Z 型钢板设置

钢筋网铺设应根据设计图纸进行纵向、横向、竖向定位，钢筋直径、搭接长度、钢筋网高度及间距应满足下文表 9.17 的要求，钢筋应平直，扎丝头不应位于钢筋顶面。

设置 STC 接缝时，应将 Z 型强化钢板焊接在钢面板上，并在中间位置设竖向模板。Z 型钢板与钢面板采用间断焊，焊缝高度、宽度、长度应满足下文表 9.16 的要求。

9.4.6　摊铺与养护施工

STC 混合料制备应符合下列规定:

(1) STC 混合料宜提前进行工厂预混干拌，应采用专用设备，搅拌叶片最大转速应大于 80r/min，且应确保钢纤维不结团。干拌时各原材料计量容许偏差不应大于 1%；每盘拌和的材料应置于同一包装件中。

(2) 采用现场集中拌和方式时，除钢纤维外各原材料的容许计量偏差不应大于 ±2%，钢纤维宜待 STC 其他混合料加水拌和流化之后计量投入。

STC 的湿拌应采用强制式搅拌机，配料机构计量系统的精度应满足下列要求:

(1) 采用预拌干混料方式时，干混料的容许计量偏差不应大于 ±2%，水的容许计量偏差不应大于 1%；拌和时置于同一包装件中的干混料应一次搅拌完成，不得分盘搅拌。

(2) 采用现场集中拌和方式时，钢纤维与水的容许计量偏差不应大于 1%；

(3) 搅拌前应清理搅拌机，湿润搅拌缸，但不能有积水，且应满足下列规定:

a. 搅拌时间应根据混合物的黏聚性、均质性及搅拌机类型，经试拌确定，且每盘混合料的净搅拌时间不宜少于 5min。待 STC 流化之后继续搅拌 2min。

b. 搅拌应保证拌和物均匀，出料口拌和物中不得有粉团或钢纤维结团现象。

c. 搅拌结束后，应及时清洗搅拌设备。

宜采用专用摊铺机进行 STC 摊铺施工，布料应均匀，振捣应充分，表面平整密实。摊铺过程中应按表 9.13 的要求进行摊铺厚度及钢筋保护层厚度控制。

表 9.13　STC 层摊铺施工实测项目

项次	检查项目	允许偏差	检测方法和频率
1	混凝土总层厚	⩽ 3mm	摊铺过程中，将直钢丝插入到 STC 的底部，以直尺测量钢丝的浸润深度，每 $100m^2$ 检测 1 处
2	净保护层厚度	⩽ 2mm	摊铺过程中，将直钢丝插入到焊钉顶部，以直尺测量钢丝的浸润深度，每 $100m^2$ 检测 1 处

STC 摊铺完成后，应立即覆盖养生薄膜进行保湿养护，并应符合下列规定：

(1) 养生薄膜应搭接铺设，搭接位置宜采用木板或砂粒覆盖，搭接宽度应大于 20cm；

(2) 保湿养护过程中发现 STC 表面缺水变干时应及时补水；

(3) STC 终凝后，应撤除养生薄膜，及时开始蒸汽养护。

蒸汽养护应符合下列规定：

(1) 应根据现场条件和养护要求确定网架搭设、蒸汽发生器、管道布置及养护方案；

(2) 蒸汽养护温度在 90℃ 及以上时，养护时间不少于 48h；蒸汽养护温度在 80~90℃ 时，养护时间不应少于 72h；养护过程中蒸汽养护棚内的相对湿度不应低于 95%；

(3) 蒸汽养护时的升温阶段，升温速度不应大于 12℃/h；蒸汽养护结束后，降温速度不应大于 15℃/h；

(4) 对于 STC 分幅、分段施工，蒸汽养护棚覆盖范围至少应超过接缝 2m。

(5) 蒸汽养护应按表 9.14 中的要求进行温度及湿度监测.

表 9.14 STC 层蒸汽养护实测项目

项次	检查项目	规定值或允许偏差	检测方法和频率
1	养护膜内温度	+5℃	温度传感器，每小时检查 2 次
2	养护膜内湿度	+5%	湿度传感器，每小时检查 2 次
3	养护时间	+1h	计时器，每小时检查 2 次

STC 分段施工界面应进行凿毛处理，凿毛宽度 2cm。

9.4.7 黏结层与磨耗层施工

STC 表面宜采用抛丸方式处理。

黏结层施工应按《公路沥青路面施工技术规范》(JTG F40) 执行。

磨耗层施工应按《公路沥青路面施工技术规范》(JTG F40) 执行。

9.5 质量检验与验收

9.5.1 摊铺与养护施工

组合桥面结构验收应按照现行《公路工程质量检验评定标准》(JTG F80/1) 执行。

9.5.2 进场检验

原材料进场时，应按规定批次验收出厂检验报告或合格证等质量证明文件，外加剂产品应具有使用说明书。

材料进场检验的检验样品应随机抽取。

焊钉进场检验项目及要求按现行规范《电弧螺柱焊用圆柱头焊钉》GB/T 10433 执行，同一工程、同一原材料来源的焊钉，检验批量不应大于 20 万个。

钢筋进场检验项目及要求按现行规范《公路桥涵施工技术规范》JTG/T F50 执行，同一工程、同一原材料来源的钢筋，检验批量不应大于 120t。

工厂预拌 STC 混合料进场时，按本章表 9.19 的要求进行检验；不同批次或非连续供应的不足一个检验批量的 STC 干混料应作为一个检验批。除应按规定批次提供产品检验报告等质量证明文件外，还应进行外观检验和物理力学性能检验，并应符合下列规定：

(1) 散装干混料应外观均匀，无结块、受潮现象；

(2) 袋装干混料应包装完整，无破袋、受潮现象；

(3) 拌制新拌混凝土流动性应符合本章表 9.19 的要求；

(4) 抗弯拉强度应大于相应强度等级标准值的 1.05 倍。

STC 各原材料按本章 9.2.1 节要求进行检验，同一工程、同一原材料来源、同一组生产设备生产的钢纤维，检验批量不应大于 50t。

9.5.3　质量检验

焊接焊钉应符合下列要求。

(1) 基本要求：焊钉的规格、技术性能应符合国家现行标准规定和设计要求；

(2) 实测项目应按表 9.15 采用。

表 9.15　焊钉焊接实测项目

项次	检查项目	允许偏差	检测方法和频率	要求
1	焊钉高度	$\leqslant$ 3mm	钢尺测量，每 100m^2 检测 1 处	按设计图纸
2	焊钉间距	$\leqslant$ 10mm	钢尺测量，每 100m^2 检测 1 处	按设计图纸
3	焊缝可靠性	$\leqslant$ 5%	重锤平击钉帽，每 100m^2 检测 1 处	—

(3) 外观质量应符合下列规定：

a. 焊钉无锈蚀，位置准确，磁环应干燥；

b. 焊钉保持竖直，无明显倾角；

c. 焊缝外形应饱满，无气孔、夹渣、裂纹等明显缺陷。

焊接 Z 型强化钢板应符合下列要求。

(1) 基本要求：Z 型强化钢板的规格、技术性能应符合国家现行标准规定和设计要求。

(2) 实测项目应按表 9.16 采用。

表 9.16 加强钢板焊接实测项目

项次	检查项目	允许偏差	检测方法和频率
1	焊缝高度	⩽ 1mm	钢尺测量，每 5m 加强板检测 1 处
2	焊缝宽度	⩽ 1mm	钢尺测量，每 5m 加强板检测 1 处
3	焊缝长度	⩽ 1mm	钢尺测量，每 5m 加强板检测 1 处

(3) 外观质量应符合下列规定：

a. 接缝处加强钢板的摆放平齐，无明显偏差，各加强板块间相互紧靠；

b. 间断焊缝外形应饱满，无气孔、夹渣、裂纹等明显缺陷。

钢筋网铺设应符合下列要求。

(1) 基本要求：

a. 钢筋、焊条等的品种、规格和技术性能应符合国家现行标准规定和设计要求；

b. 钢筋的冷拉调直、加工、弯制等操作应满足国家现行标准要求。

(2) 实测项目应按表 9.17 采用。

表 9.17 钢筋网铺设实测项目

项次	检查项目	允许偏差	检测方法和频率
1	钢筋直径	⩽ 0.2mm	游标卡尺测量，每 $100m^2$ 检测 1 处
2	钢筋搭接长度	⩽ 10mm	钢尺测量，每 $100m^2$ 检测 1 处
3	钢筋网高度	⩽ 3mm	钢尺测量，每 $100m^2$ 检测 1 处
4	钢筋网间距	⩽ 10mm	钢尺或游标卡尺测量，每 $100m^2$ 检测 1 处

(3) 外观质量应符合下列规定：

a. 垫块应布置合理，密度均匀；

b. 钢筋网纵、横桥向间距均匀；

c. 钢筋搭接布置合理，位置错开，搭接长度满足要求，搭接绑扎应牢固。

STC 与边界的连接钢筋焊接应符合下列要求。

(1) 基本要求：

a. 连接钢筋的规格、技术性能应符合现行相关标准规定和设计要求；

b. 连接钢筋的布置位置应准确。

(2) 实测项目应按表 9.18 采用。

表 9.18 STC 与边界的连接钢筋焊接实测项目

项次	检查项目	允许偏差	检测方法和频率
1	焊缝高度	⩽ 1mm	钢尺测量，每 5m 连接钢筋检测 1 处
2	焊缝宽度	⩽ 1mm	钢尺测量，每 5m 连接钢筋检测 1 处
3	焊缝长度	⩽ 1mm	钢尺测量，每 5m 连接钢筋检测 1 处

(3) 外观质量应符合下列规定：

a. 连接钢筋应与 STC 中的受力钢筋在同一水平面上，无明显偏差；

b. 连接钢筋焊缝外形应饱满，无气孔、夹渣、裂纹等明显缺陷。

STC 层摊铺施工应符合下列要求。

(1) 基本要求：

a. STC 所用的水泥、石英砂、掺合料、钢纤维、水等材料的质量和规格应符合有关规范的要求；

b. 材料配合比应满足本章的要求，按规定的配合比施工；

c. 接缝的位置、规格及尺寸的设置应符合设计要求；

d. 模板高度和安装位置应符合设计规定；

e. 施工完后按本章要求进行养生。

(2) 实测项目应按表 9.19、表 9.20、表 9.21 采用。

表 9.19 STC 性能实测项目

项次	检查项目	检测方法和频率	性能要求
1	抗压强度	100mm×100mm×100mm 立方体试件抗压试验，每 100m^3 检测 1 组	$f_{cu,m} - 1.1S_{fcu} \geqslant f_{cu,k}$ $f_{cu,min} \geqslant 0.95f_{cu,k}$
2	抗弯拉强度	100mm×100mm×400mm 棱柱体试件抗弯拉试验，每 100m^3 检测 1 组	$f_{f,m} \geqslant 1.05f_{tk}$ $f_{f,min} \geqslant 0.95f_{tk}$
3	弹性模量	100mm×100mm×300mm 棱柱体试件轴压试验，每 100m^3 检测 1 组	按设计要求
4	坍落扩展度	水泥混凝土坍落扩展度试验标准方法，每 100m^3 检测 1 次	⩾ 450mm；⩽700mm

注：*$f_{cu,m}$ 和 $f_{cu,min}$ 分别为 STC 立方体抗压强度的平均值和最小值，$f_{f,m}$ 和 $f_{f,min}$ 分别为 STC 的抗弯拉强度的平均值和最小值。

表 9.20 STC 层摊铺施工实测项目

项次	检查项目	允许偏差	检测方法和频率
1	桥面纵、横坡	⩽ 0.2%	水准仪、皮尺测量，每 100m^2 检测 1 处
2	平整度	⩽ 5mm	3m 铝合金直尺，每 100m^2 检测 1 处

表 9.21 STC 耐久性实测项目

项次	检查项目	规定值或允许偏差	检测方法和频率
1	抗氯离子渗透性	Q⩽100C	电量法 *，当 STC 的耐久性设计需要实测指标时进行检测，每座桥不超过 1 次
2	吸水孔隙率	⩽ 6.0%	ASTMC642-13 规定的测试方法，当 STC 的耐久性设计需要实测指标时进行检测，每座桥不超过 1 次

注：采用电量法测试 STC 的抗氯离子渗透性时，试件不应掺入钢纤维等电介质。

(3) 外观质量应符合下列要求：

a. 养护结束后，STC 层应均匀完好，且目视观测 STC 表面无收缩裂缝；

b. STC 层的边角处、不同浇筑时期接缝处等位置应衔接良好，无脱空、台阶现象；

c. 接缝区域先浇段 STC 侧面凿毛处理后，表面粗糙，断面上有大量钢纤维裸露在外。

STC 表面抗滑构造设置应符合下列要求。

(1) 基本要求：抛丸施工应进行工艺试验，确定抛丸机器行走速度、丸料粒径等参数。

(2) 实测项目应按表 9.22 采用：

表 9.22 STC 表面构造深度实测项目

项次	检查项目	规定值	检测方法和频率
1	构造深度 TD/mm	0.4～0.55	铺砂法，每 200m 检测 1 处

(3) 外观质量应符合的要求：不得遗留光滑的 STC 表面，纹理和构造深度应均匀一致。

磨耗层铺筑应符合下列要求。

(1) 基本要求：

a. 黏结材料的质量和技术性能应符合设计和有关技术规范的要求；

b. 对 STC 层表面进行糙化处理后，应进行防护，防止灰尘、油污和其他污物，并及时进行黏结层施工；

c. 当桥面潮湿或环境温度低于露点时，严禁洒布黏结层；

d. 严格控制黏结层材料的加热温度和洒布温度；

e. 沥青混合料的矿料质量及矿料级配应符合设计要求和施工规范的规定；

f. 沥青材料及混合料的各项指标应符合设计和施工规范的要求；

g. 严格控制各种矿料和沥青用量及各种材料和沥青混合料的加热温度，碾压温度应符合要求。

(2) 实测项目应按表 9.23 采用。

(3) 外观质量应符合下列要求：

a. 厚度均匀，压实紧密，无松散料，且不应出现泛油现象；

b. 边角位置的磨耗层铺装应良好，且无脱空现象；

c. 桥面应整体整洁干净，且应达到通车要求；

d. 表面应平整密实，不应有泛油、裂缝、粗细料集中等现象，有上述缺陷的面积 (单条裂缝则按其长度乘以 0.2m 宽度，折算成面积) 之和不得超过受检面积的 0.03%；

e. 表面无明显碾压轮迹；

f. 搭接处应紧密、平顺；

g. 磨耗层与其他构筑物应接顺，不得有积水现象。

表 9.23　磨耗层的允许偏差及检验规定

项次	检验项目	允许偏差	检验频率	检验方法
1	压实度	马歇尔密度的 98% 最大相对密度的 94%	每 200m 检验 1 处	T 0924
2	厚度	−5～+10mm	每 200m 检验 1 处	T 0912
4	平整度	符合设计要求	全桥每车道连续检验， 每 100m 计算一次	T 0932
3	桥面横坡	⩽ 0.3%	每 200m 测 4 处	T 0911
6	抗滑构造深度	符合设计要求	每 200m 检验 1 处	T 0961

注：检测方法参见现行行业标准《公路路基路面现场测试指南》(JTG E60)。

9.6　本 章 小 结

(1) STC 在轴拉荷载下具有明显的应变硬化特性，在 STC 内密配钢筋能够有效限制裂缝宽度，显著提高钢桥面 STC 层的抗裂性能，因此，轻型组合桥面结构设计中充分利用了这一优点。

(2) 为确保轻型组合梁的耐久性，正常使用极限状态下 STC 层顶面的最大裂缝宽度不应超过 0.05mm，因而设计中应重点对 STC 进行抗裂计算。

(3) 施工中，应注意钢桥面 STC 层须采用高温蒸汽养护，以确保 STC 的收缩应变在蒸养期间基本完成，消除其在长期运营中的开裂风险。

参 考 文 献

[1] 广东省交通运输厅. 超高性能轻型组合桥面结构技术规程 (GDJTG/T A01-2015). 北京: 人民交通出版社股份有限公司, 2015: 1-64

[2] 湖南省质量技术监督局. 钢–超高韧性混凝土轻型组合结构桥面技术规范 (DB43/T 1173–2016). 北京: 人民交通出版社股份有限公司, 2016: 1-46

[3] 中华人民共和国国家质量监督检验检疫总局. 活性粉末混凝土. 北京: 中国标准出版社, 2015: 1-11

[4] AFNOR. Concrete—ultra-high performance fibre-reinforced concrete—specifications, performance, production and conformity. France: Association Française de Normalisation, 2016

第 10 章　实桥工程应用实例

10.1　本 章 概 述

截至 2019 年底，钢-STC 轻型组合桥面结构已成功应用于我国 43 座实桥，包括杭瑞高速洞庭湖大桥、沪苏通长江大桥、海南海文跨海大桥等国家重大工程。本章按梁桥、拱桥、斜拉桥、悬索桥分类，介绍在各类基本桥型的典型工程应用，供工程技术人员参考。

10.2　梁　　桥

10.2.1　广东肇庆马房大桥

10.2.1.1　大桥概况

马房大桥位于广东省肇庆市四会市，横跨北江，也称为马房北江大桥 (图 10.1)[1]。大桥上下行分幅，其中往四会方向修建于 1984 年，共 14 跨，每跨为 64m 的简支钢箱梁桥，横断面全宽 12.1m，单向双车道，主要构造如图 10.2 所示 [2]。

图 10.1　马房大桥照片

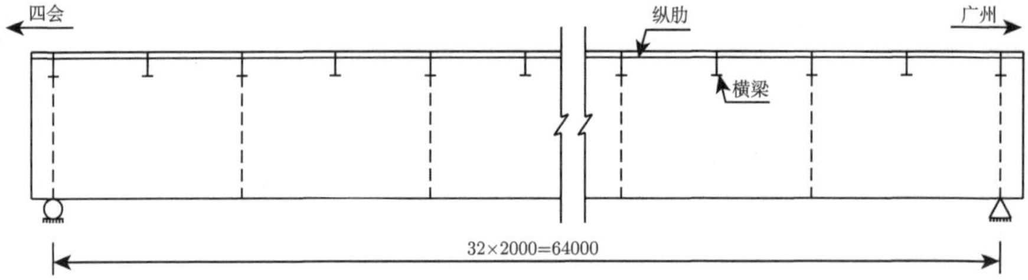

(a) 立面图

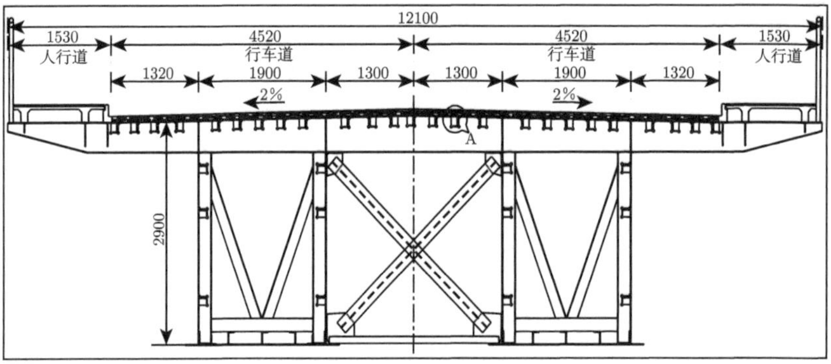

(b) 横断面图

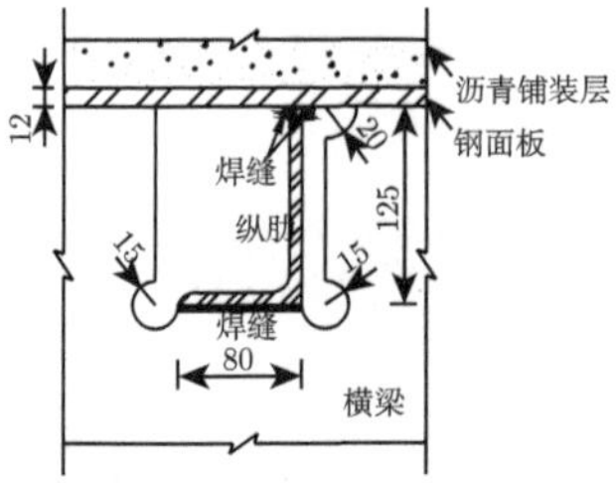

(c) A 大样图

图 10.2　马房大桥构造示意图 (单位：mm)

马房大桥是我国首座使用钢桥面铺装的桥梁。通车运营时采用的是 70mm 厚聚氯丁烯乳胶改性沥青铺装方案，运营三个月后便出现了开裂，并可见钢板；2001 年 6~7 月，因钢桥面铺装破损严重，对全桥沥青铺装层进行了翻修，采用的是下层 40mm 厚 SAC 10 + 上层 40mm 厚 SAC 13 的双层沥青混凝土方案；2010~2011 年，因铺装层破损，再次对全桥钢桥面铺装进行翻修，大桥各跨采用了不同的方案。同时，马房大桥钢桥面还出现了疲劳开裂病害。两类病害问题的实桥照片如图 10.3 所示。

(a) 钢桥面板疲劳开裂　　(b) 沥青铺装层破损

图 10.3　马房大桥桥面系病害照片

10.2.1.2　钢-STC 轻型组合桥面结构方案

在广东省交通运输厅、广东虎门大桥有限公司的支持下，在马房大桥的第 11 跨上使用了钢–薄层 STC 轻型组合桥面结构方案 (新方案)，方案构造如图 10.4 所示。其中 STC 层内布置 HRB400 级钢筋网，钢筋中心间距 32mm，横桥向钢筋位于上层。栓钉尺寸为 Φ13mm×40mm，沿横桥向间距为 300~325mm，沿纵桥向间距为 250mm。

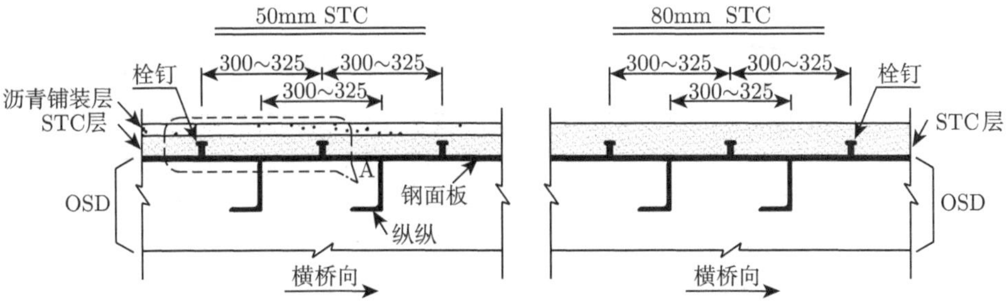

(a) 横断面图

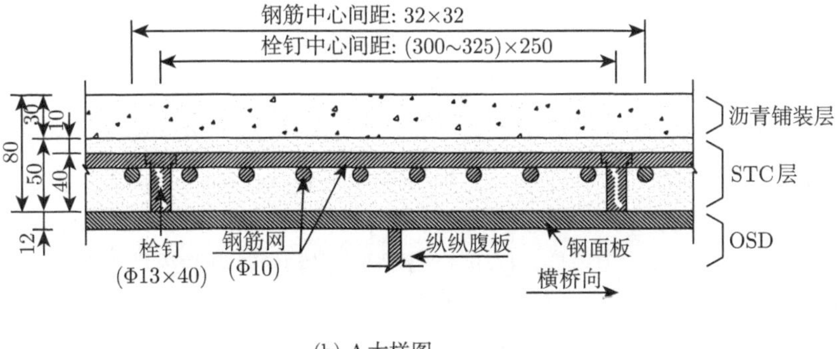

(b) A大样图

图 10.4　新方案构造示意图 (单位：mm)

如图 10.4 所示，新方案沿纵桥向分为两部分，靠近肇庆四会市一侧 10m 范围内的 STC 层厚 80mm，该段范围内不设置沥青铺装层；而在剩余的 54m 范围内，STC 层厚 50mm，沥青铺装层厚 30mm。设置 10m 长 STC 层裸露段的原因是：马房大桥为首座应用该新技术的实桥，为便于直接观察 STC 层表面的长期运营状况，该区段取消了顶面的沥青混凝土层。

作为对比，该桥在 2010~2011 年的铺装层翻修中还采用了其他四种方案。五种方案汇总如表 10.1 所示。

表 10.1　马房大桥桥面铺装翻修方案

桥跨编号	1~9	10	11	12	13~14
桥面系方案	多碎石沥青混凝土(SAC)	环氧沥青混凝土(EAC)	本节方案(STC)	夹心板(SPS)	聚合物改性沥青混凝土(PMAC)
施工年份	2011	2011	2011	2010	2010
	SAC13层/40mm 黏结层 SAC10层/40mm 黏结层 钢面板/12mm	EAC层/30mm 黏结层 EAC层/50mm 黏结层 钢面板/12mm	铺装层/30mm 黏结层 STC层/50mm 栓钉 钢面板/12mm	沥青层/47mm 黏结层 钢板/8mm 填充层/25mm 钢面板/12mm	PMAC层/10mm 黏结层 PMAC层/60mm 黏结层 钢面板/12mm
方案示意	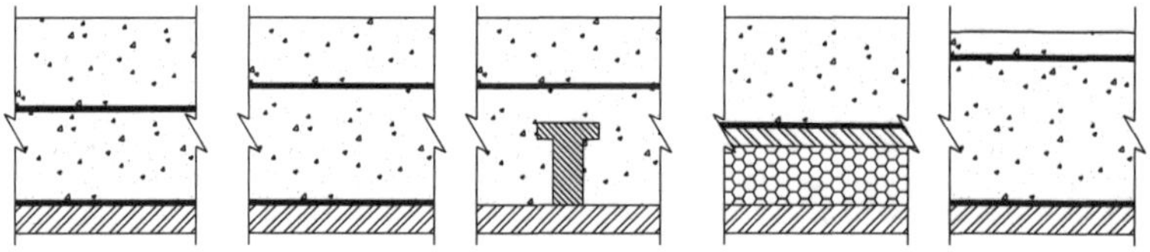				

10.2.1.3　计算分析

计算内容：① 对比马房大桥的正交异性钢桥面板 (OSD) 在两种桥面体系下的应力响应，即具有原沥青铺装 (ASP) 的桥面，以及轻型组合桥面 (OSD-STC)；② 揭示 STC 层自身的应力状态。计算中考虑了具有 80mm 厚原沥青铺装方案，以及具有 50mm 和 80mm 厚 STC 层的轻型组合桥面方案。

1. 建立模型

以 ANSYS 有限元软件建立模型。首先，基于两种桥面体系方案分别建立了整体模型，以反映结构的整体响应。整体模型通过 beam188 梁单元建立。钢梁部分均考虑为线弹性材料，钢材弹性模量和泊松比分别取 206GPa 和 0.3。

对于原沥青铺装层，假设其为弹性材料，弹性模量和泊松比分别设定为300MPa 和 0.25。模量取较低值，理由主要有以下两方面：① 马房大桥位于我国广东省肇庆市，该城市气候暖和，年平均气温为 22.2°C，1 月 (一年中最冷月份) 的平均气温为 13.7°C。考虑到沥青混凝土在高温环境中的弹性模量普遍较低，因此，根据马房大桥的实际情况，沥青铺装层的弹性模量宜取较低值。② 根据实桥检测报告，马房大桥的原沥青混凝土铺装层已经出现了严重的破损现象。如要在计算模型中模拟破损沥青中的开裂、脱层、车辙等病害问题，难度较大。综合考虑这两个原因，计算中对沥青铺装层取了一个较低的弹性模量值。

对于轻型组合桥面方案，STC 层也假设为弹性材料，其弹性模量取为 42.6GPa，泊松比取为 0.2。根据 [3] 的试验研究，STC 的开裂强度达到了 42.7MPa，抗压强度达到了 135.9MPa。而从后面的分析结果可知，在设计荷载作用下，马房大桥 STC 层的最大拉应力约为 12MPa。这意味着在运营中，STC 层将处于较低的应力水平，远未达到开裂应力。因此，在计算中，STC 层也按照线弹性材料考虑。

为探明桥面系在局部荷载作用下的响应，建立了两个局部模型。在横桥向上，模型为全宽 12.1m；在纵桥向上，模型长 10m，模拟了 6 道连续钢横梁间的梁段。局部模型采用的是板壳单元和实体单元。对于钢梁结构，采用了 shell63 单元。而对于沥青铺装层或 STC 层，采用了 solid45 单元，该单元为 ANSYS 中模拟 3D 结构的常用单元，是一种低阶单元。

局部模型按照热点应力法的要求建立。热点应力法是钢结构疲劳评估中一种重要的方法，适用于疲劳裂缝起源于焊趾的情况。热点被认为是焊接钢结构中易出现疲劳裂缝的点。由于焊缝位置应力集中明显，在靠近焊缝的位置，钢板中的应力分布呈现出明显的非线性特性。但是热点应力法通过应力插值技术，仅关注应力的线性部分。本节理论研究所采用的插值方法如图 10.5 所示，计算公式如式 (10.1) 所示：

$$\sigma_{\mathrm{hs}} = 1.67\sigma_{0.4t} - 0.67\sigma_{1.0t} \tag{10.1}$$

其中，σ_{hs} 为热点应力；$\sigma_{0.4t}$ 为钢结构表面距离热点 $0.4t$ 处的应力，t 为钢板厚度；$\sigma_{1.0t}$ 为钢结构表面距离热点 $1.0t$ 处的应力，t 为钢板厚度。

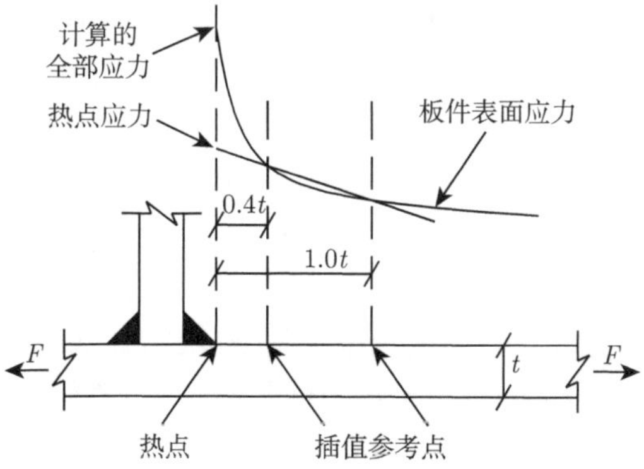

图 10.5 钢结构的热点应力法

为方便提取钢结构中的热点应力，模型的分网遵循如下原则：在热点位置区域进行网格细分，而在其他区域，可采用较粗的网格，即热点位置附近的第一排和第二排网格的尺寸分别为 $0.4t$ 和 $0.6t$ ($=1.0t-0.4t$)，其中 t 为钢板厚度。此外，钢横梁过焊孔附近也进行细分。分网后，模型具有约 542000 个单元和 545000 个节点。

沥青铺装层或 STC 层与钢面板的连接情况按如下处理：对于原沥青铺装层，考虑了与钢面板的接触非线性。ANSYS 中的接触问题通过定义接触组来实现。因此，在沥青铺装层底面定义了 conta173 单元，而在钢面板范围内定义了 targe170 单元。沥青层与钢面板的黏结通过将 conta173 单元的第 12 号选项定义为 6 实现的。通过这一定义，在荷载作用下，结合面间允许出现相对滑移。接触分析中的大多数参数均按照默认取值 [4]，法向接触刚度系数定义为 0.01。考虑到接触单元组仅模拟接触状况，在模型中，将单元的厚度和重量均定义为 0。接触非线性的迭代收敛准则定义为 1%。

对于轻型组合桥面方案，STC 与钢面板的连接处理稍有不同。按照设计方案，两者是通过栓钉连接的。因此在模型中，在栓钉的设计位置以 beam188 单元建立栓钉。栓钉的上节点埋在 STC 层中，下节点位于钢面板内，且两者具有相同的平面坐标。考虑到栓钉被牢固地包在 STC 中，沿栓钉高度上，各个位置处的节点均与同位置处 STC 层内的节点进行耦合。而在非栓钉位置，假设 STC 层同钢面板不会发生竖向脱空现象，因此，模型中将 STC 底面节点同钢面板内具有相同坐标的节点进行竖向平动自由度耦合。

局部计算模型如图 10.6 所示。图中显示了模型的边界条件为：对钢横梁断面处，位于钢箱梁腹板底面的节点进行竖向平动自由度约束。如此，结构的总体变形效应被消除，计算结果能够反映桥面板结构的局部受力状态。

2. 模型加载

两个桥面系方案中考虑的荷载工况是不一样的。对于原沥青铺装方案，考虑到计算的主要目的是关注车载作用下正交异性钢桥面板中的疲劳应力，计算中仅考虑了车载作用，即只考虑了汽车活载作用。而对于轻型组合桥面方案，考虑了恒载和活载，其中活载与原沥青铺装方案相同，即考虑了车载作用，而恒载为 30mm 厚沥青铺装层的自重 (24kN/m^3) 所产生的荷载效应。

如前所述，对每种桥面系方案分别建立了一个整体模型和一个局部模型，而两类模型的汽车荷载是不同的。根据我国桥梁规范 [5]，对于整体模型，每个车道应考虑了一个车道荷载，具体包含一个分布荷载 (10.5kN/m) 和一个集中荷载 (360kN)。而对于局部模型，车载考虑为标准车辆中的两个后轴 (重轴)，如图 10.7 的虚线范围所示。

每个局部模型中的车轴荷载作用考虑了 2 种荷载工况，如图 10.8 所示。其中 “WB” 表示钢箱梁的腹板，“CB” 表示钢横梁。图中的圆形点代表了 STC 层顶面横向受拉的不利位置，而菱形点代表了 STC 层顶面纵向受拉的不利位置。

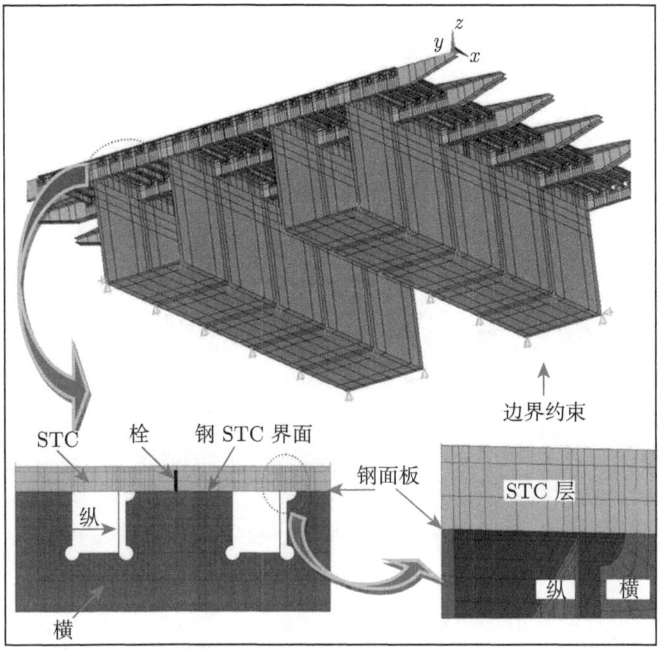

图 10.6　轻型组合桥面局部计算模型

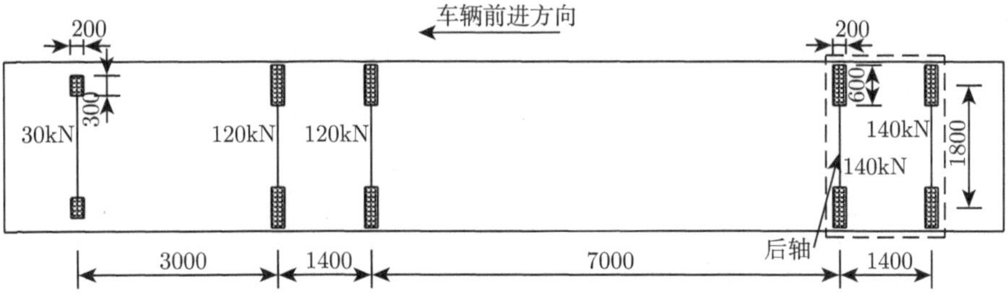

图 10.7　标准车平面布置 (长度单位：mm)

3. 计算结果

1) 正交异性钢桥面板中的应力变化

开口肋正交异性钢桥面结构在以下焊接细节处通常易出现疲劳裂纹 (图 10.9)：① 纵肋现场拼接焊缝 (A-A 断面)；② 面板–纵肋连接焊缝 (A-A 断面)；③ 纵肋–面板–横梁相交处位置 (B-B 断面)。因此，这些位置是有限元模型计算中的关注位置。

表 10.2 给出了两种桥面系方案中，车轴荷载引起各疲劳细节中的应力对比。可以看出，与原沥青铺装方案相比，轻型组合桥面中各疲劳细节的应力均明显下降，其中 50mm 厚 STC 层方案的应力降幅为 33.8%～83.0%，80mm 厚 STC 方案

的应力降幅为 59.0%~91.0%。

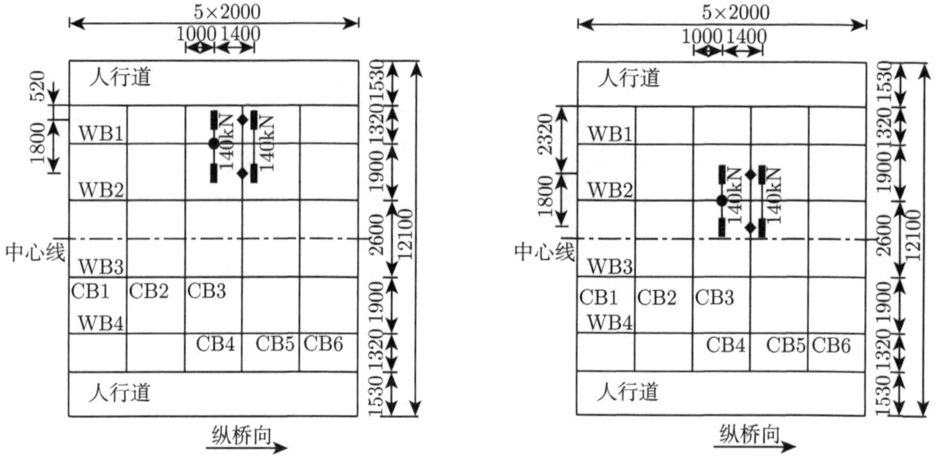

(a) 工况一　　(b) 工况二

图 10.8　计算中模拟的 2 种车载工况 (长度单位：mm)

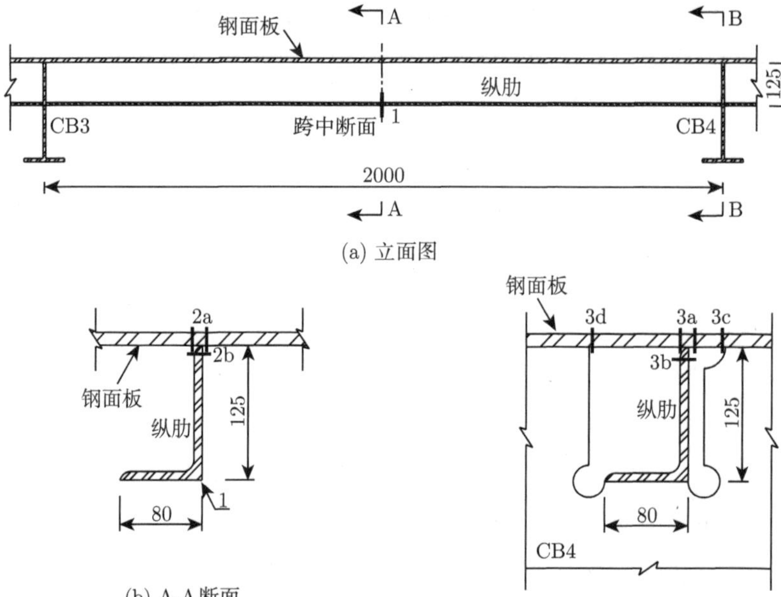

(a) 立面图

(b) A-A 断面　　(c) B-B 断面

图 10.9　计算中的关注位置 (单位：mm)

正交异性钢桥面板中的应力降低意味着抗疲劳寿命的增加。以疲劳细节 2a，即纵肋-面板焊缝为例，定量说明增设 STC 层对于该细节抗疲劳寿命的影响。根据

表 10.2 的计算结果，当钢桥面的铺装为原沥青铺装方案时，疲劳细节 2a 的最大热点拉应力为 135.8MPa，而采用 50mm 厚的 STC 层时，最大热点应力降至 29.8MPa。根据国际焊接协会对热点应力 S-N 曲线的定义，可知该细节在沥青铺装方案时的疲劳寿命为 582000 次，增设 STC 层后变为无限次 [6]。

表 10.2 车载引起正交异性钢桥面板应力结果对比 (单位: MPa，拉 + 压 −)

峰值应力	应力类型	应力方向	疲劳细节	1) 原沥青铺装	2) 轻型组合桥面 (50mm STC)		3) 轻型组合桥面 (80mm STC)	
					应力	降幅	应力	降幅
最大	总体	纵向	1	0.0	−4.0	—	−1.5	—
	局部			131.6	89.9	—	53.7	—
	叠加			131.6	86.0	34.7%	52.2	60.3%
	局部	横向	2a	135.8	29.8	78.1%	14.3	89.5%
		竖向	2b	88.8	51.6	42.0%	26.5	70.1%
		横向	3a	109.1	33.0	69.8%	23.7	78.2%
		竖向	3b	124.0	59.3	52.1%	37.0	70.2%
		横向	3c	152.1	84.7	44.3%	62.4	59.0%
			3d	120.6	61.1	49.3%	44.7	62.9%
最小	局部	横向	2a	−130.8	−22.3	83.0%	−11.7	91.1%
		竖向	2b	−127.8	−84.6	33.8%	−44.3	65.4%
		横向	3a	−145.7	−40.4	72.3%	−24.1	83.5%
		竖向	3b	−96.8	−55.8	42.3%	−36.6	62.2%
		横向	3c	−202.2	−89.5	55.7%	−54.9	72.9%
			3d	−158.9	−77.6	51.2%	−56.6	64.4%

2) STC 层中的应力状态

分别汇总了 50mm 厚和 80mm 厚 STC 层的峰值应力，如表 10.3 所示。其中组合应力采用标准组合。

表 10.3 STC 层中的峰值应力 (单位: MPa，拉 + 压 −)

STC 层厚	峰值应力	应力方向	局部应力			总体应力	叠加应力
			分项荷载		组合应力		
			恒载	汽车活载			
50 mm	最大	纵向	0.1	12.3	12.4	−1.0	11.4
		横向	0.2	8.9	9.0	—	9.0
	最小	纵向	0.0	−10.6	−10.6	−9.8	−20.4
		横向	0.0	−12.0	−12.0	—	−12.0
80 mm	最大	纵向	0.0	5.4	5.4	−0.5	5.0
		横向	0.0	8.7	8.7	—	8.7
	最小	纵向	0.0	−7.4	−7.4	−5.0	−12.4
		横向	0.0	−7.2	−7.2	—	−7.2

注：表中汽车活载应力数据考虑了 0.15 倍的荷载冲击系数。

计算结果表明，50mm STC 层的方案应力较大。STC 层顶面的最大拉应力为 11.4MPa，最大压应力为 20.4MPa。而根据文献 [3] 的研究，STC 的实测开裂强度达到了 42.7 MPa，抗压强度达到了 135.9MPa。因此，将计算结果和文献 [4] 的实测结果对比发现，STC 层在设计荷载作用下应该不会出现开裂现象。

根据计算结果，在车载作用下，STC 层的拉应力幅为 0～11.4MPa。而根据第 6 章的疲劳试验研究结果，在弯拉疲劳荷载作用下，STC 层顶面的等效拉应力为 0～21.3MPa 时，其经历 310 万次疲劳循环后保持完好，未观测到任何疲劳裂纹。因此，可以预测，马房大桥上的 STC 层具有良好的抗疲劳寿命，能够满足设计要求。

3) 栓钉应力计算

首先对疲劳计算中的全部荷载工况进行汇总，得到栓钉在疲劳荷载作用下沿纵、横桥向的剪力峰值，如图 10.10 所示。从该图可以看出，在所有工况中，单个栓钉的最大纵桥向剪力为 3.13kN，最大横桥向剪力为 2.07kN，剪力值均较小。

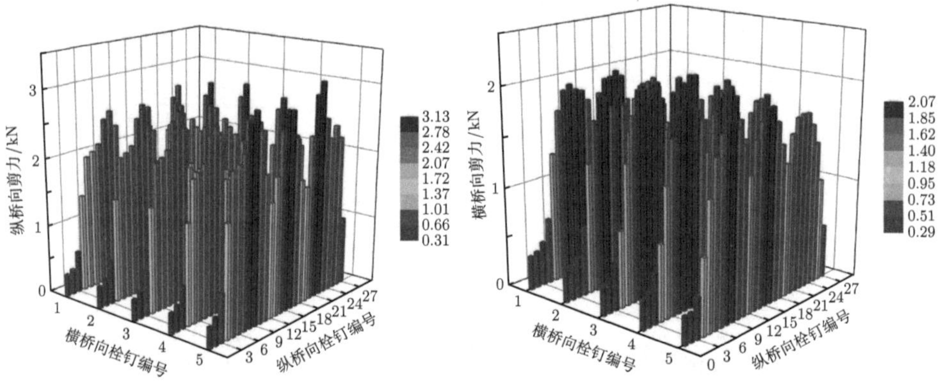

(a) 纵桥向剪力　　(b) 横桥向剪力

图 10.10　栓钉剪力峰值 (彩图请扫封底二维码)

然后对最不利栓钉提取应力历程，进而计算其等效应力幅，所采用的计算方法与第 5 章类似，不予赘述。这里仅给出最不利栓钉沿纵桥向和横桥向的疲劳应力幅，如表 10.4 所示。栓钉双轴等效剪应力最大为 68.61MPa，小于其抗疲劳强度容许值 (82.2MPa)，因此，马房大桥方案中栓钉抗剪同样可以满足设计要求。

表 10.4　栓钉抗剪疲劳计算结果

受力方向	考虑车辆横向分布的等效应力幅/MPa	考虑损伤系数修正/MPa	抗疲劳强度容许值/MPa
横桥向	21.92	54.79	
纵桥向	16.51	41.30	82.2
双轴等效	27.44	68.61	

10.2.1.4 模型试验

1. 试件制作

由前文的静力计算结果可知，在马房大桥钢–薄层 STC 轻型组合桥面结构中，STC 层的横桥向受力更为不利。为验证设计方案是否满足要求，2011 年 6~8 月对设计方案开展了足尺模型试验。为便于业主单位观察试验情况，试验在广东番禺室外进行。模型横向宽 9m，包含了桥面行车道全宽，但未包含人行道悬挑梁；纵向长 6.2m，包含 4 道钢横梁；横桥向中心高度 0.484m，其他位置高度按照 2%的横坡线性变化。模型中 STC 层厚 50mm，其内配筋与实桥设计方案一致；栓钉尺寸为 Φ13mm×40mm，其布置间距同样与设计方案一致。

试验模型如图 10.11 所示。模型的支撑条件为：沿 A-A 断面和 B-B 断面各设

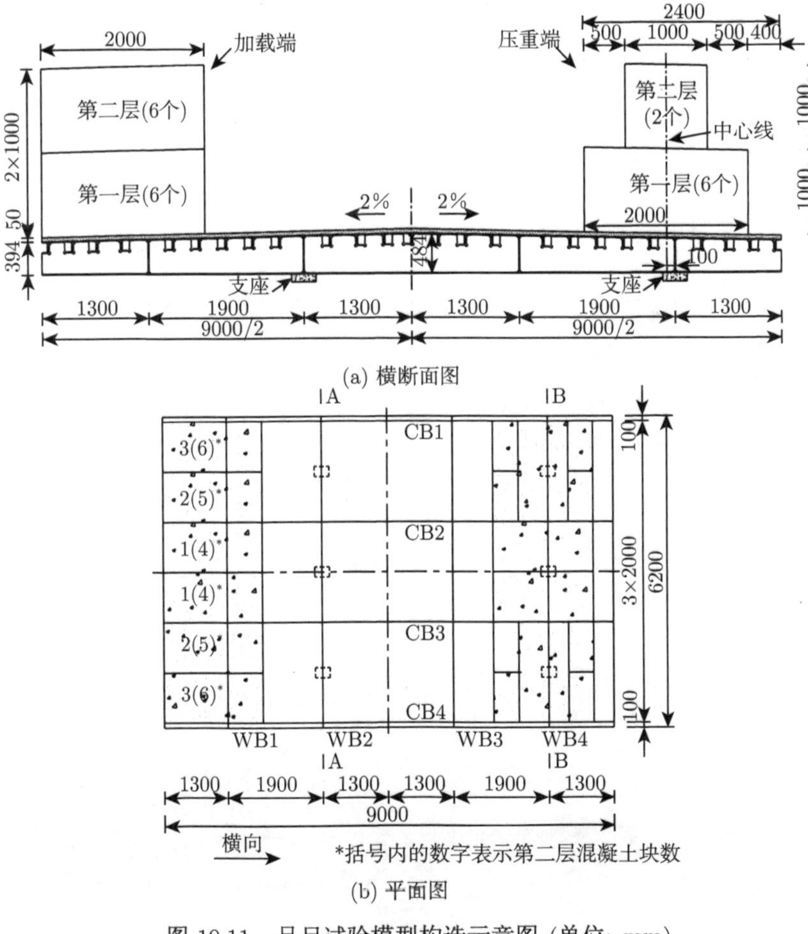

图 10.11　足尺试验模型构造示意图 (单位: mm)

置三个支座，支座位于横隔板间的跨中位置。受限于现场试验条件，通过大型混凝土块的重量进行堆载，每个混凝土块重 50kN (尺寸为 1m×1m×2m)。共分 6 级加载，每级将两个混凝土块吊装至模型左侧，吊装顺序为 1→6，因而每级工况下荷载增量为 100kN，最大荷载为 600kN。加载前在模型右侧布置 8 个混凝土块以防止模型倾覆，总压重 400kN，压重混凝土块的重心位于 B-B 断面附近。

由图 10.11 可知，足尺模型主要受力模式为悬臂板加载，悬臂根部断面 A-A 为最不利断面，虽然足尺模型的边界条件与实桥不同，但受力模式相似，因而试验中主要对该断面进行测试。测点布置如图 10.12 所示，应变片均沿横向布置，其中 STC 层顶面和钢面板底面的应变片每 0.5m 布置一个；每道钢横梁下翼缘底面布置三个应变片。此外，为测试 STC 层的收缩应变，在试件中间位置共布置了四个埋入式应变计，从 STC 浇筑完成开始，持续观测其收缩应变。试验现场照片如图 10.13 所示。

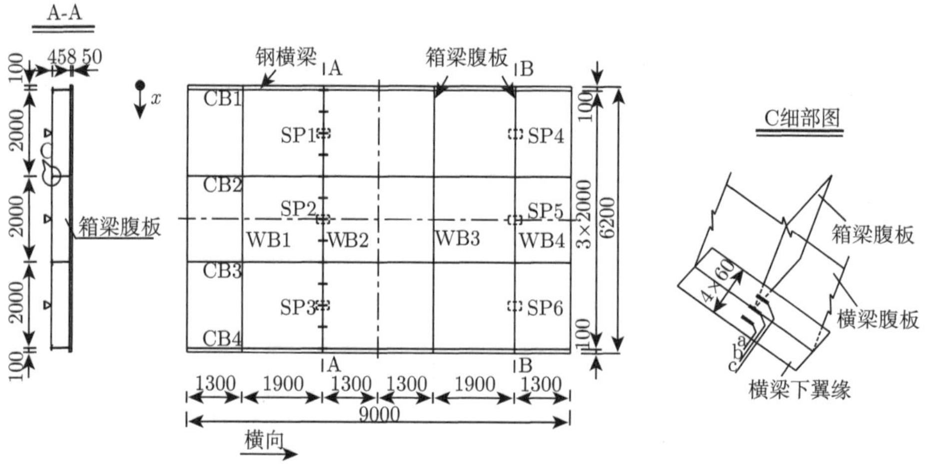

图 10.12 测点布置示意图 (单位: mm)

a, b, c 为应变片编号

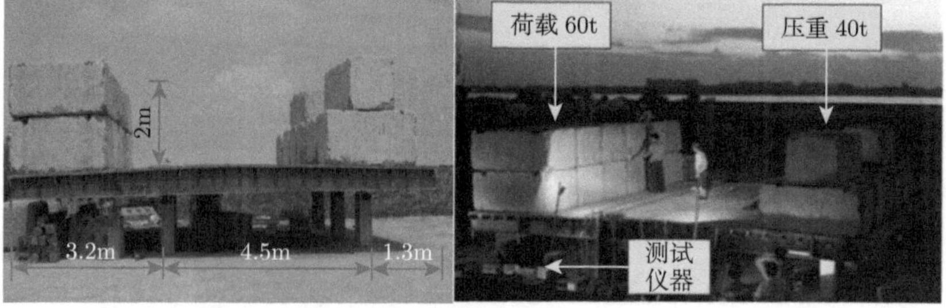

图 10.13 试验加载与数据采集

2. 试验现象

在最后一级荷载下 (600kN)，STC 层表面完好，未发现开裂现象。钢梁虽然也未观测到异常，但对应变数据分析发现，从第 4 级荷载开始，2#钢横梁下翼缘的压应变迅速增长，可以推断钢横梁下翼缘出现了局部受压屈服现象。因此，试验结果表明，试件中钢梁达到了屈服状态，而 STC 层未出现肉眼可见裂缝。

为了将试验中的测试结果与理论值进行对比，对足尺模型进行了有限元计算分析。建模方法与本章前文类似，不予赘述，模型的荷载条件及边界条件均与实际情况相同。模型的建立同样基于 ANSYS 有限元软件。需要说明的是，与设计中的情况不同，试验中 STC 层的拉应变较大，已经进入了非线性阶段，因而计算中考虑了 STC 的材料非线性。由于 ANSYS 软件不能对 STC 定义轴拉应变硬化本构关系，仅能采用软件默认的应变软化本构关系，因此，在 STC 单元中对钢筋的加强作用进行了模拟，以弥补这一不足。由于 STC 层以 solid65 实体单元模拟，配筋率以单元实常数的形式输入。

3. 钢横梁下翼缘板横桥向应变

每道钢横梁的下翼缘板底部布置了 3 个测点。根据实测结果，1#、3#和 4#钢横梁中不同测点数据规律较好，且结果较为接近，故对这 3 个横梁仅给出了各个测点的平均值；而对于 2#横梁，从第 4 级荷载开始，一些测点的压应变迅速增大，为便于对比，每个测点的应变分别给出，如图 10.14 所示。

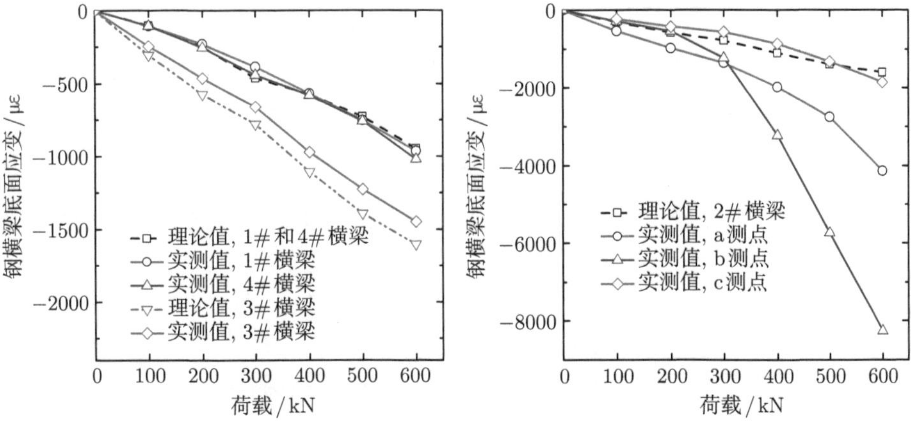

(a) 1#、3#、4# 横梁　　(b) 2# 横梁

图 10.14　A-A 断面钢横梁下翼缘压应变结果

从图 10.14 可知，对于 1#、3#和 4#横梁，在各级荷载工况下，理论结果和实测结果较为接近，且钢横梁下翼缘的压应变随荷载平稳增加。而对于 2#横梁，测点 c 的实测结果也同理论结果较为接近，但测点 a 和 b 则不同：从第 4 级荷载开始 (400kN)，钢横梁中的压应变迅速增加，尤其是在测点 b 位置，当荷载为 600kN

时，其应变达到 8259με，远超出了 Q345 钢材的屈服强度 (估算约为 2000με)。这一现象说明 2#横梁出现了局部受压屈服现象，即 a 和 b 测点从第 4 级荷载开始进入了局部屈服阶段，应变急剧增加。

由于该足尺模型试验以混凝土块进行堆载，当混凝土块底部与 STC 层顶面间出现局部接触不均时，可能引起 2#横梁下翼缘局部应力过大，进而导致该位置的压应变较大。

4. STC 层顶面横桥向拉应变分布

受室外试验条件限制，STC 层顶面横桥向拉应变个别测点无数据，可能因室外高温等原因出现了应变片破损现象，因而数据处理中仅给出有效测点的数据。以荷载工况 3 和 6 为例，STC 层顶面横桥向拉应变分布如图 10.15 所示。

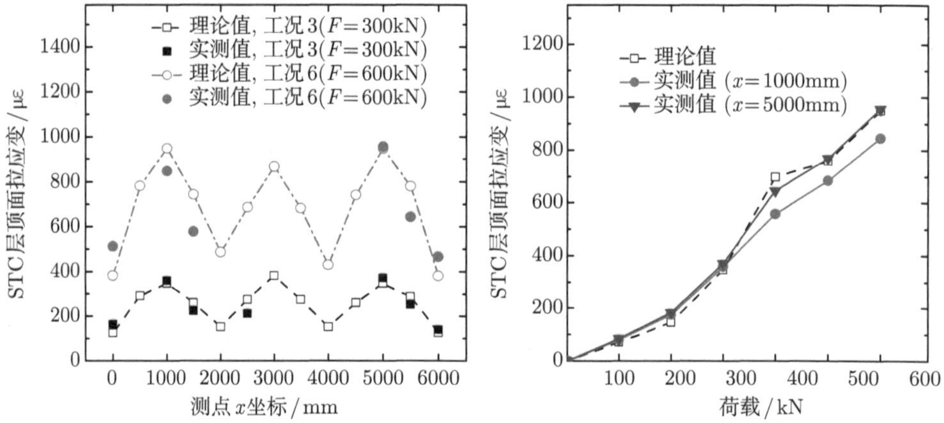

(a) 工况3和工况6下的应变分布　　(b) 峰值应变测点的荷载-应变曲线

图 10.15　A-A 断面 STC 层顶面横桥向拉应变

从图 10.15 可以看出，实测的 STC 层顶面拉应变和计算结果分布规律一致，即 STC 层在三个支座上方位置具有峰值应变。在荷载工况 6 下，虽然在左右两个支座上方的 STC 层表面应变分别达到了 845με 和 955με，但 STC 层仍然完好，未出现肉眼可见裂缝，说明密配筋的 STC 具有良好的抗弯拉性能。根据项目组前期对 STC 轴拉与弯拉抗裂性能的研究，STC 具有应变硬化特性，抗拉变形能力显著提高，密配钢筋后，因钢筋中的拉应力水平较高，能够充分发挥钢筋的作用，进而有效限制了微裂缝的扩展。

此外，根据前文对实桥设计方案的静力计算结果，STC 层顶面最大拉应力为 11.8MPa。根据大型足尺模型试验结果进行线弹性有限元分析可得，STC 层在最后一级荷载下的名义弯拉应力达到了 26MPa，未出现任何开裂现象，远高于实桥设计应力。因此，广东肇庆马房大桥 STC 层抗裂性能满足实桥受力要求。

5. 钢面板底面横桥向应变分布

在荷载工况 3 和 6 下，A-A 断面钢面板底面横桥向拉应变分布如图 10.16 所示。图中计算的应变分布与实测结果较为接近，分析其原因为，钢面板应力水平较低，自始至终处于线弹性状态，因而其力学行为较为稳定。

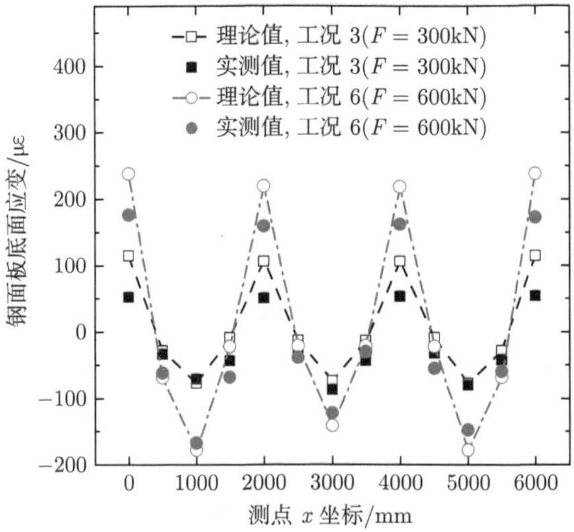

图 10.16　A-A 断面钢面板底面横桥向拉应变

除上述测试之外，试验中还对 STC 层的收缩应变进行了测试。测试从 STC 层浇筑完成开始，在其热养护后结束，并在养护结束 8 个月后进行了测试。根据测试结果，在热养护阶段，STC 层中的最大收缩应变为 122με，而养护结束 8 个月后的最大收缩应变仅为 63με。因此，热养护使得 STC 的收缩变形在养护期间基本完成，后期收缩很小，几乎可以忽略。

10.2.1.5　实桥施工

2011 年 10~12 月，钢-STC 轻型组合桥面结构首次应用于广东肇庆马房大桥第 11 跨，各道工序方便可行，现浇的 STC 层经过高温蒸汽养护后，未发现任何收缩裂缝。主要施工工序如图 10.17 所示。

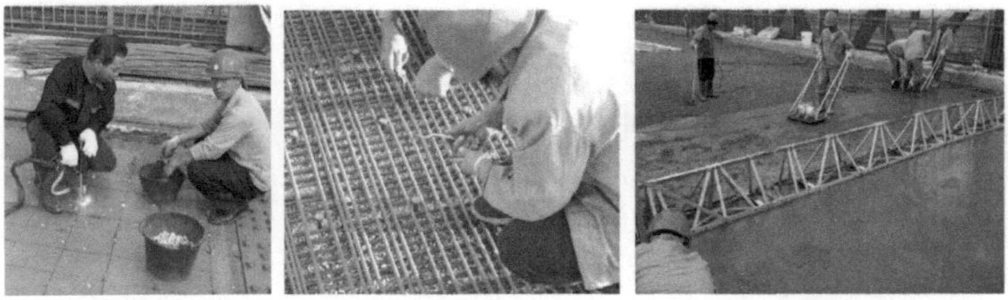

(a) 焊接栓钉　　(b) 绑扎钢筋网　　(c) 浇筑 STC

(d) STC 蒸汽养护　　(e) 养护结束　　(f) 铺筑面层、开放交通

图 10.17　广东肇庆马房大桥实桥轻型组合桥面结构施工

10.2.1.6　实桥试验

1. 实桥检测方案

到目前，业主单位已委托第三方单位对实桥进行了五轮检测 [7]。第一轮检测在 2011 年 10~12 月，为新桥面系施工前后；第二轮检测在 2012 年 8 月；第三轮检测在 2014 年 8 月；第四轮在 2017 年 8 月；第五轮在 2019 年 12 月。其中，前四轮检测为实桥荷载试验检测，第五轮检测主要为外观病害检测。

前四次实桥检测的区域均相同。在横桥向上，检测区域位于 2#腹板和 3#腹板间的桥面系中；在纵桥向，检测区域靠近支座断面，以尽量降低箱梁整体受力的影响，同时避开梁端受力复杂的区域，检测区域的布置如图 10.18 所示。需要说明的是，检测区域位于距肇庆市四会市的 10m 段范围内，该区域内 STC 层为 80mm 厚，无沥青铺装层。

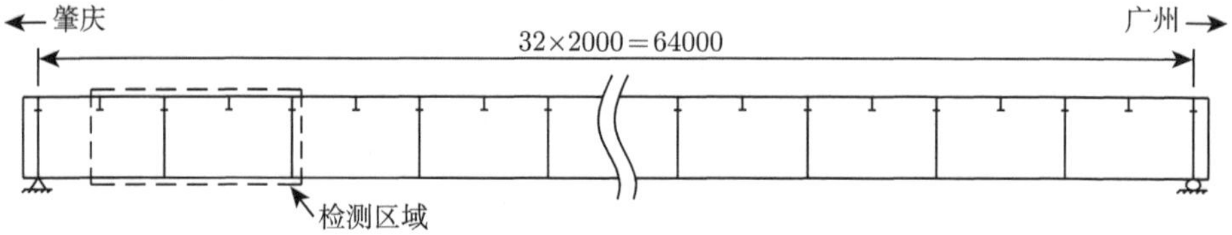

(a) 立面图

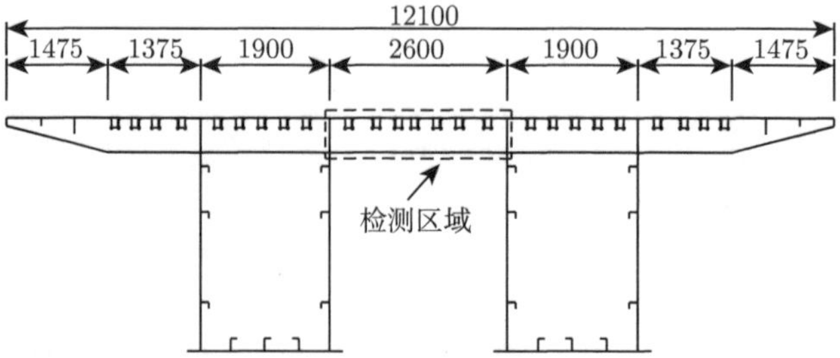

(b) 横断面图

图 10.18　检测区域示意图 (单位：mm)

各轮检测中用到的车辆荷载也相同，为一辆双轴车，如图 10.19 所示，前轴重 90kN，后轴重 330kN，车辆总重 420kN。

(a) 平面图(单位: mm) (b) 车辆照片

图 10.19 检测用车辆荷载

检测中主要关注了以下内容：① 纵肋下翼缘的纵向应变；② 钢面板底面的横桥向应变；③ 桥面板的竖向挠度。测点布置如图 10.20 和图 10.21 所示。从图 10.20 可以看出，检测中包含多个荷载工况。在横桥向上，车轮中心从 T1 移动到 T7，共 7 个工况；在纵桥向上，车轴中心从 L1 移动到 L6，共 6 个工况 [8]。

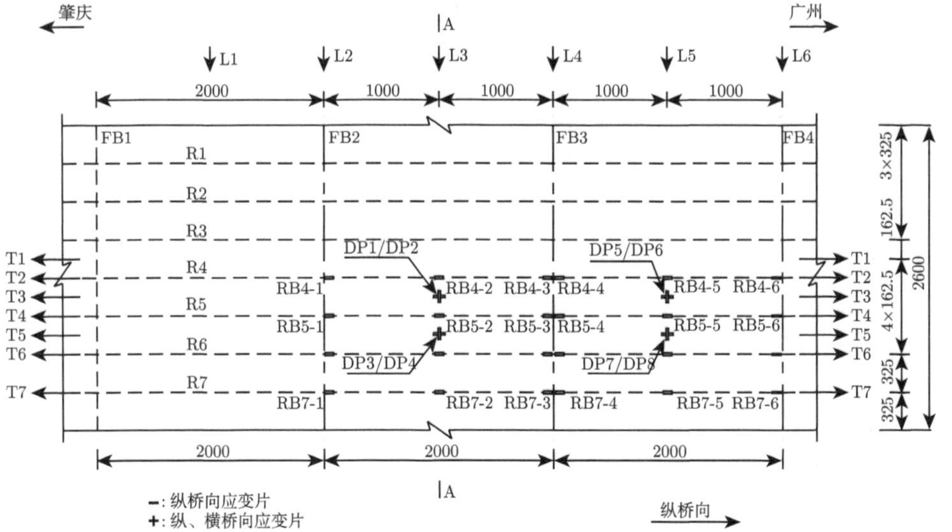

图 10.20 测点布置示意：平面图 (单位：mm)

2. 结果与讨论

由于实桥检测测点和工况均较多，数据量大，限于篇幅，本节仅给出主要测点在不利荷载工况下的检测结果，并将有限元计算结果与实测结果进行对比。所选的荷载工况为重轴在纵桥向上固定为 L3、在横桥向从 T1 移动至 T7。

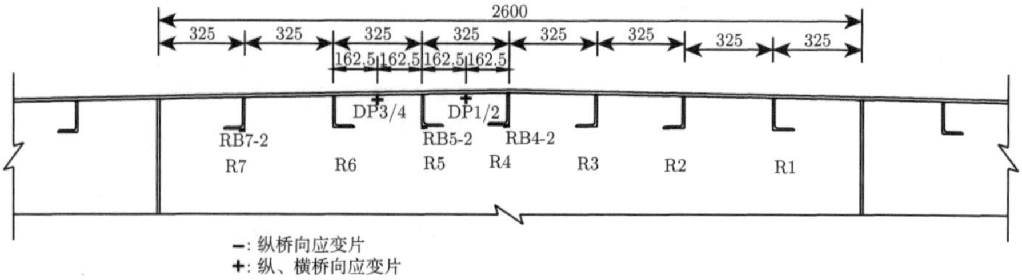

(a) A-A 断面应变片布置

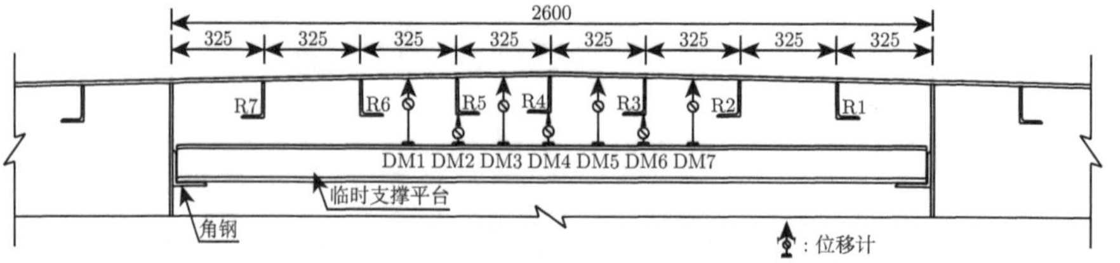

(b) A-A 断面位移计布置

图 10.21　测点布置示意：横断面图 (单位：mm)

主要计算结果如图 10.22 和图 10.23 所示，图中实线为检测结果，由于三轮检测结果差异较小，故仅给出了第一轮检测的结果；虚线为多尺度有限元模型计算结果。对于钢–薄层 STC 轻型组合桥面结构，计算中考虑了两种情形：一种为前文的有限元模型方法，在钢–STC 界面间考虑栓钉的滑移 (slip) 效应；而另一种不考虑 STC 层与钢面板间的滑移，假设界面节点完全耦合，无滑移 (no slip)。

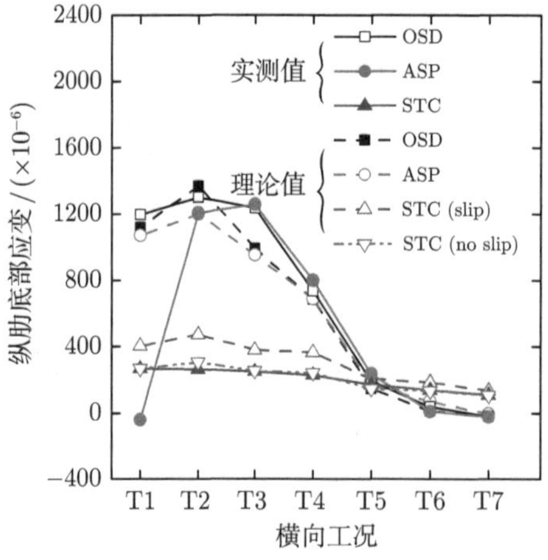

(a) 测点RB4-2

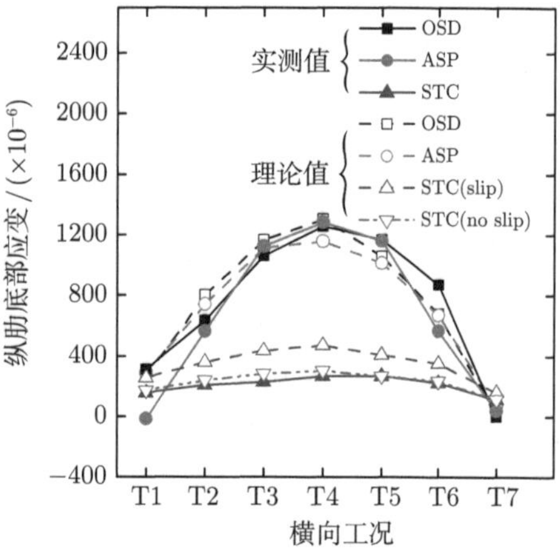

(b) 测点 RB5-2

图 10.22　纵肋下翼缘纵向应变

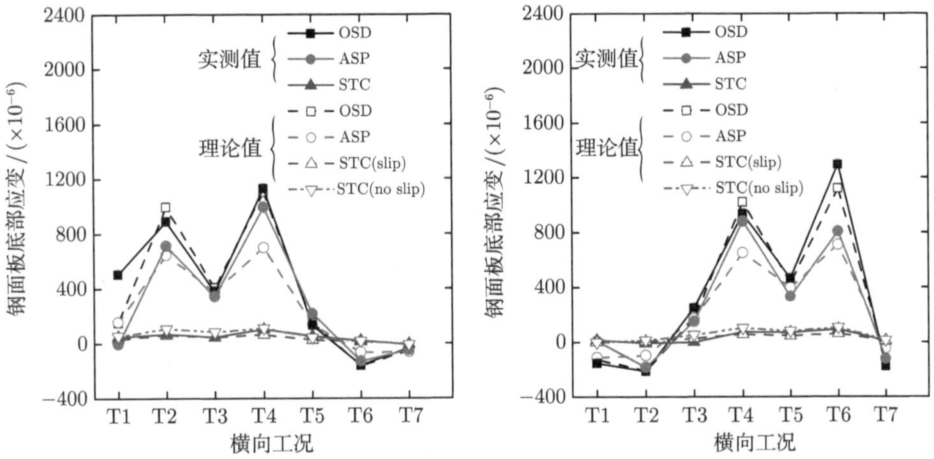

(a) 测点DP-2　　(b) 测点DP-4

图 10.23　钢面板底部横向应变

根据第五轮实桥检测结果，大桥运营状况良好，原有桥面疲劳裂纹未见扩展，且 STC 层中未见开裂。

10.2.2　广东佛山佛陈大桥

10.2.2.1　大桥概况

佛陈大桥位于广东省佛山市，南北走向，连接北边的禅城区和南边的顺德区。本桥于 2015 年 1 月通车，主桥为分幅式的三跨钢箱连续梁桥，跨径组合为 58.51m+112.8m+58.51m，总长 229.82m，单箱单室，桥宽 15.75m，腹板间距 7.5m，悬臂长 4.125m，单向三车道，主梁采用闭口肋正交异性钢桥面体系 (图 10.24)。两幅桥除钢桥面的铺装形式不同外，其他设计参数均相同。全桥的设计荷载为公路-I 级。

(a) 桥型布置示意图

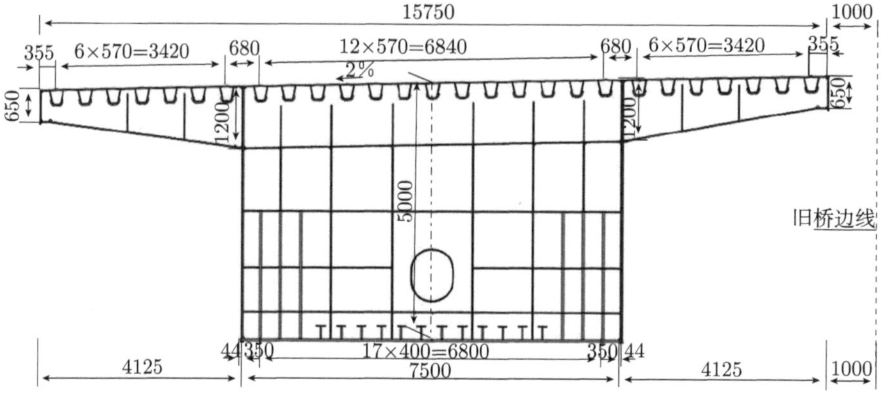

(b) 墩顶断面示意图

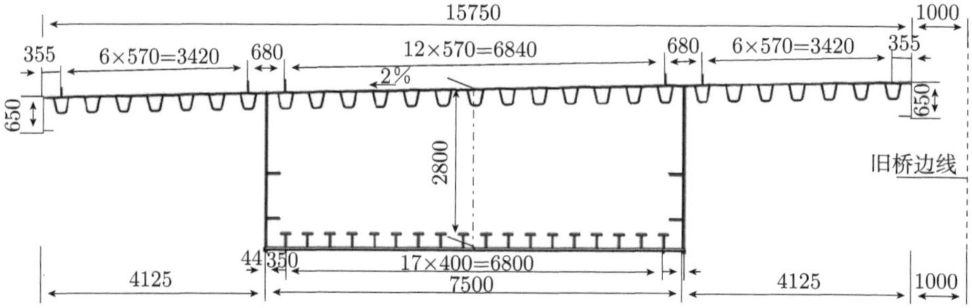

(c) 跨中断面示意图

图 10.24　佛陈大桥立面和断面图 (单位：mm)

正交异性钢桥面的具体设计参数为：桥面板厚 16mm；纵 U 肋壁厚 8mm，高 280mm，上口宽 285mm，下口宽 170mm，U 肋间的横桥向间距 570mm；横隔板厚 12mm，隔板间的纵桥向间距 2500mm；两幅桥的铺装形式为：一幅桥采用双层 (4cm+4cm) 改性沥青 SMA-13 的传统钢桥面铺装；另一幅采用 4.5cm STC+3.5cm 沥青磨耗层铺装 (图 10.24(b))，此幅桥是我国第一座采用闭口肋钢-STC 轻型组合桥面结构的新桥 [9]。

10.2.2.2　钢-STC 轻型组合桥面结构方案

如前文所述，大桥上、下行分幅，钢箱梁桥面采用不同的桥面形式 (图 10.25)。具体地，左幅采用双层 (3.5cm+3.5cm) 改性沥青 SMA-13 铺装；右幅采用钢-STC 轻型组合桥面结构，其中 STC 层厚 45mm，上铺 40mm SMA-13 面层，具体构造如图 10.26 所示。

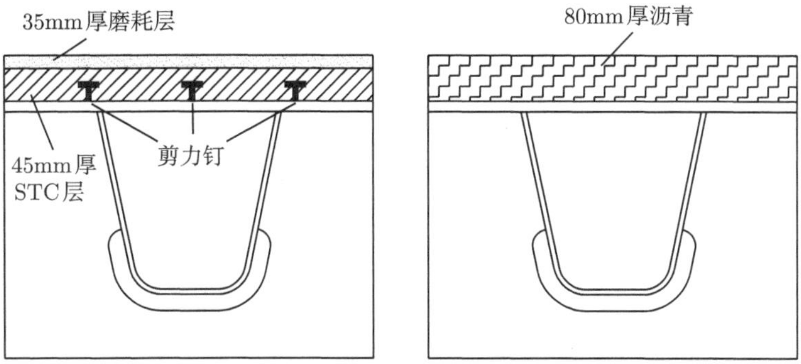

(a) STC幅　　　(b) 沥青幅

图 10.25　两种桥面不同的桥面系

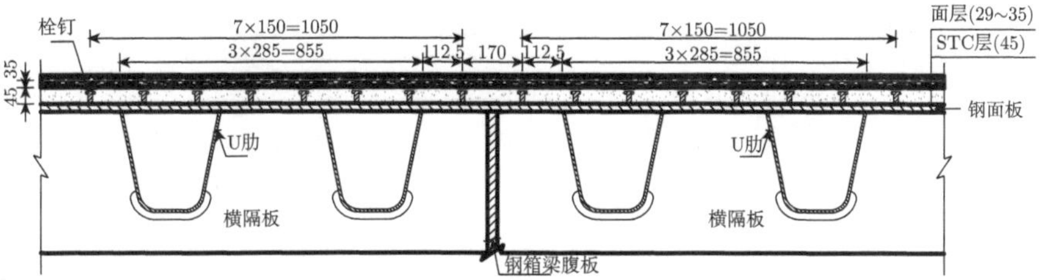

(a) 构造示意图

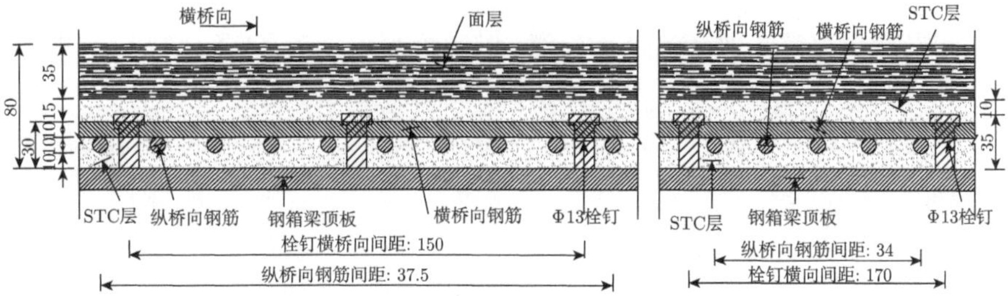

(b) 钢筋布置图(横断面)

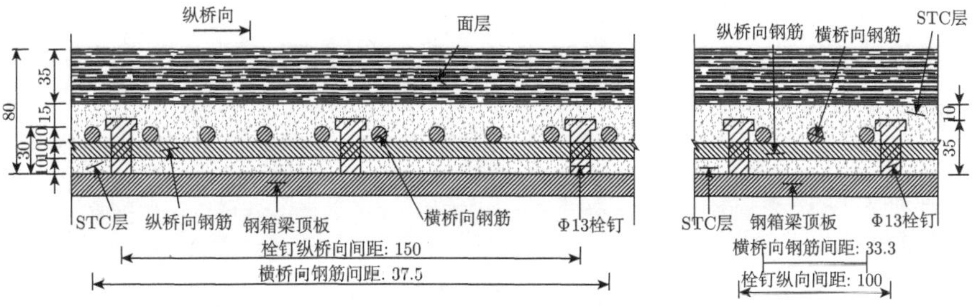

(c) 钢筋布置图(纵断面)

图 10.26　佛陈大桥右幅的轻型组合桥面结构构造 (单位：mm)

10.2.2.3　*方案计算*

1. 整体计算

采用 Midas Civil 软件对佛陈大桥建立整体有限元模型，重点关注整体荷载作用下，轻型组合桥面结构 STC 层的拉应力以及增设 STC 层在钢桥面中引起的应力降幅。

1) 荷载及作用参数

计算采用的设计参数均按照《公路桥涵设计通用规范》(JTG D60-2015) 的有关规定取值。

(1) 永久作用。

一期恒载由程序自动计入和以集中力或均布力计算；二期恒载见表 10.5。

表 10.5　整体计算二期恒载表　(单位：kN/m)

车行道桥面铺装	10.3
人行道桥面铺装	1.7
人行道	1.5
人行道护栏	0.6
内侧钢防撞墙	1.5
路灯及附属、管线	1.0
二恒合计	16.6

(2) 可变作用。

汽车荷载为公路-I 级，单向 3 车道，纵向折减系数按 JTG D60-2015 取值；冲击系数按自振频率选取；制动力按 3 车道同时制动计算。

人群荷载按如下考虑：$L\leqslant50$m，3.0kN/m^2；$L>150$m，2.5kN/m^2；50m$\leqslant L<150$m，线性差值。

(3) 温度作用。

环境温差：整体升、降温 25℃；钢箱梁梯度温度：参考英国标准 (BS5400：Pt1-4：1978-82) 采用，如图 10.27 所示。

2) 计算模型

根据设计施工图，在 Midas Civil 软件中建立全桥计算模型，由于本计算重点放在考察轻型组合桥面受力状况，故计算模型中未建立桩、墩单元。钢箱梁采用梁单元模拟，梁单元数量共计 127 个，佛陈大桥有限元整体计算模型如图 10.28 所示。

2. 局部效应计算

1) 计算概况

利用 ANSYS 有限元计算软件建立佛陈大桥超高性能轻型组合加劲梁的局部计算模型，计算模型取全桥宽 15.75m，长 12.5m，包含 5 道横隔板，如图 10.29 所示。所有钢结构均用板壳单元建立，STC 层则用实体单元进行模拟；主要关注其在运营中的局部受力状态。

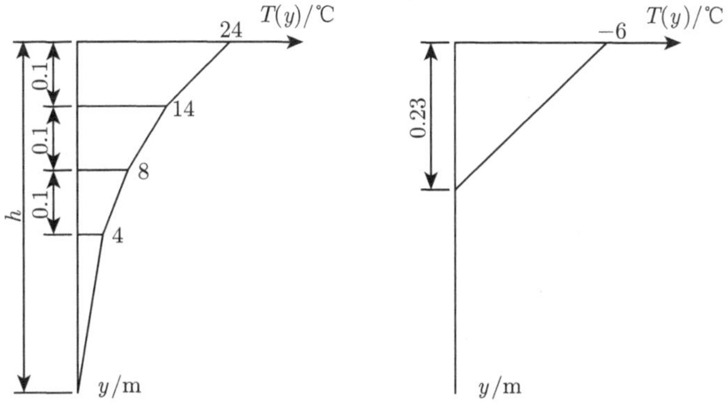

(a) 钢箱梁正梯度温度 (b) 钢箱梁负梯度温度

图 10.27 温度梯度计算示意

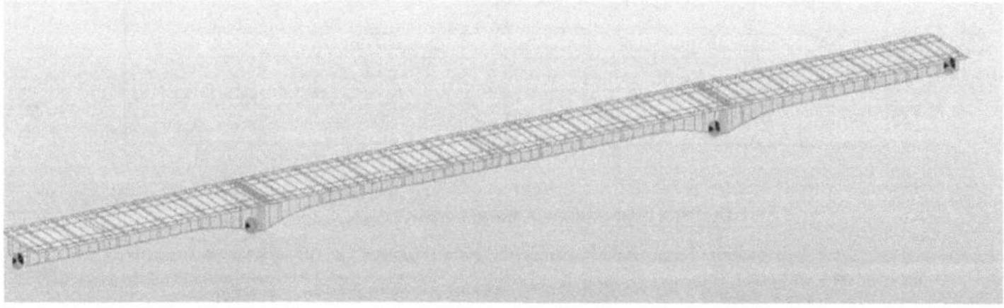

图 10.28 佛陈大桥有限元整体计算模型

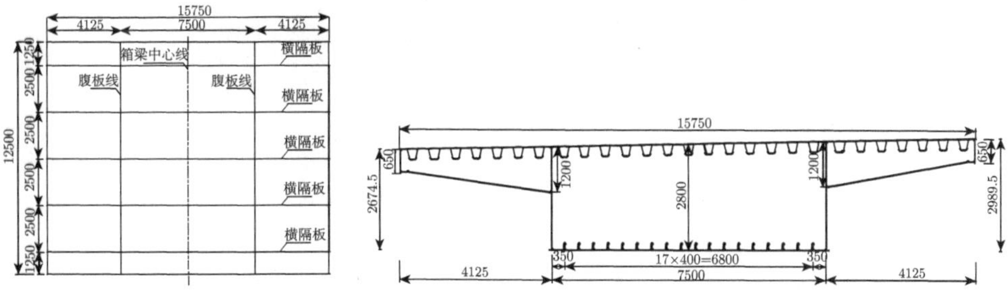

(a) 平面图 (b) 横断面

图 10.29 钢箱梁建模示意图 (单位:mm)

计算中将以中支点截面和跨中截面为考察截面，主要关注在整体和局部效应中的以下计算结果：STC 层拉应力，包括横桥向拉应力和纵桥向拉应力；钢桥面结构应力，包括正交异性钢桥面中主要构件及构造细节处的应力。

2) 荷载工况

计算中考虑以下五种荷载及作用：磨耗层铺装恒载、车辆活载、人群活载、整体温度作用、温度梯度作用。

对于车辆活载的布置形式，因其计算中不同的关注位置而有所不同，车辆活载的工况较多，下面将详细介绍。

(1) STC 层拉应力关注点。

对于本桥，STC 层可能在腹板顶面、U 肋顶面出现较大的横桥向拉应力；而在横隔板顶面出现较大的纵桥向拉应力，因此这些位置均为计算中的主要关注位置。如图 10.30、图 10.31 所示，图中 STC-1～STC-4 均为关注位置。

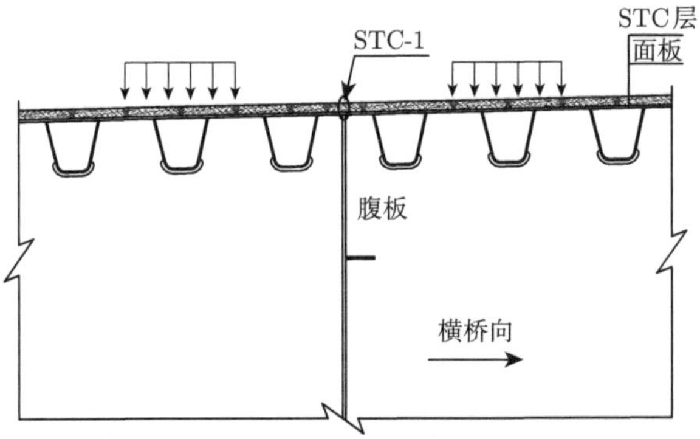

(a) 纵隔板顶面–横梁中间位置

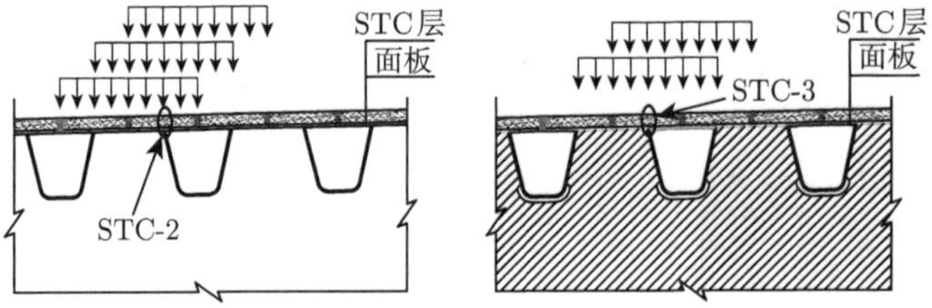

(b) U肋顶面–横梁中间位置　　(c) U肋顶面–横梁断面位置

图 10.30　STC 层横桥向拉应力不利位置示意图

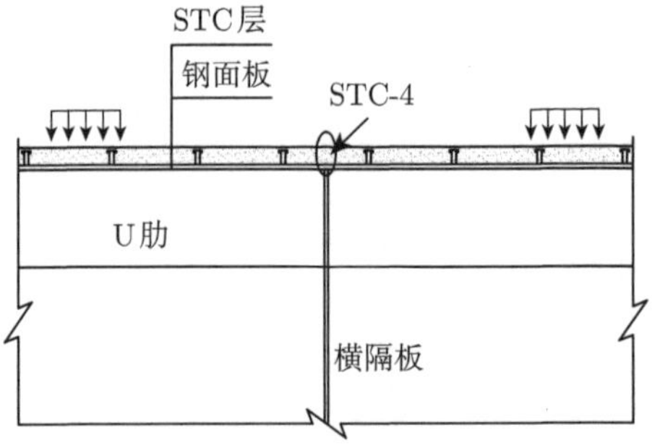

图 10.31　STC 层纵桥向拉应力不利位置示意图

(2) 钢桥面结构应力。

佛陈大桥的超高性能轻型组合连续梁中钢桥面的疲劳细节关注位置与传统正交异性钢桥面 (OSD) 的关注位置相同，如图 10.32 所示，编号为 OSD-1～OSD-5。

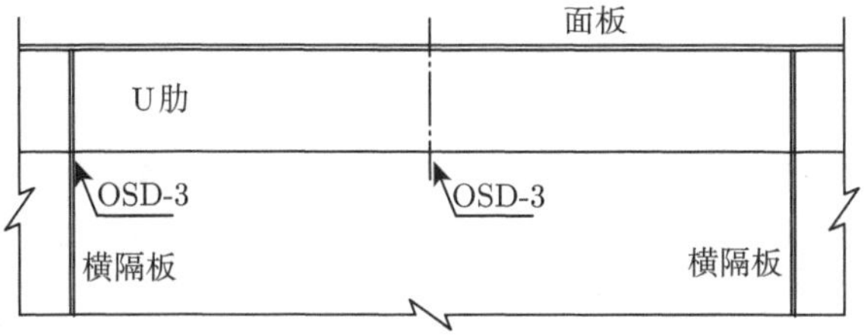

(a) 立面

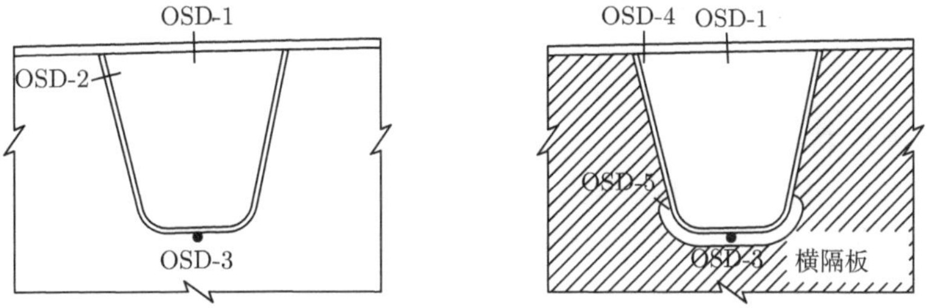

(b) 跨中断面　　(c) 横隔板断面

图 10.32　钢桥面结构应力关注位置示意图

3) 荷载工况

计算中的加载车为规范规定的车辆荷载，由于标准车车轴的纵向间距较大，计算中仅考虑中间的双轴或单轴作用，且加载轴中每个车轮作用面积为 200mm×600mm(纵桥向 × 横桥向)。

4) 模型建立

用 ANSYS 通用有限元软件建立计算模型。假设 STC 层与钢面板结合完好，计算模型基本信息如表 10.6 所示。

表 10.6　计算模型基本信息

模型规模/mm			STC 层参数			钢-STC 连接方式	模型荷载	关注结果
长度	宽度	高度	厚度/mm	弹性模量/MPa	泊松比			
10000	15750	2800，5000	45	40000	0.2	Nummrg	车辆活载	STC 层及 OSD 的局部应力

对跨中低截面 (梁高 2.8m) 和墩顶高截面 (梁高 5.0m) 两种箱梁节段情况，分别

建立了局部受力空间计算模型。其中钢板采用 shell63 单元，而 STC 层采用 solid45 单元，模型底板与腹板交界处设竖向支撑，四个角偶设适当的水平约束防止刚体位移。计算模型如图 10.33 所示。

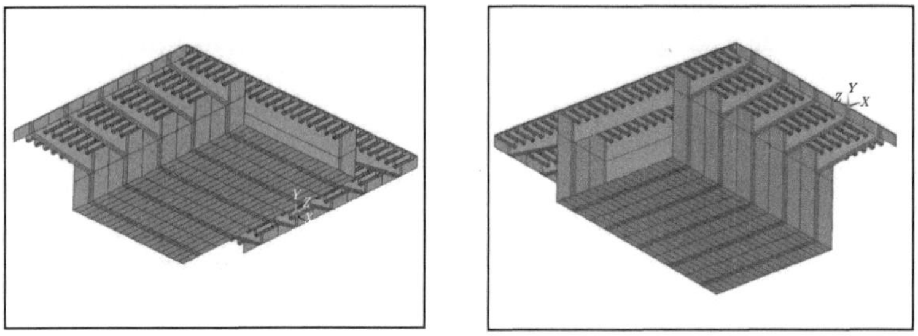

(a) 跨中截面节段　　(b) 墩顶高截面节段

图 10.33　局部有限元计算模型

3. 计算结果

与前述关注位置相对应，现给出 STC 层局部拉应力、正交异型钢桥面局部应力等内容的主要计算结果。其中应力值的符号定义为 “+” 为拉应力，“−” 为压应力。

1) STC 层拉应力

计算结果表明，STC 层的局部压应力相对其抗压强度较小，故控制设计的主要因素是 STC 层的拉应力，因此在此仅给出其拉应力的计算结果。各种不利位置的应力峰值如表 10.7 和表 10.8 所示，STC 层的拉应力依次为：纵隔板顶面位置 > 横隔板顶面位置 > U 肋腹板顶面位置。

表 10.7　STC 层横桥向拉应力结果汇总表 (一)

关注位置	高截面/MPa		低截面/MPa		应力方向
	最大	最小	最大	最小	
STC-1	11.59	6.41	12.48	6.65	横桥向
STC-2	6.95	4.72	7.21	4.96	
STC-3	9.03	3.2	9.80	3.91	

表 10.8　STC 层横桥向拉应力结果汇总表 (二)　　(单位：mPa)

截面	关注位置	最大值			最小值		
		整体	局部	总和	整体	局部	总和
高截面	STC-4	3.60	9.72	13.32	—	—	—
	OSD-3	14.83	49.56	64.39	−0.86	−29.01	−29.87
低截面	STC-4	2.03	9.95	11.98	—	—	—
	OSD-3	6.01	51.85	57.86	−20.75	−30.4	−51.15

计算结果表明，在五种荷载效应组合作用下，STC 层的最大横桥向拉应力为 12.48MPa，出现在钢箱梁的腹板顶面位置。STC 层的最大纵桥向拉应力为 13.32MPa，出现在钢箱梁墩顶横隔板顶面位置。

2) 钢桥面应力结果

在车载作用下，正交异性钢桥面结构中的局部应力结果如表 10.9 所示，计算结果表明，在局部轮载作用下，除横隔板过焊孔的位置，高截面的钢构件应力稍小于低截面的钢构件应力。钢-STC 轻型组合梁的钢构件在轮载作用下最大拉应力均为横隔板过焊孔位置，高、低截面分别为 91.61MPa 和 85.73MPa，最大压应力为 −108.54MPa 和 −142.12MPa。

表 10.9　钢构件横桥向拉应力峰值计算结果汇总表

截面	关注位置	组合梁/MPa		纯钢梁/MPa		应力方向
		最大值	最小值	最大值	最小值	
高截面	OSD-1	24.09	−28.59	57.3	−54.31	横桥向
	OSD-2	59.07	−75.83	62.48	−71.2	U 肋腹板斜向
	OSD-3	49.56	−29.01	69.12	−46.14	纵桥向
	OSD-4	35.53	−62.23	80.42	−101.96	横桥向
	OSD-5	91.61	−108.54	93.95	−150.65	主应力
低截面	OSD-1	29.37	−34.71	134.47	−131.51	横桥向
	OSD-2	61.67	−82.21	64.29	−88.4	U 肋腹板斜向
	OSD-3	51.85	−30.4	75.59	−51.54	纵桥向
	OSD-4	42.66	−76.12	134.18	162.44	横桥向
	OSD-5	85.73	−142.12	108.14	−199.22	主应力

3) 计算结果讨论

佛陈大桥右幅主桥钢-STC 轻型组合桥面系中，墩顶区域的 STC 层横桥向的最大拉应力出现在内侧腹板的顶部，其值为 11.59MPa，纵桥向最大拉应力为 13.32MPa；中 (边) 跨跨中区域的 STC 层横桥向的最大拉应力出现在内侧腹板的顶部，其值为 12.48MPa，纵桥向最大拉应力为 11.98MPa。

正交异性钢桥面主要构件及构造细节中的拉应力在 24.09~91.61MPa，应力水平均较低，钢-STC 轻型组合桥面结构将基本消除钢桥面的疲劳开裂病害问题。

综上所述，有限元计算结果表明，STC 层应用在佛陈大桥右幅主桥中形成钢-STC 轻型组合连续梁将是安全可行的。

10.2.2.4　足尺模型试验

1. 试验模型

根据桥面受力特点，横向选择 7 个 U 肋，纵向选择 4 块横隔板制作足尺模型试验，如图 10.34 所示。试验模型的钢桥面板厚度为 16mm，横隔板厚度为 12mm，U

肋板厚为 8mm。U 肋尺寸与横隔板过焊孔尺寸以原设计图纸为依据加工，后来设计院对过焊孔形状进行了优化设计，因此，本试验在纯钢梁试验阶段以最初的过焊孔形状为对象进行试验，浇筑完 STC 层以后，对 2#横隔板进行了更换，按新设计的过焊孔形状进行制作，为了避免焊接残余应力对试验结果的影响，将 2#横隔板往 3#支点方向移动了 10cm，如图 10.34、图 10.35 所示。并在组合梁试验阶段对两种过焊孔形状进行了加载试验。

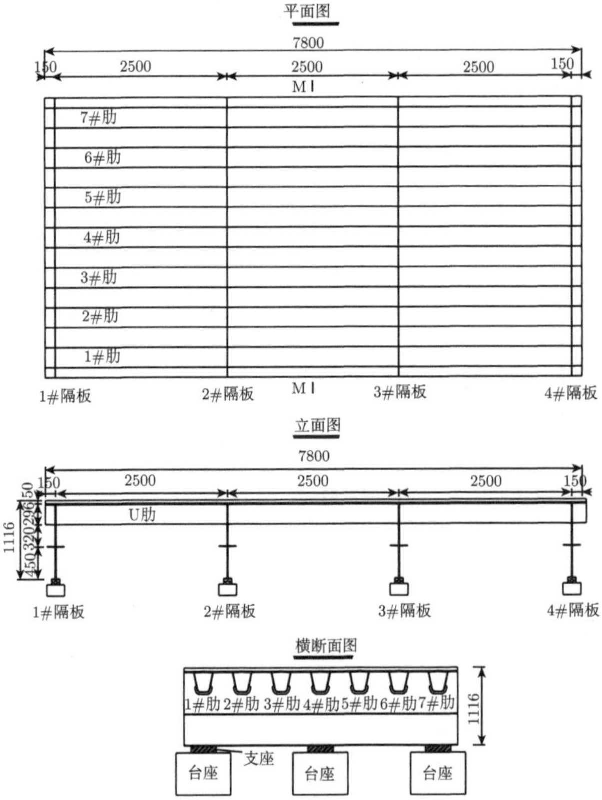

图 10.34　足尺模型布置图 (单位：mm)

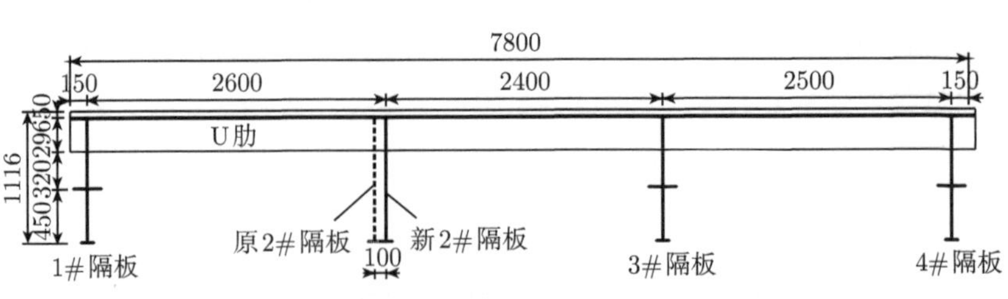

(a) 2# 横隔板位置变动图

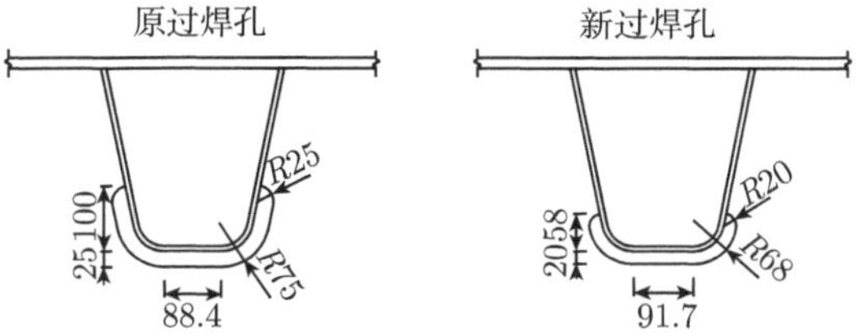

(b) 过焊孔细节图

图 10.35　2#横隔板变动情况 (单位：mm)

试验模型剪力钉采用高 35mm、直径 13mm 的短剪力钉，按纵向间距 250mm、横向间距 285mm 布置，周边一圈加密一倍。桥面钢筋均采用直径 12mm 的 HRB400 级钢筋，间距 50mm×50mm，其中横桥向钢筋置于上层，纵桥向钢筋置于下层。剪力钉和钢筋网布置如图 10.36 所示。

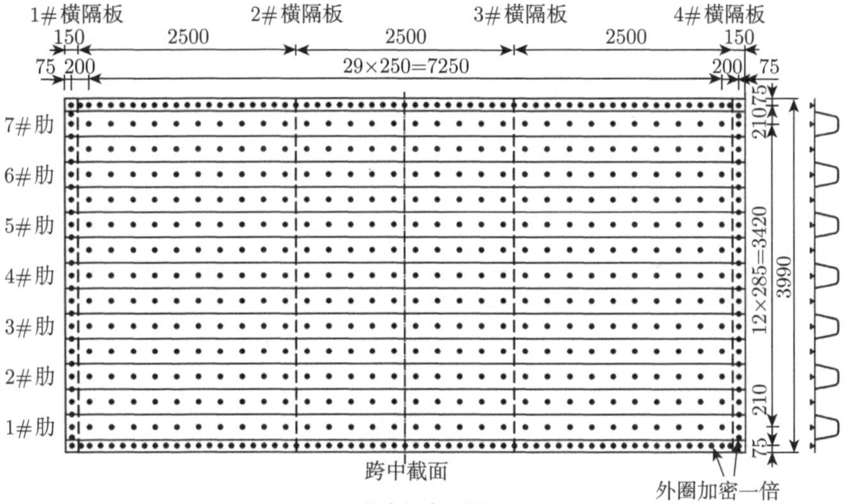

(a) 剪力钉布置图

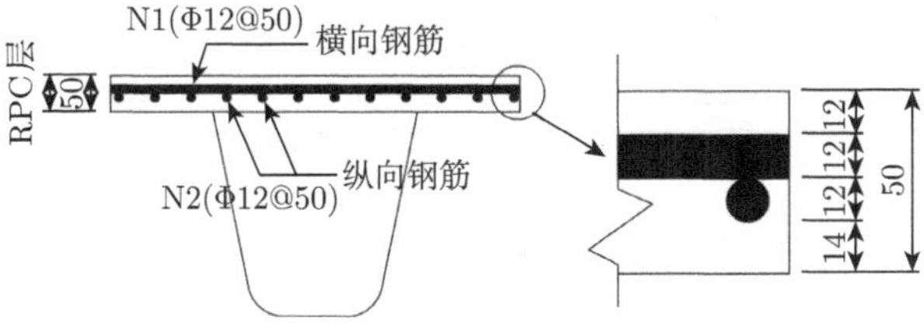

(b) 钢筋网布置图

图 10.36　面板剪力钉及钢筋网布置图 (单位：mm)

2. 测点布置

局部模型试验，测试需全面反映在纯钢梁和组合梁两种工况下，正交异性桥面的疲劳细节及 STC 层的受力或变形状况，考虑到本结构的受力特点及测试手段，试验应变及变形测点布置如图 10.37、图 10.38 所示。

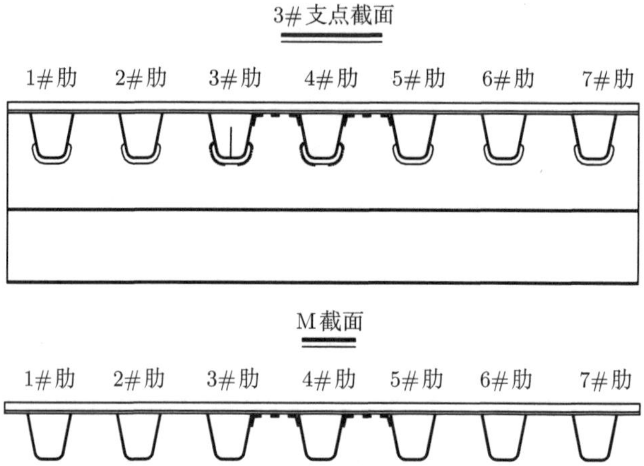

图 10.37　应变测点布置图

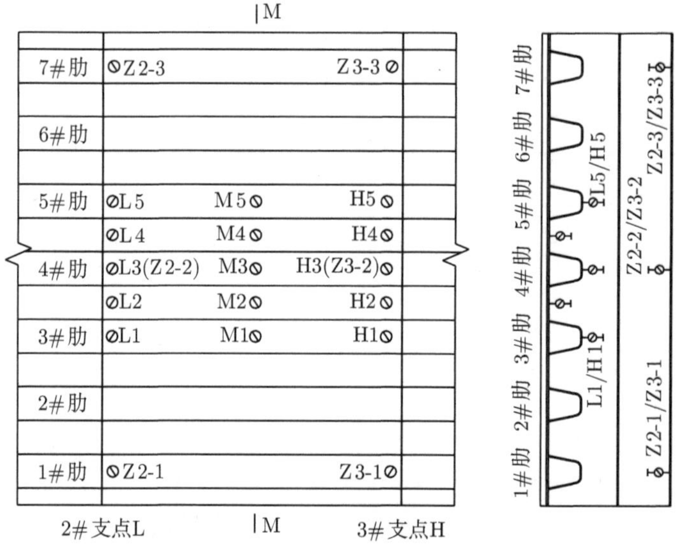

图 10.38　变形测点布置图

3. 荷载工况

根据《公路桥涵设计通用规范》(JTG D60-2015) 规定的车辆荷载技术指标，本试验选择最大轮重为 0.5×140=70(kN)，荷载尺寸为 0.6m×0.2m。为便于试验数据的对比，纯钢梁和组合梁两种状态不同受力工况下均采用同荷载面积进行加载。

考虑到佛陈大桥实际的运营环境和交通状况，本次试验在选择荷载级别时，对于纯钢梁受力状态，加载级别为：70kN(1 倍轮载)→91kN(1.3 倍轮载)→140kN(2 倍轮载)，对于组合结构受力状态，加载级别为：70kN(1 倍轮载)→91kN(1.3 倍轮载)→140kN(2 倍轮载)→210kN(3 倍轮载)。

正交异性桥面板局部应力、变形测试 (面板、纵肋) 时，对 2#横隔板 (相关示意图 10.38)、跨中截面和 3#横隔板按 U 肋左部顶面、U 肋中、U 肋右部顶面和 U 肋间等轮位进行加载，见图 10.39 和图 10.40。

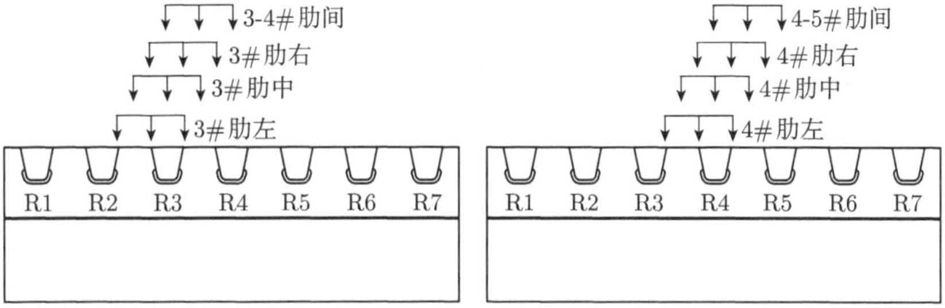

图 10.39　加载示意图

(a) 纯钢梁加载　　　(b) 组合梁加载

图 10.40　试验加载

待上述弹性阶段试验结束后，对模型进行破坏性试验，持续增加荷载，直至模型破坏，以探明钢-STC 轻型组合桥面结构的破坏模式和极限承载力。

4. 弹性阶段试验结果及分析

足尺模型的试验测试内容包括纯钢梁状态下及 STC 组合梁状态下的面板应变、纵肋底部应变、纵肋顶部及面板底部应变、横隔板过焊孔区域的应变以及纵肋及面板变形。对于跨中截面的结构应力加载测试以 4#U 肋为对象进行。

1) 面板底部及 U 肋应力

对于跨中截面的结构应力加载测试以 4#U 肋为对象进行。主要测试内容包括面板底部横向应力、U 肋顶部斜向应力和 U 肋底部纵向应力。

在轮载作用下，面板底部的应力值降幅明显，测点的理论值与试验实测值吻合较好，图 10.41 为面板底部在纯钢梁和组合梁两种情况的应力变化图。在不同轮位作用下，面板底部测点的理论应力降幅达 86.2%～95.6%，实测应力降幅达 83.0%～95.6%。

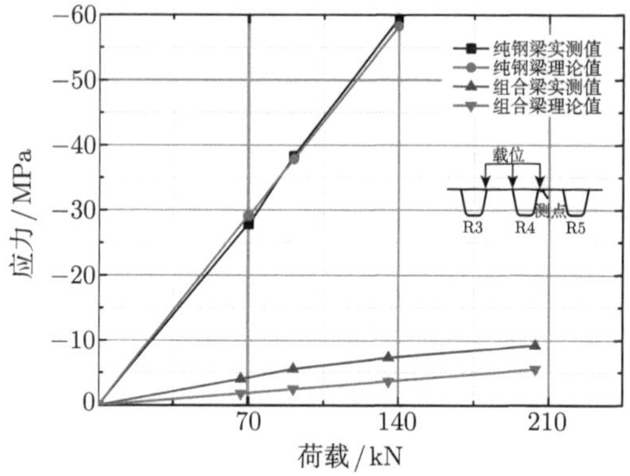

(a) U肋左加载

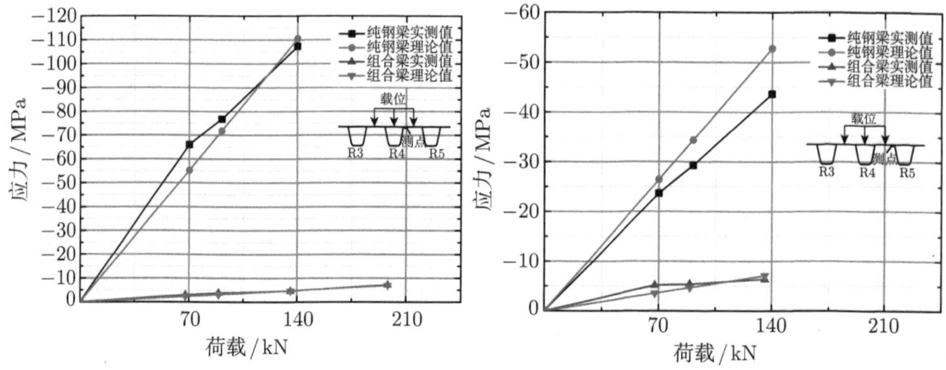

(b) U肋中加载

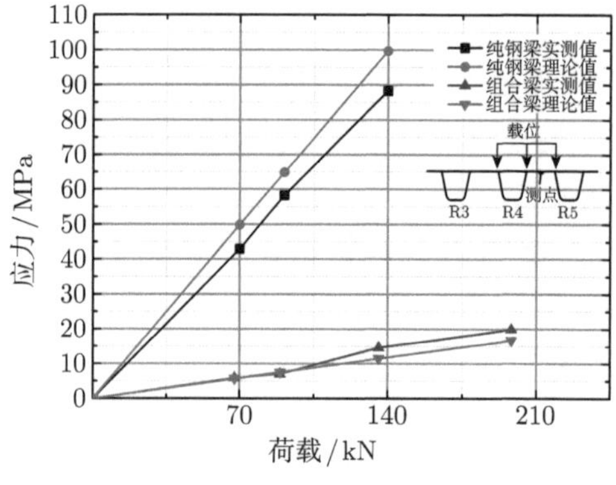

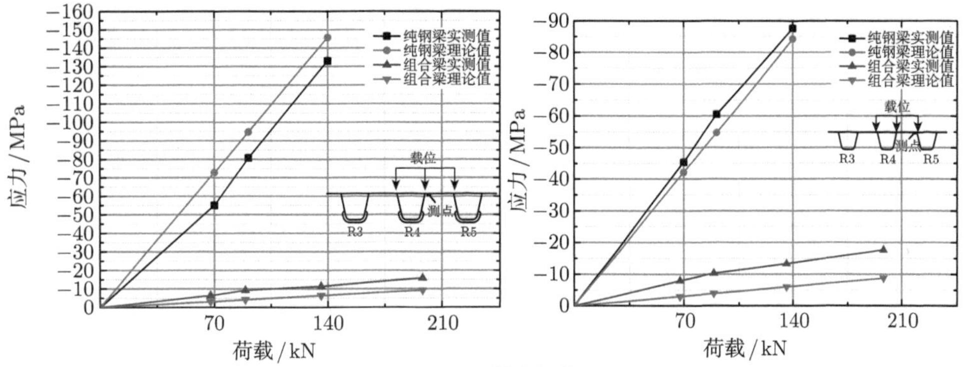

(c) U肋右加载

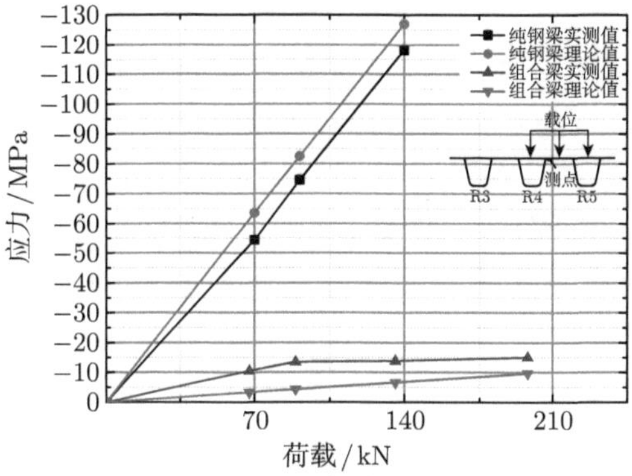

(d) U肋间加载

图 10.41　面板底部荷载–应力图

2) U 肋顶部斜向应力

在轮载作用下，U 肋顶部的应力值降幅较大，测点的理论值与试验实测值吻合较好，图 10.42 为 U 肋顶部在纯钢梁和组合梁两种情况的应力变化图。U 肋顶部

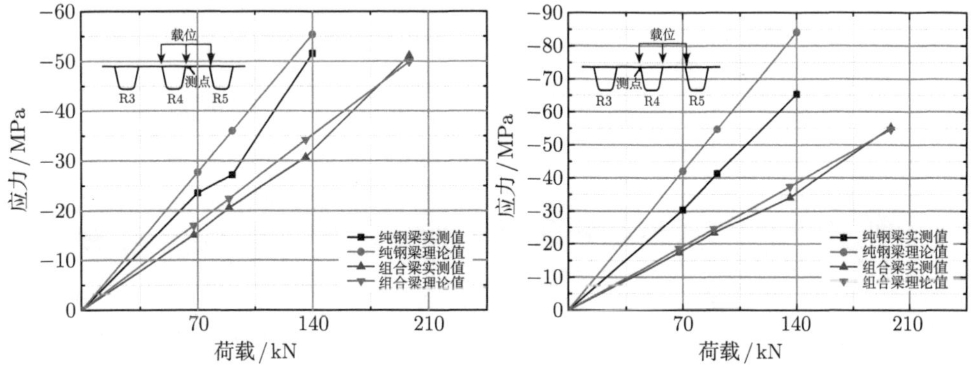

(a) U肋右加载

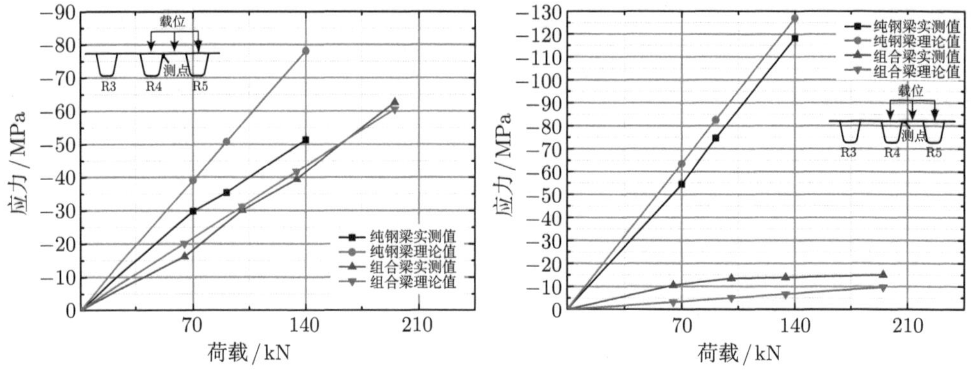

(b) U肋间加载

图 10.42　U 肋顶部荷载–应力图

测点的理论应力降幅达 36.4%～54.2%，实测应力降幅达 20.0%～46.3%。

3) U 肋底部应力

在轮载作用下，除在组合梁状态下 4#肋右加载工况加载时试验值与理论值有一定的偏差外，其余工况下测点的理论值与试验实测值吻合较好，如图 10.43 所

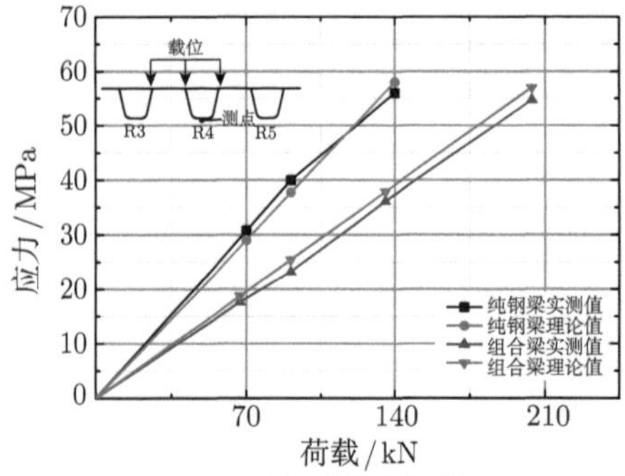

(a) 4#肋左加载

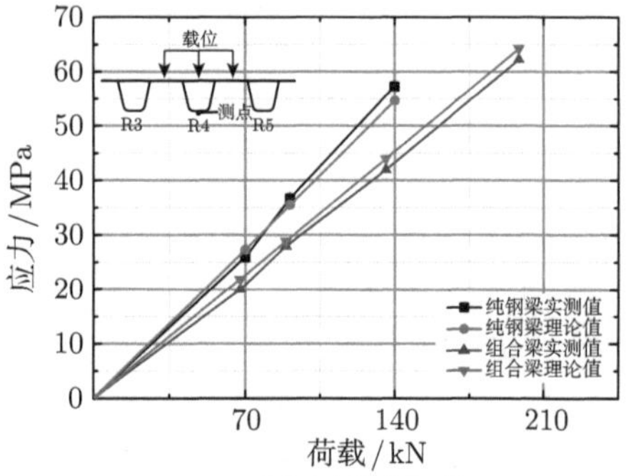

(b) 4#肋中加载

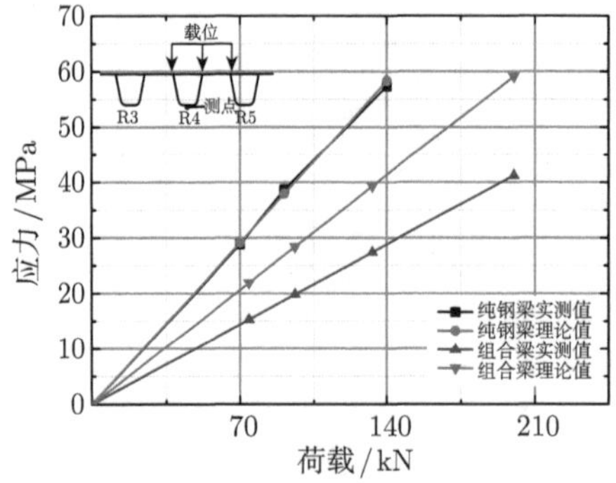

(c) 4#肋右加载

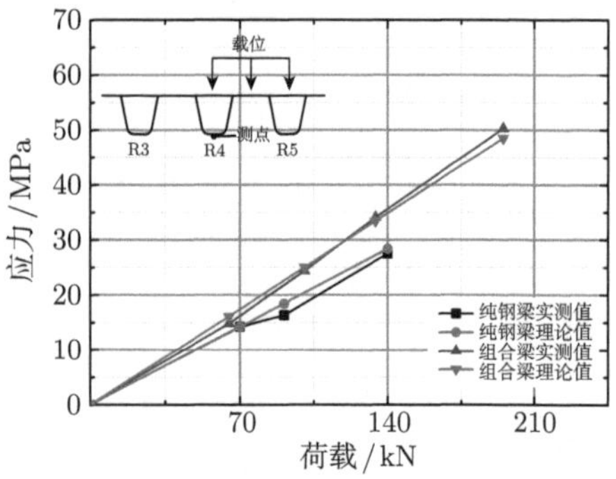

(d) 4#-5#肋中加载

图 10.43　U 肋底部荷载–应力图

示。U 肋底部的应力值降幅明显。对于不同轮位，U 肋底部测点的理论应力降幅为 17.0%～32.6%，实测应力降幅为 24.6%～49.7%。

4) 横隔板附近位置

(1) 原设计过焊孔结果。

在轮载作用下，纯钢梁状态下，有 2 个工况的试验值与理论值有一定的偏差，其余工况下测点的理论值与试验实测值吻合较好。图 10.44 为 3#孔过焊孔在纯钢梁和组合梁两种情况各工况下应力值最大测点的应力变化图。对于不同轮位，过焊孔最大应力测点的理论应力降幅为 28.5%～33.5%，实测应力降幅为 15.5%～31.3%。

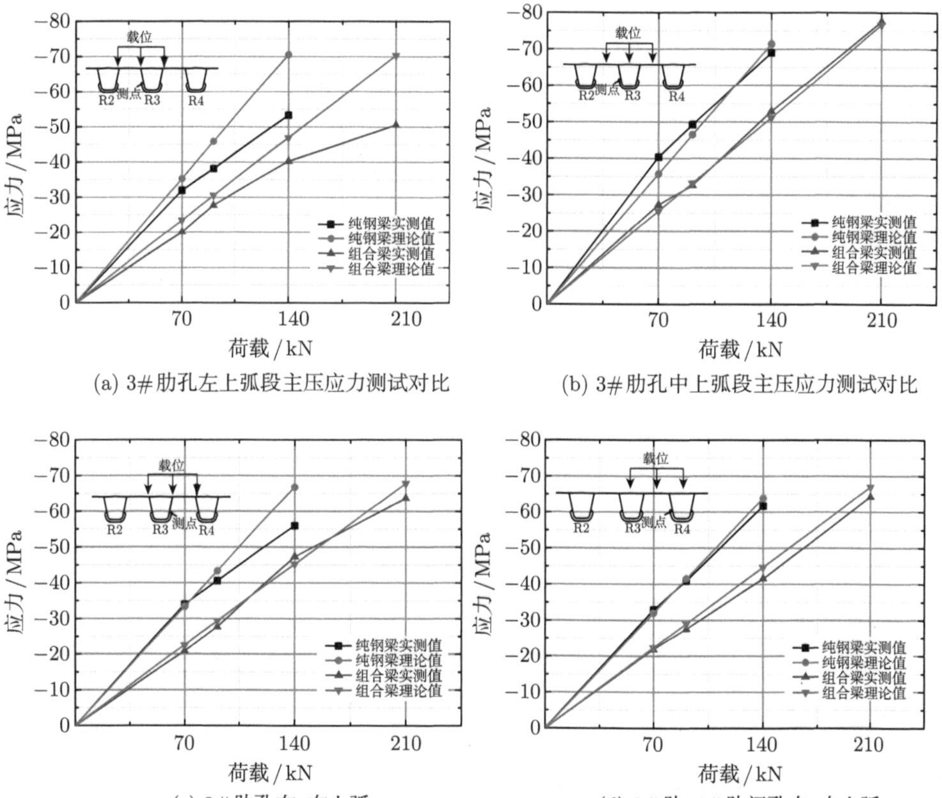

(a) 3# 肋孔左上弧段主压应力测试对比　　(b) 3# 肋孔中上弧段主压应力测试对比

(c) 3# 肋孔右-右上弧　　(d) 3# 肋-4# 肋间孔右-右上弧

图 10.44　过焊孔荷载–最大主应力图

(2) 新、旧过焊孔对比试验。

对于过焊孔的原设计形状和新设计形状，在轮载作用下，最大应力测点的应力值基本相同，在个别工况下，新形状小于原设计形状，如图 10.45 所示。在最大应力测点处，原设计形状的理论最大和最小值分别为 −67.04MPa 和 −76.7MPa，实测值分别为 −50.5MPa 和 −77.6MPa。新设计形状的理论最大和最小值分别为

−51.4MPa 和 −68.65MPa，实测值分别为 −54.32MPa 和 −67.92MPa。

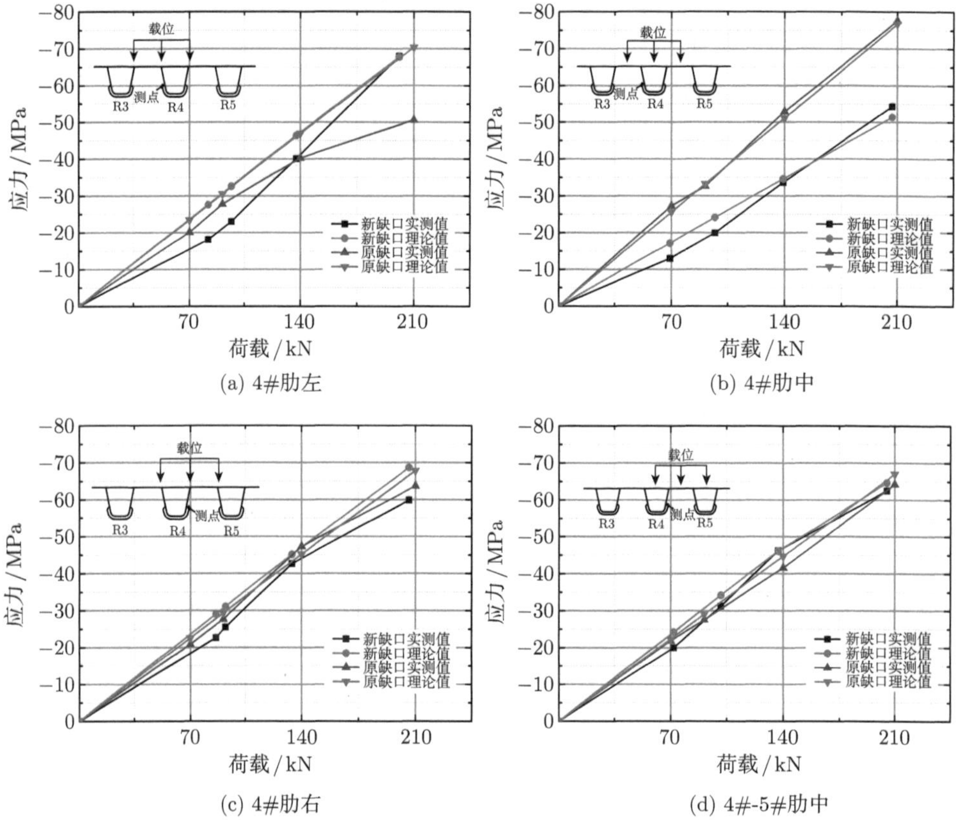

图 10.45　新、旧过焊孔荷载–最大主应力对比

5. 破坏试验及结果

为验证钢-STC 轻型组合桥面结构足尺模型的 STC 开裂强度，进行了模型破坏试验。将足尺模型设计为悬臂受力状态，3#和 4#横隔板为悬空状态，2#横隔板底部作为加载支点，1#横隔板顶部的 STC 设置反压支座，在 4#横隔板处利用分配梁实现 2 个面加载，加载布置如图 10.46 所示。

为防止加载过程中，2#横隔板先屈曲，沿 2#横隔板竖向加焊了 7 道的竖向加劲肋 (高 1025mm，宽 100mm，厚 20mm)。

试验过程中，先完成 2 次 70kN 预加载后，弹性阶段按 30kN 荷载级加载，进入塑性阶段后，按变形控制即百分表量程加载。试验模型及加载装置图如图 10.47 所示。

主要试验结果如图 10.48~图 10.50 所示。

图 10.48 给出了 2#横隔板 U 肋底部纵向压应变随荷载的变化情况。由图可以看出，在 200kN 前，应变处于线性范围，在此之后，U 肋进入纵向压曲状态，到达

436.4kN 时，U 肋完全屈曲。

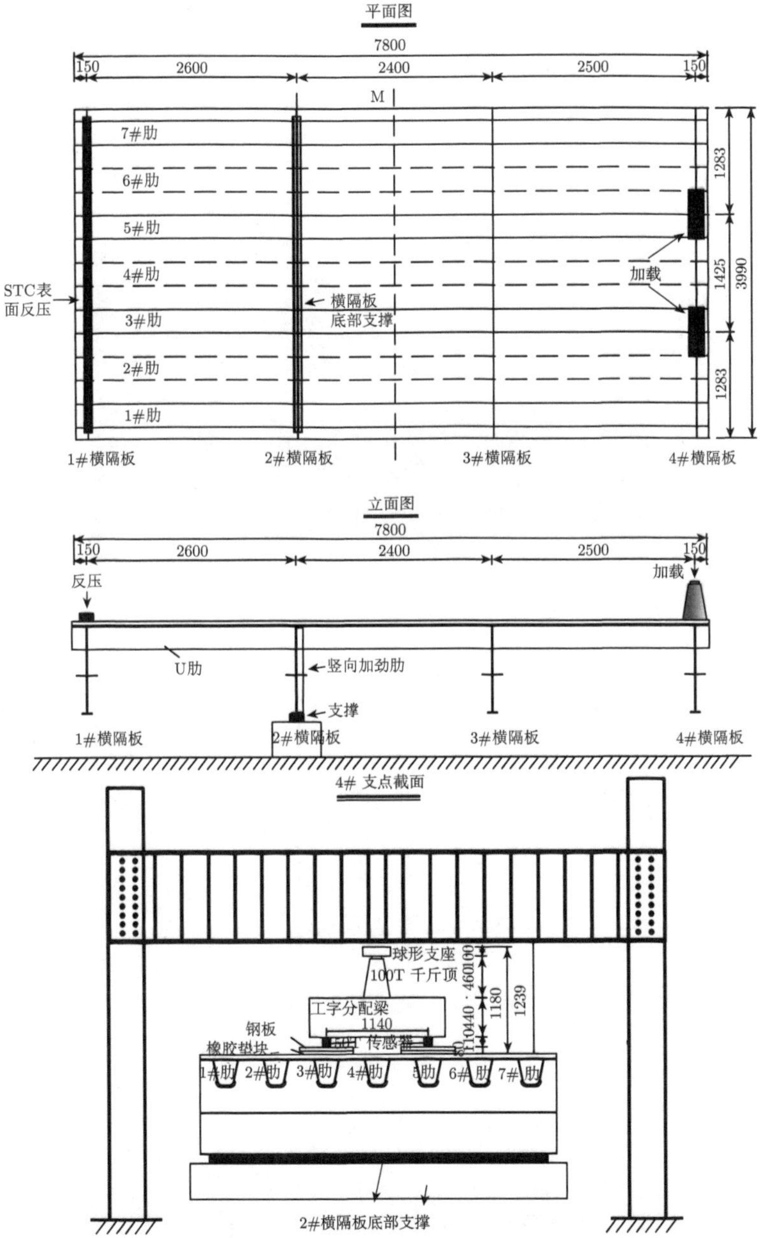

图 10.46 悬臂加载图 (单位：mm)

图 10.49 给出了 STC 表面纵向应变随荷载的变化情况。由图可以看出，由于

U 肋在 200kN 是开始屈曲，截面发生应力重分布，STC 层开始承担更大的荷载，其纵向拉应力也开始出现非线性特征。加载至 281.4kN 时，R3 测点处的应变达到了 1050~1122με，表面裂缝宽度为 0.05mm，图 10.49(b) 所示，对应测点 R31~R33 的应变分别为 1058με、1050με 和 1122με。

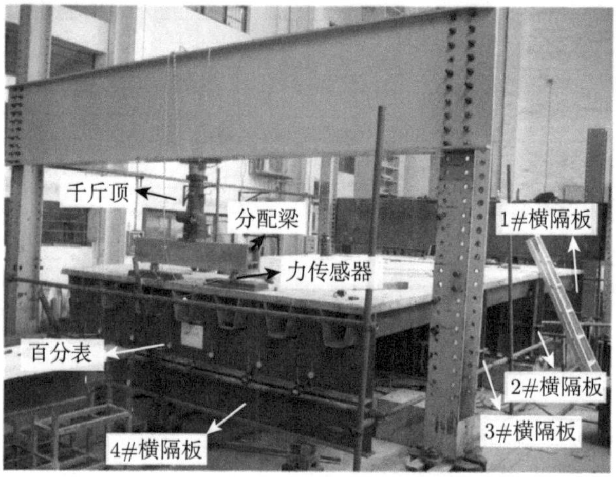

图 10.47　试验模型及加载装置图

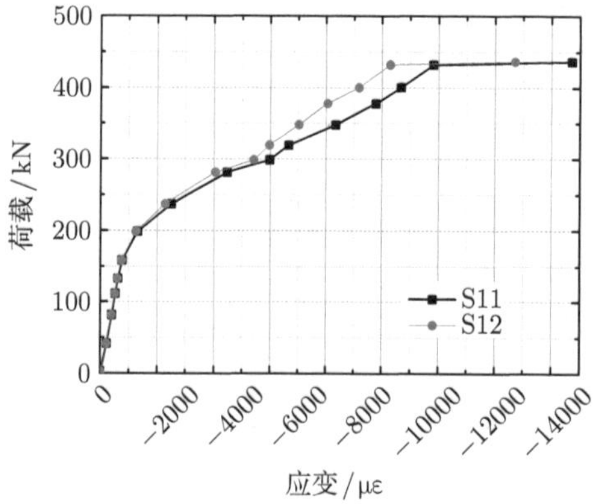

(a) 1#U肋底荷载-应变曲线

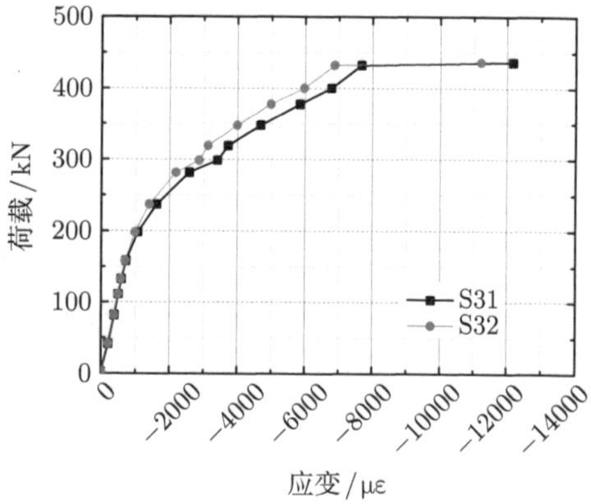

(b) 3#U肋底荷载-应变曲线

图 10.48　2#横隔板 U 肋底部荷载-应变曲线

图 10.50 为梁端挠度与荷载的曲线图，由图可看出，在荷载达到 319.2kN 时，结构变形仍处于线性阶段，虽然 STC 在 281.4kN 荷载级别是出现了 0.05mm 的裂缝，但 2#横隔板断面仍有很大的刚度。由图 10.50 可看出，436.4kN 时，U 肋已经完全屈曲，荷载基本由 STC 层和钢面板承担，直到荷载达到 462.9kN 时，结构才

完全破坏，可见，STC 层的结构极限承载能力大于钢结构本身的承载能力。

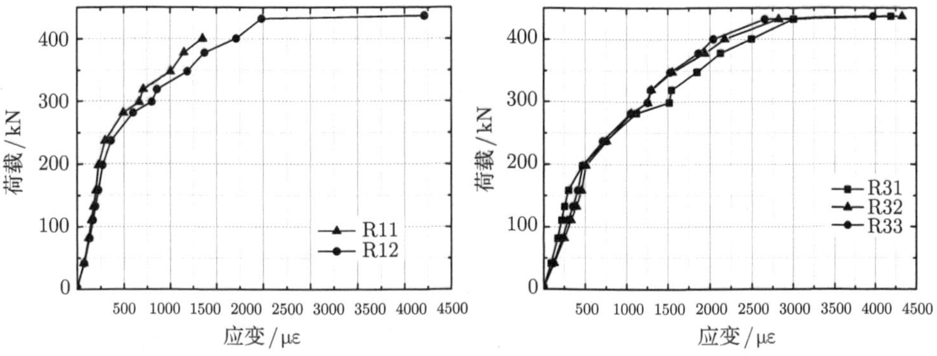

(a) R1 荷载-应变曲线　　(b) R3 荷载-应变曲线

图 10.49　STC 层荷载–应变曲线

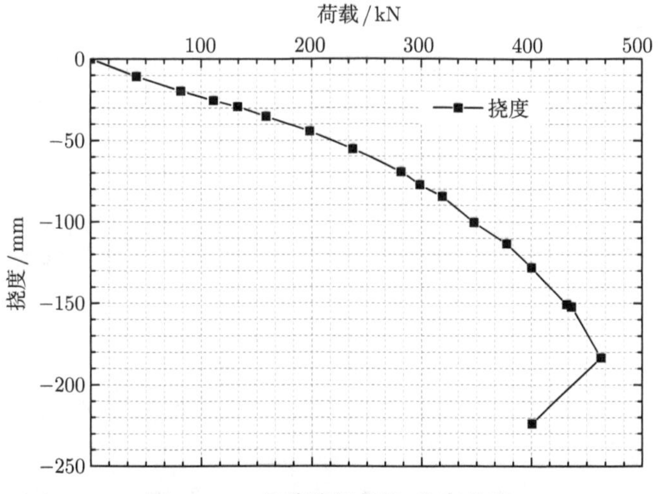

图 10.50　悬臂端部荷载–挠度曲线

6. 佛陈大桥试验主要结果汇总

根据试验荷载结果，利用 ANSYS 建立的试验模型空间有限元模型线弹性计算表明，相应于 281.4kN 荷载级别及自重荷载作用下，STC 层的名义开裂应力为 31.5MPa，高于实桥最大设计拉应力 13.32MPa，抗裂性能满足要求。

10.2.2.5　实桥施工

2014 年 12 月，佛陈大桥右幅主桥钢-STC 轻型组合桥面结构施工完毕，主要施工照片如图 10.51 所示。

(a) 焊接栓钉　(b) 接缝处异性强化钢板　(c) 桥面四周防腐涂装

(d) 铺设钢筋网　(e) 浇筑STC　(f) STC蒸汽养护

(g) STC蒸养结束　(h) STC顶面糙化处理　(i) 撒布黏结层

(j) 摊铺沥青层　(k) 开放交通

图 10.51　佛陈大桥钢-STC 轻型组合桥面结构施工照片

10.2.3　浙江嘉兴焦山门大桥

10.2.3.1　大桥概况

焦山门大桥建于 1997 年，位于 S202 乍王线嘉兴南湖区境内，中心桩号为 K29+163，桥梁全长 222.3m，跨径组合为：3×20m+(23+54+23)m+3×20m；桥面宽度 15m，行车道宽 14m。主桥采用变截面预应力钢筋混凝土单悬臂 T 梁 + 钢挂梁，引桥为 6 孔 20m 预应力混凝土空心板梁上部结构。

主孔变截面预应力混凝土单悬臂梁采用 C50 混凝土，桥面铺装采用 C30 混凝土铺装，厚度 150mm。挂孔由 12 根钢箱梁组成，采用沥青混凝土铺装，铺装厚度为 150mm。项目地理位置及桥型布置图如图 10.52 和图 10.53 所示。

图 10.52　项目地理位置图

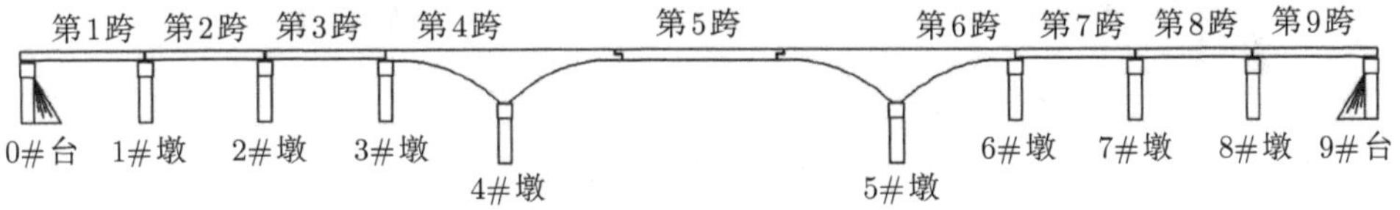

图 10.53　桥型布置图

中交通力建设股份有限公司于 2009 年 3 月和 2010 年 12 月先后两次对焦山门大桥桥梁病害进行了现场外观检测。检测中发现主桥桥面存在一系列病害，混凝土铺装出现局部纵向裂缝，主要发生在 T 梁接缝之间；钢挂梁的沥青铺装出现较多纵向裂缝、网裂和破碎，并有多处修补，如图 10.54 所示。

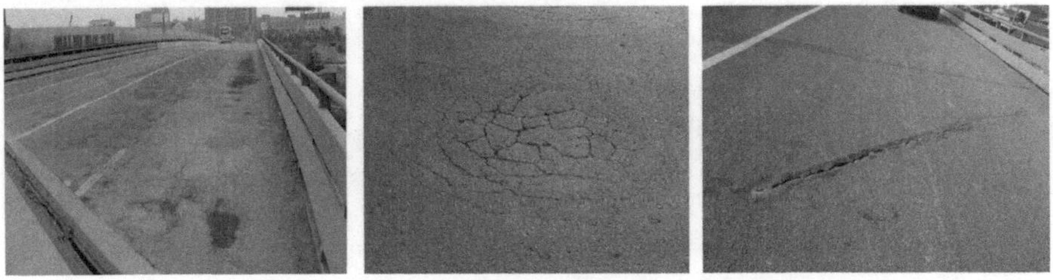

图 10.54　焦山门大桥钢挂梁桥面铺装破损状况

2016 年 2 月 6 日观测到焦山门大桥钢挂梁桥面铺装破损状况如图 10.55 所示。

图 10.55　2016 年观测的焦山门大桥钢挂梁桥面铺装破损状况

导致上述病害的主要原因有：一是钢桥面板的局部刚度不足；二是钢桥面夏季钢板的温度可达 70°C，高温和超载双重作用导致沥青铺装和钢桥面板出现早期病害。

为综合解决钢桥面疲劳裂纹和铺装易损坏的问题，通过在正交异性钢面板上设置薄层 STC 层，将钢桥面转变成组合桥面，从而极大提高了桥面刚度，减小了面板和纵横肋在轮载下的应力，大幅提高了钢桥面的抗疲劳寿命；且组合桥面较薄，并不增加桥面系的总厚度，能够适应桥梁轻型化的要求。因此，采用钢-STC 轻型组合桥面结构解决焦山门大桥钢桥面疲劳开裂和铺装损坏的难题。

10.2.3.2　钢-STC 轻型组合桥面结构方案

焦山门大钢挂梁 (图 10.56) 的最大纵肋间距达到了 688mm，这对于桥面板受力是极为不利的，因此在设计中需将 STC 层厚由常用的 50mm 加厚至 70mm。由于原钢箱梁上加高层 (90mm) 的存在，若采用 70mm 厚 STC 层，桥面铺装高度将有 160mm 厚，再加上磨耗层的高度，桥面铺装高度已经大于原沥青混凝土铺装 150mm 的高度，同时加高层内部可能积水，存在钢结构腐蚀隐患，因此方案设计中将拆除原钢箱梁上设置的 90mm 高加高层。

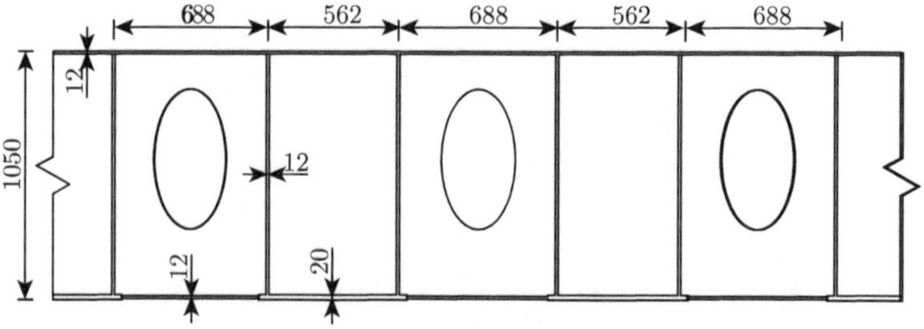

图 10.56　焦山门桥主孔钢挂梁横断面图 (单位：mm)

根据中交通力建设股份有限公司的第 2 号技术联系单：焦山门大桥在施工过程中，发现实际钢挂梁中心处标高比两侧边缘处要低，不利于桥面排水。原桥面为了保证桥面排水的通畅，在加高层 9cm 的钢板上铺装 5.5~13.8cm 厚的沥青层。因此，本次 STC 铺装原则上保持桥面标高，故桥面铺装是维持桥面铺装中磨耗层的厚度 5cm 不变，通过调节 STC 的厚度，使 STC 摊铺后断面横坡保持 0.3%，即 STC 层厚度为 7~17.8cm 不等，如图 10.57 所示。

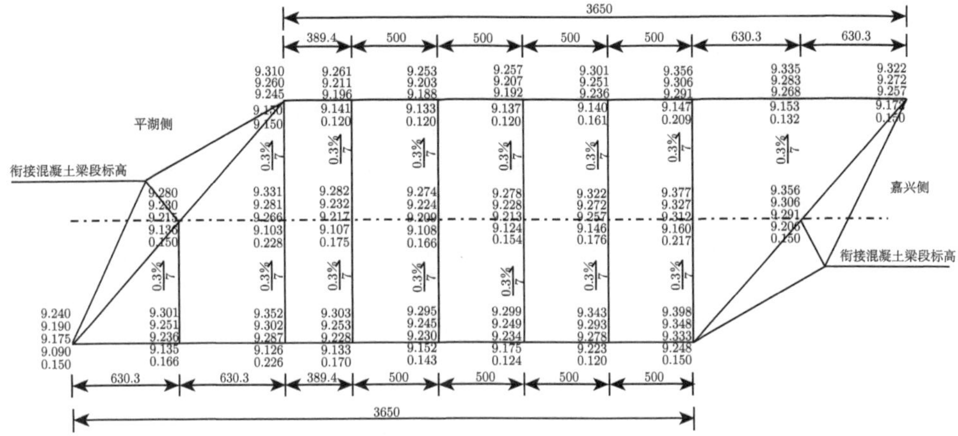

图 10.57 STC 摊铺标高控制图 (单位：cm)

综合上述原因，提出适用于焦山门大桥的轻型组合桥面方案，具体构造为：拆除原钢箱梁上设置 90mm 加高层，直接在钢箱梁上铺设约 70~178mm 厚的 STC 层，在钢面板上通过焊接栓钉实现 STC 层与钢面板之间的可靠连接，栓钉采用 Φ13mm×50mm，其纵、横向间距均为 200mm。每 2 个栓钉之间均匀布置 5 根 Φ12mm 的 HRB400 级纵向和横向钢筋以形成钢筋网，纵向钢筋置于下层，钢筋净保护层厚度 15mm。STC 层上铺设 50mm 厚沥青混凝土磨耗层 (图 10.58、图 10.59)。

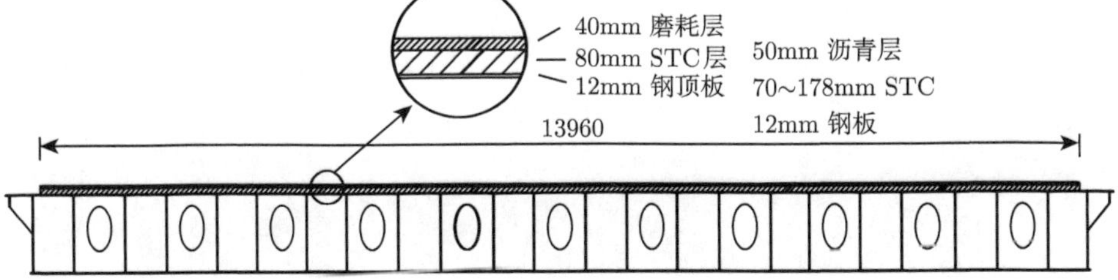

图 10.58 焦山门大桥轻型组合桥面结构构造示意图 (单位：mm)

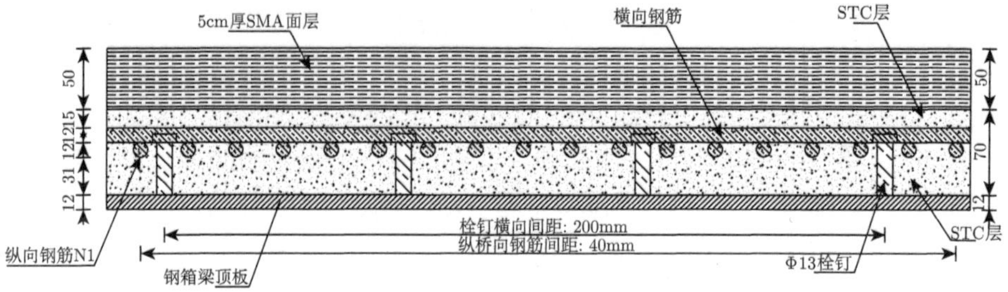

(a) 横断面图

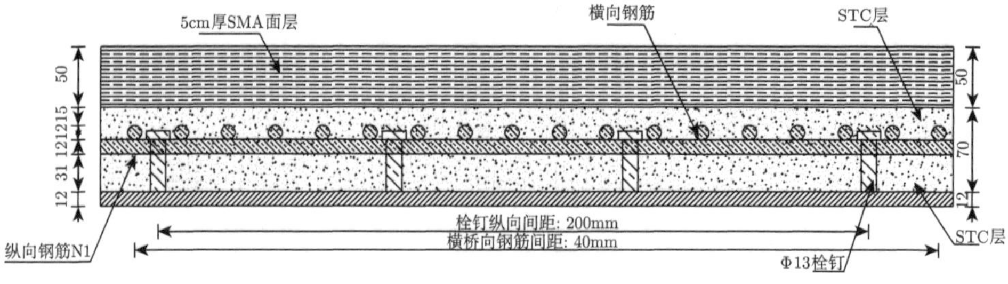

(b) 立面图

图 10.59　焦山门大桥轻型组合桥面结构构造细节 (单位：mm)

10.2.3.3　实桥施工

2016 年 10~12 月，焦山门大桥钢-STC 轻型组合桥面结构施工顺利实施，实桥施工照片如图 10.60 所示。

(a) 铲除原沥青铺装

(b) 焊接栓钉

(c) 绑扎钢筋网

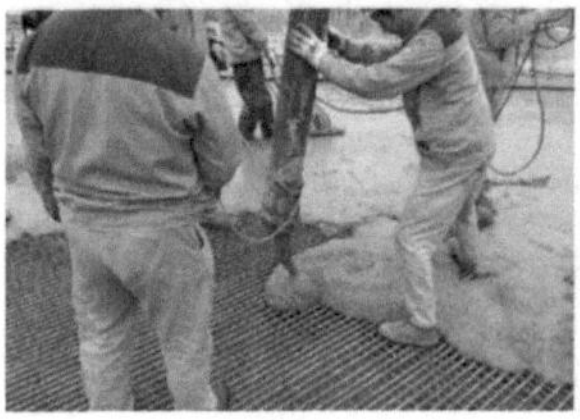

(d) 浇筑 STC

(e) STC 高温蒸汽养护

(f) 铺筑沥青层

图 10.60　焦山门大桥钢-STC 轻型组合桥面结构构造施工照片

10.3 拱　桥

10.3.1 北京通州北关大道通惠河大桥

10.3.1.1 大桥概况

本项目为通州运河核心区市政配套工程北关大道跨通惠河桥梁工程。桥梁位于北京市通州区新华北路东侧现状通惠河河道上。

北关大道位于通州区核心区内，规划为城市次干路，设计速度 40km/h，红线宽 40m、45m。道路标准横断面为四幅路型式，中间分隔带宽 5m，两侧机动车道各宽 8m，布置为两上两下四条机动车道，两侧分隔带各宽 4.5m，非机动车道宽 3m，两侧人行道各宽 4.5m。桥型构思和景观设计，如图 10.61 所示。

图 10.61　北关大道通惠河大桥设计效果图

桥梁结构体系总体为梁拱组合式，主跨计算跨径 60m，计算矢高 7.5m，矢跨比 1/8。全桥横向共设 6 片拱肋和纵梁，半幅桥 3 片。主跨跨中段拱肋和纵梁合为一体；边跨拱肋和纵梁尾端与桥台固结。纵梁之间设置横梁，纵横梁之间为正交异性桥面板。

桥梁标准断面布置与道路一致，全宽 45m。在桥梁主孔范围内的人行道外侧增设 2~3m 宽观景步道，拱顶位置桥梁全宽 51m。桥梁中间设纵向切缝，将全桥分成两幅独立的桥梁。车行道设双向横坡 1.5%，非机动车道、机非隔离带和人行步道同高，非机动车道横坡 1.5%，人行步道横坡 1%，排水方向均朝向机动车道。全桥横向共设 6 片拱肋和纵梁，半幅桥 3 片。纵梁之间以横梁连接，纵梁外侧设悬臂，如图 10.62 所示。

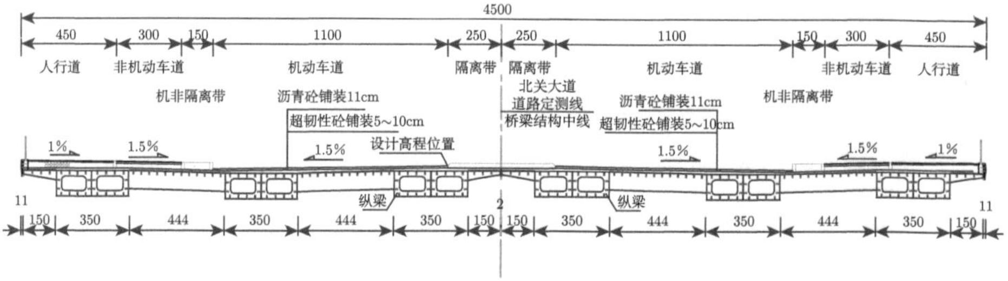

图 10.62　北关大道通惠河大桥标准断面图 (单位：cm)

10.3.1.2　钢-STC 轻型组合桥面结构方案

通惠河大桥桥面结构采用轻型组合桥面结构方案，标准层组合梁构造如图 10.63 所示。其构造为：以 STC 代替传统的正交异性钢桥面的铺装层，STC 层总厚

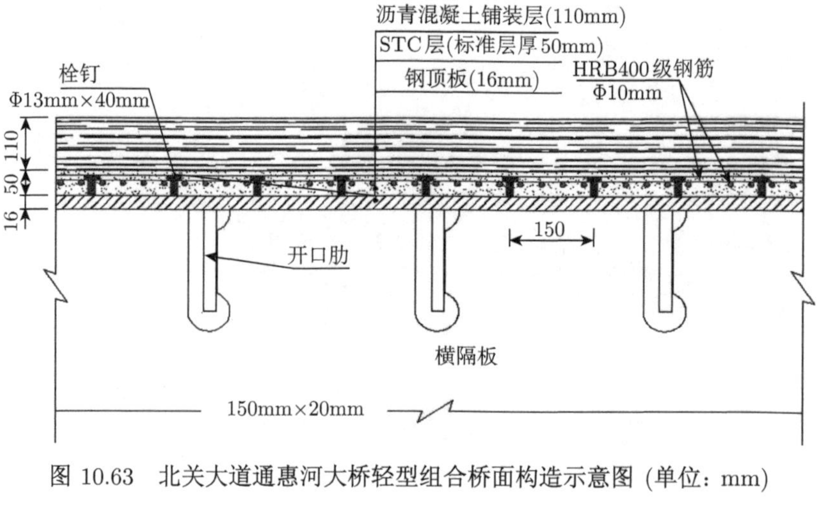

图 10.63　北关大道通惠河大桥轻型组合桥面构造示意图 (单位：mm)

50∼100mm，标准层厚 50mm，局部位置由于桥梁横坡的影响加厚到 100mm。钢顶板的厚度为 16mm，超韧性混凝土层上铺设 110mm 厚沥青混凝土铺装层。STC 层内设置 Φ10mm 的 HRB400 级钢筋网，纵向钢筋置于下层，150mm 焊钉空隙中均匀布置 4 根纵向或横向钢筋；100mm 焊钉空隙中均匀布置 3 根纵向钢筋。钢筋净保护层厚度 15mm，STC 层与钢顶板间通过栓钉连接，标准层厚处采用 Φ13mm×40mm 的焊钉，加厚位置采用 Φ13mm×60mm 的焊钉。焊钉纵、横向间距均为 150mm。横向靠近悬臂端的范围内焊钉横向间距加密到 100mm。

10.3.1.3 实桥施工

2015 年 7 月，北关大道通惠河大桥轻型组合桥面结构施工完成，主要施工照片如图 10.64 所示。

(a) 焊接栓钉　(b) 布设钢筋网　(c) 设置STC强化接缝

(d) 浇筑STC　(e) STC蒸汽养护　(f) 蒸汽养护结束

图 10.64 北关大道通惠河大桥轻型组合桥面结构施工

10.3.2 北京通州北运河大桥

10.3.2.1 大桥概况

北运河大桥 (图 10.65) 位于通州核心区内北关大道跨北运河处，在通惠河入口以南，东关大桥以北。主桥桥跨布置为 30+40+70+40+30(m) 上承式拱桥，总长 210m(伸缩缝之间)，拱间每隔 10m 设置一道横梁，每道横梁上布置 7 根立柱，立柱上支承主梁。主梁为钢板梁，中间设置一道伸缩缝，将主梁分为 110+100(m) 两段。整个桥梁主体均为钢结构，平面图如图 10.66 所示。

图 10.65　北运河大桥效果图

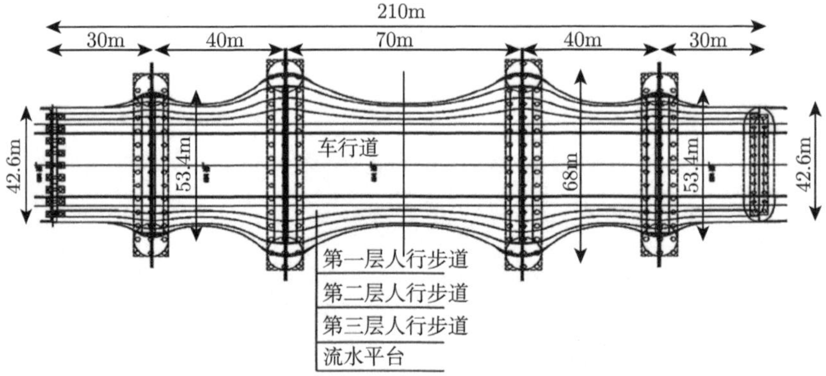

图 10.66　北运河大桥总体平面布置图

主梁设计为钢板梁结构，除横梁处外纵横向均为 T 形梁。横梁处为箱式结构，箱内设置人孔。根据桥梁造型，主梁宽设计为 33.8~41.4m，两侧外挑悬臂 1.475m，梁高 0.8m。主梁断面布置 26~32 道 T 形纵肋，纵肋间距为 1.15~1.32m。肋上翼缘 (桥面板) 厚 14mm，肋腹板厚 12mm，下翼缘厚 25mm。根据桥梁布置，主梁 10m 设置一道横梁，横梁由三道或五道横隔板组成，将下翼缘封闭形成闭合结构，横梁为立柱支撑。主梁沿纵桥向每隔 1m 设置一道横隔板，横隔板形式为开口加劲肋的形式。主梁横断面如图 10.67 所示。

10.3.2.2　钢-STC 轻型组合桥面结构方案

北运河大桥主桥桥面结构采用轻型组合桥面方案，桥面结构示意如图 10.68 所示。其构造为：以 50mm 厚的薄层 STC 代替传统的正交异性钢桥面的铺装层，局部位置由于桥梁横坡的影响适当增减约 10mm，钢顶板的厚度为 14mm，方案将传统的正交异性钢桥面系转化为了钢–STC 组合桥面系。STC 层内密布 Φ10mm 的 HRB400 级钢筋网，纵向钢筋置于下层。150mm 焊钉空隙中均匀布置 4 根纵向或横向钢筋；10cm 焊钉空隙中均匀布置 3 根纵向钢筋。钢筋净保护层厚度 15mm。STC 层与钢顶板间通过 M13mm×40mm 的栓钉连接。沥青混凝土分两层铺筑，其中面层为 4cm 密集配沥青混凝土 AC-13C，下层为 6cm 密级配沥青混凝土 (AC-20C)，在两层沥青混凝土之间需喷洒黏层油。

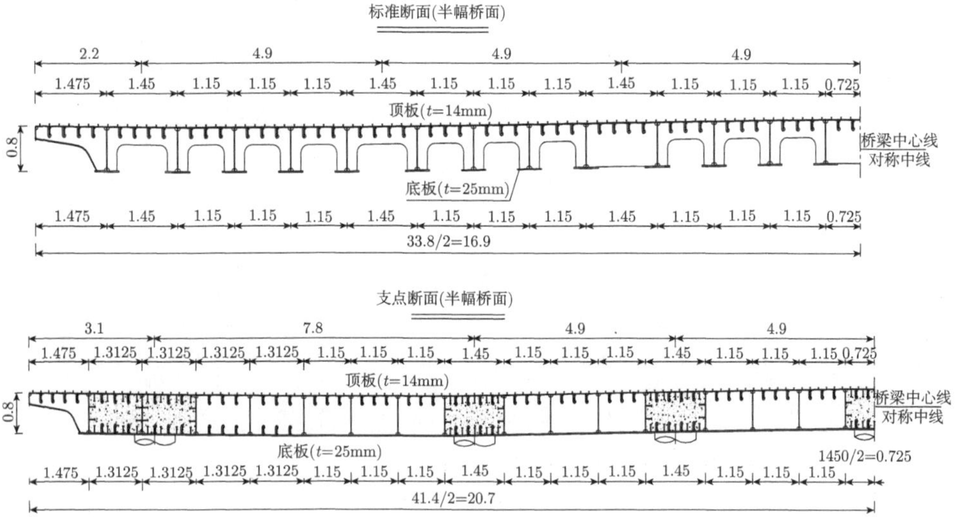

图 10.67　北运河大桥主梁横断面图 (单位：m)

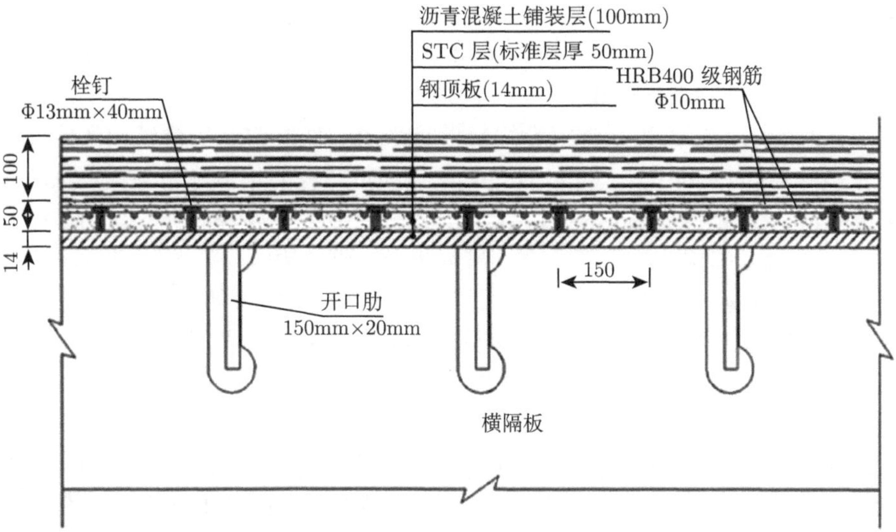

图 10.68　北运河大桥主桥轻型组合桥面

10.3.2.3　实桥施工

2016 年 5 月，北运河大桥轻型组合桥面结构施工完成，主要施工照片如图 10.69 所示。

(a) 焊接栓钉　(b) 布设钢筋网　(c) 设置 STC 强化接缝

(d) 浇筑 STC　(e) STC 蒸汽养护　(f) 蒸汽养护结束

图 10.69　北运河大桥轻型组合桥面施工照片

10.3.3　沪苏通长江大桥天生专用港航道桥铁路桥面

10.3.3.1　大桥概况

沪苏通长江大桥是新建沪通铁路的控制性工程，桥位位于江阴长江公路大桥下游约 45km，苏通长江公路大桥上游约 40km。沪苏通长江大桥与通苏嘉城际铁路、锡通高速公路共通道建设。

沪苏通长江大桥工程天生港专用航道桥采用刚性梁柔性拱桥结构形式，跨度布置为：(140+336+140)m，全长 616m。主梁为带竖杆的华伦式桁架，横向采用三片主桁结构，桁间距 17.25m，总宽 34.5m，节间距 14.0m。边桁桁高 15.7m，中桁桁高 16.0m。拱肋为钢结构，箱型截面，吊索为平行钢丝束。

上层公路桥面、下层铁路桥面均采用正交异性钢桥面板的整体桥面。其中，下层铁路桥面的横梁间距 2.8m，顶板厚分为两种：跨中六个节间厚 20mm，其余厚 16mm，设双向 2%的横坡，坡顶设在双线的中心线处。顶板采用高 280mm、上口宽 300mm、厚 8mm 的 U 形加劲肋，靠近主桁位置局部采用板肋加劲，铁路轨道下方设高 600mm 的 T 形加劲肋，路拱顶点下方设高 416mm 的 T 形加劲肋。横梁高 1571mm，腹板厚 16mm，底板厚宽 600mm，厚 32mm。桥面板块件横向水平投影宽度为 15.05m，纵向现场接缝位置离主桁中心线 1100mm；纵向现场接头位置与主桁杆件的接头对应。铁路钢桥面板与主桁箱型下弦杆件共同受力。大桥立面布置及断面构造如图 10.70 所示，实桥照片如图 10.71 所示。

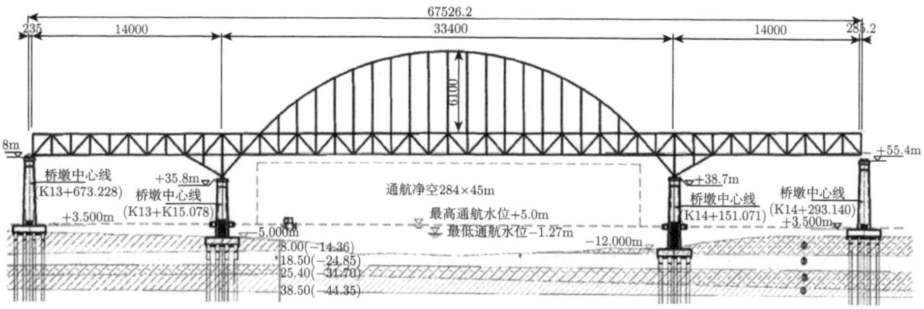

(a) 立面图

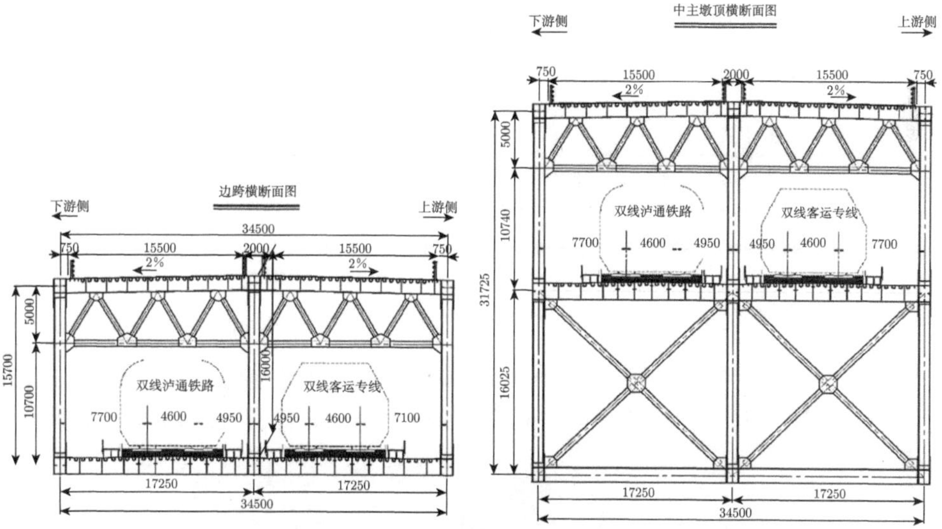

(b) 标准横断面图

图 10.70 沪苏通长江大桥天生港专用航道桥立面和横断面图 (单位：mm)

图 10.71 沪苏通长江大桥天生港专用航道桥实桥照片

10.3.3.2　钢-STC 轻型组合桥面结构方案

为防止大桥钢桥面出现疲劳开裂病害，设计采用了钢-STC 轻型组合桥面结构，如图 10.72 所示。其中，STC 层厚 60mm，其内布置间距 300mm 的栓钉，栓钉直径 16mm；STC 内布置间距 100mm 的钢筋网，其中横桥向钢筋布置在上层、纵桥向钢筋布置在下层。

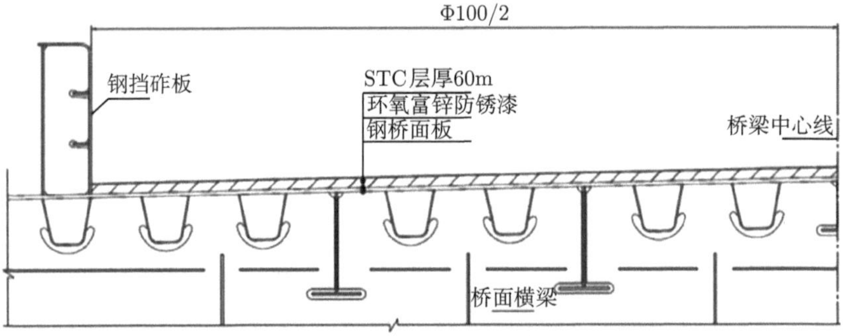

图 10.72　沪苏通长江大桥天生港专用航道桥轻型组合桥面构造

10.3.3.3　实桥施工

2018 年 9~10 月，沪苏通长江大桥天生港专用航道桥铁路桥面施工顺利完成，首次实现了 STC 长达 350m 的远距离泵送浇筑施工，实桥施工照片如图 10.73 所示。

(a) 焊接栓钉　　(b) 绑扎钢筋网

(c) 浇筑 STC　　(d) STC 高温蒸汽养护

图 10.73　沪苏通长江大桥天生港专用航道桥轻型组合桥面结构施工

10.3.4 广东惠州隆生大桥

10.3.4.1 大桥概况

广东惠州隆生大桥桥梁中心线与河道中心线成约 75° 的角度，航道等级为内河III级航道标准。经过多方案比选，主桥选择三孔 (40+185+40)m 中承式桁式钢箱系杆拱桥 (图 10.74)，185m 的跨度，通航孔有效净距为 162.9m，投影到水流垂直方向上的净宽为 148.8m，满足东江的通航要求。这种桥型造型优美，配合东江的环境，如长虹卧波，极具美感，对提升整个城市的品位具有重要意义。

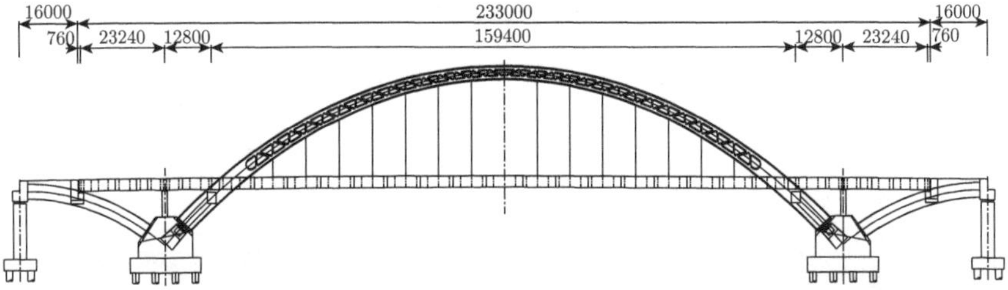

图 10.74　广东惠州隆生大桥立面图 (单位：mm)

大桥吊杆共 15 对 30 根，吊点纵向间距 9m。桥面均采用双主梁形式的钢加劲梁，钢主梁全宽 44.0m，为双箱单室结构，由纵梁、横梁和正交异性桥面板组成。其中，正交异性钢桥面的面板厚 14mm，每隔 3000mm 布置一道横梁。标准纵肋采用 U 形加劲肋，加劲肋高 290mm，板厚 8mm，横向间距 600mm。与纵梁相接部位由于构造需要，分别设置一道开口扁加劲肋和一道不等边角钢开口加劲肋，扁加劲肋板厚 14mm，肋高 160mm；不等边角钢开口加劲肋腹板板厚 10mm，高度 300mm，翼缘板板厚 10mm，高度 120mm。

10.3.4.2 钢-STC 轻型组合桥面结构方案

为防止广东惠州隆生大桥在长期运营中出现钢桥面疲劳开裂、沥青铺装破损等病害问题，设计采用了钢-STC 轻型组合桥面结构方案，如图 10.75 所示。

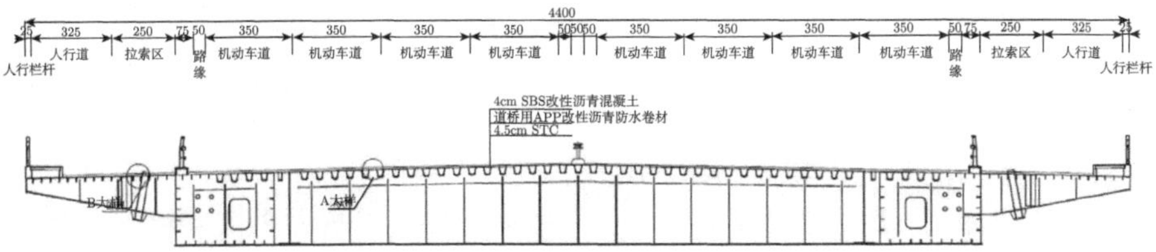

(a) 横断面图

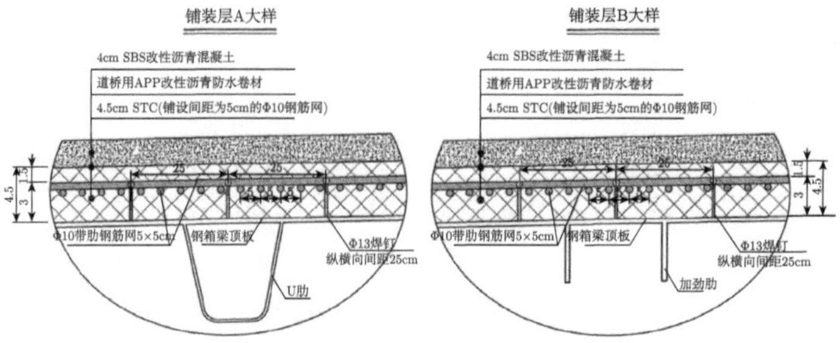

(b) 大、局部大样图

图 10.75　广东惠州隆生大桥轻型组合桥面结构构造图 (单位：mm)

10.3.4.3　实桥施工

2019 年 9~11 月，广东惠州隆生大桥轻型组合桥面结构顺利施工，实桥施工照片如图 10.76 所示。

(a) 焊接栓钉　　(b) 绑扎钢筋网　　(c) 浇筑STC

图 10.76　广东惠州隆生大桥轻型组合桥面结构实桥施工

10.4　斜　拉　桥

10.4.1　广东汕头礐石大桥

10.4.1.1　大桥概况

1. 基本情况

汕头礐石大桥于 1995 年 4 月开工建设，1999 年 2 月建成通车。其南接国道 G324 达濠区路段，跨越汕头海港，北与国道 G206 线联接至老城区西堤路，是汕头市继海湾大桥后的第二座特大型跨海大桥。礐石大桥的建成，大大改善了汕头中西部的跨海交通能力，其与海湾大桥一起，构筑形成汕头及粤东地区联接珠三角经济区的主要通道。

汕头礐石大桥全长 2402.1m，主桥是一座大跨度正交异性板加劲钢箱梁与 PC 箱梁混合结构半悬浮弹性体系斜拉桥 (图 10.77)，长 906m(其中钢箱梁部分长 718m)，主跨 518m，主塔塔身高 148m，跨径组成为：2×47m(PC 箱梁)+100m(钢箱梁)+518m(钢箱梁)+100m(钢箱梁)+2×47m(PC 箱梁) [10]。

图 10.77 广东汕头礐石大桥

2. 钢桥面铺装层病害及养护

礐石大桥钢桥面铺装于 1999 年 10 月开始施工，原设计行车道采用的铺装结构为：双层 SMA13+ 改性沥青碎石封层 + 环氧富锌漆 + 桥面钢板除锈，铺装总厚度为 8cm。

2004 年开始，大桥管理单位发现主桥钢桥面 SMA 铺装发生了局部脱层、推移、拥包、开裂等病害，主要病害基本集中发生在车辆通行较多的慢车道与主车道(中间行车道)，养护部门对局部钢桥面采用改性沥青进行中修，2005 年中修后的改性沥青混合料铺装层再次发生了较为严重的开裂、推移等病害。养护部门对破损的铺装层采用钻孔灌注环氧树脂修补或采用沥青砼重铺等处理，修补后基本能够维持车辆通行。

2007 年初，礐石大桥完成钢桥面中间四个车道的翻修铺装施工，铺装结构工艺为：35mm 沥青马蹄脂碎石混合料 SMA10+40mm 浇注式沥青混凝土 GA10+ 溶剂型黏结剂 + 环氧富锌漆 + 钢板除锈。2009 年以来，大桥钢桥面铺装陆续出现路面标线扭曲、局部破损和车辙等现象，桥梁养护管理单位也针对性地进行过多次局部修补。

2009 年开始，礐石大桥陆续出现各种病害，针对礐石大桥钢桥面铺装损坏情况，按车道对铺装层病害进行了现场调查。从整体上来看，靠左的超车道路状况相对较好，有轻微车辙及少量纵向裂缝等病害；居中的主车道路况较差，有车辙、推移、大量的长纵向裂缝等病害，局部还有拥包、坑槽、龟裂等严重病害；靠右的重车道路况很差，存在严重的车辙、推移、拥包、坑槽等病害；另外桥面上坡段局部有泛油、抗滑能力不足等病害。

钢桥主桥铺装总面积 (不含人行道、护栏带及吊索区) 为 16837m^2，病害面积 10403m^2，占总桥面铺装面积比例为 61.8%，局部车辙和拥包高度达到 4cm。

10.4.1.2　钢-STC 轻型组合桥面结构方案

磐石大桥钢桥面沥青铺装破损严重，其根本原因是桥面局部抗弯刚度低：钢面板厚度仅 12mm。因此，解决问题的关键在于不增加自重的前提下，大幅提高桥面刚度。因此，采用了钢-STC 轻型组合桥面结构翻修与加固方案，设计院进行了相关设计工作，具体如下 [11]。

1. 标准区域

塔根范围 40m 梁段 STC 层为 5.0cm，其他梁段 STC 层为 4.5cm；两端各设 5m 纵坡过渡段。

STC 层横桥向钢筋位于上层，净保护层厚度为 15mm，横向间距受螺栓带影响，采用 50mm、30mm 两种间距。纵桥向钢筋位于下层，与横向钢筋形成紧密钢筋网，纵向间距采用 37.5mm，纵、横向钢筋直径为 10mm，均采用 HRB400 钢筋。

剪力钉高度为 35mm，直径为 13mm，横向布置采用 14cm、16cm 两种间距，纵向布置为 15cm，剪力钉焊接处均避开原钢箱梁纵、横肋位置，避免应力集中 (图 10.78)。

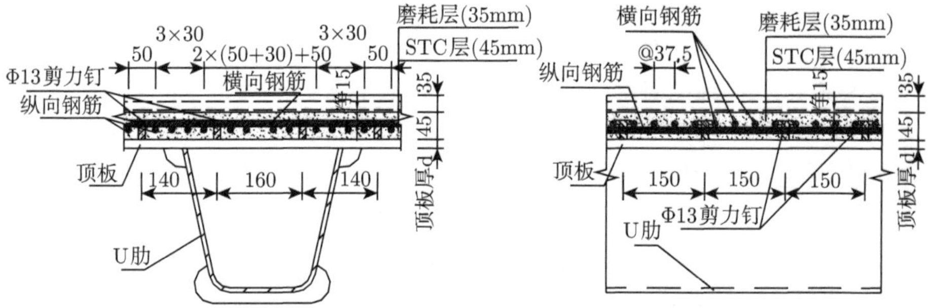

图 10.78　磐石大桥轻型组合桥面结构标准段示意图 (单位：mm)

2. 螺栓带

由于螺栓带为应力集中部位，在长期车辆荷载的反复作用下，部分螺栓会出现延迟断裂。虽然高强度的 STC 铺装层能在一定程度降低螺栓带的应力，减少螺栓延迟断裂现象，但是无法完全避免。因此设计需充分考虑螺栓带处 STC 层中钢筋网的布置及断裂螺栓的更换问题。

磐石大桥螺栓带连接板厚度分 12mm 和 16mm 两种厚度。16mm 连接板位于塔根附近处梁段，该区域 STC 层厚度为 50mm，连接板处 STC 层厚度为 34mm，横桥向钢筋位于上层，净保护层厚度为 10.8mm。12mm 连接板区域 STC 层厚度为 45mm，连接板处 STC 层厚度为 33mm，横桥向钢筋位于上层，净保护层厚度为 9.8mm，横向间距受螺栓带影响，采用 50mm、30mm 两种间距。纵桥向钢筋位于下层，纵向钢筋间距为 50mm、30mm 两种，部分纵向钢筋与连接板单面焊接，焊缝长度要求不小于 $10d$(d 为钢筋直径)，纵、横向钢筋直径为 10mm，均采用 HRB400 钢筋。同时，螺栓带附近剪力钉进行加密，纵向间距由 15cm 加密至 8cm。螺栓带轻型组合桥面结构构造如图 10.79 所示。

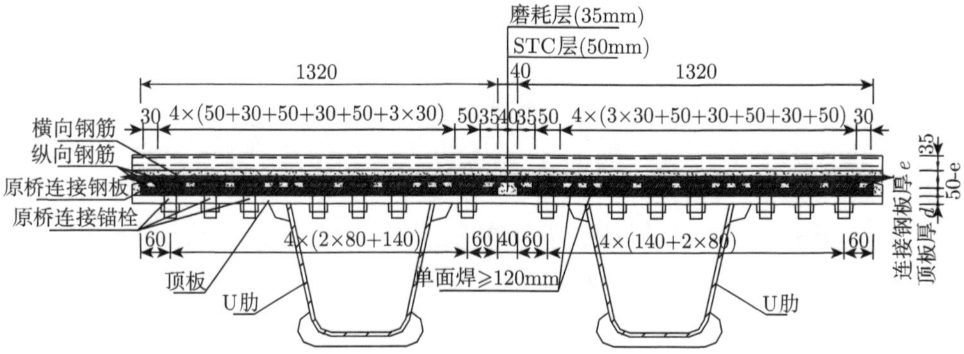

图 10.79 螺栓带轻型组合桥面结构构造图 (单位：mm)

3. 纵横向施工缝

本次钢桥面铺装维修工程施工方案为：半幅封闭施工，半幅通行。

不同时间浇筑衔接处会出现 STC 接缝，由于接缝处 STC 中的钢纤维不连续，抗裂强度将被削弱，因此，需对接缝处做强化处理，本项目采用 S 形加强钢板 (图 10.80)，S 形加强钢板设置在桥幅中心线处，厚度为 10mm，加强钢板与钢桥面

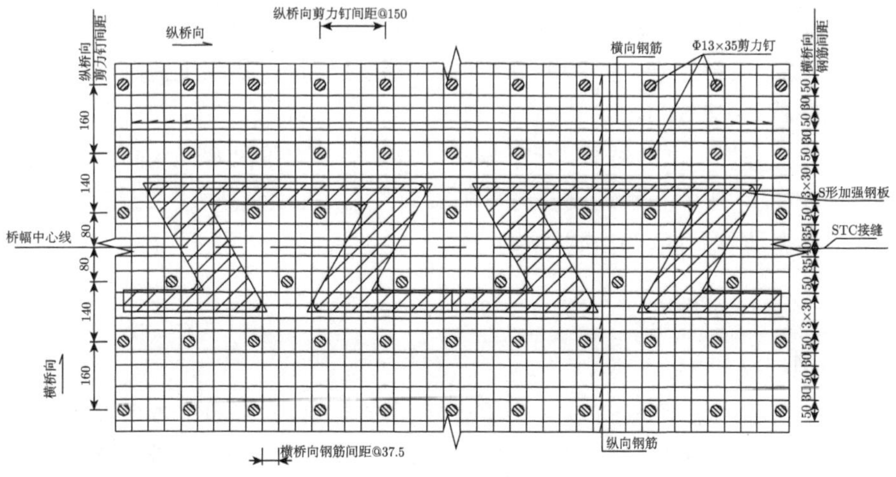

图 10.80 STC 接缝处 S 形加强钢板布置示意 (单位：mm)

面板通过角焊连接，加强钢板处剪力钉与加强钢板相冲突时，应适当调整剪力钉位置。

在后浇筑 STC 砼前，必须对接缝处先浇筑 STC 砼进行凿毛处理，要求接缝面露出大量钢纤维。

4. 边通车边施工对 STC 层质量的影响

STC 掺有超细高活性掺合料和纳米粉体且水胶比很低，拌制出的混凝土黏度大 (比普通混凝土大 10 倍以上)，虽然混凝土的流动性较大，但由于其黏度大，钢纤维在其中很难因沉降而离析，试验表明只有高频 (80Hz 以上) 强力振动才可能发生离析现象。一般桥的振动频率和振幅难以使 STC 流化而导致钢纤维离析。

关于行车振动对 STC 层的施工及后期养护的影响，行车振动对 STC 层的施工及后期养护的影响可根据 STC 凝结硬化过程分为三个阶段。

第一阶段：STC 的塑性阶段，即浇注后至临近终凝阶段。在这一阶段 STC 仍处于黏塑性阶段，行车振动引起的 STC 的变形因 STC 黏度大、细小增强钢纤维含量 (3.5%) 较高，而转变为 STC 的塑性变形。在我们的塑性收缩开裂的试验中，早期塑性收塑变形达到 4000~5000με 时，STC 仍然保持完好，没有出现可见裂缝，仅表现为很小的塑性沉降。

第二阶段：STC 临近终凝至热养护前。在 STC 临近终凝至终凝后 24h，STC 开始由黏塑性向黏弹性转变，随后，由黏弹性向弹塑性转变，在这一转变过程的前期阶段行车振动可能引起 STC 产生裂缝，但由于钢筋和钢纤维的强约束作用，这些裂缝一般是细小的微观裂缝。在终凝一天后，STC 的抗压强度可达到 25MPa，抗弯强度可达到 4MPa，已能抵抗行车振动引起的变形产生的内力。

第三阶段：热养护阶段。热养护是 STC 微观结构形成和增强的阶段，微观结构观测和宏观力学性能试验表明：在热养护阶段，由于二次水化反应使得 STC 微观结构致密、微观裂缝愈合，使宏观力学性能大幅度提高，抗压强度提高 20~40MPa、抗弯强度提高 8~15MPa。

综合以上分析和试验结果，行车振动主要是对第二阶段 STC 的微观裂缝有影响，施工期间，须限制车辆速度及对重车实施分流，并通过热养护的作用，可以基本消除行车振动对 STC 的不利影响。

10.4.1.3　整体计算分析

1) 模型概况

计算主要关注采用钢-STC 轻型组合桥面结构后，大桥的整体受力状态变化，以及大跨斜拉桥中 STC 层的拉应力。因此，本节建立了两个有限元模型，分别如下。

原设计方案：下层为 35mm 厚的 GA-10 浇注式沥青混凝土，上层为 45mm 厚的 SMA-13 高黏高弹改性沥青混凝土，铺装总厚度为 80mm。

钢-STC 轻型组合桥面结构方案：下层为 45mm 厚的 STC 层，上层为 35mm 厚的沥青混凝土 (SMA-10)，总厚度为 80mm，与磐石大桥原沥青铺装厚度一致。

两个模型均在 Midas 软件中建立 (图 10.81)，每个模型包含 2887 个节点、2604 个单元。主梁在主塔、辅助墩和过渡墩处的约束情况如表 10.10 所示。

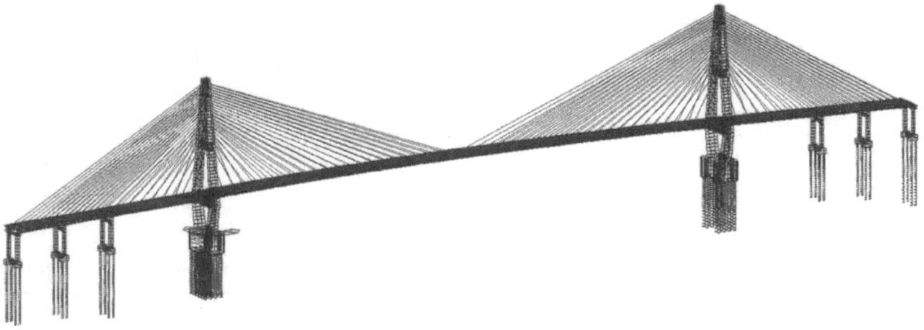

图 10.81 斜拉桥计算模型

表 10.10 主梁约束布置

约束方向	约束部位		
	主塔	辅助墩	过渡墩
顺桥向 D_x	释放	释放	释放
横桥向 D_y	约束	约束	约束
竖向 D_z	约束	约束	约束
竖弯 R_y	释放	释放	释放
横弯 R_z	释放	释放	释放
扭转 R_x	约束	约束	约束

根据《公路桥涵设计通用规范》(JTG D60-2015)，上述两个整体模型计算中考虑以下设计荷载：结构一期与二期恒载、汽车荷载、温度作用、支座沉降以及风荷载。

2) 整体模型计算结果

(1) 大桥动力特性计算结果。

两个整体模型的主要振型周期及振型描述见表 10.11。计算结果表明，采用钢-STC 轻型组合桥面结构方案后，大桥动力特性变化不大。因此，主梁外形不会变化，故不会影响主桥抗风性能，也不会对主桥抗震性能造成影响。

(2) 斜拉索应力验算。

在最不利荷载组合下，斜拉索的拉力如图 10.82、图 10.83 所示。从图中可以看出，运营状态 STC 方案中的斜拉索最大拉力略微增加。比较全部斜拉索，相比原沥青铺装方案，索力增量的平均值为 0.9%，最大相差 77kN，最小相差 3.6kN。因此，在大桥实施轻型组合桥面结构对大桥斜拉索受力影响很小。

表 10.11　大桥动力特性对比

原方案			钢-STC 轻型组合桥面结构方案			振型描述
模态阶数	频率/Hz	周期/s	模态阶数	频率/Hz	周期/s	
1	0.133134	7.511207	1	0.129723	7.708758	主梁纵漂
2	0.29462	3.394203	2	0.275927	3.624151	主梁一阶竖弯
3	0.316986	3.154713	3	0.30886	3.237711	主梁一阶侧弯
4	0.383287	2.609009	4	0.362868	2.755825	主梁二阶竖弯
5	0.542778	1.842375	5	0.516644	1.935569	主梁三阶竖弯
6	0.564262	1.772227	6	0.563626	1.774225	主梁二阶侧弯
7	0.58527	1.708614	7	0.585912	1.70674	主梁三阶侧弯
8	0.681074	1.468269	8	0.65481	1.52716	主梁四阶竖弯
9	0.739391	1.352465	9	0.736756	1.357301	主梁一阶扭转
10	0.753144	1.327768	10	0.753888	1.326456	主梁四阶侧弯

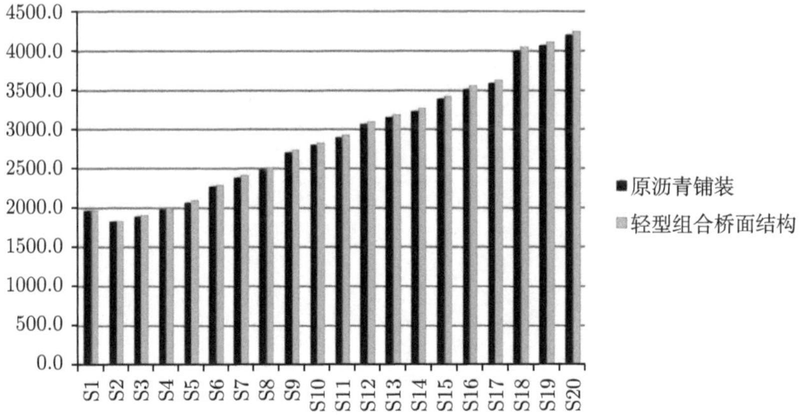

图 10.82　边跨侧斜拉索运营状态最大索力 (单位：kN)

(3) 桥塔应力与变形验算。

活载作用下 (汽车荷载 + 人群荷载)，原沥青铺装索塔最大侧向位移如图 10.84 所示。从图中可以看出，塔顶变形最大值为 0.247m，为桥面以上塔高 (约 109m) 的 1/440。

活载作用下 (汽车荷载 + 人群荷载)，钢-STC 轻型组合桥面结构中大桥索塔最大侧向位移如图 10.85 所示。从图中可以看出，塔顶变形最大值为 0.24m，为桥面以上塔高 (约 109m) 的 1/454。对比两图可以看出，桥面铺装翻修前后索塔变形相差不大，因而钢-STC 轻型组合桥面结构方案对主塔受力影响很小。

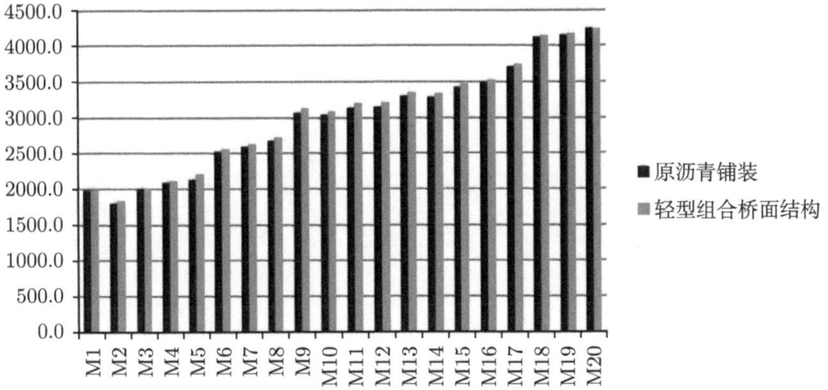

图 10.83 跨中侧斜拉索运营状态最大索力 (单位：kN)

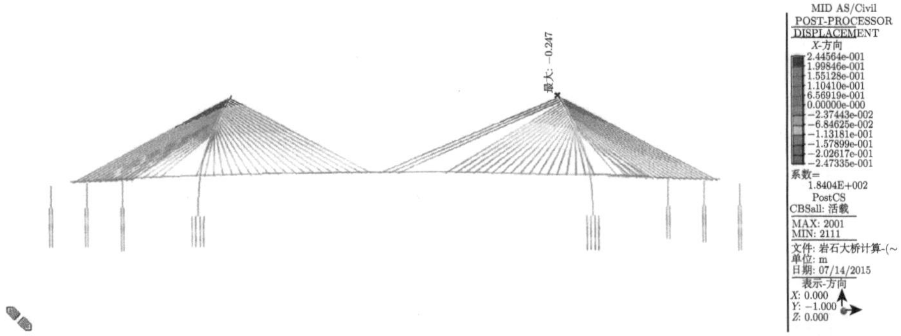

图 10.84 原沥青铺装：活载作用下主梁和主塔最大变形 (单位：m)(彩图请扫封底二维码)

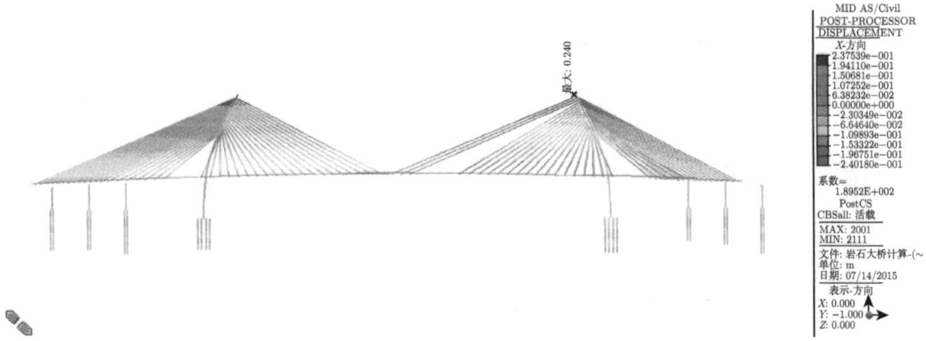

图 10.85 轻型组合桥面结构：活载作用下主梁和主塔最大变形 (单位：m)(彩图请扫封底二维码)

而图 10.86 对比了正常使用极限状态下，大桥桥塔的应力分布。结果表明，原沥青铺装状态下索塔最大拉应力为 2.80MPa，而钢-STC 轻型组合桥面结构方案中索塔最大拉应力为 2.75MPa，索塔应力亦相差不大。

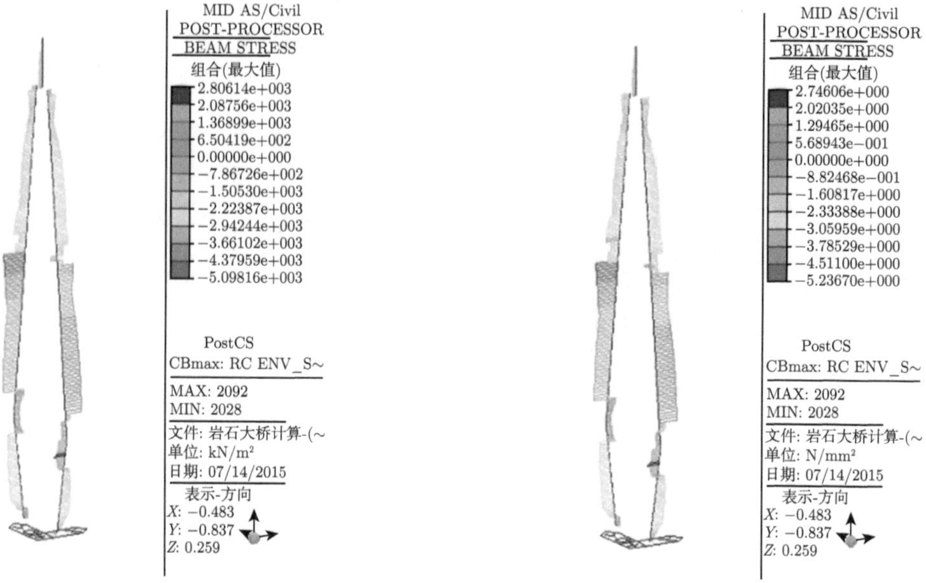

(a) 原沥青铺装　　(b) 轻型组合桥面结构

图 10.86　运营状态下，钢桥面沥青铺装翻修前后索塔应力峰值分布 (单位：MPa)(彩图请扫封底二维码)

(4) 钢梁应力与变形验算。

运营状态下，原沥青铺装状态下钢箱梁的应力分布如图 10.87 所示。从图中可以看出，钢箱梁中的最大压应约为 139.8MPa，最大拉应力约 110.5MPa。

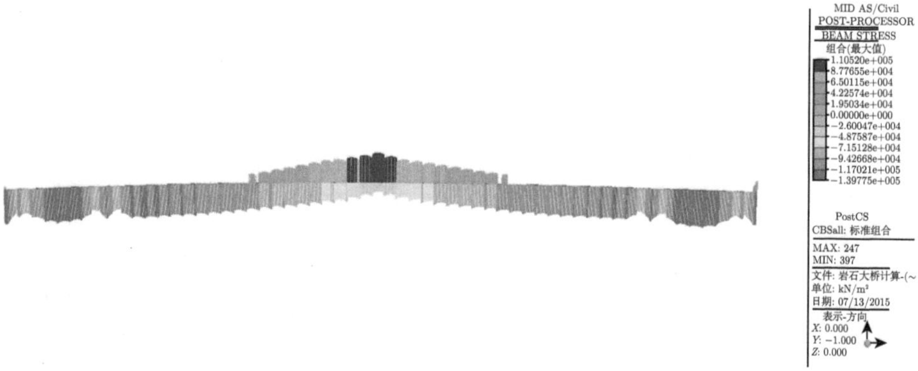

图 10.87　沥青铺装状态下钢箱梁最大应力包络 (单位：kPa)(彩图请扫封底二维码)

而运营状态下，钢-STC 轻型组合桥面结构中钢箱梁的应力分布如图 10.88 所示。从图中可以看出，钢箱梁中的最大压应约为 141.3MPa，最大拉应力约 111.3MPa。对比两图发现，两者应力相差较小。

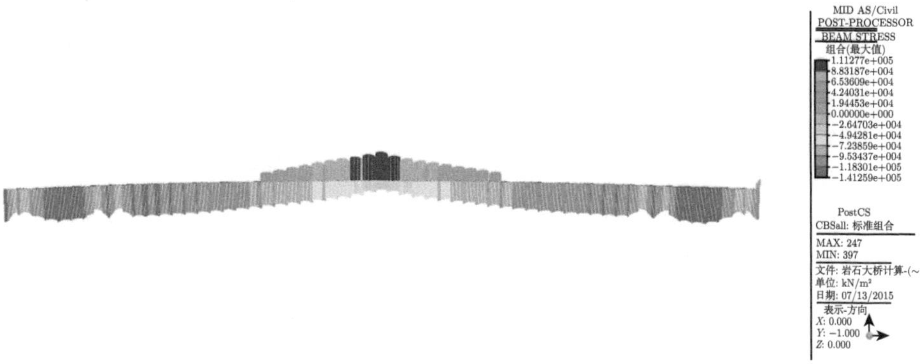

图 10.88 轻型组合桥面结构状态下，钢箱梁最大应力包络 (单位：kPa)(彩图请扫封底二维码)

从图 10.88 中可以看出，运营状态下 STC 方案的钢箱梁第一体系作用下应力变化不大，最大应力略微增加，相对环氧沥青层方案的最大值增加 1.6MPa。

活载作用下 (汽车荷载 + 人群荷载)，原沥青铺装状态下主梁跨中最大挠度如图 10.89 所示。从图中可以看出，主梁跨中最大挠度约为 1.054m，为主跨跨径 518m 的 1/490，小于《公路斜拉桥设计细则》中规定的 1/400。

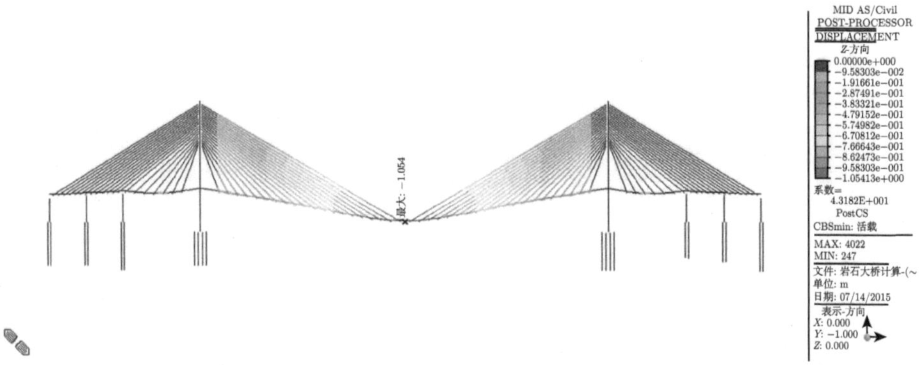

图 10.89 原沥青铺装状态下，主梁在活载下的最大挠度 (单位：m)(彩图请扫封底二维码)

相比之下，活载作用下 (汽车荷载 + 人群荷载)，轻型组合桥面结构状态下主梁跨中最大挠度如图 10.90 所示。从图中可以看出，主梁跨中最大挠度约为 1.037m，为主跨跨径 518m 的 1/500，小于《公路斜拉桥设计细则》中规定的 1/400。因此，两种翻修方案中，大桥主梁的挠度同样相差不大。

从图 10.90 中可以看出，活载作用下主梁挠度 STC 层钢主梁与沥青铺装钢主梁相差不大，且均小于《公路斜拉桥设计细则》中规定的 1/400 的要求 (适用于钢主梁)。

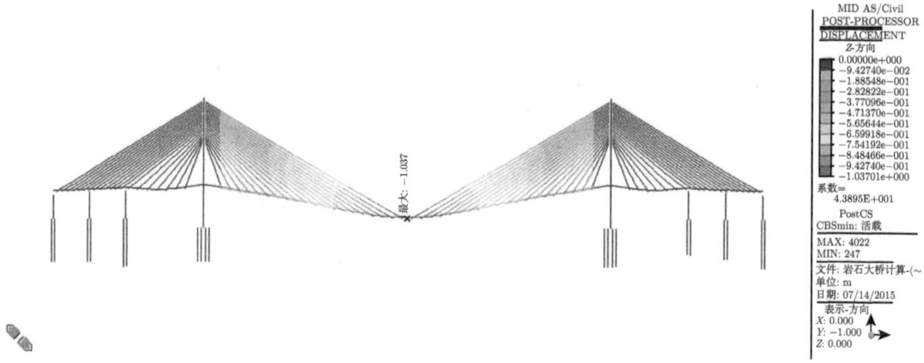

图 10.90　活载作用下主梁最大跨中挠度 (单位：m)(彩图请扫封底二维码)

(5) STC 层应力。

活载作用下 (汽车荷载 + 人群荷载)，轻型组合桥面结构状态下 STC 层的应力分布如图 10.91 所示。从图中可以看出，STC 层的最大压应力约为 6.96MPa，最大拉应力约为 4.89MPa。因此，整体荷载引起的 STC 层拉应力较小。

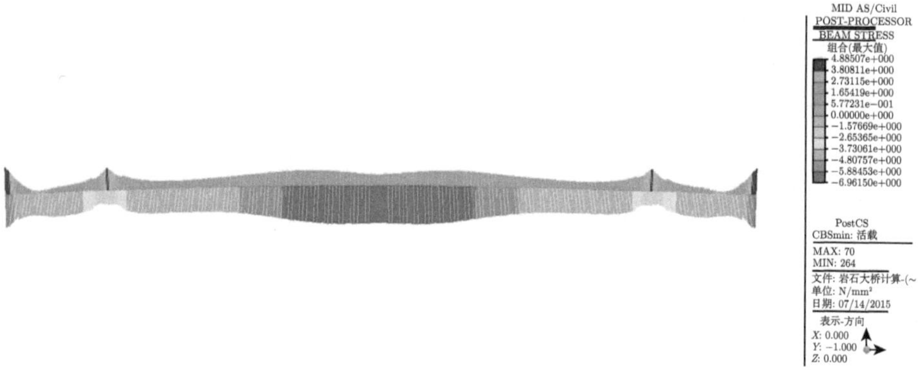

图 10.91　轻型组合桥面结构状态下，STC 层最大应力包络 (单位：MPa)(彩图请扫封底二维码)

10.4.1.4　局部计算分析

1. 有限元建模

利用 ANSYS 通用有限元软件建立钢箱梁局部梁段疲劳分析模型，该模型纵向取 12m 标准梁段 (4 跨横隔板长度)。同时，为降低计算规模，横桥向采用了半幅箱梁结构，模型中没有考虑风嘴等次要部分，模型如图 10.92 所示。

2. 钢桥面应力计算结果

在典型车辆荷载工况下，关注了钢桥面结构不同关注位置的应力幅，如图 10.93 所示。各疲劳细节的应力计算结果如表 10.12 所示。局部计算结果表明，在原钢桥面上增设 45mm 的 STC 层后，桥面局部抗弯刚度大幅提高，钢桥面典型疲劳细节在车载下的应力幅降低 28.86%~85.07%，将基本消除该细节的疲劳开裂病害问题。

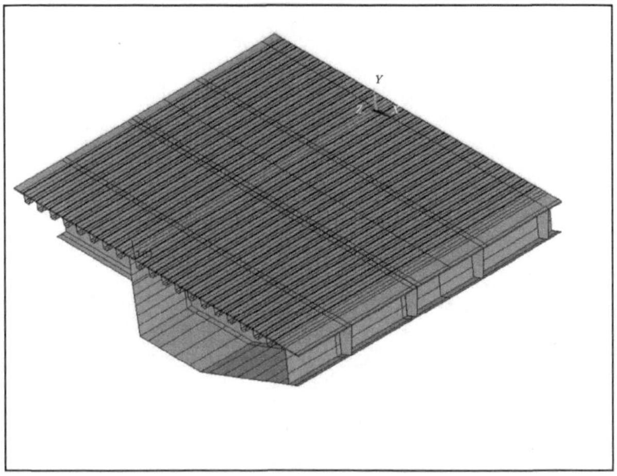

图 10.92 有限元计算模型

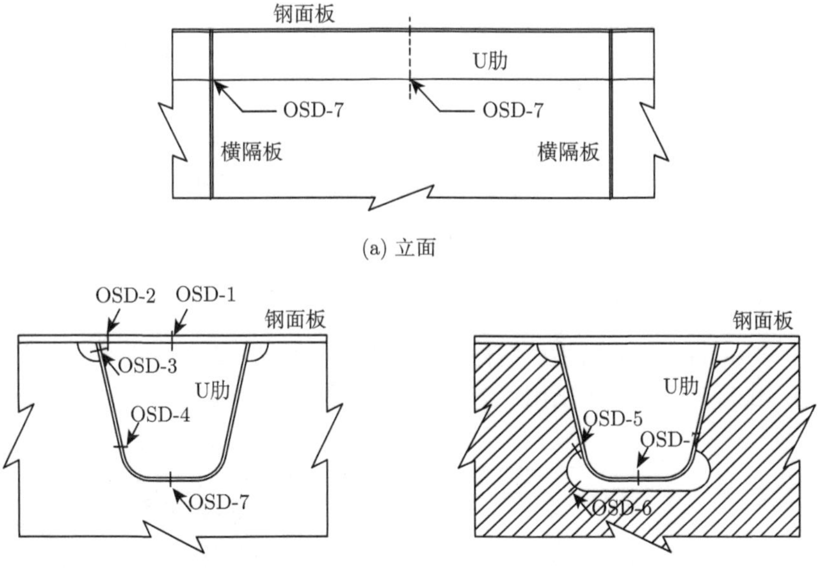

(a) 立面

(b) 跨中断面

(c) 横隔板断面

图 10.93 钢桥面结构应力关注位置示意图

3. STC 层应力计算结果

在各种荷载工况下，STC 层的拉应力计算结果如表 10.13 所示。计算结果表明，STC 层的最大拉应力为 9.06MPa，出现在纵桥向。

表 10.12　钢桥面结构应力汇总表

关注位置	应力方向	最大应力值/MPa		应力降幅
		纯钢梁	钢梁 + STC	
OSD-1	横桥向	134.6	20.1	85.07%
OSD-2	横桥向	132.4	46.3	65.03%
OSD-3	U 肋腹板斜向	200.6	102.6	48.95%
OSD-4	纵桥向	158.0	112.4	28.86%
OSD-5	主应力	101.4	47.6	53.06%
OSD-6	主应力	150.6	119.4	33.30%
OSD-7	纵桥向	72.9	42.8	41.29%

表 10.13　STC 层拉应力计算结果汇总表

关注位置	应力方向	
	横桥向应力/MPa	纵桥向应力/MPa
STC-1	5.05	2.77
STC-2	5.49	2.95
STC-3	2.47	4.87
STC-4	5.90	9.06

同时，STC 层在局部轮载下的拉应力为 9.06MPa，而前文计算表明，整体荷载下，STC 层的最大拉应力为 4.88MPa。因此，考虑整体和局部叠加效应后，STC 层的最大拉应力为 13.94MPa。

磐石大桥轻型组合桥面结构中的 STC 层厚 45mm，栓钉间距 150mm，钢筋直径 10mm、间距 37.5mm。根据第 9 章介绍的 STC 抗裂设计计算方法 (表 9.4)，可得 STC 层的抗裂强度为 18.2MPa。因此，STC 层抗裂性能满足实桥设计要求。

10.4.1.5　实桥施工

2016 年 8~11 月，磐石大桥钢桥面轻型组合桥面结构施工顺利完成，实桥施工照片如图 10.94 所示。大桥采用了半幅通车、半幅施工的方法，施工效果优异。

(a) 铲除原桥面铺装　　(b) 栓钉和钢筋网　　(c) 螺栓带钢筋布置

(d) 浇筑 STC (e) STC 蒸汽养护 (f) 蒸养结束

(g) 铺筑面层, 开放交通

图 10.94 磐石大桥轻型组合桥面结构施工

10.4.2 天津滨海新区海河大桥

10.4.2.1 大桥概况

天津市塘沽区海河大桥，位于天津市塘沽区海河入海口防潮闸及新港船闸西侧，是连接天津滨海新区 (包括汉沽、塘沽、大港) 南北方向的主要快速干道–海防公路中横跨海河的一座特大型桥梁。其正桥上部结构为独塔双索面混合型斜拉桥，全长 500m，其中主跨 310m，边跨 190m(分成四跨：3×48m+46m), 全桥为五跨连续的混合梁斜拉桥。大桥主跨立面布置如图 10.95 所示。

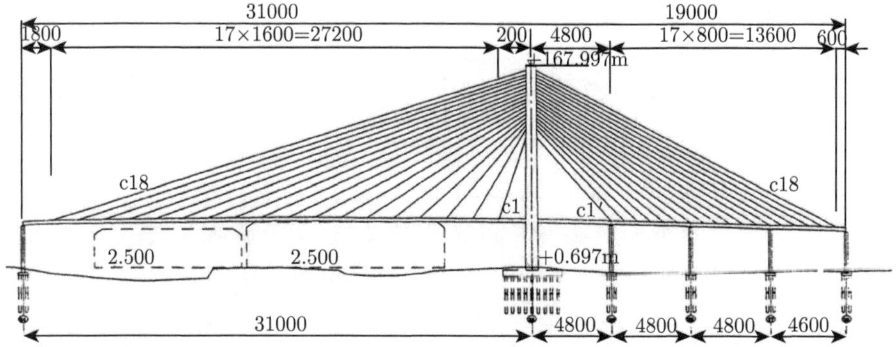

图 10.95 天津海河大桥立面图 (单位：mm)

大桥主梁为钢-混凝土混合梁，其中主跨除靠近主塔附近的 20m 为预应力混凝土箱梁外，其余 290m 为钢箱梁，边跨及主跨靠近主塔附近 20m 为预应力混凝土箱梁。钢箱梁采用分离式双箱截面，梁高 3m。斜索锚管直接设在梁的外侧斜腹板上。钢主梁每隔 16m 设一道主横梁, 主横梁间每隔 3.2m 设一道副横梁，主横梁的位置与斜索锚点相对应。标准段顶板厚 14mm，底板厚 16mm，内侧腹板厚 12mm，外侧腹板厚 8mm。主梁顶板及底板纵向均采用 6mm 厚钢板轧制而成的闭口加劲肋，内、外侧腹板采用不等边角钢作为加劲肋。钢箱梁横断面为双箱并列，中间以横梁连接，横梁间距 3.2m，箱梁顶宽 23.0m，斜拉索中距 22.3m，梁体横向分 3 块，中块宽 6.0m，边箱宽 9.077m。钢箱梁断面。钢箱梁构造如图 10.96 所示。

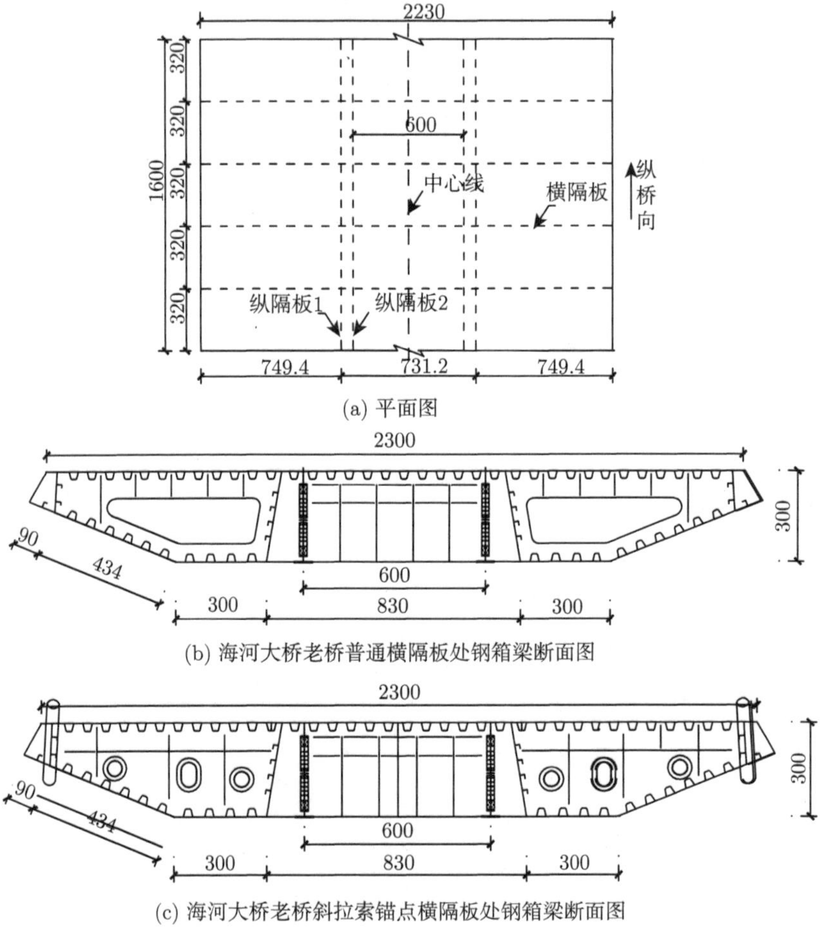

(a) 平面图

(b) 海河大桥老桥普通横隔板处钢箱梁断面图

(c) 海河大桥老桥斜拉索锚点横隔板处钢箱梁断面图

图 10.96　海河大桥标准断面图 (单位：mm)

根据实桥检测报告，大桥钢箱梁出现了钢桥面疲劳开裂、沥青铺装层破损等病害问题。典型桥面病害照片如图 10.97 所示。

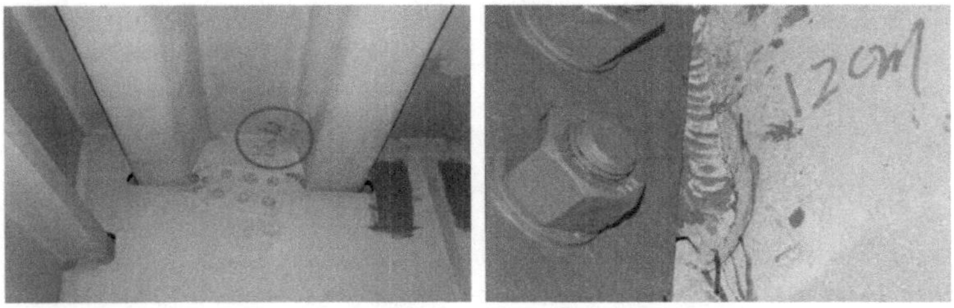

(a) 钢桥面疲劳开裂

(b) 沥青铺装破损

图 10.97 天津海河大桥钢桥面系病害照片

10.4.2.2 钢-STC 轻型组合桥面结构方案

为解决海河大桥钢桥面病害问题，采用了钢-STC 轻型组合桥面结构加固方案，其中 STC 层厚 50mm，局部位置由于桥梁横坡的影响适当增减约 1cm。上面铺设 30mm 厚沥青混凝土铺装层。STC 层内设置 Φ10mm 的 HRB400 级钢筋网，纵向钢筋置于下层，标准层厚处采用 Φ13mm×35mm 的焊钉，焊钉纵、横向间距均为 150mm，焊钉空隙中均匀布置 4 根纵向或横向钢筋，钢筋净保护层厚度 15mm，轻型组合桥面结构构造如图 10.98 所示。

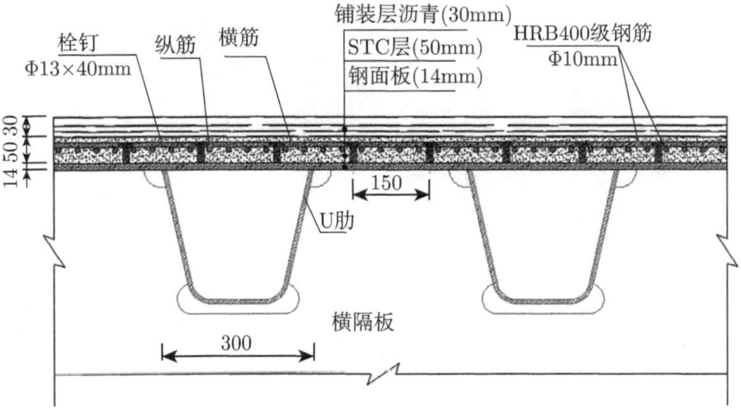

图 10.98 轻型组合桥面结构构造示意图

10.4.2.3　计算分析

1. 有限元建模

根据第 3 章介绍的多尺度有限元建模方法对天津海河大桥建立多尺度有限元模型 [12]。建模分为两步：首先对大桥建立整体杆系模型，以反映大桥成桥受力状态 (图 10.99)；然后对钢梁标准节段建立局部模型 (图 10.100)，通过耦合技术嵌入到整体有限元模型中。

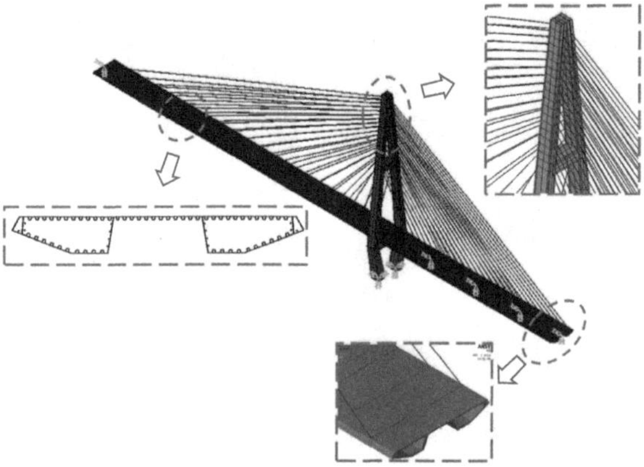

图 10.99　杆系单元整体有限元模型

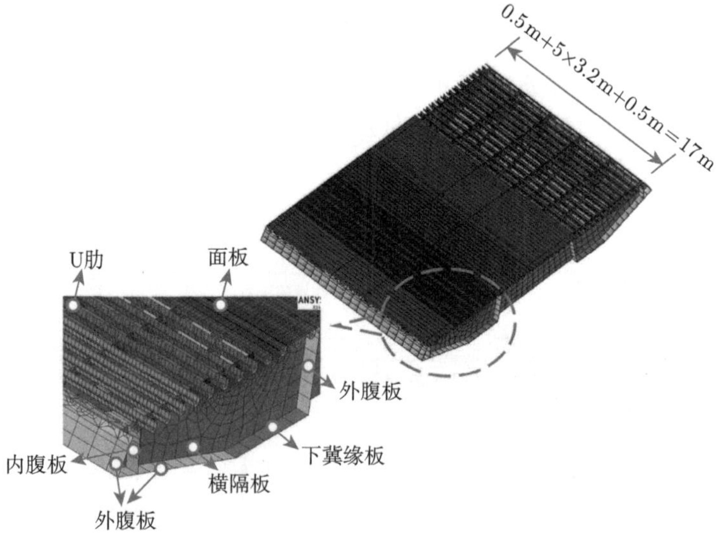

图 10.100　局部模型视图 (彩图请扫封底二维码)

2. 参数分析

理论上而言，局部模型可以嵌入到大桥整体模型钢主梁的任意位置。因此，为探明局部模型位置的影响因素，在进行疲劳评估前，首先进行参数分析。具体包括两个参数：① 局部模型在整体模型中的纵向位置；② 疲劳荷载的横向位置。

对于局部模型的纵向位置，考虑三种情形。如图 10.101 所示，分别将局部模型嵌入到整体模型的三个位置，即靠近桥梁端部 (情形 1)、靠近桥梁跨中 (情形 2)、靠近桥塔根部 (情形 3)。

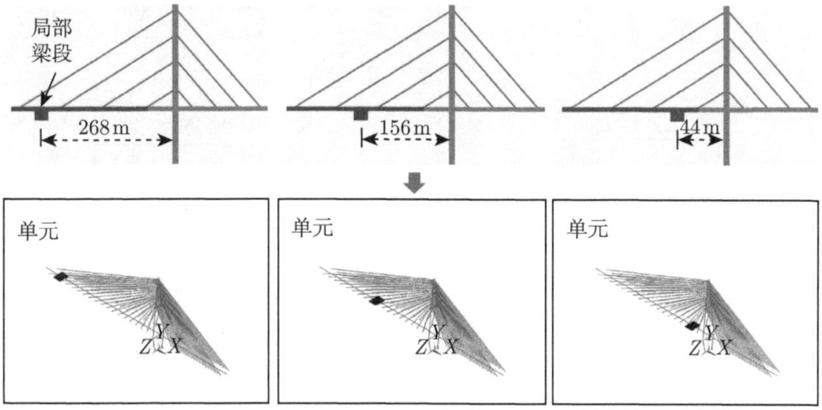

(a) 情形 1: 靠近桥梁端部　(b) 情形 2: 靠近桥梁跨中　(c) 情形 3: 靠近桥塔根部

图 10.101　局部模型在整体模型中的三种位置

计算荷载为我国钢桥规范中规定的疲劳荷载模型III，考虑到钢桥面受力以局部受力为主，仅考虑两个后轴。同时，对于疲劳荷载考虑两个横向情形：情形 a 为疲劳荷载靠近桥梁横向外侧，而情形 b 为桥梁靠近横向中间位置图 10.102。

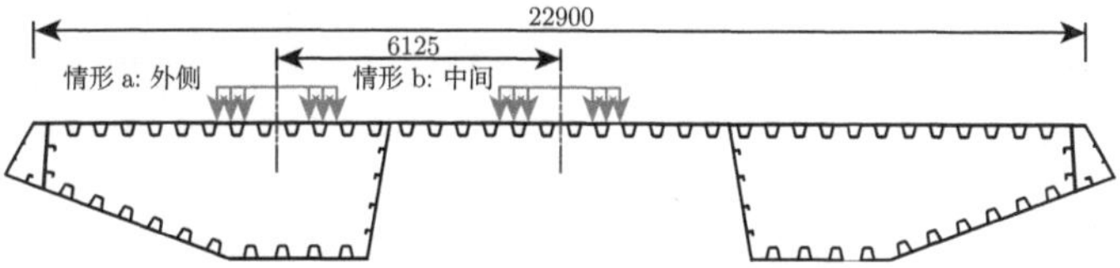

图 10.102　疲劳荷载的横向位置

计算结果表明，当疲劳荷载固定在桥梁横向边缘 (情形 a)，而局部模型沿纵桥向在不同位置时，从模型中得到了钢面板和 STC 中的应力，如图 10.103 所示。

根据图 10.104，当局部模型离桥塔越近，钢面板和 STC 层中的纵向压应力越高；而对于横桥向，钢面板中的压应力略有下降，而 STC 中的横桥向应力大体不变。这一现象说明，局部模型位置对于主梁纵向应力影响显著，但对于横桥向影响较小。考虑到疲劳开裂主要由反复的拉应力引起，根据上述计算结果，靠近桥塔附近的主梁中有一定的压应力；与此相反，靠近大桥端部区域的梁段中压应力较小，对钢桥面疲劳更为不利，因此，后文的疲劳评估选取靠近大桥端部区域的主梁作为疲劳验算部位。

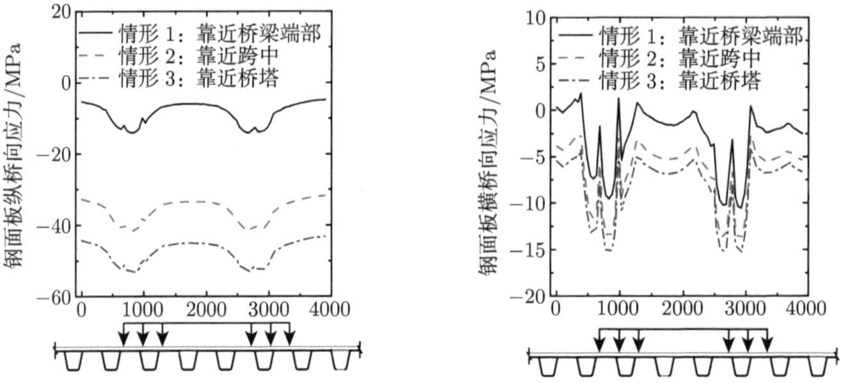

(a) 钢面板应力

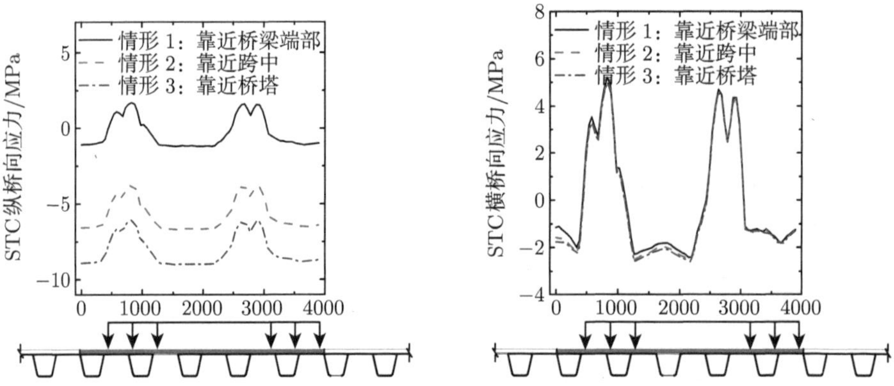

(b) STC层应力

图 10.103　局部模型嵌入整体模型不同位置对轻型组合桥面结构应力的影响

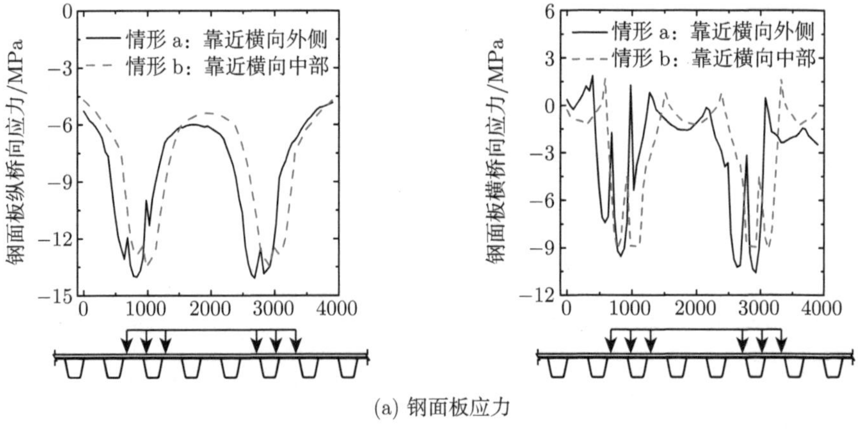

(a) 钢面板应力

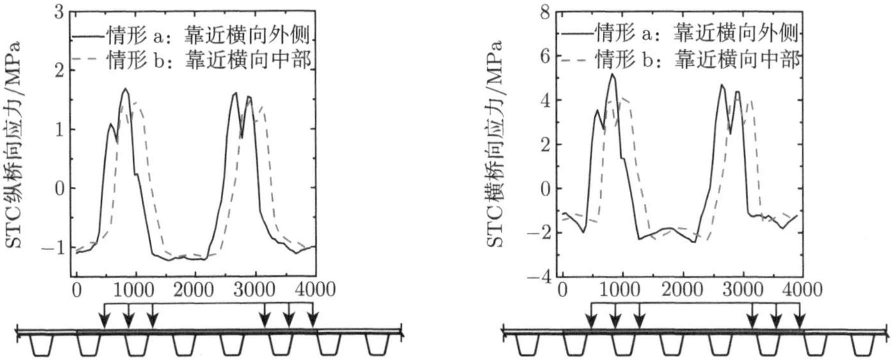

(b) STC层应力

图 10.104 疲劳荷载沿横桥向位置对轻型组合桥面结构应力的影响

计算同时表明，当疲劳荷载位于横桥向不同位置时，钢面板和 STC 层中的应力影响不大，总体而言，当疲劳荷载靠近主梁横向外侧时，钢面板和 STC 层中的应力稍高。因此，后文的疲劳计算应重点考虑疲劳荷载靠近主梁横向外侧的情形。

3. 疲劳计算荷载及关注疲劳细节

根据上述参数分析，确定海河大桥轻型组合桥面结构疲劳评估对象为：靠近梁段区域的标准梁段，且疲劳荷载靠近横桥向主梁外侧。疲劳计算仍然采用疲劳荷载模型III，荷载工况如图 10.105 所示。

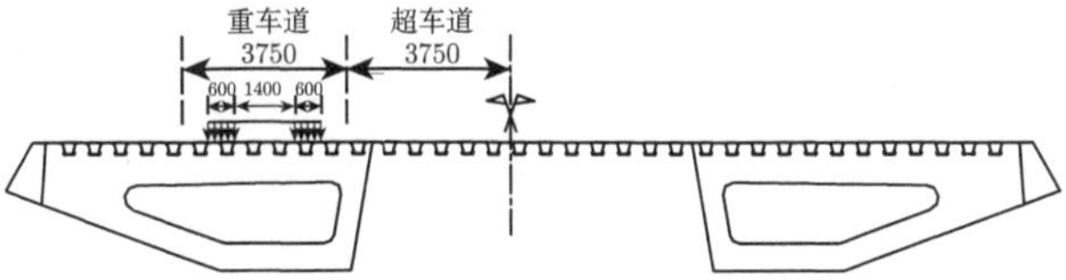

(a) 横断面图

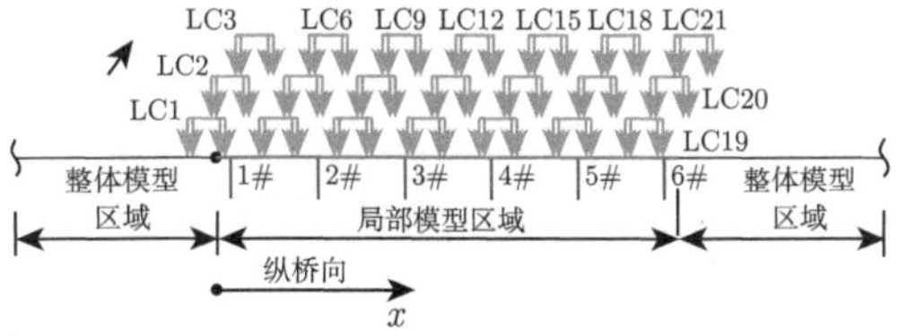

(b) 立面图

图 10.105 疲劳计算的荷载工况 (单位：mm)

钢桥面的典型疲劳细节主要集中在以下三个区域：① 纵肋–面板焊缝连接处；② 纵肋对接焊缝处；③ 纵肋–横隔板焊缝连接处。对于海河大桥，由于 U 肋采用高强螺栓连接，根据 Kolestin [13] 的研究，正交异性钢桥面板的 U 肋采用栓接后，其疲劳强度大大提高，疲劳问题不那么突出。因此，本节疲劳评估主要针对其他两个区域的疲劳细节，如图 10.106 所示。考虑到正交异性钢桥面板疲劳细节复杂，本节采用热点应力法对上述疲劳细节进行疲劳评估。

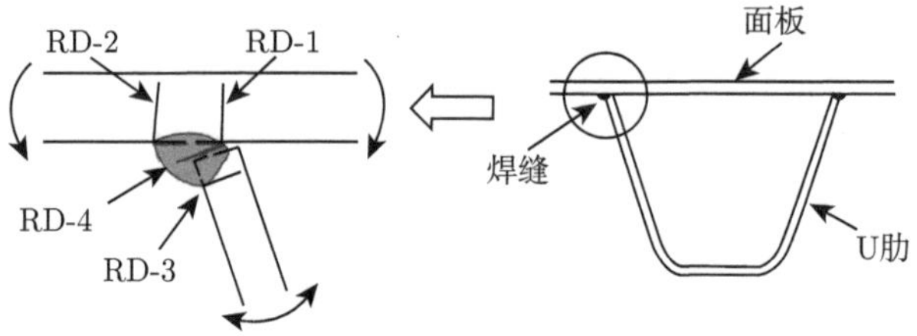

(a) 纵肋–面板连接处

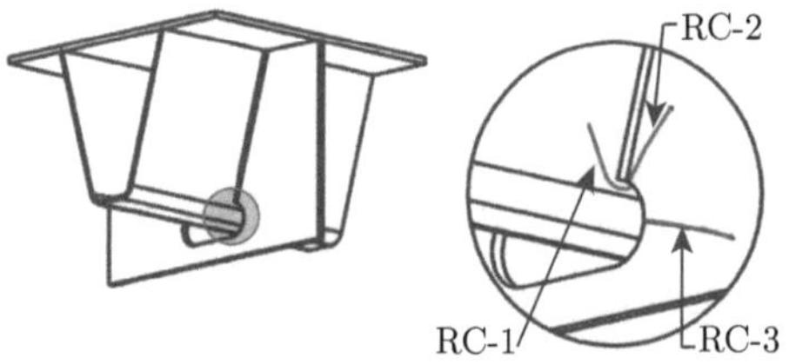

(b) 纵肋–横隔板连接处

图 10.106　正交异性钢桥面板疲劳细节

根据我国钢桥规范，疲劳细节评估如下 [14]：

$$\gamma_{\mathrm{Ff}}\Delta\sigma_{\mathrm{E2}} \leqslant \frac{\Delta\sigma_{\mathrm{C}}}{\gamma_{\mathrm{Mf}}} \tag{10.2}$$

式中，γ_{Ff} 为疲劳荷载分项系数，取为 1.0；γ_{Mf} 为疲劳抗力分项系数，本节取为 1.15；$\Delta\sigma_{\mathrm{E2}}$ 为等效应力幅，按 $\Delta\sigma_{\mathrm{E2}}=\gamma(\sigma_{\max}-\sigma_{\min})$ 计算，其中 γ 为疲劳损伤等效系数，在正弯矩区取 2.5、负弯矩区取 1.8。

4. 计算结果

1) 纵肋–面板连接处

考虑到纵肋–面板连接处受力行为相似，以代表性位置为例，给出计算结果。所选取位置位于车轮荷载下方，且位于 3# 和 4# 横隔板之间。计算得到的疲劳应力幅与疲劳强度的比较如图 10.107 所示。

根据图 10.107 所示的计算结果，对于原钢桥面结构，RD-3 位置处的应力幅较高，表明该位置的疲劳开裂风险较高，而对于 RD-1 和 RD-2 在横隔板断面位置处的应力幅较高。而采用 STC 层后，各位置的疲劳应力具有不同程度的降低，且各位置均低于对应的疲劳强度，从而显著降低了钢桥面的疲劳开裂风险。

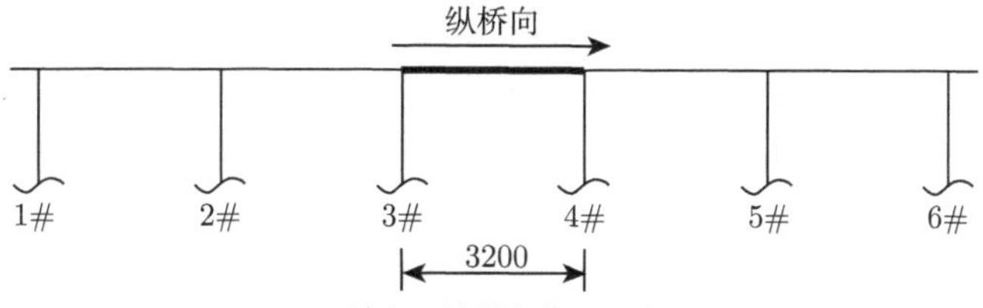

(a) 关注区域纵向位置示意图

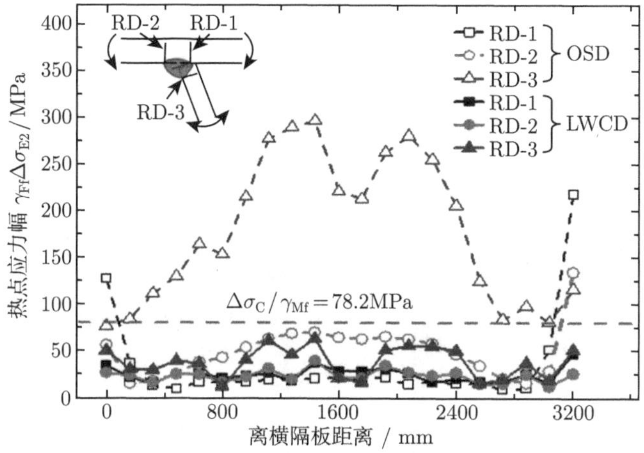

(b) 应力幅分布示意

图 10.107 纵肋–面板连接处疲劳应力幅计算结果

OSD：正交异性钢桥面板；LWCD：轻型组合桥面结构

2) 纵肋–横隔板连接处

对于疲劳细节 RC-1，所选择的关注位置与图 10.107(a) 相似。计算结果如图 10.108 所示。根据计算结果 (图 10.108)，对于原钢桥面，疲劳荷载引起的最大应力

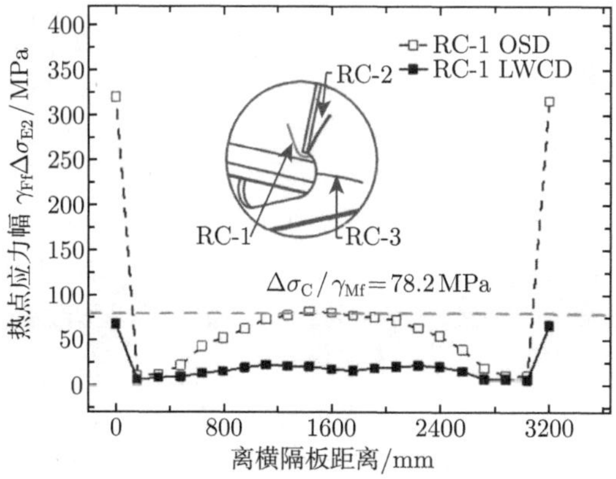

图 10.108 纵肋–横隔板连接细节处疲劳计算结果 (RC-1)

幅 ($\gamma_{\mathrm{Ff}}\Delta\sigma_{\mathrm{E2}}$) 超过了规范规定的疲劳强度 ($\Delta\sigma_{\mathrm{C}}/\gamma_{\mathrm{Mf}}$)，表明原钢桥面中存在疲劳开裂风险。而对于轻型组合桥面结构，疲劳应力显著降低，因此，该疲劳细节的疲劳开裂风险大大降低。

对于疲劳细节 RC-2 和 RC-3，计算结果如图 10.109 所示，结果提取位置位于 3#横隔板断面处。计算结果表明，对于这两个疲劳细节，采用轻型组合桥面结构后，疲劳应力幅均小于对应的疲劳强度。

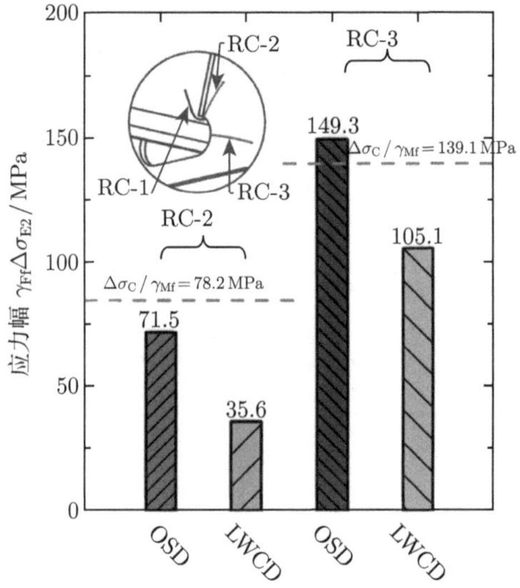

图 10.109　疲劳细节 RC-2 和 RC-3 的最大应力幅

3) 短栓钉剪应力计算结果

对于每种计算荷载情况，计算了短栓钉的剪力分布。图 10.110 以荷载工况

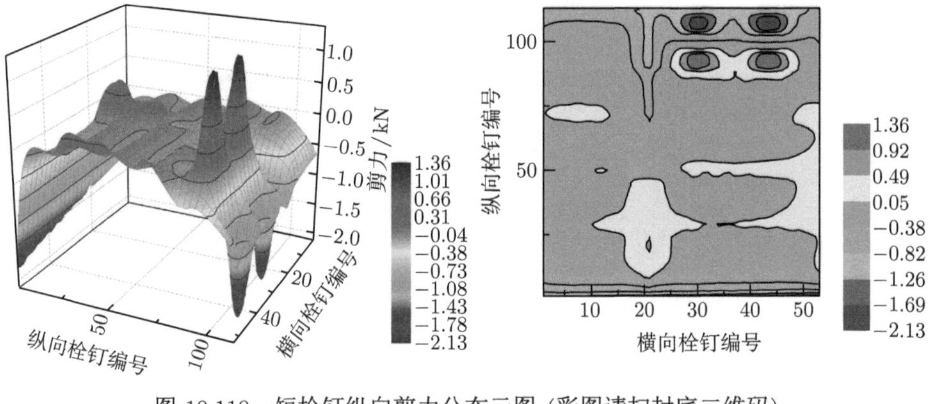

图 10.110　短栓钉纵向剪力分布云图 (彩图请扫封底二维码)

LC18 为例，示意了桥面短栓钉的纵向剪力。从图中可以看出，高剪力区大致位于车轮荷载下方。

基于上述分析，找到不利栓钉位置，然后根据栓钉的剪应力历程得到剪力幅。图 10.111 示意了栓钉等效剪应力幅沿纵桥向的分布规律，图中的“无系数结果”代表计算的原始等效剪应力，而“系数结果”代表根据式 (9.3) 考虑疲劳损伤等效系数后的最终计算结果。根据计算结果，最大的栓钉等效剪应力幅为 $\gamma_{\mathrm{Ff}}\Delta\tau_{\mathrm{E2}}$=33.5MPa，而根据第 3 章疲劳试验结果，短栓钉的疲劳抗剪强度为 $\Delta\tau_{\mathrm{C}}$=94.6MPa [15]。因此，考虑疲劳强度分项系数后，疲劳强度为 $\dfrac{\Delta\tau_{\mathrm{C}}}{\gamma_{\mathrm{Mf}}}$=82.2MPa，表明计算结果满足设计要求。

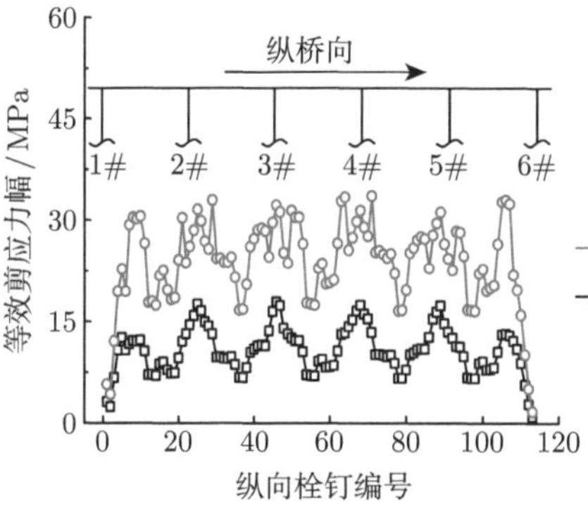

图 10.111 栓钉等效剪应力幅沿纵桥向的分布

4) STC 层应力

对于每个荷载工况，计算 STC 层的最大拉应力，如图 10.112 所示。图中考虑了 STC 层顶面和底面两个位置，以及纵桥向和横桥向两个方向。

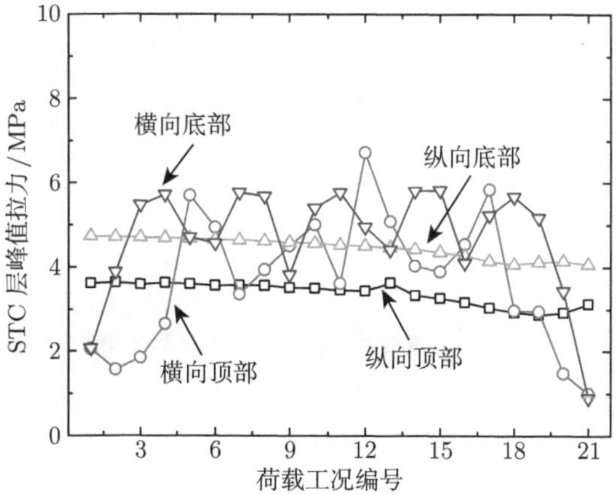

图 10.112 不同荷载工况下 STC 层拉应力

从图 10.112 可以看出，总体而言，STC 层的横桥向应力要稍高于总桥向应力。同时，STC 层顶、底面的峰值应力随不同纵桥向位置差别不大，而横桥向的应力峰值位置对车轮荷载较为敏感。

图 10.113 给出了 STC 层顶面和底面在最不利荷载工况下的应力历程。

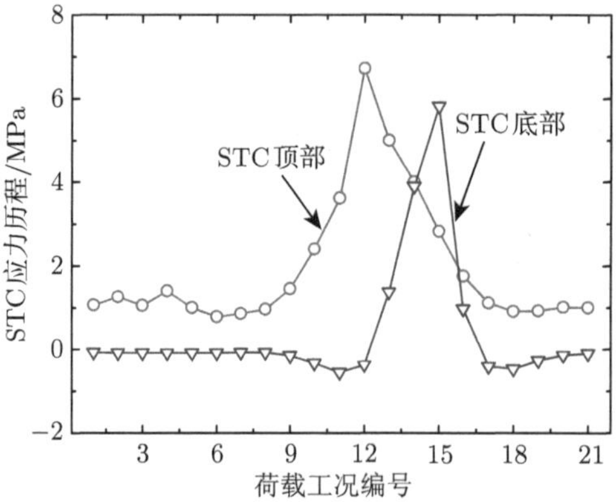

图 10.113　最不利荷载工况下 STC 横桥向应力历程

计算结果表明，STC 层顶面的拉应力更大，且最大和最小拉应力分别为 $\sigma_{\max}=6.71\text{MPa}$、$\sigma_{\min}=0.79\text{MPa}$。根据第 9 章的内容，海河大桥 STC 层横桥向抗裂强度为 18.4MPa，疲劳强度为 12.9MPa。因此，实桥 STC 抗裂疲劳性能满足设计要求。

10.4.2.4　实桥施工

2015 年 7～10 月，天津滨海新区海河大桥的轻型组合桥面结构顺利施工，主要施工照片如图 10.114 所示。

(a) 栓钉和钢筋网　(b) 浇筑STC

(c) 蒸养养护　(d) 铺筑面层、开放交通

图 10.114　施工照片 —— 天津滨海新区海河大桥

10.4.3 广东清远北江四桥

10.4.3.1 大桥概况

清远北江四桥为双塔单索面超宽钢–混凝土混合斜拉桥，主跨为 218m，主跨主梁为闭口流线型钢箱梁，宽度为 B=43m，梁高为 H=4.0m。

清远市北江四桥位于三桥和五桥之间，距两座桥均为 2.2km，地理位置十分重要，是清远市区新的城市景观中轴线。该桥为一主跨 100+218+100=418m、桥塔高 59m、桥宽 43m 的双塔单索面斜拉桥 (图 10.115)，由广州市市政工程设计研究院主持设计，广东省长大公路工程有限公司负责施工。

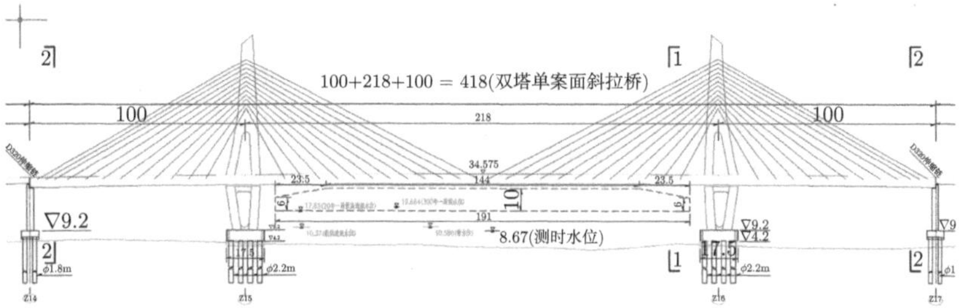

图 10.115 桥型布置图

该桥主桥结构体系采用塔梁固结、主梁与桥墩分离且之间设置支座连接的形式。主梁采用钢箱梁与混凝土箱梁相结合的混合梁，主塔中心轴线顺桥向两侧共 24m 范围采用预应力混凝土箱梁 (0#块)，其余部分为宽达 42m 的超宽闭口钢箱梁 (图 10.116)。为配合塔柱造型，主墩断面为箱形结构，在纵横桥向均采用特殊的渐变造型，纵桥向呈 "U" 字形，横桥向呈 "Y" 字形 (图 10.117)。

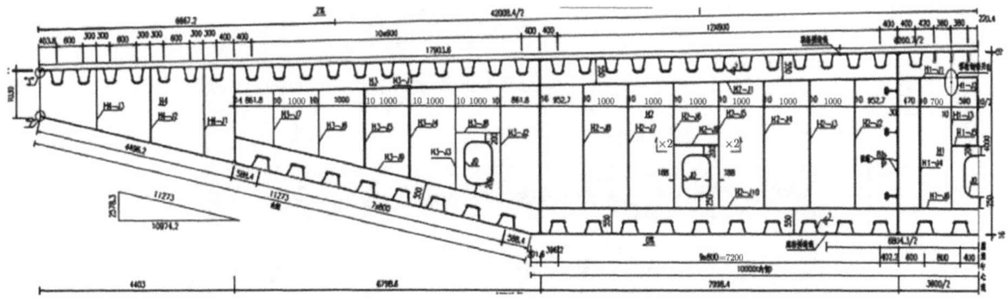

图 10.116 钢箱梁构造图

10.4.3.2 钢 STC 轻型组合桥面结构方案

为防止北江四桥在长期运营中出现钢桥面疲劳开裂、沥青铺装破损等病害，设计采用了钢-STC 轻型组合桥面结构方案，如图 10.118 所示。其中 STC 层厚度为

4.5~5.4cm，上铺 SMA10 沥青铺装；栓钉尺寸 Φ13mm×40mm，布置间距 150mm。

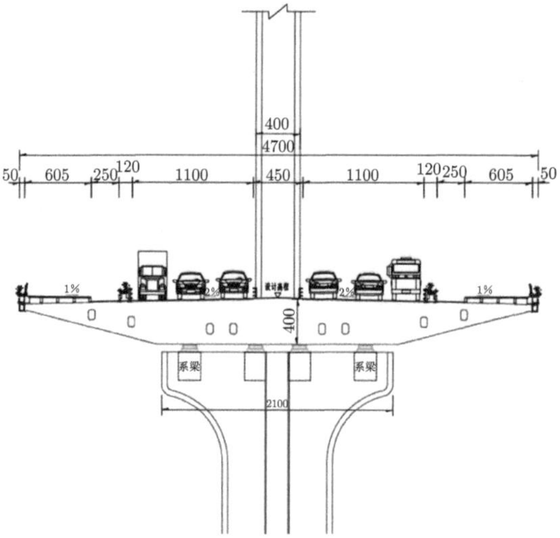

图 10.117　桥塔、支座、桥墩布置

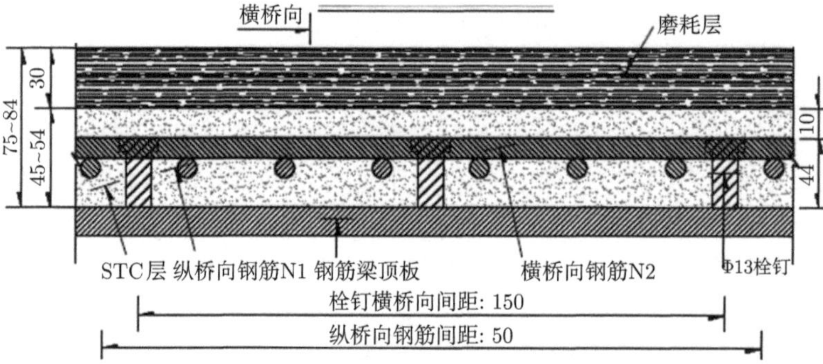

(a) 横桥向钢筋布置图

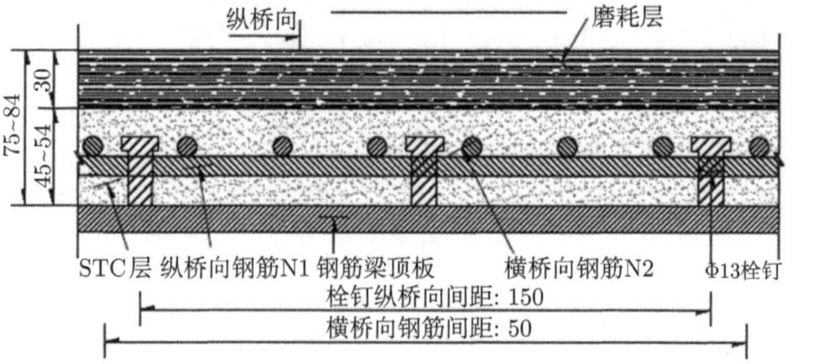

(b) 纵桥向钢筋布置图

图 10.118　北江四桥轻型组合桥面结构设计方案 (单位：mm)

10.4.3.3 计算分析

北江四桥为单索面桥梁，且箱梁较宽，具有明显的横向悬臂受力特点。因此，为了全面地研究钢-STC 轻型组合桥面板的横向受力问题，采用《钢筋混凝土及预应力混凝土桥涵设计规范》(JTG D62-2015) 中车辆荷载模型，分别施加在一榀、二榀、四榀和五榀标准梁模型上，计算各个荷载工况下 STC 层的应力水平，给出 STC 在最不利荷载工况下的最大应力 [16]。

对于一榀、二榀、四榀和五榀标准梁模型，模型长度分别为 4m、8m、16m、20m，模型宽度为 1/2 桥面宽，建立钢箱梁有限元受力分析模型，荷载采用 (JTG D62-2015) 中车辆荷载后轴 (280kN)，车辆后轴对称的作用在横隔板的两边，人群荷载采用 2.5kN/m^2 布满整个人行道，以四榀为例，有限元模型见图 10.119。

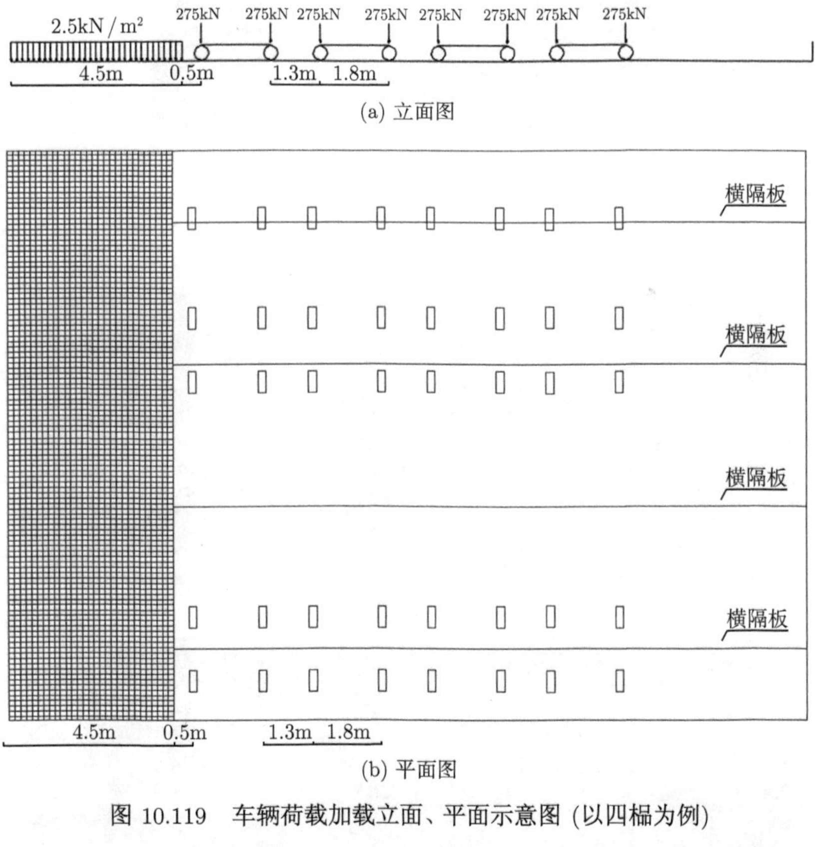

(a) 立面图

(b) 平面图

图 10.119 车辆荷载加载立面、平面示意图 (以四榀为例)

在建立 ANSYS 有限元模型时，模型的边界条件如下：在端横隔板截面处，约束钢箱梁的纵向平动自由度 (D_Z) 和绕竖轴 (R_Y) 与横轴 (R_X) 的转动自由度，以近似反应该箱梁梁段为桥跨内的梁段；在道路中心线截面采用横向对称约束；在有拉索位置的横隔板端部约束其竖向平动自由度 (D_Y)，以近似反映吊索的约束作用。由于本节验算的 STC 层应力，STC 层分为 4 层，根据圣维南原理，采用上诉边界条件对关注点应力的计算影响很小。采用上述模型，车辆荷载对模型加载，主要关注 STC 层的横向拉应力。计算模型如图 10.120 所示。

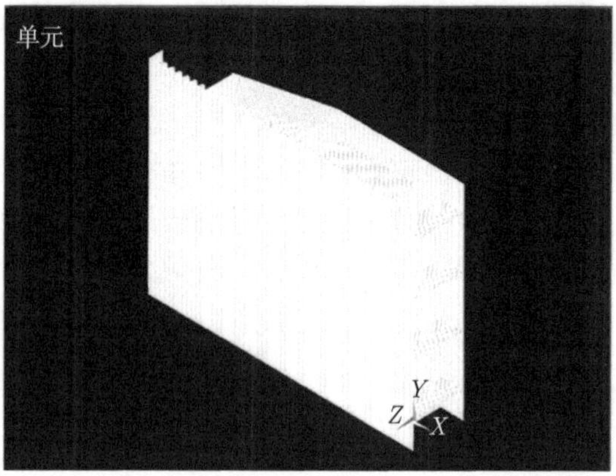

图 10.120　有限元模型示意图 (以四梠为例)

在人群荷载和车辆荷载标准组合下，STC 层纵、横向应力如图 10.121 所示。

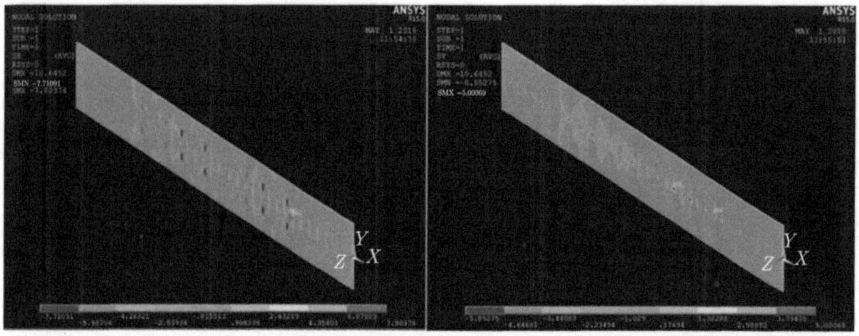

(a) 一梠标准梁模型

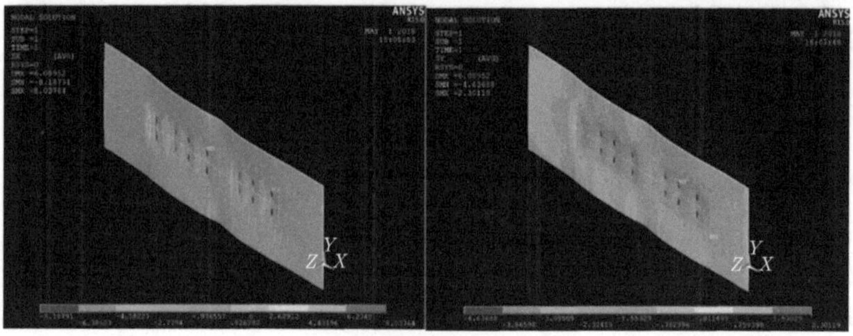

(b) 二梠标准梁模型

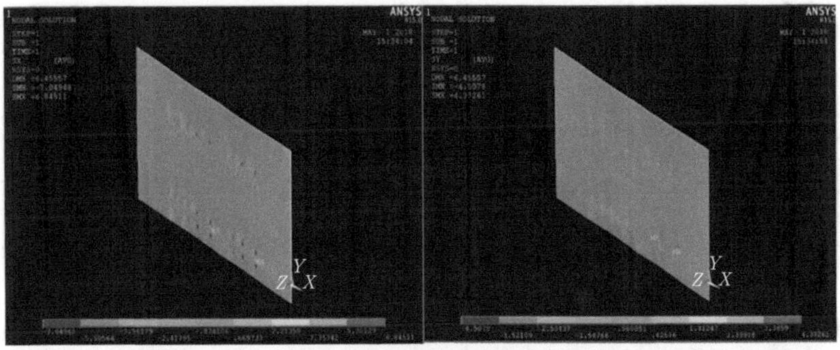

(c) 四榀标准梁模型

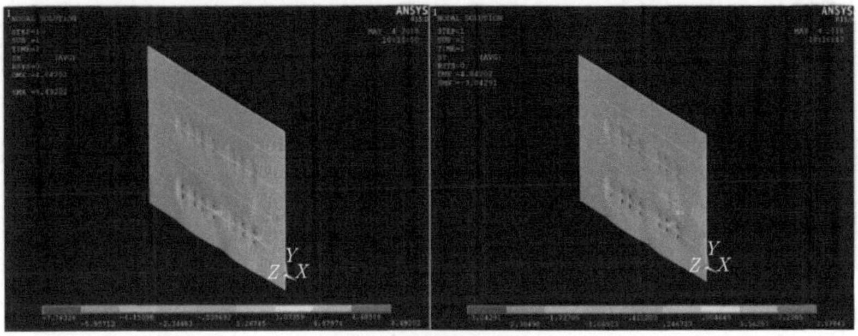

(d) 五榀标准梁模型

图 10.121 STC 层局部应力图 (左：横桥应力云图；右：纵桥向应力云图)(彩图请扫封底二维码)

由以上四种工况可得，在最不利横向荷载作用下 STC 层横向最大应力为 8.49MPa，STC 层纵向应力最大为 5MPa。各工况下 STC 层纵横向应力具体见表 10.14。

表 10.14 各工况下 STC 层应力汇总表

工况	荷载	STC 层应力/MPa	
		横向应力	纵向应力
一榀梁	人群、车辆后轴	7.80	5.00
二榀梁	人群、车辆后轴	8.04	2.30
四榀梁	人群、整个车辆	6.85	4.37
五榀梁	人群、整个车辆	8.49	2.88
最大应力	—	8.49	4.37

由于 STC 层在车辆荷载和人群荷载偏载作用下，STC 层上下缘应力差较小，STC 层近似于轴拉受力，即 STC 层破坏形态类似于轴拉破坏，又由于 STC 层的轴拉强度小于弯拉强度，计算表明 STC 层横向最大拉应力为 8.49MPa。为验证实桥能够满足横桥向高拉应力受力要求，将开展横桥向模型试验研究。

10.4.3.4　模型试验研究

1. 加载方案

为了充分模拟实桥 STC 层的受力性能，试验模型共长 7m，其中悬臂部分长 4.5m。且为了研究梁高变化对 STC 层近似轴拉到弯拉受力状态的影响，试验模型悬臂部分采用了变截面，具体模型尺寸见图 10.122、图 10.123。模型三维视图见图 10.124。

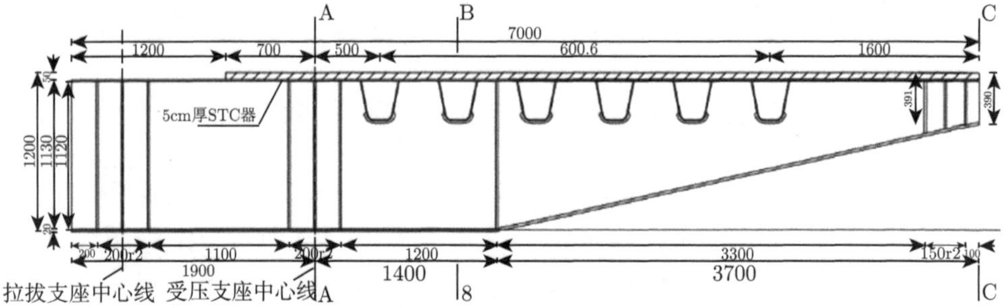

图 10.122　试验模型立面图 (单位：mm)

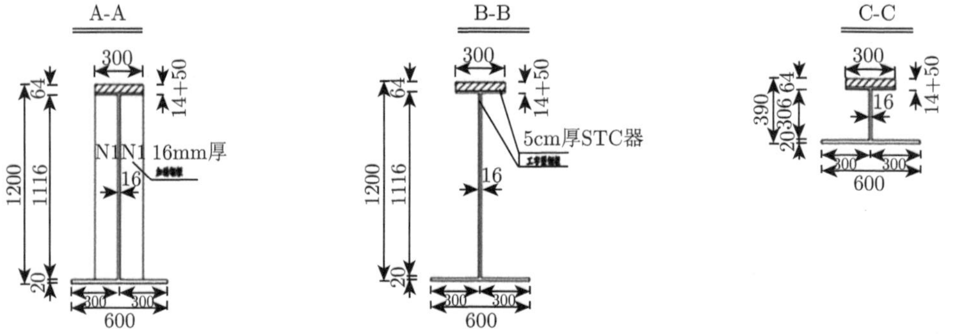

图 10.123　试验模型关键截面图 (单位：mm)

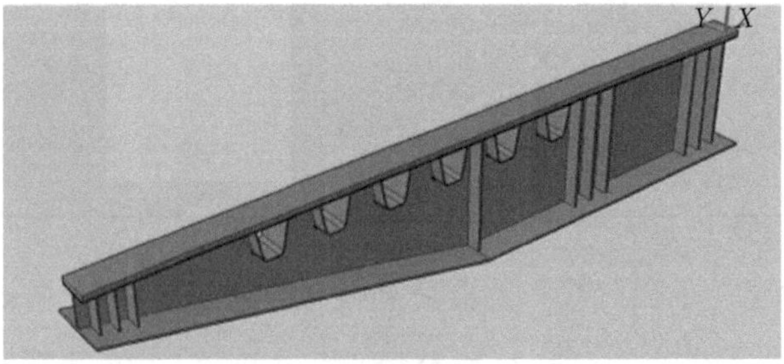

图 10.124　试验模型三维视图

试验模型制作过程：先预制钢梁模型，然后进行预压试验，最后浇筑 STC 层，STC 层构造如图 10.125 所示。

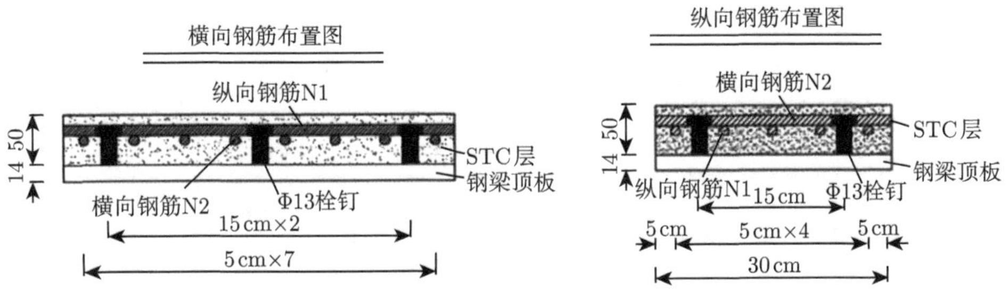

图 10.125 试验模型 STC 层配筋图 (单位：mm)

本次试验主要进行钢 STC 板的受拉 (近似轴拉到弯拉的过渡过程) 试验研究，试验模型有两个支撑，末端通过特制反力梁通过 8 根精轧螺纹钢锚固在地槽上，梁中间支座为用橡胶板垫块支撑的可转动的铰接支座。在悬臂端末采用液压千斤顶逐级施加静力荷载，整个试验支座模型类似平衡翘板，具体见图 10.126。

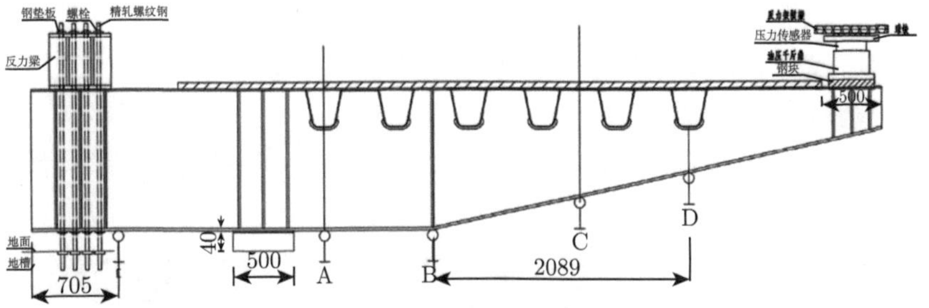

图 10.126 试验加载示意图

试验主要测量 STC 层各个截面的开裂情况，确定不同梁高下 STC 层的开裂荷载、初裂应变以及初裂名义应力。测点布置如图 10.127、图 10.128 所示，根据试验步骤和测试内容作出如下测点布置：

(1) 在悬臂端根布和变截面处以及悬臂端部设百分表以测量其挠度；在固结支座处通过设置一横梁，监测地槽的变形，以保证试验的安全顺利进行；

(2) 在预压试验前 (未浇筑 STC 层)，在钢顶板表面贴置应变片，以此判断预压时钢顶板的应力水平；

(3) 在正式加载前，STC 层表面每间隔 15cm 布置应变片，以便精确测量各个截面的应变和应力水平。

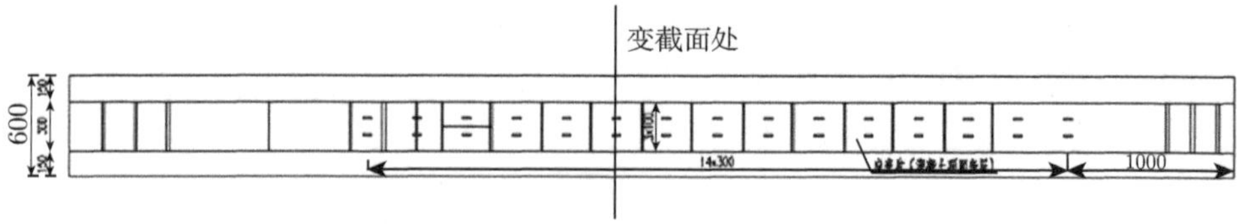

图 10.127　钢顶板表面量测方案图

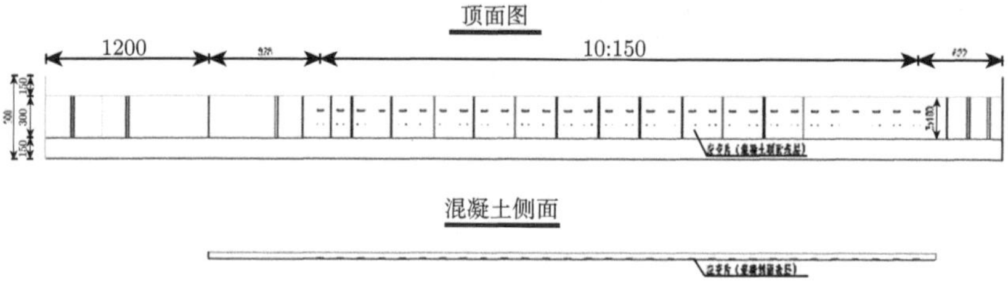

图 10.128　STC 层表面量测方案图

2. 预压加载及试验结果

为了模拟配重预压过程，在浇筑 STC 层前，我们在悬臂端用千斤顶逐级施加 4.5t 的力，并测量钢顶板的应力水平。其中为了防止预加力由于千斤顶过长时间后的回油损失，我们采用量程为 20t 的机械式千斤顶来解决这个问题。

预压前，为了消除支座间空隙等其他因素的影响，我们首先进行预压重，根据有限元计算我们在梁端采用试预压 3t 的力，并通过安装在梁悬臂端的百分表判断当卸载预压力时读数是否归零来判断预压效果，实际操作中共预压两次，然后才进行正式预压 (图 10.129)。

图 10.129　预压试验图

图 10.130 示意了不同预压荷载水平下，钢顶板纵向应变沿梁长的分布规律。根据图上数据可得，当预压力为 4.5t 时，钢顶板的最大应变为 154με。

当 STC 浇筑完成，在实验室自然养生 36h 后，开始对其进行蒸汽养生，蒸汽温度缓慢上升至 90°C 以上，连续蒸养 48h，随后自然冷却至室温，最后掀养生膜 (图 10.131)。

蒸养过程发现，预压的 4.5t 力随着温度的上升逐渐减小约至 0，且变形不断增大，最后随着蒸养结束自然冷却至室温后预压力又缓慢回升至 4t。可以发现，蒸养过程伴随着梯度温度的影响，会使悬臂端产生变形，预压力比蒸养前减少了 0.5t。这一发现对实桥的施工具有很重要的指导意义。

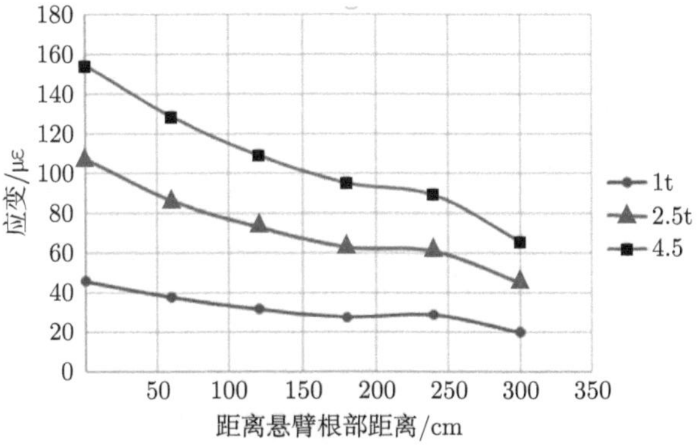

图 10.130 钢顶板沿长度方向应变分布

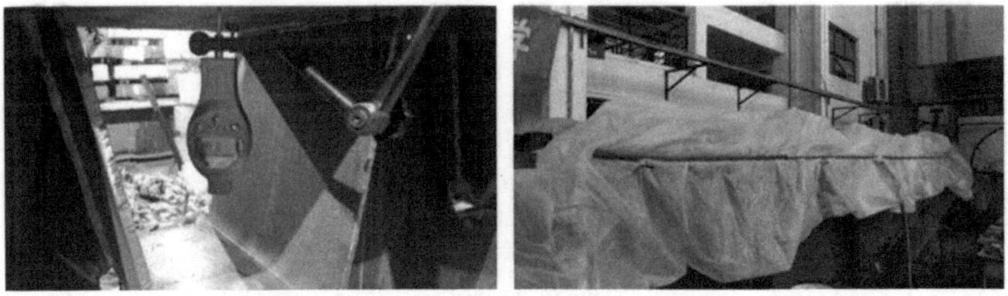

图 10.131 STC 蒸汽养生过程图

3. 卸载预压力及试验结果

蒸养结束后，开始缓慢卸载预压力并开始正式加载。如图 10.132、图 10.133 所示，分别为 U 肋上方 STC 所测应变和非 U 肋上方 STC 所测应变沿梁长方向的变化。

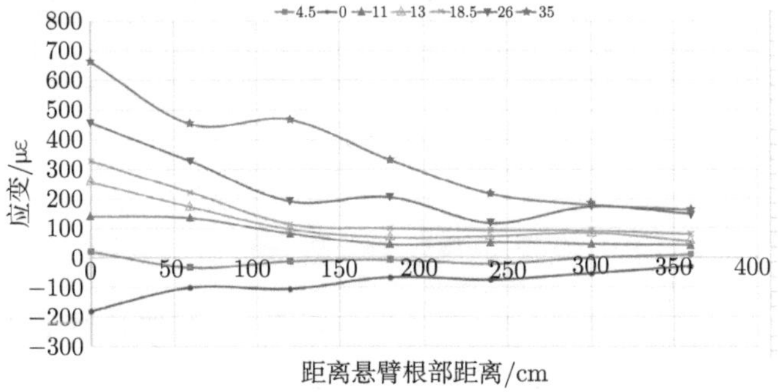

图 10.132 U 肋上方 STC 应变沿梁长方向变化

从图 10.132 可以看出：① 应变沿梁长方向递减；② 当荷载达到 4.5t 时，恰好卸除预压力；③ 加载力为零吨时，即完全卸除预压力时 STC 最大压应变为 180με，这是 U 肋处截面刚度突变所致；④ 11t 时 (减去了预压力) 第一个 U 肋上方出现第一条裂缝。

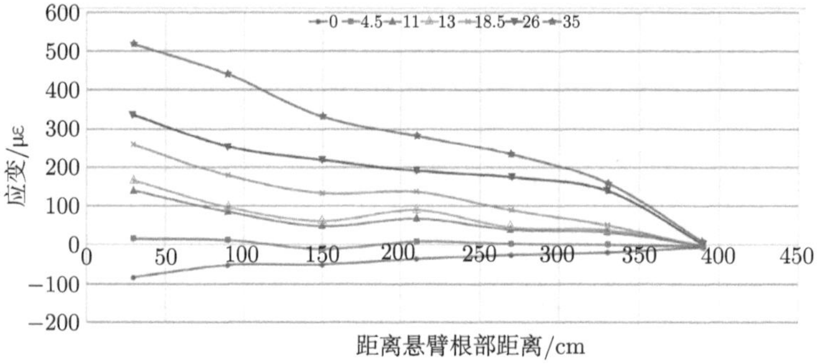

图 10.133　非 U 肋上方 STC 应变沿梁长方向变化

从图 10.133 可以看出：① 应变沿梁长方向递减；② 加载力为零吨时，即完全卸除预压力时 STC 最大压应变为 84με。

4. 正式加载及试验结果

如前所述，当卸载预压力后，此时需更换千斤顶，采用量程为 200t 的液压千斤顶，并保持对中放置，然后对其进行 2t 的预加载，确保试验仪器的可用性和试验过程的可操作性。

然后采用逐级加载的方式，当加载 4.5t 时基本卸除预压力，此时 STC 层应力基本为 0MPa，当加载到 11t 时 (扣除预压力)，出现第一条裂缝，此后随着荷载的不断增长 STC 层开裂沿梁长方向不断延伸，现给出几个典型裂缝初裂时的分布规律，如图 10.134 和表 10.15 所示。

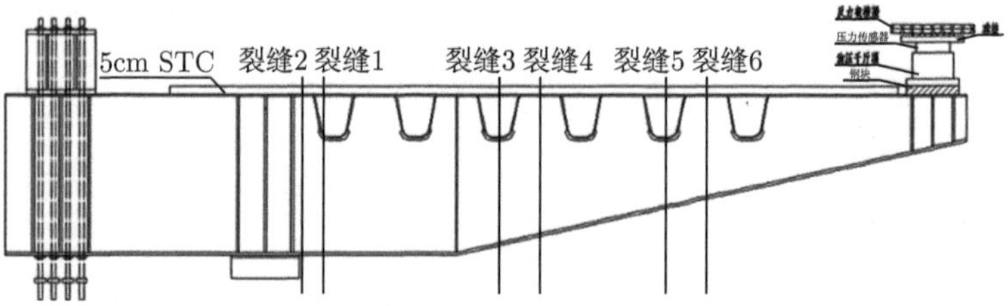

图 10.134　裂缝位置图

从表 10.15 中可以看出，U 肋的存在对裂缝的开裂规律有较大的影响，裂缝首先在 U 肋处 STC 层开裂，随后在弯矩较大处的非 U 肋区开裂。对于同一位置 (在 U 肋区上方或者非 U 肋区上方) 裂缝的出现沿梁长度方向基本呈线性变化，当荷载为 280kN 时，第一条裂缝宽度率先达到 0.05mm，此时开裂点 4 刚开裂不久，且开裂的名义应力随着梁高减小逐渐增大，可见随着梁高的递减，STC 层的抗拉性能逐渐从近似的轴拉到弯拉过度。

表 10.15 裂缝宽度信息表

开裂点	裂缝位置	0.01mm			0.05mm	
		应变/με	名义应力/MPa	开裂荷载/kN	名义应力/MPa	开裂荷载/kN
开裂点 1	U 肋上	265	12.4	110	31.6	280
开裂点 2	非 U 肋上	273	11.1	150	29.6	400
开裂点 3	U 肋上	286	16.9	210	32.2	400
开裂点 4	非 U 肋上	298	17.3	260	32.6	490
开裂点 5	U 肋上	335	21.3	310	34.4	500
开裂点 6	非 U 肋上	353	22.6	370	35.2	560

5. 模型试验结果小结

根据试验结果，大悬臂结构在蒸汽养护过程中会产生温度梯度，这对大悬臂结构末端会产生较大的变形。在实际桥梁施工中，为确保变形对 STC 层可能产生的不利影响，建议 STC 层在自然养护后具有足够的强度再进行蒸养，并做好变形监测工作。

本试验预压 4.5t 的力，发现在悬臂根部 STC 层非 U 肋处产生约 5MPa 的预压力，极大地提高了 STC 层的开裂应力。但和实桥相比，由于力臂和梁的刚度不同，所以该试验预压数值不能作为实桥预压配重数值，但仍可起参考意义。

根据试验结果，模型悬臂根部 STC 层达到 0.05mm 裂缝宽度时的名义抗裂强度为 29.6MPa。而根据前文理论分析，STC 层在实桥设计荷载下的横桥向最大拉应力为 8.49MPa。因此，清远北江四桥 STC 层的抗裂性能满足受力要求。

10.4.3.5 实桥施工

2018 年 7~9 月，北江四桥轻型组合桥面结构实桥施工顺利进行，主要照片如图 10.135 所示。

(a) 栓钉和钢筋网

(b) 浇筑STC

(c) STC蒸养养护

图 10.135 北江四桥轻型组合桥面结构施工照片

10.4.4 海南海文跨海大桥主桥

10.4.4.1 大桥概况

海南海文跨海大桥位于海南岛东北端东寨港出海口处，是连接海口和文昌两市的跨海大桥。大桥起于文昌市海文镇，途经北港岛，止于海口市演丰镇塔市，接海口市规划建设的江东大道。大桥全长 5.7km，其中跨海大桥长约 3.8km，两岸接线长约 1.9km。全线采用公路 I 级汽车荷载标准设计，双向 6 车道，设计行车速度 80km/h。

海南海文跨海大桥的总体布置如图 10.136 所示，其中主桥和跨断裂带引桥采用钢箱梁，其余部分为混凝土箱梁。本节主要关注主桥。

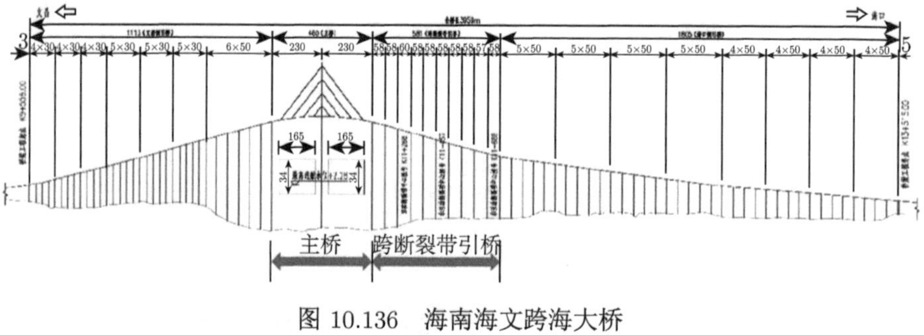

图 10.136 海南海文跨海大桥

主桥设计为 230+230=460m 单塔双索面钢箱梁斜拉桥，其立面布置及钢箱梁标准节段构造如图 10.137 所示。主塔采用文字型索塔，斜拉索呈扇形布置，梁上索距为 12m，塔上索距 2.0~3.0m，主梁为扁平钢箱梁，高 3.3m。桥面采用正交异性钢桥面板，其中面板厚 16mm。

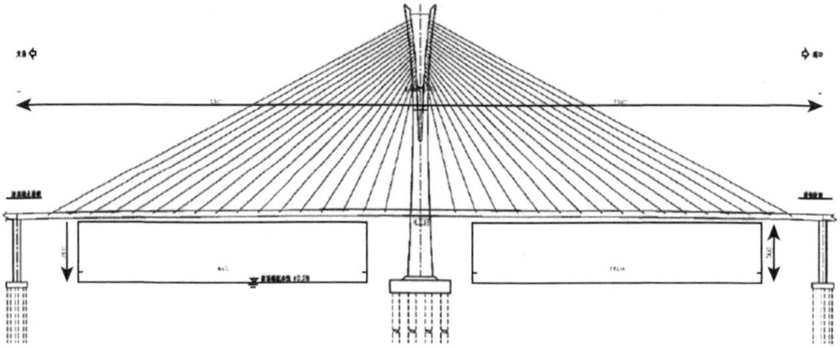

图 10.137 主桥立面图

10.4.4.2 钢-STC 轻型组合桥面结构方案

为防止海南海文跨海大桥在长期运营中出现钢桥面疲劳开裂、沥青铺装破损等病害问题，设计采用了钢-STC 轻型组合桥面结构，如图 10.138 所示。

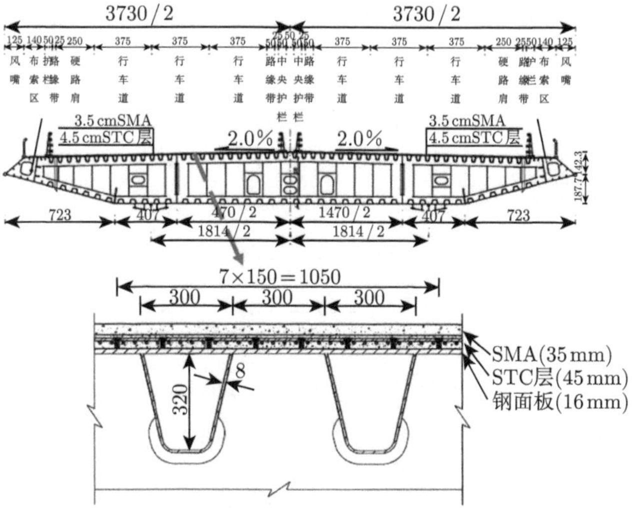

图 10.138 主桥钢-STC 轻型组合桥面结构示意图 (单位：mm)

10.4.4.3 实桥施工

2019 年 10 月，海南海文跨海大桥竣工通车。钢-STC 轻型组合桥面结构实桥施工照片如图 10.139 所示。

(a) 焊接栓钉　(b) 绑扎钢筋网

(c) 浇筑STC　(d) STC 高温蒸汽养护

图 10.139　海南海文跨海大桥钢-STC 轻型组合桥面结构施工照片

10.5　悬　索　桥

10.5.1　湖南株洲枫溪大桥

10.5.1.1　大桥概况

株洲市枫溪大桥位于建宁大桥 (上游 2.5km) 和天元大桥 (下游 3.8km) 之间，北起科瑞路交叉口，跨孔径布置 (由北向南) 为：(32+2×50+2×32)m 现浇连续箱梁 (左幅)，(2×32+2×50+32)m(右幅) +(3×45+300+3×45)m 双塔单跨自锚式悬索桥 +(3×50)m 现浇连续箱梁 + (2×36.36)m 现浇变宽连续箱梁 +(9×25)m 现浇连续箱梁 +(32+50+32)m 现浇连续箱梁 +(4×25)m 现浇连续箱梁，桥梁全长 1434.92m。

主跨主梁为全焊扁平流线型封闭单箱三室钢加劲梁，其上、下翼缘为正交异性板结构。钢加劲梁通过吊杆与主缆相连，吊杆标准间距为 12m。吊杆锚固于钢加劲梁腹板侧的锚箱上。大桥照片如图 10.140 所示。

箱梁顶板采用正交异性板，E 类、D 类、C 类钢板厚度 14mm，B 类、A 类钢板厚度 18mm，钢混结合段钢板厚 22mm。箱梁顶板采用 U 形加劲肋加劲，标准段加劲肋上口宽 300mm，底宽 170mm，高 280mm，间距 600mm，钢板厚 8mm。

图 10.140 湖南株洲枫溪大桥照片

横隔板采用板式断面，由上、下两块板组成，上板与顶板单元一起组装。横隔板留有 4 个人洞及 4 个过线孔，标准梁段设 4 道横隔板，间距 3.0m。横隔板与箱梁顶、底、腹板焊接。横隔板上设横向加劲肋及竖向加劲肋。

横隔板共分 HG1、HG2、HG3 三种类型，其中 HG1 适用于非吊点处普通横隔板，板厚 12 mm；HG2 适用于吊点处横隔板，板厚采用 16mm；HG3 适用于钢混结合段，板厚采用 12mm。

由于主梁采用顶推施工方案，根据主梁施工时局部受力和稳定的需要，纵隔板均采用板式断面，钢箱梁内共设 2 道纵隔板，横向间距 13.9m，板厚为 16mm，以 50cm 的间距间隔设置的竖向加劲板，板厚采用 12mm。标准梁段纵隔板设人洞 1 个。纵隔板在 HG1(吊点处横隔板) 处断开，与横隔板相焊；其他位置纵隔板保持贯通。

10.5.1.2 钢-STC 轻型组合桥面结构方案

为了防止株洲枫溪大桥在长期运营中出现钢桥面疲劳开裂、沥青铺装破损等病害问题，作者团队提出了钢-STC 轻型组合桥面结构方案，如图 10.141 所示。大桥采用在 5cm STC 层，上铺 5cm AC-13 细粒式沥青混凝土。

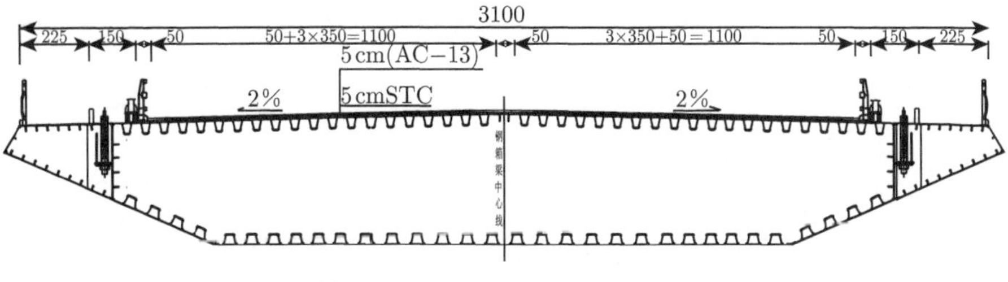

图 10.141 枫溪大桥钢-STC 轻型组合桥面结构设计方案 (单位：mm)

10.5.1.3　实桥施工

2016 年 6~8 月，枫溪大桥钢-STC 轻型组合桥面结构施工顺利进行，实桥施工照片如图 10.142 所示。

(a) 焊接栓钉

(b) 桥面四周区域防腐涂装

(c) 布设钢筋网

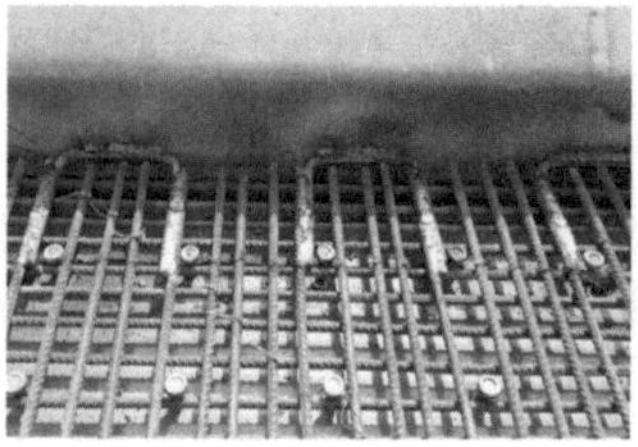
(d) 桥面四周与钢护栏连接

(e) 浇筑STC

(f) STC高温蒸汽养护

(g) 喷砂除锈

(h) 喷砂除锈完成

图 10.142　枫溪大桥钢-STC 轻型组合桥面结构实桥施工

10.5.1.4　实桥试验

1. 试验目的

枫溪大桥采用了钢-STC 轻型组合桥面结构，本次实桥测试研究主要为了通过更加符合实际行车情况的试验条件获得轮载作用下常见疲劳细节应力分布，从而确定 STC 层对各个疲劳细节的影响。结合荷兰代夫特理工大学 Leendertz 博士对正交异性板易疲劳细节的统计，选取了以下几类主要的易疲劳细节。

(1) 细节 ①：面板–纵肋焊缝。

(2) 细节 ②：纵肋底部对接焊缝。

(3) 细节 ③：纵肋–横隔板焊缝端部位置。

(4) 细节 ④：纵肋–横隔板焊缝横隔板弧形切口起点位置。

(5) 细节 ⑤：横隔板弧形切口自由边，如图 10.143 所示。

本节针对上述几类细节基于枫溪大桥进行了现场测试试验研究。

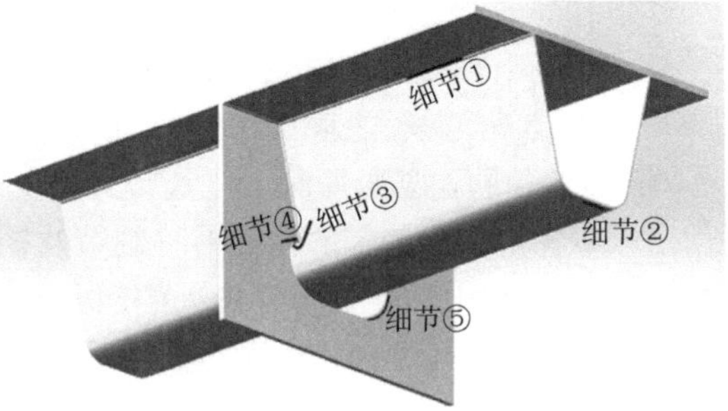

图 10.143 疲劳细节分类

2. 测试位置的选择

为了确定最大响应截面，根据设计图纸采用 Midas Civil 建立了全桥杆系有限元模型，如图 10.144 所示。钢加劲梁、混凝土梁以及混凝土主塔均采用梁单元模拟，主缆和吊杆采用桁架单元模拟并精确模拟各施工阶段，采用标准疲劳车进行加载，按照设计车速进行瞬态分析，钢箱梁顶面的应力包络结果如图 10.145 所示。

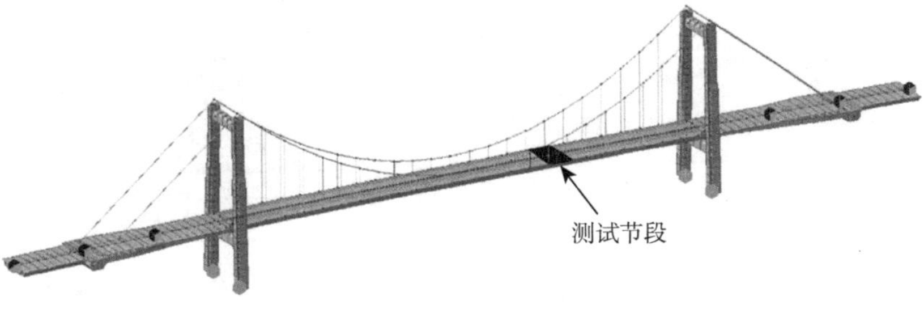

图 10.144 枫溪大桥整体杆系有限元模型

计算结果表明，钢箱梁顶面的最大应力幅出现在主跨约 2/3 的地方，位于 18#标准钢箱梁节段内，因此选取 18#标准钢箱梁节段为测试节段，如图 10.145 所示。

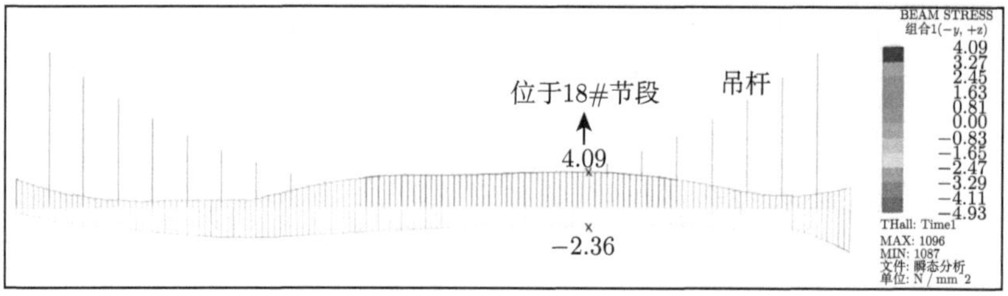

图 10.145 钢箱梁顶面的应力包络图 (彩图请扫封底二维码)

3. 试验准备

实桥测试试验的三个测试截面在纵桥向的位置分别为：18#节段的 3#横隔板的正反两面以及 2#横隔板与 3#横隔板之间的跨中截面。在横桥向选取的位置为 7#梯形加劲肋以及 6#梯形加劲肋，应变片测点位置布置如图 10.146 所示。同时为保证数据的有效性，于 7#梯形加劲肋左右两侧对称细节及横隔板正反两面共布置有 44 个测点。同时为更加精细地捕捉弧形切口处的应力响应，在 6#梯形加劲肋横隔板弧形切口处沿弧形切口切线方向，在横隔板正反两面共布置 22 个测点，如图 10.147 所示。

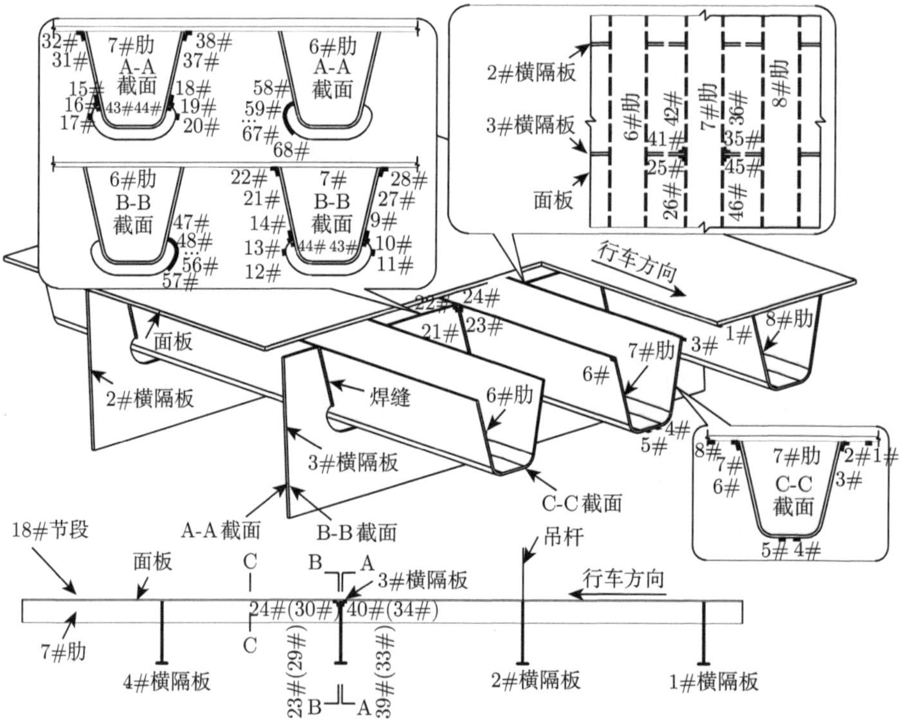

图 10.146 应变片布置示意图

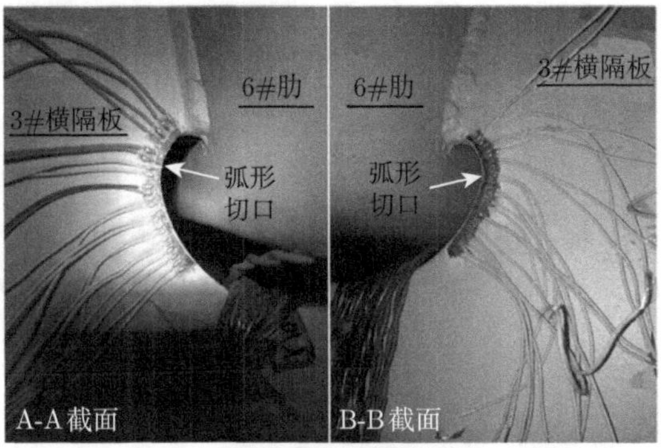

图 10.147 6#肋弧形切口应变片布置图

试验所用应变片为黏贴式电阻栅格轴向应变片，其型号为 BX120-3AA，栅格大小为 3×2mm，应变片电阻为 (119.9±0.1)Ω，灵敏度系数为 2.08±1%。黏贴应变片时将测点表面外漆打磨干净，用铅笔精确定位后，使用 α-氰基丙烯酸乙酯快速固定应变片。由于轻型组合桥面在浇筑 STC 层后会进行高温蒸汽养护，因此选用的封装胶需要耐高温且封装胶表面最好具有良好韧性，通过比选最终确定用 87 硅橡胶作为应变片的封装胶。通过导线将应变片与动态应变数据采集仪连接，并对导线的首尾两端进行编号，记录编号与测点的对应关系。在接线前后，以及在数据采集前均需要采用万用表对每个应变片进行电阻测量，对于电阻值不在 (120±1)Ω 的应变片要进行排查或重新黏贴以确保数据采集时应变片能正常工作。

动态应变数据采集仪为东华动态应变测试仪 DH-5920。每个数据采集通道均采用惠斯通半桥桥路的接线方式将测试应变片和温度补偿应变片接入桥路。由于钢箱梁内部的温度梯度较大，应尽可能地将温度补偿片放置于靠近钢箱梁顶板的地方，以减小试验的测试误差。此外，由于进行动态应变数据采集时，数据采集仪位于钢箱梁内部，钢箱梁可以基本屏蔽掉外界的电磁信号干扰。但是由于仪器外接交流电后会产生较强的干扰信号，接地线不能随意绑在钢板上或接在钢箱梁上，必须延长后引出放入河道中，这样能最大限度地降低外界的信号干扰。最终现场数据采集时，白噪声信号控制在 1MPa 以内。

4. 加载方案

根据正交异性钢桥面板的受力特性，影响钢桥面疲劳细节应力的主要是轴重大小。根据我国规范 (JTG D64-2015) 规定对于桥面系构件采用轴重为 120kN 的 4 轴标准疲劳车。

然而，枫溪大桥设计时新的钢桥规范并未颁布，因此枫溪大桥设计时采用的城-A 车辆。为保证加载车辆达到设计标准，同时结合我国实际车辆情况，最终选用常见的三轴卡车作为加载车辆，车辆几何尺寸及轴重等信息如图 10.148 所示。加载车前轮着地宽度及长度为 30cm×20cm，后轮着地宽度及长度为 60cm×20cm。通过推土车给在地磅上的加载车进行精确装载，如图 10.148 所示，确保轴重达到指定要求。铺设 STC 层前后的两次试验均采用同一加载车辆以及同一轴重。

图 10.148　现场试验加载车辆 (单位：cm)

根据正交异性板的局部受力特性，在纵桥向上选取 60m 的范围作为加载车辆的纵向加载长度，如图 10.149 所示，横桥向选择靠近下游的三个行车道作为横向加载范围，加载车辆从起始线到终止线按照 5km/h 的速度匀速直线行驶，每次行驶的横向位置间隔 10cm，如图 10.149 所示。为对比分析 STC 层对轻型组合桥面的影响，铺设 STC 层前后两种情况均采用同一加载方案。

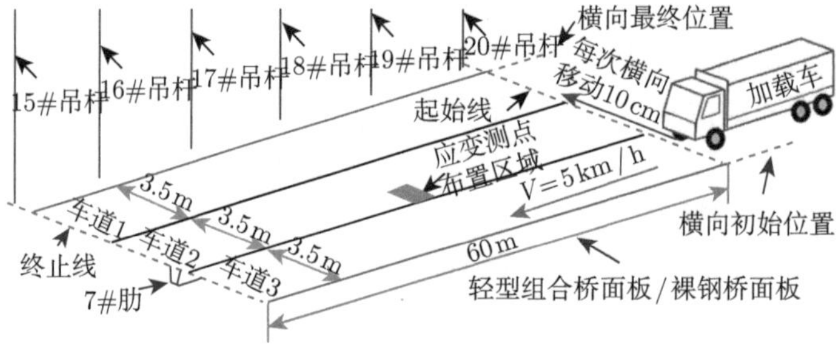

图 10.149　现场试验加载方案

5. 数据采集与处理

在仪器调试完毕后，正式开始跑车试验，当加载车开始启动时，钢箱梁内部的工作人员开始示波。当加载车以 5km/h 的速度匀速直线行驶进入起始线时，桥面上的指挥人员下发采样指令，钢箱梁内的工作人员开始进行测点应变数据采集。当加载车驶出终止线时，桥面上的指挥人员下发停止采样的指令，随之钢箱梁内部的工作人员结束采样。随后，加载车倒车回出发点在下一个横向位置处待命。在此期间，数据采集人员对采样数据进行甄别和保存，对采样数据不理想的工况进行重新跑车和数据采样。对以上过程循环往复，直至所有的横向工况完成数据采集。

对采集到的数据通常会进行滤波处理，滤波主要是为了消除外界的噪声 (如发动机的振动、交流电对电子采集仪器的电磁信号以及环境产生的噪声) 干扰，以突显轮载作用下的应力应变响应信号。本节采用傅里叶低通滤波技术处理响应信号。现场试验跑车、数据采集的照片如图 10.150 所示。

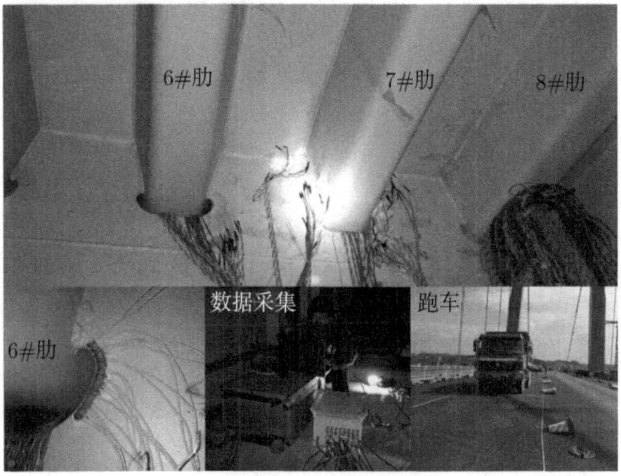

图 10.150 现场试验

6. 实桥测试结果与分析

本次实桥测试分为两阶段：第一阶段为枫溪大桥主桥钢箱梁合拢后，在铺设 STC 层前的裸钢桥面上进行加载试验；第二阶段为枫溪大桥铺设 STC 层形成轻型组合桥面之后，在即将通车的轻型组合桥面上进行加载试验。前后两次试验时间跨度长达 17 个月。本节中将给出常见疲劳细节的应力时程测试结果，并对铺设 STC 层前后的应力响应进行对比分析。由于在远离应变片的区域所采集到的应力响应信号非常小，可以忽略不计，因此以下部分仅给出了响应明显区域的实测结果。

1) 细节 ①：纵肋–面板焊缝

20 世纪 50 年代正交异性板中首次出现了闭口加劲肋，相较于开口肋，闭口肋大大提高了面板的抗扭刚度，同时由于闭口肋采用单面焊，其焊缝数量可以减少到开口肋的一半，因此闭口肋逐渐广泛应用在正交异性钢桥面板中。然而，纵肋–面板焊缝在局部轮载的作用下钢面板承受横向弯矩的往复作用，在焊趾或焊根处较易发生疲劳破坏。此外由于闭口肋与钢面板之间采用单面焊，在传力的过程中会有偏心距，放大了局部受力，焊缝未熔透、焊接残余应力以及一些可能的焊接缺陷会进一步加速纵肋–面板焊缝的疲劳破坏。根据荷兰代夫特理工大学 Leendertz 教授的统计，此类细节是闭口肋正交异性板钢桥面疲劳破坏出现最多的一类的细节。因此，纵肋–面板焊缝这一类细节也是本次研究的重中之重。

本次实桥测试，针对纵肋–面板焊缝这一细节共布置有 4 个应变测点，两个位于 7#肋纵肋–面板焊缝的面板位置处，另外两个位于 7#肋纵肋–面板焊缝纵肋位置处，应变片编号分别为 2#、3#、6#和 7#。通过分析整理，图 10.151 给出了四个测点中响应最为明显的 2#应变片在铺设 STC 层前后的应力响应曲线。同时也说明了对于纵肋–面板焊缝位置，面板处的受力比纵肋更为不利。

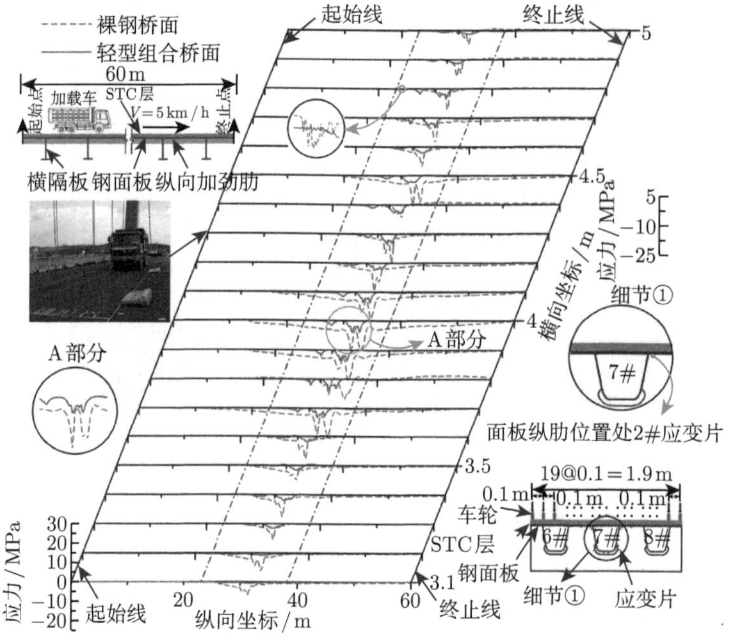

图 10.151　铺设 STC 层前后纵肋–面板焊缝的实测应力响应

从图 10.151 中可以看出，虚线代表纵肋–面板焊缝在铺设 STC 层前裸钢桥面的应力时程响应，实线代表纵肋–面板焊缝在铺设 STC 层后轻型组合桥面的应力时程响应，可以很明显地看到，铺设 STC 层后，测点的应力时程响应显著降低。由于加载车辆的低速行驶，其动力效应可以忽略不计，如图中局部放大部分的应力响应的振动，因此此时移动荷载加载可以认为是准静态加载。此外，每个车轴经过测点截面，都会产生一个对应的峰值信号，由于加载车后轴为双联轴，轴间距较小，峰值信号出现了部分重叠。峰值信号集中在一个相对狭窄的区域，如图中两条点划线之间位置，说明该细节纵向影响线较短。此外，在横桥向，远离应变测点的区域，其应力响应相对较小，说明荷载在横桥向的影响范围也较小，纵肋–面板焊缝受力呈现出明显的局部受力特性。纵观横向加载位置，可以看出，应变片产生的峰值信号是先从小变大然后再从大变小，说明纵肋–面板焊缝的应力响应对横向加载位置比较敏感。

2) 细节 ②：纵肋底部对接焊缝

正交异性板受运输能力和吊装能力的影响，不得不将钢箱梁制成节段，然后在现场将钢箱梁节段间首尾拼装和焊接。对于纵向加劲肋的连接主要有栓接和焊接两种形式，然而现场焊接受多种因素的影响，其焊接质量远不如工厂焊接。因此，不少实桥的纵肋对接焊出现了疲劳裂纹。虽然枫溪大桥的纵肋连接采用栓接处理，但是为了研究纵向梯形肋对接焊的受力特性，选取了两横隔板间的纵肋跨中位置作为研究对象，近似的表达纵向梯形肋对接焊缝在轮载作用下的受力特性。

在横隔板的约束下，每片梯形肋局部受力体系相当于跨径为横隔板间距的连续梁体系，那么梯形肋底部的最不利位置在两相邻横隔板跨中，因此通过跨中位置来考虑纵肋底部对接焊缝的最不利受力位置。本次实测试验中，在梯形肋底部位置共布置 2 个应变片 (4#应变片和 5#应变片)，如图 10.146 所示。图 10.152 给出了响应更为明显的 5#应变片在铺设 STC 层前后的应力响应曲线。从图中可以看出，虚线代表纵肋底部对接焊缝在铺设 STC 层前裸钢桥面的应力时程响应，实线代表

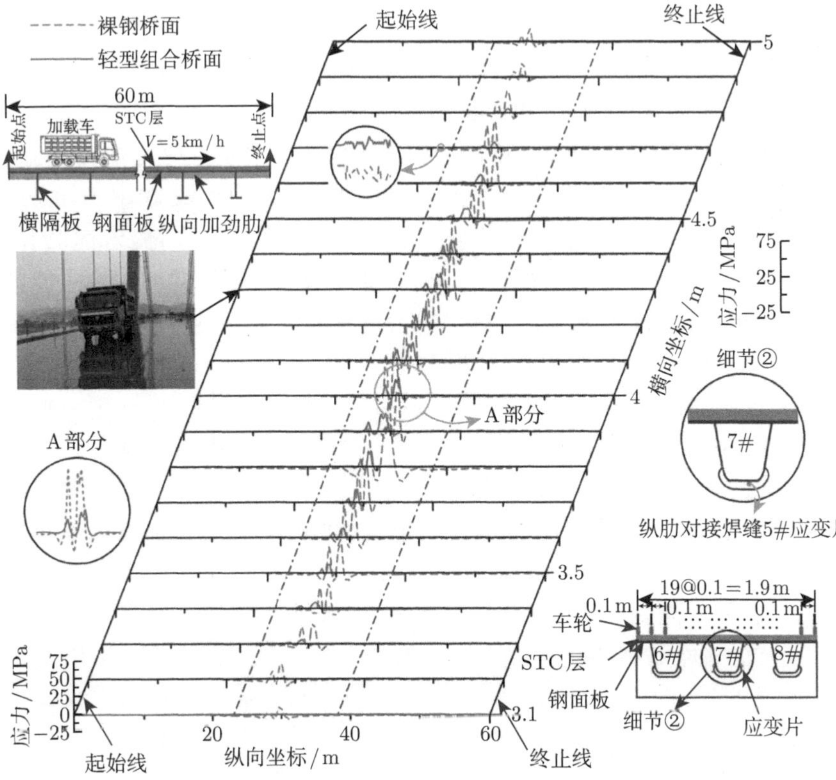

图 10.152 铺设 STC 层前后纵肋底部对接焊缝的实测应力响应

纵肋底部对接焊缝在铺设 STC 层后轻型组合桥面的应力时程响应，铺设 STC 层后，梯形肋底部的应力响应明显降低。每个车轴经过测点截面，都会产生一个对应的峰值信号，同样对于双联轴峰值信号也出现了部分重叠。沿纵桥向，峰值信号相对集中，说明纵向影响线较短，沿横桥向，峰值信号变化规律和图 10.151 类似，说明该细节对横向加载位置较敏感，同时也说明梯形肋底部为局部受力行为。

3) 细节 ③：纵肋–横隔板焊缝端部位置

纵肋–横隔板焊缝是闭口肋正交异性钢桥面控制疲劳开裂的关键构造细节，这一部位几何构造复杂，受力情况也复杂，不仅受到纵肋挠曲引起的横隔板面外变形，同时还直接承受轮载引起的畸变效应。此外，工程上多采用纵肋贯穿横隔板的方式，且在横隔板上纵肋贯穿处有弧形切口，导致了纵肋–横隔板焊缝产生了几何不连续，增大了局部的应力集中效应。因此在纵肋–横隔板焊缝端部以及纵肋–横隔板焊缝横隔板弧形切口起点位置容易发生疲劳破坏。

本次实测试验中，在纵肋–横隔板焊缝端部位置共布置有 2 个应变片 (43#应变片和 44#应变片)。图 10.153 给出了 43#应变片在铺设 STC 层前后的应力响应曲线。从图中可以看出，虚线代表纵肋底部对接焊缝在铺设 STC 层前裸钢桥面的应力时程响应，实线代表纵肋底部对接焊缝在铺设 STC 层后轻型组合桥面的应力时程响应。铺设 STC 层后，该细节的应力响应明显降低。每个车轴经过测点截面，都会产生一个对应的谷值信号。沿纵桥向，峰值信号相对集中，说明纵向影响线较短，比较有意思的是沿横桥向除了峰值应力随着横向位置发生变化外，我们还发现在横桥向的另一侧出现了峰值应力整体上漂的现象，如图 10.153 中 B 部分所示，对比 A 部分和 B 部分可以发现，细节处的应力响应线形是一致的，未铺设 STC 层时，这一现象更加明显，说明随着横向加载位置的变化，在焊缝端头处会使纵肋腹板出现较明显面外应力，且这一面外应力可以由负变到正，同时也说明了该细节对横向加载位置较敏感，局部受力行为明显。

4) 细节 ④：纵肋–横隔板焊缝横隔板弧形切口起点位置

与纵肋–横隔板焊缝端部细节类似，纵肋–横隔板焊缝横隔板弧形切口起点位置也是较易发生疲劳破坏的一类细节。

本次实测试验中，在纵肋–横隔板焊缝横隔板弧形切口起点位置共布置有 8 个应变片，在每个测点上布置两个方向的应变片，一个是沿弧形切口切向方向，另一个是沿纵肋–横隔板焊缝方向。从测试数据上看，沿弧形切口切向方向的应变片应力响应比沿纵肋–横隔板焊缝方向的应变片应力响应要大。图 10.154 给出了 13#应变片在铺设 STC 层前后的应力响应曲线。从图中可以看出，虚线代表纵肋底部对接焊缝在铺设 STC 层前裸钢桥面的应力时程响应，实线代表纵肋底部对接焊缝在铺设 STC 层后轻型组合桥面的应力时程响应，铺设 STC 层后，该细节的应力响应明显降低。每个车轴经过测点截面，都会产生一个对应的谷值信号，同样

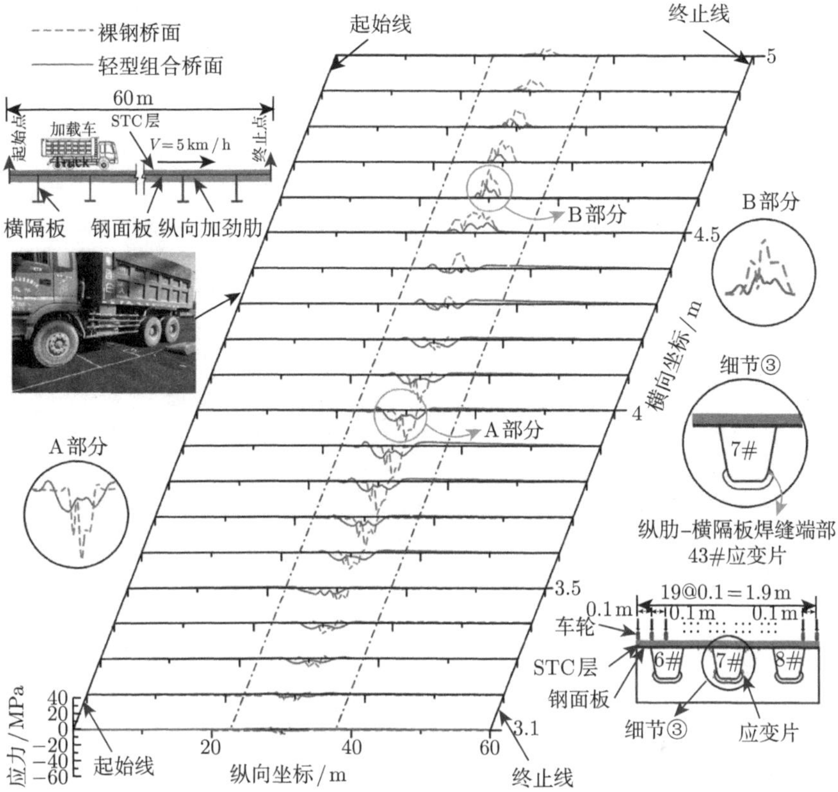

图 10.153 铺设 STC 层前后纵肋–横隔板焊缝端部实测应力响应

对于双联轴峰值信号也出现了部分重叠。沿纵桥向，峰值信号相对集中，说明纵向影响线较短，沿横桥向，峰值信号变化幅度较大，说明该细节对横向加载位置较敏感，同时也说明该细节为局部受力行为。

5) 细节 ⑤：横隔板弧形切口自由边

与以上四类细节不同的是，横隔板弧形切口自由边是属于非焊细节，其抗疲劳性能通常比焊接接头要良好，然而不少实桥被报道弧形切口自由边出现了疲劳裂纹，如虎门大桥 [17]、平胜大桥 [18]、澳大利亚西门桥 [19] 等。横隔板弧形切口自由边的疲劳性能受结构类型、局部构造形式、轮载大小及轴重等因素的影响，其开裂机理目前并未得到揭示。因此，横隔板弧形切口的疲劳性能也是本次研究的重点。横隔板的弧形切口的形式有多种，因受实桥试验的限制，本节中给出的弧形切口自由边的应力响应和受力特征均为枫溪大桥实际采用的开孔形式。

横隔板弧形切口自由边位置布置有多个测点，图 10.155 中给出了所有测点中应变响应最为明显的 11#应变片在铺设 STC 层前后的应力响应曲线。而布置在 11#应变片背面的与之对应的 17#应变片的应变响应与 11#应变片的影响结果非

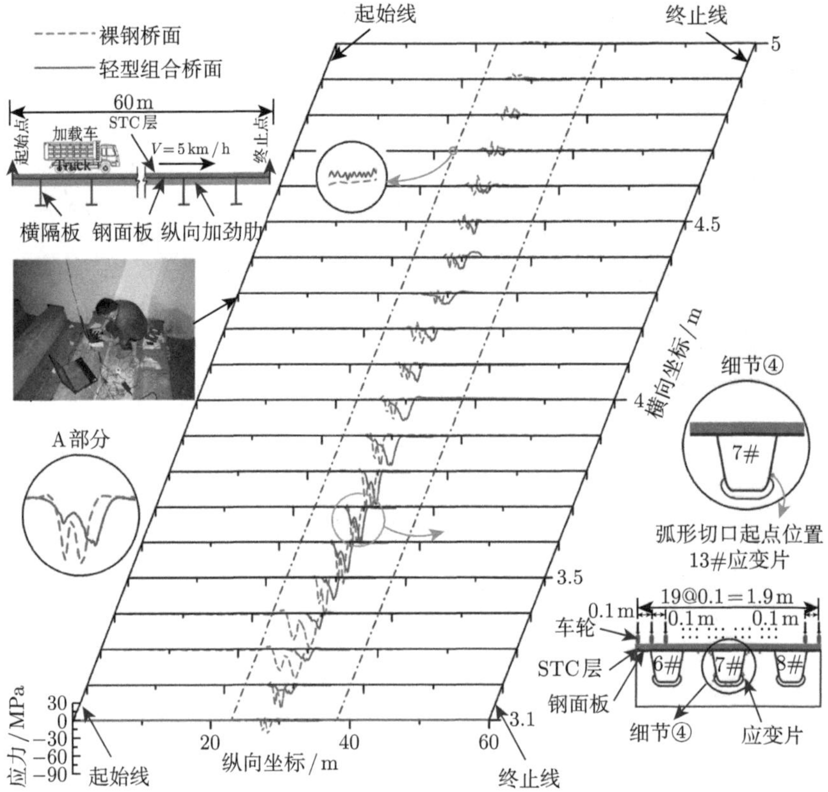

图 10.154　铺设 STC 层前后纵肋–横隔板焊缝横隔板弧形切口起点位置的实测应力响应

常接近，说明了该处细节是以面内应力占主导的，面外应力可以忽略。此外 6#纵肋下横隔板弧形切口应变测点最大应力响应的位置出现在和 11#应变片同一高度的位置，说明横隔板弧形切口的最不利位置可能是两段圆弧相交处。

从图 10.155 中可以看出，虚线代表弧形切口自由边在铺设 STC 层前裸钢桥面的应力时程响应，实线代表弧形切口自由边在铺设 STC 层后轻型组合桥面的应力时程响应。横隔板弧形切口的应力响应曲线很特殊，出现了两段受力状态相反的区域，一段为受压区域，此时轮载作用于测点上方区域；另一段为受拉区域，轮载横向偏离测点一定间距。由此可以得知，横隔板弧形切口的横向影响线相对较长，且荷载的横向作用位置不仅影响应力的大小同时还影响应力的属性。在纵桥向，不管是拉应力峰值还是压应力峰值都集中在相对较窄的区域内，说明这一细节的纵向影响线较短。在受压区段内，可以发现铺设 STC 层之后，测点的应力响应明显降低，而在受拉区域，测点的应力响应并没有降低，说明 STC 层对横隔板弧形切口这一细节的贡献作用跟轮载横向加载位置密切相关。此外，横隔板弧形切口的测点并不像纵肋–面板焊缝和纵肋底部对接焊的应变测点，每个车轴经过都会产生一个对应的峰值信号，在铺设 STC 层之前，只能看到很明显的两个峰值信号，在铺设 STC 层之后，尤其是出现拉应力的区域，只能看到一个明显的峰值信号，说明横隔板弧形切口的应力大小不是车辆的总重控制的，而是单轴轴重或者一组轴 (双联轴或三联轴) 轴重控制的，此外铺设 STC 层之后可能改变了横隔板弧形切口的受力属性。

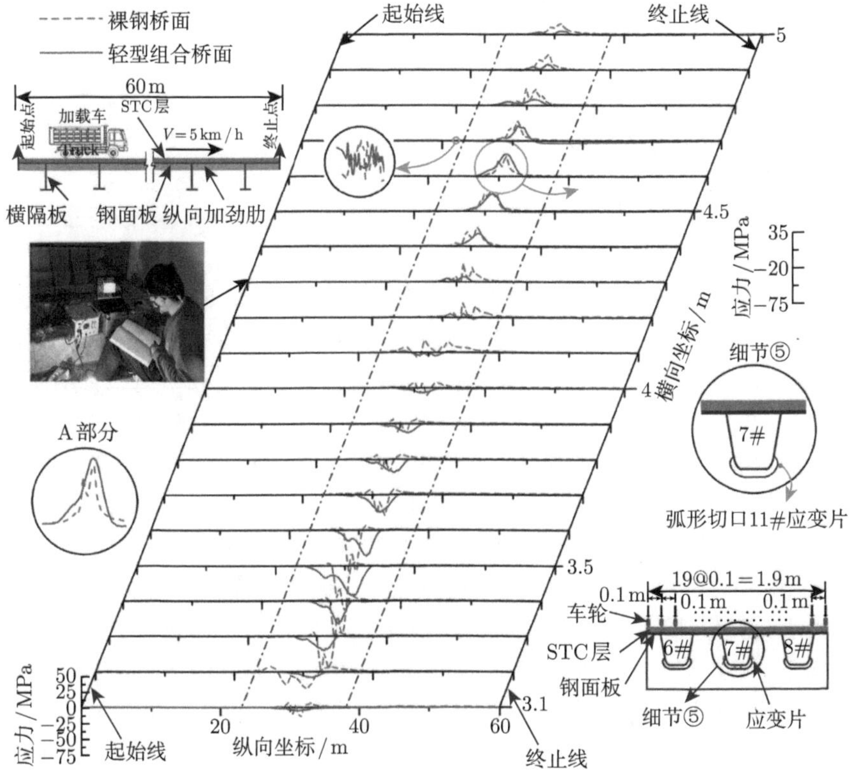

图 10.155 铺设 STC 层前后横隔板弧形切口自由边的实测应力响应

为进一步研究横隔板弧形切口自由边的受力性能，将铺设 STC 层后，6#肋横隔板弧形切口自由边上的 11 个应变片分别在出现最大拉应力和最大压应力的两个工况下的应力响应数据给出。从图 10.156 中可以看出，在同一工况下，横隔板弧形切口自由边上的测点的应力响应数据的变化趋势基本相同，仅峰值大小有差异。当其中某一测点的应力响应为拉应力时，其他测点的应力响应也均为拉应力，当其中某一测点的应力响应为压应力时，其他测点的应力响应也均为压应力，说明横隔板弧形切口自由边的受力性能是相似的。不管是最大拉应力工况还是最大压应力工况，同一时刻下相邻应变片之间的应力响应值差别不大，表明横隔板弧形切口自由边应力过渡较为平滑。对于最大拉应力工况，加载车行驶过去后，11 个应变片

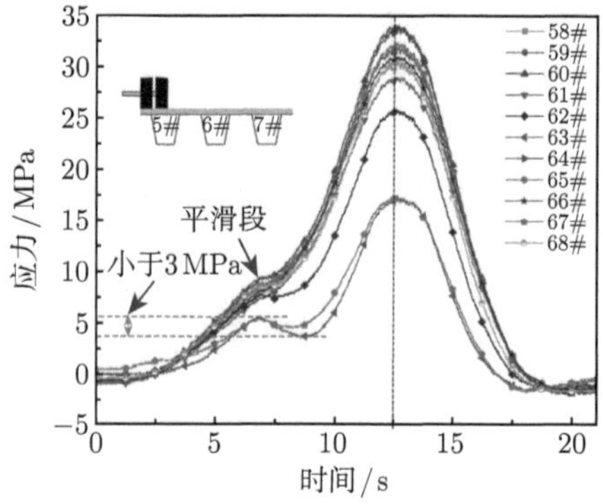

(a) 最大拉应力工况

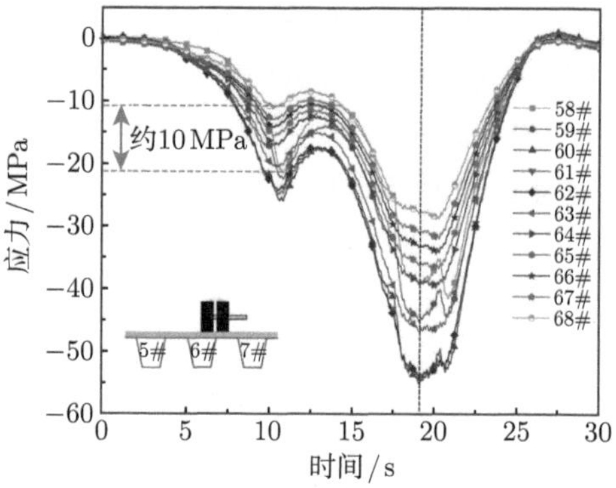

(b) 最大拉应力工况

图 10.156　铺设 STC 层后 6#肋横隔板弧形切口自由边实测应力响应 (彩图请扫封底二维码)

均产生了一个明显的较大的应力峰值，仅有 67#应变片和 63#应变片另外还出现了一个较小的应力峰值，且幅值小于 3MPa，小于规范中的常幅疲劳极限幅值，可忽略，其他 9 个应变片均出现了一个较小的平滑段，由于加载车是三轴卡车，可以推断出，较小的应力峰值和平滑段均为加载车前轴产生的应力响应，较大的应力峰值为后轴的双联轴产生的应力响应。而双联轴的两个轴距离较近，且测点离面板较远，由于信号的叠加，因此仅出现了一个峰值。对比最大拉应力峰值，可以看出，峰值应力的大小并不是随着应变片的位置线性增大或者线性减小，而是随着应变片从上到下先增大然后减小再增大然后再减小，说明横隔板弧形切口自由边的应力响应大小与弧形切口的线形密切相关。枫溪大桥采用的弧形切口形式，在最大拉应力工况下，60#应变片和 64#应变片的最大峰值应力是 11 个应变片中最大的两个，且峰值非常相近。对于最大压应力工况，加载车行驶过去后，出现了两个明显的谷值，对于较小的谷值，在 11 个测点中产生的最大幅值为 10MPa，小于规范中的常幅疲劳极限幅值，因此较小的谷值产生的疲劳损伤贡献可以忽略不计。由于加载车是三轴卡车，与最大拉应力工况类似，较小谷值是由加载车前轴产生的应力响应，较大谷值是由后轴双联轴产生的应力响应，由于双联轴的两个轴距离较近，信号叠加，因此仅出现了一个谷值。对比最大谷值响应，可以看出，谷值应力的大小并不是随着应变片的位置而线性增大或线性减小，而是随着应变片从上到下的位置，先增大再减小，最大的谷值应力出现在 60#测点，且邻近的两个测点 61#测点和 62#测点的最大谷值与 60#测点相差很小，与最大拉应力工况不一样的是，随着应变片从上到下的布置，最大拉应力工况下出现了两个极值，而最大压应力的工况下，仅出现了一个极值，说明了横隔板弧形切口自由边，在拉应力状态下和压应力状态下是不一样的。另一方面，最大拉应力和最大压应力都出现在了 60#测点，说明 60#测点的位置是横隔板弧形切口自由边的最危险位置，即两段弧线相接的地方。此外，从横向加载位置可以看出，产生最大压应力时，车轮的横向作用位置正好在 6#肋横隔板弧形切口自由边的正上方，而产生最大拉应力时，车轮的横向作用位置则离 6#肋横隔板弧形切口自由边有一定偏离，从而进一步说明横隔板弧形切口自由边对车轮的横向加载位置非常敏感，且车轮的横向加载位置可能会改变横隔板弧形切口自由边的受力特征。

60#测点是横隔板弧形切口自由边应力响应最显著的测点，但是其应力响应仅反映了 18#节段 3#横隔板 A-A 截面 (横隔板正面) 上应力特性，要客观的评价横隔板弧形切口自由边的力学特性，还需从面内应力和面外应力的角度考虑，因此，还需要 B-B 截面 (横隔板反面) 上与 60#测点对应的 49#测点在同一工况下的应力响应，根据式 (10.3) 和式 (10.4) 计算面内应力和面外应力：

$$\sigma_{\text{in}} = (\sigma_{\text{A}} + \sigma_{\text{B}})/2 \tag{10.3}$$

$$\sigma_{\text{out}} = (\sigma_{\text{A}} + \sigma_{\text{B}})/2 \tag{10.4}$$

式中，σ_{in} 和 σ_{out} 分别为面内应力和面外应力，σ_{A} 和 σ_{B} 分别为横隔板正面应力和反面应力。将 60#测点和 49#测点分别在最大拉应力工况和最大压应力工况下的应力响应以及相应的面内应力响应与面外应力响应绘制在图 10.157 中。

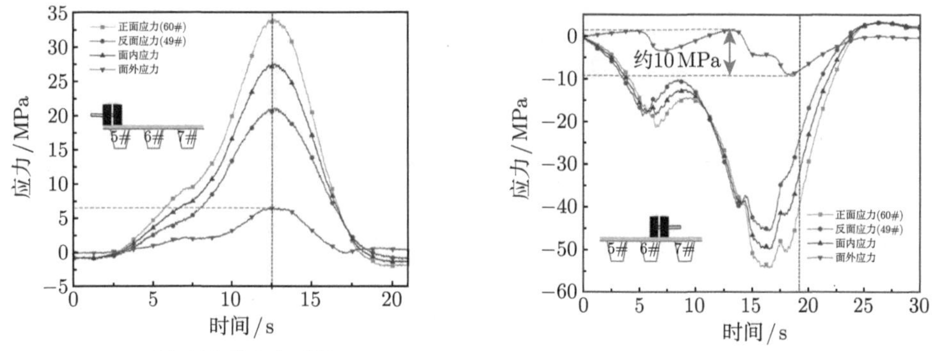

(a) 最大拉应力工况　　(b) 最大拉应力工况

图 10.157　铺设 STC 层后 6#肋横隔板弧形切口面内应力与面外应力响应

从图 10.157 中可以看出对于最大拉应力工况，横隔板弧形切口自由边的正面应力、反面应力、面内应力和面外应力的应力响应线形基本相似，仅应力大小有所区别，其中面内应力远大于面外应力，且面外应力产生的幅值约为 6MPa，小于规范中的常幅疲劳极限幅值，因此可忽略不计。而对于最大压应力工况，横隔板弧形切口自由边的正面应力、反面应力、面内应力的应力响应线形基本相似，仅应力大小有所差异。而面外应力的响应线形却与其他三种相差较大，究其原因，可能是正面应力和反面应力虽然线形相似，然而却有较小的时间差，在处理面外应力时，由于正面应力与反面应力的轻微的错位，导致了面外应力最终的线形与前三种差异较大。此外，面外应力的最大峰值与最大谷值相差约为 10MPa，小于规范中的常幅疲劳极限应力幅，因此面外应力的贡献可以忽略不计。两种工况均说明对于横隔板弧形切口自由边其面外应力响应的贡献可以忽略不计，并且以面内应力响应为主导。

7. 测试结果对比讨论

前文仅给出了正交异性钢箱梁常见疲劳细节在铺设 STC 层前后的应力响应曲线，对应力响应曲线的特征进行了描述和说明，反映了疲劳细节在局部轮载作用下的受力特征。本节将从应力幅的角度对铺设 STC 层前后正交异性钢箱梁内常见的 5 类细节现场试验数据进行分析处理，挑选出所有加载工况中每种细节在铺设 STC 层前后的最大拉、压应力，按照较为保守的方式取细节处的应力幅为 $\Delta\sigma = \sigma_{\max} - \sigma_{\min}$。将这 5 类细节铺设 STC 层前后的应力幅结果以及应力降幅结果绘制于图 10.158 中。

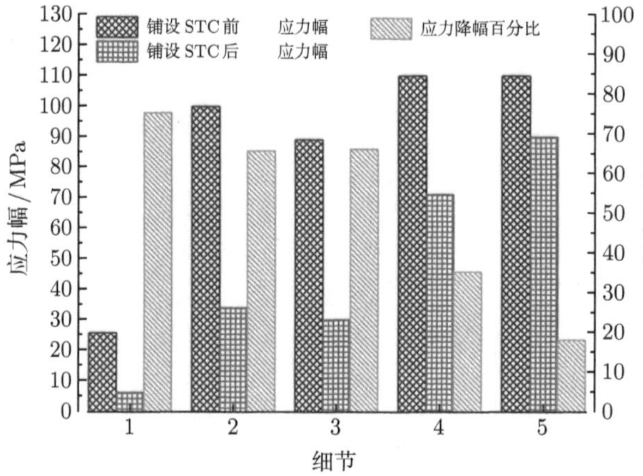

图 10.158 铺设 STC 层前后各细节应力幅及降幅百分比

从图 10.158 中可以看出，铺设 STC 层后所有细节的应力幅都有明显降低。对于面板上细节：细节 ① (纵肋–面板焊缝) 铺设 STC 层前其应力响应最为明显，铺设 STC 层后应力幅降幅最为明显，降幅为 75.40%。可以看出，STC 层对面板上细节的应力降幅效果显著，说明了 STC 层大大提高了轻型组合桥面的刚度。

将纵肋上两处细节：细节 ② (纵肋底部对接焊缝) 和细节 ③ (纵肋–横隔板焊缝端部位置) 测试结果进行比较，可以发现，铺设 STC 层前细节 ② 的应力响应比细节 ③ 明显。而 STC 层对应力幅降幅则是细节 ③ 更为明显的，降幅为 66.23%，而细节 ② 的应力幅降幅比细节 ③ 略小，为 65.82%。可以看出，STC 层对肋板上的细节的应力降幅效果较好，应力降幅约为 65%。从细节到面板的距离来看，细节

② 和细节 ③ 离面板的距离相近，二者的应力降幅也相近。

将横隔板上两处细节：细节 ④ (纵肋–横隔板焊缝横隔板弧形切口起点位置) 和细节 ⑤ (横隔板弧形切口自由边) 测试结果进行比较，可以发现，铺设 STC 层前细节 ④ 和细节 ⑤ 的应力响应均非常明显，且两处细节的应力幅基本相等。而 STC 层对应力幅降幅则是细节 ④ 更为明显，降幅为 35.31%，而细节 ⑤ 的应力幅降幅为 18.05%。可以看出，STC 层对横隔板上细节的应力降幅效果明显，但是不同位置表现出的差异较大，其应力降幅约为 20%~35%。从细节距离面板的距离考虑，铺设 STC 层后离面板近的细节其应力降幅更为明显，说明细节的应力降幅与细节离面板的位置有关。

将弧形切口附近三处细节：细节 ③ (纵肋–横隔板焊缝端部位置)、细节 ④ (纵肋–横隔板焊缝横隔板弧形切口起点位置)、细节 ⑤ (横隔板弧形切口自由边) 测试结果进行比较，可以发现，铺设 STC 层前细节 ⑤ 的应力响应最为明显，其次为细节 ④，最后为细节 ③。而 STC 层对应力幅降幅最为明显的是细节 ③，降幅为 63.01%；其次是细节 ④，降幅为 35.31%，最后是细节 ⑤，降幅为 18.05%。值得注意的是 STC 层对弧形切口最大拉应力响应的减弱作用较小。另外弧形切口的切口形式，切口尺寸，切口起点深度等都对弧形切口附近构造细节的应力幅有显著的影响，且相较于其他细节而言，STC 层对弧形切口附近的构造细节应力降幅较小，因此有必要针对弧形切口附近构造细节进行深入研究。

对比 5 类细节的测试结果，铺设 STC 层后，钢面板与 STC 层形成一个整体，大大提高了桥面板面层刚度，因而所有细节在铺设 STC 层后均应力幅会降低，其中面板上的细节应力幅降幅比例最大，应力降幅高达 75%；其次为纵肋上的细节，应力降幅约为 65%；最后为横隔板上的细节，应力降幅约为 20%~35%。同时应力降幅表现出与细节离面板的距离有关，随着距离的减小，STC 层对细节应力降幅越明显。

10.5.2 杭瑞高速洞庭湖大桥

10.5.2.1 大桥概况

湖南临湘至岳阳的高速公路是杭瑞国家高速公路环洞庭湖的关键路段，岳阳洞庭湖二桥东连岳阳市区，西至君山，是临岳高速的控制性工程。洞庭湖大桥全长 2390.18m，其中主桥长 1933.6m，包括主跨 1480m+ 边跨 453.6m。桥型为双塔双跨钢桁梁悬索桥；主梁采用板桁结合型钢桁加劲梁。加劲梁全宽为 35.4m，桥面系宽为 33.5m。洞庭湖二桥按照双向六车道设计，行车速度为 100km/h。该桥的布置方式为 3×60m 等截面悬浇连续钢构 + (1480+453.6)m 钢桁梁悬索桥 + ($34.58+4\times60.5$)m 等截面悬浇连续梁，桥全长 2390.18m，该桥桥型布置如图 10.159 所示。

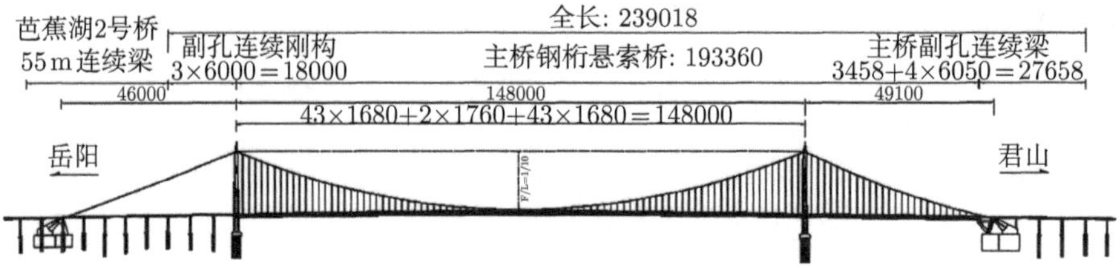

图 10.159　洞庭湖二桥主桥桥型布置 (单位: cm)

洞庭湖二桥主梁采用板桁结合钢桁加劲梁方案，设计时考虑板桁的共同作用。全桥钢桁梁共分 115 个梁段，中跨 88 个，君山侧边跨 27 个。主桁高 9m，桁宽 35.4m，一个标准节段长度为 16.8m，标准节段重量约 370t，节段最大重量约为 587t。上弦杆和下弦杆选用箱形截面；大部分腹杆选用箱形截面，只有梁端及索塔处部分腹杆选用 H 形截面。主桁节点采用焊接整体节点板，节点板在节段内部与 H 形腹杆采用焊接连接，节段之间腹杆采用螺栓连接。桥面结构形式为轻型组合桥面结构。桥面板横向支撑于主桁上弦杆和中央纵梁，纵向支撑于横梁和横肋，桥面板与主桁架焊接连接，横肋与主桁栓结。主梁标准断面如图 10.160 所示。

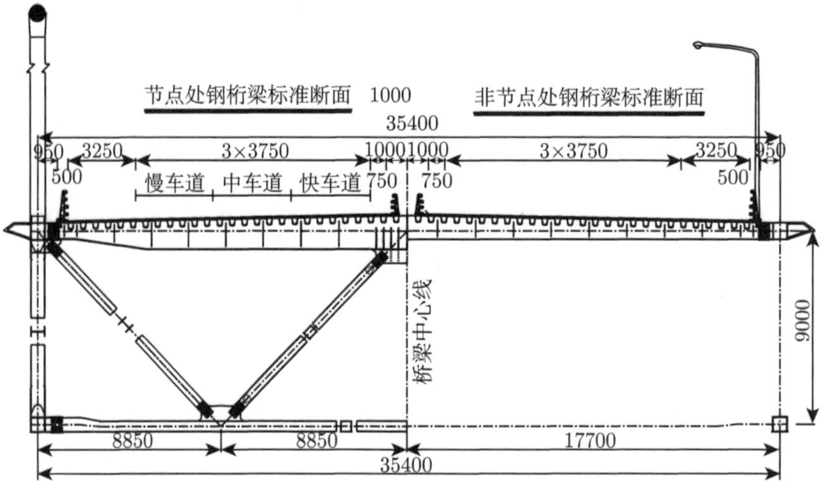

图 10.160　洞庭湖二桥主梁断面 (单位: mm)

10.5.2.2　钢-STC 轻型组合桥面结构方案

为防止杭瑞高速洞庭湖大桥在长期运营中出现钢桥面疲劳开裂、沥青铺装破损等病害，该桥采用了钢-STC 轻型组合桥面结构方案，具体如下。

钢顶板厚 12mm，吊点处横梁厚 20mm，非吊点处横肋厚 16mm，每隔 2.8m 设置一道横梁或横肋；U 肋的口底宽分别为 300mm 和 170mm，高 280mm，厚 8mm。

在钢桥面顶板上焊长度为 35mm，直径为 13mm 的栓钉，栓钉间距 150mm，并浇注 50mm 厚的 STC 层。栓钉布置位置如图 10.161 所示。

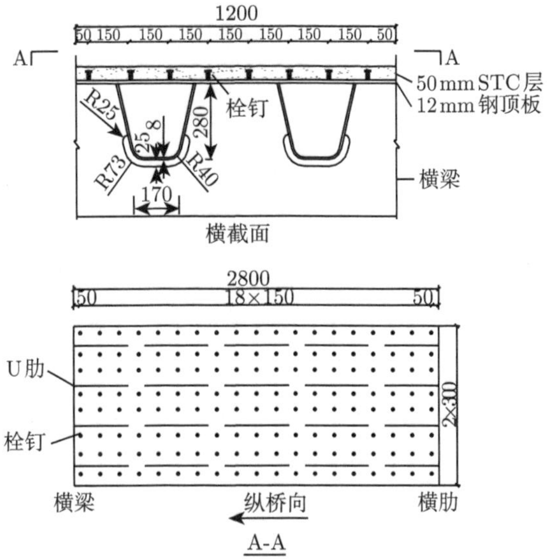

图 10.161 栓钉布置图 (单位：mm)

栓钉：规格 Φ13mm×35mm，间距 150mm×150mm；钢筋网：Φ10mm HRB400 纵、横钢筋网，间距 37.5mm；STC 厚度：STC25，厚度 45mm；黏结层：改性环氧树脂，0.8kg/m^2；磨耗层：40mm SMA13。

10.5.2.3 计算分析

1. 整体模型计算

首先采用专用线性计算程序计算洞庭湖二桥主缆线形，并以此为基础建立 Midas Civil 整体有限元模型，如图 10.162 所示。在模型中，主缆和吊索采用索单元模拟，桥塔、加劲梁桁架用梁单元模拟，钢桥面板用板单元模拟，养护完成的 STC 结构层采用实体单元模拟，刚浇筑的 STC 层仅考虑其自重。根据实际情况对各桥梁构件的材料特性进行赋值，其中钢桥面板的弹性模量、密度、泊松比分别为 206GPa、7850kg/m^3、0.3，STC 结构层的弹性模量、密度、泊松比分别为 40GPa、3004kg/m^3、0.2。

有限元模型的边界条件如下：塔底输入桩基等效刚度；加劲梁在岳阳塔横梁处竖向位移采用主从约束，横向与塔柱采用只受压弹性连接；加劲梁在君山锚碇处竖向位移采用主从约束，横向与锚碇挡块采用只受压弹性连接；在君山塔横梁处仅横向与塔柱采用只受压弹性连接。

由于杭瑞高速洞庭湖大桥为大跨悬索桥，桥面刚度较低，为防止 STC 层在浇

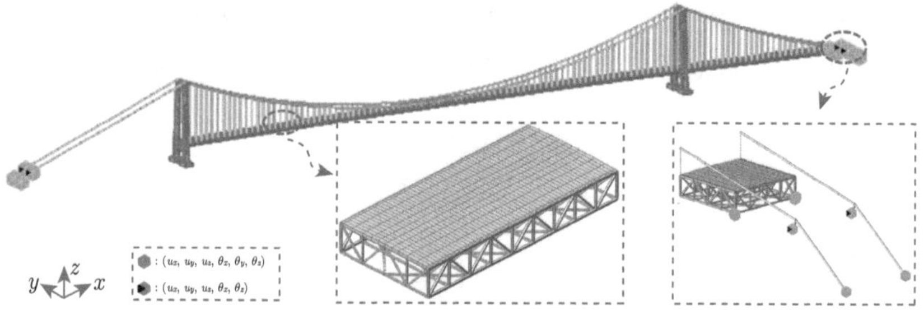

图 10.162　杭瑞高速洞庭湖大桥整体有限元模型

筑中开裂，采用了分次浇筑方案，具体浇筑分块方法见本章后文。计算中考虑了 STC 层分次浇筑施工过程，同时，根据《公路桥涵设计通用规范》，考虑了运营中的车道荷载和温度荷载。

根据杭瑞高速洞庭湖大桥整体有限元计算结果，在最不利荷载作用下，轻型组合桥面结构 STC 层的最大拉应力为 9.0MPa。

2. 局部模型计算

1) 有限元建模

钢桥面板疲劳细节应力主要受第二、三体系的影响。本节采用大型通用有限元程序 ANSYS 建立两个加劲梁标准节段模型，纵向长度为 2.8m×6=16.8m，横桥向取半桥宽，节段模型如图 10.163 所示。模型采用低阶单元，所以对 a 类型和 c 类型热点采用两点线性外推 (外推点取 0.4t、1.0t)，对 b 类型热点采用三点二次外推 (外推点取 4mm、8mm、12mm)。模型中各疲劳细节处的网格尺寸都严格按照外推点要求划分。

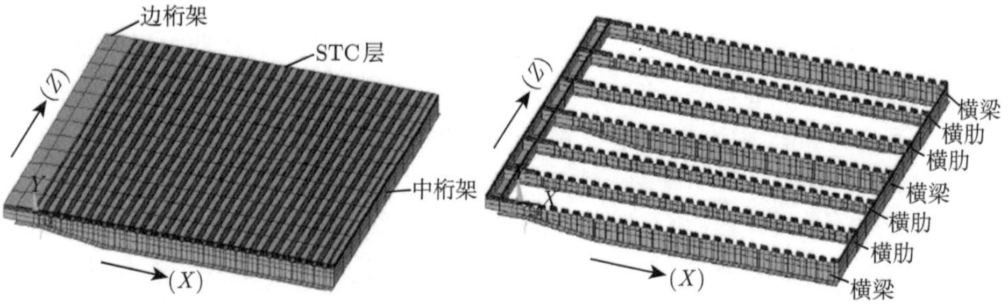

图 10.163　钢箱梁节段模型

在节段模型中，横桥向为 X 轴，纵桥向为 Z 轴，竖向为 Y 轴。在悬索桥吊索处约束节点竖向自由度；在道路中心线截面上，选用横向对称约束；为防止结构刚体转动，选取模型两纵向端部节点约束其纵向平动自由度以及绕竖向和横向的转动自由度。由于模型尺寸较大，且本节验算疲劳细节位置距边界较远，根据圣维南原理，认为上述边界条件对细节的应力计算影响很小。

2) 纯钢板状态下计算结果

表 10.16 给出了纯钢板状态下，疲劳加载车辆处于不同工况时，各典型疲劳细节的应力情况分布。

表 10.16 纯钢板各工况下各细节应力最大值和最小值 (单位：MPa，拉 + 压 −)

纵向	横向		细节①	细节②	细节③	细节④	细节⑤	细节⑥
①	方式一	最小值	−131	−62.9	−13.5	0	0	−18.4
		最大值	1.6	43.1	26.1	26.2	41.5	72.9
	方式二	最小值	−133.6	−61.8	−18.7	0	0	−18.3
		最大值	−2.6	45.8	24.9	25.3	41.7	66.5
	方式三	最小值	−128.1	−52	−20.9	0	0	−18.8
		最大值	−2.9	28.5	20.4	20.8	41.5	71.5
②	方式一	最小值	−2.3	−8.9	−10	0	0	−19.8
		最大值	−16.6	24	39	39.7	48.5	38.2
	方式二	最小值	−2	−11.1	−23.8	0	0	−21.3
		最大值	−16.6	21.2	39.6	40.1	48.3	37.6
	方式三	最小值	−1.2	−11.2	−30.4	0	0	−21.9
		最大值	−83	17.1	31.5	31.2	48	37.5
③	方式一	最小值	−2.2	−21.1	−7.3	0	0	−25.8
		最大值	−77.6	48	51.5	52.3	56.4	51.1
	方式二	最小值	−1.6	−19.6	−24.8	0	0	−24.9
		最大值	−78.8	57.4	55.6	54.8	56.2	46.2
	方式三	最小值	−2	−18.5	−37.5	0	0	−28.2
		最大值	−30.2	35.3	44.1	44.6	56	49.5
④	方式一	最小值	8	−18.4	−10.7	0	0	−30.1
		最大值	−27.8	21.4	65.7	65.9	64.7	53.7
	方式二	最小值	3	−17.1	−26.2	−0.9	0	−27
		最大值	−25.3	22.1	75.1	72.4	64.6	49.6
	方式三	最小值	5.1	−16.8	−45.4	0	0	−31.9
		最大值	−131.7	21.6	62.5	60	64.5	53
⑤	方式一	最小值	−5.3	−62.5	−14.4	1	0	−19.9
		最大值	−132.9	43.2	59.9	61.7	71.3	59.6
	方式二	最小值	−4.6	−62.5	−15.5	0	0	−17.3
		最大值	−127.1	44.9	71.5	68.9	71.4	53.3
	方式三	最小值	−4.6	−52.6	−34.5	−0.3	0	−21.8
		最大值	−16.9	27.6	64.2	61	71.4	57.4
⑥	方式一	最小值	0.1	−6.4	−16.7	0.9	0	−24.5
		最大值	−15.6	24.5	63.8	65.3	73.5	18.6
	方式二	最小值	0.8	−5.8	−11.8	0	0	−23.1
		最大值	−15.3	19.7	79.2	80.8	73.7	17.5
	方式三	最小值	−0.9	−5.7	−32.5	0	0	−25
		最大值	−2.3	16.9	74.5	75.5	73.6	18.4

以加载工况 6-方式二为例，图 10.164~图 10.166 分别给出了纯钢板状态下顶板、U 肋和横梁处的应力云图。由图可知，纯钢板在轮载的作用下，其受力状态表现出了很强的局部性。

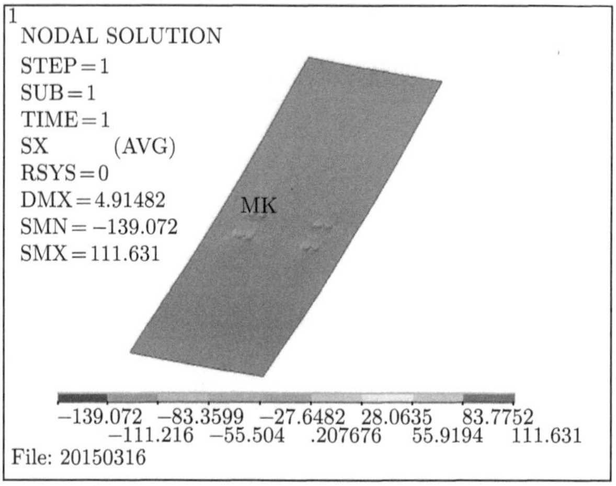

图 10.164　纯钢板顶板横桥向应力云图 (彩图请扫封底二维码)

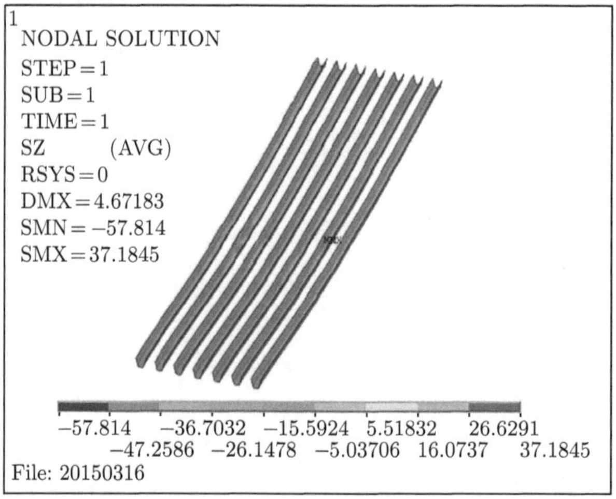

图 10.165　纯钢板 U 肋纵桥向应力云图 (彩图请扫封底二维码)

3) 采用 50mm 厚 STC 层的轻型组合桥面板

与传统正交异性钢桥面板不同，轻型组合桥面结构是在钢顶板上铺设一定厚度的 STC 层，然后通过抗剪连接件与钢顶板形成有效连接，从而取代了传统的铺设沥青混合料的做法。由于 STC 层具有沥青混合料所无法比拟的超强刚度，能较

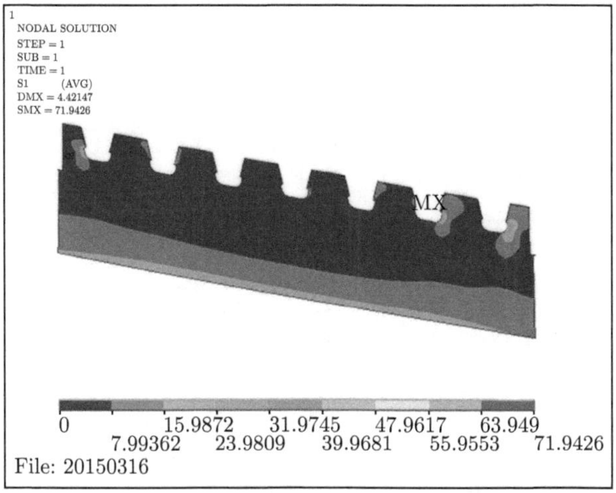

图 10.166 纯钢板横梁主应力云图 (彩图请扫封底二维码)

好地和钢结构一起协同受力，展示了良好的铺装和抗疲劳前景。表 10.17 给出了采用 50mm 厚 STC 层的轻型组合桥面结构下，疲劳加载车辆处于不同工况时，各典型疲劳细节的应力情况分布。

表 10.17 轻型组合桥面结构各工况下各细节应力最大值和最小值(单位：MPa，拉 + 压 −)

纵向	横向		细节①	细节②	细节③	细节④	细节⑤	细节⑥
①	方式一	最小值	−18.3	−30.3	−6.6	0	0	−20.7
		最大值	−2.5	19.6	19.5	22.5	31.7	43.4
	方式二	最小值	−18.1	−28.2	−8.8	0	0	−20.8
		最大值	−3.1	19.2	18.8	21.7	31.6	41.2
	方式三	最小值	−18.4	−29.8	−10.1	0	0	−21.1
		最大值	−2.8	17.1	17.1	19.5	31.4	42.8
②	方式一	最小值	−9.4	−7.9	−5.3	0	0	−22.5
		最大值	−2	22.1	28.5	32.6	36.6	26.8
	方式二	最小值	−9.7	−10.8	−11.6	0	0	−23.2
		最大值	−2.2	20.5	27.6	31	36.3	27.6
	方式三	最小值	−10.3	−12	−15.6	0	0	−23.3
		最大值	−1.8	17.6	22.6	25.4	36	27.5
③	方式一	最小值	−14.9	−15.4	−1.6	0.8	0	−23.8
		最大值	−2.3	16.6	38	42.8	42.5	28.2
	方式二	最小值	−14.1	−13.5	−12.3	0	0	−25.5
		最大值	−2.3	16.8	36.5	40.7	42.1	26.4
	方式三	最小值	−12.3	−13.2	−19.8	0	0	−26.5
		最大值	−2.6	16.2	30.2	33.5	41.8	27.3

续表

纵向	横向		细节①	细节②	细节③	细节④	细节⑤	细节⑥
④	方式一	最小值	−13.8	−17.2	3	3.7	0	−25.4
		最大值	1.1	20.6	46.7	51.7	48.8	26.6
	方式二	最小值	−14.3	−14.6	−10.5	0	0	−25.4
		最大值	0.3	18.5	46.8	51	48.8	26.4
	方式三	最小值	−13.1	−14.4	−22.1	0	0	−28.2
		最大值	−0.8	16.5	39.8	42.9	48.5	27.2
⑤	方式一	最小值	−18.4	−29.7	−1.2	0.2	0	−18
		最大值	−2.9	20.8	40.9	44.8	53.9	32.4
	方式二	最小值	−18.6	−27.8	−5.5	−0.6	0	−17.1
		最大值	−3.6	20.2	44.6	47.8	53.7	30.5
	方式三	最小值	−18.3	−29	−14.3	−0.7	0	−19.7
		最大值	−3.8	17.5	40.4	43.4	53.5	31
⑥	方式一	最小值	−9.3	−5.8	−3	0	0	−23.1
		最大值	−0.4	26.4	43.6	50.3	56	9.7
	方式二	最小值	−9.4	−5.1	−7.1	0	0	−20
		最大值	−0.7	22.7	49.4	56.7	55.8	9.8
	方式三	最小值	−9.3	−4.5	−10.9	−0.3	0	−22.7
		最大值	−1.8	18.1	46.2	53.4	55.7	9.8

以加载工况 6-方式二 (纵向–横向) 为例，图 10.167~图 10.169 分别给出了轻型组合桥面状态下顶板、U 肋和横梁处的应力云图。由图可知，局部性依然明显。

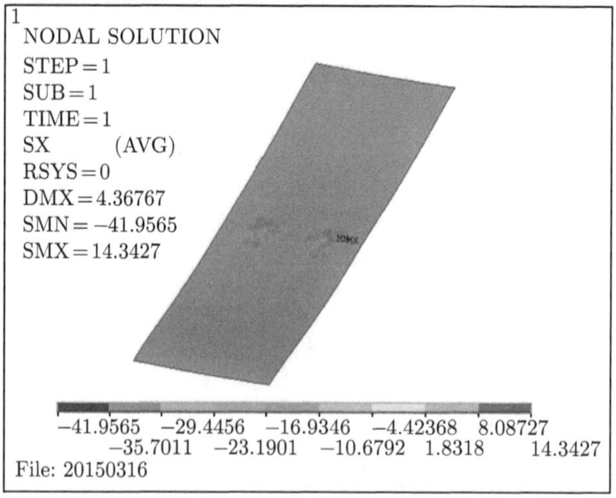

图 10.167　轻型组合桥面结构顶板横桥向应力云图 (彩图请扫封底二维码)

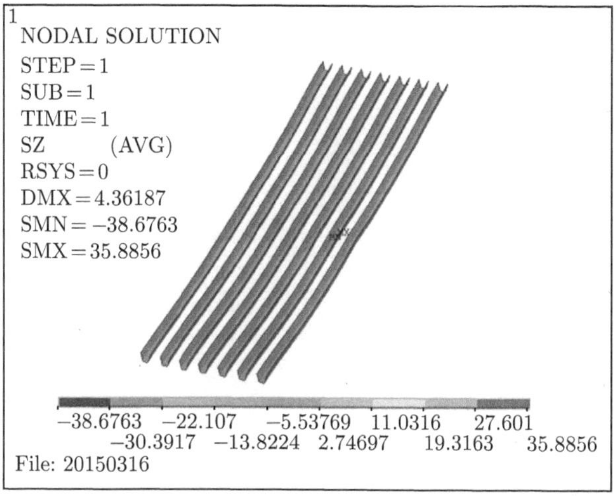

图 10.168 轻型组合桥面结构 U 肋纵桥向应力云图 (彩图请扫封底二维码)

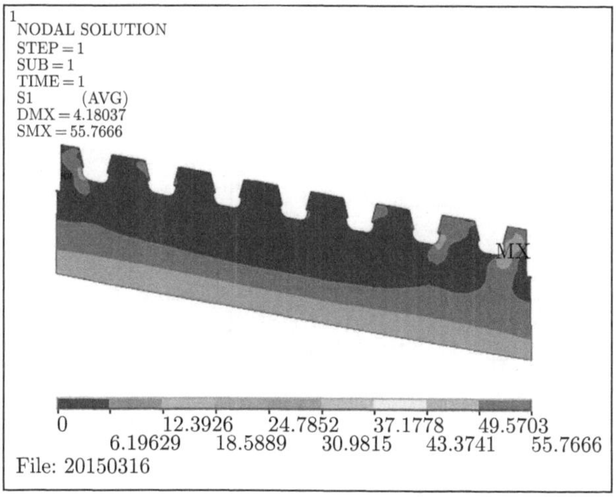

图 10.169 轻型组合桥面结构横梁主应力云图 (彩图请扫封底二维码)

4) 结果对比

(1) 最不利加载工况与最不利位置对比。

表 10.18 汇总了纯钢板和 50mm 厚 STC 层轻型组合桥面结构的最不利疲劳细节位置以及最不利疲劳细节所处的最不利加载工况 (横梁 1 与横肋 1 为第一跨中，以此类推)。

由表 10.18 可知，纯钢板和铺设 50mm 厚 STC 层轻型组合结构的最不利疲劳细节位置以及最不利加载工况可能会发生改变，这是因为 50mm 厚 STC 层引起了铺装层的扩散效应。

表 10.18　各细节应力最值状态下所在荷载工况(单位: MPa，拉 + 压 −)

		细节编号					
		①	②	③	④	⑤	⑥
应力参数		S_X	S'_Y/S''_Y	S'_Y/S''_Y	S_1	S_1	S_Z
纯钢板	最不利位置	5#肋第二跨中	2#肋第二跨中	6#肋横梁 2	6#肋横梁 2	7#肋横梁 2	6#肋第二跨中
	最不利工况	1-方式二	1-方式一	6-方式二	6-方式二	6-方式二	1-方式一
	应力/MPa	−132.2	−62.9	79.2	80.8	73.7	56.1
50mm STC 层	最不利位置	5#肋第三跨中	2#肋第二跨中	5#肋横梁 2	5#肋横梁 2	7#肋横梁 2	5#肋第二跨中
	最不利工况	4-方式二	1-方式一	6-方式二	6-方式二	6-方式一	1-方式一
	应力/MPa	−14.3	−30.3	49.4	56.7	56	43.4

(2) 最不利位置应力幅对比。

以上计算出来的各疲劳细节的最大应力只是在给出的工况下而论，而疲劳细节实际的应力幅是需要由加载车辆完整行驶通过该桥而计算得出的，所以有必要对所求出的最不利细节位置进行进一步加载分析。图 10.170 给出了在后轴双联轴

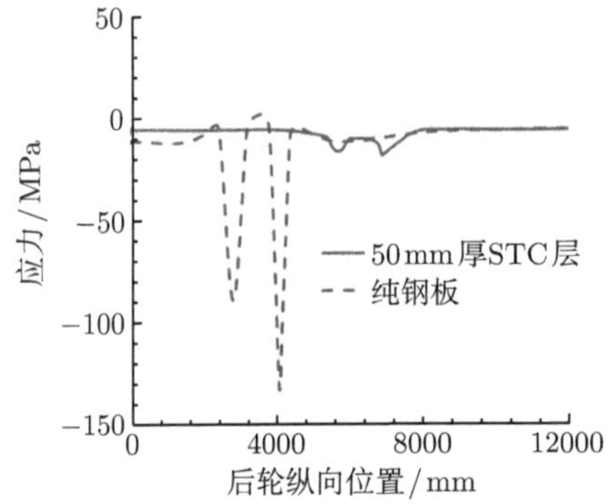

(a) 细节①

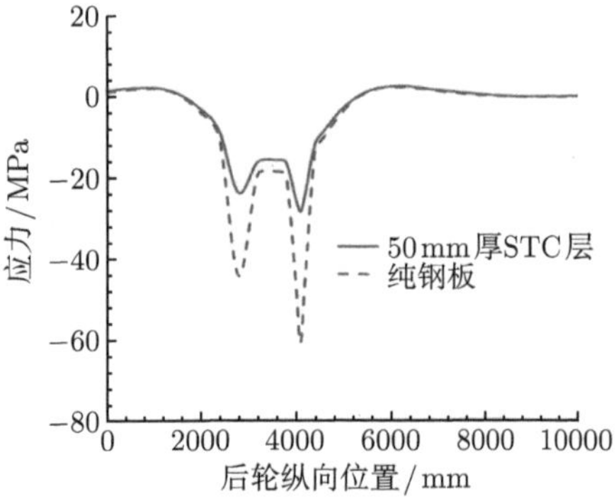

(b) 细节②

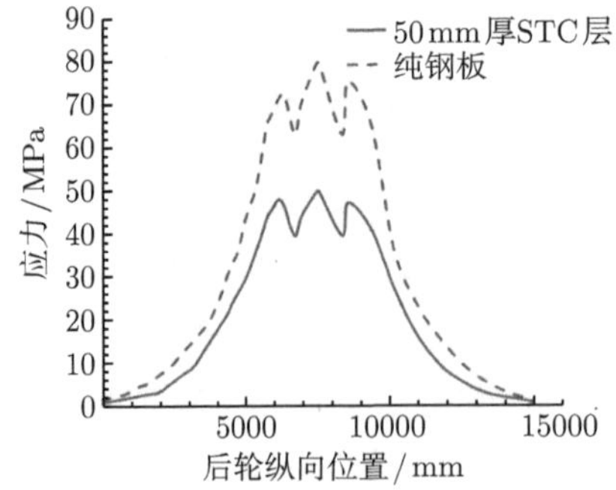

(c) 细节③

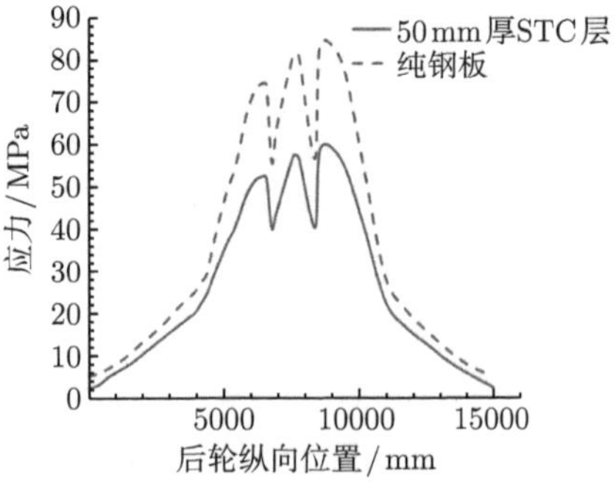

(d) 细节④

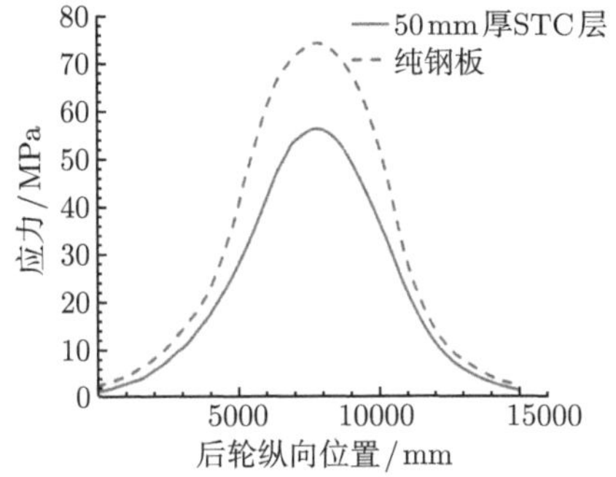

(e) 细节⑤

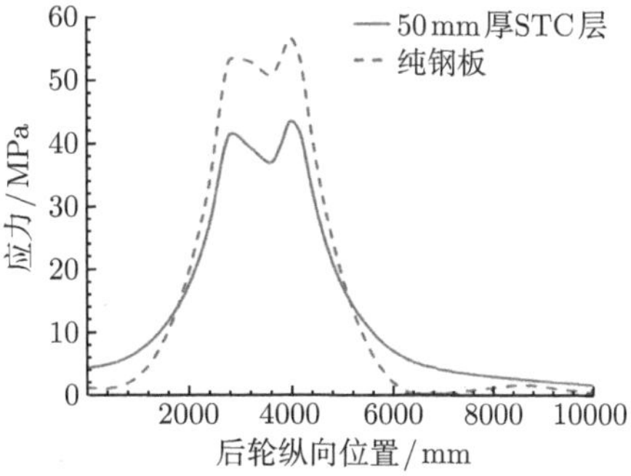

(f) 细节⑥

图 10.170 各疲劳细节应力历程图

车轮荷载沿节段模型纵桥向行驶过程中，纯钢板和 50mm 厚 STC 层轻型组合桥面结构各最不利疲劳细节的应力历程。

根据图 10.170 各疲劳细节的应力历程，通过泄水法获得各细节最大应力幅。计算结果见表 10.19。

表 10.19 钢结构各疲劳细节应力幅

		细节编号					
		①	②	③	④	⑤	⑥
热点类型		c	c	a	b	—	—
应力参数		S_X	S'_Y/S''_Y	S'_Y/S''_Y	S_1	S_1	S_Z
最大应力幅/MPa	纯钢桥面板	133.6	62.9	79.5	83.2	73.9	56.5
	轻型组合桥面	18.6	30.3	49.6	58.6	56	43.4
应力降幅/%		86.1	51.8	37.6	29.6	24.2	23.2

注：表中 S_X 代表横桥向应力方向；S'_Y 和 S''_Y 分别代表沿 U 肋左右两肢斜向应力方向；S_Z 代表纵桥向应力方向；S_1 为主应力。

由表 10.19 可知，传统钢桥面板的疲劳性能难以满足工程设计要求。相比于传统钢桥面板，轻型组合桥面结构对于面板与 U 肋连接处疲劳细节应力影响极为明显，细节①的应力幅降幅甚至高达 86.1%；对于其他细节影响程度相对较小，降幅为 23.2%～37.6%。此时，细节①、细节⑥的疲劳应力幅低于其变幅疲劳极限，细节②、细节③的疲劳应力幅低于其常幅疲劳极限，这四个疲劳细节可视为永久不开裂；细节⑤的疲劳应力幅高于其常幅疲劳极限，细节④的疲劳应力幅甚至高于其对应的疲劳强度等级，存在较大开裂风险，因此有必要对这两个细节进行优化分析。

(3) STC 层拉应力。

根据局部计算结果，杭瑞高速洞庭湖大桥 STC 层的横桥向最大拉应力为 4.13MPa，纵桥向最大拉应力为 8.86MPa。由前文计算结果，在整体荷载作用下，STC 层的纵桥向最大拉应力为 9MPa。因此可得，STC 层抗裂设计由纵桥向控制，且最大拉应力为 17.86MPa。

另外，根据第 9 章设计方法内容，可得杭瑞高速洞庭湖大桥 STC 层的纵桥向抗裂强度为 18.2 MPa，大于设计荷载产生的最大拉应力，满足设计要求。

10.5.2.4　实桥水箱压重方案

1. 钢桁梁水箱压重机理及方案

在 STC 分块施工工程中，若不采用压重方案，则钢桁梁的线形、刚度等会在施工中发生多次变化，可能导致施工期间 STC 层因局部拉应力过高而开裂。因此洞庭湖二桥在 STC 分块施工中采用了水箱压重方案。

对于水箱压重方案，其设计思路是通过控制 STC 施工中钢桁梁上的二期恒载和钢桁梁线形，从而避免 STC 层产生过大的局部变形和局部应力。施工中，首先在全桥布置水箱，水箱重量与 STC 层重量相同。在每块 STC 浇筑中，逐渐将该区域的水箱重量替换为 STC 湿重。压重方案具体分为两类：① 一般浇筑区 (第 1~10 块 STC) 水箱压重方案；② 特殊浇筑区 (第 11、12 块 STC) 水箱压重方案。

2. 一般浇筑区水箱压重方案

对于一般浇筑区 (第 1~10 块 STC)，通过水箱在全桥钢桥面上等效预载 STC 层重，浇筑中待浇筑 STC 区域水箱放水卸载，逐步将该区域水箱重等效替换为 STC 湿重。

全桥 STC 层沿纵桥向均重为 W_{all}=3.52t/m(不含在桥面铺设的钢筋网、焊接的栓钉)，故桥面两幅均需等效压重 W_{avg}=1.76t/m。施工中在桥面一幅布置施工便道，荷载为 W_{11}=0.2355t/m。因此施工便道所在幅的水箱压重为 $W_{12}=W_{\text{avg}}-W_{11}=$ 1.5245t/m，而另一幅水箱压重仍为 $W_2=W_{\text{avg}}$=1.76t/m。STC 压重计算公式为 $W_{\text{all}}=W_{11}+W_{12}+W_2$。第 1~4 块 STC 施工的压重方案如图 10.171 所示，因该方案与设计方案不符，因此在第 5~10 块 STC 浇筑时，压重方案进行了调整如图 10.172 所示。图 10.173 为第 2 块 STC 浇筑时的水箱压重方案。

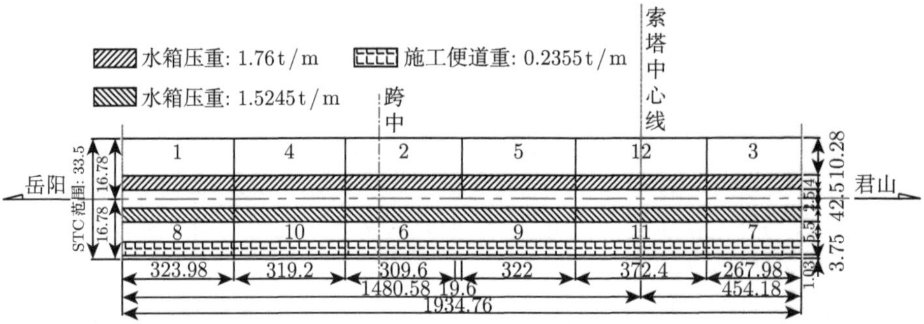

图 10.171　第 1~4 块 STC 的水箱压重方案 (单位：m)

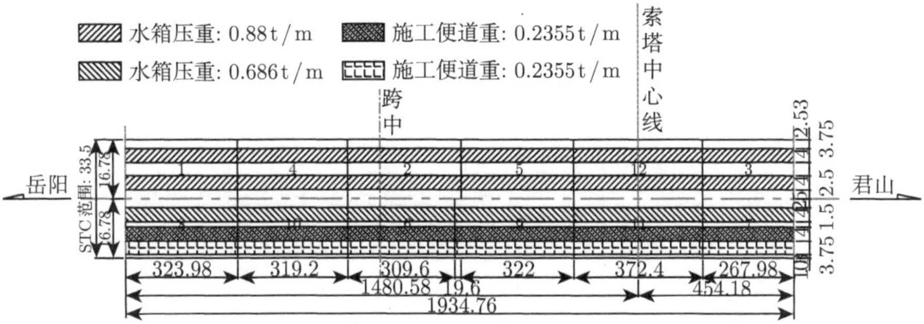

图 10.172 第 5~10 块 STC 的水箱压重方案 (单位: m)

图 10.173 实桥水箱压重方案 (浇筑第 2 块 STC 时)

3. 特殊浇筑区水箱压重方案

对于特殊浇筑区 (第 11、12 块 STC)，由于位于桥塔附近，已浇筑 STC 和其余二期恒载会在该范围引起较大的负弯矩和变形，因此采用了特殊的压重方案。施工中，除了在待浇筑区域等效加载 STC 层重量，还在中边跨的 STC 结构层上施加了额外的压重，具体方案如图 10.174 所示。

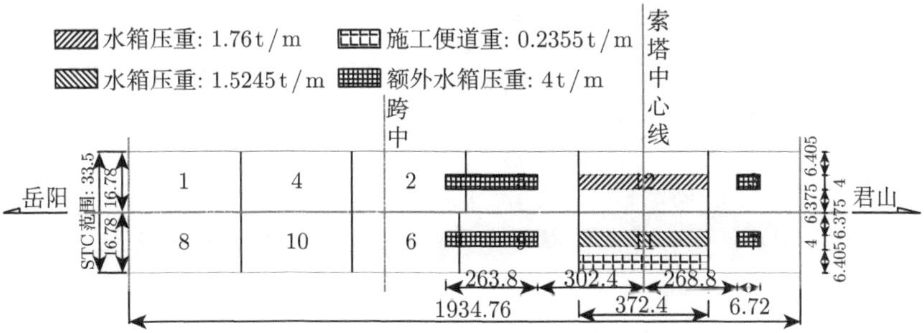

图 10.174 特殊浇筑区水箱压重方案 (单位: m)

10.5.2.5　实桥施工

杭瑞高速洞庭湖大桥全桥加劲梁吊梁于 2018 年 8 月 15 日完成，合拢之后的桥面刚接需 1 个多月，而大桥通车要求在 2019 年 1 月底，因而工期十分紧张。大桥 STC 的施工面积约 $65000m^2$，包括栓钉、钢筋、STC 摊铺及养护等工序，施工任务大。结合本项目的特点，设计了规模化的施工组织工序，具体如下。

STC 共分成 12 块进行作业 (图 10.175)，每块面积约 $6000m^2$；采用交叉流水进行施工，避免了各工序之间的相互干扰，实现了每 5d 左右即完成一段 STC 施工。

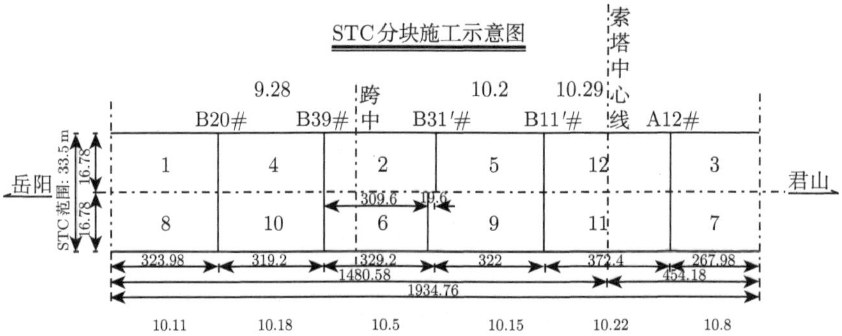

图 10.175　STC 分块浇筑方案 (单位：m)

本项目栓钉用量约 300 万颗，随钢梁的制作在工厂内进行焊接大部分，现场仅进行少量补焊；密级钢筋网的施工面积大，在大桥合拢前进行下料摆放，施工过程中进行绑扎，缩短了工期，并缓解了劳动力压力。

STC 施工前，采用水箱配置 STC 的等代荷载，把主梁预压到设计位置，全桥共配重约 1.5 万吨水；STC 浇筑过程中，随 STC 的浇筑撤除相应重量的水箱。实桥水箱压重如图 10.176 所示。

图 10.176　STC 浇筑前，加劲梁上布置的水箱压重

实桥主要施工照片如图 10.177 所示。其中 STC 的浇筑、整平、养护施工是关键，大桥 6.5 万平方米施工仅用时 48d，创造了纪录。

(a) 焊接栓钉　(b) 焊接接缝异形钢板

(c) 铺设钢筋网　(d) 浇筑STC

(e) STC层保湿养护　(f) STC层蒸汽养护

(g) STC 层表面抛丸糙化　(h) 铺设沥青铺装层

图 10.177　轻型组合桥面施工步骤

10.5.2.6　STC 收缩性能试验

1. 足尺模型收缩试验

进行实桥收缩试验前，首先进行洞庭湖二桥足尺节段模型的收缩试验。如图 10.178 所示，足尺节段模型长 5.2m，宽 3.5m。试件中 STC 层厚度为 50mm，剪力钉间距为 125mm×125mm(纵向 × 横向) 布置，钢筋网间距为 40mm×40mm(纵向 × 横向)。

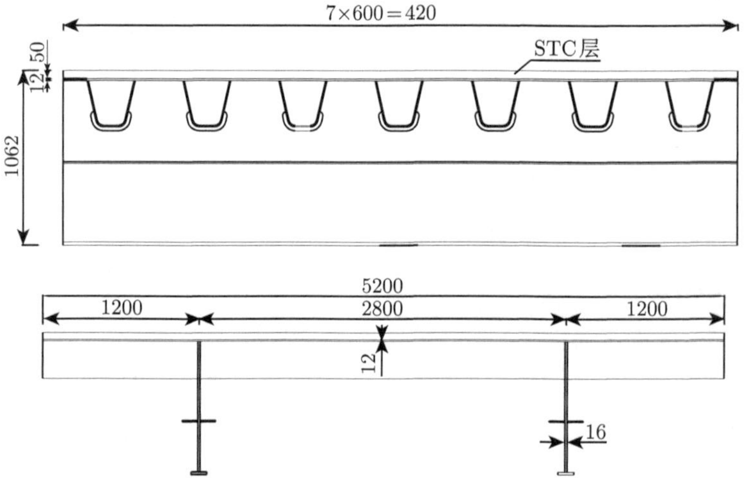

图 10.178　足尺节段模型构造图 (单位：mm)

足尺节段模型应变计布置图如图 10.179 所示，试件中共布置两个应变测点。STC 在浇筑后自然养护两天 (初凝结束后)，再进行蒸汽养护 48h(温度高于 90°C)。在试验过程中定时进行数据的采集与记录。

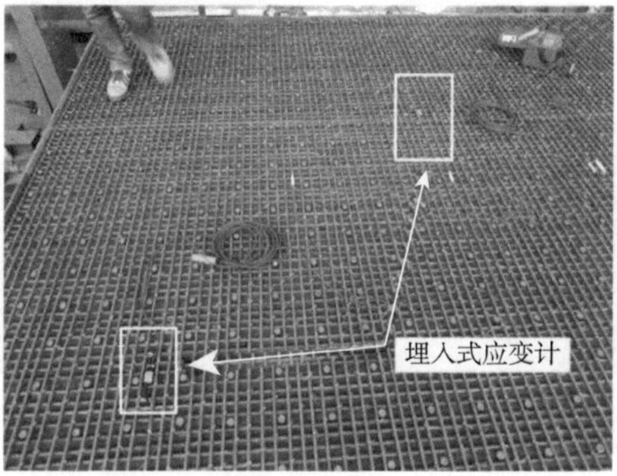

图 10.179　足尺节段模型应变计布置图

2. 足尺模型试验结果

足尺节段模型试验中，STC 层收缩随时间发展典型曲线如图 10.180 所示。在自然养护阶段，STC 收缩应变的增长较为缓慢，两天内收缩量为 11με。蒸养开始后，收缩应变迅速发展，48h 内增加收缩量 72με，最大收缩为 85με。蒸养结束后，收缩值出现小幅降低，并稳定于 75~85με，该现象可能是由于降温后，约束 STC 层的钢筋、栓钉、钢面板的热胀冷缩使得 STC 内部应力松弛。

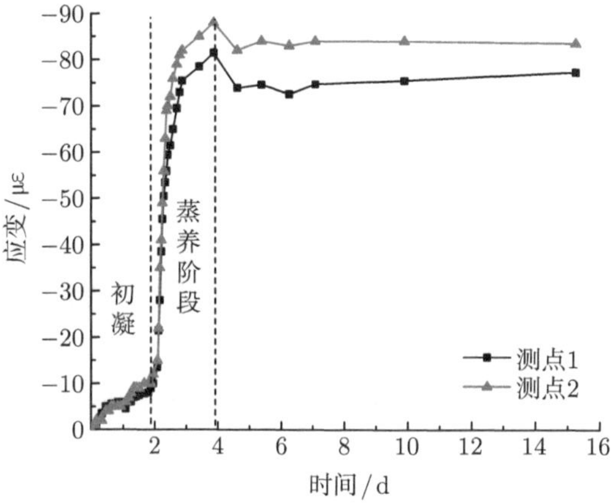

图 10.180 STC 层收缩随时间发展曲线

3. 实桥收缩试验

在 STC 层内埋设应变计，测量各块 STC 养护期间的应变情况。根据悬索桥受力特性、有限元分析结果、STC 收缩测量需求，在各块 STC 层选择 23 个典型横截面，分别在每个截面的钢筋网内沿纵桥向或横桥向埋设一对应变计，应变计的埋设图、STC 层的应变计分布分别如图 10.181、图 10.182 所示。

图 10.181 洞庭湖二桥 STC 层应变计埋设图

STC 层的养护方案如下：每块 STC 在浇筑完毕后先进行两天的保湿养护，然后逐渐升温，在 80°C 以上的环境下进行 72h 的蒸汽养护，接着逐渐降至环境温

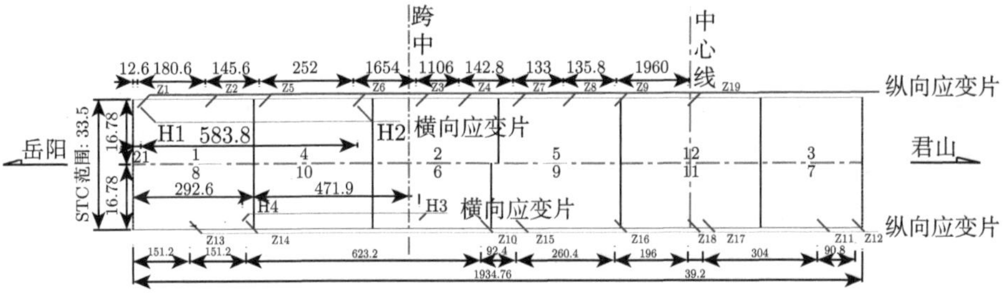

图 10.182　洞庭湖二桥 STC 层应变计分布图 (单位：m)

度。应变测量方案如下：① 对于养护阶段的 STC，在保湿养护、蒸汽养护期间每 3 小时测量一次应变；② 对于 STC 结构层，每日测量三次应变，测量时间分别为早上 5~6 点、下午 2~3 点、晚上 9~10 点。

应变计命名方式为 ZX/HX：K-Yn/Jn-N，具体含义如下：① ZX 表示沿纵向布置的应变计号、HX 表示沿横向布置的应变计号；② K 表示所在 STC 块；③ Yn(Jn) 表示所在梁段位置，Yn 表示应变计埋设于主跨内、距岳阳侧桥塔的第 n 个梁段；Jn 表示应变计埋设于右边跨、距君山侧桥塔的第 n 个梁段 (主跨共有 88 个梁段，包含 2 个 17.6m 的跨中梁段、86 个 16.8m 的标准梁段；边跨共有 27 个标准梁段)；④ N 表示在梁段内的位置，具体意义如图 10.183 所示。

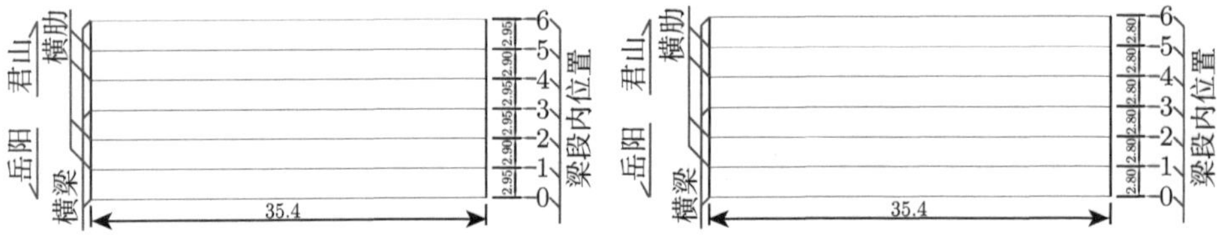

(a) 跨中梁段内部位置示意图　　(b) 标准梁段内部位置示意图

图 10.183　梁段内部位置示意图 (单位：m)

4. 实桥试验结果

各块 STC 养护过程 (湿养、热养) 扣除温度作用引起的应变如图 10.184~图 10.187 所示。在进行应变计埋设时，一个截面通常埋设两个同向相邻的应变计。因为测量时间相同、应变值极为接近，在绘图时对有效的相邻同向应变计数据进行了平均处理。

根据图 10.184~图 10.187(因为测量仪器损坏，部分应变数据段缺失，故不纳入分析)，可以发现：

因为桥梁柔性大、施工扰动、分幅分块浇筑中桥面刚度不断变化，各块 STC 在养护期间、养护后的应变具有较大的波动性。

分幅分块浇筑中各块 STC 纵桥向应变变化趋势基本相同，与节段模型试验结果类似：自然养护阶段的收缩应变增长缓慢；蒸汽养护开始后收缩应变迅速增加，

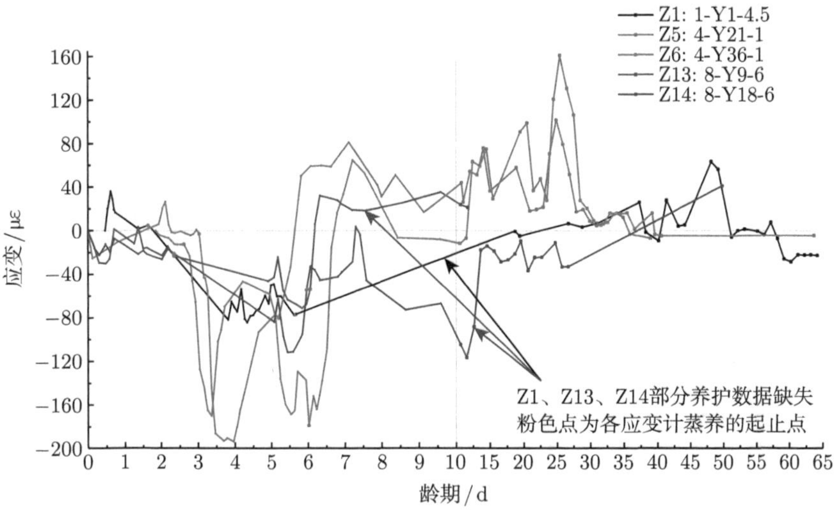

图 10.184 第 1、4、8 块 STC 内纵桥向应变计收缩发展曲线 (彩图请扫封底二维码)

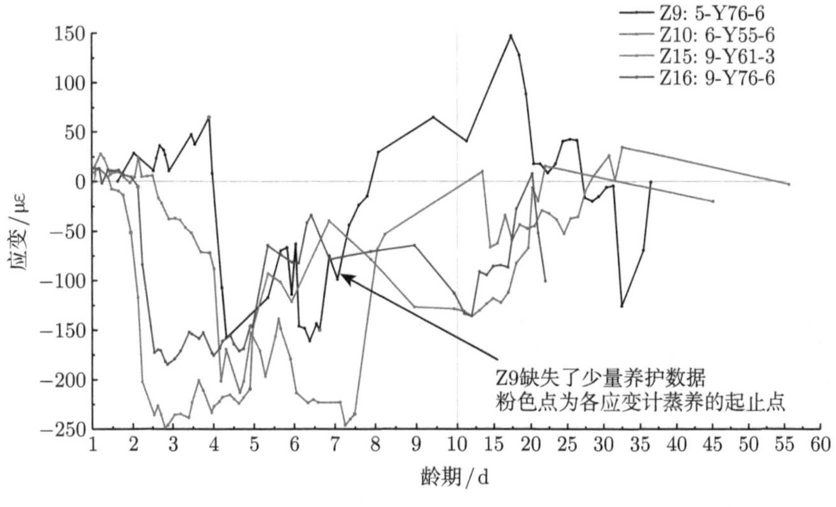

图 10.185 第 5、6、9 块 STC 内纵桥向应变计收缩发展曲线 (彩图请扫封底二维码)

并在蒸汽养护阶段达到最大值；蒸汽养护结束后收缩值大幅向 0με 回落，最终应变稳定于 −50～50με。纵桥向应变变化趋势与节段模型类似，但收缩最大值平均比节段模型大 120με 以上，实桥 STC 层的收缩量较大。

各块 STC 层横桥向应变变化趋势类似：自然养护阶段的收缩应变增长缓慢；在蒸汽养护后膨胀应变迅速增加，并在蒸汽养护阶段达到最大值；蒸汽养护结束后膨胀应变大幅向 0με 回落，最终表现为收缩应变，范围为 −20～−100με。横桥向 STC 层应变变化趋势在自然养护阶段与节段模型、纵桥向应变相似，但在蒸汽养护期间却截然相反。

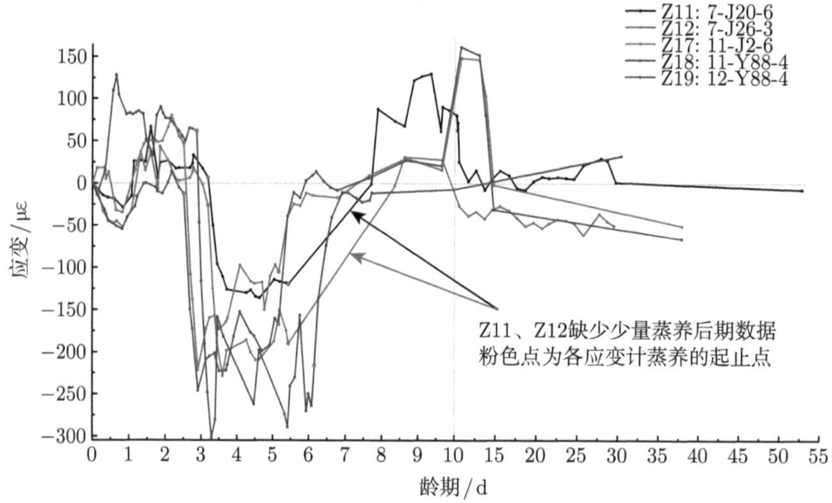

图 10.186　第 7、11、12 块 STC 内纵桥向应变计收缩发展曲线 (彩图请扫封底二维码)

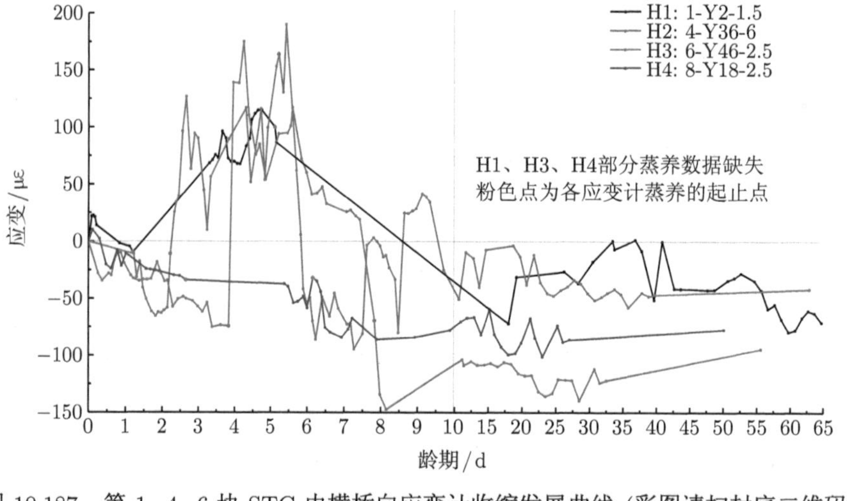

图 10.187　第 1、4、6 块 STC 内横桥向应变计收缩发展曲线 (彩图请扫封底二维码)

5. STC 层纵桥向收缩性能分析

在保湿养护 (自然养护) 期间，STC 层纵桥向收缩较小，应变值主要为 −50～50με。主要因为：保湿养期间养护时间短且养护温度不高、水化反应慢，基体内部的水化反应程度较小，没有产生较大的自收缩；STC 层采用保湿养护，不会因干燥失水而产生较大收缩。

蒸养开始后，STC 层纵桥向应变值在一天内迅速降低并稳定于 −150～−225με。

这是因为高温大大加快了基体内部的水化反应、二次水化反应，使得 STC 的自收缩在很短的热养护时间内就基本完成。结束蒸汽养护后，各纵桥向应变计的收缩基本在一天内迅速回落至 0∼−40με，并在后续的 STC 块浇筑中稳定于 −50∼50με(分析中认为应变的增减突变是由后续 STC 块浇筑引起，而不是 STC 本身收缩)。

对于不同 STC 块、不同梁段内部位置埋设的应变计：其收缩趋势基本相同；各应变计收缩最大值的差值主要在 100με 内，但最终收缩值相近，故不会对 STC 养护后性能产生较大影响。

以上说明，STC 在实桥中具有良好的纵桥向收缩性能，分幅分块浇筑并未对纵桥向收缩的基本趋势产生显著影响：STC 层的收缩在养护阶段基本完成；养护后收缩应变基本不增加；后续 STC 块浇筑中，收缩稳定于 −50∼50με，说明分幅分块浇筑并未在纵桥向引起较大的应力；实桥位置基本不影响 STC 的收缩趋势，会在一定程度上影响最大收缩值，基本不影响养护后的收缩终值。

6. STC 层横桥向收缩性能分析

在保湿养护 (自然养护) 期间，STC 横桥向收缩较小，应变值主要为 0∼−60με，与纵桥向、阶段模型的收缩规律相同。

蒸养开始后，STC 层横桥向应变在一天内迅速增大，并稳定于 50∼120με，而纵桥向应变值则是在一天内迅速降低并稳定于 −150∼−225με。纵、横向收缩趋势在蒸养段截然相反，横桥向膨胀值约为纵桥向收缩值的 33%∼53%，其原因可能是开始蒸养时的 STC 已完成初凝、并具备 2∼3d 的龄期，泊松比效应和高温作用使得 STC 产生膨胀应变 (因数据缺失，H4 养护段不纳入考虑)。结束蒸养后，各横桥向应变计的应变基本在一天内迅速回落至 0με 附近，最终表现为收缩应变，范围为 −20∼−100με。此前国内外学者的研究多为 STC 单轴向应变的测量，且应变趋势基本与实桥纵桥向应变变化趋势相同，而本节实桥蒸养期间出现的规律性的、大幅膨胀应变现象鲜有研究，因此可以在后续工作中继续深入研究。

对于不同 STC 块、不同梁段内部位置埋设的应变计，其横桥向应变变化趋势基本相同。

以上说明，STC 在实桥中具有良好的横桥向收缩性能：收缩在养护阶段基本完成，养护后收缩应变基本不增加，后续 STC 块浇筑中，收缩稳定于 −20∼−100με；不同实桥位置的横桥向应变变化趋势基本相同。此外，虽然横桥向最终收缩应变良好，但实桥蒸养期间出现的规律性的、大幅横桥向膨胀应变现象值得进一步研究。

10.5.3 湖南湘潭昭华大桥

10.5.3.1 大桥概况

G320 湘潭绕城线起于湘潭市红易大道，向西经昭山区、九华区、湘潭县、韶山市，终于湘乡市，全长 73.914km。一期工程路线东起湘潭市的芙蓉大道，西至规划湘江路，全长 5.100km，其中湘潭昭华大桥为本项目控制性工程。

湘潭昭华大桥为湘潭的北大门，桥型方案构思既要考虑与湘江上大跨桥梁的风格相协调，又要考虑能突出本桥特色，丰富湘潭市的桥梁品种，桥梁设计还要充分重视桥梁景观，力求造型美观，结构比例协调，将人文景观与自然景观融于一体，充分展现湘潭市城市发展的新风貌。综合考虑以上因素，主桥采用 (168m+228m) 双塔三跨自锚式悬索桥方案。

图 10.188　湘潭昭华大桥

主桥梁体采用钢加劲梁同混凝土加劲梁相结合的混合体系，其中钢混组合梁之钢梁采用扁平流线型封闭单箱三室钢箱加劲梁，钢箱加劲梁设 4 道纵腹板 (2 道边腹板 +2 道纵隔板)。中心梁高 3.5m(外轮廓)，全宽 (2.25m 人行道＋ 1.7m 吊索区＋ 0.5m 护栏＋ 15.0m 行车道画线区＋ 0.6m 中央护栏 +15.0m 行车道画线区＋ 0.5m 护栏＋ 1.7m 吊索区 +2.25m 人行道)=39.5m。

10.5.3.2　钢-STC 轻型组合桥面结构方案

为防止昭华大桥钢桥面系出现疲劳开裂、沥青铺装破损等病害，采用了钢-STC 轻型组合桥面结构的方案。

如图 10.189 和图 10.190 所示，大桥桥面正交异性钢桥面板采用球扁钢开口加劲肋，钢面板厚 12~20mm, 加劲肋厚间距 450mm。在钢箱加劲梁正交异性顶板上焊接 Φ13mm×40mm 的剪力钉，密配钢筋网、浇筑薄型 STC 层，其上铺筑沥青磨耗层的超薄沥青混凝土与 RPC 组合钢桥面铺装 —— 钢–超韧混凝土轻型组合桥面结构。大桥行车道、内防撞护栏下采用钢-STC 轻型组合结构桥面，施工面积为 $377.4m\times15.5m\times2=11699.4m^2$。该组合结构通过在钢箱梁顶板上浇筑超高韧性混凝

土 (简称 STC)，厚度为 5cm，并通过焊接 Φ13mm×40mm 栓钉形成组合结构，栓钉标准间距为 225mm×210mm(横桥向 × 纵桥向)。STC 层内布置 Φ10 的纵、横向钢筋网，标准间距为 37.5mm×37.5mm，钢筋网横向钢筋在上，净保护层厚度为 15mm。STC 顶面上铺 30mm 的沥青铺装。

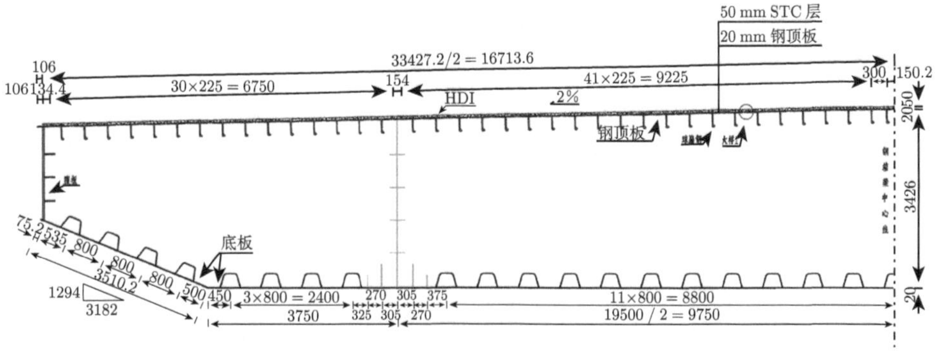

图 10.189 湘潭昭华大桥横断面图 (单位：m)

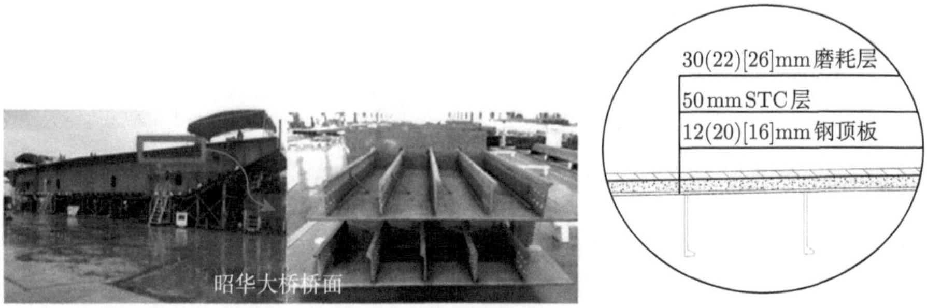

图 10.190 湘潭昭华大桥轻型组合桥面结构方案示意

10.5.3.3 实桥施工

2019 年 6~8 月，湘潭昭华大桥钢-STC 轻型组合桥面结构顺利施工，实桥施工照片如图 10.191 所示。

(a) 栓钉和钢筋网　　(b) 浇筑STC　　(c) STC 蒸养养护

图 10.191 湘潭昭华大桥钢-STC 轻型组合桥面结构实桥施工

10.6 本章小结

钢-STC 轻型组合桥面结构于 2011 年首次应用于广东肇庆马房大桥第 11 跨。经第三方权威检测机构检测，到目前运营状况良好，STC 未出现任何病害问题，且降低钢桥面的疲劳应力 80%~92%，消除了钢桥面的疲劳开裂风险。

目前本技术已成功应用于 40 余座实桥，STC 层未出现任何开裂现象。因此，钢-STC 轻型组合桥面结构为根治传统钢桥面疲劳开裂、沥青铺装破损难题提供切实可行的方法。

参考文献

[1] 余锦州. 马房大桥钢桥面沥青混凝土铺装层设计. 公路, 2004, 8: 47-50

[2] 曹君辉. 钢–薄层超高性能混凝土轻型组合桥面结构基本性能研究. 长沙: 湖南大学, 2016

[3] Shao X D, Yi D T, Huang Z Y, et al. Basic performance of the composite deck system composed of orthotropic steel deck and ultrathin RPC layer. Journal of Bridge Engineering, 2013, 18(5): 417-428

[4] Dassault Systèmes Simulia. ABAQUS Analysis User's Manual (version 6.12). Providence: Hibbitt, Karlsson, and Sorenson Inc., 2012: 1-1137

[5] 中华人民共和国交通运输部. 公路桥涵设计通用规范. 北京: 人民交通出版社股份有限公司, 2015: 1-39

[6] Hobbacher A F. The new IIW recommendations for fatigue assessment of welded joints and components—a comprehensive code recently updated. International Journal of Fatigue, 2009, 1: 50-58

[7] 北京铁科工程检测中心. 马房北江大桥钢箱梁钢–混组合桥面铺装效果检测报告. 北京: 中国铁道科学研究院, 2012: 1-30

[8] Cao J H, Shao X D, Zhang Z, et al. Retrofit of an orthotropic steel deck with compact reinforced reactive powder concrete. Structure and Infrastructure Engineering, 2016, 12(3): 411-429

[9] 张龙威; 赵华; 邵旭东. 基于实桥试验的轻型组合桥面车桥动力性能研究. 公路交通科技, 2017, 34(1): 89-96

[10] 杨进. 汕头礐石大桥主孔斜拉桥的开拓性技术成就. 桥梁建设, 2000, (3): 25-28

[11] 广东省公路勘察规划设计院股份有限公司. 汕头礐石大桥钢桥面铺装维修工程 SMA+STC 建设方案. 广州, 2015

[12] Shao X D, Cao J H. Fatigue assessment of steel-UHPC lightweight composite deck based on multi-scale FE analysis: Case study. ASCE Journal of Bridge Engineering, 2018, 23(1): 05017015

[13] Kolstein M H. Fatigue Classification of Welded Joints in Orthotropic Steel Bridge Decks. The Netherlands: Delft University of Technology, 2007

[14] MTPRC. Specification for Design of Highway Steel Bridge. Beijing: People Communications Press, 2015

[15] Cao J H, Shao X D, Deng L, et al. Static and fatigue behavior of short headed studs embedded in thin UHPC layer. Journal of Bridge Engineering, 2017: 22(5)

[16] 清远市公路事务中心, 湖南大学, 广州市市政工程设计研究总院有限公司, 等. 双塔单索面超宽幅钢箱混合梁斜拉桥关键技术研究报告. 广州, 2019

[17] 张允士, 李法雄, 熊锋, 等. 正交异性钢桥面板疲劳裂纹成因分析及控制. 公路交通科技, 2013, 30(8): 75-80

[18] Zhu Z, Tao Y, Xiang Z, et al. Behavior and fatigue performance of details in an orthotropic steel bridge with UHPC-deck plate composite system under in-service traffic flows. Journal of Bridge Engineering, 2018, 23(3): 04017142

[19] Silla-Sanchez J, Noonan J, Percy R. West Gate Bridge: Management of Fatigue Cracking.// Austroads Bridge Conference, 9th. Sydney, New South Wales, Australia, 2014